資治通鑑

六

〔北宋〕司馬光 編撰　郳國义 校点

中國史學要籍叢刊

上海古籍出版社

资治通鉴卷第二百七十七

端明殿学士兼翰林侍读学士太中大夫提举西京嵩山崇福宫上柱国河内郡开国公食邑二千六百户食实封一千户臣 司马光 奉敕编集

后唐纪六 起上章摄提格（庚寅），尽玄黓执徐（壬辰）六月，凡二年有奇。

明宗圣德和武钦孝皇帝中之下

长兴元年（庚寅、930）

春，正月，董璋遣兵筑七寨于剑门。辛巳，孟知祥遣赵季良如梓州修好。

鸿胪少卿郭在徽奏请铸当五千、三千、一千大钱，朝廷以其指虚为实，无识妄言，左迁卫尉少卿、同正。

吴徙平原王澈为德化王。

二月，乙未朔，赵季良还成都，谓孟知祥曰：“董公贪残好胜，志大谋短，终为西川之患。”

都指挥使李仁罕、张业欲置宴召知祥，先二日，有尼告二将谋以宴日害知祥，知祥诘之，无状，丁酉，推始言者军校都延昌、王行本，腰斩之。戊戌，就宴，尽去左右，独诣仁罕第，仁罕叩头流涕曰：“老兵惟尽死以报德。”由是诸将皆亲附而服之。

壬子，孟知祥、董璋同上表言：“两川闻朝廷于阆中建节，绵、遂益兵，无不忧恐。”上以诏书慰谕之。

乙卯，上祀圆丘，大赦，改元。凤翔节度使兼中书令李从曮入朝陪祀，三月，壬申，制徙从曮为宣武节度使。

癸酉，吴主立江都王琏为太子。

丙子，以宣徽使朱弘昭为凤翔节度使。

康福奏克保静镇，斩李匡宾。

复以安义为昭义军。

帝将立曹淑妃为后，淑妃谓王德妃曰：“吾素病中烦，倦于接对，妹代我为之。”德妃曰：“中宫敌偶至尊，谁敢干之！”庚寅，立淑妃为皇后。德妃事后恭谨，后亦怜之。

初，王德妃因安重诲得进，常德之。帝性俭约，及在位久，宫中用度稍侈，重海每规谏。妃取外库锦造地衣，重海切谏，引刘后为戒，妃由是怨之。

高从海遣使奉表诣吴，告以坟墓在中国，恐为唐所讨，吴兵援之不及，谢绝之。吴遣兵击之，不克。

董璋恐绵州刺史武虔裕窥其所为，夏，四月，甲午朔，表兼行军司马，囚之府廷。

宣武节度使符习，自恃宿将，论议多抗安重海，重海求其过失，奏之，丁酉，诏习以太子太师致仕。

戊戌，加孟知祥兼中书令，夏鲁奇同平章事。

初，帝在真定，李从珂与安重海饮酒争言，从珂殴重海，重海走免，既醒，悔谢，重海终衔之。至是，重海用事，自皇子从荣、从厚皆敬事不暇。时从珂为河中节度使、同平章事，重海屡短之于帝，帝不听，重海乃矫以帝命谕河东牙内指挥使杨彦温使逐之。是日，从珂出城阅马，彦温勒兵闭门拒之，从珂使人扣门诘之曰："吾待汝厚，何为如是?"对曰："彦温非敢负恩，受枢密院宣耳。请公入朝。"从珂止于虞乡，遣使以状闻。使者至，壬寅，帝问重海曰："彦温安得此言?"对曰："此奸人妄言耳，宜速讨之。"帝疑之，欲诱致彦温讯其事，除彦温绛州刺史。重海固请发兵击之，乃命西都留守索自通、步军都指挥使药彦稠将兵讨之。帝令彦稠："必生致彦温，吾欲面讯之。"召从珂诣洛阳。从珂知为重海所构，驰入自明。

加安重海兼中书令。

李从珂至洛阳，上责之使归第，绝朝请。

辛亥，索自通等拔河中，斩杨彦温，癸丑，传首来献。上怒药彦稠不生致，深责之。

安重海讽冯道、赵凤奏从珂失守，宜加罪。上曰："吾儿为奸党所倾，未明曲直，公辈何为发此言，意不欲置之人间邪？此皆非公辈意也。"二人惶恐而退。它日，赵凤又言之，上不应。明日，重海自言之，上曰："朕昔为小校，家贫，赖此小儿拾马粪自赡，以至今日为天子，曾不能庇之邪！卿欲如何处之于卿为便?"重海曰："陛下父子之间，臣何敢言！惟陛下裁之。"上曰："使闲居私第亦可矣，何用复言！"

丙辰，以索自通为河中节度使。自通至镇，承重海旨，籍军府甲仗数上之，以为从珂私造，赖王德妃居中保护，从珂由是得免。士大夫不敢与从珂往来，惟礼部郎中、史馆修撰吕琦居相近，时往见之，从珂每有奏请，皆咨琦而后行。

戊午，帝加尊号曰圣明神武文德恭孝皇帝。

安重海言昭义节度使王建立过魏州有摇众之语，五月，丙寅，制以太傅致仕。

董璋阅集民兵，皆剪发黥面，复于剑门北置永定关，布列烽火。

孟知祥累表请割云安等十三盐监隶西川，以盐直赡宁江屯兵，辛卯，许之。

六月，癸巳朔，日有食之。

辛亥，敕防御、团练使、刺史、行军司马、节度副使，自今皆自朝廷除之，诸道无得奏荐。

董璋遣兵掠遂、阆镇戍，秋，七月，戊辰，两川以朝廷继遣兵屯遂、阆，复有论奏，自是东北商旅少敢入蜀。

八月，乙未，捧圣军使李行德、十将张俭引告密人边彦温告"安重诲发兵，云欲自讨淮南。又引占相者问命。"帝以问侍卫都指挥使安从进，药彦稠，二人曰："此奸人欲离间陛下勋旧耳。重诲事陛下三十年，幸而富贵，何苦谋反！臣等请以宗族保之。"帝乃斩彦温，召重诲慰抚之，君臣相泣。

以前忠武节度使张延朗行工部尚书，充三司使。三司使之名自此始。

吴徐知诰以海州都指挥使王传拯有威名，得士心，值团练使陈宣罢归，知诰许以传拯代之，既而复遣宣还海州，征传拯还江都。传拯怒，以为宣毁之，己亥，帅麾下入辞宣，因斩宣，焚掠城郭，帅其众五千来奔。知诰曰："是吾过也。"免其妻子。涟水制置使王岩将兵入海州，以岩为威卫大将军，知海州。传拯，绾之子也，其季父舆为光州刺史。传拯遣间使持书至光州，舆执之以闻，因求罢归，知诰以舆为控鹤都虞候。时政在徐氏，典兵宿卫者尤难其人，知诰以舆重厚慎密，故用之。

壬寅，赵凤奏："窃闻近有奸人，诬陷大臣，摇国柱石，行之未尽。"帝乃收李行德、张俭，皆族之。

立皇子从荣为秦王。丙辰，立从厚为宋王。

董璋之子光业为宫苑使，在洛阳，璋与书曰："朝廷割吾支郡为节镇，屯兵三千，是杀我必矣。汝见枢要为吾言：如朝廷更发一骑入斜谷，吾必反！与汝诀矣。"光业以书示枢密承旨李虔徽。未几，朝廷又遣别将荀咸义将兵戍阆州，光业谓虔徽曰："此兵才至，吾父必反。吾不敢自爱，恐烦朝廷调发，愿止此兵，吾父保无它。"虔徽以告安重诲，重诲不从。璋闻之，遂反。利、阆、遂三镇以闻，且言已聚兵将攻三镇。重诲曰："臣久知其如此，陛下含容不讨耳。"帝曰："我不负人，人负我则讨之。"

九月，癸亥，西川进奏官苏愿白孟知祥云："朝廷欲大发兵讨两川。"知祥谋于副使赵季良，季良请以东川先取遂、阆，然后并兵守剑门，则大军虽来，吾无内顾之忧矣。知祥从之，遣使约董璋同举兵。璋移檄利、阆、遂三镇，数其离间朝廷，引兵击阆州。庚午，知祥以都指挥使李仁罕为行营都部署，汉州刺史赵廷隐副之，简州刺史张业为先锋指挥使，将兵三万攻遂州；别将牙内都指挥使侯弘实、先登指挥使孟思恭将兵四千会璋攻阆州。

安重诲久专大权，中外恶之者众，王德妃及武德使孟汉琼浸用事，数短重诲于上。重诲内忧惧，表解机务，上曰："朕无间于卿，诬罔者朕既诛之矣，卿何为尔？"甲戌，重诲复面奏曰："臣以寒贱，致位至此，忽为人诬以反，非陛下至明，臣无种矣。由臣才薄任重，恐终不能镇浮言，愿赐一镇以全余生。"上不许。重诲求之不已，上怒曰："听卿去，朕不患无人！"前成德节度使（苑）〔范〕延光劝上留重诲，且曰："重诲去，谁能代之？"上曰："卿岂不可？"延光曰："臣受驱策日浅，且才不逮重诲，何敢当此！"上遣孟汉琼诣中书议重诲事，冯道曰："诸公果爱安令，宜解其枢务为便。"赵凤曰："公失言。"乃奏大臣不可轻动。

东川兵至阆州，诸将皆曰："董璋久蓄反谋，以金帛啗其士卒，锐气不可当，宜深沟高垒以挫之，不过旬日，大军至，贼自走矣。"李仁矩曰："蜀兵懦弱，安能当我精卒？"遂出战，兵未交而溃归。董璋昼夜攻之，庚辰，城陷，杀仁矩，灭其族。

初，璋为梁将，指挥使姚洪尝隶麾下，至是，将兵千人戍阆州。璋密以书诱之，洪投诸厕。城陷，璋执洪而让之曰："吾自行间奖拔汝，今日何相负？"洪曰："老贼！汝昔为李氏奴，扫马粪，得豢炙，感恩无穷。今天子用汝为节度使，何负于汝而反邪？汝犹负天子，吾受汝何恩，而云相负哉！汝奴材，固无耻；吾义士，岂忍为汝所为乎！吾宁为天子死，不能与人奴并生！"璋怒，然镬于前，令壮士十人刲其肉自啗之，洪至死骂不绝声。帝置洪二子于近卫，厚给其家。

甲申，以范延光为枢密使，安重诲如故。

丙戌，下制削董璋官爵，兴兵讨之。丁亥，以孟知祥兼西南面供馈使。以天雄节度使石敬瑭为东川行营都招讨使，以夏鲁奇为之副。

璋使孟思恭分兵攻集州，思恭轻进，败归。璋怒，遣还（城）〔成〕都，知祥免其官。

戊子，以石敬瑭权知东川事。庚寅，以右武卫上将军王思同为西都留守兼行营马步都虞候，为伐蜀前锋。

汉主遣其将梁克贞、李守鄘攻交州，拔之，执静海节度使曲承美以归，以其将李进守交州。

冬，十月，癸巳，李仁罕围遂州，夏鲁奇婴城固守，孟知祥命都押牙高敬柔帅资州义军二万人筑长城环之。鲁奇遣马军都指挥使康文通出战，文通闻阆州陷，遂以其众降于仁罕。

戊戌，董璋引兵趣利州，遇雨，粮运不继，还阆州。知祥闻之，惊曰："比破阆中，正欲径取利州，其帅不武，必望风遁去。吾获其仓廪，据漫天之险，北军终不能西救武信。今董公僻处阆州，远弃剑阁，非计也。"欲遣兵三千助守剑门。璋固辞曰:"此已有备。"

钱镠因朝廷册闽王使者裴羽还,附表引咎,其子传瓘及将佐屡为镠上表自诉。癸卯,敕听两浙纲吏自便。

以宣徽北院使冯赟为左卫上将军、北都留守。

丁未,族诛董光业。

楚王殷寝疾,遣使诣阙,请传位于其子希声。朝廷疑殷已死,辛亥,以希声为起复武安节度使兼侍中。

孟知祥以故蜀镇江节度使张武为峡路行营招收讨伐使,将水军趣夔州,以左飞棹指挥使袁彦超副之。

癸丑,东川兵陷徼、合、巴、蓬、果五州。

丙辰,吴左仆射、同平章事严可求卒。徐知诰以其长子大将军景通为兵部尚书、参政事,知诰将出镇金陵故也。

汉将梁克贞入占城,取其宝货以归。

十一月,戊辰,张武至渝州,刺史张环降之,遂取泸州,遣先锋将朱偓分兵趣黔、涪。

己巳,楚王殷卒,遗命诸子,兄弟相继,置剑于祠堂,曰:"违吾命者戮之!"诸将议遣兵守四境,然后发丧,兵部侍郎黄损曰:"吾丧君有君,何备之有! 宜遣使诣邻道告终称嗣而已。"

石敬瑭入散关,阶州刺史王弘贽、泸州刺史冯晖与前锋马步都虞候王思同、步军都指挥使赵在礼引兵出人头山后,过剑门之南,还袭剑门,壬申,克之,杀东川兵三千人,获都指挥使齐彦温,据而守之。晖,魏州人也。甲戌,弘贽等破剑州,而大军不继,乃焚其庐舍,取其资粮,还保剑门。

乙亥,诏削孟知祥官爵。

己卯,董璋遣使至成都告急。知祥闻剑门失守,大惧,曰:"董公果误我!"庚辰,遣牙内都指挥使李肇将兵五千赴之,戒之曰:"尔倍道兼行,先据剑州,北军无能为也。"又遣使诣遂州,令赵廷隐将万人会屯剑州。又遣故蜀永平节度使李筠将兵四千趣龙州,守要害。时天寒,士卒恐惧,观望不进,廷隐流涕谕之曰:"今北军势盛,汝曹不力战却敌,则妻子皆为人有矣。"众心乃奋。

董璋自阆州将两川兵屯木马寨。

先是,西川牙内指挥使太谷庞福诚、昭信指挥使谢锽屯来苏村,闻剑门失守,相谓曰:"使北军更得剑州,则二蜀势危矣。"遽引部兵千余人间道趣剑州。始至,官军万余人自北山大下,会日暮,二人谋曰:"众寡不敌,逮明则吾属无遗矣。"福诚夜引兵数百升北山,大噪于官军营后,锽帅余众操短兵自其前急击之,官军大惊,空营遁去,复保剑门,十余日不出。孟知祥闻之,喜曰:"吾始谓弘贽等克剑门,径据剑州,坚守其城,或引兵直趣梓州,董公必弃阆州奔还;我军失援,亦须解遂州之围。如此则内外受敌,两川震动,势可忧危。今乃焚毁剑州,运粮东归剑门,顿兵不进,吾事济矣。"

官军分道趣文州,将袭龙州,为西川定远指挥使潘福超、义胜都头太原沙延祚所败。

甲申,张武卒于渝州,知祥命袁彦超代将其兵。

朱偓将至涪州,武泰节度使杨汉宾弃黔南,奔忠州,偓追至丰都,还取涪州。知祥以成都支使崔善权武泰留后。董璋遣前陵州刺史王晖将兵三千会李肇等分屯剑州南山。

丙戌,马希声袭位,称遗命去建国之制,复藩镇之旧。

契丹东丹王突欲自以失职,帅部曲四十人越海自登州来奔。

十二月,壬辰,石敬瑭至剑门。乙未,进屯剑州北山。赵廷隐陈于牙城后山,李肇、王晖陈于河桥。敬瑭引步兵进击廷隐,廷隐择善射者五百人伏敬瑭归路,按甲待之,矛稍欲相及,乃扬旗鼓噪击之,北军退走,颠坠下山,俘斩百余人。敬瑭又使骑兵冲河桥,李肇以强弩射之,骑兵不能进。薄暮,敬瑭引去,廷隐引兵蹑之,与伏兵合击,败之。敬瑭还屯剑门。

癸卯,夔州奏复取开州。

庚戌,以武安节度使马希声为武安、静江节度使,加兼中书令。

石敬瑭征蜀未有功,使者自军前来,多言道险狭,进兵甚难,关右之人疲于转饷,往往窜匿山谷,聚为盗贼。上忧之,壬子,谓近臣曰:"谁能办吾事者?吾当自行耳。"安重海曰:"臣职忝机密,军威不振,臣之罪也,臣请自往督战。"上许之。重海即拜辞,癸丑,遂行,日驰数百里。西方藩镇闻之,无不惶骇。钱帛、刍粮昼夜辇运赴利州,人畜毙踣于山谷者不可胜纪。时上已疏重海,石敬瑭本不欲西征,及重海离上侧,乃敢累表奏论,以为蜀不可伐,上颇然之。

西川兵先戍夔州者千五百人,上悉纵归。

二年(辛卯、931)

春,正月,壬戌,孟知祥奉表谢。

庚午,李仁罕陷遂州,夏鲁奇自杀。

癸酉,石敬瑭复引兵至剑州,屯于北山。孟知祥枭夏鲁奇首以示之。鲁奇二子从敬瑭在军中,泣请往取其首葬之,敬瑭曰:"知祥长者,必葬而父,岂不愈于身首异处乎!"既而知祥果收葬之。敬瑭与赵廷隐战不利,复还剑门。

丙戌,加高从诲兼中书令。

东川归合州于武信军。

初,凤翔节度使朱弘昭谄事安重诲,连得大镇。重诲过凤翔,弘昭迎拜马首,馆于府舍,延入寝室,妻子罗拜,奉进酒食,礼甚谨。重诲为弘昭泣言:"谗人交构,几不免,赖主上明察,得保宗族。"重诲既去,弘昭即奏"重诲怨望,有恶言,不可令至行营,恐夺石敬瑭兵柄。"又遗敬瑭书,言"重诲举措孟浪,若至军前,恐将士疑骇,不战自溃,宜逆止之。"敬瑭大惧,即上言:"重诲至,恐人情有变,宜急征还。"宣徽使孟汉琼自西方还,亦言重诲过恶,有诏召重诲还。

二月,己丑朔,石敬瑭以遂、阆既陷,粮运不继,烧营北归。军前以告孟知祥,知祥匿其书,谓赵季良曰:"北军渐进,奈何?"季良曰:"不过绵州,必遁。"知祥问其故,曰:"我逸彼劳,彼悬军千里,粮尽,能无遁乎!"知祥大笑,以书示之。

安重诲至三泉,得诏亟归,过凤翔,朱弘昭不内,重诲惧,驰骑而东。

两川兵追石敬瑭至利州,壬辰,昭武节度使李彦琦弃城走。甲午,两川兵入利州。孟知祥以赵廷隐为昭武留后,廷隐遣使密言于知祥曰:"董璋多诈,可与同忧,不可与同乐,他日必为公患。因其至剑州劳军,请图之。并两川之众,可以得志于天下。"知祥不许。璋入廷隐营,留宿而去。廷隐叹曰:"不从吾谋,祸难未已!"

庚子,孟知祥以武信留后李仁罕为峡路行营招讨使,使将水军东略地。

辛丑,以枢密使兼中书令安重诲为护国节度使。赵凤言于上曰:"重诲陛下家臣,其心终不叛主,但以不能周防,为人所谗。陛下不察其心,重诲死无日矣。"上以为朋党,不悦。

乙巳,赵廷隐、李肇自剑州引还,留兵五千戍利州。丙午,董璋亦还东川,留兵三千戍果、阆。

丁巳,李仁罕陷忠州。

吴徐知诰欲以中书侍郎、内枢使宋齐丘为相,齐丘自以资望素浅,欲以退让为高,谒归洪州葬父,因入九华山,止于应天寺,启求隐居。吴主下诏征之,知诰亦以书招之,皆不至。知诰遣其子景通自入山敦谕,齐丘始还朝,除右仆射致仕,更命应天寺曰征贤寺。

三月,己未朔,李仁罕陷万州。庚申,陷云安监。

辛酉,赐契丹东丹王突欲姓东丹,名慕华,以为怀化节度使、瑞、慎等州观察使,其部曲及先所俘契丹将惕隐等,皆赐姓名。惕隐姓狄,名怀惠。

李仁罕至夔州,宁江节度使安崇阮弃镇,与杨汉宾自均、房逃归。壬戌,仁罕陷夔州。

帝既解安重诲枢务,乃召李从珂,泣谓曰:"如重诲意,汝安得复见吾!"丙寅,以从珂为左卫大将军。

壬申，横海节度使、同平章事孔循卒。

乙酉，复以钱镠为天下兵马都元帅、尚父、吴越国王，遣监门上将军张篯往谕旨，以向日致仕，安重诲矫制也。

丁亥，以太常卿李愚为中书侍郎、同平章事。

夏，四月，辛卯，以王德妃为淑妃。

闽奉国节度使兼中书令王延禀闻闽王延钧有疾，以次子继昇知建州留后，帅建州刺史继雄将水军袭福州。癸卯，延禀攻西门，继雄攻东门，延钧遣楼船指挥使王仁达将水军拒之。仁达伏甲舟中，伪立白帜请降，继雄喜，屏左右，登仁达舟慰抚之，仁达斩继雄，枭首于西门。延禀方纵火攻城，见之，恸哭，仁达因纵兵击之，众溃，左右以斛舁延禀而走，甲辰，追擒之。延钧见之曰："果烦老兄再下！"延禀惭不能对。延钧囚于别室，遣使者如建州招抚其党，其党杀使者，奉继昇及弟继伦奔吴越。仁达，延钧从子也。

以宣徽北院使赵延寿为枢密使。

己酉，天雄节度使、同平章事石敬瑭兼六军诸卫副使。

辛亥，以朱弘昭为宣徽南院使。

五月，闽王延钧斩王延禀于市，复其姓名曰周彦琛，遣其弟都教练使延政如建州抚慰吏民。

丁卯，罢亩税麴钱，城中官造麴减旧半价，乡村听百姓自造，民甚便之。

己卯，以孟汉琼知内侍省事，充宣徽北院使。汉琼，本赵王镕奴也。时范延光、赵延寿虽为枢密使，惩安重诲以刚愎得罪，每于政事不敢可否，独汉琼与王淑妃居中用事，人皆惮之。先是，宫中须索稍逾常度，重诲辄执奏，由是非分之求殆绝。至是，汉琼直以中宫之命取府库物，不复关由枢密院及三司，亦无文书，所取不可胜纪。

辛巳，以相州刺史孟鹄为左骁卫大将军，充三司使。

昭武留后赵廷隐自成都赴利州，逾月，请兵进取兴元及秦、凤，孟知祥以兵疲民困，不许。

护国节度使兼中书令安重诲内不自安，表请致仕，闰月，庚寅，制以太子太师致仕。是日，其子崇赞、崇绪逃奔河中。

壬辰，以保义节度使李从璋为护国节度使。甲午，遣步军指挥使药彦稠将兵趣河中。

安崇赞等至河中，重诲惊曰："汝安得来？"既而曰："吾知之矣，此非渠意，为人所使耳。吾以死徇国，夫复何言！"乃执二子表送诣阙。明日，有中使至，见重海,恸哭久之。重海问其故,中使曰:"人言令公有异志,朝廷已遣药彦稠将兵至矣。"重海曰:"吾受国恩,死不足报,敢有异志,更烦国家发兵,贻主上之忧,罪益重矣。"崇赟等至陕,有诏系狱。

皇城使翟光邺素恶重海,帝遣诣河中察之,曰:"重海果有异志则诛之。"光邺至河中,李从璋以甲士围其第,自入见重海,拜于庭下。重海惊,降阶答拜,从璋奋挝击其首,妻张氏惊救,亦挝杀之。奏至,己亥,下诏,以重海离间孟知祥、董璋、钱镠为重海罪,又诬其欲自击淮南以图兵柄,遣元随窃二子归本道,并二子诛之。

丙午,帝遣西川进奏官苏愿、东川军将刘澄各还本道,谕以安重海专命,兴兵致讨,今已伏辜。

六月,乙丑,复以李从珂同平章事,充西都留守。

丙子,命诸道均民田税。

闽王延钧好神仙之术,道士陈守元、巫者徐彦、林兴、盛韬共诱之作宝皇宫,极土木之盛,以守元为宫主。

秋,九月,己亥,更赐东丹慕华姓名曰李赞华。

吴镇南节度使、同平章事徐知谏卒,以诸道副都统、镇海节度使、守中书令徐知询代之,赐爵东海郡王。徐知诰之召知询入朝也,知谏豫其谋。知询遇其丧于涂,抚棺泣曰:"弟用心如此,我亦无憾,然何面见先王于地下乎!"

辛丑,加枢密使范延光同平章事。

辛亥,敕解纵五坊鹰隼,内外无得更进。冯道曰:"陛下可谓仁及鸟兽。"上曰:"不然。朕昔尝从武皇猎,时秋稼方熟,有兽逸入田中,遣骑取之,比及得兽,余稼无几。以是思之,猎有损无益,故不为耳。"

冬,十月,丁卯,洋州指挥使李进唐攻通州,拔之。

壬午,以王延政为建州刺史。

十一月,甲申朔,日有食之。

癸巳,苏愿至成都,孟知祥闻甥姊在朝廷者皆无恙,遣使告董璋,欲与之俱上表谢罪。璋怒曰:"孟公亲戚皆完,固宜归附;璋已族灭,尚何谢为!诏书皆在苏愿腹中,刘澄安得豫闻,璋岂不知邪!"由是复为怨敌。

乙未,李仁罕自夔州引兵还成都。

吴中书令徐知诰表称辅政岁久,请归老金陵,乃以知诰为镇海、宁国节度使,镇金陵,余官如故,总录朝政如徐温故事。以其子兵部尚书、参政事景通为司徒、同平章事,知中外左右诸军事,留江都辅政;以内枢使、同平章事王令谋为左仆射,兼门下侍郎,以宋齐丘为右仆射,兼中书侍郎,并同平章事,兼内枢使,以佐景通。

赐德胜节度使张崇爵清河王。崇在庐州贪暴,州人苦之,屡尝入朝,厚以货结权要,由是常得还镇,为庐州患者二十余年。

十二月,甲寅朔,初听百姓自铸农器并杂铁器,每田二亩,夏秋输农具三钱。

武安、静江节度使马希声闻梁太祖嗜食鸡,慕之,既袭位,日杀五十鸡为膳,居丧无戚容。庚申,葬武穆王于衡阳,将发引,顿食鸡臛数盘,前吏部侍郎潘起讥之曰:"昔阮籍居丧食蒸豚,何代无贤!"

癸亥,徐知诰至金陵。

昭武留后赵廷隐白孟知祥以利州城堑已完,顷在剑州与牙内都指挥使李肇同功,愿以昭武让肇,知祥褒谕,不许。廷隐三让,癸酉,知祥召廷隐还成都,以肇代之。

闽陈守元等称宝皇之命,谓闽王延钧曰:"苟能避位受道,当为天子六十年。"延钧信之,丙子,命其子节度副使继鹏权军府事。延钧避位受箓,道名玄锡。

爱州将杨廷艺养假子三千人,图复交州,汉交州守将李进知之,受其赂,不以闻。是岁,廷艺举兵围交州,汉主遣承旨程宝将兵救之,未至,城陷。进逃归,汉主杀之。宝围交州,廷艺出战,宝败死。

三年(壬辰、932)

春,正月,枢密使范延光言:"自灵州至邠州方渠镇,使臣及外国入贡者多为党项所掠,请发兵击之。"己丑,遣静难节度使药彦稠、前朔方节度使康福将步骑七千讨党项。

乙未,孟知祥妻福庆长公主卒。

孟知祥以朝廷恩意优厚,而董璋塞绵州路,不听遣使入谢,与节度副使赵季良等谋,欲使自峡江上表,掌书记李昊曰:"公不与东川谋而独遣使,则异日负约之责在我矣。"乃复遣使语之,璋不从。

二月,赵季良与诸将议遣昭武都监太原高彦俦将兵攻取壁州,以绝山南兵转入山后诸州者,孟知祥谋于僚佐,李昊曰:"朝廷遣苏愿等西归,未尝报谢,今遣兵侵轶,公若不顾坟墓、甥姝,则不若传檄举兵直取梁、洋,安用壁州乎!"知祥乃止。季良由是恶昊。

辛未,初令国子监校定"九经",雕印卖之。

药彦稠等奏破党项十九族,俘二千七百人。

赐高从诲爵渤海王。

吴徐知诰作礼贤院于府舍,聚图书,延士大夫,与孙晟及海陵陈觉谈议时事。

孟知祥三遣使说董璋,以主上加礼于两川,苟不奉表谢罪,恐复致讨,璋不从。三月,辛丑,遣李昊诣梓州,极论利害,璋见昊,诟怒,不许。昊还,言于知祥曰:"璋不通谋议,且有窥西川之志,公宜备之。"

甲辰,闽王延钧复位。

吴越武肃王钱镠寝疾,谓将吏曰:"吾疾必不起,诸儿皆愚懦,谁可为帅者?"众泣曰:"两镇令公仁孝有功,孰不爱戴!"镠乃悉出印钥授传瓘,曰:"将吏推尔,宜善守之。"又曰:"子孙善事中国,勿以易姓废事大之礼。"庚戌卒,年八十一。

传瓘与兄弟同帷行丧,内牙指挥使陆仁章曰:"令公嗣先王霸业,将吏旦暮趋谒,当与诸公子异处。"乃命主者更设一帷,扶传瓘居之,告将吏曰:"自今惟谒令公,禁诸公子从者无得妄人。"昼夜警卫,未尝休息。镠末年,左右皆附传瓘,独仁章数以事犯之。至是,传瓘劳之,仁章曰:"先王在位,仁章不知事令公,今日尽节,犹事先王也。"传瓘嘉叹久之。

传瓘既袭位,更名元瓘,兄弟名"传"者皆更为"元"。以遗命去国仪,用藩镇法;除民田荒绝者租税。命处州刺史曹仲达权知政事。置择能院,掌选举殿最,以浙西营田副使沈崧领之。

内牙指挥使富阳刘仁杞及陆仁章久用事,仁章性刚,仁杞好毁短人,皆为众所恶。一日,诸将共诣府门请诛之,元瓘使从子仁俊谕之曰:"二将事先王久,吾方图其功,汝曹乃欲逞私憾而杀之,可乎?吾为汝王,汝当禀吾命;不然,吾当归临安以避贤路。"众惧而退。乃以仁章为衢州刺史,仁杞为湖州刺史。中外有上书告讦者,元瓘皆置不问,由是将吏辑睦。

初,契丹舍利蓟剌与惕隐皆为赵德钧所擒,契丹屡遣使请之。上谋于群臣,德钧等皆曰:"契丹所以数年不犯边,数求和者,以此辈在南故也,纵之则边患复生。"上以问冀州刺史杨檀,对曰:"蓟剌,契丹之骁将,向助王都谋危社稷,幸而擒之,陛下免其死,为赐已多。契丹失之如丧手足。彼在朝廷数年,知中国虚实,若得归,为患必深,彼才出塞,则南向发矢矣,恐悔之无及。"上乃止。檀,沙陀人也。

上欲授李赞华以河南藩镇,群臣皆以为不可,上曰:"吾与其父约为昆弟,故赞华归我。吾老矣,后世继体之君,虽欲招之,其可致乎!"夏,四月,癸亥,以赞华为义成节度使,为选朝士为僚属辅之。赞华但优游自奉,不豫政事,上嘉之,虽时有不法亦不问,以庄宗后宫夏氏妻之。赞华好饮人血,姬妾多刺臂以吮之,婢仆小过,或抉目,或刀刲火灼,夏氏不忍其残,奏离昏为尼。

乙丑,加宋王从厚兼中书令。

东川节度使董璋会诸将谋袭成都,皆曰必克,前陵州刺史王晖曰:"剑南万里,成都为大,时方盛夏,师出无名,必无成功。"璋不从。孟知祥闻之,遣马军都指挥使潘仁嗣将三千人诣汉州诇之。

璋入境，破白杨林镇，执戍将武弘礼，声势甚盛，知祥忧之。赵季良曰："璋为人勇而无恩，士卒不附，城守则难克，野战则成擒矣。今不守巢穴，公之利也。璋用兵精锐皆在前锋，公宜以羸兵诱之，以劲兵待之，始虽小衄，后必大捷。璋素有威名，今举兵暴至，人心危惧，公当自出御之，以强众心。"赵廷隐以季良言为然，曰："璋轻而无谋，举兵必败，当为公擒之。"辛巳，以廷隐为行营马步军都部署，将三万人拒之。

五月，壬午朔，廷隐入辞。董璋檄书至，又有遗季良、廷隐及李肇书，诬之云，季良、廷隐与己通谋，召己令来。知祥以书授廷隐，廷隐不视，投之于地，曰："不过为反间，欲令公杀副使与廷隐耳。"再拜而行。知祥曰："事必济矣。"肇素不知书，视之，曰："璋教我反耳。"囚其使者，然亦拥兵为自全计。

璋兵至汉州，潘仁嗣与战于赤水，大败，为璋所擒，璋遂克汉州。

癸未，知祥留赵季良、高敬柔守成都，自将兵八千趣汉州，至弥牟镇，赵廷隐陈于镇北。甲申，迟明，廷隐陈于鸡踪桥，义胜定远都知兵马使张公铎陈于其后。俄而璋望西川兵盛，退陈于武侯庙下，璋帐下骁卒大噪曰："日中曝我辈何为，何不速战！"璋乃上马。前锋始交，东川右厢马步都指挥使张守进降于知祥，言"璋兵尽此，无复后继，当急击之。"知祥登高冢督战，左明义指挥使毛重威、左冲山指挥使李瑭守鸡踪桥，皆为东川兵所杀，赵廷隐三战不利，牙内都指挥副使侯弘实兵亦却，知祥惧，以马棰指后陈。张公铎帅众大呼而进，东川兵大败，死者数千人，擒东川中都指挥使元瓌、牙内副指挥使董光演等八十余人。璋拊膺曰："亲兵皆尽，吾何依乎！"与数骑遁去，余众七千人降，复得潘仁嗣。知祥引兵追璋至五侯津，东川马步都指挥使元璝降。西川兵入汉州府第，求璋不得，士卒争璋军资，故璋走得免。赵廷隐追至赤水，又降其卒三千人。是夕，知祥宿雒县，命李昊草榜谕东川吏民，及草书劳问璋，且言将如梓州询负约之由，请见伐之罪。乙酉，知祥会廷隐于赤水，遂西还，命廷隐将兵攻梓州。

璋至梓州，肩舆而入，王晖迎问曰："太尉全军出征，今还者无十人，何也？"璋涕泣不能对。至府第，方食，晖与璋从子牙内都虞候延浩帅兵三百大噪而入。璋引妻子登城，子光嗣自杀。璋至北门楼，呼指挥使潘稠使讨乱兵，稠引十卒登城，斩璋首，及取光嗣首以授王晖，晖举城迎降。赵廷隐入梓州，封府库以待知祥。李肇闻璋败，始斩其使以闻。

丙戌，知祥入成都。丁亥，复将兵八千如梓州。至新都，赵廷隐献董璋首。己丑，发玄武，赵廷隐帅东川将吏来迎。

康福奏党项钞盗者已伏诛，余皆降附。

壬辰，孟知祥有疾，癸巳，疾甚，中门副使王处回侍左右，庖人进食，必空器而出,以安众心。李仁罕自遂州来,赵廷隐迎于板桥,仁罕不称东川之功,侵侮廷隐,廷隐大怒。乙未,知祥疾瘳。丁酉,入梓州。戊戌,犒赏将士,既罢,知祥谓李仁罕、赵廷隐曰:"二将谁当镇此?"仁罕曰:"令公再与蜀州,亦宜耳。"廷隐不对。知祥愕然,退,命李昊草牒,俟二将有所推则命一人为留后,昊曰:"昔梁祖、庄宗皆兼领四镇,今二将不让,惟公自领之为便耳。公宜亟还府,更与赵仆射议之。"

己亥,契丹使者迭罗卿辞归国,上曰:"朕志在安边,不可不少副其求。"乃遣荆骨舍利与之俱归。契丹以不得荆剌,自是数寇云州及振武。

孟知祥命李仁罕归遂州,留赵廷隐东川巡检,以李昊行梓州军府事。昊曰:"二虎方争,仆不敢受命,愿从公还。"乃以都押牙王彦铢为东川监押。癸卯,知祥至成都,赵廷隐寻亦引兵西还。

知祥谓李昊曰:"吾得东川,为患益深。"昊请其故,知祥曰:"自吾发梓州,得仁罕七状,皆云'公宜自领东川,不然诸将不服。'廷隐言'本不敢当东川,因仁罕不让,遂有争心耳。'君为我晓廷隐,复以阆州为保宁军,益以果、蓬、渠、开四州,往镇之。吾自领东川,以绝仁罕之望。"廷隐犹不平,请与仁罕斗,胜者为东川,昊深解之,乃受命。六月,以廷隐为保宁留后。戊午,赵季良帅将吏请知祥兼镇东川,许之。季良等又请知祥称王,权行制书,赏功臣,不许。

董璋之起兵攻知祥也,山南西道节度使王思同以闻,范延光言于上曰:"若两川并于一贼,抚众守险,则取之益难,宜及其交争,早图之。"上命思同以兴元之兵密规进取。未几,闻璋败死,延光曰:"知祥虽据全蜀,然士卒皆东方人,知祥恐其思归为变,亦欲倚朝廷之重以威其众,陛下不屈意抚之,彼则无从自新。"上曰:"知祥吾故人,为人离间至此,何屈意之有!"乃遣供奉官李存瓌赐知祥诏曰:"董璋狐狼,自贻族灭。卿丘园亲戚皆保安全,所宜成家世之美名,守君臣之大节。"存瓌,克宁之子,知祥之甥也。

闽王延钧谓陈守元曰:"为我问宝皇:既为六十年天子,后当何如?"明日,守元入白:"昨夕奏章,得宝皇旨,当为大罗仙主。"徐彦等亦曰:"北庙崇顺王尝见宝皇,其言与守元同。"延钧益自负,始谋称帝。表朝廷云:"钱镠卒,请以臣为吴越王;马殷卒,请以臣为尚书令。"朝廷不报,自是职贡遂绝。

资治通鉴卷第二百七十八

端明殿学士兼翰林侍读学士太中大夫提举西京嵩山崇福宫上柱国河内郡开国公食邑二千六百户食实封一千户臣 司马光 奉敕编集

后唐纪七 起玄黓执徐(壬辰)七月，

尽阏逢敦牂(甲午)闰正月，凡一年有奇。

明宗圣德和武钦孝皇帝下

长兴三年(壬辰、932)

秋，七月，朔方奏夏州党项入寇，击败之，追至贺兰山。

己丑，加镇海、镇东节度使钱元瓘守中书令。

庚寅，李存瓌至成都，孟知祥拜泣受诏。

武安、静江节度使马希声以湖南比年大旱，命闭南岳及境内诸神祠门，竟不雨。辛卯，希声卒，六军使袁诠、潘约等迎镇南节度使希范于朗州而立之。

乙未，孟知祥遣李存瓌还，上表谢罪，且告福庆公主之丧。自是复称藩，然益骄倨矣。

庚子，以西京留守、同平章事李从珂为凤翔节度使。

废武兴军，复以凤、兴、文三州隶山南西道。

丁未，以门下侍郎、同平章事赵凤同平章事，充安国节度使。

八月，庚申，马希范至长沙。辛酉，袭位。

甲子，孟知祥令李昊为武泰赵季良等五留后草表，请以知祥为蜀王，行墨制，仍自求旌节，昊曰："比者诸将攻取方镇，即有其地，今又自求朝廷节钺及明公封爵，然则轻重之权皆在群下矣。借使明公自请，岂不可邪！"知祥大悟，更令昊为己草表，请行墨制，补两川刺史已下，又表请以季良等五留后为节度使。

初，安重诲欲图两川，自知祥杀李严，每除刺史，皆以东兵卫送之，小州不减五百人，夏鲁奇、李仁矩、武虔裕各数千人，皆以牙队为名。及知祥克遂、阆、利、夔、黔、梓六镇，得东兵无虑三万人，恐朝廷征还，表请其妻子。

吴徐知诰广金陵城周围二十里。

初，契丹既强，寇抄卢龙诸州皆遍，幽州城门之外，虏骑充斥。每自涿州运粮入幽州，虏多伏兵于阎沟，掠取之。及赵德钧为节度使，城阎沟而戍之，为良乡县，粮道稍通。幽州东十里之外，人不敢樵牧，德钧于州东五十里城潞县而戍之，近州之民始得稼穑。至是，又于州东北百余里城三河县以通蓟州运路，虏骑来争，德钧击却之。九月，庚辰朔，奏城三河毕。边人赖之。

壬午，以镇南节度使马希范为武安节度使，兼侍中。

孟知祥命其子仁赞摄行军司马，兼都总辖两川牙内马步都军事。

冬，十月，己酉朔，帝复遣李存瓌如成都，凡剑南自节度使、刺史以下官，听知祥差署讫奏闻，朝廷更不除人，唯不遣戍兵妻子，然其兵亦不复征也。

秦王从荣喜为诗，聚浮华之士高辇等于幕府，与相唱和，颇自矜伐。每置酒，辄令僚属赋诗，有不如意者面毁裂抵弃。壬子，从荣入谒，帝语之曰："吾虽不知书，然喜闻儒生讲经义，开益人智思。吾见庄宗好为诗，将家子文非素习，徒取人窃笑，汝勿效也。"

丙辰，幽州奏契丹屯捺剌泊。

前彰义节度使李金全屡献马，上不受，曰："卿在镇为治何如？勿但以献马为事。"金全，吐谷浑人也。

壬申，大理少卿康澄上疏曰："臣闻童谣非祸福之本，祅祥岂隆替之源。故雊雉升鼎而桑谷生朝，不能止殷宗之盛；神马长嘶而玉龟告兆，不能延晋祚之长。是知国家有不足惧者五，有深可畏者六：阴阳不调不足惧，三辰失行不足惧，小人讹言不足惧，山崩川涸不足惧，蟊贼伤稼不足惧。贤人藏匿深可畏，四民迁业深可畏，上下相徇深可畏，廉耻道消深可畏，毁誉乱真深可畏，直言蔑闻深可畏。不足惧者，愿陛下存而勿论；深可畏者，愿陛下修而靡忒。"优诏奖之。

秦王从荣为人鹰视，轻佻峻急，既判六军诸卫事，复参朝政，多骄纵不法。初，安重诲为枢密使，上专属任之。从荣及宋王从厚自襁褓与之亲狎，虽典兵，常为重诲所制，畏事之。重诲死，王淑妃与宣徽使孟汉琼宣传帝命，范延光、赵延寿为枢密使，从荣皆轻侮之。河阳节度使、同平章事石敬瑭兼六军诸卫副使，其妻永宁公主与从荣异母，素相憎疾。从荣以从厚声名出己右，尤忌之，从厚善以卑弱奉之，故嫌隙不外见。石敬瑭不欲与从荣共事，常思外补以避之。范延光、赵延寿亦虑为祸，屡辞机要，请与旧臣迭为之，上不许。会契丹欲入寇，上命择帅臣镇河东，延光、延寿皆曰："当今帅臣可往者独石敬瑭、康义诚耳。"敬瑭亦愿行，上即命除之。既受诏，不落六军副使，敬瑭复辞，上乃以宣徽使朱弘昭知山南东道，代义诚诣阙。

十一月，辛巳，以三司使孟鹄为忠武节度使，以忠武节度使冯赟充宣徽南院使，判三司。鹄本刀笔吏，与范延光乡里厚善，数年间引擢至节度使，上虽知其太速，然不能违也。

乙酉，上以胡寇浸逼北边，命趣议河东帅，石敬瑭欲之，而范延光、赵延寿欲用康义诚,议久不决。枢密直学士李崧以为非石太尉不可。延光曰:"仆亦累奏用之,上欲留之宿卫耳。"会上遣中使趣之,众乃从崧议。丁亥,以石敬瑭为北京留守、河东节度使,兼大同、振武、彰国、威塞等军蕃汉马步总管,加兼侍中。

己丑,加枢密使赵延寿同平章事。

吴以诸道都统徐知诰为大丞相、太师,加领(得)〔德〕胜节度使,知诰辞丞相、太师。

大同节度使张敬达聚兵要害,契丹竟不敢南下而还。敬达,代州人也。

蔚州刺史张彦超本沙陀人,尝为帝养子,与石敬瑭有隙,闻敬瑭为总管,举城附于契丹,契丹以为大同节度使。

石敬瑭至晋阳,以部将刘知远、周瓌为都押衙,委以心腹,军事委知远,帑藏委瓌。瓌,晋阳人也。

十二月,戊午,以康义诚为河阳节度使,兼侍卫亲军马步都指挥使;以朱弘昭为山南东道节度使。

是岁,汉主立其子耀枢为雍王,龟图为康王,弘度为宾王,弘熙为晋王,弘昌为越王,弘弼为齐王,弘雅为韶王,弘泽为镇王,弘操为万王,弘杲为循王,弘暐为恩王,弘邈为高王,弘简为同王,弘建为益王,弘济为辩王,弘道为贵王,弘昭为宜王,弘政为通王,弘益为定王。未几,徙弘度为秦王。

四年(癸巳、933)

春,正月,戊子,加秦王从荣守尚书令,兼侍中。庚寅,以端明殿学士归义刘昫为中书侍郎、同平章事。

闽人有言真封宅龙见者,闽王延钧更命其宅曰龙跃宫。遂诣宝皇宫受册,备仪卫,入府,即皇帝位,国号大闽,大赦,改元龙启,更名璘。追尊父祖,立五庙。以其僚属李敏为左仆射、门下侍郎,其子节度副使继鹏为右仆射、中书侍郎,并同平章事。以亲吏吴勗为枢密使。唐册礼使裴杰、程侃适至海门,闽主以杰为如京使,侃固求北还,不许。闽主自以国小地僻,常谨事四邻,由是境内差安。

二月,戊申,孟知祥墨制以赵季良等为五镇节度使。

凉州大将拓跋承谦及耆老上表,请以权知留后孙超为节度使。上问使者:"超为何人?"对曰:"张义潮在河西,朝廷以天平军二千五百人戍凉州,自黄巢之乱,凉州为党项所隔,戍人稍稍物故皆尽,超及城中之人皆其子孙也。"

乙卯,以马希范为武安、武平节度使,兼中书令。

戊午,定难节度使李仁福卒。庚申,军中立其子彝超为留后。

癸亥,以孟知祥为东西川节度使、蜀王。

先是,河西诸镇皆言李仁福潜通契丹,朝廷恐其与契丹连兵,并吞河右,南侵关中，会仁福卒，三月，癸未，以其子彝超为彰武留后，徙彰武节度使安从进为定难留后，仍命静难节度使药彦稠将兵五万，以宫苑使安重益为监军，送从进赴镇。从进，索葛人也。

乙酉，始下制除赵季良等为五镇节度使。

丁亥，敕谕夏、银、绥、宥将士吏民，以“夏州穷边，李彝超年少，未能扞御，故徙之延安，从命则有李从曮、高允韬富贵之福，违命则有王都、李宾覆族之祸。”夏，四月，彝超上言，为军士百姓拥留，未得赴镇，诏遣使趣之。

言事者请为亲王置师傅，宰相畏秦王从荣，不敢除人，请令王自择。秦王府判官、太子詹事王居敏荐兵部侍郎刘瓒于从荣，从荣表请之。癸丑，以瓒为秘书监、秦王傅，前襄州支使山阳鱼崇远为记室。瓒自以左迁，泣诉，不得免。王府参佐皆新进少年，轻脱谄谀，瓒独从容规讽，从荣不悦。瓒虽为傅，从荣一概以僚属待之，瓒有难色，从荣觉之，自是戒门者勿为通，月听一至府，或竟日不召，亦不得食。

李彝超不奉诏，遣其兄阿啰王守青岭门，集境内党项诸胡以自救。药彦稠等进屯芦关，彝超遣党项抄粮运及攻具，官军自芦关退保金明。

闽王璘立子继鹏为福王，充宝皇宫使。

五月，戊寅，立皇子从珂为潞王，从益为许王，从子天平节度使从温为兖王，护国节度使从璋为洋王，成德节度使从敏为泾王。

庚辰，闽地震，闽主璘避位修道，命福王继鹏权总万机。初，闽王审知性节俭，府舍皆庳陋，至是，大作宫殿，极土木之盛。

甲申，帝暴得风疾。庚寅，小愈，见群臣于文明殿。

壬辰夜，夏州城上举火，比明，杂虏数千骑救乏，安从进遣先锋使宋温击走之。

吴宋齐丘劝徐知诰徙吴主都金陵，知诰乃营宫城于金陵。

帝旬日不见群臣，都人恟惧，或潜窜山野，或寓止军营。秋，七月，庚辰，帝力疾御广寿殿，人情始安。

安从进攻夏州。州城赫连勃勃所筑，坚如铁石，斫凿不能入。又党项万余骑徜徉四野，抄掠粮饷，官军无所刍牧。山路险狭，关中民输斗粟束藁费钱数缗，民间困竭不能供。李彝超兄弟登城谓从进曰：“夏州贫瘠，非有珍宝蓄积可以充朝廷贡赋也，但以祖父世守此土，不欲失之。蕞尔孤城，胜之不武，何足烦国家劳费如此！幸为表闻，若许其自新，或使之征伐，愿为众先。”上闻之，壬午，命从进引兵还。其后有知李仁福阴事者，云：“仁福畏朝廷除移，扬言结契丹为援，契丹实不与之通也，致朝廷误兴是役，无功而还。”自是夏州轻朝廷，每有叛臣，必阴与之连以邀赂遗。上疾久未平，征夏州无功，军士颇有流言，乙酉，赐在京诸军优给有差，既赏赍无名，士卒由是益骄。

丁亥，赐钱元璙爵吴王。元璙于兄弟甚厚，其兄中吴、建武节度使元璛自苏州入见，元璙以家人礼事之，奉觞为寿，曰：“此兄之位也，而小子居之，兄之赐也。”元璛曰：“先王择贤而立之，君臣位定，元璛知忠顺而已。”因相与对泣。

戊子，闽主璘复位。初，福建中军使薛文杰，性巧佞，璘喜奢侈，文杰以聚敛求媚，璘以为国计使，亲任之。文杰阴求富民之罪，籍没其财，被榜捶者胸背分受，仍以铜斗火熨之。建州土豪吴光入朝，文杰利其财，求其罪，将治之，光怨怒，帅其众且万人叛奔吴。

帝以工部尚书卢文纪、礼部郎中吕琦为蜀王册礼使，并赐蜀王一品朝服。知祥自作九旒冕、九章衣，车服旌旗皆拟王者。八月，乙巳朔，文纪等至成都。戊申，知祥服衮冕，备仪卫诣驿，降阶北面受册，升玉辂，至府门，乘步辇而归。文纪，简求之孙也。

戊申，群臣上尊号曰圣明神武广道法天文德恭孝皇帝，大赦。在京及诸道将士各等第优给。时一月之间再行优给，由是用度益窘。

太仆少卿致仕何泽见上寝疾，秦王从荣权势方盛，冀己复进用，表请立从荣为太子。上览表泣下，私谓左右曰：“群臣请立太子，朕当归老太原旧第耳。”不得已，丙戌，诏宰相枢密使议之。丁卯，从荣见上，言曰：“窃闻有奸人请立臣为太子，臣幼少，且愿学治军民，不愿当此名。”上曰：“群臣所欲也。”从荣退，见范延光、赵延寿曰：“执政欲以吾为太子，是欲夺我兵柄，幽之东宫耳。”延寿等知上意，且惧从荣之言，即具以白上，辛未，制以从荣为天下兵马大元帅。

九月，甲戌朔，吴主立德妃王氏为皇后。

戊寅，加范延光、赵延寿兼侍中。

癸未，中书奏节度使见元帅仪，虽带平章事，亦以军礼廷参，从之。

帝欲加宣徽使、判三司冯赟同平章事，赟父名章。执政误引故事，庚寅，加赟同中书门下二品，充三司使。

秦王从荣请严卫、捧圣步骑两指挥为牙兵，每入朝，从数百骑，张弓挟矢，驰骋衢路。令文士试草《檄淮南书》，陈己将廓清海内之意。从荣不快于执政，私谓所亲曰：“吾一旦南面，必族之。”范延光、赵延寿惧，屡求外补以避之。上以为见己病而求去，甚怒，曰：“欲去自去，奚用表为！”齐国公主复为延寿言于禁中，云“延寿实有疾，不堪机务。”丙申，二人复言于上曰：“臣等非敢惮劳，愿与勋旧迭为之。亦不敢俱去，愿听一人先出。若新人不称职，复召臣，臣即至矣。”上乃许之。戊戌，以延寿为宣武节度使，以山南东道节度使朱弘昭为枢密使、同平章事。制下,弘昭复辞,上叱之曰:"汝辈皆不欲在吾侧,吾蓄养汝辈何为!"弘昭乃不敢言。

吏部侍郎张文宝泛海使杭州,船坏,水工以小舟济之,风飘至天长,从者二百人,所存者五人。吴主厚礼之,资以从者仪服钱币数万,仍为之牒钱氏,使于境上送候。文宝独受饮食,余皆辞之,曰:"本朝与吴久不通问,今既非君臣,又非宾主,若受兹物,何辞以谢!"吴主嘉之,竟达命于杭州而还。

庚子,以前义成节度使李赞华为昭信节度使,留洛阳食其俸。

辛丑,诏大元帅从荣位在宰相上。

吴徐知诰以国中水火屡为灾,曰:"兵民困苦,吾安可独乐!"悉纵遣侍妓,取乐器焚之。

闽内枢密使薛文杰说闽王抑挫诸宗室,从子继图不胜忿,谋反,坐诛,连坐者千余人。

冬,十月,乙卯,范延光、冯赟奏:"西北诸胡卖马者往来如织,日用绢无虑五千匹,计耗国用什之七,请委缘边镇戍择诸胡所卖马良者给券,具数以闻。"从之。

戊午,以前武兴节度使孙岳为三司使。

范延光屡因孟汉琼、王淑妃以求出,庚申,以延光为成德节度使,以冯赟为枢密使。帝以亲军都指挥使、河阳节度使、同平章事康义诚为朴忠,亲任之。时要近之官多求出以避秦王之祸,义诚度不能自脱,乃令其子事秦王,务以恭顺持两端,冀得自全。

权知夏州事李彝超上表谢罪,求昭雪,壬戌,以彝超为定难节度使。

十一月,甲戌,上饯范延光,酒罢,上曰:"卿今远去,事宜尽言。"对曰:"朝廷大事,愿陛下与内外辅臣参决,勿听群小之言。"遂相泣而别。时孟汉琼用事,附之者共为朋党以蔽惑上听,故延光言及之。

庚辰,改慎州怀化军。置保顺军于洮州,领洮、都等州。

戊子,帝疾复作,己丑,大渐,秦王从荣入问疾,帝俯首不能举。王淑妃曰:"从荣在此。"帝不应。从荣出,闻宫中皆哭,从荣意帝已殂,明旦,称疾不入。是夕,帝实小愈,而从荣不知。

从荣自知不为时论所与,恐不得为嗣,与其党谋,欲以兵入侍,先制权臣。辛卯,从荣遣都押牙马处钧谓朱弘昭、冯赟:"吾欲帅牙兵入宫中侍疾,且备非常,当止于何所?"二人曰:"王自择之。"既而私于处钧曰:"主上万福,王宜竭心忠孝,不可妄信人浮言。"从荣怒,复遣处钧谓二人曰:"公辈殊不爱家族邪? 何敢拒我!"二人患之,入告王淑妃及宣徽使孟汉琼,咸曰:"兹事不得康义诚不可济。"乃召义诚谋之,义诚竟无言,但曰:"义诚将校耳,不敢预议,惟相公所使。"弘昭疑义诚不欲众中言之,夜,邀至私第问之,其对如初。

壬辰，从荣自河南府常服将步骑千人陈于天津桥。是日黎明，从荣遣马处钧至冯赟第，语之曰："吾今日决入，且居兴圣宫。公辈各有宗族，处事亦宜详允，祸福在须臾耳。"又遣处钧诣康义诚，义诚曰："王来则奉迎。"赟驰入右掖门，见弘昭、义诚、汉琼及三司使孙岳方聚谋于中兴殿门外，赟具道处钧之言，因让义诚曰："秦王言'祸福在须臾'，其事可知，公勿以儿在秦府，左右顾望。主上拔擢吾辈，自布衣至将相，苟使秦王兵得入此门，置主上何地？吾辈尚有遗种乎？"义诚未及对，监门白秦王已将兵至端门外。汉琼拂衣起曰："今日之事，危及君父，公犹顾望择利邪？吾何爱余生，当自帅兵拒之耳。"即入殿门，弘昭、赟随之，义诚不得已，亦随之入。汉琼见帝曰："从荣反，兵已攻端门，须臾入宫，则大乱矣。"宫中相顾号哭，帝曰："从荣何苦乃尔！"问弘昭等："有诸？"对曰："有之，适已令门者阖门矣。"帝指天泣下，谓义诚曰："卿自处置，勿惊百姓。"控鹤指挥使李重吉，从珂之子也，时侍侧，帝曰："吾与尔父，冒矢石定天下，数脱吾于厄，从荣辈得何力，今乃为人所教，为此悖逆！我固知此曹不足付大事，当呼尔父授以兵柄耳。汝为我部闭诸门。"重吉即帅控鹤兵守宫门。孟汉琼被甲乘马，召马军都指挥使朱洪实，使将五百骑讨从荣。

从荣方据胡床，坐桥上，遣左右召康义诚。端门已闭，叩左掖门，从门隙中窥之，见朱洪实引骑兵北来，走白从荣。从荣大惊，命取铁掩心擐之，坐调弓矢。俄而骑兵大至，从荣走归府，僚佐皆窜匿，牙兵掠嘉善坊溃去。从荣与妃刘氏匿床下，皇城使安从益就斩之，并杀其子，以其首献。初，孙岳颇得豫内廷密谋，冯、朱患从荣狼伉，岳尝为之极言祸福之归，康义诚恨之，至是，乘乱密遣骑士射杀之。帝闻从荣死，悲骇，几落御榻，绝而复苏者再，由是疾复剧。从荣一子尚幼，养宫中，诸将请除之，帝泣曰："此何罪！"不得已，竟与之。癸巳，冯道帅群臣入见帝于雍和殿，帝雨泣呜咽，曰："吾家事至此，惭见卿等。"

时宋王从厚为天雄节度使，甲午，遣孟汉琼征从厚，且权知天雄军府事。

丙申，追废从荣为庶人。执政共议从荣官属之罪，冯道曰："从荣所亲者高辇、刘陟、王说而已，任赞到官才半月，王居敏、司徒诩在病告已半年，岂豫其谋？居敏尤为从荣所恶，昨举兵向阙之际，与辇、陟并辔而行，指日誓曰：'来日及今，已诛王詹事矣。'自非与之同谋者，岂得一切诛之乎！"朱弘昭曰："使从荣得入光政门，赟等当如何任使，而吾辈犹有种乎！且首从差一等耳，今首已孥戮而从皆不问，主上能不以吾辈为庇奸人乎！"冯赟力争之，始以流窜贬。时咨议高辇已伏诛。丁酉，元帅府判官、兵部侍郎任赞、秘书监兼王傅刘瓒、友苏瓒、记室鱼崇远、河南少尹刘陟、判官司徒诩、推官王说等八人并长流，河南巡官李澣、江文蔚等六人勒归田里，六军判官、太子詹事王居敏、推官郭晙并贬官。澣，回之族曾孙也；

诩,贝州人;文蔚,建安人也。文蔚奔吴,徐知诰厚礼之。

初,从荣失道,六军判官、司谏郎中赵远谏曰:"大王地居上嗣,当勤修令德,奈何所为如是?勿谓父子至亲为可恃,独不见恭世子、戾太子乎!"从荣怒,出为泾州判官。及从荣败,远以是知名。远,字上交,幽州人也。

戊戌,帝殂。帝性不猜忌,与物无竞,登极之年已逾六十,每夕于宫中焚香祝天曰:"某胡人,因乱为众所推,愿天早生圣人,为生民主。"在位年谷屡丰,兵革罕用,校于五代,粗为小康。

辛丑,宋王至洛阳。

闽主尊鲁国太夫人黄氏为皇太后。

闽主好鬼神,巫盛韬等皆有宠。薛文杰言于闽主曰:"陛下左右多奸臣,非质诸鬼神,不能知也。盛韬善视鬼,宜使察之。"闽主从之。文杰恶枢密使吴勖,勖有疾,文杰省之,曰:"主上以公久疾,欲罢公近密,仆言公但小苦头痛耳,将愈矣。主上或遣使来问,慎勿以它疾对也。"勖许诺。明日,文杰使韬言于闽主曰:"适见北庙崇顺王讯吴勖谋反,以铜钉钉其脑,金椎击之。"闽主以告文杰,文杰曰:"未可信也,宜遣使问之。"果以头痛对,即收下狱,遣文杰及狱吏杂治之,勖自诬服,并其妻子诛之。由是国人益怒。

吴光请兵于吴,吴信州刺史蒋延徽不俟朝命,引兵会光攻建州,闽主遣使求救于吴越。

十二月,癸卯朔,始发明宗丧,宋王即皇帝位。

秦王从荣既死,朱洪实妻入宫,司衣王氏与之语及秦王,王氏曰:"秦王为人子,不在左右侍疾,致人归祸,是其罪也。若云大逆,则厚诬矣。朱司徒最受王恩,当时不为之辨,惜哉!"洪实闻之,大惧,与康义诚以其语白闵帝,且言王氏私于从荣,为之诇宫中事,辛亥,赐王氏死。事连王淑妃,淑妃素厚于从荣,帝由是疑之。

丙辰,以天雄左都押牙宋令询为磁州刺史。朱弘昭以诛秦王立帝为己功,欲专朝政,令询侍帝左右最久,雅为帝所亲信,弘昭不欲旧人在帝侧,故出之。帝不悦而无如之何。

孟知祥闻明宗殂,谓僚佐曰:"宋王幼弱,为政者皆胥史小人,其乱可坐俟也。"

辛未,帝始御中兴殿。帝自终易月之制,即召学士读《贞观政要》《太宗实录》,有致治之志,然不知其要,宽柔少断。李愚私谓同列曰:"吾君延访,鲜及吾辈,位高责重,事亦堪忧。"众惕息不敢应。

顺化节度使、同平章事、判明州钱元珦骄纵不法,每请事于王府不获,辄上书悖慢。尝怒一吏,置铁床炙之,臭满城郭。吴王元瓘遣牙将仰仁诠诣明州召之,仁诠左右虑元珦难制,劝为之备,仁诠不从,常服径造听事。元珦见仁诠至,股栗,遂还钱塘,幽于别第。仁诠,湖州人也。

闽主改福州为长乐府。

亲从都指挥使王仁达有擒王延禀之功,性慷慨,言事无所避。闽主恶之,尝私谓左右曰:"仁达智有余,吾犹能御之,非少主臣也。"至是,竟诬以叛,族诛之。

初,马希声、希範同日生,希声母曰袁德妃,希範母曰陈氏。希範怨希声先立不让,及嗣位,不礼于袁德妃。希声母弟希旺为亲从都指挥使,希範多谴责之,袁德妃请纳希旺官为道士,不许,解其军职,使居竹屋草门,不得预兄弟燕集。德妃卒,希旺忧愤而卒。

潞王上

清泰元年(甲午、934)

春,正月,戊寅,闵帝大赦,改元应顺。壬午,加河阳节度使兼侍卫都指挥使康义诚兼侍中,判六军诸卫事。

朱弘昭、冯赟忌侍卫马军都指挥使、宁国节度使安彦威、侍卫步军都指挥使、忠正节度使张从宾,甲申,出彦威为护国节度使,以捧圣马军都指挥使朱洪实代之;出从宾为彰义节度使,以严卫步军都指挥使皇甫遇代之。彦威,崞人;遇,真定人也。

戊子,枢密使、同平章事朱弘昭、同中书门下二品冯赟、河东节度使兼侍中石敬瑭并兼中书令。赟以超迁太过,坚辞不受,己丑,改兼侍中。

壬辰,以荆南节度使高从诲为南平王,武安、武平节度使马希範为楚王。

甲午,以镇海、镇东节度使吴王元瓘为吴越王。

吴徐知诰别治私第于金陵,乙未,迁居私第,虚府舍以(侍)〔待〕吴主。

凤翔节度使兼侍中潞王从珂,与石敬瑭少从明帝征伐,有功名,得众心。朱弘昭、冯赟位望素出二人下远甚,一旦执朝政,皆忌之。明宗有疾,潞王屡遣其夫人入省侍,及明宗殂,潞王辞疾不来,使臣至凤翔者或自言伺得潞王阴事。时潞王长子重吉为控鹤都指挥使,朱、冯不欲其典禁兵,己亥,出为亳州团练使。潞王有女惠明,为尼在洛阳,亦召入禁中。潞王由是疑惧。

吴蒋延徽败闽兵于浦城,遂围建州,闽主璘遣上军使张彦柔、骠骑大将军王延宗将兵万人救建州。延宗军及中涂,士卒不进,曰:"不得薛文杰,不能讨贼。"延宗驰使以闻,国人震恐。太后及福王继鹏泣谓璘曰:"文杰盗弄国权,枉害无辜,上下怨怒久矣。今吴兵深入,士卒不进,社稷一旦倾覆,留文杰何益?"文杰亦在侧,互陈利害。璘曰:"吾无如卿何,卿自为谋。"文杰出,继鹏伺之于启圣门外,以笏击之仆地,槛车送军前,市人争持瓦砾击之。文杰善术数,自云过三日则无患。部送者闻之,倍道兼行,二日而至,士卒见之踊跃,裔食之,闽主亟遣赦之,不及。初,文杰以为古制槛车疏阔,更为之,形如木匮,攒以铁铤,内向,动辄触之。车成,文杰首自入焉。并诛盛韬。

蒋延徽攻建州垂克,徐知诰以延徽吴太祖之婿,与临川王濛素善,恐其克建州奉濛以图兴复,遣使召之。延徽亦闻闽兵及吴越兵将至,引兵归,闽人追击,败之,士卒死亡甚众,归罪于都虞候张重进,斩之。知诰贬延徽为右威卫将军,遣使求好于闽。

闰月,以左谏议大夫唐汭、膳部郎中、知制诰陈乂皆为给事中,充枢密直学士。汭以文学从帝,历三镇在幕府。及即位,将佐之有才者,朱、冯皆斥逐之。汭性迂疏,朱、冯恐帝含怒有时而发,乃引汭于密近,以其党陈乂监之。

丙午,尊皇后为皇太后。

安远节度使符彦超奴王希全、任贺儿见朝廷多事,谋杀彦超,据安州附于吴,夜,叩门称有急递,彦超出至听事,二奴杀之,因以彦超之命召诸将,有不从己者辄杀之。己酉旦,副使李端帅州兵讨诛之,并其党。

甲寅,以王淑妃为太妃。

蜀将吏劝蜀王知祥称帝,己巳,知祥即皇帝位于成都。

资治通鉴卷第二百七十九

端明殿学士兼翰林侍读学士太中大夫提举西京嵩山崇福宫上柱国河内郡开国公食邑二千六百户食实封一千户臣 司马光 奉敕编集

后唐纪八 起阏逢敦牂(甲午)二月，尽旃蒙协洽(乙未)，凡一年有奇。

潞王下

清泰元年(甲午、934)

二月，癸酉，蜀主以武泰节度使赵季良为司空兼门下侍郎、同平章事，领节度使如故。

吴人多不欲迁都者，都押牙周宗言于徐知诰曰："主上西迁，公复须东行，不惟劳费甚大，且违众心。"丙子，吴主遣宋齐丘如金陵，谕知诰罢迁都。

先是，知诰久有传禅之志，以吴主无失德，恐众心不悦，欲待嗣君，宋齐丘亦以为然。一旦，知诰临镜镊白髭，叹曰："国家安而吾老矣，奈何?"周宗知其意，请如江都，微以传禅讽吴主，且告齐丘。齐丘以宗先己，心疾之，遣使驰诣金陵，手书切谏，以为天时人事未可，知诰愕然。后数日，齐丘至，请斩宗以谢吴主，乃黜宗为池州副使。久之，节度副使李建勋、行军司马徐玠等屡陈知诰功业，宜早从民望，召宗复为都押牙。知诰由是疏齐丘。

朱弘昭、冯赟不欲石敬瑭久在太原，且欲召孟汉琼，己卯，徙成德节度使范延光为天雄节度使，代汉琼;徙潞王从珂为河东节度使，兼北都留守;徙石敬瑭为成德节度使。皆不降制书，但各遣使臣持宣监送赴镇。

吴主诏徐知诰还府舍。甲申，金陵大火。乙酉，又火。知诰疑有变，勒兵自卫。己丑，复入府舍。

潞王既与朝廷猜阻，朝廷又命洋王从璋权知凤翔。从璋性粗率乐祸，前代安重海镇河中，手杀之。潞王闻其来，尤恶之，欲拒命则兵弱粮少，不知所为，谋于将佐，皆曰："主上富于春秋，政事出于朱、冯，大王功名震主，离镇必无全理，不可受也。"王问观察判官滴河马胤孙曰："今道过京师，当何向为便?"对曰："君命召，不俟驾。临丧赴镇，又何疑焉! 诸人凶谋，不可从也。"众哂之。王乃移檄邻道，言"朱弘昭等乘先帝疾亟，杀长立少，专制朝权，别疏骨肉，动摇藩垣，惧倾覆社稷。今从珂将入朝以清君侧之恶，而力不能独办，愿乞灵邻藩以济之。"

潞王以西都留守王思同当东出之道,尤欲与之相结,遣推官郝诩、押牙朱廷义等相继诣长安,说以利害,饵以美妓,不从则令就图之。思同谓将吏曰:"吾受明宗大恩,今与凤翔同反,借使事成而荣,犹为一时之叛臣,况事败而辱,流千古之丑迹乎!"遂执诩等,以状闻。时潞王使者多为邻道所执,不则依阿操两端,惟陇州防御使相里金倾心附之,遣判官薛文遇往来计事。金,并州人也。

朝廷议讨凤翔。康义诚不欲出外,恐失军权,请以王思同为统帅,以羽林都指挥使侯益为行营马步都虞候。益知军情将变,辞疾不行,执政怒之,出为商州刺史。辛卯,以王思同为西面行营马步军都部署,前静难节度使药彦稠副之,前绛州刺史苌从简为马步都虞候,严卫步军左厢指挥使尹晖、羽林指挥使杨思权等皆为偏裨。晖,魏州人也。

蜀主以中门使王处回为枢密使。

丁酉,加王思同同平章事,知凤翔行府;以护国节度使安彦威为西面行营都监。思同虽有忠义之志,而御军无法,潞王老于行阵,将士徼幸富贵者心皆向之。诏遣殿直楚匡祚执亳州团练使李重吉,幽于宋州。洋王从璋行至关西,闻凤翔拒命而还。

三月,安彦威与山南西道张虔钊、武定孙汉韶、彰义张从宾、静难康福等五节度使奏合兵讨凤翔。汉韶,李存进之子也。

乙卯,诸道兵大集于凤翔城下攻之,克东西关城,城中死者甚众。丙辰,复进攻城,期于必取。凤翔城堑卑浅,守备俱乏,众心危惧,潞王登城泣谓外军曰:"吾未冠从先帝百战,出入生死,金创满身,以立今日之社稷,汝曹从我,目睹其事。今朝廷信任谗臣,猜忌骨肉,我何罪而受诛乎!"因恸哭。闻者哀之。

张虔钊性褊急,主攻城西南,以白刃驱士卒登城,士卒怒,大诟,反攻之,虔钊跃马走免,杨思权因大呼曰:"大相公,吾主也。"遂帅诸军解甲投兵,请降于潞王,自西门入,以幅纸进潞王曰:"愿王克京城日,以臣为节度使,勿以为防、团。"潞王即书"思权可邠宁节度使"授之。王思同犹未之知,趣士卒登城,尹晖大呼曰:"城西军已入城受赏矣。"众争弃甲投兵而降,其声震地。日中,乱兵悉入,外军亦溃,思同等六节度使皆遁去。潞王悉敛城中将吏士民之财以犒军,至于鼎釜皆估直以给之。丁巳,王思同、药彦稠等走至长安,西京副留守刘遂雍闭门不内,乃趣潼关。遂雍,郢之子也。

潞王建大将旗鼓,整众而东,以孔目官虞城刘延朗为腹心。潞王始忧王思同等并力据长安拒守,至岐山,闻刘遂雍不内思同,甚喜,遣使慰抚之。遂雍悉出府库之财于外,军士前至者即给赏令过,比潞王至,前军赏遍,皆不入城。庚申,潞王至长安,遂雍迎谒,率民财以充赏。

是日,西面步军都监王景从等自军前奔还,中外大骇。帝不知所为,谓康义诚等曰:"先帝弃万国,朕外守藩方,当是之时,为嗣者在诸公所取耳,朕实无心与人争国。既承大业,年在幼冲,国事皆委诸公。朕于兄弟间不至榛梗,诸公以社稷大计见告,朕何敢违!军兴之初,皆自夸大,以为寇不足平,今事至于此,何方可以转祸?朕欲自迎潞王,以大位让之,若不免于罪,亦所甘心。"朱弘昭、冯赟大惧,不敢对。义诚欲悉以宿卫兵迎降为己功,乃曰:"西师惊溃,盖主将失策耳。今侍卫诸军尚多,臣请自往扼其冲要,招集离散以图后效,幸陛下勿为过忧。"帝遣使召石敬瑭,欲令将兵拒之。义诚固请自行,帝乃召将士慰谕,空府库以劳之,许以平凤翔,人更赏二百缗,府库不足,当以宫中服玩继之。军士益骄,无所畏忌,负赐物,扬言于路曰:"至凤翔更请一分。"

遣楚匡祚杀李重吉于宋州,匡祚榜棰重吉,责其家财。又杀尼惠明。

初,马军都指挥使朱洪实为秦王从荣所厚,及朱弘昭为枢密使,洪实以宗兄事之。从荣勒兵天津桥,洪实首为孟汉琼击从荣,康义诚由是恨之。辛酉,帝亲至左藏,给将士金帛。义诚、洪实共论用兵利害,洪实欲以禁军固守洛阳,曰:"如此,彼亦未敢径前,然后徐图进取,可以万全。"义诚怒曰:"洪实为此言,欲反邪!"洪实曰:"公自欲反,乃谓谁反!"其声渐厉。帝闻,召而讯之,二人讼于帝前,帝不能辨其是非,遂斩洪实,军士益愤怒。

壬戌,潞王至昭应,闻前军获王思同,王曰:"思同虽失计,然尽心所奉,亦可嘉也。"癸亥,至灵口,前军执思同以至,王责让之,对曰:"思同起行间,先帝擢之,位至节将,常愧无功以报大恩。非不知附大王立得富贵,助朝廷自取祸殃,但恐死之日无面目见先帝于泉下耳。败而衅鼓,固其所也,请早就死。"王为之改容,曰:"公且休矣。"王欲宥之,而杨思权之徒耻见其面。王之过长安,尹晖尽取思同家资及妓妾,屡言于刘延朗曰:"若留思同,虑失士心。"属王醉,不待报,擅杀思同及其妻子。王醒,怒延朗,嗟惜者累日。

癸亥,制以康义诚为凤翔行营都招讨使,以王思同副之。

甲子,潞王至华州,获药彦稠,囚之。乙丑,至阌乡。朝廷前后所发诸军,遇西军皆迎降,无一人战者。丙寅,康义诚引侍卫兵发洛阳,诏以侍卫马军指挥使安从进京城巡检,从进已受潞王书,潜布(覆)〔腹〕心矣。

是日,潞王至灵宝,护国节度使安彦威、匡国节度使安重霸皆降,惟保义节度使康思立谋固守陕城以俟康义诚。先是,捧圣五百骑戍陕西,为潞王前锋,至城下,呼城上人曰:"禁军十万已奉新帝,尔辈数人奚为!徒累一城人涂地耳。"于是捧圣卒争出迎,思立不能禁,不得已亦出迎。

丁卯,潞王至陕,僚佐说王曰:"今大王将及京畿,传闻乘舆已播迁,大王宜少留于此,先移书慰安京城士庶。"王从之,移书谕洛阳文武士庶,惟朱弘昭、冯赟两族不赦外,自余勿有忧疑。

康义诚军至新安,所部将士自相结,百什为群,弃甲兵,争先诣陕降,累累不绝。义诚至乾壕,麾下才余数十人,遇潞王候骑十余人,义诚解所佩弓剑为信,因候骑请降于潞王。

戊辰,闵帝闻潞王至陕,义诚军溃,忧骇不知所为,急遣中使召朱弘昭谋所向,弘昭曰:"急召我,欲罪之也。"赴井死。安从进闻弘昭死,杀冯赟于第,灭其族,传弘昭、赟首于潞王。帝欲奔魏州,召孟汉琼使诣魏州为先置,汉琼不应召,单骑奔陕。

初,帝在藩镇,爱信牙将慕容迁,及即位,以为控鹤指挥使。帝将北度河,密与之谋,使帅部兵守玄武门。是夕,帝以五十骑出玄武门,谓迁曰:"朕且幸魏州,徐图兴复,汝帅有马控鹤从我。"迁曰:"生死从大家。"乃阳为团结,帝既出,即阖门不行。

己巳,冯道等入朝,及端门,闻朱、冯死,帝已北走,道及刘昫欲归,李愚曰:"天子之出,吾辈不预谋。今太后在宫,吾辈当至中书,遣小黄门取太后进止,然后归第,人臣之义也。"道曰:"主上失守社稷,人臣惟君是奉,无君而入宫城,恐非所宜。潞王已处处张榜,不若归俟教令。"乃归。至天宫寺,安从进遣人语之曰:"潞王倍道而来,且至矣,相公宜帅百官至穀水奉迎。"乃止于寺中,召百官。中书舍人卢导至,冯道曰:"俟舍人久矣,所急者劝进文书,宜速具草。"导曰:"潞王入朝,百官班迎可也。设有废立,当俟太后教令,岂可遽议劝进乎?"道曰:"事当务实。"导曰:"安有天子在外,人臣遽以大位劝人者邪! 若潞王守节北面,以大义见责,将何辞以对? 公不如帅百官诣宫门,进名问安,取太后进止,则去就善矣。"道未及对,从进屡遣人趣之曰:"潞王至矣,太后、太妃已遣中使迎劳矣,安得百官无班!"道等即纷然而去。既而潞王未至,三相息于上阳门外,卢导过于前,道复召而语之,导对如初。李愚曰:"舍人之言是也。吾辈之罪,擢发不足数。"

康义诚至陕待罪,潞王责之曰:"先帝晏驾,立嗣在诸公。今上谅阴,政事出诸公,何为不能终始,陷吾弟至此乎?"义诚大惧,叩头请死。王素恶其为人,未欲遽诛,且宥之。马步都虞候苌从简、左龙武统军王景戡皆为部下所执,降于潞王,东军尽降。潞王上笺于太后取进止,遂自陕而东。

夏,四月,庚午朔,未明,闵帝至卫州东数里,遇石敬瑭。帝大喜,问以社稷大计,敬瑭曰:"闻康义诚西讨,何如? 陛下何为至此?"帝曰:"义诚亦叛去矣。"敬瑭俯首长叹数四,曰:"卫州刺史王弘贽,宿将习事,请与图之。"乃往见弘贽问之,弘贽曰:"前代天子播迁多矣,然皆有将相、侍卫、府库、法物,使群下有所瞻仰。今皆无之,独以五十骑自随,虽有忠义之心,将若之何?"敬瑭还,见帝于卫州驿,以弘贽之言告。弓箭库使沙守荣、奔洪进前责敬瑭曰:"公明宗爱婿,富贵相与共之,忧患亦宜相恤。今天子播越,委计于公,冀图兴复,乃以此四者为辞,是直欲附贼卖天子耳!"守荣抽佩刀欲刺之,敬瑭亲将陈晖救之,守荣与晖斗死,洪进亦自刎。敬瑭牙内指挥使刘知远引兵入,尽杀帝左右及从骑,独置帝而去。敬瑭遂趣洛阳。

是日,太后令内诸司至乾壕迎潞王,王亟遣还洛阳。

初,潞王罢河中,归私第,王淑妃数遣孟汉琼存抚之。汉琼自谓于王有旧恩,至渑池西,见王大哭,欲有所陈,王曰:"诸事不言可知。"仍自预从臣之列,王即命斩于路隅。

山南西道节度使张虔钊之讨凤翔也,留武定节度使孙汉韶守兴元。虔钊既败,奔归兴元,与汉韶举两镇之地降于蜀。蜀主命奉銮肃卫马步都指挥使、昭武节度使李肇将兵五千还利州,右匡圣马步都指挥使、宁江节度使张业将兵一万屯大漫天以迎之。

壬申,潞王至蒋桥,百官班迎于路,传教以未拜梓宫,未可相见。冯道等皆上笺劝进。王入谒太后、太妃,诣西宫,伏梓宫恸哭,自陈诣阙之由。冯道帅百官班见,王答拜。道等复上笺劝进,王立谓道等曰:"予之此行,事非获已。俟皇帝归阙,园寝礼终,当还守藩服。群公遽言及此,甚无谓也!"

癸酉,太后下令废少帝为鄂王,以潞王知军国事,权以书诏印施行。百官诣至德宫门待罪,王命各复其位。甲戌,太后令潞王宜即皇帝位。乙亥,即位于枢前。

帝之发凤翔也,许军士以入洛人赏钱百缗。既至,问三司使王玫以府库之实,对有数百万在。既而阅实,金、帛不过三万两、匹,而赏军之费计应用五十万缗。帝怒,玫请率京城民财以足之,数日,仅得数万缗,帝谓执政曰:"军不可不赏,人不可不恤,今将奈何?"执政请据屋为率,无问士庶自居及僦者,预借五月僦直,从之。

王弘贽迁闵帝于州廨,帝遣弘贽之子殿直峦往鸩之。戊寅,峦至卫州谒见,闵帝问来故,不对。弘贽数进酒,闵帝知其有毒,不饮,峦缢杀之。

闵帝性仁厚,于兄弟敦睦,虽遭秦王忌疾,闵帝坦怀待之,卒免于患。及嗣位,于潞王亦无嫌,而朱弘昭、孟汉琼之徒横生猜间,闵帝不能违,以致祸败焉。

孔妃尚在宫中,王峦既还,潞王使人谓之曰:"重吉辈何在?"遂杀妃,并其四子。

闵帝之在卫州也,惟磁州刺史宋令询遣使问起居,闻其遇害,恸哭半日,自经死。

己卯，石敬瑭入朝。

庚辰，以刘昫判三司。

辛巳，蜀大赦，改元明德。

帝之起凤翔也，召兴州刺史刘遂清，迟疑不至。闻帝入洛，乃悉集三泉、西县、金牛、桑林戍兵以归，自散关以南城镇悉弃之，皆为蜀人所有。癸未，入朝，帝欲治其罪，以其能自归，乃赦之。遂清，郇之侄也。

甲申，蜀将张业将兵入兴元、洋州。

乙酉，改元，大赦。

丁亥，以宣徽南院使郝琼权判枢密院，前三司使王玫为宣徽北院使，凤翔节度判官韩昭胤为左谏议大夫、充端明殿学士。

戊子，斩河阳节度使、判六军诸卫兼侍中康义诚，灭其族。

己丑，诛药彦稠。

庚寅，释王景戡、苌从简。

有司百方敛民财，仅得六万，帝怒，下军巡使狱，昼夜督责，囚系满狱，贫者至自经、赴井。而军士游市肆皆有骄色，市人聚诟之曰："汝曹为主力战，立功良苦，反使我辈鞭胸杖背，出财为赏，汝曹犹扬扬自得，不愧天地乎！"

是时，竭左藏旧物及诸道贡献，乃至太后、太妃器服簪珥皆出之，才及二十万缗，帝患之。李专美夜直，帝让之曰："卿名有才，不能为我谋此，留才安所施乎？"专美谢曰："臣驽劣，陛下擢任过分，然军赏不给，非臣之责也。窃思自长兴之季，赏赉亟行，卒以是骄。继以山陵及出师，帑藏遂涸。虽有无穷之财，终不能满骄卒之心，故陛下拱手于危困之中而得天下。夫国之存亡，不专系于厚赏，亦在修法度，立纪纲。陛下苟不改覆车之辙，臣恐徒困百姓，存亡未可知也。今财力尽于此矣，宜据所有均给之，何必践初言乎！"帝以为然。壬辰，诏禁军在凤翔归命者，自杨思权、尹晖等各赐二马、一驼、钱七十缗，下至军人钱二十缗，其在京者各十缗。军士无厌，犹怨望，为谣言曰："除去菩萨，扶立生铁。"以闵帝仁弱，帝刚严，有悔心故也。

丙申，葬圣德和武钦孝皇帝于徽陵，庙号明宗。帝衰经护从至陵所，宿焉。

五月，丙午，以韩昭胤为枢密使，以庄宅使刘延朗为枢密副使，权知枢密院房暠为宣徽北院使。暠，长安人也。

帝与石敬瑭皆以勇力善斗，事明宗为左右，然心竞，素不相悦。帝即位，敬瑭不得已入朝，山陵既毕，不敢言归。时敬瑭久病羸瘠，太后及魏国公主屡为之言，而凤翔旧将佐多劝帝留之，惟韩昭胤、李专美以为赵延寿在汴，不宜猜忌敬瑭。

帝亦见其骨立，不以为虞，乃曰："石郎不惟密亲，兼自少与吾同艰难，今我为天子，非石郎尚谁托哉！"乃复以为河东节度使。

戊午，以陇州防御使相里金为保义节度使。

丁未，阶州刺史赵澄降蜀。

戊申，以羽林军使杨思权为静难节度使。

己酉，张虔钊、孙汉韶举族迁于成都。

庚戌，以司空兼门下侍郎、同平章事冯道同平章事，充匡国节度使。

以天雄节度使兼侍中范延光为枢密使。

帝之起凤翔也，悉取天平节度使刘从晖家财甲兵以供军。将行，凤翔之民遮马请复以从晖镇凤翔，帝许之，至是，徙从晖为凤翔节度使。

初，明宗为北面招讨使，平卢节度使房知温为副都部署，帝以别将事之，尝被酒忿争，拔刃相拟。及帝举兵入洛，知温密与行军司马李冲谋拒之，冲请先奉表以观形势，还，言洛中已安定，知温惧，壬戌，入朝谢罪，帝优礼之。知温贡献甚厚。

吴镇南节度使、守中书令东海康王徐知询卒。

蜀人取成州。

六月，甲戌，以皇子左卫上将军重美为成德节度使、同平章事，兼河南尹，判六军诸卫事。

文州都指挥使成延龟举州附蜀。

吴徐知诰将受禅，忌昭武节度使兼中书令临川王濛，遣人告濛藏匿亡命，擅造兵器，丙子，降封历阳公，幽于和州，命控鹤指挥使王宏将兵二百卫之。

刘昫与冯道昏姻。昫性苛察，李愚刚褊，道既出镇，二人论议多不合。事有应改者，愚谓昫曰："此贤亲家所为，更之不亦便乎！"昫恨之，由是动成忿争，至相诟骂，各欲非时求见，事多凝滞。帝患之，欲更命相，问所亲信以朝臣闻望宜为相者，皆以尚书左丞姚顗、太常卿卢文纪、秘书监崔居俭对，论其才行，互有优劣。帝不能决，乃置其名于琉璃瓶，夜焚香祝天，且以箸挟之，首得文纪，次得顗。秋，七月，辛亥，以文纪为中书侍郎、同平章事。居俭，蕘之子也。

帝欲杀楚匡祚，韩昭胤曰："陛下为天下父，天下之人皆陛下子，用法宜存至公，匡祚受诏检校重吉家财，不得不尔。今族匡祚，无益死者，恐不厌众心。"乙卯，长流匡祚于登州。

丁巳，立沛国夫人刘氏为皇后。

回鹘人贡者多为河西杂虏所掠，诏将军牛知柔帅禁兵卫送，与邠州兵共讨之。

吴徐知诰召右仆射兼中书侍郎、同平章事宋齐丘还金陵，以为诸道都统判官，加司空，于事皆无所关预，齐丘屡请退居，知诰以南园给之。

护国节度使洋王从璋，归德节度使泾王从敏，皆罢镇居洛阳私第，帝待之甚薄。从敏在宋州预杀重吉，帝尤恶之。尝侍宴禁中，酒酣，顾二王曰："尔等皆何物，辄据雄藩！"二王大惧，太后叱之曰："帝醉矣，尔曹速去！"

蜀置永平军于雅州，以孙汉韶为节度使。复以张虔钊为山南西道节度使、同平章事，虔钊固辞不行。

蜀主得风疾逾年，至是增剧。甲子，立子东川节度使、同平章事、亲卫马步都指挥使仁赞为太子，仍监国。召司空、同平章事赵季良、武信节度使李仁罕、保宁节度使赵廷隐、枢密使王处回、捧圣控鹤都指挥使张公铎、奉銮肃卫指挥副使侯弘实受遗诏辅政。是夕殂，秘不发丧。

王处回夜启义兴门告赵季良，处回泣不已，季良正色曰："今强将握兵，专伺时变，宜速立嗣君以绝觊觎，岂可但相泣邪！"处回收泪谢之。季良教处回见李仁罕，审其词旨然后告之。处回至仁罕第，仁罕设备而出，遂不以实告。

丙寅，宣遗制，命太子仁赞更名昶。丁卯，即皇帝位。

初，帝以王玫对左藏见财失实，故以刘昫代判三司。昫命判官高延赏钩考穷核，皆积年逋欠之数，奸吏利其征责丐取，故存之。昫具奏其状，且请察其可征者急督之，必无可偿者悉蠲之，韩昭胤极言其便。八月，庚午，诏长兴以前户部及诸道逋租三百三十八万，虚烦簿籍，咸蠲免勿征。贫民大悦，而三司吏怨之。

辛未，以姚顗为中书侍郎、同平章事。

右龙武统军索自通，以河中之隙，心不自安，戊子，退朝过洛，自投于水而卒。帝闻之，大惊，赠太尉。

丙申，以前安国节度使、同平章事赵凤为太子太保。

九月，癸卯，诏凤翔益兵守东安镇以备蜀。

蜀卫圣诸军都指挥使、武信节度使李仁罕自恃宿将有功，复受顾托，求判六军，令进奏吏宋从会以意谕枢密院，又至学士院侦草麻。蜀主不得已，甲寅，加仁罕兼中书令，判六军事；以左匡圣都指挥使、保宁节度使赵廷隐兼侍中，为之副。

己未，云州奏契丹入寇，北面招讨使石敬瑭奏遣将兵屯百井以备契丹。辛酉，敬瑭奏振武节度使杨檀击契丹于境上，却之。

蜀奉銮肃卫都指挥使、昭武节度使兼侍中李肇闻蜀主即位，顾望，不时入朝，至汉州，留与亲戚燕饮逾旬。冬，十月，庚午，始至成都，称足疾，扶杖入朝，见蜀主不拜。

戊寅，左仆射、门下侍郎、同平章事李愚罢守本官，吏部尚书兼门下侍郎、同平章事、判三司刘昫罢为右仆射。三司吏闻昫罢相,皆相贺,无一人从归第者。

蜀捧圣控鹤都指挥使张公铎与医官使韩继勋、丰德库使韩保贞、茶酒库使安思谦等皆事蜀主于藩邸,素怨李仁罕,共潛之,云仁罕有异志,蜀主令继勋等与赵季良、赵廷隐谋,因仁罕入朝,命武士执而杀之。癸未,下诏暴其罪,并其子继宏及宋从会等数人皆伏诛。是日,李肇释杖而拜。

蜀(源)〔渠〕州都押牙文景琛据城叛,果州刺史李延厚讨平之。

蜀主左右以李肇倨慢,请诛之,戊子,以肇为太子少傅致仕,徙邛州。

吴主加徐知诰大丞相、尚父、嗣齐王、九锡,辞不受。

雄武节度使张延朗将兵围文州,阶州刺史郭知琼拔尖石寨。蜀李延厚将果州兵屯兴州,遣先登指挥使范延晖将兵救文州,延朗解围而归。兴州刺史冯晖自乾渠引戍兵归凤翔。

十一月,徐知诰召其子司徒、同平章事景通还金陵,为镇海、宁国节度副大使、诸道副都统、判中外诸军事;以次子牙内马步都指挥使、海州团练使景迁为左右军都军使、左仆射、参政事,留江都辅政。

十二月,己巳,以易州刺史安叔千为振武节度使,齐州防御使尹晖为彰国节度使。叔千,沙陀人也。

壬申,石敬瑭奏契丹引去,罢兵归。

乙亥,征雄武节度使张延朗为中书侍郎、同平章事、判三司。

辛巳,汉皇后马氏殂。

甲申,蜀葬文武圣德英烈明孝皇帝于和陵,庙号高祖。

乙酉,葬鄂王于徽陵城南,封才数尺,观者悲之。

是岁秋,冬旱,民多流亡,同、华、蒲、绛尤甚。

汉主命判六军秦王弘度募宿卫兵千人,皆市井无赖子弟,弘度昵之。同平章事杨洞潜谏曰:“秦王,国之冢嫡,宜亲端士。使之治军已过矣,况昵群小乎!”汉主曰:“小儿教以戎事,过烦公忧。”终不戒弘度。洞潜出,见卫士掠商人金帛,商人不敢诉,叹曰:“政乱如此,安用宰相!”因谢病归第。久之,不召,遂卒。

二年(乙未、935)

春,正月,丙申朔,闽大赦,改元永和。

二月,丙寅朔,蜀大赦。

甲戌,以枢密使、天雄节度使兼侍中范延光为宣武节度使兼中书令。

丁丑,夏州节度使李彝超上言疾病,以兄行军司马彝殷权知军州事,彝超寻卒。

戊寅,蜀主尊母李氏为皇太后。太后,太原人,本庄宗后宫也,以赐蜀高祖。

己丑,追尊帝母鲁国夫人魏氏曰宣宪皇太后。

闽主立淑妃陈氏为皇后。初,闽主两娶刘氏,皆士族,美而无宠。陈后,本闽太祖侍婢金凤也,陋而淫,闽主嬖之,以其族人守恩、匡胜为殿使。

三月,辛丑,以前宣武节度使兼侍中赵延寿为忠武节度使兼枢密使。

以李彝殷为定难节度使。

己酉,赠吴越王元瓘母陈氏为晋国太夫人。元瓘性孝,尊礼母党,厚加赐与,而未尝迁官,授以重任。

壬戌,以彰圣都指挥使安审琦领顺化节度使。审琦,金全之子也。

太常丞史在德,性狂狷,上书历诋内外文武之士,请遍加考试,黜陟能否。执政及朝士大怒,卢文纪及补阙刘涛、杨昭俭等皆请加罪。帝谓学士马胤孙曰:“朕新临天下,宜开言路。若朝士以言获罪,谁敢言者!卿为朕作诏书,宣朕意。”乃下诏,略曰:“昔魏徵请赏皇甫德参,今涛等请黜史在德,事同言异,何其远哉!在德情在倾输,安可责也!”昭俭,嗣复之曾孙也。

吴加徐景迁同平章事、知左右军事,徐知诰令尚书郎陈觉辅之,谓觉曰:“吾少时与宋子嵩论议,好相诘难,或吾舍子嵩还家,或子嵩拂衣而起。子嵩携衣笥望秦淮门欲去者数矣,吾常戒门者止之。吾今老矣,犹未遍达时事,况景迁年少当国,故屈吾子以诲之耳。”

夏,四月,庚午,蜀以御史中丞龙门毋昭裔为中书侍郎、同平章事。

癸未,加枢密使、刑部尚书韩昭胤中书侍郎、同平章事。辛卯,以宣徽南院使刘延皓为刑部尚书,充枢密使。延皓,皇后之弟也。癸巳,以左领军卫大将军刘延朗为本卫上将军,充宣徽北院使,兼枢密副使。

五月,丙申,契丹寇新州及振武。

庚戌,赐振武节度使杨檀名光远。

六月,吴德胜节度使兼中书令柴再用卒。先是,史官王振尝询其战功,再用曰:“鹰犬微效,皆社稷之灵,再用何功之有!”竟不报。

契丹寇应州。

河东节度使、北面总管石敬瑭既还镇,阴为自全之计。帝好咨访外事,常命端明殿学士李专美、翰林学士李崧、知制诰吕琦、薛文遇、翰林天文赵延义等更直于中兴殿庭,与语或至夜分。时敬瑭二子为内使,曹太后则晋国长公主之母也,敬瑭赂太后左右,令伺帝之密谋,事无巨细皆知之。敬瑭多于宾客前自称羸瘠不堪为帅,冀朝廷不之忌。

时契丹屡寇北边,禁军多在幽、并,敬瑭与赵德钧求益兵运粮,朝夕相继。甲申,诏借河东人有蓄积者菽粟。乙酉,诏镇州输绢五万匹于总管府,籴军粮,率镇冀人车千五百乘运粮于代州;又诏魏博市籴。时水旱民饥,敬瑭遣使督趣严急,山东之民流散,乱始兆矣。

敬瑭将大军屯忻州,朝廷遣使赐军士夏衣,传诏抚谕,军士呼万岁者数四。敬瑭惧,幕僚河内段希尧请诛其唱首者,敬瑭命都押衙刘知远斩挟马都将李晖等三十六人以徇。希尧,怀州人也。帝闻之,益疑敬瑭。

壬辰,诏:"窃盗不计赃多少,并纵火强盗,并行极法。"

闽福王继鹏私于宫人李春鷰,继鹏请之于陈后,白闽主而赐之。

秋,七月,以枢密使刘延皓为天雄节度使。

乙巳,以武宁节度使张敬达为北面行营副总管,将兵屯代州,以分石敬瑭之权。

帝深以时事为忧,尝从容让卢文纪等以无所规赞。丁巳,文纪等上言:"臣等每五日起居,与两班旅见,暂获对扬,侍卫满前,虽有愚虑,不敢敷陈。窃见前朝自上元以来,置延英殿,或宰相欲有奏论,天子欲有咨度,皆非时召对,旁无侍卫,故人得尽言。望复此故事,惟听机要之臣侍侧。"诏以"旧制五日起居,百僚俱退,宰相独升,若常事自可敷奏。或事应严密,不以其日,或异日听于阁门奏榜子,当尽屏侍臣,于便殿相待,何必袭延英之名也。"

吴润州团练使徐知谔,狎昵小人,游燕废务,作列肆于牙城西,躬自贸易。徐知诰闻之怒,召知谔左右诘责,知谔惧。或谓知诰曰:"忠武王最爱知谔,而以后事传于公。往年知询失守,论议至今未息。借使知谔治有能名,训兵养民,于公何利?"知诰感悟,待之加厚。

九月,丙申,吴大赦,改元天祚。

己酉,以宣徽南院使房暠为刑部尚书,充枢密使;宣徽北院使刘延朗为南院使,仍兼枢密副使。于是延朗及枢密直学士薛文遇等居中用事,暠与赵延寿虽为使长,其听用之言什不三四。暠随势可否,不为事先,每幽、并遣使入奏,枢密诸人环坐议之,暠多俯首而寐,比觉,引颈振衣,则使者去矣。启奏除授,一归延朗。诸方镇、刺史自外入者,必先赂延朗,后议贡献,赂厚者先,得内地;赂薄者晚,得边陲。由是诸将帅皆怨愤,帝不能察。

蜀金州防御使全师郁寇金州,拔水寨。城中兵才千人,都监陈知隐托它事将兵三百沿流遁去,防御使马全节罄私财以给军,出奇死战,蜀兵乃退。戊寅,诏斩知隐。

初,闽主有幸臣曰归守明,出入卧内,闽主晚年得风疾,陈后与守明及百工院使李可殷私通,国人皆恶之,莫敢言。可殷尝谮皇城使李倣于闽主,后族陈匡胜无礼于福王继鹏,倣及继鹏皆恨之。闽主疾甚,继鹏有喜色。倣以闽主为必不起,冬,十月,己卯,使壮士数人持白梃击李可殷,杀之,中外震惊。庚辰,闽主疾少间,陈后诉之。闽主力疾视朝,诘可殷死状,倣惧而出,俄顷,引部兵鼓噪入宫。闽主闻变,匿于九龙帐下,乱兵刺之而出。闽主宛转未绝,宫人不忍其苦,为绝之。倣与继鹏杀陈后、陈守恩、陈匡胜、归守明及继鹏弟继韬,继韬素与继鹏相恶故也。辛巳,继鹏称皇太后令监国,是日,即皇帝位,更名昶。谥其父曰齐肃明孝皇帝,庙号惠宗。既而自称权知福建节度事,遣使奉表于唐,大赦境内,立李春鷰为贤妃。

初,闽惠宗娶汉主女清远公主,使宦者闽清林延遇置邸于番禺,专掌国信。汉主赐以大第,禀赐甚厚,数问以闽事,延遇不对,退,谓人曰:"去闽语闽,去越语越,处人宫禁,可如是乎!"汉主闻而贤之,以为内常侍,使钩校诸司事。延遇闻惠宗遇弑,求归,不许,素服向其国三日哭。

荆南节度使高从诲,性明达,亲礼贤士,委任梁震,以兄事之,震常谓从诲为郎君。楚王希范好奢靡,游谈者共夸其盛,从诲谓僚佐曰:"如马王可谓大丈夫矣。"孙光宪对曰:"天子诸侯,礼有等差。彼乳臭子骄侈僭忕,取快一时,不为远虑,危亡无日,又足慕乎!"从诲久而悟,曰:"公言是也。"它日,谓梁震曰:"吾自念平生奉养,固已过矣。"乃捐去玩好,以经史自娱,省刑薄赋,境内以安。梁震曰:"先王待我如布衣交,以嗣王属我。今嗣王能自立,不坠其业,吾老矣,不复事人矣。"遂固请退居。从诲不能留,乃为之筑室于土洲。震披鹤氅,自称荆台隐士,每诣府,跨黄牛至听事。从诲时过其家,四时赐与甚厚。自是悉以政事属孙光宪。

臣光曰:孙光宪见微而能谏,高从诲闻善而能徙,梁震成功而能退,自古有国家者能如是,夫何亡国败家丧身之有!

吴加中书令徐知诰尚父、太师、大丞相、大元帅,进封齐王,备殊礼,以昇、润、宣、池、歙、常、江、饶、信、海十州为齐国,知诰辞尚父、丞相,殊礼不受。

闽皇城使、判六军诸卫李倣专制朝政,阴养死士,闽主昶与拱宸指挥使林延皓等图之。延皓等诈亲附倣,倣待之不疑。十一月,壬子,倣入朝,延皓等伏卫士数百于内殿,执斩之,枭首朝门。倣部兵千余持白梃攻应天门,不克,焚启圣门,夺倣首奔吴越。诏暴倣弑君及杀继韬等罪,告谕中外。以建王继严权判六军诸卫,以六军判官永泰叶翘为内宣徽使、参政事。

翘博学质直,闽惠宗擢为福王友,昶以师傅礼待之,多所裨益,宫中谓之"国翁"。昶既嗣位,骄纵,不与翘议国事。一旦,昶方视事,翘衣道士服过庭中趋出,昶召还,拜之,曰:"军国事殷,久不接对,孤之过也。"翘顿首曰:"老臣辅导无状,致陛下即位以来无一善可称,愿乞骸骨。"昶曰:"先帝以孤属公,政令不善,公当极言,奈何弃孤去?"厚赐金帛,慰谕令复位。昶元妃梁国夫人李氏,同平章事敏之女,昶嬖李春鹢,待夫人甚薄。翘谏曰:"夫人先帝之甥,聘之以礼,奈何以新爱而弃之?"昶不悦,由是疏之。未几,复上书言事,昶批其纸尾曰:"一叶随风落御沟。"遂放归永泰,以寿终。

帝嘉马全节之功,召诣阙。刘延朗求赂,全节无以与之,延朗欲除全节绛州刺史,群议沸腾。帝闻之,乙卯,以全节为横海留后。

十二月,壬申,以中书侍郎、同平章事充枢密使韩昭胤同平章事,充护国节度使。

乙酉,以前匡国节度使、同平章事冯道为司空。时久无正拜三公者,朝议疑其职事,卢文纪欲令掌祭祀扫除,道闻之曰:"司空扫除,职也,吾何惮焉。"既而文纪自知不可,乃止。

闽主赐洞真先生陈守元号天师,信重之,乃至更易将相,刑罚、选举,皆与之议。守元受赂请托,言无不从,其门如市。

资治通鉴卷第二百八十

端明殿学士兼翰林侍读学士太中大夫提举西京嵩山崇福宫上柱国河内郡开国公食邑二千六百户食实封一千户臣　司马光　奉敕编集

后晋纪一柔兆涒滩(丙申)，一年。

高祖圣文章武明德孝皇帝上之上

天福元年(丙申、936)

春，正月，吴徐知诰始建大元帅府，以幕职分判吏、户、礼、兵、刑、工部及盐铁。

丁未，唐主立子重美为雍王。

癸丑，唐主以千春节置酒，晋国长公主上寿毕，辞归晋阳。帝醉，曰："何不且留，遽归，欲与石郎反邪！"石敬瑭闻之，益惧。

三月，丙午，以翰林学士、礼部侍郎马胤孙为中书侍郎、同平章事。胤孙性谨懦，中书事多凝滞，又罕接宾客，时人目为"三不开"，谓口、印、门也。

石敬瑭尽收其货之在洛阳及诸道者归晋阳，托言以助军费，人皆知其有异志。唐主夜与近臣从容语曰："石郎于朕至亲，无可疑者。但流言不息，万一失欢，何以解之？"皆不对。端明殿学士、给事中李崧退谓同僚吕琦曰："吾辈受恩深厚，岂得自同众人，一概观望邪！计将安出？"琦曰："河东若有异谋，必结契丹为援。契丹母以赞华在中国，屡求和亲，但求荆刺等未获，故和未成耳。今诚归荆刺等与之和，岁以礼币约直十余万缗遗之，彼必骧然承命。如此，则河东虽欲陆梁，无能为矣。"崧曰："此吾志也。然钱谷皆出三司，宜更与张相谋之。"遂告张延朗，延朗曰："如学士计，不惟可以制河东，亦省边费之什九，计无便于此者。若主上听从，但责办于老夫，请于军财之外捃拾以供之。"它夕，二人密言于帝，帝大喜，称其忠，二人私草《遗契丹书》以俟命。

久之，帝以其谋告枢密直学士薛文遇，文遇对曰："以天子之尊，屈身奉夷狄，不亦辱乎！又，虏若循故事求尚公主，何以拒之？"因诵戎昱《昭君诗》曰："安危托妇人。"帝意遂变。一日，急召崧、琦至后楼，盛怒，责之曰："卿辈皆知古今，欲佐人主致太平，今乃为谋如是！朕一女尚乳臭，卿欲弃之沙漠邪？且欲以养士之财输之虏庭，其意安在？"二人惧，汗流浃背，曰："臣等志在竭愚以报国，非为虏计也，愿陛下察之。"拜谢无数，帝诟责不已。吕琦气竭，拜少止，帝曰："吕琦强项，肯视朕为人主邪！"琦曰："臣等为谋不臧，愿陛下治其罪，多拜何为！"帝怒稍解，止其拜，各赐卮酒罢之，自是群臣不敢复言和亲之策。丁巳，以琦为御史中丞，盖疏之也。

吴徐知诰以其子副都〔统〕景通为太尉、副元帅，都统判官宋齐丘、行军司马徐玠为元帅府左、右司马。

闽主昶改元通文，立贤妃李氏为皇后，尊皇太后曰太皇太后。

静江节度使、同平章事马希杲有善政，监军裴仁煦潜之于楚王希范，言其收众心，希范疑之。夏，四月，汉将孙德威侵蒙、桂二州，希范命其弟武安节度副使希广权知军府事，自将步骑五千如桂州。希杲惧，其母华夫人逆希范于全义岭，谢曰："希杲为治无状，致寇戎入境，烦殿下亲涉险阻，皆妾之罪也。愿削封邑，洒扫掖廷，以赎希杲罪。"希范曰："吾久不见希杲，闻其治行尤异，故来省之，无它也。"汉兵自蒙州引去，徙希杲知朗州。

高从诲遣使奉笺于徐知诰，劝即帝位。

初，石敬瑭欲尝唐主之意，累表自陈羸疾，乞解兵柄，移它镇，帝与执政议从其请，移镇郓州。房暠、李崧、吕琦等皆力谏，以为不可，帝犹豫久之。

五月，庚寅夜，李崧请急在外，薛文遇独直，帝与之议河东事，文遇曰："谚有之：'当道筑室，三年不成。'兹事断自圣志，群臣各为身谋，安肯尽言！以臣观之，河东移亦反，不移亦反，在旦暮耳，不若先事图之。"先是，术者言国家今年应得贤佐，出奇谋，定天下，帝意文遇当之，闻其言，大喜，曰："卿言殊豁吾意，成败吾决行之。"即为除目，付学士院使草制。辛卯，以敬瑭为天平节度使，以马军都指挥使、河阳节度使宋审虔为河东节度使。制出，两班闻呼敬瑭名，相顾失色。

甲午，以建雄节度使张敬达为西北蕃汉马步都部署，趣敬瑭之郓州。敬瑭疑惧，谋于将佐曰："吾之再来河东也，主上面许终身不除代。今忽有是命，得非如今年千春节与公主所言乎？我不兴乱，朝廷发之，安能束手死于道路乎！今且发表称疾以观其意，若其宽我，我当事之；若加兵于我，我则改图耳。"幕僚段希尧极言拒之，敬瑭以其朴直，不责也。节度判官华阴赵莹劝敬瑭赴郓州，观察判官平遥薛融曰："融书生，不习军旅。"都押牙刘知远曰："明公久将兵，得士卒心。今据形胜之地，土马精强，若称兵传檄，帝业可成，奈何以一纸制书自投虎口乎！"掌书记洛阳桑维翰曰："主上初即位，明公入朝，主上岂不知蛟龙不可纵之深渊邪？然卒以河东复授公，此乃天意假公以利器也。明宗遗爱在人，主上以庶孽代之，群情不附。公明宗之爱婿，今主上以反逆见待，此非首谢可免，但力为自全之计。契丹主素与明宗约为兄弟，今部落近在云、应，公诚能推心屈节事之，万一有急，朝呼夕至，何患无成。"敬瑭意遂决。

先是，朝廷疑敬瑭，以羽林将军宝鼎杨彦询为北京副留守，敬瑭将举事，亦以情告之。彦询曰："不知河东兵粮几何，能敌朝廷乎？"左右请杀彦询，敬瑭曰："惟副使一人我自保之，汝辈勿言也。"

戊戌，昭义节度使皇甫立奏敬瑭反。敬瑭表："帝养子，不应承祀，请传位许王。"帝手裂其表抵地，以诏答之曰："卿于鄂王固非疏远，卫州之事，天下皆知。许王之言，何人肯信！"壬寅，制削夺敬瑭官爵。乙巳，以张敬达兼太原四面排陈使，河阳节度使张彦琪为马步军都指挥使，以安国节度使安审琦为马军都指挥使，以保义节度使相里金为步军都指挥使，以右监门上将军武廷翰为壕寨使。丙午，以张敬达为太原四面兵马都部署，以义武节度使杨光远为副部署。丁未，又以张敬达知太原行府事，以前彰武节度使高行周为太原四面招抚、排陈等使。光远既行，定州军乱，牙将千乘方太讨平之。

张敬达将兵三万营于晋安乡，戊申，敬达奏西北先锋马军都指挥使安审信叛奔晋阳。审信，金全之弟子也，敬瑭与之有旧。先是，雄义都指挥使马邑安元信将所部六百余人戍代州，代州刺史张朗善遇之，元信密说朗曰："吾观石令公长者，举事必成。公何不潜遣人通意，可以自全。"朗不从，由是互相猜忌。元信谋杀朗，不克，帅其众奔审信，审信遂帅麾下数百骑与元信掠百井，奔晋阳。敬瑭谓元信曰："汝见何利害，舍强而归弱？"对曰："元信非知星识气，顾以人事决之耳。夫帝王所以御天下，莫重于信。今主上失大信于令公，亲而贵者且不自保，况疏贱乎！其亡可翘足而待，何强之有！"敬瑭悦，委以军事。振武西北巡检使安重荣戍代北，帅步骑五百奔晋阳。重荣，朔州人也。以宋审虔为宁国节度使、充侍卫马军都指挥使。

天雄节度使刘延皓恃后族之势，骄纵，夺人财产，减将士给赐，宴饮无度。捧圣都虞候张令昭因众心怨怒，谋以魏博应河东，癸丑未明，帅众攻牙城，克之，延皓脱身走，乱兵大掠。令昭奏："延皓失于抚御，以致军乱。臣以抚安士卒，权领军府，乞赐旌节。"延皓至洛阳，唐主怒，命远贬，皇后为之请，六月，庚申，止削延皓官爵，归私第。

辛酉，吴太保、同平章事徐景迁以疾罢，以其弟景遂代为门下侍郎、参政事。

癸亥，唐主以张令昭为右千牛卫将军、权知天雄军府事。令昭以调发未集，且受新命。寻有诏徙齐州防御使，令昭托以士卒所留，实俟河东之成败。唐主遣使谕之，令昭杀使者。甲戌，以宣武节度使兼中书令范延光为天雄军四面行营招讨使、知魏博行府事，以张敬达充太原四面招讨使，以杨光远为副使。丙子，以西京留守李周为天雄军四面行营副招讨使。

石敬瑭之子右卫上将军重殷、皇城副使重裔闻敬瑭举兵，匿于民间井中。弟沂州都指挥使敬德杀其妻女而逃,寻捕得,死狱中,从弟彰圣都指挥使敬威自杀。秋,七月,戊子,获重殷、重裔,诛之,并族所匿之家。

庚寅,楚王希範自桂州北还。

雲州步军指挥使桑迁奏应州节度使尹晖逐雲州节度使沙彦珣,收其兵应河东。丁酉,彦珣表迁谋叛应河东,引兵围子城。彦珣犯围走出西山,据雷公口,明日,收兵入城击乱兵,迁败走,军城复安。是日,尹晖执迁送洛阳,斩之。

丁未,范延光拔魏州,斩张令昭。诏悉诛其党七指挥。

张敬达发怀州彰圣军戍虎北口,其指挥使张万迪将五百骑奔河东,丙辰,诏尽诛其家。

石敬瑭遣间使求救于契丹,令桑维翰草表称臣于契丹主,且请以父礼事之,约事捷之日,割卢龙一道及雁门关以北诸州与之。刘知远谏曰:"称臣可矣,以父事之太过。厚以金帛赂之,自足致其兵,不必许以土田,恐异日大为中国之患,悔之无及。"敬瑭不从。表至契丹,契丹主大喜,白其母曰:"儿比梦石郎遣使来,今果然,此天意也。"乃为复书,许俟仲秋倾国赴援。

八月,己未,以范延光为天雄节度使,李周为宣武节度使、同平章事。

癸亥,应州言契丹三千骑攻城。

张敬达筑长围以攻晋阳。石敬瑭以刘知远为马步都指挥使,安重荣、张万迪降兵皆隶焉。知远用法无私,抚之如一,由是人无贰心。敬瑭亲乘城,坐卧矢石下,知远曰:"观敬达辈高垒深堑,欲为持久之计,无它奇策,不足虑也。愿明公四出间使,经略外事。守城至易,知远独能办之。"敬瑭执知远手,抚其背而赏之。

戊寅,以成德节度使董温琪为东北面副招讨使,以佐卢龙节度使赵德钧。

唐主使端明殿学士吕琦至河东行营犒军,杨光远谓琦曰:"愿附奏陛下,幸宽宵旰。贼若无援,旦夕当平;若引契丹,当纵之令入,可一战破也。"帝甚悦。帝闻契丹许石敬瑭以仲秋赴援,屡督张敬达急攻晋阳,不能下。每有营构,多值风雨,长围复为水潦所坏,竟不能合,晋阳城中日窘,粮储浸乏。

九月,契丹主将五万骑,号三十万,自扬武谷而南,旌旗不绝五十余里。代州刺史张朗、忻州刺史丁审琦婴城自守,虏骑过城下,亦不诱胁。审琦,洺州人也。

辛丑,契丹主至晋阳,陈于汾北之虎北口。先遣人谓敬瑭曰:"吾欲今日即破贼可乎?"敬瑭遣人驰告曰:"南军甚厚,不可轻,请俟明日议战未晚也。"使者未至,契丹已与唐骑将高行周、符彦卿合战,敬瑭乃遣刘知远出兵助之。张敬达、杨光远、安审琦以步兵陈于城西北山下,契丹遣轻骑三千,不被甲,直犯其陈。唐兵见其羸,争逐之,至汾曲,契丹涉水而去。唐兵循岸而进,契丹伏兵自东北起,冲唐兵断而为二,步兵在北者多为契丹所杀,骑兵在南者引归晋安寨。契丹纵兵乘之,唐兵大败,步兵死者近万人,骑兵独全。敬达等收余众保晋安,契丹亦引兵归虎北口。敬瑭得唐降兵千余人,刘知远劝敬瑭尽杀之。

是夕,敬瑭出北门见契丹主,契丹主执敬瑭手,恨相见之晚。敬瑭问曰:"皇帝远来,士马疲倦,遽与唐战而大胜,何也?"契丹主曰:"始吾自北来,谓唐必断雁门诸路,伏兵险要,则吾不可得进矣。使人侦视,皆无之,吾是以长驱深入,知大事必济也。兵既相接,我气方锐,彼气方沮,若不乘此急击之,旷日持久,则胜负未可知矣。此吾所以亟战而胜,不可以劳逸常理论也。"敬瑭甚叹伏。壬寅,敬瑭引兵会契丹围晋安寨,置营于晋安之南,长百余里,厚五十里,多设铃索吠犬,人跬步不能过。敬达等士卒犹五万人,马万匹,四顾无所之。甲辰,敬达遣使告败于唐,自是声问不复通。唐主大惧,遣彰圣都指挥使符彦饶将洛阳步骑兵屯河阳,诏天雄节度使兼中书令范延光将魏州兵二万由青山趣榆次,卢龙节度使、东北面招讨使兼中书令北平王赵德钧将幽州兵由飞狐出契丹军后,耀州防御使潘环纠合西路戍兵由晋、绛两乳岭出慈、隰,共救晋安寨。契丹主移帐于柳林,游骑过石会关,不见唐兵。

丁未,唐主下诏亲征。雍王重美曰:"陛下目疾未平,未可远涉风沙。臣虽童稚,愿代陛下北行。"帝意本不欲行,闻之颇悦。张延朗、刘延皓及宣徽南院使刘延朗皆劝帝行,帝不得已,戊申,发洛阳,谓卢文纪曰:"朕雅闻卿有相业,故排众议首用卿,今祸难如此,卿嘉谋皆安在乎?"文纪但拜谢,不能对。己酉,遣刘延朗监侍卫步军都指挥使符彦饶军赴潞州,为大军后援。诸军自凤翔推戴以来,骄悍不为用,彦饶恐其为乱,不敢束之以法。

帝至河阳,心惮北行,召宰相、枢密使议进取方略,卢文纪希帝旨,言"国家根本,太半在河南。胡兵倏来忽往,不能久留,晋安大寨甚固,况已发三道兵救之。河阳天下津要,车驾宜留此镇抚南北,且遣近臣往督战,苟不能解围,进亦未晚。"张延朗欲因事令赵延寿得解枢务,因曰:"文纪言是也。"帝访于余人,无敢异言者。泽州刺史刘遂凝,郪之子也,潜自通于石敬瑭,表称车驾不可逾太行。帝议近臣可使北行者,张延朗与翰林学士须昌和凝等皆曰:"赵延寿父德钧以卢龙兵来赴难,宜遣延寿会之。"庚戌,遣枢密使、忠武节度使、随驾诸军都部署、兼侍中赵延寿将兵二万如潞州。辛亥,帝如怀州。以右神武统军康思立为北面行营马军都指挥使,帅扈从骑兵赴团柏谷。思立,晋阳胡人也。

帝以晋安为忧,问策于群臣,吏部侍郎永清龙敏请立李赞华为契丹主,"令天雄、卢龙二镇分兵送之,自幽州趣西楼,朝廷露檄言之,契丹主必有内顾之忧,然后选募军中精锐以击之,此亦解围之一策也。"帝深以为然,而执政恐其无成,议竟不决。

帝忧沮形于神色，但日夕酣饮悲歌。群臣或劝其北行，则曰："卿勿言，石郎使我心胆堕地！"

冬，十月，壬戌，诏大括天下将吏及民间马。又发民为兵，每七户出征夫一人，自备铠仗，谓之"义军"，期以十一月俱集，命陈州刺史郎万金教以战陈，用张延朗之谋也。凡得马二千余匹，征夫五千人，实无益于用，而民间大扰。

初，赵德钧阴蓄异志，欲因乱取中原，自请救晋安寨。唐主命自飞狐踵契丹后，钞其部落，德钧请将银鞍契丹直三千骑，由土门路西入，帝许之。赵州刺史、北面行营都指挥使刘在明先将兵戍易州，德钧过易州，命在明以其众自随。在明，幽州人也。德钧至镇州，以董温琪领招讨副使，邀与偕行，又表称兵少，须合泽潞兵，乃自吴儿谷趣潞州，癸酉，至乱柳。时范延光受诏将部兵二万屯辽州，德钧又请与魏博军合，延光知德钧合诸军，志趣难测，表称魏博兵已入贼境，无容南行数百里与德钧合，乃止。

汉主以宗正卿兼工部侍郎刘濬为中书侍郎、同平章事。濬，崇望之子也。

十一月，戊子，以赵德钧为诸道行营都统，依前东北面行营招讨使。以赵延寿为河东道南面行营招讨使，以翰林学士张砺为判官。庚寅，以范延光为河东道东南面行营招讨使，以宣武节度使、同平章事李周副之。辛卯，以刘延朗为河东道南面行营招讨副使。赵延寿遇赵德钧于西汤，悉以兵属德钧。唐主遣吕琦赐德钧敕告，且犒军。德钧志在并范延光军，逗留不进，诏书屡趣之，德钧乃引兵北屯团柏谷口。

癸巳，吴主诏齐王徐知诰置百官，以金陵府为西都。

前坊州刺史刘景岩，延州人也，多财而喜侠，交结豪杰，家有丁夫兵仗，人服其强，势倾州县。彰武节度使杨汉章无政，失夷、夏心，会括马及义军，汉章帅步骑数千人将赴军期，阅之于野。景岩潜使人挠之曰："契丹强盛，汝曹有去无归。"众惧，杀汉章，奉景岩为留后。唐主不获已，丁酉，以景岩为彰武留后。

契丹主谓石敬瑭曰："吾三千里来赴难，必有成功。观汝气貌识量，真中原之主也。吾欲立汝为天子。"敬瑭辞让数四，将吏复劝进，乃许之。契丹主作册书，命敬瑭为大晋皇帝，自解衣冠授之，筑坛于柳林，是日，即皇帝位。割幽、蓟、瀛、莫、涿、檀、顺、新、妫、儒、武、雲、应、寰、朔、蔚十六州以与契丹，仍许岁输帛三十万匹。己亥，制改长兴七年为天福元年，大赦，敕命法制，皆遵明宗之旧。以节度判官赵莹为翰林学士承旨、户部侍郎、知河东军府事，掌书记桑维翰为翰林学士、礼部侍郎、权知枢密使事，观察判官薛融为侍御史知杂事，节度推官白水窦贞固为翰林学士，军城都巡检使刘知远为侍卫马军都指挥使，客将景延广为步军都指挥使。延广，陕州人也。立晋国长公主为皇后。

契丹主虽军柳林,其辎重老弱皆在虎北口,每日暝辄结束,以备仓猝遁逃,而赵德钧欲倚契丹取中国,至团柏逾月,按兵不战,去晋安才百里,声问不能相通。德钧累表为延寿求成德节度使,曰:"臣今远征,幽州势孤,欲使延寿在镇州,左右便于应接。"唐主曰:"延寿方击贼,何暇往镇州!俟贼平,当如所请。"德钧求之不已,唐主怒曰:"赵氏父子坚欲得镇州,何意也?苟能却胡寇,虽欲代吾位,吾亦甘心,若玩寇邀君,但恐犬兔俱毙耳。"德钧闻之,不悦。

闰月,赵延寿献契丹主所赐诏及甲马弓剑,诈云德钧遣使致书于契丹主,为唐结好,说令引兵归国,其实别为密书,厚以金帛赂契丹主,云:"若立己为帝,请即以见兵南平洛阳,与契丹为兄弟之国,仍许石氏常镇河东。"契丹主自以深入敌境,晋安未下,德钧兵尚强,范延光在其东,又恐山北诸州邀其归路,欲许德钧之请。

帝闻之,大惧,亟使桑维翰见契丹主,说之曰:"大国举义兵以救孤危,一战而唐兵瓦解,退守一栅,食尽力穷。赵北平父子不忠不信,畏大国之强,且素蓄异志,按兵观变,非以死徇国之人,何足可畏,而信其诞妄之辞,贪豪末之利,弃垂成之功乎!且使晋得天下,将竭中国之财以奉大国,岂此小利之比乎!"契丹主曰:"尔见捕鼠者乎,不备之,犹或啮伤其手,况大敌乎!"对曰:"今大国已扼其喉,安能啮人乎!"契丹主曰:"吾非有渝前约也,但兵家权谋不得不尔。"对曰:"皇帝以信义救人之急,四海之人俱属耳目,奈何一旦二三其命,使大义不终!臣窃为皇帝不取也。"跪于帐前,自旦至暮,涕泣争之。契丹主乃从之,指帐前石谓德钧使者曰:"我已许石郎,此石烂,可改矣。"

龙敏谓前郑州防御使李懿曰:"君,国之近亲,今社稷之危,翘足可待,君独无忧乎?"懿为言赵德钧必能破敌之状。敏曰:"我燕人也,知德钧之为人,怯而无谋,但于守城差长耳。况今内蓄奸谋,岂可恃乎!仆有狂策,但恐朝廷不肯为耳。今从驾兵尚万余人,马近五千匹,若选精骑一千,使仆与郎万金将之,自介休山路,夜冒虏骑入晋安寨,但使其半得入,则事济矣。张敬达等陷于重围,不知朝廷声问,若知大军近在团柏,虽有铁障可冲陷,况虏骑乎!"懿以白唐主,唐〔主〕曰:"龙敏之志极壮,用之晚矣。"

丹州义军作乱,逐刺史康承询,承询奔鄜州。

晋安寨被围数月,高行周、符彦卿数引骑兵出战,众寡不敌,皆无功。刍粮俱竭,削柿淘粪以饲马,马相啖,尾鬛皆秃,死则将士分食之,援兵竟不至。张敬达性刚,时谓之"张生铁",杨光远、安审琦劝敬达降于契丹,敬达曰:"吾受明宗及今上厚恩,为元帅而败军,其罪已大,况降敌乎!今援兵旦暮至,且当俟之。必若力尽势穷,则诸军斩我首,携之出降,自求多福,未为晚也。"光远目审琦欲杀敬达,审琦未忍。高行周知光远欲图敬达,常引壮骑尾而卫之,敬达不知其故,谓人曰:"行周每踵余后,何意也?"行周乃不敢随之。诸将每旦集于招讨使营,甲子,高行周、符彦卿未至,光远乘其无备,斩敬达首,帅诸将上表降于契丹。契丹主素闻诸将名,皆慰劳,赐以裘帽,因戏之曰:"汝辈亦大恶汉,不用盐酪唅战马万匹!"光远等大惭。契丹主嘉张敬达之忠,命收葬而祭之,谓其下及晋诸将曰:"汝曹为人臣,当效敬达也。"时晋安寨马犹近五千,铠仗五万,契丹悉取以归其国,悉以唐之将卒授帝,语之曰:"勉事而主。"马军都指挥使康思立愤惋而死。

帝以晋安已降,遣使谕诸州,代州刺史张朗斩其使。吕琦奉唐主诏劳北军,至忻州,遇晋使,亦斩之,谓刺史丁审琦曰:"虏过城下而不顾,其心可见,还日必无全理,不若早帅兵民自五台奔镇州。"将行,审琦悔之,闭牙城不从。州兵欲攻之,琦曰:"家国如此,何为复相屠灭!"乃帅州兵趣镇州,审琦遂降契丹。

契丹主谓帝曰:"桑维翰尽忠于汝,宜以为相。"丙寅,以赵莹为门下侍郎,桑维翰为中书侍郎,并同平章事,维翰仍权知枢密使事。以杨光远为侍卫马步军都指挥使,以刘知远为保义节度使、侍卫马步军都虞候。

帝与契丹主将引兵而南,欲留一子守河东,咨于契丹主,契丹主令帝尽出诸子,自择之。帝兄子重贵,父敬儒早卒,帝养以为子,貌类帝而短小,契丹主指之曰:"此大目者可也。"乃以重贵为北京留守、太原尹、河东节度使。契丹以其将高谟翰为前锋,与降卒偕进。丁卯,至团柏,与唐兵战,赵德钧、赵延寿先遁,符彦饶、张彦琦、刘延朗、刘在明继之,士卒大溃,相腾践死者万计。

己巳,延朗、在明至怀州,唐主始知帝即位,杨光远降。众议以"天雄军府尚完,契丹必惮山东,未敢南下,车驾宜幸魏州。"唐主以李崧素与范延光善,召崧谋之。薛文遇不知而继至,唐主怒,变色,崧蹑文遇足,文遇乃去。唐主曰:"我见此物肉颤,适几欲抽佩刀刺之。"崧曰:"文遇小人,浅谋误国,刺之益丑。"崧因劝唐主南还,唐主从之。

洛阳闻北军败,众心大震,居人四出,逃窜山谷。门者请禁之,河南尹雍王重美曰:"国家多难,未能为百姓主,又禁其求生,徒增恶名耳。不若听其自便,事宁自还。"乃出令任从所适,众心差安。

壬申,唐主还至河阳,命诸将分守南、北城。张延朗请幸滑州,庶与魏博声势相接,唐主不能决。

赵德钧、赵延寿南奔潞州,唐败兵稍稍从之,其将时赛帅卢龙轻骑东还渔阳。帝先遣昭义节度使高行周还具食,至城下,见德钧父子在城上,行周曰:"仆与大王乡曲,敢不忠告。城中无斗粟可守,不若速迎车驾。"甲戌,帝与契丹主至潞州,德钧父子迎谒于高河,契丹主慰谕之,父子拜帝于马首,进曰:"别后安否?"帝不顾,亦不与之言。契丹主问德钧曰:"汝在幽州所置银鞍契丹直何在?"德钧指示之,契丹主命尽杀之于西郊,凡三千人。遂锁德钧、延寿,送归其国。

德钧见述律太后,悉以所赍宝货并籍其田宅献之,太后问曰:"汝近者何为往太原?"德钧曰:"奉唐主之命。"太后指天曰:"汝从吾儿求为天子,何妄语邪!"又自指其心曰:"此不可欺也。"又曰:"吾儿将行,吾戒之云:赵大王若引兵北向渝关,亟须引归,太原不可救也。汝欲为天子,何不先击退吾儿,徐图亦未晚。汝为人臣,既负其主,不能击敌,又欲乘乱邀利,所为如此,何面目复求生乎?"德钧俯首不能对。又问:"器玩在此,田宅何在?"德钧曰:"在幽州。"太后曰:"幽州今属谁?"德钧曰:"属太后。"太后曰:"然则又何献焉?"德钧益惭。自是郁郁不多食,逾年而卒。张砺与延寿俱入契丹,契丹主复以为翰林学士。

帝将发上党,契丹主举酒属帝曰:"余远来徇义,今大事已成,我若南向,河南之人必大惊骇,汝宜自引汉兵南下,人必不甚惧。我令太相温将五千骑卫送汝至河梁,欲与之度河者多少随意。余且留此,俟汝音闻,有急则下山救汝。若洛阳既定,吾即北返矣。"与帝执手相泣,久之不能别,解白貂裘以衣帝,赠帝良马二十匹,战马千二百匹,曰:"世世子孙勿相忘。"又曰:"刘知远、赵莹、桑维翰皆创业功臣,无大故,勿弃也。"

初,张敬达既出师,唐主遣左金吾大将军历山高汉筠守晋州。敬达死,建雄节度副使田承肇帅众攻汉筠于府署,汉筠开门延承肇入,从容谓曰:"仆与公俱受朝寄,何相迫如此?"承肇曰:"欲奉公为节度使。"汉筠曰:"仆老矣,义不为乱首,死生惟公所处。"承肇目左右欲杀之,军士投刃于地曰:"高金吾累朝宿德,奈何害之?"承肇乃谢曰:"与公戏耳。"听汉筠归洛阳。帝遇诸涂,曰:"朕忧卿为乱兵所伤,今见卿甚喜。"

符彦饶、张彦琪至河阳,密言于唐主曰:"今胡兵大下,河水复浅,人心已离,此不可守。"丁丑,唐主命河阳节度使苌从简与赵州刺史刘在明守河阳南城,遂断浮梁,归洛阳。遣宦者秦继旻、皇城使李彦绅杀昭信节度使李赞华于其第。

己卯,帝至河阳,苌从简迎降,舟楫已具。彰圣军执刘在明以降,帝释之,使复其所。

唐主命马军都指挥使宋审虔、步军都指挥使符彦饶、河阳节度使张彦琪、宣徽南院使刘延朗将千余骑至白马阪行战地,有五十余骑度河奔于北军。诸将谓审虔曰:"何地不可战,谁肯立于此?"乃还。庚辰,唐主又与四将议复向河阳,而将校皆已飞状迎帝。帝虑唐主西奔,遣契丹千骑扼渑池。

辛巳,唐主与曹太后、刘皇后、雍王重美及宋审虔等携传国宝登玄武楼自焚,皇后积薪欲烧宫室,重美谏曰:"新天子至,必不露居,它日重劳民力。死而遗怨,

3191

将安用之!"乃止。王淑妃谓太后曰:"事急矣,宜且避匿,以俟姑夫。"太后曰:"吾子孙妇女一朝至此,何忍独生!妹自勉之。"淑妃乃与许王从益匿于球场,获免。

是日晚,帝入洛阳,止于旧第。唐兵皆解甲待罪,帝慰而释之。帝命刘知远部署京城,知远分汉军使还营,馆契丹于天宫寺,城中肃然,无敢犯令。士民避乱窜匿者,数日皆还复业。

初,帝在河东,为唐朝所忌,中书侍郎、同平章事、判三司张延朗不欲河东多蓄积,凡财赋应留使之外尽收取之,帝以是恨。壬午,百官入见,独收延朗付御史台,余皆谢恩。

甲申,车驾入宫,大赦:"应中外官吏一切不问,惟贼臣张延朗、刘延皓、刘延朗奸邪贪猥,罪难容贷。中书侍郎、平章事马胤孙、枢密使房暠、宣徽使李专美、河中节度使韩昭胤等,虽居重位,不务诡随,并释罪除名。中外臣僚先归顺者,委中书门下别加任使。"刘延皓匿于龙门,数日,自经死。刘延朗将奔南山,捕得,杀之。斩张延朗,既而选三司使,难其人,帝甚悔之。

闽人闻唐主之亡,叹曰:"潞王之罪,天下未之闻也,将如吾君何!"

十二月,乙酉朔,帝如河阳,饯太相温及契丹兵归国。

追废唐主为庶人。

丁亥,以冯道兼门下侍郎、同平章事。

曹州刺史郑阮贪暴,指挥使石重立因乱杀之,族其家。

辛卯,以唐中书侍郎、同平章事姚颢为刑部尚书。

初,朔方节度使张希崇为政有威信,民夷爱之,兴屯田以省漕运,在镇五年,求内徙,唐潞王以为静难节度使。帝与契丹修好,恐其复取灵武,癸巳,复以希崇为朔方节度使。

初,成德节度使董温琪贪暴,积货巨万,以牙内都虞候平山祕琼为腹心。温琪与赵德钧俱没于契丹,琼尽杀温琪家人,瘗于一坎,而取其货,自称留后,表称军乱。

同州小校门铎杀节度使杨汉宾,焚掠州城。

诏赠李赞华燕王,遣使送其丧归国。

张朗将其众入朝。

庚子,以唐中书侍郎、同平章事卢文纪为吏部尚书。以皇城使晋阳周瓌为大将军、充三司使,瓌辞曰:"臣自知才不称职,宁以避事见弃,犹胜冒宠获辜。"帝许之。

帝闻平卢节度使房知温卒,遣天平节度使王建立将兵巡抚青州。

改兴唐府曰广晋府。

安远节度使卢文进闻帝为契丹所立，自以本契丹叛将，辛丑，弃镇奔吴。所过镇戍，召其主将，告之故，皆拜辞而退。

徐知诰以镇南节度使、太尉兼中书令李德诚、德胜节度使兼中书令周本位望隆重，欲使之帅众推戴，本曰："我受先王大恩，自徐温父子用事，恨不能救杨氏之危，又使我为此，可乎？"其子弘祚强之，不得已与德诚帅诸将诣江都表吴主，陈知诰功德，请行册命；又诣金陵劝进。宋齐丘谓德诚之子建勋曰："尊公，太祖元勋，今日扫地矣。"于是吴宫多妖，吴主曰："吴祚其终乎？"左右曰："此乃天意，非人事也。"

高丽王建用兵击破新罗、百济，于是东夷诸国皆附之，有二京、六府、九节度、百二十郡。

资治通鉴卷第二百八十一

端明殿学士兼翰林侍读学士太中大夫提举西京嵩山崇福宫上柱国河内郡开国公食邑二千六百户食实封一千户臣 司马光 奉敕编集

后晋纪二 起强圉作噩（丁酉），尽著雍阉茂（戊戌），凡二年。

高祖圣文章武明德孝皇帝上之下

天福二年（丁酉、937）

春，正月，乙卯，日有食之。

诏以前北面招收指挥使安重荣为成德节度使，以祕琼为齐州防御使。遣引进使王景崇谕琼以利害。重荣与契丹将赵思温偕如镇州，琼不敢拒命。丙辰，重荣奏已视事。景崇，邢州人也。

契丹以幽州为南京。

李崧、吕琦逃匿于伊阙民间。帝以始镇河东，崧有力焉，德之，亦不责琦。乙丑，以琦为秘书监。丙寅，以崧为兵部侍郎、判户部。

初，天雄节度使兼中书令范延光微时，有术士张生语之云：“必为将相。”延光既贵，信重之。延光尝梦蛇自脐入腹，以问张生，张生曰：“蛇者龙也，帝王之兆。”延光由是有非望之志。唐潞王素与延光善，及赵德钧败，延光自辽州引兵还魏州，虽奉表请降，内不自安，以书潜结祕琼，欲与之为乱。琼受其书不报，延光恨之。琼将之齐，过魏境，延光欲灭口，且利其货，遣兵邀之于夏津，杀之。丁卯，延光奏称夏津捕盗兵误杀琼，帝不问。

戊寅，以李崧为中书侍郎、同平章事，充枢密使，桑维翰兼枢密使。时晋新得天下，藩镇多未服从，或虽服从，反仄不安。兵火之余，府库殚竭，民间困穷，而契丹征求无厌。维翰劝帝推诚弃怨以抚藩镇，卑辞厚礼以奉契丹，训卒缮兵以修武备，务农桑以实仓廪，通商贾以丰货财。数年之间，中国稍安。

吴太子琏纳齐王知诰女为妃。知诰始建太庙、社稷，改金陵为江宁府，牙城曰宫城，厅堂曰殿。以左、右司马宋齐丘、徐玠为左、右丞相，马步判官周宗、内枢判官黔人周廷玉为内枢使。自余百官皆如吴朝之制。置骑兵八军，步兵九军。

二月，吴主以卢文进为宣武节度使，兼侍中。

戊子，吴主使宜阳王璪如西都，册命齐王，王受册，赦境内。册王妃曰王后。

吴越王元瓘之弟顺化节度使、同平章事元珦获罪于元瓘，废为庶人。

契丹主自上党归,过云州,大同节度使沙彦珣出迎,契丹主留之,不使还镇。节度判官吴峦在城中,谓其众曰:"吾属礼义之俗,安可臣于夷狄乎!"众推峦领州事,闭城不受契丹之命,契丹攻之,不克。应州马军都指挥使金城郭崇威亦耻臣契丹,挺身南归。

契丹主过新州,命威塞节度使翟璋敛犒军钱十万缗。初,契丹主阿保机强盛,室韦、奚、霫皆役属焉。奚王去诸苦契丹贪虐,帅其众西徙妫州,依刘仁恭父子,号西奚。去诸卒,子扫剌立。唐庄宗灭刘守光,赐扫剌姓李名绍威。绍威娶契丹逐不鲁之姊。逐不鲁获罪于契丹,奔绍威,绍威纳之,契丹怒,攻之,不克。绍威卒,子拽剌立。及契丹主德光自上党北还,拽剌迎降,时逐不鲁亦卒,契丹主曰:"汝诚无罪,扫剌、逐不鲁负我。"皆命发其骨,砲而扬之。诸奚畏契丹之虐,多逃叛。契丹主劳翟璋曰:"当为汝除代,令汝南归。"己亥,璋表乞征诣阙。既而契丹遣璋将兵讨叛奚、攻云州,有功,留不遣璋,璋郁郁而卒。

张砺自契丹逃归,为追骑所获,契丹主责之曰:"何故舍我去?"对曰:"臣华人,饮食衣服皆不与此同,生不如死,愿早就戮。"契丹主顾通事高彦英曰:"吾常戒汝善遇此人,何故使之失所而亡去? 若失之,安可复得邪!"笞彦英而谢砺。砺事契丹主甚忠直,遇事辄言,无所隐避,契丹主甚重之。

初,吴越王镠少子元珦数有军功,镠赐之兵仗。及吴越王元瓘立,元珦为土客马步军都指挥使、静江节度使,兼中书令,恃恩骄横,增置兵仗至数千,国人多附之。元瓘忌之,使人讽元珦请输兵仗,出判温州,元珦不从。铜官庙吏告元珦遣亲信祷神,求主吴越江山;又为蜡丸从水窦出入,与兄元珣谋议。三月,戊午,元瓘遣使者召元珦宴宫中,既至,左右称元珦有刃坠于怀袖,即格杀之,并杀元珣。元瓘欲按诸将吏与元珣、元珦交通者,其子仁俊谏曰:"昔光武克王郎,曹公破袁绍,皆焚其书疏以安反侧,今宜效之。"元瓘从之。

或得唐潞王脀及髀骨献之,庚申,诏以王礼葬于徽陵南。

帝遣使诣蜀告即位,且叙姻好,蜀主复书,用敌国礼。

范延光聚卒缮兵,悉召巡内刺史集魏州,将作乱。会帝谋徙都大梁,桑维翰曰:"大梁北控燕、赵,南通江、淮,水陆都会,资用富饶。今延光反形已露,大梁距魏不过十驿,彼若有变,大军寻至,所谓疾雷不及掩耳也。"丙寅,下诏,托以洛阳漕运有阙,东巡汴州。

吴徐知诰立子景通为王太子,固辞不受。追尊考忠武王温曰太祖武王,妣明德太妃李氏曰王太后。壬申,更名诰。

庚辰,帝发洛阳,留前朔方节度使张从宾为东都巡检使。

汉主以疾愈,大赦。

交州将皎公羡杀安南节度使杨廷艺而代之。

夏,四月,丙戌,帝至汴州。丁亥,大赦。

吴越王元瓘复建国,如同光故事。丙申,赦境内,立其子弘僔为世子。以曹仲达、沈崧、皮光业为丞相,镇海节度判官林鼎掌教令。

丁酉,加宣武节度使杨光远兼侍中。

闽主作紫微宫,饰以水晶,土木之盛倍于宝皇宫。又遣使散诣诸州,伺人隐慝。

五月,吴徐浩用宋齐丘策,欲结契丹以取中国,遣使以美女、珍玩泛海修好,契丹主亦遣使报之。

丙辰,敕权署汴州牙城曰大宁宫。

壬申,进范延光爵临清郡王,以安其意。

追尊四代考妣为帝后。己卯,诏太社所藏唐室罪人首听亲旧收葬。初,武卫上将军娄继英尝事梁均王,为内诸司使,至是,请其首而葬之。

六月,吴诸道副都统徐景迁卒。

范延光素以军府之政委元随左都押牙孙锐,锐恃恩专横,符奏有不如意者,对延光手裂之。会延光病经旬,锐密召澶州刺史冯晖,与之合谋逼延光反,延光亦思张生之言,遂从之。

甲午,六宅使张言奉使魏州还,言延光反状,义成节度使符彦饶奏延光遣兵度河,焚草市;诏侍卫马军都指挥使、昭信节度使白奉进将千五百骑屯白马津以备之。奉进,云州人也。丁酉,以东都巡检使张从宾为魏府西南面都部署。戊戌,遣侍卫都军使杨光远将步骑一万屯滑州。己亥,遣护圣都指挥使杜重威将兵屯卫州。重威,朔州人也,尚帝妹乐平长公主。范延光以冯晖为都部署,孙锐为兵马都监,将步骑二万循河西抵黎阳口。辛丑,杨光远奏引兵逾胡梁渡。

以翰林学士、礼部侍郎和凝为端明殿学士。凝署其门,不通宾客。前耀州团练推官襄邑张谊致书于凝,以为"切近之职为天子耳目,宜知四方利病,奈何拒绝宾客!虽安身为便,如负国何!"凝奇之,荐于桑维翰,未几,除左拾遗。谊上言:"北狄有援立之功,宜外敦信好,内谨边备,不可自逸,以启戎心。"帝深然之。

契丹攻云州,半岁不能下。吴峦遣使间道奉表求救,帝为之致书契丹主请之,契丹主乃命翟璋解围去。帝召峦归,以为武宁节度副使。

丁未,以侍卫使杨光远为魏府四面都部署,张从宾为副部署兼诸军都虞候,昭义节度使高行周将本军屯相州,为魏府西面都部署。

军士郭威旧隶刘知远,当从杨光远北征,白知远乞留。人问其故,威曰:"杨公有奸诈之才,无英雄之气,得我何用?能用我者其刘公乎!"

诏张从宾发河南兵数千人击范延光。延光使人诱从宾,从宾遂与之同反,杀皇子河阳节度使重信,使上将军张继祚知河阳留后。继祚,全义之子也。从宾又引兵入洛阳,杀皇子权东都留守重乂,以东都副留守、都巡检使张延播知河南府事。从宾取内库钱帛以赏部兵,留守判官李遐不与,兵众杀之。从宾引兵东扼汜水关,将逼汴州。诏奉国都指挥使侯益帅禁兵五千会杜重威讨张从宾,又诏宣徽使刘处让之黎阳分兵讨之。时羽檄纵横,从官在大梁者无不恟惧,独桑维翰从容指画军事,神色自若,接对宾客,不改常度,众心差安。

方士言于闽主,云有白龙夜见螺峰,闽主作白龙寺。时百役繁兴,用度不足,闽主谓吏部侍郎、判三司候官蔡守蒙曰:"闻有司除官皆受赂,有诸?"对曰:"浮言无足信也。"闽主曰:"朕知之久矣,今以委卿,择贤而授,不肖及冈冒者勿拒,第令纳赂,籍而献之。"守蒙素廉,以为不可,闽主怒,守蒙惧而从之。自是除官但以货多寡为差。闽主又以空名堂牒使医工陈究卖官于外,专务聚敛,无有盈厌。又诏民有隐年者杖背,隐口者死,逃亡者族。果菜鸡豚,皆重征之。

秋,七月,张从宾攻汜水,杀巡检使宋廷浩。帝戎服,严轻骑,将奔晋阳以避之。桑维翰叩头苦谏曰:"贼锋虽盛,势不能久,请少待之,不可轻动。"帝乃止。

范延光遣使以蜡丸招诱失职者,右武卫上将军娄继英、右卫大将军尹晖在大梁,温韬之子延濬、延沼、延袞居许州,皆应之。延光令延濬兄弟取许州,聚徒已及千人。继英、晖事泄,皆出走,壬子,敕以延光奸谋,诬污忠良,自今获延光谍人,赏获者,杀谍人,焚蜡书,勿以闻。晖将奔吴,为人所杀。继英奔许州,依温氏。忠武节度使苌从简盛为之备,延濬等不得发,欲杀继英以自明,延沼止之,遂同奔张从宾。继英知其谋,劝从宾执三温,皆斩之。

白奉进在滑州,军士有夜掠者,捕之,获五人,其三隶奉进,其二隶符彦饶,奉进皆斩之。彦饶以其不先白己,甚怒。明日,奉进从数骑诣彦饶谢,彦饶曰:"军中各有部分,奈何取滑州军士并斩之,殊无客主之义乎!"奉进曰:"军士犯法,何有彼我!仆已引咎谢公,而公怒不解,岂非欲与延光同反邪!"拂衣而起,彦饶不留,帐下甲士大噪,擒奉进,杀之。从骑走出,大呼于外,诸军争擐甲操兵,喧噪不可禁止。奉国左厢都指挥使马万惶惑不知所为,帅步兵欲从乱,遇右厢都指挥使卢顺密帅部兵出营,厉声谓万曰:"符公擅杀白公,必与魏城通谋。此去行宫才二百里,吾辈及军士家属皆在大梁,奈何不思报国,乃欲助乱,自求族灭乎!今日当共擒符公,送天子,立大功。军士从命者赏,违命者诛,勿复疑也。"万部兵尚有呼跃者,顺密杀数人,众莫敢动。万不得已从之,与奉国都虞候方太等共攻牙城,执彦饶,令太部送大梁。甲寅,敕斩彦饶于班荆馆,其兄弟皆不问。

杨光远自白皋引兵趣滑州,士卒闻滑州乱,欲推光远为主。光远曰:"天子岂汝辈贩弄之物！晋阳之降出于穷迫，今若改图，真反贼也。"其下乃不敢言。时魏、孟、滑三镇继叛，人情大震，帝问计于刘知远，对曰："帝者之兴，自有天命。陛下昔在晋阳，粮不支五日，俄成大业。今天下已定，内有劲兵，北结强虏，鼠辈何能为乎！愿陛下抚将相以恩，臣请戢士卒以威，恩威兼著，京邑自安，本根深固，则枝叶不伤矣。"知远乃严设科禁，宿卫诸军无敢犯者。有军士盗纸钱一幞，主者擒之，左右请释之，知远曰："吾诛其情，不计其直。"竟杀之。由是众皆畏服。

乙卯，以杨光远为魏府行营都招讨使、兼知行府事，以昭义节度使高行周为河南尹、东京留守，以杜重威为昭义节度使、充侍卫马军都指挥使，以侯益为河阳节度使。帝以滑州奏事皆马万为首，擢万为义成节度使。丙辰，以卢顺密为果州团练使，方太为赵州刺史，既而知皆顺密之功也，更以顺密为昭义留后。

冯晖、孙锐引兵至六明镇，光远引之度河，半度而击之，晖、锐众大败，多溺死，斩首三千级，晖、锐走还魏。

杜重威、侯益引兵至氾水，遇张从宾众万余人，与战，俘斩殆尽，遂克氾水。从宾走，乘马度河，溺死。获其党张延播、继祚、娄继英，送大梁，斩之，灭其族。史馆修撰李涛上言："张全义有再造洛邑之功，乞免其族。"乃止诛继祚妻子。涛，回之族曾孙也。

诏东都留守司百官悉赴行在。

杨光远奏知博州张晖举城降。

安州威和指挥使王晖闻范延光作乱，杀安远节度使周瓌，自领军府，欲俟延光胜则附之，败则度江奔吴。帝遣右领军上将军李金全将千骑如安州巡检，许赦王晖以为唐州刺史。

范延光知事不济，归罪于孙锐而族之，遣使奉表待罪。戊寅，杨光远以闻，帝不许。

吴同平章事王令谋如金陵劝徐诰受禅，诰让不受。

山南东道节度使安从进恐王晖奔吴，遣行军司马张眗将兵会复州兵于要路邀之。晖大掠安州，将奔吴，部将胡进杀之。八月，癸巳，以状闻。李金全至安州，将士之预于乱者数百人，金全说谕，悉遣诣阙，既而闻指挥使武彦和等数十人挟赇甚多，伏兵于野，执而斩之。彦和且死，呼曰："王晖首恶，天子犹赦之，我辈胁从，何罪乎！"帝虽知金全之情，掩而不问。

吴历阳公濛知吴将亡，甲午，杀守卫军使王宏。宏子勒兵攻濛，濛射杀之。以德胜节度使周本吴之勋旧，引二骑诣庐州，欲依之。本闻濛至，将见之，其子弘祚固谏，本怒曰："我家郎君来，何为不使我见！"弘祚合扉不听本出，使人执濛于外，送江都。徐诰遣使称诏杀濛于采石，追废为悖逆庶人，绝属籍。侍卫军使郭惊杀濛妻子于和州,诬归罪于惊,贬池州。

乙巳,赦张从宾、符彦饶、王晖之党,未伏诛者皆不问。

梁、唐以来,士民奉使及俘掠在契丹者,悉遣使赎还其家。

吴司徒、门下侍郎、同平章事、内枢使、忠武节度使王令谋老病无齿,或劝之致仕,令谋曰:"齐王大事未毕,吾何敢自安!"疾亟,力劝徐诰受禅。是月,吴主下诏,禅位于齐。李德诚等复诣金陵帅百官劝进,宋齐丘不署表。九月,癸丑,令谋卒。

甲寅,以李金全为安远节度使。

娄继英未及葬梁均王而诛死,诏梁故臣右卫上将军安崇阮与王故妃郭氏葬之。

丙寅,吴主命江夏王璘奉玺绶于齐。冬,十月,甲申,齐王诰即皇帝位于金陵,大赦,改元昇元,国号唐。追尊太祖武王曰武皇帝。乙酉,遣右丞相玠奉册诣吴主,称受禅老臣诰谨拜稽首上皇帝尊号曰高尚思玄弘古让皇,宫室、乘舆、服御皆如故,宗庙、正朔、徽章、服色悉从吴制。丁亥,立徐知证为江王,徐知谔为饶王。以吴太子琏领平卢节度使、兼中书令,封弘农公。

唐主宴群臣于天泉阁,李德诚曰:"陛下应天顺人,惟宋齐丘不乐。"因出齐丘止德诚劝进书,唐主执书不视,曰:"子嵩三十年旧交,必不相负。"齐丘顿首谢。

己丑,唐主表让皇改东都宫殿名,皆取于仙经。让皇常服羽衣,习辟谷术。辛卯,吴宗室建安王珙等十二人皆降爵为公,而加官增邑。丙申,以吴同平章事张延翰及门下侍郎张居詠、中书侍郎李建勋并同平章事。让皇以唐主上表,致书辞之,唐主表谢而不改。

丁酉,加宋齐丘大司徒。齐丘虽为左丞相,不预政事,心怏怏,闻制词云"布衣之交",抗声曰:"臣为布衣时,陛下为刺史。今日为天子,可不用老臣矣。"还家请罪,唐主手诏谢之,亦不改命。久之,齐丘不知所出,乃更上书请迁让皇于它州,及斥远吴太子琏,绝其昏,唐主不从。

乙巳,立王后宋氏为皇后。戊申,以诸道都统、判元帅府事景通为诸道副元帅、判六军诸卫事、太尉、尚书令、吴王。

闽主命其弟威武节度使继恭上表告嗣位于晋,且请置邸于都下。

十一月,乙卯,唐吴王景通更名璟。唐主赐杨琏妃号永兴公主,妃闻人呼公主则流涕而辞。戊午,唐主立其子景遂为吉王,景达为寿阳公。以景遂为侍中、东都留守、江都尹,帅留司百官赴东都。

戊辰,诏加吴越王元瓘天下兵马副元帅,进封吴越国王。

安远节度使李金全以亲吏胡汉筠为中门使,军府事一以委之。汉筠贪滑残忍,聚敛无厌。帝闻之,以廉吏贾仁沼代之,且召汉筠,欲授以它职,庶保全功臣。汉筠大惧,始劝金全以异谋。乙亥,金全表汉筠病,未任行。金全故人庞令图屡谏曰:"仁沼忠义之士,以代汉筠,所益多矣。"汉筠夜遣壮士逾垣灭令图之族,又毒仁沼,舌烂而卒。汉筠与推官张纬相结,以诌惑金全,金全爱之弥笃。

十二月,戊申,蜀大赦,改明年元曰明德。

诏加马希范江南诸道都统,制置武平、静江等军事。

是岁,契丹改元会同,国号大辽,公卿庶官皆仿中国,参用中国人,以赵延寿为枢密使,寻兼政事令。

三年(戊戌、938)

春,正月,己酉,日有食之。

唐德胜节度使兼中书令西平恭烈王周本以不能存吴,愧恨而卒。

丙寅,唐以侍中吉王景遂参判尚书都省。

蜀主以武信节度使、同平章事张业为左仆射兼中书侍郎、同平章事、枢密使,武泰节度使王处回兼武信节度使、同平章事。

二月,庚辰,左散骑常侍张允上《驳赦论》,以为:"帝王遇天灾多肆赦,谓之修德。借有二人坐狱遇赦,则曲者幸免,直者衔冤,冤气升闻,乃所以致灾,非所以弭灾也。"诏褒之。帝乐闻谠言,诏百官各上封事,命吏部尚书梁文矩等十人置详定院以考之,无取者留中,可者行之。数月,应诏者无十人,乙未,复降御札趣之。

三月,丁丑,敕禁民作铜器。初,唐世天下铸钱有三十六冶,丧乱以来,皆废绝,钱日益耗,民多销钱为铜器,故禁之。

中书舍人李详上疏,以为"十年以来,赦令屡降,诸道职掌皆许推恩,而藩方荐论动逾数百,乃至藏典、书吏、优伶、奴仆,初命则至银青阶,被服皆紫袍象笏,名器僭滥,贵贱不分。请自今诸道主兵将校之外,节度州听奏朱记大将以上十人,它州止听奏都押牙、都虞候、孔目官,自余但委本道量迁职名而已。"从之。

夏,四月,甲申,唐宋齐丘自陈丞相不应不豫政事,唐主答以省署未备。

吴让皇固辞旧宫,屡请徙居,李德诚等亦亟以为言。五月,戊午,唐主改润州牙城为丹杨宫,以李建勋为迎奉让皇使。

杨光远自恃拥重兵,颇干预朝政,屡有抗奏,帝常屈意从之。庚申,以其子承祚为左威卫将军,尚帝女长安公主,次子承信亦拜美官,宠冠当时。

壬戌,唐主以左宣威副统军王舆为镇海留后,客省使公孙圭为监军使,亲吏马思让为丹杨宫使,徙让皇居丹杨宫。宋齐丘复自陈为左右所间,唐主大怒,齐丘归第,白衣待罪。或曰:"齐丘旧臣,不宜以小过弃之。"唐主曰:"齐丘有才,不识大体。"乃命吴王璟持手诏召之。

六月，壬午，或献毒酒方于唐主，唐主曰："犯吾法者自有常刑，安用此为！"群臣争请改府寺州县名有"吴"及"阳"者，留守判官杨嗣请更姓羊，徐玠曰："陛下自应天顺人，事非逆取，而谄邪之人专事改更，咸非急务，不可从也。"唐主然之。

河南留守高行周奏修洛阳宫。丙戌，左谏议大夫薛融谏曰："今宫室虽经焚毁，犹侈于帝尧之茅茨；所费虽寡，犹多于汉文之露台。况魏城未下，公私困窘，诚非陛下修宫馆之日。请俟海内平宁，营之未晚。"上纳其言，仍赐诏褒之。

己丑，金部郎中张铸奏："窃见乡村浮户，非不勤稼穑，非不乐安居，但以种木未盈十年，垦田未及三顷，似成生业，已为县司收供徭役，责之重赋，威以严刑，故不免捐功舍业，更思他适。乞自今民垦田及五顷以上，三年外乃听县司徭役。"从之。

秋，七月，中书奏："朝代虽殊，条制无异。请委官取明宗及清泰时敕，详定可久行者编次之。"己酉，诏左谏议大夫薛融等详定。

辛酉，敕作受命宝，以"受天明命，惟德允昌"为文。

八月，帝上尊号于契丹主及太后，戊寅，以冯道为太后册礼使，左仆射刘昫为契丹主册礼使，备卤簿、仪仗、车辂，诣契丹行礼，契丹主大悦。帝事契丹甚谨，奉表称臣，谓契丹主为"父皇帝"，每契丹使至，帝于别殿拜受诏敕。岁输金帛三十万之外，吉凶庆吊，岁时赠遗，玩好珍异，相继于道。乃至应天太后、元帅太子、伟王、南、北二王、韩延徽、赵延寿等诸大臣皆有赂遗。小不如意，辄来责让，帝常卑辞谢之。晋使者至契丹，契丹骄倨，多不逊语。使者还，以闻，朝野咸以为耻，而帝事之曾无倦意，以是终帝之世与契丹无隙。然所输金帛不过数县租赋，往往托以民困，不能满数。其后契丹主屡止帝上表称臣，但令为书称"儿皇帝"，如家人礼。

初，契丹主既得幽州，命曰南京，以唐降将赵思温为留守。思温子延照在晋，帝以为祁州刺史。思温密令延照言虏情终变，请以幽州内附，帝不许。

契丹遣使诣唐，宋齐丘劝唐主厚赂之，俟至淮北，潜遣人杀之，欲以间晋。

壬午，杨光远奏前澶州刺史冯晖自广晋城中出战，因来降，言范延光食尽穷困。己丑，以晖为义成节度使。

杨光远攻广晋，岁余不下，帝以师老民疲，遣内职朱宪入城谕范延光，许移大藩，曰："若降而杀汝，白日在上，吾无以享国。"延光谓节度副使李式曰："主上重信，云不死则不死矣。"乃撤守备，然犹迁延未决。宣徽南院使刘处让复入谕之，延光意乃决。九月，乙巳朔，杨光远送延光二子守图、守英诣大梁。己酉，延光遣牙将奉表待罪。壬子，诏书至广晋，延光帅其众素服于牙门，使者宣诏释之。朱宪，汴州人也。

契丹遣使如洛阳，取赵延寿妻唐燕国长公主以归。

壬戌，唐太府卿赵可封请唐主复姓李，立唐宗庙。

庚午，杨光远表乞入朝，命刘处让权知天雄军府事。己巳，制以范延光为天平节度使，仍赐铁券，应广晋城中将吏军民今日以前罪皆释不问。其张从宾、符彦饶余党及自官军逃叛入城者，亦释之。延光腹心将佐李式、孙汉威、薛霸皆除防御、团练使、刺史，牙兵皆升为侍卫亲军。

初，河阳行军司马李彦珣，邢州人也，父母在乡里，未尝供馈。后与张从宾同反，从宾败，奔广晋，范延光以为步军都监，使登城拒守。杨光远访获其母，置城下以招之，彦珣引弓射杀其母。延光既降，帝以彦珣为坊州刺史。近臣言彦珣杀母，杀母恶逆不可赦，帝曰："赦令已行，不可改也。"乃遣之官。

臣光曰：治国者固不可无信。然彦珣之恶，三灵所不容，晋高祖赦其叛君之愆，治其杀母之罪，何损于信哉！

辛未，以杨光远为天雄节度使。

冬，十月，戊寅，契丹遣使奉宝册，加帝尊号曰英武明义皇帝。

帝以大梁舟车所会，便于漕运，丙辰，建东京于汴州，复以汴州为开封府，以东都为西京，以西都为晋昌军节度。

帝遣兵部尚书主权使契丹谢尊号，权自以累世将相，耻之，谓人曰："吾老矣，安能向穹庐屈膝！"乃辞以老疾。帝怒，戊子，权坐停官。

初，郭崇韬既死，宰相罕有兼枢密使者。帝即位，桑维翰、李崧兼之，宣徽使刘处让及宦官皆不悦。杨光远围广晋，处让数以军事衔命往来，光远奏请多逾分，帝常依违，维翰独以法裁折之。光远对处让有不平语，处让曰："是皆执政之意。"光远由是怨执政。范延光降，光远密表论执政过失，帝知其故而不得已，加维翰兵部尚书，崧工部尚书，皆罢其枢密使，以处让为枢密使。

太常奏："今建东京，而宗庙、社稷皆在西京，请迁置大梁。"敕旨："且仍旧。"

戊戌，大赦。

杨延艺故将吴权自爱州举兵攻皎公羡于交州，〔公〕羡遣使以赂求救于汉。汉主欲乘其乱而取之，以其子万王弘操为静海节度使，徙封交王，将兵救公羡，汉主自将屯于海门，为之声援。汉主问策于崇文使萧益，益曰："今霖雨积旬，海道险远，吴权桀黠，未可轻也。大军当持重，多用乡导，然后可进。"不听。命弘操帅战舰自白藤江趣交州。权已杀公羡，据交州，引兵逆战，先于海口多植大杙，锐其首，冒之以铁，遣轻舟乘潮挑战而伪遁，弘操逐之。须臾潮落，汉舰皆碍铁杙不得返，汉兵大败，士卒覆溺者太半，弘操死，汉主恸哭，收余众而还。先是，著作佐郎侯融劝汉主弭兵息民，至是以兵不振，追咎融，剖棺暴其尸。益，倣之孙也。

楚顺贤夫人彭氏卒。彭夫人貌陋而治家有法,楚王希範悼之,既卒,希範始纵声色,为长夜之饮,内外无别。有商人妻美,希範杀其夫而夺之,妻誓不辱,自经死。

河决郓州。

十一月,范延光自郓州入朝。

丙午,以闽主昶为闽国王,以左散骑常侍卢损为册礼使,赐昶赭袍。戊申,以威武节度使王继恭为临海郡王。闽主闻之,遣进奏官林恩白执政,以既袭帝号,辞册命及使者。闽谏议大夫黄讽以闽主淫暴,与妻子辞诀入谏,闽主欲杖之,讽曰:“臣若迷国不忠,死亦无怨,直谏被杖,臣不受也。”闽主怒,黜为民。

帝患天雄节度使杨光远跋扈难制,桑维翰请分天雄之众,加光远太尉、西京留守兼河阳节度使。光远由是怨望,密以蜡自诉于契丹,养部曲千余人,常蓄异志。

辛亥,建邺都于广晋府,置彰德军于相州,以澶、卫隶之;置永清军于贝州,以博、冀隶之。澶州旧治顿丘,帝虑契丹为后世之患,遣前淄州刺史汲人刘继勋徙澶州城,跨德胜津,并顿丘徙焉。以河南尹高行周为广晋尹、邺都留守,贝州防御使王廷胤为彰德节度使,右神武统军王周为永清节度使。廷胤,处存之孙;周,邺都人也。

范延光屡请致仕,甲寅,诏以太子太师致仕,居于大梁,每预宴会,与群臣无异。延光之反也,相州刺史掖人王景拒境不从,戊午,以景为耀州团练使。

癸亥,敕听公私自铸铜钱,无得杂以铅铁,每十钱重一两,以“天福元宝”为文,仍令盐铁颁下模範。惟禁私作铜器。

立右金吾卫上将军重贵为郑王,充开封尹。

庚辰,敕先许公私铸钱,虑铜难得,听轻重从便,但勿令缺漏。

辛丑,吴让皇卒。唐主废朝二十七日,追谥曰睿皇帝。

是岁,唐主徙吴王璟为齐王。

凤翔节度使李从曮,厚文士而薄武人,爱农民而严士卒,由是将士怨之。会发兵戍西边,既出郊,作乱,突门入城,剽掠于市。从曮发帐下兵击之,乱兵败,东走,欲自诉于朝廷,至华州,镇国节度使太原张彦泽邀击,尽诛之。

资治通鉴卷第二百八十二

端明殿学士兼翰林侍读学士太中大夫提举西京嵩山崇福宫上柱国河内郡开国公食邑二千六百户食实封一千户臣 司马光 奉敕编集

后晋纪三 起屠维大渊献（己亥），尽重光赤奋若（辛丑），凡三年。

高祖圣文章武明德孝皇帝中

天福四年（己亥、939）

春，正月，辛亥，以澶州防御使太原张从恩为枢密副使。

朔方节度使张希崇卒，羌胡寇钞，无复畏惮。甲寅，以义成节度使冯晖为朔方节度使。党项酋长拓跋彦超最为强大，晖至，彦超入贺，晖厚遇之，因为于城中治第，丰其服玩，留之不遣，封内遂安。

唐群臣江王知证等累表请唐主复姓李，立唐宗庙，乙丑，唐主许之。群臣又请上尊号，唐主曰：“尊号虚美，且非古。”遂不受。其后子孙皆踵其法，不受尊号，又不以外戚辅政，宦者不得预事，皆它国所不及也。

二月，乙亥，改太祖庙号曰义祖。己卯，唐主为李氏考妣发哀，与皇后斩衰居庐，如初丧礼，朝夕临凡五十四日。江王知证、饶王知谔请亦服斩衰，不许。李建勋之妻广德长公主假衰绖入哭尽哀，如父母之丧。

辛巳，诏国事委齐王璟详决，惟军旅以闻。庚寅，唐主更名昪。

诏百官议二祧合享礼。辛卯，宋齐丘等议以义祖居七室之东。唐主命居高祖于西室，太宗次之，义祖又次之，皆为不祧之主。群臣言：“义祖诸侯，不宜与高祖、太宗同享，请于太庙正殿后别建庙祀之。”帝曰：“吾自幼托身义祖，向非义祖有功于吴，朕安能启此中兴之业？”群臣乃不敢言。

唐主欲祖吴王恪，或曰：“恪诛死，不若祖郑王元懿。”唐主命有司考二王苗裔，以吴王孙祎有功，祎子岘为宰相，遂祖吴王，云自岘五世至父荣。其名率皆有司所撰。唐主又以历十九帝、三百年，疑十世太少。有司曰：“三十年为世，陛下生于文德，已五十年矣。”遂从之。

卢损至福州，闽主称疾不见，命弟继恭主之。遣其礼部员外郎郑元弼奉继恭表随损入贡。闽主不礼于损，有士人林省邹私谓损曰：“吾主不事其君，不爱其亲，不恤其民，不敬其神，不睦其邻，不礼其宾，其能久乎！余将僧服而北逃，会当相见上国耳。”

三月,庚戌,唐主追尊吴王恪为定宗孝静皇帝,自曾祖以下皆追尊庙号及谥。

己未,诏归德节度使刘知远、忠武节度使杜重威并加同平章事。知远自以有佐命功,重威起外戚,无大功,耻与之同制,制下数日,杜门四表辞不受。帝怒,谓赵莹曰:"重威朕之妹夫,知远虽有功,何得坚拒制命!可落军权,令归私第。"莹拜请曰:"陛下昔在晋阳,兵不过五千,为唐兵十余万所攻,危于朝露,非知远心如金石,岂能成大业?奈何以小过弃之!窃恐此语外闻,非所以彰人君之大度也。"帝意乃解,命端明殿学士和凝诣知远第谕旨,知远惶恐,起受命。

灵州戍将王彦忠据怀远城叛,上遣供奉官齐延祚往招谕之,彦忠降,延祚杀之。上怒曰:"朕践阼以来,未尝失信于人,彦忠已输仗出迎,延祚何得擅杀之!"除延祚名,重杖配流。议者犹以为延祚不应免死。

辛酉,册回鹘可汗仁美为奉化可汗。

夏,四月,唐江王徐知证等请亦姓李,不许。

辛巳,唐主祀南郊。癸未,大赦。

梁太祖以来,军国大政,天子多与崇政、枢密使议之,宰相受成命,行制敕,讲典故,治文事而已。帝惩唐明宗之世安重诲专横,故即位之初,但命桑维翰兼枢密使。及刘处让为枢密使,奏对多不称旨,会处让遭母丧,甲申,废枢密院,以印付中书,院事皆委宰相分判。以副使张从恩为宣徽使,直学士、仓部郎中司徒诩、工部郎中颜衎并罢守本官。然勋臣近习不知大体,习于故事,每欲复之。

帝以唐之大臣除名在两京者皆贫悴,复以李专美为赞善大夫。丙戌,以韩昭胤为兵部尚书,马胤孙为太子宾客,房暠为右骁卫大将军,并致仕。

闽主忌其叔父前建州刺史延武、户部尚书延望才名,巫者林兴与延武有怨,托鬼神语云:"延武、延望将为变。"闽主不复诘,使帅壮士就第杀之,并其五子。闽主用陈守元言,作三清殿于禁中,以黄金数千斤铸宝皇大帝、天尊、老君像,昼夜作乐,焚香祷祀,求神丹。政无大小,皆林兴传宝皇命决之。

戊申,加楚王希范天策上将军,赐印,听开府置官属。

辛亥,唐徙吉王景遂为寿王,立寿阳公景达为宣城王。

乙卯,唐镇海节度使兼中书令梁怀王徐知谔卒。

唐人迁让皇之族于泰州,号永宁宫,防卫甚严。康化节度使兼中书令杨珙称疾,罢归永宁宫。乙丑,以平卢节度使兼中书令杨琏为康化节度使,琏固辞,请终丧,从之。

唐主将立齐王璟为太子,固辞,乃以为诸道兵马大元帅、判六军诸卫、守太尉、录尚书事、昇、扬二州牧。

闽判六军诸卫建王继严得士心,闽主忌之,六月,罢其兵柄,更名继裕;以弟继镛判六军,去诸卫字。

林兴诈觉,流泉州。望气者言宫中有灾,乙未,闽主徙居长春宫。

秋,七月,庚子朔,日有食之。

成德节度使安重荣出于行伍,性粗率,恃勇骄暴,每谓人曰:"今世天子,兵强马壮则为之耳。"府廨有幡竿高数十尺,尝挟弓矢谓左右曰:"我能中竿上龙首者,必有天命。"一发中之,以是益自负。

帝之遣重荣代秘琼也,戒之:"琼不受代,当别除汝一镇,勿以力取,恐为患滋深。"重荣由是以帝为怯,谓人曰:"秘琼匹夫耳,天子尚畏之,况我以将相之重,士马之众乎!"每所奏请多逾分,为执政所可否,意愤愤不快,乃聚亡命,市战马,有飞扬之志。帝知之,义武节度使皇甫遇与重荣姻家,甲辰,徙遇为昭义节度使。

乙巳,闽北宫火,焚宫殿殆尽。

戊申,薛融等上所定编敕,行之。

丙辰,敕:"先令天下公私铸钱,今私钱多用铅锡,小弱缺薄,宜皆禁之,专令官司自铸。"

西京留守杨光远疏中书侍郎、同平章事桑维翰迁除不公及营邸肆于两都,与民争利,帝不得已,闰月,壬申,出维翰为彰德节度使兼侍中。

初,义武节度使王处直子威,避王都之难,亡在契丹,至是,义武缺帅,契丹主遣使来言,"请使威袭父土地,如我朝之法。"帝辞以"中国之法必自刺史、团练、防御序迁乃至节度使,请遣威至此,渐加进用。"契丹主怒,复遣使来言曰:"尔自节度使为天子,亦有阶级邪!"帝恐其滋蔓不已,厚赂契丹,且请以处直兄孙彰德节度使廷胤为义武节度使以厌其意,契丹怒稍解。

初,闽惠宗以太祖元从为拱宸、控鹤都,及康宗立,更募壮士二千人为腹心,号宸卫都,禄赐皆厚于二都。或言二都怨望,将作乱,闽主欲分隶漳、泉二州,二都益怒。闽主好为长夜之饮,强群臣酒,醉则令左右伺其过失,从弟继隆醉失礼,斩之。屡以猜怒诛宗室,叔父左仆射、同平章事延羲阳为狂愚以避祸,闽主赐以道士服,置武夷山中,寻复召还,幽于私第。

闽主数侮拱宸、控鹤军使永泰朱文进、光山连重遇,二人怨之。会北宫火,求贼不获,闽主命重遇将内外营兵扫除余烬,日役万人,士卒甚苦之。又疑重遇知纵火之谋,欲诛之,内学士陈郯私告重遇。辛巳夜,重遇入直,帅二都兵焚长春宫以攻闽主,使人迎延羲于瓦砾中,呼万岁。复召外营兵共攻闽主,独宸卫都拒战,闽主乃与李后如宸卫都。比明,乱兵焚宸卫都,宸卫都战败,余众千余人奉闽主及李后出北关,至梧桐岭,众稍逃散。延羲使兄子前汀州刺史继业将兵追之,及于村舍,闽主素善射,引弓杀数人。俄而追兵云集,闽主知不免,投弓谓继业曰:

"卿臣节安在?"继业曰:"君无君德,臣安有臣节! 新君,叔父也,旧君,昆弟也,孰亲孰疏?"闽主不复言。继业与之俱还,至陁庄,饮以酒,醉而缢之,并李后及诸子、王继恭皆死。宸卫余众奔吴越。

延羲自称威武节度使、闽国王,更名曦,改元永隆,赦系囚,颁赉中外。以宸卫弑闽主赴于邻国,谥闽主曰圣神英睿文明广武应道大弘孝皇帝,庙号康宗。遣商人间道奉表称藩于晋,然其在国,置百官皆如天子之制。以太子太傅致仕李真为司空兼中书侍郎、同平章事。

连重遇之攻康宗也,陈守元在宫中,易服将逃,兵人杀之。重遇执蔡守蒙,数以卖官之罪而斩之。闽王曦既立,遣使诛林兴于泉州。

河决薄州。

八月,辛丑,以冯道守司徒兼侍中。壬寅,诏中书知印止委上相,由是事无巨细,悉委于道。帝尝访以军谋,对曰:"征伐大事,在圣心独断。臣书生,惟知谨守历代成规而已。"帝以为然。道尝称疾求退,帝使郑王重贵诣第省之,曰:"来日不出,朕当亲往。"道乃出视事。当时宠遇,群臣无与为比。

己酉,以吴越王元瓘为天下兵马元帅。

黔南巡内溪州刺史彭士愁引蒋、锦州蛮万余人寇辰、澧州,焚掠镇戍,遣使乞师于蜀,蜀主以道远,不许。九月,辛未,楚王希范命左静江指挥使刘勍、决胜指挥使廖匡齐帅衡山兵五千讨之。

癸未,以唐许王从益为郇国公,奉唐祀。从益尚幼,李后养从益于宫中,奉王淑妃如事母。

冬,十月,庚戌,闽康宗所遣使者郑元弼至大梁。康宗遗执政书曰:"闽国一从兴运,久历年华,见北辰之帝座频移,致东海之风帆多阻。"又求用敌国礼致书往来。帝怒其不逊,壬子,诏却其贡物及福、建诸州纲运,并令元弼及进奏官林恩部送速归。兵部员外郎李知损上言:"王昶僭慢,宜执留使者,籍没其货。"乃下元弼、恩狱。

吴越恭穆夫人马氏卒。夫人,雄武节度使绰之女也。初,武肃王镠禁中外畜声妓,文穆王元瓘年三十余无子,夫人为之请于镠,镠喜曰:"吾家祭祀,汝实主之。"乃听元瓘纳妾,鹿氏,生弘傅、弘倧;许氏,生弘佐;吴氏,生弘俶;众妾生弘儇、弘亿、弘仪、弘偓、弘仰、弘信;夫人抚视慈爱如一。常置银鹿于帐前,坐诸儿于上而弄之。

十一月,戊子,契丹遣其臣遥折来使,遂如吴越。

楚王希范始开天策府,置护军都尉、领军司马等官,以诸弟及将校为之。又以幕僚拓跋恒、李弘皋、廖匡图、徐仲雅等十八人为学士。

　　刘勋等进攻溪州,彭士愁兵败,弃州走保山寨,石崖四绝,勋为梯栈上围之。廖匡齐战死,楚王希范遣吊其母,其母不哭,谓使者曰:"廖氏三百口受王温饱之赐,举族效死,未足以报,况一子乎!愿王无以为念。"王以其母为贤,厚恤其家。

　　十二月,丙戌,禁创造佛寺。

　　闽王作新宫,徙居之。

　　是岁,汉门下侍郎、同平章事赵光裔言于汉主曰:"自马后崩,未尝通使于楚,亲邻旧好,不可忘也。"因荐谏议大夫李纾可以将命,汉主从之;楚亦遣使报聘。光裔相汉二十余年,府库完实,边境无虞。及卒,汉主复以其子翰林学士承旨、尚书左丞损为门下侍郎、同平章事。

五年(庚子、940)

　　春,正月,帝引见闽使郑元弼等。元弼曰:"王昶蛮夷之君,不知礼义,陛下得其善言不足喜,恶言不足怒。臣将命无状,愿伏铁锧以赎昶罪。"帝怜之,辛未,诏释元弼等。

　　楚刘勋等因大风,以火箭焚彭士愁寨而攻之,士愁帅麾下逃入奖、锦深山,乙未,遣其子师暠帅诸酋长纳溪、锦、奖三州印,请降于楚。

　　二月,庚戌,北都留守、同平章事安彦威入朝,上曰:"吾所重者信与义。昔契丹以义救我,我今以信之,闻其征求不已,公能屈节奉之,深称朕意。"对曰:"陛下以苍生之故,犹卑辞厚币以事之,臣何屈节之有!"上悦。

　　刘勋引兵还长沙。楚王希范徙溪州于便地,表彭士愁为溪州刺史,以刘勋为锦州刺史,自是群蛮服于楚。希范自谓伏波之后,以铜五千斤铸柱,高丈二尺,入地六尺,铭誓状于上,立之溪州。

　　唐康化节度使兼中书令杨琏谒平陵还,一夕,大醉,卒于舟中,唐主追封谥曰弘农靖王。

　　闽王曦既立,骄淫苛虐,猜忌宗族,多寻旧怨。其弟建州刺史延政数以书谏之,曦怒,复书骂之,遣亲吏业翘监建州军,教练使杜汉崇监南镇军,二人争掎延政阴事告于曦,由是兄弟积相猜恨。一日,翘与延政议事不叶,翘诃之曰:"公反邪!"延政怒,欲斩翘,翘奔南镇,延政发兵就攻之,败其戍兵。翘、汉崇奔福州,西鄙戍兵皆溃。

　　二月,曦遣统军使潘师逵、吴行真将兵四万击延政。师逵军于建州城西,行真军于城南,皆阻水置营,焚城外庐舍。延政求救于吴越,壬戌,吴越王元瓘遣宁国节度使、同平章事仰仁诠、内都监使薛万忠将兵四万救之,丞相林鼎谏,不听。三月,戊辰,师逵分兵三千,遣都军使蔡弘裔将之出战,延政遣其将林汉彻等败之于茶山,斩首千余级。

安彦威、王建立皆请致仕,不许。辛未,以归德节度使、侍卫马步都指挥使、同平章事刘知远为邺都留守,徙彦威为归德节度使,加兼侍中。癸酉,徙建立为昭义节度使,进爵韩王,以建立辽州人,割辽、沁二州隶昭义。徙建雄节度使李德珫为北都留守。

山南东道节度使、同平章事安从进恃其险固,阴蓄异谋,擅邀取湖南贡物,招纳亡命,增广甲卒,元随都押牙王令谦、押牙潘知麟谏,皆杀之。及王建立徙潞州,帝使问之曰:“朕虚青州以待卿,卿有意则降制。”从进对曰:“若移青州置汉南,臣即赴镇。”帝亦不之责。

丁丑,王延政募敢死士千余人,夜涉水,潜入潘师逵垒,因风纵火,城上鼓噪以应之,战棹都头建安陈海杀师逵,其众皆溃。戊寅,引兵欲攻吴行真寨,建人未涉水,行真及将士弃营走,死者万人。延政乘胜取永平、顺昌二城。自是建州之兵始盛。

夏,四月,蜀太保兼门下侍郎、同平章事赵季良请与门下侍郎、同平章事毋昭裔、中书侍郎、同平章事张业分判三司,癸卯,蜀主命季良判户部,昭裔判盐铁,业判度支。

庚戌,以前横海节度使马全节为安远节度使。

甲子,吴越孝献世子弘傅卒。

吴越仰仁诠等兵至建州,王延政以福州兵已败去,奉牛酒犒之,请班师,仁诠等不从,营于城之西北。延政惧,复遣使乞师于闽王。闽王以泉州刺史王继业为行营都统,将兵二万救之,且移书责吴越,遣轻兵绝吴越粮道。会久雨,吴越军食尽,五月,延政遣兵出击,大破之,俘斩以万计。癸未,仁诠等夜遁。

胡汉筠既违诏命不诣阙,又闻贾仁沼二子欲诉诸朝,及除马全节镇安州代李金全,汉筠绐金全曰:“进奏吏遣人倍道来言,朝廷俟公受代,即按贾仁沼死状,以为必有异图。”金全大惧。汉筠因说金全拒命,自归于唐,金全从之。

丙戌,帝闻金全叛,命马全节以汴、洛、汝、郑、单、宋、陈、蔡、曹、濮、申、唐之兵讨之,以保大节度使安审晖为之副。审晖,审琦之兄也。

李金全遣推官张纬奉表请降于唐,唐主遣鄂州屯营使李承裕、段处恭将兵三千逆之。

唐主遣客省使尚全恭如闽,和闽王曦及王延政。六月,延政遣牙将及女奴持誓书及香炉至福州,与曦盟于宣陵。然兄弟相猜恨犹如故。

癸卯,唐李承裕等引兵至安州。是夕,李金全将麾下数百人诣唐军,妓妾资财皆为承裕所夺,承裕入据安州。甲辰,马全节自应山进军大化镇,与承裕战于城南,大破之。承裕掠安州南走,全节入安州。丙午,安审晖追败唐兵于黄花谷,段处恭战死。丁未,审晖又败唐兵于云梦泽中,虏承裕及其众。唐将张建崇据云梦桥拒战,审晖乃还。马全节斩承裕及其众千五百人于城下,送监军杜光业等五百七人于大梁。上曰:"此曹何罪!"皆赐马及器服而归之。

初,卢文进之奔吴也,唐主命祖全恩将兵逆之,戒无入安州城,陈于城外,俟文进出,殿之以归,无得剽掠。及李承裕逆李金全,戒之如全恩,承裕贪剽掠,与晋兵战而败,失亡四千人。唐主惋恨累日,自以戒敕之不熟也。杜光业等至唐,唐主以其违命而败,不受,复送于淮北,遗帝书曰:"边校贪功,乘便据垒。"又曰:"军法朝章,彼此不可。"帝复遣之归,使者将自桐墟济淮,唐主遣战舰拒之,乃还。帝悉授唐诸将官,以其士卒为显义都,命旧将刘康领之。

臣光曰:违命者将也,士卒从将之令者也,又何罪乎!受而戮其将以谢敌,吊士卒而抚之,斯可矣,何必弃民以资敌国乎!

唐主使宦者祭庐山,还,劳之曰:"卿此行甚精洁。"宦者曰:"臣自奉诏,蔬食至今。"唐主曰:"卿某处市鱼为羹,某日市肉为菹,何为蔬食?"宦者惭服。仓吏岁终献羡余万余石,唐主曰:"出纳有数,苟非掊民刻军,安得羡余邪!"

秋,七月,闽王曦城福州西郭以备建人。又度民为僧,民避重赋多为僧,凡度万一千人。

乙丑,帝赐郑元弼等帛,遣归。

李金全之叛也,安州马步副都指挥使桑千、威和指挥使王万金、成彦温不从而死,马步都指挥使庞守荣诮其愚,以徇金全之意。己巳,诏赠贾仁沼及桑千等官,遣使诛守荣于安州。李金全至金陵,唐主待之甚薄。

丁巳,唐主立齐王璟为太子,兼大元帅,录尚书事。

太子太师致仕范延光请归河阳私第,帝许之。延光重载而行,西京留守杨光远兼领河阳,利其货,且虑为子孙之患,奏:"延光叛臣,不家汴、洛而就外藩,恐其逃逸入敌国,宜早除之。"帝不许。光远请敕延光居西京,从之。光远使其子承贵以甲士围其第,逼令自杀。延光曰:"天子在上,赐我铁券,许以不死,尔父子何得如此?"己未,承贵以白刃驱延光上马,至浮梁,挤于河。光远奏云自赴水死,帝知其故,惮光远之强,不敢诘,为延光辍朝,赠太师。

唐齐王璟固辞太子,九月,乙丑,唐主许之,诏中外致笺如太子礼。

丁卯,以翰林学士承旨、户部侍郎和凝为中书侍郎、同平章事。

己巳,邺都留守刘知远入朝。

辛未,李崧奏:"诸州仓粮,于计帐之外所余颇多。"上曰:"法外税民,罪同枉法。仓吏特贷其死,各痛惩之。"

翰林学士李瀚,轻薄,多酒失,上恶之,丙子,罢翰林学士,并其职于中书舍人。瀚，涛之弟也。

杨光远入朝，帝欲徙之它镇，谓光远曰："围魏之役，卿左右皆有功，尚未之赏，今当各除一州以荣之。"因以其将校数人为刺史。甲申，徙光远为平卢节度使，进爵东平王。

冬，十月，丁酉，加吴越王元瓘天下兵马都元帅、尚书令。

壬寅，唐大赦，诏中外奏章无得言"睿"、"圣"，犯者以不敬论。

术士孙智永以四星聚斗，分野有灾，劝唐主巡东都，乙巳，唐主命齐王璟监国。光政副使、太仆少卿陈觉以私憾奏泰州刺史褚仁规贪残，丙午，罢仁规为宣驾都部署，觉始用事。庚戌，唐主发金陵。甲寅，至江都。

闽王曦因商人奉表自理，十一月，甲申，以曦为威武节度使，兼中书令，封闽国王。

唐主欲遂居江都，以水冻，漕运不给，乃还。十二月，丙申，至金陵。

唐右仆射兼门下侍郎、同平章事张延翰卒。

是岁，汉门下侍郎、同平章事赵损卒，以宁远节度使南昌王定保为中书侍郎、同平章事，不逾年亦卒。

初，帝割雁门之北以赂契丹，由是吐谷浑皆属契丹，苦其贪虐，思归中国，成德节度使安重荣复诱之，于是吐谷浑帅部落千余帐自五台来奔。契丹大怒，遣使让帝以招纳叛人。

六年（辛丑、941）

春，正月，丙寅，帝遣供奉官张澄将兵二千索吐谷浑在并、镇、忻、代四州山谷者，逐之使还故土。

王延政城建州，周二十里，请于闽王曦，欲以建州为威武军，自为节度使。曦以威武军福州也，乃以建州为镇安军，以延政为节度使，封富沙王。延政改镇安曰镇武而称之。

二月，壬辰，作浮梁于德胜口。

彰义节度使张彦泽欲杀其子，掌书记张式素为彦泽所厚，谏止之。彦泽怒，射之，左右素恶式，从而谮之。式惧，谢病去，彦泽遣兵追之。式至邠州，静难节度使李周以闻，帝以彦泽故，流式商州。彦泽遣行军司马郑元昭诣阙求之，且曰："彦泽不得张式，恐致不测。"帝不得已，与之。癸巳，式至泾州，彦泽命决口、剖心，断其四支。

凉州军乱，留后李文谦闭门自焚死。

蜀自建国以来，节度使多领禁兵，或以它职留成都，委僚佐知留务，专事聚敛，政事不治，民无所诉。蜀主知其弊，丙辰，加卫圣马步都指挥使、武德节度使兼中书令赵廷隐、枢密使、武信节度使、同平章事王处回、捧圣控鹤都指挥使、保宁节度使、同平章事张公铎检校官,并罢其节度使。三月,甲戌,以翰林学士承旨李昊知武德军,散骑常侍刘英图知保宁军,谏议大夫崔銮知武信军,给事中谢从志知武泰军,将作监张讚知宁江军。

夏,四月,闽王曦以其子亚澄同平章事、判六军诸卫。曦疑其弟汀州刺史延喜与延政通谋,遣将军许仁钦以兵三千如汀州,执延喜以归。

唐主以陈觉及万年常梦锡为宣徽副使。

辛巳,北京留守李德珫遣牙校以吐谷浑酋长白承福等入朝。

唐主遣通事舍人欧阳遇求假道以通契丹,帝不许。

自黄巢犯长安以来,天下血战数十年,然后诸国各有分土,兵革稍息。及唐主即位,江、淮比年丰稔,兵食有余,群臣争言"陛下中兴,今北方多难,宜出兵恢复旧疆"。唐主曰:"吾少长军旅,见兵之为民害深矣,不忍复言。使彼民安,则吾民亦安矣,又何求焉!"汉主遣使如唐,谋共取楚,分其地,唐主不许。

山南东道节度使安从进谋反,遣使奉表诣蜀,请出师金、商以为声援,丁亥,使者至成都。蜀主与群臣谋之,皆曰:"金、商险远,少出师则不足制敌,多则漕挽不继。"蜀主乃辞之。又求援于荆南,高从诲遗从进书,谕以祸福,从进怒,反诬奏从诲。荆南行军司马王保义劝从诲具奏其状,且请发兵助朝廷讨之,从诲从之。

成德节度使安重荣耻臣契丹,见契丹使者,必箕踞慢骂,使过其境,或潜遣人杀之。契丹以让帝,帝为之逊谢。六月,戊午,重荣执契丹使拽剌,遣轻骑掠幽州南境,军于博野,上表称:"吐谷浑、两突厥、浑、契苾、沙陀各帅部众归附,党项等亦遣使纳契丹告身职牒,言为虏所陵暴,又言自二月以来,令各具精甲壮马,将以上秋南寇,恐天命不佑,与之俱灭,愿自备十万众,与晋共击契丹。又朔州节度副使赵崇已逐契丹节度使刘山,求归命朝廷。臣相继以闻。陛下屡敕臣承奉契丹,勿自起衅端,其如天道人心,难以违拒,机不可失,时不再来。诸节度使没于虏庭者,皆延颈企踵以待王师,良可哀闵。愿早决计。"表数千言,大抵斥帝父事契丹,竭中国以媚无厌之虏。又以此意为书遗朝贵及移藩镇,云已勒兵,必与契丹决战。帝以重荣方握强兵,不能制,甚患之。

时邺都留守、侍卫马步都指挥使刘知远在大梁,泰宁节度使桑维翰知重荣已蓄奸谋,又虑朝廷违重其意,密上疏曰:"陛下免于晋阳之难而有天下,皆契丹之功也,不可负之。今重荣恃勇轻敌,吐浑假手报仇,皆非国家之利,不可听也。臣窃观契丹数年以来,士马精强,吞噬四邻,战必胜,攻必取,割中国之土地,收中国之器械。其君智勇过人,其臣上下辑睦,牛马蕃息,国无天灾,此未可与为敌也。且中国新败,士气雕沮,以当契丹乘胜之威,其势相去甚远。又,和亲既绝,则当发兵守塞,兵少则不足以待寇,兵多则馈运无以继之。我出则彼归,我归则彼至,臣恐禁卫之士疲于奔命,镇、定之地无复遗民。今天下粗安,疮痍未复,府库虚竭,蒸民困弊,静而守之,犹惧不济,其可妄动乎!契丹与国家恩义非轻,信誓甚著,彼无间隙而自启衅端,就使克之,后患愈重,万一不克,大事去矣。议者以岁输缯帛谓之耗蠹,有所卑逊谓之屈辱。殊不知兵连而不休,祸结而不解,财力将匮,耗蠹孰甚焉!用兵则武吏功臣过求姑息,边藩远郡得以骄矜,下陵上替,屈辱孰大焉!臣愿陛下训农习战,养兵息民,俟国无内忧,民有余力,然后观衅而动,则动必有成矣。又,邺都富盛,国家藩屏,今主帅赴阙,军府无人,臣窃思慢藏诲盗之言,勇夫重闭之义,乞陛下略加巡幸,以杜奸谋。"帝谓使者曰:"朕比日以来,烦懑不决,今见卿奏,如醉醒矣,卿勿以为忧。"

闽王曦闻王延政以书招泉州刺史王继业,召继业还,赐死于郊外,杀其子于泉州。初,继业为汀州刺史,司徒兼门下侍郎、同平章事杨沂丰为士曹参军,与之亲善。或告沂丰与继业通谋,沂丰方侍宴,即收下狱,明日斩之,夷其族。沂丰,涉之从弟也,时年八十余,国人哀之。自是宗族勋旧相继被诛,人不自保,谏议大夫黄峻昪楪诣朝堂极谏,曦曰:"老物狂发矣!"贬(章)〔漳〕州司户。

曦淫侈无度,资用不给,谋于国计使南安陈匡範,匡範请日进万金,曦悦,加匡範礼部侍郎,匡範增算商贾数倍。曦宴群臣,举酒属匡範曰:"明珠美玉,求之可得。如匡範人中之宝,不可得也。"未几,商贾之算不能足日进,贷诸省务钱以足之,恐事觉,忧悸而卒,曦祭赠甚厚。诸省务以匡範贷帖闻,曦大怒,斫棺,断其尸弃水中,以连江人黄绍颇代为国计使。绍颇请"令欲仕者,自非荫补,皆听输钱即授之,以资望高下及州县户口多寡定其直,自百缗至千缗。"从之。

唐主自以专权取吴,尤忌宰相权重,以右仆射兼中书侍郎、同平章事李建勋执政岁久,欲罢之。会建勋上疏言事,意其留中,既而唐主下有司施行。建勋自知事挟爱憎,密取所奏改之,秋,七月,戊辰,罢建勋归私第。

帝忧安重荣跋扈,己巳,以刘知远为北京留守、河东节度使,复以辽、沁隶河东;以北京留守李德珫为邺都留守。知远微时,为晋阳李氏赘婿,尝牧马,犯僧田,僧执而笞之。知远至晋阳,首召其僧,命之坐,慰谕赠遗,众心大悦。

吴越府署火,宫室府库几尽。吴越王元瓘惊惧,发狂疾,唐人争劝唐主乘弊取之,唐主曰:"奈何利人之灾!"遣使唁之,且赒其乏。

闽主曦自称大闽皇,领威武节度使,与王延政治兵相攻,互有胜负,福、建之间,暴骨如莽。镇武节度判官晋江潘承祐屡请息兵修好,延政不从。闽主使者至,延政大陈甲卒以示之,对使者语甚悖慢,承祐长跪切谏,延政怒,顾左右曰:"判官之肉可食乎!"承祐不顾,声色愈厉。闽主曦恶泉州刺史王继严得众心,罢归,鸩杀之。

八月,戊子朔,以开封尹郑王重贵为东京留守。

冯道、李崧屡荐天平节度使兼侍卫亲军马步副都指挥使、同平章事杜重威之能,以为都指挥使,充随驾御营使,代刘知远,知远由是恨二相。重威所至黩货,民多逃亡,尝出过市,谓左右曰:"人言我驱尽百姓,何市人之多也!"

壬辰,帝发大梁。己亥,至邺都。壬寅,大赦。帝以诏谕安重荣曰:"尔身为大臣,家有老母,忿不思难,弃君与亲。吾因契丹得天下,尔因吾致富贵,吾不敢忘德,尔乃忘之,何邪? 今吾以天下臣之,尔欲以一镇抗之,不亦难乎! 宜审思之,无取后悔。"重荣得诏愈骄,闻山南东道节度使安从进有异志,阴遣使与之通谋。

吴越文穆王元瓘寝疾,察内都监章德安忠厚,能断大事,欲属以后事,语之曰:"弘佐尚少,当择宗人长者立之。"德安曰:"弘佐虽少,群下伏其英敏,愿王勿以为念。"王曰:"汝善辅之,吾无忧矣。"德安,处州人也。辛亥,元瓘卒。

初,内牙指挥使戴恽,为元瓘所亲任,悉以军事委之。元瓘养子弘侑乳母,恽妻之亲也,或告恽谋立弘侑。德安秘不发丧,与诸将谋,伏甲士于幕下,壬子,恽入府,执而杀之,废弘侑为庶人,复姓孙,幽之明州。是日,将吏以元瓘遗命,承制以镇海、镇东节度副大使弘佐为节度使,时年十四。九月,庚申,弘佐即王位,命丞相曹仲达摄政。军中言赐与不均,举仗不受,诸将不能制,仲达亲谕之,皆释仗而拜。

弘佐温恭,好书礼士,躬勤政务,发摘奸伏,人不能欺。民有献嘉禾者,弘佐问仓吏:"今蓄积几何?"对曰:"十年。"王曰:"然则军食足矣,可以宽吾民。"乃命复其境内税三年。

辛酉,滑州言河决。

帝以安重荣杀契丹使者,恐其犯塞,乙亥,遣安国节度使杨彦询使于契丹。彦询至其帐,契丹主责以使者死状,彦询曰:"譬如人家有恶子,父母所不能制,将如之何?"契丹主怒乃解。

闽主曦以其子琅邪王亚澄为威武节度使、兼中书令,改号长乐王。

刘知远遣亲将郭威以诏指说吐谷浑酋长白承福,令去安重荣归朝廷,许以节钺。威还,谓知远曰:"虏惟利是嗜,安铁胡止以袍袴赂之,今欲其来,莫若重赂乃可致耳。"知远从之,且使谓承福曰:"朝廷已割尔曹隶契丹,尔曹当自安部落。今乃南来助安重荣为逆,重荣已为天下所弃,朝夕败亡,尔曹宜早从化,勿俟临之以兵,南北无归,悔无及矣。"承福惧,冬,十月,帅其众归于知远,知远处之太原东山及岚、石之间,表承福领大同节度使,收其精骑以隶麾下。

始，安重荣移檄诸道，云与吐谷浑、达靼、契苾同起兵，既而承福降知远，达靼、契苾亦莫之赴，重荣势大沮。

闽主曦即皇帝位。王延政自称兵马元帅。闽同平章事李敏卒。

帝之发大梁也，和凝请曰："车驾已行，安从进若反，何以备之？"帝曰："卿意如何？"凝请密留空名宣敕十数通，付留守郑王，闻变则书诸将名，遣击之，帝从之。

十一月，从进举兵攻邓州，唐州刺史武延翰以闻。郑王遣宣徽南院使张从恩、武德使焦继勋、护圣都指挥使郭金海、作坊使陈思让将大梁兵就申州刺史李建崇兵于叶县以讨之。金海，本突厥；思让，幽州人也。丁丑，以西京留守高行周为南面军前都部署，前同州节度使宋彦筠副之，张从恩监焉；又以郭金海为先锋使，陈思让监焉。彦筠，滑州人也。

庚辰，以邺都留守李德珫权东京留守，召郑王重贵如邺都。

安从进攻邓州，威胜节度使安审晖据牙城拒之，从进不能克而退。癸未，从进至花山，遇张从恩兵，不意其至之速，合战，大败，从恩获其子牙内都指挥使弘义，从进以数十骑奔还襄州，婴城自守。

唐主性节俭，常蹑蒲屦，盥颒用铁盆，暑则寝于青葛帷，左右使令惟老丑宫人，服饰粗略。死国事者，虽土卒皆给禄三年。分遣使者按行民田，以肥瘠定其税，民间称其平允。自是江、淮调兵兴役及它赋敛，皆以税钱为率，至今用之。唐主勤于听政，以夜继昼，还自江都，不复宴乐；颇伤躁急，内侍王绍颜上书，以为"今春以来，群臣获罪者众，中外疑惧。"唐主手诏释其所以然，令绍颜告谕中外。

十二月，丙戌朔，徙郑王重贵为齐王，充邺都留守；以李德珫为东都留守。

丁亥，以高行周知襄州行府事。诏荆南、湖南共讨襄州。高从诲遣都指挥使李端将水军数千至南津，楚王希范遣天策都军使张少敌将战舰百五十艘入汉江助行周，仍各运粮以馈之。少敌，佶之子也。

安重荣闻安从进举兵反，谋遂决，大集境内饥民，众至数万，南向邺都，声言入朝。初，重荣与深州人赵彦之俱为散指挥使，相得欢甚。重荣镇成德，彦之自关西归之，重荣待遇甚厚，使彦之招募党众。然心实忌之，及举兵，止用为排陈使，彦之恨之。

帝闻重荣反，壬辰，遣护圣等马步三十九指挥击之。以天平节度使杜重威为招讨使，安国节度使马全节副之，前永清节度使王周为马步都虞候。

安从进遣其弟从贵将兵逆均州刺史蔡行遇，焦继勋邀击，败之，获从贵，断其足而归之。

戊戌，杜重威与安重荣遇于宗城西南，重荣为偃月陈，官军再击之，不动，重威惧，欲退。指挥使宛丘王重胤曰：“兵家忌退。镇之精兵尽在中军，请公分锐士击其左右翼，重胤为公以契丹直冲其中军，彼必狼狈。”重威从之。镇人陈稍却，赵彦之卷旗策马来降。彦之以银饰铠胄及鞍勒，官军杀而分之。重荣闻彦之叛，大惧，退匿于辎重中。官军从而乘之，镇人大溃，斩首万五千级。重荣收余众，走保宗城，官军进攻，夜分，拔之。重荣以十余骑走还镇州，婴城自守。会天寒，镇人战及冻死者二万余人。契丹闻重荣反，乃听杨彦询还。

庚子，冀州刺史张建武等取赵州。

汉主寝疾，有胡僧谓汉主名龚不利，汉主自造“龑”字名之，义取“飞龙在天”，读若俨。

庚戌，制以钱弘佐为镇海、镇东节度使兼中书令、吴越国王。

资治通鉴卷第二百八十三

端明殿学士兼翰林侍读学士太中大夫提举西京嵩山崇福宫上柱国河内郡开国公食邑二千六百户食实封一千户臣 司马光 奉敕编集

后晋纪四起玄黓摄提格(壬寅)，
尽阏逢执徐(甲辰)正月，凡二年有奇。

高祖圣文章武明德孝皇帝下

天福七年(壬寅、942)

春，正月，丁巳，镇州牙将自西郭水碾门导官军入城，杀守陴民二万人，执安重荣，斩之。杜重威杀导者，自以为功。庚申，重荣首至邺都，帝命漆之，函送契丹。

癸亥，改镇州为恒州，成德军为顺国军。

丙寅，以门下侍郎、同平章事赵莹为侍中，以杜重威为顺国节度使兼侍中。安重荣私财及恒州府库，重威尽有之，帝知而不问。又表卫尉少卿范阳王瑜为副使，瑜为之重敛于民，恒人不胜其苦。

张式父铎诣阙讼冤。壬午，以河阳节度使王周为彰义节度使，代张彦泽。

闽主曦立皇后李氏，同平章事真之女也，嗜酒刚愎，曦宠而惮之。

彰武节度使丁审琪，养部曲千人，纵之为暴于境内，军校贺行政与诸胡相结为乱，攻延州，帝遣曹州防御使何重建将兵救之，同、鄜援兵继至，乃得免。二月，癸巳，以重建为彰武留后，召审琪归朝。重建，云、朔间胡人也。

唐左丞相宋齐丘固求豫政事，唐主听入中书；又求领尚书省，乃罢侍中寿王景遂判尚书省，(吏)〔更〕领中书、门下省，以齐丘知尚书省事；其三省事并取齐王璟参决。齐丘视事数月，亲吏夏昌图盗官钱三千缗，齐丘判贷其死，唐主大怒，斩昌图。齐丘称疾，请罢省事，从之。

泾州奏遣押牙陈延晖持敕书诣凉州，州中将吏请延晖为节度使。

三月，闽主曦立长乐王亚澄为闽王。

张彦泽在泾州，擅发兵击诸胡，兵皆败没，调民马千余匹以补之。还至陕，获亡将杨洪，乘醉断其手足而斩之。王周奏彦泽在镇贪残不法二十六条，民散亡者五千余户。彦泽既至，帝以其有军功，又与杨光远连姻，释不问。

夏，四月，己未，右谏议大夫郑受益上言："杨洪所以被屠，由陛下去岁送张式与彦泽,使之逞志,致彦泽敢肆凶残,无所忌惮。见闻之人无不切齿,而陛下曾不动心,一无诘让,淑慝莫辨,赏罚无章。中外皆言陛下受彦泽所献马百匹,听其如是,臣窃为陛下惜此恶名,乞正彦泽罪法以溉洗圣德。"疏奏,留中。受益,从谠之兄子也。庚申,刑部郎中李涛等伏阁极论彦泽之罪,语甚切至。辛酉,敕:"张彦泽削一阶,降爵一级。张式父及子弟皆拜官。泾州民复业者,减其徭赋。"癸亥,李涛复与两省及御史台官伏阁奏彦泽罚太轻,请论如法。帝召涛面谕之,涛端笏前迫殿陛,论辨声色俱厉。帝怒,连叱之,涛不退。帝曰:"朕已许彦泽不死。"涛曰:"陛下许彦泽不死,不可负,不知范延光铁券安在!"帝拂衣起,入禁中。丙寅,以彦泽为左龙武大将军。

汉高祖寝疾,以其子秦王弘度、晋王弘熙皆骄恣,少子越王弘昌孝谨有智识,与右仆射兼西御院使王翷谋出弘度镇邕州,弘熙镇容州,而立弘昌。制命将行,会崇文使萧益入问疾,以其事访之。益曰:"立嫡以长,违之必乱。"乃止。

丁丑,高祖殂。

高祖为人辨察,多权数,好自矜大,常谓中国天子为"洛州刺史"。岭南珍异所聚,每穷奢极丽,宫殿悉以金玉珠翠为饰。用刑惨酷,有灌鼻、割舌、支解、剔剔、炮炙、烹蒸之法。或聚毒蛇水中,以罪人投之,谓之水狱。同平章事杨洞潜谏,不听。末年尤猜忌,以士人多为子孙计,故专任宦者,由是其国中宦者大盛。

秦王弘度即皇帝位,更名玢。以弘熙辅政,改元光天,尊母赵昭仪曰皇太妃。

契丹以晋招纳吐谷浑,遣使来让。帝忧悒不知为计;五月,己亥,始有疾。

乙巳,尊太妃刘氏为皇太后。太后,帝之庶母也。

唐丞相、太保宋齐丘既罢尚书省,不复朝谒。唐主遣寿王景遂劳问,许镇洪州,始入朝。唐主与之宴,酒酣,齐丘曰:"陛下中兴,臣之力也,奈何忘之!"唐主怒曰:"公以游客干朕,今为三公,亦足矣。乃与人言朕鸟喙如句践,难与共安乐,有之乎?"齐丘曰:"臣实有此言。臣为游客时,陛下乃偏裨耳。今日杀臣可矣。"明日,唐主手诏谢之曰:"朕之褊性,子嵩平昔所知。少相亲,老相怨,可乎?"丙午,以齐丘为镇南节度使。

帝寝疾,一旦,冯道独对。帝命幼子重睿出拜之,又令宦者抱重睿置道怀中,其意盖欲道辅立之。

六月,乙丑,帝殂。

道与天平节度使、侍卫马步都虞候景延广议,以国家多难,宜立长君,乃奉广晋尹齐王重贵为嗣。是日,齐王即皇帝位。延广以为己功,始用事,禁都下人毋得偶语。

初,高祖疾亟,有旨召河东节度使刘知远入辅政,齐王寝之,知远由是怨齐王。

丁卯,尊皇太后曰太皇太后,皇后曰皇太后。

闽富沙王延政围汀州,闽主曦发漳、泉兵五千救之。又遣其将林守亮入尤溪,大明宫使黄敬忠屯尤口,欲乘虚袭建州,国计使黄绍颇将步卒八千为二军声援。

秋,七月,壬辰,太皇太后刘氏殂。

闽富沙王延政攻汀州,四十二战,不克而归。其将包洪实、陈望将水军以御福州之师,丁酉,遇于尤口。黄敬忠将战,占者言时刻未利,按兵不动,洪实等引兵登岸,水陆夹攻之,杀敬忠,俘斩二千级,林守亮、黄绍颇皆遁归。

庚子,大赦。

癸卯,加景延广同平章事,兼侍卫马步都指挥使。

勋旧皆欲复置枢密使,冯道等三表,请以枢密旧职让之,帝不许。

有神降于博罗县民家,与人言而不见其形,闾阎人往占吉凶,多验,县吏张遇贤事之甚谨。时循州盗贼群起,莫相统一,贼帅共祷于神,神大言曰:"张遇贤当为汝主。"于是群帅共奉遇贤,称中天八国王,改元永乐,置百官,攻掠海隅。遇贤年少,无它方略,诸将但告进退而已。

汉主以越王弘昌为都统,循王弘杲为副以讨之,战于钱帛馆。汉兵不利,二王皆为贼所围,指挥使陈道庠等力战救之,得免。东方州县多为遇贤所陷。道庠,端州人也。

高行周围襄州逾年,不下。城中食尽。奉国军都虞候曲周王清言于行周曰:"贼城已危,我师已老,民力已困,不早迫之,尚何俟乎!"与奉国都指挥使元城刘词帅众先登。八月,拔之。安从进举族自焚。

甲子,以赵莹为中书令。

闽主曦遣使以手诏及金器九百、钱万缗、将吏敕告六百四十通,求和于富沙王延政,延政不受。

丙寅,闽主曦宴群臣于九龙殿。从子继柔不能饮,强之,继柔私减其酒,曦怒,并客将斩之。

闽人铸"永隆通宝"大铁钱,一当铅钱百。

汉葬天皇大帝于康陵,庙号高祖。

唐主自为吴相,兴利除害,变更旧法甚多。及即位,命法官及尚书删定为《昇元条》三十卷,庚寅,行之。

闽主曦以同平章事候官余廷英为泉州刺史。廷英贪秽,掠人女子,诈称受诏采择以备后宫。事觉,曦遣御史按之。廷英惧,诣福州自归,曦诘责,将以属吏。

廷英退,献买宴钱万缗。曦悦,明日否见,谓曰:"宴已买矣,皇后贡物安在?"廷英复献钱于李后,乃遣归泉州。自是诸州皆别贡皇后物。未几,复召廷英为相。

冬,十月,丙子,张遇贤陷循州,杀汉刺史刘传。

楚王希範作天策府,极栋宇之盛,户牖栏槛皆饰以金玉,涂壁用丹砂数十万斤,地衣,春夏用角簟,秋冬用木绵。与子弟僚属游宴其间。

十一月,庚寅,葬圣文章武明德孝皇帝于显陵,庙号高祖。

先是,河南、北诸州官自卖海盐,岁收缗钱十七万,又散蚕盐敛民钱。言事者称民坐私贩盐抵罪者众,不若听民自贩,而岁以官所卖钱直敛于民,谓之食盐钱,高祖从之。俄而盐价顿贱,每斤至十钱。至是,三司使董遇欲增求羡利,而难于骤变前法,乃重征盐商,过者七钱,留卖者十钱。由是盐商殆绝,而官复自卖。其食盐钱,至今敛之如故。

闽盐铁使、右仆射李仁遇,敏之子,闽主曦之甥也,年少,美姿容,得幸于曦。十二月,以仁遇为左仆射兼中书侍郎,翰林学士、吏部侍郎李光准为中书侍郎兼户部尚书,并同平章事。

曦荒淫无度,尝夜宴,光准醉忤旨,命执送都市斩之,吏不敢杀,系狱中。明日,视朝,召复其位。是夕,又宴,收翰林学士周维岳下狱。吏拂榻待之,曰:"相公昨夜宿此,尚书勿忧。"醒而释之。它日,又宴,侍臣皆以醉去,独维岳在。曦曰:"维岳身甚小,何饮酒之多?"左右或曰:"酒有别肠,不必长大。"曦欣然,命捽维岳下殿,欲剖视其酒肠。或曰:"杀维岳,无人复能侍陛下剧饮者。"乃舍之。

帝之初即位也,大臣议奉表称臣告哀于契丹,景延广请致书称孙而不称臣。李崧曰:"屈身以为社稷,何耻之有!陛下如此,它日必躬擐甲胄,与契丹战,于时悔无益矣。"延广固争,冯道依违其间。帝卒从延广议。契丹大怒,遣使来责让,且言:"何得不先承禀,遽即帝位?"延广复以不逊语答之。

契丹卢龙节度使赵延寿欲代晋帝中国,屡说契丹击晋,契丹主颇然之。

齐王上

天福八年(癸卯、943)

春,正月,癸卯,蜀主以宣徽使兼宫苑使田敬全领永平节度使。敬全,宦者也,引前蜀王承休为比而命之,国人非之。

帝闻契丹将入寇,二月,己未,发邺都。乙丑,至东京。然犹与契丹问遗相往来,无虚月。

唐宣城王景达,刚毅开爽,烈祖爱之,屡欲以为嗣,宋齐丘亟称其才,唐主以齐王璟年长而止。璟以是怨齐丘。

唐主幼子景遏,母种氏有宠,齐王璟母宋皇后稀得进见。唐主如璟宫,遇璟亲调乐器,大怒,诮让者数日。种氏乘间言,景遏虽幼而慧,可以为嗣。唐主怒曰:"子有过,父训之,常事也。国家大计,女子何得预知!"即命嫁之。

唐主尝梦吞灵丹,旦而方士史守冲献丹方,以为神而饵之,浸成躁急。左右谏,不听。尝以药赐李建勋,建勋曰:"臣饵之数日,已觉躁热,况多饵乎!"唐主曰:"朕服之久矣。"群臣奏事,往往暴怒,然或有正色论辩中理者,亦敛容慰谢而从之。

唐主问道士王栖霞:"何道可致太平?"对曰:"王者治心治身,乃治家国。今陛下尚未能去饥嗔、饱喜,何论太平!"宋后自帝中称叹,以为至言。凡唐主所赐予,栖霞皆不受。栖霞常为人奏章,唐主欲为之筑坛。辞曰:"国用方乏,何暇及此!俟焚章不化,乃当奏请耳。"

驾部郎中冯延巳,为齐王元帅府掌书记,性倾巧,与宋齐丘及宣徽副使陈觉相结,同府在己上者,延己稍以计逐之。延己尝戏谓中书侍郎孙晟曰:"公有何能,为中书郎?"晟曰:"晟,山东鄙儒,文章不如公,诙谐不如公,谄诈不如公。然主上使公与齐王游处,盖欲以仁义辅导之也,岂但为声色狗马之友邪!晟诚无能,如公之能,适足为国家之祸耳。"延己,歙州人也。

又有魏岑者,亦在齐王府。给事中常梦锡屡言陈觉、冯延巳、魏岑皆佞邪小人,不宜侍东宫,司门郎中判大理寺萧俨表称陈觉奸回乱政,唐主颇感寤,未及去。

会疽发背,秘不令人知,密令医治之,听政如故。庚午,疾亟,太医吴廷裕遣亲信召齐王璟入侍疾。唐主谓璟曰:"吾饵金石,始欲益寿,乃更伤生,汝宜戒之。"是夕,殂。秘不发丧,下制:"以齐王监国,大赦。"

孙晟恐冯延巳等用事,欲称遗诏令太后临朝称制。翰林学士李贻业曰:"先帝尝云:'妇人预政,乱之本也。'安肯自为厉阶!此必近习奸人之诈也。且嗣君春秋已长,明德著闻,公何得遽为亡国之言!若果宣行,吾必对百官毁之。"晟惧而止。贻业,蔚之从曾孙也。

丙子,始宣遗制。烈祖末年下急,近臣多罹谴罚。陈觉称疾,累月不入,及宣遗诏,乃出。萧俨劾奏:"觉端居私室,以俟开退,请按其罪。"齐王不许。

自烈祖相吴,禁压良为贱,令买奴婢者通官作券。冯延巳及弟礼部员外郎延鲁,俱在元帅府,草遗诏听民卖男女,意欲自买姬妾,萧俨驳曰:"此必延己等所为,非大行之命也。昔延鲁为东都判官,已有此请。先帝访臣,臣对曰:'陛下昔为吴相,民有鬻男女者,为出府金,赎而归之,故远近归心。今即位而反之,使贫人之子为富人厮役,可乎?'先帝以为然,将治延鲁罪。臣以为延鲁愚,无足责。

先帝斜封延鲁章,抹三笔,持入宫。请求诸宫中,必尚在。"齐王命取先帝时留中章奏得千余道,皆斜封一抹,果得延鲁疏。然以遗诏已行,竟不之改。

闽富沙王延政称帝于建州,国号大殷,大赦,改元天德。以将乐县为镛州,延平镇为镡州。立皇后张氏。以节度判官潘承祐为吏部尚书,节度巡官建阳杨思恭为兵部尚书。未几,以承祐同平章事,思恭迁仆射,录军国事。延政服赭袍视事,然牙参及接邻国使者,犹如藩镇礼。

殷国小民贫,军旅不息。杨思恭以善聚敛得幸,增田亩山泽之税,至于鱼盐蔬果,无不倍征,国人谓之"杨剥皮"。

三月,己卯朔,以中书令赵莹为晋昌节度使兼中书令,以晋昌节度使兼侍中桑维翰为侍中。

唐元宗即位,大赦,改元保大。秘书郎韩熙载请俟逾年改元,不从。尊皇后曰皇太后,立妃钟氏为皇后。

唐主未听政,冯延巳屡入白事,一日至数四。唐主曰:"书记有常职,何为如是其烦也!"

唐主为人谦谨,初即位,不名大臣,数延公卿论政体,李建勋谓人曰:"主上宽仁大度,优于先帝,但性习未定,苟旁无正人,但恐不能守先帝之业耳。"

唐主以镇南节度使宋齐丘为太保兼中书令,奉化节度使周宗为侍中。唐主以齐丘、宗先朝勋旧,故顺人望召为相,政事皆自决之。徙寿王景遂为燕王,宣城王景达为鄂王。

初,唐主为齐王,知政事,每有过失,常梦锡常直言规正,始虽忿怼,终以谅直多之。及即位,许以为翰林学士,齐丘之党疾之,坐封驳制书,贬池州判官。池州多迁客,节度使上蔡王彦俦,防制过甚,几不聊生,惟事梦锡如在朝廷。

宋齐丘待陈觉素厚,唐主亦以觉为有才,遂委任之。冯延巳、延鲁、魏岑,虽齐邸旧僚,皆依附觉,与休宁查文徽更相汲引,侵蠹政事,唐人谓觉等为"五鬼"。延鲁自礼部员外郎迁中书舍人、勤政殿学士,江州观察使杜昌业闻之,叹曰:"国家所以驱驾群臣,在官爵而已。若一言称旨,遽跻通显,后有立(力)功者,何以赏之?"未几,唐主以岑及文徽皆为枢密副使。岑既得志,会觉遭母丧,岑即暴扬觉过恶,摈斥之。

唐置定远军于濠州。

汉殇帝骄奢,不亲政事。高祖在殡,作乐酣饮,夜与倡妇微行,裸男女而观之。左右忤意辄死,无敢谏者,惟越王弘昌及内常侍番禺吴怀恩屡谏,不听。常猜忌诸弟,每宴集,令宦者守门,群臣、宗室,皆露索,然后入。

晋王弘熙欲图之,乃盛饰声伎,娱悦其意,以成其恶。汉主好手搏,弘熙令指挥使陈道庠引力士刘思潮、谭令禋、林少强、林少良、何昌廷等五人习手搏于晋府,汉主闻而悦之。丙戌,与诸王宴于长春宫,观手搏,至夕罢宴,汉主大醉。弘熙使道庠、思潮等掖汉主,因拉杀之,尽杀其左右。

明旦,百官诸王莫敢入宫,越王弘昌帅诸弟临于寝殿,迎弘熙即皇帝位,更名晟,改元应乾。以弘昌为太尉兼中书令、诸道兵马都元帅,知政事,循王弘杲为副元帅,参预政事。陈道庠及刘思潮等皆受赏赐甚厚。

闽主曦纳金吾使尚保殷之女,立为贤妃。妃有殊色,曦嬖之,醉中,妃所欲杀则杀之,所欲宥则宥之。

夏,四月,戊申朔,日有食之。

唐以中书侍郎、同平章事李建勋为昭武节度使,镇抚州。

殷将陈望等攻闽福州,入其西郛,既而败归。

五月,殷吏部尚书、同平章事潘承祐上书陈十事,大指言:"兄弟相攻,逆伤天理,一也。赋敛烦重,力役无节,二也。发民为兵,羁旅愁怨,三也。杨思恭夺人衣食,使归怨于上,群臣莫敢言,四也。疆土狭隘,多置州县,增吏困民,五也。除道裹粮,将攻临汀,曾不忧金陵、钱塘乘虚相袭,六也。括高赀户,财多者补官,逋负者被刑,七也。延平诸津,征果菜鱼米,获利至微,敛怨甚大,八也。与唐、吴越为邻,即位以来,未尝通使,九也。宫室台榭,崇饰无度,十也。"殷王延政大怒,削承祐官爵,勒归私第。

汉中宗既立,国中议论讻讻。循王弘杲请斩刘思潮等以谢中外,汉主不从。思潮等闻之,潜弘杲谋反,汉主令思潮等伺之。弘杲方宴客,思潮与谭令禋帅卫兵突入,斩弘杲。于是汉主谋尽诛诸弟,以越王弘昌贤而得众,尤忌之。雄武节度使齐王弘弼,自以居大镇,惧祸,求入朝,许之。

初,闽主曦侍康宗宴,会新罗献宝剑,康宗举以示同平章事王倓曰:"此何所施?"倓对曰:"斩为臣不忠者。"时曦已蓄异志,凛然变色。至是宴群臣,复有献剑者,曦命发倓家,斩其尸。

校书郎陈光逸谓其友曰:"主上失德,亡无日矣,吾欲死谏。"其友止之,不从,上书陈曦大恶五十事。曦怒,命卫士鞭之数百,不死,以绳系其颈,悬诸庭树,久之乃绝。

秋,七月,己丑,诏以年饥,国用不足,分遣使者六十余人于诸道括民谷。

吴越王弘佐初立,上统军使阚璠强戾,排斥异己,弘佐不能制,内牙上都监使章德安数与之争,右都监使李文庆不附于璠,乙巳,贬德安于处州,文庆于睦州。璠与右统军使胡进思益专横。璠,明州人;文庆,睦州人;进思,湖州人也。

唐主缘烈祖意,以天雄节度使兼中书令、金陵尹燕王景遂为诸道兵马元帅,徙封齐王,居东宫;天平节度使、守侍中、东都留守鄂王景达为副元帅,徙封燕王;宣告中外,约以传位。立长子弘冀为南昌王。景遂、景达固辞,不许。景遂自誓必不敢为嗣,更其字曰退身。

汉指挥使万景忻败张遇贤于循州。遇贤告于神,神曰:"取虔州,则大事可成。"遇贤帅众逾岭,趣虔州。唐百胜节度使贾匡浩不为备,遇贤众十余万攻陷诸县,再败州兵,城门昼闭。遇贤作宫室营署于白云洞,遣将四出剽掠。匡浩,公铎之子也。

八月,乙卯,唐主立弟景遏为保宁王。宋太后怨种夫人,屡欲害景遏,唐主力保全之。

夏州牙内指挥使拓跋崇斌谋作乱,绥州刺史李彝敏将助之,事觉,辛未,彝敏弃州,与其弟彝俊等五人奔延州。

九月,尊帝母秦国夫人安氏为皇太妃。妃,代北人也。帝事太后、太妃甚谨,多侍食于其宫,待诸弟亦友爱。

初,河阳牙将乔荣从赵延寿入契丹,契丹以为回图使,往来贩易于晋,置邸大梁。及契丹与晋有隙,景延广说帝囚荣于狱,悉取邸中之货。凡契丹之人贩易在晋境者,皆杀之,夺其货。大臣皆言契丹有大功于晋,不可负。戊子,释荣,慰赐而归之。

荣辞延广,延广大言曰:"归语而主,先帝为北朝所立,故称臣奉表。今上乃中国所立,所以降志于北朝者,正以不敢忘先帝盟约故耳。为邻称孙,足矣,无称臣之理。北朝皇帝勿信赵延寿诳诱,轻侮中国。中国士马,尔所目睹。翁怒则来战,孙有十万横磨剑,足以相待。它日为孙所败,取笑天下,毋悔也。"荣自以亡失货财,恐归获罪,且欲为异时据验,乃曰:"公所言颇多,惧有遗忘,愿记之纸墨。"延广命吏书其语以授之,荣具以白契丹主。契丹主大怒,入寇之志始决。晋使如契丹者,皆絷之幽州,不得见。

桑维翰屡请逊辞以谢契丹,每为延广所沮。帝以延广为有定策功,故宠冠群臣,又总宿卫兵,故大臣莫能与之争。河东节度使刘知远,知延广必致寇,而畏其方用事,不敢言,但益募兵,奏置兴捷、武节等十余军以备契丹。

甲午,定难节度使李彝殷奏李彝敏作乱之状,诏执彝敏送夏州,斩之。

冬,十月,戊申,立吴国夫人冯氏为皇后。

初,高祖爱少弟重胤,养以为子,及留守邺都,娶副留守安喜冯濛女为其妇。重胤早卒,冯夫人寡居,有美色,帝见而悦之。高祖崩,梓宫在殡,帝遂纳之。群臣皆贺,帝谓冯道等曰:"皇太后之命,与卿等不任大庆。"群臣出,帝与夫人酗饮,过梓宫前,酹而告曰:"皇太后之命,与先帝不任大庆。"左右失笑,帝亦自笑,顾谓左右曰："我今日作新婿,何如?"夫人与左右皆大笑。太后虽恚,而无如之何。既正位中宫,颇预政事。后兄玉,时为礼部郎中、盐铁判官,帝骤擢用至端明殿学士、户部侍郎,与议政事。

汉主命诏王弘雅致仕。

唐主遣洪州营屯都虞候严恩将兵讨张遇贤,以通事舍人金陵边镐为监军。镐用虔州人白昌裕为谋主,击张遇贤,屡破之。遇贤祷于神,神不复言,其徒大惧。昌裕劝镐伐木开道,出其营后袭之,遇贤弃众奔别将李台。台知神无验,执遇贤以降,斩于金陵市。

十一月,丁亥,汉主祀南郊,大赦,改元乾和。

戊子,吴越王弘佐纳妃仰氏,仁诠之女也。

初,高祖以马三百借平卢节度使杨光远,景延广以诏命取之。光远怒曰:"是疑我也。"密召其子单州刺史承祚,戊戌,承祚称母病,夜,开门奔青州。庚子,以左飞龙使金城何超权知单州。遣内班赐光远玉带、御马、金帛,以安其意。壬寅,遣侍卫步军都指挥使郭谨将兵戍郓州。

唐葬光文肃武孝高皇帝于永陵,庙号烈祖。

十二月,乙巳朔,遣左领军卫将军蔡行遇将兵戍郓州。杨光远遣骑兵入淄州,劫刺史翟进宗归于青州。甲寅,徙杨承祚为登州刺史以从其便。

光远益骄,密告契丹,以晋主负德违盟,境内大饥,公私困竭,乘此际攻之,一举可取。赵延寿亦劝之。契丹主乃集山后及卢龙兵合五万人,使延寿将之,委延寿经略中国,曰:"若得之,当立汝为帝。"又常指延寿谓晋人曰:"此汝主也。"延寿信之,由是为契丹尽力,画取中国之策。

朝廷颇闻其谋,丙辰,遣使城南乐及德清军,征近道兵以备之。

唐侍中周宗年老,恭谨自守,中书令宋齐丘广树朋党,百计倾之。宗泣诉于唐主,唐主由是薄齐丘。既而陈觉被疏,乃出齐丘为镇海节度使。齐丘忿恚,表乞归九华旧隐,唐主知其诈,一表,即从之,赐书曰:"今日之行,昔时相许。朕实知公,故不夺公志。"仍赐号九华先生,封青阳公,食一县租税。齐丘乃治大第于青阳,服御将吏,皆如王公,而愤邑尤甚。

宁州酋长莫彦殊以所部温那等十八州附于楚,其州无官府,惟立牌于冈阜,略以恩威羁縻而已。

是岁,春夏旱,秋冬水,蝗大起,东自海壖,西距陇坻,南逾江、湖,北抵幽、蓟,原野、山谷、城郭、庐舍皆满,竹木叶俱尽。重以官括民谷,使者督责严急,至封碓碨,不留其食,有坐匿谷抵死者。县令往往以督趣不办,纳印自劾去。民馁死者数十万口,流亡不可胜数。于是留守、节度使下至将军,各献马、金、帛、刍粟以助国。

朝廷以恒、定饥甚，独不括民谷。顺国节度使杜威奏称军食不足，请如诸州例，许之。威用判官王绪谋，检索殆尽，得百万斛。威止奏三十万斛，余皆入其家，又令判官李沼称贷于民，复满百万斛，来春粜之，得缗钱二百万，阖境苦之。定州吏欲援例为奏，义武节度使马全节不许，曰：“吾为观察使，职在养民，岂忍效彼所为乎！”

楚地多产金银，茶利尤厚，由是财货丰殖。而楚王希范，奢欲无厌，喜自夸大。为长枪大槊，饰之以金，可执而不可用。募富民年少肥泽者八千人，为银枪都。宫室、园囿、服用之物，务穷侈靡。作九龙殿，刻沉香为八龙，饰以金宝，长十余丈，抱柱相向，希范居其中，自为一龙，其幞头脚长丈余，以象龙角。用度不足，重为赋敛。每遣使者行田，专以增顷亩为功，民不胜租赋而逃。王曰：“但令田在，何忧无谷！”命营田使邓懿文籍逃田，募民耕艺出租。民舍故从新，仅能自存，自西徂东，各失其业。又听人入财拜官，以财多少为官高卑之差。富商大贾，布在列位。外官还者，必责贡献。民有罪，则富者输财，强者为兵，惟贫弱受刑。又置函，使人投匿名书相告讦，至有灭族者。

是岁，用孔目官周陟议，令常税之外，大县贡米二千斛，中千斛，小七百斛，无米者输布帛。天策学士拓跋恒上书曰：“殿下长深宫之中，藉已成之业，身不知稼穑之劳，耳不闻鼓鼙之音，驰骋遨游，雕墙玉食，府库尽矣，而浮费益甚；百姓困矣，而厚敛不息。今淮南为仇雠之国，番禺怀吞噬之志，荆渚日图窥伺，溪洞待我姑息。谚曰：‘足寒伤心，民怨伤国。’愿罢输米之令，诛周陟以谢郡县，去不急之务，减兴作之役，无令一旦祸败，为四方所笑。”王大怒。它日，恒请见，辞以昼寝。恒谓客将区弘练曰：“王逞欲而愎谏，吾见其千口飘零无日矣。”王益怒，遂终身不复见之。

闽主曦嫁其女，取班簿阅视之，朝士有不贺者十二人，皆杖之于朝堂。以御史中丞刘赞不举劾，亦将杖之，赞义不受辱，欲自杀。谏议大夫郑元弼谏曰：“古者刑不上大夫，中丞仪刑百僚，岂宜加之棰楚！”曦正色曰：“卿欲效魏徵邪？”元弼曰：“臣以陛下为唐太宗，故敢效魏徵。”曦怒稍解，乃释赞，赞竟以忧卒。

开运元年（甲辰、944）

春，正月，乙亥，边藩驰告：“契丹前锋将赵延寿、赵延照将兵五万入寇，逼贝州。”延照，思温之子也。

先是朝廷以贝州水陆要冲，多聚刍粟，为大军数年之储，以备契丹。军校邵珂，性凶悖，永清节度使王令温黜之。珂怨望，密遣人亡入契丹，言“贝州粟多而兵弱，易取也。”会令温入朝，执政以前复州防御使吴峦权知州事。峦既至，推诚抚士。会契丹入寇,峦书生,无爪牙,珂自请,愿效死,峦使将兵守南门,峦自守东门。契丹主自攻贝州,峦悉力拒之,烧其攻具殆尽。己卯,契丹复攻城,珂引契丹自南门入,峦赴井死。契丹遂陷贝州,所杀且万人。

庚辰,以归德节度使高行周为北面行营都部署,以河阳节度使符彦卿为马军左厢排陈使,以右神武统军皇甫遇为马军右厢排陈使,以陕府节度使王周为步军左厢排陈使,以左羽林将军潘环为步军右厢排陈使。

太原奏契丹入雁门关。恒、邢、沧皆奏契丹入寇。

成德节度使杜威遣幕僚曹光裔诣杨光远,为陈祸福,光远遣光裔入奏,称:"承祚逃归,母疾故尔。既蒙恩宥,阖族荷恩。"朝廷信其言,遣使与光裔复往慰谕之。

唐以侍中周宗为镇南节度使,左仆射兼门下侍郎、同平章事张居詠为镇海节度使。

唐主决欲传位于齐、燕二王。翰林学士冯延巳等因之欲隔绝中外以擅权。辛巳,敕:"齐王景遂参决庶政,百官惟枢密副使魏岑、查文徽得白事,余非召对不得见。"国人大骇。给事中萧俨上疏极论,不报。侍卫都虞候贾崇叩阁求见,曰:"臣事先帝三十年,观其延接疏远,孜孜不怠,下情犹有不通者。陛下新即位,所任者何人,而顿与群臣谢绝?臣老矣,不复得奉颜色。"因涕泗鸣咽。唐主感悟,遽收前敕。

唐主于宫中作高楼,召侍臣观之,众皆叹美。萧俨曰:"恨楼下无井。"唐主问其故。对曰:"以此不及景阳楼耳。"唐主怒,贬于舒州,观察使孙晟遣兵防之,俨曰:"俨以谏诤得罪,非有它志。昔顾命之际,君几危社稷,其罪顾不重于俨乎?今日反见防邪!"晟惭惧,遽罢之。

帝遣使持书遗契丹,契丹已屯邺都,不得通而返。

壬午,以侍卫马步都指挥使景延广为御营使,前静难节度使李周为东京留守。是日,高行周以前军先发。时用兵方略号令皆出延广,宰相以下皆无所预,延广乘势使气,陵侮诸将,虽天子亦不能制。

乙酉,帝发东京。丁亥,滑州奏契丹至黎阳。戊子,帝至澶州。

契丹主屯元城,赵延寿屯南乐。以延寿为魏博节度使,封魏王。契丹寇太原,刘知远与白承福合兵二万击之。甲午,以知远为幽州道行营招讨使,杜威为副使,马全节为都虞候。丙申,遣右武卫上将军张彦泽等将兵拒契丹于黎阳。

戊戌,蜀主复以将相遥领节度使。

帝复遣译者孟守忠致书于契丹,求修旧好。契丹主复书曰:"已成之势,不可改也。"辛丑,太原奏破契丹伟王于秀容,斩首三千级。契丹自鸦鸣谷遁去。

殷铸"天德通宝"大铁钱，一当百。

唐主遣使遗闽主曦及殷主延政书，责以兄弟寻戈。曦复书，引周公诛管、蔡，唐太宗诛建成、元吉为比。延政复书，斥唐主夺杨氏国。唐主怒，遂与殷绝。

天平节度副使、知郓州颜衍遣观察判官窦仪奏："博州刺史周儒以城降契丹，又与杨光远通使往还，引契丹自马家口济河，擒左武卫将军蔡行遇。"仪谓景延广曰："虏若济河与光远合，则河南危矣。"延广然之。仪，蓟州人也。

资治通鉴卷第二百八十四

端明殿学士兼翰林侍读学士太中大夫提举西京嵩山崇福宫上柱国河内郡开国公食邑二千六百户食实封一千户臣　司马光　奉敕编集

后晋纪五 起阏逢执徐(甲辰)二月，尽旃蒙大荒落(乙巳)七月，凡一年有奇。

齐王中

开运元年(甲辰、944)

二月，甲辰朔，命前保义节度使石赟守麻家口，前威胜节度使何重建守杨刘镇，护圣都指挥使白再荣守马家口，西京留守安彦威守河阳。未几，周儒引契丹将麻荅自马家口济河，营于东岸，攻郓州北津以应杨光远。麻荅，契丹主之从弟也。

乙巳，遣侍卫马军都指挥使、义成节度使李守贞、神武统军皇甫遇、陈州防御使梁汉璋、怀州刺史薛怀让将兵万人，缘河水陆俱进。守贞，河阳；汉璋，应州；怀让，太原人也。

丙午，契丹围高行周、符彦卿及先锋指挥使石公霸于戚城。先是景延广令诸将分地而守，无得相救。行周等告急，延广徐白帝，帝自将救之。契丹解去，三将泣诉救兵之缓，几不免。

戊申，李守贞等至马家口。契丹遣步卒万人筑垒，散骑兵于其外，余兵数万屯河西，船数十艘度兵，未已，晋兵薄之，契丹骑兵退走，晋兵进攻其垒，拔之。契丹大败，乘马赴河溺死者数千人，俘斩亦数千人。河西之兵恸哭而去，由是不敢复东。

辛亥，定难节度使李彝殷奏将兵四万自麟州济河，侵契丹之境。壬子，以彝殷为契丹西南面招讨使。

初，契丹主得贝州、博州，皆抚慰其人，或拜官赐服章。及败于戚城及马家口，忿恚，所得民，皆杀之，得军士，燔炙之。由是晋人愤怒，戮力争奋。

杨光远将青州兵欲西会契丹，戊午，诏石赟分兵屯郓州以备之。诏刘知远将部兵自土门出恒州击契丹，又诏会杜威、马全节于邢州。知远引兵屯乐平不进。

帝居丧期年，即于宫中奏细声女乐。及出师，常令左右奏三弦琵琶，和以羌笛，击鼓歌舞，曰："此非乐也。"庚申，百官表请听乐，诏不许。

壬戌，杨光远围棣州，刺史李琼出兵击败之，光远烧营走还青州。癸亥，以前威胜节度使何重建为东面马步都部署，将兵屯郓州。

阶州义军指挥使王君怀帅所部千余人叛降蜀，请为乡导以取阶、成。甲子，蜀人攻阶州。

契丹伪弃元城去，伏精骑于古顿丘城，以俟晋军与恒、定之兵合而击之。邺都留守张从恩屡奏虏已遁去，大军欲进追之，会霖雨而止。契丹设伏旬日，人马饥疲。赵延寿曰："晋军悉在河上，畏我锋锐，必不敢前。不如即其城下，四合攻之，夺其浮梁，则天下定矣。"契丹主从之，三月，癸酉朔，自将兵十余万陈于澶州城北，东西横掩城之两隅，登城望之，不见其际。高行周前军在戚城之南，与契丹战，自午至晡，互有胜负。契丹主以精兵当中军而来，帝亦出陈以待之。契丹主望见晋军之盛，谓左右曰："杨光远言晋兵半已馁死，今何其多也！"以精骑左右略陈，晋军不动，万弩齐发，飞矢蔽地，契丹稍却。又攻晋陈之东偏，不克。苦战至暮，两军死者不可胜数。昏后，契丹引去，营于三十里之外。

乙亥，契丹主帐下小校窃其马亡来，云契丹已传木书，收军北去。景延广疑其诈，闭壁不敢追。

汉主命中书令、都元帅越王弘昌谒烈宗陵于海曲，至昌华宫，使盗杀之。

契丹主自澶州北分为两军，一出沧、德，一出深、冀而归。所过焚掠，方广千里，民物殆尽。留赵延照为贝州留后。麻荅陷德州，擒刺史尹居璠。

闽拱宸都指挥使朱文进，阁门使连重遇，既弑康宗，常惧国人之讨，相与结昏以自固。闽主曦果于诛杀，尝游西园，因醉杀控鹤指挥使魏从朗。从朗，朱、连之党也。又尝酒酣诵白居易诗云："惟有人心相对间，咫尺之情不能料。"因举酒属二人。二人起，流涕再拜，曰："臣子事君父，安有它志！"曦不应。二人大惧。

李后妒尚贤妃之宠，欲弑曦而立其子亚澄，使人告二人曰："主上殊不平于二公，奈何？"会后父李真有疾，乙酉，曦如真第问疾。文进、重遇使拱宸马步使钱达弑曦于马上，召百官集朝堂，告之曰："太祖昭武皇帝，光启闽国，今子孙淫虐，荒坠厥绪。天厌王氏，宜更择有德者立之。"众莫敢言。重遇乃推文进升殿，被衮冕，帅群臣北面再拜称臣。文进自称闽主，悉收王氏宗族延喜以下少长五十余人，皆杀之。葬闽主曦，谥曰睿文广武明圣元德隆道大孝皇帝，庙号景宗。以重遇总六军。礼部尚书、判三司郑元弼抗辞不屈，黜归田里，将奔建州，文进杀之。文进下令，出宫人，罢营造，以反曦之政。

殷主延政遣统军使吴成义将兵讨文进，不克。

文进加枢密使鲍思润同平章事，以羽林统军使黄绍颇为泉州刺史，左军使程文纬为漳州刺史。汀州刺史同安许文稹，举郡降之。

丁亥,诏太原、恒、定兵各还本镇。

辛卯,马全节攻契丹泰州,拔之。

敕天下籍乡兵,每七户共出兵械资一卒。

秦州兵救阶州,出黄阶岭,败蜀兵于西平。

汉以户部侍郎陈偓同平章事。

夏,四月,丁未,缘河巡检使梁进以乡社兵复取德州。己酉,命归德节度使高行周、保义节度使王周留镇澶州。庚戌,帝发澶州。甲寅,至大梁。

侍卫马步都指挥使、天平节度使、同平章事景延广,既为上下所恶,帝亦惮其不逊难制,桑维翰引其不救戚城之罪,辛酉,加延广兼侍中,出为西京留守。以归德节度使兼侍中高行周为侍卫马步都指挥使。延广郁郁不得志,见契丹强盛,始忧国破身危,遂日夜纵酒。

朝廷因契丹入寇,国用愈竭,复遣使者三十六人分道括率民财,各封剑以授之。使者多从吏卒,携锁械、刀仗入民家,小大惊惧,求死无地。州县吏复因缘为奸。

河南府出缗钱二十万,景延广率三十七万。留守判官河南卢亿言于延广曰:"公位兼将相,富贵极矣。今国家不幸,府库空竭,不得已取于民。公何忍复因而求利,为子孙之累乎!"延广惭而止。

先是,诏以杨光远叛,命兖州修守备。泰宁节度使安审信,以治楼堞为名,率民财以实私藏。大理卿张仁愿为括率使,至兖州,赋缗钱十万。值审信不在,拘其守藏吏,指取钱一囷,已满其数。

戊寅,命侍卫马步都虞候、泰宁节度使李守贞将步骑二万讨杨光远于青州,又遣神武统军洛阳潘环及张彦泽等将兵屯澶州,以备契丹。

契丹遣兵救青州,齐州防御使堂阳薛可言邀击,败之。

丙戌,诏诸州所籍乡兵,号武定军,凡得七万余人。时兵荒之余,复有此扰,民不聊生。

丁亥,邺都留守张从恩上言:"赵延照虽据贝州,麾下兵皆久客思归,宜速进军攻之。"诏以从恩为贝州行营都部署,督诸将击之。辛卯,从恩奏赵延照纵火大掠,弃城而遁,屯于瀛、莫,阻水自固。

朱文进遣使如唐,唐主囚其使,将伐之,会天暑、疾疫而止。

六月,辛酉,官军拔淄州,斩其刺史刘翰。

太尉、侍中冯道虽为首相,依违两可,无所操决。或谓帝曰:"冯道,承平之良相。今艰难之际,譬如使禅僧飞鹰耳。"癸卯,以道为匡国节度使,兼侍中。

乙巳,汉主幽齐王弘弼于私第。

或谓帝曰："陛下欲御北狄,安天下,非桑维翰不可。"丙午,复置枢密院,以维翰为中书令兼枢密使,事无大小,悉以委之。数月之间,朝廷差治。

滑州河决,浸汴、曹、单、濮、郓五州之境,环梁山合于汶。诏大发数道丁夫塞之。既塞,帝欲刻碑纪其事。中书舍人杨昭俭谏曰："陛下刻石纪功,不若降哀痛之诏;染翰颂美,不若颁罪己之文。"帝善其言而止。

初,高祖割北边之地以赂契丹,由是府州刺史折从远亦北属。契丹欲尽徙河西之民以实辽东,州人大恐,从远因保险拒之。及帝与契丹绝,遣使谕从远使攻契丹。从远引兵深入,拔十余寨。戊午,以从远为府州团练使。从远,云州人也。

甲子,复置翰林学士。戊辰,以右散骑常侍李慎仪为兵部侍郎、翰林学士承旨,都官郎中刘温叟、金部郎中、知制诰武强徐台符、礼部郎中李澣、主客员外郎宗城范质,皆为学士。温叟,岳之子也。

秋,七月,辛未朔,大赦,改元。

己丑,以太子太傅刘昫为司空兼门下侍郎、同平章事。

八月,辛丑朔,以河东节度使刘知远为北面行营都统,顺国节度使杜威为都招讨使,督十三节度以备契丹。

桑维翰两秉朝政,出杨光远、景延广于外,至是一制指挥,节度使十五人无敢违者,时人服其胆略。

朔方节度使冯晖上章自陈未老可用,而制书见遗。维翰诏禁直学士使为答诏曰："非制书勿忘,实以朔方重地,非卿无以弹压。比欲移卿内地,受代亦须奇才。"晖得诏,甚喜。

时军国多事,百司及使者咨请辐凑,维翰随事裁决,初若不经思虑,人疑其疏略,退而熟议之,亦终不能易也。然为相颇任爱憎,一饭之恩、睚眦之怨必报,人亦以是少之。

契丹之入寇也,帝再命刘知远会兵山东,皆后期不至。帝疑之,谓所亲曰:"太原殊不助朕,必有异图。果有分,何不速为之!"至是虽为都统,而实无临制之权,密谋大计,皆不得预。知远亦知见疏,但慎事自守而已。郭威见知远有忧色,谓知远曰:"河东山河险固,风俗尚武,土多战马,静则勤稼穑,动则习军旅,此霸王之资也,何忧乎!"

朱文进自称威武留后,权知闽国事,遣使奉表称藩于晋。癸丑,以文进为威武节度使,知闽国事。

癸亥,置镇宁军于澶州,以濮州隶焉。

初,吴濠州刺史刘金卒,子仁规代之;仁规卒,子崇俊代之。唐烈祖置定远军于濠州,以崇俊为节度使。会清淮节度使姚景卒,崇俊厚赂权要,求兼领寿州。

唐主阳为不知其意,徙崇俊为清淮节度使,以楚州刺史刘彦贞为濠州观察使,驰往代之,崇俊悔之。彦贞,信之子也。

九月,庚午朔,日有食之。

丙子,契丹寇遂城、乐寿,深州刺史康彦进击却之。

冬,十月,丙午,汉主毒杀镇王弘泽于邕州。

殷主延政遣其将陈敬佺以兵三千屯尤溪及古田,卢进以兵二千屯长溪。泉州散员指挥使桃林邀从效谓同列王忠顺、董思安、张汉思曰:"朱文进屠灭王氏,遣腹心分据诸州。吾属世受王氏恩,而交臂事贼,一旦富沙王克福州,吾属死有余愧。"众以为然。十一月,从效等各引军中所善壮士,夜饮于从效之家,从效绐之曰:"富沙王已平福州,密旨令吾属讨黄绍颇。吾观诸君状貌,皆非久处贫贱者。从吾言,富贵可图;不然,祸且至矣。"众皆踊跃,操白梃,逾垣而入,执绍颇,斩之。从效持州印诣王继勋第,请主军府。从效自称平贼统军使,函绍颇首,遣副兵马使临淮陈洪进赍诣建州。洪进至尤溪,福州戍兵数千遮道。洪进绐之曰:"义师已诛朱福州,吾倍道逆嗣君于建州,尔辈尚守此何为乎?"以绍颇首示之,众遂溃,大将数人从洪进诣建州。延政以继勋为侍中、泉州刺史,从效、忠顺、思安、洪进皆为都指挥使。漳州将程谟闻之,〔亡〕〔立〕杀刺史程文纬,立王继成权州事。继勋、继成,皆延政之从子也,朱文进之灭王氏,二人以疏远获全。汀州刺史许文稹奉表请降于殷。

十二月,癸丑,加朱文进同平章事,封闽国王。

李守贞围青州经时,城中食尽,饿死者太半。契丹援兵不至,杨光远遥稽首于契丹曰:"皇帝,皇帝,误光远矣!"其子承勋、承祚、承信劝光远降,冀全其族。光远不许,曰:"吾昔在代北,尝以纸钱祭天池而沉,人皆言当为天子,姑待之。"丁巳,承勋斩劝光远反者节度判官丘涛等,送其首于守贞,纵火大噪,劫其父出居私第,上表待罪,开城纳官军。

朱文进闻黄绍颇死,大惧,以重赏募兵二万,遣统军使林守谅、内客省使李廷锷将之攻泉州,钲鼓相闻五百里。殷主延政遣大将军杜进将兵二万救泉州,留从效开门与福州兵战,大破之,斩守谅,执廷锷。延政遣统军使吴成义帅战舰千艘攻福州,朱文进遣子弟为质于吴越以求救。

初,唐翰林待诏臧循,与枢密副使查文徽同乡里,循常为贾人,习福建山川,为文徽画取建州之策。文徽表请用兵击王延政,国人多以为不可。唐主以文徽为江西安抚使,循行境上,觇其可否,文徽至信州,奏言攻之必克。唐主以洪州营屯都虞候边镐为行营招讨诸军都虞候,将兵从文徽伐殷。文徽自建阳进屯盖竹,闻泉、漳、汀三州皆降于殷,殷将张汉真自镛州将兵八千将至,文徽惧,退保建阳。

臧循屯邵武,邵武民导殷兵袭破循军,执循送建州斩之。

朝廷以杨光远罪大,而诸子归命,难于显诛,命李守贞以便宜从事。闰月,癸酉,守贞入青州,遣人拉杀光远于别第,以病死闻。丙戌,起复杨承勋,除汝州防御使。

殷吴成义闻有唐兵,诈使人告福州吏民曰:"唐助我讨贼臣,大兵今至矣。"福人益惧。乙未,朱文进遣同平章事李光准等奉国宝于殷。

丁酉,福州南廊承旨林仁翰谓其徒曰:"吾曹世事王氏,今受制贼臣,富沙王至,何面见之!"帅其徒三十人被甲趣连重遇第,重遇严兵自卫,三十人者望之,稍稍遁去。仁翰执槊直前刺重遇,杀之,斩其首以示众曰:"富沙王且至,汝辈族矣。今重遇已死,何不亟取文进以赎罪!"众踊跃从之,遂斩文进,迎吴成义入城,函二首送建州。

契丹复大举入寇,卢龙节度使赵延寿引兵先进。契丹前锋至邢州,顺国节度使杜威遣使间道告急。帝欲自将拒之,会有疾,命天平节度使张从恩、邺都留守马全节、护国节度使安审琦会诸道兵屯邢州,武宁节度使赵在礼屯邺都。契丹主以大兵继至,建牙于元氏。朝廷惮契丹之盛,诏从恩等引兵稍却,于是诸军恼惧,无复部伍,委弃器甲,所过焚掠,比至相州,不复能整。

二年(乙巳、945)

春,正月,诏赵在礼还屯澶州,马全节还邺都,又遣右神武统军张彦泽屯黎阳,西京留守景延广自滑州引兵守胡梁渡。庚子,张从恩奏契丹逼邢州,诏滑州、邺都复进军拒之。义成节度使皇甫遇将兵趣邢州。契丹寇邢、洛、磁三州,杀掠殆尽,入邺都境。

壬子,张从恩、马全节、安审琦悉以行营兵数万,陈于相州安阳水之南。皇甫遇与濮州刺史慕容彦超将数千骑前觇契丹,至邺县,将度漳水,遇契丹数万,遇等且战且却。至榆林店,契丹大至,二将谋曰:"吾属今走,死无遗矣!"乃止,布陈,自午至未,力战百余合,相杀伤甚众。遇马毙,因步战,其仆杜知敏以所乘马授之,遇乘马复战。久之,稍解,顾知敏已为契丹所擒,遇曰:"知敏义士,不可弃也。"与彦超跃马入契丹陈,取知敏而还。俄而契丹继出新兵来战,二将曰:"吾属势不可走,以死报国耳。"日且暮,安阳诸将怪觇兵不还,安审琦曰:"皇甫太师寂无声问,必为虏所困。"语未卒,有一骑白遇等为虏数万所围,审琦即引骑兵出,将救之,张从恩曰:"此言未足信。必若虏众猖至,尽吾军,恐未足以当之,公往何益?"审琦曰:"成败,天也,万一不济,当共受之。借使虏不南来,坐失皇甫太师,吾属何颜以见天子!"遂逾水而进。契丹望见尘起,即解去。遇等乃得还,与诸将俱归相州,军中皆服二将之勇。彦超本吐谷浑也,与刘知远同母。

契丹亦引军退，其众自相惊曰："晋军悉至矣！"时契丹主在邯郸，闻之，即时北遁，不再宿，至鼓城。

是夕，张从恩等议曰："契丹倾国而来，吾兵不多，城中粮不支一旬，万一有奸人往告吾虚实，虏悉众围我，死无日矣。不若引军就黎阳仓，南倚大河以拒之，可以万全。"议未决，从恩引兵先发，诸军继之，扰乱失亡，复如发邢州之时。

从恩等留步兵五百守安阳桥，夜四鼓，知相州事符彦伦谓将佐曰："此夕纷纭，人无固志，五百弊卒，安能守桥！"即召人，乘城为备。至曙，望之，契丹数万骑已陈于安阳水北，彦伦命城上扬旌鼓噪约束，契丹不测。日加辰，赵延寿与契丹惕隐帅众逾水，环相州而南，诏右神武统军张彦泽将兵趣相州。延寿等至汤阴，闻之，甲寅，引还。马全节等拥大军在黎阳，不敢追。延寿悉陈甲骑于相州城下，若将攻城状，符彦伦曰："此虏将走耳。"出甲卒五百，陈于城北以待之，契丹果引去。

以天平节度使张从恩权东京留守。

庚申，振武节度使折从远击契丹，围胜州，遂攻朔州。

帝疾小愈，河北相继告急。帝曰："此非安寝之时！"乃部分诸将为行计。

更命武定曰天威军。

北面副招讨使马全节等奏："据降者言，虏众不多，宜乘其散归种落，大举径袭幽州。"帝以为然，征兵诸道。壬戌，下诏亲征。乙丑，帝发大梁。

闽之故臣共迎殷主延政，请归福州，改国号曰闽。延政以方有唐兵，未暇徙都，以从子门下侍郎、同平章事继昌都督南都内外诸军事，镇福州；以飞捷指挥使黄仁讽为镇遏使，将兵卫之。林仁翰至福州，闽主赏之甚薄，仁翰未尝自言其功。发南都侍卫及两军甲士万五千人，诣建州以拒唐。

二月，壬辰朔，帝至滑州。壬申，命安审琦屯邺都。甲戌，帝发滑州。乙亥，至澶州。己卯，马全节等诸军以次北上。刘知远闻之曰："中国疲弊，自守恐不足，乃横挑强胡，胜之犹有后患，况不胜乎！"

契丹自恒州还，以羸兵驱牛羊过祁州城下，刺史下邳沈斌出兵击之，契丹以精骑夺其城门，州兵不得还。赵延寿知城中无余兵，引契丹急攻之，斌在上，延寿语之曰："沈使君，吾之故人。'择祸莫若轻'，何不早降！"斌曰："侍中父子失计陷身虏庭，忍帅犬羊以残父母之邦，不自愧耻，更有骄色，何哉！沈斌弓折矢尽，宁为国家死耳，终不效公所为！"明日，城陷，斌自杀。

丙戌，诏北面行营都招讨使杜威以本道兵会马全节等进军。

端明殿学士、户部侍郎冯玉，宣徽北院使、权侍卫马步都虞候太原李彦韬，皆挟恩用事，恶中书令桑维翰，数毁之。帝欲罢维翰政事，李崧、刘昫固谏而止。维翰知之,请以玉为枢密副使,玉殊不平。丙申,中旨以玉为户部尚书、枢密使,以分维翰之权。

彦韬少事阎宝,为仆夫,后隶高祖帐下。高祖自太原南下,留彦韬侍帝,为腹心,由是有宠。性纤巧,与嬖幸相结,以蔽帝耳目,帝委信之,至于升黜将相,亦得预议。常谓人曰:"吾不知朝廷设文官何所用,且欲澄汰,徐当尽去之。"

唐查文徽表求益兵,唐主以天威都虞候何敬洙为建州行营招讨马步都指挥使,将军祖全恩为应援使,姚凤为都监,将兵数千会攻建州,自崇安进屯赤岭。闽主延政遣仆射杨思恭、统军使陈望将兵万人拒之,列栅水南,旬余不战,唐人不敢逼。

思恭以延政之命督望战。望曰:"江、淮兵精,其将习武事。国之安危,系此一举,不可不万全而后动。"思恭怒曰:"唐兵深侵,陛下寝不交睫,委之将军。今唐兵不出数千,将军拥众万余,不乘其未定而击之,有如唐兵惧而自退,将军何面目见陛下乎!"望不得已,引兵涉水与唐战。全恩等以大军当其前,使奇兵出其后,大破之。望死,思恭仅以身免。延政大惧,婴城自守,召董思安、王忠顺,使将泉州兵五千诣建州,分守要害。

初,高祖置德清军于故澶州城,及契丹入寇,澶州、邺都之间,城戍俱陷。议者以澶州、邺都相去百五十里,宜于中涂筑城以应接南北,从之。三月,戊戌,更筑德清军城,合德清、南乐之民以实之。

初,光州人李仁达,仕闽为元从指挥使,十五年不迁职。闽主曦之世,叛奔建州,闽主延政以为将。及朱文进弑曦,复叛奔福州,陈取建州之策。文进恶其反覆,黜居福清。浦城人陈继珣,亦叛闽主延政奔福州,为曦画策取建州,曦以为著作郎。及延政得福州,二人皆不自安。

王继昌暗弱嗜酒,不恤将士,将士多怨。仁达潜入福州,与继珣说黄仁讽曰:"今唐兵乘胜,建州孤危。富沙王不能保建州,安能保福州?昔王潮兄弟,光山布衣耳,取福建如反掌。况吾辈乘此机会,自图富贵,何患不如彼乎!"仁讽然之。是夕,仁达等引甲士突入府舍,杀继昌及吴成义。仁达欲自立,恐众心未服,以雪峰寺僧卓岩明素为众所重,乃言:"此僧目重瞳子,手垂过膝,真天子也。"相与迎之。己亥,立以为帝,解去衲衣,被以衮冕,帅将吏北面拜之。然犹称天福十年,遣使奉表称藩于晋。

延政闻之,族黄仁讽家,命统军使张汉真将水军五千,会漳、泉兵讨岩明。

乙巳,杜威等诸军会于定州,以供奉官萧处钧权知祁州事。庚戌,诸军攻契丹,泰州刺史晋廷谦举州降。甲寅,取满城,获契丹酋长没剌及其兵二千人。乙卯,取遂城。赵延寿部曲有降者言:"契丹主还至虎北口,闻晋取泰州,复拥众南向,约八万余骑,计来夕当至,宜速为备。"杜威等惧,丙辰,退保泰州。戊午,契丹至泰州。己未,晋军南行,契丹蹑之。晋军至阳城,庚申,契丹大至,晋军与战,逐北十余里,契丹逾白沟而去。

壬戌,晋军结陈而南,胡骑四合如山,诸军力战拒之。是日,才行十余里,人马饥乏。

癸亥,晋军至白团卫村,埋鹿角为行寨。契丹围之数重,奇兵出寨后断粮道。是夕,东北风大起,破屋折树。营中掘井,方及水辄崩,士卒取其泥,帛绞而饮之,人马俱渴。至曙,风尤甚。契丹主坐奚车中,令其众曰:"晋军止此耳,当尽擒之,然后南取大梁。"命铁鹞四面下马,拔鹿角而入,奋短兵以击晋军,又顺风纵火扬尘以助其势。军士皆愤怒,大呼曰:"都招讨使何不用兵,令士卒徒死!"诸将请出战,杜威曰:"俟风稍缓,徐观可否。"马步都监李守贞曰:"彼众我寡,风沙之内,莫测多少,惟力斗者胜,此风乃助我也;若俟风止,吾属无类矣。"即呼曰:"诸军齐击贼!"又谓威曰:"令公善守御,守贞以中军决死矣!"马军左厢都排陈使张彦泽召诸将问计,皆曰:"虏得风势,宜俟风回与战。"彦泽亦以为然。诸将退,马军右厢副排陈使太原药元福独留,谓彦泽曰:"今军中饥渴已甚,若俟风回,吾属已为虏矣。敌谓我不能逆风以战,宜出其不意急击之,此兵之诡道也。"马步左右厢都排陈使符彦卿曰:"与其束手就擒,曷若以身徇国。"乃与彦泽、元福及左厢都排陈使皇甫遇引精骑出西门击之,诸将继至。契丹却数百步。彦卿等谓守贞曰:"且曳队往来乎?直前奋击,以胜为度乎?"守贞曰:"事势如此,安可回鞚!宜长驱取胜耳。"彦卿等跃马而去,风势益甚,昏晦如夜。彦卿等拥万余骑横击契丹,呼声动天地,契丹大败而走,势如崩山。李守贞亦令步兵尽拔鹿角出斗,步骑俱进,逐北二十余里。铁鹞既下马,苍皇不能复上,皆委弃马及铠仗蔽地。

契丹散卒至阳城东南水上,稍复布列。杜威曰:"贼已破胆,不宜更令成列。"遣精骑击之,皆度水去。契丹主乘奚车走十余里,追兵急,获一橐驼,乘之而走。诸将请急追之。杜威扬言曰:"逢贼幸不死,更索衣囊邪?"李守贞曰:"两日人马渴甚,今得水饮之,皆足重,难以追寇,不若全军而还。"乃退保定州。

契丹主至幽州,散兵稍集,以军失利,杖其酋长各数百,唯赵延寿得免。

乙丑,诸军自定州引归。诏以泰州隶定州。

夏,四月,辛巳,帝发澶州。甲申,还大梁。

己丑,复以邺都为天雄军。

闽张汉真至福州,攻其东关。黄仁讽闻其家夷灭,开门力战,大破闽兵,执汉真,入城,斩之。

卓岩明无它方略,但于殿上噀水散豆,作诸法事而已。又遣使迎其父于莆田,尊为太上皇。

李仁达既立岩明,自判六军诸卫事,使黄仁讽屯西门,陈继珣屯北门。仁讽从容谓继珣曰:"人之所以为人,以有忠信仁义也。吾顷尝有功于富沙,中间叛之,非忠也;人以从子托我而与人杀之,非信也;属者与建兵战,所杀皆乡曲故人,非仁也;弃妻子,使人鱼肉之,非义也。此身十沉九浮,死有余愧。"因拊膺恸哭。继珣曰:"大丈夫徇功名,何顾妻子!宜置此事,勿以取祸。"仁达闻之,使人告仁讽、继珣谋反,皆杀之。由是兵权尽归仁达。

五月,丙申朔,大赦。

顺国节度使杜威,久镇恒州,性贪残,自恃贵戚,多不法。每以备边为名,敛吏民钱帛以充私藏。富室有珍货或名姝、骏马,皆夺取之,或诬以罪杀之,籍没其家。又畏懦过甚,每契丹数十骑入境,威已闭门登陴,或数骑驱所掠华人千百过城下,威但瞋目延颈望之,无意邀取。由是虏无所忌惮,属城多为所屠,威竟不出一卒救之,千里之间,暴骨如莽,村落殆尽。

威见所部残弊,为众所怨,又畏契丹之强,累表请入朝,帝不许。威不俟报,遽委镇入朝,朝廷闻之,惊骇。桑维翰言于帝曰:"威固违朝命,擅离边镇。居常凭恃勋亲,邀求姑息,及疆场多事,曾无守御之意,宜因此时废之,庶无后患。"帝不悦。维翰曰:"陛下不忍废之,宜授以近京小镇,勿复委以雄藩。"帝曰:"威,朕之密亲,必无异志。但宋国长公主切欲相见耳,公勿以为疑。"维翰自是不敢复言国事,以足疾辞位。丙辰,威至大梁。

丁巳,李仁达大阅战士,请卓岩明临视。仁达阴教军士突前登阶,刺杀岩明。仁达阳惊,狼狈而走,军士共执仁达,使居岩明之坐。仁达乃自称威武留后,用保大年号,奉表称藩于唐,亦遣使入贡于晋,并杀岩明之父。唐以仁达为威武节度使、同平章事,赐名弘义,编之属籍。弘义又遣使修好于吴越。

己未,杜威献部曲步骑合四千人并铠仗,庚申,又献粟十万斛、刍二十万束,云皆在本道。帝以其所献骑兵隶扈圣,步兵隶护国,威复请以为牙队,而禀赐皆仰县官。威又令公主白帝,求天雄节钺,帝许之。

唐兵围建州,屡破泉州兵。许文稹败唐兵于汀州,执其将时厚卿。

六月,癸酉,以杜威为天雄节度使。

契丹连岁入寇,中国疲于奔命,边民涂地;契丹人畜亦多死,国人厌苦之。述律太后谓契丹主曰:"使汉人为胡主,可乎?"曰:"不可。"太后曰:"然则汝何故欲为汉主?"曰:"石氏负恩,不可容。"太后曰:"汝今虽得汉地,不能居也。万一蹉跌,悔何所及!"又谓其群下曰:"汉儿何得一向眠!自古但闻汉和蕃,不闻蕃和汉。汉儿果能回意,我亦何惜与和。"

桑维翰屡劝帝复请和于契丹以纾国患,帝假开封军将张晖供奉官,使奉表称臣诣契丹,卑辞谢过。契丹主曰:"使景延广、桑维翰自来,仍割镇、定两道隶我,则可和。"朝廷以契丹语忿,谓其无和意,乃止。及契丹主入大梁,谓李崧等曰:"向使晋使再来,则南北不战矣。"

秋,七月,闽人或告福州援兵谋叛,闽主延政收其铠仗,遣还,伏兵于隘,尽杀之,死者八千余人,脯其肉以归为食。

唐边镐拔镡州,查文徽之党魏岑、冯延巳、延鲁以师出有功,皆踊跃赞成之。征求供亿,府库为之耗竭,洪、饶、抚、信之民尤苦之。

延政遣使奉表称臣于吴越,请为附庸以求救。

楚王希範疑静江节度使兼侍中、知朗州希杲得人心,遣人伺之。希杲惧,称疾求归,不许,遣医往视疾,因毒杀之。

端明殿学士兼翰林侍读学士太中大夫提举西京嵩山崇福宫上柱国河内郡开国公食邑二千六百户食实封一千户臣 司马光 奉敕编集

后晋纪六 起旃蒙大荒落(乙巳)八月，尽柔兆敦牂(丙午)，凡一年有奇。

齐王下

开运二年(乙巳、945)

八月，甲子朔，日有食之。

丙寅，右仆射兼中书侍郎、同平章事和凝罢守本官。加枢密使、户部尚书冯玉中书侍郎、同平章事，事无大小，悉以委之。

帝自阳城之捷，谓天下无虞，骄侈益甚。四方贡献珍奇，皆归内府，多造器玩，广宫室，崇饰后庭，近朝莫之及。作织锦楼以织地衣，用织工数百，期年乃成。又赏赐优伶无度。桑维翰谏曰："向者陛下亲御胡寇，战士重伤者，赏不过帛数端。今优人一谈一笑称旨，往往赐束帛、万钱、锦袍、银带，彼战士见之，能不觖望，曰：'我曹冒白刃，绝筋折骨，曾不如一谈一笑之功乎！'如此，则士卒解体，陛下谁与卫社稷乎？"帝不听。

冯玉每善承迎帝意，由是益有宠。尝有疾在家，帝谓诸宰相曰："自刺史以上，俟冯玉出乃得除。"其倚任如此。玉乘势弄权，四方赂遗，辐凑其门。由是朝政益坏。

唐兵围建州既久，建人离心。或谓董思安："盍早择去就？"思安曰："吾世事王氏，危而叛之，天下其谁容我！"众感其言，无叛者。

丁亥，唐先锋桥道使上元王建封先登，遂克建州，闽主延政降。王忠顺战死，董思安整众奔泉州。

初，唐兵之来，建人苦王氏之乱与杨思恭之重敛，争伐木开道以迎之。及破建州，纵兵大掠，焚宫室庐舍俱尽，是夕，寒雨，冻死者相枕，建人失望。唐主以其有功，皆不问。

汉主杀诏王弘雅。

九月，许文稹以汀州，王继勋以泉州，王继成以漳州，皆降于唐。唐置永安军于建州。

丙申,以西京留守兼侍中景延广充北面行营副招讨使。

殿中监王钦祚权知恒州事。会乏军储,诏钦祚括籴民粟。杜威有粟十余万斛在恒州,钦祚举籍以闻。威大怒,表称:"臣有何罪,钦祚籍没臣粟!"朝廷为之召钦祚还,仍厚赐威以慰安之。

戊申,置威信军于曹州。

遣侍卫马步都指挥使李守贞戍澶州。

乙卯,遣彰德节度使张彦泽戍恒州。

汉主杀刘思潮、林少强、林少良、何昌延。以左仆射王翷尝与高祖谋立弘昌,出为英州刺史,未至,赐死。内外皆惧不自保。

冬,十月,癸巳,置镇安军于陈州。

唐元敬宋太后殂。

王延政至金陵,唐主以为羽林大将军。斩杨思恭以谢建人。以百胜节度使王崇文为永安节度使。崇文治以宽简,建人遂安。

初,高丽王建用兵吞灭邻国,颇强大,因胡僧袜啰言于高祖曰:"勃海,我昏姻也,其王为契丹所虏,请与朝廷共击取之。"高祖不报。及帝与契丹为仇,袜啰复言之。帝欲使高丽扰契丹东边以分其兵势,会建卒,子武自称权知国事,上表告丧。十一月,戊戌,以武为大义军使、高丽王,遣通事舍人郭仁遇使其国,谕指使击契丹。仁遇至其国,见其兵极弱,向者袜啰之言,特建为夸诞耳,实不敢与契丹为敌。仁遇还,武更以它故为解。

乙卯,吴越王弘佐诛内都监使杜昭达;己未,诛内牙上统军使明州刺史阚璠。

昭达,建徽之孙也,与璠皆好货。钱塘富人程昭悦以货结二人,得侍弘佐左右。昭悦为人狡佞,王悦之,宠待逾于旧将,璠不能平。昭悦知之,诣璠顿首谢罪,璠责让久之,乃曰:"吾始者决欲杀汝,今既悔过,吾亦释然。"昭悦惧,谋去璠。璠专而愎,国人恶之者众,王亦恶之。昭悦欲出璠于外,恐璠觉之,私谓右统军使胡进思曰:"今欲除公及璠各为本州,使璠不疑,可乎?"进思许之,乃以璠为明州刺史,进思为湖州刺史。璠怒曰:"出我于外,是弃我也。"进思曰:"老兵得大州,幸矣,不行何为!"璠乃受命。既而复以它故留进思。

内外马步都统军使钱仁俊母,杜昭达之姑也。昭悦因潜璠、昭达谋奉仁俊作乱,下狱锻炼成之。璠、昭达既诛,夺仁俊官,幽于东府。于是昭悦治阚、杜之党,凡权位与己侔,意所忌者,诛放百余人,国人畏之侧目。胡进思重厚寡言,昭悦以为戆,故独存之。

昭悦收仁俊故吏慎温其,使证仁俊之罪,拷掠备至。温其坚守不屈,弘佐嘉之,擢为国官。温其,衢州人也。

十二月，乙丑，加吴越王弘佐东南面兵马都元帅。

辛未，以前中书舍人广晋殷鹏为给事中、枢密直学士。鹏，冯玉之党也，朝廷每有迁除，玉皆与鹏议之。由是请谒赂遗，充满其门。

初，帝疾未平，会正旦，枢密使、中书令桑维翰遣女仆入宫起居太后，因问："皇弟睿近读书否？"帝闻之，以告冯玉，因疑维翰有废立之志，帝疑之。李守贞素恶维翰，冯玉、李彦韬与守贞合谋排之，以中书令行开封尹赵莹柔而易制，共荐以代维翰。丁亥，罢维翰政事，为开封尹。以莹为中书令，李崧为枢密使、守侍中。维翰遂称足疾，希复朝谒，杜绝宾客。或谓冯玉曰："桑公元老，今既解其枢务，纵不留之相位，犹当优以大藩，奈何使之尹京，亲猥细之务乎？"玉曰："恐其反耳。"曰："儒生安能反？"玉曰："纵不自反，恐其教人耳。"

楚湘阴处士戴偃，为诗多讥刺，楚王希范囚之。天策副都军使丁思瑾上书切谏，希范削其官爵。

唐齐王景达府属谢仲宣言于景达曰："宋齐丘，先帝布衣之交，今弃之草莱，不厌众心。"景达为之言于唐主曰："齐丘宿望，勿用可也，何必弃之以为名！"唐主乃使景达自至青阳召之。

三年（丙午、946）

春，正月，以齐丘为太傅兼中书令，但奉朝请，不预政事。以昭武节度使李建勋为右仆射兼门下侍郎，与中书侍郎冯延巳皆同平章事。建勋练习吏事，而懦怯少断；延巳工文辞，而狡佞，喜大言，多树朋党。水部郎中高越，上书指延巳兄弟过恶，唐主怒，贬越蕲州司士。

初，唐主置宣政院于禁中，以翰林学士、给事中常梦锡领之，专典机密，与中书侍郎严续皆忠直无私。唐主谓梦锡曰："大臣惟严续中立，然无才，恐不胜其党，卿宜左右之。"未几，梦锡罢宣政院，续亦出为池州观察使。梦锡于是移疾纵酒，不复预朝廷事。续，可求之子也。

二月，壬戌朔，日有食之。

晋昌节度使兼侍中赵在礼，更历十镇，所至贪暴，家赀为诸帅之最。帝利其富，三月，庚申，为皇子镇宁节度使延煦娶其女。在礼自费缗钱十万，县官之费，数倍过之。延煦及弟延宝，皆高祖诸孙，帝养以为子。

唐泉州刺史王继勋致书修好于威武节度使李弘义。弘义以泉州故隶威武军，怒其抗礼，夏，四月，遣弟弘通将兵万人伐之。

初，朔方节度使冯晖在灵州，留党项酋长拓跋彦超于州下，故诸部不敢为寇，及将罢镇而纵之。前彰武节度使王令温代晖镇朔方，不存抚羌、胡，以中国法绳之。羌、胡怨怒皆叛，竞为寇钞。拓跋彦超、石存、也厮褒三族，共攻灵州，杀令温弟令周。戊午，令温上表告急。

泉州都指挥使留从效谓刺史王继勋曰："李弘通兵势甚盛，士卒以使君赏罚不当，莫肯力战，使君宜避位自省。"乃废继勋归私第，代领军府事，勒兵击李弘通，大破之。表闻于唐，唐主以从效为泉州刺史，召继勋还金陵，遣将将兵戍泉州。徙漳州刺史王继成为和州刺史，汀州刺史许文稹为蕲州刺史。

定州西北二百里有狼山，土人筑堡于山上以避胡寇。堡中有佛舍，尼孙深意居之，以妖术惑众，言事颇验，远近信奉之。中山人孙方简及弟行友，自言深意之侄，不饮酒食肉，事深意甚谨。深意卒，方简嗣行其术，称深意坐化，严饰，事之如生，其徒日滋。会晋与契丹绝好，北边赋役烦重，寇盗充斥，民不安其业。方简、行友因帅乡里豪健者，据寺为寨以自保。契丹入寇，方简帅众邀击，颇获其甲兵、牛马、军资，人挈家往依之者益众。久之，至千余家，遂为群盗。惧为吏所讨，乃归款朝廷。朝廷亦资其御寇，署东北招收指挥使。

方简时入契丹境钞掠，多所杀获。既而邀求不已，朝廷小不副其意，则举寨降于契丹，请为乡道以入寇。时河北大饥，民饿死者所在以万数，兖、郓、沧、贝之间，盗贼蜂起，吏不能禁。天雄节度使杜威遣元随军将刘延翰市马于边，方简执之，献于契丹。延翰逃归，六月，壬戌，至大梁，言"方简欲乘中国凶饥，引契丹入寇，宜为之备。"

初，朔方节度使冯晖在灵武，得羌、胡心，市马期年，至五千匹，朝廷忌之，徙镇邠州及陕州，入为侍卫步军都指挥使、领河阳节度使。晖知朝廷之意，悔离灵武，乃厚事冯玉、李彦韬，求复镇灵州。朝廷亦以羌、胡方扰，丙寅，复以晖为朔方节度使，将关西兵击羌、胡；以威州刺史药元福为行营马军都指挥使。

乙丑，定州言契丹勒兵压境。诏以天平节度使、侍卫马步都指挥使李守贞为北面行营都部署，义成节度使皇甫遇副之；彰德节度使张彦泽充马军都指挥使兼都虞候，义武节度使蓟人李殷充步军都指挥使兼都排阵使；遣护圣指挥使临清王彦超、太原白延遇以部兵十营诣邢州。时马军都指挥使、镇安节度使李彦韬方用事，视守贞蔑如也。守贞在外所为，事无大小，彦韬必知之，守贞外虽敬奉而内恨之。

初，唐人既克建州，欲乘胜取福州，唐主不许。枢密使陈觉请自往说李弘义，必令入朝。宋齐丘荐觉才辩，可不烦寸刃，坐致弘义。唐主乃拜弘义母、妻皆为国夫人，四弟皆迁官，以觉为福州宣谕使，厚赐弘义金帛。弘义知其谋，见觉，辞色甚倨，待之疏薄，觉不敢言入朝事而还。

秋，七月，河决杨刘，西入莘县，广四十里，自朝城北流。

有自幽州来者，言赵延寿有意归国，枢密使李崧、冯玉信之，命天雄节度使杜威致书于延寿,具述朝旨,啖以厚利,洺州军将赵行实尝事延寿,遣赍书潜往遗之。延寿复书言:"久处异域,思归中国。乞发大军应接,拔身南去。"辞旨恳密。朝廷欣然,复遣行实诣延寿,与为期约。

八月,李守贞言:"与契丹千余骑遇于长城北,转斗四十里,斩其酋帅解里,拥余众入水溺死者甚众。"丁卯,诏李守贞还屯澶州。

帝既与契丹绝好,数召吐谷浑酋长白承福入朝,宴赐甚厚。承福从帝与契丹战澶州,又与张从恩戍滑州。属岁大热,遣其部落还太原,畜牧于岚、石之境。部落多犯法,刘知远无所纵舍。部落知朝廷微弱,且畏知远之严,谋相与遁归故地。有白可久者,位亚承福,帅所部先亡归契丹,契丹用为云州观察使,以诱承福。

知远与郭威谋曰:"今天下多事,置此属于太原,乃腹心之疾也,不如去之。"承福家甚富,饲马用银槽。威劝知远诛之,收其货以赡军。知远密表:"吐谷浑反覆难保,请迁于内地。"帝遣使发其部落千九百人,分置河阳及诸州。知远遣威诱承福等入居太原城中,因诬承福等五族谋叛,以兵围而杀之,合四百口,籍没其家赀。诏褒赏之,吐谷浑由是遂微。

濮州刺史慕容彦超坐违法科敛,擅取官麦五百斛造麹,赋与部民。李彦韬素与彦超有隙,发其事,罪应死。彦韬趣冯玉使杀之,刘知远上表论救。李崧曰:"如彦超之罪,今天下藩侯皆有之。若尽其法,恐人人不自安。"甲戌,敕免彦超死,削官爵,流房州。

唐陈觉自福州还,至剑州,耻无功,矫诏使侍卫官顾忠召弘义入朝,自称权福州军府事,擅发汀、建、抚、信州兵及戍卒,命建州监军使冯延鲁将之,趣福州迎弘义。延鲁先遗弘义书,谕以祸福。弘义复请战,遣楼船指挥使杨崇保将州师拒之。觉以剑州刺史陈海为缘江战棹指挥使,表:"福州孤危,旦夕可克。"唐主以觉专命,甚怒,群臣多言:"兵已傅城下,不可中止,当发兵助之。"丁丑,觉、延鲁败杨崇保于候官;戊寅,乘胜进攻福州西关。弘义出击,大破之,执唐左神威指挥使杨匡邺。

唐主以永安节度使王崇文为东南面都招讨使,以漳泉安抚使、谏议大夫魏岑为东面监军使,延鲁为南面监军使,会兵攻福州,克其外郭。弘义固守第二城。

冯晖引兵过旱海,至辉德,糗粮已尽。拓跋彦超众数万,为三陈,扼要路,据水泉以待之,军中大惧。晖以赂求和于彦超,彦超许之。自旦至日中,使者往返数四,兵未解。药元福曰:"虏知我饥渴,阳许和以困我耳。若至暮,则吾辈成擒矣。今虏虽众,精兵不多,依西山而陈者是也。其余步卒,不足为患。请公严陈以待我,我以精骑先犯西山兵,小胜则举黄旗,大军合势击之,破之必矣。"乃帅骑先进,用短兵力战。彦超小却,元福举黄旗,晖引兵赴之,彦超大败。明日,晖入灵州。

九月,契丹三万寇河东。壬辰,刘知远败之于杨武谷,斩首七千级。

汉刘思潮等既死,陈道庠内不自安。特进邓伸遗之《汉纪》,道庠问其故,伸曰:"憨獠!此书有诛韩信、醢彭越事,宜审读之。"汉主闻之,族道庠及伸。

李弘义自称威武留后,权知闽国事,更名弘达,奉表请命于晋。甲午,以弘达为威武节度使、同平章事,知闽国事。

张彦泽奏败契丹于定州北,又败之于泰州,斩首二千级。

辛丑,福州排陈使马捷引唐兵自马牧山拔寨而入,至善化门桥,都指挥使丁彦贞以兵百人拒之。弘达退保善化门,外城再重皆为唐兵所据。弘达更名达,遣使奉表称臣,乞师于吴越。

楚王希範知帝好奢靡,屡以珍玩为献,求都元帅。甲辰,以希範为诸道兵马都元帅。

丙辰,河决澶州临黄。

契丹使瀛州刺史刘延祚遗乐寿监军王峦书,请举城内附。且云:"城中契丹兵不满千人,乞朝廷发轻兵袭之,已为内应。又,今秋多雨,自瓦桥已北,积水无际,契丹主已归牙帐,虽闻关南有变,地远阻水,不能救也。"峦与天雄节度使兼中书令杜威屡奏瀛、莫乘此可取,深州刺史慕容迁献《瀛莫图》。冯玉、李崧信以为然,欲发大兵迎赵延寿及延祚。

先是,侍卫马步都指挥使、天平节度使李守贞数将兵过广晋,杜威厚待之,赠金帛甲兵,动以万计,守贞由是与威亲善。守贞入朝,帝劳之曰:"闻卿为将,常费私财以赏战士。"对曰:"此皆杜威尽忠于国,以金帛资臣,臣安敢掠有其美!"因言:"陛下若它日用兵,臣愿与威戮力以清沙漠。"帝由是亦贤之。

及将北征,帝与冯玉、李崧议,以威为元帅,守贞副之。赵莹私谓冯、李曰:"杜威国戚,贵为将相,而所欲未厌,心常慊慊,岂可复假以兵权!必若有事北方,不若止任守贞为愈也。"不从。冬,十月,辛未,以威为北面行营都招讨使,以守贞为兵马都监,泰宁节度使安审琦为左右厢都指挥使,武宁节度使符彦卿为马军左厢都指挥使,义成节度使皇甫遇为马军右厢都指挥使,永清节度使梁汉璋为马军都排陈使,前威胜节度使宋彦筠为步军左厢都指挥使,奉国左厢都指挥使王饶为步军右厢都指挥使,洺州团练使薛怀让为先锋都指挥使。仍下敕榜曰:"专发大军,往平黠虏。先收瀛、莫,安定关南;次复幽燕,荡平塞北。"又曰:"有能擒获虏主者,除上镇节度使,赏钱万缗,绢万匹,银万两。"时自六月积雨,至是未止,军行及馈运者甚艰苦。

唐漳州将林赞尧作乱,杀监军使周承义、剑州刺史陈海。泉州刺史留从效举兵逐赞尧,以泉州裨将董思安权知漳州。唐主以思安为漳州刺史,思安辞以父名章,唐主改漳州为南州,命思安及留从效将州兵会攻福州。庚辰,围之。福州使者至钱塘,吴越王弘佐召诸将谋之,皆曰:"道险远,难救。"惟内都监使临安水丘昭券以为当救。弘佐曰:"唇亡齿寒,吾为天下元帅,曾不能救邻道,将安用之!诸君但乐饱食安坐邪!"壬午,遣统军使张筠、赵承泰将兵三万,水陆救福州。

先是募兵久无应者,弘佐命纠之,曰:"纠而为兵者,粮赐减半。"明日,应募者云集。弘佐命昭券专掌用兵,昭券惮程昭悦,以用兵事让之。弘佐命昭悦掌应援馈运事,而以军谋委元德昭。德昭,危仔倡之子也。

弘佐议铸铁钱以益将士禄赐,其弟牙内都虞候弘亿谏曰:"铸铁钱有八害:新钱既行,旧钱皆流入邻国,一也。可用于吾国而不可用于它国,则商贾不行,百货不通,二也。铜禁至严,民犹盗铸,况家有锱釜,野有铧犁,犯法必多,三也。闽人铸铁钱而乱亡,不足为法,四也。国用幸丰而自示空乏,五也。禄赐有常而无故益之,以启无厌之心,六也。法变而弊,不可遽复,七也。'钱'者国姓,易之不祥,八也。"弘佐乃止。

杜威、李守贞会兵于广晋而北行。威屡使公主入奏,请益兵,曰:"今深入虏境,必资众力。"由是禁军皆在其麾下,而宿卫空虚。

十一月,丁酉,以李守贞权知幽州行府事。

己亥,杜威等至瀛州,城门洞启,寂若无人,威等不敢进。闻契丹将高谟翰先已引兵潜出,威遣梁汉璋将二千骑追之,汉璋遇契丹于南阳务,败死。威等闻之,引兵而南。时束城等数县请降,威等焚其庐舍,掠其妇女而还。

己酉,吴越兵至福州,自晋浦南潜入州城。唐兵进据东武门,李达与吴越兵共御之,不利。自是内外断绝,城中益危。

唐主遣信州刺史王建封助攻福州。时王崇文虽为元帅,而陈觉、冯延鲁、魏岑争用事,留从效、王建封倔强不用命,各争功,进退不相应。由是将士皆解体,故攻城不克。

唐主以江州观察使杜昌业为吏部尚书,判省事。先是昌业自兵部尚书判省事,出江州,及还,阅簿籍,抚案叹曰:"未数年,而府库所耗者半,其能久乎!"

契丹主大举入寇,自易、定趣恒州。杜威等至武强,闻之,将自冀、贝而南。彰德节度使张彦泽时在恒州,引兵会之,言契丹可破之状,威等乃复趣恒州,以彦泽为前锋。甲寅,威等至中度桥,契丹已据桥,彦泽帅骑争之,契丹焚桥而退。晋兵与契丹夹滹沱而军。

始,契丹见晋军大至,又争桥不胜,恐晋军急渡滹沱,与恒州合势击之,议引兵还。及闻晋军筑垒为持久之计,遂不去。

蜀施州刺史田行皋叛,遣供奉官耿彦珣将兵讨之。

杜威虽以贵戚为上将,性懦怯。偏裨皆节度使,但日相承迎,置酒作乐,罕议军事。磁州刺史兼北面转运使李毂说威及李守贞曰:"今大军去恒州咫尺,烟火相望。若多以三股木置水中,积薪布土其上,桥可立成。密约城中举火相应,夜募壮士斫虏营而入,表里合势,虏必遁逃。"诸将皆以为然,独杜威不可,遣毂南至怀、孟督军粮。

契丹以大兵当晋军之前,潜遣其将萧翰、通事刘重进将百骑及羸卒,并西山出晋军之后,断晋粮道及归路。樵采者遇之,尽为所掠,有逸归者,皆称虏众之盛,军中恼惧。翰等至栾城,城中戍兵千余人,不觉其至,狼狈降之。契丹获晋民,皆黥其面曰"奉敕不杀",纵之南走。运夫在道遇之,皆弃车惊溃。翰,契丹主之舅也。

十二月,丁巳朔,李毂自书密奏,具言大军危急之势,请车驾幸滑州,遣高行舟、符彦卿扈从,及发兵守澶州、河阳以备虏之奔冲,遣军将关勋走马上之。

己未,帝始闻大军屯中度,是夕,关勋至。庚申,杜威奏请益兵,诏悉发守宫禁者得数百人,赴之。又诏发河北及滑、孟、泽、潞刍粮五十万诣军前,督迫严急,所在鼎沸。辛酉,威又遣从者张祚等来告急,祚等还,为契丹所获,自是朝廷与军前声问两不相通。

时宿卫兵皆在行营,人心懔懔,莫知为计。开封尹桑维翰,以国家危在旦夕,求见帝言事,帝方在苑中调鹰,辞不见。又诣执政言之,执政不以为然。退,谓所亲曰:"晋氏不血食矣!"

帝欲自将北征,李彦韬谏而止。时符彦卿虽任行营职事,帝留之,使戍荆州口。壬戌,诏以归德节度使高行周为北面都部署,以彦卿副之,共戍澶州;以西京留守景延广戍河阳,且张形势。

奉国都指挥使王清言于杜威曰:"今大军去恒州五里,守此何为!营孤食尽,势将自溃。请以步卒二千为前锋,夺桥开道,公帅诸军继之,得入恒州,则无忧矣。"威许诺,遣清与宋彦筠俱进。清战甚锐,契丹不能支,势小却,诸将请以大军继之,威不许。彦筠为契丹所败,浮水抵岸得免,因退走。清独帅麾下陈于水北力战,互有杀伤,屡请救于威,威竟不遣一骑助之。清谓其众曰:"上将握兵,坐观吾辈困急而不救,此必有异志。吾辈当以死报国耳!"众感其言,莫有退者,至暮,战不息。契丹以新兵继之,清及士众尽死,由是诸军皆夺气。清,洺州人也。

甲子,契丹遥以兵环晋营,内外断绝,军中食且尽。杜威与李守贞、宋彦筠谋降契丹。威潜遣腹心诣契丹牙帐,邀求重赏。契丹主绐之曰:"赵延寿威望素浅,恐不能帝中国。汝果降者,当以汝为之。"威喜,遂定降计。丙寅,伏甲召诸将,出降表示之,使署名。诸将骇愕,莫敢言者,但唯唯听命。威遣阁门使高勋赍诣契丹,契丹主赐诏慰纳之。是日,威悉命军士出陈于外,军士皆踊跃,以为且战,威亲谕之曰:"今食尽涂穷,当与汝曹共求生计。"因命释甲。军士皆恸哭,声振原野。威、守贞仍于众中扬言:"主上失德,信任奸邪,猜忌于己。"闻者无不切齿。契丹主遣赵延寿衣赭袍至晋营慰抚士卒,曰:"彼皆汝物也。"杜威以下,皆迎谒于马前,亦以赭袍衣威以示晋军,其实皆戏之耳。以威为太傅,李守贞为司徒。

威引契丹主至恒州城下,谕顺国节度使王周以己降之状,周亦出降。戊辰,契丹主入恒州。遣兵袭代州,刺史王晖以城降之。

先是契丹主屡攻易州,刺史郭璘固守拒之。契丹主每过城下,指而叹曰:"吾能吞并天下,而为此人所扼!"及杜威既降,契丹主遣通事耿崇美至易州,诱谕其众,众皆降,璘不能制,遂为崇美所杀。璘,邢州人也。

义武节度使李殷,安国留后方太,皆降于契丹。契丹主以孙方简为义武节度使,麻荅为安国节度使,以客省副使马崇祚权知恒州事。

契丹翰林承旨、吏部尚书张砺言于契丹主曰:"今大辽已得天下,中国将相宜用中国人为之,不宜用北人及左右近习。苟政令乖失,则人心不服,虽得之,犹将失之。"契丹主不从,引兵自邢、相而南,杜威将降兵以从。遣张彦泽将二千骑先取大梁,且抚安吏民,以通事傅住儿为都监。

杜威之降也,皇甫遇初不预谋。契丹主欲遣遇先将兵入大梁,遇辞,退谓所亲曰:"吾位为将相,败不能死,忍复图其主乎!"至平棘,谓从者曰:"吾不食累日矣,何面目复南行!"遂扼吭而死。

张彦泽倍道疾驱,夜度白马津。壬申,帝始闻杜威等降。是夕,又闻彦泽至滑州,召李崧、冯玉、李彦韬入禁中计事,欲诏刘知远发兵入援。癸酉,未明,彦泽自封丘门斩关而入,李彦韬帅禁兵五百赴之,不能遏。彦泽顿兵明德门外,城中大扰。帝于宫中起火,自携剑驱后宫十余人将赴火,为亲军将薛超所持。俄而彦泽自宽仁门传契丹主与太后书慰抚之,且召桑维翰、景延广,帝乃命灭火,悉开宫城门。帝坐苑中,与后妃相聚而泣,召翰林学士范质草降表,自称"孙男臣重贵,祸至神惑,运尽天亡。今与太后及妻冯氏,举族于郊野面缚待罪次。遣男镇宁节度使延煦、威信节度使延宝,奉国宝一、金印三出迎。"太后亦上表称"新妇李氏妾"。傅住儿入宣契丹主命,帝脱黄袍,服素衫,再拜受宣,左右皆掩泣。帝使召张彦泽,欲与计事。彦泽曰:"臣无面目见陛下。"帝复召之,彦泽微笑不应。

或劝桑维翰逃去,维翰曰:"吾大臣,逃将安之!"坐以俟命。彦泽以帝命召维翰,维翰至天街,遇李崧,驻马语未毕,有军吏于马前揖维翰赴侍卫司。维翰知不免,顾谓崧曰:"侍中当国,今日国亡,反令维翰死之,何也?"崧有愧色。彦泽倨坐见维翰,维翰责之曰:"去年拔公于罪人之中,复领大镇,授以兵权,何乃负恩至此!"彦泽无以应,遣兵守之。

宣徽使孟承诲,素以佞巧有宠于帝,至是,帝召承诲,欲与之谋,承诲伏匿不至,张彦泽捕而杀之。

彦泽纵兵大掠,贫民乘之,亦争入富室,杀人取其货,二日方止,都城为之一空。彦泽所居,宝货山积,自谓有功于契丹,昼夜以酒乐自娱,出入骑从常数百人,其旗帜皆题"赤心为主",见者笑之。军士擒罪人至前,彦泽不问所犯,但瞋目竖三指,即驱出断其腰领。彦泽素与阁门使高勋不协,乘醉至其家,杀其叔父及弟,尸诸门首。士民不寒而栗。

中书舍人李涛谓人曰:"吾与其逃于沟渎而不免,不若往见之。"乃投刺谒彦泽曰:"上疏请杀太尉人李涛,谨来请死。"彦泽欣然接之,谓涛曰:"舍人今日惧乎?"涛曰:"涛今日之惧,亦犹足下昔年之惧也。向使高祖用涛言,事安至此。"彦泽大笑,命酒饮之。涛引满而去,旁若无人。

甲戌,张彦泽迁帝于开封府,顷刻不得留,宫中恸哭。帝与太后、皇后乘肩舆,宫人、宦者十余人步从,见者流涕。帝悉以内库金珠自随。彦泽使人讽之曰:"契丹主至,此物不可匿也。"帝悉归之,亦分以遗彦泽,彦泽择取其奇货,而封其余以待契丹。彦泽遣控鹤指挥使李筠以兵守帝,内外不通。帝姑乌氏公主略守门者,入与帝诀,相持而泣,归第自经死。帝与太后所上契丹主表章,皆先示彦泽,然后敢发。

帝使取内库帛数段,主者不与,曰:"此非帝物也。"又求酒于李崧,崧亦辞以它故不进。又欲见李彦韬,彦韬亦辞不往。帝惆怅久之。

冯玉佞张彦泽,求自送传国宝,冀契丹复任用。

楚国夫人丁氏,延煦之母也,有美色。彦泽使人取之,太后迟回未与,彦泽诟詈,立载之去。

是夕,彦泽杀桑维翰。以带加颈,白契丹主,云其自经。契丹主曰:"吾无意杀维翰,何为如是!"命厚抚其家。

高行周、符彦卿皆诣契丹牙帐降。契丹主以阳城之战为彦卿所败,诘之。彦卿曰:"臣当时惟知为晋主竭力,今日死生惟命。"契丹主笑而释之。

己卯,延煦、延宝自牙帐还,契丹主赐帝手诏,且遣解里谓帝曰:"孙勿忧,必使汝有噉饭之所。"帝心稍安,上表谢恩。

契丹以所献传国宝追琢非工,又不与前史相应,疑其非真,以诏书诘帝,使献真者。帝奏:"顷王从珂自焚,旧传国宝不知所在,必与之俱烬。此宝先帝所为,群臣备知。臣今日焉敢匿宝!"乃止。

　　帝闻契丹主将度河，欲与太后于前途奉迎，张彦泽先奏之，契丹主不许。有司又欲使帝衔璧牵羊，大臣舆榇，迎于郊外，先具仪注白契丹主，契丹主曰："吾遣奇兵直取大梁，非受降也。"亦不许。又诏晋文武群官，一切如故，朝廷制度，并用汉礼。有司欲备法驾迎契丹主，契丹主报曰："吾方擐甲总戎，太常仪卫，未暇施也。"皆却之。

　　先是契丹主至相州，即遣兵趣河阳捕景延广。延广苍猝无所逃伏，往见契丹主于封丘。契丹主诘之曰："致两主失欢，皆汝所为也。十万横磨剑安在？"召乔荣，使相辨证，事凡十条。延广初不服，荣以纸所记语示之，乃服。每服一事，辄授一筹。至八筹，延广但以面伏地请死，乃锁之。

　　丙戌晦，百官宿于封禅寺。

资治通鉴卷第二百八十六

端明殿学士兼翰林侍读学士太中大夫提举西京嵩山崇福
宫上柱国河内郡开国公食邑二千六百户食实封一千户臣 司马光 奉敕编集

后汉纪一起强圉协洽（丁未）正月，尽四月，不满一年。

高祖睿文圣武昭肃孝皇帝上

天福十二年（丁未、947）

春，正月，丁亥朔，百官遥辞晋主于城北，乃易素服纱帽，迎契丹主，伏路侧请罪。契丹主貂帽、貂裘，衷甲，驻马高阜，命起，改服，抚慰之。左卫上将军安叔千独出班胡语，契丹主曰："汝安没字邪？汝昔镇邢州，已累表输诚，我不忘也。"叔千拜谢呼跃而退。

晋主与太后已下迎于封丘门外，契丹主辞不见。

契丹主入门，民皆惊呼而走。契丹主登城楼，遣通事谕之曰："我亦人也，汝曹勿惧。会当使汝曹苏息。我无心南来，汉兵引我至此耳。"至明德门，下马拜而后入宫。以其枢密副使刘密权开封尹事。日暮，契丹主复出，屯于赤冈。

戊子，执郑州防御使杨承勋至大梁，责以杀父叛契丹，命左右脔食之。未几，以其弟右羽林将军承信为平卢节度使，悉以其父旧兵授之。

高勋诉张彦泽杀其家人于契丹主，契丹主亦怒彦泽剽掠京城，并傅住儿锁之。以彦泽之罪宣示百官，问："应死否？"皆言："应死。"百姓亦投牒争疏彦泽罪。己丑，斩彦泽、住儿于北市，仍命高勋监刑。彦泽前所杀士大夫子孙，皆绖杖号哭，随而诟詈，以杖扑之。勋命断腕出锁，剖其心以祭死者。市人争破其脑取髓，脔其肉而食之。

契丹送景延广归其国，庚寅，宿陈桥，夜，伺守者稍息，扼吭而死。

辛卯，契丹以晋主为负义侯，置于黄龙府。黄龙府，即慕容氏和龙城也。契丹主使谓李太后曰："闻重贵不用母命以至于此，可求自便，勿与俱行。"太后曰："重贵事妾甚谨。所失者，违先君之志，绝两国之欢耳。今幸蒙大恩，全生保家，母不随子，欲何所归！"

癸巳，契丹迁晋主及其家人于封禅寺，遣大同节度使兼侍中河内崔廷勋以兵守之。契丹主数遣使存问，晋主每闻使至，举家忧恐。时重雪连旬，外无供亿，上下冻馁。太后使人谓寺僧曰："吾尝于此饭僧数万，今日独无一人相念邪！"僧辞以"虏意难测,不敢献食。"晋主阴祈守者,乃稍得食。

是日,契丹主自赤冈引兵入宫,都城诸门及宫禁门,皆以契丹守卫,昼夜不释兵仗。磔犬于门,以竿悬羊皮于庭为厌胜。契丹主谓晋群臣曰:"自今不修甲兵,不市战马,轻赋省役,天下太平矣。"废东京,降开封府为汴州,尹为防御使。乙未,契丹主改服中国衣冠,百官起居皆如旧制。

赵延寿、张砺共荐李崧之才,会威胜节度使冯道自邓州入朝,契丹主素闻二人名,皆礼重之。未几,以崧为太子太师,充枢密使;道守太傅,于枢密院祗候,以备顾问。

契丹主分遣使者,以诏书赐晋之藩镇。晋之藩镇争上表称臣,被召者无不奔驰而至。惟彰义节度使史匡威据泾州不受命。匡威,建瑭之子也。雄武节度使何重建斩契丹使者,以秦、成、阶三州降蜀。

初,杜重威既以晋军降契丹,契丹主悉收其铠仗数百万贮恒州,驱马数万归其国,遣重威将其众从己而南。及河,契丹主以晋兵之众,恐其为变,欲悉以胡骑拥而纳之河流。或谏曰:"晋兵在它所者尚多,彼闻降者尽死,必皆拒命为患。不若且抚之,徐思其策。"契丹主乃使重威以其众屯陈桥。会久雪,官无所给,士卒冻馁,咸怨重威,相聚而泣。重威每出,道旁人皆骂之。

契丹主犹欲诛晋兵。赵延寿言于契丹主曰:"皇帝亲冒矢石以取晋国,欲自有之乎,将为它人取之乎?"契丹主变色曰:"朕举国南征,五年不解甲,仅能得之,岂为它人乎!"延寿曰:"晋国南有唐,西有蜀,常为仇敌,皇帝亦知之乎?"曰:"知之。"延寿曰:"晋国东自沂、密,西及秦、凤,延袤数千里,边于吴、蜀,常以兵戍之。南方暑湿,上国之人不能居也。它日车驾北归,以晋国如此之大,无兵守之,吴、蜀必相与乘虚入寇,如此,岂非为它人取之乎?"契丹主曰:"我不知也。然则奈何?"延寿曰:"陈桥降卒,可分以戍南边,则吴、蜀不能为患矣。"契丹主曰:"吾昔在上党,失于断割,悉以唐兵授晋。既而返为仇雠,北向与吾战,辛勤累年,仅能胜之。今幸入吾手,不因此时悉除之,岂可复留以为后患乎?"延寿曰:"向留晋兵于河南,不质其妻子,故有此忧。今若悉徙其家于恒、定、云、朔之间,每岁分番使戍南边,何忧其为变哉!此上策也。"契丹主悦曰:"善。惟大王所以处之。"由是陈桥兵始得免,分遣还营。

契丹主杀右金吾卫大将军李彦绅、宦者秦继旻,以其为唐潞王杀东丹王故也。以其家族赏赐财赐东丹王之子永康王兀欲。兀欲眇一目,为人雄健好施。

癸卯,晋主与李太后、安太妃、冯后及弟睿、子延煦、延宝俱北迁,后宫左右从者百余人。契丹遣三百骑援送之,又遣晋中书令赵莹、枢密使冯玉、马军都指挥使李彦韬与之俱。

晋主在涂,供馈不继,或时与太后俱绝食,旧臣无敢进谒者。独磁州刺史李毂迎谒于路,相对泣下。毂曰:“臣无状,负陛下。”因倾赀以献。晋主至中度桥,见杜重威寨,叹曰:“天乎! 我家何负,为此贼所破。”恸哭而去。

癸丑,蜀主以左千牛卫上将军李继勋为秦州宣慰使。

契丹主以前燕京留守刘晞为西京留守,永康王兀欲之弟留珪为义成节度使,族人郎五为镇宁节度使,兀欲姊婿潘聿撚为横海节度使,赵延寿之子匡赞为护国节度使,汉将张彦超为雄武节度使,史侁为彰义节度使,客省副使刘晏僧为忠武节度使,前护国节度使侯益为凤翔节度使,权知凤翔府事焦继勋为保大节度使。晞,涿州人也。既而何重建附蜀,史匡威不受代,契丹势稍沮。

晋昌节度使赵在礼入朝,其裨将留长安者作乱,节度副使建人李肃讨诛之,军府以安。

晋主之绝契丹也,匡国节度使刘继勋为宣徽北院使,颇预其谋。契丹主入汴,继勋入朝,契丹主责之。时冯道在殿上,继勋急指道曰:“冯道为首相,与景延广实为此谋。臣位卑,何敢发言!”契丹主曰:“此叟非多事者,勿妄引之。”命锁继勋,将送黄龙府。

赵在礼至洛阳,谓人曰:“契丹主尝言庄宗之乱由我所致。我此行良可忧。”契丹遣契丹将述轧、奚王拽刺、勃海将高谟翰戍洛阳,在礼入谒,拜于庭下,拽刺等皆踞坐受之。乙卯,在礼至郑州,闻继勋被锁,大惊,夜,自经于马枥间。契丹主闻在礼死,乃释继勋,继勋忧愤而卒。

刘晞在契丹尝为枢密使、同平章事,至洛阳,诟奚王曰:“赵在礼汉家大臣,尔北方一酋长耳,安得慢之如此!”立于庭下以挫之。由是洛人稍安。

契丹主广受四方贡献,大纵酒作乐,每谓晋臣曰:“中国事,我皆知之;吾国事,汝曹弗知也。”

赵延寿请给上国兵廪食,契丹主曰:“吾国无此法。”乃纵胡骑四出,以牧马为名,分番剽掠,谓之“打草谷”。丁壮毙于锋刃,老弱委以沟壑,自东、西两畿及郑、滑、曹、濮,数百里间,财畜殆尽。

契丹主谓判三司刘昫曰:“契丹兵三十万,既平晋国,应有优赐,速宜营办。”时府库空竭,昫不知所出,请括借都城士民钱帛,自将相以下皆不免。又分遣使者数十人诣诸州括借,皆迫以严诛,人不聊生。其实无所颁给,皆蓄之内库,欲辇归其国。于是内外怨愤,始患苦契丹,皆思逐之矣。

初,晋主与河东节度使、中书令、北平王刘知远相猜忌,虽以为北面行营都统,徒尊以虚名,而诸军进止,实不得预闻。知远因之广募士卒,阳城之战,诸军散卒归之者数千人,又得吐谷浑财畜,由是河东富强冠诸镇,步骑至五万人。

晋主与契丹结怨,知远知其必危,而未尝论谏。契丹屡深入,知远初无邀遮、入援之志。及闻契丹入汴,知远分兵守四境以防侵轶。遣客将安阳王峻奉三表诣契丹主:一,贺入汴;二,以太原夷、夏杂居,戍兵所聚,未敢离镇;三,以应有贡物,值契丹将刘九一军自土门西入屯于南川,城中忧惧,俟召还此军,道路始通,可以入贡。契丹主赐诏褒美,及进书,亲加"儿"字于知远姓名之上,仍赐以木拐。胡法,优礼大臣则赐之,如汉赐几杖之比,惟伟王以叔父之尊得之。

知远又遣北都副留守太原白文珂入献奇缯名马,契丹主知知远观望不至,及文珂还,使谓知远曰:"汝不事南朝,又不事北朝,意欲何所俟邪?"蕃汉孔目官郭威言于知远曰:"虏恨我深矣。王峻言契丹贪残失人心,必不能久有中国。"

或劝知远举兵进取,知远曰:"用兵有缓有急,当随时制宜。今契丹新降晋军十万,虎据京邑,未有它变,岂可轻动哉!且观其所利止于货财,货财既足,必将北去。况冰雪已消,势难久留,宜待其去,然后取之,可以万全。"

昭义节度使张从恩,以地迫怀、洛,欲入朝于契丹,遣使谋于知远。知远曰:"我以一隅之地,安敢抗天下之大!君宜先行,我当继往。"从恩以为然。判官高防谏曰:"公晋室懿亲,不可轻变臣节。"从恩不从。左骁卫大将军王守恩,与从恩姻家,时在上党,从恩以副使赵行迁知留后,牒守恩权巡检使,与高防佐之,遂行。守恩,建立之子也。

荆南节度使高从诲遣使入贡于契丹,契丹遣使以马赐之。从诲亦遣使诣河东劝进。

唐主立齐王景遂为皇太弟。徙燕王景达为齐王,领诸道兵马元帅;徙南昌王弘冀为燕王,为之副。

景遂尝与宫僚燕集,赞善大夫元城张易有所规谏,景遂方与客传玩玉杯,弗之顾,易怒曰:"殿下重宝而轻士。"取杯抵地碎之,众皆失色。景遂敛容谢之,待易益厚。

景达性刚直,唐主与宗室近臣饮,冯延巳、延鲁、魏岑、陈觉辈,极倾诐之态,或乘酒喧笑,景达屡诃责之,复极言谏唐主,以不宜亲近佞臣。延巳以二弟立非己意,欲以虚言德之。尝宴东宫,阳醉,抚景达背曰:"尔不可忘我。"景达大怒,拂衣入禁中白唐主,请斩之,唐主谕解,乃止。张易谓景达曰:"群小交构,祸福所系。殿下力未能去,数面折之,使彼惧而为备,何所不至!"自是每游宴,景达多辞疾不预。

唐主遣使贺契丹灭晋,且请诣长安修复唐室诸陵,契丹不许,而遣使报之。

晋密州刺史皇甫晖,棣州刺史王建,皆避契丹,帅众奔唐。淮北贼帅多请命于唐。

唐虞部员外郎史馆修撰韩熙载上疏,以为:"陛下恢复祖业,今也其时。若虏主北归,中原有主,则未易图也。"时方连兵福州,未暇北顾,唐人皆以为恨,唐主亦悔之。

契丹主召晋百官悉集于庭,问曰:"吾国广大,方数万里,有君长二十七人。今中国之俗异于吾国,吾欲择一人君之,如何?"皆曰:"天无二日。夷、夏之心,皆愿推戴皇帝。"如是者再。契丹主乃曰:"汝曹既欲君我,今兹所行,何事为先?"对曰:"王者初有天下,应大赦。"二月,丁巳朔,契丹主服通天冠,绛纱袍,登正殿,设乐悬、仪卫于庭。百官朝贺,华人皆法服,胡人仍胡服,立于文武班中间。下制称大辽会同十年,大赦。仍云:"自今节度使、刺史,毋得置牙兵,市战马。"

赵延寿以契丹主负约,心怏怏,令李崧言于契丹主曰:"汉天子所不敢望,乞为皇太子。"崧不得已为言之。契丹主曰:"我于燕王,虽割吾肉,有用于燕王,吾无所爱。然吾闻皇太子当以天子儿为之,岂燕王所可为也。"因令为燕王迁官。时契丹以恒州为中京,翰林承旨张砺奏拟燕王中京留守、大丞相、录尚书事、都督中外诸军事,枢密使如故。契丹主取笔涂去"录尚书事都督中外诸军事"而行之。

壬戌,蜀李继勋与兴州刺史刘景攻固镇,拔之。乙丑,何重建请出蜀兵与阶、成兵共扼散关以取凤州,丙寅,蜀主发山南兵三千七百赴之。

刘知远闻何重建降蜀,叹曰:"戎狄凭陵,中原无主,令藩镇外附,吾为方伯,良可愧也。"于是将佐劝知远称尊号,以号令四方,观诸侯去就,知远不许。闻晋主北还,声言欲出兵井陉,迎归晋阳。丁卯,命武节都指挥使荥泽史弘肇集诸军于球场,告以出师之期。军士皆曰:"今契丹陷京城,执天子,天下无主。主天下者,非我王而谁?宜先正位号,然后出师。"争呼万岁不已。知远曰:"虏势尚强,吾军威未振,当且建功业。士卒何知!"命左右遏止之。

己巳,行军司马潞城张彦威等三上笺劝进,知远疑未决。郭威与都押牙冠氏杨邠人说知远曰:"今远近之心,不谋而同,此天意也。王不乘此际取之,谦让不居,恐人心且移,移则反受其咎矣。"知远从之。

契丹以其将刘愿为保义节度副使,陕人苦其暴虐。奉国都头王晏与指挥使赵晖、都头侯章谋曰:"今胡虏乱华,乃吾属奋发之秋。河东刘公,威德远著,吾辈若杀愿,举陕城归之,为天下唱,取富贵如反掌耳。"晖等然之。晏与壮士数人,夜逾牙城入府,出库兵以给众。庚午旦,斩愿首,悬诸府门,又杀契丹监军,奉晖为留后。晏,徐州;晖,澶州;章,太原人也。

辛未,刘知远即皇帝位。自言未忍改晋国,又恶开运之名,乃更称天福十二年。壬申,诏:"诸道为契丹括率钱帛者,皆罢之。其晋臣被迫胁为使者勿问,令诣行在。自余契丹,所在诛之。"

何重建遣宫苑使崔延琛将兵攻凤州,不克,退保固镇。

甲戌,帝自将东迎晋主及太后。至寿阳,闻已过恒州数日,乃留兵戍承天军而还。

晋主既出寨,契丹无复供给,从官、宫女,皆自采木实、草叶而食之。至锦州,契丹令晋主及后妃拜契丹主阿保机墓。晋主不胜屈辱,泣曰:"薛超误我!"冯后阴令左右求毒药,欲与晋主俱自杀,不果。

契丹主闻帝即位,以通事耿崇美为昭义节度使,高唐英为彰德节度使,崔廷勋为河阳节度使,以控扼要害。

初,晋置乡兵,号天威军。教习岁余,村民不闲军旅,竟不可用,悉罢之,但令七户输钱十千,其铠仗悉输官。而无赖子弟,不复肯复农业,山林之盗,自是而繁。及契丹入汴,纵胡骑打草谷,又多以其子弟及亲信左右为节度使、刺史,不通政事,华人之狡狯者多往依其麾下,教之妄作威福,掊敛货财,民不堪命。于是所在相聚为盗,多者数万人,少者不减千百,攻陷州县,杀掠吏民。滏阳贼帅梁晖,有众数百,送款晋阳求效用,帝许之。磁州刺史李毅密通表于帝,令晖袭相州,晖侦知高唐英未至,相州积兵器,无守备,丁丑夜,遣壮士逾城入,启关纳其众,杀契丹数百,其守将突围走,晖据州自称留后,表言其状。

戊寅,帝还至晋阳,议率民财以赏将士,夫人李氏谏曰:"陛下因河东创大业,未有以惠泽其民而先夺其生生之资,殆非新天子所以救民之意也。今宫中所有,请悉出之以劳军,虽复不厚,人无怨言。"帝曰:"善。"即罢率民,倾内府蓄积以赐将士,中外闻之,大悦。李氏,晋阳人也。

吴越内都监程昭悦,多聚宾客,畜兵器,与术士游。吴越王弘佐欲诛之,谓水丘昭券曰:"汝今夕帅甲士千人围昭悦第。"昭券曰:"昭悦,家臣也,有罪当显戮,不宜夜兴兵。"弘佐曰:"善。"命内牙指挥使诸温伺昭悦归第,执送东府,己卯,斩之。释钱仁俊之囚。

武节都指挥使史弘肇攻代州,拔之,斩王晖。

建雄留后刘在明朝于契丹,以节度副使骆从朗知州事。帝遣使者张晏洪等如晋州,谕以已即帝位,从朗皆囚之。大将药可俦杀从朗,推晏洪权留后,庚辰,遣使以闻。

契丹主遣右谏议大夫赵熙使晋州,括率钱帛,征督甚急。从朗既死,民相帅共杀熙。契丹主赐赵晖诏,即以为保义留后。晖斩契丹使者,焚其诏,遣支使河间赵矩奉表诣晋阳。契丹遣其将高(模)〔谟〕翰攻晖,不克。帝见矩,甚喜,曰:"子挈咽喉之地以归我,天下不足定也。"矩因劝帝早引兵南向以副天下之望,帝善之。

辛巳，以晖为保义节度使，侯章为镇国节度使、保义军马步都指挥使，王晏为绛州防御使、保义军马步副指挥使。

高防与王守恩谋，遣指挥使李万超白昼帅众大噪入府，斩赵行迁，推守恩权知昭义留后。守恩杀契丹使者，举镇来降。

镇宁节度使邪律郎五，性残虐，澶州人苦之。贼帅王琼帅其徒千余人，夜袭据南城，北度浮航，纵兵大掠，围郎五于牙城。契丹主闻之，甚惧，始遣天平节度使李守贞、天雄节度使杜重威还镇，由是无久留河南之意。遣兵救澶州，琼退屯近郊，遣其弟超奉表来求救。癸未，帝厚赐超，遣还。琼兵败，为契丹所杀。

蜀主加雄武节度使何重建同平章事。

延州录事参军高允权，万金之子也。彰武节度使周密，暗而贪，将士作乱，攻之，密败，保东城。众以允权家世延帅，推为留后，据西城。密，应州人也。

丹州都指挥使高彦珣杀契丹所署刺史，自领州事。

契丹述律太后遣使以其国中酒馔脯果赐契丹主，贺平晋国。契丹主与群臣宴于永福殿，每举酒，立而饮之，曰："太后所赐，不敢坐饮。"

唐王淑妃与郇公从益居洛阳。赵延寿娶明宗女为夫人，淑妃诣大梁会礼。契丹主见而拜之曰："吾嫂也。"统军刘遂凝因淑妃求节钺，契丹主以从益为许王、威信节度使，遂凝为安远节度使。淑妃以从益幼，辞不赴镇，复归于洛。

契丹主以张砺为右仆射兼门下侍郎、同平章事，左仆射和凝兼中书侍郎、同平章事。司空兼门下侍郎、同平章事刘昫，以目疾辞位，罢为太保。

东方群盗大起，陷宋、亳、密三州。契丹主谓左右曰："我不知中国之人难制如此！"亟遣泰宁节度使安审琦、武宁节度使符彦卿等归镇，仍以契丹兵送之。

彦卿至埇桥，贼帅李仁恕帅众数万急攻徐州。彦卿与数十骑至城下，扬鞭欲招谕之，仁恕控彦卿马，请从相公入城。彦卿子昭序，自城中遣军校陈守习缒而出，呼于贼曰："相公已陷虎口，听相公助贼攻城，城不可得也。"贼知不可劫，乃相帅罗拜于彦卿马前，乞赦其罪。彦卿与之誓，乃解去。

三月，丙戌朔，契丹主服赭袍，坐崇元殿，百官行入阁礼。

戊子，帝遣使以诏书安集农民保聚山谷避契丹之患者。

辛卯，高允权奉表来降。帝谕允权听周密诣行在，密遂弃东城来奔。

壬辰，高彦珣以丹州来降。

蜀翰林承旨李昊谓枢密使王处回曰："敌复据固镇，则兴州道绝，不复能救秦州矣。请遣山南西道节度使孙汉韶将兵急攻凤州。"癸巳，蜀主命汉韶诣凤州行营。

契丹主复召晋百官，谕之曰："天时向暑，吾难久留，欲暂至上国省太后。当留亲信一人于此为节度使。"百官请迎太后。契丹主曰:"太后族大,如古柏根,不可移也。"契丹主欲尽以晋之百官自随。或曰:"举国北迁,恐摇人心,不如稍稍迁之。"乃诏有职事者从行,余留大梁。

复以汴州为宣武军,以萧翰为节度使。翰,述律太后之兄子,其妹复为契丹主后。翰始以萧为姓,自是契丹后族皆称萧氏。

吴越复发水军,遣其将余安将之,自海道救福州。己亥,至白虾浦。海岸泥淖,须布竹箦乃可行,唐之诸军在城南者,聚而射之,箦不得施。冯延鲁曰:"城所以不降者,恃此救也。今相持不战,徒老我师,不若纵其登岸尽杀之,则城不攻自降矣。"裨将孟坚曰:"浙兵至此已久,不能进退,求一战而死不可得。若听其登岸,彼必致死于我,其锋不可当,安能尽杀乎!"延鲁不听,曰:"吾自击之。"吴越兵既登岸,大呼奋击,延鲁不能御,弃众而走,孟坚战死。吴越兵乘胜而进,城中兵亦出,夹击唐兵,大破之。唐城南诸军皆遁,吴越兵追之,王崇文以牙兵三百拒之,诸军陈于崇文之后,追者乃还。

或言浙兵欲弃福州,拔李达之众归钱唐,东南守将刘洪进等白王建封,请纵其尽出而取其城。留从效不欲福州之平,建封亦忿陈觉等专横,乃曰:"吾军败矣,安能与人争城?"是夕,烧营而遁,城北诸军亦相顾而溃。冯延鲁引佩刀自刺,亲吏救之,不死。唐兵死者二万余人,委弃军资器械数十万,府库为之耗竭。

余安引兵入福州,李达举所部授之。

留从效引兵还泉州,谓唐戍将曰:"泉州与福州世为仇敌,南接岭海瘴疠之乡,地险土瘠。比年军旅屡兴,农桑废业,冬征夏敛,仅能自赡,岂劳大军久戍于此。"置酒饯之,戍将不得已引兵归。唐主不能制,加从效检校太傅。

壬寅,契丹主发大梁,晋文武诸司从者数千人,诸军吏卒又数千人,宫女、宦官数百人,尽载府库之实以行,所留乐器、仪仗而已。夕,宿赤冈,契丹主见村落皆空,命有司发榜数百通,所在招抚百姓,然竟不禁胡骑剽掠。丙午,契丹自白马度河,谓宣徽使高勋曰:"吾在上国,以射猎为乐,至此令人悒悒。今得归,死无恨矣。"

蜀孙汉韶将兵二万攻凤州,军于固镇,分兵扼散关以绝援路。

张筠、余安皆还钱唐,吴越王弘佐遣东南安抚使鲍脩让将兵戍福州,以东府安抚使钱弘倧为丞相。

庚戌,以皇弟北京马步都指挥使崇行太原尹,知府事。

辛亥,契丹主将攻相州,梁晖请降,契丹主赦之,许以为防御使,晖疑其诈,复乘城拒守。夏,四月,己未,未明,契丹主命蕃、汉诸军急攻相州,食时克之,悉杀城中男子,驱其妇女而北,胡人掷婴孩于空中,举刃接之以为乐。留高唐英守相州。唐英阅城中,遗民男女得七百余人。其后节度使王继弘敛城中髑髅瘗之,凡得十余万。

或告磁州刺史李穀谋举州应汉,契丹主执而诘之,穀不服,契丹主引手于车中,若取所获文书者。穀知其诈,因请曰:"必有其验,乞显示之。"凡六诘,穀辞气不屈,乃释之。

帝以从弟北京马军都指挥使信领义成节度使,充侍卫马军都指挥使,武节都指挥使史弘肇领忠武节度使,充步军都指挥使,右都押牙杨邠权枢密使,蕃、汉兵马都孔目官郭威权副枢密使,两使都孔目官南乐王章权三司使。

癸亥,立魏国夫人李氏为皇后。

契丹主见所过城邑丘墟,谓蕃、汉群臣曰:"致中国如此,皆燕王之罪也。"顾张砺曰:"尔亦有力焉。"

甲子,帝以河东节度判官长安苏逢吉、观察判官苏禹珪为中书侍郎、同平章事。禹珪,密州人也。

振武节度使、府州团练使折从远入朝,更名从阮,置永安军于府州,以从阮为节度使。又以河东左都押牙刘铢为河阳节度使。铢,陕人也。

契丹昭义节度使耿崇美屯泽州,将攻潞州,乙丑,诏史弘肇将步骑万人救之。

丙寅,以王守恩为昭义节度使,高允权为彰武节度使,又以岢岚军使郑谦为忻州刺史,领彰国节度使兼忻、代二州义军都部署。丁卯,以缘河巡检使阎万进为岚州刺史,领振武节度使兼岚、宪二州义军都制置使。帝闻契丹北归,欲经略河南,故以弘肇为前驱,又遣谦、万进出北方以分契丹兵势。万进,并州人也。

契丹主以船数十艘载晋铠仗,将自汴溯河归其国,命宁国都虞候榆次武行德将士卒千余人部送之。至河阴,行德与将士谋曰:"今为虏所制,将远去乡里。人生会有死,安能为异域之鬼乎!虏势不能久留中国,不若共逐其党,坚守河阳,以俟天命之所归者而臣之,岂非长策乎!"众以为然。行德即以铠仗授之,相与杀契丹监军使。会契丹河阳节度使崔廷勋以兵送耿崇美之潞州,行德遂乘虚入据河阳,众推行德为河阳都部署。行德遣弟行友奉蜡表间道诣晋阳。

契丹遣武定节度使方太诣洛阳巡检,至郑州,州有戍兵,共迫太为郑王。梁嗣密王朱乙逃祸为僧,嵩山贼帅张遇得之,立以为天子,取嵩岳神衮冕以衣之,帅众万余袭郑州,太击走之。太以契丹尚强,恐事不济,说谕戍兵,欲与之俱西,众不从,太自西门逃奔洛阳。戍兵既失太,反谮太于契丹,云胁我为乱。太遣子师朗自诉于契丹,契丹将麻荅杀之,太无以自明。会群盗攻洛阳,契丹留守刘晞弃城奔许州,太乃入府行留守事,与巡检使潘环击群盗却之,张遇杀朱乙请降。伊阙贼帅自称天子,誓众于南郊坛,将入洛阳,太逆击,走之。

太欲自归于晋阳,武行德使人诱太曰:"我裨校也,公旧镇此地,今虚位相待。"太信之,至河阳,为行德所杀。

萧翰遣高谟翰援送刘晞自许还洛阳,晞疑潘环构其众逐己,使谟翰杀之。

戊辰,武行友至晋阳。

庚午,史弘肇奏遣先锋将马诲击契丹,斩首千余级。时耿崇美、崔廷勋至泽州,闻弘肇兵已入潞州,不敢进,引众而南。弘肇遣诲追击,破之,崇美、廷勋与奚王拽剌退保怀州。

辛未,以武行德为河阳节度使。

契丹主闻河阳乱,叹曰:"我有三失,宜天下之叛我也。诸道括钱,一失也。令上国人打草谷,二失也。不早遣诸节度使还镇,三失也。"

唐主以矫诏败军,皆陈觉、冯延鲁之罪,壬申,诏赦诸将,议斩二人以谢中外。御史中丞江文蔚对仗弹冯延巳、魏岑曰:"陛下践阼以来,所信任者,延巳、延鲁、岑、觉四人而已,皆阴狡弄权,壅蔽聪明,排斥忠良,引用群小,谏争者逐,窃议者刑,上下相蒙,道路以目。今觉、延鲁虽伏辜,而延巳、岑犹在,本根未殄,枝干复生。同罪异诛,人心疑惑。"又曰:"上之视听,惟在数人,虽日接群臣,终成孤立。"又曰:"在外者握兵,居中者当国。"又曰:"岑、觉、延鲁,更相违戾,彼前则我却,彼东则我西。天生五材,国之利器,一旦为小人忿争妄动之具。"又曰:"征讨之柄,在岑折简,帑藏取与,系岑一言。"唐主以文蔚所言为太过,怒,贬江州司士参军。械送觉、延鲁至金陵。宋齐丘以尝荐觉使福州,上表待罪。

诏流觉于蕲州,延鲁于舒州。知制诰会稽徐铉、史馆修撰韩熙载上疏曰:"觉、延鲁罪不容诛,但齐丘、延巳为之陈请,故陛下赦之。擅兴者不罪,则疆场有生事者矣;丧师者获存,则行陈无效死者矣。请行显戮以重军威。"不从。

中书侍郎、同平章事冯延巳罢为太弟少保,贬魏岑为太子洗马。

韩熙载屡言宋齐丘党与必为祸乱。齐丘奏熙载嗜酒猖狂,贬和州司士参军。

乙亥,凤州防御使石奉颎举州降蜀。奉颎,晋之宗属也。

契丹主至临城,得疾,及栾城,病甚,苦热,聚冰于胸腹手足,且啖之。丙子,至杀胡林而卒。国人剖其腹,实盐数斗,载之北去,晋人谓之"帝䍐"。

赵延寿恨契丹主负约,谓人曰:"我不复入龙沙矣。"即日,先引兵入恒州,契丹永康王兀欲及南北二王,各以所部兵相继而入。延寿欲拒之,恐失大援,乃纳之。

时契丹诸将已密议奉兀欲为主,兀欲登鼓角楼受叔兄拜。而延寿不之知,自称受契丹皇帝遗诏,权知南朝军国事,仍下教布告诸道,所以供给兀欲与诸将同,兀欲衔之。恒州诸门管钥及仓库出纳,兀欲皆自主之。延寿使人请之,不与。

契丹主丧至国,述律太后不哭,曰:"待诸部宁壹如故,则葬汝矣。"

帝之自寿阳还也,留兵千人戍承天军。戍兵闻契丹北还,不为备,契丹袭击之,戍兵惊溃。契丹焚其市邑,一日狼烟百余举。帝曰:"此虏将遁,张虚势也。"遣亲将叶仁鲁将步骑三千赴之。会契丹出剽掠,仁鲁乘虚大破之,丁丑,复取承天军。

冀州人杀契丹刺史何行通,推牢城指挥使张廷翰知州事。廷翰,冀州人,符习之甥也。

或说赵延寿曰:"契丹诸大人数日聚谋,此必有变。今汉兵不减万人,不若先事图之。"延寿犹豫不决。壬午,延寿下令,以来月朔日于待贤馆上事,受文武官贺。其仪,宰相、枢密使拜于阶上,节度使以下拜于阶下。李崧以虏意不同,事理难测,固请赵延寿未行此礼,乃止。

资治通鉴卷第二百八十七

端明殿学士兼翰林侍读学士太中大夫提举西京嵩山崇福
宫上柱国河内郡开国公食邑二千六百户食实封一千户臣　司马光　奉敕编集

后汉纪二 起强圉协洽(丁未)五月，
尽著雍涒滩(戊申)二月，不满一年。

高祖睿文圣武昭肃孝皇帝中

天福十二年(丁未、947)

五月，乙酉朔，永康王兀欲召延寿及张砺、和凝、李崧、冯道于所馆饮酒。兀欲妻素以兄事延寿，兀欲从容谓延寿曰："妹自上国来，宁欲见之乎?"延寿欣然与之俱入。良久，兀欲出，谓砺等曰："燕王谋反，适已锁之矣。"又曰："先帝在汴时，遗我一筹，许我知南朝军国。近者临崩，别无遗诏。而燕王擅自知南朝军国，岂理邪?"下令："延寿亲党，皆释不问。"间一日，兀欲至待贤馆受蕃、汉官谒贺，笑谓张砺等曰："燕王果于此礼上，吾以铁骑围之，诸公亦不免矣。"

后数日，集蕃、汉之臣于府署，宣契丹主遗制。其略曰："永康王，大圣皇帝之嫡孙，人皇王之长子，太后钟爱，群情允归，可于中京即皇帝位。"于是始举哀成服。既而易吉服见群臣，不复行丧，歌吹之声不绝于内。

辛巳，以绛州防御使王晏为建雄节度使。

帝集群臣庭议进取，诸将咸请出师井陉，攻取镇、魏，先定河北，则河南拱手自服。帝欲自石会趋上党，郭威曰："虏主虽死，党众犹盛，各据坚城。我出河北，兵少路迁，傍无应援，若群虏合势，共击我军，进则遮前，退则邀后，粮饷路绝，此危道也。上党山路险涩，粟少民残，无以供亿，亦不可由。近者陕、晋二镇，相继款附，引兵从之，万无一失，不出两旬，洛、汴定矣。"帝曰："卿言是也。"苏逢吉等曰："史弘肇大军已屯上党，群虏继遁，不若出天井，抵孟津为便。"司天奏："太岁在午，不利南行。宜由晋、绛抵陕。"帝从之。辛卯，诏以十二日发北京，告谕诸道。

甲午，以太原尹崇为北京留守，以赵州刺史李存瓌为副留守，河东幕僚真定李骧为少尹，牙将太原蔚进为马步指挥使以佐之。存瓌，唐庄宗之从弟也。

是日，刘晞弃洛阳，奔大梁。

武安节度副使、天策府都尉、领镇南节度使马希广，楚文昭王希範之母弟也，性谨顺,希范爱之,使判内外诸司事。壬辰夜,希范卒,将佐议所立。都指挥所张少敌,都押牙袁友恭,以武平节度使知永州事希萼,于希范诸弟为最长,请立之。长直都指挥使刘彦瑫、天策府学士李弘皋、邓懿文、小门使杨涤皆欲立希广。张少敌曰:"永州齿长而性刚,必不为都尉之下明矣。必立都尉,当思长策以制永州,使帖然不动则可。不然,社稷危矣。"彦瑫等不从。天策府学士拓跋恒曰:"三十五郎虽判军府之政,然三十郎居长,请遣使以礼让。不然,必起争端。"彦瑫等皆曰:"今日军政在手,天与不取,使它人得之,异日吾辈安所自容乎!"希广懦弱,不能自决,乙未,彦瑫等称希范遗命,共立之。张少敌退而叹曰:"祸其始此乎!"与拓跋恒皆称疾不出。

丙申,帝发太原,自阴地关出晋、绛。

丁酉,史弘肇奏克泽州。始,弘肇攻泽州,刺史翟令奇固守不下。帝以弘肇兵少,欲召还。苏逢吉、杨邠曰:"今陕、晋、河阳皆已向化,崔廷勋、耿崇美朝夕遁去。若召弘肇还,则河南人心动摇,虏势复壮矣。"帝未决,使人谕指于弘肇。〔弘肇〕曰:"兵已及此,势如破竹,可进不可退。"与逢吉等议合,帝乃从之。弘肇遣部将李万超说令奇,令奇乃降,弘肇以万超权知泽州。

崔廷勋、耿崇美、奚王拽剌合兵逼河阳,张遇帅众数千救之,战于南阪,败死。武行德出战,亦败,闭城自守。拽剌欲攻之,廷勋曰:"今北军已去,得此何用? 且杀一夫犹可惜,况一城乎!"闻弘肇已得泽州,乃释河阳,还保怀州。弘肇将至,廷勋等拥众北遁,过卫州,大掠而去。契丹在河南者相继北去,弘肇引兵与武行德合。

弘肇为人,沉毅寡言,御众严整,将校小不从命,立挝杀之;士卒所过,犯民田及系马于树者,皆斩之。军中惕息,莫敢犯令,故所向必克。帝自晋阳安行入洛及汴,兵不血刃,皆弘肇之力也。帝由是倚爱之。

辛丑,帝至霍邑,遣使谕河中节度使赵匡赞,仍以契丹囚其父延寿告之。

滋德宫有宫人五十余人,萧翰欲取之,宦者张环不与。翰破锁夺宫人,执环,烧铁灼之,腹烂而死。

初,翰闻帝拥兵而南,欲北归,恐中国无主,必大乱,己不得从容而去。时唐明宗子许王从益与王淑妃在洛阳,翰遣高谟翰迎之,矫称契丹主命,以从益知南朝军国事,召己赴恒州。淑妃、从益匿于徽陵下宫,不得已而出。至大梁,翰立以为帝,帅诸酋长拜之,又以礼部尚书王松、御史中丞赵远为宰相,前宣徽使甄城翟光邺为枢密使,左金吾大将军王景崇为宣徽使,以北来指挥使刘祚权侍卫亲军都指挥使,充在京巡检。松,徽之子也。

百官谒见淑妃,淑妃泣曰:"吾母子单弱如此,而为诸公所推,是祸吾家也。"

翰留燕兵千人守诸门,为从益宿卫。壬寅,翰及刘晞辞行,从益饯于北郊。遣使召高行周于宋州,武行德于河阳,皆不至。淑妃惧,召大臣谋之曰:"吾母子为萧翰所逼,分当灭亡。诸公无罪,宜早迎新主,自求多福,勿以吾母子为意。"众感其言,皆未忍叛去。或曰:"今集诸营兵,不减五千,与燕兵并力坚守一月,北救必至。"淑妃曰:"吾母子亡国之余,安敢与人争天下!不幸至此,死生惟人所裁。若新主见察,当知我无所负。今更为计画,则祸及它人,阖城涂炭,终何益乎!"众犹欲拒守,三司使文安刘审交曰:"余燕人,岂不为燕兵计!顾事有不可如何者。今城中大乱之余,公私穷竭,遗民无几,若复受围一月,无噍类矣。愿诸公勿复言,一从太妃处分。"乃用赵远、翟光邺策,称梁王,知军国事。遣使奉表称臣迎帝,请早赴京师,仍出居私第。

甲辰,帝至晋州。

契丹主兀欲以契丹主德光有子在国,己以兄子袭位,又无述律太后之命,擅自立,内不自安。

初,契丹主阿保机卒于勃海,述律太后杀酋长及诸将凡数百人。契丹主德光复卒于境外,酋长诸将惧死,乃谋奉契丹主兀欲勒兵北归。

契丹主以安国节度使麻荅为中京留守,以前武州刺史高奉明为安国节度使。晋文武官及士卒悉留于恒州,独以翰林学士徐台符、李瀚及后宫、宦者、教坊人自随。乙巳,发真定。

帝之即位也,绛州刺史李从朗与契丹将成霸卿等拒命,帝遣西南面招讨使、护国节度使白文珂攻之,未下。帝至城下,命诸军四布而勿攻,以利害谕之。戊申,从朗举城降。帝命亲将分护诸门,士卒一人毋得入。以偏将薛琼为防御使。

辛亥,帝至陕州,赵晖自御帝马而入。壬子,至石壕,汴人有来迎者。

六月,甲寅朔,萧翰至恒州,与麻荅以铁骑围张砺之第。砺方卧病,出见之,翰数之曰:"汝何故言于先帝,云胡人不可以为节度使?又,吾为宣武节度使,且国舅也,汝在中书乃帖我!又,先帝留我守汴州,令我处宫中,汝以为不可。又,谮我及解里于先帝,云解里好掠人财,我好掠人子女。今我必杀汝!"命锁之。砺抗声曰:"此皆国家大体,吾实言之。欲杀即杀,奚以锁为!"麻荅以大臣不可专杀,力救止之,翰乃释之。是夕,砺愤恚而卒。

崔廷勋见麻荅,趋走拜,起,跪而献酒,麻荅踞而受之。

乙卯,帝至新安,西京留司官悉来迎。

吴越忠献王弘佐卒。遗令以丞相弘倧为镇海、镇东节度使兼侍中。

丙辰,帝至洛阳,入居宫中,汴州百官奉表来迎。诏谕以受契丹补署者皆勿自疑,聚其告牒而焚之。赵远更名上交。命郑州防御使郭从义先入大梁清宫,密令杀李从益及王淑妃。淑妃且死，曰："吾儿为契丹所立，何罪而死！何不留之，使每岁寒食，以一盂麦饭洒明宗陵乎！"闻者泣下。

戊午，帝发洛阳。枢密院吏魏仁浦自契丹逃归，见于巩。郭威问以兵数及故事，仁浦强记精敏，威由是亲任之。仁浦，卫州人也。

辛酉，汴州百官窦贞固等迎于荥阳。甲子，帝至大梁，晋之藩镇相继来降。

丙寅，吴越王弘倧袭位。

戊辰，帝下诏大赦。凡契丹所除节度使，下至将吏，各安职任，不复变更。复以汴州为东京，改国号曰汉，仍称天福年，曰："余未忍忘晋也。"复青、襄、汝三节度。

壬申，以北京留守崇为河东节度使，同平章事。

契丹述律太后闻契丹主自立，大怒，发兵拒之。契丹主以伟王为前锋，相遇于石桥。初，晋侍卫马军都指挥使李彦韬从晋主北迁，隶述律太后麾下，太后以为排陈使。彦韬迎降于伟王，太后兵由是大败。契丹主幽太后于阿保机墓。改元天禄，自称天授皇帝，以高勋为枢密使。

契丹主慕中华风俗，多用晋臣，而荒于酒色，轻慢诸酋长，由是国人不附，诸部数叛，兴兵诛讨，故数年之间，不暇南寇。

初，契丹主德光命奉国都指挥使南宫王继弘、都虞候樊晖以所部兵戍相州，彰德节度使高唐英善待之。戍兵无铠仗，唐英以铠仗给之，倚信如亲戚。唐英闻帝南下，举镇请降，使者未返，继弘、晖杀唐英。继弘自称留后，遣使告云唐英反覆，诏以继弘为彰德留后。庚辰，以晖为磁州刺史。安国节度使高奉明闻唐英死，心不自安，请于麻荅，署马步都指挥使刘铎为节度副使，知军府事，身归恒州。

帝遣使告谕荆南。高从诲上表贺，且求郢州，帝不许，及加恩使至，拒而不受。

唐主闻契丹主德光卒，萧翰弃大梁去，下诏曰："乃眷中原，本朝故地。"以左右卫圣统军、忠武节度使、同平章事李金全为北面行营招讨使，议经略北方。闻帝已入大梁，遂不敢出兵。

秋，七月，甲午，以马希广为天策上将军、武安节度使、江南诸道都统，兼中书令，封楚王。

或传赵延寿已死。郭威言于帝曰："赵匡赞，契丹所署，今犹在河中，宜遣使吊祭，因起复移镇。彼既家国无归，必感恩承命。"从之。会邺都留守、天雄节度使兼中书令杜重威、天平节度使兼侍中李守贞皆奉表归命，重威仍请移它镇。归德节度使兼中书令高行周入朝，丙申，徙重威为归德节度使，以行周代之；守贞为护国节度使，加兼中书令；徙护国节度使赵匡赞为晋昌节度使。后二年，延寿始卒于契丹。

吴越王弘倧以其弟台州刺史弘俶同参相府事。

李达以其弟通知福州留后，自诣钱唐见吴越王弘倧，弘倧承制加达兼侍中，更其名曰孺赟。既而孺赟悔惧，以金笋二十株及杂宝赂内牙统军使胡进思，求归福州，进思为之请，弘倧从之。

杜重威自以附契丹，负中国，内常疑惧，及移镇制下，复拒而不受，遣其子弘璲质于麻荅以求援。赵延寿有幽州亲兵二千在恒州，指挥使张琏将之，重威请以守魏，麻荅遣其将杨衮将契丹千五百人及幽州兵赴之。闰月，庚午，诏削夺重威官爵，以高行周为招讨使，镇宁节度使慕容彦超副之，以讨重威。

辛未，杨邠、郭威、王章皆为正使。时兵荒之余，公私匮竭，北来兵与朝廷兵合，顿增数倍。章白帝罢不急之务，省无益之费以奉军，用度克赡。

庚辰，制建宗庙。太祖高皇帝，世祖光武皇帝，皆百世不迁。又立四亲庙，追尊谥号。凡六庙。

麻荅贪猾残忍，民间有珍货、美妇女，必夺取之。又捕村民，诬以为盗，披面，抉目、断腕，焚炙而杀之，欲以威众。常以其具自随，左右前后悬人肝胆、手足，饮食起居于其间，语笑自若。出入或被黄衣，用乘舆，服御物，曰："兹事汉人以为不可，吾国无忌也。"又以宰相员不足，乃牒冯道判弘文馆，李崧判史馆，和凝判集贤，刘昫判中书，其僭妄如此。然契丹或犯法，无所容贷，故市肆不扰。常恐汉人亡去，谓门者曰："汉有窥门者，即断其首以来。"

麻荅遣使督运于洺州，洺州防御使薛怀让闻帝入大梁，杀其使者，举州降。帝遣郭从义将兵万人会怀让攻刘铎于邢州，不克，铎请兵于麻荅，麻荅遣其将杨安及前义武节度使李殷将千骑攻怀让于洺州。怀让婴城自守，安等纵兵大掠于邢、洺之境。

契丹所留兵不满二千，麻荅令所司给万四千人食，收其余以自入。麻荅常疑汉兵，且以为无用，稍稍废省，又损其食以饲胡兵，众心怨愤，闻帝入大梁，皆有南归之志。前颍州防御使何福进，控鹤指挥使太原李荣，潜结军中壮士数十人谋攻契丹，然畏契丹尚强，犹豫未发。会杨衮、杨安等军出，契丹留恒州者才八百人，福进等遂决计，约以击佛寺钟为号。

辛巳，契丹主兀欲遣骑至恒州，召前威胜节度使兼中书令冯道、枢密使李崧、左仆射和凝等，会葬契丹主德光于木叶山。道等未行，食时，钟声发。汉兵夺契丹守门者兵击契丹，杀十余人，因突入府中。李荣先据甲库，悉召汉兵及市人，以铠仗授之，焚牙门，与契丹战。荣召诸将并力，护圣左厢都指挥使、恩州团练使白再荣狐疑，匿于别室，军吏以佩刀决幕，引其臂，再荣不得已而行。诸将继至，烟火四起,鼓噪震地。麻荅等大惊,载宝货家属,走保北城。而汉兵无所统壹,贪狡者乘乱剽掠,懦者窜匿。

八月,壬午朔,契丹自北门入,势复振,汉民死者二千余人。前磁州刺史李榖恐事不济,请冯道、李崧、和凝至战所慰勉士卒,士卒见道等至,争自奋。会日暮,有村民数千噪于城外,欲夺契丹宝货、妇女,契丹惧而北遁,麻荅、刘晞、崔廷勋皆奔定州,与义武节度使邪律忠合。忠,即郎五也。

冯道等四出安抚兵民,众推道为节度使。道曰:"我书生也,当奏事而已,宜择诸将为留后。"时李荣功最多,而白再荣位在上,乃以再荣权知留后,具以状闻,且请援兵,帝遣左飞龙使李彦从将兵赴之。

白再荣贪昧,猜忌诸将。奉国厢主华池王饶恐为再荣所并,诈称足疾,据东门楼,严兵自卫。司天监赵延义善于二人,往来谕释,始得解。

再荣以李崧、和凝久为相,家富,遣军士围其第求赏给,崧、凝各以家财与之,又欲杀崧、凝以灭口。李榖往见再荣,责之曰:"国亡主辱,公辈握兵不救。今仅能逐一房将,镇民死者近三千人,岂独公之力邪!才得脱死,遽欲杀宰相,新天子若诘公专杀之罪,公何辞以对?"再荣惧而止。又欲率民财以给军,榖力争之,乃止。汉人尝事麻荅者,再荣皆拘之以取其财,恒人以其贪虐,谓之"白麻荅"。

杨衮至邢州,闻麻荅被逐,即日北还,杨安遁去,李殷以其众来降。

庚寅,以薛怀让为安国节度使。刘铎闻麻荅遁去,举邢州降。怀让诈云巡检,引兵向邢州,铎开门纳之,怀让杀铎,以克复闻。朝廷知而不问。

辛卯,复以恒州顺国军为镇州成德军。乙未,以白再荣为成德留后。逾年,始以何福进为曹州防御使,李荣为博州刺史。

敕:"盗贼毋问赃多少皆抵死。"时四方盗贼多,朝廷患之,故重其法,仍分命使者逐捕。苏逢吉自草诏,意云:"应贼盗,并四邻同保,皆全族处斩。"众以为:"盗犹不可族,况邻保乎!"逢吉固争,不得已,但省去"全族"字。由是捕贼使者张令柔杀平阴十七村民。

逢吉为人,文深好杀。在河东幕府,帝尝令静狱以祈福,逢吉尽杀狱囚还报。及为相,朝廷草创,帝悉以军旅之事委杨邠、郭威,百司庶务委逢吉及苏禹珪。二相决事,皆出胸臆,不拘旧制。虽事无留滞,而用舍黜陟,惟其所欲。帝方倚信之,无敢言者。逢吉尤贪诈,公求货财,无所顾避。继母死,不为服;庶兄自外至,不白逢吉而见诸子,逢吉怒,密语郭威,以它事杖杀之。

楚王希广庶弟天策左司马希崇,性狡险,阴遗兄希萼书,言刘彦瑫等违先王之命,废长立少,以激怒之。希萼自永州来奔丧,乙巳,至跌石,彦瑫白希广遣侍从都指挥使周廷诲等将水军逆之,命永州将士皆释甲而入,馆希萼于碧湘宫,成服于其次,不听人与希广相见。希萼求还朗州,周廷诲劝希广杀之。希广曰:"吾何忍杀兄,宁分潭、朗而治之。"乃厚赠希萼,遣还朗州。希崇常为希萼诇希广,语言动作,悉以告之,约为内应。

契丹之灭晋也,驱战马二万匹归其国。至是汉兵乏马,诏市士民马于河南诸道不经剽掠者。

制以钱弘倧为东南兵马都元帅、镇海、镇东节度使兼中书令、吴越王。

高从诲闻杜重威叛,发水军数千袭襄州,山南东道节度使安审琦击却之。又寇郢州,刺史尹实大破之。乃绝汉,附于唐、蜀。

初,荆南介居湖南、岭南、福建之间,地狭兵弱,自武信王季兴时,诸道入贡过其境者,多掠夺其货币。及诸道移书诘让,或加以兵,不得已复归之,曾不为愧。及从诲立,唐、晋、契丹、汉更据中原,南汉、闽、吴、蜀皆称帝,从诲利其赐予,所向称臣,诸国贱之,谓之"高无赖"。

唐主以太傅兼中书令宋齐丘为镇南节度使。

南汉主恐诸弟与其子争国,杀齐王弘弼、贵王弘道、定王弘益、辨王弘济、同王弘简、益王弘建、恩王弘伟、宜王弘照,尽杀其男,纳其女充后宫。作离宫千余间,饰以珠宝,设镬汤、铁床、剮剔等刑,号"生地狱"。尝醉,戏以瓜置乐工之颈试剑,遂断其头。

初,帝与吏部尚书窦贞固俱事晋高祖,雅相知重,及即位,欲以为相,问苏逢吉:"其次谁可相者?"逢吉与翰林学士李涛善,因荐之,曰:"昔涛乞斩张彦泽,陛下在太原,常重之,此可相也。"会高行周、慕容彦超共讨杜重威于邺都,彦超欲急攻城,行周欲缓之以待其弊。行周女为重威子妇,彦超扬言:"行周以女故,爱贼不攻。"由是二将不协。帝恐生它变,欲自将击重威,意未决。涛上疏请亲征,帝大悦,以涛有宰相器。九月,甲戌,加逢吉左仆射兼门下侍郎,苏禹珪右仆射兼中书侍郎,贞固司空兼门下侍郎,涛户部尚书兼中书侍郎,并同平章事。

戊寅,诏幸澶、魏劳军,以皇子承训为东京留守。

冯道、李崧、和凝自镇州还,己卯,以崧为太子太傅,凝为太子太保。

庚辰,帝发大梁。

晋昌节度使赵匡赞恐终不为朝廷所容,冬,十月,遣使降蜀,请自终南山路出兵应援。

戊戌,帝至邺都城下,舍于高行周营。行周言于帝曰:"城中食未尽,急攻,徒杀士卒,未易克也。不若缓之,彼食尽自溃。"帝然之。慕容彦超数因事陵轹行周,行周泣诉于执政,掬粪壤实其口,苏逢吉、杨邠密以白帝。帝深知彦超之曲,犹命二臣和解之。又召彦超于帐中责之,且使诣行周谢。

杜重威声言车驾至即降,帝遣给事中陈观往谕指,重威复闭门拒之。城中食浸竭,将士多出降者。慕容彦超固请攻城,帝从之。丙午,亲督诸将攻城,自寅至辰,士卒伤者万余人,死者千余人,不克而止。彦超乃不敢复言。

初,契丹留幽州兵千五百人戍大梁。帝入大梁,或告幽州兵将为变,帝尽杀之于繁台之下。及围邺都,张琏将幽州兵二千助重威拒守,帝屡遣人招谕,许以不死,琏曰:"繁台之卒,何罪而戮?今守此,以死为期耳。"由是城久不下。十一月,丙辰,内殿直韩训献攻城之具,帝曰:"城之所恃者,众心耳。众心苟离,城无所保,用此何为!"

杜重威之叛也,观察判官金乡王敏屡泣谏,不听。及食竭力尽,甲戌,遣敏奉表出降。乙亥,重威子弘琏来见。丙子,妻石氏来见。石氏,即晋之宋国长公主也,帝复遣入城。丁丑,重威开门出降,城中馁死者什七八,存者皆尪瘠无人状。张琏先邀朝廷信誓,诏许以归乡里,及出降,杀琏等将校数十人,纵其士卒北归,将出境,大掠而去。郭威请杀重威牙将百余人,并重威家赀籍之以赏战士,从之。以重威为太傅兼中书令、楚国公。重威每出入,路人往往掷瓦砾垢之。

臣光曰:汉高祖杀幽州无辜千五百人,非仁也;诱张琏而诛之,非信也;杜重威罪大而赦之,非刑也。仁以合众,信以行令,刑以惩奸,失此三者,何以守国!其祚运之不延也,宜哉!

高行周以慕容彦超在澶州,固辞邺都。己卯,以忠武节度使史弘肇领归德节度使,兼侍卫马步都指挥使;义成节度使刘信领忠武节度使,兼侍卫马步副都指挥使;徙彦超为天平节度使,并加同平章事。

吴越王弘倧大阅水军,赏赐倍于旧,胡进思固谏,弘倧怒,投笔水中,曰:"吾之财与士卒共之,奚多少之限邪!"

十二月,丙戌,帝发邺都。

蜀主遣雄武都押牙吴崇恽,以枢密使王处回书招凤翔节度使侯益。庚寅,以山南西道节度使兼中书令张虔钊为北面行营招讨安抚使,雄武节度使何重建副之,宣徽使韩保贞为都虞候,共将兵五万,虔钊出散关,重建出陇州,以击凤翔;奉銮肃卫都虞候李廷珪将兵二万出子午谷,以援长安。诸军发成都,旌旗数十里。

辛卯,皇子开封尹承训卒。承训孝友忠厚,达于从政,人皆惜之。

癸巳,帝至大梁。

威武节度使李孺赟与吴越戍将鲍脩让不协,谋袭杀脩让,复以福州降唐。脩让觉之,引兵攻府第,是日,杀孺赟,夷其族。

乙未,追立皇子承训为魏王。

侯益请降于蜀,使吴崇恽持兵籍、粮帐西还,与赵匡赞同上表请出兵平定关中。

己酉，鲍脩让传李孺赟首至钱塘，吴越王弘倧以丞相山阴吴程知威武节度事。

吴越王弘倧，性刚严，愤忠献王弘佐时容养诸将，政非己出，及袭位，诛杭、越侮法吏三人。

内牙统军使胡进思恃迎立功，干预政事，弘倧恶之，欲授以一州，进思不可。进思有所谋议，弘倧数面折之。进思还家，设忠献王位，被发恸哭。民有杀牛者，吏按之，引人所市肉近千斤。弘倧问进思："牛大者肉几何?"对曰："不过三百斤。"弘倧曰："然则吏妄也。"命按其罪。进思拜贺其明，弘倧曰："公何能知其详?"进思跼蹐对曰："臣昔未从军，亦尝从事于此。"进思以弘倧为知其素业，故辱之，益恨怒。进思建议遣李孺赟归福州，及孺赟叛，弘倧责之，进思愈不自安。

弘倧与内牙指挥使何承训谋逐进思，又谋于内都监使水丘昭券，昭券以为进思党盛难制，不如容之，弘倧犹豫未决。承训恐事泄，反以谋告进思。

庚戌晦，弘倧夜宴将吏，进思疑其图己，与其党谋作乱，帅亲兵百人戎服执兵入见于天策堂，曰："老奴无罪，王何故图之?"弘倧叱之不退，左右持兵者皆愤怒。弘倧猝愕不暇发言，趋入义和院。进思锁其门，矫称王命，告中外云："猝得风疾，传位于同参相府事弘俶。"进思因帅诸将迎弘俶于私第，且召丞相元德昭。德昭至，立于帘外不拜，曰："俟见新君。"进思亟出褰帘，德昭乃拜。进思称弘倧之命，承制授弘俶镇海、镇东节度使兼侍中。弘俶曰："能全吾兄，乃敢承命。不然，当避贤路。"进思许之。弘俶始视事。

进思杀水丘昭券及进侍鹿光铉。光铉，弘倧之舅也。进思之妻曰："它人犹可杀，昭券，君子也，奈何害之!"

是岁，唐〔王〕〔主〕以羽林大将军王延政为安化节度使、鄱阳王，镇饶州。

乾祐元年（戊申、948）

春，正月，乙卯，大赦，改元。

帝以赵匡赞、侯益与蜀兵共为寇，患之。会回鹘入贡，诉称为党项所阻，乞兵应接。诏右卫大将军王景崇、将军齐藏珍将禁军数千赴之，因使之经略关西。

晋昌节度判官李恕，久在赵延寿幕下，延寿使之佐匡赞。匡赞将入蜀，恕谏曰："燕王入胡，岂所愿哉! 今汉家新得天下，方务招怀，若谢罪归朝，必保富贵。入蜀非全计也，'蹄涔不容尺鲤'，公必悔之。"匡赞乃遣恕奉表请入朝。景崇等未行而恕至，帝问恕："匡赞何为附蜀?"对曰："匡赞自以身受虏官，父在虏庭，恐陛下未之察，故附蜀求苟免耳。臣以为国家必应存抚，故遣臣来祈哀。"帝曰："匡赞父子，本吾人也，不幸陷虏。今延寿方坠槛阱，吾何忍更害匡赞乎!"即听其入朝。

侯益亦请赴二月四日圣寿节上寿。景崇等将行,帝召入卧内,敕之曰:"匡赞、益之心,皆未可知。汝至彼,彼已入朝,则勿问;若尚迁延顾望,当以便宜从事。"

己未,帝更名暠。

以前威胜节度使冯道为太师。

壬戌,吴越王弘俶迁故王弘倧于衣锦军私第,遣匡武都头薛温将亲兵卫之。潜戒之曰:"若有非常处分,皆非吾意,当以死拒之。"

帝自魏王承训卒,悲痛过甚,甲子,始不豫。

赵匡赞不俟李恕返命,已离长安,丙子,入见。

王景崇等至长安,闻蜀兵已入秦川,以兵少,发本道及赵匡赞牙兵千余人同拒之。景崇恐匡赞牙兵亡逸,欲文其面,微露风旨。军校赵思绾,首请自文其面以帅下,景崇悦。齐藏珍窃言曰:"思绾凶暴难制,不如杀之。"景崇不听。思绾,魏州人也。

蜀李廷珪将至长安,闻赵匡赞已入朝,欲引归,王景崇邀之,败廷珪于子午谷。张虔钊至宝鸡,诸将议不协,按兵未进。侯益闻廷珪西还,因闭壁拒蜀,虔钊势孤,引兵夜遁。景崇帅凤翔、陇、邠、泾、鄜、坊之兵追败蜀兵于散关,俘将卒四百人。

丁丑,帝大渐,杨邠忌侍卫马军都指挥使、忠武节度使刘信,立遣之镇。信不得奉辞,雨泣而去。

帝召苏逢吉、杨邠、史弘肇、郭威入受顾命,曰:"余气息微,不能多言。承祐幼弱,后事托在卿辈。"又曰:"善防重威。"是日,殂于万岁殿,逢吉等秘不发丧。

庚辰,下诏,称:"重威父子,因朕小疾,谤议摇众,并其子弘璋、弘璉、弘璨皆斩之。晋公主及内外亲族,一切不问。"磔重威尸于市,市人争啖其肉,吏不能禁,斯须而尽。

二月,辛巳朔,立皇子左卫大将军、大内都点检承祐为周王,同平章事。有顷,发丧,宣遗制,令周王即皇帝位,时年十八。

蜀韩保贞、庞福诚引兵自陇州还,要何重建俱西。是日,保贞等至秦州,分兵守诸门及衢路,重建遂入于蜀。

丁亥,尊皇后曰皇太后。

朝廷知成德留后白再荣非将帅才,庚寅,以前建雄留后刘在明代之。

癸巳,大赦。

吴越内牙指挥使何承训复请诛胡进思及其党。吴越王弘俶恶其反覆,且惧召祸,乙未,执承训,斩之。

进思屡请杀废王弘倧以绝后患,弘俶不许。进思诈以王命密令薛温害之,温曰:"仆受命之日,不闻此言,不敢妄发。"进思乃夜遣其党方安等二人逾垣而入,弘倧阖户拒之,大呼求救,温闻之,率众而入,毙安等于庭中。入告弘俶,弘俶大惊,曰:"全吾兄,汝之力也。"弘俶畏忌进思,曲意下之。进思亦内忧惧,未几,疽发背卒。弘倧由是获全。

诏以王景崇兼凤翔巡检使。景崇引兵至凤翔,侯益尚未行,景崇以禁兵分守诸门。或劝景崇杀益,景崇以受先朝密旨,嗣主未之知,或疑于专杀,犹豫未决。益闻之,不告景崇而去,景崇悔,自诟。戊戌,益入朝,隐帝问:"何故召蜀军?"对曰:"臣欲诱致而杀之。"帝哂之。

蜀张虔钊自恨无功,癸卯,至兴州,惭忿而卒。

侍卫马步都指挥使、同平章事史弘肇遭母丧,不数日,复出朝参。

资治通鉴卷第二百八十八

端明殿学士兼翰林侍读学士太中大夫提举西京嵩山崇福宫上柱国河内郡开国公食邑二千六百户食实封一千户臣 司马光 奉敕编集

后汉纪三 起著雍涒滩（戊申）三月，

尽屠维作噩（己酉），凡一年有奇。

高祖睿文圣武昭肃孝皇帝下

乾祐元年（戊申、948）

三月，丙辰，史弘肇起复，加兼侍中。

侯益家富于财，厚赂执政及史弘肇等，由是大臣争誉之。丙寅，以益兼中书令，行开封尹。

改广晋府为大名府，晋昌军为永兴军。

侯益盛毁王景崇于朝，言其恣横。景崇闻益尹开封，知事已变，内不自安，且怨朝廷。会诏遣供奉官王益如凤翔，征赵匡赞牙兵诣阙，赵思绾等甚惧，景崇因以言激之。思绾途中谓其党常彦卿曰："小太尉已落其手，吾属至京师，并死矣，奈何？"彦卿曰："临机制变，子勿复言。"

癸酉，至长安，永兴节度副使安友规、巡检乔守温出迎王益，置酒于客亭。思绾前白曰："壕寨使已定舍馆于城东。今将士家属皆在城中，欲各入城挈家诣城东宿。"友规等然之。时思绾等皆无铠仗，既入西门，有州校坐门侧，思绾遽夺其剑斩之。其徒因大噪，持白梃，杀守门者十余人，分遣其党守诸门。思绾入府，开库取铠仗给之，友规等皆逃去。思绾遂据城，集城中少年，得四千余人，缮城隍，葺楼堞，旬日间，战守之具皆备。

王景崇讽凤翔吏民表景崇知军府事，朝廷患之。甲戌，徙静难节度使王守恩为永兴节度使，徙保义节度使赵晖为凤翔节度使，并同平章事。以景崇为邠州留后，令便道之官。

虢州伶人靖边庭杀团练使田令方，驱掠州民，奔赵思绾。至潼关，潼关守将出击之，其众皆溃。

初，契丹主北归，至定州，以义武节度副使邪律忠为节度使，徙故节度使孙方简为大同节度使。方简怨怼，且惧入朝为契丹所留，迁延不受命，帅其党三千人保狼山故寨，控守要害。契丹攻之，不克。未几，遣使请降，帝复其旧官，以扞契丹。

邪律忠闻邺都既平,常惧华人为变。诏以成德留后刘在明为幽州道马步都部署,使出兵经略定州。未行,忠与麻荅等焚掠定州,悉驱其人弃城北去。孙方简自狼山帅其众数百,还据定州,又奏以弟行友为易州刺史,方遇为泰州刺史。每契丹入寇,兄弟奔命,契丹颇畏之。于是晋末州县陷契丹者,皆复为汉有矣。

丙子,以刘在明为成德节度使。

麻荅至其国,契丹主责以失守。麻荅不服,曰:"因朝廷征汉官致乱耳。"契丹主鸠杀之。

苏逢吉等为相,多迁补官吏,杨邠以为虚费国用,所奏多抑之,逢吉等不悦。中书侍郎兼户部尚书、同平章事李涛上疏言:"今关西纷扰,外御为急。二枢密皆佐命功臣,官虽贵而家未富,宜授以要害大镇。枢机之务在陛下目前,易以裁决,逢吉、禹珪自先帝时任事,皆可委也。"杨邠、郭威闻之,见太后泣诉。称:"臣等从先帝起艰难中,今天子取人言,欲弃之于外。况关西方有事,臣等何忍自取安逸,不顾社稷。若臣等必不任职,乞留过山陵。"太后怒,以让帝,曰:"国家勋旧之臣,奈何听人言而逐之!"帝曰:"此宰相所言也。"因诘责宰相。涛曰:"此疏臣独为之,它人无预。"丁丑,罢涛政事,勒归私第。

是日,邠、泾、同、华四镇俱上言护国节度使兼中书令李守贞与永兴、凤翔同反。

始,守贞闻杜重威死而惧,阴有异志。自以晋世尝为上将,有战功,素好施,得士卒心。汉室新造,天子年少初立,执政皆后进,有轻朝廷之志。乃招纳亡命,养死士,治城堑,缮甲兵,昼夜不息。遣人间道赍蜡丸结契丹,屡为边吏所获。

浚仪人赵修己,素善术数,自守贞镇滑州,署司户参军,累从移镇,为守贞言:"时命不可,勿妄动。"前后切谏非一,守贞不听,乃称疾归乡里。僧总伦,以术媚守贞,言其必为天子,守贞信之。又尝会将佐置酒,引弓指《舐掌虎图》曰:"吾有非常之福,当中其舌。"一发中之,左右皆贺,守贞益自负。会赵思绾据长安,奉表献御衣于守贞,守贞自谓天人协契,乃自称秦王。遣其骁将平陆王继勋将兵据潼关,以思绾为晋昌节度使。

同州距河中最近,匡国节度使张彦威,常词守贞所为,奏请先为之备,诏滑州马军都指挥使罗金山将部兵戍同州。故守贞起兵,同州不为所并。金山,雲州人也。

定难节度使李彝殷发兵屯境上,奏称:"去三载前羌族唉毋杀绥州刺史李仁裕叛去,请讨之。"庆州上言:"请益兵为备。"诏以司天言,今岁不利先举兵,谕止之。

夏,四月,辛巳,陕州都监王玉奏克复潼关。

帝与左右谋,以太后怒李涛离间,欲更进用二枢密,以明非帝意。左右亦疾二苏之专,欲夺其权,共劝之。壬午,制以枢密使杨邠为中书侍郎兼吏部尚书、同平章事,枢密使如故,以副枢密使郭威为枢密使,又加三司使王章同平章事。

凡中书除官,诸司奏事,帝皆委邠斟酌。自是三相拱手,政事尽决于邠。事有未更邠所可否者,莫敢施行,遂成凝滞。三相每进拟用人,苟不出邠意,虽簿、尉亦不之与。邠素不喜书生,常言:"国家府廪实,甲兵强,乃为急务。至于文章礼乐,何足介意!"既恨二苏排己,又以其除官太滥,为众所非,欲矫其弊,由是艰于除拜,士大夫往往有自汉兴至亡不沾一命者。凡门荫及百司入仕悉罢之。虽由邠之愚蔽,时人亦咎二苏之不公所致云。

以镇宁节度使郭从义充永兴行营都部署,将侍卫兵讨赵思绾。戊子,以保义节度使白文珂为河中行营都部署,内客省使王峻为都监。辛卯,削夺李守贞官爵,命文珂等会兵讨之。乙未,以宁江节度使、侍卫步军都指挥使尚洪迁为西面行营都虞候。

王景崇迁延不之邠州,阅集凤翔丁壮,诈言讨赵思绾,仍牒邠州会兵。

契丹主如辽阳,故晋主与太后、皇后皆谒见。有禅奴利者,契丹主之妻兄也,闻晋主有女未嫁,诣晋求之,晋主辞以幼。后数日,契丹主使人驰取其女而去,以赐禅奴。

王景崇遗蜀凤州刺史徐彦书,求通互市。壬戌,蜀主使彦复书招之。

契丹主留晋翰林学士徐台符于幽州,台符逃归。

五月,乙亥,滑州言河决鱼池。

六月,戊寅朔,日有食之。

辛巳,以奉国左厢都虞候刘词充河中行营马步都虞候。

乙酉,王景崇遣使请降于蜀,亦受李守贞官爵。

高从诲既与汉绝,北方商旅不至,境内贫乏,乃遣使上表谢罪,乞修职贡。诏遣使慰抚之。

西面行营都虞候尚洪迁攻长安,伤重而卒。

秋,七月,以工部侍郎李毅充西南面行营都转运使。

庚申,加枢密使郭威同平章事。

蜀司空兼中书侍郎、同平章事张业,性豪侈,强市人田宅,藏匿亡命于私第,置狱,系负债者或历年,至有瘐死者。其子检校左仆射继昭,好击剑,尝与僧归信访善剑者,右匡圣都指挥使孙汉韶与业有隙,密告业、继昭谋反,翰林承旨李昊、奉圣控鹤马步都指挥使安思谦复从而谮之。甲子,业入朝,蜀主命壮士就都堂击杀之，下诏暴其罪恶，籍没其家。

枢密使、保宁节度使兼侍中王处回，亦专权贪纵，卖官鬻狱，四方馈献，皆先输处回，次及内府，家赀巨万。子德钧，亦骄横。张业既死，蜀主不忍杀处回，听归私第。处回惶恐辞位，以为武德节度使兼中书令。

蜀主欲以普丰库使高延昭、茶酒库使王昭远为枢密使，以其名位素轻，乃授通奏使，知枢密院事。昭远，成都人，幼以僧童从其师入府，蜀高祖爱其敏慧，令给事蜀主左右。至是，委以机务，府库金帛，恣其取与，不复会计。

戊辰，以郭从义为永兴节度使，白文珂兼知河中行府事。

蜀主以翰林承旨、尚书左丞李昊为门下侍郎兼户部尚书，翰林学士、兵部侍郎徐光溥为中书侍郎兼礼部尚书，并同平章事。

蜀安思谦谋尽去旧将，又谮卫圣都指挥使兼中书令赵廷隐谋反，欲代其位，夜，发兵围其第。会山南西道节度使李廷珪入朝，极言廷隐无罪，乃得免。廷隐因称疾，固请解军职，甲戌，蜀主许之。

凤翔节度使赵晖至长安，乙亥，表王景崇反状益明，请进兵击之。

初，高祖镇河东，皇弟崇为马步都指挥使，与蕃、汉都孔目官郭威争权，有隙。及威执政，崇忧之。节度判官郑珙，劝崇为自全计，崇然之。珙，青州人也。八月，庚辰，崇表募兵四指挥，自是选募勇士，招纳亡命，缮甲兵，实府库，罢上供财赋，皆以备契丹为名，朝廷诏令，多不禀承。

自河中、永兴、凤翔三镇拒命以来，朝廷继遣诸将讨之。昭义节度使常思屯潼关，白(从)〔文〕珂屯同州，赵晖屯咸阳。惟郭从义、王峻置栅近长安，而二人相恶如水火，自春徂秋，皆相伺莫肯攻战。帝患之，欲遣重臣临督，壬午，以郭威为西面军前招慰安抚使，诸军皆受威节度。

威将行，问策于太师冯道，道曰："守贞自谓旧将，为士卒所附，愿公勿爱官物，以赐士卒，则夺其所恃矣。"威从之。由是众心始附于威。

诏白文珂趣河中，赵晖趣凤翔。

甲申，蜀主以赵廷隐为太傅，赐爵宋王，国有大事，就第问之。

戊子，蜀改凤翔曰岐阳军。己丑，以王景崇为岐阳节度使、同平章事。

乙未，以钱弘俶为东南兵马都元帅、镇海、镇东节度使兼中书令、吴越国王。

郭威与诸将议攻讨，诸将欲先取长安、凤翔。镇国节度使扈彦珂曰："今三叛连衡，推守贞为主，守贞亡，则两镇自破矣。若舍近而攻远，万一王、赵拒吾前，守贞掎吾后，此危道也。"威善之。于是威自陕州，白文珂及宁江节度使、侍卫步军都指挥使刘词自同州，常思自潼关，三道攻河中。威抚养士卒，与同苦乐，小有功辄厚赏，微有伤常亲视之；士无贤不肖，有所陈启，皆温辞色而受之；违忤不怒，小过不责。由是将卒咸归心于威。

始，李守贞以禁军皆尝在麾下，受其恩施，又士卒素骄，苦汉法之严，谓其至则叩城奉迎，可坐而待之。既而士卒新受赐于郭威，皆忘守贞旧恩。己亥，至城下，扬旗伐鼓，踊跃诉噪，守贞视之失色。

白文珂克西关城，栅于河西，常思栅于城南，威栅于城西。未几，威以常思无将领才，先遣归镇。诸将欲急攻城，威曰："守贞前朝宿将，健斗好施，屡立战功。况城临大河，楼堞完固，未易轻也。且彼冯城而斗，吾仰而攻之，何异帅士卒投汤火乎！夫勇有盛衰，攻有缓急，时有可否，事有后先。不若且设长围而守之，使飞走路绝。吾洗兵牧马，坐食转输，温饱有余。俟城中无食，公帑家财皆竭，然后进梯冲以逼之，飞书檄以招之。彼之将士，脱身逃死，父子且不相保，况乌合之众乎！思绾、景崇，但分兵縻之，不足虑也。"乃发诸州民夫二万余人，使白文珂等帅之，剗长壕，筑连城，列队伍而围之。威又谓诸将曰："守贞向畏高祖，不敢鸱张，以我辈崛起太原，事功未著，有轻我心，故敢反耳。正宜静以制之。"乃偃旗卧鼓，但循河设火铺，连延数十里，番步卒以守之。遣水军权舟于岸，寇有潜往来者，无不擒之。于是守贞如坐网中矣。

蜀武德节度使兼中书令王处回请老，辛丑，以太子太傅致仕。

南汉主遣知制诰宣化钟允章求昏于楚，楚王希广不许。南汉主怒，问允章："马公复能经略南土乎？"对曰："马氏兄弟，方争亡于不暇，安能害我！"南汉主曰："然。希广懦而吝啬，其士卒忘战日久，此乃吾进取之秋也。"

武平节度使马希萼请与楚王希广各修职贡，求朝廷别加官爵，希广用天策府内都押牙欧弘练、进奏官张仲荀谋，厚赂执政，使拒其请。九月，壬子，赐希萼及楚王希广诏书，谕以"兄弟宜相辑睦，凡希萼所贡，当附希广以闻"。希萼不从。

蜀兵援王景崇，军于散关，赵晖遣都监李彦从袭击，破之，蜀兵遁去。

蜀主以张业、王处回执政，事多壅蔽，己未，始置匦函，后改为献纳函。

王景崇尽杀侯益家属七十余人，益子前天平行军司马仁矩先在外，得免。庚申，以仁矩为隰州刺史。仁矩子延广，尚在襁褓，乳母刘氏以己子易之，抱延广而逃，乞食至于大梁，归于益家。

李守贞屡出兵欲突长围，皆败而返，遣人赍蜡丸求救于唐、蜀、契丹，皆为逻者所获。城中食且尽，殍死者日众。守贞忧形于色，召总伦诘之，总伦曰："大王当为天子，人不能夺。但此分野有灾，待磨灭将尽，只余一人一骑，乃大王鹊起之时也。"守贞犹以为然。

冬，十月，王景崇遣其子德让，赵思绾遣其子怀义，见蜀主于成都。

戊寅，景崇遣兵出西门，赵晖击破之，遂取西关城。景崇退守大城，晖堑而围之，数挑战，不出。晖潜遣千余人擐甲执兵，效蜀旗帜，循南山而下，令诸军声言："蜀兵至矣。"景崇果遣兵数千出迎之，晖设伏掩击，尽殪之。自是景崇不复敢出。

蜀主遣山南西道节度使安思谦将兵救凤翔，左仆射兼门下侍郎、同平章事毋昭裔上疏谏曰："臣窃见庄宗皇帝志贪西顾，前蜀主意欲北行，凡在庭臣，皆贡谏疏，殊无听纳，有何所成！只此两朝，可为鉴诫。"不听，又遣雄武节度使韩保贞引兵出汧阳以分汉兵之势。

王景崇遣前义成节度使酸枣李彦舜等逆蜀兵。丙申，安思谦屯右界，汉兵屯宝鸡。思谦遣眉州刺史申贵将兵二千趣模壁，设伏于竹林。丁酉旦，贵以兵数百压宝鸡而陈，汉兵逐之，遇伏而败，蜀兵逐北，破宝鸡寨。蜀兵去，汉兵复入宝鸡。己亥，思谦进屯渭水，汉益兵五千戍宝鸡。思谦畏之，谓众曰："粮少敌强，宜更为后图。"辛丑，退屯凤州，寻归兴元。贵，潞州人也。

荆南节度使兼中书令、南平文献王高从诲寝疾，以其子节度副使保融判内外兵马事。癸卯，从诲卒，保融知留后。

彰武节度使高允权与定难节度使李彝殷有隙，李守贞密求援于彝殷，发兵屯延、丹境上，闻官军围河中，乃退。甲辰，允权以其状闻，彝殷亦自诉，朝廷和解之。

初，高祖入大梁，太师冯道、太子太傅李崧皆在真定，高祖以道第赐苏禹珪，崧第赐苏逢吉。崧第中瘗藏之物及洛阳别业，逢吉尽有之。及崧归朝，自以形迹孤危，事汉权臣，常惕惕谦谨，多称疾杜门。而二弟屿、𫖮，与逢吉子弟俱为朝士，时乘酒出怨言，云"夺我居第、家赀"。逢吉由是恶之。未几，崧以两京宅券献于逢吉，逢吉愈不悦。翰林学士陶穀，先为崧所引用，复从而谮之。

汉法既严，而侍卫都指挥使史弘肇尤残忍，宠任孔目官解晖，凡入军狱者，使之随意锻炼，无不自诬。及三叛连兵，群情震动，民间或讹言相惊骇。弘肇掌部禁兵，巡逻京城，得罪人，不问情轻重，于法何如，皆专杀不请，或决口断舌，斫筋折胫，无虚日。虽奸盗屏迹，而冤死者甚众，莫敢辨诉。

李崧仆夫葛延遇，为崧贩鬻，多所欺匿，崧挞之，督其负甚急，延遇与苏逢吉之仆李澄谋上变告崧谋反。逢吉闻而诱致之，因召崧至第，收送侍卫狱。崧自诬云："与兄崧、弟𫖮、甥王凝及家僮合二十人，谋因山陵发引，纵火焚京城作乱。又遣人以蜡书入河中城，结李守贞。又遣人召契丹兵。"及具狱上，逢吉取笔改"二十"为"五十"字。十一月，甲寅，下诏诛崧兄弟、家属及辞所连及者，皆陈尸于市，仍厚赏葛延遇等，时人无不冤之。自是士民家皆畏惮仆隶，往往为所胁制。

它日，秘书郎真定李昉诣陶榖，榖曰："君于李侍中近远？"昉曰："族叔父。"榖曰："李氏之祸，榖有力焉。"昉闻之，汗出。榖，邠州人也，本姓唐，避晋高祖讳改焉。

史弘肇尤恶文士，常曰："此属轻人难耐，每谓吾辈为卒。"弘肇领归德节度使，委亲吏杨乙收属府公利。乙依势骄横，合境畏之如弘肇，副使以下，望风展敬，乙皆下视之。月率钱万缗以输弘肇，部民不胜其苦。

初，沈丘人舒元，嵩山道士杨讷，俱以游客干李守贞。守贞为汉所攻，遣元更姓朱，讷更姓李，名平，间道奉表求救于唐。唐谏议大夫查文徽、兵部侍郎魏岑请出兵应之。

唐主命北面行营招讨使李金全将兵救河中，以清淮节度使刘彦贞副之，文徽为监军使，岑为沿淮巡检使，军于沂州之境。金全与诸将方会食，候骑白有汉兵数百在洞北，皆羸弱，请掩之，金全令曰："敢言过洞者斩！"及暮，伏兵四起，金鼓闻十余里，金全曰："向可与之战乎？"时唐士卒厌兵，莫有斗志，又河中道远，势不相及，丙寅，唐兵退保海州。

唐主遗帝书谢，请复通商旅，且请赦守贞，朝廷不报。

壬申，葬睿文圣武昭肃孝皇帝于睿陵，庙号高祖。

十二月，丁丑，以高保融为荆南节度使、同平章事。

辛巳，南汉主以内常侍吴怀恩为开府仪同三司、西北面招讨使，将兵击楚，攻贺州，楚王希广遣决胜指挥使徐知新等将兵五千救之。未至，南汉人已拔贺州，凿大阱于城外，覆以竹箔，加土，下施机轴，自堑中穿穴通阱中。知新等至，引兵攻城，南汉遣人自穴中发机，楚兵悉陷，南汉出兵从而击之，楚兵死者以千数，知新等遁归，希广斩之。南汉兵复陷昭州。

王景崇累表告急于蜀，蜀主命安思谦再出兵救之。壬午，思谦自兴元引兵屯凤州，请先运粮四十万斛，乃可出境。蜀主曰："观思谦之意，安肯为朕进取！"然亦发兴州、兴元米数万斛以馈之。戊子，思谦进屯散关，遣马步使高彦俦、眉州刺史申贵击汉箭筈寨安都寨，破之。庚寅，思谦败汉兵于玉女潭，汉兵退屯宝鸡，思谦进屯模壁。韩保贞出新关，壬辰，军于陇州神前，汉兵不出，保贞亦不敢进。

赵晖告急于郭威，威自往赴之。时李守贞遣副使周光逊、裨将王继勋、聂知遇守城西，威戒白文珂、刘词曰："贼苟不能突围，终为我禽；万一得出，则吾不得复留于此。成败之机，于是乎在。贼之骁锐，尽在城西，我去必来突围，尔曹谨备之。"威至华州，闻蜀兵食尽引去，威乃还。韩保贞闻安思谦去，亦退保弓川寨。

蜀中书侍郎兼礼部尚书、同平章事徐光溥坐以艳辞挑前蜀安康长公主，丁酉，罢守本官。

隐皇帝上

乾祐二年(己酉、949)

春,正月,乙巳朔,大赦。

郭威将至河中,白文珂出迎之。

戊申夜,李守贞遣王继勋等引精兵千余人循河而南,袭汉栅,扳岸而登,遂入之,纵火大噪,军中狼狈不知所为。刘词神色自若,下令曰:“小盗不足惊也。”帅众击之。客省使阎晋卿曰:“贼甲皆黄纸,为火所照,易辨耳。奈众无斗志何?”裨将李韬曰:“安有无事食君禄,有急不死斗者邪!”援矟先进,众从之。河中兵退走,死者七百人,继勋重伤,仅以身免。己酉,郭威至,刘词迎马首请罪。威厚赏之,曰:“吾所忧正在于此。微兄健斗,几为虏嗤。然虏伎殚于此矣。”晋卿,忻州人也。

守贞之欲攻河西栅也,先遣人出酤酒于村墅,或赏与,不责其直,逻骑多醉,由是河中兵得潜行入寨,几至不守。郭威乃下令:“将士非犒宴,毋得私饮。”爱将李审,晨饮少酒,威怒曰:“汝为吾帐下,首违军令,何以齐众!”立斩以徇。

甲寅,蜀安思谦退屯凤州,上表待罪,蜀主释不问。

诏以静州隶定难军,二月,辛未,李彝殷上表谢。彝殷以中原多故,有轻傲之志,每藩镇有叛者,常阴助之,邀其重赂。朝廷知其事,亦以恩泽羁縻之。

淮北群盗多请命于唐,唐主遣神卫都虞候皇甫晖将兵万人出海、泗以招纳之。蒙城镇将咸师朗等降于晖。徐州将成德钦败唐兵于峒峿镇,俘斩六百级,晖等引归。

晋李太后诣契丹主,请依汉人城寨之侧,给田以耕桑自赡。契丹主许之,并晋主迁于建州,未至,安太妃卒于路。遗令:“必焚我骨,南向扬之,庶几魂魄归于汉。”既至建州,得田五十余顷,晋主令从者耕其中以给食。顷之,述律王遣骑取晋主宠姬赵氏、聂氏而去。述律王者,契丹主德光之子也。

三月,己未,以归德牙内指挥使史德珫领忠州刺史。德珫,弘肇之子也,颇读书,常不乐父之所为。有举人呼噪于贡院门,苏逢吉命执送侍卫司,欲其痛棰而黥之。德珫言于父曰:“书生无礼,自有台府治之,非军务也。此乃公卿欲彰大人之过耳。”弘肇大然之,即破械遣之。

楚将徐进败蛮于凤阳山,斩首五千级。

夏,四月,壬午,太白昼见,民有仰视之者,为逻卒所执,史弘肇腰斩之。

河中城中食且尽,民饿死者什五六。癸卯,李守贞出兵五千余人,赍梯桥,分五道以攻长围之西北隅。郭威遣都监吴虔裕引兵横击之,河中兵败走,杀伤太半,夺其攻具。五月,丙午,守贞复出兵,又败之,擒其将魏延朗、郑宾。壬子,周光逊、王继勋、聂知遇帅其众千余人来降。守贞将士降者相继,威乘其离散,庚申,督诸军百道攻之。

赵思绾好食人肝,尝面剖而脍之,脍尽,人犹未死。又好以酒吞人胆,谓人曰:"吞此千枚,则胆无敌矣。"及长安城中食尽,取妇女、幼稚为军粮,日计数而给之,每犒军,辄屠数百人,如羊豕法。思绾计穷,不知所出。郭从义使人诱之。

初,思绾少时,求为左骁卫上将军致仕李肃仆,肃不纳,曰:"是人目乱而语诞,它日必为叛臣。"肃妻张氏,全义之女也,曰:"君今拒之,后且为患。"乃厚以金帛遗之。及思绾据长安,肃闲居在城中,思绾数就见之,拜伏如故礼。肃曰:"是子亟来,且污我。"欲自杀。妻曰:"曷若劝之归国?"会思绾问自全之计,肃乃与判官程让能说思绾曰:"公本与国家无嫌,但惧罪耳。今国家三道用兵,俱未有功,若以此时翻然改图,朝廷必喜,自可不失富贵。孰与坐而待毙乎!"思绾从之,遣使诣阙请降。乙丑,以思绾为华州留后,都指挥使常彦卿为虢州刺史,令便道之官。

吴越内牙都指挥使斜滔,胡进思之党也,或告其谋叛,辞连丞相弘亿。吴越王弘俶不欲穷治,贬滔于处州。

六月,癸酉朔,日有食之。

秋,七月,甲辰,赵思绾释甲出城受诏,郭从义以兵守其南门,复遣还城。思绾求其牙兵及铠仗,从义亦给之。思绾迁延,收敛财贿,三改行期。从义等疑之,密白郭威,请图之,威许之。壬子,从义与都监、南院宣徽使王峻按辔入城,处于府舍,召思绾酌别,因执之,并常彦卿及其父兄部曲三百人,皆斩于市。

甲寅,郭威攻河中,克其外郭。李守贞收余众,退保子城。诸将请急攻之,威曰:"夫鸟穷则啄,况一军乎!涸水取鱼,安用急为!"壬戌,李守贞与妻及子崇勋等自焚,威入城,获其子崇玉等及所署宰相靖崿、孙愿、枢密使刘芮、国师总伦等,送大梁,磔于市。征赵脩己为翰林天文。

威阅守贞文书,得朝廷权臣及藩镇与守贞交通书,词意悖逆,欲奏之。秘书郎榆次王溥谏曰:"魑魅乘夜争出,见日自消。愿一切焚之,以安反仄。"威从之。

三叛既平,帝浸骄纵,与左右狎昵。飞龙使瑕丘後匡赞、茶酒使太原郭允明以谄媚得幸,帝好与之为廋辞、丑语,太后屡戒之,帝不以为意。癸亥,太常卿张昭上言:"宜亲近儒臣,讲习经训。"不听。昭,即昭远,避高祖讳改之。

戊辰,加永兴节度使郭从义同平章事,徙镇国节度使扈彦珂为护国节度使,以河中行营马步都虞候刘词为镇国节度使。

唐主复进用魏岑。吏部郎中会稽钟谟、尚书员外郎李德明始以辩慧得幸,参预国政。二人皆恃恩轻躁，虽不与岑为党，而国人皆恶之。户部员外郎范冲敏，性狷介，乃教天威都虞候王建封上书，历诋用事者，请进用正人。唐主谓建封武臣典兵，不当干预国政，大怒，流建封于池州，未至，杀之，冲敏弃市。

唐主闻河中破，以朱元为驾部员外郎，待诏文理院李平为尚书员外郎。

吴越王弘俶以丞相弘亿判明州。

西京留守、同平章事王守恩，性贪鄙，专事聚敛。丧车非输钱不得出城，下至抒厕、行乞之人，不免课率，或纵麾下令盗人财。有富室娶妇，守恩与俳优数人往为贺客，得银数铤而返。

八月，甲申，郭威自河中还，过洛阳。守恩自恃位兼将相，肩舆出迎。威怒，以为慢己，辞以浴，不见，即以头子命保义节度使、同平章事白文珂代守恩为留守，文珂不敢违。守恩犹坐客次，吏白："新留守已视事于府矣。"守恩大惊，狼狈而归，见家属数百已逐出府，在通衢矣。朝廷不之问，以文珂兼侍中，充西京留守。

　　欧阳脩论曰：自古乱亡之国，必先坏其法制而后乱从之，此势之然也，五代之际是已。文珂、守恩皆汉大臣，而周太祖以一枢密使头子易置之，如更戍卒。是时太祖未有无君之志，而所为如此者，盖习以为常事，故文珂不敢违，守恩不得拒。太祖既处之不疑，而汉廷君臣亦置而不问，岂非纲纪坏乱之极而至于此欤！是以善为天下虑者，不敢忽于微而常杜其渐也，可不戒哉！

守恩至大梁，恐获罪，广为贡献，重赂权贵。朝廷亦以守恩首举潞州归汉，故宥之，但诛其用事者数人而已。

马希萼悉调朗州丁壮为乡兵，造号静江军，作战舰七百艘，将攻潭州，其妻苑氏谏曰："兄弟相攻，胜负皆为人笑。"不听，引兵趣长沙。

马希广闻之曰："朗州，吾兄也，不可与争，当以国让之而已。"刘彦瑫、李弘皋等固争以为不可，乃以岳州刺史王赟为都部署战棹指挥使，以彦瑫监其军。己丑，大破希萼于仆射洲，获其战舰三百艘。赟追希萼，将及之，希广遣使召之曰："勿伤吾兄。"赟引兵还。赟，环之子也。

希萼自赤沙湖乘轻舟遁归，苑氏泣曰："祸将至矣，余不忍见也。"赴井而死。

戊戌，郭威至大梁，入见，帝劳之，赐金帛、衣服、玉带、鞍马，辞曰："臣受命期年，仅克一城，何功之有！且臣将兵在外，凡镇安京师、供亿所须、使兵食不乏，皆诸大臣居中者之力也，臣安敢独膺此赐！请遍赏之。"又议加领方镇，辞曰："杨邠位在臣上，未有茅土。且帷幄之臣，不可以弘肇为比。"九月，壬寅，遍赐宰相、枢密、宣徽、三司、侍卫使九人，与威如一。帝欲特赏威，辞曰："运筹建画，出于庙堂;发兵馈粮,资于藩镇;暴露战斗,在于将士;而功独归臣,臣何以堪之!"

乙巳,加威兼侍中,史弘肇兼中书令。辛亥,加窦贞固司徒,苏逢吉司空,苏禹珪左仆射,杨邠右仆射。诸大臣议,以朝廷执政溥加恩,恐藩镇触望。乙卯,加天雄节度使高行周守太师,山南东道节度使安审琦守太傅,泰宁节度使符彦卿守太保,河东节度使刘崇兼中书令。己未,加忠武节度使刘信、天平节度使慕容彦超、平卢节度使刘铢并兼侍中。辛酉,加朔方节度使冯晖、定难节度使李彝殷兼中书令。冬,十月,壬申,加义武节度使孙方简、武宁节度使刘赟同平章事。壬午,加吴越王弘俶尚书令,楚王希广太尉。丙戌,加荆南节度使高保融兼侍中。议者以:"郭威不专有其功,推以分人,信为美矣。而国家爵位,以一人立功而覃及天下,不亦滥乎!"

吴越王弘俶募民能垦荒田者,勿收其税,由是境内无弃田。或请纠民遗丁以增赋,仍自掌其事,弘俶杖之国门。国人皆悦。

楚静江节度使马希瞻以兄希萼、希广交争,屡遣使谏止,不从。知终覆族,疽发于背,丁亥,卒。

契丹寇河北,所过杀掠,节度使、刺史各婴城自守。游骑至贝州及邺都之北境,帝忧之。己丑,遣枢密使郭威督诸将御之,以宣徽使王峻监其军。

十一月,契丹闻汉兵度河,乃引去。辛亥,郭威军至邺都,令王峻分军趣镇、定。戊午,威至邢州。

唐兵度淮,攻正阳。十二月,颍州将白福进击败之。

杨邠为政苛细。初,邢州人周璨为诸卫将军,罢秩无依,从王景崇西征,景崇叛,遂为之谋主。邠奏:"诸前资官,喜摇动藩臣,宜悉遣诣京师。"既而四方云集,日遮宰相马求官,辛卯,邠复奏:"前资官宜分居两京,以俟有阙而补之。"漂泊失所者甚众,邠又奏:"行途往来者,皆给过所。"既而官司填咽,民情大扰,乃止。

赵晖急攻凤翔,周璨谓王景崇曰:"公向与蒲、雍相表里,今二镇已平,蜀儿不足恃,不如降也。"景崇曰:"善,吾更思之。"后数日,外攻转急。景崇谓其党曰:"事穷矣,吾欲为急计。"乃谓其将公孙辇、张思练曰:"赵晖精兵,多在城北,来日五鼓前,尔二人烧城东门诈降,勿令寇入,吾与周璨以牙兵出北门突晖军,纵无成而死,犹胜束手。"皆曰:"善。"癸巳,未明,辇、思练烧东门请降,府牙火亦发,二将遣人诇之,景崇已与家人自焚矣。璨亦降。

丁酉,密州刺史王万敢击唐海州荻水镇,残之。

是月,南汉主如英州。

是岁,唐泉州刺史留从效兄南州副使从愿,鸩刺史董思安而代之。唐主不能制,置清源军于泉州,以从效为节度使。

资治通鉴卷第二百八十九

端明殿学士兼翰林侍读学士太中大夫提举西京嵩山崇福
宫上柱国河内郡开国公食邑二千六百户食实封一千户臣　司马光　奉敕编集

后汉纪四 上章阉茂（庚戌），一年。

隐皇帝下

乾祐三年（庚戌、950）

春，正月，丁未，加凤翔节度使赵晖兼侍中。

密州刺史王万敢请益兵以攻唐，诏以前沂州刺史郭琼为东路行营都部署，帅禁军及齐州兵赴之。

郭威请勒兵北临契丹之境，诏止之。

丙寅，遣使诣河中、凤翔收瘞战死及饿殍遗骸，时有僧已聚二十万矣。

唐主闻汉兵尽平三叛，始罢李金全北面行营招讨使。

唐清淮节度使刘彦贞多敛民财以赂权贵，权贵争誉之。在寿州积年，恐被代，欲以警急自固，妄奏称汉兵将大举南伐。二月，唐主以东都留守燕王弘冀为润、宣二州大都督，镇润州，宁国节度使周宗为东都留守。

朝廷欲移易藩镇，因其请赴嘉庆节上寿，许之。

甲申，郭威行北边还。

福州人或诣建州告唐永安留后查文徽，云吴越兵已弃城去，请文徽为帅。文徽信之，遣剑州刺史陈海将水军下闽江，文徽自以步骑继之。会大雨，水涨，海一夕行七百里，至城下，败福州兵，执其将马先进等。庚寅，文徽至福州，吴越知威武军吴程诈遣数百人出迎。海曰："闽人多诈，未可信也，宜立寨徐图。"文徽曰："疑则变生，不若乘机据其城。"因引兵径进。海整众鸣鼓，止于江湄，文徽不为备，程勒兵出击之，唐兵大败，文徽堕马，为福人所执，士卒死者万人。海全军归剑州。程送文徽于钱唐，吴越王弘俶献于五庙而释之。

丁亥，汝州奏防御使刘审交卒。吏民诣阙上书，以审交有仁政，乞留葬汝州，得奉事其丘垄，诏许之。州人相与聚哭而葬之，为立祠，岁时享之。太师冯道曰："吾尝为刘君僚佐，观其为政，无以逾人，非能减其租赋，除其繇役也，但推公廉慈爱之心以行之耳。此亦众人所能为，但它人不为而刘君独为之，故汝人爱之如此。使天下二千石皆效其所为，何患得民不如刘君哉！"

甲午,吴越丞相、昭化节度使、同平章事杜建徽卒。

乙未,以前永兴节度使赵匡赞为左骁卫上将军。

三月,丙午,嘉庆节,邺都留守高行周、天平节度使慕容彦超、泰宁节度使符彦卿、昭义节度使常思、安远节度使杨信、安国节度使薛怀让、成德节度使武行德、彰德节度使郭瑾、保大留后王饶皆入朝。

甲寅,诏营寝庙于高祖长陵、世祖原陵,以时致祭。有司以费多,寝其事,以至国亡,二陵竟不沾一莫。

壬戌,徙高行周为天平节度使,符彦卿为平卢节度使。甲子,徙慕容彦超为泰宁节度使。

永安节度使折从阮举族入朝。

夏,四月,戊辰朔,徙薛怀让为匡国节度使。庚午,徙折从阮为武胜节度使。壬申,徙杨信为保大节度使,徙镇国节度使刘词为安国节度使,永清节度使王令温为安远节度使。李守贞之乱,王饶潜与之通,守贞平,众谓饶必居散地,及入朝,厚结史弘肇,迁护国节度使,闻者骇之。

杨邠求解枢密使,帝遣中使谕止之。宣徽北院使吴虔裕在旁曰:"枢密重地,难以久居,当使后来者迭为之,相公辞之是也。"帝闻之,不悦,辛巳,以虔裕为郑州防御使。

朝廷以契丹近入寇,横行河北,诸藩镇各自守,无扞御之者,议以郭威镇邺都,使督诸将以备契丹。史弘肇欲威仍领枢密使,苏逢吉以为故事无之,弘肇曰:"领枢密使则可以便宜从事,诸军畏服,号令行矣。"帝卒从弘肇议。弘肇怨逢吉异议,逢吉曰:"以内制外,顺也。今反以外制内,其可乎?"壬午,制以威为邺都留守、天雄节度使,枢密使如故。仍诏河北,兵甲钱谷,但见郭威文书立皆禀应。明日,朝贵会饮于窦贞固之第,弘肇举大觞属威,厉声曰:"昨日廷议,一何同异!今日为弟饮之。"逢吉与杨邠亦举觞曰:"是国家之事,何足介意。"弘肇又厉声曰:"安定国家,在长枪大剑,安用毛锥!"王章曰:"无毛锥,则财赋何从可出?"自是,将相始有隙。

癸未,罢永安军。

壬辰,以左监门卫将军郭荣为贵州刺史、天雄牙内都指挥使。荣本姓柴,父守礼,郭威之妻兄也,威未有子时养以为子。

五月,己亥,以府州蕃汉马步都指挥使折德扆为本州团练使。德扆,从阮之子也。

庚子,郭威辞行,言于帝曰:"太后从先帝久,多历天下事,陛下富于春秋,有事宜禀其教而行之。亲近忠直,放远谗邪,善恶之间,所宜明审。苏逢吉、杨邠、史弘肇皆先帝旧臣,尽忠徇国,愿陛下推心任之,必无败失。至于疆场之事,臣愿竭其愚驽,庶不负驱策。"帝敛容谢之。威至邺都,以河北困弊,戒边将谨守疆场,严守备,无得出侵掠,契丹入寇,则坚壁清野以待之。

辛丑,敕:"防御、团练使,自非军期,无得专奏事,皆先申观察使斟酌以闻。"

丙午,以皇弟山南西道节度使承勋为开封尹,加兼中书令,实未出阁。

平卢节度使刘铢,贪虐恣横,朝廷欲征之,恐其拒命,因沂、密用兵于唐,遣前沂州刺史郭琼将兵屯青州。铢不自安,置酒召琼,伏兵幕下,欲害之。琼知其谋,悉屏左右,从容如会,了无惧色,铢不敢发。琼因谕以祸福,铢感服,诏至即行。庚戌,铢入朝。辛亥,以琼为颍州团练使。

癸丑,王章置酒会诸朝贵,酒酣,为手势令,史弘肇不闲其事,客省使阎晋卿坐次弘肇,屡教之。苏逢吉戏之曰:"旁有姓阎人,何忧罚爵!"弘肇妻阎氏,本酒家倡也,意逢吉讥之,大怒,以丑语诟逢吉,逢吉不应。弘肇欲殴之,逢吉起去。弘肇索剑欲追之,杨邠泣止之曰:"苏公宰相,公若杀之,置天子何地,愿熟思之。"弘肇即上马去,邠与之联镳,送至其第而还。于是将相如水火矣。帝使宣徽使王峻置酒和解之,不能得。逢吉欲求出镇以避之,既而中止,曰:"吾去朝廷,止烦史公一处分,吾齑粉矣。"王章亦忽忽不乐,欲求外官,杨、史固止之。

闰月,宫中数有怪。癸巳,大风雨,发屋拔木,吹郑门扉起,十余步而落,震死者六七人,水深平地尺余。帝召司天监赵延义,问以禳祈之术,对曰:"臣之业在天文时日,禳祈非所习也。然王者欲弭灾异,莫如修德。"延义归,帝遣中使问:"如何为修德?"延义对:"请读《贞观政要》而法之。"

六月,河决郑州。

马希萼既败归,乃以书诱辰、溆州及梅山蛮,欲与共击湖南。蛮素闻长沙帑藏之富,大喜,争出兵赴之,遂攻益阳。楚王希广遣指挥使陈璠拒之,战于淹溪,璠败死。

秋,七月,唐归马先进等于吴越以易查文徽。

马希萼又遣群蛮攻迪田,八月,戊戌,破之,杀其镇将张延嗣。楚王希广遣指挥使黄处超救之,处超败死,潭人震恐,复遣牙内指挥使崔洪琏将兵七千屯玉潭。

庚子,蜀主立其弟仁毅为夔王,仁贽为雅王,仁裕为彭王,仁操为嘉王。己酉,立子玄喆为秦王,玄珏为褒王。

晋李太后在建州,卧病,无医药,惟与晋主仰天号泣,戟手骂杜重威、李守贞曰:"吾死不置汝!"戊午,卒。周显德中,有自契丹来者云:"晋主及冯后尚无恙,其从者亡归及物故则过半矣。"

马希萼表请别置进奏务于京师。九月,辛巳,诏以湖南已有进奏务,不许。

亦赐楚王希广诏,劝以敦睦。

马希萼以朝廷意佑楚王希广,怒,遣使称藩于唐,乞师攻楚。唐加希萼同平章事,以鄂州今年租税赐之,命楚州刺史何敬洙将兵助希萼。冬,十月,丙午,希广遣使上表告急,言:"荆南、岭南、江南连谋,欲分湖南之地,乞发兵屯澧州,以扼江南、荆南援朗州之路。"

丁未,以吴越王弘俶为诸道兵马元帅。

楚王希广以朗州与山蛮入寇,诸将屡败,忧形于色。刘彦瑫言于希广曰:"朗州兵不满万,马不满千,都府精兵十万,何忧不胜! 愿假臣兵万余人,战舰百五十艘,径入朗州缚取希萼,以解大王之忧。"王悦,以彦瑫为战棹都指挥使、朗州行营都统。彦瑫入朗州境,父老争以牛酒犒军,曰:"百姓不愿从乱,望都府之兵久矣。"彦瑫厚赏之;战舰过,则运竹木以断其后。是日,马希萼遣朗兵及蛮兵六千、战舰百艘逆战于湄州,彦瑫乘风纵火以焚其舰,顷之,风回,反自焚。彦瑫还走,江路已断,士卒战及溺死者数千人。希广闻之,涕泣不知所为。希广平日罕颁赐,至是,大出金帛以取悦于士卒。或告天策左司马希崇流言惑众,反状已明,请杀之。希广曰:"吾自害其弟,何以见先王于地下!"

马军指挥使张晖将兵自它道击朗州,至龙阳,闻彦瑫败,退屯益阳。希萼又遣指挥使朱进忠等将兵三千急攻益阳,张晖绐其众曰:"我以麾下出贼后,汝辈留城中待我,相与合势击之。"既出,遂自竹头市遁归长沙。朗兵知城中无主,急击之,士卒九千余人皆死。

吴越王弘俶归查文徽于唐,文徽得喑疾,以工部尚书致仕。

十一月,甲子朔,日有食之。

蜀太师、中书令宋忠武王赵廷隐卒。

楚王希广遣其僚属孟骈说马希萼曰:"公忘父兄之仇,北面事唐,何异袁谭求救于曹公邪!"希萼将斩之,骈曰:"古者兵交,使在其间,骈若爱死,安肯此来。骈之言非私于潭人,实为公谋也。"乃释之,使还报曰:"大义绝矣,非地下不相见也。"

朱进忠请希萼自将兵取潭州,辛未,希萼留其子光赞守朗州,悉发境内之兵趣长沙,自称顺天王。

诏侍卫步军都指挥使、宁江节度使王殷将兵屯澶州以备契丹。殷,瀛州人也。

朝廷议发兵,以安远节度使王令温为都部署,以救潭州,会内难作,不果。

帝自即位以来,枢密使、右仆射、同平章事杨邠总机政,枢密使兼侍中郭威主征伐,归德节度使、侍卫亲军都指挥使兼中书令史弘肇典宿卫,三司使、同平章事王章掌财赋。邠颇公忠,退朝,门无私谒,虽不却四方馈遗,有余辄献之。弘肇督察京城,道不拾遗。是时承契丹荡覆之余,公私困竭,章掊撮遗利,吝于出纳,以实府库,属三叛连衡,宿兵累年而供馈不乏。及事平,赐予之外,尚有余积,以是国家粗安。

章聚敛刻急。旧制,田税每斛更输二升,谓之"雀鼠耗",章始令更输二斗,谓之"省耗";旧钱出入皆以八十为陌,章始令入者八十,出者七十七,谓之"省陌";有犯盐、矾、酒麹之禁者,锱铢涓滴,罪皆死。由是百姓愁怨。章尤不喜文臣,尝曰:"此辈授之握算,不知纵横,何益于用!"俸禄皆以不堪资军者给之,吏已高其估,章更增之。

帝左右嬖幸浸用事,太后亲戚亦干预朝政,邠等屡裁抑之。太后有故人子求补军职,弘肇怒而斩之。武德使李业,太后之弟也,高祖使掌内帑,帝即位,尤蒙宠任。会宣徽使阙,业意欲之,帝及太后亦讽执政,邠、弘肇以为内使迁补有次,不可以外戚超居,乃止。内客省使阎晋卿次当为宣徽使,久而不补;枢密承旨聂文进、飞龙使後匡赞、翰林茶酒使郭允明皆有宠于帝,久不迁官,共怨执政。文进,并州人也。刘铢罢青州归,久奉朝请,未除官,常戟手于执政。

帝初除三年丧,听乐,赐伶人锦袍、玉带。伶人诣弘肇谢,弘肇怒曰:"士卒守边苦战,犹未有以赐之,汝曹何功而得此!"皆夺以还官。帝欲立所幸耿夫人为后,邠以为太速。夫人卒,帝欲以后礼葬之,邠复以为不可。帝年益壮,厌为大臣所制。邠、弘肇尝议事于帝前,帝曰:"审图之,勿令人有言。"邠曰:"陛下但禁声,有臣等在。"帝积不能平,左右因乘间谮之于帝云:"邠等专恣,终当为乱。"帝信之。尝夜闻作坊锻声,疑有急兵,达旦不寐。司空、同平章事苏逢吉既与弘肇有隙,知李业等怨弘肇,屡以言激之。帝遂与业、文进、匡赞、允明谋诛邠等,议既定,入白太后。太后曰:"兹事何可轻发!更宜与宰相议之。"业时在旁,曰:"先帝尝言,朝廷大事不可谋及书生,懦怯误人。"太后复以为言,帝忿曰:"国家之事,非闺门所知!"拂衣而出。乙亥,业等以其谋告阎晋卿,晋卿恐事不成,诣弘肇第欲告之,弘肇以它故辞不见。

丙子旦,邠等入朝,有甲士数十自广政殿出,杀邠、弘肇、章于东庑下。文进亟召宰相、朝臣班于崇元殿,宣云:"邠等谋反,已伏诛,与卿等同庆。"又召诸军将校至万岁殿庭,帝亲谕之,且曰:"邠等以稚子视朕,朕今始得为汝主,汝辈免横忧矣。"皆拜谢而退。又召前节度使、刺史等升殿论之,分遣使者帅骑收捕邠等亲戚、党与、僚从,尽杀之。

弘肇待侍卫步军都指挥使王殷尤厚,邠等死,帝遣供奉官孟业赍密诏诣澶州及邺都,令镇宁节度使李洪义杀殷,又令邺都行营马军都指挥使郭崇威、步军都指挥使真定曹威杀郭威及监军、宣徽使王峻。洪义，太后之弟也。又急诏征天平军节度使高行周、平卢节度使符彦卿、永兴节度使郭从义、泰宁节度使慕容彦超、匡国节度使薛怀让、郑州防御使吴虔裕、陈州刺史李毂入朝。以苏逢吉权知枢密院事，前平卢节度使刘铢权知开封府，侍卫马军都指挥使李洪建权判侍卫司事，内侍省使阎晋卿权侍卫马军都指挥使。洪建，业之兄也。

时中外人情忧骇，苏逢吉虽恶弘肇，而不预李业等谋，闻变惊愕，私谓人曰："事太怱怱，主上傥以一言见问，不至于此。"业等命刘铢诛郭威、王峻之家，铢极其惨毒，婴孺无免者。命李洪建诛王殷之家，洪建但使人守视，仍饮食之。

丁丑，使者至澶州，李洪义畏懦，虑王殷已知其事，不敢发，乃引孟业见殷。殷囚业，遣副使陈光穗以密诏示郭威。威召枢密吏魏仁浦，示以诏书曰："奈何？"仁浦曰："公，国之大臣，功名素著，加之握强兵，据重镇，一旦为群小所构，祸出非意，此非辞说所能解。时事如此，不可坐而待死。"威乃召郭崇威、曹威及诸将，告以杨邠等冤死及有密诏之状，且曰："吾与诸公，披荆棘，从先帝取天下，受托孤之任，竭力以卫国家，今诸公已死，吾何心独生！君辈当奉行诏书，取吾首以报天子，庶不相累。"郭崇威等皆泣曰："天子幼冲，此必左右群小所为，若使此辈得志，国家其得安乎？崇威愿从公入朝自诉，荡涤鼠辈以清朝廷，不可为单使所杀，受千载恶名。"翰林天文赵修己谓郭威曰："公徒死何益！不若顺众心，拥兵而南，此天启也。"郭威乃留其养子荣镇邺都，命郭崇威将骑兵前驱，戊寅，自将大军继之。

慕容彦超方食，得诏，舍匕箸入朝，帝悉以军事委之。己卯，吴虔裕入朝。

帝闻郭威举兵南向，议发兵拒之。前开封尹侯益曰："邺都戍兵家属皆在京师，官军不可轻出，不若闭城以挫其锋，使其母妻登城招之，可不战而下也。"慕容彦超曰："侯益衰老，为懦夫计耳。"帝乃遣益及阎晋卿、吴虔裕、前保大节度使张彦超将禁军趣澶州。

是日，郭威已至澶州，李洪义纳之。王殷迎谒恸哭，以所部兵从郭威涉河。帝遣内养鸷脱觇郭威，威获之，以表置鸷脱衣领中，使归白帝曰："臣昨得诏书，延颈俟死。郭崇威等不忍杀臣，云此皆陛下左右贪权无厌者潜臣耳，逼臣南行，诣阙请罪。臣求死不获，力不能制。臣数日当至阙廷。陛下若以臣为有罪，安敢逃刑！若实有潜臣者，愿执付军前以快众心，臣敢不抚谕诸军，退归邺都。"

庚辰，郭威趣滑州。辛巳，义成节度使宋延渥迎降。延渥，洛阳人，其妻高祖女永宁公主也。郭威取滑州库物以劳将士，且谕之曰："闻侯令公已督诸军自南来，今遇之，交战则非入朝之义，不战则为其所屠。吾欲全汝曹功名，不若奉行前诏，吾死不恨！"皆曰："国家负公，公不负国，所以万人争奋，如报私仇，侯益辈何能为乎！"王峻徇于众曰："我得公处分，俟克京城，听旬日剽掠。"众皆踊跃。

辛巳，驾脱至大梁。前此帝议自往澶州，闻郭威已至河上而止。帝甚有悔惧之色，私谓窦贞固曰："属者亦太草草。"李业等请倾府库以赐诸军，苏禹珪以为未可，业拜禹珪于帝前，曰："相公且为天子勿惜府库。"乃赐禁军人二十缗，下军半之，将士在北者给其家，仍使通家信以诱之。

壬午，郭威军至封丘，人情恟惧。太后泣曰："不用李涛之言，宜其亡也。"慕容彦超恃其骁勇，言于帝曰："臣视北军犹蝼蚁耳，当为陛下生致其魁。"退，见聂文进，问北来兵数及将校姓名，颇惧，曰："是亦剧贼，未易轻也。"帝复遣左神武统军袁羲、前威胜节度使刘重进等帅禁军与侯益等会屯赤冈。羲，象先之子也。彦超以大军屯七里店。

癸未，南、北军遇于刘子陂。帝欲自出劳军，太后曰："郭威吾家故旧，非死亡切身，何以至此！但按兵守城，飞诏谕之，观其志趣，必有辞理，则君臣之礼尚全，慎勿轻出。"帝不从。时扈从军甚盛，太后遣使戒聂文进曰："大须在意！"对曰："有臣在，虽郭威百人，可擒也。"至暮，两军不战，帝还宫。慕容彦超大言曰："陛下来日宫中无事，幸再出观臣破贼。臣不必与之战，但叱散使归营耳。"

甲申，帝欲再出，太后力止之，不可。既陈，郭威戒其众曰："吾来诛群小，非敢敌天子也，慎勿先动。"久之，慕容彦超引轻骑直前奋击，郭崇威与前博州刺史李荣帅骑兵拒之。彦超马倒，几获之。彦超引兵退，麾下死者百余人，于是诸军夺气，稍稍降于北军。侯益、吴虔裕、张彦超、袁羲、刘重进皆潜往见郭威，威各遣还营，又谓宋延渥曰："天子方危，公近亲，宜以牙兵往卫乘舆，且附奏陛下，愿乘间早幸臣营。"延渥未至御营，乱兵云扰，不敢进而还。比暮，南军多归于北。慕容彦超与麾下十余骑奔还兖州。是夕，帝独与三相及从官数十人宿于七里寨，余皆逃溃。

乙酉旦，郭威望见天子旌旗在高阪上，下马免胄往从之，至则帝已去矣。帝策马将还宫，至玄化门，刘铢在门上，问帝左右："兵马何在？"因射左右。帝回辔，西北至赵村，追兵已至，帝下马入民家，为乱兵所弑。苏逢吉、阎晋卿、郭允明皆自杀，聂文进挺身走，军士追斩之。李业奔陕州，后匡赞奔兖州。郭威闻帝遇弑，号恸曰："老夫之罪也。"

威至玄化门，刘铢雨射城外。威自迎春门入，归私第，遣前曹州防御使何福进将兵守明德门。诸军大掠，通夕烟火四发。

军士入前义成节度使白再荣之第，执再荣，尽掠其财，既而进曰："某等昔尝趋走麾下，一旦无礼至此，何面目复见公！"遂刎其首而去。

吏部侍郎张允，家赀以万计，而性吝，虽妻亦不之委，常自系众钥于衣下，行如环佩。是夕，匿于佛殿藻井之上，登者浸多，板坏而坠，军士掠其衣，遂以冻卒。

初，作坊使贾延徽有宠于帝，与魏仁浦为邻，欲并仁浦所居以自广，屡谮仁浦于帝，几至不测。至是，有擒延徽以授仁浦者，仁浦谢曰："因乱而报怨，吾所不为也。"郭威闻之，待仁浦益厚。

右千牛卫大将军枣强赵凤曰："郭侍中举兵，欲诛君侧之恶以安国家耳。而鼠辈敢尔，乃贼也，岂侍中意邪！"执弓矢，踞胡床，坐于巷首，掠者至，辄射杀之，里中皆赖以全。

丙戌，获刘铢、李洪建，囚之。铢谓其妻曰："我死，汝且为人婢乎？"妻曰："以公所为，雅当然耳。"

王殷、郭崇威言于郭威曰："不止剽掠，今夕止有空城耳。"威乃命诸将分部禁止掠者，不从则斩之，至晡，乃定。

窦贞固、苏禹珪自七里寨逃归，郭威使人访求得之，寻复其位。贞固为相，值杨、史弄权，李业等作乱，但以凝重处其间，自全而已。

郭威命有司迁隐帝梓宫于西宫。或请如魏高贵乡公故事，葬以公礼，威不许，曰："仓猝之际，吾不能保卫乘舆，罪已大矣，况敢贬君乎！"

太师冯道帅百官谒见郭威，威见，犹拜之，道受拜如平时，徐曰："侍中此行不易。"

丁亥，郭威帅百官诣明德门起居太后，且奏称："军国事殷，请早立嗣君。"太后诰称："郭允明弑逆，神器不可无主。河东节度使崇，忠武节度使信，皆高祖之弟；武宁节度使赟，开封尹勋，高祖之子。其令百官议择所宜。"赟，崇之子也，高祖爱之，养视如子。郭威、王峻入见太后于万岁宫，请以勋为嗣。太后曰："勋久羸疾不能起。"威出谕诸将，诸将请见之，太后令左右以卧榻举之示诸将，诸将乃信。于是郭威与峻议立赟。己丑，郭威帅百官表请以赟承大统。太后诰所司，择日，备法驾迎赟即皇帝位。郭威奏遣太师冯道及枢密直学士王度、秘书监赵上交诣徐州奉迎。

郭威之讨三叛也，每见朝廷诏书，处分军事皆合机宜，问使者："谁为此诏？"使者以翰林学士范质对。威曰："宰相器也。"入城，访求得之，甚喜。时大雪，威解所服紫袍衣之，令草太后诰令、迎新君仪注。苍黄之中，讨论撰定，皆得其宜。

初，隐帝遣供奉官押班阳曲张永德赐昭义节度使常思生辰物。永德，郭威之婿也。会杨邠等诛，密诏思杀永德，思素闻郭威多奇异，囚永德以观变，及威克大梁，思乃释永德而谢之。

庚寅，郭威帅群臣上言："比皇帝到阙，动涉浃旬，请太后临朝听政。"

先是，马希萼遣蛮兵围玉潭，朱进忠引兵会之，崔洪琏兵败，奔还长沙。希萼引兵继进，攻岳州，刺史王赟拒之，五日不克。希萼使人谓赟曰："公非马氏之臣乎？不事我，欲事异国乎？为人臣而怀贰心，岂不辱其先人！"赟曰："亡父为先王将，六破淮南兵。今大王兄弟不相容，赟常恐淮南坐收其弊，一旦以遗体臣淮南，诚辱先人耳！大王苟能释憾罢兵，兄弟雍睦如初，赟敢不尽死以事大王兄弟，岂有二心乎！"希萼惭，引兵去。辛卯，至湘阴，焚掠而过。至长沙，军于湘西，步兵及蛮兵军于岳麓，朱进忠自玉潭引兵会之。

马希广遣刘彦瑫召水军指挥使许可琼帅战舰五百艘屯城北津，属于南津，以马希崇为监军。又遣马军指挥使李彦温将骑兵屯驼口，扼湘阴路，步军指挥使韩礼将二千人屯杨柳桥，扼栅路。可琼，德勋之子也。

壬辰，太后始临朝，以王峻为枢密使，袁鄳为宣徽南院使，王殷为侍卫马步军都指挥使，郭崇威为侍卫马军都指挥使，曹威为侍卫步军都指挥使，陈州刺史李穀权判三司。

刘铢、李洪建及其党皆枭首于市，而赦其家。郭威谓公卿曰："刘诛屠吾家，吾复屠其家，怨仇反覆，庸有极乎！"由是数家获免。王殷屡为洪建请免死，郭威不许。后匡赟至兖州，慕容彦超执而献之。李业至陕州，其兄保义节度使洪信不敢匿于家。业怀金将奔晋阳，至绛州，盗杀之而取其金。

蜀施州刺史田行皋奔荆南。高保融曰："彼贰于蜀，安肯尽忠于我！"执之，归于蜀，伏诛。

镇州、邢州奏："契丹主将数万骑入寇，攻内丘，五日不克，死伤甚众。有戍兵五百叛应契丹，引契丹入城，屠之，又陷饶阳。"太后敕郭威将大军击之，国事权委窦贞固、苏禹珪、王峻，军事委王殷。十二月，甲午朔，郭威发大梁。

丁酉，以翰林学士、户部侍郎范质为枢密副使。

初，蛮酋彭师暠降于楚，楚人恶其犷直，楚王希广独怜之，以为强弩指挥使，领辰州刺史，师暠常欲为希广死。及朱进忠与蛮兵合七千余人至长沙，营于江西，师暠登城望之，言于希广曰："朗人骤胜而骄，杂以蛮兵，攻之易破也。愿假臣步卒三千，自巴溪渡江，出岳麓之后，至水西，令许可琼以战舰度江，腹背合击，必破之。前军败，则其大军自不敢轻进矣。"希广将从之。时马希萼已遣间使以厚利啖许可琼，许分湖南而治，可琼有贰心，乃谓希广曰："师暠与梅山诸蛮皆族类，安可信也！可琼世为楚将，必不负大王，希萼竟何能为！"希广乃止。

希萼寻以战舰四百余艘泊江西。希广命诸将皆受可琼节度，日赐可琼银五百两，希广屡造其营计事。可琼常闭垒，不使士卒知朗军进退。希广叹曰："真将军也，吾何忧哉！"可琼或夜乘单舸诈称巡江，与希萼会水西，约为内应。一旦，彭师暠见可琼，瞋目叱之，拂衣入见希广曰："可琼将叛国，人皆知之，请速除去，无贻后患。"希广曰："可琼，许侍中之子，岂有是邪？"师暠退，叹曰："王仁而不断，败亡可翘足俟也。"

潭州大雪,平地四尺,潭、朗两军久不得战。希广信巫觋及僧语,塑鬼于江上,举手以却朗兵,又作大像于高楼,手指水西,怒目视之,命众僧日夜诵经,希广自衣僧服膜拜求福。

甲辰,朗州步军指挥使武陵何敬真等以蛮兵三千陈于杨柳桥,敬真望韩礼营旌旗纷错,曰:"彼众已惧,击之易破也。"朗人雷晖衣潭卒之服潜入礼寨,手剑击礼,不中,军中惊扰。敬真等乘其乱击之,礼军大溃,礼被创走,至家而卒。于是朗兵水陆急攻长沙,步军指挥使吴宏、小门使杨涤相谓曰:"以死报国,此其时矣!"各引兵出战。宏出清泰门,战不利。涤出长乐,战自辰至午,朗兵小却。许可琼、刘彦瑫按兵不救。涤士卒饥疲,退就食。彭师暠战于城东北隅。蛮兵自城东纵火,城上人招许可琼军使救城,可琼举全军降希萼,长沙遂陷。朗兵及蛮兵大掠三日,杀吏民,焚庐舍,自武穆王以来所营宫室,皆为灰烬,所积宝货,皆入蛮落。李彦温望见城中火起,自驼口引兵救之,朗人已据城拒战。彦温攻清泰门,不克,与刘彦瑫各将千余人奉文昭王及希广诸子趣袁州,遂奔唐。张晖降于希萼。左司马希崇帅将吏诣希萼劝进。吴宏战,血满袖,见希萼曰:"不幸为许可琼所误,今日死,不愧先王矣!"彭师暠投椠于地,大呼请死。希萼叹曰:"铁石人也!"皆不杀。

乙巳,希崇迎希萼入府视事,闭城,分捕希广及掌书记李弘皋、弟弘节、都军判官唐昭胤及邓懿文、杨涤等,皆获之。希萼谓希广曰:"承父兄之业,岂无长幼乎?"希广曰:"将吏见推,朝廷见命耳。"希萼皆囚之。丙午,希萼命内外巡检侍卫指挥使刘宾禁止焚掠。

丁未,希萼自称天策上将军、武安、武平、静江、宁远等军节度使、楚王。以希崇为节度副使、判军府事,湖南要职,悉以朗人为之。脔食李弘皋、弘节、唐昭胤、杨涤,斩邓懿文于市。戊申,希萼谓将吏曰:"希广懦夫,为左右所制耳,吾欲生之,可乎?"诸将皆不对。朱进忠尝为希广所答,对曰:"大王三年血战,始得长沙,一国不容二主,它日必悔之。"戊申,赐希广死。希广临刑,犹诵佛书,彭师暠葬之于浏阳门外。

武宁节度使赟留右都押牙巩(延)〔廷〕美、元从教练使杨温守徐州,与冯道等西来,在道仗卫,皆如王者,左右呼万岁。郭威至滑州,留数日,赟遣使慰劳。诸将受命之际,相顾不拜,私相谓曰:"我辈屠陷京城,其罪大矣。若刘氏复立,我辈尚有种乎!"己酉,威闻之,即引兵行,趣澶州。辛亥,遣苏禹珪如宋州迎嗣君。

楚王希萼以子光赞为武平留后,以何敬真为朗州牙内都指挥使,将兵戍之。希萼召拓跋恒,欲用之,恒称疾不起。

壬子,郭威度河,馆于澶州。癸丑旦,将发,将士数千人忽大噪,威命闭门,将士逾垣登屋而入曰:"天子须侍中自为之,将士已与刘氏为仇,不可立也。"或裂黄旗以被威体,共扶抱之,呼万岁震地,因拥威南行。威乃上太后笺,请奉汉宗庙,事太后为母。丙辰,至韦城,下书抚谕大梁士民,以昨离河上,在道秋毫不犯,勿有忧疑。戊午,威至七里店,窦贞固帅百官出迎拜谒,因劝进。威营于皋门村。

武宁节度使赟已至宋州,王峻、王殷闻澶州军变,遣侍卫马军都指挥使郭崇威将七百骑往拒之,又遣前申州刺史马铎将兵诣许州巡检。崇威忽至宋州,陈于府门外,赟大惊,阖门登楼诘之。对曰:"澶州军变,郭公虑陛下未察,故遣崇威来宿卫,无它也。"赟召崇威,崇威不敢进。冯道出与崇威语,崇威乃登楼,赟执崇威手而泣。崇威以郭威意安谕之。少顷,崇威出,时护圣指挥使张令超帅部兵为赟宿卫,徐州判官董裔说赟曰:"观崇威视瞻举措,必有异谋。道路皆言郭威已为帝,而陛下深入不止,祸其至哉!请急召张令超,谕以祸福,使夜以兵劫崇威,夺其兵。明日,掠睢阳金帛,募士卒,北走晋阳。彼新定京邑,未暇追我,此策之上也。"赟犹豫未决。是夕,崇威密诱令超,令超帅众归之。赟大惧。

郭威遗赟书,云为诸军所迫,召冯道先归,留赵上交、王度奉侍。道辞行,赟曰:"寡人此来所恃者,以公三十年旧相,故无疑耳。今崇威夺吾卫兵,事危矣,公何以为计?"道默然。客将贾贞数目道,欲杀之。赟曰:"汝辈勿草草,此无预冯公事。"崇威迁赟于外馆,杀其腹心董裔、贾贞等数人。

己未,太后诰,废赟为湘阴公。

马铎引兵入许州,刘信惶惑自杀。

庚申,太后诰,以侍中监国。百官藩镇相继上表劝进。壬戌夜,监国营有步兵将校醉,扬言向者澶州骑兵扶立,今步兵亦欲扶立,监国斩之。

南汉主以宫人卢琼仙、黄琼芝为女侍中,朝服冠带,参决政事。宗室勋旧,诛戮殆尽,惟宦官林延遇等用事。

资治通鉴卷第二百九十

端明殿学士兼翰林侍读学士太中大夫提举西京嵩山崇福宫上柱国河内郡开国公食邑二千六百户食实封一千户臣　司马光　奉敕编集

后周纪一 起重光大渊献(辛亥),

尽玄黓困敦(壬子)八月,凡一年有奇。

太祖圣神恭肃文孝皇帝上

广顺元年(辛亥、951)

春,正月,丁卯,汉太后下诰,授监国符宝,即皇帝位。监国自皋门入宫,即位于崇元殿,制曰:"朕周室之裔,虢叔之后,国号宜曰周。"改元,大赦。杨邠、史弘肇、王章等皆赠官,官为敛葬,仍访其子孙叙用之。凡仓场、库务掌纳官吏,无得收斗余、称耗,旧所进羡余物,悉罢之。犯窃盗及奸者,并依晋天福元年以前刑名,罪人非反逆,无得诛及亲族,籍没家赀。唐庄宗、明宗、晋高祖各置守陵十户,汉高祖陵职员、宫人,时月荐享及守陵户并如故。初,唐衰,多盗,不用律文,更定峻法,窃盗赃三匹者死。晋天福中,加至五匹。奸有夫妇人,无问强、和,男女并死。汉法,窃盗一钱以上皆死。又罪非反逆,往往族诛、籍没。故帝即位,首革其弊。

初,杨邠以功臣、国戚为方镇者多不闲吏事,乃以三司军将补都押牙、孔目官、内知客,其人自恃敕补,多专横,节度使不能制,至是悉罢之。

帝命史弘肇亲吏上党李崇矩访弘肇亲族,崇矩言:"弘肇弟弘福今存。"初,弘肇使崇矩掌其家赀之籍,由是尽得其产,皆以授弘福。帝贤之,使隶皇子荣帐下。

戊辰,以前复州防御使王彦超权武宁节度使。

汉李太后迁居西宫,己巳,上尊号曰昭圣皇太后。

开封尹兼中书令刘勋卒。

癸酉,加王峻同平章事。

以卫尉卿刘皞主汉隐帝之丧。

初,河东节度使兼中书令刘崇闻隐帝遇害,欲举兵南向,闻迎立湘阴公,乃止,曰:"吾儿为帝,吾又何求!"太原少尹李骧阴说崇曰:"观郭公之心,终欲自取,公不如疾引兵逾太行,据孟津,俟徐州相公即位,然后还镇,则郭公不敢动矣。不然,且为所卖。"崇怒曰:"腐儒,欲离间吾父子!"命左右曳出斩之。骧呼曰:"吾负经济之才而为愚人谋事,死固甘心。家有老妻,愿与之同死。"崇并其妻杀之,且奏于朝廷,示无二心。及赟废,崇乃遣使请赟归晋阳。诏报以"湘阴公比在宋州,今方取归京师,必令得所,公勿以为忧。公能同力相辅,当加王爵,永镇河东"。

巩廷美、杨温闻湘阴公赟失位,奉赟妃董氏据徐州拒守,以俟河东援兵,帝使赟以书谕之。廷美、温欲降而惧死,帝复遗赟书曰:"爱念斯人尽心于主,足以赏其忠义,何由责以悔尤,俟新节度使入城,当各除刺史,公可更以委曲示之。"

契丹之攻内丘也,死伤颇多,又值月食,军中多妖异,契丹主惧,不敢深入,引兵还,遣使请和于汉。会汉亡,安国节度使刘词送其使者诣大梁,帝遣左千牛卫将军朱宪报聘,且叙革命之由,以金器、玉带赠之。

帝以邺都镇抚河北,控制契丹,欲以腹心处之。乙亥,以宁江节度使、侍卫亲军都指挥使王殷为邺都留守、天雄节度使、同平章事,领军如故,仍以侍卫司从赴镇。

丙子,帝帅百官诣西宫,为汉隐帝举哀成服,皆如天子礼。

慕容彦超遣使入贡,帝虑其疑惧,赐诏慰安之,曰:"今兄事已至此,言不欲繁,望弟扶持,同安亿兆。"

戊寅,杀湘阴公于宋州。

是日,刘崇即皇帝位于晋阳,仍用乾祐年号,所有者并、汾、忻、代、岚、宪、隆、蔚、沁、辽、麟、石十二州之地。以节度判官郑珙为中书侍郎,观察判官荥阳赵华为户部侍郎,并同平章事。以次子承钧为侍卫亲军都指挥使、太原尹,以节度副使李存瓌为代州防御使,裨将武安张元徽为马步军都指挥使,陈光裕为宣徽使。

北汉主谓李存瓌、张元徽曰:"朕以高祖之业一朝坠地,今日位号,不得已而称之。顾我是何天子,汝曹是何节度使邪!"由是不建宗庙,祭祀如家人,宰相俸钱月止百缗,节度使止三十缗,自余薄有资给而已,故其国中少廉吏。

客省使河南李光美尝为直省官,颇谙故事,北汉朝廷制度,皆出于光美。

北汉主闻湘阴公死,哭曰:"吾不用忠臣之言,以至于此!"为李骧立祠,岁时祭之。

己卯,以太师冯道为中书令,加窦贞固侍中,苏禹珪司空。

王彦超奏遣使赍敕诣徐州,巩廷美等犹豫不肯启关,诏进兵攻之。

帝谓王峻曰:"朕起于寒微,备尝艰苦,遭时丧乱,一旦为帝王,岂敢厚自奉养以病下民乎!"命峻疏四方贡献珍美食物,庚辰,下诏悉罢之。其诏略曰:"所奉止于朕躬,所损被于甿庶。"又曰:"积于有司之中,甚为无用之物。"又诏曰:"朕生长军旅,不亲学问,未知治天下之道,文武官有益国利民之术,各具封事以闻,咸宜直书,勿事辞藻。"帝以苏逢吉之第赐王峻,峻曰:"是逢吉所以族李崧也。"辞而不处。

初，契丹主北归，横海节度使潘聿撚弃镇随之，契丹主以聿撚为西南路招讨使。及北汉主立，契丹主使聿燃遗刘承钧书，北汉主使承钧复书，称："本朝沦亡，绍袭帝位，欲循晋室故事，求援北朝。"契丹主大喜。北汉主发兵屯阴地、黄泽、团柏，丁亥，以承钧为招讨使，与副招讨使白从晖、都监李存瓌将步骑万人寇晋州。从晖，吐谷浑人也。

郭崇威更名崇，曹威更名英。

二月，丁酉，以皇子天雄牙内都指挥使荣为镇宁节度使，选朝士为之僚佐，以侍御史王敏为节度判官，右补阙崔颂为观察判官，校书郎王朴为掌书记。颂，协之子；朴，东平人也。

戊戌，北汉兵五道攻晋州，节度使王晏闭城不出。刘承钧以为怯，蚁附登城，晏伏兵奋击，北汉兵死伤者千余人。承钧遣副兵马使安元宝焚晋州西城，元宝来降。承钧乃移军攻隰州。癸卯，隰州刺史许迁遣步军都指挥使孙继业迎击北汉兵于长寿村，执其将程筠等，杀之。未几，北汉兵攻州城，数日不克，死伤甚众，乃引去。迁，郓州人也。

甲辰，楚王希萼遣掌书记刘光辅入贡于唐。

帝悉出汉宫中宝玉器数十，碎之于庭，曰："凡为帝王，安用此物！闻汉隐帝日与嬖宠于禁中嬉戏，珍玩不离侧，兹事不远，宜以为鉴。"仍戒左右，自今珍华悦目之物，无得入宫。

丁未，契丹主遣其臣袅骨支与朱宪偕来，贺即位。

戊申，敕前资官各听自便居外州。

陈思让未至湖南，马希萼已克长沙，思让留屯郢州，敕召令还。

丁巳，遣尚书左丞田敏使契丹。北汉主遣通事舍人李晉使于契丹，乞兵为援。

诏加泰宁节度使慕容彦超中书令，遣翰林学士鱼崇谅诣兖州谕指。崇谅，即崇远也。彦超上表谢。三月，壬戌朔，诏报之曰："向以前朝失德，少主用谗，仓猝之间，召卿赴阙，卿即奔驰应命，信宿至京，救国难而不顾身，闻君召而不俟驾。以至天亡汉祚，兵散梁郊，降将败军，相继而至，卿即便回马首，径返龟阴。为主为时，有终有始。所谓危乱见忠臣之节，疾风知劲草之心，若使为臣者皆能如兹，则有国者谁不欲用！所言朕潜龙河朔之际，平淮浚郊之时，缘不奉示谕之言，亦不得差人至行阙。且事主之道，何必如斯。若或二三于汉朝，又安肯忠信于周室？以此为惧，不亦过乎！卿但悉力推心，安民体国，事朕之节，如事故君，不惟黎庶获安，抑亦社稷是赖。但坚表率，未议替移。由衷之诚，言尽于此。"

唐以楚王希萼为天策上将军、武安、武平、静江、宁远节度使兼中书令、楚王，以右仆射孙忌、客省使姚凤为册礼使。

丙寅，遣前淄州刺史陈思让将兵戍磁州，扼黄泽路。

楚王希萼既得志，多思旧怨，杀戮无度，昼夜纵酒荒淫，悉以军府事委马希崇。希崇复多私曲，政刑紊乱。府库既尽于乱兵，籍民财以赏赉士卒，或封其门而取之，士卒犹以不均怨望。虽朗州旧将佐从希萼来者，亦皆不悦，有离心。

刘光辅之入贡于唐也，唐主待之厚，光辅密言：“湖南民疲主骄，可取也。”唐主乃以营屯都虞候边镐为信州刺史，将兵屯袁州，潜图进取。

小门使谢彦颙，本希萼家奴，以首面有宠于希萼，至与妻妾杂坐，恃恩专横。常肩随希崇，或拊其背，希崇衔之。故事，府宴，小门使执兵在门外，希萼使彦颙预坐，或居诸将之上，诸将皆耻之。

希萼以府舍焚荡，命朗州静江指挥使王逵、副使周行逢帅所部兵千余人治之，执役甚劳，又无犒赐，士卒皆怨，窃言曰：“囚免死则役作之。我辈从大王出万死取湖南，何罪而囚役之！且大王终日酣歌，岂知我辈之劳苦乎！”逵、行逢闻之，相谓曰：“众怨深矣，不早为计，祸及吾曹。”壬申旦，帅其众各执长柯斧、白梃，逃归朗州。时希萼醉未醒，左右不敢白，癸酉，始白之。希萼遣湖南指挥使唐师翥将千余人追之，不及，直抵朗州。逵等乘其疲乏，伏兵纵击，士卒死伤殆尽，师翥脱归。逵等黜留后马光赞，更以希萼兄子光惠知州事。光惠，希振之子也。寻奉光惠为节度使，逵等与何敬真及诸军指挥使张倣参决军府事。希萼具以状言于唐，唐主遣使以厚赏招谕之，逵等纳其赏，纵其使，不答其诏，唐亦不敢诘也。

王彦超奏克徐州，杀巩廷美等。

北汉李鄩至契丹，契丹主使拽剌梅里报之。

丙子，敕：“朝廷与唐本无仇怨，缘淮军镇，各守疆域，无得纵兵民擅入唐境。商旅往来，无得禁止。”

己卯，潞州送涉县所获北汉将卒二百六十余人，各赐衫袴巾履遣还。

加吴越王弘俶诸道兵马都元帅。

夏，四月，壬辰朔，滨淮州镇上言：“淮南饥民过淮籴谷，未敢禁止。”诏曰：“彼之生民，与此何异，宜令州县津铺无得禁止。”

蜀通奏使高延昭固辞知枢密院，丁未，以前雲安榷盐使太原伊审徵为通奏使，知枢密院事。审徵，蜀高祖妹褒国公主之子也，少与蜀主相亲狎，及知枢密，政之大小悉以咨。审徵亦以经济为己任，而贪侈回邪，与王昭远相表里，蜀政由是浸衰。

吴越王弘俶徙废王弘倧居东府，为筑宫室，治园圃，娱悦之，岁时供馈甚厚。

契丹主遣使如北汉，告以周使田敏来，约岁输钱十万缗。北汉主使郑珙以厚赂谢契丹，自称“侄皇帝致书于叔天授皇帝”，请行册礼。

五月，己巳，遣左金吾将军姚汉英等使于契丹，契丹留之。

辛未，北汉礼部侍郎、同平章事郑珙卒于契丹。

甲戌，义武节度使孙方简避皇考讳，更名方谏。

定难节度李彝殷遣使奉表于北汉。

六月，辛亥，以枢密使、同平章事王峻为左仆射兼门下侍郎，枢密副使、兵部侍郎范质、户部侍郎、判三司李穀为中书侍郎，并同平章事，穀仍判三司。司徒兼侍中窦贞固、司空兼中书侍郎、同平章事苏禹珪并罢守本官。癸丑，范质参知枢密院事。丁巳，以宣徽北院使翟光邺兼枢密副使。

初，帝讨河中，已为人望所属。李穀时为转运使，帝数以微言讽之，穀但以人臣尽节为对，帝以是贤之，即位，首用为相。时国家新造，四方多故，王峻夙夜尽心，知无不为，军旅之谋，多所裨益。范质明敏强记，谨守法度。李穀沉毅有器略，在帝前论议，辞气慷慨，善譬谕以开主意。

武平节度使马光惠，愚懦嗜酒，不能服诸将，王逵、周行逢、何敬真谋以辰州刺史庐陵刘言骁勇得蛮夷心，欲迎以为副使。言知逵等难制，曰：“不往，将攻我。”乃单骑赴之。既至，众废光惠，送于唐，推言权武平留后，表求旄节于唐，唐人未许；亦称藩于周。

吴越王弘俶以前内外马步都统军使仁俊无罪，复其官爵。

契丹遣燕王述轧等册命北汉(王)〔主〕为大汉神武皇帝，妃为皇后。北汉主更名旻。

秋，七月，北汉主遣翰林学士博兴卫融等诣契丹谢册礼，且请兵。

八月，壬戌，葬汉隐帝于颍陵。

义武节度使孙方谏入朝，壬子，徙镇国节度使，以其弟易州刺史行友为义武留后。又徙建雄节度使王晏镇徐州，以武宁节度使王彦超代之。

戊午，追立故夫人柴氏为皇后。

九月，北汉主遣招讨使李存瓌将兵自团柏入寇。契丹欲引兵会之，与酋长议于九十九泉。诸部皆不欲南寇，契丹主强之，癸亥，行至新州之西火神淀，燕王述轧及伟王之子太宁王沤僧作乱，弑契丹主而立述轧。契丹主德光之子齐王述律逃入南山，诸部奉述律以攻述轧、沤僧，杀之，并其族党。立述律为帝，改元应历。自火神淀入幽州，遣使告于北汉，北汉主遣枢密直学士上党王得中如契丹，贺即位，复以叔父事之，请兵以击晋州。

契丹主年少，好游戏，不亲国事，每夜酣饮，达旦乃寐，日中方起，国人谓之睡王。后更名明。

壬申，蜀以吏部尚书、御史中丞范仁恕为中书侍郎兼吏部尚书、同平章事。

楚王希萼既克长沙，不赏许可琼，疑可琼怨望，出为蒙州刺史。遣马步都指挥使徐威、左右军马步使陈敬迁、水军都指挥使鲁公绾、牙内侍卫指挥使陆孟俊帅部兵立寨于城西北隅，以备朗兵，不存抚役者，将卒皆怨怒，谋作乱。希崇知其谋，戊寅，希萼宴将吏，徐威等不预，希崇亦辞疾不至。威等使人先驱跷啮马十余入府，自帅其徒执斧斤、白梃，声言縶马，奄至座上，纵横击人，颠踣满地。希萼逾垣走，威等执囚之。执谢彦颙，自顶及踵刽之。立希崇为武安留后，纵兵大掠。幽希萼于衡山县。

刘言闻希崇立，遣兵趣潭州，声言讨其篡夺之罪，壬午，军于益阳之西。希崇惧，癸未，发兵二千拒之，又遣使如朗州求和，请为邻藩。掌书记桂林李观象说言曰："希萼旧将佐犹在长沙，此必不欲与公为邻。不若先檄希崇取其首，然后图湖南，可兼有也。"言从之。希崇畏言，即断都军判官杨仲敏、掌书记刘光辅、牙内指挥使魏师进、都押牙黄勃等十余人首，遣前辰阳县令李翙赍送朗州。至则腐败，言与王逵等皆以为非仲敏等首，怒责翙，翙惶恐自杀。

希崇既袭位，亦纵酒荒淫，为政不公，语多矫妄，国人不附。

初，马希萼入长沙，彭师暠虽免死，犹杖背黜为民。希崇以为师暠必怨之，使送希萼于衡山，实欲师暠杀之，师暠曰："欲使我为弑君之人乎！"奉事逾谨。丙戌，至衡山。衡山指挥使廖偃，匡图之子也，与其季父节度巡官匡凝谋曰："吾家世受马氏恩，今希萼长而被黜，必不免祸，盍相与辅之？"于是帅庄户及乡人悉为兵，与师暠共立希萼为衡山王，以县为行府，断江为栅，编竹为战舰，以师暠为武清节度使，召募徒众，数日，至万余人，州县多应之。遣判官刘虚己求援于唐。

徐威等见希崇所为，知必无成，又畏朗州、衡山之逼，恐一朝丧败，俱及祸，欲杀希崇以自解。希崇微觉之，大惧，密遣客将范守牧奉表请兵于唐，唐主命边镐自袁州将兵万人西趣长沙。

冬，十月，辛卯，潞州巡检陈思让败北汉兵于虒亭。

唐边镐引兵入醴陵，癸巳，楚王希崇遣使犒军。壬寅，遣天策府学士拓跋恒奉笺诣镐请降。恒叹曰："吾久不死，乃为小儿送降状！"癸卯，希崇帅弟侄迎镐，望尘而拜，镐下马称诏劳之。甲辰，希崇等从镐入城，镐舍于浏阳门楼，湖南将吏毕贺，镐皆厚赐之。时湖南饥馑，镐大发马氏仓粟赈之，楚人大悦。

契丹遣彰国节度使萧禹厥将奚、契丹五万会北汉兵入寇。北汉主自将兵二万自阴地关寇晋州，丁未，军于城北，三面置寨，昼夜攻之，游兵至绛州。时王晏已离镇，王彦超未至，巡检使王万敢权知晋州，与龙捷都指挥使史彦超、虎捷指挥使何徽共拒之。史彦超，云州人也。

癸丑，唐武昌节度使刘仁赡帅战舰二百取岳州，抚纳降附，人忘其亡。仁赡，金之子也。

唐百官共贺湖南平，起居郎高远曰："我乘楚乱，取之甚易。观诸将之才，但恐守之难耳！"远，幽州人也。司徒致仕李建勋曰："祸其始于此乎！"

唐主自即位以来，未尝亲祠郊庙，礼官以为请，唐主曰："俟天下一家，然后告谢。"及一举取楚，谓诸国指麾可定。魏岑侍宴言："臣少游元城，乐其风土，俟陛下定中原，乞魏博节度使。"唐主许之，岑趋下拜谢。其主骄臣佞如此。

马希萼望唐人立己为潭帅，而潭人恶希萼，共请边镐为帅，唐主乃以镐为武安节度使。

王峻有故人曰申师厚，尝为兖州牙将，失职饥寒，望峻马拜谒于道。会凉州留后折逋嘉施上表请帅于朝廷，帝以绝域非人所欲，募率府供奉官愿行者，月余，无人应募，峻荐师厚于帝，丁巳，以师厚为河西节度使。

唐边镐趣马希崇帅其族入朝，马氏聚族相泣，欲重赂镐，奏乞留居长沙。镐微哂曰："国家与公家世为仇敌，殆六十年，然未尝敢有意窥公之国。今公兄弟斗阋，困穷自归，若复二三，恐有不测之忧。"希崇无以应，十一月，辛酉，与宗族及将佐千余人号恸登舟，送者皆哭，响振川谷。

帝以北汉、契丹之兵犹在晋州，甲子，以王峻为行营都部署，将兵救之。诏诸军皆受峻节度，听以便宜从事，得自选择将吏。乙丑，峻行，帝自至城西饯之。

楚静江节度副使、知桂州马希隐，武穆王殷之少子也。楚王希广、希萼兄弟争国，南汉主以内侍使吴怀恩为西北招讨使，将兵屯境上，伺间密谋进取，希广遣指挥使彭彦晖将兵屯龙峒以备之。希萼自衡山遣使以彦晖为桂州都监、在城外内巡检使、判军府事，希隐恶之，潜遣人告蒙州刺史许可琼。可琼方畏南汉之逼，即弃蒙州，引兵趣桂州，与彦晖战于城中。彦晖败，奔衡山，可琼留屯桂州。吴怀恩据蒙州，进兵侵掠，桂管大扰，希隐、可琼不知所为，但相与饮酒对泣。

南汉主遗希隐书，言："武穆王奄有全楚，富强安靖五十余年。正由三十五舅、三十舅兄弟寻戈，自相鱼肉，举先人基业，北面仇雠。今闻唐兵已据长沙，窃计桂林继为所取。当朝世为与国，重以昏姻，睹兹倾危，忍不赴救！已发大军水陆俱进，当令相公舅永拥节旄，常居方面。"希隐得书，与僚佐议降之，支使潘玄珪以为不可。丙寅，吴怀恩引兵奄至城下，希隐、可琼帅其众，夜斩关奔全州，桂州遂溃。怀恩因以兵略定宜、连、梧、严、富、昭、柳、象、龚等州，南汉始尽有岭南之地。

辛未，唐边镐遣先锋指挥使李承戬将兵如衡山，趣马希萼入朝。庚辰，希萼与将佐士卒万余人自潭州东下。

王峻留陕州旬日,帝以北汉攻晋州急,忧其不守,议自将由泽州路与峻会兵救之,且遣使谕峻。十二月,戊子朔,下诏以三日西征。使者至陕,峻因使者言于帝曰:"晋州城坚,未易可拔,刘崇兵锋方锐,不可力争。所以驻兵,待其气衰耳,非臣怯也。陛下新即位,不宜轻动。若车驾出泯水,则慕容彦超引兵入汴,大事去矣!"帝闻之,自以手提耳曰:"几败吾事!"庚寅,敕罢亲征。

初,泰宁节度使兼中书令慕容彦超闻徐州平,疑惧愈甚,乃招纳亡命,畜聚薪粮,潜以书结北汉,吏获其书以闻。又遣人诈为商人求援于唐。帝遣通事舍人郑好谦就申慰谕,与之为誓。彦超益不自安,屡遣都押牙郑麟诣阙,伪输诚款,实觇机事。又献天平节度使高行周书,其言皆谤毁朝廷与彦超相结之意。帝笑曰:"此彦超之诈也。"以书示行周,行周上表谢恩。既而彦超反迹益露,丙申,遣阁门使张凝将兵赴郓州巡检以备之。

庚子,王峻至绛州。乙巳,引兵趣晋州。晋州南有蒙阬,最为险要,峻忧北汉兵据之,是日,闻前锋已度蒙阬,喜曰:"吾事济矣!"

慕容彦超奏请入朝,帝知其诈,即许之。既而复称境内多盗,未敢离镇。

北汉主攻晋州,久不克。会大雪,民相聚保山寨,野无所掠,军乏食。契丹思归,闻王峻至蒙阬,烧营夜遁。峻入晋州,诸将请亟追之,峻犹豫未决。明日,乃遣行营马军都指挥使仇弘超、都排陈使药元福、左厢排陈使陈思让、康延沼将骑兵追之,及于霍邑,纵兵奋击,北汉兵坠崖谷死者甚众。霍邑道隘,延沼畏懦不急追,由是北汉兵得度。药元福曰:"刘崇悉发其众,挟胡骑而来,志吞晋、绛,今气衰力惫,狼狈而遁,不乘此剪扑,必为后患。"诸将不欲进,王峻复遣使止之,遂还。契丹比至晋阳,士马什丧三四。萧禹厥耻无功,钉大酋长一人于市,旬余而斩之。北汉主始息意于进取。北汉土瘠民贫,内供军国,外奉契丹,赋繁役重,民不聊生,逃入周境者甚众。

唐主以镇南节度使兼中书令宋齐丘为太傅,以马希萼为江南西道观察使、守中书令,镇洪州,仍赐爵楚王。以马希崇为永泰节度使、兼侍中,镇舒州。湖南将吏,位高者拜刺史、将军、卿监,卑者以次拜官。唐主嘉廖偃、彭师暠之忠,以偃为左殿直军使、莱州刺史,师暠为殿直都虞候,赐予甚厚。湖南刺史皆入朝于唐,永州刺史王赟独后至,唐主毒杀之。

南汉主遣内侍省丞潘崇彻、将军谢贯将兵攻郴州,唐边镐发兵救之,崇彻败唐兵于义章,遂取郴州。边镐请除全、道二州刺史以备南汉,丙辰,唐主以廖偃为道州刺史,以黑云指挥使张峦知全州。

是岁,唐主以安化节度使鄱阳王王延政为山南西道节度使,更赐爵光山王。

初,蒙城镇将咸师朗将部兵降唐,唐主以其兵为奉节都,从边镐平湖南。唐悉收湖南金帛、珍玩、仓粟乃至舟舰、亭馆、花果之美者,皆徙于金陵,遣都官郎中杨继勋等收湖南租赋以赡戍兵。继勋等务为苛刻,湖南人失望。行营粮料使王绍颜减士卒粮赐,奉节指挥使孙朗、曹进怒曰:"昔吾从咸公降唐,唐待我岂如今日湖南将士之厚哉! 今有功不增禄赐,又减之,不如杀绍颜及镐,据湖南,归中原,富贵可图也。"

二年(壬子、952)

春,正月,庚申,夜,孙朗、曹进帅其徒作乱,束藁潜烧府门,火不然。边镐觉之,出兵格斗,且命鸣鼓角,朗、进等以为将晓,斩关奔朗州。王逵问朗曰:"吾昔从武穆王,与淮南战屡捷,淮南兵易与耳。今欲以朗州之众复取湖南,可乎?"朗曰:"朗在金陵数年,备见其政事,朝无贤臣,军无良将,忠佞无别,赏罚不当,如此,得国存幸矣,何暇兼人! 朗请为公前驱,取湖南如拾芥耳!"逵悦,厚遇之。

壬戌,发开封府民夫五万修大梁城,旬日而罢。

慕容彦超发乡兵入城,引泗水注壕中,为战守之备。又多以旗帜授诸镇将,令募群盗,剽掠邻境,所在奏其反状。甲子,敕沂、密二州不复隶泰宁军。以侍卫步军都指挥使、昭武节度使曹英为都部署,讨彦超,齐州防御使史延超为副部署,皇城使河内向训为都监,陈州防御使乐元福为行营马步都虞候。帝以元福宿将,命英、训无得以军礼见之,二人皆父事之。

唐主发兵五千,军于下邳,以援彦超,闻周兵将至,退屯沭阳。徐州巡检使张令彬击之,大破唐兵,杀、溺死者千余人,获其将燕敬权。

初,彦超以周室新造,谓其易摇,故北召北汉及契丹,南诱唐人,使侵边鄙,冀朝廷奔命不暇,然后乘间而动。及北汉、契丹自晋州北走,唐兵败于沭阳,彦超之势遂沮。

永兴节度使李洪信,自以汉室近亲,心不自安,城中兵不满千人,王峻在陕,以救晋州为名,发其数百。及北汉兵遁去,遣禁兵千余人戍长安,洪信惧,遂入朝。

壬申,王峻自晋州还,入见。

曹英等至兖州,设长围。慕容彦超屡出战,药元福皆击败之,彦超不敢出。十余日,长围合,遂进攻之。

初,彦超将反,判官崔周度谏曰:"鲁,诗书之国,自伯禽以来不能霸诸侯,然以礼义守之,可以长世。公于国家非有私憾,胡为自疑! 况主上开谕勤至,苟撤备归诚,则坐享泰山之安矣。独不见杜中令、安襄阳、李河中竟何所成乎!"彦超怒。及官军围城,彦超括士民之财以赡军,坐匿财死者甚众。前陕州司马阎弘鲁,宝之子也,畏彦超之暴,倾家为献。彦超犹以为有所匿,命周度索其家,周度谓弘鲁曰:"君之死生,系财之丰约,宜无所爱。"弘鲁泣拜其妻妾曰:"悉出所有以救吾死。"皆曰:"竭矣!"周度以白彦超,彦超不信,收弘鲁夫妻系狱。有乳母于泥中掊得金缠臂,献之,冀以赎其主。彦超曰:"果然,所匿必犹多。"榜掠弘鲁夫妻,肉溃而死。以周度为阿庇,斩于市。

北汉遣兵寇府州,防御使折德扆败之,杀二千余人。二月,庚子,德扆奏攻拔北汉岢岚军,以兵戍之。

甲辰,帝释燕敬权等使归唐,谓唐主曰:"叛臣,天下所共疾也,不意唐主助之,得无非计乎!"唐主大惭,先所得中国人,皆礼而归之。唐之言事者犹献取中原之策,中书舍人韩熙载曰:"郭氏有国虽浅,为治已固,我兵轻动,必有害无益。"

唐自烈祖以来,常遣使泛海与契丹相结,欲与之共制中国,更相馈遗,约为兄弟。然契丹利其货,徒以虚语往来,实不为唐用也。

唐主好文学,故熙载与冯延巳、延鲁、江文蔚、潘佑、徐铉之徒皆至美官。佑,幽州人也。当时唐之文雅于诸国为盛,然未尝设科举,多因上书言事拜官,至是,始命翰林学士江文蔚知贡举,进士庐陵王克贞等三人及第。唐主问文蔚:"卿取士何如前朝?"对曰:"前朝公举、私谒相半,臣专任至公耳。"唐主悦。中书舍人张纬,前朝登第,闻而衔之。时执政皆不由科第,相与沮毁,竟罢贡举。

三月,戊辰,以内客省使、恩州团练使晋阳郑仁诲为枢密副使。

甲戌,改威胜军曰武胜军。

唐主以太弟太保、昭义节度使冯延巳为左仆射,前镇海节度使徐景运为中书侍郎,及右仆射孙晟皆同平章事。既宣制,户部尚书常梦锡众中大言曰:"白麻甚佳,但不及江文蔚疏耳!"晟素轻延巳,谓人曰:"金杯玉碗,乃贮狗矢乎!"

延巳言于唐主曰:"陛下躬亲庶务,故宰相不得尽其才,此治道所以未成也。"唐主乃悉以政事委之,奏可而已。既而延巳不能勤事,文书皆仰成胥史,军旅则委之边将,顷之,事益不治,唐主乃复自览之。

大理卿萧俨恶延巳为人,数上疏攻之,会俨坐失入人死罪,钟谟、李德明辈必欲杀之,延巳曰:"俨误杀一妇人,诸君以为当死,俨九卿也,可误杀乎?"独上言:"俨素有直声,今所坐已会赦,宜从宽宥。"俨由是得免,人亦以此多之。

景运寻罢为太子少傅。

夏,四月,丙戌朔,日有食之。

帝以曹英等攻兖州久未克,乙卯,下诏亲征,以李毂权东京留守兼判开封府,郑仁诲权大内都点检,又以侍卫马军都指挥使郭崇充在京都巡检。

唐主既克湖南,遣其将李建期屯益阳以图朗州,以知全州张峦兼桂州招讨使以图桂州,久之,未有功。唐主谓冯延巳、孙晟曰:"楚人求息肩于我,我未有以抚其疮痍而虐用其力,非所以副来苏之望。吾欲罢桂林之役,敛益阳之戍,以旌节授刘言,何如?"晟以为宜然。延巳曰:"吾出偏将举湖南,远近震惊,一旦三分丧二,人将轻我。请委边将察其形势。"唐主乃遣统军使侯训将兵五千自吉州路趣全州,与张峦合兵攻桂州。南汉伏兵于山谷,峦等始至城下,罢乏,伏兵四起,城中出兵夹击之,唐兵大败,训死,峦收散卒数百奔归全州。

五月,庚申,帝发大梁。戊辰,至兖州。己巳,帝使人招谕慕容彦超,城上人语不逊。庚午,命诸军进攻。

先是,术者给彦超云:"镇星行至角、亢,角、亢兖州之分,其下有福。"彦超乃立祠而祷之,令民家皆立黄幡。彦超性贪吝,官军攻城急,犹瘗藏珍宝,由是人无斗志,将卒相继有出降者。乙亥,官军克城,彦超方祷镇星祠,帅众力战,不胜,乃焚镇星祠,与妻赴井死。子继勋出走,追获,杀之。官军大掠,城中死者近万人。初,彦超将反,募群盗置帐下,至者二千余人,皆山林犷悍,竟不为用。

帝欲悉诛兖州将吏,翰林学士窦仪见冯道、范质,与之共白帝曰:"彼皆胁从耳。"乃赦之。丁丑,以端明殿学士颜衎权知兖州事。壬午,赦兖州管内,彦超党与逃匿者期一月听自首,前已伏诛者赦其亲戚。癸未,降泰宁军为防御州。

唐司徒致仕李建勋卒,且死,戒家人曰:"时事如此,吾得良死幸矣。勿封土立碑,听人耕种于其上,免为它日开发之标。"及江南之亡也,诸贵人高大之冢无不发者,惟建勋家莫知其处。

六月,乙酉朔,帝如曲阜,谒孔子祠。既奠,将拜,左右曰:"孔子,陪臣也,不当以天子拜之。"帝曰:"孔子百世帝王之师,敢不敬乎!"遂拜之。又拜孔子墓,命葺孔子祠,禁孔林樵采。访孔子、颜渊之后,以为曲阜令及主簿。丙戌,帝发兖州。

乙未,吴越顺德太夫人吴氏卒。

丁酉,蜀大水入成都,漂没千余家,溺死五千余人,坏太庙四室。戊戌,蜀大赦,赈水灾之家。

己亥,帝至大梁。

朔方节度使兼中书令陈留王冯晖卒,其子牙内都虞候继业杀其兄继勋,自知军府事。

太子宾客李涛之弟澣,在契丹为勤政殿学士,与幽州节度使萧海真善。海真,契丹主兀欲之妻弟也。澣说海真内附,海真欣然许之。澣因定州谍者田重霸赍绢表以闻,且与涛书,言:"契丹主童呆,专事宴游,无远志,非前人之比,朝廷若能用兵,必克;不然,与和,必得。二者皆利于速,度其情势,它日终不能力助河东者也。"壬寅,重霸至大梁,会中国多事,不果从。

辛亥,以冯继业为朔方留后。

枢密使王峻,性轻躁,多计数,好权利,喜人附己,自以天下为己任。每言事,帝从之则喜,或时未允,辄愠怼,往往发不逊语。帝以其故旧,且有佐命功,又素知其为人,每优容之。峻年长于帝,帝即位,犹以兄呼之,或称其字,峻以是益骄。副使郑仁诲、皇城使向训、恩州团练使李重进,皆帝在藩镇时腹心将佐也,帝即位,稍稍进用。峻心嫉之,累表称疾,求解机务,以诇帝意。帝屡遣左右敦谕,峻对使者辞气亢厉,又遗诸道节度使书求保证;诸道各献其书,帝惊骇久之,复遣左右慰勉,令视事,且曰:"卿傥不来,朕且自往。"犹不至。帝知枢密直学士陈观与峻亲善,令往谕指,观曰:"陛下但声言临幸其第,严驾以待之,峻必不敢不来。"从之。秋,七月,戊子,峻入朝,帝慰劳令视事。重进,沧州人,其母即帝妹福庆长公主也。

李榖足跌,伤右臂,在告月余。帝以榖职业繁剧,趣令入朝,辞以未任趋拜。癸巳,诏免朝参,但令视事。

蜀工部尚书、判武德军邵延钧不礼于监押王承丕,承丕谋作乱。辛丑,左奉圣都指挥使安次孙钦当以部兵戍边,往辞承丕,承丕邀与俱见府公,钦不知其谋,从之。承丕至,则令左右击杀延钧,屠其家,称奉诏处置军府,即开府库赏士卒,出系囚,发屯戍。将吏毕集,钦谓承丕曰:"今延钧已伏辜,公宜出诏书以示众。"承丕曰:"我能致公富贵,勿问诏书。"钦始知承丕反,因绐曰:"今内外未安,我请以部兵为公巡察。"即跃马而出,承丕连呼之,不止。钦至营,晓谕其众,帅以入府,攻承丕,承丕左右欲拒战,钦叱之,皆弃兵走,遂执承丕,斩之,并其亲党,传首成都。

天平节度使、守中书令高行周卒。行周有勇而知义,功高而不矜,策马临敌,叱咤风生,平居与宾僚宴集,侃侃和易,人以是重之。

癸卯,蜀主遣客省使赵季扎如梓州,慰抚吏民。

汉法,犯私盐、曲,无问多少抵死。郑州民有以屋税受盐于官,过州城,吏以为私盐,执而杀之,其妻讼冤。癸丑,始诏犯盐、曲者以斤两定刑有差。

资治通鉴卷第二百九十一

端明殿学士兼翰林侍读学士太中大夫提举西京嵩山崇福
宫上柱国河内郡开国公食邑二千六百户食实封一千户臣　司马光　奉敕编集

后周纪二起玄黓困敦(壬子)九月，
尽阏逢摄提格(甲寅)四月，凡一年有奇。

太祖圣神恭肃文武孝皇帝中

广顺二年(壬子、952)

九月，甲寅朔，吴越丞相裴坚卒。以台州刺史吴延福同参相府事。

庚午，敕北边吏民毋得入契丹境俘掠。

契丹将高谟翰以苇筏度胡卢河入寇，至冀州，成德节度使何福进遣龙捷都指挥使刘诚诲等屯贝州以拒之。契丹闻之，遽引兵北度，所掠冀州丁壮数百人，望见官军，争鼓噪，欲攻契丹，官军不敢应，契丹尽杀之。

蜀山南西道节度使李廷珪奏周人聚兵关中，请益兵为备。蜀主遣奉銮肃卫都虞候赵进将兵趣利州，既而闻周人聚兵以备北汉，乃引还。

唐武安节度使边镐，昏懦无断，在湖南，政出多门，不合众心。吉水人欧阳广上书，言："镐非将帅才，必丧湖南，宜择择良帅，益兵以救其败。"不报。

唐主使镐经略朗州，有自朗州来者，多言刘言忠顺，镐由是不为备。唐主召刘言入朝，言不行，谓王逵曰："唐必伐我，奈何？"逵曰："武陵负江湖之险，带甲数万，安能拱手受制于人！边镐抚驭无方，士民不附，可一战擒也。"言犹豫未决，周行逢曰："机事贵速，缓则彼为之备，不可图也。"言乃以逵、行逢及牙将何敬真、张倣、蒲公益、朱全琇、宇文琼、彭万和、潘叔嗣、张文表十人皆为指挥使，部分发兵。叔嗣、文表，皆朗州人也。行逢能谋，文表善战，叔嗣果敢，三人多相须成功，情款甚昵。

诸将欲召溆州酋长符彦通为援，行逢曰："蛮贪而无义，前年从马希萼入潭州，焚掠无遗。吾兵以义举，往无不克，乌用此物，使暴殄百姓哉！"乃止。然亦畏彦通为后患，以蛮酋土团都指挥使刘瑶为群蛮所惮，补西境镇遏使以备之。

冬，十月，逵等将兵分道趣长沙，以孙朗、曹进为先锋使，边镐遣指挥使郭再诚等将兵屯益阳以拒之。戊子，逵等克沅江，执都监刘承遇，裨将李师德帅众五百降之。壬辰，逵等命军士举小舟自蔽，直造益阳，四面斧寨而入，遂克之，杀戍兵二千人。边镐告急于唐。甲午,逄等克桥口及湘阴,乙未,至潭州。边镐婴城自守,救兵未至,城中兵少,丙申夜,镐弃城走,吏民俱溃。醴陵门桥折,死者万余人,道州刺史廖偃为乱兵所杀。丁酉旦,王逄入城,自称武平节度副使、权知军府事,以何敬真为行军司马。遣敬真等追镐,不及,斩首五百级。蒲公益攻岳州,唐岳州刺史宋德权走,刘言以公益权知岳州。唐将守湖南诸州者,闻长沙陷,相继遁去。刘言尽复马氏岭北故地,惟郴、连入于南汉。

契丹瀛、莫、幽州大水,流民入塞散居河北者数十万口,契丹州县亦不之禁。诏所在赈给存处之,中国民先为所掠,得归者什五六。

丁未,〔李〕穀以病臂久未愈,三表辞位,帝遣中使谕指曰:“卿所掌至重,朕难其人,苟事功克集,何必朝礼!朕今于便殿待卿,可暂入相见。”穀入见于金祥殿,面陈悃款,帝不许。穀不得已复视事。穀未能执笔,诏以三司务繁,令刻名印用之。

辛亥,敕:“民有诉讼,必先历县州及观察使处决,不直,乃听诣台省,或自不能书牒,倩人书者,必书所倩姓名、居处。若无可倩,听执素纸。所诉必须己事,毋得挟私客诉。”

庆州刺史郭彦钦性贪,野鸡族多羊马,彦钦故扰之以求赂,野鸡族遂反,剽掠纲商。帝命宁、环二州合兵讨之。

刘言遣使奉表来告,称:“湖南世事朝廷,不幸为邻寇所陷,臣虽不奉诏,辄纠合义兵,削平旧国。”

唐主削边镐官爵,流饶州。初,镐以都虞候从查文徽克建州,凡所俘获皆全之,建人谓之“边佛子”;及克潭州,市不易肆,潭人谓之“边菩萨”;既而为节度使,政无纲纪,惟日设斋供,盛修佛事,潭人失望,谓之“边和尚”矣。

左仆射同平章事冯延巳、右仆射同平章事孙晟上表请罪,皆释之。晟陈请不已,乃与延巳皆罢守本官。

唐主以比年出师无功,乃议休兵息民。或曰:“愿陛下数十年不用兵,可小康矣。”唐主曰:“将终身不用,何数十年之有!”唐主思欧阳广之言,拜本县令。

十一月,辛未,徙保义节度使折从阮为静难节度使,讨野鸡族。

癸酉,敕:“约每岁民间所输牛皮,三分减二。计田十顷,税取一皮,余听民自用及卖买,惟禁卖于敌国。”先是,兵兴以来,禁民私卖买牛皮,悉令输官受直。唐明宗之世,有司止偿以盐;晋天福中,并盐不给。汉法,犯私牛皮一寸抵死,然民间日用实不可无。帝素知其弊,至是,李穀建议,均于田亩,公私便之。

十二月,丙戌,河决郑、滑,遣使行视修塞。

甲午,前静难节度使侯章献买宴绢千匹,银五百两。帝不受,曰:“诸侯入觐,天子宜有宴犒,岂待买邪! 自今如此比者,皆勿受。"

王逵将兵及洞蛮五万攻郴州,南汉将潘崇彻救之,遇于蟆石。崇彻登高望湖南兵,曰:"疲而不整,可破也。"纵击,大破之,伏尸八十里。

翰林学士徐台符请诛诬告李崧者葛延遇及李澄,冯道以为屡更赦,不许。王峻嘉台符之义,白于帝,癸卯,收延遇、澄,诛之。

刘言表称潭州残破,乞移使府治朗州,且请贡献、卖茶,悉如马氏故事,许之。

唐江西观察使楚王马希萼入朝,唐主留之,后数年,卒于金陵,谥曰恭孝。

初,麟州土豪杨信自为刺史,受命于周。信卒,子重训嗣,以州降北汉。至是,为群羌所围,复归款,求救于夏、府二州。

三年(癸丑、953)

春,正月,丙辰,以武平留后刘言为武平节度使,制置武安、静江等军事、同平章事;以王逵为武安节度使,何敬真为静江节度使,周行逢为武安行军司马。

诏折从阮:"野鸡族能改过者,拜官赐金帛,不则进兵讨之。"壬戌,从阮奏:"酋长李万全等受诏立誓外,自余犹不服,方讨之。"

前世屯田皆在边地,使戍兵佃之。唐末,中原宿兵,所在皆置营田以耕旷土。其后又募高赀户使输课佃之,户部别置官司总领,不隶州县,或丁多无役,或容庇奸盗,州县不能诘。梁太祖击淮南,掠得牛以千万计,给东南诸州农民,使岁输租。自是历数十年,牛死而租不除,民甚苦之。帝素知其弊,会阁门使、知青州张凝上便宜,请罢营田务,李穀亦以为言,乙丑,敕:"悉罢户部营田务,以其民隶州县。其田、庐、牛、农器,并赐见佃者为永业,悉除租牛课。"是岁,户部增三万余户。民既得为永业,始敢葺屋植木,获地利数倍。或言:"营田其肥饶者,不若鬻之,可得钱数十万缗以资国。"帝曰:"利在于民,犹在国也,朕用此钱何为!"

莱州刺史叶仁鲁,帝之故吏也,坐赃绢万五千匹,钱千缗,庚午,赐死。帝遣中使赐以酒食曰:"汝自抵国法,吾无如之何! 当存恤汝母。"仁鲁感泣。

帝以河决为忧,王峻请自往行视,许之。镇宁节度使荣屡求入朝,峻忌其英烈,每沮止之。闰月,荣复求入朝,会峻在河上,帝乃许之。

契丹寇定州,围义丰军,定和都指挥使杨弘裕夜击其营,大获,契丹遁去。又寇镇州,本道兵击走之。

丙申,镇宁节度使荣入朝。故李守贞骑士马全义从荣入朝,帝召见,补殿前指挥使,谓左右曰:"全义忠于所事,昔在河中,屡挫吾军,汝辈宜效之。"王峻闻荣入朝,遽自河上归,戊戌,至大梁。

彰武节度使高允权卒,其子牙内指挥使绍基谋袭父位,诈称允权疾病,表已知军府事。观察判官李彬切谏,绍基怒,斩之,辛丑,以彬谋反闻。

王峻固求领藩镇,帝不得已,壬寅,以峻兼平卢节度使。

高绍基屡奏杂虏犯边,冀得承袭,帝遣六宅使张仁谦诣延州巡检,绍基不能匿,始发父丧。

戊申,折从阮奏降野鸡二十一族。

唐草泽邵棠上言:"近游淮上,闻周主恭俭,增修德政。吾兵新破于潭、朗,恐其有南征之志,宜为之备。"

初,王逵既克潭州,以指挥使何敬真为静江节度副使,朱全琇为武安节度副使,张文表为武平节度副使,周行逢为武安行军司马。敬真、全琇各置牙兵,与逵分厅视事,吏民莫知所从。每宴集,诸将使酒,纷拏如市,无复上下之分,唯行逢、文表事逵尽礼,逵亲爱之。敬真与逵不协,辞归朗州,又不能事刘言,与全琇谋作乱。言素忌逵之强,疑逵使敬真伺己,将讨之,逵闻之,甚惧。行逢曰:"刘言素不与吾辈同心,何敬真、朱全琇耻在公下,公宜早图之。"逵喜曰:"与公共除凶党,同治潭、朗,夫复何忧!"会南汉寇全、道、永州,行逢请"身至朗州说言,遣敬真、全琇南讨,俟至长沙,以计取之,如掌中物耳"。逵从之。行逢至朗州,言以敬真为南面行营招讨使,全琇为先锋使,将牙兵百余人会潭州兵以御南汉。二人至长沙,逵出郊迎,相见甚欢,宴饮连日,多以美妓饵之,敬真因淹留不进。朗州指挥使李仲迁部兵三千人久戍潭州,敬真使之先发,趣岭北,都头符会等因士卒思归,劫仲迁擅还朗州。逵乘敬真醉,使人诈为言使者,责敬真以"南寇深侵,不亟捍御而专务荒宴,太师命械公归西府"。因收系狱。全琇逃去,遣兵追捕之。二月,辛亥朔,斩敬真以徇。未几,获全琇及其党十余人,皆斩之。

癸丑,镇宁节度使荣归澶州。

初,契丹主德光北还,以晋传国宝自随。至是,更以玉作二宝。

王逵遣使以斩何敬真告刘言,言不得已,庚申,斩符会等数人。

枢密使、平卢节度使、同平章事王峻,晚节益狂躁,奏请以端明殿学士颜衎、枢密直学士陈观代范质、李毂为相,帝曰:"进退宰辅,不可仓猝,俟朕更思之。"峻力论列,语浸不逊。日向中,帝尚未食,峻争之不已,帝曰:"今方寒食,俟假开,如卿所奏。"峻乃退。

癸亥,帝亟召宰相、枢密使入,幽峻于别所。帝见冯道等,泣曰:"王峻陵朕太甚,欲尽逐大臣,剪朕羽翼。朕惟一子,专务间阻,暂令诣阙,已怀怨望。岂有身典枢机,复兼宰相,又求重镇!观其志趣,殊未盈厌。无君如此,谁则堪之!"甲子,贬峻商州司马,制辞略曰:"肉视群后,孩抚朕躬。"帝虑邺都留守王殷不自安,命殷子尚食使承诲诣殷,谕以峻得罪之状。峻至商州,得腹疾,帝犹愍之,命其妻往视之,未几而卒。

帝命折从阮分兵屯延州,高绍基始惧,屡有贡献。又命供奉官张怀贞将禁兵两指挥屯鄜、延,绍基乃悉以军府事授副使张匡图。甲戌,以客省使向训权知延州。

三月,甲申,以镇宁节度使荣为开封尹、晋王。丙戌,以枢密副使郑仁诲为镇宁节度使。

初,杀牛族与野鸡族有隙,闻官军讨野鸡,馈饷迎奉,官军利其财畜而掠之。杀牛族反,与野鸡合,败宁州刺史张建武于包山。帝以郭彦钦扰群胡,致其作乱,黜废于家。

初,解州刺史浚仪郭元昭与榷盐使李温玉有隙,温玉婿魏仁浦为枢密主事,元昭疑仁浦庇之。会李守贞反,温玉有子在河中,元昭收系温玉,奏言其叛,事连仁浦。帝时为枢密使,知其诬,释不问。至是,仁浦为枢密承旨,元昭代归,甚惧,过洛阳,以告仁浦弟仁涤,仁涤曰:"吾兄平生不与人为怨,况肯以私害公乎!"既至,丁亥,仁浦白帝,以元昭为庆州刺史。

己丑,以棣州团练使太原王仁镐为宣徽北院使兼枢密副使。

唐主复以左仆射冯延巳同平章事。

周行逢恶武平节度副使张倣,言于王逵曰:"何敬真,倣之亲戚,临刑以后事属倣,公宜备之。"夏,四月,庚申,逵召倣饮,醉而杀之。

丙寅,归德节度使兼侍中常思入朝,戊辰,徙平卢节度使。将行,奏曰:"臣在宋州,举丝四万余两在民间,谨以上进,请征之。"帝颔之。五月,丁亥,敕榜宋州,凡常思所举丝悉蠲之,已输者复归之,思亦无怍色。

自唐末以来,所在学校废绝,蜀毋昭裔出私财百万营学馆,且请刻板印"九经",蜀主从之。由是蜀中文学复盛。

六月,壬子,沧州奏契丹知卢台军事范阳张藏英来降。

初,唐明宗之世,宰相冯道、李愚请令判国子监田敏校正"九经",刻板印卖,朝廷从之。丁巳,板成,献之。由是,虽乱世,"九经"传布甚广。

王逵以周行逢知潭州,自将兵袭朗州,克之,杀指挥使郑玟,执武安节度使、同平章事刘言,幽于别馆。

秋,七月,王殷三表请入朝,帝疑其不诚,遣使止之。

唐大旱,井泉涸,淮水可涉,饥民度淮而北者相继,濠、寿发兵御之,民与兵斗而北来。帝闻之曰:"彼我之民一也,听余米过淮。"唐人遂筑仓,多籴以供军。八月,己未,诏唐民以人畜负米者听之,以舟车运载者勿予。

王逵遣使上表,诬"刘言谋以朗州降唐,又欲攻潭州,其众不从,废而囚之,臣已至朗州抚安军府讫"。且请复移使府治潭州。甲戌,遣通事舍人翟光邺诣湖南宣抚,从其所请。遂还长沙,以周行逢知朗州事,又遣潘叔嗣杀刘言于朗州。

九月,己亥,武成节度使白重赞奏塞决河。

契丹寇乐寿,齐州戍兵右保宁都头刘彦章杀都监杜延熙,谋应契丹,不克,并其党伏诛。

南汉主立其子继兴为卫王,璇兴为桂王,庆兴为荆王,保兴为祯王,崇兴为梅王。

东自青、徐,南至安、复,西至丹、慈,北至贝、镇,皆大水。

帝自入秋得风痹疾,害于食饮及步趋,术者言宜散财以禳之。帝欲祀南郊,又以自梁以来,郊祀常在洛阳,疑之。执政曰:“天子所都则可以祀百神,何必洛阳!”于是,始筑圆丘、社稷坛,作太庙于大梁。癸亥,遣冯道迎太庙社稷神主于洛阳。

南汉大赦。

冬,十一月,己丑,太常请准洛阳筑四郊诸坛,从之。十二月,丁未朔,神主至大梁,帝迎于西郊,祔享于太庙。

邺都留守、天雄节度使兼侍卫亲军都指挥使、同平章事王殷恃功专横,凡河北镇戍兵应用敕处分者,殷即以帖行之,又多掊敛民财。帝闻之不悦,使人谓曰:“卿与国同体,邺都帑庾甚丰,卿欲用则取之,何患无财!”成德节度使何福进素恶殷,甲子,福进入朝,密以殷阴事白帝,帝由是疑之。乙丑,殷入朝,诏留殷充京城内外巡检。

戊辰,府州防御使折德扆奏北汉将乔赟入寇,击走之。

王殷每出入,从者常数百人,殷请量给铠仗以备巡逻,帝难之。时帝体不平,将行郊祀,而殷挟震主之势在左右,众心忌之。壬申,帝力疾御滋德殿,殷入起居,遂执之。下制诬殷谋以郊祀日作乱,流登州,出城,杀之。命镇宁节度使郑仁诲诣邺都安抚,仁诲利殷家财,擅杀殷子,迁其属于登州。

唐祠部郎中、知制诰徐铉言贡举初设,不宜遽罢,乃复行之。

先是,楚州刺史田敬洙请修白水塘溉田以实边,冯延巳以为便。李德明因请大辟旷土为屯田,修复所在渠塘堙废者。吏因缘侵扰,大兴力役,夺民田甚众,民愁怨无诉。徐铉以白唐主,唐主命铉按视之,铉籍民田悉归其主。或谮铉擅作威福,唐主怒,流铉舒州。然白水塘竟不成。

唐主又命少府监冯延鲁巡抚诸州,右拾遗徐锴表延鲁无才多罪,举措轻浅,不宜奉使。唐主怒,贬锴校书郎、分司东都。锴,铉之弟也。

道州盘容洞蛮酋盘崇聚众自称盘容州都统,屡寇郴、道州。

乙亥,帝朝享太庙,被衮冕,左右掖以登阶,才及一室,酌献,俯首不能拜而退,命晋王荣终礼。是夕,宿南郊,疾尤剧,几不救,夜分小愈。

显德元年(甲寅、954)

春,正月,丙子朔,帝祀圆丘,仅能瞻仰致敬而已,进爵奠币皆有司代之。大赦,改元。听蜀境通商。

戊寅,罢邺都,但为天雄军。

庚辰,加晋王荣兼侍中,判内外兵马事。时群臣希得见帝,中外恐惧,闻晋王典兵,人心稍安。

军士有流言郊赏薄于唐明宗时者,帝闻之,壬午,召诸将至寝殿,让之曰:"朕自即位以来,恶衣菲食,专以赡军为念,府库蓄积,四方贡献,赡军之外,鲜有赢余,汝辈岂不知之? 今乃纵凶徒腾口,不顾人主之勤俭,察国之贫乏,又不思己有何功而受赏,惟知怨望,于汝辈安乎?"皆惶恐谢罪,退,索不逞者戮之,流言乃息。

初,帝在邺都,奇爱小吏曹翰之才,使之事晋王荣。荣镇澶州,以为牙将。荣入为开封尹,未别召翰,翰自至,荣怪之。翰请间言曰:"大王国之储嗣,今主上寝疾,大王当入侍医药,奈何犹决事于外邪!"荣感悟,即日入止禁中。丙戌,帝疾笃,停诸司细务皆勿奏,有大事,则晋王荣禀进止宣行之。

以镇宁节度使郑仁诲为枢密使、同平章事。

戊子,以义武留后孙行友、保义留后韩通、朔方留后冯继业皆为节度使。通,太原人也。

帝屡戒晋王曰:"昔吾西征,见唐十八陵无不发掘者,此无它,惟多藏金玉故也。我死,当衣以纸衣,敛以瓦棺,速营葬,勿久留宫中。圹中无用石,以甓代之,工人役徒皆和雇,勿以烦民。葬毕,募近陵民三十户,蠲其杂徭,使之守视。勿修下宫,勿置守陵宫人,勿作石羊、虎、人、马,惟刻石置陵前云:'周天子平生好俭约,遗令用纸衣、瓦棺,嗣天子不敢违也。'汝或吾违,吾不福汝。"又曰:"李洪义当与节钺,魏仁浦勿使离枢密院。"

庚寅,诏前登州刺史周训等塞决河。先是,河决灵河、鱼池、酸枣、阳武、常乐驿、河阴、六(名)〔明〕镇、原武,凡八口。至是分遣使者塞之。

帝命趣草制,以端明殿学士、户部侍郎王溥为中书侍郎、同平章事。壬辰,宣制毕,左右以闻,帝曰:"吾无恨矣。"以枢密副使王仁镐为永兴节度使,以殿前都指挥使李重进领武信节度使,马军都指挥使樊爱能领武定节度使,步军都指挥使何徽领昭武节度使。重进年长于晋王荣,帝召入禁中,属以后事,仍命拜荣,以定君臣之分。是日,帝殂于滋德殿,秘不发丧。乙未,宣遗制。丙申,晋王即皇帝位。

初,静海节度使吴权卒,子昌岌立。昌岌卒,弟昌文立。是月,始请命于南汉,南汉以昌文为静海节度使兼安南都护。

北汉主闻太祖晏驾,甚喜,谋大举入寇,遣使请兵于契丹。二月,契丹遣其武定节度使、政事令杨衮将万余骑如晋阳。北汉主自将兵三万,以义成节度使白从晖为行军都部署,武宁节度使张元徽为前锋都指挥使,与契丹自团柏南趣潞州。

蜀左匡圣马步都指挥使、保宁节度使安思谦潜杀张业,废赵廷隐,蜀人皆恶之。蜀主使将兵救王景崇,思谦逗桡无功,内惭惧,不自安。自张业之诛,宫门守卫加严,思谦以为疑己,言多不逊。思谦典宿卫,多杀士卒以立威。蜀主阅卫士,有年尚壮而为思谦所斥者,复留隶籍,思谦杀之,蜀主不能平。思谦三子宸、嗣、裔,倚父势暴横,为国人患。翰林使王藻屡言思谦怨望,将反,丁巳,思谦入朝,蜀主命壮士击杀之,及其三子。藻亦坐擅启边奏,并诛之。

北汉兵屯梁侯驿,昭义节度使李筠遣其将穆令均将步骑二千逆战,筠自将大军壁于太平驿。张元徽与令均战,阳不胜而北,令均逐之,伏发,杀令均,俘斩士卒千余人。筠遁归上党,婴城自守。筠,即李荣也,避上名改焉。

世宗闻北汉主入寇,欲自将兵御之,群臣皆曰:“刘崇自平阳遁走以来,势蹙气沮,必不敢来。陛下新即位,山陵有日,人心易摇,不宜轻动,宜命将御之。”帝曰:“崇幸我大丧,轻朕年少新立,有吞天下之心,此必自来,朕不可不往。”冯道固争之,帝曰:“昔唐太宗定天下,未尝不自行,朕何敢偷安!”道曰:“未审陛下能为唐太宗否?”帝曰:“以吾兵力之强,破刘崇如山压卵耳!”道曰:“未审陛下能为山否?”帝不悦。惟王溥劝行,帝从之。

三月,乙亥朔,蜀主加捧圣、控鹤都指挥使兼中书令孙汉韶武信节度使,赐爵乐安郡王,罢军职。蜀主惩安思谦之跋扈,命山南西道节度使李廷珪等十人分典禁兵。

北汉乘胜进逼潞州。丁丑,诏天雄节度使符彦卿引兵自磁州固镇出北汉军后,以镇宁节度使郭崇副之;又诏河中节度使王彦超引兵自晋州东出邀北汉军,以保义节度使韩通副之;又命马军都指挥使、宁江节度使樊爱能、步军都指挥使、清淮节度使何徽、义成节度使白重赞、郑州防御使史彦超、前耀州团练使符彦能将兵先趣泽州,宣徽使向训监之。重赞,宪州人也。

辛巳,大赦。

癸未,帝命冯道奉梓宫赴山陵,以郑仁诲为东京留守。

乙酉,帝发大梁。庚寅,至怀州。帝欲兼行速进,控鹤都指挥使真定赵晁私谓通事舍人郑好谦曰:“贼势方盛,宜持重以挫之。”好谦言于帝,帝怒曰:“汝安得此言! 必为人所使,言其人则生,不然必死。”好谦以实对,帝命并晁械于州狱。壬辰,帝过泽州,宿于州东北。

北汉主不知帝至,过潞州不攻,引兵而南,是夕,军于高平之南。癸巳,前锋与北汉兵遇,击之,北汉兵却,帝虑其遁去,趣诸军亟进。北汉主以中军陈于巴公原,张元徽军其东,杨衮军其西,众颇严整。时河阳节度使刘词将后军未至,众心危惧,而帝志气益锐,命白重赞与侍卫马步都虞候李重进将左军居西,樊爱能、何徽将右军居东,向训、史彦超将精骑居中央,殿前都指挥使张永德将禁兵卫帝。帝介马自临陈督战。

北汉主见周军少,悔召契丹,谓诸将曰:"吾自用汉军可破也,何必契丹!今日不惟克周,亦可使契丹心服。"诸将皆以为然。杨衮策马前望周军,退谓北汉主曰:"劲敌也,未可轻进。"北汉主奋髯,曰:"时不可失,请公勿言,试观我战。"衮默然不悦。时东北风方盛,俄而忽转南风,北汉副枢密使王延嗣使司天监李义白北汉主云:"时可战矣。"北汉主从之。枢密直学士王得中扣马谏曰:"义可斩也。风势如此,岂助我者邪!"北汉主曰:"吾计已决,老书生勿妄言,且斩汝!"麾东军先进,张元徽将千骑击周右军。

合战未几,樊爱能、何徽引骑兵先遁,右军溃,步兵千余人解甲呼万岁,降于北汉。帝见军势危,自引亲兵犯矢石督战。太祖皇帝时为宿卫将,谓同列曰:"主危如此,吾属何得不致死!"又谓张永德曰:"贼气骄,力战可破也。公麾下多能左射者,请引兵乘高西出为左翼,我引兵为右翼以击之。国家安危,在此一举。"永德从之,各将二千人进战。太祖皇帝身先士卒,驰犯其锋,士卒死战,无不一当百,北汉兵披靡。内殿直夏津马仁瑀谓众曰:"使乘舆受敌,安用我辈!"跃马引弓大呼,连毙数十人,士气益振。殿前右番行首马全义言于帝曰:"贼势极矣,将为我擒,愿陛下按辔勿动,徐观诸将破之。"即引数百骑进陷陈。

北汉主知帝自临陈,褒赏张元徽,趣使乘胜进兵。元徽前略陈,马倒,为周兵所杀。元徽,北汉之骁将也,北军由是夺气。时南风益盛,周兵争奋,北汉兵大败,北汉主自举赤帜以收兵,不能止。杨衮畏周兵之强,不敢救,且恨北汉主之语,全军而退。

樊爱能、何徽引数千骑南走,控弦露刃,剽掠辎重,役徒惊走,失亡甚多。帝遣近臣及亲军校追谕止之,莫肯奉诏,使者或为军士所杀,扬言:"契丹大至,官军败绩,余众已降虏矣。"刘词遇爱能等于涂,爱能等止之,词不从,引兵而北。时北汉主尚有余众万余人,阻涧而陈,薄暮,词至,复与诸军击之,北汉兵又败,杀王延嗣,追至高平,僵尸满山谷,委弃御物及辎重、器械、杂畜不可胜纪。

是夕,帝宿于野次,得步兵之降敌者,皆杀之。樊爱能等闻周兵大捷,与士卒稍稍复还,有达曙不至者。甲午,休兵于高平,选北汉降卒数千人为效顺指挥,命前武胜行军司马唐景思将之,使戍淮上,余二千余人赐赍装纵遣之。李毂为乱兵所迫,潜窜山谷,数日乃出。丁酉,帝至潞州。

北汉主自高平被褐戴笠,乘契丹所赠黄骝,帅百余骑由雕窠岭遁归,宵迷,俘村民为导,误之晋州,行百余里,乃觉之,杀导者。昼夜北走,所至,得食未举箸,或传周兵至,辄苍黄而去。北汉主衰老力惫,伏于马上,昼夜驰骤,殆不能支,仅得入晋阳。

帝欲诛樊爱能等以肃军政,犹豫未决。己亥,昼卧行宫帐中,张永德侍侧,帝以其事访之,对曰:“爱能等素无大功,忝冒节钺,望敌先逃,死未塞责。且陛下方欲削平四海,苟军法不立,虽有熊罴之士,百万之众,安得而用之!”帝掷枕于地,大呼称善。即收爱能、徽及所部军使以上七十余人,责之曰:“汝辈皆累朝宿将,非不能战。今望风奔遁者,无它,正欲以朕为奇货,卖与刘崇耳!”悉斩之。帝以何徽先守晋州有功,欲免之,既而以法不可废,遂并诛之,而给槥车归葬。自是骄将惰卒始知所惧,不行姑息之政矣。

庚子,赏高平之功,以李重进兼忠武节度使,向训兼义成节度使,张永德兼武信节度使,史彦超为镇国节度使。张永德盛称太祖皇帝之智勇,帝擢太祖皇帝为殿前都虞候,领严州刺史,以马仁瑀为控鹤弓箭直指挥使,马全义为散员指挥使。自余将校迁拜者凡数十人,士卒有自行间擢主军厢者。释赵晁之囚。

北汉主收散卒,缮甲兵,完城堑以备周。杨衮将其众北屯代州,北汉主遣王得中送衮,因求救于契丹,契丹主遣得中还报,许发兵救晋阳。

壬寅,以符彦卿为河东行营都部署兼知太原行府事,以郭崇副之,向训为都监,李重进为马步都虞候,史彦超为先锋都指挥使,将步骑二万发潞州。仍诏王彦超、韩通自阴地关入,与彦卿合军而进,又以刘词为随驾部署,保大节度使白重赞副之。

汉昭圣皇太后李氏殂于西宫。

夏,四月,北汉盂县降。符彦卿军晋阳城下,王彦超攻汾州,北汉防御使董希颜降。帝遣莱州防御使康延沼攻辽州,密州防御使田琼攻沁州,皆不下。供备库副使太原李谦溥单骑说辽州刺史张汉超,汉超即降。

乙卯,葬圣神恭肃文武孝皇帝于嵩陵,庙号太祖。

南汉主以高王弘邈为雄武节度使,镇邕州。弘邈以齐、镇二王相继死于邕州,固辞,求宿卫,不许。至镇,委政僚佐,日饮酒,祷鬼神。或上书诬弘邈谋作乱,戊午,南汉主遣甘泉宫使林延遇赐鸩杀之。

初,帝遣符彦卿等北征,但欲耀兵于晋阳城下,未议攻取。既入北汉境,其民争以食物迎周师,泣诉刘氏赋役之重,愿供军须,助攻晋阳,北汉州县继有降者。帝闻之,始有兼并之意,遣使往与诸将议之,诸将皆言“刍粮不足,请且班师以俟再举。"帝不听。既而诸军数十万聚于太原城下,军士不免剽掠,北汉民失望,稍稍保山谷自固。帝闻之,驰诏禁止剽掠,安抚农民,止征今岁租税,及募民入粟拜官有差,仍发泽、潞、晋、绛、慈、隰及山东近便诸州民运粮以馈军。己未,遣李毂诣太原计度刍粮。

庚申,太师、中书令瀛文懿王冯道卒。道少以孝谨知名,唐庄宗世始贵显,自是累朝不离将、相、三公、三师之位,为人清俭宽弘,人莫测其喜愠,滑稽多智,浮沉取容,尝著《长乐老叙》,自述累朝荣遇之状,时人往往以德量推之。

欧阳修论曰:"礼义廉耻,国之四维。四维不张,国乃灭亡。"礼义,治人之大法;廉耻,立人之大节。况为大臣而无廉耻,天下其有不乱,国家其有不亡者乎!予读冯道《长乐老叙》,见其自述以为荣,其可谓无廉耻者矣,则天下国家可从而知也。

予于五代得全节之士三,死事之臣十有五,皆武夫战卒,岂于儒者果无其人哉?得非高节之士,恶时之乱,薄其世而不肯出欤?抑君天下者不足顾,而莫能致之欤?予尝闻五代时有王凝者,家青、齐之间,为虢州司户参军,以疾卒于官。凝家素贫,一子尚幼,妻李氏,携其子,负其遗骸以归,东过开封,止于旅舍,主人不纳。李氏顾天已暮,不肯去,主人牵其臂而出之。李氏仰天恸曰:"我为妇人,不能守节,而此手为人所执邪!"即引斧自断其臂,见者为之嗟泣。开封尹闻之,白其事于朝,厚恤李氏而笞其主人。呜呼!士不自爱其身而忍耻以偷生者,闻李氏之风,宜少知愧哉!

臣光曰:天地设位,圣人则之,以制礼立法,内有夫妇,外有君臣。妇之从夫,终身不改,臣之事君,有死无贰,此人道之大伦也。苟或废之,乱莫大焉!范质称冯道厚德稽古,宏才伟量,虽朝代迁贸,人无间言,屹若巨山,不可转也。臣愚以为正女不从二夫,忠臣不事二君。为女不正,虽复华色之美,织纴之巧,不足贤矣;为臣不忠,虽复材智之多,治行之优,不足贵矣。何则?大节已亏故也。道之为相,历五朝、八姓,若逆旅之视过客,朝为仇敌,暮为君臣,易面变辞,曾无愧怍,大节如此,虽有小善,庸足称乎!

或以为自唐室之亡,群雄力争,帝王兴废,远者十余年,近者四三年,虽有忠智,将若之何?当是之时,失臣节者非道一人,岂得独罪道哉!臣愚以为忠臣忧公如家,见危致命,君有过则强谏力争,国败亡则竭节致死。智士邦有道则见,邦无道则隐,或灭迹山林,或优游下僚。今道尊宠则冠三师,权任则首诸相,国存则依违拱嘿,窃位素餐,国亡则图全苟免,迎谒劝进。君则兴亡接踵,道则富贵自如,兹乃奸臣之尤,安得与它人为比哉!或谓道能全身远害于乱世,斯亦贤已。臣谓君子有杀身成仁,无求生害仁,岂专以全身远害为贤哉！然则盗跖病终而子路醢，果谁贤乎？

抑此非特道之愆也，时君亦有责焉。何则？不正之女，中士羞以为家；不忠之人，中君羞以为臣。彼相前朝，语其忠则反君事仇，语其智则社稷为墟，后来之君，不诛不弃，乃复用以为相，彼又安肯尽忠于我而能获其用乎？故曰，非特道之愆也，亦时君之责也。

辛酉，符彦卿奏北汉宪州刺史太原韩光愿、岚州刺史郭言皆举城降。

初，符彦卿有女适李守贞之子崇训，相者言其贵当为天下母。守贞喜曰："吾妇犹母天下，况我乎！"反意遂决。及败，崇训先自刃其弟妹，次及符氏，符氏匿帏下，崇训仓猝求之不获，遂自刭。乱兵既入，符氏安坐堂上，叱乱兵曰："吾父与郭公为昆弟，汝曹勿无礼！"太祖遣使归之于彦卿。及帝镇澶州，太祖为帝娶之。壬戌，立为皇后。后性和惠而明决，帝甚重之。

王彦超、韩通攻石州，克之，执刺史安彦进。癸亥，沁州刺史李廷诲降。庚午，帝发潞州，趣晋阳。癸酉，北汉忻州监军李勍杀刺史赵皋及契丹通事杨耨姑，举城降，以勍为忻州刺史。

王逵表请复徙使府治朗州。

资治通鉴卷第二百九十二

端明殿学士兼翰林侍读学士太中大夫提举西京嵩山崇福宫上柱国河内郡开国公食邑二千六百户食实封一千户臣 司马光 奉敕编集

后周纪三 起阏逢摄提格(甲寅)五月，尽柔兆执徐(丙辰)二月，凡一年有奇。

太祖圣神恭肃文武孝皇帝下

显德元年(甲寅、954)

五月，甲戌朔，王逵自潭州迁于朗州，以周行逢知潭州事，以潘叔嗣为岳州团练使。

丙子，帝至晋阳城下，旗帜环城四十里。杨衮疑北汉代州防御使郑处谦贰于周，召与计事，欲图之，处谦知之，不往。衮使胡骑数十守其城门，处谦杀之，因团门拒衮，衮奔归契丹。契丹主怒其无功，囚之。处谦举城来降。丁丑，置静塞军于代州，以郑处谦为节度使。

契丹数千骑屯忻、代之间，为北汉之援，庚辰，遣符彦卿等将步骑万余击之。彦卿入忻州，契丹退保忻口。

丁亥，置宁化军于汾州，以石、沁二州隶之。

代州将桑珪、解文遇杀郑处谦，诬奏云潜通契丹。

符彦卿奏请益兵，癸巳，遣李筠、张永德将兵三千赴之。契丹游骑时至忻州城下，丙申，彦卿与诸将陈以待之。史彦超将二十骑为前锋，遇契丹，与战，李筠引兵继之，杀契丹二千人。彦超恃勇轻进，去大军浸远，众寡不敌，为契丹所杀，筠仅以身免，周兵死伤甚众。彦卿退保忻州，寻引兵还晋阳。

府州防御使折德扆将州兵来朝，辛丑，复置永安军于府州，以德扆为节度使。

时大发兵夫，东自怀、孟，西及蒲、陕，以攻晋阳，不克。会久雨，士卒疲病，及史彦超死，乃议引还。

初，王得中返自契丹，值周兵围晋阳，留止代州。及桑珪杀郑处谦，囚得中，送于周军，帝释之，赐以带、马，问："虏兵何时当至？"得中曰："臣受命送杨衮，它无所求。"或谓得中曰："契丹许公发兵，公不以实告，契丹兵即至，公得无危乎？"得中太息曰："吾食刘氏禄，有老母在围中，若以实告，周人必发兵据险以拒之，如此，家国两亡，吾独生何益！不若杀身以全家国，所得多矣。"甲辰，帝以得中欺罔,缢杀之。

乙巳,帝发晋阳。匡国节度使药元福言于帝曰:"进军易,退军难。"帝曰:"朕一以委卿。"元福乃勒兵成列而殿。北汉果出兵追蹑,元福击走之。然军还匆遽,刍粮数十万在城下者,悉焚弃之。军中讹言相惊,或相剽掠,军须失亡不可胜计。所得北汉州县,周所置刺史等皆弃城走,惟代州桑珪既叛北汉,又不敢归周,婴城自守,北汉遣兵攻拔之。

乙酉,帝至潞州。甲子,至郑州。丙寅,谒嵩陵。庚午,至大梁。

帝违众议破北汉,自是政事无大小皆亲决,百官受成于上而已。河南府推官高锡上书谏,以为:"四海之广,万机之众,虽尧、舜不能独治,必择人而任之。今陛下一以身亲之,天下不谓陛下聪明睿智足以兼百官之任,皆言陛下褊迫疑忌举不信群臣也。不若选能知人公正者以为宰相,能爱民听讼者以为守令,能丰财足食者使掌金谷,能原情守法者使掌刑狱,陛下但垂拱明堂,视其功过而赏罚之,天下何忧不治!何必降君尊而代臣职,屈贵位而亲贱事,无乃失为政之本乎!"帝不从。锡,河中人也。

北汉主忧愤成疾,悉以国事委其子侍卫都指挥使承钧。

河西节度使申师厚不俟诏,擅弃镇入朝,署其子为留后。秋,七月,癸酉朔,责授率府副率。

丁丑,加吴越王钱弘俶天下兵马都元帅。

癸巳,加门下侍郎、同平章事范质守司徒,以枢密直学士、工部侍郎长山景范为中书侍郎、同平章事、判三司。加枢密使、同平章事郑仁诲兼侍中。乙未,以枢密副使魏仁浦为枢密使。范质既为司徒,司徒窦贞固归洛阳,府县以民视之,课役皆不免。贞固诉于留守向训,训不听。

初,帝与北汉主相拒于高平,命前泽州刺史李彦崇将兵守江猪岭,遏北汉主归路。彦崇闻樊爱能等南遁,引兵退,北汉主果自其路遁去。八月,己酉,贬彦崇率府副率。

己巳,废镇国军。

初,太祖以建雄节度使王晏有拒北汉之功,其乡里在滕县,徙晏为武宁节度使。晏少时尝为群盗,至镇,悉召故党,赠之金帛、鞍马,谓曰:"吾乡素名多盗,昔吾与诸君皆尝为之,想后来者无能居诸君之右。诸君幸为我语之,使勿复为,为者吾必族之。"于是一境清肃。九月,徐州人请为之立衣锦碑,许之。

冬,十月,甲辰,左羽林大将军孟汉卿坐纳藁税,场官扰民,多取耗余,赐死。有司奏汉卿罪不至死,上曰:"朕知之,欲以惩众耳。"

己酉,废安远、永清军。

初,宿卫之士,累朝相承,务求姑息,不欲简阅,恐伤人情,由是羸老者居多。但骄蹇不用命,实不可用,每遇大敌,不走即降,其所以失国,亦多由此。帝因高平之战,始知其弊,癸亥,谓侍臣曰:"凡兵务精不务多,今以农夫百未能养甲士一,奈何浚民之膏泽,养此无用之物乎!且健懦不分,众何所劝!"乃命大简诸军,精锐者升之上军,羸者斥去之。又以骁勇之士多为诸藩镇所蓄,诏募天下壮士,咸遣诣阙,命太祖皇帝选其尤者为殿前诸班,其骑步诸军,各命将帅选之。由是士卒精强,近代无比,征伐四方,所向皆捷,选练之力也。

戊辰,帝谓侍臣曰:"诸道盗贼颇多,讨捕终不能绝,盖由累朝分命使臣巡检,致藩侯、守令皆不致力。宜悉召还,专委节镇、州县,责其清肃。"

河自杨刘至于博州百二十里,连年东溃,分为二派,汇为大泽,弥漫数百里。又东北坏古堤而出,灌齐、棣、淄诸州,至于海涯,漂没民田庐不可胜计,流民采菰稗、捕鱼以给食,朝廷屡遣使者不能塞。十一月,戊戌,帝遣李毂诣澶、郓、齐按视堤塞,役徒六万,三十日而毕。

北汉主疾病,命其子承钧监国,寻殂。遣使告哀于契丹。契丹遣骠骑大将军、知内侍省事刘承训册命承钧为帝,更名钧。北汉孝和帝性孝谨,既嗣位,勤于为政,爱民礼士,境内粗安。每上表于契丹主称男,契丹主赐之诏,谓之"儿皇帝"。

马希萼之帅群蛮破长沙也,府库累世之积,皆为溆州蛮酋苻彦通所掠,彦通由是富强,称王于溪洞间。王逵既得湖南,欲遣使抚之,募能往者,其将王虔朗请行。既至,彦通盛侍卫而见之,礼貌甚倨。虔朗厉声责之曰:"足下自称苻秦苗裔,宜知礼义,有以异于群蛮。昔马氏在湖南,足下祖父皆北面事之。今王公尽得马氏之地,足下不早往乞盟,致使者先来,又不接之以礼,异日得无悔乎?"彦通惭惧,起,执虔朗手谢之。虔朗知其可动,因说之曰:"溪洞之地,隋、唐之世皆为州县,著在图籍。今足下上无天子之诏,下无使府之命,虽自王于山谷之间,不过蛮夷一酋长耳。曷若去王号,自归于王公,王公必以天子之命授足下节度使,与中国侯伯等夷,岂不尊荣哉!"彦通大喜,即日去王号,因虔朗献铜鼓数枚于王逵。逵曰:"虔朗一言胜数万兵,真国士也。"承制以彦通为黔中节度使,以虔朗为都指挥使,预闻府政。虔朗,桂州人也。

逵虑西界镇遏使、锦州刺史刘瑭为边患,表为镇南节度副使,充西界都招讨使。

是岁,湖南大饥,民食草木实,武清节度使、知潭州事周行逢开仓以赈之,全活甚众。行逢起于微贱,知民间疾苦,励精为治,严而无私,辟署僚属,皆取廉介之士,约束简要,吏民便之。其自奉甚薄,或讥其太俭,行逢曰:"马氏父子穷奢极靡,不恤百姓,今子孙乞食于人,又足效乎!"

世宗睿武孝文皇帝上

显德二年(乙卯、955)

春,正月,庚辰,上以漕运自晋、汉以来不给斗耗,纲吏多以亏欠抵死,诏自今每斛给耗一斗。

定难节度使李彝兴以折德扆亦为节度使,与己并列,耻之,塞路不通周使。癸未,上谋于宰相,对曰:"夏州边镇,朝廷向来每加优借,府州褊小,得失不系重轻,且宜抚谕彝兴,庶全大体。"上曰:"德扆数年以来,尽忠戮力以拒刘氏,奈何一旦弃之!且夏州惟产羊马,贸易百货,悉仰中国,我若绝之,彼何能为!"乃遣供奉官齐藏珍赍诏书责之,彝兴惶恐谢罪。

戊子,蜀置威武军于凤州。

辛卯,初令翰林学士、两省官举令、录。除官之日,仍署举者姓名,若贪秽败官,并当连坐。

契丹自晋、汉以来屡寇河北,轻骑深入,无藩篱之限,郊野之民每困杀掠。言事者称深、冀之间有胡卢河,横亘数百里,可浚之以限其奔突。是月,诏忠武节度使王彦超、彰信节度使韩通将兵夫浚胡卢河,筑城于李晏口,留兵戍之。帝召德州刺史张藏英,问以备边之策,藏英具陈地形要害,请列置戍兵,募边人骁勇者,厚其禀给,自请将之,随便宜讨击。帝皆从之,以藏英为沿边巡检招收都指挥使。藏英到官数月,募得千余人。王彦超等行视役者,尝为契丹所围,藏英引所募兵驰击,大破之。自是契丹不敢涉胡卢河,河南之民始得休息。

二月,庚子朔,日有食之。

蜀夔恭孝王仁毅卒。

壬戌,诏群臣极言得失,其略曰:"朕于卿大夫,才不能尽知,面不能尽识,若不采其言而观其行,审其意而察其忠,则何以见器略之浅深,知任用之当否!若言之不入,罪实在予;苟求之不言,咎将谁执!"

唐主以中书侍郎、知尚书省严续为门下侍郎、同平章事。

三月,辛未,以李晏口为静安军。

帝常愤广明以来中国日蹙,及高平既捷,慨然有削平天下之志。会秦州民夷有诣大梁献策请恢复旧疆者,帝纳其言。

蜀主闻之,遣客省使赵季札案视边备。季札素以文武才略自任,使还,奏称:"雄武节度使韩继勋、凤州刺史王万迪非将帅才,不足以御大敌。"蜀主问:"谁可往者?"季札自请行。丙申,以季札为雄武监军使,仍以宿卫精兵千人为之部曲。

帝以大梁城中迫隘，夏，四月，乙卯，诏展外城，先立标帜，俟今冬农隙兴板筑，东作动则罢之，更俟次年，以渐成之。且令自今葬埋皆出所标七里之外，其标内俟县官分画街衢、仓场、营廨之外，听民随便筑室。

丙辰，蜀主命知枢密院王昭远按行北边城寨及甲兵。

上谓宰相曰："朕每思致治之方，未得其要，寝食不忘。又自唐、晋以来，吴、蜀、幽、并皆阻声教，未能混壹，宜命近臣著《为君难为臣不易论》及《开边策》各一篇，朕将览焉。"

比部郎中王朴献策，以为中国之失吴、蜀、幽、并，皆由失道。今必先观所以失之之原，然后知所以取之之术。其始失之也，莫不以君暗臣邪，兵骄民困，奸党内炽，武夫外横，因小致大，积微成著。今欲取之，莫若反其所为而已。夫进贤退不肖，所以收其才也；恩隐诚信，所以结其心也；赏功罚罪，所以尽其力也；去奢节用，所以丰其财也；时使薄敛，所以阜其民也。俟群才既集，政事既治，财用既充，士民既附，然后举而用之，功无不成矣。彼之人观我有必取之势，则知其情状者愿为间谍，知其山川者愿为乡导，民心既归，天意必从矣。

凡攻取之道，必先其易者。唐与吾接境几二千里，其势易扰也。扰之当以无备之处为始，备东则扰西，备西则扰东，彼必奔走而救。奔走之间，可以知其虚实强弱，然后避实击虚，避强击弱。未须大举，且以轻兵扰之。南人懦怯，闻小有警，必悉师以救之。师数动则民疲而财竭，不悉师则我可以乘虚取之。如此，江北诸州将悉为我有。既得江北，则用彼之民，行我之法，江南亦易取也。得江南则岭南、巴蜀可传檄而定。南方既定，则燕地必望风内附。若其不至，移兵攻之，席卷可平矣。惟河东必死之寇，不可以恩信诱，必当以强兵制之，然彼自高平之败，力竭气沮，必未能为边患，宜且以为后图，俟天下既平，然后伺间，一举可擒也。今士卒精练，甲兵有备，群下畏法，诸将效力，期年之后可以出师，宜自夏秋蓄积实边矣。

上欣然纳之。时群臣多守常偷安，所对少有可取者，惟朴神峻气劲，有谋能断，凡所规画，皆称上意，上由是重其器识，未几，迁左谏议大夫，知开封府事。

上谋取秦、凤，求可将者。王溥荐宣徽南院使、镇安节度使向训。上命训与凤翔节度使王景、客省使高唐昝居润偕行。五月，戊辰朔，景出兵自散关趣秦州。

敕天下寺院，非敕额者悉废之。禁私度僧尼，凡欲出家者必俟祖父母、父母、伯叔父之命。惟两京、大名府、京兆府、青州听设戒坛。禁僧俗舍身、断手足、炼指、挂灯、带钳之类幻惑流俗者。令两京及诸州每岁造僧帐，有死亡、归俗，皆随时开落。是岁，天下寺院存者二千六百九十四，废者三万三百三十六，见僧四万二千四百四十四，尼一万八千七百五十六。

王景拔黄牛等八寨。戊寅,蜀主以捧圣控鹤都指挥使、保宁节度使李廷珪为北路行营都统,左卫圣步军都指挥使高彦俦为招讨使,武宁节度使吕彦珂副之,客省使赵崇韬为都监。

蜀赵季札至德阳,闻周师入境,惧不敢进,上书求解边任还奏事,先遣辎重及妓妾西归。丁亥,单骑驰入成都,众以为奔败,莫不震恐。蜀主问以机事,皆不能对,蜀主怒,系之御史台,甲午,斩之于崇礼门。

六月,庚子,上亲录囚于内苑。有汝州民马遇,父及弟为吏所冤死,屡经覆按,不能自伸,上临问,始得其实,人以为神。由是诸长吏无不亲察狱讼。

壬寅,西师与蜀李廷珪等战于威武城东,不利,排陈使濮州刺史胡立等为蜀所擒。丁未,蜀主遣间使如北汉及唐,欲与之俱出兵以制周,北汉主、唐主皆许之。

己酉,以彰信节度使韩通充西南行营马步军都虞候。

戊午,南汉主杀祯州节度使通王弘政,于是高祖之诸子尽矣。

壬戌,以枢密院承旨清河张美为右领军大将军、权点检三司事。初,帝在澶州,美掌州之金谷隶三司者,帝或私有所求,美曲为供副。太祖闻之怒,恐伤帝意,但徙美为濮州马步都虞候。美治财精敏,当时鲜及,故帝以利权授之。帝征伐四方,用度不乏,美之力也,然思其在澶州所为,终不以公忠待之。

秋,七月,丁卯朔,以王景兼西南行营都招讨使,向训兼行营兵马都监。宰相以景等久无功,馈运不继,固请罢兵。帝命太祖皇帝往视之,还,言秦、凤可取之状,帝从之。

八月,丁未,中书侍郎、同平章事景范罢判三司,寻以父丧罢政事。

王景等败蜀兵,获将卒三百。己未,蜀主遣通奏使、知枢密院、武泰节度使伊审徵如行营慰抚,仍督战。

帝以县官久不铸钱,而民间多销钱为器皿及佛像,钱益少,九月,丙寅朔,敕始立监采铜铸钱,自非县官法物、军器及寺观钟磬钹铎之类听留外,自余民间铜器、佛像,五十日内悉令输官,给其直。过期隐匿不输,五斤以上其罪死,不及者论刑有差。上谓侍臣曰:"卿辈勿以毁佛为疑。夫佛以善道化人,苟志于善,斯奉佛矣。彼铜像岂所谓佛邪!且吾闻佛志在利人,虽头目犹舍以布施,若朕身可以济民,亦非所惜也。"

臣光曰:若周世宗,可谓仁矣,不爱其身而爱民;若周世宗,可谓明矣,不以无益废有益。

蜀李廷珪遣先锋都指挥使李进据马岭寨,又遣奇兵出斜谷,屯白涧,又分兵出凤州之北唐仓镇及黄花谷,绝周粮道。闰月,王景遣裨将张建雄将兵二千抵黄花,又遣兵千人趣唐仓,扼蜀归路。蜀染院使王峦将兵出唐仓,与建雄战于黄花,蜀兵败,奔唐仓,遇周兵,又败,虏峦及其将士三千人。马岭、白涧兵皆溃,李廷珪、高彦俦等退保青泥岭。蜀雄武节度使兼侍中韩继勋弃秦州,奔还成都,观察判官赵玭举城降,斜谷援兵亦溃。成、阶二州皆降,蜀人振恐。玭,澶州人也。帝欲以玭为节度使,范质固争以为不可,乃以为郢州刺史。

壬子,百官入贺,帝举酒属王溥曰:"边功之成,卿择帅之力也。"

甲子,上与将相食于万岁殿,因言:"两日大寒,朕于宫中食珍膳,深愧无功于民而坐享天禄,既不能躬耕而食,惟当亲冒矢石为民除害,差可自安耳。"

乙丑,蜀李廷珪上表待罪;冬,十月,壬申,伊审徵至成都请罪。皆释之。

蜀主致书于帝请和,自称大蜀皇帝,帝怒其抗礼,不答。蜀主愈恐,聚兵粮于剑门、白帝,为守御之备,募兵既多,用度不足,始铸铁钱,榷境内铁器,民甚苦之。

唐主性和柔,好文华,而喜人顺己,由是谄谀之臣多进用,政事日乱。既克建州,破湖南,益骄,有吞天下之志。李守贞、慕容彦超之叛,皆为之出师,遥为声援。又遣使自海道通契丹及北汉,约共图中国。值中国多事,未暇与之校。

先是,每冬淮水浅涸,唐人常发兵戍守,谓之"把浅"。寿州监军吴廷绍以为疆场无事,坐、费资粮,悉罢。清淮节度使刘仁赡上表固争,不能得。十一月,乙未朔,帝以李穀为淮南道前军行营都部署兼知庐、寿等行府事,以忠武节度使王彦超副之,督侍卫马军都指挥使韩令坤等十二将以伐唐。令坤,磁州武安人也。

汴水自唐末溃决,自埇桥东南悉为污泽。上谋击唐,先命武宁节度使武行德发民夫,因故堤疏导之,东至泗上。议者皆以为难成,上曰:"数年之后,必获其利。"

丁未,上与侍臣论刑赏,上曰:"朕必不因怒刑人,因喜赏人。"

先是,大梁城中民侵街衢为舍,通大车者盖寡,上悉命直而广之,广者至三十步,又迁坟墓于标外。上曰:"近广京城,于存殁扰动诚多。然怨谤之语,朕自当之,它日终为人利。"

王景等围凤州,韩通分兵城固镇以绝蜀之援兵。戊申,克凤州,擒蜀威武节度使王环及都监赵崇溥等将士五千人。崇溥不食而死。环,真定人也。乙卯,制曲赦秦、凤、阶、成境内,所获蜀将士,愿留者优其俸赐,愿去者给资装而遣之。诏曰:"用慰众情,免违物性,其四州之民,二税征科之外,凡蜀人所立诸色科徭,悉罢之。"

唐人闻周兵将至而惧,刘仁赡神气自若,部分守御,无异平日,众情稍安。唐主以神武统军刘彦贞为北面行营都部署,将兵二万趣寿州;奉化节度使、同平章事皇甫晖为应援使，常州团练使姚凤为应援都监，将兵三万屯定远。召镇南节度使宋齐丘还金陵，谋国难，以翰林承旨、户部尚书殷崇义为吏部尚书、知枢密院。

李穀等为浮梁，自正阳济淮。十二月，甲戌，穀奏王彦超败唐兵二千余人于寿州城下，己卯，又奏先锋都指挥使白延遇败唐兵千余人于山口镇。

丙戌，枢密使兼侍中韩忠正公郑仁诲卒。上临其丧，近臣奏称岁道非便，上曰："君臣义重，何日时之有！"往哭尽哀。

吴越王弘俶遣元帅府判官陈彦禧入贡，帝以诏谕弘俶，使出兵击唐。

三年（丙辰、956）

春，正月，丙午，以王环为右骁卫大将军，赏其不降也。

丁酉，李穀奏败唐兵千余人于上窑。

戊戌，发开封府、曹、滑、郑州之民十余万筑大梁外城。

庚子，帝下诏亲征淮南，以宣徽南院使、镇安节度使向训权东京留守，端明殿学士王朴副之，彰信节度使韩通权点检侍卫司及在京内外都巡检。命侍卫都指挥使、归德节度使李重进将兵先赴正阳，河阳节度使白重赞将亲兵三千屯颍上。壬寅，帝发大梁。

李穀攻寿州，久不克。唐刘彦贞引兵救之，至来远镇，距寿州二百里，又以战舰数百艘趣正阳，为攻浮梁之势。李穀畏之，召将佐谋曰："我军不能水战，若贼断浮梁，则腹背受敌，皆不归矣。不如退守浮梁以待车驾。"上至圉镇，闻其谋，亟遣中使乘驿止之。比至，已焚刍粮，退保正阳。丁未，帝至陈州，亟遣李重进引兵趣淮上。

辛亥，李穀奏："贼舰中淮而进，弩炮所不能及，若浮梁不守，则众心动摇，须至退军。今贼舰日进，淮水日涨，若车驾亲临，万一粮道阻绝，其危不测。愿陛下且驻跸陈、颍，俟李重进至，臣与之共度贼舰可御，浮梁可完，立具奏闻。但若厉兵秣马，春去冬来，足使贼中疲弊，取之未晚。"帝览奏，不悦。

刘彦贞素骄贵，无才略，不习兵，所历藩镇，专为贪暴，积财巨亿，以赂权要，由是魏岑等争誉之，以为治民如龚、黄，用兵如韩、彭，故周师至，唐主专用之。其裨将咸师朗等皆勇而无谋，闻李穀退，喜，引兵直抵正阳，旌旗辎重数百里，刘仁赡及池州刺史张全约固止之。仁赡曰："公军未至而敌人先遁，是畏公之威声也，安用速战！万一失利，则大事去矣！"彦贞不从。既行，仁赡曰："果遇，必败。"乃益兵乘城为备。李重进度淮，逆战于正阳东，大破之，斩彦贞，生擒咸师朗等，斩首万余级，伏尸三十里，收军资、器械三十余万。是时江、淮久安，民不习战。彦贞既败，唐人大恐，张全约收余众奔寿州，刘仁赡表全约为马步左厢都指挥使。皇甫晖、姚凤退保清流关。滁州刺史王绍颜委城走。

壬子，帝至永宁镇，谓侍臣曰："闻寿州围解，农民多归村落，今闻大军至，必复入城。怜其聚为饿殍，宜先遣使存抚，各令安业。"甲寅，帝至正阳，以李重进代李穀为淮南道行营都招讨使，以穀判寿州行府事。丙辰，帝至寿州城下，营于淝水之阳，命诸军围寿州，徙正阳浮梁于下蔡镇。丁巳，征宋、亳、陈、颍、徐、宿、许、蔡等州丁夫数十万以攻城，昼夜不息。唐兵万余人维舟于淮，营于涂山之下。庚申，帝命太祖皇帝击之，太祖皇帝遣百余骑薄其营而伪遁，伏兵邀之，大败唐兵于涡口，斩其都监何延锡等，夺战舰五十余艘。

诏以武平节度使兼中书令王逵为南面行营都统，使攻唐之鄂州。逵引兵过岳州，岳州团练使潘叔嗣厚具燕犒，奉事甚谨。逵左右求取无厌，不满望者谮叔嗣于逵，云其谋叛，逵怒形于词色，叔嗣由是惧不自安。

唐主闻湖南兵将至，命武昌节度使何敬洙徙民入城，为固守之计。敬洙不从，使除地为战场，曰："敌至，则与兵民俱死于此耳！"唐主善之。

二月，丙寅，下蔡浮梁成，上自往视之。

戊辰，庐、寿、光、黄巡检使元城司超奏败唐兵三千余人于盛唐，擒都监高弼等，获战舰四十余艘。

上命太祖皇帝倍道袭清流关。皇甫晖等陈于山下，方与前锋战，太祖皇帝引兵出山后，晖等大惊，走入滁州，欲断桥自守。太祖皇帝跃马麾兵涉水，直抵城下。晖曰："人各为其主，愿容成列而战。"太祖皇帝笑而许之。晖整众而出，太祖皇帝拥马颈突陈而入，大呼曰："吾止取皇甫晖，它人非吾敌也！"手剑击晖，中脑，生擒之，并擒姚凤，遂克滁州。后数日，宣祖皇帝为马军副都指挥使，引兵夜半至滁州城下，传呼开门。太祖皇帝曰："父子虽至亲，城门王事也，不敢奉命。"明旦，乃得入。

上遣翰林学士窦仪籍滁州帑藏，太祖皇帝遣亲吏取藏中绢。仪曰："公初克城时，虽倾藏取之，无伤也。今既籍为官物，非有诏书，不可得也。"太祖皇帝由是重仪。诏左金吾卫将军马崇祚知滁州。

初，永兴节度使刘词遗表荐其幕僚蓟人赵普有才可用。会滁州平，范质荐普为滁州军事判官，太祖皇帝与语，悦之。时获盗百余人，皆应死，普请先讯鞫然后决，所活什七八。太祖皇帝益奇之。

太祖皇帝威名日盛，每临陈，必以繁缨饰马，铠仗鲜明。或曰："如此，为敌所识。"太祖皇帝曰："吾固欲其识之耳。"

唐主遣泗州牙将王知朗赍书抵徐州，称："唐皇帝奉书大周皇帝，请息兵修好，愿以兄事帝，岁输货财以助军费。"甲戌，徐州以闻，帝不答。戊寅，命前武胜节度使侯章等攻寿州水寨，决其壕之西北隅，导壕水入于淝。

太祖皇帝遣使献皇甫晖等,晖伤甚,见上,卧而言曰:"臣非不忠于所事,但士卒勇怯不同耳。臣向日屡与契丹战,未尝见兵精如此。"因盛称太祖皇帝之勇。上释之,后数日卒。

帝诇知扬州无备,己卯,命韩令坤等将兵袭之,戒以毋得残民,其李氏陵寝,遣人与李氏人共守护之。

唐主兵屡败,惧亡,乃遣翰林学士、户部侍郎钟谟、工部侍郎、文理院学士李德明奉表称臣,来请平,献御服、茶药及金器千两,银器五千两,缯锦二千匹,犒军牛五百头,酒二千斛,壬午,至寿州城下。谟、德明素辩口,上知其欲游说,盛陈甲兵而见之,曰:"尔主自谓唐室苗裔,宜知礼义,异于它国。与朕止隔一水,未尝遣一介修好,惟泛海通契丹,舍华事夷,礼义安在?且汝欲说我令罢兵邪?我非六国愚主,岂汝口舌所能移邪!可归语汝主:亟来见朕,再拜谢过,则无事矣。不然,朕欲往观金陵城,借府库以劳军,汝君得无悔乎!"谟、德明战栗不敢言。

吴越王弘俶遣兵屯境上以俟周命。苏州营田指挥使陈满言于丞相吴程曰:"周师南征,唐举国惊扰,常州无备,易取也。"会唐主有诏抚安江阴吏民,满告程云:"周诏书已至。"程为之言于弘俶,请亟发兵从其策。丞相元德昭曰:"唐大国,未可轻也。若我入唐境而周师不至,谁与并力,能无危乎?请姑俟之。"程固争,以为时不可失,弘俶卒从程议。癸未,遣程督衢州刺史鲍修让、中直都指挥使罗晟趣常州。程谓将士曰:"元丞相不欲出师。"将士怒,流言欲击德昭。弘俶匿德昭于府中,令捕言者,叹曰:"方出师而士卒欲击丞相,不祥甚哉!"

乙酉,韩令坤奄至扬州,平旦,先遣白延遇以数百骑驰入城,城中不之觉。令坤继至,唐东都营屯使贾崇焚官府民舍,弃城南走,副留守工部侍郎冯延鲁髡发被僧服,匿于佛寺,军士执之。令坤慰抚其民,使皆安堵。

庚寅,王逵奏拔鄂州长山寨,执其将陈泽等,献之。

辛卯,太祖皇帝奏唐天长制置使耿谦降,获刍粮二十余万。

唐主遣园苑使尹延范如泰州,迁吴让皇之族于润州。延范以道路艰难,恐杨氏为变,尽杀其男子六十人,还报,唐主怒,腰斩之。

韩令坤攻唐泰州,拔之,刺史方讷奔金陵。

唐主遣人以蜡丸求救于契丹。壬辰,静安军使何继筠获而献之。

以给事中高防权知泰州。

癸巳,吴越王弘俶遣上直都指挥使路彦铢攻宣州,罗晟帅战舰屯江阴。唐静海制置使姚彦洪帅兵民万人奔吴越。

潘叔嗣属将士而告之曰:"吾事令公至矣,今乃信谗疑怒,军还,必击我,吾不能坐而待死,汝辈能与我俱西乎?"众愤怒,请行,叔嗣帅之西袭朗州。逵闻之,还军追之,及于武陵城外,与叔嗣战,遂败死。

或劝叔嗣遂据朗州,叔嗣曰:"吾救死耳,安敢自尊,宜以督府归潭州太尉,岂不以武安见处乎?"乃归岳州,使团练判官李简帅朗州将吏迎武安节度使周行逢。众谓行逢:"必以潭州授叔嗣。"行逢曰:"叔嗣贼杀主帅,罪当族。所可恕者,得武陵而不有,以授吾耳。若遽用为节度使,天下谓我与之同谋,何以自明!宜且以为行军司马,俟逾年,授以节钺可也。"乃以衡州刺史莫弘万权知潭州,帅众入朗州,自称武平、武安留后,告于朝廷,以叔嗣为行军司马。叔嗣怒,称疾不至。行逢曰:"行军司马,吾尝为之,权与节度使相垺耳,叔嗣犹不满望,更欲图我邪!"

或说行逢:"授叔嗣武安节钺以诱之,令至都府受命,此乃机上肉耳!"行逢从之。叔嗣将行,其所亲止之。叔嗣自恃素以兄事行逢,相亲善,遂行不疑。行逢遣使迎候,道路相望,既至,自出郊劳,相见甚欢。叔嗣入谒,未至听事,遣人执之,立于庭下,责之曰:"汝为小校无大功,王逵用汝为团练使,一旦反杀主帅。吾以畴昔之情,未忍斩汝,以为行军司马,乃敢违拒吾命而不受乎!"叔嗣知不免,以宗族为请。遂斩之。

资治通鉴卷第二百九十三

端明殿学士兼翰林侍读学士太中大夫提举西京嵩山崇福宫上柱国河内郡开国公食邑二千六百户食实封一千户臣　司马光 奉敕编集

后周纪四 起柔兆执徐(丙辰)三月，

尽强圉大荒落(丁巳)，凡一年有奇。

世宗睿武孝文皇帝中

显德三年(丙辰、956)

三月，甲午朔，上行视水寨，至淝桥，自取一石，马上持之至寨以供炮，从官过桥者人赍一石。太祖皇帝乘皮船入寿春壕中，城上发连弩射之，矢大如屋椽，牙将馆陶张琼遽以身蔽之，矢中琼髀，死而复苏。镞着骨不可出，琼饮酒一大卮，令人破骨出之，流血数升，神色自若。

唐主复以右仆射孙晟为司空，遣与礼部尚书王崇质奉表入见，称："自天祐以来，海内分崩，或跨据一方，或迁革异代，臣绍袭先业，奄有江表，顾以瞻乌未定，附凤何从！今天命有归，声教远被，愿比两浙、湖南，仰奉正朔，谨守土疆，乞收薄伐之威，赦其后服之罪，首于下国，俾作外臣，则柔远之德，云谁不服！"又献金千两，银十万两，罗绮二千匹。晟谓冯延巳曰："此行当在左相，晟若辞之，则负先帝。"既行，知不免，中夜，叹息谓崇质曰："君家百口，宜自为谋。吾思之熟矣，终不负永陵一〔培〕〔抔〕土，馀无所知。"

南汉甘泉宫使林延遇，阴险多计数，南汉主倚信之，诛灭诸弟，皆延遇之谋也。乙未卒，国人相贺。延遇病甚，荐内给事龚澄枢自代，南汉主即日擢澄枢知承宣院及内侍省。澄枢，番禺人也。

光、舒、黄招安巡检使、行光州刺史何超以安、随、申、蔡四州兵数万攻光州。丙申，超奏唐光州刺史张绍弃城走，都监张承翰以城降。

丁酉，行舒州刺史郭令图拔舒州，唐蕲州将李福杀其知州王承巂，举州来降。遣六宅使齐藏珍攻黄州。彰武留后李彦頵，性贪虐，部民与羌胡作乱，攻之。上召彦頵还朝。

秦、凤之平也，上赦所俘蜀兵以隶军籍，从征淮南，复亡降于唐。癸卯，唐主表献百五十人，上悉命斩之。

舒州人逐郭令图，铁骑都指挥使洛阳王审琦选轻骑夜袭舒州，复取之，令图乃得归。

马希崇及王延政之子继沂皆在扬州,诏抚存之。

丙午,孙晟等至上所。庚戌,上遣中使以孙晟诣寿春城下,示刘仁赡,且招谕之。仁赡见晟,戎服拜于城上。晟谓仁赡曰:"君受国厚恩,不可开门纳寇。"上闻之,甚怒,晟曰:"臣为唐宰相,岂可教节度使外叛邪!"上乃释之。

唐主使李德明、孙晟言于上,请去帝号,割寿、濠、泗、楚、光、海六州之地。仍岁输金帛百万以求罢兵。上以淮南之地已半为周有,诸将捷奏日至,欲尽得江北之地,不许。德明见周兵日进,奏称:"唐主不知陛下兵力如此之盛,愿宽臣五日之诛,得归白唐主,尽献江北之地。"上乃许之。晟因奏遣王崇质与德明俱归。上遣供奉官安弘道送德明等归金陵,赐唐主诏书,其略曰:"但存帝号,何爽岁寒!傥坚事大之心,终不迫人于险。"又曰:"俟诸郡之悉来,即大军之立罢。言尽于此,更不烦云,苟曰未然,请从兹绝。"又赐其将相书,使熟议而来。唐主复上表谢。

李德明盛称上威德及甲兵之强,劝唐主割江北之地,唐主不悦。宋齐丘以割地为无益,德明轻佻,言多过实,国人亦不之信。枢密使陈觉、副使李徵古素恶德明及孙晟,使王崇质异其言,因谮德明于唐主曰:"德明卖国求利。"唐主大怒,斩德明于市。

吴程攻常州,破其外郭,执唐常州团练使赵仁泽,送于钱唐。仁泽见吴越王弘俶不拜,责以负约,弘俶怒,抉其口至耳。元德昭怜其忠,为傅良药,得不死。

唐主以吴越兵在常州,恐其侵逼润州,以宣、润大都督燕王弘冀年少,恐其不习兵,征还金陵。部将赵铎言于弘冀曰:"大王元帅,众心所恃,逆自退归,所部必乱。"弘冀然之,辞不就征,部分诸将,为战守之备。

龙武都虞候柴克宏,再用之子也,沉默好施,不事家产,虽典宿卫,日与宾客博〔弈〕饮酒,未尝言兵,时人以为非将帅才。至是,有言克宏久不迁官者,唐主以为抚州刺史。克宏请效死行陈,其母亦表称克宏有父风,可为将,苟不胜任,分甘孥戮。唐主乃以克宏为右武卫将军,使将兵会袁州刺史陆孟俊救常州。

时唐精兵悉在江北,克宏所将数千人皆羸老,枢密使李徵古复以铠仗之朽蠹者给之。克宏诉于徵古,徵古慢骂之,众皆愤恚,克宏怡然。至润州,徵古遣使召还,以神卫统军朱匡业代之。燕王弘冀谓克宏:"君但前战,吾当论奏。"乃表克宏才略可以成功,常州危在旦莫,不宜中易主将。克宏引兵径趣常州,徵古复遣使召之,克宏曰:"吾计日破贼,汝来召吾,必奸人也。"命斩之。使者曰:"受李枢密命而来。"克宏曰:"李枢密来,吾亦斩之。"

初,鲍修让、罗晟在福州,与吴程有隙,至是,程抑挫之,二人皆怨。先是,唐主遣中书舍人乔匡舜使于吴越,壬子,柴克宏至常州,蒙其船以幕,匿甲士于其中,声言迎匡舜。吴越逻者以告,程曰:"兵交,使在其间,不可妄以为疑。"唐兵登岸,径薄吴越营,罗晟不力战,纵之使趣程〔帐〕〔帐〕,程仅以身免。克宏大破吴越兵,斩首万级。朱匡业至行营,克宏事之甚谨。吴程至钱唐,吴越王弘俶悉夺其官。

甲寅,蜀主以捧圣控鹤都指挥使李廷珪为左右卫圣诸军马步都指挥使,仍分卫圣、匡圣步骑为左右十军,以武定节度使吕彦琦等为使,廷珪总之,如赵廷隐之任。

初,柴克宏为宣州巡检使,始至,城堑不修,器械皆阙,吏云:"自田頵、王茂章、李遇相继叛,后人无敢治之者。"克宏曰:"时移事异,安有此理!"悉缮完之。由是路彦铢攻之不克,闻吴程败,乙卯,引归。唐主以克宏为奉化节度使,克宏复请将兵救寿州,未至而卒。

河阳节度使白重赞以天子南征,虑北汉乘虚入寇,缮完守备,且请兵于西京。西京留守王晏初不之与,又虑事出非常,乃自将兵赴之。重赞以晏不奉诏而来,拒不纳,遣人谓之曰:"令公昔在陕服,已立大功,河阳小城,不烦枉驾。"晏惭怍而还。孟、洛之民,数日惊扰。

唐主命诸道兵马元帅齐王景达将兵拒周,以陈觉为监军使,前武安节度使边镐为应援都军使。中书舍人韩熙载上书曰:"信莫信于亲王,重莫重于元帅,安用监军使为!"唐主不从。遣鸿胪卿潘承祐诣泉、建召募骁勇,承祐荐前永安节度使许文稹、静江指挥使陈德诚、建州人郑彦华、林仁肇。唐主以文稹为西面行营应援使,彦华、仁肇皆为将。仁肇,仁翰之弟也。

夏,四月,甲子,以侍卫亲军都指挥使、归德节度使李重进为庐、寿等州招讨使,以武宁节度使武行德为濠州城下都部署。

唐右卫将军陆孟俊自常州将兵万余人趣泰州,周兵遁去,孟俊复取之,遣陈德诚戍泰州。孟俊进攻扬州,屯于蜀冈,韩令坤弃扬州走。帝遣张永德将兵救之,令坤复入扬州。帝又遣太祖皇帝将兵屯六合。太祖皇帝令曰:"扬州兵有过六合者,折其足!"令坤始有固守之志。

帝自至寿春以来,命诸军昼夜攻城,久不克。会大雨,营中水深数尺,攻具及士卒失亡颇多,粮运不继,李德明失期不至,乃议旋师。或劝帝东幸濠州,声言濠州已破,从之。己巳,帝自寿春循淮而东,乙亥,至濠州。

韩令坤败唐兵于城东,擒陆孟俊。初,孟俊之废马希萼立希崇也,灭故舒州刺史杨昭恽之族而取其财,杨氏有女美,献于希崇。令坤入扬州,希崇以杨氏遗令坤,令坤嬖之。既获孟俊,将械送帝所,杨氏在帘下,忽抚膺恸哭,令坤惊问之,对曰:"孟俊昔在潭州,杀妾家二百口,今见之,请复其冤。"令坤乃杀之。

唐齐王景达将兵二万自瓜步济江,距六合二十余里,设栅不进。诸将欲击之,太祖皇帝曰:"彼设栅自固,惧我也。今吾众不满二千,若往击之,则彼见吾众寡矣;不如俟其来而击之,破之必矣。"居数日,唐出兵趣六合,太祖皇帝奋击,大破之,杀获近五千人,余众尚万余,走度江,争舟溺死者甚众,于是唐之精卒尽矣。

是战也,士卒有不致力者。太祖皇帝阳为督战,以剑斫其皮笠。明日,遍阅其笠,有剑迹者数十人,皆斩之,由是部兵莫敢不尽死。

先是,唐主闻扬州失守,命四旁发兵取之。己卯,韩令坤奏败楚州兵万余人于湾头堰,获涟州刺史秦进崇。张永德奏败泗州兵万余人于曲溪堰。

丙戌,以宣徽南院使向训为淮南节度使兼沿江招讨使。

涡口奏新作浮梁成。丁亥,帝自濠州如涡口。

帝锐于进取,欲自至扬州,范质等以兵疲食少,泣谏而止。帝尝怒翰林学士窦仪,欲杀之,范质入救之。帝望见,知其意,即起避之,质趋前伏地,叩头谏曰:"仪罪不至死,臣为宰相,致陛下枉杀近臣,罪皆在臣。"继之以泣。帝意解,乃释之。

北汉葬神武帝于交城北山,庙号世祖。

五月,壬辰朔,以涡口为镇淮军。

丙申,唐永安节度使陈诲败福州兵于南台江,俘斩千余级。唐主更命永安曰忠义军。诲,德诚之父也。

戊戌,帝留侍卫亲军都指挥使李重进等围寿州,自涡口北归。乙卯,至大梁。

六月,壬申,赦淮南诸州系囚,除李氏非理赋役,事有不便于民者,委长吏以闻。

侍卫步军都指挥使、彰信节度使李继勋营于寿州城南,唐刘仁赡伺继勋无备,出兵击之,杀士卒数百人,焚其攻具。

唐驾部员外郎朱元因奏事论用兵方略,唐主以为能,命将兵复江北诸州。

秋,七月,辛卯朔,以周行逢为武平节度使,制置武安、静江等军事。行逢既兼总湖、湘,乃矫前人之弊,留心民事,悉除马氏横赋,贪吏猾民为民害者皆去之,择廉平吏为刺史、县令。

朗州民、夷杂居,刘言、王逵旧将卒多骄横,行逢壹以法治之,无所宽假,众怨怼且惧。有大将与其党十余人谋作乱,行逢知之,大会诸将,于座中擒之,数曰:"吾恶衣粝食,充实府库,正为汝曹,何负而反!今日之会,与汝诀也。"立挝杀之,座上股栗。行逢曰:"诸君无罪,皆宜自安。"乐饮而罢。

行逢多计数,善发隐伏,将卒有谋乱及叛亡者,行逢必先觉,擒杀之,所部凛然。然性猜忍，常散遣人密诇诸州事，其之邵州者，无事可复命，但言刺史刘光委多宴饮。行逢曰："光委数聚饮，欲谋我邪！"即召还，杀之。亲卫指挥使、衡州刺史张文表恐获罪，求归治所，行逢许之。文表岁时馈献甚厚，及谨事左右，由是得免。

行逢妻郧国夫人邓氏，陋而刚决，善治生，尝谏行逢用法太严，人无亲附者。行逢怒曰："汝妇人何知！"邓氏不悦，因请之村墅视田园，遂不复归府舍。行逢屡遣人迎之，不至。一旦，自帅僮仆来输税，行逢就见之，曰："吾为节度使，夫人何自苦如此！"邓氏曰："税，官物也。公为节度使，不先输税，何以率下！且独不记为里正代人输税以免楚挞时邪？"行逢欲与之归，不可，曰："公诛杀太过，常恐一旦有变，村墅易为逃匿耳。"行逢惭怒，其僚属曰："夫人言直，公宜纳之。"

行逢婿唐德求补吏，行逢曰："汝才不堪为吏，吾今私汝则可矣；汝居官无状，吾不敢以法贷汝，则亲戚之恩绝矣。"与之耕牛、农具而遣之。

行逢少时尝坐事黥，隶辰州铜坑，或说行逢："公面有文，恐为朝廷使者所嗤，请以药灭之。"行逢曰："吾闻汉有黥布，不害为英雄，吾何耻焉！"

自刘言、王逵以来，屡举兵，将吏积功及所羁縻蛮夷，检校官至三公者以千数。前天策府学士徐仲雅，自马希广之废，杜门不仕，行逢慕之，署节度判官。仲雅曰："行逢昔趋事我，奈何为之幕吏！"辞疾不至。行逢迫胁固召之，面授文牒，终辞不取，行逢怒，放之邵州，既而召还。会行逢生日，诸道各遣使致贺，行逢有矜色，谓仲雅曰："自吾兼镇三府，四邻亦畏我乎？"仲雅曰："侍中境内，弥天太保，遍地司空，四邻那得不畏！"行逢复放之邵州，竟不能屈。有僧仁及，为行逢所信任，军府事皆预之，亦加检校司空，娶数妻，出入导从如王公。

辛亥，宣懿皇后符氏殂。

唐将朱元取舒州，刺史郭令图弃城走。李平取蕲州。唐主以元为舒州团练使，平为蕲州刺史。元又取和州。

初，唐人以茶盐强民而征其粟帛，谓之博征，又兴营田于淮南，民甚苦之。及周师至，争奉牛酒迎劳。而将帅不之恤，专事俘掠，视民如土芥，民皆失望，相聚山泽，立堡壁自固，操农器为兵，积纸为甲，时人谓之"白甲军"。周兵讨之，屡为所败，先所得唐诸州，多复为唐有。

唐之援兵营于紫金山，与寿春城中烽火相应。淮南节度使向训奏请以广陵之兵并力攻寿春，俟克城，更图进取，诏许之。训封府库以授扬州主者，命扬州牙将分部按行城中，秋毫不犯，扬州民感悦，军还，或负粮糒以送之。滁州守将亦弃城去，皆引兵趣寿春。

唐诸将请〔遽〕〔据〕险以邀周师，宋齐丘曰："如此，则怨益深，不如纵之，以德于敌,则兵易解也。"乃命诸将各自守,毋得擅出击周兵。由是寿春之围益急。齐王景达军于濠州,遥为寿州声援,军政皆出于陈觉,景达署纸尾而已,拥兵五万,无决战意,将吏畏觉,无敢言者。

八月,戊辰,端明殿学士王朴、司天少监王处讷撰《显德钦天历》,上之。诏自来岁行之。

殿前都指挥使、义成节度使张永德屯下蔡,唐将林仁肇等以水陆军援寿春,永德与之战,仁肇以船实薪刍,因风纵火,欲焚下蔡浮梁,俄而风回,唐兵败退。永德为铁缏千余尺,距浮梁十余步,横绝淮流,系以巨木,由是唐兵不能近。

九月,丙午,以端明殿学士、左散骑常侍、权知开封府事王朴为户部侍郎,充枢密副使。

冬,十月,癸酉,李重进奏唐人寇盛唐,铁骑都指挥使王彦昇等击破之,斩首三千余级。彦昇,蜀人也。

丙子,上谓侍臣:"近朝征敛谷帛,多不俟收获、纺绩之毕。"乃诏三司,自今夏税以六月,秋税以十月起征,民间便之。

山南东道节度使、守太尉兼中书令安审琦镇襄州十余年,至是入朝,除守太师,遣还镇。既行,上问宰相:"卿曹送之乎?"对曰:"送至城南,审琦深感圣恩。"上曰:"近朝多不以诚信待诸侯,诸侯虽有欲效忠节者,其道无由。王者但能毋失其信,何患诸侯不归心哉!"

壬午,张永德奏败唐兵于下蔡。是时唐复以水军攻永德,永德夜令善游者没其船下,縻以铁锁,纵兵击之,船不得进退,溺死者甚众。永德解金带以赏善游者。

甲申,以太祖皇帝为定国节度使兼殿前都指挥使。太祖皇帝表渭州军事判官赵普为节度推官。

张永德与李重进不相悦,永德密表重进有二心,帝不之信。时二将各拥重兵,众心忧恐。重进一日单骑诣永德营,从容宴饮,谓永德曰:"吾与公幸以肺附俱为将帅,奚相疑若此之深邪?"永德意乃解,众心亦安。唐主闻之,以蜡书遗重进,诱以厚利,其书皆谤毁及反间之语,重进奏之。

初,唐使者孙晟、钟谟从帝至大梁,帝待之甚厚,每朝会,班于中书省官之后,时召见,饮以醇酒,问以唐事。晟但言:"唐主畏陛下神武,事陛下无二心。"及得唐蜡书,帝大怒,召晟,责以所对不实。晟正色抗辞,请死而已。问以唐虚实,默不对。十一月,乙巳,帝命都承旨曹翰送晟于右军巡院,更以帝意问之。翰与之饮酒数行,从容问之,晟终不言。翰乃谓曰:"有敕,赐相公死。"晟神色怡然,索靴笏,整衣冠,南向拜曰:"臣谨以死报国。"乃就刑。并从者百余人皆杀之,贬钟谟耀州司马。既而帝怜晟忠节,悔杀之,召谟,拜卫尉少卿。

帝召华山隐士真源陈抟,问以飞升、黄白之术。对曰:"陛下为天子,当以治天下为务,安用此为!"戊申,遣还山,诏州县长吏常存问之。

十二月,壬申,以张永德为殿前都点检。

分命中使发陈、蔡、宋、亳、颍、兖、曹、单等州丁夫数万城下蔡。

是岁,唐主诏淮南营田害民尤甚者罢之。遣兵部郎中陈处尧持重币浮海如契丹乞兵,契丹不能为之出兵,而留处尧不遣。处尧刚直有口辩,久之,忿恚,数面责契丹主,契丹主亦不之罪也。

蜀陵、荣州獠叛,弓箭库使赵季文讨平之。

吴越王弘俶括境内民兵,劳扰颇多,判明州钱弘亿手疏切谏,罢之。

四年(丁巳、957)

春,正月,己丑朔,北汉大赦,改元天会。以翰林学士卫融为中书侍郎、同平章事,内省使段恒为枢密使。

宰相屡请立皇子为王,上曰:"诸子皆幼,且功臣之子皆未加恩,而独先朕子,能自安乎!"

周兵围寿春,连年未下,城中食尽。齐王景达自濠州遣应援使、永安节度使许文稹、都军使边镐、北面招讨使朱元将兵数万,溯淮救之,军于紫金山,列十余寨如连珠,与城中烽火晨夕相应,又筑甬道抵寿春,欲运粮以馈之,绵亘数十里。将及寿春,李重进邀击,大破之,死者五千人,夺其二寨。丁未,重进以闻。戊申,诏以来月幸淮上。

刘仁赡请以边镐守城,自帅众决战,齐王景达不许,仁赡愤邑成疾。其幼子崇谏夜泛舟度淮北,为小校所执,仁赡命腰斩之,左右莫敢救,监军使周廷构哭于中门以救之,仁赡不许。廷构复使求救于夫人,夫人曰:"妾于崇谏非不爱也,然军法不可私,名节不可亏,若贷之,则刘氏为不忠之门,妾与公何面目见将士乎!"趣命斩之,然后成丧。将士皆感泣。

议者以唐援兵尚强,多请罢兵,帝疑之。李穀寝疾在第,二月,丙寅,帝使范质、王溥就与之谋,穀上疏,以为:"寿春危困,破在旦夕,若銮驾亲征,则将士争奋,援兵震恐,城中知亡,必可下矣。"上悦。

庚午,诏有司更造祭器、祭玉等,命国子博士聂崇义讨论制度,为之图。

甲戌,以王朴权东京留守兼判开封府事,以三司使张美为大内都巡检,以侍卫都虞候韩通为京城内外都巡检。

乙亥,帝发大梁。先是周与唐战,唐水军锐敏,周人无以敌之,帝每以为恨。返自寿春,于大梁城西汴水侧造战舰数百艘,命唐降卒教北人水战,数月之后,纵横出没,殆胜唐兵。至是命右骁卫大将军王环将水军数千自闵河沿颍入淮,唐人见之大惊。

乙酉,帝至下蔡。三月,己丑夜,帝度淮,抵寿春城下。庚寅旦,躬擐甲胄,军于紫金山南,命太祖皇帝击唐先锋寨及山北一寨,皆破之,斩获三千余级,断其甬道,由是唐兵首尾不能相救。至暮,帝分兵守诸寨,还下蔡。

唐朱元恃功,颇违元帅节度,陈觉与元有隙,屡表元反覆,不可将兵,唐主以武昌节度使杨守忠代之。守忠至濠州,觉以齐王景达之命,召元诣濠州计事,将夺其兵。元闻之,愤怒,欲自杀,门下客宋均说元曰:“大丈夫何往不富贵,何必为妻子死乎!”辛卯夜,元与先锋壕寨使朱仁裕等举寨万余人降,裨将时厚卿不从,元杀之。

帝虑其余众沿流东溃,遽命虎捷左厢都指挥使赵晁将水军数千沿淮而下。壬辰旦,帝军于赵步,诸将击唐紫金山寨,大破之,杀获万余人,擒许文稹、边镐、杨守忠。余众果沿淮东走,帝自赵步将数百循北岸追之,诸将以步骑循南岸追之,水军自中流而下,唐兵战溺死及降者殆四万人,获船舰粮仗以十万数。晡时,帝驰至荆山洪,距赵步二百余里。是夜,宿镇淮军,癸酉,从官始至。刘仁赡闻援兵败,扼吭叹息。

甲午,发近县丁夫数千城镇淮军,为二城,夹淮水,徙下蔡浮梁于其间,扼濠、寿应援之路。会淮水涨,唐濠州都监彭城郭廷谓以水军溯淮,欲掩不备,焚浮梁,右龙武统军赵匡赞觇知之,伏兵邀击,破之。

唐齐王景达及陈觉皆自濠州奔归金陵,惟静江指挥使陈德诚全军而还。

戊戌,以淮南节度使向训为武宁节度使、淮南道行营都监,将兵戍镇淮军。

己亥,上自镇淮军复如下蔡。庚子,赐刘仁赡诏,使自择祸福。

唐主议自督诸将拒周,中书舍人乔匡舜上疏切谏,唐主以为沮众,流抚州。唐主问神卫统军朱匡业、刘存忠以守御方略,匡业诵罗隐诗曰:“时来天地皆同力,运去英雄不自由。”存忠以匡业言为然。唐主怒,贬匡业抚州副使,流存忠于饶州。既而竟不敢自出。

甲辰,帝耀兵于寿春城北。唐清淮节度使兼侍中刘仁赡病甚,不知人,丙午,监军使周廷构、营田副使孙羽等作仁赡表,遣使奉之来降。丁未,帝赐仁赡诏,遣阁门使万年张保续入城宣谕,仁赡子崇让复出谢罪。戊申,帝大陈甲兵,受降于寿春城北,廷构等舁仁赡出城,仁赡卧不能起,帝慰劳赐赉,复令入城养疾。

庚戌,徙寿州治下蔡,赦州境死罪以下。州民受唐文书聚山林者,并召令复业,勿问罪。有尝为其杀伤者,毋得仇讼。向日政令有不便于民者,令本州条奏。辛亥,以刘仁赡为天平节度使兼中书令,制辞略曰:“尽忠所事,抗节无亏,前代名臣,几人堪比!朕之伐叛,得尔为多。"是日,卒,追赐爵彭城郡主。唐主闻之,亦赠太师。帝复以清淮军为忠正军,以旌仁赡之节,以右羽林统军杨信为忠正节度使、同平章事。

前许州司马韩伦,侍卫马军都指挥使令坤之父也。令坤领镇安节度使,伦居于陈州,干预政事,贪污不法,为公私患,为人所讼,令坤屡为之泣请。癸丑,诏免伦死,流沙门岛。

伦后得赦还,居洛阳,与光禄卿致仕柴守礼及当时将相王溥、王晏、王彦超之父游处,恃势恣横,洛阳人畏之,谓之十阿父。帝既为太祖嗣,人无敢言守礼子者,但以元舅处之,优其俸给,未尝至大梁。尝以小忿杀人,有司不敢诘,帝知而不问。

诏开寿州仓振饥民。丙辰,帝北还。夏,四月,己巳,至大梁。

诏修永福殿,命宦官孙延希董其役。丁丑,帝至其所,见役徒有削柹为匕,瓦中噉饭者,大怒,斩延希于市。

帝之克秦、凤也,以蜀兵数千人为怀恩军。乙亥,遣怀恩指挥使萧知远等将士八百余人西还。

壬午,李榖扶疾入见,帝命不拜,坐于御坐之侧。榖恳辞禄位,不许。

甲申,分江南降卒为六军、三十指挥,号怀德军。

乙酉,诏疏汴水北入五丈河,自是齐、鲁舟楫皆达于大梁。

五月,丁酉,以太祖皇帝领义成节度使。

诏以律令文古难知,格敕烦杂不壹,命侍御史知杂事张湜等训释,删定为《刑统》。

唐郭廷谓将水军断涡口浮梁,又袭败武宁节度使武行德于定远,行德仅以身免。唐主以廷谓为滁州团练使,充上淮水陆应援使。

蜀人多言左右卫圣马步都指挥使、保宁节度使、同平章事李廷珪为将败覆,不应复典兵,廷珪亦自请罢去。六月,乙丑,蜀主加廷珪检校太尉,罢军职。李太后以典兵者多非其人,谓蜀主曰:"吾昔见庄宗跨河与梁战,及先帝在太原,平二蜀,诸将非有大功,无得典兵,故士卒畏服。今王昭远出于厮养,伊审徵、韩保贞、赵崇韬皆膏粱乳臭子,素不习兵,徒以旧恩置于人上,平时谁敢言者,一旦疆场有事,安能御大敌乎!以吾观之,惟高彦俦太原旧人,终不负汝,自余无足任者。"蜀主不能从。

丁丑,以前华州刺史王祚为颍州团练使。祚,溥之父也。溥为宰相,祚有宾客,溥常朝服侍立,客坐不安席,祚曰:"犬犬不足为起。"

秋,七月,丁亥,上治定远军及寿春城南之败,以武宁节度使兼中书令武行德为左卫上将军,河阳节度使李继勋为右卫大将军。

北汉主初立七庙。

司空兼门下侍郎、同平章事李穀卧疾二年,凡九表辞位,八月,乙亥,罢守本官,令每月肩舆一诣便殿议政事。

以枢密副使、户部侍郎王朴检校太保,充枢密使。

怀恩军至成都,蜀主遣梓州别驾胡立等八十人东还,且致书为谢,请通好。癸未,立等至大梁。帝以蜀主抗礼,不之答。蜀主闻之,怒曰:"朕为天子郊祀天地时,尔犹作贼,何敢如是!"

九月,中书舍人窦俨上疏请令有司讨论古今礼仪,作《大周通礼》,考正钟律,作《大周正乐》。又以:"为政之本,莫大择人;择人之重,莫先宰相。自有唐之末,轻用名器,始为辅弼,即兼三公、仆射之官。故其未得之也,则以趋竞为心;既得之也,则以容默为事。但思解密勿之务,守崇重之官,逍遥林亭,保安宗族。乞令即日宰相于南宫三品、两省给、舍以上,各举所知。若陛下素知其贤,自可登庸;若其未也,且令以本官权知政事。期岁之间,察其职业,若果能堪称,其官已高,则除平章事;未高,则稍更迁官,权知如故。若有不称,则罢其政事,责其举者。又,班行之中,有员无职者太半,乞量其才器,授以外任,试之于事,还则以旧官登叙,考其治状,能者进之,否者黜之。"又请:"令盗贼自相纠告,以其所告赀产之半赏之。或亲戚为之首,则论其徒侣而赦其所首者。如此,则盗不能聚矣。又,新郑乡村团为义营,各立将佐,一户为盗,累其一村;一户被盗,罪其一将。每有盗发,则鸣鼓举火,丁壮云集,盗少民多,无能脱者。由是邻县充斥而一境独清。请令它县皆效之,亦止盗之一术也。又,累朝已来,屡下诏书,听民多种广耕,止输旧税,及其既种,则有司履亩而增之,故民皆疑惧而田不加辟。夫为政之先,莫如敦信,信苟著矣,则田无不广,田广则谷多,谷多则藏之民犹藏之官也。"又言:"陛下南征江、淮,一举而得八州,再驾而平寿春,威灵所加,前无强敌。今以众击寡,以治伐乱,势无不克,但行之贵速,则彼民免俘馘之灾,此民息转输之困矣。"帝览而善之。俨,仪之弟也。

冬,十月,戊午,设贤良方正直言极谏、经学优深可为师法、详闲吏理达于教化等科。

癸亥,北汉麟州刺史杨重训举城降,以为麟州防御使。

己巳,以王朴为东京留守,听以便宜从事。以三司使张美充大内都点检。

壬申,帝发大梁。十一月,丙戌,至镇淮军,是夜五鼓,济淮。丁亥,至濠州城西。濠州东北十八里有滩,唐人栅于其上,环水自固,谓周兵必不能涉。戊子,帝自攻之,命内殿直康保裔帅甲士数百,乘橐驼涉水,太祖皇帝帅骑兵继之,遂拔之。李重进破濠州南关城。癸巳,帝自攻濠州,王审琦拔其水寨。唐人屯战船数百于城北,植巨木于淮水以限周兵。帝命水军攻之,拔其木,焚战船七十余艘,斩首二千余级,又攻拔其羊马城,城中震恐。丙申夜,唐濠州团练使郭廷谓上表言:"臣家在江南,今若遽降,恐为唐所种族,请先遣使诣金陵禀命,然后出降。"帝许之。辛丑,帝闻唐有战船数百艘在涣水东,欲救濠州。自将兵夜发水陆击之。癸卯,大破唐兵于洞口,斩首五千余级,降卒二千余人,因鼓行而东,所至皆下。乙巳,至泗州城下,太祖皇帝先攻其南,因焚城门,破水寨及月城。帝居于月城楼,督将士攻城。

北汉主自即位以来,方安集境内,未遑外略。是月,契丹遣其大同节度使、侍中崔勋将兵来会北汉,欲同入寇,北汉主遣其忠武节度使、同平章事李存瓌将兵会之,南侵潞州,至其城下而还。北汉主知契丹不足恃而不敢遽与之绝,赠送勋甚厚。

十二月,乙卯,唐泗州守将范再遇举城降,以再遇为宿州团练使。上自至泗州城下,禁军中刍荛者毋得犯民田,民皆感悦,争献刍粟。既克泗州,无一卒敢擅入城者。帝闻唐战船数百艘泊洞口,遣骑诇之,唐兵退保清口。

戊午旦,上自将亲军自淮北进,命太祖皇帝将步骑自淮南进,诸将以水军自中流进,共追唐兵。时淮滨久无行人,葭苇如织,多泥淖沟堑,士卒乘胜气荄涉争进,皆忘其劳。庚申,追及唐兵,且战且行,金鼓声闻数十里。辛酉,至楚州西北,大破之。唐兵有沿淮东下者,帝自追之,太祖皇帝为前锋,行六十里,擒其保义节度使、濠、泗、楚、海都应援使陈承昭以归。所获战船烧沉之余得三百余艘,士卒杀溺之余得七千余人。唐之战船在淮上者,于是尽矣。

郭廷谓使者自金陵还,知唐不能救,命录事参军鄱阳李延邹草降表。延邹责以忠义,廷谓以兵临之,延邹掷笔曰:"大丈夫终不负国为叛臣作降表!"廷谓斩之,举濠州降,得兵万人,粮数万斛。唐主赏李延邹之子以官。

壬戌,帝济淮,至楚州,营于城西北。

乙丑,唐雄武军使、知涟水县事崔万迪降。

丙寅,以郭廷谓为亳州防御使。

戊辰,帝攻楚州,克其月城。

庚午,郭廷谓见于行宫,帝曰:"朕南征以来,江南诸将败亡相继,独卿能断涡口浮梁,破定远寨,所以报国足矣。濠州小城,使李璟自守,能守之乎?"使将濠州兵攻天长。帝遣铁骑左厢都指挥使武守琦将骑数百趣扬州,至高邮,唐人悉焚扬州官府民居,驱其人南度江,后数日,周兵至,城中余羸病十余人而已,癸酉,守琦以闻。

帝闻泰州无备，遣兵袭之，丁丑，拔泰州。

南汉中书侍郎、同平章事卢膺卒。

南汉主闻唐屡败，忧形于色，遣使入贡于周，为湖南所闭，乃治战舰，修武备。既而纵酒酣饮，曰："吾身得免，幸矣，何暇虑后世哉！"

唐使者陈处尧在契丹，白契丹主请游太原，北汉主厚礼之。留数日，北还，竟卒于契丹。

资治通鉴卷第二百九十四

端明殿学士兼翰林侍读学士太中大夫提举西京嵩山崇福宫上柱国河内郡开国公食邑二千六百户食实封一千户臣 司马光 奉敕编集

后周纪五 起著雍敦牂（戊午），尽屠维协洽（己未），凡二年。

世宗睿武孝文皇帝下

显德五年（戊午、958）

春，正月，乙酉，废匡国军。

唐改元中兴。

丁亥，右龙武将军王汉璋奏克海州。

己丑，以侍卫马军都指挥使韩令坤权扬州军府事。

上欲引战舰自淮入江，阻北神堰，不得度；欲凿楚州西北鹳水以通其道，遣使行视，还言地形不便，计功甚多。上自往视之，授以规画，发楚州民夫浚之，旬日而成，用功甚省。巨舰百艘皆达于江，唐人大惊，以为神。

壬辰，拔静海军，始通吴越之路。先是帝遣左谏议大夫长安尹日就等使吴越，语之曰："卿今去虽泛海，比还，淮南已平，当陆归耳。"已而果然。

甲辰，蜀右补阙章九龄见蜀主，言政事不治，由奸佞在朝。蜀主问奸佞为谁，指李昊、王昭远以对。蜀主怒，以九龄为毁斥大臣，贬维州录事参军。

周兵攻楚州，逾四旬，唐楚州防御使张彦卿固守不下。乙巳，帝自督诸将攻之，宿于城下，丁未，克之。彦卿与都监郑昭业犹帅众拒战，矢刃皆尽，彦卿举绳床以斗而死，所部千余人，至死无一人降者。

高保融遣指挥使魏璘将战船百艘东下会伐唐，至于鄂州。

庚戌，蜀置永宁军于果州，以通州隶之。

唐以天长为雄州，以建武军使易文赟为刺史。二月，甲寅，文赟举城降。

戊午，帝发楚州。丁卯，至扬州，命韩令坤发丁夫万余，筑故城之东南隅为小城以治之。

乙亥，黄州刺史司超奏与控鹤右厢都指挥使王审琦攻唐舒州，擒其刺史施仁望。

丙子，建雄节度使真定杨廷璋奏败北汉兵于隰州城下。时隰州刺史孙议暴卒，廷璋谓都监、闲厩使李谦溥曰："今大驾南征，泽州无守将，河东必生心，若奏请待报,则孤城危矣。"即牒谦溥权隰州事,谦溥至则修守备。未几,北汉兵果至,诸将请速救之。廷璋曰:"隰州城坚将良,未易克也。"北汉攻城久不下,廷璋度其疲困无备,潜与谦溥约,各募死士百余夜袭其营,北汉兵惊溃,斩首千余级,北汉兵遂解去。

三月,壬午朔,帝如泰州。

丁亥,唐大赦,改元交泰。

唐太弟景遂前后凡十表辞位,且言:"今国危不能扶,请出就藩镇。燕王弘冀嫡长有军功,宜为嗣,谨奉上太弟宝册。"齐王景达亦以败军辞元帅。唐主乃立景遂为晋王,加天策上将军、江南西道兵马元帅、洪州大督都、太尉、尚书令,以景达为浙西道元帅、润州大都督。景达以浙西方用兵,固辞,改抚州大都督。立弘冀为皇太子,参决庶政。弘冀为人猜忌严刻,景遂左右有未出东宫者,立斥逐之。其弟安定公从嘉畏之,不敢预事,专以经籍自娱。

辛卯,上如迎銮镇,屡至江口,遣水军击唐兵,破之。上闻唐战舰数百艘泊东沛州,将趣海口扼苏、杭路,遣殿前都虞候慕容延钊将步骑,右神武统军宋延渥将水军,循江而下。甲午,延钊奏大破唐兵于东沛州。上遣李重进将兵趣庐州。

唐主闻上在江上,恐遂南渡,又耻降号称藩,乃遣兵部侍郎陈觉奉表,请传位于太子弘冀,使听命于中国。时淮南惟庐、舒、蕲、黄未下,丙申,觉至迎銮,见周兵之盛,白上,请遣人度江取表,献四州之地,画江为境,以求息兵,辞指甚哀。上曰:"朕本兴师止取江北,今尔主能举国内附,朕复何求!"觉拜谢而退。丁酉,觉请遣其属阁门承旨刘承遇如金陵,上赐唐主书,称"皇帝恭问江南国主",慰纳之。

戊戌,吴越奏遣上直都指挥使、处州刺史邵可迁、秀州刺史路彦铢以战舰四百艘,士卒万七千人屯通州南岸。

唐主复遣刘承遇奉表称唐国主,请献江北四州,岁输贡物数十万。于是江北悉平,得州十四,县六十。

庚子,上赐唐主书,谕以"缘江诸军及两浙、湖南、荆南兵并当罢归,其庐、蕲、黄三道,亦令敛兵近外。俟彼将士及家属皆就道,可遣人召将校以城邑付之。江中舟舰有须往来者,并令就北岸引之"。辛丑,陈觉辞行,又赐唐主书,谕以不必传位于子。

壬寅,上自迎銮复如扬州。

癸卯,诏吴越、荆南军各归本道,赐钱弘俶犒军帛三万匹,高保融一万匹。

甲辰,置保信军于庐州,以右龙武统军赵匡赞为节度使。

丙午,唐主遣冯延巳献银、绢、钱、茶、谷共百万以犒军。

己酉,命宋延渥将水军三千溯江巡警。

庚戌,敕故淮南节度使杨行密、故昇府节度使徐温等墓并量给守户。其江南群臣墓在江北者,亦委长吏以时检校。

辛亥,唐主遣其临汝公徐辽代己来上寿。

是月,浚汴口,导河流达于淮,于是江、淮舟楫始通。

夏,四月,乙卯,帝自扬州北还。

新作太庙成。庚申,神主入庙。

辛酉夜,钱塘城南火,延及内城,官府庐舍几尽。壬戌旦,火将及镇国仓,吴越王弘俶久疾,自强出救火,火止,谓左右曰:“吾疾因灾而愈。”众心稍安。

帝之南征也,契丹乘虚入寇。壬申,帝至大梁,命镇宁节度使张永德将兵备御北边。

五月,辛巳朔,日有食之。

诏赏劳南征士卒及淮南新附之民。

辛卯,以太祖皇帝领忠武节度使,徙安审琦为平卢节度使。

成德节度使郭崇攻契丹东城,拔之,以报其入寇也。

唐主避周讳,更名景。下令去帝号,称国主,凡天子仪制皆有降损,去年号,用周正朔,仍告于太庙。左仆射、同平章事冯延巳罢为太子太傅,门下侍郎、同平章事严续罢为少傅、枢密使,兵部侍郎陈觉罢守本官。

初,冯延巳以取中原之策说唐主,由是有宠。延巳尝笑烈祖戢兵为龌龊,曰:“安陆所丧才数千兵,为之辍食咨嗟者旬日,此田舍翁识量耳,安足与成大事!岂如今上暴师数万于外,而击球宴乐无异平日,真英主也。”延巳与其党谈论,常以天下为己任,更相唱和。翰林学士常梦锡屡言延巳等浮诞,不可信,唐主不听。梦锡曰:“奸言似忠,陛下不悟,国必亡矣!”及臣服于周,延巳之党相与言,有谓周为大朝者,梦锡大笑曰:“诸公常欲致君尧、舜,何意今日自为小朝邪!”众默然。

自唐主内附,帝止因其使者赐书,未尝遣使至其国。己酉,始命太仆卿冯延鲁、卫尉少卿钟谟使于唐,赐以御衣、玉带等及犒军帛十万,并今年《钦天历》。

刘承遇之还自金陵也,唐主使陈觉白帝,以江南无卤田,愿得海陵盐监南属以赡军。帝曰:“海陵在江北,难以交居,当别有处分。”至是,诏岁支盐三十万斛以给江南,所俘获江南士卒,稍稍归之。

六月,壬子,昭义节度使李筠奏击北汉石会关,拔其六寨。乙卯,晋州奏都监李谦溥击北汉,破孝义。

高保融遣使劝蜀主称藩于周,蜀主报以前岁遣胡立致书于周而不答。

秋,七月,丙戌,初行《大周刑统》。

帝欲均田租,丁亥,以元稹《均田图》遍赐诸道。

闰月,唐清源节度使兼中书令留从效遣牙将蔡仲赟衣商人服,以绢表置革带中,间道来称藩。

唐江西元帅晋王景遂之赴洪州也,以时方用兵,启求大臣以自副,唐主以枢密副使、工部侍郎李徵古为镇南节度副使。徵古傲很专恣,景遂虽宽厚,久而不能堪,常欲斩徵古,自拘于有司,左右谏而止,景遂忽忽不乐。

太子弘冀在东宫多不法,唐主怒,尝以球杖击之曰:“吾当复召景遂。”昭庆宫使袁从範从景遂为洪州都押牙,或潛从範之子于景遂,景遂欲杀之,从範由是怨望。弘冀闻之,密遣从範毒之。八月,庚辰,景遂击球渴甚,从範进浆,景遂饮之而卒。未殡,体已溃。唐主不之知,赠皇太弟,谥曰文成。

辛巳,南汉中宗殂,长子卫王继兴即帝位,更名鋹,改元大宝。鋹年十六,国事皆决于宦官玉清宫使龚澄枢及女侍中卢琼仙等,台省官备位而已。

甲申,唐始置进奏院于大梁。

壬辰,命西上阁门使灵寿曹彬使于吴越,赐吴越王弘俶骑军钢甲二百,步军甲五千及它兵器。彬事毕亟返,不受馈遗,吴越人以轻舟追与之,至于数四,彬曰:“吾终不受,是窃名也。”尽籍其数,归而献之。帝曰:“向之奉使者,乞丐无厌,使四方轻朝命,卿能如是,甚善。然彼以遗卿,卿自取之。”彬始拜受,悉以散于亲识,家无留者。

辛丑,冯延鲁、钟谟来自唐,唐主手表谢恩,其略曰:“天地之恩厚矣,父母之恩深矣,子不谢父,人何报天,惟有赤心,可酬大造。”又乞比藩方,赐诏书。又称:“有情事令钟谟上奏,乞令早还。”唐主复令谟白帝,欲传位太子。九月,丁巳,以延鲁为刑部侍郎,谟为给事中。己未,先遣谟还,赐书谕以未可传位之意。唐主复遣吏部尚书、知枢密院殷崇义来贺天清节。

帝谋伐蜀,冬,十月,己卯,以户部侍郎高防为西南面水陆制置使,右赞善大夫李玉为判官。

甲午,帝归冯延鲁及左监门卫上将军许文稹、右千牛卫上将军边镐、卫尉卿周廷构于唐。唐主以文稹等皆败军之俘,弃不复用。

高保融再遗蜀主书,劝称臣于周,蜀主集将相议之,李昊曰:“从之则君父之辱,违之则周师必至,诸将能拒周乎?”诸将皆曰:“以陛下圣明,江山险固,岂可望风屈服!秣马厉兵,正为今日。臣等请以死卫社稷。”丁酉,蜀主命昊草书,极言拒绝之。

诏左散骑常侍须城艾颖等三十四人分行诸州,均定田租。庚子,诏诸州并乡村,率以百户为团,团置耆长三人。帝留心农事,常刻木为耕夫蚕妇,置之殿庭。

命武胜节度使宋延渥以水军巡江。

高保融奏，闻王师将伐蜀，请以水军趣三峡，诏褒之。

十一月，庚戌，敕窦俨编集《大周通礼》《大周正乐》。

辛亥，南汉葬文武光明孝皇帝于昭陵，庙号中宗。

乙丑，唐主复遣礼部侍郎钟谟入见。

李玉至长安，或言"蜀归安镇在长安南三百余里，可袭取也。"玉信之，牒永兴节度使王彦超，索兵二百，彦超以为归安道阻隘难取，玉曰："吾自奉密旨。"彦超不得已与之。玉将以往，十二月，蜀归安镇遏使李承勋据险邀之，斩玉，其众皆没。

乙酉，蜀主以右卫圣步军都指使赵崇韬为北面招讨使，丙戌，以奉銮肃卫都指挥使、武信节度使兼中书令孟贻业为昭武、文州都招讨使，左卫圣马军都指挥使赵思进为东面招讨使，山南西道节度使韩保贞为北面都招讨使，将兵六万，分屯要害以备周。

丙戌，诏凡诸色课户及俸户并勒归州县，其幕职、州县官自今并支俸钱及米麦。

初，唐太傅兼中书令楚公宋齐丘多树朋党，欲以专固朝权，躁进之士争附之，推奖以为国之元老。枢密使陈觉、副使李徵古恃齐丘之势，尤骄慢。及许文稹等败于紫金山，觉与齐丘、景达自濠州遁归，国人怆惧。唐主尝叹曰："吾国家一朝至此！"因泣下。徵古曰："陛下当治兵以扞敌，涕泣何为！岂饮酒过量邪，将乳母不至邪？"唐主色变，而徵古举止自若。会司天奏："天文有变，人主宜避位禳灾。"唐主乃曰："祸难方殷，吾欲释去万机，栖心冲寂，谁可以托国者？"徵古曰："宋公，造国手也，陛下如厌万机，何不举国授之！"觉曰："陛下深居禁中，国事皆委宋公，先行后闻，臣等时入侍，谈释、老而已。"唐主心恊，即命中书舍人豫章陈乔草诏行之。乔惶恐请见，曰："陛下一署此诏，臣不复得见矣。"因极言其不可。唐主笑曰："尔亦知其非邪？"乃止。由是因晋王出镇，以徵古为之副，觉自周还，亦罢近职。

钟谟素与李德明善，以德明之死怨齐丘。及奉使归唐，言于唐主曰："齐丘乘国之危，遘谋篡窃，陈觉、李徵古为之羽翼，理不可容。"陈觉之自周还，矫以帝命谓唐主曰："闻江南连岁拒命，皆宰相严续之谋，当为我斩之。"唐主知觉素与续有隙，固未之信。钟谟请覆之于周，唐主乃因谟复命，上言："久拒王师，皆臣愚迷，非续之罪。"帝闻之，大惊曰："审如此，则续乃忠臣，朕为天下主，岂教人杀忠臣乎！"谟还，以白唐主。

唐主欲诛齐丘等，复遣谟入禀于帝。帝以异国之臣，无所可否。己亥，唐主命知枢密院殷崇义草诏暴齐丘、觉、徵古罪恶，听齐丘归九华山旧隐，官爵悉如故；觉责授国子博士，宣州安置；徽古削夺官爵，赐自尽；党与皆不问。遣使告于周。

丙午，蜀以峡路巡检制置使高彦俦为招讨使。

平卢节度使、太师、中书令陈王安审琦仆夫安友进与其嬖妾通，妾恐事泄，与友进谋杀审琦，友进不可，妾曰："不然，我当反告汝。"友进惧而从之。

六年（己未、959）

春，正月，癸丑，审琦醉熟寝，妾取审琦所枕剑授友进而杀之，仍尽杀侍婢在帐下者以灭口。后数日，其子守忠始知之，执友进等（另）〔胹〕之。

初，有司将立正仗，宿设乐县于殿庭，帝观之，见钟磬有设而不击者，问乐工，皆不能对。乃命窦俨讨论古今，考正雅乐。王朴素晓音律，帝以乐事询之，朴上疏，以为礼以检形，乐以治心，形顺于外，心和于内，然而天下不治〔者〕未之有也。是以礼乐修于上，而万国化于下，圣人之教不肃而成，其政不严而治，用此道也。夫乐生于人心而声成于物，物声既成，复能感人之心。昔者黄帝吹九寸之管，得黄钟正声，半之为清声，倍之为缓声，三分损益之以生十二律。十二律旋相为宫以生七调，为一均。凡十二均、八十四调而大备。遭秦灭学，历代治乐者罕能用之。唐太宗之世，祖孝孙、张文收考正大乐，备八十四调。安、史之乱，器与工什亡八九，至于黄巢，荡尽无遗。时有太常博士殷盈孙，按《考工记》，铸镈钟十二，编钟二百四十。处士萧承训校定石磬，今之在县者是也。虽有钟磬之状，殊无相应之和，其镈钟不问音律，但循环而击，编钟、编磬徒悬而已。丝、竹、匏、土，仅有七声，名为黄钟之宫，其存者九曲。考之三曲协律，六曲参涉诸调。盖乐之废缺，无甚于今。

陛下武功既著，垂意礼乐，以臣尝学律吕，宣示古今乐录，命臣讨论。臣谨如古法，以秬黍定尺，长九寸径三分为黄钟之管，与今黄钟之声相应，因而推之，得十二律。以为众管互吹，用声不便，乃作律准，十有三弦，其长九尺，皆应黄钟之声，以次设柱，为十一律，及黄钟清声，旋用七律以为一均。为均之主者，宫也，徵、商、羽、角、变宫、变徵次焉。发其均主之声，归乎本音之律，迭应不乱，乃成其调，凡八十一调。此法久绝，出臣独见，乞集百官校其得失。诏从之，百官皆以为然，乃行之。

唐宋齐丘至九华山，唐主命锁其第，穴墙给饮食。齐丘叹曰："吾昔献谋幽让皇帝族于泰州，宜其及此。"乃缢而死。谥曰丑缪。

初，翰林学士常梦锡知宣政院，参预机政，深疾齐丘之党，数言于唐主曰："不去此属，国必危亡。"与冯延巳、魏岑之徒日有争论。久之，罢宣政院，梦锡郁郁不得志，不复预事，日纵酒成疾而卒。及齐丘死，唐主曰："常梦锡平生欲杀齐丘，恨不使见之!"赠梦锡左仆射。

二月,丙子朔,命王朴如河阴按行河堤,立斗门于汴口。壬午,命侍卫都指挥使韩通、宣徽南院使吴(廷)〔延〕祚,发徐、宿、宋、单等州丁夫数万浚汴水。甲申,命马军都指挥使韩令坤自大梁城东导汴水入于蔡水,以通陈、颍之漕,命步军都指挥使袁彦浚五丈渠东过曹、济、梁山泊,以通青、郓之漕,发畿内及滑、亳等州丁夫数千以供其役。

丁亥,开封府奏田税旧一十万二千余顷,今按行得羡田四万二千余顷,敕减三万八千顷。诸州行田使还,所奏羡田,减之仿此。

淮南饥,上命以米贷之。或曰:"民贫,恐不能偿。"上曰:"民吾子也,安有子倒悬而父不为之解哉!安在责其必偿也!"

庚申,枢密使王朴卒。上临其丧,以玉钺卓地,恸哭数四,不能自止。朴性刚而锐敏,智略过人,上以是惜之。

甲子,诏以北鄙未复,将幸沧州,命义武节度使孙行友扞西山路,以宣徽南院使吴(廷)〔延〕祚权东京留守、判开封府事,三司使张美权大内都部署。丁卯,命侍卫亲军都虞候韩通等将水陆军先发。甲戌,上发大梁。

夏,四月,庚寅,韩通奏自沧州治水道入契丹境,栅于乾宁军南,补坏防,开游口三十六,遂通瀛、莫。

辛卯,上至沧州,即日帅步骑数万发沧州,直趋契丹之境。河北州县非车驾所过,民间皆不之知。壬辰,上至乾宁军,契丹宁州刺史王洪举城降。

乙未,大治水军,分命诸将水陆俱下,以韩通为陆路都部署,太祖皇帝为水路都部署。丁酉,上御龙舟沿流而北,舳舻相连数十里。己亥,至独流口,溯流而西。辛丑,至益津关,契丹守将终廷晖以城降。

自是以西,水路渐隘,不能胜巨舰,乃舍之。壬寅,上登陆而西,宿于野次,侍卫之士不及一旅,从官皆恐惧。胡骑连群出其左右,不敢逼。

癸卯,太祖皇帝先至瓦桥关,契丹守将姚内斌举城降,上入瓦桥关。内斌,平州人也。甲辰,契丹莫州刺史刘楚信举城降。五月,乙巳朔,侍卫亲军都指挥使、天平节度使李重进等始引兵继至,契丹瀛州刺史高彦晖举城降。彦晖,蓟州人也。于是关南悉平。

丙午,宴诸将于行宫,议取幽州。诸将以为:"陛下离京四十二日,兵不血刃,取燕南之地,此不世之功也。今虏骑皆聚幽州之北,未宜深入。"上不悦。是日,趣先锋都指挥使刘重进先发,据固安。上自至安阳水,命作桥,会日暮,还宿瓦桥。是夕,上不豫而止。契丹主遣使者日驰七百里诣晋阳,命北汉主发兵挠周边,闻上南归,乃罢兵。

戊申，孙行友奏拔易州，擒契丹刺史李在钦，献之，斩于军市。

己酉，以瓦桥关为雄州，割容城、归义二县隶之。以益津关为霸州，割文安、大城二县隶之。发滨、棣丁夫数千城霸州，命韩通董其役。

庚戌，命李重进将兵出土门，击北汉。辛亥，以侍卫马步都指挥使韩令坤为霸州都部署，义成节度留后陈思让为雄州都部署，各将部兵以戍之。壬子，上自雄州南还。己巳，李重进奏败北汉兵于北井，斩首二千余级。甲戌，上至大梁。

六月，乙亥朔，昭义节度使李筠奏击北汉，拔辽州，获其刺史张丕。

丙子，郑州奏河决原武，命宣徽南院使吴延祚发邻县二万余夫塞之。

唐清源节度使留从效遣使入贡，请置进奏院于京师，直隶中朝。戊寅，诏报以"江南近服，方务绥怀，卿久奉金陵，未可改图。若置邸上都，与彼抗衡，受而有之，罪在于朕。卿远修职贡，足表忠勤，勉事旧君，且宜如故。如此，则于卿笃始终之义，于朕尽柔远之宜，惟乃通方，谅达予意。"

唐主遣其子纪公从善与钟谟俱入贡，上问谟曰："江南亦治兵，修守备乎？"对曰："既臣事大国，不敢复尔。"上曰："不然。向时则为仇敌，今日则为一家，吾与汝国大义已定，保无它虞。然人生难期，至于后世，则事不可知。归语汝主：可及吾时完城郭，缮甲兵，据守要害，为子孙计。"谟归，以告唐主。唐主乃城金陵，凡诸州城之不完葺之，戍兵少者益之。

臣光曰：或问臣：五代帝王，唐庄宗、周世宗皆称英武，二主孰贤？臣应之曰：夫天子所以统治万国，讨其不服，抚其微弱，行其号令，壹其法度，敦明信义，以兼爱兆民者也。庄宗既灭梁，海内震动，湖南马氏遣子希范入贡，庄宗曰："比闻马氏之业，终为高郁所夺。今有儿如此，郁岂能得之哉？"郁，马氏之良佐也。希范兄希声闻庄宗言，卒矫其父命而杀之，此乃市道商贾之所为，岂帝王之体哉！盖庄宗善战者也，故能以弱晋胜强梁，既得之，曾不数年，外内离叛，置身无所。诚由知用兵之术，不知为天下之道故也。世宗以信令御群臣，以正义责诸国，王环以不降受赏，刘仁赡以坚守蒙褒，严续以尽忠获存，蜀兵以反覆就诛，冯道以失节被弃，张美以私恩见疏。江南未服，则亲犯矢石，期于必克，既服，则爱之如子，推诚尽言，为之远虑。其宏规大度，岂得与庄宗同日语哉！《书》曰："无偏无党，王道荡荡。"又曰："大邦畏其力，小邦怀其德。"世宗近之矣。

辛巳，建雄节度使杨廷璋奏击北汉，降堡寨一十三。

癸未，立皇后符氏，宣懿皇后之女弟也。

立皇子宗训为梁王，领左卫上将军，宗让为燕王，领左骁卫上将军。

上欲相枢密使魏仁浦，议者以仁浦不由科第，不可为相。上曰："自古用文武才略为辅佐者,岂尽由科第邪!"己丑,加王溥门下侍郎,与范质皆参知枢密院事。以仁浦为中书侍郎、同平章事,枢密使如故。仁浦虽处权要而能谦谨,上性严急,近职有忤旨者,仁浦多引罪归己以救之,所全活什七八。故虽起刀笔吏,致位宰相,时人不以为忝。又以宣徽南院使吴延祚为左骁卫上将军,充枢密使;加归德节度使、侍卫亲军都虞候韩通、镇宁节度使兼殿前都点检张永德并同平章事,仍以通充侍卫亲军副都指挥使;以太祖皇帝兼殿前都点检。

上尝问大臣可为相者于兵部尚书张昭,昭荐李涛。上愕然曰:"涛轻薄无大臣体,朕问相而卿首荐之,何也?"对曰:"陛下所责者细行也,臣所举者大节也。昔晋高祖之世,张彦泽虐杀不辜,涛累疏请诛之,以为不杀必为国患;汉隐帝之世,涛亦上疏请解先帝兵权。夫国家安危未形而能见之,此真宰相器也,臣是以荐之。"上曰:"卿言甚善且至公,然如涛者,终不可置之中书。"涛喜诙谐,不修边幅,与弟澣俱以文学著名,虽甚友爱,而多谑浪,无长幼体,上以是薄之。

上以翰林学士单父王著幕府旧僚,屡欲相之,以其嗜酒无检而罢。

癸巳,大渐,召范质等入受顾命。上曰:"王著藩邸故人,朕若不起,当相之。"质等出,相谓曰:"著终日游醉乡,岂堪为相!慎毋泄此言。"是日,上殂。

上在藩,多务韬晦,及即位,破高平之寇,人始服其英武。其御军,号令严明,人莫敢犯,攻城对敌,矢石落其左右,人皆失色而上略不动容。应机决策,出人意表。又勤于为治,百司簿籍,过目无所忘,发奸擿伏,聪察如神。闲暇则召儒者读前史,商榷大义。性不好丝竹珍玩之物,常言太祖养成王峻、王殷之恶,致君臣之分不终,故群臣有过则面质责之,服则赦之,有功则厚赏之。文武参用,各尽其能,人无不畏其明而怀其惠,故能破敌广地,所向无前。然用法太严,群臣职事小有不举,往往置之极刑,虽素有才干声名,无所开宥,寻亦悔之,末年浸宽。登遐之日,远迩哀慕焉。

甲午,宣遗诏,命梁王宗训即皇帝位,生七年矣。

秋,七月,壬戌,以侍卫亲军都指挥使李重进领淮南节度使,副都指挥使韩通领天平节度使,太祖皇帝领归德节度使。以山南东道节度使、同平章事向拱为西京留守。庚申,加拱兼侍中。拱,即向训也,避恭帝名改焉。

丙寅,大赦。

唐主以金陵去周境才隔一水,洪州险固居上游,集群臣议徙都之。群臣多不欲徙,惟枢密副使、给事中唐镐劝之,乃命经营豫章为都城之制。

唐自淮上用兵及割江北,臣事于周,岁时贡献,府藏空竭,钱益少,物价腾贵。礼部侍郎钟谟请铸大钱,一当五十,中书舍人韩熙载请铸铁钱。唐主始皆不从,谟陈请不已,乃从之。是月,始铸当十大钱,文曰"永通泉货",又铸当二钱,文曰

"唐国通宝",与开元钱并行。

八月,戊子,蜀主以李昊领武信节度使,右补阙李起上言:"故事,宰相无领方镇者。"蜀主曰:"昊家多冗费,以厚禄优之耳。"起,邛州人,性婞直,李昊尝语之曰:"以子之才,苟能慎默,当为翰林学士。"起曰:"傥无舌,乃不言耳!"

庚寅,立皇弟宗让为曹王,更名熙让;熙谨为纪王,熙海为蕲王。

九月,丙午,唐太子弘冀卒,有司引浙西之功,谥曰武宣。句容尉全椒张洎上言:"太子之德,主于孝敬,今谥以武功,非所以防微而慎德也。"乃更谥曰文献,擢洎为上元尉。

唐礼部侍郎、知尚书省事钟谟数奉使入周,传世宗命于唐主,世宗及唐主皆厚待之,恃此骄横于其国,三省之事皆预焉。文献太子总朝政,谟求兼东宫官不得,乃荐其所善阎式为司议郎,掌百司关启。李德明之死也,唐镐预其谋,谟闻镐受赇,尝面诘之,镐甚惧。谟与天威都虞候张峦善,数于私第屏人语至夜分,镐潜诉诸唐主曰:"谟与峦气类不同,而过相亲狎,谟屡使上国,峦北人,恐其有异谋。"又言:"永通大钱民多盗铸,犯法者众。"及文献太子卒,唐主欲立其母弟郑王从嘉,谟尝与纪公从善同奉使于周,相厚善,言于唐主曰:"从嘉德轻志懦,又酷信释氏,非人主才。从善果敢凝重,宜为嗣。"唐主由是怒。寻徙从嘉为吴王、尚书令、知政事,居东宫。冬,十月,谟请令张峦以所部兵巡徼都城。唐主乃下诏暴谟侵官之罪,贬国子司业,流饶州,贬张峦为宣州副使,未几,皆杀之。废永通钱。

十一月,壬寅朔,葬睿武孝文皇帝于庆陵,庙号世宗。

南汉主以中书舍人钟允章,藩府旧僚,擢为尚书右丞、参政事,甚委任之。允章请诛乱法者数人以正纲纪,南汉主不能从,宦官闻而恶之。南汉主将祀圆丘,前三日,允章帅礼官登坛,四顾指挥设神位,内侍监许彦真望之曰:"此谋反也!"即带剑登坛,允章叱之。彦真驰入宫,告允章欲于郊祀日作乱。南汉主曰:"朕待允章厚,岂有此邪!"玉清宫使龚澄枢、内侍监李托等共证之,以彦真言为然,乃收允章,系含章楼下,命宦者与礼部尚书薛用丕杂治之。用丕素与允章善,告以必不免,允章执用丕手泣曰:"老夫今日犹机上肉耳,分为仇人所烹。但恨邕、昌幼,不知吾冤,及其长也,公为我语之。"彦真闻之,骂曰:"反贼欲使其子报仇邪!"复白南〔汉〕主:"允章与二子共登坛,潜有所祷。"俱斩之。自是宦官益横。李托,封州人也。

辛亥,南汉主祀圆丘,大赦。未几,以龚澄枢为左龙虎观军容使、内太师,军国之事皆取决焉。凡群臣有才能及进士状头或僧道可与谈者,皆先下蚕室,然后得进,亦有自宫以求进者,亦有免死而宫者,由是宦者近二万人。贵显用拿之人,大抵皆宦者也,谓士人为门外人,不得预事,卒以此亡国。

　　唐更命洪州曰南昌府,建南都,以武清节度使何敬洙为南都留守,以兵部尚书陈继善为南昌尹。

　　周人之攻秦、凤也,蜀中恟惧。都官郎中徐及甫自负才略,仕不得志,阴结党与,谋奉前蜀高祖之孙少府少监王令仪为主以作乱,会周兵退而止。至是,其党有告者,收捕之,及甫自杀。十二月,甲午,赐令仪死。

　　端明殿学士、兵部侍郎窦仪使于唐,天雨雪,唐主欲受诏于庑下。仪曰:"使者奉诏而来,不敢失旧礼。若雪沾服,请俟它日。"唐主乃拜诏于庭。

　　契丹主遣其舅使于唐,泰州团练使荆罕儒募刺客使杀之。唐人夜宴契丹使者于清风驿,酒酣,起更衣,久不返,视之,失其首矣。自是契丹与唐绝。罕儒,冀州人也。

资治通鉴考异

资治通鉴考异卷第一

端明殿学士兼翰林侍读学士太中大夫提举西京嵩山崇福
宫上柱国河内郡开国公食邑二千六百户食实封一千户臣 司马光 奉敕编集

周 纪

安王二十五年，鲁穆公薨，子共公奋立。司马迁《史记·六国表》：周威烈王十九年甲戌，鲁穆公元年。烈王元年丙午，共公元年。显王十七年己巳，康公元年。二十六年戊寅，景公元年。赧王元年丁未，平公元年。二十年丙寅，文公元年。四十三年己丑，顷公元年。五十九年乙巳，周亡。秦庄襄王元年壬子，楚灭鲁。按《鲁世家》，穆公三十三年卒，若元甲戌，终乙巳，则是三十二年也。共公二十二年卒，若元丙午，终戊辰，则是二十三年也。康公九年卒，景公二十五年卒，平公二十二年卒，若元丁未，终乙巳，则是十九年也。文公二十三年卒，顷公二十四年楚灭鲁。班固《汉书·律历志》"文公"作"缗公"，其在位之年与《世家》异者，惟平公二十年耳。本《志》自鲁僖公五年正月辛亥朔旦冬至推之，至成公十二年正月庚寅朔旦冬至，定公七年正月己巳朔旦冬至，元公四年正月戊申朔旦冬至，康公四年正月丁亥朔旦冬至，缗公二十二年正月丙寅朔旦冬至，汉高祖八年十一月乙巳朔旦冬至，武帝元朔六年十一月甲申朔旦冬至，元帝初元二年十一月癸亥朔旦冬至，其间相距皆七十六年，此最为得实，又与《鲁世家》注、皇甫谧所记岁次皆合，今从之。《六国表》差谬，难可尽据也。

显王七年，燕桓公薨，子文公立。《史记·苏秦传》谓之"燕文侯"。按春秋时北燕简公已称公，文公之子易王寻称王，岂文公独称侯乎！今从《世家》。

三十六年，苏秦约六国从。《史记·苏秦传》："秦兵不敢窥函谷关十五年。"又云："其后秦使犀首欺齐、魏，与共伐赵，苏秦去赵而从约皆解。"齐、魏伐赵，败从约，止在明年耳。其自相违戾如此。《秦本纪》："惠文王七年，公子卬与魏战，虏其将龙贾。"后二年事耳。乌在其不窥函谷十五年乎！此出于游谈之士夸大苏秦而云尔，今不取。

慎靓王二年，魏惠王薨，子襄王立。《史记·魏世家》云：惠王三十六年卒，子襄王立。襄王十六年卒，子哀王立。哀王二十三年卒，子昭王立。《六国表》，惠王元辛亥，终丙戌；襄王元丁亥，终壬寅；哀王元癸卯，终乙丑。按杜预《春秋后序》云：太康初，汲县有发旧冢者，大得古书。其《纪年篇》起自夏、殷、周，皆三代王事，无诸国别也。唯特记晋国，起自殇叔，次文侯、昭侯，以至曲沃庄伯，皆用夏正，编年相次。晋国灭，独记魏事，下至魏哀王之二十年。盖魏国之史记也。哀王于《史记》，襄王之子，惠王之孙也。《古书纪年篇》，惠王三十六年改元，从一年始，至十六年而称惠成王卒，即惠王也。疑《史记》误分惠成之世以为后王年也。哀王二十三年乃卒，故特不称谥，谓之"今王"。裴骃《魏世家》注，引和峤云"《纪年》起自黄帝，终于魏之今王"，今王者，魏惠成王子。按《太史公书》，惠成王但言惠王，惠王子曰襄王，襄王子曰哀王。惠王三十六年卒，襄王立十六年卒，并惠、襄为五十二年。今按《古文》，惠成王立三十六年，改元，称一年，改元后十七年卒。《太史公书》为误分惠成之世，以为二王之年数也。《世本》，惠王生襄王而无哀王，然则"今王"者，魏襄王也。彼既魏史，所书魏事必得其真，今从之。

赧王五十七年，魏新垣衍说赵欲帝秦，鲁仲连折之。《史记·鲁仲连传》云："新垣衍谢，请出，不敢复言帝秦。秦将闻之，为却军五十里。"按仲连所言，不过论帝秦之利害耳，使新垣衍惭怍而去则有之，秦将何预而退军五十里乎？此亦游谈者之夸大也，今不取。

汉纪上

太祖元年十月，沛公至霸上。《史记》《汉书》荀悦《汉纪》皆云："是月，五星聚东井。"按魏收《后魏书·高允传》："崔浩集诸术士，考校汉元以来日月薄蚀、五星行度，并讥前史之失，别为魏历，以示允。允曰：'善言远者必先验于近。且汉元年冬十月五星聚于东井，此乃历术之浅事。今讥汉史而不觉此谬，恐后之讥今犹今之讥古。'浩曰：'所谬云何？'允曰：'按《星传》，金、水二星常附日而行。冬十月，日且在尾箕，昏没于申南，而东井方出于寅北，二星何因背日而行？是史官欲神其事，不复推之于理。'浩曰：'欲为变者，何所不可，君独不疑三星之聚，而怪二星之来？'允曰：'此不可以空言争，宜更审之。'时坐者咸怪，东宫少傅游雅曰：'高君长于历，当不虚言也。'后岁余，浩谓允曰：'先所论者，本不经心，及更考究，果如君语，以前三月聚于东井，非十月也。'"今从之，十月不言五星聚。

三年，郦生劝汉主据敖仓，又请说齐王。《史记》《汉书》皆以食其劝取敖仓及请说齐合为一事，独刘向《新序》分为二，臣谓分为二者是。

五年九月壬子，立卢绾为燕王。《史记》《汉书·高纪》于此皆云："使丞相哙将兵平代地。"按《樊哙传》，从平韩信，乃迁左丞相。是时未为丞相，又代地无反者，《哙传》亦无此事，疑《纪》误。

十年五月，太上皇崩。七月癸卯葬。《汉书》："五月，太上皇后崩。七月癸卯，太上皇崩，葬万年。"《荀纪》，五月无"后"字，七月无"崩"字。盖荀悦之时，《汉书》本尚未讹谬故也。今从之。

徙周昌为赵相，以赵尧为御史大夫。《史记》《汉书·张良传》皆云："十二年，上击黥布还，愈欲易太子。"按《百官表》："十年，赵尧为御史大夫。"则是时太子位已定。今从之。

十一年二月丙午，立皇子恢为梁王。《汉书·诸侯王表》作"三月丙午"。按刘羲叟《长历》，三月丙辰朔，无丙午。今从《史记·年表》。

七月，立皇子长为淮南王。《史记·诸侯年表》云："十二月庚子，厉王长元年。"《汉书·诸侯王表》："十月庚午立。"今从《汉书·帝纪》。

上欲使太子击黥布，太子客使吕释之夜见吕后。《史记》《汉书》皆云："吕泽夜见吕后。"按《恩泽侯表》有周吕侯泽、建成侯释之。今此上云吕建成侯，而下云吕泽，恐误，当为释之是。又《留侯世家》："上欲废太子，立戚夫人子赵王如意。大臣多谏争，未能得坚决者也。吕后恐，不知所为。人或谓吕后曰：'留侯善画计策，上信用之。'吕后乃使建成侯吕泽劫留侯，曰：'君常为上谋臣，今上易太子，君安得高枕而卧乎？'留侯曰：'始上数在困急之中，幸用臣策。今天下安定，以爱欲易太子，骨肉之间，虽臣等百余人何益！'吕泽强要曰：'为我画计。'留侯曰：'此难以口舌争也。顾上有不能致者，天下有四人。四人者年老矣，皆以为上慢侮人，故逃匿山中，义不为汉臣。然上高此四人。今公诚能无爱金玉璧帛，令太子为书，卑辞安车，因使辩士固请，宜来。来，以为客，时时从入朝，令上见之，则必异而问之。问之，上知此四人贤，则一助也。'于是吕后令吕泽使人奉太子书，卑辞厚礼，迎此四人。四人至，客建成侯所。上欲使太子击黥布，四人相谓曰：'凡来者，将以存太子。太子将兵，事危矣。'乃说建成侯云云。上遂自行。上破布归，置酒，太子侍。四人从太子，年皆八十有余，须眉皓白，衣冠甚伟。上怪问之，曰：'彼何为者？'四人前对，各言名姓，曰东园公，角里先生，绮里季，夏黄公。上乃大惊，曰：'吾求公数岁，公辟逃我，今公何自从吾儿游乎？'四人皆曰：'陛下轻士善骂，臣等义不受辱，故恐而亡匿。窃闻太子为人仁孝，恭敬爱士，天下莫不延颈欲为太子死者，故臣等来耳。'上曰：'烦公幸卒调护太子。'四人为寿已毕，起去。上目送之，召戚夫人指示四人者曰：'我欲易之，彼四人辅之，羽翼已成，难动矣。吕氏真而主矣。'戚夫人泣，上曰：'为我楚舞，吾为若楚歌。'歌曰：'鸿鹄高飞，一举千里。羽翮已就，横绝四海。横绝四海，当可奈何！虽有矰缴，尚安所施！'歌数阕，戚夫人嘘唏流涕，上起去，罢酒。竟不易太子者，留侯本招此四人之力也。"按高祖刚猛优厉，非畏搢绅讥议者也。但以大臣皆不肯从，恐身后赵王不能独立，故不为耳。若决意欲废太子，立如意，不顾义理，以留侯之久故亲信，犹云"非口舌所能争"，岂山林四叟片言遽能枳其事哉！借使四叟实能枳其事，不过污高祖数寸之刃耳，何至悲歌云"羽翮已成，矰缴安施"乎！若四叟实能制高祖使不敢废太子，是留侯为子立党以制其父也，留侯岂为此哉！此特辩士欲夸大四叟之事，故云然，亦犹苏秦约六国从，秦兵不敢窥函谷关十五年，鲁仲连折新垣衍，秦将闻之却军五十里耳。凡此之类，皆非事实。司马迁好奇，多爱而采之，今皆不取。

十二年十一月，陈豨反，汉击斩豨。《卢绾传》云："汉使樊哙击斩豨。"按斩豨者周勃，非哙也。

四月甲辰，帝崩于长乐宫。《汉书》云："吕后与审食其谋尽诛诸将。郦商见审食其，说以：'如此，大臣内畔，诸将外反，亡可跷足待也。'审食其入言之，乃以丁未发丧。"按吕后虽暴戾，亦安敢一旦尽诛大臣！又时陈平不在荥阳，樊哙不在代，此说恐妄，今不取。

惠帝三年，季布曰前匈奴围高帝于平城。《季布传》云："前陈豨反于代时，匈奴围高帝于平城。"按平城之围，乃韩王信反，非豨反也。

高后元年，大谒者张释。《史记·文帝本纪》及《惠景间侯者表》《汉书·匈奴传》皆作"泽"。《史记·吕后本纪》："八年，中大谒者张释"，《汉书·纪》作"释卿"，《恩泽侯表》及《周勃传》皆云"张释"。颜师古注曰：《荆燕吴传》云"张择"。今从《史记·吕后本纪》《汉书·恩泽侯表》《周勃传》。

郦侯台。《汉书·外戚侯表》及《高五王传》皆作"郦侯"，今从《史记·本纪》《功臣侯表》。

二年十一月，吕肃王台薨。《史记·本纪》："高后元年，立孝惠子不疑为恒山王，吕台为吕王。""二年，恒山王薨。""十一月，吕王台薨。"《年表》，二人皆以元年薨。《汉书·本纪》："元年，立不疑、吕台、产、禄通为王。二年，不疑薨。"《年表》，元年不疑及吕台为王，二年皆薨。

盖《史记·年表》"薨"字应在二年，误书于元年耳。其实二人皆以二年薨。《汉书·本纪》云"产、禄通为王"，亦误也。

五月，封楚元王子郢客、齐悼惠子章皆为侯。《史记·高后纪》在元年，今从《汉书·王子侯表》。

六年夏，张敖卒。《史记·吕后本纪》，敖卒在明年六月。按《史记·功臣表》："高后六年，敖卒。"《汉书·功臣表》，敖以高祖九年封，十七年薨。盖《本纪》之误。

七年七月，封刘泽为琅邪王。《史记·世家》《汉书·列传》皆云田生先说张卿令风大臣立吕产为吕王，然后说令王泽。按太后自以吕王嘉骄恣废之，以产代为吕王，产非始封于吕。又诸吕之王已久，何必待田生之谋，以此不取。

八年四月，封张侈为新都侯，寿为乐昌侯。《史记·惠景间侯者表》"新都"作"信都"，"寿"作"受"。今从《本纪》。

七月，审食其为帝太傅。《史记·将相表》："八年七月辛巳，食其为太傅。九月丙戌，复为丞相，后九月免。"《汉书·公卿表》："七年七月辛巳，食其为太傅。八年九月，复为丞相，后九月免。"以《长历》推之，八年七月无辛巳，九月无丙戌，闰月群臣代邸上议，无食其名。二《表》皆误，今从《史记·本纪》，免相在此月。《本纪》又云："八月壬戌，食其复为左丞相。"亦误。

八月，齐王使祝午诈夺琅邪王泽兵。《史记·泽世家》《汉书·传》，皆以为泽与齐王合谋，盖误。今从《史记·吕后本纪》《齐王世家》《汉书·吕后纪》《齐王传》。

九月庚申旦。《史记·本纪》，"八月庚申旦"上有"八月丙午"。《汉书·高后纪》亦云"八月庚申"。今以《长历》推之，下"八月"当为"九月"。

景帝三年，周亚夫至洛阳，喜曰：荥阳以东，无足忧者。《史记》《汉书》皆云："太尉得剧孟喜，如得一敌国，曰：'吴楚无足忧者。'"按孟一游侠之士耳，亚夫得之，何足为轻重！盖其徒欲为孟重名，妄撰此言，不足信也。

中二年，杀郅都。《史记·本纪》："后二年正月，郅将军击匈奴。"《酷吏传》："郅都死后，宗室多犯法，上乃召宁成为中尉。"成为中尉在中六年，则后二年所谓郅将军者，非都也，疑别一人。《汉书·纪》无郅将军事。

世宗建元元年十月，策贤良，以董仲舒为江都相，庄助为中大夫。《汉书·武纪》："元光元年五月，诏举贤良，董仲舒、公孙弘出焉。"《仲舒传》曰："仲舒对册，推明孔氏，抑黜百家。立学校之官，州郡举茂才、孝廉，皆自仲舒发之。"令举孝廉在元光元年十一月，若对策在下五月，则不得云自仲舒发之。盖《武纪》误也。然仲舒对策，不知果在何时，元光元年以前，唯今年举贤良见于《纪》。三年，闽越、东瓯相攻，庄助已为中大夫，故皆著之于此。《仲舒传》又云："辽东高庙、长陵高园灾。"仲舒推说其意，主父偃窃其书奏之，仲舒由是得罪。按二灾在建元六年，《主父偃传》，上书召见在元光元年。盖仲舒追述二灾而作书，或作书不上，而偃后来方见其草藁也。

二年，石庆为太仆，御出。按《百官公卿表》，庆不为太仆，盖尝摄职也。

三年，闽越围东瓯，天子问田蚡。《史记·东越》《汉书·严助传》皆云："建元三年，闽越围东瓯，天子问太尉田蚡。"按是时蚡不为太尉，云太尉，误也。下云"太尉不足与计"，盖追呼其官，或亦误耳。

上招选天下之士，得朱买臣等，令与大臣论辩。东方朔谏起上林苑，司马相如谏猎。此多非今年事，因庄助救东瓯及微行始出终言之。

元光二年，王恢议诱击匈奴。《史记·韩长儒传》，元光元年，聂壹画马邑事，而《汉书·武纪》在二年。盖元年壹始言之，二年议乃决也。

三年春，河水徙，从顿丘东南流。《汉书·武纪》云："东南流入勃海。"按顿丘属东郡，勃海乃在顿丘东。此恐误，今不取。

五月丙子，复决瓠子，注钜野。《史记·河渠书》："元光中，河决瓠子，东注钜野。"服虔注《汉书·武纪》曰："瓠子，隄名，在东郡白马。"苏林曰："在鄄城以南，濮阳以北。"《将相名臣表》曰："五月丙子，河决瓠子。"然则瓠子即濮阳县境隄名也。

四年十二月晦，杀窦婴。班固《汉武故事》曰："上召大臣议。群臣多是窦婴，上亦不复穷问，两罢之。田蚡大恨，欲自杀，先与太后诀，兄弟共号哭诉太后，太后亦哭，弗食。上不得已，遂乃杀婴。"按《汉武故事》语多诞妄，非班固书，盖后人为之，托固名耳。

三月乙卯，丞相蚡薨。《武安侯传》云："元光四年春，丞相灌夫事。其夏，取夫人。五年十月，论灌夫及家属。十二月晦，魏其弃市。"徐广引《武帝本纪》《侯表》，以为蚡薨在婴死后分明，四年当是三年，五年当是四年，今从之。广又疑十二月为二月，按汉制，常以立春下宽大诏书，蚡恐魏其得释，故以十二月晦杀之，何必改为二月也。

五年，公孙弘对策，一岁中至左内史。《汉书·武纪》云："元光元年五月，诏策贤良，于是董仲舒、公孙弘等出焉。"按《弘传》："元光五年，复征贤良文学，菑川国推上弘。"其策文与《武纪》元年策文颇相类。又云："一岁中至左内史。"《百官表》："元光五年，弘为左内史。"然则弘之再举贤良，不在元光元年明矣。《荀纪》著于此年"征吏民明当世之务"下。葛洪《西京杂记》亦云："弘以元光五年为国士所推上为贤良。"若此续食之诏在八月，则弘不容于今年已为左内史。盖此诏在今年，不知何月，故班氏系之于年末耳。其策文相类，盖出偶然，或者此策乃弘先举贤良时所对，班氏误以为此年之策。疑未能明，今从《汉纪》。

董偃见上。《汉武故事》曰："陈皇后废处长门宫，窦太主以宿恩犹自亲近。后置酒主家，主见所幸董偃。"按《东方朔传》："爱叔为偃画计，令主献长门园，更名曰长门宫。"则偃见上在陈后废前明矣。

元朔元年二月，皇子据生。《汉书·武五子传赞》曰："建元六年春，戾太子生。"《外戚传》："卫皇后，元朔元年生男据。"按《枚皋传》云："武帝春秋二十九乃有皇子。"与《外戚传》合。盖《赞》语因蚩尤之旗致此误，亦犹五星聚在秦二世末年，误为汉元年也。

秋，韩安国病死。安国死在明年，于此终言之。

东夷薉君南闾等降，为苍海郡。《史记·平准书》曰："彭吴贾灭朝鲜，置苍海之郡。"按灭朝鲜，置苍海，两事也，不知何者出贾之谋。

主父偃、严安、徐乐上书。《汉书·主父偃传》云："元光元年，三人上书。"按严安书云

"徇南夷,朝夜郎,降羌僰,略薉州",此等事皆在元光元年后,盖误以"朔"字为"光"字耳。

二年冬,赐淮南王几杖,毋朝。《汉书·武纪》曰:"赐淮南王、菑川王几杖,毋朝。"颜师古曰:"淮南王安、菑川王志,皆武帝诸父列也,故赐几杖。"按《诸侯表》,菑川王志在位三十五年,以元光五年薨,《齐悼惠王世家》《高五王传》皆同。此云菑川王志,误也。

夏,徙豪杰于茂陵,族郭解。《荀纪》以郭解事著于建元二年。按《武纪》:"建元二年,初置茂陵邑。""三年,赐徙茂陵者钱。"当是时,卫青、公孙弘皆未贵。又,"元朔二年徙郡国豪杰于茂陵",此乃徙解之时也。

三年,张骞自匈奴逃归。《史记·西南夷传》曰:"元狩元年,张骞使大夏来,言通身毒国之利。"按《年表》,骞以元朔六年二月甲辰封博望侯,必非元狩元年始归也。或者元狩元年,天子始令骞通身毒国。疑不能明,故因是岁伊稺斜立终言之。

五年,封丞相弘为平津侯。《史记·将相名臣表》《汉书·公卿表》,弘为相皆在今年。《建元以来侯者表》《恩泽侯表》皆云"元朔三年封侯"。按三年弘始为御史大夫,盖误书"五"为"三",因置于三年耳。

元狩二年三月戊寅,丞相弘薨。壬辰,以李蔡为丞相,张汤为御史大夫。《汉书·百官公卿表》:"元狩三年三月壬辰,廷尉张汤为御史大夫。六年,有罪自杀。"《史记·将相名臣表》:"元狩二年,御史大夫汤。"按李蔡既迁,汤即应补其缺,岂可留之期年,复与李蔡为丞相月日正同乎!又按《长历》,三年三月无壬辰。又以得罪之年推之,在今年明矣。今从《史记·表》。

浑邪王降,发车二万乘迎之。《汉书·食货志》云"三万两",今从《史记·平准书》《汲黯传》。

三年,得神马于渥洼水中,次以为歌。汲黯进言,上不说。《史记·乐书》:"武帝作十九章歌,常以正月上辛祠太一甘泉,使僮男、僮女七十人俱歌。又尝得神马渥洼水中,复次以为《太一之歌》。后伐大宛得千里马,次以为歌。中尉汲黯进言:'陛下得马,诗以为歌云云。'丞相公孙弘曰:'黯诽谤圣制,当族。'"《汉书·礼乐志》:"武帝定郊祀之礼,祠太一于甘泉,祭后土于汾阴,乃立乐府,作十九章之歌,以正月上辛用事甘泉圜丘。"按《天马歌》,本《志》云:"元狩三年,马生渥洼水中作。"《武纪》云:"元鼎四年秋,马生渥洼水中。五年十一月,立泰畤于甘泉。太初四年,贰师获汗血马,作《西极天马之歌》。"公孙弘以元狩二年薨。汲黯以元狩三年免右内史,五年为淮阳太守,元鼎五年卒。又黯未尝为中尉。或者马生渥洼水作歌在元狩三年,汲黯为右内史而讥之,言当族者非公孙弘也。虽未立泰畤,或以歌之于郊庙,其十九章之歌当时未能尽备也。

四年,少翁以方夜致鬼,如王夫人之貌。《汉书》以此事置《李夫人传》中,古今相承皆以为李夫人事。《史记·封禅书》:"少翁见上,上有所幸王夫人卒,少翁以方夜致王夫人及灶鬼之貌云。"按李夫人卒时,少翁死已久,《汉书》误也。今从《史记》。

五年三月,初行五铢钱。《汉书·食货志》:"前以销半两钱,铸三铢钱。明年,以三铢钱轻,更铸五铢钱。"武帝元狩五年,乃云"罢半两钱,行五铢",误也。

六年冬，杨可告缗。《汉书·武纪》："元鼎三年十一月，令民告缗。"据《义纵传》则在今冬。

义纵弃市，霍去病射杀李敢。《史记·封禅书》云："明年，天子病鼎湖甚。病愈，幸甘泉，大赦。"莫知其为何年。《本纪》皆无其事，独《义纵传》有之。按《汉书·百官公卿表》，义纵、李敢死皆在今年。《敢传》云："从上雍，至甘泉宫。""雍"盖衍字也。《平准书》云："自造白金五铢钱后五岁赦。"按《武纪》，元狩四年造白金，元鼎元年赦，首尾四年。若今年更有赦，则四年再赦，与《平准书》不合，今从《百官表》。

颜异诛。徐广注《史记·平准书》云，异诛在元狩四年壬戌岁。广见《汉书·百官公卿表》其年注云："大农令颜异，二年坐腹非诛。"不思有二年字，致此误也。

元鼎元年。《汉书·武纪》，此年云"得鼎汾水上"。《汉纪》云："六月得宝鼎于河东汾水上，吾丘寿王对云云。"按《封禅书》，栾大封乐通侯之岁，其夏六月，汾阴巫锦为民祠魏脽后土营旁得鼎，诏曰："间者巡祭后土云云。"《武纪》："元鼎四年十月，幸汾阴。十一月，立后土祠于汾阴脽上。六月，得宝鼎后土祠旁。"《礼乐志》又云："元鼎五年得宝鼎。"《恩泽侯表》："元鼎四年四月乙巳，栾大封侯。"然则得鼎应在四年。盖《武纪》因今年改元而误增此得鼎一事耳，非两曾得鼎于汾水上也。《封禅书》："天子封太山反，至甘泉。有司言宝鼎出为元鼎，以今年为元封元年。"然则元鼎年号亦如建元、元光，皆后来追改之耳。

四年，乐成侯丁义荐栾大。《汉书·郊祀志》作"乐成侯登"。按《史记》《汉书·功臣表》，当为丁义。

栾大斗旗。《封禅书》《郊祀志》皆作"棋"，独《史记·孝武纪》作"旗"。按《汉武故事》云："大尝于殿前树旂数百枚，大令旂自相击，缤纷竟庭中，去地十余丈，观者皆骇。"然则作"旗"字者是也。

五年三月，封樛广德为龙亢侯。《汉书·功臣表》作"龙侯"，《南越传》作"襚侯"。晋灼曰："襚，古龙字。"《史记·建元以来侯者表》及《南越传》皆作"龙亢侯"，今从之。

六年，越郎都稽得吕嘉。《史记》《汉书·表》皆作"孙都"，《南越传》皆云"都稽"，今从《传》。

封楼船、苏弘、都稽、赵光等皆为侯。凡此等封侯者，《年表》皆有月日，为其先后难齐，故尽附于立功之处。后仿此。

分武威、酒泉置张掖、敦煌郡。《汉书·武纪》："元狩二年，浑邪王降，以其地为武威、酒泉郡。元鼎六年，分置张掖、敦煌郡。"而《地理志》云："张掖、酒泉郡，太初元年开。武威郡，太初四年开。敦煌郡，后元元年分酒泉置。"今从《武纪》。

元封元年冬，释兵须如。《汉书》作"凉如"，今从《史记》。

上问黄帝冢，公孙卿对。《史记》《汉书》皆云"或对"。《汉武故事》云"公孙卿对"，今取之。

正月幸缑氏。《封禅书》《郊祀志》作"三月"。《汉书·武纪》及《荀纪》皆作"正月"，今从之。

四月乙卯,封泰山下东方。《武纪》:"癸卯,上还,登封泰山。"盖癸卯自海上还,乙卯至泰山行事也。

(二)〔三〕年,公孙遂往正之。《史记》作"征之",盖字误,今从《汉书》。

天子诛遂。《汉书》作"许遂"。按左将军亦以争功相嫉乖计弃市,则武帝必以遂执楼船为非,《汉书》作"许",盖字误,今从《史记》。

相韩阴。《汉书》"阴"作"陶",今从《史记》。

三年七月,胶西于王端薨。《荀纪》"端"皆作"瑞",今从《汉书》。

五年四月,卫青薨。《汉武故事》云:"大将军四子皆不才,皇后每因太子涕泣请上削其封。上曰:'吾自知之,不令皇后忧也。'少子竟坐奢淫诛。上遣谢后,通削诸子封爵,各留千户焉。"按青四子无坐奢淫诛者,此说妄也。

天汉元年,卫律使匈奴还,闻李延年家收,亡降匈奴。《延年传》云:"诛延年兄弟宗族。"按是后李广利尚为将帅,盖止诛延年及弟季妻子耳。

七月,闭城门大搜。臣瓒注《武帝纪》曰:"《汉帝年记》,六月禁逾侈,七月大搜。"则搜索逾侈者不必闭城门大搜,盖搜奸人耳。

四年正月,遣李广利等击匈奴。《史记·匈奴传》云广利于此降匈奴,误。

四月,立皇子髆为昌邑王。《表》云六月乙丑立,今从《武纪》。

征和二年七月,壶关三老茂上书,天子感寤。《汉武故事》云:"治随太子反者,外连郡国数十万人。壶关三老郑茂上书,上感寤,赦反者,拜郑茂为宣慈校尉,持节徇三辅赦太子。太子欲出,疑弗实。吏捕太子急,太子自杀。"按上若赦太子,当诏吏勿捕,此说恐妄也。

四年八月辛酉晦,日有食之。《荀纪》作"七月",《汉书》作"八月"。按《长历》,是年九月壬戌朔,言八月是也。

后元元年六月,商丘成坐祝诅自杀。《功臣表》云:"坐为詹事,祠孝文庙,醉歌堂下曰:'出居安能郁郁!'大不敬,自杀。"《公卿表》云:"坐祝诅。"按成不为詹事,《功臣表》误也。

昭帝始元四年,以上官安为车骑将军。《昭纪》作"骠骑",今从《百官表》《外戚传》。

五年,成方遂自谓卫太子。《昭纪》云"张延年",《隽不疑传》云"成方遂",又云"一姓张,名延年。"今从《不疑传》。

元凤四年,楼兰王安归。《西域传》作"常归",今从《昭纪》及《傅介子传》。

元平元年,昌邑王尝见大白犬,颈以下似人,冠方山冠而无尾。《昌邑王传》云"无头",《五行志》云"无尾"且云"不得置后之象"。若颈以下似人而无头,何以辨其为犬,且安所施冠!盖《传》误也。

中宗本始三年,遣五将军及乌孙击匈奴,获四万级,马、牛、羊、驴、橐驼七十余万头。《常惠传》"四万级"为"三万九千人","七十余万头"为"六十余万头"。今从《乌孙传》。

六月己丑,蔡义薨。《荀纪》作"乙丑",误。

地节二年四月戊申,以张安世为大司马、车骑将军。《百官表》:"地节三年四月戊申,张安世为大司马。七月戊戌,更为卫将军,霍禹为大司马。七月壬辰,禹要斩。"《荀纪》:"三年四月戊辰,安世为大司马。"按明年四月无戊辰,七月无戊戌,又不当再言七月。以《宣纪》《张安世》《霍光传》考之,安世为司马当在今年,为卫将军当在明年十月,禹死在四年七月,盖《年表》旁行通连书之,致此误也。

三年四月戊申,立子奭为皇太子。《荀纪》立皇太子在去年四月戊申,《汉书》旧本亦然。颜师古据《疏广》及《邴吉传》并云"地节三年立皇太子",知在此年者是也。

郑吉与司马憙击车师。《西域传》云"地节二年",以《匈奴传》校之,知在三年。

元康元年冬,赵广汉坐要斩。《本纪》:"元康二年冬,广汉有罪要斩。"《百官表》:"本始三年,广汉为京兆尹。六年,要斩。元康元年,守京兆尹、彭城太守遗。"按《广汉传》,司直萧望之劾奏广汉摧辱大臣,望之自司直为平原太守。元康元年,自平原太守为少府。然则广汉死当在元康元年,《本纪》误也。《广汉传》又云:"地节三年七月,丞相婢自绞死。"盖婢死已数年,而广汉追发其事也。

三年三月,封故昌邑王贺为海昏侯。《王子侯表》,贺以四月壬子封。《宣纪》,贺封在丙吉之前。按是岁四月癸亥朔,无壬子,《表》误。

四年八月,求高祖功臣子孙,皆复其家。《宣纪》:"元康元年五月,复高皇帝功臣绛侯周勃等百三十六人家子孙。四年,又赐功臣適后黄金各二十斤。"按《功臣表》,诏复家者皆云"元康四年",其数非一,不容尽误,盖《纪》误耳。

神爵二年五月,赵充国奏罢屯兵。秋,羌斩先零犹非、杨玉首降。《宣纪》:"五月,羌斩犹非、杨玉降。"《充国传》:"五月,奏罢屯兵。秋,羌斩犹非、杨玉降。"今从《传》。

置都护自郑吉始。《百官表》曰:"西域都护,加官,地节二年初置。"盖误以神爵为地节也。《西域传》又云"神爵三年",亦误。

大鸿胪萧望之议不可许乌孙结昏。《乌孙传》,请昏在元康二年。《望之传》云"神爵二年"。按元康二年,望之未为鸿胪。盖误以神爵为元康也。

三年八月,诏益吏百石已下俸十五。《宣纪》云:"益吏百石以下俸十五。"韦昭曰:"若食一斛,则益斗五。"《荀纪》云:"益吏百石以下俸五十斛。"盖以十五难晓,故改之。然诏云以下,恐难指五十斛也。

四年五月,匈奴单于遣弟呼留若王胜之来朝。《匈奴传》:"握衍朐鞮单于立,复修和亲,遣弟伊酉若王胜之入汉献见。"盖即谓此也。

五凤元年春,皇太子冠。按《宣纪》,太子冠在此年,而《荀纪》于元康三年(款)〔疑〕二疏去位事已云皇太子冠,至是又重复言之,盖误也。

二年正月,幸甘泉,郊泰畤。《宣纪》云:"三月,行幸甘泉。"《荀纪》作"正月"。按汉制,常以正月郊祀。盖荀悦作《纪》之时,本犹未误。又《杨恽传》曰:"行必不至河东矣。"盖时亦幸河东祠后土,史脱之也。

十一月,匈奴乌厉屈与父呼邀累乌厉温敦降,封乌厉屈为新城侯,乌厉温敦为义阳侯。《宣纪》："匈奴呼邀累单于帅众来降。"《功臣表》："信成侯，王定以匈奴乌桓屠耆单于子左大将军率众降，侯。义阳侯，厉温敦以匈奴谭连累单于率众降，侯。"此即屈与敦也，未尝为单于，或降时自称单于，或《纪》《表》二者误也。

杨恽、戴长乐皆免为庶人。《宣纪》："十二月，杨恽坐前为光禄勋有罪，免为庶人。不悔过，怨望，大逆不道，要斩。"《荀纪》因而用之。《恽传》："恽与孙会宗书曰：'臣之得罪已三年矣。'"又因日食之变，驺马猥佐成上书告恽罪，下狱死。又杨谭称杜延年为御史大夫。按《百官表》，恽以神爵元年为光禄勋，五年免。戴长乐亦以其年为太仆，五年免。杜延年以五凤三年六月辛酉为御史大夫。又按《萧望之传》，"使光禄勋恽策免望之"，其事在今年八月，恽犹为光禄勋。至四年四月，乃有日蚀之变。盖恽以今年十二月免为庶人，至四年乃死。《宣纪》误也。

三年六月辛酉，杜延年为御史大夫。《荀纪》作"辛巳"，《百官表》作"辛酉"。按《长历》，此月丙午朔，无辛巳。

四年，匈奴单于遣弟谷蠡王入侍。按《匈奴传》："呼韩邪称臣，即遣铢娄渠堂入侍。"事在明年。时匈奴有三单于，不知此单于为谁也。

甘露元年，张敞免为庶人，数月，拜冀州刺史。《荀纪》载于五凤二年，因杨恽事，并致此误也。《百官表》："敞以神爵元年为京兆尹，八年免。"《敞传》云："为京兆九岁免。"

二年春正月，立皇子嚣为定陶王。《诸侯王表》云："十月乙亥立。"今据《宣纪》。

四年夏，广川王海阳。《诸侯王表》作"汝阳"。《宣纪》《景十三王传》作"海阳"，今从之。

元帝初元二年二月丁巳，立弟竟为清河王。《荀纪》"竟"作"宽"，今从《汉书》。

戊午，陇西地震，败城郭、屋室，压杀人众。《刘向传》云："三月，地大震。"今从《元纪》。

四月，诏赐萧望之爵关内侯。《元纪》，此诏在今冬。按《刘向传》云："前弘恭奏望之等狱决，三月，地大震。"然则望之等黜免在今春地震前也。又曰："夏，客星见昴、卷舌间。上感悟，下诏赐望之爵关内侯。"《望之传》曰："后数月，赐望之爵关内侯。"盖《纪》见望之之死在十二月，因置此诏于彼上耳。

七月己酉，地复震。《刘向传》曰："冬，地复震。"《元纪》，此月诏曰："一年中地再动。"《汉纪》在七月己酉，今从之。

五年六月，匈奴郅支单于杀谷吉。《陈汤传》："初元四年，郅支求侍子。"《元帝纪》："五年，谷吉使匈奴，不还。"《汤传》又云："御史大夫贡禹议吉不可遣。"按禹今年六月始为御史大夫，或者郅支以四年求侍子，而吉以五年使匈奴也。

永光元年九月，于定国、史高、薛广德皆罢，韦玄成为御史大夫。《百官表》："七月癸未，大司马高免。辛亥，韦玄成为御史大夫。十一月戊寅，丞相定国免。"《荀纪》："七月己未，高免。"《薛广德传》："酎祭后月余，以岁恶民流，乞骸骨，罢。广德为御史大夫，凡十月，免。"月日参差，未知孰是，故皆没不书。

贾捐之谓杨兴曰：使我得见，言君兰。《荀纪》作"君简"，今从《汉书》。

建昭二年六月，立皇子兴为信都王。《荀纪》"兴"作"誉"，今从《汉书》。

京房言于上曰：陛下视今为治邪，乱邪？所任者谁与？故资政殿学士邵亢得两浙钱王写本《汉书》，无"乱邪"二字，有"上曰：'亦极乱耳，尚何道！'房曰：'今'"十二字。今取之。

京房弃市。《元纪》及《荀纪》，京房死皆在此年末。按《房传》，二月朔上封事，去月余，征下狱。《百官表》："八月癸亥，匡衡为御史大夫。"房死必不在岁末也。《纪》不知月日，故系之岁末耳。

成帝河平元年，匈奴单于遣右皋林王伊邪莫演等朝正月。《匈奴传》："河平元年，单于遣莫演朝正月。"下云："明年，单于上书愿朝。河平四年正月，遂入朝。"据此，则是莫演以元年至汉，朝二年正月也。而《荀纪》系于元年正月之下，恐误。《汉纪》又以莫演为"黄浑"。今从《汉书》。

二年，夜郎与钩町相攻，陈立讨诛之。《西南夷传》但云"河平中"，而胡旦《汉春秋》云在此年十一月，未知何据也。

鸿嘉三年，上微行至阳阿主家。《五行志》作"河阳主"，伶玄《赵后外传》及《荀纪》亦作"河阳"。《外戚传》颜师古注曰："阳阿，平原之县也。今俗书'阿'字作'河'，又或为'河阳'，皆后人所妄改耳。"今从之。

永始元年春正月癸丑，太官凌室火。戊午，戾后园南阙火。《五行志》及《荀纪》二"火"皆作"灾"，今从《汉书》。

刘辅上书曰：腐木不可以为柱，人婢不可以为主。《刘辅传》云："腐木不可以为柱，卑人不可以为主。"《荀纪》"柱"作"珪"，"卑人"作"人婢"。今"柱"从《汉书》，"人婢"从《荀纪》。

七月癸卯，封萧何六世孙喜为酂侯。《成纪》："元延元年，封萧相国后喜为酂侯。"荀、胡皆用之。按《功臣表》："永始元年，酂侯喜绍封，三年薨。永始四年，质侯尊嗣，五年薨。绥和元年，质侯章嗣。"盖《本纪》误以永始为元延故也。

立城阳哀王弟俚为王。《汉纪》"俚"作"悝"，今从《汉书》。

九月丁巳晦，日有食之。《荀纪》作"乙巳"。按《长历》，丁巳晦，荀悦误。

二年，上诸舅风丞相、御史，免张放。《叙传》云："王音以风丞相、御史。"按《放传》："丞相宣、御史大夫方进奏放过恶。"音以正月乙巳薨，方进以三月丁酉为御史大夫，则然风丞相、御史者疑非音也。《放传》又云："上诸舅皆害其宠。"故但云上诸舅。

十一月己丑，丞相宣免，御史大夫方进贬。壬子，方进为丞相。《方进传》："薛宣免，方进亦左迁执金吾，二十余日，遂擢为丞相。"而《荀纪》云："秋八月，方进贬为执金吾。"盖以《公卿表》云，"三月丁酉，京兆尹翟方进为御史大夫，八月贬为执金吾。"故致此误也。按《公卿表》所云者，谓方进自三月为御史大夫，至十一月而贬，凡居官八月耳。又黑龙见东莱，在去年九月，《谷永传》著之甚明，而荀悦亦载之于此年，云"冬，黑龙见东莱"。盖因陈汤获罪在今年故也。《汉春秋》虽正黑龙之误，而方进贬官犹承荀悦之失。

陈汤徙边，陈咸、逢信免官。咸、信免官皆在明年以后，因陈汤事连言之。

三年十一月，李谭等杀樊并。皆封侯。《本纪》云五人，而《功臣表》止有四人，盖《纪》误。

元延元年，刘向上书。《向传》云，星孛东井，岷山崩，向怀不能已，上此奏。按岷山崩在三年，此奏云"自建始以来二十岁间而食八，率二岁六月而一发"。则上此奏当在今年也。胡旦亦载之三年。

十二月乙未，王商为大将军。辛亥，商薨。庚申，王根为大司马。《荀纪》云"十一月"，《成纪》云"十二月"。按是岁十一月甲子朔，无乙未、辛亥、庚申。荀悦误。

扬雄待诏。《雄传》云："车骑将军王音奇其文雅，荐雄待诏。"按雄《自序》云："上方郊祠甘泉泰畤，召雄待诏承明之庭，奏《甘泉赋》。其十二月，奏《羽猎赋》。"事在今年。时王音卒已久，盖王根也。胡旦遂误以为曲阳侯云。

二年四月，立广陵孝王子守为王。《荀纪》"守"作"宪"，今从《汉书》。

立乌孙小昆弥安日弟末振将为小昆弥。《乌孙传》以末振将为安日弟，《段会宗传》以为兄，"兄"字误耳。

三年，上令胡人搏禽兽。《成纪》："元延二年冬，行幸长杨宫。从胡客大校猎，宿萯阳宫，赐从官。"胡旦用之。按《扬雄传》，祀甘泉、河东之岁，十二月，羽猎，雄上《校猎赋》。明年，从至射熊馆还，上《长杨赋》。然则从胡客校猎当在今年。《纪》因去年冬有羽猎事，致此误耳。

绥和二年二月。《荀纪》云"赦天下"，今《本纪》无之，故不取。

四月己卯，葬孝成皇帝于延陵。《成纪》："三月丙戌，帝崩于未央宫。四月己卯，葬延陵。"臣瓒曰："自崩至葬凡五十四日。"《汉纪》："三月丙午，帝崩。四月己卯，葬延陵。"自崩及葬三十四日。按是年三月己巳朔，无丙午；四月己亥朔，无己卯。若依《成纪》，则当云"五月己卯葬"；依《荀纪》，则当云"闰三月丙午崩"。二者各有差舛，未知孰是。按是年闰七月，不当顿差四月。今且从《成纪》之文。

七月丁卯，王莽罢就第。《公卿表》："十一月丁卯，大司马莽免。庚午，师丹为大司马。四月，徙。"又曰："十月癸酉，丹为大司空。"又曰："太子太傅师丹为左将军，五月迁。"《荀纪》："七月丁巳，大司马莽免。"按丹若以十一月为司马，四月徙官，不得以十月为司空也。七月丁卯朔，无丁巳。《年表》月误，《荀纪》日误。

九月庚申，地震，上问李寻。《寻传》云："使侍中卫尉傅喜问寻。"按《公卿表》："傅喜为卫尉，二月，迁右将军。十一月，罢。"地震在九月，当是时，喜已不为卫尉矣。

资治通鉴考异卷第二

端明殿学士兼翰林侍读学士太中大夫提举西京嵩山崇福宫上柱国河内郡开国公食邑二千六百户食实封一千户臣　司马光　奉敕编集

汉纪中

哀帝建平元年正月，解光奏赵昭仪杀成帝子皆在四月丙辰赦令前。《赵后传》作"丙辰"。按《哀帝纪》："四月丙午，即位，赦天下。"盖《传》误也。或者即位十日然后赦也。

丁酉，傅喜为大司马。《公卿表》："绥和二年十一月庚午，师丹为大司马。四月，徙。""建平元年四月丁酉，傅喜为大司马。"《喜传》云："明年正月，徙师丹为大司空，而拜喜为大司马。"《荀纪》亦在正月。按《长历》，此年四月癸亥朔，无丁酉。今从《喜传》《汉纪》。

二年四月戊午，朱博为御史大夫。乙亥，丞相孔光免，博为丞相。《公卿表》："四月乙未，孔光免，朱博为丞相。"又曰："四月戊午，博为御史大夫。乙亥，迁。"《五行志》："四月乙亥朔，博为丞相。"《荀纪》："乙亥，孔光免。"按《长历》，是月丁巳朔，无乙未，十九日乙亥，非朔也。《表》《志》皆有误。

三年五月癸卯，桂宫正殿火。《五行志》云："桂宫鸿宁殿灾。"《荀纪》云："桂宫正殿火。"今从《哀纪》。

四年二月癸卯，封傅商为汝昌侯。《哀纪》及《恩泽侯表》皆云商以今年二月封，而《孙宝传》云："制诏丞相、大司空。"按建平二年已罢大司空官，疑《传》误。

元寿元年正月辛丑朔。《荀纪》云"辛卯朔"，误。

十二月，王闳谏上云欲禅董贤。《董贤传》但云"遣闳出不得复侍宴。"自"归郎署"以下，皆《汉纪》所载也。《荀纪》无《汉书》外事，不知此语荀悦何从得之。又云："闳归郎署二十日，长乐宫深为闳谢。又御史大夫彭宣上封事，言国安危继嗣事，上觉寤，召闳。"按太皇太后居长信宫，云长乐宫，误也。

八月，废孝成皇后、孝哀皇后为庶人。是日，皆自杀。《汉春秋》云"八月甲寅"，未知胡旦所据。

十月壬寅，葬孝哀皇帝于义陵。《哀纪》云："九月壬寅，葬义陵。"按《长历》，是月辛酉朔，无壬寅，壬寅乃十月十二日。又臣瓒注曰："自崩至葬凡百五日。"按帝以六月戊午崩，然则葬在十月审矣，盖《本纪》月误也。

平帝元始元年二月丙辰，褒赏孔光、王舜等。《平纪》作正月事，而《王子侯表》《公卿表》皆云"二月丙辰"，今从之。

封宣帝耳孙信等三十六人为列侯。《平纪》："元始元年，封孝宣曾孙信等三十六人。"《莽传》在五年。按《王子侯表》皆以元年二月丙辰封，《莽传》误也。

四年二月丁未，立皇后王氏。《王莽传》云"四月丁未"。《平纪》云："二月丁未，立皇后王氏。"下云:"夏,皇后见于高庙。"《外戚传》云:"明年春,迎皇后于安汉公第。"然则言四月者误也。

冬,置西海郡。《王莽传》,置西海郡在明年秋,今从《平纪》。

五年闰五月丁酉,封刘秀等为列侯。《恩泽侯表》,刘歆等十一侯皆云"丁酉",独平晏云"丁丑"。按十二人同功俱封,是年闰五月甲午朔,无丁丑,《表》误。

泠褒、段犹等徙合浦。《师丹传》云:"复免高昌侯宏为庶人。"按《功臣表》,建平四年,董宏已死,元寿二年,子武坐父为佞邪免,不得至今。《丹传》误也。

封师丹为义阳侯。《恩泽侯表》:"丹,元始三年二月癸巳,更为义阳侯。"胡旦因此并发傅太后陵、徙泠褒等事俱著之三年。按《外戚传》云:"元始五年,莽发共王母及丁姬冢,改葬之。"《马宫传》:"莽发傅太后陵,追诛前议者。宫惭惧,乃乞骸骨。"《公卿表》,宫以今年八月壬午免。然则褒等徙合浦及丹封侯,皆在今年明矣。按《长历》,二月丙申朔,无癸巳。日月必有误者。

王莽始初元年。《莽传》作"初始"。《荀纪》及韦庄美《嘉号录》、宋庠《纪年通谱》皆作"始初",今从之。

始建国元年正月,汉诸侯王皆降爵为公,王子侯者降爵为子,后皆夺爵。《诸侯王表》皆云:"莽篡位,贬为公。明年,废。"《王子侯表》但云"绝",或云"免",皆在今年。按明年立国将军建奏诸刘为诸侯者以户多少就五等之差,亦不云夺爵也。《后汉·城阳王祉传》云:"刘氏侯者皆降为子,后夺爵。"不知夺在几年。

二年,匈奴号良、带曰乌贲都尉。《匈奴传》云"乌桓都将军"。《西域传》云"乌贲都尉",今从之。

率礼侯刘嘉。《燕王旦传》:"广阳王嘉封扶美侯。"《莽传》云"率礼侯刘嘉"。未知其改封或别一人也。今从《莽传》。

四年,牂柯大尹周歆。《西南夷传》作"周钦"。《莽传》作"周歆",今从之。

天凤元年,改作货布。《食货志》,改作货布在天凤元年。《莽传》在地皇元年,盖以大钱尽之年,至地皇元年乃绝不行耳,非其年始作货布也。

淮阳王更始元年,张卬拔剑击地。司马彪《续汉书》"卬"作"印",袁宏《后汉纪》作"斤",皆误。今从范晔《后汉书》。

安定大尹王向。《王莽传》作"卒正王旬",《袁纪》作"太守王向"。今从《范书》。

前钟武侯刘望。《王莽传》作"刘圣",今从《范书·刘玄传》。

国将哀章。《袁纪》作"襃章",今从《班》《范书》。

二年,邳彤曰:邯郸势成,民不肯背成主而千里送公。《范书·邳彤传》:"邯郸成民不肯背成主。"字皆作"城"。《袁纪》作"邯郸和城,民不肯捐弃和城而千里送公。"《汉春秋》"邯郸之民不能捐父母、背成主。"按文意,"城"皆当作"成"。邯郸成,谓邯郸势成成也。成主,谓(三)〔王〕郎为已成之主也。

刁子都。《范书》作"力子都"。同编修刘攽曰："力"当作"刁"，音雕。

大司马曰：何意二郡良为吾来。《袁纪》作"良牧为吾来"，今从《景丹传》。

宛人朱祜。《范书》《袁纪》"朱祜"皆作"祐"。按《东观记》，"祜"皆作"福"，避安帝讳。许慎《说文》祜字无解，云上讳。然则祜名当从"示"旁古今之古，不当作左右之右也。

拜寇恂河内太守。《袁纪》："邓禹初见王子郯，即言欲据河内。"至是又云："更始武阴王李轶据洛阳，尚书谢躬据郯，各十余万众。王患焉，将取河内以迫之，谓邓禹曰：'卿言吾之有河内，犹高祖之有关中。关中非萧何，谁能使一方晏然，高祖无西顾之忧。吴汉之能，卿举之矣，复与吾举萧何。'禹曰：'寇恂才兼文武，有御众才，非恂莫可安河内也。'"按世祖既贰更始，先得河内、魏郡，因欲守之，以比关中，非本心造谋即欲指取河内也。今依《范书》为定。

世祖建武元年六月己未，即皇帝位。《光武本纪》，冯异破苏茂，诸将上尊号，光武还至蓟，皆在四月前。而《冯异传》，异与李轶书云："长安坏乱，赤眉临郊，王侯构难，大臣乖离，纲纪已绝。"又劝光武称尊号，亦曰："三王反叛，更始败亡。"按是年六月己未，光武即位，是月甲子，邓禹破王匡等于安邑，王匡、张卬等还奔长安，乃谋以立秋貙膢时，共劫更始。然则三王反叛应在光武即位之后，夏秋之交，冯异安得于四月之前已言之也！或者史家润色其言，致此差互耳。

王匡等奔还长安。《刘玄传》："王匡、张卬守河东，为邓禹所破，奔还长安。"《邓禹传》无张卬名，今从之。

张卬等说更始掠长安东归，不从，谋劫更始。《袁纪》云："申屠建等劝更始让帝位，更始不应，建等谋劫之。"今从《范书》。

十月，邓禹引军至枸邑。《袁纪》："禹曰：'玺书每至，辄曰无与穷赤眉争锋。'"按世祖赐禹书，责其不攻长安，不容有此语。二年十一月，诏征禹还，乃曰"毋与穷寇争锋"。《袁纪》误也。

十一月，隗嚣击破冯愔。《邓禹传》，愔叛在建武元年。《隗嚣传》在二年。盖愔以元年冬末叛，延及二年，嚣拜官在二年也。

二年正月，起高庙于洛阳。《帝纪》："正月壬子。"按正月甲子朔，不应有壬子，误。

二月，鲍永、冯衍降。《鲍永传》称："永等降于河内，时攻怀未拔，帝谓永曰：'我攻怀三日而兵不下，关东畏服卿，可且将故人自往城下譬之。'即拜永谏议大夫。至怀，乃说更始河内太守，于是开城而降。"按光武未都洛阳以前屡幸怀，又祠高祖于怀宫，并无更始河内太子据怀事。《本纪》亦无攻怀一节。按田邑书称"主亡一岁，莫知定所。"则永、衍之降必在此年。而《帝纪》光武此年不曾幸河内，但有幸脩武事。然则永、衍实降于脩武。脩武，亦河内县也。其称降怀等事，当是支误，故皆略之。

九月，邓禹斩李宝。更始柱功侯李宝时为刘嘉相。此盖别一人，同姓名。

三年三月，朱浮遁走，城降彭宠。《朱浮传》："尚书令侯霸奏：'浮败乱幽州，构成宠罪，徒劳军师，不能死节，罪当伏诛。'"按霸明年乃为尚书令，盖追劾之。

四年七月丁亥，幸谯。《袁纪》："六月，幸谯。"今从《范书》。

冯异破李育、程焉。《公孙述传》："使李育、程乌与吕鲔徇三辅。三年,冯异击鲔、育于陈仓,大败之。"按《本纪》:"四年,冯异与述将程焉战陈仓,破之。"《冯异传》亦在今年。盖《述传》误以"四年"为"三年","焉"作"乌"耳。

五年正月,使来歙送马援归陇右。《袁纪》曰:"援与拒蜀侯国游先俱奉使,游先至长安,为仇家所杀,其弟为嚣云旗将军。来歙恐其怨恨,与援俱还长安。"按嚣使被杀者,周游也,不在此时。

三月,庞萌袭破盖延。《东观记》《续汉书》皆云:"萌攻延,延与战,破之。诏书劳延曰:'庞萌一夜反畔,相去不远,营壁不坚,殆令人齿欲相击。而将军有不可动之节,吾甚美之。"《延传》言"仅而得免",与彼不同,今从《延传》。

楚郡太守孙萌。《袁纪》作"楚相孙萌",今从《范书》。

十月,张步大将军费邑。《袁纪》作"济南王费邑",今从《耿弇传》。

六年春,申屠刚自隗嚣所来。《本传》云七年征刚。按明年嚣已臣公孙述,必不用诏书。当在此年。

七年八月,隗嚣侵安定,冯异拒之,嚣别将攻祭遵。《帝纪》:"六年冬,隗嚣将行巡寇扶风,冯异拒破之。"《冯异传》:"六年夏,诸将上陇,为隗嚣所败,乃诏异军枸邑。未及至,嚣乘胜使王元、行巡将二万人下陇,分遣巡取枸邑。异即先据枸邑,破巡。"又云:"祭遵亦破王元于汧。"《隗嚣传》言三辅事亦同。按此文势,缘诸将才败还,隗嚣即遣二将追之,故得云乘胜,又云"冯异未及至枸邑"也。然则冯异、祭遵之破王元、行巡,实在六年明矣。至十年八月,《纪》又有"隗嚣寇安定,冯异、祭遵击却之。"此即《隗嚣传》所书"秋,嚣侵安定,至阴槃,冯异拒之,又令别将攻祭遵于汧,兵并无利"者也。据此,是嚣两岁尝攻冯异、祭遵矣,故《遵传》亦云"数挫隗嚣"也。而《袁纪》不载六年事,并于七年秋书之,且《传》云"嚣乘胜",若事已一年,安可云乘胜,又冯异何缘稽缓尔久不至枸邑!故知《袁纪》误矣。

八年十二月,温序伏剑而死。按《序传》及《袁纪》皆称"序为护羌校尉"。捡《西羌传》,九年方置此官,牛邯为之。又云:"邯卒,职省。"则序无缘作"护羌",今但云校尉。

十一年三月己酉,幸南阳。《帝纪》:"己酉,幸南阳。庚午,车驾还宫。"上有"二月己卯"。《袁纪》:"三月己酉,幸南阳。"以《长历》考之,二月壬申朔,己卯八日也。己酉、庚午,皆在三月。盖《帝纪》"己酉"上脱"三月"字,今从《袁纪》。

十二年,任延曰:忠臣不和,和臣不忠。《延传》作"忠臣不私,私臣不忠"。按高峻《小史》作"忠臣不和,和臣不忠"。意思为长,又与上语相应,今从之。

十七年二月乙未晦,日有食之。《帝纪》:"乙亥晦。"《袁纪》"乙未"。据《长历》,三月丙申朔。《帝纪》误。

十九年四月马援击都阳等,峤南悉平。《援传》作"都羊",《帝纪》作"都阳",今从《纪》。又《帝纪》:"十八年四月,遣援击交趾。十九年四月,斩侧、贰等,因击都阳等,降之。"《援传》:"十七年,拜伏波将军,讨侧、贰。十八年春,军至浪泊。明年正月,斩侧、贰。"盖《纪》之所书者,援奏破侧、贰及传侧、贰首至雒之时也。沈怀远《南越志》云:"徵侧奔入金溪穴中,二年乃得之。"《援传》近是,今从之。

二十一年八月,伏波将军马援筑堡塞,击乌桓。刘昭注补《后汉书·志》亦谓之《续汉志》,其《郡国志》注云"中郎将马援",误也。《帝纪》:"冬十月,遣援出塞击乌桓。"《援传》:"十二月,出屯襄国。明年秋,将三千骑出高柳"《袁纪》在八月祭彤事前,今从之。

二十二年,匈奴单于蒲奴求和亲,遣李茂报命。《帝纪》:"是岁,匈奴日逐王比遣使诣渔阳请和亲,使茂报命。"按明年又有"比遣使诣西河内附"。然则茂所报者,非比也。今从《南匈奴传》。

二十五年,乌桓内属。《帝纪》今春既著乌桓来朝,岁末又纪是岁乌桓朝贡内属。盖始独大人来朝,后乃率种族内属耳。

二十六年秋,赐南单于玺绶。《帝纪》,今年春,使段郴赐玺绶,置使匈奴中郎将。据《匈奴传》,赐玺绶在秋,其置中郎将亦未知决在何时。或者今春置之,至是更为之约束制度耳。

二十七年,樊宏薨。《袁纪》"宏"皆作"密",今从《范书》。

三十年十一月,贾复薨。《本传》在三十一年,今从《袁纪》。

中元元年四月改元。《续汉志》云:"以建武三十二年为建武中元元年。"《纪年通谱》云:"据《纪》《志》俱出范氏,而所载不同,此必传写脱误。今官书累经校定,学者失于精审,但见改元复有建武二字,辄以意删去,斯为谬矣。梁武帝大同、大通之号俱有'中'字,是亦宪章于此。"今从《袁纪》《范书》。

显宗永平二年十月,赐桓荣爵关内侯。《帝纪》载诏文,上言李躬而下独封荣,似脱"躬"字。《荣传》《袁纪》,诏独言桓荣,不及李躬,今阙疑。

十四年春,周泽行司徒事,复为太常。《泽传》云"十二年"。按十二年不阙司徒,当是虞延免后、邢穆未至间,泽行司徒事尔,故云数月。

蹇朗。《范书》作"寒",陆龟蒙《离合诗》云:"初寒朗咏徘徊立。"《袁纪》作"謇"。按今有蹇姓,音件,与《袁纪》合。今从之。

十六年,吴棠下狱免。《袁纪》"棠"皆作"常",今从《范书》。

十七年正月,谒原陵,降甘露于陵树。《帝纪》云:"甘露降甘陵。"《皇后纪》云:"谒原陵,甘露降于树。"然则实降原陵也,《帝纪》误以"原"为"甘"。

班超立疏勒故王兄子忠为王。《袁纪》云:"求索故王近属,得兄榆勒立之,更名忠。"《续汉书》云:"求得故王兄子榆勒立之,更名忠。"今从《超传》。

陈睦为西域都护。《袁纪》"睦"作"穆",今从《范书》。

柳中城。《袁纪》作"折中",今从《范书》。

十八年,酒泉太守段彭。《耿恭传》云"秦彭",今从《帝记》。

肃宗建初三年春,马防大破羌于布桥。《帝纪》,防破羌在四月。盖春破而京师四月始闻也。今从《防传》。

四年四月癸卯,封马廖等为侯。《皇后纪》称:"廖等并辞让,愿就关内侯,太后闻之云云。廖等不得已受封爵。"按太后之辞,皆不欲封廖等之意,而史家文势,反似太后欲令廖等受封。今辄移廖等辞让于太后语下,使文势有序,读者易解。

七年十二月,东平献王。《范书》作"宪",今从《袁纪》。

元和元年,褒宠毛义、郑均。《义传》云"建初中",今从《均传》。

二年,《太初历》失天益远,作《四分历》。按王莽初已废《太初》,用《三统历》。今云《太初历》失天益远,盖光武中兴,废莽历,复用《太初》也。《续汉志》又云:"自太初元年始用《三统历》。"按《三统历》刘歆所造,云太初元年始用,误也。

三年四月,郑弘上书言窦宪。《袁纪》云:"弘为尚书仆射,乌孙王遣子入侍,上问弘:'当答其使不?'弘对曰:'乌孙前为大单于所攻,陛下使小单于往救之,尚未赏。今如答之,小单于不当怨乎!'上以弘议问侍中窦宪,对曰:'礼有往来。弘章句诸生,不达国体。'上遂答乌孙。小单于忿恚,攻金城郡,杀太守任昌。上谓弘曰:'朕前不从君议,果如此。'弘对曰:'窦宪,奸臣也,有少正卯之行,未被两观之诛,陛下前何为用其议!'"按肃宗时无小单于寇金城事,今不取。

章和二年正月,何敞奏记宋由。《敞传》,此事在肃宗崩后,云"窦氏专政,外戚奢侈,赏赐过制,敞奏记云云"。《袁纪》在元和三年。按敞《记》云"明公视事,出入再期",又言腊赐,知在此时。

七月,南单于请伐北虏。《袁纪》:"章和元年十月,南单于上书,求出兵破北成南。宗意谏,不听,师未出而帝寝疾。"《范书·南匈奴传》,事并在此年七月。按单于书云:"孝章皇帝圣思远虑。"则《范书》是也。今从之。

都乡侯畅。《袁纪》作"郁乡",今从《范书》。

冬,邓训破迷唐。《西羌传》:"永元元年,张纡坐征,以训代为校尉。"《邓训传》:"章和二年,纡诱诛羌,羌谋报怨,公卿举训代纡,击破之。其春,迷唐复欲归,训又破之。"按《训传》,下云"永元二年",则其春者,永元元年春也。今从《训传》。

和帝永元二年五月,副校尉阎盘。《西域传》作"阎槃",今从《帝纪》。

三年十二月,窦宪请立於除鞬为单于,宋由等以为可许,袁安独上封事,上竟从宪策。《袁安传》云:"宪请立左鹿蠡王阿佟为北单于,安以为不可,宪竟立右鹿蠡王於除鞬。"据此,则阿佟与於除鞬是二人。《袁纪》作"阿侑",《南匈奴传》止有右谷蠡王於除鞬,无阿佟名。今从之。《袁纪》又云:"宋由、丁鸿、尹睦以为阿侑诛君之子,又与乌丸、鲜卑为父兄之仇,不可立。南单于先帝所置,今首破北虏,新建大功,宜令并领降众。"与《范书》不同。又云"卒从安议",盖误。今从《袁安传》。

六年正月,骨都侯喜杀南单于安国。《帝纪》在去年,误。今从《南匈奴传》。

七月,班超斩尉犁王汎。《袁纪》"汎"作"沉",今从《超传》。

九年闰八月,樊调妻嬺。《袁纪》"嬺"皆作"凭",今从《皇后纪》、《梁竦传》。

越骑校尉赵世。《西羌传》作"赵代",今从《帝纪》。

十四年八月,班超至洛阳,九月卒。《本传》称超十二年上疏,十四年至洛阳。而妹昭上书曰:"延颈逾望,三年于今。"注引《东观记》曰:"安息遣使献大雀、师子,超遣子勇随入塞。"按《帝纪》:"十三年,安息国人贡。"《袁纪》载超书亦在十三年。今并置其书于此。《袁纪》又云"超到数月薨",今从《本传》。

安帝永初元年三月甲申,葬清河孝王,司空、宗正护丧事。《帝纪》书"车骑将军护葬",今从《传》。

封邓闾为列侯。《袁纪》前作"闻",后作"阊",盖误。

十二月,诏邓骘、任尚屯汉阳。《帝纪》在六月,今从《西羌传》。

三年六月,乌桓寇代郡、上谷。《纪》有涿郡,《传》无之。今从《传》。

四年,邓骘欲弃凉州,虞诩言于张禹以为不可。《庞参》《虞诩传》皆云:"四年,羌转盛,故有弃凉州之画,又干说邓骘。"则骘未以丧罢以前明矣。而《虞诩传》中言"诩辟太尉李脩府为郎中,说李脩。"脩以五年正月方自光禄勋拜太尉。按《袁纪》,"四年春匈奴寇常山"下载"骘欲弃凉州,诩说太尉张禹",又其语言小异于《范书》,此近得实,今从之。

五年三月,诏陇西徙襄武。上云"金城徙襄武",此又云"陇西徙襄武",《纪》《传》皆然。或者二郡皆寄治于襄武欤!

元初元年二月乙卯,日南地坼。三月癸亥,日食。《帝纪》:"二月己卯,日南地坼。三月癸酉,日食。"《本志》及《袁纪》皆云:"三月己卯,日南地坼。"按《长历》,是年二月壬辰朔,无己卯;三月壬戌朔,癸酉十二日,不应日食。二月当是乙卯,三月当是癸亥。

十月,凉州刺史皮杨。《纪》作"皮阳",今从《西羌传》。

二年八月,诏班雄屯三辅。《帝纪》:"冬十月,遣任尚屯三辅。"按《西羌传》,司马钧、庞参抵罪后,尚乃代雄屯三辅耳。

右扶风仲光。《袁纪》作"右扶风太守种暠",今从《范书》。

十月,庞参、梁懂下狱,马融上书。《懂传》曰:"懂为度辽将军。明年,安定、北地、上郡皆被羌寇,不能自立,诏懂发边兵迎三郡吏民,徙扶风界。懂即遣南单于兄子优孤涂奴将兵迎之。既还,懂以涂奴接其家属有劳,辄授以羌侯印绶,坐专擅,征下狱抵罪。明年,校书郎马融上书讼懂与参。"按懂为度辽将军在永初四年,徙三郡民在五年,参下狱在今年,不得云明年融讼之也。疑《传》误。

以虞诩为武都太守。《诩传》曰:"羌寇武都,太后以诩有将帅之略,迁武都太守。"又曰:"贼败散,南入益州。"《本纪》:"元初元年,羌寇武都、汉中。"据此,似诩以元初元年为武都太守也。然按《西羌传》:"庞参抵罪后,任尚屯三辅,时诩犹为怀令,说尚用骑兵。"《袁纪》亦云怀令虞诩说尚,如《范书》所言。又云:"上问'何从发此计?'尚表之,受于怀令虞诩,由是知名,迁武都太守。"以此验之,当在庞参抵罪后也。

四年四月己巳,鲜卑连休等入寇。《范书·鲜卑传》,上作"连休",下作"休连",今从上文。

十二月,大牛种封离等反。《西南夷传》云"五年叛",今从《帝纪》。

五年八月，代郡鲜卑入寇，杀长吏。《独行传》云："元初中，鲜卑数百余骑寇渔阳，太守张显率吏士追出塞，遥望虏营烟火，急趣之。兵马掾严授虑有伏兵，苦谏止，不听。显蹴令进，授不获已前战，伏兵发，授身被十创，殁于阵。显拔刃追散兵，不能制，虏射中显，主簿卫福、功曹徐咸遽趣之，显遂堕马，福以身拥蔽，虏并杀之。朝廷愍授等节，诏书褒叹，厚加赏赐。"按元初凡六年，鲜卑不曾犯渔阳，杀长吏，惟是入代郡曾杀长吏。今疑此渔阳本是代郡，史之误也。

永宁元年春，北匈奴、车师共攻杀后部司马。《班勇传》："元初六年，曹宗遣索班屯伊吾。后数月，北单于与车师后部共攻没班。"按《本纪》："永宁元年，车师后王叛，杀部司马。"《车师传》亦曰："永宁元年，后王军就及母沙麻反畔，杀部司马及敦煌行事。"盖班以去年末屯伊吾，今春见杀，或今春奏事方到也。

建光元年。《陈禅传》曰："北匈奴入辽东，追拜禅辽东太守。胡惮其威强，退还数百里。禅不加兵，但使吏卒往晓慰之。单于随使还郡，禅于学行礼，为说道义以感化之，单于怀服，遗以胡中珍货而去。"当在此年矣。又按北单于，汉朝所不能臣，未尝入朝天子，安肯见辽东太守！此事可疑，今不取。

七月壬寅，马英薨。《传》作"策罢"，误。今从《纪》。

九月戊子，幸卫尉冯石府，留饮十许日。《袁纪》曰："十二月丙申，乃还宫。"今从《石传》。

延光元年四月，庞奋斩姚光，收冯焕。《帝纪》："建光元年四月甲戌，庞奋承伪玺书杀姚光。"《冯绲传》亦云"建光元年"。按《帝纪》去年十二月，高骊围玄菟，而《高骊传》有姚光上言，盖光实以延光元年被杀，《纪》《传》误以"延"为"建"。又今年四月无甲戌。

三年三月，杨震上疏曰：去年十二月四日，京师地动。《震传》作"十一月四日"。按下文"其日戊辰"，十一月丙申朔，戊辰乃十二月四日也。

四年三月，立北乡侯懿。《东观记》《续汉书》作"北乡侯犊"，今从《袁纪》《范书》。

十月，阎崇屯平朔门。《宦者传》作"朔平门"，今从《袁纪》。

顺帝永建元年八月，三公劾奏虞诩，诩上书自讼。《诩传》云："帝省其章，乃为免司空陶敦。"按《袁纪》，孙程就国在九月，而敦免在十月，盖帝由此知敦不直，因事免之。不然，何三府共奏而独免敦也！

孙程等就国。《袁纪》："秋七月，有司奏：'浮阳侯孙程、祝阿侯张贤为司隶校尉虞诩，呵叱左右，谤讪大臣，妄造不祥，干乱悖逆，王国等皆与程党，久留京都，益其骄溢。'诏免程等，徙为都梁侯。程怨恨，封还印绶，更封为宜城侯。"《范书·孙程传》亦云："坐讼虞诩，呵叱左右，就国。"按《虞诩传》："程言见用，上不以为怒。"《周举传》云："程坐争功就国。"今从之。

二年，帝设坛见樊英。《英传》云："四年三月，乃设坛场见英。"《黄琼传》，李固劝书，已云："樊英设坛席。及琼至，上疏荐英，称光禄大夫。"则是琼至之时，英已尝设坛见之，而为光禄大夫矣。至三年旱，琼复上疏。若四年方设坛见英，则都与《琼传》异，知其必不在四年也。

永和二年三月丁丑，郭虔为司空。《袁纪》作"乾"，今从《范书》。

五月，黄龙等九侯与宋娥更相赂遗发觉，并遣就国。《孙程传》云："龙等诬罔曹腾、孟贲。"按《梁商传》，诬罔腾、贲者张逵等，非龙等也。

三年八月丙戌，令公卿举武猛。《宦者传》云："阳嘉中，诏举武猛，良贺独无所荐。"按此诏盖误以永和为阳嘉也。

六年三月，武都太守赵冲击巩唐羌。《西羌传》作"武威太守"，今从《帝纪》。《皇甫规传》云："与护羌校尉赵冲"，按《西羌传》，冲时尚为太守，《规传》误也。

夏，巩唐羌寇北地。《西羌传》作"罕种羌"，今从《帝纪》。

汉安元年八月，张婴诣张纲降。《帝纪》："九月，张婴寇郡县。"又云："是岁，婴诣纲降。"按《张纲传》云"寇乱十余年"，则非今年九月始寇郡县也。《袁纪》置婴降事于八月下、十月上，今从之。

二年六月丙寅，立兜楼储为南单于。《袁纪》，去年六月立兜楼储为单于，今从《范书》。

建康元年八月，遣冯绲督州郡讨贼。《帝纪》作"冯赦"，《袁纪》作"冯放"，皆误。今据《绲传》。

九月，皇甫规对策，梁冀忿之，遂废于家，积十余年。《规传》云："冲、质之间，规对策免归，积十四年。"检《帝纪》，此后别无举贤良事，或者此时规举贤良，其于对策时已在质帝世也，故云冲、质之间。自明年数至梁冀诛，亦整十四年也。

十一月，马勉称皇帝。《帝纪》："永嘉元年三月，勉称黄帝。"今据《滕抚传》。

永嘉元年。《袁纪》作"元嘉"，误。

十一月丁未，赵序坐畏懦不进、诈增首级，弃市。《东观记》曰："取钱缣三百七十五万。"今从《滕抚传》。

金蛇输司农。《种暠传》云："二府畏懦，不敢按之。"今从《杜乔传》。

桓帝建和元年六月，光禄勋杜乔为太尉。《帝纪》云"大司农杜乔"，《乔传》，乔自司农累迁为大鸿胪、光禄勋，乃为太尉。《袁纪》亦然。《荀淑传》云："光禄勋杜乔举淑方正。"今从之。

七月，杜乔谏封梁冀等。《乔传》此章在为太尉前，《袁纪》在为太尉后。今从《袁纪》。

八月乙未，立皇后梁氏。《皇后纪》《袁纪》皆云八月而无日，《帝纪》云"七月乙未"。以《长历》考之，七月戊申朔，无乙未。乙未，八月十八日也。盖《帝纪》脱"八月"字。

十一月，梁冀诬杜乔，请按罪，太后不许。《乔传》云："策免而已"。乔前已免官，《传》误也。

元嘉元年四月己丑，上微行，私幸河南尹梁胤府舍。《袁纪》作"梁不疑府"，今从《范书》。

二年正月，敦煌太守马达。《车师传》作"司马达"，今从《于阗传》。

永寿元年秋，南匈奴左奥鞬台耆、且渠伯德等反。《帝纪》作"左台、且渠伯德等叛",今从《张奂传》。

二年七月,李膺为度辽将军。《袁纪》:"延熹二年六月,鲜卑寇辽东,度辽将军李膺击破之。"今从《范书》。

十二月,封梁不疑子马、梁胤子桃为侯。《袁纪》马、桃封在建和元〔年〕,"马"作"焉","桃"作"桃"。今从《范书》。

三年十一月,司徒尹颂薨。《袁纪》在六月,今从《范书》。

延熹元年五月,梁冀杀陈授,帝由此发怒。《袁纪》曰:"冀以私憾专杀议郎邴尊,上益怒之。"今从《范书》。

十二月,陈龟为度辽将军。按《匈奴传》,每除度辽将军辄书之,此陈龟及前李膺、后种暠皆不记,一时既不当有两官,今约其事,分著前后。

诏遣南单于车儿还庭。《袁纪》:"元康元年四月,中郎将张奂以车儿不能治国事,上言更立左鹿蠡王都纥为单于,诏不许。"《范书·匈奴传》在延熹元年,今从之。

二年七月,黄门令具瑗。《宦者传》作"中常侍",今从《梁冀传》。

八月,陈蕃荐徐稺等。《范书·徐稺传》云:"延熹二年,尚书令陈蕃、仆射胡广等上疏荐稺。"《袁纪》:"五年,尚书令陈蕃荐五处士。"按二年,胡广已为太尉,五年,蕃已为光禄勋。今置在二年,从《范书》;去广名,从《袁纪》。

杨秉按单超兄子匡,坐论作左校。叔孙无忌寇暴徐、兖,第五种坐徙朔方。《杨秉传》作"超弟",《宦者传》作"弟子",今从《第五种传》。《范书》,李云死在延熹三年春,《袁纪》在二年秋。按《杨秉传》:"三年,坐救云免归田里。其年冬,复征拜河南尹,坐单匡使客任方刺卫羽,系狱亡走,论作左校。"《第五种传》:"匡遣客刺羽,超纵恣,以事陷种。"若如《范书》,则云死时单超已卒,何得更能陷种!又云书所论者立邓后与封五侯事,皆在二年,《袁纪》似近之。《种传》又云:"卫羽为种说叔孙无忌,无忌率其党与三千余人降。"按《帝纪》:"延熹三年十一月,无忌攻杀都尉侯章。"又臧旻讼种书,称"种所坐盗贼公负,筋力未就。"然则种必不能降无忌,此说妄也。

三年正月,左回天、具独坐、徐卧虎、唐雨堕。太子贤注《范书》,"雨堕"作"两堕",云:"谓随意所为之不定也。诸本'两'或作'雨'。"按雨堕者,谓其性急暴如雨之堕,无有常处也。

四年二月,种暠为司徒。《袁纪》在去年。按祝恬薨后有盛允,允免,暠为司徒,相去半年,《袁纪》误也。今从《范书》。

五年十月,度尚为荆州刺史,冯绲讨武陵蛮。《帝纪》:"三年十二月,武陵蛮寇江陵,车骑将军冯绲讨,皆降散。荆州刺史度尚讨长沙蛮,平之。"此事当在今年,三年重出,误也。

七年二月丙戌,黄琼薨。《范书》:"四年,琼免司空,至七年,卒。"《袁纪》:"七年,琼以太尉薨。"《范书》,杨秉五年代刘矩为太尉。《袁纪》,此年琼卒,秉乃为太尉。今从《范书》。

十二月,诛寇荣。《袁纪》置此事于延熹元年。按《范书·荣传》云"延熹中被罪",荣书又云:"遇罚以来,三赦再赎。"不知荣死果在何年。按襄楷、窦武上书,皆言梁、孙、寇、邓之诛。今置于此。

八年正月，杨秉劾奏宦官。《杨秉传》："南巡之明年，秉劾侯览。"则是在此年矣。《宦者传》："韩缜奏具瑗，瑗坐夺国为乡侯。"与《秉传》所云削瑗国共是一时事明矣，而《袁纪》载在去年春，与范不同。今从《范书》。

五月，张磐会赦，不肯出狱。按张磐会赦得原。检《帝纪》，此后未有赦，不知何赦也？六年三月赦，前此二年；永康元年六月赦，后此二年。今从《帝纪》。

九年七月，富贾张汎。《陈蕃传》作"张汜"，《谢承书》作"张子禁"，今从《岑晊传》。

张俭举奏侯览。《袁纪》："俭行部至平陵，逢览母。俭按剑怒曰：'何等女子干督邮，此非贼邪！'使吏卒收览母，杀之，追擒览家属、宾客，死者百余人，皆僵尸道路，伐其园宅，并埋木刊，鸡犬器物，悉无余类。"《苑康传》亦云："张俭杀侯览母，按其宗党，或有进匿太山界者，康穷相收掩，无得遗脱。览大怨之，征诣廷尉，坐徙日南。"按《侯览传》云："览丧母还家。"《陈蕃传》云："翟超没入侯览财产，坐髡钳。"皆不云俭杀其母。若果杀之，则苑康不止徙日南也。《侯览传》又云："建宁二年丧母。"盖以诛党人在其年，致此误耳。

成瑨等下狱，陈蕃、刘茂共谏请之。《陈蕃传》又有司徒刘矩。按时胡广为司徒，非矩也。

襄楷上疏曰：前年冬，竹柏伤枯。《帝纪》此年十二月书"洛城傍竹柏枯伤"，误也。

司隶李膺促捕张成。《党锢传》云："膺为河南尹。"按膺此事非作尹时也。

牢脩上书诬告李膺等。《袁纪》作"牢顺"，今从《范书》。

陈蕃上书极谏，帝策免之。《袁纪》，李膺下狱在九月。《范书》，蕃免在七月。《蕃传》："上书极谏曰：'膺等或禁锢闭隔，或死徒非所'云云。"按膺等赦出在明年六月，再下狱死徙在建宁二年十月。蕃既以此年七月免，则《蕃传》所云，疑非蕃书也。又《袁纪》无陈蕃免事。灵帝即位，以太尉陈蕃为太傅。按蕃免后有太尉周景。盖《袁纪》误也。

永康元年五月，窦武上疏曰：今台阁近臣尚书朱寓等。《武传》，武上疏曰："今台阁近臣，尚书令陈蕃、仆射胡广、尚书朱寓等。"按蕃、广时不为令、仆，故去之。

六月，党人书名三府。《帝纪》于去年冬书"李膺等二百余人受诬为党人，并坐下狱，书名三府"。按陈蕃以讼李膺免。即膺等下狱已在前，后遇赦，方得书名三府。则《帝纪》所纪，为两无所用，故去之。又故书"三府"为"王府"，刘攽曰：当为"三府"。

十二月，迎解渎亭侯宏，时年十二。《范书》云："即帝位，年十(二)〔三〕。"《袁纪》，初立为嗣诏书云："年十有二"，建宁二年诛党人时，云年十四。《袁纪》是也。

灵帝建宁元年正月壬午，窦武为大将军。《袁纪》："延熹九年四月戊寅，特进窦武为大将军。武移病固让，至于数十，不许。"《范书》在今年正月壬午，《武传》为大将军亦在迎立灵帝后。今从之。

陈蕃为太傅。《帝纪》，拜蕃太傅在即位后，《传》在前。缘有蕃责尚书等语，故知从《传》是也。

九月辛亥，朱瑀盗发窦武奏。《范书·帝纪》作"丁亥"，《袁纪》，作"辛亥"。按《长历》，是年九月乙巳朔，无丁亥。今从《袁纪》。

陈蕃闻难，将官属诸生拔刃突入承明门。《袁纪》："蕃到承明门，使者不内，曰：'公未被诏召，何得勒兵入宫！'蕃曰：'赵鞅专兵向宫，以逐君侧之恶，《春秋》义之。'有使者出开门，蕃到尚书门，正色云云。"今从《范书》。

王甫使剑士收蕃，送北寺狱。《范书·蕃传》曰："蕃拔剑叱甫，甫兵不敢近。乃益人围之数十重，遂执蕃送狱。"今据《袁纪》。

二年四月壬辰，青蛇见御坐。癸巳，大风，雨雹。《帝纪》："建宁二年四月癸巳，大风雨雹。"《杨赐传》："熹平元年，青蛇见御坐。"《续汉志》："熹平元年四月甲午，青蛇见御坐。"《袁纪》："建宁二年四月壬辰，青蛇见。癸巳，大风。"按《张奂传》，论陈、窦，荐王、李，与《袁纪》相应。今从之。

九月，郭泰闻党人死，私为之恸曰：汉室灭矣。《范书》以泰此语为哭陈、窦。《袁纪》以为哭三君、八俊，今从之。

中常侍袁赦。《袁纪》作"袁朗"，今从《范书·袁隗传》。

熹平元年五月，曹节等欲别葬窦太后，陈球下议，太尉李咸上疏。《袁纪》云："河南尹李咸执药上书曰：'昔秦始皇幽闭母后，感茅焦之言，立驾迎母，供养如初。夫以秦后之恶，始皇之悖，尚纳直臣之语，不失母子之恩，岂况皇太后不以罪殁，陛下之过有重始皇！臣谨左手奉章，右手执药，诣阙自闻。如遂不省，臣当饮鸩自裁，下观先帝，具陈得失。'章省，上感其言，使公卿更议。廷尉陈球乃下议。"与范不同，今从《范书》。

七月，有人书朱雀阙，言天下大乱，曹节、王甫幽杀太后。旧云"常侍侯览多杀党人"。按时览已死，恐误。今去之。

十二月，袁隗为司徒。《袁纪》在四年，今从《范书》。

三年三月，嗣中山穆王畅薨，无子，国除。《本传》云："子节王稚嗣，无子，国除。"与《帝纪》异，未知孰是，又不知稚薨在何年，今且从《帝纪》。

六年四月，旱、蝗，三公条奏长吏苛酷贪污者，阳球坐严酷，征诣廷尉。《本传》："司空张颢条奏。"按颢，光和元年为太尉，未尝为司空。球，光和元年陷蔡邕时，已为将作大匠，不知被征果在何年，唯熹平五年、六年大旱，故附于此。

光和元年九月，司空来艳薨。《袁纪》云："艳以久病罢。"今从《范书》。

二年三月，袁滂免，刘郃为司徒。《袁纪》："二月丁巳，滂免。""刘郃"作"刘邵"。今从《范书》。

四月辛巳，阳球奏收王甫，下狱死。曹节见磔甫尸道次，抆泪曰：我曹自可相食。《袁纪》云："球会虞贵人葬，还入夏城门，曹节见谒于道旁。球大骂曰：'贼臣曹节。'"节收泪于车中，而有是语。今从《范书》。

三年十二月己巳，立何皇后。《袁纪》在十一月，今从《范书》。

帝问侍中任芝、乐松。《范书》云"中常侍乐松"。松本鸿都文学，必非中常侍。《袁纪》

云"侍中",今从之。

四年九月,刘宽免,许馘为太尉。《袁纪》:"十月,许郁坐辟召错缪,免。杨赐为太尉。"今从《范书》。

闰月,杨赐免。十月,陈耽为司徒。《袁纪》:"三年闰月,杨赐久病罢。十月,陈耽为司徒。"盖误置闰于去年。按《长历》,此年闰十月,以《袁纪》考之,闰九月为是,恐《长历》差一月。今从《范书·帝纪》。

五年正月,陈耽上言。《刘陶传》:"光和五年,以谣言举二千石。耽与议郎曹操上言。"按耽已为司徒,不应与议郎同上言。王沈《魏书》曰:"是岁以灾异博问得失,太祖因此上书切谏。"不云与耽同上言也。今但云陈耽。

六年冬。《本纪》云:"大有年。"按今夏大旱,纵使秋成,亦不得为大有年。今不取。

张角置三十六方。《袁纪》作"坊",今从《范书》。

中平元年春,济南唐周告张角反。《袁纪》云"济阴人唐客",今从《范书》。

车裂马元义。《袁纪》曰:"五月乙卯,马元义等于京都谋反,伏诛。"今从《范书》。

二月,角自称天公将军,角弟宝称地公将军,宝弟梁称人公将军。司马彪《九州春秋》云:"角弟梁,梁弟宝。"《袁纪》云"角弟良、宝"。今从《范书》。

张钧上书请斩十常侍。《范书·宦者传》上列常侍十二人名,而下云十常侍。未详。

七月,巴郡张脩反。《范书·灵帝纪》有此张脩。陈寿《魏志·张鲁传》有"刘焉司马张脩",刘艾《典略》有"汉中张脩",裴松之以为"张脩"应是"张衡"。非《典略》之失,则传写之误。按《鲁传》云:"祖父陵,父衡,皆为五斗米道。衡死,鲁复行之。"刘焉司马张脩与鲁同击汉中,鲁袭杀脩,非其父也。今此据《范书》。

十二月,王允下狱,袁隗、杨赐上疏请之。《允传》云"太尉袁隗、司徒杨赐"。按隗、赐时皆不为此官,恐误。

三年二月,赵忠为车骑将军,傅燮出为汉阳太守。《袁纪》在明年九月,今从《范书》。

四年四月,傅燮战殁。《袁纪》在明年五月,今从《范书》。

十月,长沙贼区星。《范书》作"观鹄",今从陈寿《吴志》。

五年三月,益州刺史郤俭。《范书》作"郗俭",今从陈寿《蜀志》。

南匈奴右部醢落攻杀单于羌渠。《帝纪》:"休屠各胡攻杀并州刺史张懿,遂与南匈奴左部胡合,杀其单于。"今从《匈奴传》。

八月,置西园八校尉。《范书·袁绍传》:"绍为佐军校尉。"《何进传》:"淳于琼为佐军校尉。"今从乐资《山阳公载记》。

十月甲子,帝讲武,问盖勋。《勋传》云:"勋时与宗正刘虞、佐军校尉袁绍同典禁兵,勋谓虞、绍云云。"按虞于匈奴未叛之前已为幽州牧,又宗正非典兵之官。今除之。

六年四月,刘虞为太尉。《袁纪》:"三月己丑,光禄刘虞为司马,领幽州牧。"今从

《范书》。

戊午，皇子辩即位，年十四。《帝纪》云"年十七"。张璠《汉纪》曰"帝年十四"，今从之。

中常侍郭胜。《袁纪》作"郭脉"，《九州春秋》作"郎胜"。今从《何进传》。

六月辛亥，董后暴崩。《九州春秋》曰："太后忧惧，自杀。"今从《皇后纪》。

七月，皇甫嵩从子郦。《袁纪》作"从子酈"，今从《范书》。

何进召董卓。《进传》曰："召卓屯关中上林苑。"按时卓已驻河东，若屯上林，则更为西去，非所以胁太后也。今从《卓传》。

袁术烧南宫青琐门。《何进传》作"九龙门"，今从《袁纪》。

十月，白波贼寇河东。《帝纪》："五年九月，南单于叛，与白波贼寇河东。"按《匈奴传》，帝崩之后，於扶罗乃与白波贼为寇，《纪》误，今从《传》。

十二月，尚书武威周毖、城门校尉汝南伍琼。《范书》云"吏部尚书汉阳周珌，侍中汝南伍琼"，《袁纪》作"侍中周毖"。今从《魏志》及《英雄记》。

孔伷为豫州刺史。《九州春秋》作"孔胄"，今从《董卓传》。

韩馥听袁绍举兵。《范书》《魏志》俱有此事。《范书》在举兵之后，《魏志》在举兵之前。若在举兵后，时绍已为盟主，馥何敢禁其发兵？若在举兵前，则近是也。今从《魏志》。

端明殿学士兼翰林侍读学士太中大夫提举西京嵩山崇福
宫上柱国河内郡开国公食邑二千六百户食实封一千户臣　司马光　奉敕编集

汉纪下

献帝初平元年三月乙巳,车驾入长安。《袁纪》作"己巳",今从《范书》。

袁术据南阳。《范书·术传》云:"刘表上术为南阳太守。"《袁传》云:"术阻兵屯鲁阳,表
不得至荆州。"《魏志·术传》:"孙坚杀张咨,术得据南阳。"《魏武帝纪》,此年二月已云术屯南
阳。盖术初奔鲁阳,此春孙坚取南阳,术乃据之,犹以鲁阳为治所也。

六月,王匡杀胡母班等。谢承《后(传)汉书》曰:"班,王匡之妹夫。班与匡书云:'仆与
太傅马公、太仆赵岐、少府阴脩俱受诏命。关东诸郡,虽实嫉卓,犹以衔奉王命,不敢玷辱。而
足下独囚仆于狱,欲以衅鼓,此悖暴无道之甚者也。'"按《范书》,此年六月,遣韩融等安集关东,
袁术、王匡各执书杀之。三年八月,遣马日磾及赵岐慰抚天下。《袁纪》遣马、赵亦在三年八月,
时董卓已死。而此书云与马、赵俱受诏,又云恚卓迁怒,自相乖迕。疑非班书。今不取。

冬,蔡邕议省庙号。《袁纪》在明年,今从《范书》。

二年四月,皇甫嵩答董卓。《范书·嵩传》及《山阳公载记》记嵩语与此不同,今从张
璠《汉纪》。

韩馥以冀州让袁绍,长史耿武、治中李历谏。《九州春秋》作"耿彧",今从《范书》
《魏志》《袁纪》。又《范书》,骑都尉沮授谏,无李历,今从《魏志》《袁纪》。

十月,帝遣刘和诣父虞。《范书·刘虞传》:"虞使田畴使长安,时和为侍中,因遣从武
关出。"按《魏志·公孙瓒传》,但云天子思归,不云因畴至也。若尔,当令和与畴俱还,不应出武
关。又畴未还,刘虞已死。虞死在初平四年冬,界桥战在三年春。《范书》误也。

孙坚战死。《范书》:"初平三年春,坚死。"《吴志·孙坚传》亦云初平三年。《英雄记》曰:
"初平四年正月七日死。"《袁纪》:"初平三年五月。"《山阳公载记》载策表曰:"臣年十七,丧失所
怙。"裴松之按:"策以建安五年卒,时年二十六,计坚之亡,策应十八,而此表云十七,则不符。
张璠《汉纪》及胡冲《吴历》并以坚初平二年死,此为是而《本传》误也。"今从之。

三年,袁绍斩严纲。《九州春秋》作"刘纲",今从《范书》《魏志》。

四月,骑都尉李肃。《袁纪》作"李顺",今从《范书》《魏志》。

荀攸与郑泰、种辑谋杀董卓。《魏志》云:"攸与何颙、伍琼同谋。"按颙、琼死已久,
恐误。

五月。《范书》:"丁酉,大赦。"《袁纪》:"丁未,大赦。"按是年正月丁丑,大赦,及李傕求
赦,王允曰:"一岁不再赦。"然则五月必无赦也。

李傕等围长安,守之八日。《魏志》云"十日",今从《范书》。

扬州刺史陈温卒,袁术以陈瑀为刺史。《献帝纪》:"四年三月,袁术杀陈温,据淮南。"《魏志·术传》云:"术杀温,领其州。"裴松之按:"《英雄记》,温自病死,不为术所杀。"《九州春秋》曰:"初平三年,扬州刺史陈祎死,术以瑀领扬州。"盖陈祎当为陈温,实以三年卒。今从之。

四年正月丁卯赦。《袁纪》,五月丁卯赦。今从《范书》。

六月,阙宣称天子,陶谦击杀之。《范书·谦传》作"阖宣",今从《魏志·武纪》及《谦传》。《魏·武纪》又曰:"谦与宣共举兵,取泰山华、费,掠任城。"《谦传》亦云:"谦始与合从,后遂杀之,并其众。"按谦据有徐州,托义勤王,何藉宣数千之众而与之合从!盖谦别将与宣共袭曹嵩,故曹操以此为谦罪而代之耳。

兴平二年正月癸丑赦。《袁纪》作"癸酉"。按《长历》,是月癸卯朔,无癸酉。今从《范书》。

拜袁绍为右将军。《袁记》作"后将军",今从《范书》。

闰月己卯,帝使皇甫郦和催、汜。《袁纪》"郦"作"丽",今从《范书》。

沮授说袁绍迎天子。《魏志·绍传》曰:"天子在河东,绍遣郭图使焉。图还说(纪)〔绍〕迎天子都邺,绍不从。"今从《范书》。

孙策渡江。《魏志》《袁纪》皆云:"初平四年,策受袁术使渡江。"《汉献帝纪》《吴志·孙策传》皆云"兴平元年",虞溥《江表传》云"策兴平二年渡江"。按术初平四年始得寿春,《策传》云术欲攻徐州,从陆康求米,事必在刘备得徐州后也。《刘繇传》称吴景攻繇,岁余不克,则策渡江不应兴平元年已前。今依《江表传》为定。

刘繇败走。《帝纪》,繇败走在兴平元年。今从《江表传》。

繇使朱皓攻诸葛玄。袁晔《献帝春秋》云刘表上玄领豫章太守,《范书·陶谦传》亦云刘表所用,而《陈志·诸葛亮传》云术所用。按许劭劝繇依表,必不攻其所用也。今从《亮传》。

建安元年六月,刘备战败,屯于海西。《蜀志·备传》于此云:"杨奉、韩暹寇徐、杨间,备邀击,尽斩之。"按暹、奉后与吕布同破袁术,于时未死也,《备传》为误。

备屯小沛。《备传》云:"遣关羽守下邳。"此在布败后,《备传》误也。

八月,董承等拒曹洪。《魏志》此事在正月,而《荀彧传》迎天子在都雒后。今从《传》。

曹操为镇东将军。《魏志》在六月,而《董昭传》在都雒后。今从《传》。

十月,郭嘉谏操图刘备。《傅子》以为程昱、郭嘉劝操杀备。今从《魏书》。

二年,孙策袭乌程侯。《江表传》曰:"建安二年夏,王诲奉戊辰诏书赐策。"不知其何月也。

九月,操击斩桥蕤。《范书·吕布传》云:"布破张勋于下邳,生擒桥蕤。"此又一桥蕤,将蕤被获又还也?然《魏志·吕布传》无桥蕤事,当是《范书》误。

操攻吕布,灌城月余。《范书·布传》云"灌其城三月",《魏志·传》亦曰"围之三月"。按操以十月至下邳,及杀布,共在一季,不可言三月。今从《魏志·武纪》。

刘备谏操缓吕布。《献帝春秋》曰："太祖意欲活布，命使宽缚，主簿王必趋进曰：'布，勍虏也，其众近在外，不可宽也。'太祖曰：'本欲相缓，主簿复不听，如之何？'"今从《范书》《陈志》。

十二月，桓阶说张羡附曹操。《魏志·桓阶传》，袁、曹相拒官渡而阶说羡。按《范书·刘表传》，建安三年，羡〔拒〕表，在官渡前也。

孙策遣张纮献方物。《江表传》曰："倍于元年所献。其年，制书拜讨逆，封吴侯。"按策贡献在二年，非元年也。又《陈志·纮传》曰："建安四年，遣纮奉章诣许。"按《吴书》，纮述策材略、忠款，曹公乃优文褒崇，改号加封。然则纮来在策封吴侯前，《本传》误也。

四年四月，袁术部曲奔刘勋。《吴志·孙策传》曰："术死，长史杨弘、大将张勋等将其众，欲就策，庐江太守刘勋邀击，悉虏之，收其珍宝以归。"与诸书不同。今从《范书》《陈志·术传》及《江表传》。

十二月，华歆迎孙策。华峤《谱叙》曰："孙策略有杨州，盛兵徇豫章，一郡大恐，官属请出郊迎。歆曰：'无然。'策稍进，复白发兵，又不听。及策至，一府皆造阁，请出避之，乃笑曰：'今将自来，何遽避之！'有顷，门下白曰：'孙将军至。'请见，乃前与歆共坐，谈议良久，夜乃别去。义士闻之，皆长叹而心自服也。"此说太不近人情，今不取。

刘备杀车胄。《蜀志》先叙董承谋泄诛死，备乃杀车胄。《魏志》，备杀车胄后，明年，董承乃死。《袁纪》，备据下邳亦在承死前。《蜀志》误也。

五年正月，曹操破备。《魏书》曰："备谓操与大敌连，不得东，而候骑卒至，言曹公来，备大惊，然犹未信。自将数十骑出望公军，见麾旌，便弃众而走。"计备必不至此，《魏书》多妄。

四月，孙策击陈登，到丹徒。此事出《江表传》。据《策传》云："策谋袭许，未发而死。"《陈矫传》云："登为孙权所围于匡奇。登令矫求救于太祖，太祖遣赴救。吴军既退，登设伏追奔，大破之。"《先贤行状》云："登有吞灭江南之志，孙策遣军攻登于匡奇城，登大破之，斩虏以万数。贼忿丧军，寻复大兴兵向登。登使功曹陈矫求救于太祖。"此数者参差不同。孙盛《异同评》云："按袁绍以建安五年至黎阳，策以四月遇害。而《志》云'策闻曹公与绍相拒于官渡'，谬矣。伐登之言为有证也。"今从之。

策杀许贡。《江表传》曰："初，贡上表于汉帝，言策骁雄，宜召还京邑，若放于外，必作世患。候吏得表以示策，策以让贡，贡辞无表，策令武士绞杀之。"按贡先为朱治所(追)〔迫〕，已去郡依严白虎，安能复尔？盖策破白虎时杀贡耳。

丙午，策卒。虞喜《志林》云策以四月四日死，故置此。《陈志·策传》："策阴欲袭许，迎汉帝，密治兵。部署未发，为许贡客所杀。"《郭嘉传》曰："策渡江，北袭许，众闻皆惧。嘉料之曰：'策轻而无备，必死于匹夫之手。'果为贡客所杀。"嘉虽先见，安能知策死于未袭许之前乎！盖时人见策临江治兵，疑其袭许，嘉料其不能为耳。

十月，许攸奔曹操。《魏志·武纪》曰："攸贪财，袁绍不能足，来奔。"今从《范书·绍传》。

操破绍，杀七万余人。《范书·绍传》曰："所杀八万人。"按《献帝起居注》，曹公上言，凡斩首七万余级。

周瑜止鲁肃。《肃传》曰："刘子扬招肃往依郑宝,肃将从之,瑜以权可辅,止肃。"按刘晔杀郑宝,以其众与刘勋,勋为策所灭,宝安得及权时也。

七年五月,南单于降。《魏志·张既传》曰："高幹及单于皆降。"非也。

八年二月,曹操攻黎阳。《魏志·武纪》作三月,今从《范书·袁绍传》。又《魏志·绍传》云:"谭、尚与太祖相拒黎阳,自二月至九月。"当云自九月至二月。

操追袁谭、袁尚至邺。《范书·绍传》曰:"尚逆击,破操军。"今从《魏志·绍传》。

九年七月,袁尚保祁山。《魏志·绍传》云:"还走滥口。"《范书》作"蓝口"。今从《魏武纪》。

十三年正月赵温免。《献帝起居注》在十五年,《范书·帝纪》在十三年。按是年罢三公官,温不至十五年也。

甘宁奔孙权。《吴志·孙权传》,建安八年、十二年,皆尝讨黄祖。《凌统传》,父操死时,统年十五,摄父兵。后击麻、保屯,刺杀陈勤。按《周瑜》《孙瑜传》,以十一年击麻、保屯,则操死似在八年,然后五年宁乃奔权,似晚。今无年月可据,追言之。

六月,曹操表马腾为卫尉。《典略》曰:"建安十五年,征腾为卫尉。"按《张既传》:"曹公将征荆州,令既说腾入朝。"盖"三"字误为"五"耳。

八月,蒯越等说刘琮降。《范书》《陈志·表传》皆云韩嵩亦说琮降。按嵩时被囚,必不预谋。

九月,操以王粲为掾属。《粲传》曰:"太祖置酒汉滨,粲奉觞贺云云。"按操恐刘备据江陵,至襄阳即过,日行三百里,引用名士,皆至江陵后所为,不得更置酒汉滨,恐误。

十二月,孙权围合肥。《魏志·武纪》:"十二月,权为备攻合肥。公自江陵征备,至巴丘,遣张喜救合肥。权闻喜至,乃走。公至赤壁,与备战,不利。"孙盛《异同评》曰:"按《吴志》,备先破公军,然后权攻合肥,而此纪云先攻合肥,后有赤壁之事。二者不同,《吴志》为是。"又《陈矫传》云:"陈登为权所围于匡奇,令矫求救于曹操。"而《先贤行状》云:"登为策所围。"按策始欲攻登,未济江,已为许贡客所杀。《吴书》云:"权征合肥,命张昭别讨匡奇。"于时陈矫已为曹仁长史。又陈登年三十六而卒,必已不在。不知登之被围果在何时也。

十四年三月,权烧围走。《魏志·武纪》:"十二月,权围合肥。"《刘馥传》云"攻围百余日",《孙权传》云"逾月不能下"。由此言之,权退必在今年明矣。

张辽讨斩陈兰、梅成。《辽传》无年。按繁钦《征天山赋》云:"建安十四年十二月甲辰,丞相武平侯曹公东征,临川未济,群舒蠢动,割有(潜)〔灊〕、六,乃俾上将荡寇将军张辽治兵南岳之阳。"又云:"陟天柱而南徂。"故置于此。

十五年十二月,周瑜卒。按《江表传》,瑜与策同年,策以建安五年死,年二十六,瑜死时年三十六,故知在今年也。

鲁肃劝权以荆州借备。《肃传》曰:"曹公闻权以土地业备,方作书,落笔于地。"恐操不至于是,今不取。

十六年八月,操遣徐晃等渡蒲阪津。《晃传》曰:"太祖至潼关,恐不得渡,召问晃。晃曰:'公盛兵于此,而贼不复别守蒲阪,知其无谋也。今假臣精兵渡蒲阪津,为军先置以截其里,贼可禽也。'太祖曰:'善。'"按《武帝纪》,潜遣二将渡蒲阪,皆太祖之谋,而《晃传》云皆晃之策。盖陈氏各欲称其功美,不相顾耳。

操与韩遂语。《许褚传》曰:"太祖与韩遂、马超等会语,左右皆不得从,唯将褚。超负其力,阴欲前突太祖,素闻褚勇,疑从骑是褚,乃问曰:'公有虎侯者安在?'太祖顾指褚,褚瞋目盻之,超不敢动。"按时超不与遂同在彼,故疑(遂)此说妄也。

十二月,法正说刘备取益州。韦曜《吴书》曰:"备前见张松,后得法正,皆厚以恩德接纳,尽其殷勤之欢。因问蜀中阔狭,兵器府库,人马众寡,及诸要害道里远近,松等具言之。"按《刘璋》《刘备传》,松未尝先见备,《吴书》误也。

十七年十月,荀彧饮药而卒。《陈志·彧传》:"以忧薨。"《范书·彧传》曰:"操馈之食,发视,乃空器也,于是饮药而卒。"孙盛《魏氏春秋》亦同。按彧之死,操隐其诛。陈寿云以忧卒,盖阙疑也。今不正言其饮药,恐后世为人上者,谓隐诛可得而行也。

十八年九月,马超奔张鲁。《杨阜传》云"十七年九月"。《武帝纪》:"十八年,超在汉阳,复因羌、胡为害。十九年正月,赵衢等讨超,超奔汉中。"按姜叙九月起兵,超即应出讨,超出,衢等即应闭门,不应至来年正月。盖《魏史》书捷音到邺之月耳。《杨阜传》误也。

十九年七月,操留少子植守邺。《植传》云:"太祖戒之曰:'吾昔为顿丘令,年二十三,思此时所行,无悔于今。今汝年亦二十三矣。'"又云:"植太和六年薨,年三十一。"按植今年年二十三,则死时当年四十一矣。《本传》误也。

二十年五月,吕蒙留孙河,委以后事。按孙河已死,或它人同姓名耳。

刘备闻操将攻汉中。《备传》云"曹公定汉中",《孙权传》云"入汉中"。按操以七月入汉中,备未应即闻之,而八月权已攻合肥,盖闻曹公兵始欲向汉中,即引兵还耳。

七月,张卫等夜遁。《武帝纪》曰:"公至阳平,张鲁使弟卫等据关,攻之不拔,乃引还。贼守备解散,公乃密遣解摽等乘险夜袭,大破之。"《刘晔传》曰:"太祖欲还,令晔督后诸军。晔策鲁可克,驰白太祖,不如致攻,遂进兵,鲁乃奔走。"郭颁《世语》:"鲁遣五官掾降,弟卫拒王师不得进。鲁走巴中。军粮尽,太祖将还。西曹掾郭谌曰:'鲁已降,留使既未反,卫虽不同,偏携可攻。县军深入以进必克,退必不免。'太祖疑之。夜有野麋数千,突坏卫营,军大惊,高祚等误与卫众遇,卫以为大军见掩,遂降。"《魏名臣奏》载杨暨表曰:"武皇帝征张鲁,以十万之众,身亲临履。张卫之守,盖不足言。地险守易,虽有精兵虎众,势不能施。对兵三日,欲抽军还。天祚大魏,鲁守自坏,因以定之。"又载董昭表。其"承凉州"以下,皆昭表所述,必得实。今从之。

守将虽斩之。《刘晔传》云"备虽斩之"。按《备传》云:"备下公安,闻曹公定汉中,乃还。"如此,则备时犹在公安也。

二十二年正月,操军居巢。《孙权传》,曹公次居巢,攻濡须,并在去冬。今从《魏武纪》。

二十四年正月,刘备营于定军山。《备传》云:"于定军山势作营。"《法正传》作"定军、兴势。"今从《黄忠传》。

斩夏侯渊。《渊传》曰:"备夜烧围鹿角。渊使张郃护东围,自将轻兵护南围。备挑郃战,郃军不利。渊分兵半助郃,为备所袭,战死。"《张郃传》曰:"备于走马谷烧都围,渊救火,从他道与备相遇,交战,短兵接刃,渊遂没。"今从《刘备》《黄忠》《法正传》。

魏　纪

高祖黄初元年十月辛未,升坛受禅。《陈志》云:"丙午,行至曲蠡,汉帝禅位。庚午,升坛即祚。"《袁纪》亦云:"庚午,魏王即位。"按《献帝纪》,乙卯始发禅册,二十九日登坛受命。又《文帝受禅碑》至今尚在,亦云辛未受禅。《陈志》《袁纪》误也。《范书》云:"魏遣使求玺绶,曹皇后不与,如此数辈,后乃呼使者,以玺抵轩下,因涕泣横流曰:'天不祚尔!'左右皆莫能仰视。"按此乃前汉元后事,且玺绶无容在曹后之所,此说妄也。

二年。《陈志》:"正月乙亥,朝日于东郊。"裴松之以为朝日在二月。按二月辛丑朔,无乙亥。

烈祖太和二年正月,姜维降汉。孙盛《杂语》曰:"维诣诸葛亮,与母相失。后得母书,令求当归。维曰:'良田百顷,不在一亩。但有远志,不在当归也。'"按维粗知学术,恐不至此。今不取。

青龙二年。唐太宗《晋书·景怀夏侯后传》,后以此年死。云:"宣帝居上将之重,诸子并有雄才大略,后知帝非魏之纯臣,而后既魏氏之甥,帝深忌之,遂以鸩崩。"按是时司马懿方信任于明帝,未有不臣之迹,况其诸子乎!徒以魏甥之故,猥鸩其妻,都非事实,盖甚之之辞。不然,师自以他故鸩之也。今不取。

景初二年六月,公孙渊围堑二十余里。《晋·宣纪》云"南北六七十里",今从《渊传》。

十二月,刘放执帝手作诏,免燕王宇等官。《放传》曰:"宇性恭良,陈诚固辞。帝引见放、资入卧内,问曰:'燕王正尔为?'放、资对曰:'燕王实自知不堪大任故耳。'帝曰:'曹爽可代宇否?'放、资因赞成之。又深陈宜速召太尉司马宣王,帝纳其言。放、资既出,帝意复变,诏止宣王勿来。寻更见放、资曰:'我自召太尉,而曹肇等反使吾止之。'命更为诏,帝独召爽与放、资俱受诏命,遂免宇、献、肇、朗官。"按陈寿当晋世作《魏志》,若言放、资本情,则于时非美,故迁就而为之讳也。今依习凿齿《汉晋春秋》、郭颁《世语》,似得其实。

邵陵厉公正始四年十二月,陆逊谏吴主不分嫡庶。《吴录》曰:"权时见杨竺,辟左右而论霸之才,竺深述霸有文武英姿,宜为嫡嗣,于是权乃许立焉。既而逊有表极谏,权疑竺泄之,乃斩竺。"按竺死在太子废后,《吴录》所述妄也。

嘉平元年正月,曹爽、何晏等族诛。《魏氏春秋》曰:"宣王使晏典治爽等狱,晏穷治党与,冀以获宥。宣王曰:'凡有八族。'晏疏丁、邓等七姓,宣王曰:'未也。'晏穷急,乃曰:'岂谓晏乎?'宣王曰:'是也。'乃收晏。"按宣王方治爽党,安肯使晏典其狱!就令有之,晏岂不自知与爽最亲而冀独免乎！此殆孙盛承说者之妄耳。

五年十月，吴孙峻杀诸葛恪。《恪传》曰："恪省张约等书而去，未出路门，逢太常滕胤。恪曰：'卒腹痛，不任入。'胤不知峻阴计，谓恪曰：'君自行旋未见上，今上置酒请君，君已至门，宜当力进。'恪踌躇而还。"孙盛以为不然。今从《吴历》。

高贵乡公正元二年十二月，吴作太庙。《吴历》："太平元年正月，立太祖庙。"沈约《宋书》："孙亮立，明年正月，立权庙。"今从《吴志》。

元帝景元元年正月，高贵乡公出怀中黄素诏，王沈、王业奔走告司马昭，王经不从。《世语》曰："经因沈、业申意。"今从《晋诸公赞》。

陈泰请斩贾充。《魏氏春秋》曰："帝之崩也，太傅司马孚、尚书右仆射陈泰枕帝尸于股，号哭尽哀。大将军入禁中，泰见之悲恸，大将军亦对之泣，谓曰：'玄伯其如我何？'泰曰：'独有斩贾充，少可以谢天下耳。'大将军久之曰：'卿更思其他。'泰曰：'岂可使泰复发后言！'遂欧血薨。"裴松之以为违实。今从干宝《晋纪》。

四年九月，护军荀恺。《晋书·文纪》作"部将易恺"，今从《魏志》。

咸熙元年正月，众杀姜维、钟会。《卫瓘传》曰："会留瓘谋议，乃书板云：'欲杀胡烈等。'举以示瓘，瓘不许，因相疑贰。瓘如厕，见胡烈故给使，使宣语三军，言会反。会逼瓘定议，经宿不眠，各横刀膝上。在外诸军已潜欲攻会，瓘既不出，未敢先发。会使瓘慰劳诸军，瓘便下殿。会悔遣之，使呼瓘，瓘辞眩疾动，诈仆地。比出閤，数十信追之。瓘至外（解）〔廨〕，服盐汤，大吐。会遣所亲人及医视之，皆言不起，会由是无所惮。及暮，门闭。瓘作檄，宣告诸军并已唱义。陵旦，共攻会，杀之。"常璩《华阳国志》曰："会命诸将发丧，因欲诛之。诸将半入，而南安太守胡烈等知其谋，烧成都东门以袭杀会及维。"今从《魏志》。又《世语》曰："维死时，见剖，胆如斗大。"如斗非身所能容，恐当作"升"。

晋纪上

世祖泰始元年九月乙亥，葬文王。《晋书·文纪》作"癸酉"，今从《魏·陈留王纪》。

二年八月，陆凯上疏谏吴主。陈寿曰："予连从荆、扬来者，得凯所谏皓二十事，博问吴人，多云不闻凯有此表。又按其文殊甚切直，恐非皓之所能容忍也。或以为凯藏之箧笥，未敢宣行，病困，皓遣董朝省问欲言，因以付之。虚实难明，故不著于篇。然爱其指摘皓事，足为后戒，故钞列于《凯传》左。"今不取。

十月丙午朔，日食。《宋书·志》无此食，今从《晋书》。

十二月，吴主还都建业。《吴志·陆凯传》："或曰：'宝鼎元年十二月，凯与丁奉、丁固谋因皓谒庙，欲废皓，立孙休子。时左将军留平领兵先驱，故密语平，平拒而不许，誓以不泄，是以不果。'"按凯尽忠执义，必不为此事。况皓残酷猜忌，留平庸人，若闻凯谋，必不能不泄，殆虚语耳。今不取。

四年正月丙戌，贾充等上律令，帝令裴楷执读。《刑法志》云："泰始三年事毕，表上。"今从《武纪》。《裴楷传》云："文帝时，诏楷于御前执读。"今从《刑法志》。

九月，石苞免官。《晋书·武纪》及《苞传》皆无苞免官年月，萧方等《三十国春秋》、杜延业《晋春秋》置在此，今从之。《苞传》又云："敕琅邪王伷自下邳会寿春。"按《武纪》，伷明年二月乃镇下邳，恐《传》误。

十月，吴万彧寇襄阳。《晋·帝纪》作"郁"，今从《吴志》。

五年二月，文立言蜀名臣子孙宜叙用。《立传》载此表在迁太子中庶子后。按泰始七年，立举郤诜时，犹为济阴太守，于今未为庶子也。若诸葛京署吏，不因立表，则京先已署吏，立不当更云宜量材叙用也。

六年正月，吴丁奉入涡口。《吴志·丁奉传》："建衡元年，攻晋榖阳。"《晋·帝纪》不载，《奉传》不言入涡口，疑是一事。

七年四月，吴陶璜袭杀董元。《璜传》云："出其不意，径至交趾。"按元乃九真太守，非交趾也。《华阳国志》云："元病亡，杨稷更以王素代之。"按《武帝纪》："四月，九真太守董元为吴将虞汜所攻，军败，死之。"则元非病亡，盖稷虽以素代元，未至郡而元死也。

众胡内叛，与树机能围牵弘，弘死之。崔鸿《十六国春秋·秃发乌孤传》云："其先树机能本河西鲜卑，泰始中，杀秦州刺史胡烈，斩凉州刺史牵弘。"《晋·帝纪》："叛虏杀胡烈，北地胡杀牵弘。"皆不言鲜卑。盖言群胡内叛，则鲜卑亦在其中矣。或北地胡即树机能也。

七月癸酉，贾充都督秦、凉。《三十国春秋》《晋春秋》，充出并在八年二月。按《武帝纪》，充出在此月。盖二《春秋》以太子纳妃在八年二月，致此误也。

陶璜陷交趾，杀毛炅。《汉晋春秋》曰："初，霍弋遣杨稷、毛炅等戍交趾，与之誓曰：'若贼围城未百日而降者，家属诛。若过百日救兵不至，而城没者，吾受其罪。'稷等守未百日，粮尽，乞降于璜，不许，而给粮使守。诸将并谏，璜曰：'霍弋已死，不能救稷等必矣。可须其日满，然后受降，使彼得无罪，而我取有义，内训吾民，外怀邻国，不亦可乎！'稷等期讫粮尽，救兵不至，乃纳之。"《华阳国志》则云："稷等城破被囚，稷欧血死，炅骂贼死。"二者相戾，不可得合。而《晋·陶璜传》兼载之。按孙皓猜暴，恐璜不敢以粮资敌。今从《华阳国志》。

十月丁丑朔，日食。《宋书·五行志》有五月庚辰食，无十月丁丑食。《晋书·纪》及《天文志》有十月丁丑食，无五月庚辰食。今从《晋书》。

十二月，安乐思公刘禅卒。《晋春秋》云："禅谥惠公。"今从王隐《蜀记》。

八年夏，张弘杀皇甫晏，王濬讨斩之。《华阳国志》，弘杀晏在十年五月。《武帝纪》在今年六月。按王濬请伐吴表云："臣作船七年，日有朽败。"濬再为益州刺史，方受诏作船。咸宁五年，下诏伐吴，借使濬以其年上表，则再为益州亦在泰始九年之前矣。今从《晋纪》为定。

祜表留濬复为益州。《羊祜传》曰："表留濬监益州诸军事，加龙骧将军。"按《濬传》："祜密表留濬，重拜益州刺史。"又曰："寻以谣言拜龙骧将军，监梁、益诸军事。"然则作刺史与监军，自是二事也。《华阳国志》又云："咸宁四年，濬迁大司农。五年，拜龙骧，监梁、益二州。"按时羊祜已卒，尤不可据。

濬造舟舰。《华阳国志》云："咸宁二年三月,濬受诏作船。"按濬表云"作船七年",则《国志》不可据也。

十月,尹璩卒。宋质废梁澄,表令狐丰为敦煌太守。《晋春秋》"璩"作"据",今从《武纪》。《武纪》云:"令狐丰废澄,自领郡事。"今从《晋春秋》。

贾充宴朝士。《三十国春秋》在十一月,《晋春秋》在十月己巳,恐皆非实,故附于冬末。

吴万彧自杀。《吴志·孙皓传》云:"彧被谴忧死。"今从《江表传》。

九年正月辛酉,郑袤卒。按《本传》"袤为司空,固辞。久之,见许,以侯就第,拜仪同三司。"而《帝纪》云"司空郑袤薨",误也。

七月丁酉朔,日食。《宋志》无此食,今从《晋书》。

十年四月,吴主诛章安侯奋。《江表传》曰:"张布女有宠于皓而死,皓厚葬之。国人见葬太奢丽,皆谓皓已死,所葬者是也。皓舅子何都,颜状似皓,故民间讹言都代立。临海太守奚熙信讹言,举兵欲还秣陵诛都。都叔父植时为备海督,击杀熙,夷三族,讹言乃息。"又云:"奋本在章安,徙还吴城禁锢,使男女不得通婚,或年三十、四十,不得嫁娶。奋上表乞自比禽兽,使男女自相配偶。皓大怒,遣察战赉药赐奋父子,皆饮药死。"裴松之按:"建衡二年至奋之死,孙皓即位尚未久,若奋未被疑之前,儿女年二十左右,至奋死时,不得年三十、四十也。若先已长大,自失时未婚娶,不由皓之禁锢矣。此虽欲增皓之恶,然非实理。"又《吴志·孙皓传》:"凤凰三年,会稽妖言奋为天子,遂诛奚熙。"不言诛奋。《孙奋传》:"建衡二年,左夫人王氏卒,民间讹言,遂诛奋及五子。"《三十国》《晋春秋》,自皓纳张布女至杀奋,皆在天册元年。按奋若以建衡二年死,不容至凤凰三年会稽方有讹言。不知奋果在何年,今因奚熙之死终言之。

咸宁三年五月,吴将邵颉。《武纪》作"邵凯",今从《羊祜传》。

七月,杨珧议封建。《职官志》以为珧与荀勖以齐攸有时望,惧太〔守〕〔子〕有后难,故建此议,使诸王之国。帝初未之察,于是下诏议其制。按《勖传》有异议,又,时齐王不之国,疑此说非实。今不取。

十二月,卫瓘离间二虏,务桓降,力微死。魏收《后魏书》:"铁弗刘虎,匈奴去卑之孙,昭成四年死,子务桓立。"按昭成四年,晋成帝咸康七年也,务桓不应与瓘同时,盖二人皆名务桓耳。

四年七月,司、冀等州大水,螟伤稼,杜预上疏。《食货志》云"咸宁三年",《杜预传》云"四年"。按《五行志》,三年大水,无虫灾,四年螟。今从《预传》。

九月,张尚忤吴主,徙建安,寻杀之。《三十国春秋》云:"岑昏等泥头请代尚死,尚得免死,徙广州。"今从《尚传》,参取环氏《吴纪》。

十月,卫瓘抚床,帝令太子决尚书疑事。《三十国春秋》在泰始八年。按《瓘传》:"泰始初,为青州刺史,徙幽州,八年不得在京师。"《瓘传》在迁司空后。按《帝纪》:"太康三年,贾充卒,十二月,瓘为司空。"故移在入为尚书令下。

傅玄卒。《玄传》曰:"五年,迁太仆,转司隶,景献皇后崩,坐争位骂尚书免,寻卒。"按景献后崩在四年,《玄传》误也。

五年十一月，马隆转战而前。《隆传》曰："或夹道累磁石，贼被铁铠，行不得前，隆卒悉被犀甲，无所留碍，贼以为神。"按此说太诞，恐不可信。

太康元年二月乙丑，王濬击杀吴陆景。《武纪》："壬戌，濬克夷道、乐乡城，杀陆景。"《陆抗传》："壬戌，杀晏。癸亥，杀景。"《王濬传》："壬戌，克夷道，获晏。乙丑，克乐乡，获景。"今从《濬传》。

或曰：方春水生，难于久驻。《杜预传》曰："今向暑，水〔源〕〔潦〕方降，疾疫将起。"按时未暑，今浓《三十国春秋》。

五月丁亥朔，孙皓至。《吴志·皓传》："天纪四年三月丙寅，杀岑昏。戊辰，陶濬从武昌还。壬申，王濬到，受皓降。五月丁亥，集于京邑。四月甲申，封归命侯。"《晋·武纪》："太康元年二月，王濬等破武昌，王浑斩张悌。三月壬申，濬下石头，皓降。乙酉，大赦，改元。四月，〔遗〕〔遣〕朱震等慰抚。五月辛亥，封归命侯。丙寅，引皓升殿。庚午，诏士卒六十日家。庚辰，以濬为辅国将军。"《王濬传》："二月庚申，克西陵。"又云："壬寅，濬入石头。"而无月。又上书曰："臣十四日至牛渚，十五日至秣陵。"亦无月。又曰："去二月武昌失守，皓左右皆得宝散走。"《三十国春秋》："四月甲子，王浑斩张悌。丙寅，杀岑昏，与何桢书。庚午，送降书。壬申，濬入石头。甲申，封归命侯。五月丁亥，至洛阳。"《晋春秋》略与之同。按《长历》，去年闰七月，今年二月戊午朔，三月戊子朔，四月丁巳朔，五月丁亥朔，六月丙辰朔。然则三月无戊辰、丙寅、壬申，五月无庚午、庚辰，与《吴志》《晋书》不合。若依《三十国春秋》，月日虽合，然二月武昌失守，皓左右离散，不容四月十六日王濬乃至秣陵而皓降。又，皓以四月十六日降，举家西上，至五月一日未能至洛。今事之先后并依《吴志》《晋书》，但削去其日之不与《历》合者。

迁王濬镇军大将军。《濬传》云："领步兵校尉，旧校唯五，置此营自濬始也。"按《职官志》："屯骑、步兵、长水、越骑、射声校尉，是为五校，并汉官也。"然则步兵之名，非自濬始。《武帝纪》，是年六月丁丑，"初置翊军校尉官"。疑濬所领者翊军也。

是岁，凡州十九。《宋书·州郡志》云："太康元年，天下一统，凡十六州，后又分雍、梁为秦，分荆、扬为江，分益为宁，分幽为平，而为二十矣。"按杜佑《通典》："平吴，分十九州：司、兖、豫、冀、并、青、徐、荆、扬、梁、雍、秦、益、凉、宁、幽、平、交、广。"今从之。

山涛言不宜去武备。《涛传》云："与卢钦论之。"按钦，咸宁四年三月已卒。

二年十月，慕容涉归寇昌黎。《帝纪》云"慕容廆"。按范亨《燕书·武宣纪》："廆，泰始五年生，年十五，父单于涉归卒。"太康四年也。此年入寇，当是涉归。

十一月，陈骞薨。《帝纪》云"大司马"。按骞以咸宁三年辞位，以高平公还第。

三年正月，帝问司隶校尉刘毅。《地理志》："太康元年，省司隶，置司州。"《毅传》："毅为司隶校尉，帝尝南郊，礼毕，问毅。"而无年月。《晋春秋》问毅在此月，而不言毅官。按《毅传》："六年，自司隶迁左仆射。"或者此年尚未改为司州也，今从《毅传》。

四年，慕容删篡立。《载记》"删"作"耐"，今从《燕书》。

五年正月己亥，青龙见。《五行志》作"癸卯"，今从《帝纪》。

罢宁州，置南夷校尉。《地理志》："太康三年，废宁州，置南夷校尉。"今从《华阳国志》。

六年正月，刘毅卒。《晋春秋》在七年十月，今从《本传》。

七年正月，魏舒逊位。舒逊位，《纪》《传》皆无年月。《本传》曰："以灾异逊位，帝不听。后因正旦朝罢还第，表送章绶。"按《本传》又曰："逊位之际，莫有知者。"若今年正旦日食逊位，至它年正旦乃送章绶，不得云"人无知者"。盖止因今者正旦朝罢，遂以灾异逊位，不复起耳。

资治通鉴考异卷第四

端明殿学士兼翰林侍读学士太中大夫提举西京嵩山崇福宫上柱国河内郡开国公食邑二千六百户食实封一千户臣 司马光 奉敕编集

晋纪中

惠帝元康四年正月,安昌公石鉴薨。《本传》:"鉴封昌安县侯。"今从《帝纪》。

傅咸卒。《三十国》《晋春秋》:"元康四年七月,傅咸为司隶。五年五月,始亲职,十月卒。"二书附年月多差舛,故以《本传》为定。

五年十月,武库火。《三十国》《晋春秋》云"闰月",《宋》《晋·五行志》云"闰月庚寅"。今从《晋书·帝纪》。

八年九月,李特入蜀。《帝纪》:"元康七年,关中饥。八年,雍州有年。"而《华阳国志》《三十国》《晋春秋》皆云:"八年,特就谷入蜀。"今从之。

九年正月,出成都王颖为平北将军。《帝纪》云:"以颖为镇北大将军。"今从《本传》。

六月,高密王泰薨。《帝纪》云:"陇西王",《本传》云:"泰为尚书令,改封高密。"《纪》误。

裴颜、贾模、张华议废贾后。《贾后传》曰:"模与裴颜、王衍谋废之,衍后悔而止。"今从《颜传》。

八月,裴颜、刘颂上表疏。《刑法志》叙颂奏,续颜表之下,而云"侍中太宰汝南王亮"。按颜表引元康八年事,时亮死已久,盖《志》误也。

永康元年正月。《帝纪》《天文志》皆有"己卯日食",《宋志》无之。按《长历》,己卯十七日,安得日食!

皇孙彪卒。《帝纪》"彪"作"霖"。按彪,字道文,不当作"霖",今从《传》。

八月,石崇、潘岳、欧阳建被收。《崇传》曰:"崇、建潜知其计,阴劝淮南王允、齐王冏图赵王伦。"若崇果与允同谋,允败,崇应惶遽,不应被收时,方宴于楼上。盖伦、秀以旧怨诬杀之耳。

以刘颂为光禄大夫。《三十国春秋》云:"伦党大怒,谋害颂,颂惧,自杀。"《颂传》云:"颂为光禄,寻病卒。"今从《传》。

十一月,耿滕为益州刺史。《帝纪》作"耿胜"。《载记》《华阳国志》作"滕",今从之。

滕欲入州。《华阳国志》曰:"战于广汉宣化亭,杀传诏。"按州郡俱治成都,不容战于广汉。又赵廞若已与滕战,不应欲直入州。今从《载记》。

赵廞杀赵模、陈揔。《帝纪》:"廞又杀犍为太守李密、汶山太守霍固。"按《华阳国志》,犍为太守李苾、汶山太守杨邠,非密、固也。《载记》亦作"李苾"。盖《纪》误。

厥自称益州牧。《晋春秋》云:"建号太平元年。"他书无之,今不取。

永宁元年正月,赵王伦即帝位。《三十国春秋》云:"伦将篡位,义阳王威执诏示嵇绍曰:'圣上法尧、舜之举,卿其然乎?'绍厉声曰:'有死而已,终不有二!'威怒,拔剑而出。及惠帝迁于金墉城,唯绍固志不从,直于金墉,绝不通伦,时人皆为之惧。"《晋书·忠义传》云:"伦篡,绍为侍中,惠帝复祚,遂居其职。"二说不同,今皆不取。

赵厥杀李庠及其子侄十余人。《载记》曰:"及其子侄宗族三十余人。"今从《华阳国志》。又《国志》,庠死去年冬,《晋春秋》在今年春,今从之。

三月,罗尚使王敦讨汶山羌,死之。《帝纪》在八月,疑是洛阳始知。今从《华阳国志》。

赵王伦使管袭讨斩王盛、处穆。《齐王冏传》曰:"冏潜与盛、穆谋起兵诛伦,未发,恐事泄,乃与袭杀穆,送首于伦,以安其意。"今从《三十国春秋》。

四月,大战于溴水。《赵王伦传》作"激水",今从《帝纪》。

六月,复封宾徒王晏为吴王。《晏传》:"自宾徒徙封代王。伦诛,复本封。"今从《帝纪》。

齐王冏为大司马,成都王颖为大将军,录尚书。《颖传》曰:"至邺,诏王粹加九赐,进位大将军,都督中外,颖拜受徽号,让殊礼。"按颖在洛,卢志已谓颖曰:"今当与齐王共辅朝政。"明已有录尚书之命,但颖不受归邺,故朝廷使粹追命之耳。且颖功大于冏,不应独赏冏而颖未赏也。今从《帝纪》。

路秀。《帝纪》作"路季",今从《齐王冏传》。

八月,齐王冏杀东莱王蕤。《帝纪》:"六月庚午,蕤与王舆谋废冏,事觉得罪。甲戌,冏为大司马。"按诛舆诏已称冏为大司马,则舆事觉不应在冏为大司马前。今从《三十国春秋》在八月。

九月,东安王繇举东平王楙镇下邳。《帝纪》:"八月,楙为平东,督徐州。九月,繇复爵。"按《楙传》:"繇为仆射,举楙为平东。"故移在繇还后。

太安元年,慕容廆击素怒延。《载记》作"素延",下云"素延怒,率众围棘城。"按《燕书·纪》《传》皆谓之"素怒延",然则怒〔延〕是其名也。

二年正月,李特改元建初。《帝纪》:"太安元年五月,特自号大将军。"《载记》:"太安元年,特称大将军,改元。"《后魏书·李雄传》云:"昭帝七年,特称大将军,号年建初。"昭帝七年,太安元年也。祖孝徵《修文殿御览》云:"太安二年,特大赦,改年建初元年。特见杀。"《三十国》《晋春秋》云:"太安二年正月,特僭位,改年。"今从《御览》等书。

蜀郡任叡。《载记》作"任明",《罗尚传》作"任锐"。今从《华阳国志》。

六月,李雄杀陈图。《华阳国志》作"陈訚",今从《载记》。

七月,处士范长生。《华阳国志》作"范贤",今从《载记》。

涪陵徐轝。《华阳国志》作"徐舆",今从《载记》。

长沙王乂征李含为河南尹。《含传》云:"河间王颙表含为河南尹。"今从《皇甫重传》。

张昌逃于下㒞山。《帝纪》:"八月庚申,刘弘及张昌战于清水,斩之。"《昌传》云:"昌败,窜于下㒞山。明年秋,擒斩之。"按弘斩张奕表云:"张昌奸党初平,昌未枭首。"故从《昌本传》。

八月,以长沙王乂为太尉、都督中外诸军事。《帝纪》:"太安元年十二月,乂诛齐王,即以乂为太尉、都督中外。"《晋春秋》:"二年七月,颙、颖起兵,乃以乂为太尉、都督以讨之。"按齐王死后,颖悬执朝政,乂未应都督中外。又颙见为太尉,乂不应更为太尉。今从《晋春秋》。

十月戊申,战于建春门。《陆机传》云"战于鹿苑",今从《帝纪》。

孙拯下狱。《晋春秋》作"孙承",今从《晋书·传》。

张方退屯十三里桥。《河间王颙传》云"驶水桥",今从《帝纪》。

闰月,罗尚留张罗守城。《载记》作"罗特",今从《华阳国志》。

永兴元年正月癸亥,东海王越收长沙王乂。《越传》云:"殿中诸将及三部司马疲于战守,密与左卫将军朱默夜收乂别省,逼越为主。"今从《乂传》。

甲子,大赦,改元。《帝纪》:"太安二年十二月甲子,大赦。""永兴元年正月,大赦,改元。"疑是一事。

丙寅,张方杀乂。《帝纪》《三十国》《晋春秋》云:"太安二年十二月,杀乂。"《乂传》云:"初,乂执权之始,洛下谣曰:'草木萌牙杀长沙。'乂以正月二十五日废,二十七日死,如谣言焉。"《乐广传》云:"成都王颖,广之壻也,及与长沙王乂遭难,而广既处朝望,群小谗谤之,广以忧卒。"《惠帝纪》:"永兴元年正月丙午,乐广卒。"若广卒时乂未死,即《乂传》正月二十五日废为是,合移在永兴元年正月。而《晋春秋》:"太安二年八月,乐广自裁。"按《帝纪》,今年正月,以颖为丞相,遣兵屯城门代宿卫者,疑此皆乂初死时事。又今年正月末,亦有甲子、丙寅。今从《乂传》。

十月,刘渊迁都左国城。下云"离石大饥,迁于黎亭。"则是渊犹在离石也。按杜佑《通典》,离石有南单于庭左国城。然则渊虽迁左国,犹在离石县境内也。

渊即汉王位。《帝纪》,李雄、刘渊称王,皆在十一月惠帝入长安后。《华阳国志》,李雄十月称王,一本作十二月。《三十国》《晋春秋》《十六国钞》皆在十月,今从之。

范阳王虓等请降,封太弟颖。《虓传》云:"与镇东将军周馥同上言。"按《馥传》:"帝自长安还,馥出为平东将军,都督扬州,代刘准为镇东。"据此表,张方犹存,盖自邺还洛阳时也。

十二月,高密王略镇洛阳。《惠纪》作"高密王简"。按《宗室传》,高密孝王略,字元简,时都督青州,后迁都督荆州,未尝镇洛阳。盖简即略也,时虽有朝命而略不至,或尝镇洛阳而《本传》遗脱耳。

二年六月,拓拔猗㐌斩汉将綦毋豚。《后魏书·桓帝纪》及《刘渊传》皆云:"渊南走蒲子。"按《晋·载记》,渊无走蒲子事,下云"自离石迁黎亭"。盖《后魏书》夸诞妄言耳。

八月,琅邪王睿请王导为司马。《导传》曰:"元帝镇下邳,请导为安东司马。"按元帝时为平东,及徙扬州,乃为安东耳。或者"平"字误为"安",或后为安东司马,故但云司马。

十月，诏刘弘、彭城王释等讨刘舆。《刘乔传》"释"作"绎"。《帝纪》《宗室传》皆作"释"，盖《乔传》误。《帝纪》："八月，车骑大将军刘弘逐平南将军彭城王释于宛。"《弘》《释传》及众书皆无之。《弘传》但云彭城前东奔有不善之言。按弘，晋室纯臣，刘乔与范阳构难，弘犹以书和解之，以安天下，尊王室。释受王命镇宛，而弘肯更自逐之乎！据此诏，令弘、释共讨刘舆，疑无弘逐释事。《帝纪》必误。

十一月，河间王颙遣吕朗收刘暾。《暾传》云："颙遣陈颜、吕朗率骑五千收暾。"按暾匹夫，安用五千骑！盖朗时在洛，颙敕使收暾耳。说者欲大其事，故云尔。

十二月，王浚以突骑资刘琨。《琨传》云："得突骑八百人。"按《刘乔传》云："琨率突骑五千济河攻乔。"疑八百太少，或因下文迎东海王之数，致有兹误。今阙疑。

刘乔奔平氏。《帝纪》云："乔奔南阳。"按《地理志》，南阳无平氏县。武帝分南阳置义阳郡，有西平氏县。或者南阳有东平氏而非县与？

吴王常侍甘卓弃官东归。《卓传》云："州举秀才，为吴王常侍。讨石冰，以功赐爵都亭侯。东海王越引为参军，出补离狐令。弃官东归，遇陈敏。"《敏传》云："吴王常侍甘卓自洛至。"按卓为常侍，不应讨石冰；为离狐令，不应自洛至。今从《敏传》。

光熙元年三月，李毅女秀守宁州城。《怀帝纪》："永嘉元年五月，建宁郡夷攻陷宁州，死者三千余人。"《李雄载记》云："南夷李毅固守不降，雄诱建宁夷使讨之。毅病卒，城陷，杀壮士三千余人，送妇女千口于成都。"《王逊传》云："李毅卒，城中奉毅女固守经年。"《华阳国志》有毅卒年月及女秀守城事，今从之。

六月，复羊后。《后传》曰："张方首至洛阳，即日复后位。"按方传首已久，不至今日。今从《帝纪》。

司空越遣糜晃击河间王颙。《牵秀传》云："颙密遣使就东海王越求迎，越遣将糜晃等迎颙。"今从《颙传》。

李雄即帝位，改元晏平。《晋·帝纪》《三十国》《晋春秋》皆云："永兴二年六月，雄即帝位。"《华阳国志》："光熙元年，雄即帝位。"后魏书·序纪》及《李雄传》皆云："昭帝十二年，雄称帝。"即光熙元年也。《十六国春秋钞》："晏平元年六月，雄即帝位。"《十六国春秋目录》，雄年号，建兴二，晏平五，与《华阳国志》同，今从之。诸书，雄改元晏平，无大武年号。惟《晋·载记》改元大武，无晏平年号。按雄国号大成。《魏书·雄传》云："雄称帝，号大成，改年晏平。"故《三十国春秋》误云"改年大成"，《载记》转写，误为"大武"。今从诸书去"大武"之号。

以范长生为天地太师。《华阳国志》："尊长生曰四时八节天地太师。"今从《晋·载记》。

八月，以范阳王虓为司空。《虓传》云"为司徒"，今从《帝纪》。

十二月，南阳王模杀河间王颙。《三十国》《晋春秋》云："东海王越杀颙。"今从《颙传》。

怀帝永嘉元年二月，陈敏弟处劝敏杀顾荣等。《敏传》云："弟昶劝杀荣。"按《晋春秋》："敏临死谓处曰：'我负卿！'"时昶已先死。今从《晋春秋》。

七月，琅邪王睿镇建业。《元帝纪》曰："东海王越之收兵下邳，以帝都督扬州，越西迎大驾，留帝居守。永嘉初，用王导计，始镇建业。"按既都督扬州，不当犹镇下邳。又《怀帝纪》，明言"七月己未，睿都督扬州，镇建业。"今从之。

九月，王导说睿引顾荣、贺循。《导传》曰："元帝镇建康，居月余，士庶莫有至者。会从兄敦来朝，导谓之曰：'琅邪王仁德虽厚，而名论犹轻，兄威风已振，宜有以匡济者。'会三月上巳，帝观禊，敦、导皆骑从。"《王敦传》："东海王越诛缪播后，乃以敦为扬州刺史，其后征拜尚书，不就。"《周玘传》："钱珫闻刘聪逼洛阳，不敢进，乃谋反。时王敦迁尚书，与珫俱西，欲杀敦，奔告元帝。"《怀帝纪》："永嘉元年七月，琅邪王睿镇建业。三年三月，杀缪播。四年二月，钱珫反。"是时睿在建业已三年矣，安得言月余，又睿名论虽轻，安有为都督数年而士庶莫有至者，陈敏得江东，犹首用周、顾以收人望，导为睿佐，岂得待数年然后荐之乎！然则《导传》所云，难以尽信，今删去导语及敦名而已。

十一月，以王敦为青州刺史。《晋春秋》："王衍言于太傅越，以王澄为荆州，敦为青州，据吴、楚以为形援，越从之。于是澄、敦同发，越饯之。"《敦传》，自青州入为中书监，东海王越诛缪播后，始出为扬州。播死在永嘉三年三月，此年越在许昌，不在洛，故以《晋书》为定。

十二月，王弥、刘灵降汉。《弥传》曰："弥逼洛阳，败于七里涧，乃与其党刘灵谋归汉。"按《十六国春秋》，灵为王讚所逐，弥为苟纯所败，乃谋降汉。今年春，灵已在渊所，五月，弥乃如平阳。然则二人先降汉已久矣，《弥传》误也。

以魏兴太守王逊为宁州刺史。《华阳国志》以广汉太守王逊为宁州。按时广汉已为李雄所陷。今从《逊传》。

二年正月丙午朔，日食。《帝纪》《天文志》云"丙子朔"，误。今从《长历》。

刘渊遣刘聪等据太行，石勒等下赵、魏。《石勒载记》曰："元海使刘聪攻壶关，命勒率所统七千为前锋都督。刘琨遣护军黄秀等救壶关，勒败秀于白田，杀之，遂陷壶关。"事在明年。今从《十六国春秋》。

二月，西平太守曹祛。《晋春秋》作"曹祇"，今从《张轨传》。

治中杨澹。《晋春秋》作"张澹"，今从《张轨传》。

七月，刘渊徙蒲子。刘琨《答太傅府书》曰："潜遣使驿离间其部落，渊遂怖惧，南奔蒲子，杂虏归降，万有余落。"《琨传》亦然。按时渊强琨弱，岂因畏琨而徙都！盖琨为自大之辞，史因承以为实耳。

氐酋单徵降汉。《载记》作"氐酋大单于徵"。按当时戎狄酋长皆谓之"大"。徵，即光文单后之父。"于"衍字也。

十二月，成尚书令杨褒卒。《载记》云"丞相杨褒"，今从《晋春秋》。

三年正月，宣于脩之言于汉主。《晋春秋》作"鲜于脩之"，今从《载记》《十六国春秋》。

夏，石勒败黄肃于封田。《石勒载记》"肃"作"秀"，"封"作"白"。今从《十六国春秋》及《刘琨集》。

淮南内史王旷。《十六国春秋》作"王广",今从《帝纪》。

庞淳降汉。《十六国春秋》作"刘惇",《刘琨传》作"袭醇"。今从《帝纪》。

白部鲜卑。《刘琨集》作"百部",今从《后魏书》《晋书》。

刘琨自将击刘虎。《帝纪》:"七月,刘聪及王弥围壶关,琨使兵救之,为聪所败。王广等及聪战,又败。庞(浮)〔淳〕以郡降贼。"《十六国春秋》:"渊五月,遣聪攻壶关,败韩述、黄肃。六月,晋遣王广等来讨。七月,战于长平,晋师败,刘惇以壶关降。"按《刘琨集》载六月癸巳,琨《答太傅府书》曰:"聪、弥入上党,庞惇不能御。"又曰:"安居失利,韩述授首,封田之败,黄肃不还,浃辰之间,名将仍殄。"又曰:"即重遣江陶都尉张倚领上党太守,疾趋襄垣;续遣鹰扬将军赵拟、梁余都尉李茂与倚并力,轻行夜袭。贼捐弃辎车,宵遁而退,追寻讨戮,获三分之二。当聪、弥之未走,乌丸、刘虎构为变逆,西招白部,遣使致任,称臣于渊,残州困弱,内外受敌,辄背聪而讨虎,自四月八日攻围。"然则琨讨虎以上事,皆在四月以前也。盖《晋》《汉》二史,皆据奏报,事毕而言之。今依《琨集》为定。

十二月,李臻遣其子成击王浚。《燕书·王诞传》"成"作"咸",今从《李洪传》。

四年七月,刘渊卒。《十六国春秋》:"八月丁丑,渊召太宰欢乐等受遗诏。己卯卒,辛未葬。"按《长历》,七月壬戌朔,十六日丁丑,十八日己卯。八月辛卯朔,无丁丑、己卯及辛未。辛未乃九月十一日。盖渊以七月卒,九月葬。《十六国春秋》误也。

北海王乂。《载记》作"义"。按《十六国春秋》作"乂",今从之。

十月,刘琨以地与猗卢。《怀帝纪》:"永嘉五年十一月,猗卢寇太原,刘琨徙五县居之。六年八月辛亥,刘琨乞师于猗卢,表卢为代公。"《宋书·索房传》在永嘉三年。《晋春秋》在永嘉四年,且云:"猗卢率万余家避难,自云中入雁门。"《后魏·序纪》在穆帝三年,即永嘉四年也。《琨集》,永嘉四年六月癸巳,《上太傅府笺》云:"卢感封代之恩。"故知在四年六月之前。又琨《与丞相笺》曰:"昔车骑感猗卢救州之助,表以代郡封卢为代公,见听。时大驾在长安,会值戎事,道路不通,竟未施行。卢以封事见托,琨实为表上,追述车骑前意,即蒙听许,遣兼谒者仆射拜卢,赐印及符册,浚以此见责。戎狄封华郡,诚为失礼,然盖以救弊耳,亦犹浚先以辽西封务勿尘。此礼之失,浚实启之。浚遂与卢争代郡,举兵击卢,为所破,纷错之由,始结于此。雁门郡有五县在陉北,卢新并尘宫,国甚强盛,从求陉北地,以并遣三万余家,散在五县间,既非所制;又于琨残弱之计,得相聚集,未为失宜,即徙陉北五县著陉南。卢因移,颇侵逼浚西陲围塞诸军营,浚不复见恕危弱而见罪责。"以此观之,卢非避难而来也。

琨遣猗卢兵归国。《后魏·序纪》曰:"刘琨乞师救洛,穆帝遣步骑二万助之,东海王越以洛阳饥荒,不许。"按琨《与丞相笺》:"琨倾身竭辞,北和猗卢,遂引大众,躬启戎行。即具白太傅,切陈愚见,取贼之计,聪宜时讨,勒不可纵。而宰相意异,所虑不同,更忧苟晞、冯嵩之徒而稽二寇之诛,遣使节抑,挫臣锐气,臣即解甲,遣卢众归国。"若猗卢果遣众赴洛,琨笺安得不言也!

十一月,加张轨镇西将军。《帝纪》云"安西"。按惠帝永兴二年,已加轨安西将军。今从《本传》。

五年正月,琅邪王睿使甘卓等攻周馥。《帝纪》:"戊寅,睿使卓攻馥于寿春,馥众溃。"未知其为命卓之日与攻日、溃日,故阙之。

三月丙子,东海王越薨。《帝纪》:"五年正月,帝密诏苟晞讨越。乙未,越遣杨瑁、裴盾共击晞。三月戊午,诏下越罪状,告方镇讨之,以晞为大将军。丙子,越薨。"《晞传》:"晞移告诸州,陈越罪状。帝恶越专权,乃诏晞施檄六州,协同大举。晞移诸征、镇,帝又密诏晞讨越。晞复上表称年初至,奉被手诏,卷甲长驱,次于仓垣。五年,帝复诏晞,陈越罪恶,诏至之日,宣告天下,率齐大举。晞表称,辄遣王讃将兵诣项。越使骑于成皋间获晞使,遂大构嫌隙。"《晋春秋》:"五年正月,上遣李初诏晞讨越。"按越若已得晞使,则帝亦不能自安,潘滔、何伦等不容晏然在洛。且滔等未去,则帝亦不敢明言使晞讨越。年月事迹,既前后参差如此,今并置于越薨之时,庶为不失。

四月,四十八王皆没于石勒。《东海王越传》云"三十六王"。今从《帝纪》。

六月丁未,刘聪封帝平阿公。《帝纪》:"聪以帝为会稽公。"《载记》《三十国春秋》云"平阿公"。《晋春秋》云"平河公"。"河"字盖误。《十六国》《三十国》《晋春秋》:"明年二月,乃封帝会稽公。"盖先封平阿,后进会稽。《帝纪》阙略,今从诸书。

秦王业南奔密。《晋书》,愍帝讳邺,又改建邺为建康。按《三十国》《晋春秋》,愍帝名子业,或作"业"。又《吴志》,孙权改秣陵为建业,取兴建基业为名,皆不为"邺"字。今从之。

中书令李𬤇。《阎鼎传》作"李恒",今从《王浚传》。

七月,王浚立皇太子。《晋书》初无其名,刘琨《与丞相笺》曰:"浚设坛场,有所建立,称皇太子。"不知为谁。

九月,刘粲杀南阳王模。《帝纪》:"八月,模遇害。"按刘琨《上丞相笺》曰:"平昌以九月遇祸,世子时镇陇右,故得无恙。"今以为据。

十月,猗卢遣子六脩助刘琨。《晋春秋》作"利孙"。按利孙即六脩也,胡语讹转耳。

六年七月,高乔、郝聿以晋阳降汉。《刘琨传》曰:"属庞醇降于聪,雁门乌丸复反,琨亲出御之,粲乘虚袭取晋阳。"按《上太子笺》曰:"聪以七月十六日复决计送死,臣即自东下,率中山、常山之卒,并合乐平、上党诸军,未旋之间,而晋阳倾溃。"《十六国春秋》亦云"琨收兵常山"。《本传》误也。

九月,贾疋等奉秦王业为皇太子。《怀帝纪》云:"贾疋讨刘粲于三辅,走之,关中小定,奉秦王为太子。"按贾疋等以永嘉五年攻刘粲于新丰,粲败,还平阳,奉秦王入雍城。六年三月,刘曜弃长安走,秦王入长安,汉兵皆已退矣。秦王为太子时,刘粲方在晋阳。《怀纪》误。

十月,猗卢遣其子六脩及兄子普根等攻晋阳。《十六国春秋》云"遣子曰利孙、宥六须",《载记》云"宾六须"。《刘琨集》云"左、右贤王",又云"右贤王扑速根"。今从《后魏书》。

箕澹。《十六国春秋》《后魏书》作"姬澹",今从《刘琨传》。

汉人杀卢志。《刘聪载记》:"志劝太弟义作乱,被诛。"按志劝成都王颖起义兵,谏颖攻长沙王乂,忠义敦笃,始终不亏,非劝人作乱者也。今从《卢谌传》。

十二月，贾疋战死。《帝纪》曰："疋讨贼张连，遇害。"《疋传》："天护攻之，疋败走，坠涧死。"今从《十六国春秋》。

段疾陆眷。《石勒载记》及《后魏书》作"就陆眷"，今从《王浚传》。

末杯。《后魏书》作"末破"，今从《王浚传》。

王敦屯豫章。《王澄传》曰："时王敦为江州，镇豫章。"按敦时为扬州刺史，都督征讨诸军，非为江州也。

王机入广州。王澄死，周颛败，王敦镇豫章，机入广州，《纪》《传》皆无年月。按《卫玠传》，玠依敦于豫章，以永嘉六年卒，故附此。

王如降于王敦。如降亦无年月，明年有如余党入汉中，故附此。

愍帝建兴元年四月，琅邪王睿用郗鉴为兖州。《刘琨集》，建兴二年十一月壬寅朔，《与丞相笺》曰："焦求虽出寒乡，有文武胆幹。荀晞用为陈留太守，独在河南距当石勒，抚绥有方。琨以求行领兖州刺史。后闻荀公以李述为兖州，以素论门望，不可与求同日而论；至于胆幹可以处危，权一时之用，李述亦不能及求。而王玄年少，便欲共讨求。琨以求已与玄构隙，便召还。而州界民物，甚不安服述，二千石及文武大姓，连遣信使求刺史，是以遣兄子演求领兖州事。往年春正月，遣诣郗，至是斩王桑、走赵固"云云。"今勒据襄国，逼近郗城，故令演转南。演今治在廪丘，而李述、郗鉴并欲争兖州，或云为荀公所用，或云为明公所用。大寇未殄而自共寻干戈，此亦大溃也。辄敕演谨自守而已。"按王桑、赵固之败及石勒攻郗，皆在永嘉六年。琨笺又云："传长安消息，王上是秦王。"又建兴二年十一月丙申朔，元年十一月壬申朔，十二月壬寅朔，然则琨发笺之日，建兴元年十二月壬寅朔也，传写误耳。

九月，荀藩薨于开封。《帝纪》曰"薨于荥阳"，今从《藩传》。

二年正月，陈元达言女宠太盛。《载记》："元达等曰：'臣恐后庭有三后之事。'"按立（二）〔三〕后，在明年，于时未也。

二月，刘琨移檄州郡。《琨集》，檄首云："三月庚午朔，五月甲戌。"按石勒以壬申克幽州，盖时晋阳尚未知也。欲叙琨事毕，然后叙勒事，故置此。

三月壬申，石勒至蓟。《三十国春秋》，先言"癸酉，勒取幽州"，后言"壬午，勒晨至蓟"。按刘琨《表》曰："勒以三月三日径掩蓟城。"然则当言壬申是也。

五月己丑，张轨薨。《帝纪》作"壬辰"，今从《前凉录钞》。《前凉录钞》又曰"葬建陵"，盖张祚僭号后，追尊其墓耳。

六月，殷凯帅众向长安。《晋春秋》作"段凯"，今从《麹允传》。

三年三月，汉改元建元。《十六国春秋》，建元元年在晋建兴二年。同编修刘恕言：今晋州临汾县嘉泉村有《汉太宰刘雄碑》，云"嘉平五年，岁在乙亥，二月六日立"。然则改建元在乙亥二月后也。

八月，杜弢遁走，道死。《弢传》云："弢逃遁，不知所在。"《晋春秋》云："城溃，弢投水死。"今从《帝纪》。

以第五猗为安南将军。《周访传》云"征南大将军",今从《杜曾传》。

四年正月,追谥吴王晏曰孝。《本传》:"晏谥敬王。"今从《愍帝纪》。

汉太宰河间王易。《晋春秋》"易"作"士通",今从《载记》。

七月,汉三后之外,佩后玺者七人。《刘聪载记》曰"四后之外",按时靳上皇后已死,唯三后耳。云四,误也。

十一月,侍中宗敞。《帝纪》作"宋敞",今从《晋春秋》。

十二月乙卯朔,日食。《帝纪》《天文志》皆误作"甲申朔"。《宋志》"乙卯朔",与《长历》合,今从之。

中宗建武元年五月壬午,日食。《帝纪》《天文志》皆云:"五月丙子,日食。"按《长历》,是月壬午朔,无丙子,今以《历》为据。

十一月己酉朔,日食。《帝纪》《天文志》皆云:"十一月丙子,日食。"按《长历》,十月、十二月皆己卯朔,是月己酉朔,二十八日丙子。《晋书·元帝纪》,十一月有甲子、丁卯。若丙子朔,则甲子、丁卯乃在十月。又《刘琨集》,是年三月癸未朔,八月庚辰朔,皆与《长历》合,今以为据。

大兴二年,蒲洪降赵。《三十国》《晋春秋》,洪降刘曜在太兴元年。按元年曜未都长安。《晋书·洪载记》无年,但云"曜僭号长安,洪归曜"。故置此年。

三年六月,阎涉、赵卬等杀张寔。《晋书·寔传》作"阎沙、赵仰",又云:"寔知其谋,收刘弘杀之。"据《晋春秋》,作"阎涉、赵卬",又弘死在寔被杀后。今从之。

四年十二月,以慕容廆为车骑将军、平州牧。《燕书》云"车骑大将军、平州刺史"。按《晋书·载记》,先拜平州刺史,寻加车骑、州牧。今从之。

永昌元年十月,王敦以王谅为交州刺史。《谅传》:"永兴三年,敦以谅为交州。"按永兴三年,即惠帝光熙元年也,《谅传》误。

肃宗太宁元年四月,王敦移镇姑孰,屯于湖。《晋春秋》及《后魏书·僭晋传》云"屯芜湖"。《晋书·明帝纪》云"敦下屯于湖",今从之。

六月,阮放卒。《放传》云:"成帝幼冲,庾氏执政,放求为交州。"下乃云"逢高宝平梁硕还",非成帝时也,《放传》误。

二年六月,温峤与右将军卞敦守石头。《敦传》云:"王敦表为征虏将军、都督石头军事。明帝讨敦,以为镇南将军、假节。"今从《明帝纪》。

诏有能杀钱凤送首,封五千户侯。《晋春秋》此诏在王导为敦发丧前,故云"有能斩送敦首,封万户侯,赏布万匹。"按此诏云"敦以陨毙",是称敦已死也,不应复购其首。今从《敦传》。

七月,王含等水陆五万。《敦传》及《晋春秋》皆云"三万",今从《明帝纪》。

周光斩钱凤。《晋春秋》云:"戴渊弟良斩凤。"今从《敦传》。

三年二月,宇文乞得归遣兄子悉拔雄拒慕容仁。《燕书·征虏仁传》作"悉拔堆",

《后魏书·宇文莫槐传》作"乞得龟、悉跋堆",《载记》亦作"龟"。《燕书·武宣纪》作"乞得归、悉拔雄",今从之。

四月,石瞻攻兖州,杀檀斌。《帝纪》作"石良",今从《石勒载记》。

显宗咸和三年二月,后赵改元太和。《晋春秋》云:"勒即帝位,改元太和。"按勒建平元年始即帝位,今从《勒载记》。

四月,温峤从弟充。《晋春秋》作"从兄",今从《晋书·峤传》。

五年六月,赵以翟斌为句町王。《晋书》《春秋》作"翟真"。按秦亡后,慕容垂诛翟斌,斌兄子真北走,故知此乃斌也。

九月,赵王勒即帝位。《载记》云:"自襄国都临漳。"即邺也。按建平二年四月,勒如邺,议营新宫。三年,勒如邺,临石虎第。勒疾,虎诈召石宏还襄国,至虎建武元年九月,始迁邺。是勒未尝都邺也。

封彭城王子浚高密王。《宗室传》作"俊",今从《帝纪》。

十月,杨谦退保宜都。《帝纪》作"阳谦",今从《李雄载记》。

七年正月,赵主勒大飨群臣。《晋春秋》云:"陶侃遣使聘后赵,赵王勒飨之。"按侃与勒必无通使之理,今不取。《载记》云:"勒因飨高句丽、宇文屋孤使。"今但云飨群臣。

九年十一月,石虎称居摄赵天王。《三十国》《晋春秋》:"虎即位,改元永熙。"陈鸿《大统历》云:"石虎即位,改建平五年为延兴,明年改建武。"按《三十国》《晋春秋》不记弘改元延熙,虎之立,实延熙元年也,故误云永熙。弘既号延熙,虎安肯称永熙!陈鸿云虎改建平五年为延兴,即是弘踰年不改元也。恐二说误。

咸康三年,赵庭燎油灌下盘,死者二十余人。《载记》云"七人",今从《三十国春秋》。

七月,赵王虎杀太子邃。《燕书·文明纪》云:"咸康四年四月,石虎至燕城下,会邺使至,太子邃在后恣酒,入宫杀害,石主大恐,狼狈引还。"又云:"初,帐下吴胄使邺还,说四月浴佛日,行像诣宫,石太子邃骑象出迎像,往来驰骋,无有储君体。王曰:'古者观威仪以定祸福,此子虎之副贰,而轻佻无礼,将不得其死然。'及石主东归,留邃监国,荒败内乱,以致诛戮。"按《十六国》《晋春秋》,杀邃皆在咸康三年,《燕书》恐误。今从《十六国》《晋春秋》。

六年九月,燕王皝袭赵,略三万余家。《燕书》云:"略燕、范阳二郡男女数千口而还。"今从《后赵》《燕载记》。

八年正月己未朔,日食。《天文志》作"乙未",今从《帝纪》及《长历》。

端明殿学士兼翰林侍读学士太中大夫提举西京嵩山崇福宫上柱国河内郡开国公食邑二千六百户食实封一千户臣 司马光 奉敕编集

晋纪下

康帝建元元年七月，桓温率众入临淮。《帝纪》，温入临淮，下云："庚翼为征讨大都督，迁镇襄阳。"按《翼传》，翼先表移镇安陆，至夏口上表云："九月十九日发武昌，二十四日达夏口。"始请徙镇襄阳，始诏加都督征讨诸军事，故知不在此月。

八月，燕王皝遣世子儁等击代。《后魏·序纪》："八月，慕容元真遣使请荐女。"无用兵事。今从《燕书》。

二年正月，宇文涉夜干。《慕容[记]〔皝〕载记》作"涉弈干"，今从《燕书》。

燕王皝杀慕容翰。《三十国春秋》云："永和二年九月，杀翰。"《燕书·翰传》："翰尝临陈，为流矢所中，病卧，岁时不出入，后渐差，试马。"按自讨宇文后，翰未尝预攻战。自建元二年正月至永和二年九月，已踰年矣，《三十国春秋》恐误。今从《载记》《翰传》。

孝宗永和三年七月，赵王虎遣将击张重华，遂城长最。《晋春秋》作"上最"，今从《重华传》。

五年四月，拜慕容儁幽、平二州牧。《儁载记》云"幽、冀、并、平四州牧"，今从《帝纪》。

五月，石遵封世为谯王，废刘氏为太妃。《晋春秋》及《十六国春秋钞》皆云废太后为昭仪，今从《载记》。《十六国春秋》及《载记》又云世立三十三日。按四月己巳至五月庚寅，凡二十二日。

燕王儁讲武戒严。《燕·景昭纪》，集兵在四月。时石虎方死，诸子未争，《十六国春秋》在五月，故从之。而《燕书》载封奕、慕舆根言，俱指冉闵。按是时闵未篡赵，盖撰史者附会耳，故削云。

八月，褚裒退还河北，遗民二十余万死亡略尽。《裒传》云："为慕容皝及苻健所掠，死亡咸尽。"按是时慕容皝卒已踰年矣。永和六年，慕容儁始率众南征。石鉴即位后，蒲洪始有众十万。永和六年洪死，健始嗣位。皆与裒不相接，今不取。

六年闰月。《帝纪》正月后云闰月，《三十国》《晋春秋》皆云闰正月。按《长历》，闰二月。《帝纪》，闰月有丁丑、己丑。按是岁正月癸酉朔，若闰正月，即无丁丑、己丑。今以《长历》为据。

三月，赵新兴王祗即帝位。《晋·帝纪》，祗即位在闰月，《三十国》《晋春秋》皆在三月。按《十六国春秋》，祗称帝，拜姚弋仲、苻健官，而不言苻洪。洪三月死，故疑祗以三月即位。

七年十一月，乐陵太守贾坚。《燕书·贾坚传》："烈祖问坚年，对以受新命及三载。烈祖悦其言，拜乐陵太守。"按坚以去年九月获于燕，至明年始三年。若未为乐陵太守，岂能安集诸县,告谕逢钓! 故知坚先已为乐陵太守,非因问年而授。

八年正月,冉闵杀刘显。闵杀显,《晋·帝纪》在正月,《十六国春秋钞》在二月,《燕书》在三月己酉,未知孰是。今从《帝纪》。

升平二年八月,郗昙为荀羡军司。《帝纪》:"谢万为豫州",下云:"郗昙为北中郎将,督五州军事、徐、兖二州刺史。"《昙传》云:"荀羡有疾,以昙为军司。顷之,羡征还,除昙北中郎将、都督、刺史。"按《帝纪》:"十二月,北中郎将荀羡及慕容儁战于山茌,王师败绩。"《燕书》:"十二月,荀羡寇泰山,杀太守贾坚。"《载记》,"荀羡杀贾坚",下云:"败羡,复陷山茌。"故知八月昙未为徐、兖二州,恐始为军司耳。

哀帝兴宁元年闰八月,张天锡弑玄靓。《帝纪》,天锡杀玄靓自立在七月。今从《晋春秋》。

十月,朱斌克许昌。《燕书》作"朱黎",今从《晋·帝纪》。

二年八月,慕容恪将取洛阳。《帝纪》:"慕容晔寇洛阳。"上云"苻坚别帅侵河南"。按明年恪拔洛阳,坚亲将以备潼关,是未敢与燕争河南也。《十六国春秋·坚传》亦无此举。《帝纪》恐误。

三年二月,桓冲监江州及荆、豫。《帝纪》云:"冲领南蛮校尉。"按江左唯荆州领南蛮,《冲传》亦无,盖《纪》因桓豁重出。今不取。

海西公太和二年正月,庾希免官。《帝纪》,是月,希有罪,走入海。按《本传》,海西废后,希始逃于海陵,此时才坐免官耳。

五月,秦使曹毂发使如燕朝贡,郭辩副之。燕建熙八年,皇甫真为太尉。《燕书》及《载记》《真传》,郭辩至燕,皆在真为太尉下。《晋春秋》在建熙十年八月。恐皆非是,故附于曹毂降秦下。

四年十二月,王猛攻洛阳。《燕·少帝纪》,此年十二月,王猛攻洛,明年正月,拔(落)〔洛〕。《十六国·秦春秋》,十一月,王猛伐燕,遗慕容纪书,纪请降。十二月,猛受降而归。今按《献庄纪》云,慕容令之奔还邺,建熙元年二月也,时王猛犹在洛。又猛遗纪书云:"去年桓温起洛。"故从《燕书》。

五年八月,慕容评将兵三十万拒秦。《载记》云"四十万",今从《晋春秋》。

太宗咸安元年十一月,桓温使刘亨收东海王玺绶。《帝纪》《三十国春秋》"亨"皆作"享"。《后魏书·僭晋传》作"亨",今从之。

十二月庚寅,东海王封海西公。《海西公纪》云:"咸安二年正月,降封。"今从《简文帝纪》。

孝武帝太元元年五月,苻坚伐张天锡,周虓曰:戎狄以来,未之有也。《虓传》曰:"吕光征西域,坚出饯之,戎士二十万,旌旗数百里。问虓曰:'朕众力何如?'虓曰:'戎夷以来,未之有也。'"按建元十八年二月,虓谋反,徙朔方。十九年正月,吕光发长安。故知在伐凉州时。今从《十六国春秋》。

四年二月,秦彭超据彭城。《谢玄传》云:"何谦进解彭城围。"又云:"于是罢彭城、下邳二戍。"《帝纪》及诸传皆不言此年彭城陷没。而《十六国·秦春秋》云："超据彭城。"又云："超分兵下邳,留徐褒守彭城。至七月,以毛当为徐州刺史,镇彭城,王显为扬州,戍下邳。"是二城俱陷也。

安帝隆安五年九月,吕隆降秦。《姚兴载记》,姚平伐魏与姚硕德伐吕隆同时。《魏书》:"天兴五年五月,姚平(未)来侵。"晋元兴元年,秦弘始四年也。《晋·帝纪》《晋春秋》皆云"隆安五年降秦"。《十六国·西秦春秋》云:"太初十四年五月,〔乾〕归随姚硕德伐凉。"《南凉春秋》云:"建和二年七月,姚硕德伐吕隆,孤摄广武守军以避之。"皆隆安五年也。按秦小国,既与魏相持,岂暇更兴兵伐凉! 盖《载记》之误也。今以《晋·帝纪》《晋春秋》《十六国·西秦》《南凉春秋》为据。

义熙十二年二月,姚兴卒。《晋·本纪》《三十国》《晋春秋》皆云义熙十一年二月姚兴卒,《魏·本纪》《北史·本纪》《姚兴》《姚泓载记》皆云十二年。按《后魏书·崔鸿传》,太祖天兴二年,姚兴改号,鸿以为元年,故《晋·本纪》《三十国》《晋春秋》,凡弘始后事,皆在前一年,由鸿之误也。

宋纪上

高祖永初元年正月,乞伏炽盘立其子暮末为太子。《晋书》作"慕末",《宋书》作"乞佛茂蔓"。今从《十六国春秋》。

二年九月,杀零陵王。《宋·本纪》:"九月己丑,零陵王薨。"《晋·本纪》,"九月丁丑"。据《长历》,九月丙午朔,无己丑、丁丑。今不书日。

营阳王。《宋·本纪》、高氏《小史》皆作"荥阳",《臧后》《谢晦》《蔡廓传》作"营阳"。营阳,南方郡名也,今从之。

景平元年正月,魏叔孙建入临淄。《索虏传》云:"虏又遣楚兵将军、徐州刺史安平公涉归幡能健,越兵将军、青州刺史、临淄侯薛道千,陈兵将军、淮州刺史寿张子张模东击青州,所向城邑皆奔走。"《本纪》亦云:"安平公涉归寇青州。"按《后魏书》无涉垛等姓名,盖皆胡中旧名,即叔孙建等也。

四月己巳,檀道济军于临朐。裴子野《宋略》作"乙巳"。按《长历》,是月丁卯朔,无乙巳,必己巳也。

五月,魏主还平城。《后魏·帝纪》:"五月庚寅,还次雁门。""庚寅,车驾至自南巡。"必〔有〕一误,今皆不取。

太祖元嘉元年正月。《宋本纪》:"正月癸巳朔,日有食之。"《宋纪》"二月己巳",《宋略》"二月癸巳",李延寿《南史》"二月己卯朔",皆误也。按《长历》,是年正月丁巳、二月丁亥朔,《后魏书·纪》《志》,是年无食,今从之。

六月癸丑,徐羡之等杀庐陵王义真。《宋》《南史·本纪》,二月废义真徙新安之下,即云"执政使使者诛义真于新安"。《宋·义真传》:"六月癸未,羡之等遣使杀义真于徙所。"《羡之传》亦云:"废帝后,杀义真于新安,杀帝于吴县。"按《长历》,六月庚寅朔,无癸未,盖癸丑也。

八月,魏世祖自将轻骑讨柔然。《后魏·本纪》云:"赭阳子尉普文率轻骑讨之,虏乃退走。"李延寿《北史·纪》云:"帝帅轻骑讨之,虏乃退走。"今据《蠕蠕传》,从《北史》。

二年十月,魏长孙翰等出黑漠。《翰传》云:"与娥清出长川。"今从《蠕蠕传》。

娥清出栗园。《清传》云:"与长孙翰出长川。"今从《蠕蠕传》。

十一月,以杨玄为北秦州刺史。《宋·本纪》"癸酉",《南史》"庚午"。按十一月壬午朔,无癸酉及庚午。今不书日。

三年十一月夏,东平公乙斗。《奚斤传》作"乙升",今从《帝纪》。

五年二月,魏安颉擒赫连昌。《十六国春秋钞》云:"承光三年五月,战于黑渠,为魏所败,昌与数千骑奔还,魏追骑亦至。昌河内公费连乌提守高平,徙诸城民七万户于安定以都之。四年二月,魏军至安定,三城溃,昌奔秦州。魏东平公娥清追擒之,送于魏。"与《后魏·纪》《传》不同。今从《后魏书》。

三月,赫连定擒奚斤等。《宋·索虏传》:"元嘉五年,使大将吐伐斤西伐长安,生擒赫连昌于安定,封昌为公,以妹妻之。昌弟定在陇上,吐伐斤乘胜以骑三万讨之。定设伏于陇山弹筝谷,破之,斩吐伐斤,尽坑其众。定率众东还,复克长安。焘又自攻,不克,乃分军戍大城而还。"今从《后魏书》。

十月,徐州刺史王仲德伐魏。《后魏·纪》云"淮北镇将"。按《南史》,仲德时为安北将军、徐州刺史。《宋书·仲德传》阙。又《宋书》《南史·本纪》《北史·本纪》及宋、魏诸臣列传、《魏·刘裕传》《宋·索虏传》,皆无是年王仲德等伐魏事,唯《后魏·本纪》有之,今从之。

七年十月,崔模降魏。《宋书》云:"模抗节不降,投堑死。"按《后魏书》,模仕魏为武城男,《宋书》误也。

乞伏暮末东如上邽。《后魏·乞伏国仁传》云:"为赫连定所逼,遣乌讷等求迎。"《宋·氐胡传》云:"茂蔓闻赫连定败,将家户及兴国东征,欲移居上邽。"今从《十六国春秋》。

八年六月,益州刺史慕利延、宁州刺史拾虔。《十六国春秋》作"没利延、拾虎",今从《宋书》。

十一月,北部敕勒。《后魏书》《北史·本纪》皆作"敕勒",《邓渊传》皆作"高车"。按高车即敕勒别名也。

九年十二月,魏李顺使凉。《后魏书》,顺初奉册拜沮渠蒙逊为凉州牧,即有蒙逊不拜及顺使还论牧犍事。《南史》,顺册拜蒙逊还,拜都督四州、长安镇都大将、开府,征为四部尚书,加常侍。延和初使凉,始有不拜等事。今据顺云"不复周矣",明年蒙逊死,帝曰:"卿言蒙逊死,验矣。"故从《南史》。

十年三月,萧思话为梁、南秦二州刺史。《思话传》云:"杨难当寇汉中,乃用思话。"按《本纪》及《氐胡传》,难当寇汉中皆在十一月。

凉王蒙逊立牧犍为世子。《宋书》《十六国春秋》作"茂虔"。《后魏书·纪》《传》作"牧犍",今从之。

十一年三月,魏于什门还平城。《后魏书·节义传》云:"什门在燕历二十四年。"按《后魏·本纪》,神瑞元年八月,遣于什门招谕冯跋,至此年,二十一年矣。若二十四年,乃在太延三年,而太延二年冯氏亡矣。

十二年五月,焉耆入贡于魏。《后魏书》皆作"乌耆",云汉时旧国也。按《汉书》作"焉耆",今从之。

十一月,杨难当使杨保宗镇童亭。《后魏书》作"薰亭"。《宋书》作"童",今从之。

十三年四月,燕尚书令郭生。《后魏·古弼传》作"大臣古泥",今从《十六国春秋钞》。

十六年九月,沮渠牧犍兄子万年降魏。《宋书·氐胡传》曰:"茂虔兄子万年为房内应,茂虔见执。"今从《后魏书》。

牧犍弟宜得、安周。《宋书》"宜得"作"仪德","安周"作"从子丰周"。今从《后魏书》。

十月,魏徙凉州吏民三万户于平城。《十六国春秋钞》云"十万户",今从《后魏书》。

十七年四月,刘湛言:天下艰难,讵是幼主所御。《南史》以为义康有此言,湛、景仁并不答。按义康虽不识大体,岂敢自为此言!湛常欲推崇义康,岂肯闻而不答!今从《宋书》及《宋略》。

五月,湛以母忧去职。《南史》云:"湛伏甲于室,以俟上临吊,谋又泄,竟弗之幸。"《宋书》无此事。按湛若谋泄,当即伏诛,岂得尚延半岁!今从《宋书》。

十八年十二月,诏裴方明等讨杨难当。《氐胡传》作"十九年正月遣方明等",今从《帝纪》。

十九年七月,以刘真道为雍州,裴方明为梁、南秦二州,方明不拜。《真道传》,此事在胡崇之殁后。《氐胡传》,崇之殁在明年二月,即《真道传》误。

魏安西将军古弼。《宋·索虏传》作"吐奚爱弼"。《氐胡传》作"吐奚弼",盖其旧姓。今从《后魏书》。

唐契攻阚爽。《宋·氐胡传》作"阙爽",今从《后魏书》。

九月,沮渠无讳将卫兴奴。《宋书》"卫兴奴"作"卫寮",今从《后魏书》。

封无讳为西河王。《宋·本纪》封爵在六月,《传》在九月末。今从《传》。

二十年四月,魏河间公齐杀杨保宗、苻达等,立杨文德为主。《宋·氐胡传》云:"拓跋齐闻兵起,遁走,达追击斩齐,因据白崖。"按《后魏·河间公齐传》云:"文德求援于宋,宋遣房亮之、苻昭、啖龙等率众助文德,斩龙、禽亮之,氐遂平,以功拜内都大官,卒。"然则《宋书》误也。

文德自称秦、河、梁三州牧。《宋书》在三月,《魏书》在四月,今从之。

十一月,魏主令太子副理万机。《宋·索虏传》:"晃与大臣崔氏、寇氏不睦,崔、寇潜之。玄高道人有道术,晃使祈福,七日七夜。佛狸梦其祖父并怒,手刃向之曰:'汝何故信谗,欲害太子!'佛狸惊觉,下伪诏曰:'王者大业,纂承为重,储宫嗣绍,百王旧例。自今已往,事无巨细,必经太子然后上闻。'"事节小异,今从《后魏书》。

二十一年正月己亥,藉田,大赦。《宋略》"辛酉,藉田,大赦"下有"戊午",又有"辛酉",误也。今从《宋书》。

二十二年八月,鄯善王真达降魏。《本纪》作"真达兴",今从《西域传》。

二十三年二月,魏人寇兖、青、冀三州。《宋·文帝纪》:"三月,索虏寇兖、豫、青、冀,刺史申恬破之。"《魏·太武纪》:"二月,永昌王仁至高平,禽刘义隆将王章,略金乡、方与,迁其民五千家于河北。高凉王那至济南东平陵,迁其民六千余家于河北。"盖宋、魏各据奏到之月书之耳。《宋·索虏传》又云:"虏破掠太原,得四千余口。"盖魏人夸张其数,故不同耳。

五月,檀和之等破林邑。《本纪》在六月,《传》在五月。当是六月赏檀和之等。今从《传》。

八月,魏破盖吴,传首平城。《宋·索虏传》云:"屠各反,吴自攻之,为流矢所中死。吴弟吾生率众入木面山,寻皆溃散。"今从《魏书》。

二十四年十二月,魏晋王伏罗卒。《宋·索虏传》曰:"焘所住屠苏为疾雷所击,屠苏倒,见压殆死。左右皆号泣,晋王独不悲。焘怒,赐死。"此出于传闻。今从《后魏书》。

二十七年二月辛亥,魏主至南顿。《宋书》:"是月辛丑,南平王铄进号西平。辛巳,索虏寇汝南。"按《长历》,二月壬辰朔,十日辛丑,二十日辛亥。"巳"当作"亥"。

三月,参军刘泰之。《后魏·纪》作"刘坦之",今从《宋书》。

七月乙亥,魏王买德弃城走。《宋略》云:"虏济州刺史王淮败走,虏支解王淮,传示列戍。"今从《宋书》。

王玄谟围滑台。《宋略》:"九月庚申,玄谟前军次白马,与虏兖州刺史歌得跋战,破之。玄谟进攻滑台。"今从《宋书》。

南平王铄遣梁坦出上蔡。《铄传》作"到坦之",今从《宋略》。

十一月辛卯,魏主至邹山。《宋略》云:"戊子,至邹山。"今从《后魏书》。

魏洛州刺史张是连提。《宋略》作"张是连踶",今从《宋书》。

魏永昌王仁追及刘康祖于尉武。《宋略》及《南平王铄传》皆作"尉氏"。按《康祖传》云:"去寿阳裁数十里。"然则非尉氏也。今从《康祖》及《索虏传》作"尉武"。

康祖众溃。《康祖传》云"大战一日一夜",又云"虏死者太半"。今从《宋略》。

十二月己未,魏兵至淮上。《魏·本纪》云:"丁卯,至淮。"按《宋略》:"己未,虏至淮西。"《宋·本纪》:"乙丑,胡崇之等败。"今从之。

臧质使臧澄之营东山。《序传》作"臧證之",今从《帝纪》《质传》作"澄之"。

质营于城南。《宋略》云:"质屯盱眙北。"今从《宋书》。

魏主设毡屋于瓜步山。《魏·帝纪》云:"癸未,车驾临江,起行宫于瓜步山。"盖谓此也。今从《宋书》。

魏主求婚不成。《魏·帝纪》云:"甲申,义隆使献百牢,贡其方物,又请进女于皇孙,以求和好。帝以师昏非礼，许和而不许昏，使散骑侍郎夏侯野报之。诏皇孙为书，致马通问焉。"此皆《魏史》夸辞，今从《宋书》。

二十八年二月，魏主赦卢度世。《宋·柳元景传》："元景从祖弟光世，先留乡里，索虏以为折冲将军、河北太守，封西陵男。光世姊夫为司徒崔浩，虏之相也。元嘉二十七年，虏主拓跋焘南寇汝、颍，浩密有异图。光世要河北义士与浩应接，谋泄被诛，河东大姓坐连谋夷灭者甚众。光世南奔得免，太祖以为振武将军。"与《魏〔事〕〔书〕》不同。今从《魏书》。

四月，以鲁秀为颍川太守。《宋略》云"荥阳太守"，今从《宋书》。

六月，魏太子晃以忧卒。《宋·索虏传》云："焘至汝南瓜步，晃私遣取诸营卤获甚众。焘归，闻知，大加搜检。晃惧，谋杀焘，焘乃诈死，使其近习召晃迎丧，于道执之。及国，罩以铁笼，寻杀之。"萧子显《齐书》亦云："晃谋杀佛狸，见杀。"《宋略》曰："焘既南侵，晃淫于内，谋欲杀焘。焘知之，归而诈死，召晃迎丧。晃至，执之，罩以铁笼，捶之三百，曳于丛棘以杀焉。"又《索虏传》云："晃弟秦王乌奕肝与晃对掌国事，晃疾之，诉其贪暴。焘鞭之二百，遣镇枹罕。"此皆江南传闻之语。今从《后魏书》。

二十九年二月甲寅，魏主被弑。《宋书》作"庚申"，今从《魏书》。

五月，诏萧思话等北伐。《索虏》《徐爰》《张永传》并云王玄谟亦北伐。《玄谟传》中不曾行，盖脱误。《魏·纪》载："六月刘义隆将檀和之寇济州，梁坦及鲁安生军于京、索，庞萌、薛安都寇恒农。"都不言萧思话等，而《宋·纪》亦无此数人者。至七月云："韩元兴讨之，和之退，梁坦、安生亦走。"不言思话之归。《宋略》有臧质遣柳元景徇蒲阪，《元景传》亦有之。今从《宋书》《宋略》。

七月，张永等至碻磝。《宋略》："七月壬辰，永师及碻磝。"下又有"乙酉、壬辰"。按《长历》，此月丁丑朔，四日庚辰，六日壬午，十六日壬辰，疑永以庚辰或壬午至碻磝，非壬辰也。

潘淑妃生始兴王濬。《太子劭传》云："濬母卒，使潘淑妃养之。"《濬传》及《文九王传》皆云濬实潘子。《南史》亦云："淑妃养为子，淑妃爱濬，濬心不附。"今从《濬本传》。

十月，魏皇孙濬即位，改元兴安。《宋·索虏传》："焘以乌弈肝有武略，用以为太子。会焘死，使〔人〕嬖〔人〕宗爱立可博真为后。宗爱、博真恐为弈肝所危，矫杀之而自立，号年承平。博真懦弱，不为国人所附。晃子濬字乌雷直懃，素为焘所爱，燕王谓国人曰：'博真非正，不宜立。直懃嫡孙，应立耳。'乃杀博真及宗爱，而立濬为主，号年正平。"与《后魏书》不同。又云在二十八年。皆《宋书》之误也。

十二月戊午，魏陆俟进爵东平王。《魏·纪》云"戊申"。按上有丁巳，下有癸亥，不当中有戊申，盖"戊午"字误耳。

三十年正月，东宫实甲万人。《宋·元凶劭传》："二十八年，彗星入太微，扫帝座。二十九年十一月，霖雨连雪，太阳罕曜。三十年正月，风霾且雷。上忧有窃发，辄加劭兵众，东宫实甲万人。"按二十九年，劭、濬巫蛊事已发，岂有因十二月及明年正月灾异而更加劭兵！今从《宋略》。

癸亥夜，劭为逆。《劭传》云"二十一日夜"。按《长历》，是月甲辰朔。《宋略》云"癸亥夜",乃二十日也。今从之。

三月,劭杀新渝怀侯玠。《劭传》作"球",今从《长沙王道怜传》。

辛卯,臧质子敦等逃亡。《宋略》:"庚申,武陵王戒严。辛亥,臧敷逃。"按《长历》,是月甲戌朔,无庚申、辛亥。又《宋略》上有甲申,下有癸巳,此必庚寅、辛卯字误也。《宋书》"敷"作"敦",今从之。

庚子,武陵王移檄四方。《宋略》移檄亦在庚申日。按《谢庄传》曰:"奉三月二十七日檄。"然则发檄在庚子日也。

四月癸亥,柳元景至新亭。《宋略》云:"壬戌,元景次新林,依山为垒。"按《本纪》:"癸亥,元景至新亭。"《元景传》:"元景至新亭经日,劭乃水陆出军。"今从之。

五月甲戌,鲁秀等攻大航。《元凶传》云"其月三日"。按《宋略》,甲戌乃二日也。

七月,南海太守邓琬。《萧简传》作"刘玩",今从《本纪》。

世祖孝建元年正月,鲁爽举兵。《宋·本纪》:"二月庚午,爽、臧质、南郡王义宣、徐遗宝举兵反。"《义宣传》云其年正月便反。《宋略》云:"二月,义宣等反。"按爽之反,帝犹遣质收鲁弘,则非同正月反明矣。又按《长历》,是月戊辰朔,然则庚午二日也。《义宣传》起兵在二月二十六日,但不知爽反在正月与二月耳。

三月己亥,内外戒严。《宋·本纪》《宋略》皆作"癸亥",下有辛丑。按《长历》,是月戊戌朔,癸亥二十六日,辛丑乃四日也。当作己亥。

四月,薛安都等斩杨胡兴。《安都传》作"胡与",今从《宗越传》。

李延寿论鲁爽。此语本出沈约《宋书·吴喜黄回传赞》,而延寿取之。以约施用失所,故绌其名。

柳元景进屯姑熟。《垣护之传》作"南州",盖南州即姑熟也。

五月,胡子反等守梁山西垒,西南风急。《义宣传》曰:"五月十九日,西南风猛。"《宋略》曰:"己亥,质遣尹周之攻梁山西垒,陷之。"按《长历》,是月丁酉朔,三日己亥,八日甲辰,十八日甲寅。《宋略》于己亥上有甲辰,下有甲寅,然则决非十九日与己亥,或者是己酉与辛亥也。今不书日,阙疑。

六月,义宣至江陵,鲁秀北走。《宋略》云:"秀自襄阳败退,将及江陵,闻败北走。"今从《宋书》。

大明二年十月,遣庞孟虬救清口。《宋·(顾)〔颜〕师伯传》云:"魏遣清水公舍贲敕文寇清口,世祖遣孟虬及殷孝祖赴讨。"《魏·本纪》:"孝祖修两城于清水东,诏封敕文击之。"今从之。

三年四月,刘道龙。《宋略》《南史》作"道就",今从《宋书》。

竟陵王诞杀垣阆。《宋略》云己亥杀阆。按《本纪》,乙卯贬诞爵,今从之。

内外纂严。《宋略》,乙亥纂严。按《长历》,是月戊戌朔,无乙亥,盖己亥也。

四年三月,魏人寇北阴平,朱提太守杨归子破之。《宋·帝纪》:"索虏寇北阴平,孔堤太守杨归子击破之。"《宋略》云："索房寇壮降平,朱太守杨归子击破之。"按郡县名无"壮降平"及"孔堤"、"北阴平",参酌二书,当为朱提。

五年九月,诏沈庆之位次司空。《宋略》此事在戊戌。按《长历》,是月甲寅朔,无戊戌。

以历阳王子(颢)〔顼〕为临海王。《宋略》作"子顼",今从《宋书》。

六年四月,殷淑仪卒。《南史》云:"殷淑仪,南郡王义宣女也。义宣败后,帝密取之。假姓殷氏,左右宣泄者多死。或云,贵妃是殷琰家人,入义宣家,义宣败,入宫。"今从《宋书》。

七年正月,江智渊以忧卒。《宋略》曰:"帝既以僧安辱智渊,自是诋之无度,智渊不堪其耻,退而自杀。"今从《宋书》。

太宗泰始元年七月,华愿儿言于废帝曰:官为䳾天子。《宋书》作"应天子",《宋略》作"䳾天子"。按字书:䳾,伪物也。韩愈诗曰:"居然见真䳾。"书或作"䳾"。今从《宋略》。

十月,少府刘矇妾孕临月。《宋书·帝纪》作"少府刘胜",《始安王休仁传》作"廷尉刘矇"。《宋略》及《南史·帝纪》皆作"少府刘矇",《休仁传》作"廷尉刘蒙",今从其多者。

废帝使朱景雲赐晋安王子勋死,谢道迈往告邓琬请计。《子勋传》云:"景云遣信使告琬。"《宋略》云:"帝使道遇赉敕至浔阳,琬谓道遇云云。"今从《琬传》。

姜产之。"产"或作"彦",《宋书》《宋略》《南史》皆作"产",今从之。

二年正月辛亥,以山阳王休祐督诸军西讨。《宋略》:"二月庚申,以休祐都督西讨。"今从《宋书》。

壬子,路太后殂。《宋略》《南史》皆曰:"义嘉之难,太后心幸之,延上饮酒,置毒以进。侍者引上衣,上寤,起,以其厄上寿。是日,太后崩,丧事如礼。"《宋书》无之,今不取。

三月,以郑黑为司州。《宋·殷琰传》作"郑墨",今从《宋·本纪》《宋略》。

六月,始安内史王识之。《宋书》作"王职之",今从《宋略》。

萧颐据郡起兵。《宋·邓琬传》云:"世子与南康相沈用之等据郡起义。"《宋略》亦云:"沈肃之以郡(招)〔起〕义。"按颐始自狱中劫出,琬所署南康相不容便与之同。今从萧子显《南齐书·纪》。

七月,刘胡攻钱溪。《宋略》曰:"胡进军鹊头,遣其将陈庆以三百舸逼钱溪。"今从《宋书》。

十月,梁州刺史柳元怙。《宋略》作"元哲",今从《宋书》。

兖州刺史毕众敬。《宋略》作"毕楼",《后魏书》云"小名捺",今从《本传》。

命张永等迎薛安都。《后魏·纪》安都与常珍奇降皆在九月,而《宋·本纪》《宋略》遣张永等北出皆在十月,今从之。

常珍奇降魏。《宋略》:"十二月甲寅,珍奇复以郡叛。"盖于时宋朝始闻之耳。

毕众敬子元宾先坐诛。《后魏书·众敬传》云:"元宾有它罪,(或)〔或〕独不舍之。"《宋略》云:"楼息在都已诛矣。"今从之。

三年正月，张永等弃城夜遁。《宋·本纪》，去年冬，"永、攸之大败，遂失淮北四州及豫州淮西地。"《宋略》，今年正月，"永、攸之师次彭城，虏掩其辎重，败王穆之于武原，薛安都开彭城以纳虏，永等引退，虏追之，王师败绩。毕捺亦举兖州归虏，遂失淮北之地。"《魏·帝纪》，去年九月，"常珍奇、薛安都内属，张永、沈攸之击安都，诏尉元救彭城，西河公石救悬瓠。十一月，毕众敬内属。十二月己未，次于秅，周凯、张永、沈攸之相继退走。"今年正月癸巳，"尉元破永、攸之于吕梁东。闰月，沈文秀、崔道固举州内属。"按青、冀今岁始叛宋，去年岂得已失淮北！安都为永、攸之所逼，故降魏，岂得今年永、攸之始次彭城，安都始纳魏兵乎！盖去冬穆之等已败退，今春永大败耳。今从《后魏·帝纪》。

失淮北四州及豫州淮西之地。《后魏·帝纪》："闰月，沈文秀、崔道固举州内属。"《宋·索虏传》曰："永、攸之败退，虏攻青、冀二州，执文秀、道固。又下书曰：'淮北三州民，自天安二年正月三十日壬寅昧爽已前罪，一切原免。'"按青州破在五年，淮北三州，盖谓徐、司、豫。壬寅二十日，壬子三十日也。

二月，魏西河公石攻张超也。《宋·帝纪》云："索虏寇汝阴，太守张景远击破之。"景远，即超也。《宋略》："七月，张景远先卒，汝阴城又陷。"亦误也。今从《后魏书》。

三月，申篡为魏所杀。《宋略》云："七月，篡战死。"盖赠官之月。今从《魏·帝纪》。

四月，魏尉元上表。《尉元传》，先上表论取四城利害，后乃云："沈攸之欲援下邳，遣孔道恭击破之。"按元以泰始二年九月受诏救薛安都，此表云："受命出疆，再离寒暑。"又云："今虽向热，犹可行师。"则以上表时在四年春末夏初也。又按沈攸之以三年八月出师，寻即败退，则上表当在攸之败后。今此表但言陈显达循宿豫，不言攸之救下邳。又慕容白曜以四年二月十七日拔历城，而此表"欲释青冀之师，先定东南之地"，则此表不在其年春末夏初决矣。盖"再"当作"载"，是语助之辞，非谓两经寒暑也。故置于此。

七月，遣沈攸之等击彭城。《宋·沈攸之传》《宋略》皆云："帝怒攸之云：'卿若不行，便可使吴喜独去。'"按《喜传》乃无与攸之讨彭城事。《后魏书》作"吴僖公"，不知即吴喜，为别一人也？

八月，魏长孙陵等入东阳西郭暴掠，沈文秀击破之。《文秀传》云："八月，虏蜀郡公拔入西郭。"今从《慕容白曜传》。

十月，徙义阳王昶为晋熙王。《宋·帝纪》在十一月，今从《宋略》。

四年正月，魏以高闾、张谠对为东徐州刺史。《尉元传》："沈攸之既走，元以书谕王玄载，玄载与鲁僧遵、崔武仲相继皆走，遂以高闾与张谠对为东徐州刺史。"按三年十一月乙卯，始以谠为东徐州刺史，则于时未降魏也。故置于此。

二月庚寅，魏慕容白曜拔历城东郭。癸巳，崔道固降。《宋略》云："丙申，索虏陷历城，执崔道固。"按《后魏·列传》道固表云："以今月十四日臣东郭失守，以十七日面缚请罪。"《长历》是月丁丑朔。今从之。

六年四月，吐谷浑王拾寅。《宋·本纪》作"拾虔"，今从《后魏书》。

十月，立皇子智随为武陵王。《宋·本纪》作"智赞"，《宋略》作"赞"，《列传》作"智随"。按太宗生子皆筮之,以卦为其字。今从《列传》。

七年二月,内外百官并断俸禄。《宋·本纪》云"日给料禄俸",今从《南史》。

帝密取诸王姬有孕者内宫中,生男则杀其母。《宋书》云"闭其母于幽房",今从《宋略》。

七月,或谮萧道成有贰心于魏。《南齐书·太祖纪》云:"帝常嫌太祖非人臣相,而民间流言萧讳当为天子,帝逾以为疑。"今从《宋略》。

帝使吴喜赐道成酒。《南齐·纪》云:"太祖戎服出门迎,即酌饮之。喜还,帝意乃解。"《宋略》云:"道成惧,弗肯饮,将出奔。喜语以诚,先为之酌。于是喜得罪,而道成被征。"盖《南齐书》欲成太祖之美,故云尔。今从《宋略》。

八月,魏显祖传位太子。《后魏·天象志》云:"上迫于太后,传位太子。"按冯太后若迫显祖传位,当夺其大政,安得犹总万机! 今从《帝纪》。

泰豫元年二月,王景文饮药而卒。《南史》云:"帝使谓景文曰:'朕不谓卿有罪,然吾不能独死,请子先之。'"若使者有此语,则坐客不容不知,更终棋局。又曰:"景文酌酒谓客曰:'此酒不可相劝。'自仰而饮之。"按焦度劝拒命,必不对坐客言之,何得死时客犹在坐也! 今从《宋书》。

六月乙巳,苍梧王尊皇太后。《宋略·本纪》作"癸未",今从《宋·本纪》。

资治通鉴考异卷第六

端明殿学士兼翰林侍读学士太中大夫提举西京嵩山崇福宫上柱国河内郡开国公食邑二千六百户食实封一千户臣　司马光　奉敕编集

宋纪下

苍梧王元徽二年五月壬午，桂阳王休範反。《宋书》作"壬子"。按《长历》，此月辛未朔，无壬子。今从《宋略》。

休範登临沧观，以数十人自卫。《张敬儿传》云："左右数百人皆散走。"按休範左右若有数百人，黄回、敬儿虽勇，何敢径往取之！今从《休範传》。

陈灵宝送休範首，弃之于水。《南齐书》云"埋首道侧"，《宋略》云"弃诸沟中"。今从《宋书》。

杜黑骡攻新亭。《宋书》《南齐书》作"黑蠡"，今从《宋略》。

褚澄开东府门纳南军。《宋书》作"抚军典签茅恬开东府纳贼"，《南齐书》作"车骑典签茅恬"，盖皆为褚澄讳耳。今从《宋略》。

六月，休範使陈公昭遗攸之书，攸之送之朝廷。《宋略》云："桂阳遗攸之书，署曰'沈丞相'，攸之斩其使。"今从《宋书》。

癸卯，毛惠连降。《宋略》作"癸亥"，按下有戊申。今从《宋书》。

九月。《后魏·帝纪》："使将军元兰五将三万骑及假东阳王丕为后继，伐蜀汉"，不言胜负。《列传》及《宋书》皆无之，今不取。

司徒左长史萧惠明。《宋略》作"惠朗"。按惠朗不为司徒长史，今从《南史》。

四年六月，魏冯太后鸩显祖。元行冲《后魏国典》云："太后伏壮士于禁中，太上入谒，遂崩。"按事若如此，安得不彰，而中外恬然不以为怪，又孝文终不之知。按《后魏书》及《北史》皆无杀事，而《天象志》云"献文暴崩"，〔盖〕实有鸩毒之祸。今从之。

顺帝昇明元年端午，太后赐苍梧王毛扇。《宋略》作"太妃赐"，今从《宋书》。

六月，苍梧王杀杜幼文等。《南史》云："孝武二十八子，太宗杀其十六，余皆帝杀之。"按《宋书》，孝武诸子，十人早卒，二人为景和所杀，余皆太宗杀之，无及苍梧时者；《南史》误也。

萧道成族弟顺之。《齐·高帝纪》、姚思廉《梁书·武帝纪》，自相国何至皇考一十余世，皆有名及官位。盖史官附会，今所不取。

七月，苍梧王于台冈赌跳。《南史》作"蛮冈"，今从《宋书》。

萧道成开承明门而入。《齐·高帝纪》云："卫尉丞颜灵宝窥见太祖乘马在外，窃谓亲人曰：'今若不开，内领军人，天下会是乱耳。'"按灵宝若语所亲，则须有知者，岂得宿卫晏然不动！今从《宋·后废帝纪》。

十月，氐杨文度遣弟文弘陷仇池。《魏书·本纪》作"杨亀"，《氐传》作"鼠"，皆避显祖讳也。

李诉信用范擒，弟瑛谏。《魏典》"擒"作"摽"，"瑛"作"璜"，今从《后魏书》。

十二月，魏军至建安，杨文弘弃城走。是年魏置闰在十一月，宋之十二月也。

刘韫入直门下省。《南齐书》"韫"作"韬"，今从《宋书》《南史》。

王蕴帅部曲数百向石头。《宋书》云："齐王使蕴募人，已得数百。"《宋略》云："是夕征其私众，倏忽之间，被甲数百，莫知所从出。"按道成素已疑蕴，必不使之募兵。《宋略》近是也。

戴僧静杀袁粲父子。《南史》云："僧静奋刀直前，欲斩之。子最叫，抱父乞先死，兵士人人莫不陨涕。粲曰：'我不失忠臣，汝不失孝子。'仍求笔作启云：'臣义奉大宋，策名两毕。今便归魂坟陇，永就山丘。'僧静乃并斩之。"按时僧静掩粲不备，挺身直往，安肯容粲作启，从容如此！《宋书》皆无此等事。今不取。

闰月癸巳，沈攸之至夏口。沈约《齐纪》："十一月，攸之遂谋为乱。张敬儿遣使诣攸之庆冬，攸之呼使人于密室谓之曰：'奉皇太后令，得袁司徒、刘丹杨诸人书，呼我速下，可令雍州知此意。'答敬儿书曰：'信口一二'，而封鸡毛、挑耳数物置函中。敬儿贺冬使即乘驿白公。十二日壬辰，攸之遣孙同等先发。十七日丁酉，张敬儿使至。十八日戊戌，公率众入镇朝堂。闰月十四日癸巳，攸之至夏口。"按是岁宋历闰十二月庚辰朔，魏历闰十一月庚戌朔，然则冬至必在十一月晦。攸之对敬儿贺冬使者犹隐秘，岂可十二日已发兵东下乎！又，攸之若十二日已举兵于江陵，岂可六十余日始至夏口！又《宋·顺帝纪》："十二月，攸之反。丁卯，齐王入守朝堂。"丁卯乃十二月十八日也。"闰月癸巳，攸之围郢城。"《攸之传》："十一月反。十二月十二日，遣孙同等东下。闰月十四日，至夏口。"《宋略》："十二月，沈攸之作乱。丁卯，萧道成入屯朝堂。闰月癸巳，攸之师及郢州。"《南齐·高帝纪》："十二月，攸之举兵。乙卯，太祖入居朝堂。"诸书大抵略相符合，惟《齐纪》不同，盖《齐纪》之误，今不取。

二年正月，沈攸之帅众过江，军遂大散。《宋略》云："甲辰，敬之众溃，西逃。乙巳，华容民斩其首。"按是月己酉朔，无甲辰、乙巳。

张敬儿至江陵。《宋略》云："辛未，敬儿克江陵。"按己巳攸之以敬儿据城走死，不容敬儿至辛未乃入城也。

齐 纪

太祖建元元年五月，赏佐命之功，褚渊、王俭等进爵增户。《南史·崔祖思传》曰："帝将加九锡，内外皆赞成之。祖思独曰：'公以仁恕匡社稷，执股肱之义。君子爱人以德，不宜如此。'帝闻而非之，曰：'祖思远同荀令，岂孤所望也。'由此不复处任职，而礼见甚重。垣崇祖受密旨参访朝臣，光禄大夫垣闳曰：'身受宋氏厚恩，复蒙明公眷接，进不敢同，退不敢异。'冠军将军崔文仲与崇祖意同。及帝受禅，闳存故爵，文仲、崇祖皆封侯，祖思加官而已。"按宋朝初议封帝为梁公，祖思启高帝曰："谶云：'金刀利刃齐刈之。'今宜称齐，实应天命。"从之。然则祖思安得〔尽〕诚节于宋！今删之。

丙寅，追尊考妣。《南史》在四月甲午，今从《齐书》。

十月初，帝在淮阴，欲附魏，遣书结王玄邈，房叔安劝玄邈不答。《南史》云："仍遣叔安奉表诣阙告之，帝于路执之，并求玄邈表。叔安曰：'王将军表上天子，不上将军。且仆之所言，利国家不利将军，无所应问。'荀伯玉劝帝杀之，帝曰：'物各为主，无所责也。'"按太祖时为边将，若执叔安，又不杀，便应不复为宋臣。《齐书》无此事，今不取。

十一月，谢天盖欲附魏，韦珍引兵应接。豫章王嶷遣萧惠朗助萧景先讨天盖。《齐·萧景先传》云："天盖与房市构扇，景先言于督府，豫章王遣惠朗助景先讨天盖党与。房寻遣伪南部尚书类跋屯汝南，洛州刺史昌黎王冯莎屯清丘。景先严备待敌，房退。"《魏·韦珍传》云："天盖自署司州刺史，规以内附。事泄，为道成崔慧景所攻围。诏珍率在镇士马渡淮援接。时道成闻珍将至，遣将荀元宾据淮逆拒珍，珍腹背奋击，破之。天盖寻为左右所杀，降于慧景。珍乘胜驰进，又破慧景，拥降民七千余户内徙，表置城阳、刚陵、义阳三郡以处之。"按魏将无类跋、冯莎，而慧景亦非讨天盖之将。盖时二国之史，各出传闻，互有讹谬。今约取二史大概而用之。

帝遣王洪範约柔然寇魏。《齐书》作"王洪轨"，今从《齐纪》。

二年正月，以褚渊为司徒，不受。《齐书》："建元二年正月，以渊为司徒。十二月戊戌，以渊为司徒。四年六月癸卯，以司徒褚渊为司空。八月癸卯，司徒褚渊薨。"《渊传》："三年为司徒，又固让。四年寝疾逊位，改授司空。及薨，诏曰：'司徒奄至薨逝。'"盖二年正月辞，十二月受耳。《纪》《传》前后各不相顾。

崔孝伯攻魏龙得侯等，杀之。《齐纪》作"龙渴侯"，今从《齐书》。

北上黄蛮文勉德寇汶阳。《齐纪》作"文施德"，今从《齐书》。

五月，王图南、崔慧景破李乌奴。《魏书·帝纪》："八月，慧景寇武兴。"今从《慧景传》。

十月，徐州民桓标之为寇。《魏书》"兰陵民桓富"，盖即标之也。今从《齐书》。

三年二月，康桓拔魏樊谐城。《齐纪》作"樊阶城"，今从《齐书》。

魏议者欲尽杀道人。《齐书·魏房传》："咸阳王欲尽杀道人。"案咸阳王禧时尚幼，太和九年始封，恐非也。

己酉，垣崇祖破魏师。《齐书》作"丁卯"。按是月辛卯朔，无丁卯。今从《齐纪》。

三月，魏灭桓标之等，掠三万余口归平城。《魏书》云："南征诸将击破萧道成游击将军桓康于淮阳。道成豫州刺史垣崇祖寇下蔡，昌黎王冯熙击破之。假梁郡王嘉大破道成将，俘获三万余口送平城。"今从《齐书》《齐纪》，亦以《魏书》参之。

世祖永明二年十一月乙未，魏李彪来聘。《齐纪》："十二月庚申，房使李道固至。"今从《魏·帝纪》。

三年七月，魏立梁弥承为宕昌王。《齐书》，是岁八月丁巳，以行宕昌王梁弥颉为河、梁二州刺史。六年五月甲午，以弥承为河、凉二州刺史。今从《魏书》。

四年六月辛酉，魏主如方山。《魏·帝纪》，是日幸方山，七月戊戌又云幸方山，皆不言还宫。盖阙文耳。

五年五月，魏公孙邃、张儵寇舞阴。《齐·魏虏传》云："伪安南将军辽东公、平南将军上谷公又攻舞阴。"《魏书·帝纪》云："诏南部尚书公孙文庆、上谷公张伏于南讨舞阴。"按《公孙邃传》："邃字文庆，与内都幢将上谷公张儵讨萧赜舞阴戍。"盖伏于亦儵字也。

七月，高车阿伏至罗自立为王。《魏书·高车传》云在太和十一年，《蠕蠕》在十六年。今从《高车传》。

八年四月，魏阳平王颐。《帝纪》作"熙"，又作"颎"，今从《本传》。

八月，河南王世子伏连筹。《齐书》作"世子休留成"，今从《魏书》。

萧顺之缢杀巴东王子响。《齐书》曰："子响部下恐惧，各逃散。子响乃白服出降，诏赐死。"盖萧子显为顺之讳耳，今从《南史》。

十二月，孔颛上言。《齐纪》作"孔〔颛〕〔觊〕"，今从《齐书》《南史》。

九年二月，魏著作郎成淹迁侍郎。杨松玠《谈薮》作"朱淹"，又云"自著作〔作〕郎迁著佐郎"。今从《魏书》。

八月乙巳，魏帝问群臣禘祫之义。《礼志》作"太和十三年五月壬戌"，今从《本纪》。

十年正月壬戌，魏主诏承晋为水德。《礼志》："太和十五年正月，穆亮等言"云云。按《帝纪》："十六年正月壬戌，绍定行次，以水承金。"盖《志》误以"六"为"五"耳。

七月，吐谷浑世子贺虏头。《魏·吐谷浑传》作"贺鲁头"，今从《帝纪》。

八月，魏阳平王颐、陆叡击柔然。《魏·帝纪》："太和十一年八月壬申，蠕蠕犯塞，遣平原王陆讨之。事具《蠕蠕传》。十六年八月乙未，诏阳平王颐、左仆射陆叡讨蠕蠕。"按《蠕蠕传》无十一年犯塞及征讨事，唯有十六年八月颐、叡出征事与《纪》合，盖十一年《纪》误也。

十一年三月，遣吕文显、曹道刚收王奂，殷叡劝奂录取，奂纳之。《南史》："奂子彪议闭门拒命。叡谏曰：'今开门白服接台使，不过黜官免爵耳。'彪坚执不同。叡又请遣典签间道送启，奂从之。典签出城，为文显所执。叡曰：'忠不背国，勇不逃死。'劝奂仰药。叡与彪同诛。"今从《齐书》。

王肃奔魏。《南史》："奂弟份自拘请罪，帝宥之。肃屡引魏人至边，帝谓份曰：'比有北信不？'份曰：'肃近忘坟柏，宁远忆有臣！'"按奂以三月死，帝以七月殂，是冬，肃始见魏主于邺。《南史》误也。《齐书》无此语。

九月，魏穆亮与支酉战，兵败。《齐书》"穆亮"作"缪老生"，今从《魏书》。

高宗建武元年三月壬申，魏主至彭城。《魏·帝纪》作闰月。按魏闰二月，齐历之三月也。

四月庚辰，魏罢西郊祭天。《魏·帝纪》《礼志》《北史·纪》皆云"三月庚辰"。按《长历》，三月丙午朔，无庚辰。魏闰二月，齐闰四月，魏三月乙亥朔，齐历之四月也。故置于此。

五月甲戌朔，日食。《齐》《魏书·帝纪》皆无此食，今据《齐书·志》《南史·纪》。

九月乙亥，纂严。《齐·帝纪》作"乙未"。按是月壬申朔，而上有癸未，下有乙酉、丁亥，盖癸未当作"癸酉"，乙未当作"乙亥"耳。

何昌寓拒徐玄庆，临海王昭秀得还建康。《南史》："明帝使裴叔业赍旨诏昌寓，令以便宜从事。昌寓拒之曰：'临海王未有失，守得从君单诏邪？即时自有启闻，须反更议。'叔业曰：'若尔便是拒诏，拒诏，军法行事耳。'答曰：'能见杀者君也，能拒者仆也。'叔业不敢逼而退。昭秀由此得还都。"今从《齐书》。

十二月，魏卢渊、韦珍攻赭阳。《齐书》作"卢阳乌、韦灵智"。按阳乌，渊小字；灵智，珍字也。

二年四月，房伯玉等败魏薛真度于沙堨。《齐书·魏房传》，真度败在建武元年下。《魏·帝纪》，城阳王鸾以败军获罪，在太和十九年五月，今从之。

三年正月丁卯，以杨崇祖为沙州刺史。《齐·本纪》作"丁酉"。按《长历》，是月乙丑朔，无丁酉。下有己巳，当作"丁卯"。

魏主改功臣姓。魏初功臣，姓皆复重奇僻，孝文太和中，变胡俗，始改之。魏收作《魏书》，已尽用新姓，不用旧姓。《宋书·索虏传》《南齐书·魏虏传》所称者，盖其旧姓名耳。今并从《魏书》以就简易。

魏薛宗起入郡姓。《北史·薛聪传》："为羽林监。帝曾与朝臣论海内姓地人物，戏谓聪曰：'人谓卿诸薛是蜀人。定是蜀人不？'聪对曰：'臣远祖广德，世事汉朝，时人呼为汉臣。九世祖永，随刘备入蜀，时人呼为蜀臣。今事陛下，是虏，非蜀也。'帝抚掌笑曰：'卿可自明非蜀，何乃遂复苦朕！'聪因投戟而出。帝曰：'薛监醉耳。'其见知如此。"今从元行冲《后魏国典》。

闰月丙寅，魏主废太子恂。《齐书·魏虏传》云："大冯有宠，日夜谗恂。"《魏书》无之。又《魏·帝纪》在十二月丙寅。按《长历》，魏闰十一月，齐闰十二月。今从齐历。

四年正月，大赦。《齐·帝纪》云："庚午，大赦。"按《长历》，是月己丑朔，无庚午，故不日。

丙辰，诛王晏。《晏传》云："元会毕，乃召晏诛之。"《本纪》："丙辰，晏伏诛。"丙辰，正月二十八日也。按郊礼必在正月，既云未郊一日敕停，则诛晏必非元会之日也，《本传》盖言元会礼后耳。

二月，魏穆泰等伏诛。《齐书·魏虏传》云："伪征北将军、恒州刺史钜鹿孤贺鹿浑守桑乾，宏从叔平阳王安寿戍怀栅，在桑乾西北。浑非宏任用中国人，与伪定州刺史冯翊公自邻、安乐公(主)拓跋阿幹儿谋立安寿，分据河北。期久不遂，安寿惧，告宏。杀浑等数百人，任安寿如故。"与《魏书》名姓全不同。今从《魏书》。

九月，魏中书舍人孙延景。《齐书》作"公孙云"，今从《魏书》。

十一月，以杨灵珍为北秦州刺史。《齐·氐传》作"北梁州"，今从《帝纪》。

十二月，曹虎顿军樊城。《齐·魏虏传》云"均口"，今从《虎传》。

东昏侯永元元年三月，张千战死。《魏书》作"张千达"，今从《齐书》。

以陈显达为江州刺史。《齐·明帝纪》："永泰元年七月癸卯，以显达为江州。"《本传》："显达败于马圈，求降号，不许，乃除江州。"又云："东昏立，显达弥不乐京师，得此授甚喜。"按明帝末，显达方以三公将兵击魏，不容无故除江州。今从《本传》。

四月，魏赐冯后死。《元嵩传》曰："将遣使者赐冯后死，而难其人，顾任城王澄曰：'任城不负我，嵩亦当不负任城，可使嵩也。'乃引高平侯嵩入内，亲诏遣之。"《高祖纪》曰："诏司徒勰征太子与丧会鲁阳践〔阼〕(作)。"按《冯后传》，梓宫至鲁阳，乃行遗诏赐后死，安有高祖遣嵩之事！又《勰传》："高祖崩，勰遏秘丧事，遣张儒征世宗。"亦无高祖诏勰征太子事。

八月，垣历生降曹虎，虎斩之。《南史》云："历生出战，为曹虎所禽，谓虎曰：'卿以主上为圣明，梅、茹为贤相，我当死。且我今死，卿明亦死。'遂杀之。"按历生若见获，遥光不当杀其子。今从《齐书》。

二年三月，左兴盛拒崔慧景于北篱门。《纪》云"王莹屯北篱门"，《传》云"左兴盛"，今从《传》。

四月癸酉，慧景败走，斩之。《齐·本纪》："四月丁未，以张冲为南兖州刺史。崔慧景于广陵起兵袭京师。壬子，左兴盛督众军。宝玄以京城纳慧景。乙卯，王莹屯北篱门。壬戌，慧景至，莹等败。甲子，慧景入京师，萧懿入援。癸酉，慧景弃众走死。"《慧景传》："四月至广陵回军，十二日，攻陷竹里。"按《长历》，是岁三月辛丑朔，四月庚午朔。丁未三月七日，壬子十二日，乙卯十五日，壬戌二十二日，甲子二十四日，四月皆无也。盖四月当作三月。至癸酉，乃四月四日耳。《南史》云："时江夏王宝玄镇京口，闻慧景北行，遣左右余文兴说之曰：'江、刘、徐、沈，君之所见。今拥强兵北取广陵，收吴、楚劲卒，身举州以相应，取大功如反掌耳。'慧景常不自安，闻言响应。于时庐陵王长史萧寅、司马崔恭祖守广陵城，慧景以宝玄事告恭祖。恭祖口虽相和，心实不同。俄而慧景至，恭祖闭门不敢出。慧景密遣军主刘灵运间行突入，慧景俄系至，遂据其城。子觉至，仍使领兵袭京口。宝玄本谓大军并来，及见人少，极失所望，拒觉，击走之。恭祖及觉精兵八千济江。恭祖心本不同，及至蒜山，欲斩觉，以军降京口，事既不果而止。觉等军器精严，柳憕、沈佚等谓宝玄曰：'崔护军威名既重，乃诚可见，既已唇齿，忽中道立异。彼以乐归之众，乱江而济，谁能拒之。'于是登北阎楼，并千蜡烛为烽火，举以应觉。惠景停二日，便率大众一时俱济，趣京口。宝玄仍以觉为前锋，恭祖次之，慧景领大都督为众军节度。"又云："时柳憕别推宝玄，崔恭祖为宝玄羽翼，不复承奉慧景，慧景嫌之。巴陵王昭胄先逃人间，出投慧景，慧景意更向之，故犹豫未知所立，此声颇泄。憕、恭祖始贰于慧景。"又云："慧景单马至蟹浦，投渔人太叔荣之。荣之故为慧景门人，时为蟹浦戍，斩慧景，送都。"按恭祖始若闭城拒慧景，慧景袭得其城而据之，岂肯更授以兵柄！又，慧景若不立宝玄，柳憕岂能别推！又，荣之既云渔人，又云为戍，自相违错。今并从《齐书》。

九月，魏田益宗败吴子阳于长风城。此一事，《齐书·纪》《传》皆无之，《魏·帝纪》："九月乙丑，东豫州刺史田益宗破吴子卷将吴子阳、邓元起于长风。"《梁书·邓元起传》云："蛮帅田孔明附于魏，自号郢州刺史，寇掠三关，规袭夏口。元起率锐卒攻之，旬月之间，频陷六城，斩获万计,余党皆散走,仍戍三关。"二书胜败不同如此。今从《魏·纪》。

十一月,萧衍召王茂等定议。《南史》云:"茂与梁武帝不睦,帝诸腹心并劝除之。而茂少有骁名,帝又惜其用,令腹心郑绍叔往候之,告以欲起义。茂因掷枕起,即袴褶随绍叔入见。武帝大喜,下床迎。因结兄弟,被推赤心。"按茂若与梁武不睦,梁武何敢豫告以大事,茂亦安能便响应! 今不取。

乙巳,衍建牙集众。《齐·帝纪》:"十二月,梁王起义兵于襄阳。"误也。今从《梁书·高祖纪》。

和帝中兴元年正月戊申,萧衍发襄阳。《梁·高祖纪》云:"二月戊申,发襄阳。"按戊申,正月十三日,《梁·纪》误也。

三月乙巳,南康王即帝位。《东昏纪》云:"丁未,南康王讳即皇帝位。"盖是日建康始闻之耳。今从《和帝》及《梁·武帝纪》。

六月,吴子阳进军加湖。《梁·韦叡传》作"茄湖",今从《齐》《梁·帝纪》。

萧衍使王茂袭加湖。《和帝纪》作"王茂先",今从《梁书》。

郢城民死者什七八。《齐·张冲传》云:"死者七八百家。"按死者不可以家数。今从《梁·高祖纪》及《韦叡传》。

十月壬午,萧衍筑长围守宫城。《齐·帝纪》与《梁·帝纪》叙此事先后多不同。按《齐纪》皆有甲子,今用《梁·纪》事,以《齐·纪》甲子次之。

十一月,魏田益宗上表请攻义阳。《益宗传》曰:"世宗纳之,遣元英攻义阳。"按英攻义阳在景明四年八月。此表言萧氏君臣交争,则是梁武攻东昏时。盖益宗建策于今日,而行于后年耳。

益宗入寇,黄天赐败绩。《魏·帝纪》:"七月乙未,田益宗破萧宝卷将黄天赐于赤亭。"《田益光传》:"景明初,萧衍遣军主吴子阳率众寇三关,益宗遣光城太守梅与之据长风城逆击子阳,大破之,斩获千余级。"按吴子阳乃东昏将,非衍将也。且衍方与东昏相拒,何暇寇魏三关! 此必《益宗传》误。

十二月,张稷斩东昏首,送石头。《南史·王亮传》曰:"张稷等议立湘东嗣王宝晊。领军王莹曰:'城闭已久,人情离解,征东在近,何不谘问?'"按时和帝已立,稷等知建康不可守,故弑东昏,岂敢复议立宝晊! 今从《齐·纪》。

梁纪上

高祖天监元年四月丙寅,追尊考妣。《南史》云五月追尊,今从《梁书》。

五月,河南褚缙。《魏·萧宝寅传》作"褚胃",今从《梁书》。

三年三月,魏人归张惠绍。《惠绍传》无被获及复还事。今从《魏书》。

八月,遣马仙琕筑二城。《司马悦传》作"豫州刺史马仙琕",按仙琕于时未为豫州也。

四年正月，夏侯道迁以汉中降魏。《梁·帝纪》："天监三年二月，魏陷梁州。"而列传皆无其事。《魏·帝纪》："正始元年闰十二月癸卯朔，萧衍行梁州事，夏侯道迁据汉中来降。"《道迁传》具言其事。按《长历》，梁闰二月癸卯，即天监四年正月朔也，故置于此。

四月，孔陵等戍深阬。《梁·邓元起传》："魏将王景胤、孔陵寇东、西晋寿，并遣告急。"按《魏·邢峦传》曰："萧衍晋寿太守王景胤据石亭。"又曰："萧衍遣其将军孔陵等据深杭。"然则景胤、陵皆梁将也，《元起传》误。

西昌侯渊藻杀邓元起，贬为冠军将军。《梁书·元起传》："藻以粮储无遗，甚怨望之，因表元起逗留不忧军事，收付州狱，自缢死。"按若止以逗留表元起，安敢擅收前刺史付狱杀之！必诬以反也。今从《南史》。又《梁书》，藻本以冠军为益州刺史，与《南史》异。

五年四月，王茂与魏杨大眼战败，失亡二千余人。《大眼传》云"俘馘七千有余"，今从《魏·帝纪》。

五月，韦叡败魏兵，拔小岘。《魏·帝纪》："六月辛丑，陷小岘戍。"今从《叡传》。

或欲保三叉。《南史》作"三丈"，今从《梁书》。

裴邃克魏羊石、霍丘城。《梁·裴邃传》云："五年，征邵阳洲，魏人为长桥以济。邃筑垒逼桥，密作没突舰，会淮水暴涨，邃乘舰径造桥侧，魏众惊溃，邃乘胜追击，大破之，进克羊石、霍丘城，平小岘，攻合肥。"《魏·帝纪》："辛巳，衍将陷合肥。己丑，又陷羊石、霍丘。"案《韦叡传》，叡攻邵阳洲，方使邃乘舰焚桥，事在克合肥后。又《梁·帝纪》："辛巳，叡克合肥。丁亥，邃克羊石；庚寅，克霍丘。"今从之。《邃传》载取二城在破邵阳洲后，误也。

九月，临川王宏夜遁，将士皆散。《梁书·宏传》云："会征役久，有诏班师。"殊为不实。今从《南史》。

六年三月，淮水暴涨。《梁·帝纪》："四月癸未，景宗等破魏军。"《魏·帝纪》："四月戊戌，钟离大水，英败绩。"按《曹景宗传》云："三月，春水生，淮水暴长。"《梁》《魏》二史盖据奏到月日之耳，今从《景宗传》。

生擒魏兵五万人。《韦叡传》云："其余释甲稽颡，乞为囚奴者，犹数十万。"按魏军共止数十万，如《叡传》所言，似为太过。今从《景宗传》。

十二月，魏常邕和以淮阳降。《魏·帝纪》："十月庚午，淮阳太守安乐以城南叛。"今从《梁·帝纪》。

七年九月，魏执京兆王愉，高肇密使人杀之。《魏书》及《北史·愉传》皆云："愉每止宿亭传，必携李手，尽其私情，虽镣絷之中，饮赏自若，略无愧惧之色。至野王，愉语人曰：'虽主上慈深，不忍杀我，吾亦何面见至尊！'于是歔欷流涕，绝气而死。或云高肇令人杀之。"按愉既败被执，犹略无愧惧，安能惭见魏主，遽感激绝气而死！盖肇潜使人杀愉，因以此言给魏主耳。

魏中山王英将步骑三万救郢州。《田益宗传》："诏曰：'英统马步十万，邢峦统精骑三万。'"盖虚声耳。今从《魏·帝纪》。

十月，魏白早生杀司马悦。《梁·帝纪》作"白阜生"，《马仙琕传》作"琅邪王司马庆曾”。今皆从《魏书》。

齐苟儿。《魏书》作“苟仁”，今从《梁书》《南》《北史》。

以早生为司州刺史。《梁·帝纪》：“十月丙子，魏阳关主许敬珍以城内附。诏大举北伐，以始兴王憺帅众入清，王茂帅众向宿豫。丁丑，白皁生与豫州刺史胡逊以城内属，以皁生为司州、胡逊为豫州刺史。明年正月壬辰，魏镇东参军成景儁斩宿豫城主严仲宝，以城内属。二月丁卯，魏楚王城主李国兴以城内附。”姓名、年月、事迹既与《魏书》参差，又遍检诸列传皆无其事。今并从《魏书》。

八年正月，马广屯长薄，胡文超屯松岘。《梁·马仙琕传》云：“遣马广会超守三关。”今从《魏·中山王英传》。

遣徐元季援武阳。《英传》作“徐超秀”，今从《魏·帝纪》。

魏主于齐苟儿等四将之中分遣二人，以易董绍。《绍传》云“归苟儿等十人”，今从《司马悦传》。

十年正月，王珍国罢梁、秦二州还。《梁书》，珍国未尝为梁、秦刺史，今从《南史》。

三月，王万寿杀刘晣。《梁·帝纪》云“三月辛丑”。按《长历》，是月丁酉朔，而《卢昶传》云：“三月二十四日夜，万寿等攻掩朐城。”盖辛酉也。今不日以阙疑。又《梁·马仙琕传》及《魏·帝纪》《卢昶传》皆云“刘晣”，而《梁·帝纪》云“邓晣”，盖字误也。

十二月，马仙琕大破魏兵。《魏·帝纪》，卢昶败在十一月，今从《梁·帝纪》。《梁·纪》云“斩馘十余万”，按卢昶表云：“此兵九千，贼众四万，(永)〔求〕益兵六千。”魏主以四千给之。安得十余万众！盖《梁史》为夸大耳。

十二年二月，鬱洲民徐道角等杀张稷降魏。《魏·帝纪》作“郁州人徐玄明”，今从《梁·康绚传》。又《绚传》，稷死在朐山叛之明年，今从《魏·帝纪》。

十五年二月，康绚击却魏兵。《绚传》：“十二月，魏遣李昙定督众军来战。”按《魏·帝纪》此年正月乃遣李平节度诸军，《绚传》误也。昙定，即平字也。

昌义之、王神念救硖石。《李崇传》：“衍遣赵祖悦袭据西硖石，又遣义之、神念率水军溯淮(上)而〔上〕，规取寿春。”按《义之传》，绚破魏军，义之乃救硖石，今从之。

十六年四月，诏宗庙去牲。《梁·帝纪》，此诏在四月甲子。《南史》云在二月，云：“祈告天地宗庙，以去杀之理，欲被之含识。郊庙牲牷，皆代以麵，其山川诸祀则不。”按《长历》，是月辛卯朔，无甲子。《隋志》但云四月，亦不云郊祀去牲，今从之。

十八年二月，魏高湖子谧。李百药《北齐书》作“谥”。《北史》作“谧”，今从之。

高欢曰：宿卫焚大臣之第。《北齐书》云“领军张彝”。按彝未尝为领军，故但云大臣也。

资治通鉴考异卷第七

端明殿学士兼翰林侍读学士太中大夫提举西京嵩山崇福
宫上柱国河内郡开国公食邑二千六百户食实封一千户臣　司马光　奉敕编集

梁纪下

普通二年五月，魏桓叔兴降。《梁·帝纪》："七月叔兴率众降"，盖记奏到之日，今从《魏·帝纪》。

七月，魏张普惠救义州不及。《普惠传》云"弃城走"，今从《裴邃传》。

三年十一月，魏初行《正光历》，大赦。《后魏·律历志》云："历成，会孝明帝加元服，改元正光，因命曰《正光历》"。按《帝纪》："正光元年七月辛卯，加元服。三年十一月丙午，行《正光历》。"今从之。

西丰侯正德明年自魏逃归。《梁书·正德传》："普通六年，为轻车将军，顷之奔魏。七年，自魏逃归。"《魏书·萧衍传》："正光二年，弟子正德来奔。"《南史·正德传》："普通三年，为轻车将军，顷之奔魏。又自魏逃归。六年，随豫章王北侵，辄弃军走。"《北史·萧宝寅传》，正光四年表论考课，后乃云表论正德，后乃云莫折大提反。按大提反在正光五年。唯《南》《北史》年月先后相近，今从之。

四年，魏破六韩拔陵反。《魏·帝纪》："正光五年，破落汗拔陵反，诏临淮王彧讨之。五月，彧败，削官。"按令狐德棻《周书·贺拔胜传》："卫可孤围怀朔经年，胜乃告急于彧。"然则拔陵反当在四年。盖《帝纪》因诏彧讨拔陵而言之，非拔陵于时始反也。《周书》作"破六韩"，今从之。

卫可孤围武川。《北史》"(可)〔孤〕"作"瓌"，今从《周书》。

五年四月，魏贺拔胜见临淮王彧于雲中。《胜传》云："至朔州见彧。"按《后魏·地理志》，雲中，旧名朔州。及改怀朔镇为朔州，不容更以雲中为朔州。今但云雲中。

五月，魏广阳王深。《魏·帝纪》作"渊"，今从《列传》及《北史》。

六年正月，魏元法僧杀高谅，称帝。《法僧传》作"高谟"，今从《魏·帝纪》。又《魏·纪》云"自称宋王"，《法僧传》及《北史》皆云"称尊号"，《梁书·法僧传》云"称帝"。按法僧立诸子为王，必称帝也，今从《梁书》。

法僧遣子景仲来降。《法僧传》云："魏室大乱，法僧据镇，议欲匡复。既而魏乱稍定，将讨法僧，法僧惧，归款。"按时魏乱未定，今从《北史》。

元略为魏所败。《魏·帝纪》叙元略等事便在庚申法僧叛下，不应如此之速，今移于月末。

三月，元法僧驱彭城吏民万余人南渡。《南史》云："武官戍彭城者三千余人，法僧皆印额为奴，逼将南渡。"《魏书》《梁书》皆无此事。

3422

五月，魏李崇卒。《魏·帝纪》在五月戊子。按《长历》，是月乙巳朔，无戊子。今不书日。

魏安丰王延明等将兵二万逼彭城。《南史·陈庆之传》云"众十万"，今从《梁书》。

六月，豫章王综与梁话、淮阴苗文宠投魏军。《南史·综传》："综夜潜与梁话、苗宠三骑开北门，涉汴河，遂奔萧城。自称队主，见延明而拜。延明坐之，问其名〔是〕〔氏〕，不答，曰：'殿下问人有见识者。'延明召使视之，曰：'豫章王也。'延明喜，下地执其手，答其拜，送于洛阳。"按《魏书》及《北史·鹿悆传》皆豫有盟约，魏岂得不知！又《魏书·萧赞传》作"济阴芮文宠"，《北史》作"济阴苗文宠"。今从《南史》。

综更名赞。《梁书》《南史》皆云改名缵，今从《魏书》《北史》。

延明令江革作《大小寺碑》。《南史》作"《丈八寺碑》"，今从《梁书》。

十二月，魏恒农太守王黑。《周书·黑传》，黑未尝为恒农太守。今从《魏书》。

七年六月，魏长孙稚为讨绛蜀都督。《费穆传》："穆为都督，平绛蜀。"不应有两都督，今从《帝纪》。

八月，元洪业杀鲜于脩礼，请降于魏，葛荣杀洪业自立。《北史·广阳王深传》云："深以兵士频经退散，人无斗情，连营转栅，日行十里，行达交津，隔水而陈。贼脩礼常与葛荣谋，后稍信朔州人毛普贤，荣常衔之。普贤昔为深抚军，及在交津，深使人谕之，普贤乃有降意。又使录事参军元晏说贼程杀鬼，果相猜贰。荣遂杀普贤、修礼而自立。"与《魏·帝纪》全殊，又其语杂乱难晓。今从《帝纪》。

十一月，曹义宗逼新野，魏遣魏承祖、辛纂救之。《梁书》，此年冬，新野降。《魏书》，肃宗崩后，新野犹在。恐《梁书》误。盖梁自前年攻新野，此年魏使魏承祖救之也。又《周·于谨传》云："孝昌二年，与辛纂讨义宗。"今以为据。

大通元年正月，莫折天生寇雍州。《羊侃传》作"莫遮"，今从《魏书》。

湛僧智围魏豫州。《魏·帝纪》及《曹世表传》作"湛僧"，今从《梁·夏侯夔传》。

十月，魏元庆和降。陈庆之破魏兵，王纬降。《魏·帝纪》："九月辛卯，东豫州刺史元庆和以城叛。"《梁·帝纪》："十月庚戌，魏东豫州刺史元庆和以涡阳内属。"《夏侯夔传》："湛僧智围元庆于于广陵，庆和请降，诏以僧智为东豫州，镇广陵。"《韦放传》："普通八年，曹仲宗攻涡阳，放会之，城主王伟降。"《陈庆之传》："大通元年，隶曹仲宗伐涡阳，城主王伟降，诏以涡阳置西徐州。"然则广陵、涡阳，两处两事。《梁·纪》"庆和"、"涡阳"之间或更有脱字耳。《魏·纪》九月，据闻庆和始叛之时，《梁·纪》十月，据庆和降款到日。按《陈庆之传》云自春至冬。今从《梁·纪》十月为定。此别一广陵，非南兖州之广陵也。"王伟"当作"王纬"，盖草书之误也。

二年四月，魏长乐王子攸自高渚渡河。杨衒之《洛阳伽蓝记》，"高渚"作"雷波"，今从《魏书》。

己亥，魏百官迎敬宗于河桥。《伽蓝记》云："十二日，尔朱荣军于芒山之北，河阴之野。十三日，召百官迎驾，至者尽诛之。"《长历》是月戊子朔，十二日，己亥也。今从《魏书》。

荣杀魏高阳王雍以下二千余人。《北史》云:"荣感费穆之言,谓天下乘机可取,乃谲朝士共为盟誓,将向河阴西北三里。至南北长堤,悉命下马西度,即遣胡骑围之,妄言丞相高阳王反,杀王公以下二千余人。"《荣传》一千三百余人。今从《魏·纪》。

赵元则应募为禅文。《北史》曰:"时陇西李神儁、顿丘李谐、太原温子昇并当世辞人,皆在围中,耻从是命,俯伏不应。"按神儁等不应,何得不死!《魏书·本传》皆无其事。

高欢劝荣称帝。《魏·尔朱荣传》曰:"于是献武王与外兵参军司马子如等切谏,陈不可之理。荣曰:'懿误若是,唯当以死谢朝廷。今日安危之机,计将何出?'献武王等曰:'未若还奉长乐,以安天下。'于是还奉庄帝。"《北齐书·神武纪》云:"荣将篡位,神武谏,恐不听,请铸像卜之,铸不成,乃止。"盖魏收与北齐史官欲为神武掩此恶,故云尔。今从《周书·贺拔岳传》。

十月,以元颢为魏王,遣陈庆之将兵送之。《梁》《魏·帝纪》皆云以颢为魏主,唯《颢传》作"魏王"。按魏封刘昶为宋王,萧宝寅为齐王,萧詧为梁王,皆俟得国然后使称帝耳。若颢在南已称魏帝,当行即位之礼,又梁朝应以客礼待之,又颢不应再即帝位于涣水。盖由"王"字与"主"字止欠一点,故多致谬误。今从《颢传》。

中大通元年二月,魏济阴王晖业。《梁书》作"徽业",今从《魏书》。

四月,元颢即帝位,改元。《魏·帝纪》,去年十月萧衍以颢为魏主,号年孝基,入据铚城。《颢传》:"永安二年四月,于梁国城南登坛燔燎,年号孝基。"今从之。

陈庆之拔考城。《魏书·帝纪》,克考城在辛丑后,今从《梁·帝纪》。

五月,魏临淮王彧迎颢。《彧传》无迎颢事,而《梁·陈庆之》《北齐·宋游道传》有之,盖魏史为彧讳也。

二年三月,魏万俟仵。《北史》作"万俟行丑",今从《周书》。

六月,以魏汝南王悦为魏王。《梁·帝纪》:"中大通元年正月甲子,魏汝南王悦求还本国,许之。二年六月丁巳,遣悦还北,为魏主。"按《魏书·悦传》,悦未尝归魏复入梁,今删去元年事。

万俟道洛归略阳贼帅王庆雲。《魏·帝纪》作"白马龙涸胡王庆雲",今从《尔朱天光传》。

八月,遣兵送魏王悦至境上。《悦传》云:"立为魏主,号年更兴。衍遣其将军王僧辩送置境上,以冀侵逼。"按《僧辩传》未尝送悦,盖王弁耳。

魏邢邵,峦之族弟。《北史》邢峦卷首排目云"族孙臧、邵",而卷中乃云:"峦叔祖祐,祐从子虬,虬子臧、邵。"《魏书》亦云"峦从祖祐"。然则臧、邵乃峦族弟,非族孙也。

尔朱荣妻乡郡长公主。《北史·世隆传》作"北乡郡公主",今从《魏·帝纪》。

九月,荣至洛阳。《魏·帝纪》曰:"辛卯,荣、天穆自晋阳来朝。"按《北史》,九月初,荣至京,十五日天穆至。是月甲戌朔,辛卯乃十八日,非也。

尔朱世隆走,贺拔胜不从。《周书》及《北史》云:"胜复随世隆至河桥,胜以为臣无仇君之义,遂勒所部还都,庄帝大悦。"今从《魏书》。

十月，尔朱拂律归。《魏书》无拂律归名，《伽蓝记》有之。按尔朱度律时在世隆所，或者拂律归即度律也。

魏源子恭镇太行丹谷。《伽蓝记》云："源子恭、杨宽领步骑三万镇河内。"今从《魏书》。

尔朱世隆至长子。《魏·帝纪》云："世隆停建兴之高都。"今从《世隆传》。

十二月，尔朱兆从河桥西涉渡。《伽蓝记》云"从雷波涉渡"，今从《魏书·兆传》。

魏城阳王徽抵寇祖仁家。《魏书》作"寇祢"。按寇讚诸孙所字皆连"祖"字，或者名弥字祖仁。今从《伽蓝记》。

尔朱兆召高欢并力。《北齐·慕容绍宗传》："兆召高祖，绍宗谏曰：'今天下扰攘，人怀觊觎，正是智士用策之秋。高晋州才雄气猛，英略盖世，譬如蛟龙，安可借以云雨？'兆怒曰：'我与晋州推诚相待，何得辄相间阻！'因绍宗，数日，乃释之。"《北史》，绍宗语在神武请帅降户就食山东下。按兆始召欢以自救，非猜嫌之时。今从《北史》。

二年二月，魏广陵王恭阳喑。《伽蓝记》云："庄帝疑恭奸诈，夜，遣人盗掠衣物，拔刀剑欲杀之，恭张口以手拈舌，竟乃不言。庄帝信其真患，放令归第。"今从《魏书》。

尔朱兆监军孙白鹇。《北史》作"白鸡"，今从《北齐书》。

四月，尔朱仲远使魏僧（勉）〔勗〕讨崔祖螭，斩之。《北齐·李浑传》："普泰中，崔社客反于海岱，攻围青州。以浑为征东将军、都官尚书、行台赴援。而社客宿将多谋，诸城各自保固，坚壁清野。诸将议有异同，浑曰：'社客贼之根本，若简练骁勇，衔枚夜袭，径趋营下，出其不意，咄嗟之间，便可擒殄。如社客就擒，则诸郡可传檄而定。'诸将迟疑，浑乃（送）〔速〕行，未明，达城下，贼徒惊散，擒社客，斩首送洛。"按其年时事迹与祖螭略同，未知社客即祖螭，为别一人也。今从《魏·帝纪》。

六月庚申，高欢起兵信都。《魏书·帝纪》起兵在庚申，《北齐书·帝纪》在庚子，《北史·魏纪》《齐纪》亦然。今从《魏书·纪》。

魏杨愔见高欢于信都。《北齐书·愔传》云："愔父津为并州刺史，愔随之任。俄而孝庄幽崩，愔时适欲还都，行达邯郸，过津义从杨宽家，为宽所执。至相州，见刺史刘诞，以愔名家盛德，甚相哀念，遣队主巩荣贵防禁送都。至安阳亭，荣贵遂与俱逃，乃投高昂兄弟，潜窜累载。属齐神武至信都，遂投刺辕门，即署行台郎中。"按时齐神武已在信都，言潜窜累载，误矣。又云孝庄幽崩，而愔欲还都见执，皆非也。

四年四月，高欢以贺拔岳为关西大行台。《北史》："薛孝通为中书郎，以'关中险固，秦、汉旧都，须预谋镇遏，以为后计，纵河北失利，犹足据之。'节闵帝深以为然，问：'谁可任者？'孝通与贺拔岳同事天光，又与周文帝有旧，二人并先在关右，并推荐之。乃超授岳督岐、华、秦、雍诸军事，关西大行台、雍州牧，周文帝为左丞，孝通为右丞，赍诏书驰驿入关，授岳等同镇长安。后天光败于韩陵，节闵遂不得入关，为齐神武幽废。"按天光尚在，节闵安敢除岳镇关中！今从《魏书》。

高欢欲立汝南王悦，闻其狂暴，乃止。《魏书·悦传》云："神武令人示意。悦既至，清狂如故，动为罪失，不可扶立，乃止。"按悦时犹在梁境，比召至洛，往返几日。盖神武闻其所为而止耳。

五年正月，魏窦泰破尔朱兆。《魏·帝纪》："正月庚寅朔。甲午，齐献武王自晋阳出讨兆。丁酉，大破之于赤洪岭。"《北齐·帝纪》出兵在去年，破兆在今年。按岁首宴会，不应直至八日。今从《齐书》。

五月，魏王早等来降。《梁·帝纪》："六月己卯，魏建义城主兰宝以下邳城降。"今从《魏书》。

七月，魏以贺拔允为太尉。《魏·帝纪》作"贺拔渥"。按允字阿鞠渥，盖"渥"字误为"渥"耳。

六年正月，魏泉企讨民夷平之。《北史》作"泉仚"，今从《周书》。

六月，高欢表魏主库狄干等将兵自来违津渡。丘悦《三国典略》作"朱违津"，今从《北齐书》《北史》。

七月，高欢引军渡河，元斌之绐魏主云：欢兵已至。《魏书·斛斯椿传》云："椿惧已不免，复启出帝，假说游声以劫胁帝，帝信之，遂入关。"按齐高祖举兵向洛，而云椿劫胁帝，不亦诬乎！此乃魏收欲媚齐人，重椿之罪耳。今从《齐·高祖纪》及《北史·椿传》。

九月，欢使薛瑜守潼关。《北史》作"薛瑾"，《典略》作"薛长瑜"，《北齐·帝纪》作"薛瑜"。今从《北齐书》。

十月，欢至洛阳。《齐书》《北史》皆云："九月庚寅，还至洛阳。"按欢九月己酉克潼关。己酉，九月二十九日也，不容庚寅已还至洛阳。庚寅乃九月十日也。

闰月，蛮酋樊五能。《北史》作"樊大能"，今从《魏书》。

大同元年十一月，魏元罗降。《典略》在七月，今从《梁·帝纪》。

二年正月，魏人围曹泥。《北齐书》《典略》皆云"周文围泥"，《周书》不言，故但云魏人。

二月，东魏以高澄为尚书令，加领军、京畿大都督。《魏·帝纪》："为尚书令、大行台、大都督。"《北齐·文襄纪》："天平元年，为尚书令、大行台、并州刺史，入辅朝政，加领军、左右京畿大都督。"按尚书令不在外，大行台不在内，今两舍之。

东魏孙搴卒，陈元康为功曹。《典略》，孙搴卒在大同十年四月。按搴卒然后陈元康为功曹。高慎叛，高澄已令元康救崔暹，邙山之战，元康又劝高欢追宇文泰，事并在九年。《北史·元康传》又云，"草刘蠡升军书"。按蠡升灭在元年，孙搴二年犹存。今不取。然则搴卒宜置于澄入辅之下。

五月，魏万俟普奔东魏。普降东魏事，《北齐书·帝纪》在三月甲午，《典略》在六月，《北史·齐纪》在六月甲午。《周书·帝纪》《北史·魏纪》《齐纪》在五月，今从之。

十二月，东魏清河王亶卒。《国典》云："亶为高欢所酖。"《典略》，周太祖数欢罪，亦云杀亶。《魏书》《北史》皆无亶传，而《帝纪》皆云亶薨，今从之。

三年闰九月，高欢自蒲津济河。《北齐·帝纪》："十一月壬辰，神武自蒲津济。"《魏·帝纪》："十月壬辰，败于沙苑。"按《长历》，十月壬辰朔，《北齐·纪》误也。

四年二月,东魏侯景攻广州,降之。《典略》,侯景克广州在十一月。按《北史·魏文帝纪》:"二月,东魏陷南汾、颍、豫、广四州。"今从之。

三月,高欢解大丞相,顷之复故。《北齐·帝纪》止有高祖解丞相年月,而无复故之〔又〕〔文〕。按兴和元年议历,有丞相田曹参军信都芳。盖因邙山之捷而复也。

五月,东魏郑伯猷来聘。《魏·帝纪》在二月丙辰,盖始受命时也。今从《梁·帝纪》。

七年正月,宕昌王梁弥定立。《梁·帝纪》作"弥泰",今从《典略》。

十二月,刘敬躬以妖术惑众。《(北)〔南〕史》作"敬宫",今从《梁书》。

八年十二月,东魏杨斐来聘。《典略》作"阳斐",今从《魏书·纪》。

九年三月,东魏大破魏兵,斩首三万余级。《北齐书》云:"俘斩六万计。"今从《北史·彭乐传》。

东魏尉兴庆战死。《典略》作"尉兴敬",今从《北齐书》《北史》。

东魏军士逃奔魏者,告以高欢所在。《周·贺拔胜传》云:"太祖见齐神武旗鼓,识之。"今从《典略》。

十一年六月,杨瞟、陈霸先至交州。《典略》作"十二月癸丑,至交州。"姚思廉《陈书·帝纪》在六月,今从之。

中大同元年正月癸丑,杨瞟等克嘉宁城。《典略》作"乙未",今从《梁·帝纪》。

三月,幸同泰寺讲经。《典略》云:"癸卯,诏以今月八日于同泰寺设无遮大会,舍朕身及以宫人并所王境土供养三宝。四月丙戌,公卿以钱二亿万奉赎。"按韩愈《佛骨表》云"三度舍身为寺家奴"。若并此则四矣。今从《梁书》。

九月,李贲屯典澈湖。《典略》云:"渡武平江,据新安村。"今从《陈·帝纪》。

十月,高欢攻玉壁五十日,士卒死者七万人。《北史·韦孝宽传》云:"苦战六旬,伤及病死者什四五。"今从《北齐书》。

太清元年三月,侯景请以十三州内附。《梁书·景传》云:"与豫州刺史高成、广州刺史暴显、颍州刺史司马世雲、荆州刺史郎椿、襄州刺史李密、兖州刺史邢子才、南兖州刺史石长宣、济州刺史许季良、东豫州刺史丘元征、洛州刺史尔朱浑愿、杨州刺史乐恂、北荆州刺史梅季昌、北杨州刺史元神和等,阴结私图,共相影会。萧韶《太清纪》又有兖州刺史胡延、豫州刺史傅士哲、杨州刺史可足浑洛,无邢子才。《典略》有荆州刺史库狄弥,无高成、暴显、许季良、尔朱浑愿、乐恂、梅季昌。今依《梁书》。而《太清纪》有两豫州,盖前官也。

是岁正月乙卯,帝梦中原牧守皆降。《典略》云去年十二月夜梦,今从《梁书》。

四月,东魏李系来聘。《魏·帝纪》作"李纬",今从《本传》。

六月,东魏韩轨等围颍川,闻魏李弼等将至,引还。《周书·帝纪》:"三月,李弼救侯景。"今从《典略》。

高澄使高德政佐弟洋。《北史》作"德正",今从《北齐书》。

十二月乙亥,以元贞为咸阳王。《梁·帝纪》作"戊辰遣贞",今从《典略》。

二年正月,侯景众溃,昼夜兼行,追军不敢逼。《典略》云:"昼息夜行,追军渐逼。"今从《梁书》。

羊鸦仁弃悬瓠,羊思达弃项城。《典略》在六月,今从《梁·帝纪》。

三月,屈獠洞斩李贲。《陈·高祖纪》云"太清元年",盖谓破贲之年。今从《梁·帝纪》。

八月,侯景启请戮羊鸦仁。《梁书》《南史》皆云"并抑不奏"。《典略》,"朱异拒之"云云。今从《太清纪》。

侯景反,西攻马头。《梁书》云:"执太守刘神茂。"按神茂素附于景,无烦攻执,今从《太清纪》《典略》。

十月庚寅,景陷谯川。《太清纪》云:"十三日,陷谯城。"下又云:"十三日,以王质巡江遏防。"《典略》上作"庚戌",下作"庚子"。按此月戊子朔,盖三日庚寅也。

太子戎服入见上,禀受方略。《太清纪》云:"太宗见事急,乃入,面启高祖曰:'请以军事并以垂付,愿不劳圣心。'"《南史》云:"帝曰:'此自汝事,何更何为!'"今从《典略》。

十一月,陈昕说范桃棒降。《太清纪》《南史》皆云:"桃棒求以甲士二千人来降,以景首应购。"今从《典略》。

乙酉,邵陵王纶进军玄武湖侧。《太清纪》云"二十九日",《典略》云"壬午"。今从《梁·帝纪》。

景擒庄丘慧、霍俊等。《典略》作"广陵令崔俊"。《南史》作"直阁将军胡子约,广陵令霍儁"。今从《太清纪》。

鄱阳世子嗣军于蔡州。《梁·帝纪》作"张公洲",今从《太清纪》。

湘东王绎遣王僧辩将舟师万人东下。《太清纪》云"僧辩将精卒二万"。今从《梁书》。

十二月,宣猛将军李孝钦。《梁·帝纪》作"李迁仕",今从《太清纪》。

三年正月庚申,朱异卒。《梁·帝纪》作"乙丑",今从《太清纪》《典略》。

甲子,湘东世子方等军至。《梁·帝纪》作"戊辰",今从《太清纪》。

二月庚子,南康王会理等众三万至马印洲。《梁·帝纪》作"丁未",今从《太清纪》《典略》。《典略》云"至于琅邪",今从《太清纪》《梁·帝纪》。

移军江潭苑。《梁·帝纪》作"兰亭苑",今从《太清纪》《典略》。

三月,初,闭城之日,擐甲者二万余人。《南史》作"三万",今从《典略》。

南安侯骏说邵陵王纶。《典略》云纶已下咸说柳仲礼如此。今从《太清纪》。

柳津言邵陵、仲礼不忠不孝。《典略》云:"柳仲礼族兄晖谓仲礼曰:'天下事势如此,何不自取富贵!'仲礼曰:'兄今若为取之?'晖曰:'正当坚营不战,使贼平台城,囚天子,徐而纵兵。既破之后,复挟天子令诸侯也。'仲礼纳之。"按景既克城,则人情皆去,援军自散,仲礼安能帅以破景!仲礼闭壁不出,自为重伤而惧耳,非用晖计也。今从《太清纪》及《南史》。《太清纪》

又云:"景尝登朱雀门楼,与之语。又遗以金,自是以后,闭壁不战。"《典略》云"遗以金镮",亦以近诬,今不取。

景矫诏大赦,自加官。《梁·帝纪》无赦,加景官在庚午。今从《太清纪》。

己巳,景以诏解外援军。《典略》在"庚午",《梁·帝纪》在辛未。今从《太清纪》。

北青州刺史王奉伯降东魏。《典略》作"南冀州",今从《太清纪》。

明少遐等弃城走。《梁·帝纪》在四月,今从《太清纪》。

五月甲申,景遣李贤明攻宣城,不克。《典略》在四月,今从《太清纪》。

六月丙戌,以南康王会理为司空。《梁·帝纪》作"戊戌",今从《太清纪》。

丁亥,立宣城王大器为太子。《太清纪》云"七日",今从《梁·帝纪》及《典略》。

壬辰,封皇子大心等为王。《太清纪》《典略》并与立太子同日,今从《梁·帝纪》。

上甲侯韶征兵江陵。《梁·帝纪》在五月,今从《太清纪》。

丙午,吴盗陆缉。《典略》作"戊子"、"陆黯"。今从《太清纪》《南史》。

癸丑,侯景杀临贺王正德。《典略》:"五月,正德死。"今从《太清纪》《南史》。

景封元罗等十余人皆为王。《太清纪》在八月二十八日,今从《典略》。

景杀永安侯确。《太清纪》,确死在九月,今从《典略》。

湘东王绎使世子方等讨河东王誉。《太清纪》云:"初,上遣谘议参军周弘直往湘州,报河东王誉云:'侯景既须�扑灭,今欲遣荆州兵力,使汝东往,但使诸萧有一人能匡国难,吾无所惜。'誉对弘直攘袂云:'身始至镇,百度俱阙,征伐之任,便未能行。'又遣舍人虞预至誉所曰:'周弘直还,知汝必不能自出师,吾今便长驱席卷,还望三湘兵粮以相资给。'誉又拒绝,意色殊愤。上又遣录事参军刘毅往雍,宣旨于岳阳王詧曰:'吾舟舰足乘,唯粮仗阙少。湘州有米,已就誉求,雍部精兵,必能分遣。行留之计,尔自择之。'詧答曰:'兵马蕃扞所须,非敢减撤;襄阳形胜之地,岂可暂虚!'毅出,谓雍州别驾甄玄成曰:'观殿下辞色,曾无匡复之意。卿是股肱所寄,可相毗赞邪?'答曰:'樊、沔冲要,皇业所基,人情骁勇,山川险固,君其雅识,宁俟多言!'毅曰:'本论天讨,共征獯丑;义异西伯,非敢闻命。'于是湘、雍二蕃成乱谋矣。是月,上遣世子方等往湘州,具陈军国之计,诫方曰:'吾近累遣使往湘,并未相唇齿,今故令汝至彼,必望申吾意,若能得相随从,可留王冲权知州事。'誉遂不受命,潜图构逆。"此皆萧韶为元帝隐恶饰辞耳。今从《梁书》《南史》。

七月,陈霸先擒兰裕等。《太清纪》擒裕在八月,今从《陈书》。

丁卯,鲍泉伐湘州。《太清纪》作"八日"。或者八日受命,丁卯乃行也。

庚午,以南康王会理兼尚书令。《太清纪》在八月二十六日,今从《典略》。

八月,东魏高澄以兰京为膳奴。《陈元康传》作"兰固成",今从《北齐·帝纪》。

九月,岳阳王詧伐江陵,兵败,守者杀张缵。《太清纪》云:"詧使制文檄,缵曰:'吾蒙朝廷不世之荣,又荷湘东王国士之眷,今日虽死,义无操笔。'及军败,将杀之,缵曰:'若使南帅必振,北贼将亡,吾虽死无所恨。'遂杀之,弃尸于江陵北湖。"又云:"诸将并欲追蹑,上以如子之情，情所未忍，曰：'彼不应来而来，明其为逆；我应逐不逐，见我之弘。'"此盖亦萧韶之虚美。今从《南史》。

十一月乙卯，葬武帝。《太清纪》云："十四日，梓宫达于脩陵。"今从《梁书》。

邵陵王纶奔鄱阳。《南史》云："东土皆附纶，临城公大连惧将害己，乃图之，纶觉之，乃去。"今从《典略》。

十二月庚寅，宋子仙执南郡王大连。《典略》云："十二月庚子朔，擒大连。"按是月壬午朔。今从《太清纪》。

太宗大宝元年正月，陈霸先进军南康。《太清纪》在二月，今从《陈·帝纪》。

南康王恪推邵陵王纶承制置百官。《太清纪》云："三月，纶逼夺恪州，徙恪于郡廨。"今从《梁书》《典略》。

魏杨忠败柳仲礼于漴头。《太清纪》作"潼头"，在去年十二月。今从《典略》。

二月，侯子鉴克广陵，城中无少长皆杀之。《太清纪》曰"城中数百人"，《典略》曰"死者八千人"。今从《南史》。

五月乙卯，鄱阳王範卒。《典略》作"己酉卒"，今从《太清纪》。

丙辰，东魏主禅位于齐。《北齐书》《北史·高德政传》云："五月六日，留咸阳王坦等。七日，司马子如等至邺。九日，文宣至城南顿。"按《后魏书》《北史·帝纪》皆云："辛亥，王如邺。甲寅，加九锡。丙辰，魏主逊位。戊午，王即帝位。"《典略》："辛亥，王还邺。"以《长历》推之，此月己酉朔，皆不与《德政传》日相应。盖辛亥始自晋阳如邺，非到邺之日也。

武陵王纪使世子圆照帅兵东下。《南史》云："六月辛酉，纪遣圆照东下。"按六月己卯朔，无辛酉。《典略》在五月，或者五月辛酉欤？

六月丁亥，齐主立李后。《典略》在五月乙丑，今从《北齐·帝纪》。

庚子，羊鸦仁奔江西，盗杀之。《太清纪》在十月，今从《梁·帝纪》《典略》。

高凉冼氏。《典略》作"沈氏"，今从《隋书》。

七月，侯景以侯瑱为湘州刺史。《太清纪》在十一月，今从《典略》。

八月甲午，湘东王绎遣王僧辩等趣江、郢。《典略》云："九月戊申朔，绎遣僧辩。"按《太清纪》事在八月末，今从《梁·简文帝纪》。

九月，任约据西阳、武昌。《梁·帝纪》在十一月，今从《太清纪》。

任约擒衡阳王献，送建康，杀之。《梁·帝纪》在十一月，今从《太清纪》。

十月，立皇子大钧等为王。《太清纪》在十一月十四日，今从《梁·帝纪》。

十一月，武陵王纪帅诸军发成都。《南史》云"十一月壬寅。"按是月壬子朔，无壬寅。

侯景自出屯晋熙。《典略》："七月，景军次濡须，使梁仲宣知留府事。"按《典略》："九月，景请梁妃主同宴。"《梁·帝纪》："十月乙未，景逼太宗幸西州。"不容七月已在濡须。今因南康王会理事见之。《太清纪》《梁书》《典略》，"晋熙"皆作"皖口"，今从《南史》。

王伟杀南康王会理。《典略》云："十二月癸未，建安侯贲等告会理。"《梁·帝纪》："十月壬寅,景害会理。"今从《太清纪》。

侯景杀武林侯谘。《太清纪》在会理死前,今从《南史》。

二年正月,湘东王绎遣尹悦等将兵趣武昌。《典略》在去年十一月,今从《太清纪》。

张彪将赵稜、孙凤败走。《典略》:去年十一月,"彪自围钱塘,与赵伯超败战于临平,死者八万余人,走还剡。伯超兄子稜在彪军中,谋杀彪,伪请与彪盟,引小刀披心出血自歃。彪信之,亦取刀刺血报之,刀适至心,稜以手按之,刀斜入不深,彪顿绝。稜谓已死,出外告彪诸将云:'彪已死,当共求富贵。'彪左右韩武入视之,彪已苏,细声谓曰:'我尚活,可与手。'武遂诛稜。彪复奉表于湘东王绎。"今从《太清纪》。

二月,魏杨忠执邵陵王纶。《太清纪》云:"宇文泰遣忠袭纶,诈称来相礼接,纶白服与相见,执而害之。"今从《梁书》《南史》。

齐遣曹文皎使于江陵。《典略》在正月丙午朔,今从《太清纪》。

陈霸先擒李迁仕,斩之。《太清纪》在四月,云"迁仕追霸先于零都县,连营相持百余日。是月,广州刺史萧勃遣欧阳颎水步万余人来援,颎与战,大破之,斩迁仕首,余党悉降。霸先引军前进。"今从《陈书》。

闰月,侯景发建康。《梁·帝纪》:"三月丁未,景京京师。"《典略》云"闰三月丁未"。按乙卯徐文盛克武昌,不容丁未景已发建康。闰三月甲戌朔,无丁未。盖字误也。

四月壬戌,景众济江。《梁·帝纪》作"甲子",今从《太清纪》。

六月,景别将支化仁镇鲁山。《梁·帝纪》作"魏司徒张化仁"。按魏司徒安得为景守城! 今从《典略》。

范希荣行江州事。《典略》云"江州刺史",今从《太清纪》。

余孝顷遣兵救鄱阳,于庆走。《长历》,六月癸卯朔。《太清纪》:"一日庆走,二日擒任约,三日景走。"今从《梁·帝纪》。

七月丁亥,侯景还至建康。《典略》作"六月壬戌",《太清纪》作"七月二十日"。今从《梁·帝纪》。

八月壬戌,豫章王栋即帝位。《典略》作"壬辰",误。今从《太清纪》。

景杀南郡王大连于姑熟。《太清纪》云"于九江",今从《梁书》。

十月,宜丰侯循。《南史》作"脩"。今从《梁书》。

丙辰,王僧辩等启湘东王绎,上尊号。《典略》作"乙卯",今从《太清纪》。

十一月戊寅,绎以安南侯方矩为中卫将军。《梁书》在八月辛亥,今从《太清纪》。

世祖承圣元年正月己卯,侯子鉴等帅兵至合肥。《典略》:"二月庚子,子鉴等围合肥,克其罗城。"今从《太清纪》。

突厥子弟谓之特勒。诸书或作"特勤",今从刘昫《旧唐书》及宋祁《新唐书》。

三月,侯子鉴以鹢舠千艘载战士。《典略》作"乌鹊舫千艘"。今从《梁书》。

庚辰,王僧辩督诸军至张公洲。《典略》作"戊寅",今从《太清纪》。

陈霸先于石头西落星山筑栅。《陈书》云"横陇立栅"。今从《典略》。

己丑,僧辩等上表劝进。《梁·帝纪》:"戊子,王以贼平,告明堂、太社。己丑,僧辩等奉表。"按表文云"众军以戊子总集建康",岂是日告捷,即能达江陵乎!盖僧辩等以己丑日发表劝进耳。

四月,僧辩启陈霸先镇京口。《陈·纪》:"高祖应接郭元建还,僧辩启高祖镇京口。"按是时徐嗣徽为南徐州刺史,盖霸先但领兵戍京口耳,未为刺史也。

羊鲲叱海师向京口。《典略》云:"舟人李横文绐景向南徐州。"今从《梁书》。

溧阳公主亦预食焉。《典略》云:"复烹溧阳公主。"今从《南史》。

五月,遣侍中丰城侯泰等谒山陵。《梁书》在四月,官为司空。《太清纪》在此月,官太宰。今从《典略》。

九月,魏宇文泰遣西丰侯循还江陵。《典略》云:"十月乙未朔,太祖谓循"云云。按《太清纪》,是月循至江陵,今从之。

十一月,李洪雅保空雲城。《典略》作"空零城",今从《梁书》。

二年二月,突厥科罗立,号乙息记可汗。颜师古《隋书·突厥传》云:"弟逸可汗立。"今从《周书》及《北史》。

三月,柔然又立邓叔子为可汗。《魏书》《北史·蠕蠕传》皆云"立铁伐为可汗",《突厥传》皆云"立邓叔子为可汗"。盖部落分散,各有所立也。

俟斤立,号木杆可汗。《周书》作"木汗",《隋书》作"俟斗木杆"。今从《北史》。

魏宇文泰遣尉迟迥伐蜀。《典略》在正月戊辰,今从《周·纪》。

陆纳遣吴藏等据车轮。《梁·纪》云"二月丙子"。按《长历》,二月无丙子,《梁·纪》误。

王僧辩至巴陵。《典略》云"三月辛酉"。按《长历》,是月癸亥朔,无辛酉,《典略》误。

宜丰侯循让都督于僧辩。《僧辩传》云"与陈霸先让都督"。今从《典略》。

四月丙申,僧辩军于车轮。《典略》作"甲子",非也。今从《梁·纪》。

六月,湘州平。《梁·纪》:"乙酉,湘州平。"按《长历》,是月无乙酉,《梁·纪》误。

七月辛未,符昇等斩公孙晃,降于王琳。《典略》作"丙戌",今从《梁书》。

九月,齐主遣邢景远、步大汗萨将袭建康。《梁书》作"邢杲远、步六汗萨"。今从《北齐书》《北史》。

三年正月,齐主破山胡,男子十三以上皆斩。《北史》作"十二以上",今从《典略》。

宇文泰废魏主,立齐王廓。《国典》云:"三月,废帝。四月,立恭帝。"《北史》皆在正月,今从之。

三月甲辰,以王僧辩为太尉。《典略》作"二月甲子",今从《梁·纪》。

五月,魏李迁哲徇地至巴州,牟安民降之。《典略》云:"斩梁巴州刺史牟安平。"今从《周书》《北史》。

十一月甲寅，魏人百道攻城。《梁·纪》作"辛卯"，误也。今从《典略》。

帝焚图书十四万卷。《隋·经籍志》云"焚七万卷"，《南史》云"十余万卷"。按周僧辩所送建康书已八万卷，并江陵旧书，岂止七万卷乎！今从《典略》。

胡人牵帝使拜士谨。《典略》云："谨执梁主令西至龙泉庙，出武陵、河东二王子孙于狱，列于沙州，锁械严酷，疮痍腐烂，引梁主使视之，谓曰：'此皆骨肉，忍虐如此，何以为君！'上无以应。"按武陵诸子先已饿死，河东子孙亦应不存。今不取。

十二月，于谨选百姓男女数万口为奴婢。《典略》作"五十万"。今从《梁·纪》《南史》。

敬帝绍泰元年正月，梁王詧即帝位。《周书·詧传》云："詧在位八载，保定二年薨。"然则詧虽以甲戌年为魏所立，乙亥年乃即位改元也。

齐清河王岳进军临江，陆法和、宋蒇降之。《北史》"宋蒇"作"宋茞"，今从《北齐·纪》。又《北齐·纪》云："壬寅，岳度江，克夏首，送法和。"按《典略》，甲午，齐已召岳还。今从之。

甲午，齐召岳还，使慕容俨戍郢州。《梁·纪》："四月，法和降齐，使侯瑱讨之。"按齐主《与王僧辩书》云："清河王岳今次汉口，与陆居士相会。"然则法和先已降齐也。今从《典略》。

五月，王僧辩遣使送质于贞阳侯渊明。《典略》："三月辛卯，遣廷尉张种等送质于邺。"按渊明五月始入建康，疑太早，恐非。

辛丑，渊明自采石济江。《梁·纪》："七月辛丑，渊明济江。甲辰，入京师。"《北齐·纪》："五月，萧明入建业。"按《典略》："五月庚子，僧辩逆渊明。辛丑，济江。癸卯，至建康。"今从之。

九月丙午，渊明逊位。《梁书》："九月丙午，帝即皇帝位。十月己巳，大赦，改元。"按《长历》，丙午，九月二十九日；己巳，十月二十二日。岂有即位二十四日始改元大赦乎！盖丙午复梁王位，十月乃即帝位耳。《典略》："丁未，废贞阳侯出就邸。"今并从《陈书》。

十月，韦载以郡应杜龛。《典略》作"韦载"，今从《梁》《陈书》。

王僧智据吴郡拒守。《南史》云："僧智奔任约。"今从《典略》。

陈霸先还建康。《梁书》："十一月庚寅，霸先还建康。"按庚寅，十一月十三日，太晚。且庚寅以前，霸先已有在建康与齐相拒事迹。今从《陈书》。

十一月癸未，侯安都袭胡墅。《典略》作"己巳"。按《长历》，是月戊寅朔，无己巳。今从《陈书》。

太平元年正月，陈蒇斩杜龛。《梁书》："太平元年正月癸未，杜龛降，诏赐死。"《陈书》："绍泰元年十二月，杜龛以城降。明年正月癸未，诛杜龛于吴兴，龛从弟北叟、司马沈孝敦并赐死。"《典略》："魏恭帝二年十二月，蒇命刘澄等攻龛，大败之，龛乃降。明年正月丁亥，周铁虎送杜龛祠项王神，使力士拉下坐，龛从弟北叟、司马沈孝敦并赐死。"今从《南史》。

王僧智、弟僧愔俱奔齐。《梁书》《南史·王僧辩传》："僧辩既亡，僧智得就任约。约败走,僧智肥不能行,又遇害。僧智弟僧愔位谯州刺史,征萧勃,及闻兄死,引军还。时吴州刺史羊亮隶在僧愔下,与僧愔不平,密召侯瑱见禽。僧愔以名义责瑱,瑱乃委罪于将羊鲲,斩之。僧愔复得奔齐。"《陈书》《南史·侯瑱传》则云:"僧辩使其弟僧愔与瑱共讨萧勃,及陈武帝诛僧辩,僧愔阴欲图瑱及夺其军,瑱知之,尽收僧愔徒党,僧愔奔齐。"《典略》:"魏恭帝三年正月,初,僧愔与瑱共讨曲江侯勃,至是,吴州刺史羊亮说僧愔装瑱,而翻以告瑱,瑱攻之,僧愔奔齐。"凡此诸说,莫知孰是。今约其梗概言之。

四月,侯安都袭齐司马恭。《梁书》云:"壬午,安都袭恭。"按《长历》,是月乙巳朔,无壬午。

五月,齐人诈许退师。《典略》云:"五月,齐主在东山饮酒,投杯赫怒,召魏收于前,立为制书,欲自将西讨长安,令上党王涣将兵伐梁,于是涣南侵。"按《梁》《陈》《北齐·帝纪》及《涣传》皆无是事,今去之。

侯安都擒齐乞伏无劳。《南史》作"乞伏无芳",今从《陈书》。

十一月,齐并省一百五十三郡。《北史》作"五十六郡",今从《齐书》。

十二月,齐筑长城。去岁六月已云筑长城,而地名长短不同,不知与此为一事为二事。《北齐书》《北史》皆然。今两存之。

陈纪上

高祖永定元年二月,萧孜,勃之从子。《陈书》《南史·周文育传》皆作"子",今从《梁书·帝纪》。

南江州刺史余孝顷。《典略》作"南康州刺史",今从《梁书》。

十月,侯安都等大败。《典略》云:"乙亥,安都败。"《陈书》云是月败绩。按高祖以乙亥受禅,安都闻之而叹,岂同日乎!今从《陈书》。

二年二月,沈泰奔齐。《北齐·帝纪》在八月,今从《陈·帝纪》。

三月,齐司马消难降周。《北齐·帝纪》:"四月,消难叛。"今从《周书》《典略》。

齐主自晋阳还邺。《北齐·帝纪》:"天保七年八月,帝如晋阳。"不言其还。"八年四月,帝在城东马射,敕京师妇女悉赴观"。是在邺也。此月又言"至自晋阳"。"六月乙丑,帝自晋阳北巡"。则又复在晋阳。必有差互,今不敢增损。

王琳奉梁永嘉王庄即帝位。《北齐·帝纪》:"十一月丁巳,琳遣使请立庄,仍以江州内属,令庄居之。十二月癸酉,诏庄为梁主,进居九洭。"今从《陈书》及《典略》。然《陈书》《典略》皆云立庄于郢州。按琳时在溢城,盖始居江州,后迁郢州耳。

十一月,齐主刺尉子辉。《北史》作"子耀",今从《北齐书》《典略》。

齐常山王演因谏争被殴挞。《北史·孝昭纪》云:"文宣赐帝魏时宫人,醒而忘之,谓帝擅取,遂令刀镮乱筑,因此致困。"今从《北史·王晞传》。

世祖天嘉元年二月，侍中袁泌。《北齐书》作"长史袁泌"，今从《陈书》。

齐常山王演出归第。《北齐书·孝昭纪》云："除太傅、录尚书，朝政皆决于帝。月余，乃居藩邸。"今从《杨愔传》。

可朱浑天和，道元之子。《典略》云"道元弟"，今从《北齐书》。

武卫娥永乐叩刀仰视。《北齐书》作"领军刘桃枝"，今从《北史》。

二年正月，合州刺史裴景徽。《北齐书》作"景晖"，今从《陈书》。

三年正月，周遣杜杲送安成王顼南归。《典略》作"杜杲"，今从《周书》。

闰二月，改铸五铢钱。《隋志》在天嘉五年，今从《陈·帝纪》。

九月丁亥，诏安成王顼代吴明彻攻周迪。《陈书·帝纪》云："丁亥，迪请降，诏安成王讳督众军以招纳之。"今从《南史·迪传》。

四年正月，齐魏收除名。《北齐书·帝纪》："正月乙亥，收为仆射。己卯，除名。"相去五日，不容如此之速，恐误。今去其日。

九月，周杨荐使突厥复命。《典略》在保定二年。按《王庆传》云，是岁乃兴人并之役，故置于此。

临海王光大元年二月，安成王顼欲收韩子高，毛喜止之。《陈书·文沈后传》云："安成王既专，沈太后忧闷，计无所出，乃密赂宦者蒋裕，令诱建安人张安国，使据郡反，冀因此以图高宗。安国事觉，并为高宗所诛。时后左右近侍颇知其事，后恐连逮党与，并杀之。"按后欲图高宗，而令安国据建安反，理不相涉。且后若实有此谋，高宗既立，后岂得自全！今删去。

到仲举、韩子高赐死。《陈书·子高传》，死在光大元年八月。按《华皎传》，子高诛后，皎始谋叛。《帝纪》，此年五月，皎已谋反。又慈训太后令，先言刘师知、子高诛，后乃及余孝顷。《始兴王伯茂传》，师知等诛后，伯茂乃进号中卫。然则《子高传》误也。

六月，齐封皇弟仁直为丹杨王。《北齐书·帝纪》，名统，今从《列传》。

九月，周元定以步骑数千围郢州。《陈·帝纪》云"步骑二万"，盖夸诞之辞。今从《周·帝纪》。

徐度执元定，尽俘其众。《陈书》云："获万余人，马四千匹。"亦恐夸诞，今不取。

资治通鉴考异卷第八

端明殿学士兼翰林侍读学士太中大夫提举西京嵩山崇福
宫上柱国河内郡开国公食邑二千六百户食实封一千户臣　司马光　奉敕编集

陈纪下

高宗太建元年二月，齐和士开杀赵郡王叡。《北齐·帝纪》："天统三年六月，以并
省尚书左仆射娄定远为尚书左仆射。五年二月，杀赵郡王叡。三月，以并省尚书令娄定远为司
空。"盖定远既为仆射，复为并省尚书令也。按《和士开传》，先出定远，然后杀叡，叡死必在定远
作司空后，《帝纪》误也。但不知果在何时耳。又《士开传》云"出为青州"。《定远传》云"寻除瀛
州"。盖先出为青州，后乃除瀛州也。

七月，太子纳沈妃。《陈书》《〔北〕〔南〕史·沈后传》，皆云太建三年拜皇太子妃，误也。
今从《帝纪》。

三年三月，周齐公宪自龙门渡河。《北齐书·段韶传》云："二月，周师来寇。"《周
书·帝纪》云："三月，宪渡河。"今从之。

四月，周陈公纯等取齐宜阳等九城。《北齐·斛律光传》云："周柱国纥干广略围宜
阳。"今从《周·帝纪》。

六月，齐段韶围定阳城。《韶传》："七月，屠其外城。"《周书》《北齐·帝纪》皆云"六月，
陷汾州"，今从之。

段韶擒杨敷，尽俘其众。《周书·齐王宪传》："屡破齐师。"《北齐书·斛律光》《段韶
传》："屡破周师。"要之，周失汾州，齐师胜耳。

四年二月，齐以卫菩萨为太尉。《北齐书》《北史》并同。不知菩萨何人，亦不言何官。

十二月，周阿史那后无宠。《周书》云："后有姿貌，善容止，周帝甚敬焉。"案房玄龄
《唐高祖实录》云："武帝纳突厥女为后，陋而无宠，太穆皇后劝帝强抚慰之。"今从之。

五年四月，齐遣军救历阳。《陈书·帝纪》云："齐遣兵十万援历阳。"《黄法㲝传》
云："步骑五万援历阳。"《萧摩诃传》云："尉破胡等率众十万来援。"案源文宗之语，恐无此数。
今不取。

齐军大败，尉破胡走。《北齐书》，破胡败在五月，今从《陈书》。

五月，齐兰陵王长恭以邙山之捷，威名大盛。《北齐书》："长恭与周战于邙山。后
主谓曰：'入陈太深，失利悔无所及。'对曰：'家事亲切，不觉遂然。'帝嫌其称'家事'，遂忌之。"
案邙山之战在河清三年，后主时年九岁，尚未即位，何得有此问！且称"家事"亦何足致忌！今
不取。

十月，以鲁广达为北徐州刺史。《陈书·帝纪》及《广达传》皆云"北徐州"。案《北齐
书·祖珽传》："珽保全北徐州城不陷。"盖南人谓京口为南徐州，故谓此为北徐州，其实乃北齐

3436

之南徐州也。

六年三月，周叱奴太后殂，帝居倚庐。《隋书·张衡传》云："武帝居忧，与左右出猎，衡露发舆榇切谏。"案帝居丧有礼，疑衡自叙之妄。

七年三月，周伊娄谦、元卫聘于齐。《谦传》作"拓跋伟"，今从《周书·帝纪》。

九月，齐高阿那肱将兵拒周师。《北齐书》云"闰月己丑"。案是月癸丑朔，无己丑，又下有庚辰。盖误也。

八年三月，王玚卒。《陈书》："庚寅，玚卒。"案《长历》，是月己酉朔，无庚寅，《陈书》误。

十月，齐主与冯淑妃猎于天池。《冯淑妃传》云："猎于三堆。"今从《高阿那肱传》。

十二月己未，周主至晋阳。《周书·武帝纪》："丁巳，大军次并州。"又云："己未，军次并州。"盖丁巳前军至，己未帝乃至也。

周贺拔伏恩。《北齐书·安德王延宗传》作"佛恩"，今从《周》《齐·帝纪》。

九年正月，周尉迟勤追齐主。《北齐书》"勤"作"刚"，今从《周书》。

二月，周平齐，得州五十，郡一百六十二，县三百八十。《隋书·地理志》云："州九十七，郡一百六十，县一百六十五。"今从《周书》。

十年二月，马主裴子烈。《南史》作"马明主"，今从《陈书》。

十一年正月，周主行《刑经圣制》。《周·帝纪》，行《刑经圣制》在八月。案《隋·元岩传》，乐运之谏，因岩纳说得免，及王轨之死，岩遂废于家。今运书已有"更严前制"之语，然则行《刑经》在轨死前也。

十二月，九郡民自拔还江南。《陈·纪》"九郡"作"九州"，盖字误。

十二年五月乙未，周宣帝殂，刘昉、郑译矫诏以杨坚总知中外兵马事。《周·帝纪》："乙未，帝不豫，还宫，诏坚入侍疾。丁未，追五王入朝。己酉，大渐，昉、译矫制以坚受遗辅政。是日，帝崩。"按坚以变起仓猝，故得矫命当国。若自乙未至己酉，凡十五日，事安得不泄！今从《隋·帝纪》。

出颜之仪为西边郡守。《北史·郑译传》："之仪与宦者谋引大将军宇文仲辅政。仲已至御坐，译知之，遽率开府杨惠及刘昉、皇甫绩、柳裘俱人。仲与之仪见译等，愕然，逡巡欲出，隋文因执之。于是矫诏复以译为内史上大夫。明日，隋文为丞相，拜译柱国府长史。"按之仪若尔，岂复得全！今从《之仪传》。

七月，尉迟迥所统相、卫等州。《周书·迥传》又有毛州。按迥灭后，隋高祖始置毛州。《迥传》误也。

尉迟惇纵火栰，高颎为土狗以御之。《隋书》作"木栰"、"木狗"，今从《北史》。

宇文忻先射观战者。《隋书》云："高颎与李询先犯观者。"今从《北史》。

十三年三月，隋贺若弼为吴州总管。《隋书·帝纪》云"楚州"，今从《弼传》。

十二月，突厥沙钵略可汗摄图立。《隋·突厥传》云，木杆在位二十年卒，佗钵在位十年卒。按《周传》，魏废帝二年三月，科罗献马，木杆犹未立。建德二年，佗钵献马。然则木杆以承圣二年立，太建四年卒，佗钵以其年立，十三年卒也。

长城公至德元年二月，以毛喜为永嘉内史。《司马申传》云："右仆射沈君理卒，朝议以毛喜代之。"按君理卒在太建五年，非后主时。又《毛喜传》云："时山陵初毕，未及逾年。"按高宗殂，过期乃葬，而云未及逾年，恐误也。

三月，隋迁于新都。《隋·食货志》云："正月，帝入新宫。"今从《帝纪》。

八月丁卯朔，日食。《隋·纪》作"七月丁卯"，盖历差。

十二月，长沙王叔坚坐厌媚免官。《南史》云："上阴令人造其厌媚，又令人告之。"今从《陈书》。

二年正月，隋颁新历。《隋·律历志》云："二月撰成奏上。"今从《帝纪》。

二月，突厥达头可汗请降于隋。《隋·帝纪》云："突厥阿史那玷厥帅其属来降。"按时玷厥方强，盖文降耳。

帝使女学士与狎客赋诗，互相赠答。《平陈记》云："张贵妃等八人夹坐，江总等十人预宴。先令八妇襞采笺制五言诗，十客一时继和，稽缓则罚酒。"今从《陈书》《南史》。

三年七月，突厥可汗遣子库合真入朝于隋。《隋·突厥传》作"窟含真"，今从《帝纪》。

祯明元年四月，突厥莫何可汗生擒阿波。《隋·突厥传》前云"沙钵略西击阿波，破擒之"，后又云"处罗侯生擒阿波"。《长孙晟传》曰："处罗侯因晟奏曰：'阿波为天所灭，与五六千骑在山谷间伏听诏旨，当取之以献。'"按前云"沙钵略破擒之"，"擒"，衍字耳。处罗侯云"当取以献"，则是得否未可必，隋安得豫议其死生乎！今从《突厥传》后。

隋　纪

高祖开皇九年正月，陈吕忠肃屯岐亭。《隋书》作"吕仲肃"，《南史》作"吕肃"。今从《陈书》。

缀铁锁三条。《南史》作"五条"，今从《隋书》。

二月，韦洸等定岭南。《隋·帝纪》："十年八月壬申，遣洸等巡抚岭南，百越皆服。"按陈以九年正月亡，至来年八月，并闰计二十一月，岂有洗氏犹不知者！《洗氏传》又云："晋王遣陈主遗夫人书。"则事在九年三月前也。《帝纪》所云，盖谓百越已服，奏到朝廷之日也。

四月，元谐等伏诛。《李德林传》云："德林以梁士彦、元谐频有逆意，江南抗衡上国，乃著《天命论》上之。"《谐传》云："平陈后数岁，人告谐谋反。"按谐请以叔宝为内史，则陈亡时犹在。杨雄方用事，谐欲潜去之，则雄未为司空，故附于此。

十年十一月，无锡贼帅叶略。《北史·杨素传》作"叶皓"，今从《隋书》。

十三年，突厥处罗侯之子染干号突利可汗。《突厥传》云"沙钵略子"，今从《长孙晟传》。

十四年闰十月，帝言刘昉为大逆，郑译为巫蛊。《卢贲传》云："昉为大逆于前，译为巫蛊于后。"案译以开皇元年坐巫蛊废，昉以六年坐谋反诛，《贲传》误也。

十五年三月，帝怒杨素为离宫壮丽，封德彝言皇后至，必有恩诏。《隋书》《北史》皆曰："宫成，上令高颎前视，奏称颇伤绮丽，大损人丁，帝不悦。素惧，即于北门启独孤皇后曰：'帝王法有离宫别馆，今天下太平，造一宫何足损费！'后以此理谕上，上乃解。"今从《唐书》。

十二月，敕盗边粮一升以上皆斩。《刑法志》事在十六年，今从《帝纪》。

十六年八月，诏决死罪者，三奏然后行刑。《刑法志》在十五年，今从《帝纪》。

十七年三月，行旅晏起早宿。《刑法志》作"晚宿"，必"早"字误耳。

二十年四月，长孙晟追突厥，斩千余级。《炀帝纪》曰："出灵武，无虏而还。"《突厥传》曰："晋王出灵州，达头遁逃而去。"《晟传》曰："达头与王相抗。"盖达头闻王来而遁，晟将兵从别道与达头相遇耳。

史万岁破突厥。《帝纪》，十九年六月，史万岁破贼。据《本传》在今年，《纪》误也。

九月壬子，上至自仁寿宫。《帝纪》："丁未，至自仁寿宫。"今从《太子勇传》。

仁寿四年七月丁未，上崩，中外颇有异论。赵毅《大业略记》曰："高祖在仁寿宫，病甚，追帝侍疾，而高祖美人尤嬖幸者，唯陈、蔡二人而已。帝乃召蔡于别室，既还，面伤而发乱，高祖问之，蔡泣曰：'皇太子为非礼。'高祖大怒，啮指出血，召兵部尚书柳述、黄门侍郎元岩等，令发诏追庶人勇，即令废立。帝事迫，召左仆射杨素、左庶子张衡进毒药。帝简骁健官奴三十人皆服妇人之服，衣下置仗，立于门巷之间，以为之卫。素等既入，而高祖暴崩。"马总《通历》曰："上有疾，于仁寿殿与百寮辞诀，并握手歔欷。是时唯太子及陈宣华夫人侍疾，太子无礼，宣华诉之。帝怒曰：'死狗，那可付后事！'遽令召勇，杨素秘不宣，乃屏左右，令张衡入拉帝，血溅屏风，冤痛之声闻于外，崩。"今从《隋书》。

乙卯发丧。《大业略记》曰："十八日，发丧。"杜宝《大业杂记》曰："甲戌，文帝崩。辛巳，发丧。壬午，炀帝即位。"按《长历》，是月乙未朔，乙卯，二十一日也。无甲戌、辛巳、壬午日。今从《隋书》。

追封庶人勇为房陵王，不为置嗣。《大业略记》云："庶人勇八男，亦阴加酖害，恐其为厉，皆倒埋之。"按《隋书》《北史》皆云："炀帝践极，俨常从行，卒于道，实酖之也。诸弟分徙岭表，仍敕在所皆杀焉。"今从之。

八月，汉王谅反，裴文安请直入蒲津。《大业略记》云："司兵参军裴文安说谅曰：'今梓宫尚在仁寿宫，比其征兵，动移旬月。今若简骁勇万骑，令文安督领，不淹十五日，径据长安，其在京被黜停私之徒，并擢授高位，付以心膂，共守京城，则以东府县非彼之有。然后大王总兵鼓行而西，声势一接，天下可指挥而定也。'谅不从。"《大业杂记》云："文安又说曰：'先人有夺人之心，殿下选精骑一万，径往京师奔丧，晓夜兼行，谁敢约！至京径掩仁寿宫，彼纵征召，未暇御我，大军骆驿随王而至，此则次计。王直资河北，彼率天下之兵，百道攻我，则难为主人，此下计也。'"今从《隋书》。

豆卢毓图谅，谅将往介州，令毓留守。《皇甫诞传》云："杨素将至，谅屯清源以拒之。"按谅屯清源时，素军已迫，何暇自还袭毓！今从《毓传》。

炀帝大业元年三月，命皇甫议发民百余万，开通济渠。《杂记》作"皇甫公仪"，又云"发兵夫五十余万"。今从《略记》。

八月，行幸江都。《杂记》作"九月"，今从《隋·帝纪》及《略记》。

御龙舟。《略记》云："甲子，进龙舟。"按〔长〕历，是月戊子朔，无甲子。

龙舟高四十五尺。《略记》云"高五丈"，《杂记》言其制度尤详，今从之。

二年二月，诏吏部尚书牛弘等定舆服制度。《帝纪》云"尚书令牛弘、礼部侍郎许善心"。按弘未尝为尚书令，善心于帝即位之初已左迁。盖《纪》误也。

七月，元德太子昭薨。《杂记》云："初，太子之遘疾也，时与杨素同在侍宴，帝既深忌于素，并起二厄同至，传酒者不悟是药酒，错进太子，既饮三日而毒发，下血二斗余。宫人闻素平常，始知毒酒误饮太子，秘不敢言。太子知之，叹曰：'岂意代杨素死乎？命也！'数日而薨。后素亦竟以毒毙。"按它书皆无此说，盖时人见太子与素相继薨，妄有此论耳。

四年正月，穿永济渠。《杂记》："三年六月，敕开永济渠，引汾水入河，于汾水东北开渠，合渠水至于涿郡二千余里，通龙舟。"按永济渠即御河，未尝通汾水，《杂记》误也。

二月，遣崔君肃使西突厥。《隋·帝纪》作"崔毅"，今从《西突厥传》。

三月，幸五原，行宫设六合板城。《杂记》云："帝幸启民帐时行造行城，周二千步，高二十余丈。"今从《隋·礼仪志》。

八月，帝祠恒岳，裴矩所致西域十余国皆来助祭。《裴矩传》云"三年"，误也。今从《帝纪》。

十月，遣薛世雄击伊吾。世雄击伊吾，《帝纪》无之，《本传》前有从帝征吐谷浑，后云："岁余，以世雄为玉门大将，与突厥启民可汗击伊吾。"然则似在大业六、七年也。按是时启民已卒，伐吐谷浑之岁，伊吾吐屯设献地数千里，恩宠甚厚，隋何故伐之！今移置献地之前。

五年五月，大猎，长围亘二十里。《隋·帝纪》作"二千里"，疑"二十里"字误。

帝至浩亹川，以桥未成，斩黄亘。《隋·帝纪》云："梁浩亹，御马度而桥坏。"今从《略记》。

六月丙辰，宴高昌王麹伯雅、伊吾吐屯设。《略记》在六月壬寅，今从《隋·帝纪》。

七月，帝东还，经大斗拔谷，士卒冻死。《帝纪》在六月癸卯。按西边地虽寒，不容六月大雪，冻死人畜，今从《略记》。《略记》作"达十拔谷"，今从《帝纪》。

六年正月，有盗数十人入建国门。《杂记》在五年正月，又云"三百人"。今从《隋书》。

三月，初，帝欲大营汾阳宫。《张衡传》云："帝幸衡宅之明年，幸汾阳宫。"又云："明年，复幸汾阳宫。"按《本纪》皆无其事，恐《传》误。

七年四月庚午，车驾至涿郡之临朔宫。《略记》（中）〔曰〕："丙午，幸涿郡之新宫。"按《长历》，是月丙辰朔，无丙午。今从《帝纪》。

十二月,孙安祖杀县令,亡抵窦建德。杜儒童《隋季革命记》云:"安祖以盗羊为县令所考。"今从《旧唐书·建德传》。

八年正月。《略记》云:"癸丑,帝御前殿。"按《长历》,是月辛巳朔,无癸丑。《略记》甲子多差误,今不取。皆从《隋书》。

西突厥阙达度设。《隋·西突厥传》作"达度阙设",今从《裴矩传》。

赐处罗号娑那可汗。《唐·李轨传》作"曷娑那可汗",今从《隋书》。

三月,钱士雄、孟金叉战死。《杂记》作"钱英、孟金钗",今从《隋·帝纪》。

车驾度辽。《隋·帝纪》:"癸巳,上御师。甲子,临辽水桥。戊戌,麦铁杖死。甲午,车驾度辽。乙未,大顿。丙申,大赦。"按《长历》,是月庚辰朔,不容有甲子。又戊戌之下,不容有甲午、乙未、丙申,此必误也。今并除之。

六月,来护儿破高丽,复为所败,还屯海浦。《北史》云:"护破高丽,斩高元弟建武,因破其郛,营于城外,以待诸军。"今从《隋书》及《革命记》。

高丽遣乙支文德诈降。《革命记》作"尉支文德",今从《隋书》及《北史》。

文德复诈降,宇文述等遂还。《革命记》云:"许公即至平壤,城头即树降幡,约至五日,检录簿籍图书,开门待命。期过五日,无一言,许公频催,竟无报答。又十数日,乃云:'船粮败却回,公今更欲何待!'然始抗旌拒守,分兵以掠险要。许公知被欺,即卷甲归,每日常设方陈而行,四面俱时受敌,伤杀既众,粮食又尽,过辽水者什无二三。"按炀帝骄暴,高丽若明言不降,述等必不敢还。今从《隋书》。

七月癸卯,帝引还。《杂记》:"七月,帝自涿郡还东都。十一月,宇文述等粮尽遁归,高丽出兵邀截,亡失荡尽。帝怒,敕所司锁将随行。无几,斩刘士龙等于军市,特赦述。"今从《隋书》。

九月,车驾至东都。《杂记》:"十月,车驾幸涿郡。征召兵马,将遂度辽之功。"盖误。今不取。

十一月,于仲文卒。《略记》:"于仲文以下斩于市。"今从《隋书》。

九年正月,灵武贼帅白瑜娑。《隋书》作"白榆妄",今从《略记》。

二月,复宇文述官爵。《杂记》在去年十一月,今从《隋书》。

六月,杨玄感以河内主簿唐祎为怀州刺史。《杂记》作"怀州司功书佐",今从《隋书》。

玄感屯上春门。《玄感传》云:"屯兵上春门。"又云:"屯兵尚书省。"按刘仁轨《河洛记》:"东都罗郭东面北头第一曰上春门,唐改曰上东门。"又,尚书省在宣仁门内,玄感不容至此。

卫文昇率兵四万救东都。《隋书》云"步骑七万"。按玄感众不过十万,而下云"众寡不敌"。今从《杂记》。

文昇众寡不敌,死伤太半。《杂记》曰:"每战刃才接,官军皆坐地弃甲,以白布裹头,听贼所掠。前后十二战,皆不利。"今从《文昇传》。

八月，令骨仪等推玄感党与。《杂记》作“滑仪”，今从《隋书》。《杂记》推玄感党在十月，疑太晚，今因诛赵元淑言之。

十一月，李密亡命，为人所获，送东都。《隋书·密传》云：“密间行入关，与玄感从叔询相随，匿于冯翊询妻之舍，寻为邻人所告，遂捕获，囚于京兆狱。”又云：“及出关外，防禁渐弛。”又云：“至邯郸，密等七人皆穿墙而遁。”《唐书》虽不云囚于京兆狱，亦云出关。按密若自关中送高阳，不当与韦福嗣同行。今从贾闰甫《蒲山公传》及刘仁轨《河洛行年记》。

密至石梁驿，穿墙而逸。《河洛记》在左梁驿，今从《蒲山公传》。

十二月，吐万绪、鱼俱罗讨刘元进，请待来春。《帝纪》云：“绪、俱罗连年不能克。”按绪请待来春，而王世充十年又击孟让，然则元进败止在今年冬、春之交矣。元进退据建安，而得拒世充于江上者，盖复来也。

王世充阬降贼三万余人。《略记》：“阬其众二十余万于黄亭涧，涧长数里，深阔数丈，积尸与之平。”《杂记》：“世充贪而无信，利在子女资财，并阬所首八千余人于黄山之下。”今从《隋书》。

十年春。《杂记》：“是年正月，又以许公宇文述为元帅，将兵十六万刻到鸭绿水。乙支文德遣行人伪请降，以缓我师，又求与述相见，以观我军形势。述与之欢饮，良久乃去。停五日，王师食尽，烧甲札食之，病不能兴。文德乃纵兵大战败绩，死者十余万。”此盖序八年事，误在此耳。

二月，唐弼立李弘(之)〔芝〕为天子。《隋·帝纪》作“李弘”，今从《唐书·薛举传》。

五月，延安贼刘迦论反。《唐书》作“安定人”。按安定去上郡太远，今从《隋书》。

十二月，卢明军祝阿。《唐·秦叔宝传》作“下邳”，今从《隋书》。

十一年三月，高德儒见孔雀，奏以为鸾。《杂记》云：“五年二月，马德儒奏孔雀为鸾。”今年月及姓皆从《略记》并温大雅《创业起居注》。

四月，以李渊为山西、河东慰抚大使。《创业注》云：“帝自卫尉少卿转右骁卫将军，奉诏为太原道安抚大使，即隋大业十二年炀帝幸楼烦时也。”按十二年帝未尝幸楼烦，今从《高祖实录》在幸汾阳宫时。

八月，帝巡北塞。《杂记》：“六月，突厥贼入岚城镇抄掠，遣范安贵讨击之，王师败绩，安贵死，百司震惧。七月，帝幸雁门，先至天池，值雨，山谷泥深二尺，从官狼狈，帐幕多不至，一夜并露坐雨中，至晓多死，宫人无食，贷糒于卫士。”今从《隋书》。

十月壬戌，帝至东都。《略记》：“九月辛未，入东都。”今从《隋·帝纪》。

十二年五月，帝于景华宫求萤火，得数斛，夜放之。吴兢《贞观政要》：“贞观八年，上谓侍臣曰：‘人君之言不可容易，隋炀帝幸甘泉宫，怪无萤火，敕云：“捉取少多，于宫照夜。”所司遽遣数千人采拾，送五百轝于宫侧。小事尚尔，况其大乎！’”今从《隋书》。

十月，李密之亡抵郝孝德。韩昱《壶关录》曰：“大业十一年正月，历亭镇将王该，认形状，获李密，送宇文述。密佯患足疾，防守者一日不行一二十里。忽至一涧，水深岸险，密跛足寅缘，佯足蹶，返扑而坠，乃至良久，状若未苏。防守者又无计下取之，遂以手中枪戟引之。密以手援戟，佯作失势，推戟向水。守者以危岸，手探不往，遂即放却，密即得〔镝〕〔枪〕，揭守者独二人俱毙，遂投郝孝德于平原。"按密，杨玄感之党，前已诈亡，防者岂得不加械系，怠慢如此！今不取。

　　韦城翟让，同郡单雄信。《唐书》云："雄信，曹州人。"今从《河洛记》。

　　李密因王伯当见翟让。《隋》《唐书》皆云："密归翟让，其中有知密是玄感亡将，潜劝让害之。密惧，因王伯当以策干让，让始敬焉。"按密既亡归群盗，必不隐其姓名，谁不知是玄感亡将！让得之当用以敌隋，何恶于密而害之！今不取。《革命记》云："密投贼帅郝孝德，说之曰：'若能用密之策，河朔可指挥而定。'孝德曰：'本缘饥荒，求活性命，何敢别图！国家若知公在此，孝德死亡无日。翟让等徒众绝多，请将兵送公于彼。'是日，孝德以马一匹自送至河，执袂饮酒而别，军中慕从者亦数十人，仍遣兵马将送密于翟让。"今从《隋书》。

　　密说让先取荥阳，休兵馆谷。《革命记》："密说让曰：洛口仓米逾巨亿，请公发一札之令，使密奉之，告诸道英雄，就仓吃米，必当云合响应，受命于公，然后称帝号以定中原，云云。让曰：'就仓食米，实是上计。自顾庸贱，宁敢别创馀心，必如此谋，愿奉公为主。'密怀惧，改容而拜，让亦拜。于是言宴尽欢，各恨相知之晚。即日，让作书与密，散告诸处贼头，并克期定日，令总会洛口仓食米。"今从《隋书》。

　　操师乞自称元兴王，建元始兴。《隋·帝纪》作"操天成"。按《唐高祖实录·林士弘传》："大业末，与其乡人操师乞起为群盗，师乞僭号，建元为天成，攻陷豫章郡，入据之。"《唐书·士弘传》云："操乞师自号元兴王。"皆无操天成名。此贼本一人，而《隋》《唐》二史各有名号年纪，今参取之。

　　十二月，林士弘称帝，国号楚，建元太平。《唐高祖实录》："士弘自称南越王，寻僭号，建元延康。"《唐书·林士弘传》："操师乞攻陷豫章郡而据之，以士弘为大将军。乞师既死，士弘代董其众，复与刘子翊大战于彭蠡湖，隋师败绩，子翊死之。士弘大振，兵至十余万。十三年，徙据虔州称帝。"其国号、年名与此同。今从《隋书》。

　　李渊为太原留守，讨甄翟儿，破之。《新》《旧唐书·本纪》皆云："十三年，拜太原留守。"《新书》仍云："击高阳历山飞贼甄翟儿于西河，破之。"今从《隋·帝纪》。

　　杨义臣破高士达，斩之。窦建德收散兵，军复大振。《革命记》曰："高士达、高德政与宗族鸠集离散，得五万人，捺涡于四根柳树，入高鸡泊中，德政自号东海公，以建德为长史。俄而德政病死，即有高搅脱继立为东海公，建德仍依旧任。搅脱领兵劫抄，至晏城府，为城中兵所射而死。贼之异姓皆欲建德为主，高氏一族不欲更立别人，遂分为两军，各相猜贰。然高氏兵精强，建德恐被屠，乃诈分为官军，告高氏并力共击之。高氏无疑，即合军共斗，兵刃才交，建德自后击之，高氏兵大乱，建德两军拥掠遣坐，简其骁勇及头首千余人，杀之，遂总统其众。建德自号长乐王，寇抄州县，即大业十二年二月也。"今从《隋》《唐书》。

　　恭帝义宁元年正月，杜伏威大破陈棱。《隋·陈棱传》云："往往克捷。"《唐·杜伏威传》云："棱仅以身免。"盖棱先破李子通等，后为伏威所败也。今从《唐书》。

窦建德称长乐王,改元丁丑。许敬宗《唐太宗实录》《旧唐·帝纪》皆云:"武德元年二月,建德称长乐王。"按建德改元丁丑,即是今岁。今从《隋·帝纪》及《建德传》。

二月,刘武周杀王仁恭,自称太守。《创业注》云:"二月己丑,马邑军人刘武周杀太守王仁恭,据其郡,自称天子,国号定杨。"按《唐书》,武周据汾阳宫乃僭号,于时未也。

越王侗讨李密,约十一日会仓城南。《蒲山公传》云:"尅取二十一日会战。"《河洛记》云:"取其月十二日会战。"按下有庚子,则非二十一日也,当是十一月。

李密号魏公,称元年。《壶关录》云:"王伯当令密于西垣校射,书王字于埘上如钱,约中者为主,其次以近、远为拜官高下,使贾雄执箭,仰天而誓,密正中字心,遂奉以为主。"其说鄙陋,今不取。《河洛记》云:"改大业十三年为永平元年。"今从《蒲山公传》及《隋》《唐书》。

密拜翟让为上柱国、司徒,封东郡公。《河洛记》云"邓公",盖后来进封耳。今从《蒲山公传》及《隋》《唐书》。

群盗皆归密,众至数十万。《略记》云:"二月丙辰,密遣其将夜袭仓城,二府兵击退之。己未,又悉众来攻,而府兵败,遂入据仓。然二府将士犹各固小仓城,二十余日不下。既而外救不至,食又尽,城乃陷没,死者太半。于是巩县长柴孝和、监察御史郑颋等举县降贼。密开仓招纳降者,日数百千人。于是赵、魏以南,江、淮以北,莫不归附,自是贼徒滋蔓矣。壬子,使刘长恭、房崱等统兵东讨,大败。戊午,还都,王慰抚,不责也。于是发教募士庶商旅奴等,分置营壁,各立将帅领而固守,其诸里居民皆移入三城之内,于省寺府舍安置焉。又使宋遵贵将兵镇陕县太原仓。"《杂记》:"密称魏公改年,于时仓犹自固守。既而密遣翟让将兵夜袭仓城,官军击退之。明日,又引众攻仓,连战三日,陷外城,官军犹据子城。月余,外援不至,城尽陷没,死者十六七。"按二月壬午朔,无丙辰等日。今从《隋书》。

密筑洛口城,周四十里。《壶关录》云:"周四十八里。"今从《隋书》。

三月,突厥立刘武周为定杨可汗。《新》《旧唐书》武周皆无国号,惟《创业起居注》云"国号定杨"。

四月,薛举与其子仁果劫郝瑗发兵。《唐高祖实录》先作"仁果",后作"仁杲"。《新》《旧·高祖》《太宗纪》《薛举传》、柳芳《唐历》《柳宗元集》皆作"仁杲"。《太宗实录》、吴兢《太宗勋史》《革命记》、焦璐《唐朝年代记》、陈嶽《唐统纪》皆作"仁果"。今醴泉昭陵前有石马六匹,其一铭曰:"白蹄乌,平薛仁果时所乘。"此最可据,今从之。

李密以孟让为总管。《河洛记》作"孟达",今从《隋书》。

癸巳,密袭回洛东仓,破之,攻偃师、金墉,不克。乙未,还洛口。《略记》:"三月辛未,密遣孟让将二千余人夜入都郭,烧丰都市,比晓而去。癸未,密袭据都仓。乙亥,密部众入自上春门,于宣仁门东街立栅而住。丙寅,烧上春门及街南北里门楼,火接宣仁门,因逼门为陈,与城上弓矢相接,而退还仓。"《杂记》:"密遣(革)〔格〕谦将兵烧丰都市。三月,越王侗教募力捉,宫城守固,官赏有差,撤天津等诸桥,运回洛仓米入城。四月,密攻偃师,围金墉,东都兵出,密还洛口。五月,裴仁基翻虎牢入贼,自荥阳以东至陈、谯、下邳、彭城、梁郡皆属密,贼众逾盛,并家口百万。"《蒲山公传》:"三月乙亥,密率众入自上东门,攻宣仁门,不克。丙寅,烧上东门而退。"此三书月日交错,皆不可凭。今从《隋》《唐书》。

赵陁降密。《隋书》作"赵佗",今从《蒲山公传》。

炀帝以李渊、王仁恭不能御寇,遣使执诣江都,继遣使驰驿赦之。《创业注》曰:"隋主遣司直姓名驰驿系帝而斩仁恭。帝自以姓名著于图箓,太原王气所在,恐被猜忌,因而祸及,颇有所悔。时皇太子在河东,独有秦王侍侧,耳语谓王曰:'隋历将尽,吾家继膺符命,不早起兵者,顾尔兄弟未集耳。今遭羑里之厄,尔昆季须会盟津之师,不可从吾同受孥戮,家破身亡,为英雄矣。'王泣而启帝曰:'芒砀山泽,是处容人,请同汉祖,以观时变。'帝曰:'吾遇时来,逢兹锢系,虽睹机变,何能为也。然天命有在,吾应会昌,未必不以此相启。今吾激励,谨当敬天之诚以卜兴亡,自天祐吾,彼焉能害,天必立我,何所逃刑。'乃后数日,果有诏使驰驿而至。释渊而免仁恭,各依旧检校所部。"案炀帝若有诏斩仁恭,则比后使之至,仁恭已死矣。又高祖身为留守,且被禁系,亡去何之?恐此亦非太宗之谋也。今皆不取。

五月丁丑,李密与隋军战,大败,奔洛口。《略记》云:"四月戊申,段达等帅关内兵陈于仓西、仓南,密出军拒战,大破凶丑,密还固仓。五月丁丑,达等又出兵陈于仓西、仓北,密又来拒,大破之,密奔洛口。"按《隋书》《北史》《新》《旧唐书》皆云:"密为流矢所中,卧营中,东都出兵击之,密众大溃,弃同洛仓,奔洛口。"俱无月日。《河洛记》云:"密军失利,归于巩县,东都复得回洛仓。"《蒲山公传》曰:"五月二十八日,越王夜出师,使段达等大战于仓西、北。密军败绩,归于巩县。"亦不云密连月再败也。戊申,四月二十八日;丁丑,五月二十八日。盖赵毅承《蒲山公传》,误以密一败分为二事也。

杨德方死。《壶关录》作"王德仁",今从《河洛记》。

密以郑乾象为右司马。《隋》《唐书》皆作"虔象",唯《壶关录》作"乾象",云"密杀其兄乾覆。乾覆之子会通后从盛彦师杀密。"今从之。

六月,刘文静劝李渊结突厥。《创业注》云:"突厥去,觇人来报,文武入贺。帝曰:'且勿相贺,当为诸君召而使之。'即自手与突厥书。"盖温大雅欲归功高祖耳。今从《唐书·刘文静传》。

渊自为手启,卑辞厚礼遗可汗。《创业注》云:"仍命封题,署云'名启'。所司请改启为书,帝不许。"按太宗云:"太上皇称臣于突厥",盖谓此时,但温大雅讳之耳。

李渊使建成、世民将兵击西河。《创业注》云:"命大郎、二郎率众讨西河。"《高祖》《太宗实录》但云"命太宗徇西河",盖史官没建成之名耳。《唐·殷峤传》:"从隐太子攻西河。"今从《创业注》。

七月,炀帝遣王世充等赴东都讨李密。《杂记》:"四月,世充率淮南兵万人援东都。世充行至彭城,惧密众之盛,自以兵少不敌,乃间行自黎阳济河而至。七月,世充率留守兵二万击密无功。"今从《略记》《蒲山公传》。

刘文静至突厥,与可汗为约。《唐·刘文静传》曰:"始毕曰:'唐公起事,今欲何为?'文静曰:'皇帝废冢嫡,传位后主,致斯祸乱。唐公国之懿戚,不忍坐观成败,故起义军,欲黜不当立者。'"《创业起居注》先已再遣使至突厥,不容今始毕方有此问。今不取。

渊以书招李密。《壶关录》云："高祖屯寿阳,遣右卫将军张仁则赍书招李密。"《蒲山公传》："密答书曰:'使至,辱今月十九日书。'"按《长历》,是月己酉朔,十九日丁卯,不应己巳还至霍邑。又发书日不应犹在寿阳。今皆不取。

渊将北还,世民谏而止,乃与建成分道追军。《创业注》:"帝集文武官人及大郎、二郎等而谓之曰:'以天赞我而言,应无此势;以人事见机而发,无有不为。借遣吾当突厥、武周之地,何有不来之理。诸公谓云何?'议者以'老生、屈突通相去不遥,李密谲诳,奸谋难测,突厥见利而行;武周,事胡者也,太原一都之会,义兵家属在焉。愚夫所虑,伏听教旨。'唐公顾谓大郎、二郎曰:'尔辈何如?'对曰:'武周位极而志满,突厥少信而贪利,外虽相附,内实相猜。突厥必欲求利太原,宁肯近忘马邑。武周悉其此势,未必同谋同志。老生、突厥奔竞来拒,进阙图南,退穷自北,还无所入,往无所之,畏溺先沉,近于斯矣。今禾菽被野,人马无忧,坐即有粮,行即得众。李密恋于仓粟,未遑远略;老生轻躁,破之不疑。定业取威,在兹一决。诸人保家爱命,言不可听。雨罢进军,若不杀老生而取霍邑,儿等敢以死谢。'唐公喜曰:'尔谋得之,吾其决矣。三占从二,何藉舆言。懦夫之徒,几败乃公事耳。'"《太宗实录》尽以为太宗之策,无建成名,盖没之耳。据建成同追左军,则是建成意亦不欲还也。今从《创业注》。

薛举称秦帝。《唐高祖实录》:"武德元年四月辛卯,举称尊号。"按今冬举败,问褚亮:"天子有降事否?"是则已称尊号也。今从《唐书·举传》。

窦建德破世雄。《革命记》:"帝以李密在洛口,征辽回日,令右翊卫将军薛世雄于留镇兵内简练精锐及幽、易骁勇讨密,经过之处,若有草窃,随便诛剪。仍令王充等诸军并取世雄处分。世雄乃自领精兵六万,四月末,至河间郡城下作营,州县皆备牛酒军粮以待薛将军。时建德以无粮食,兵士先皆分散,余军不满千人,在武强县境吃麦充食,闻世雄兵至河间,惶惧无计。问一女巫:'欲走避之,如何?'巫云:'不免。'问:'欲首如何?'巫云:'亦不吉。'问:'欲掩其不备击之,如何?'巫云:'今夜天未明到,大吉。'卜时,日已午;卜处,去河间一百四十里。建德简精兵二百八十人先行,余勒续发。建德与众诀云:'夜到即打,明即降之,吉凶之事,在此举耳。'遂行。去世雄营二里,天已属明,又闻吹角声拟发,建德惶惑欲降。须臾,大雾忽起,建德曰:'此天助我也。'遂引兵入营攻之,兵遂大乱。世雄左右先已装束拟发,世雄遂得上马奔走,仍中数枪,仅而获免。幽、易之士,并不欲作留镇兵,先无斗意,既不知贼多少,悉弃甲奔亡,遂使山东贼势转盛。李密先招慰河北州县,多悉从之。世雄惭愤而卒。"《唐·窦建德传》云:"七月,世雄讨之,建德帅敢死士千人袭之,世雄以数百骑遁去。"今从《隋·薛世雄传》,以《建德传》《革命记》参之。

九月,李密使徐世勣袭取黎阳仓。《河洛记》,今年四月,祖君彦檄云:"又得回洛,复取黎阳,天下之仓尽非隋有。"而九月魏徵启方劝取黎阳仓。盖君彦为檄,欲虚张声势,非事实也。

开仓恣民就食,得胜兵二十余万。《唐·李勣传》:"勣初得黎阳仓,就食者数十万人。魏徵、高季辅、杜正伦、郭孝恪皆客游其所,一见于众人中,即加礼敬,引之卧内,谈谑忘倦。"按徵为元宝藏作启,方谋取黎阳仓,高季辅已为汲令,杜正伦为羽骑都尉,郭孝恪先在密所，足知此事为虚。今所不取。

屈突通使桑显和袭王长谐营，长谐等战不利。《创业注》云："桑显和率骁果精兵数千人，夜驰掩袭长谐等军营，谐及孙华等奉教备预，故并觉之，伺和赴营，设伏分击，应时摧散。"《唐·高祖本纪》云："义师不利，太宗以游骑数百掩其后，显和溃散。"按太宗时未过河西。今从《高祖实录》及《唐·史大奈传》。

李渊围河东。《创业注》："戊午，唐公亲率诸军围河东郡，屈突通不敢出，闭门自守，城甚高峻，不易可攻，唐公观义士等志，试遣登之，南面千余人应时而上。时值雨甚，公命旋师。军人时速上城，遂不时速下。公曰：'屈突宿卫旧人，解安阵队，野战非其所长，婴城善为捍御。我师常胜，人必轻之，骁锐先登，恐无还路。今且示威而已，未是攻城之时。杀人得城，知何所用。'乃命还。"《唐高祖实录》云："骁勇千余人已登其南城，高祖在东原，不之见。会暴雨，高祖鸣角收众，由是不克。"温大雅因为虚美耳。今不取。

己未，越王侗使刘长恭等合王世充兵击李密。《略记》作"乙丑"，《河洛记》作"十二日"。《蒲山公传》："九月十一日，师出东都。"按《长历》，是月己酉朔，乙丑十七日也。今从《蒲山公传》。

炀帝诏诸军皆受世充节度。《略记》云："世充击密，罔不摧破，露布相续而来，百姓忻忻欢咏于道。"《蒲山公传》云："自秋徂冬，凡经三十余战，世充多败绩。"《河洛记》云："四十余战，世充无功。"三书相违，莫知孰是，今皆不取，唯胜负有显状者存之。

张季珣为李密所杀。《隋书·季珣传》云："密攻之经三年，遂为所陷。"又云："密壮而释之，翟让从求金不得，遂杀之。"《河洛记》曰："自三月至九月不下，后为粮尽水竭，乃被摧陷。生获珣于牙门，遣人宣之，以降为度。珣则张目极骂，不肯低屈，遂杀之。"按密明年已降唐，安得三年守箕山之事，今参取二书，去其抵梧者而已。

屈突通引兵趣长安。《唐书·通传》云："将自武关趋蓝田，赴长安。"疑其太迂，今但云趣长安。

段纶娶李渊女。《唐太宗实录》云："隐太子以琅邪长公主妻之。"刘子玄《唐高宗实录》及《新唐书》，皆云"高密大长公主适段纶"，盖改封。

房玄龄谒李世民于军门。《旧唐书·玄龄传》云："温彦博又荐焉。"按彦博时在罗艺所。今不取。

李渊命刘弘基、殷开山西略扶风，屯长安故城。《创业注》云："敦煌公自泾阳趋司竹，留弘基、〔开〕山屯长安故城。"今从《唐书·弘〔基〕传》。

十一月，雷永吉先登。《唐高祖实录》作"雷绍"，今从《创业注》。

卫文昇已卒，李渊斩阴世师等。《隋书》《北史·卫玄传》皆曰："城陷，归于家，义宁中卒。"按文昇与二人俱为留守官，不容独免。今从《唐·本纪》。

李靖素与渊有隙。柳芳《唐历》及《唐书·靖传》云："高祖击突厥于塞外。靖察高祖，知有四方之志，因自锁上变，将诣江都，至长安，道塞不通而止。"按太宗谋起兵，高祖尚未知，知之犹不从。当击突厥之时，未有异志，靖何从察知之！又上变当乘驿取疾，何为自锁。今依《靖行状》云：“昔在隋朝，曾经忤旨，及兹城陷，高祖追责旧言，公忼慨直论，特蒙宥释。”但《行状》题云魏徵撰，非也。按徵以贞观十七年卒，靖二十三年乃卒，盖后人为之，托徵名。又叙靖事极怪诞无取，唯此可为据耳。

丙辰，王世充战败。戊午，李密杀翟让。前已有丙辰、戊午，欲各叙西京、东都事，使不相乱，故重出。

翟让兄弘。《河洛记》作“洪”，今从《蒲山公传》。

密与让弘等共坐，单雄信等立侍。《河洛记》云：“密让让兄子摩侯、王儒信同榻而坐。”今从《蒲山公传》。

丙寅，置丞相府官属。《唐·帝纪》在十二月癸未，今从《创业注》。

十二月，屈突通降。《革命记》：“高祖令诸将击通，通走出潼关。仍令通子寿随军唤父，至稠桑，追及之。寿告通云：‘天下今既丧亡，相王举义兵，平定祸乱，大人须转祸为福，以自保全。单马轻身，将欲何往？’通叱寿云：‘此贼何由可耐！’引弓射之。寿招唤通兵士，并悉放仗来降。寿乃驰走抱通，‘请大人屈节归义。’通遂回首东南，雨泪号哭，口称至尊：‘臣力屈以至于此，非臣敢亏名节，违背国恩。’然始收泪赴军，以见唐王。”今从《唐书》。《唐·裴矩传》：屈突通败问至江都，炀帝问矩方略，矩曰：“太原有变，京畿不静，遥为处分，恐失事机。唯銮舆早还，方可平定。”按隋失天下，皆因矩谄谀所致，岂敢辄劝帝西还，盖矩经事唐朝，其子孙及史官附益此语，欲盖其恶耳。今所不取。

王世充屡与李密战，不胜。《蒲山公传》云：“自洛北败至此，七十余战。”《河洛记》云：“四十余战，再三失利。”今但云屡与密战。

李渊遣詹俊、李仲袞徇巴蜀。《创业注》云：“十一月甲子，遣使慰谕巴、蜀。”《实录》在十二月甲辰，《唐历》在十二月丙午，未知《创业注》所云者即俊等邪，为别使也？今从《实录》。

资治通鉴考异卷第九

端明殿学士兼翰林侍读学士太中大夫提举西京嵩山崇福
宫上柱国河内郡开国公食邑二千六百户食实封一千户臣　司马光　奉敕编集

唐纪一

　　高祖武德元年正月，王世充与李密战，大败。《隋书》《北史·李密传》曰："世充复移营洛北，南对巩县，其后遂于洛水造浮桥，悉众以击密。密出击之，官军稍却，自相陷溺者数万人。世充仅而获免，不敢还东都，遂走河阳。其夜，雨雪尺余，众随之者死亡殆尽。"《王世充传》曰："充败绩，赴水溺死者万余人。时天寒大雪，兵士既度水，衣皆沾湿，在道冻死者又数万人。"《蒲山公传》曰："世充移营就洛水之北，与密隔洛水以相望。密乃筑长城，掘深堑，周回七十里以自固。十五日，世充与密战于石窑寺东，密军退败，世充度洛水以乘之，逼仓城为营堑。密纵兵疾战，世充兵马弃仗奔亡，沉溺死者不可胜数。密又令露布上府曰：'世充以今月十一日平旦屯兵洛北，偷入月城。其月十五日，世充及王辩才等又于仓城北偷度水南，敢逼城堞。'"《河洛记》曰："十六日，充与密战于石窟寺东。"又："其夜，遇风寒疾雨，士卒冻死，十不存一，充脱身宵遁，直向河阳。"徐如《蒲山公传》。《略记》曰："辛酉，王世充等移兵洛北，仍令诸军临岸布兵，军别造浮桥，桥先成者辄渡。既前后不一，而李密伏发，我师败绩，争桥赴水溺死者十五六。"《杂记》曰："十二月，越王遣太常少卿韦霁等率留守兵三万并受世充节度。"又曰："王辩纵等败，众军亦溃，争桥赴水，死者太半，王辩纵等皆没，唯世充败免，与数百骑奔大通城，败兵得还者，于道遇大雨，冻死者六七千人。世充停留大通十余日，惧罪不还。十四年正月，越王遣世充兄世恽往大通慰谕，赦世充丧师之罪。"按李道玄劝进于李密表云："于时律始太蔟，未宜霖霖，而澍雨忽降，冻殍将尽。"今参校众书，日从《蒲山公传》，雨从《河洛记》。

　　乙丑，隋段达等拒密于上春门，军溃，韦津死。《隋书》列传不言战日。《蒲山公传》此战在四月九日。《略记》亦云："四月乙未，李密率众北据邙山，南接上春门。段达、韦津等出兵拒之，兵未交而惧，先还入城，军遂溃乱。"乙未，二十一日也。今据《河洛记》，"正月十九日，世充又与密战于上春门外，韦津没焉。"又，二月房彦藻《与窦建德书》亦云："幕府以去月十九日亲董貔虎，西取洛邑。"其《蒲山公传》四月已后月日，与事多差互不合。今日从《河洛记》，事从《略记》及《隋·段达传》。

　　窦建德等奉表于密劝进。《河洛记》云："卢祖尚亦通表于密。"按祖尚本起兵为隋，事恐不尔。今不取。

　　三月，以齐公元吉为镇北将军。《创业注》，改太原留守为镇北府在去年十二月己巳。盖因元吉进封齐公言之耳。今从《实录》。

　　隋炀帝欲都丹阳。《大业记》云："帝欲南巡会稽。"今从《隋书》。

　　宇文化及、智及等谋弑炀帝。《蒲山公传》曰："赵行枢、杨士览以司马德戡谋告化及，化及兄弟闻之大喜，因引德戡等相见。士及说德戡等曰：'足下等因百姓之心，谋非常之事，直欲走逃，故非长策。'德戡曰：'为之奈何？'士及曰：'官家虽言无道，臣下尚畏服之，闻公叛亡，必急相追捕，窦贤之事，殷鉴在近。不如严勒士马，攻其宫阙，因人之欲，称废昏凶，事必克成。然后详立明哲，天下可安，吾徒无患矣。勋庸一集，公等坐延荣禄。纵事不成，威声大振，足得官家胆慑，不敢轻相追讨。迟疑之间，自延数日，比其议定，公等行亦已远。如此即去住之计，俱保万全，不亦可乎！'德戡等大悦，曰：'明哲之望，岂惟杨家，众心实在许公，故是人天协契。'士及佯惊曰：'此非意所及，但与公等思救命耳。'《革记》曰：'帝知历数将穷，意欲南渡江水，咸言不可。帝知朝士不欲渡，乃将毒药酝酒二十石，拟三月十六日为宴会而酖杀百官。南阳公主恐其夫死，乃阴告之，而事泄，为此始谋害帝以免祸。并是凶逆之旅妄构此词。于时上下离心，人怀异志，帝深猜忌，情不与人，酖若不虚，药须分付，有处遣何人！并酝二十石药酒，必其酒有酖毒，一石堪杀千人。审欲拟杀群寮，谋之者必有三五，众谋自然早泄，岂得独在南阳！只是虔通等耻有杀害之名，推过恶于人主耳。'《隋书·化及传》云：'化及弑逆，士及在公主第，弗之知也。智及遣家僮庄桃树就第杀之，桃树不忍，执诣智及。久之，乃见释。'《南阳公主传》责士及云：'但谋逆之日，察君不预知耳。'《旧唐书·士及传》云：'化及谋逆，以其王壻，深忌之而不告。'按士及仕唐为宰相，《隋书》亦唐初所修，或者史官为士及隐恶。贾、杜二书之言亦似可信，但杜儒童自知酝药酒为虚，则南阳阴告之事亦非其实。如贾润甫之说，则弑君之谋皆出士及，而智及为良人矣。今且从《隋书》而删〔庄〕去〔庄〕桃树事及南阳之语，庶几疑以传疑。

独孤盛拒战，为乱兵所杀。《蒲山公传》：'裴虔通于成象殿前遇将军独孤盛，时内直宿，陈兵廊下以拒之。诟曰：'天子在此，尔等何敢凶逆！'叱兵接战，兵皆倒戈。虔通谓盛曰：'公何暗于幾，会恐他人以公为勋耳。'盛叱之曰：'国家荣宠盛者，正拟今日，且宿卫天居，唯当劾之以死。注弦不动，俄为乱兵所击，毙于阶下。'《略记》曰：'诘旦，诸门已开，而外传叫有贼，虔通乃还闭诸门，唯开正东一门，而驱殿内执仗者出，莫不投仗乱走。屯卫大将军独孤盛挥刀叱之曰：'天子在此，尔等走欲何之！'然乱兵交萃，俄而毙于阶下。'今从《隋书》，亦采《略记》。

令狐行达缢杀炀帝。《蒲山公传》《河洛记》皆云：'于洪达缢帝。'今从《隋书》及《略记》。

沈法兴举兵，以讨宇文化及为名。《太宗实录》《旧唐·帝纪》：'二月，法兴据丹杨起兵。'按法兴起兵讨化及，当在弑逆后。

四月，世子建成等还长安。《创业注》在三月，今从《太宗实录》。

王君廓降。《太宗实录》曰：'王君愕，邯郸人。君廓寇略邯郸，君愕往投之，因为君廓陈井陉之险，劝先往据之。君廓从其言，屯井陉山岁余。会义师入定关中，乃与君廓率所部万余人归顺，拜大将军。'与君廓事皆出《太宗实录》而不同如此。今据《高祖实录》。称李密将王君廓降，从《君廓传》。

五月戊午，隋恭帝禅位。《创业注》此诏在四月，今从《实录》。

七月，隋元文都等谋诛王世充。《河洛记》：'初，元文都欲自为御史，卢楚已为宣诏，王世充固执以为不可，乃止。文都大怅，卢楚私谓文都曰：'王世充是外军一将，非留守达官。

比者领军,屡为奔徙。吾方恤外奸,且从舍过,翻更宰制人事,跋扈纵横,此而不除,恐为国患。'文都曰:'未可即杀,且欲当朝上奏,御前缚之,镶系于狱。'楚曰:'善。'文都怀奏入殿,临欲施行,赵季卿私告之,世充遂奔含嘉以作乱。是(将)〔时〕宫中亦遣使传报世充,为皇姨故也。初,世充妻萧氏早亡,后有胡氏者,复在江都,皇泰主乃以皇姨嫁之。至是争权,遂起兵马。文都等令赵方海前后追世充,世充乃托疾不受召。"按世充正为与文都事李密事相诛耳,恐事不因此。今不取。

九月,王世充与李密战,牵貌类密者过陈前。《革命记》曰:"世充先于众中觅得一人眉目状似李密者,阴畜之而不令出。师至偃师城下,与李密未大相接,遽令数十骑驰将所畜人头来,云杀却李密。充佯不信,遣众共看,咸言是密头也。遂于城下勒兵,掷头与城中人,城中人亦言是密头也,遂以城降。"今从《壶关录》。

乙卯,薛仁果遣高塘伪以城降。《实录》云:"乙卯,宇文歆攻高塘城,下之。"今从《刘感传》。

仵士政劫常达降薛仁果。《新》《旧唐书》皆云:"薛举遣仵士政伪降达,士政劫达以见举。"据《实录》,薛举前已死,此月达再击仁果及士政劫达,皆有日月。今从《实录》。

李育德以武陟来降。《旧唐书·高季辅传》云:"与李厚德来降。"按以武陟来降乃育德,非厚德也。

刘兰成破臧君相。《旧书》作"刘兰",云:"颇涉经史,善言成败。然性多凶狡,见隋末将乱,交通不逞,于时北海完富,兰利其子女玉帛,与群盗相应,破其乡城邑。武德中,淮安王神通为山东道安抚大使,兰率宗党归之。"《革命记》序其事颇详,今从之。

十一月,李轨称帝,改元安乐。按《轨传》云,轨称凉王,即改元安乐。今据《实录》。

遣李密诣山东。《高祖实录》:"未几,闻其下兵皆不附王充,令密收集余众以图洛阳。密言于高祖曰:'臣入朝日浅,不愿违离。又在朝公卿,未甚委信,感得陛下腹心左右与臣同去。'高祖曰:'朕推赤心于人,终无疑阻,但有益国利人,即当专决。'"今从《蒲山公传》。

王须拔中流矢死。《革命记》云:"须拔众散奔突厥,突厥以为南面可汗。"今从《唐书》。

十二月,尧君素守河东,帝遣庞玉等诣城下为陈利害。《高祖实录》云:"令宇文士及为陈利害。"按宇文化及为窦建德所擒,士及乃自归于唐。《实录》误也。今从《隋书》。

君素射其妻,应弦而倒。《实录》云:"妻号恸而去。"今从《隋书》。

以罗艺为幽州总管。《创业注》:"艺以武德元年二月降。"《旧》云三年,《新书》云二年,皆误也。今从《实录》。

李密叛,盛彦师斩之。《河洛记》:"密因执驿使者斩之,晓入桃林,诈县官翻据县,城中惊悸,莫敢当者,驱掠畜产趋南山。时右翊卫将军、上柱国、太平公史万宝在熊州,既闻密叛,遣将刘善武领兵追蹑。善武兄善绩往在洛口,为密所屠,善武因此发愤,志在取密,十日十夜,倍道兼行,百方罗捕,无暂休息。追至陆浑县南七十里,与密相及,连战转斗,一步一前,驱密于邢公山,与王伯当死之。"今从《实录》及《旧书》。

高开道自称燕王,改元始兴。《实录》《唐书》皆无开道年号。柳璨注《正闰位历》云

"年号天成"，李昉《历代年号》亦如之。宋庠《纪年通谱》："武德元年，开道年号始兴。"云出《历代纪要录》。此号未知孰是，今从《纪要》。

二年正月，隋张镇周。《高祖实录》作"镇州"，今从《隋书·陈稜传》。

闰月，窦建德斩宇文化及。《隋书》云："载之河间，斩之。"《唐书》云："至大陆，斩之。"《河洛记》云："建德将化及并萧后、南阳公主随军。于时襄国郡尚为隋守，建德因其回兵，欲攻之，营于城下，遣大理官引化及出营东南二里许，宣令数其罪，并二子一号魏王，一号蜀王，同时受戮。"按蜀王乃士及所封，今不取。

建德以崔君肃为侍中。《革命记》作"君秀"，今从《旧·建德传》。

许绍来降。《旧书·传》云世充篡位乃来降。按世充篡在四月。《实录》绍降在此，今从之。

王世充与唐兵战于九曲，程知节来降。《河洛记》："二月，王〔世〕充将兵围新安，将军程咬金帅其徒以归义。"按新安乃毂州也。而梁载言《十道志》，九曲在寿安。寿安乃熊州也，或者世充亦寇熊州乎？

突厥始毕可汗卒。《高祖实录》："六月己酉，始毕可汗卒。"疑遣使告丧月日也。今从《旧书·本纪》《列传》。

六月，姜宝谊、李仲文为刘武周所虏。《旧·裴寂传》云："宝谊、仲文相次陷没。"按《实录》，二人败处皆在雀鼠谷，贼将黄子英阳不胜以诱之，遇伏而没，事迹相同，必一时共战，借被擒耳。

八月丁未，窦建德陷洺州。《实录》作"甲子"，盖奏到之日。今从《革命记》。

九月己巳，建德陷相州。《实录》作"庚辰"，盖亦奏到之日。今从《革命记》。

裴寂言刘文静。《高祖实录》《唐书》《唐历》等皆以文静之死由于裴寂。今据《实录》，裴寂此年六月为晋州道行军总管，讨刘武周，此月丁丑，与宋金刚败于介州，去文静死才七日，此时不当在京师。《实录》曰："高祖低回者久之。"盖寂未行时，先有此言，高相未忍杀，至是乃决意耳。

庚寅，窦建德陷赵州。《实录》今年三月建德陷赵州，此又云陷赵州，盖重复。或三月是贝州，《唐统纪》唯有九月陷赵州，今从之。

乙未，梁师都复寇延州。《太宗实录》云："经数月，师都又来寇。"按丙寅九月朔，寇延州。乙未，九月晦也。今从《高祖实录》。

十月，窦建德克黎阳。《实录》，黎阳陷在十一月丙子，盖亦奏到之日。今从《革命记》。

建德使李世勣守黎阳。《革命记》云："使与其将高雅贤守新乡。"按是时新乡犹属王世充，使刘黑闼守之，世勣既事建德，乃为建德攻下新乡，虏黑闼耳。今从《唐书》。

十二月，宋金刚遣尉迟敬德等至夏县，永安王孝基军大败。《高祖实录》云："战于下邽县。"按下邽乃在关中，去夏县殊远，《实录》之误也。今从《旧书·孝基传》。

窦建德遣曹旦等济河。《实录》在来年正月，今从《革命记》。

三年正月，贼帅李文相号商胡。《革命记》作"伤胡"，今从《河洛记》。

商胡母霍氏自称霍总管。《革命记》云："商胡母张氏，号'女将军'。"今从《河洛记》。

三月，赵郡公孝恭击斩萧阇提。《旧书·萧铣传》云："孝恭讨之，拔其开、通二州，斩其伪东平王萧阇提。"按《实录》云："冉肇则陷夹通州。"又云："孝恭复开、通二州。"若二州本属铣，不当云"我"与"复"，盖肇则先据开州，又陷通州，以地附铣，铣使阇提助之耳。

五月，秦王世民屠夏县。《高祖实录》："帝曰：'平薛举之初，不杀奴贼，致生叛乱，若不尽诛，必为后患。'诏胜兵者悉斩之。"疑作《实录》者归太宗之过于高祖，今不取。

七月壬午，世民至新安。《高祖实录》："丙戌，至新安。"盖据奏到之日。今从《河洛记》。

世民为王世充所围。《太宗实录》云："师次穀州，王充以精兵三万来拒战，太宗率轻骑挑之，众寡不敌，被围数重。太宗引弓驰射，皆应弦而倒，获其大将燕顾，贼乃退。"《旧书·太宗纪》云："太宗命左右先归，独留后殿。世充骁将单雄信数百骑夹道来逼，交枪竞进，太宗几为所败。太宗左右射之，无不应弦而倒，获其大将燕顾。"《单雄信传》云："太宗围逼东都，雄信出军拒战，援枪而至，几及太宗。徐世勣呵止之，曰：'此秦王也。'雄信惶惧，遂退，太宗由是获免。"按刘𫗧《小说》："英公勣与海陵王元吉围洛阳，元吉恃膂力，每亲行围。王世充召雄信告之，酌以金碗，雄信尽饮驰马而出，枪不及海陵者一尺。勣惶遽连呼曰：'阿兄，此是勣主。'雄信乃揽辔而止，顾笑曰：'胡儿不缘你，且竟。'"《旧书》盖承此致误耳。雄信若知是秦王，则取之尤切，安肯惶惧而退！借如《小说》所云，雄信既受世充之命，指取元吉，亦安肯以勣故而舍之。况元吉之围东都，勣乃从太宗在武牢。今皆不取。

获燕琪。《高祖实录》作"燕顷"，《太宗实录》作"燕倾"，《旧·太宗纪》作"燕顾"。今从《河洛记》。

八月，世充使杨公卿等攻回洛。《革命记》作"公郷"。《河洛记》《唐书》作"公卿"，今从之。

九月辛巳，世民登魏宣武陵，尉迟敬德救世民，擒陈智略。《实录》："丙戌，太宗与世充相遇于魏宣武陵，击大破之，斩数千级，获陈智略。"《旧书·敬德传》："太宗既释之，是日从猎于榆窠，世充领步骑数万来战，单雄信直趋太宗，敬德刺雄信坠马，翼太宗出围，更帅骑兵交战，擒陈智略。"据擒智略，则宣武、榆窠之战，共是一事也。《实录》据奏到日。《河洛记》在二十一日，今从之。

十月，罗士信拔硖石堡。《河洛记》作"峡石堡"，今从《实录》。

十一月，郭子和南徙。《子和传》云："四年，拔户口南徙。"按处罗可汗以今年卒，故置此。

突厥谋使突利可汗入寇。《旧·突厥传》："大业中，突厥年数岁，始毕遣领其东牙之兵，号泥步设。颉利嗣位，以为突利可汗。"按《梁师都传》，此际有泥步设，又有突利可汗。然则突利、处罗时已为小可汗，非颉利嗣位后也。《高祖实录》云："处罗欲分兵大掠中国，于怀戎、雁门、灵武、凉州四道俱入。"今从《旧书·梁师都传》。

窦建德击孟海公。《实录》在十二月丙午。盖子时唐始闻之，遣刘世让攻洺州之日也。今从《革命记》。

王世充遣使求救于窦建德。《隋季革命记》曰："世充亦自遣使求救于建德云：'夏王或率领军师来相救援。王取东都、河、洛之地，北收并、汾，南尽杨、越，充乃取京师、蒲、绛以西，通蜀、荆、襄之境，并据山河之险，长为弟兄之国。'"按世充止有河、洛之地，岂肯遽以赂建德！借有是言，建德亦何由肯信！今从《河洛记》。

四年正月，杜伏威遣兵会秦王世民击王世充。《旧书·杜伏威传》："太宗之围王世充，遣使招之，伏威请降，高祖遣使就拜东南道行台尚书令、江、淮以南安抚大使、上杜国，封吴王，赐姓李氏。"按伏威封吴王在太宗讨王世充前。今从《高祖》《太宗实录》。

世民败王世充，获葛彦璋。《太宗实录》云："初，罗士信取千金堡，太宗令屈突通守之。王充自来攻堡，通惧，举烽请救。太宗度通力堪自守，且缓救以骄世充，通举三烽以告急，太宗方出援之。左右未获从，以两骑而进，遇贼骑将葛彦璋，射之，应弦而坠，擒之于陈。后军亦继至，通军复振，表里奋击，王充大败，俘斩六千余人，几获世充。"今从《河洛记》。

二月，李靖说赵郡王孝恭以取萧铣十策。《高祖实录》："孝恭献平铣之策，帝嘉纳之。"《太宗实录·李靖传》："靖说赵郡王孝恭，陈伐萧铣之计，献以十策。高祖以孝恭未更戎旅，三军之任，一以委靖，授靖行军总管，兼摄孝恭长史事。"《孝恭传》："时李靖亦奉使江南，以策干孝恭，孝恭善之，委以军事。"盖靖画策使孝恭上之耳。

三月，太子建成杀降胡六千余人。《实录》前言"四千余户"，后云"六千余计"，盖前言户，后言口也。

四月，处罗可汗。《旧书·郑元璹传》作"叱罗可汗"，今从《实录》。

窦建德留屯累月。《旧书》，停留七十余日。《新书》，六十余日。案二月戊午，沈悦始以武牢降唐，至五月己未，建德败，才六十二日。若沈悦今日降唐，明建德即至，亦不能自固。又吴兢《太宗勋史》："三月己卯，建德率兵十二万次于酸枣。"去败才四十一日，故但云"留屯累月"。

五月，世充诸将曰：虽得出，必无成。《旧书·世充传》云："诸将皆不答。"今从《河洛记》。

李勣请赎单雄信，世民不许。《旧·传》云："高祖不许。"按太宗得洛城即诛雄信，何尝禀命于高祖。盖太宗时史臣叙高祖时事，有诛杀不厌众心者，皆称高祖之命，以掩太宗之失，如屠夏县之类皆是也。

壬申，齐善行以洺、相、魏等州降。《革命记》云："五月七日，善行等至洺州。"《实录》云"壬申，洺、相、魏等州降"者，盖降使到之日也。月末又云"裴矩等以八玺降"，盖玺到之日也。

七月，以苏世长为谏议大夫。《旧·本纪》及《唐历》《年代记》《唐会要》，皆云五年六月，置谏议大夫。按世长自谏议历陕州长史、天策府军咨祭酒，四年十一月，已预十八学士。据《旧·职官志》，"四年，置谏议大夫"。今从之。

秦王世民献俘于太庙。《李勣传》云："太宗为上将，勣为下将，与太宗俱服金甲，乘戎辂,告捷于太庙。"今从《唐历》。

丁卯,大赦,孙伏伽谏徙世充余党。伏伽表云:"今月二日发云雨之制。"而赦书乃十二日,或脱"十"字也。又云:"常赦不免咸赦除之。"今赦无此文,岂《实录》录赦不尽欤?

独孤修德杀世充。《旧·传》作"独孤修",今从《河洛记》。

行开元通宝钱。薛珰《唐圣运图》云:"初进蜡样,文德皇后掐一甲,故钱上有甲痕焉。"凌璠《唐录政要》云窦皇后。按时窦后已崩,文德后未立,今皆不取。

甲戌,刘黑闼袭据漳南县。《革命记》:"七月二十七日,众立黑闼为汉东王,建元天造,即入漳南城,锁县官于狱,发使告贝州及诸镇戍等云:'今汉东王为夏王起义兵于漳南,请军会战。'"今据《实录》,甲戌,七月十九日。又黑闼陷相州乃称王改元,在五年正月。今不取。

九月,以卢祖尚为光州总管。《实录》:"丙子,以光州豪右卢祖尚为光州总管。"按《旧·传》,世充自立,祖尚遂举州归款,(虚)〔而〕《实录》此始见之,盖当时止为刺史,至此乃迁总管耳。

十月,秦王世民开文学馆置学士。《旧书》,参军薛元敬承许敬宗下,今从《太宗实录》。咨议典签苏勖,《旧书》作"军咨典签",今从《实录》。宋州总管府户曹许敬宗,《旧书·褚亮传》作"著作佐郎摄记室"。《敬宗传》,拟涟州别驾。今从《实录》。

李靖攻萧铣,散舟舰。《高祖实录》:"癸巳,赵郡王孝恭与萧铣将文士弘相遇于清江合口,击之,获其战舰千余艘,下宜昌、当阳、枝江、松滋四县。"《旧书·孝恭传》:"攻其水城,克之,所得船散于江中。诸将皆曰:'虏得贼船,当藉其用,何为弃之,无乃资贼邪?'孝恭曰:'不然。萧铣伪境,南极岭外,东至洞庭。若攻城未拔,援兵复到,我则内外受敌,进退不可,虽有舟楫,何所用之? 今铣缘江州镇,忽见船舸乱下,必知铣败,未敢进兵,来去觇伺,动淹旬月,用缓我救,吾克之必矣。'铣救兵至巴陵,见船被江而下,果狐疑不敢轻进。"《太宗实录·孝恭传》:"进师至清江,铣遣其将文士弘以兵拒战,击走之,追奔至于百里洲。士弘收兵复战,又败之,追入北江,铣悉兵以拒之。孝恭将战,李靖止之曰:'楚人轻锐,难与争锋,今新失荆门,尽兵出战,此救败之师也,非其本图,势不能久。一日不战,贼必两分,留轻兵抗我,退赢师以自守,此即势携力弱,击之必捷。'孝恭不从,遣靖抚营,自以锐师水战。孝恭果败,奔于南岸。贼委舟大掠,人皆负重,靖见其军乱,进兵击之,贼大败,乘胜进军,入其郛郭。攻其水城,克之,悉取其舟楫,散于江中。贼救兵见之,谓城已陷,莫敢轻进。铣内外阻绝,城中携贰,由是惧而出降。"《唐历》:"孝恭、靖乘胜进兵,攻其水城,克之,悉取其船舰,散于江中。诸将曰:'弃之无乃资敌?'靖曰:'不然。'"云云。如《旧书》所载孝恭语。"既而铣救兵见之,谓城已陷,莫敢轻进,铣由是惧而出降。"按《十道志》,荆门在峡州宜都县界。夷陵,峡州县名。清江,在峡州巴山县界。百里洲,在荆州枝江县界。江自此洲派别,去江陵已近,故铣悉兵死战。《太宗实录》近为得实,今从之。其余则参取四书之语。孝恭以李靖为谋主,盖靖画策而孝恭为诸将言之。今从《唐历》。

十一月,李子通降。《实录》,是月景申,会稽贼帅李子通伏诛。按子通因杜伏威入朝始谋叛伏诛,于时未也。《旧·纪》,是月,子通以其地来降。《新·纪》:"庚寅,李子通降。丙申,谋反。"相去才七日,亦不寣伏威未入朝也。

十二月，刘黑闼攻拔相州。《实录》，黑闼陷相州在来年正月乙酉，盖奏到之日也。今从《革命记》。

李世勣走保洺州。《实录》："世勣与黑闼战于宋州，我师败绩。"《革命记》："李勣为大总管，张士贵为副，领兵二万人入宋州。勣以五百骑自探，闻刘黑闼到南宫，驰至宋州，不入城而西过至洺州，骑马于南门外，唤陈君宾、党仁弘、秦武通等弃城西拔。永年县令程名振见武通狼狈走出，驰马向县取兵口，入城，城人恐相劫掠，即闭城门自守。名振乃于城北门上以绳悬下，将母妻男女步走西去，不逾四五里，母妻等被劫散失，名振脱身而免。黑闼攻宋城，破之，仕贵等以轻骑突围而走，投相州。数日，黑闼大军至洺州。"按《旧·地里志》，武德四年置宗州于宗城县，"宋"字皆当作"宗"。世勣名将，必不至如《革命记》所云，但力不能拒而弃城耳。今从《旧书·黑闼传》。

刘黑闼陷莘州。《实录》作"华州"，《新书》作"业州"。按《地里志》无业州，必莘州也。《十道志》，开皇十六年于莘县置莘州。《旧·志》，武德五年置。

五年正月，秦王世民复取相州。《实录》云："禄州人杀刺史独孤彻，以城应黑闼。"按《地里志》无禄州，盖字误耳。《新书》作"相州"，尤误也。

二月，世民使秦叔宝破黑闼于列人。《实录》："癸亥，秦王击刘黑闼于列人，大破之。"《革命记》："十一月，太宗度河入相州，刘黑闼从洺州勒兵拒王师，置营于邺县东三十里。每日两军皆挑战，而大兵皆不出。经十余日，洺水县人李去惑、李潘买、李开弼等为车骑、骠骑，领兵在刘黑闼营，去惑等背贼营来入洺州城，诳人云：'刘黑闼已败，先走得归。'乃唤得宗室子弟二百余人，守城定，遣使间道以告太宗。太宗遣彭国公王君廓领马军一千五百骑入洺州。经十许日，黑闼引兵攻洺州，行至故列人城西，秦叔宝等以五千骑击之。叔宝等为闼所败，又以伏兵从河下起，横击刘闼，败之。会日暮，收军。其夜三更，贼兵总至洺州城东营，即于城两门掘壕〔坚〕〔竖〕栅，防王〔君〕廓之走。洺州城四面有水，阔五十步已上，深皆三四尺，刘闼于东北角两头填柴运土，作甬道，以撞车攻城。太宗三度将兵击之，贼军阵拒官军，攻城愈急。"按《高祖》《太宗实录》皆以去年十二月命太宗讨黑闼，今年正月始至河北，无十一月度河之事。《太宗实录》亦无列人战事。盖叔宝破贼，秦王奏之耳。又按洺水，洺州属县。去惑、君廓所据者洺水县城，"水"字误作"州"耳。

冯伯让以井州降。《实录》作"并州"。按并州未尝失城，盖是时于井陉县置井州，字之误也。

李艺取定、栾、廉、赵四州。《实录》作"定、率、廉、隋四州"。按河北无率、隋二州。今从《唐统记》。

黑闼陷洺水，罗士信死之。《高祖实录》："王君廓知不可守，溃围而出。秦王谓诸将曰：'谁能代者？'士信曰：'愿以死守。'因遣之。"按君廓若已突围而出，则黑闼围守益固，士信何以复得入城！《革命记》曰："太宗知贼势盛，恐王君廓不能固，以问诸将，士信以为无虑，太宗使士信入守之。太宗登段王墓，以旗招王君廓从南门突围，不得，即向北门，并兵攻捉门人，少退，得出，士信亦以左右二百人入城。经八日，昼夜被攻，木石俱尽，士信被左右执之以降贼。五年正月，城陷，李去惑以数十人突围出，归太宗。去惑复授秦州都督，李潘买拜檀州刺史，李开弼城陷而没，赠上柱国，以公礼葬。"今从之。《高祖实录》，士信死时年二十八，《旧·传》云"年二十"。按士信从张须陀击王薄等，时年十四，若死时年二十八，则在大业四年，于时王薄未为盗。年二十则在大业十〔二〕年，是岁须陀死。今从之。

三月，刘世让屯雁门，突厥攻之不克。《旧·世让传》云："时鸿胪卿郑元璹先使在蕃，可汗令元璹来说之，世让厉声曰：'大丈夫乃为夷狄作说客邪！'经月余，虏乃退。及元璹还，述世让忠贞勇干，高祖下制褒美之。"按高祖称元璹苏武弗之过，安肯为可汗游说！脱或果尔，则元璹唯恐帝知之，安肯称世让忠贞，说之不下邪！据《实录·世让传》无此事，今不取。

四月，或说徐圆朗使不迎刘世彻。《革命记》云："盛彦师以世彻有虚名于徐、兖，恐二人相得，为患益深，因说圆朗使不纳。"按《实录》，彦师奔王薄，与薄共杀李义满。三月戊戌，王薄死，丁未，黑闼乃败。彦师在圆朗所时，黑闼未败也。今称或说以阙疑。

八月，改葬隋炀帝于雷塘。《实录》，武德三年六月癸巳，已有诏葬隋帝及子孙。此又云葬炀帝，盖三年李子通犹据江都，虽有是诏，不果葬也。

十月，淮阳壮王道玄战没。《高祖实录》谥曰忠，《本传》谥曰壮，盖后来改谥也。

十一月，帝待世民浸疏，建成、元吉日亲。《高祖实录》曰："建成幼不拘细行，荒色嗜酒，好畋猎，常与博徒游，故时人称为任侠。高祖起义于太原，建成时在河东，本既不宠，又以今上首建大计，高祖不之思也，而今上白高祖，遣使召之，盘游不即往。今上急难情切，遽以手书谕之，建成乃与元吉间行赴太原，隋人购求之，几为所获。及义旗建而方至，高祖亦喜其获免，因授以兵。"又曰："建成帷薄不修，有禽犬之行，闻于远迩。今上以为耻，尝流涕谏之，建成惭而成憾。"又曰："太宗每总戎律，惟以抚接才贤为务，至于参请妃媛，素所不行。"《太宗实录》曰："隐太子始则流宕河曲，逸游是好，素无才略，不预经（论）〔纶〕，于后虽统左军，非众所附。既升储两，坐构猜嫌。太宗虽多礼竭诚，以希恩睦，而妒害之心，日以滋甚。又，巢剌王性本凶愎，志识庸下，行同禽兽，兼以弃镇失守，罪戾尤多，反害太宗之能。于是潜苞毁潜，同恶相济，肤受日闻，虽大名徽号，礼冠群后，而情疏意隔，宠异曩时。"按建成、元吉虽为顽愚，既为太宗所诛，史臣不（能）无抑扬诬讳之辞，今不尽取。

刘黑闼攻魏州。《实录》："十二月甲子，黑闼攻魏州。"盖留安破黑闼奏到之日也。按《革命记》，黑闼攻魏州在十一月，今从之。

十二月壬申，黑闼众溃。《高祖实录》："壬申，太子与黑闼战于魏州城下，破之，闼抽军北遁。甲戌，追闼于毛州，贼背永济渠而阵，接战，又破之。"《旧·传》"六年二月，太子破黑闼于馆陶。"《革命记》："闼遁至馆陶，二十五日，官军至，闼败走。"按馆陶即毛州也。《长历》，十二月戊申，二十五日。甲戌，二十七日。盖《实录》据奏到之日也。《旧·传》尤疏，今从《革命记》。《太宗实录》云："黑闼重反，高祖谓太宗曰：'前破黑闼，欲令尽杀其党，使空山东，不用吾言，致有今日。'及隐太子征闼，平之，将遣唐俭往，使男子年十五已上悉坑之，小弱及妇女总驱入关，以实京邑。太宗谏曰：'臣闻唯德动天，唯恩容众。山东人物之所，河北蚕绵之乡，而天府委输，待以成绩。今一旦见其反覆，尽戮无辜，流离寡弱，恐以杀不能止乱，非行吊伐之道。'其事遂寝。"《新书·隐太子传》云："黑闼败于洺水，太子建成问于洗马魏徵曰：'山东其定乎？'对曰：'黑闼虽败，杀伤太甚，其魁党皆县名处死，妻子系房，欲降无繇，虽有赦令，获者必戮，不大荡宥，恐残贼啸结，民未可安。既而黑闼复振，庐江王瑗弃洺州，山东乱，命齐王元吉讨之。有诏降者赦罪，众不信。建成至，获俘，皆抚遣之，百姓欣悦。贼惧，夜奔，兵追战，黑闼众犹盛，乃纵囚使相告曰：'褫而甲还乡里，若妻子获者，既已释矣。'众乃散，或缚其渠长降，遂禽黑闼。"按高祖虽不仁，亦不至有"欲空山东"之理。史臣专欲归美太宗，其于高祖亦太诬矣。今采《革命记》及《新书》。

六年正月，斩刘黑闼。《革命记》："刘闼走至深州，崔元逊为伪深州总管，刘闼欲至，城中陈列三千余兵，拟纳刘闼，据城拒守，北勾突厥。城人诸葛德威为车骑，领当城之兵。有张善护者，先任乡长，来就军中，语三五少年曰：'可捉刘闼以取富贵，今若不捉，在后终是扰乱山东，废我等作生活。'诸少年咸云：'非诸葛车骑不可。'善护知德威非得酒食不肯出语，乃于家宰一肥猪，出酒一石，延德威而语之，德威许诺。刘闼至，元逊乃请之入城而不许，唯就市中遣铺设而坐食。元逊请以城中兵呈闼，言并精锐，必堪拒守，刘闼喜而许之。元逊乃召兵以呈之，德威以前领健卒出，即就市中擒刘闼，送于洺州皇太子所。元逊与男野义奔突厥。斩黑闼于洺州城西，临刑乃叹"云云。今从《实录》，亦兼采《革命记》。

四月，立皇子元轨等为王。《实录》以皇子元真为邵王，鹤为幽王。《新·本纪》封元玮为蜀王。按高祖子无名元真、鹤、元玮及封邵王者。今从《旧·传》及《唐历》。

七月，张护杀贺若怀广。《实录》上云"张护"，此云"高护"，今从上。

八月，辅公祏反。《旧·传》云："沈法兴据毗陵，公祏击破之。"按法兴武德三年已为李子通所灭。《旧·传》误也。

诏赵郡王孝恭趣江州。《实录》，八月乙丑已云遣孝恭率兵趣江州，至九月戊子又云。盖因徐绍宗等侵边而言之也。

九月，窦伏明以沙州降。《实录》云："伏明斩贺拔威，以城来降。"按五年五月《实录》，瓜州人王幹杀贺拔威以降。则威死久矣，此误也。

七年三月，陈当世屯博望山。《旧·赵郡王孝恭传》作"陈当时"。《旧·李靖传》云："屯当涂。"今皆从《高祖实录》。

四月，定四家为邻，四邻为保。《唐历》云："四家为邻，五家为保。"按《通典》，四邻为保，《唐历》误也。

六月，齐王元吉欲杀秦王世民，太子建成擅募兵。《旧·传》云："建成私召四方骁勇，并募长安恶少年二千余人，畜为宫甲，分屯左、右长林，号为长林兵。"《实录》云："元吉见秦王有大功，每怀妒害，言论丑恶，潜害日甚。每谓建成曰：'当为大哥手刃之。'建成性颇仁厚，初止之，元吉数言不已，建成后亦许之。元吉因令速发，遂与建成各募壮士，多匿罪人，赏赐之，图行不轨。其记室荣九思为诗以刺之曰：'丹青饰成庆，玉帛擅诸请。'而弗悟也。典签裴宣俨因免官改事秦府，谓泄其事，又鸩之。自杀斯人已后，人皆振恐，知其事，莫有敢言。后乃连结宫闱，与建成俱通德妃尹氏，以为内援。"《旧·传》又云："厚赂中书令封伦以为党助。由是高祖颇疏太宗而加爱元吉。"今但择取其可信者书之。

尔朱焕等告杨文幹反。《统纪》云："建成遣郎将尔朱焕、校尉桥公山赍甲以赐文幹，令起兵。焕等行至豳州，惧罪，告之。"刘餗《小说》云："人妄告东宫。"今从《实录》。

徐师誓劝建成举兵。《统纪》作"师誉"，今从《实录》。

帝夜帅宿卫南出山外，明日，复还仁智宫。《实录》云："高祖之出山也，建成忧愤，卧于幕下。天策兵曹杜淹请因乱袭之，建成左右亦有斯请，今上并拒而不纳。"《唐统纪》云："太宗之从内出，夜经建成幕，度建成得卫左右唯有十人，并来跪捧太宗足，皆云：'今日之事，一听王旨，若遣屏除，今其时也。'太宗叱而止之。既而还向府僚说其事，众僚文武并进曰：'文幹为储君谋逆，天下共知，假手宫臣，正合天意。'太宗曰：'寡人始奉恩旨，何忍旋踵即有所违，卿与之言，必无此理。'府僚又请，终拒而不听。"按是时高祖无诛建成意，左右何敢辄杀之！今不取。

八年四月，西突厥可汗请昏，裴矩谓宜许之。《新》《旧·传》皆云封德彝之谋。今从《实录》。

七月，秦王世民出屯蒲州以备突厥。《旧·本纪》："八月六日，突厥寇定州，命皇太子往幽州，秦王往并州，以备突厥。"《唐历》亦同。今据《实录》，七月秦王出蒲州，八月无太子往幽州、秦王往并州事。

八月，突厥寇灵武。《实录》《统纪》并云"寇广武"。按北边地名无广武，下云灵州都督败之，盖"灵武"字误耳。

九年三月，欧阳胤在突厥，帅其徒五十人谋袭可汗。《实录》云"五千人"。按奉使安得五千人，盖"十"字误作"千"字耳。

六月，秦王世民谋诛建成、元吉，问于李靖、李世勣，皆辞。《统纪》云："秦王惧，不知所为。李靖、李勣数言大王以功高被疑，靖等请申犬马之力。"刘餗《小说》："太宗将诛萧墙之恶以主社稷，谋于卫公靖，靖辞；谋于英公徐勣，勣亦辞。帝由是珍此二人。"二说未知谁得其实。然刘说近厚，有益风化，故从之。《旧·建成传》又云："封德彝密劝太宗诛建成，世民不从。德彝更言于上曰：'秦王既有大功，终不为太子之下，若不立之，愿早为之所。'又说建成作乱，曰：'夫为四海者不顾其亲。汉高乞羹，此之谓矣。'"按《许敬宗传》云："敬宗父善心及虞世南兄世基，皆为宇文化及所杀，封德彝时为内史舍人，备见其事，尝谓人曰：'世基被诛，世南匍匐而请代；善心之死，敬宗舞蹈以求生。'人以为口实，敬宗衔之。及为德彝立传，盛加其恶。"疑此亦近诬，今不取。

王晊密告世民，以太子语齐王欲使壮士杀秦王。《旧·传》以为建成实有此言而晊告之。按建成等前酖秦王，高祖已知之。今若明使壮士拉杀而欺云暴卒，高祖岂有肯信之理！此说殆同儿戏。今但云晊告建成等，则事之虚实皆未可知，所谓疑以传疑也。

张公谨取龟投地。《唐历》云："卜卦未毕，张公谨适自外至，谏曰：'夫事不可疑而疑者，其祸立至。今假使卜之不吉，其可已乎？'遂折蓍。秦王曰：'善。'"今从《旧唐书》。

七月己丑，以秦叔宝、程知节、尉迟敬德为将军。《唐历》，三人除官皆在癸巳。今从《实录》。

丙申，太子下令：事连东宫及李瑗者，不得相告。《太宗实录》，"六月丙申"。《唐历》脱"七月"而在"壬辰"下。按六月无丙申。丙申，七月十日也。今从《唐历》。

八月，太宗与突厥颉利可汗盟。刘𫗧《小说》："武德末年，突厥至渭水桥，控弦四十万。太宗初亲庶政，驿召卫公问策。时发诸州军未到，长安居人胜兵昔不过数万，胡人精骑腾突挑战，日数合。帝怒，欲击之，靖请倾府库赂以求和，潜军邀其归路，帝从其言，胡兵遂退。于是据险邀之，虏弃老弱而遁，获马数万匹，金帛一无遗焉。"今据《实录》《纪》《传》，结盟而退，未尝掩袭，《小说》所载为误。

十月，葬息隐王建成、海陵剌王元吉，魏徵表请陪送至墓所。《高祖实录》《建成元吉传》："太宗践阼，改葬加谥。"《太宗实录》及《本纪》皆不书葬月日，唯《唐历》在此年十月。《贞观政要》此表在二年。据此年七月魏徵为谏议大夫，宣慰山东，王珪亦未为黄门侍郎，葬建成、元吉恐在后，但别无年月日可附，今且从《唐历》。

萧瑀、陈叔达免官。《旧·传》："太宗以玄龄等功高，由是忤旨，废于家。俄拜少师，复为左仆射，坐与叔达忿争免。"按《实录》，忿争在作少师前，今从之。

资治通鉴考异卷第十

端明殿学士兼翰林侍读学士太中大夫提举西京嵩山崇福宫上柱国河内郡开国公食邑二千六百户食实封一千户臣　司马光　奉敕编集

唐纪二

太宗贞观元年正月，定律，加役流，居作三年。《新》《旧·刑法志》皆云"居作二年"，今从王溥《唐会要》。

九月，杜淹参预朝政。《实录》云"杜淹署位"，不知所谓署位何也，今从《新书·宰相表》。是时宰相无定名，或云参预朝政，或云参知机务之类甚众，不知其人衔否也。如李靖"三两日一至门下、中书平章政事"，魏徵"朝章国典，参议得失"之类，则决不入衔矣。

十月，遣李公掩慰谕冯盎。《魏文贞公故事》作"李公淹"，又有前蒲州刺史韦叔谐偕行。今从《实录》。

十二月，以孙伏伽为谏议大夫。韩琬《御史台记》："伏伽武德中自万年主簿上疏极谏，太宗怒，命引出斩之。伏伽曰：'臣宁与关龙逢游于地下，不愿事陛下。'太宗曰：'朕试卿耳。卿能若是，朕何忧社稷！'命授之三品。宰臣曰：'伏伽匡陛下之过，自主簿授之三品，彰陛下之过深矣，请授之五品。'遂拜为谏议大夫。"按《高祖实录》，"武德元年，伏伽自万年县法曹上书，高祖诏授治书侍御史"。《御史台记》误也。今据《魏徵故事》。

敕勒诸部多滥葛、仆固。《旧书》"敕勒"作"铁勒"。《新书》云：即元魏时高车，"或曰敕勒，讹为铁勒"。今从《新书》。《旧书》"多滥葛"作"多览葛"，又作"多腊葛"。今从《实录》《唐统纪》。又《旧书》"仆固"或作"仆骨"。按胡语难明，以中国字写之，故讹谬不壹。今从《陈子昂集》及《仆固怀恩传》。

薛延陀夷男附于突厥颉利可汗。《旧·铁勒传》云："贞观二年，叶护可汗死，其国大乱，夷男始附于颉利。"按《突厥传》，元年，薛延陀已叛颉利，击走其欲谷设。安得二年始附颉利乎！

薛延陀叛颉利。《旧·阿史那社尔传》，薛延陀、回纥等叛，在武德九年。今从《突厥传》。

西突厥统叶护可汗。《高祖实录》止云"叶护"，《旧传》作"统叶护"，今从之。

帝悦王珪之言，出庐江王瑗姬。《实录》《新》《旧书》皆云："帝虽不出此美人而甚重其言。"按太宗贤主，既重珪言，何得反弃而不用乎！且是人汎侍左右，又非嬖宠著名之人，太宗何爱而留之！今从《贞观政要》。

帝责王珪、温彦博，既而悔之。《魏文贞公故事》："太宗曰：'人皆以祖孝孙为知音，令教声曲，多不谐préached，其未至精妙，为不存意乎？'乃敕所司令〔与〕〔举〕其罪。公进谏曰：'陛下生平不爱音声，今忽为教女乐责孝孙，臣恐天下怪愕。'太宗曰：'汝等并是我心腹，应须中正，何乃附下罔上为孝孙辞!'温彦博等拜谢。公及王珪进曰:'陛下不以臣等不肖,置之枢近,今臣所言,岂是为私。不意陛下责臣至此! 常奉明旨,"勿以临时嗔怒,即便曲从,成我大过"。臣等不敢失坠,所以每触龙鳞。今以为责,只是陛下负臣,臣终不负陛下。'太宗怒未已,怫然作色。公又曰:'祖孝孙学问立身,何如白明达? 陛下平生礼遇孝孙,复何如白明达? 今过听一言,便谓孝孙可疑,明达可信,臣恐群臣众庶有以窥陛下。'太宗怒乃解。今从《旧·传》。

三年六月,诏文武官言得失,马周代常何陈事。《旧·传》云贞观五年。据《实录》,诏在此年,五年不见有诏令百官上封事。今从《唐历》附此。

闰月,颜师古请作《王会图》。《实录》《新》《旧·传》皆云"正会图"。按《汲冢周书》有《王会篇》,柳宗元《铙鼓歌》、吕述《黠戛斯朝贡图》皆作"王会",今从之。

四年二月,李靖、李世勣相与谋袭颉利。《旧书·靖传》以为谋出于靖,《勣传》以为谋出于勣,盖二人相与谋耳。

苏定方为前锋,颉利走,靖军至,虏众溃。《旧书·靖传》曰:"靖军逼其牙帐十五里,虏始觉。"《定方传》曰:"靖使定方为前锋,乘雾而行。去贼一里许,忽然雾歇,望见其牙帐,掩击,杀数十百人,颉利畏威先走。"今从《唐历》。

三月,苏尼失获颉利,张宝相俘送京师,苏尼失降。《太宗实录》云:"苏尼失举众归国,因以颉利属于军吏。"《旧·传》云:"苏尼失令子忠禽颉利以献。"盖宝相逼之,而苏尼失使忠献之也。

五月,以阿史那思摩为北开州都督。《旧·传》云为化州都督。按化州乃突利故地,安得云统颉利旧部落也。

萧瑀劾奏李靖。《旧·传》:"御史大夫温彦博害其功,谮靖军无纲纪,致令虏中奇宝散于乱兵之手。"据《实录》,彦博二月已为中书令,三月始禽颉利。今从《实录》。

七月,萧瑀气刚辞辩,房玄龄等不能抗,帝多不用其言。《旧·传》云:"玄龄等心知其是,不用其言。"按玄龄若用心如此,安得为贤相! 且事之用舍在太宗,非由玄龄。今不取。

六年正月,魏徵谏封禅。《实录》《唐书·志》及《唐统纪》皆以为太宗自不欲封禅,而《魏文贞公故事》及王方庆《文贞公传录》以为太宗欲封太山,徵谏而止。意颇不同,今两存之。

三月,徵谏资送公主倍于长主,皇后赏之。《旧·文德皇后传》云:"使赍帛五百匹,诣徵第赐之。"《魏文贞公故事》云:"遣中使赍钱二十万、绢百疋,诣公宅宣命。"今从《旧·魏徵传》。

七月,西突厥设卑达官。《新·传》作"没卑达干",今从《旧·传》。

立泥孰为奚利邲咄陆可汗。《旧·传》"册为吞阿妻状奚利邲咄陆可汗",《新·传》"册号吞阿娄拔利邲咄陆可汗"。今从《实录》。

九月,尉迟敬德殴任城王道宗。《唐历》云:"尝因内宴,于御前殴宇文士及曰:'汝有何功,合居吾上!'太宗慰谕之,方止。"今从《旧·传》。

七年九月,死囚三百九十人自诣朝堂。四年《实录》云:"天下断死罪,止二十九人。"今年《实录》乃有二百九十九人,何顿多如此! 事已可疑。又白居易《乐府》云:"死囚四百来归狱。"《旧·本纪》《统纪》《年代记》皆云"二百九十人"。今从《新书·刑法志》。

十二月，帝从上皇置酒未央宫。《旧·高祖纪》："八年，阅武于城西，高祖亲自临视。还，置酒于未央宫。"《高祖实录》不记年月，据《太宗实录》，八年正月，颉利可汗死。今从《唐历》。

八年正月，帝欲分遣大臣为诸道黜陟大使。《实录》《旧·本纪》但云"遣萧瑀等巡省天下"。按时止有十道，而《会要》《统纪》皆云"发十六道黜陟大使"，据姓名止十三人，皆所未详，故但云诸道。

五月，吐谷浑可汗伏允。《实录》，十年立诸曷钵，诏称"伏允"为"顺步萨钵"。今从《旧·传》。

伏允寇兰、廓，遣段志玄击之。《实录》，六年三月，吐谷浑寇兰州，不云遣志玄击之，吐谷浑寇兰、廓二州，无年月。《新·本纪》，此夏遣志玄。《实录》，十月，志玄破吐谷浑。故参酌置此。又《新书·本纪》，是夏，吐谷浑寇凉州，遣志玄等伐之。《实录》，十月辛丑，志玄破吐谷浑，而不书遣将日月。《新·纪》亦无破吐谷浑月日。《实录》寇凉州在十一月。今参用之。

十一月，吐蕃赞普弃宗弄讚。《太宗实录》"赞普"作"赞府"。《高宗实录》"弃宗"作"器宗"。今从《旧·传》。

下诏讨吐谷浑。《旧·传》云："吐谷浑拘赵德楷，太宗遣使宣谕十余返，竟无悛心。九年，诏李靖等讨伐。"《太宗实录》，己丑，吐谷浑拘我行人赵德楷，即此诏。十二月，遣李靖等。今从《实录》。据《旧·传》，拘德楷在前，据《实录》，此诏先遣使宣谕，后拘德楷，即下诏伐之。今两存之。

十二月，高季辅上言。《贞观政要》，季辅疏在三年。《会要》在八年。按《旧·传》，季辅贞观初拜御史，累转中书舍人。故从《会要》置此。

九年闰四月，任城王道宗败吐谷浑于库山。《旧·道宗传》云："贼闻军至，走入嶂山，已行数千里。诸将议欲息兵，道宗固请追讨，李靖然之，而君集不从。道宗遂率偏师并行倍道，去大军十日，追及之。贼据险苦战，道宗潜遣千余骑逾山袭其后，贼表里受敌，一时奔溃。"库山、嶂山不知其所以为同异。据嶂山已行数千里，今不取，今即以为库山之战也。

侯君集请深入。《旧·道宗传》云："道宗固请追讨，李靖然之，而君集不从。"《靖传》云："军次伏俟城，吐谷浑烧去野草，以馁我师，退保大非川。诸将咸言：'春草未生，马已羸瘦，不可赴敌。'唯靖决计而进，深入敌境，遂逾积石山。"按《实录》："库山之捷，可汗谋将入碛以避官军。道宗复曰：'柏海近河源，古来罕有至者。贼既西走，未知之处，今段之行，实资马力。今马疲粮少，远入为难，未若且向鄯州，待马肥之后，更图进取。'君集曰：'不然。段志玄曩者才至鄯州，贼众便到城下，良由彼国尚完，凶徒阻命。今者一败以后，斥候亦绝，君臣相失，父子携离，乘其迫惧，取同俯拾，柏海虽遥，便可鼓行而至也。'靖又然之。"《道宗传》与《实录》相违。今从《实录》。

李靖等败吐谷浑于牛心堆，又败诸赤水原。《实录》："癸巳，李靖、侯君集、任城王道宗等破吐谷浑于赤水源。"按(下)〔上〕文自库山中分士马为两道，靖趣北路出曼头山，逾赤水,君集、道宗趣南路,历破逻真谷。然则赤水之战,君集、道宗不在彼也,今删去其名。又《吐谷浑传》,获其高昌王慕容孝儁,不知在何战,今亦删去。

五月,薛万均等败天柱王于赤海。《旧·万彻传》作"赤水原",《契苾何力传》作"赤水川"。今从《实录》。

靖闻伏允在突伦川。《吐谷浑传》云:"伏允西走图伦碛。"盖即突伦川,虏语转耳。今从《契苾何力传》。

契苾何力趣突伦川,薛万均引兵从之。《吐谷浑传》云:"万均率轻锐追奔,入碛数百里,及其余党,破之。"盖何力先进,而万均从之也。

侯君集等至柏海,还与李靖军合。《吐谷浑传》,"柏海"作"柏梁",今从《实录》。《实录》及《吐谷浑传》皆云:"君集与李靖会于大非川。"按《十道图》,大非川在青海南,乌海、星宿海、柏海并在其西,且末又在其西极远。据靖已至且末,君集又过乌海、星宿川至柏海,岂得复会于大非川,于事可疑,故不敢著其地。《吐谷浑传》又云:"两军会于大非川,至破逻真谷,大宁王顺乃降。"按《实录》,君集历破逻真谷,又行月余日,乃至星宿川。然则破逻真谷在星宿川东甚远矣,岂得返至其处邪!今从《实录》。

伏允为左右所杀。《吐谷浑传》云:"自缢而死。"今从《实录》。

十一年,武士彟女年十四入宫。《旧·则天本纪》,崩时年八十三。《唐历》,焦璐《唐朝年代记》《统纪》、马总《唐年小录》《圣运图》《会要》皆云八十一。《唐录政要》,贞观十三年入宫。据武氏入宫年十四。今从吴兢《则天实录》为八十二,故置此年。

十三年,西突厥二可汗以伊列水为境。《沙钵罗叶护传》云:"东以伊列河为界。"按《乙毗〔咄〕陆传》云:"自伊列河以西属咄陆,以东属咥利失。"沙钵罗叶护既因咥利失之地,应云西以伊列河为界。今未知二《传》孰误,故但云伊列水为境。

十四年二月,国学升讲筵者至八千余人。《旧·传》云"八十余人",今从《新书》。

八月,侯君集至田城。实录作"田地城",今从《旧·传》。

高昌王文泰与西突厥可汗相结。《旧·传》云:"与欲谷设约。"按欲谷设去岁已败死,今不取。

高昌户八千四十六,口一万七千七百。《旧·传》:"户八千,口三万七千七百。"今从《实录》。

十五年四月,席君买袭击吐谷浑丞相宣王,破之。《旧·传》云:"鄯州刺史杜凤举与威信王合军击丞相王,破之,杀其兄弟三人。"今从《实录》。

十六年九月,褚遂良上疏请复立高昌。《贞观政要》载遂良疏云:"数郡萧然,五年不复。"下言"十六年,西突厥遣兵寇西州。"按《实录》,此年唯有西突厥寇伊州,不云寇西州,盖以伊州隶西州属部,故云尔。自十四年灭高昌,距此适三年耳,何得云五年不复! 或者"三"字误为"五"字耳。《旧·传》置此疏于十八年,盖亦因此而误。十八年无西突厥寇西州事,故附于此。

乙毗咄陆可汗奔吐火罗。《旧·突厥传》云:"都护郭孝恪败咄陆。十五年,屋利啜等请立可汗。"按上已云"十五年册授沙钵罗叶护可汗",下不应更云"十五年",疑"六"字误为"五"字耳。二十年,《实录》叙咄陆兵散,居白水胡城事,亦云"是岁贞观十五年也"。按十六年《实录》,"九月癸酉,以凉州都督郭孝恪为安西都护。"则咄陆寇伊州应在其后,岂得十五年已败散乎!《突厥传》误,盖亦由此。今因孝恪为都护,并言之。

十一月,高丽东部大人泉盖苏文。《旧·传》云"西部大人",今从《实录》。

十九年四月,江夏王道宗将兵数千至新城。《唐历》:"张俭惧敌,不敢深入。江夏王道宗固请将百骑觇贼,帝许之。问往返几日,对曰:'往十日,周览十日,返十日,总经一月,望谒陛下。'遂秣马束兵,经历阻险,直登辽东城南,观其地形险易,安营置陈之所。及还,贼已引兵断其归路,道宗击之尽殪,斩关而出,如期谒见。帝叹曰:'贲、育之勇,何以过此!'赐金五十斤,绢千匹。"今从《实录》。

六月,帝大破高丽,高延寿等降。《实录》云:"李勣奏曰:'向若陛下不自亲行,臣与道宗将数万人攻安市城未克,延寿等十余万抽戈齐至,城内兵士复应开门而出,臣救首拔尾,旋踵即败,必为延寿等缚送向平壤,为莫离支所笑。今日臣敢谢陛下性命恩泽。'帝素狎勣,笑而(领)〔颔〕之。"按勣后独将兵取高丽,岂必太宗亲行邪!此非史官虚美,乃勣诙辞耳。今不取。

八月,莫离支说薛延陀真珠可汗,真珠不敢动。《实录》:"上谓近臣曰:'以我量之,延陀其死矣。'闻者莫能测。"按太宗虽明,安能料延陀之死!今不取。

十月,徙辽、盖、巖三州户口入中国者七万人。《实录》上云,"徙三州户口入内地者,前后七万人。"下癸丑诏书云,"获户十万,口十有八万"。盖并不徙者言之耳。

十二月,田仁会败薛延陀。《高宗实录》云:"会延陀死,耀威漠北而还。"其意指真珠为延陀也。按真珠惮太宗威灵,不敢入寇,又死在九月,而此云冬来寇,必非真珠也。《田仁会传》作十八年,亦误也。

或潛刘洎,诏赐死。《实录》云:"黄门侍郎褚遂良诬奏之曰:'国家之事不足虑也,正当辅少主行伊、霍,大臣有异志者诛之,自然定矣。'太宗疾愈,诏问其故,洎以实对。遂良执证之不已。洎引中书令马周以自明,太宗问周,周对与洎所陈不异。帝以诘遂良,又证周讳之,洎遂及罪。"按此事中人所不为,遂良忠直之臣,且素无怨仇,何至如此!盖许敬宗恶遂良,故修《实录》时以洎死归咎于遂良耳。今不取。

二十年六月,遣李世勣图薛延陀,戒世勣曰:降则抚之,叛则讨之。《旧·李勣传》云:"诏勣以二百骑发突厥兵讨击。"今从《铁勒传》。

世勣至鬱督军山。《勣传》作"乌德犍山",《唐历》云即"鬱督军山",房语两音也。《铁勒传》云:"至于天山。"今从《唐历》。

八月,多滥葛、斛薛等十一姓。《旧·回纥》《铁勒传》作"多览葛",今从《实录》及《本纪》《唐历》。又《回纥传》、陈彭年《唐纪》作"斛萨",《铁勒传》作"解薛"。今从《实录》。《实录》又有契丹、奚,云十三姓。按契丹、奚本非薛延陀所统,又内附已久,尝从征辽,非至此乃降。今从《旧·本纪》。

二十一年正月，以仆骨为金微府。《旧书》作"金徽"，今从《实录》《唐历》。

六月，房玄龄言李纬美髭须，改洛州刺史。《唐历》云："居无何，改纬太子詹事。"今从《旧·传》。

八月，骨利幹煮羊脾熟，日已复出。《实录》《唐历》皆作"羊〔脾〕〔胛〕"。僧一行《大衍历义》及《旧·天文志》《唐统纪》皆作"脾"。《新·天文志》云："腷，羊髀。"按正言羊髀者，取其易熟故也。若煮羊〔脾〕〔胛〕及髀，则虽中国，通夕亦未烂矣。今从《大衍历义》。

十一月，突厥车鼻可汗请入朝，遣郭广敬征之，竟不至。《实录》："诏遣云麾将军安调遮、右屯卫郎将韩华迎之。车鼻徒饰其辞，初无来意，韩华将招歌逻禄共劫之，车鼻觉其谋，华与车鼻子陟苾特勒相射而死，调遮亦被杀。"今从《旧·突厥传》。

二十二年二月，崔仁师流连州。《旧·传》云"流龚州"，今从《新》《旧·本纪》。

十月，以回纥吐迷度子婆闰为瀚海都督。《旧·回纥传》云："诏西突厥可汗阿史那贺鲁统五啜、五俟斤二十余部，居多罗斯水南，去西州马行十五日程。回纥不肯西属突厥。"按贺鲁时为将军，自多逻斯水入庭州，永徽二年乃西遁，自称可汗，所统咄陆五啜，弩失毕五俟斤，唐未尝以回纥隶之也。今不取。

二十三年正月，以布失毕为左武卫中郎将。《实录》云"左武卫翊卫中郎将"，《旧·传》为"武翊卫中郎将"。按《会要》，武德五年，改左、右翊卫为左、右卫。然则于时已无翊卫之名，且布失毕必不独兼两卫之官。今去"翊卫"字。

遣高侃击突厥车鼻可汗，拔悉〔蜜〕〔密〕吐屯肥罗察降。《高宗实录》云："初，突厥车鼻可汗遣其子车钵罗入贡，太宗遣使征之，不至。太宗大怒，遣右骁卫郎将高侃引回纥、仆骨等兵袭击之，其下诸部落相次归降，其子羯漫陀先统拔悉密部，泣谏其父，请归国，车鼻不听。羯漫陀遂背父来降，以其地为新黎州。"《旧·传》云："二十三年，遣右骁卫郎将高侃潜引回纥、仆骨等兵众袭击。其酋长歌逻禄泥执阙俟利发〔乃〕〔及〕拔塞匐处木昆莫贺咄俟斤等，率部落背车鼻，相继来降。车鼻长子羯漫陀先统拔悉密部，车鼻未败前，遣其子〔恭〕〔菴〕铄入朝，太宗嘉之，拜右屯卫将军，更置新黎州以统其众。"今从《太宗实录》。

高宗永徽元年九月，谷那律言瓦为油衣。《旧书·那律传》云：尝从太宗出猎，在涂遇雨，有此语，意欲太宗不为畋猎，太宗悦，赐帛二百段。《唐录政要》高宗出猎有此月日，《唐统纪》亦在此年，今之。

五年三月戊午，幸万年宫。《实录》戊午以下，皆为二月。按《长历》二月丁丑朔，无戊午。戊午，三月十二日也。

萧淑妃有宠。《新》《旧唐书》或作"萧淑妃"，或作"萧良娣"。《实录》皆作"良娣"，废王后诏亦曰"良娣萧氏"。按当时后宫位号无良娣名，唯汉世太子宫有良娣。疑高宗在东宫时，萧为良娣，及即位，拜淑妃也。

六年六月，武昭仪诬王后为厌胜。《旧·传》云："后惧不自安，密与母柳氏求巫祝厌胜，事发，故废。"今从《实录》。

帝欲以武昭仪为宸妃，韩瑗、来济谏。《唐历》在此年四月，今据《实录》。四月，韩瑗、来济未为侍中、中书令。《唐历》又云："瑗、济谏，帝不从。"按立武后诏书，犹云昭仪武氏，然则未尝为宸妃也。今从《会要》。

李义府超拜中书侍郎。《旧·传》云："高宗将立武后，义府密申叶赞，擢拜中书侍郎，同中书门下三品、监修国史，赐爵广平县男。"《新书·本纪》《年表》皆云："是岁七月，义府为中书侍郎参知政事。"《实录》但云"超拜中书侍郎"。《宰辅图》："十一月，自中书侍郎参知政事。"今从之。

九月，长孙无忌、褚遂良谏废王后。《唐历》云："无忌等将入，遂良曰：'今者多为中宫事，遂良欲谏，何如？'无忌曰：'公但极言，无忌接公。'及入，上再三顾无忌曰：'莫大之罪，无过绝嗣。皇后无子，今欲废之，立武士䕍女，何如？'无忌曰：'自贞观二十三年后，先朝托付遂良，望陛下问其可否？'"按如此则是无忌卖遂良也。今不取。

显庆二年闰正月，以西突厥酋长阿史那弥射、步真为流沙安抚大使。《旧·西突厥咄陆传》云："咄陆可汗泥孰，父莫贺设。贞观七年，遣鸿胪少卿刘善因册为吞阿妻状奚利苾咄陆可汗。明年，泥孰卒，弟同娥设立，为咥利失可汗。"《弥射传》云："弥射者，室点密可汗五代孙也，世统十姓部落，在本蕃为莫贺咄叶护。贞观六年，诏遣鸿胪少卿刘善因就蕃立为奚利邲咄陆可汗。其族兄步真欲自立，谋杀弥射，弥射既与步真有隙，以贞观十三年率所部处月、处密部落入朝。其后步真遂自立为咄（六）〔陆〕叶护，部落不服，步真复携家属入朝。弥射后从太宗征高丽有功，封平襄县伯。显庆二年，转右武卫大将军。"《新·传》略同。今欲以咄陆、弥射为二人，则事多相类，以为一人，则事又相违，疑不能明，故但云西突厥酋长。

八月，贬褚遂良为爱州刺史，柳奭为象州刺史。《唐历》："三月甲辰，贬遂良为桂州都督，奭爱州刺史。"据《实录》，"奭坐韩瑗又贬象州"。《新》《旧书》《唐历》皆云爱州，误也。今从《实录》。

十二月，苏定方破西突厥，擒阿史那贺鲁。《旧书·贺鲁传》云："定方行至曳咥河西，贺鲁率胡禄居阙啜等二万余骑列陈而待。定方率任雅相等与之交战，贼众大败，斩大首领都搭达官等二百余人，贺鲁及阙啜轻骑奔窜，渡伊丽河，兵马溺死者甚众。弥射进军至伊丽水，处月、处密等部各率众来降。弥射又进次双河，贺鲁先使步失达官鸠集散卒，据栅拒战。弥射、步真攻之，大溃，又与苏定方攻贺鲁于碎叶水，大破之。"《旧书·本纪》："三年二月，定方平贺鲁。甲寅，西域平，以其地置濛池、昆陵二都督府。"据《实录》，擒贺鲁置二都督皆在此月。《本纪》又非奏到月日。今从《实录》。

三年六月，程名振、薛仁贵破高丽，斩首二千五百级。《旧书·仁贵传》云："显庆二年，副程名振经略辽东，破高丽于贵端城，斩三千级。"今从《实录》。

四年四月，许圉师参知政事。《旧·传》云："二年，同中书门下三品。"《新·传》无年。今从《实录》。

许敬宗诬奏长孙无忌谋反。《实录》："洛阳人李奉节上封事告太子洗马韦季方、监察御史李巢交通韩贵，有朋党之事，诏敬宗与侍中辛茂将鞫之。敬宗按之甚急，李方事迫，自刺不死。又搜奉节，得私书，有题与赵师者，遂奏言：'赵师，即无忌也。阴为隐语，欲陷忠良，伺隙谋反。'上惊曰：'岂当有此，或容恶人间构，小生疑阻，至于即反，犹恐不然。'敬宗奏曰：'臣始末推勘，自奉节有赵师之言，又得伪书，是季方所作，即疑无忌欲反。使其潜行构间，斥除忠臣近戚，此计若行，自然权归无忌。纵迹已露，陛下犹有所疑，恐非社稷之福。'"《旧·无忌传》云："敬宗遣人上封事，称监察御史李巢与无忌交通谋反，诏敬宗与茂将鞫之。"《唐历》《统纪》与《实录》略同。按奉节乃告事之人，推鞫者岂得反搜奉节之家。且与赵师者谁之私书，若是季方书，安得在奉节家！若在奉节家，奉节当执以与讼，何待搜而后得！又既云赵师是无忌，乃是实与无忌书，何得谓之伪书！《实录》叙此事殊卤莽，首尾差舛，不可知其详实，故略取大意而已。《旧·传》所云，虽为简径，然高宗初无疑无忌之心，故李弘泰告无忌反，高〔祖〕〔宗〕立斩之，何至奉节而独令敬宗鞫之也。且《实录》在前而详，《列传》在后而略，故亦未可据也。

高履行贬洪州都督。《旧·传》云三年，误也。今从《唐历》。

七月壬寅，命李勣等覆按无忌事。《唐历》，是日以台州刺史来济为庭州刺史。按济与韩瑗事同一体，瑗方下狱，济岂得移官。《旧书》云，五年徙庭州，近是。

杀柳奭于象州。《旧·传》云："奭累贬爱州刺史，高宗就爱州杀之。"今从《实录》。

韩瑗已死，发棺验尸。《旧·瑗传》云："四年，卒官。明年，长孙无忌死，遣使杀之。使至，瑗已死。"《褚遂良传》："三年，卒官。后二岁追削官爵。"《实录》或因无忌徙黔州，终言之。然诸书多在此月，盖因《实录》《年代记》云，七月辛未，遣使逼无忌自缢。按《长历》，七月丙子朔，无辛未，不可据也。

长孙恩流檀州。《唐统纪》《唐历》皆云"长孙恩"，《新书》云"族第思"。《统纪》《唐历》，长孙诠流巂州，县令希旨杀之在此下。《实录》，"铨流巂州，许敬宗惧其甥赵持满作难，遂杀〔持〕满。"是铨流巂州在前，今从之。

五年二月，苏定方为神丘道大总管，伐百济。《旧书·定方传》《新罗传》皆云定方为熊津道大总管，《实录·定方传》亦同。今从此年《实录》《新唐书·本纪》。又《旧·本纪》《唐历》皆云："四年十二月癸亥，以定方为神丘道大总管，刘伯英为嵎夷道行军总管。"按定方时讨都曼，未为神丘道总管，《旧书》《唐历》皆误。今从《实录》。

十二月，刘仁轨坐督运覆船，白衣从军。《旧·传》云："监统水军征辽，以后期坐免官。"按仁轨从军乃在百济，非征辽也。今从张鷟《朝野佥载》。

龙朔元年三月，诏起刘仁轨检校带方州。《佥载》云："刘仁愿以仁轨检校带方州刺史。"今从《本传》。

百济僧道琛等退保任存城。《实录》或作"任孝城"，未知孰是。今从其多者。

四月，以吐火罗等十六国置州七十六。《唐历》云："置州二十六。"今从《统纪》。

九月，王勃为《檄周王鸡文》。《旧·传》云"檄英王鸡"。按中宗为英王时，沛王贤已为太子，当云周王。

十月，回纥酋长比粟毒。《新书·传》云："婆闰卒，子比粟嗣。"今从《旧·传》。

二年七月，初，刘仁愿、仁轨屯熊津城。去岁道琛、福信围仁愿于百济府城，今云尚在熊津城，或者共是一城，不则围解之后，徙屯熊津城耳。

十月，许圉师免官。《旧·本纪》："十一月辛未，圉师下狱。"《新·本纪》："十一月辛未，圉师贬虔州刺史。"今据《实录》，"辛未，免官。久之，贬虔州刺史"。《旧·纪》，贬虔州刺史在三年二月。《新·本纪》误。

麟德元年十月，以扶馀隆为熊津都尉。《实录》作"熊津都督"。按时刘仁轨检校熊津都督，岂可复以隆为之！明年，《实录》称熊津都尉扶馀隆与金法敏盟。今从之。

十二月，武后预政，中外谓之二圣。《唐历》："群臣朝谒，万方言奏，皆呼为二圣。帝坐于东间，后坐于西间。后随其爱憎，生杀在口。"按武后虽悍戾，岂得高宗尚在，与高宗对坐受群臣朝谒乎！恐不至此。今从《实录》。

二年三月，敕西州都督崔知辩救于阗。《实录》作"西川都督"。按于时未有西川之名，必西州也。

乾封元年八月，武惟良等献食。《旧·传》云："后讽上幸杨氏宅，惟良等献食。"今从《实录》。

总章二年二月，张文瓘为东台侍郎，同三品始入衔。《陈纪》在乾封二年，文瓘始同三品时。今从《旧·本纪》。

十一月，李勣言年将八十。《旧·传》云"勣年（八）〔七〕十六"，临终语弟弼云"年将八十"。《新·传》改云"年逾八十"。按《新》《旧·传》《实录》皆云，"大业末，翟让聚众为盗，勣年十七，往从之。"自大业十三年至此五十二年。若据《新·传》年八十六，则年十七当在开皇时，不得云大业末也。总章元年，贾言忠对高宗云："勣年登八十。"去此止一年。若据《新·传》，勣灭高丽时年已八十五，亦不得云年登八十。今从《实录》。

勣孙敬业袭爵。刘𫗧《小说》云："高宗时群蛮为寇，讨之辄不利，乃除徐敬业为刺史。发卒郊迎，敬业尽放令还，单骑之府。贼闻新刺史至，皆缮理以俟，敬业一无所问，处置他事已毕，方曰'贼安在？'曰：'在南岸。'乃从二仆吏而徒观之，莫不骇愕。贼初持兵觇望，及见船中无人及兵仗，更闭营藏隐。敬业直入其营内，告云：'国家知汝等为贪利所害，非有他恶，可悉归田，后去者为贼。'唯召其帅，责以不早降之意，各杖数十而遣之，境内肃然。其祖英公壮其胆略，曰：'吾不办此。然破我家必此儿也。'"按敬业，武后时举兵，旋踵败亡，若有智勇，何至如此！今不取。

咸亨二年正月，幸东都。《旧·本纪》及《太子弘传》，"正月乙巳，幸东都，留太子于京师监国。"明年十月己未，又云"皇太子监国"。《新·本纪》《唐历》《统纪》皆连岁言太子监国。按离长安时，已留太子监国，及自东都将还，岂得又令监国！据《实录》，此月无监国事，唯明年十月有之。今从之。

上元元年，刘晓上疏。《会要》作"刘峣"，今从《统纪》。

二年四月，太子弘薨。《新书·本纪》云："己亥，天后杀皇太子。"《新·传》云："后将骋志，弘奏请数忤旨。从幸合璧宫，遇鸩薨。"《唐历》云："弘仁孝英果，深为上所钟爱，自升为太子，敬礼大臣鸿儒之士，未尝居有过之地。以请嫁二公主，失爱于天后，不以寿终。"《实录》《旧·传》皆不言弘遇酖。按李泌对肃宗云："高宗有八子，睿宗最幼。天后所生四子，自为行第,故睿宗第四。长曰孝敬皇帝,为太子监国,仁明孝悌。天后方图临朝,乃酖杀孝敬,立雍王贤为太子。"《新书》盖据此及《唐历》也。按弘之死,其事难明,今但云时人以为天后酖之,疑以传疑。

仪凤元年二月,徙安东都护府于辽东故城。《实录》,咸亨元年,杨昉、高侃讨安舜,始拔安东都护府,自平壤城移于辽东州。仪凤元年二月甲戌,以高丽余众反叛,移安东都护府于辽东故城。盖咸亨元年言移府者,终言之也。仪凤元年言高丽反者,本其所以移也。《会要》无咸亨元年移府事。此年云移于辽东故城,今从之。

三年正月,以李敬玄代刘仁轨为洮河大总管。《实录》云:"与仁轨相知镇守,而敬玄之败,仁轨不预。"《新》《旧·传》皆云"以代仁轨",今从之。

九月,敬玄与吐蕃战败,还鄯州。《朝野佥载》曰:"中书令李敬玄为元帅,吐蕃至树敦城,闻刘尚书没蕃,著靴免得,狼狈而走,遗却麦饭,首尾千里,地上尺余。"言之太过,今不取。

刘审礼子易从至吐蕃,审礼已病卒。《新·本纪》:"审礼死之。"按《旧·传》,审礼永隆二年卒于蕃中,《新·纪》误也。今终言之。

娄师德充河源军司马。《御史台记》:"充河源军使。"今从《旧·传》。

调露元年正月,狄仁杰劾奏韦弘机。《旧·传》云:"仪凤中,机坐家人犯盗,为宪司所劾,免官。"《狄仁杰传》云:"时司农卿韦机兼领将作、少府二司,造宿羽、高山、上阳等宫,莫不壮丽。仁杰奏其太过,机竟坐免官。"《统纪》云:"驾幸东都,上游韦弘机所造宿羽、高山等宫,乘高临深,有登眺之美,乃敕弘机造高馆,及成,临幸,即上阳宫也。"今据《实录》,营宫在前。

又奏王本立。《御史台记》曰:"狄仁杰以司农发太原运,句会欠米万余斛。高宗怒曰:'仁杰偷我米。'命杀之。吏部侍郎魏玄同曰:'仁杰健而疏,只是勾当失所,臣委知不偷,请以官爵保明。'久之,高宗意解,仁杰不坐。"案《仁杰传》未尝为司农,今不取。

五月,盗杀明崇俨,求贼不得。《御史台记》:"郑仁恭,本荥阳人也。自监察累迁刑部郎中。仪凤中,明崇俨以奇术承恩宠,夜遇刺杀,敕三司亟推鞫,妄承引,连坐者甚众。高宗怒,促有司行刑。仁恭奏曰:'此辈必死之囚,愿假其数日之命。'高宗曰:'卿以为枉邪?'仁恭曰:'臣识虑浅短,非的以为枉,恐万一非实,则怨气生。'遂缓之。旬余,果获贼矣。朝廷称之。"今从《实录》。

六月,波斯王子泥洹师。《实录》作"泥涅师师",《旧·传》作"泥湟师师",《唐历》作"泥洹师"。今从《统纪》。

命裴行俭册波斯王。《唐纪》云:"波斯王卑路斯入朝未还,请遣使送归。"今从《实录》《唐历》《统纪》《旧·传》。

永隆元年二月,宗城潘师正。《旧·传》:"师正,赵州赞皇人。"今从《实录》。

三月,裴行俭至朔川。《旧·传》作"朔州",今依《实录》及《统纪》。

七月,吐蕃寇河源,黑齿常之击却之。《实录》:"吐蕃大将赞婆及素和贵等(师)〔帅〕众三万进寇河源,屯兵于良非川。辛巳,河西镇抚大使、中书令李敬玄统众与贼战于湟川,官军败绩,副使、左武卫将军黑齿常之帅精骑三千夜袭贼营,杀获二千余级,赞婆等遂退。擢常之为河源军经略大使，诏敬玄留镇鄯州以为之援。"按仪凤三年九月，敬玄已与吐蕃战败于青海，常之夜袭贼营，贼乃退，与此事颇相类。《旧书·敬玄传》，止一败，无再败。《常之传》："仪凤中，从敬玄击吐蕃，走跋地设，充河源军副使。时赞婆等屯良非川，常之夜袭贼营，走之，擢为大使。"事似同时。《新书·敬玄传》，战青海，又战湟川，凡再败。《常之传》，仪凤三年，袭拔地设。调露中，袭赞婆。《唐历》《统纪》皆无今年敬玄败事。又《实录》，今年八月丁巳，敬玄贬衡州刺史。辛巳至丁巳，才三十七日。贾耽《皇华四达记》，自长安至鄯州约一千七百余里。时高宗又在东都，若敬玄败后，累表称疾，得报乃来，至东都，必数日乃贬，非三十七日之内所能容也。今略去敬玄湟川败事，但云吐蕃寇河源，常之击却之而已。

八月，刘讷言流振州。《新·传》云："除名为民，复坐事流死振州。"今从《实录》。

弘道元年四月，绥州步落稽作乱，程务挺讨平之。《金载》云"延州稽胡"，又云"自号月光王"，又云"仪凤中，务挺斩平之。"盖误也。今从《实录》。

端明殿学士兼翰林侍读学士太中大夫提举西京嵩山崇福
宫上柱国河内郡开国公食邑二千六百户食实封一千户臣 司马光 奉敕编集

唐纪三

则天皇后光宅元年三月,丘神勣杀故太子贤。《则天实录》,贤死在二月丘神勣往
巴州下。《旧·本纪》在三月。《唐历》,遣神勣、举哀、追封皆有日,今从之。

九月,薛仲璋收陈敬之系狱。《实录》作"薛璋"。《御史台记》云:"薛仲璋矫使杨府,
与徐敬业等谋反,夜与江都令韦知止子茂道计议。仓曹参军阎识微发之,长史陈敬之不察,抑
识微,令逊谢。仲璋佯事竟,还出郭门,群官毕从。其党韦超遮道告密,复留系问,遂斩敬之。"
今事从《实录》,仲璋从《台记》。

裴炎下狱。《新·传》云:"炎谋乘太后出游龙门,以兵执之,还政天子。会久雨,太后不
出而止。"若炎实有此谋,则太后杀之宜矣。且炎为此谋,必有同党,当炎下狱,崔詧、李景谌辈
无事犹欲陷之,况有此迹,其同党能不首告乎! 又《朝野佥载》:"裴炎为中书令,时徐敬业欲反,
令骆宾王画计取裴炎同起事,宾王足踏壁,静思食顷,乃为谣曰:'一片火,两片火,绯衣小儿当
殿坐。'教狍庄上小儿诵之,并都下童子皆唱。炎乃访学者令解之,召宾王,数唉以宝物锦绮,皆
不言。又略以音乐妓女骏马,亦不语。乃将古忠臣烈士图共观之,见司马宣王,宾王欤然起曰:
'此英雄丈夫也。'即说自古大臣执政,多移社稷。炎大喜,宾王曰:'但不知谣谶何如耳。'炎
〔告〕以谣言片火(非)〔绯〕衣之事,宾王即下,北面而拜曰:'此真人矣。'遂与敬业等合谋。扬州
兵起,炎从内应,书与敬业等合谋,唯有'青鹅'字。人有告者,朝臣莫之能解,则天曰:'此青字
者十二月,鹅字者,我自与也。'遂诛炎。"此皆当时构陷炎者所言耳,非其实也。

李敬业陷润州。《唐纪》云:"李思文拒守四十余日而陷。"按敬业九月丁丑起兵,十一月
庚申败,才四十四日耳。今不取。

李孝逸斩敬业等。《唐纪》:"初,官军逆风不利,俄而风回甚劲,孝逸纵火,贼惧烧而溃。
敬业、猷、之奇、求仁、宾王走归江都,焚簿书、携妻子潜算山下,手书召宗臣。敬业初与宗臣木
契为约,时亡其契,宗臣疑而不赴,或云宗臣已归顺。敬业入海,欲奔东夷,至海陵界,阻风,伪
将王那相斩之求降,余党赴水死。"今从《实录》《唐统纪》。

十二月,斩程务挺。《唐统纪》曰:"既而太后震怒,召群臣谓曰:'朕于天下无负,群臣
皆知之乎?'群臣曰:'唯。'太后曰:'朕事先帝二十余年,忧天下至矣。公卿富贵,皆朕与之,天
下安乐,朕长养之。及先帝弃群臣,以天下托顾于朕,不爱身而爱百姓。今为戎首,皆出于将
相,群臣何负朕之深也! 且卿辈有受遗老臣,倔强难制过裴炎者乎? 有将门贵种,能纠合亡命
过徐敬业者乎? 有握兵宿将,攻战必胜过务挺者乎? 此三人者,人望也,不利于朕,朕能戮
之。卿等有能过此三者,当即为之;不然,须革心事朕,无为天下笑。'群臣顿首,不敢仰视,曰:

'唯太后所使。'"恐武后亦不至轻浅如此。今不取。

垂拱元年正月,太后不夺徐思文姓武。《实录》云:"思文表请改姓武,许之。"盖太后有此言,思文因请之也。今从《唐纪》。

二年三月,鱼保家作铜匦。《统纪》《唐历》皆云八月作铜匦。今从《实录》《旧·本纪》。又《朝野佥载》作"鱼思咺",云"上欲作匦,召工匠,无人作得者。思咺应制为之,甚合规矩,遂用之。"今从《御史台记》。

九月,新丰有山踊出。《统纪》在十二月,今从《实录》。

三年正月,封皇子成美为恒王。《唐历》《旧·本纪》《新·传》皆作"成义",今从《实录》。

四月,苏良嗣留守西京。《实录》《新》《旧·本纪》《统纪》皆无良嗣出守西京年月,今据《唐历》。

五月,张光辅同平章事。《旧·本纪》在四月,《传》在平越王贞后,今从《实录》。

七月,曹玄静讨李思慎等,斩之。《旧书·冯元常传》云:"元常自眉州刺史转广州都督。属安南首领李嗣仙杀都督刘延祐,剽陷州县,敕元常诛之,帅士卒济南海,先驰檄示以威恩,喻以祸福,嗣安徒党多相率归降,因纵兵诛其魁首,安慰居人而旋。"今从《实录》。

十一月,李孝逸流儋州。《新·纪》:"天授元年五月己亥,杀梁郡公李孝逸。"孝逸初封梁郡公,以平徐敬业功,改封吴国公。垂拱三年,减死除名,配流儋州,当削爵矣。《新·传》云"流儋州薨"。《纪》《传》自相违。《唐历》云:"四月十一日,诛益州长史李孝逸。"亦旧任也。《统纪》:"诛李孝逸并其党崔元昉、裴варн期。"《唐历》:"并其党崔知贤、董元昉、裴安期等。"今从《实录》及《旧·传》。

太后欲遣韦待价击吐蕃。《实录》:"十二月壬辰,命待价为安息道行军大总管,督三十六总管以讨吐蕃。"不言师出胜败如何。至永昌元年五月,又云:"命待价击吐蕃。七月,败于寅识迦河。"按《本传》不云两曾将兵,今删此事。

四年七月,韩王元嘉等谋匡复。《旧·传》,"垂拱三年七月",误也。今从《实录》。

八月壬寅,琅邪王冲起兵。《实录》作"丙午",盖据奏到之日也。《旧·传》《本纪》作"壬寅"。按冲以戊申死,而《实录》又云"冲起兵七日而败",然则壬寅是也,今从之。

冲为守门者所杀。《丘神勣传》云:"为勣官吴希智、白丁孟青捧所杀。"今从《实录》及《冲传》。

越王贞举兵。《实录》:"庚戌,贞举兵。九月丙寅,豫州平。"又云:"举兵二十日而败。"庚戌至丙寅才十七日,盖皆据奏到之日耳。

收鲁王灵夔等赴东都,皆自杀。《旧·传》:"灵夔流振州,自缢死。"今从《实录》。

十二月,周矩按骞味道,伏诛。《御史台记》:"味道陷周兴狱。"今从《矩传》。

起天堂五级,至三级则俯视明堂。《旧·薛怀义传》云:"明堂大屋凡三层,计高三百尺。又于明堂北起天堂,广袤亚明堂。"今从《小说》及《通典》。

僧怀义以功封梁国公。《实录》云："怀义监造明堂,以功擢授左武卫大将军,固辞不拜。时有右玉钤卫将军王慈徽、长上果毅元肃然,请与怀义为儿,既而阴有异图,欲奉之为主,怀义密奏其状。由是慈徽等坐斩,进拜怀义辅国大将军,封卢国公,赐物三千段,又表辞不受。"今从《旧·传》。

永昌元年五月,怀义为新平军大总管。《旧·传》:"为清平道大总管。"今从《实录》。

七月,纪王慎子徐州刺史东平王续等皆被诛。《旧·传》云:"慎长子和州刺史东平王续,最知名,早卒。"今从《实录》。

八月甲申,张楚金、郭正一、魏元忠流岭南。《唐历》:"七月二十四日,张楚金绞死。八月二十一日,郭正一绞死。"《年代记》:"七月甲戌,楚金绞死。八月辛亥,郭正一绞死。"《新书·纪》:"八月辛丑,杀郭正一。"今据《实录》,楚金等皆流配未死。《旧书·楚金》《正一》《万顷传》,皆云流岭南。《御史台记》云:"元忠将刑,至于市,神色自若。则天以杨、楚功免死流放,复叙授御史中丞。复陷来俊臣狱,复至市,将刑,神色如初。其傍诸王子戮者三十余尸,重叠委积,元忠顾视曰:'大丈夫少选居此积矣。'曾不介怀。会凤阁舍人王隐客驰骑传呼,敕罢刑,复放岭南。"又云:"前后坐弃市、流放者四。"《旧·传》云:"前后三被流。"今从《旧·传》。

十月,杀鄂州刺史嗣郑王璥等。《唐历》云"抚州别驾",《旧传》"璥"作"敬"。今从《新·本纪》。

嗣滕王脩琦等六人流岭南。《统纪》云:"元婴男脩瑶等五人免死配流。"今从《旧·传》。

天授元年二月,王本立薨。《新·纪》:"丁卯,杀王本立。"《御史台记》:"本立为周兴所诛。"今从《实录》。

四月,范履冰下狱死。《新·纪》:"五月戊子,杀范履冰。"今从《实录》《唐历》。

司刑丞杜景俭。《实录》及《新·纪》《表》《传》皆作"景佺",盖《实录》以草书致误,《新书》因承之耳。今从《旧·纪》《传》。

八月,杀唐宗室,诛其亲党数百家。《实录》作"数千家",今从《旧·本纪》。

十月,杀韦方质。《旧·传》云:"配流儋州,寻卒。"今从《统纪》《新·本纪》。

徐有功争李行褒狱。《新》《旧·传》,有功争行褒,皆在争装本下。按行本得罪在长寿元年一月,时周兴已贬死矣。行褒坐谋复李氏,必在革命后。今置此年之末。

二年正月,改唐太庙。案《实录》,此年三月己卯,改唐太庙为享德庙。据此已袝武氏七庙主,不当至三月方改唐庙。《新·本纪》:"元年十月辛未,改唐太庙为享德庙,以武氏七庙为太庙。"今从《唐统纪》。

二月,立故太子贤之子光顺为义丰王。《旧·传》为安乐王,今从《唐历》《统纪》。

九月,王庆之等数百人上表。《御史台记》作"千余人",今从《旧·传》。

李昭德言当传皇嗣。《旧·传》云:"延载初,凤阁舍人张嘉福令洛阳人王庆之率轻薄恶少数百人诣阙,上表请立武承嗣为皇太子,则天不许。"《唐历》,昭德永昌元年自御史中丞贬振州凌水尉。《实录》，长寿元年始为相。《旧·传》，杖杀庆之在为相后。按《御史台记》，昭德自中丞转凤阁侍郎。盖暂贬凌水，寻召还为凤阁侍郎也。杖杀庆之，据《御史台记》，乃是为凤阁侍郎时，非为相后也。《旧·传》或误以载初为延载。庆之上表或在载初年。《实录》因岑长倩、格辅元之死说及耳。今参取《实录》《御史台记》及《旧·传》之语。

长寿元年一月，擢用存抚使所举人。《统纪》："天授二年二月，十道举人石艾县令王山龄等六十人擢为拾遗、补阙，怀州录事参军霍献可等二十四人为御史，并州录事参军徐昕等二十四人为著作佐郎及评事，内黄尉崔宣道等二十二人为卫佐。"疑与此只是一事。

庐江郭霸。《新·传》名"弘霸"，《旧·传》《御史台记》皆单名"霸"，唯《统纪》延载元年云"弘霸"。《金载》云"应革命举"，盖止谓此时也。今从《台记》。

来俊臣罗告任知古、狄仁杰等。《旧·来俊臣传》云："地官尚书狄仁杰、益州长史任令晖、冬官尚书李游道、秋官尚书袁智弘、司宾卿崔基、文昌左丞卢献等六人，并为罗告。"《李峤传》云："太后使给事中李峤与大理少卿张德裕、侍御史刘宪覆其狱，德裕等虽知其枉，惧罪，并从俊臣所奏。峤曰：'岂有知其枉滥而不为申明哉！孔子曰："见义不为，无勇也。"'乃与德裕等列其枉状，由是忤旨，出为润州司马。"按峤平生行事，恐不能如此，今不取。

六月，吐蕃酋长昝捶。《唐纪》作"昝摇"，今从《实录》。

夏官侍郎李昭德为凤阁侍郎，司宾卿崔神基并同平章事。《旧·昭德传》："举明经，累迁至凤阁侍郎。长寿二年，增置夏官侍郎，以昭德为之。是岁，迁凤阁鸾台平章事。"《新·纪》《表》《传》，皆云"昭德自夏官侍郎迁凤阁侍郎、同平章事"。盖昭德自凤阁为夏官，自夏官复为凤阁也。《娄师德传》："长寿元年，增置夏官侍郎。"今从之。"崔神基"，《实录》作"崔基"，今从《新·纪》《表》。

七月，周矩上疏言制狱。《御史台记》云："书奏，遂授洺州司功。"《旧·薛怀义传》云："矩劾奏怀义，迁矩天官员外郎，竟为怀义所构，下狱免官。"《御史台记》又云："时天官选曹无绪，敕矩监之。侍郎李景谋为矩所制，乃引为员外，不闲于吏道，自此左出矣。"据《旧·传》，矩劾奏薛怀义在后。若此年出为洺州司功，则不当复劾怀义。但《旧·传》矩疏在载初元年一月，是时制狱未息，今因朱敬则疏终言之。

二年正月癸巳，杀皇嗣二妃。《新·本纪》："腊月癸亥，杀皇嗣妃刘氏、德妃窦氏。"《旧·传》云"正月二日"，今从之。

杀户婢团儿。刘子玄《太上皇实录》云："韦（国）〔团〕儿诡佞多端，天后尤所信任。欲私于上而拒焉，怨望，遂徙桐人潜埋于二妃院内，潜杀之。又矫制宣问上。"今从《则天实录》。

庞氏减死，徐有功除名。《旧·有功传》："有功为御史，坐庞氏除名，寻起为左司郎中。"《窦孝谋传》："长寿二年，庞氏为酷吏所陷。"《御史台记》："有功自秋官员外郎坐庞氏除名为流人，月余，授御史。"按《实录》，有功天授初累补司刑丞、秋官员外郎，稍迁郎中，后以公事免，万岁通天元年，擢拜殿中侍御史。今从之。

一月，裴匪躬、范云仙腰斩。《旧·来俊臣传》云："按张虔勖、范云仙于洛阳牧院，虔勖等不堪其苦，自讼于徐有功，俊臣命卫士以乱刀杀之。云仙亦言，历事先朝，称所司冤苦，俊臣命截去其舌。士庶胆破，无敢言者。"按张虔勗天授二年被杀，雲仙此年坐谒皇嗣斩。今从《实录》。

二月，遣刘光业等杀流人。《实录》曰："光业等亦受鸾台侍郎傅游艺之旨。"按天授二年，游艺已死。《旧·游艺传》曰："游艺请则天发六道使。虽身死之后，竟从其谋。"武后本遣万国俊一使，国俊还言诸道流人亦反，故更遣五使耳。游艺岂豫知遣六道使！此所谓天下之恶皆归焉者也。潘远《纪闻》曰："补阙李秦授寓直中书，进封事曰：'陛下自登极，诛斥李氏及诸大臣，其家人亲族流放在外，以臣所料，且数万人，如一旦同心，招集为逆，出陛下不意，臣恐社稷必危。谶曰："代武者刘。"夫刘者流也，陛下不杀此辈，臣恐为祸深焉。'天后纳之，夜中召入，谓曰：'卿名秦授，天以卿授朕也，何启予心！'即拜考功员外郎，仍知制诰，赐朱绂，女妓十人，金帛称是，与谋发敕使十人于十道，安慰流者，其实赐墨敕与牧守，有流放者杀之。天后度流人已死，又使使者安抚流人曰：'吾前发十道使，使安慰流人，何使者不晓吾意，擅加杀害，深为酷暴。其辄杀流人使并所在锁项，将至害流人处斩之，以快亡魂。诸流人未死或他事系者，兼家口放还。'"按当时止诛岭南一道，因万国俊言，更发五道使，非并发十道使也。十道在近地者，何尝有流人也。国俊既以多杀受赏，徐使或病死，或自以它罪流窜，必无并斩之理。今并从《实录》及《旧·传》。

延载元年二月，王孝杰破吐蕃，韩思忠破泥熟俟斤等。此事诸书皆无，唯《统纪》有之。《统纪》又云："又破吐蕃万泥勳没驮城。"语不可晓，今删去。

僧怀义为代北道大总管。《实录》《新·纪》皆云"伐逆道"，今从《旧·怀义传》。

九月，来俊臣坐赃贬。《统纪》云："万岁通天元年五月，监察御史纪履忠劾奏御史中丞来俊臣犯状有五，请下狱理罪。"《御史台纪》："履忠与来俊臣不协，具衣冠而弹之，不果，黜授颜城尉。俊臣诛，授右领军卫胄曹。"《新·传》云："俊臣纳贾人金，为御史纪履忠所劾，下狱当死。后忠其上变，得不诛，免为民。"按《旧·传》云："俊臣为履忠所告，下狱。长寿二年，除殿中丞，又坐赃，出为同州参军。万岁通天元年，召为合宫尉。"《统纪》云万岁通天元年纪履忠劾奏，误也。《王弘义传》云："延载元年，俊臣贬，弘义亦流琼州。"是俊臣长寿二年已前坐赃下狱，此年又坐赃贬。今从《旧·传》。

天册万岁元年正月，韦巨源贬麟州。《旧·纪》《传》《新·纪》《表》《传》皆作"郴州"，《统纪》作"瀛州"。《实录》《唐历》作"麟州"，今从之。

更造明堂、天堂，以怀义充使，又铸铜为九鼎。《旧·传》云："怀义帅人作号头安置之。"按天册万岁元年二月，怀义死，神功元年九鼎始成，《旧·传》误也，或怀义死时方铸耳。

逢敏言天魔烧宫。《金载》以七宝台散（怀）〔坏〕为姚璹之语。今从《实录》。

二月，杀僧怀义。《旧·传》云："人有发其阴谋者，太平公主乳母张夫人，令壮士缚而缢杀之，送尸白马寺。其侍者僧徒皆流窜远恶处。"李商隐《宜都内人传》云："武后篡既久，颇放纵，耽内习，不敬宗庙，四方日有叛逆，防豫不暇。时宜都内人以唾壶进，思有以谏者。后坐帷下，倚檀机与语，问四方事，宜都内人曰：'大家知古女卑于男邪？'后曰：'知。'内人曰：'古有女娲，亦不正是天子，佐伏羲理九州耳。后世孃姥有越出房阁断天下事者，皆不得其正，多是辅昏主,不然抱小儿。独大家革夫姓,改去钗钏,袭服冠冕,符瑞日至,大臣不敢动,真天子也。然今内之弄臣狎人朝夕进御者,久未屏去,妾疑此未当天意。'后曰:'何?'内人曰:'女,阴也;男,阳也。阳尊而阴卑,虽大家以阴事主天,然宜体取刚亢明烈,以销群阳,阳销然后阴得志也。今狎弄日至,处大家夫宫尊位,其势阴求阳也,阳胜而阴亦微,不可久也。大家始今日屏去男妾,独立天下,则阳之刚亢明烈可有矣。如是过万万世,男子益削,女子益专,妾之愿在此。'后虽不能尽用,然即日下令,诛作明堂者。"此盖文士寓言。今从《实录》。

万岁通天元年腊月甲申,封神岳。《统纪》作"壬午",《实录》作"甲申"。按去岁下制云:"腊月十六日有事于神岳。"《长历》,是月甲戌朔,壬午九日,甲申十一日,皆非十六日,今从《实录》。

武攸绪弃官隐嵩山。《旧·传》云:"圣历中,弃官隐嵩山。"今从《实录》。

一月,娄师德为肃边道行军副总管。《实录》云:"己巳,秋官尚书娄师德为肃政御史大夫,知政事如故。"《旧·传》云:"万岁登封元年,转左肃政御史大夫,仍依旧知政事。证圣元年,吐蕃寇洮州,令师德与夏官尚书王孝杰讨之。"按证圣年号在登封前,此《传》尤为谬误。《新·传》云:"师德为河源、积石、怀远军及河、兰、鄯、廓州检校营田大使,入迁秋官尚书,改左肃政御史大夫并知政事。证圣中,与王孝杰拒吐蕃于洮州。"今据《实录》,延载元年一月,自宰相出为营田大使。《新书·宰相表》:"长寿二年,师德平章事。延载元年,出为营田大使。万岁通天元年一月甲寅,师德为左肃政御史大夫、肃边道行军总管。"《统纪》云:"秋官尚书、知政事娄师德充副总管,讨吐蕃。"盖师德之出为营田大使,不解宰相之职。今从《实录》《新·本纪》。

三月,王孝杰免为庶人,娄师德贬原州司马。《新·纪》,四月庚子贬师德,而无免孝杰日。《新·表》:"三月壬寅,孝杰免。"按《实录》"三月壬寅抚州火"下言孝杰等败,盖皆据奏到之日耳。二人同罪,贬必同时,不容隔月,不知果在何日。今但依《实录》,因其军败,终言贬官之事而已。

九月,突厥寇凉州,执许钦明。《实录》云:"吐蕃寇凉州,都督许钦明为贼所杀。"按明年正月默啜寇灵州,以钦明自随。又默啜将袭孙万荣,杀钦明以祭天。《实录》云吐蕃,误也。

吐蕃请和亲。《御史台记》:"论钦陵必欲得四镇及益州通市乃和亲,朝廷不许。制书至河源,纳言娄师德之,曰:'制书到,彼必入寇,奈何?'监察御史南阳张彦先时按河源、积石诸军,谓师德曰:'但稽制书,房必狐疑,吾乃先为之备,虏至必不捷矣。'师德从之。钦陵入寇,果无功,由是得罪于其国。"按师德延载元年一月同平章事,充河源、积石、怀远等军营田大使,万岁通天元年一月为肃边道行军总管,与王孝杰同击吐蕃,败于素罗汗山,寻贬原州司马。是岁吐蕃复求和,钦陵请割四镇之地。神功元年正月,师德复同平章事,九月乃守纳言。《台记》误也。

十月,徐有功拜左台殿中侍御史。《朝野佥载》云:"时来俊臣罗织人罪,皆先进状,敕依,即奏籍没。徐有功出死囚,亦先进状,某人罪合免,敕好,然后断雪。有功好出罪,皆先奉进止,非是自专。"此盖时人见俊臣所诛,有功所雪,往往得其所欲,疑以为先进状耳。若有功一一先奉进止,何至三陷死刑乎! 今不取。

神功元年三月,王孝傑与孙万荣战,大败死之。《朝野佥载》云:"孝傑将四十万众,被贼诱退,逼就悬崖,渐渐挨排,一一落涧,坑深万丈,尸与崖平,匹马无归,单兵莫返。"张鷟语事多过其实,今不尽取。

田归道、阎知微争论默啜和亲。《旧·归道传》云:"圣历初,默啜请和,遣阎知微册为立功报国可汗。知微擅与使者绯袍,归道上言不可。及默啜将至单于都护府,乃令归道摄司宾卿迎劳之。默啜请六胡州,不许,遂拘絷归道。"《突厥传》云:"李尽忠、孙万荣陷营府,默啜请为国讨契丹,许之。默啜部众渐盛,则天遣使册为立功报国可汗。"《朝野佥载》云:"归道为知微副,见默啜,不拜,默啜倒悬,将杀之,元珍谏,乃放之。"按神功元年八月,姚璹左迁益州长史,则与之谷帛,必在此前,非圣历初也。《实录》:"万岁通天元年九月丁卯,以默啜不同契丹之逆,遣阎知微册为迁善可汗。"则时未为立功报国可汗也。册拜此号,《实录》无之,不知的实在何时。今因契丹未平,姚璹未出,附见于此。归道在朝为左卫郎将,何得预论默啜! 盖在道见知微所为而上言耳。其事则兼采诸书可信者存之。

六月,诛乔知之。《唐历》:"天授元年二月十日,诛乔知之。"《新·本纪》:"八月壬戌,杀右司郎中乔知之。"卢藏用《陈氏别传》、赵儋《陈子昂旌德碑》皆云:"契丹以营州叛,建安郡王武攸宜亲总戎律,特诏左补阙乔知之及公参谋帷幕。及军罢,以父年老,表乞归侍。"攸宜讨契丹在万岁通天元年,明年平契丹。《子昂集》有《西还至散关答乔补阙诗》云:"昔君事胡马,余得奉戎旃。携手同沙塞,关河缅幽、燕。叹此南归日,犹闻北成边。"疑知之之死在神功年后。但《唐历》《统纪》《新·纪》杀知之皆在天授元年,今据子昂诗必无误者,然云"犹闻北成边",则军未罢也。又武后云"来俊臣死后,不闻有反者"。故置于此。据《朝野佥载》,知之以婢碧玉事为武承嗣讽人罗告之,斩于市南,破家籍没。此时知之在边,盖承嗣先衔之,至此乃杀之耳。

来俊臣罗织,自宰相以下籍其姓名而取之。《朝野佥载》云:"俊臣尝以三月三日萃其党于龙门,竖石题朝士姓名以卜之,令投石遥击,倒者则先令告。至暮,投李昭德不中。"今不取。

杨玄基以奚兵破孙万荣。《朝野佥载》:"突厥破万荣新城,群贼闻之失色,众皆溃散。"不云为玄基等所破。《实录》但云为玄基及奚所破,不云突厥取新城。要之,契丹闻新城破,众心已离,唐与奚人击之遂溃耳。今两取之。

八月,姚璹左迁,豆卢钦望同三品。《新·表》:"庚子,狄仁杰兼纳言,武三思检校内史,钦望为文昌右相、同三品。"《旧·纪》《传》及《新·纪》皆无之。此月无庚子,仁杰、三思除命在明年,《新·表》误重复。

九月,魏元忠坐弃市流窜者四。《旧·传》云三被流,今从《御史台记》。

圣历元年正月甲子朔,冬至。《实录》云:"正月壬戌,享通天宫。"按《长历》,此年一月壬戌朔,《实录》误也。今从《唐历》《统纪》《新·本纪》。

二月,狄仁杰劝太后召庐陵王,吉顼说张易之、昌宗。世有《狄梁公传》,云李邕撰,其辞鄙诞,殆非邕所为。其言曰:"后纳诸武之议,将移宗社,拟立武三思为储副,迁庐陵王于房陵。诸武阴计，日夜献谋曰：'陛下姓武，合立武氏，未有天子而取别姓将为后者也。'天后既已许，礼问群臣曰：'朕年齿将衰，国无储主，今欲择善，谁可当之？朕虽得人，终在群议。'诸宰臣多闻计定，言皆希旨，仁杰独退立，寂无一言。天后问曰：'卿独无言，当有异见。'公曰：'有之。臣上观乾象，无易主之文，中察人心，实未厌唐德。'天后曰：'卿何以知之？'公曰：'顷者匈奴犯边，陛下使梁王三思于都市召募，一月之外，不满千人。后庐陵王踵之，未经二旬，数盈五万。以此观之，人心未去。陛下将欲继统，非庐陵王，馀实非臣所知。'天后震怒，命左右扶而去之。"按庐陵王为河北元帅，在立为太子后，且当是时睿宗为皇嗣，若仁杰请以庐陵王继统，则是劝太后废立也。此固未可信。或者仁杰以庐陵母子至亲而幽囚房陵，劝召还左右，则有之矣。《谈宾录》曰："圣历二年腊月，张易之兄弟贵宠逾分，惧不全，请计于天官侍郎吉顼。顼曰：'公兄弟承恩深矣，非有大功于天下，自古罕有全者。唯有一策，苟能行之，岂止全家，亦当享茅土之封耳。除此之外，非顼所谋。'易之兄弟泣请之，顼曰：'天下思唐德久矣，主上春秋高，武氏诸王殊非所属意。公何不从容请立庐陵，以系生人之望。'易之乃承间屡言之，则天意乃易。既知顼首谋，乃召问顼，顼曰：'庐陵、相王皆陛下之子，高宗切托于陛下，唯陛下裁之。'则天意乃定。"《御史台记》曰："则天尝控鹤府，顼与易之、昌宗同于府供奉，与昌宗亲狎。昌宗自以贵宠逾分，惧不全，请计于顼"云云，如《谈宾录》。盖太后宠信诸武，诛锄李氏，虽己子庐陵亦废徙房陵，故仁杰劝召还左右，以强李氏，抑诸武耳。张、吉非能为唐社稷谋也，欲求己利耳。若仍立皇嗣，则己有何功？故劝太后立庐陵为太子，而太后从之。然则欲召还庐陵者，仁杰之志也；立为太子者，张、吉之谋也。《谈宾》言圣历二年及以顼为天官侍郎，《台记》谓睿宗为相王，则皆误也。《新·狄仁杰传》云："张易之尝从容问自安计，仁杰曰：'惟劝迎庐陵王可以免祸。'"计仁杰亦安肯与易之深言此事！《狄梁公传》又云："后经旬，召公入，曰：'朕昨夜梦与人双陆，频不见胜，何也？'对曰：'双陆输者，盖为宫中无子。此是上天之意，假此以示陛下，安可久虚储位哉？'天后曰：'是朕家事，断在胸中，卿岂合预焉！'仁杰对曰：'臣闻王者以天下为家，四海之内，悉为臣妾，何者不为陛下家事！君为元首，臣为股肱，臣安得不预焉！'又命扶出，竟不纳。"按于时皇嗣在宫中，不得言无子及久虚储位也。《朝野佥载》云："则天曾梦一鹦鹉，羽毛甚伟，两翅俱折。以问宰臣，群公默然。内史狄仁杰曰：'鹉者，陛下姓也。两翅折者，陛下二子庐陵、相王也。陛下起此二子，两翅全也。'魏王承嗣、武三思连顼皆赤。后契丹反，围幽州，檄朝廷曰：'还我庐陵、相王来！'则天乃忆狄公之言，谓之曰：'卿曾为我占梦，今乃应矣。朕欲立太子，何者为得？'仁杰曰：'陛下内有贤子，外有贤侄，取舍详择，断在宸衷。'则天曰：'我自有圣子，承嗣、三思是何疥癣！'承嗣等惧，掩耳而走。即降敕追庐陵。河内王等奏，不许入城，龙门安置。贼徒转盛，陷没冀州。则天急，乃立庐陵王为太子，充元帅。初，募兵无有应者，闻太子行，北邙山头兵满，无容人处，贼自退散。"按是时睿宗未为相王。又仁杰若言内有贤子，外有贤侄，乃是怀两端也。今采众说之可信者存之。

　　三月己巳，遣徐彦伯召庐陵王。《统纪》云："癸丑，遣职方员外郎徐彦伯往房州，召庐陵王男女入都医疗。"《狄梁公传》曰："后潜发内人十人至房州，宣敕云：'我儿在此，令内人就看。州县长吏，仰数出数入无令混杂。'阴令内人一人以代庐陵王，令庐陵王衣内人衣服，以旧数还，州县不悟。数日达京，朝廷百僚一无知者。"《旧·传》曰："庐陵王自房陵还宫，太后匿之帐中,又召狄仁杰,以庐陵为言。仁杰慷慨敷奏,言发涕流。遽出庐陵,谓仁杰曰:'还卿储君。'仁杰降阶泣贺。既已,奏曰:'太子还宫,人无知者,物议安审是非?'则天以为然,乃复置中宗于龙门,具礼迎归,人情感悦。"《狄梁公传》曰:"天后御一小殿,垂帘于后,左右隐蔽,外不能知。乃命公坐于阶下,曰:'前者所议,事实非小,寐寐反覆,思卿所言,弥觉理非甚乖。朕意忠臣事主,岂在多违,今日之间,须易见见。以天下之位在卿一言,可朕意即两全,逆朕心即俱毙。'公从容言曰:'陛下所言,天下之位,何得专之!以臣所知,是太宗文武皇帝之位,陛下岂得而自有也。太宗身陷锋镝,经纶四海,所〔以〕不告劳者,盖为子孙,岂为武三思邪!陛下身是大帝皇后,大帝寝疾,权使陛下监国,大帝崩后,合归冢嫡。陛下遂奄有神器,十有余年。今议缵承,岂可更异!且姑与母孰亲?子与侄孰近?'云云。天后于是歔欷流涕,命左右塞帘,手抚公背,大叫曰:'卿非朕之臣,是唐社稷之臣!'回谓庐陵王曰:'拜国老。今日国老与尔天子。'公免冠顿首,涕血洒地,左右扶策,久不能起。天后曰:'即具所言,宣付中外,择日礼册。'公挥涕而言曰:'自古已来,岂有偷人作天子!庐陵王留在房州,天下所悉知,今日在内,臣亦不知。臣欲奉诏,若同卫太子之变,陛下何以明臣?'天后曰:'安可却向房陵!只于石像驿安置,具法驾,陈百僚,就迎之。'于是大呼万岁,储位乃定。"按武后若密召庐陵王,宫人十人既知其谋,洛阳至房陵,往来道路甚远,岂得外人都不知乎! 又,《实录》岂能构虚立徐彦伯往迎之事,及有庐陵王至自房州之日! 又,于时若储位已定,岂可自三月来九月始立为太子! 盖庐陵既至,太后以长幼之次欲立之,皇嗣亦以此逊位,故迁延半岁。今皆取《实录》为正。

六月,杨齐庄。《实录》作"杨鸾庄",今从《金载》《旧·传》。

八月,突厥陷定州,杀孙彦高。《朝野金载》曰:"文昌左丞孙彦高,无它识用,性惟顽愚,出为定州刺史。岁余,默啜贼至,围其郛郭,彦高却锁宅门,不敢诣厅事,文按须征发者,于小窗内接入通判。仍简郭下精健,自援其家。贼既乘城,四面并入,彦高乃谓奴曰:'牢关门户,莫与钥匙。'其愚怯也皆此类。俄而陷没,刺史之宅先歼焉。"又曰:"彦高被突厥围城数重,彦高乃入匮中藏,令奴曰:'牢掌钥匙,贼来索,慎勿与。'"恐不至此,今不取。

九月壬申,立庐陵王为皇太子。《实录》云"丙子"。据《唐历》,"甲戌,皇太子显充河北道行军大元帅"。《狄梁公传》亦云:"皇太子为元帅,以公为副。"是先立为太子,后为元帅也。今从《新·本纪》。

王及善请太子外朝。《实录》"辛巳,皇太子朝见。"或作"庙见"。盖睿宗为皇嗣时,止于宫中朝谒,不出外朝,今及善始请太子与群臣俱于外庭朝谒耳。

突厥默啜杀赵、定等州男女万余人。《旧·突厥传》云:"默啜尽抄掠赵、定等州男女八九万人。"《统纪》云:"河北积年丰熟,人畜被掠,斩啜虏赵、定、恒、易等州财帛亿万,子女羊马而去。河朔诸州怖其兵威,不敢追蹑。"今从《实录》。

十月,诛阎知微三族。《朝野金载》云:"则天磔知微于西市,命百官射之。河内王懿宗去七步射,一发皆不中,怯懦如此。知微身上箭如蝟毛。剐其骨肉,夷其九族。小儿年七八岁,驱抱向西市。百姓哀之,掷饼果与者,仍相争夺以为戏笑。监刑御史不忍害,奏舍之。"今从《实录》。

二年四月,吐蕃论赞婆来降。《实录》:"赞婆及其兄弟莽布支等来降,以莽布支为左羽林卫员外大将军,封安国公。"按赞婆弟名悉多(子敷)〔干、勃〕论。明年,吐蕃将麹莽布支寇凉州,与唐休璟战。未详《实录》所云,今删去。

八月,王及善为文昌左相同三品。《新·纪》《表》:"及善同平章事。"今从《实录》。《朝野金载》曰:"王及善才行庸猥,风神钝浊,为内史时,人号为'鸠集凤池'。俄迁文昌右相,无它政,但不许令史奴驴上台,终日追逐,无时暂舍,时人号'驱驴宰相'。"此盖张文成恶及善,毁之耳。今从《旧·传》。

久视元年正月戊寅,武三思罢。《新·纪》《表》皆云:"戊午,贬吉顼为琰川尉。壬申,三思罢。"中间未尝复入相。明年十一月壬申,又云:"三思罢。"日及官皆同,盖误重复耳。今从《实录》。

吉顼贬固安尉。《实录》但云坐事贬流,《金载》《新书》皆云贬琰川尉。今从《御史台记》。

腊月,狄仁杰为内史。《新·纪》《表》:"庚子,文昌左相韦巨源为纳言。十月丁巳,罢。"先时不言巨源为左相,《旧·纪》《传》皆无之,盖主丞误为左相耳。

九月,仁杰荐张柬之等。《梁公传》云:"张柬之、桓彦范、敬晖、崔玄暐、袁恕己皆公所荐。公尝退食之后,谓五公曰:'所恨衰老,身先朝露,不得见五公盛事。冀各保爱,愿尽本心。'五公心知目击,悟悟公意。公寝疾,五公候问,偶对终日,竟无一言。少顷,流涕及枕,但相视而已。五公退出,递不测其由。袁恕己曰:'岂不力气转羸,须问家事乎?'张柬之曰:'未有大贤废国谋家者也。'斯须,命张柬之、袁恕己、桓彦范三公入,余二公立于门外,曰:'向者无言,盖以二公之故。此二公断而不能密,若先与议之,事必外泄。一泄之后,则国异而家亡也。至其时或不与共,事亦不就。梁王三思掌权,可先收而后行也。不然,则必反生大祸。'狄公没后,经岁余,五公潜会于幽闲之处,叙公当时之言,重结盟约,彻馔之后,相顾欲言,未至其时,恐负前诺,欲言又止,前后数四。桓彦范乃叙其言。言犹未毕,闻户牖之外,声若雷霆,须臾风雨,咫尺莫辨,所坐床褥悉掷于阶下。五公战惧,不知所据,乃相谓曰:'此是狄公忠烈之至,假此灵变以惊众心,不欲吾辈先论此事,未至其时,不可复言也。'斯须,天清日明,不异于初。易之等既诛,袁谓张公曰:'昔年遗言,使先收三思,岂可全诸?'张公曰:'但大事毕功,此是机上之物,岂有逃乎!'后梁王交通于内,五公果为所谮,俱遭流窜,所期兴废年月,遗约轨模少无异也。"按柬之等五人偶同时在位,协力立功,仁杰岂能豫知其事,举此五人,专欲使之辅立太子邪!且易之等若有可诛之便,太子有可立之势,仁杰身为宰相,岂待五年之后,须柬之等然后发邪!此盖作传者因五人建兴复之功,附会其事,云皆仁杰所举,受教于仁杰耳。其言谲怪无稽,今所不取。《旧·传》惟著举柬之、彦范、晖三人姓名,今从之。

十月,韦安石逐蜀商。《旧·传》曰:"时凤阁侍郎陆元方在坐,退而告人曰:'此真宰相,非吾属所及也。'"按《新·纪》,元方已罢相。今不取。

长安元年正月,改元大足。《朝野金载》云:"司刑寺囚三百余人,秋分后无计可作,乃于圆狱外罗墙角边作圣人迹五尺,至夜半,三百人一时大叫。内使推问,云'昨夜有一圣人见,身长三丈，面作金色，云："汝等并冤枉，不须怕惧，天子万年，即有恩赦放汝。'"把火照之，见有伪迹，即大赦天下，改为大足元年。识者相谓曰：'武家理，天下足也。'"按改元在春，不在秋，又无赦。今不取。

三月，王求礼不贺雪。《统纪》在延载元年，《金载》在久视二年。《统纪》云"左拾遗"，《金载》云"侍御史"，《御史台记》云"殿中侍御史"。《统纪》云"味道无以对"，《旧·传》云"求礼止之，味道不从。"今年从《金载》，官从《台记》，事则参取诸书。

九月，太后逼邵王重润等令自杀。《重润传》云："重润为人所构，与其妹永泰郡主婿魏王武延基等窃议张易之兄弟何得恣入宫中，则天令杖杀。"今从《实录》。

十一月，命苏颋按覆来俊臣等旧狱。《松窗杂录》曰："中宗常召宰相苏瓌、李峤子进见，二丞相子皆童年，迎抚于赭袍前，赐与甚厚。因语二儿曰：'尔宜意所通书，可为奏吾言之。'颋应曰：'木从绳则正，后从谏则圣。'峤子亡其名，亦进曰：'斩朝涉之胫，剖贤人之心。'上曰：'苏瓌有子，李峤无儿。'"按颋此年已为御史，瓌为相时颋为中书舍人，父子同掌枢密，非童年也。今不取。

三年七月癸卯，朱敬则同平章事。《新·纪》云"壬寅"。《唐历》云"十四日癸卯"，今从之。

戊申，相王旦为雍州牧。《唐历》"十八日丁未"，今从《实录》。

乌质勒与西突厥相攻。武平一《景龙文馆记》作"乌折勒"，今从《新》《旧书》。

九月，苏安恒上疏理魏元忠，张易之等欲杀之，朱敬则等保救得免。《旧·传》云："易之欲遣刺客杀之。"若遣刺客，必不遣人知，敬则等安能保护！盖欲白太后杀之耳。

郑杲谓宋璟：奈何卿五郎。《新》《旧·传》皆作"郑善果"。按善果乃高祖时人，《新》《旧·传》皆误，当从《御史台记》。

八月甲寅，韦安石检校杨州长史。《唐历》云"五日戊午"，今从《实录》。

十二月辛未，杨元嗣告张昌宗问占相。《实录》云："长安四年秋，元嗣告之，太后令凤阁侍郎韦承庆推鞫。"按十一月丁亥，承庆始为凤阁侍郎。今从《唐历》。

太后敕宋璟出使，璟不行。《御史台记》云："易之、昌宗冀璟使后，当列状诛璟。"按易之等若果可以列状诛璟，则何必待其出使然后为之！此盖璟方奏请收禁昌宗，故太后欲遣璟出以散其事耳。璟必欲收禁，故辞不肯行，太后自省理屈，故不迫遣耳。不然，璟若无事不行，太后岂不能以拒违制命罪之邪！又云："时璟家礼会，易之等伺其夕以刺。有密告璟者，乘库车于它所而免。"按若实有其迹，璟安得不自陈于太后！若无其迹，则人妄言耳。今不取。

璟按张昌宗，太后遣使赦之。《御史台记》《唐历》《旧·传》并云"收按易之等"。按止鞫昌宗占相事耳，无缘及之。今所不取。《旧·张易之传》云："宋璟请按易之，则天阳许，寻敕宋璟使幽州按都督屈突仲翔。令司礼卿崔神庆希旨，雪昌宗兄弟。"《唐历》云："桓彦范上疏，不报，璟登时出使。"按《璟传》云"特敕原易之，仍令诣璟谢。"则是昌宗赦免时，璟在都，不出使也。《实录》云"令韦承庆、崔神庆与璟推鞫"，当是璟执正其罪而神庆宽之耳，非璟出使后，神庆始鞫之也。《旧·宋璟》《易之传》自相违。今从《御史台记》。

资治通鉴考异卷第十二

端明殿学士兼翰林侍读学士太中大夫提举西京嵩山崇福宫上柱国河内郡开国公食邑二千六百户食实封一千户臣　司马光　奉敕编集

唐纪四

中宗神龙元年正月壬午，赦，改元。《新·纪》："长安五年正月壬午，大赦。甲子，太子监国，改元。"按《则天实录》，"神龙元年正月壬午朔，大赦，改元"。《旧·纪》《唐历》《统纪》《会要》皆同。《纪年通谱》亦以神龙为武后年号，中宗因之。《新·纪》误也。

张柬之等谋诛张易之，遣李多祚、李湛、王同皎迎太子。《旧·李湛传》曰："湛与右羽林大将军李多祚等诣东宫迎皇太子，拒而不时出。湛进启曰：'逆竖反道乱常，将图不轨，宗社危败，实在须臾。湛等诸将与南衙执事克期诛翦，伏愿殿下暂至玄武门以副众望。'太子曰：'凶竖悖乱，诚合诛夷，然圣躬不豫，虑有惊动，公等且止，以俟后图。'湛曰：'诸将弃家族，共宰相同心匡辅社稷，殿下奈何欲陷之鼎镬！殿下速出自止遏。'太子乃上马就路。"按刘子玄《中宗实录》《唐历》《统纪》皆以此为王同皎之言，而《旧·传》以为李湛进说。今从《实录》《唐历》等，参取《旧·传》。

赏张柬之等有差。《中宗实录》："初，冬官侍郎朱敬则以张易之等权宠日盛，恐有异图。时敬晖为左羽林将军，敬则谓之曰：'公若假皇太子之令，举北军诛易之兄弟，两飞骑之力耳。'晖等竟用其策。及易之、昌宗伏诛，晖遂矜功自恃，故赏不及于敬则，俄出为郑州刺史。"按敬则长安四年以老罢知政事，累转冬官侍郎，而《则天实录》诛易之时有库部员外郎朱敬则，恐误。

二月辛亥，帝诣上阳宫。《实录》《唐历》皆云"乙亥"，误也。当是辛亥。

薛季昶劝张柬之诛武三思。《御史台记》曰："张柬之勒兵于景运门，将收诸武诛之。彦範既以事寝，不欲广诛戮，遽解其兵。柬之固争不果。"《狄梁公传》曰："袁谓张公曰：'昔有遗言，使先收梁王三思，岂可舍诸？'张公曰：'但大事毕功，此是机上之物，岂有逃乎！'"按《旧唐书·薛季昶传》《敬晖传》《唐统纪》《唐历》《狄梁公传》皆以为"张柬之、敬晖不欲诛武三思"，唯《御史台记》以为"柬之固争，而彦範不从"。《新唐书·彦範传》亦云："薛季昶劝诛三思，会日暮事遽，彦範不欲广杀，因曰：'三思机上肉尔，留为天子藉手。'季昶叹曰：'吾无死所矣。'"按柬之时为宰相，首建此谋，当是与桓、敬等皆不可，不应独由彦範也。

柬之等受制于三思。《旧·传》云："诛易之明日，三思因韦后之助，潜入宫中，内行相事，反易国政。后数日，五王皆失柄，受制于三思矣。"事似伤速，今微加删改。

五月，封敬晖等为王。《统纪》曰："太后善自粉饰，虽子孙在侧，不觉其衰老。及在上阳宫，不复栉颒，形容羸悴。上入见，大惊。太后泣曰：'我自房陵迎汝来，固以天下授汝矣，而五贼贪功，惊我至此。'上悲泣不自胜，伏地拜谢死罪。由是三思等得入其谋。"按中宗顽鄙不仁，太后虽毁容涕泣，未必能感动移其意。其所以疏忌五王，自用韦后、三思之言耳。今不取。

五王尊卑，先后不定。《实录》，诛张易之时以张柬之为首，赐铁券以崔玄暐为首，封王及谪为司马、长流皆以敬晖为首，《旧·传》及开元复官诏并以桓彦範为首。按长安四年六月，玄暐为鸾台侍郎、平章事。十月，张柬之自秋官侍郎同平章事，十一月，守凤阁侍郎。诛易之时，唯此二人为相。神龙元年正月，袁恕己自司刑少卿为凤阁侍郎、同平章事。庚戌，柬之为夏官尚书，玄暐守内史，敬晖、桓彦範并为纳言。三月，恕己守中书令。四月，柬之为中书令，敬晖为侍中。五王迁转先后如此。疑《实录》但以诛易之时柬之首谋，故以柬之为首。晖与彦範同为侍中，疑侍中在中书令上，故削诸武表及罢政事皆以晖为首。赐铁券时，玄暐已加特进，晖等罢政方加特进，而玄暐如旧，疑特进虽散阶而品秩最高，故以玄暐为首。彦範与晖同为侍中，而彦範被祸最酷，疑开元诏及史官特以为首，未必以当时位次也。天后、中宗时，侍中疑在中书令上。

八月壬戌，追立赵后。《旧·本纪》云"甲子"，今从《实录》。

二年闰正月，以敬晖等为刺史。《实录》《新·纪》《新》《旧·列传》皆不见崔玄暐及晖等出为刺史年月，惟《旧·纪》及《统纪》《唐历》有此三人。盖玄暐先已出矣，但不知何时。然晖等贬为司马时，乃刺朗、亳、郢、均四州，盖于后又经迁徙矣。《唐历》《统纪》以为在王同皎诛后，今从之。

三月，王同皎为宋之逊等所告，坐斩。《御史台记》曰："同皎与张仲之等谋诛三思，为宋（谈）〔昙〕所发。御史大夫李承嘉、御史姚绍之按问，事连椒宫，内敕宰相同对。诸宰佯寐无所闻，独峤与承嘉窃议，同皎、仲之等遇族。"又曰："张仲之等谋诛武三思，宋之逊子昙知其谋，将发之，未果。会冉祖雍、李悛于路白之，雍、悛以闻。"又曰："张仲之、宋之逊、祖延庆谋于衣袖中发铜弩射三思，伺其便未果。之逊子昙密发之，敕李承嘉与绍之按于新开门内。初，绍之将直其事，未定，敕宰相对问。诸相畏三思，但偭俛佯不闻仲之、延庆言。诸相中有附会三思者，屡与承嘉耳言，复说诱绍之，事乃变，遂密置人力十余，命引仲之对问，至则塞口反接，送系所。绍之还谓仲之曰：'张三，事不谐矣。'仲之固言三思反状，绍之命挝之而臂折，仲之大呼天者六七，谓绍之：'反贼！我臂虽折矣，已输你，当诉尔于天曹！'乃自诬反而遇族。"《朝野佥载》曰："初，之逊谄附张易之兄弟，出为兖州司仓，遂亡归，王同皎匿之于小房。皎，慷慨之士也，忿逆韦与武三思乱国，与一二所亲论之，每至切齿。之逊于帘下窃听，遣倛昙上书告之，以希逆韦之旨。武三思等果大怒，奏诛同皎之党。"《实录》："同皎与周憬等潜谋诛三思，乃招集将士，期以则天灵驾发引因劫杀三思。李悛等知而告三思，三思因言同皎等谋反，竟坐斩。"《唐历》《统纪》亦与《实录》略同，而云："仲之误泄于友人宋之问，之问伪应之，祖雍、之逊亦预其谋，既而背之。李悛，之问甥也，命以告三思，因言同皎谋反。"《旧·传》云："之问左迁泷州参军，未几逃还，匿于张仲之家。仲之与同皎等谋杀武三思，之问令兄子发其事以自赎。及同皎等获罪，起之问为鸿胪主簿。"按三思得幸于中宗、韦后，权倾天下，同皎等若擅自杀之，岂得晏然无事！苟无胁君之志，岂得轻为此谋！又云"袖中发铜弩"，此则殆同儿戏。盖忿疾三思，或与仲之、憬等有欲杀之言，而之逊等以告三思，三思因教昙等诬告同皎，云谋于灵驾发引日劫杀三思，因废皇后谋反耳。今从《佥载》。

四月，韦月将流岭南。《朝野佥载》曰："周仁轨过秋分一日平晓斩之，有敕舍之而不及。"《统纪》，月将死附于此年末，《唐纪》在二月，《旧·传》《唐历》皆在五王死后。按此年七月杀敬晖等,若在后,徐坚表不得云"朱夏在辰",思贞不得云"发生之月也"。今约其事附于此月。

六月,贬敬晖等为司马。《唐历》《统纪》皆于王同皎诛后即云"三思令宣州司功郑愔诬敬晖等与王同皎谋反,又贬玄暐等四人为僻远州刺史。"按愔若于时已告云谋反,则岂应犹得刺史?又云告敬晖之等,而敬晖之岂得独不贬!今从《实录》。

周仁轨讨甯承基,斩之。《朝野佥载》曰:"韦氏遭则天废庐陵之后,后父韦玄贞与妻女等并流岭南,被首领甯氏大族逼夺其女,不伏,遂杀甯贞夫妻,七娘等并夺去。及孝和即位,皇后当途,广州都督周仁轨将兵诛甯氏,走入南海,轨追之,杀掠并尽。韦后隔帘拜,以父之义,用为并州长史。后阿韦作逆,轨以党与诛。"今从《实录》,参取诸书。

七月,长流敬晖于琼州。《实录》初云"嘉州",后云"崖州"。《新·本纪》作"嘉州",《旧·传》作"崖州"。今从《统纪》《新·传》。

十二月,安乐公主请为皇太女。《统纪》云:"安乐公主私请废皇太子而立己为皇太女,帝以问魏元忠,元忠曰:'皇太子国之储君,生人之本,今既无罪,岂得辄有动摇,欲以公主为皇太女,驸马复若为名号?天下必甚怪愕,恐非公主自安之道。'公主知之,乃奏曰:'元忠,山东木强田舍汉,岂足与论国家权宜盛事,仪注好恶!阿母子尚自为天子,况儿是公主,作皇太女,有何不可!'"按中宗虽愚,岂不知立皇太女为不可,何必待元忠之言!今从《旧·传》。

景龙元年二月丙戌,复武氏崇恩庙。《旧·本纪》:"正月己巳,遣武攸暨、武三思往乾陵祈雨于则天皇后。"《新·本纪》:"甲午,襃德荣先陵置令丞。"按《长历》,正月庚子朔,无己巳。二月庚午朔,无甲午。今从《实录》。

七月辛丑,太子重俊举兵,叩阁索上官婕好。《旧·纪》作"庚子",今从《实录》。《实录》云:"斩关而入,索韦氏所在。"《旧·重俊传》亦云:"求韦庶人及安乐公主所在。"今从《旧·后妃传》。

八月,相王被谮,吴兢上疏。《实录》载此事于今年八月,而兢疏云:"陛下登极,于今四稔。"则是明年所上也。盖至忠所对在今年,而《实录》因载兢疏耳。

丙戌,魏元忠致仕。《实录》,元忠致仕在九月。今从《旧·本纪》。

九月,韦巨源、纪处讷并为侍中。《新·表》:"九月辛亥,苏瓌罢为行吏部尚书。"按二年瓌请察正员官殿负者,择员外官代之,三年面折祝钦明请皇后亚献,于时皆为侍中。《表》云今年罢,误也。

二年七月,安乐公主作定昆池,延袤数里。《新·传》云:"四十九里,直抵南山。"盖并土田言之。今从《旧·传》。

十一月,突骑施将阙啜忠节。《郭元振传》作"阿史那阙啜忠节",《突厥传》止谓之"阙啜忠节",《文馆记》谓之"阿史那忠节",元振疏皆云"忠节",乃其名也。突厥有五啜,其一曰胡禄居阙啜。或者忠节官为阙啜欤?今从《突厥传》。

娑葛擒忠节,杀冯嘉宾、吕守素。《御史台记》云:"嘉宾为中丞,神龙中,起复,持节甘、凉。时郭元振都督凉州,奏中书令宗楚客受娑葛金两石,请绍封为可汗。楚客憾之,既用事,时议云委嘉宾与侍御史吕守素按元振。元振窃知之,乃讽番落害嘉宾于驿中,获函中敕,云

'元振父亡，匿不发丧，至是为发之，仍按其不臣之状，便诛之。'元振以为伪敕，具以闻。"今从《旧·传》。

己卯，安乐公主适武延秀。庚辰，赦。《实录》《新》《旧·纪》皆云："己卯，大赦。"今从《景龙文馆记》，成礼之明日。

复以郭元振代周以悌。元载《玄宗实录》《旧·传》皆云："复以元振代以悌，元振奏称西土未宁，逗留不敢归京师。"按既代以悌，则复留居西边矣，何所逗留！今从《新·传》。

三年二月，上观宫女拔河。《唐纪》云："观宫女大酺。"今从《实录》。

崔琬弹宗楚客。《景龙文馆记》曰："监察御史崔琬具衣冠，对仗弹大学士、兵部尚书郢国公宗楚客及侍中纪处讷。时楚客在列，奏言：'臣以庸妄，叨居枢密，中外用结谋臣，臣先奏闻，计垂天鉴。'上颔之，谓琬曰：'楚客事朕知，且去，待仗下来。'至仗下后，琬方续奏，敕令于西省对问。中书门下奏无状，有进止即令复位。初，娑葛父子与阿史那忠节代为仇雠，娑葛频乞国家为除忠节，安西都护郭元振表请如其奏。宗楚客固执，言'忠节竭诚于国，作扞玉关，若许娑葛除之，恐非威强拯弱之义'。上由是不许。无何，娑葛擅杀御史中丞冯嘉宾、殿中侍御史员守素，破灭忠节，侵扰四镇。时碎叶镇守使中郎周以悌率镇兵数百人大破之，夺其所侵忠节及于阗部众数万口。奏到，上大悦，拜以悌左卫将军，仍以元振四镇经略使授之，敕书簿责元振。宗议发劲卒，令以悌及郭瑈瓘北讨，仍邀吐蕃及西域诸部计会同击娑葛。右台御史大夫解琬议称不可。后竟与之和。娑葛闻前议，大怨，乃付元振状，称宗先取忠节金。上以问之，宗具以前事奏。时太平、安乐二公以亲贵权宠，各立党与，阴相倾夺，爰自要官宰臣皆分为两。时太平尤与宗不善，故讽琬以弹之。外传取娑葛金，非也。"今从《实录》《记》。

三月，韦嗣立为中书侍郎、同三品。《新·表》云"守兵部尚书"，今从《实录》。

十一月，吐蕃遣尚赞咄来逆金城公主。《实录》："乙亥，吐蕃大臣尚赞吐等来逆女。"《文馆记》云："吐蕃使其大首领瑟瑟告身赞咄、金告身尚钦藏以下来迎金城公主。译者云：'赞咄，犹此左仆射。钦藏，犹此侍中。'盖赞咄即赞吐也。"今从《文馆记》。

十二月壬辰，唐休璟同三品。《旧·纪》误作"壬戌"，今从《实录》。

睿宗景云元年四月乙未，中宗幸隆庆池。《景龙文馆记》以为其月十二日。按《长历》，是月壬午朔。今从《实录》《本纪》。

六月，韦后征兵五万，使韦灈等分领之。《景龙文馆记》："征诸兵士二千人，屯皇城左右卫，令韦捷、韦灈押当，又令韦锜押羽林军，韦播、高嵩分押左右营万骑，韦元巡六街。"《实录》，"兵五万人"，"韦濯"作"韦灈"，今从之。

宗楚客、武延秀等劝韦后遵武后故事，革唐命。《旧·传》："安乐府仓曹苻凤说武延秀曰：'天下之心，未忘武氏。谶云："黑衣神孙披天裳。"公，神皇之孙也。大周之业，可以再兴。'劝延秀常衣皂袍以应之。"《中宗实录》云："宗楚客与弟晋卿作大匠晋卿、太常少卿李悌、将作少匠李守贞日夜潜图令延秀速起事。"《太上皇实录》云："楚客神龙初为太仆卿，与武三思潜谋篡逆，累迁同三品。及三思诛，附安乐，而韦氏尤信任之。楚客尝谓所亲曰：'始吾在卑位，尤爱宰相，及居之，又思太极，南面一日足矣。'虽附韦氏，志窥宸极。"此所谓天下之恶皆归焉者也，今所不取。

楚客逃至通化门，斩之，并斩其弟晋卿。《太上皇实录》云："斩楚客于春明门外。"今从《金载》。《太上录》，"杀晋卿于定陵"。按定陵，中宗陵也，于时未有，今不取。

丁未，立平王隆基为太子。刘子玄先撰《太上皇实录》，尽传位，后又撰《睿宗实录》，终桥陵，文字颇不同。《睿宗录》及《旧·纪》皆云："丙午，立太子。"今从《太上皇录》。

七月，谯王重福改元为中元克复。《太上皇实录》云："改元为中宗克复元年。"今从《新·传》。

八月庚寅，重福死。《睿宗实录》《旧·本纪》皆云："癸巳，重福反。"今从《太上皇实录》。

十月，节度使之名自薛讷始。《统纪》："景云二年四月，以贺拔延秀为河西节度使。节度之名自此始。"《会要》云："景云二年，贺拔延嗣为凉州都督，充河西节度，始有节度之号。"又云："范阳节度自先天二年始除甄道一。"《新·表》："景云元年，置河西诸军州节度、支度、营田大使。"按讷先已为节度大使，则节度之名不始于延嗣也。今从《太上皇实录》。

二年二月，崔湜、薛昭素请复斜封官。《朝野金载》云："宋璟、毕构出后，见鬼人彭君卿受斜封人赂奏云：'孝和怒曰："我与人官，何因夺却！"'于是斜封皆复旧职。"今不取。

五月，薛谦光、慕容珣奏弹僧慧範。《统纪》曰："监察御史慕容珣奏弹西明寺僧惠範，以其通贵人张氏，张即太平公主乳母也，侵夺百姓，上以为御史当不避豪贵，见公主出居蒲州，乃敢弹射，在日不言，状涉离间骨肉，遂贬为密州员外司马。"今从《旧·传》。

九月庚辰，窦怀贞为侍中。《睿宗实录》云："乙卯，御史大夫窦怀贞为侍中。"《太上皇实录》云："庚辰，御史大夫、同中书门下三品窦怀贞为侍中，知金仙、玉真公主邑司事。"《旧·纪》："己卯，怀贞为侍中。"《新·纪》《新·表》："乙亥，怀贞守侍中。"按是月癸酉朔，无乙卯。又怀贞以自督修二观之故，时人语曰："窦仆射前为皇后国奭，今为公主邑丞。"非真知邑司也。今从《旧·纪》。

十月，太平公主引崔湜为相。《朝野金载》云："湜妻美，并二女皆得幸于太子。时人榜之曰：'托庸才于主第，进艳妇于春宫。'"今不取。

玄宗先天元年正月。《新·纪》《表》："壬辰，以陆象先同中书门下三品。"《太上皇》《睿宗实录》《旧·纪》皆无之。不知《新书》何出，今不取。

二月。《太上皇实录》云："命皇太子送金仙公主往并州，令幽州都督裴怀古节度内发三万兵赴黑山道，并州长史薛讷节度内发四万兵于汾州迎皇太子，右御史大夫、朔方大总管解琬节度内发二万兵赴单于道。太子既亲征，诸军一事以上并取处分，按以军法从事。"它书皆无此事。按太子送公主与突厥和亲，安用九万兵！又岂得谓之亲征！今不取。

萧至忠自蒲州入为刑部尚书。《旧·传》及刘餗《小说》皆云："自晋州刺史入为尚书。"今从《太上皇》《睿宗录》。

六月庚申，孙佺与李大酺战，全军覆没。《上皇录》云"甲子"，今从《睿宗录》。

太上皇兼省军国大事。《太上皇录》全以为上皇之意。《睿宗录》云："太子既为太平公主所构，或唯遣皇帝知三品以下除授及徒罪，其军国大务并重刑狱，上仍兼省之，五日一受朝于太极殿。"今两取之。

八月，王琚为中书侍郎。郑綮《开天传信记》云："上于藩邸时，每戏游城南韦、杜之间，因逐狡兔，意乐忘返，与其徒十数人，倦甚，休息于封部大树下。适有书生延上过其家，甚贫，止于村妻、一驴而已。上坐未久，书生杀驴拔蒜合馔，酒肉霶霈。上顾而奇之，及与语，磊落不凡，问其姓名，乃王琚也。自是上每游韦、杜间，必过琚家，琚所谘议合上意，上益亲善焉。及韦氏专制，上忧甚，独密言于琚。琚曰：'乱则杀之，又何疑也？'上遂纳琚之谋，戡定祸难。累拜为中书侍郎，实预配享焉。"今从《旧·传》。

刘幽求请诛太平公主。《旧·传》云："幽求自谓功在朝臣之右，志求左仆射兼领中书令。俄而窦怀贞为左仆射，崔湜为中书令，幽求心甚不平，形于言色，乃与张暐请诛之。"按幽求素尽心于玄宗，湜等附太平，非幽求因私忿而害之也，今不取。

九月辛卯，立皇子嗣昇为陕王。《睿宗实录》作"甲申"，《太上皇录》作"甲午"。今从《玄宗实录》。

十月，沙陀金山入贡。薛居正《五代史·后唐太祖纪》曰："太祖姓朱邪氏，始祖拔野，贞观中为墨离军使。太宗平薛延陀，分同罗、仆骨之人置沙陀都督府。盖北庭有碛曰沙陀，因以名焉。永徽中，以拔野为都督，其后子孙五世相承。曾祖尽忠，贞元中继为沙陀府都督。"欧阳修《五代史记》曰："李氏之先，盖出于西突厥，本号朱邪，至其后世，别自号曰沙陀，而以朱邪为姓，拔野古为始祖。其自序云：'沙陀者，北庭之碛也。当唐太宗时，破西突厥诸部，分同罗、仆骨之人于此碛，置沙陀府，而以其始祖拔野古为都督，其传子孙数世，皆为沙陀都督，故其后世因自号沙陀。'然予考于传记，其说皆非也。夷狄无姓氏，朱邪，部族之号耳。拔野古与朱邪同时人，非其始祖，而唐太宗时，未尝有沙陀府也。唐太宗破西突厥，分其诸部，置十三州，以同罗为龟林都督府，仆骨为金微都督府，拔野古为幽陵都督府，未尝有沙陀府也。当是时，西突厥有铁勒、薛延陀、阿史那之类为最大，其别部有同罗、仆骨、拔野古等以十数，盖其小者也。又有处月、处密诸部，又其小者也。朱邪者，处月别部之号耳。太宗二十二年，已降拔野古，其明年，阿史那贺鲁叛。至高宗永徽二年，处月朱邪孤注从贺鲁战于牢山，为契苾何力所败，遂没不见。后百五六十年，当宪宗时，有朱邪尽忠及子执宜见于中国，而自号沙阤，以朱邪为姓矣。盖沙陀者，大碛也，在金莎山之阳，蒲类海之东，自处月以来居此碛，号沙陀突厥，而夷狄无文字传记，朱邪又微不足录，故其后世自失其传。至尽忠孙始赐姓李氏，李氏后大，而夷狄之人遂以沙陀为贵种云。"今从之。

开元元年三月辛巳，皇后亲蚕。《玄宗实录》脱此年二月、三月事。祀先蚕诏，乃三月丁卯也，而《唐历》承其误，云"正月辛巳，皇后祀先蚕。"《太上皇录》云："三月辛巳，皇后亲蚕，自嗣圣、光宅以来，废阙此礼，至是重行。"《太上皇》《睿宗实录》《旧·本纪》皆云"辛卯"。按制书云："以今月十八日祀先蚕。"是月甲子朔。今从《玄宗实录》。

六月辛丑，郭元振同三品。《旧·纪》在丙辰，今从《睿宗实录》。

太平公主用事，宰相七人，五出其门。《唐历》曰："宰相有七，四出其门，天子孤立而无援。"《新》《旧·传》皆云:"宰相七人,五出主门下。"按是时窦怀贞、萧至忠、岑羲、崔湜与主连谋,其不附主者,郭元振、魏知古、陆象先三人也。薛稷太子少保,不为宰相,或者《新》《旧·传》并象先数之,《唐历》不数象先耳。

七月,魏知古告公主欲以四日作乱。《上皇录》云:"公主谋不利于上,与今上更立皇子,独专权,期以是月七日作乱。今上密知其事,勒左右禁兵诛之。"按是月壬戌朔,玄宗以三日甲子诛之。今从《玄宗录》。

甲子,诛常元楷、萧至忠、岑羲等。《玄宗实录》作"乙丑"。按《金载》,"七月三日诛常元楷"。今从《睿宗》《上皇实录》《唐历》《新》《旧·本纪》。《旧·王琚传》:"琚与岐王范、薛王业、姜皎、王毛仲等并预诛逆,以铁骑至承天门。时睿宗闻鼓噪声,召郭元振升承天楼,宣诏下关,令侍御史任知古召募数百人于朝堂,不得入。顷间,琚等从玄宗至楼上。"《太上皇实录》:"公主期以是月七日令常元楷以羽林兵自北门入,窦怀贞等于南衙举兵应之。今上密知其事,登时勒左右禁兵出北门,召常元楷、李慈,即斩于阙下。还至承天门,执岑羲、萧至忠,斩于朝堂。"《旧·萧至忠传》曰:"至忠遽遁入山寺,数日,捕而伏诛。"盖误以太平公主事为至忠事。今从《玄宗实录》。《朝野金载》曰:"羽林将军常元楷三代告密得官,至先天二年七月三日,楷以反逆诛,家口配没。"《玄宗实录》云:"上诛凶逆,睿宗恐宫中有变,御承天门,号令南衙兵士以备非常。郭元振率兵侍卫,登楼奏曰:'皇帝前奉诰诛窦怀贞等,惟陛下勿忧。'睿宗大喜。"今择其可信者取之。

乙丑,上皇诰。《旧·本纪》云:"七月三日,诛怀贞等。睿宗明日下诏:'军国政刑,并取皇帝处分。'"《新·本纪》云:"乙丑,始听政。"《唐历》亦无乙丑下诰,唯《玄宗实录》云"丙寅"。今从诸书。

太平公主赐死。《新·传》云"三日乃出"。《太上皇实录》曰:"公主闻难作,遁入山寺,数日方出,禁锢终身,诸子皆伏诛。"今从《新》《旧·传》《睿宗实录》。

十月,姚元之同三品。世传《升平源》,以为吴兢所撰,云:"姚元崇初拒太平得罪,上颇德之。既诛太平,方任元崇以相,进拜同州刺史。张说素不叶,命赵彦昭骤弹之,不许。居无何,上将猎于渭滨,密召元崇会于行所。初,元崇闻上讲武于骊山,谓所亲曰:'准式,车驾行幸,三百里内刺史合朝觐。元崇必为权臣所挤,若何?'参军李景初进曰:'某有儿母者,其父即教坊长入内,相公傥致厚赂,使其冒法进状可达。'公然之,辄效。燕公说使姜皎入曰:'陛下久卜(十)河东总管,重难其人。臣有所得,何以见赏?'上曰:'谁邪? 如惬,有万金之赐。'乃曰:'冯翊太守姚元崇,文武全材,即其人也。'上曰:'此张说意也。卿罔上,当诛。'皎首服万死。即诏中官追赴行在。上方猎于渭滨,公至,拜〔马〕首。上言:'卿颇知猎乎?'元崇曰:'臣少孤,居广成泽,目不知书,唯以射猎为事。四十年方遇张憬藏,谓臣当以文学备位将相,无为自弃,尔来折节读书。今虽官位过忝,至于驰射,老而犹能。'于是呼鹰放犬,迟速称旨,上大悦。上曰:'朕久不见卿,思有顾问,卿可于宰相行中行。'公行犹后,上纵辔久之,顾曰:'卿行何后?'公曰:'臣官疏贱,不合参宰相行。'上曰:'可兵部尚书、同平章事。'公不谢,上顾讶焉。至顿,上命宰臣坐,公跪奏:'臣适奉作弼之诏不谢者,欲以十事上献,有不可行,臣不敢奉诏。'上曰:'悉数之,朕当量力而行,然定可否。'公曰:'自垂拱已来,朝廷以刑法理天下,臣请圣政先仁义,可乎?'上曰:'朕深心有望于公也。'又曰:'圣朝自丧师青海,未有牵复之悔,臣请三数十年不求边功,可乎?'上曰:'可。'又曰:'自太后临朝以来,喉舌之任,或出于阉人之口,臣请中官不预公事,可乎?'上曰:'怀之久矣。'又曰:'自武氏诸亲猥侵清切权要之地,继以韦庶人、安乐、太平用事,班序荒杂,臣请国亲不任台省官,凡有斜封、待阙、员外等官,悉请停罢,可乎?'上曰:'朕素志也。'又曰:'比来近密佞幸之徒,冒犯宪纲者,皆以宠免,臣请行法,可乎?'上曰:'朕切齿久矣。'又曰:'比因豪家戚里,贡献求媚,延及公卿、方镇亦为之,臣请除租、庸、赋税之外,悉杜塞之,可乎?'上曰:'愿行之。'又曰:'太后造福先寺,中宗造圣善寺,上皇造金仙、玉真观,皆费巨百万,耗蠹生灵。凡寺观宫殿,臣请止绝建造,可乎?'上曰:'朕每睹之,心即不安,而况敢为者哉!'又曰:'先朝褻狎大臣,或亏君臣之敬,臣请陛下接之以礼,可乎?'上曰:'事诚当然,有何不可!'又曰:'自燕钦融、韦月将献直得罪,由是谏臣沮色,臣请凡在臣子,皆得触龙鳞,犯忌讳,可乎?'上曰:'朕非唯能容之,亦能行之。'又曰:'吕氏产、禄,几危西京,马、邓、阎、梁,亦乱东汉,万古寒心,国朝为甚,臣请陛下书之史册,永为殷鉴,作万代法,可乎?'上乃潸然良久曰:'此事真可为刻肌刻骨者也。'公再拜曰:'此诚陛下致仁政之初,是臣千年一遇之日,臣敢当弼谐之地。天下幸甚,天下幸甚。'又再拜蹈舞称万岁者三。从官千万皆出涕。上曰:'坐。'公坐于燕公之下。燕公让不敢坐,上问,对曰:'元崇是先朝旧臣,合首坐。'公曰:'张说是紫微宫使,今臣是客宰相,不合首坐。'上曰:'可紫微宫使居首坐。'"果如所说,则元崇进不以正。又,当时天下之事,止此十条,须因事启沃,岂一旦可遽!似好事者为之,依托竞名,难以尽信,今不取。

元之序进郎吏。此出李德裕《次柳氏旧闻》,不知郎吏为何官。若郎中、员外郎则是清要官,不得云秩卑;恐是郎将,又不敢必,故仍用旧文。

十一月,命王琚按行北边诸军。《朝野佥载》曰:"琚以谄谀险诐自进,未周年为中书侍郎。其母氏闻之,自洛赴京,诫之曰:'汝徒以谄媚取容,色交自达,朝廷侧目,海内切齿,吾尝恐汝冢坟无人守之。'琚惭惧,表请侍郎。上初大怒,后许之。"按《旧·传》,琚未尝占官侍母。今不取。《旧·传》又云:"使琚按行天兵以北诸军。"按五年始置天兵军于并州。盖《琚传》追言之耳。

十二月,张说左迁相州刺史。《松窗杂录》:"姚崇为相,忽一日对于便殿,举右足不甚轻利。上曰:'卿有足疾邪?'崇奏:'臣有腹心之疾,非足疾也。'因前奏张说罪状数百言。上怒曰:'卿归中书,宜宣与御史中丞共按其事。'而说未之知。会朱衣吏报午后三刻,说乘马先归,崇急呼御史中丞李林甫以前诏付之。林甫语崇曰:'说多智谋,是必困之,宜以剧地。'崇曰:'丞相得罪,未宜太逼。'林甫又曰:'公必不忍,即说当无害。'林甫止将诏付于小御史,中路以马坠告。说未遭崇奏前旬月,家有教授书生,通于说侍儿最宠者,会擒得奸状,以闻于说。说怒甚,将穷狱于京兆尹。书生厉声言曰:'睹色不能禁,人之常情也。公贵为宰相,岂无缓急用人,胡靳靳于一婢女郎?'说奇其言而释之,兼以侍儿与归。书生跳迹去,旬余无所闻知。忽一日直访于说,忧色满面而言曰:'某感公之恩,当有谢者久矣。今闻公为姚相所构,外狱将具,公不之知,危将至矣。某愿得公平生所宝者,用计于九公主,必能立释之。'说因自历指状所宝者,书生皆云:'未足解公之难。'又凝思久之,忽曰:'近有以鸡林郡夜明帘为寄信者。'书生曰:'吾事济矣。'因请说手笔数行,恳以情言,遂急趋出。逮夜,始及九公主邸第,书生具以说言之,兼用夜明帝为贽,且谓主曰:'上独不念在东宫时思必始终恩加于张丞相乎?而今反用快不利张丞相者之心邪!'明早,公主上谒,具为奏之。上感动,因急命高力士就御史台宣前所按狱事,并宜罢之。书生迄亦不再见于张丞相也。"此说亦似出于好事者。又元崇开元四年罢相,林甫十四年始为御史中丞。今从《新·传》。

二年二月,突厥可汗妹夫火拔颉利发。《旧·郭虔瓘传》云"默啜婿",今从《旧·突厥传》及《唐历》《旧·虔瓘传》作"移汦可汗",《突厥传》作"移涅可汗",今从《唐纪》。

闰月,刘幽求贬睦州,钟绍京贬泽州。《幽求传》曰:"姚崇素嫉忌之,乃奏言幽求郁怏于散职,兼有怨言,贬授睦州刺史。"《绍京传》曰:"姚崇素恶绍京之为人,因奏绍京发言怨望,左迁绵州刺史"。今从《实录》。

三月,阿史那献擒斩都担,降其部落二万余帐。《实录》此月云,"献擒贼帅都担,六月,枭都担首。"盖此月奏擒之,六月传首乃至耳。《实录》此月又云,"以西域二万余帐内附",六月云"擒其部落五万余帐",《新·传》云"三万帐"。盖兵家好虚声,今从其少者。

赵彦昭贬袁州别驾。《彦昭传》曰:"姚崇素恶彦昭之为人。"今从《玄宗实录》。

五月,魏知古罢为工部尚书。《旧·知古传》:"二年还京,上屡有顾问,恩意甚厚,寻改紫微令。姚崇深忌惮之,阴加谗毁,乃除工部尚书,罢知政事。"《新·传》亦云"由黄门监改紫微令"。今据《实录》,知古自黄门监罢政事。其所以罢,从《柳氏旧闻》。

六月,申王成义兼豳州刺史。《实录》《旧·传》作"幽州",今从《唐历》《旧·纪》。

七月,薛讷将兵六万。《旧·传》云:"兵二万",《金銮》云"八万人皆没"。今从《唐纪》。

乙卯,以岐王等为刺史。《实录》云"八月乙卯"。据《长历》,八月丙辰朔。《实录》自此以下脱少,今取《唐历》《旧·本纪》补之。

十月,吐蕃请和,不许,自是连岁犯边。《唐历》:"四年七月丁丑,吐蕃以去年之败,遣其大臣宋俄因矛款塞请和,自恃兵强,求敌国之礼,天子忿之。"按自此至四年,非去年也。既云以败请和,又何得云自恃兵强;既云天子忿之,又当年八月已许其和。今从《旧·传》。

十二月,立皇子嗣真为郯王。《实录》于此作"郕王",于后作"郯王"。今从《旧·传》。

默啜虏突骑施可汗守忠。《旧·传》以为景龙三年事。按《实录》,娑葛既为十四姓可汗,自后无娑葛名,但屡云突骑施守忠入朝,或者守忠即娑葛赐名邪?景云以后,守忠犹在。又,开元二年六月,阿史那献奏有龙见于北庭,为镇将妻冯〔之〕言〔之〕,曰突骑施娑葛三年后破散,默啜八年后自灭。然则娑葛于时尚在也。竟不知死于何年,故附此。

三年正月,突厥十姓降者万余帐。《实录》,二年九月壬子,"葛逻禄、车鼻施失钵罗俟斤等十二人诣凉州内属。"乙卯,"胡禄屋阙及首领等一千三十一人来降。"十月庚辰,"胡禄屋二万帐诣北庭内属。"明年正月,"突厥葛逻禄下首领裴罗达干来降。"二月,"突厥十姓部落左厢五咄陆啜、右厢五弩失毕俟斤等相继内属,前后二千余帐。"三月,"突厥支副忌等来朝,诏曰:'胡禄屋大首领之匐忌。'"四月,"三姓葛逻禄率众归国。"五月,"诏葛逻禄、胡屋、鼠尼施等"。

又云："宜令北庭都护汤嘉惠与葛逻禄、胡屋等相应。安西都护吕休璟与鼠尼施相应。"又云："及新来十姓大首领计会掎角。"《唐历》，九月云"胡禄屋阙啜"，十月云"胡禄屋二万帐"。《新·传》前云"胡禄屋"，后云"胡屋"。按十姓有胡禄（居）〔屋〕阙啜、鼠尼施处半啜。诸书名号虽各参差，要之，葛逻、胡禄屋、鼠尼施为三姓必矣。然胡禄屋以二万帐，而云十姓内属前后二千余帐，参差难据，今从《旧·传》。

五月，姚崇奏遣御史捕蝗。《旧·传》："开元四年，山东蝗大起，崇奏请捕瘗。"按《本纪》"三年六月，山东诸州大蝗，姚崇奏请差御史下诸道，促官吏遣人驱扑焚瘗，从之。是岁，田收有获，人不甚饥。"四年又云："是夏，山东、河南、河北蝗虫大起，遣使分捕而瘗之。"又《实录》，今年十一月，"制以间者河南、河北灾蝗水潦。"明年正月辛未，"以右丞倪若水为汴州刺史。"五月敕曰："今年蝗暴，乃是孳生，所由官司不早除遏，信虫成长，看食田苗，不恤人灾，自为身计。向若信其拘忌，不有指麾，则山东之苗，扫地俱尽。"然则三年有蝗，崇令讨捕不能尽，明年又有蝗也。今从《本纪》。

十二月，或上言按察使烦扰。《开元宰臣奏》云"李伯等"，不知伯何人也，今去其名。

四年五月，试县令以理人策，卢从愿、李朝隐左迁。《韦济传》云"问安人策一道"。今从《唐历》。《卢从愿传》曰："上尽召新授县令，一时于殿庭策试，考入下第者，一切放归学问。"《唐历》试在四月，从愿、李朝隐贬在五月。《朝隐传》云："四年春，以授县令非其人，贬。"今从《唐历》。又《韦济传》曰："时有人密奏上曰：'今岁吏部选叙大滥，县令非材，全不简择。'及县令谢官日，引入殿庭问安人策，试者（一）〔二〕百余人，独济策第一，或有不书纸者。擢济为醴泉令，二十余人还旧官，四十五人放归习读。"今亦从《唐历》。

六月癸亥，上皇崩。《睿宗》《玄宗实录》皆作"甲子"。按下云"己巳，睿宗一七斋，度万安公主为女道士。"今从《旧·本纪》《唐纪》。

默啜破拔曳固于独乐水，颉质略斩之，归其首于大武军子将郝灵荃。《唐历》作"勃曳固"，今从《实录》。《唐历》又云："灵荃引特勒回纥部落斩默啜于毒乐河。"今从《旧·传》。《旧·传》云"入蕃使郝灵佺"，今从《（广）〔唐〕历》。又《新》《旧·纪》皆云"六月癸酉，斩默啜"。《唐历》亦在六月。《玄宗实录》，七月戊寅诏书与降附突厥云："乘其衰弱，早就剪除，其能捉获默啜者，已立赏格。"盖未奏到耳。

十一月，卢怀慎薨。郑处诲《明皇杂录》云："怀慎为黄门监、吏部尚书，卧病既久，宋璟、卢从愿相与访焉。怀慎常器重二人，持二人手谓曰：'公出入为藩辅，主上求治甚切，然享国岁久，近者稍倦于勤，必有人乘此而进矣，君其志之。'"按怀慎初为吏部时，璟贬睦州，及卒，璟犹未归。从愿未尝入相。又，四年未为享国岁久。今不取。

杖赵诲，流岭南。《朝野佥载》："紫微舍人倪若水赃至八百贯，因诸王内宴，姚元崇讽之曰：'倪舍人正直，百司嫉之，欲成事，何不为上言之。'诸王入，众共救之，遂释，一无所问。主书赵诲受蕃饷一刀子，或直六七百钱，元崇宣敕处死。后有降，崇乃勋曰：'别敕处死者，决一百，配流。'大理决赵诲一百不死，夜，遣给使缢杀之。""勋"盖"批"字也。今从《旧·传》。

五年正月，幸东都，欲免河南尹及知顿使官，宋璟谏。《实录》，此年五月乙巳，

"以李朝隐为河南尹。"《宋璟传》云:"上次永宁之崎谷,驰道隘狭,车骑停拥,河南尹李朝隐、知顿使王怡失于部伍,上令黜其官爵。"二传相违。盖当时河南尹不知何人,非朝隐耳。又《明皇杂录》曰:"上幸东都,至崎岭宫,当时炎酷,上以行宫狭隘,谓左右曰:'此有佛寺乎,吾将避暑于广厦。'或云:'六军填委于其中,不可速行。上谓高力士曰:'姚崇多计,弟往觇之。'力士回奏曰:'姚崇方缥缯乘小驷按辔于木阴下。'上悦曰:'吾得之矣。'遽命小驷,而顿销烦溽,乃叹曰:'小事尚如此,触类而长之,天下固受其惠矣。'"按正月东幸,二月至东都,未炎暑也。今不取。

十月,苏献,颋之从祖兄。《唐历》曰:"献,颋之再从叔。"今从《旧·志》《新·表》。

十一月丙申,契丹王李失活入朝。《长历》,十一月丁酉朔,丙申,十月晦也,与《实录》差一日。《旧·纪》《唐历》皆云,"十一月己亥,契丹李失活来朝。"今从《实录》。

十二月,桑泉尉韦述。《旧·传》为"栎阳尉",今从韦述《集贤注记》。

六年二月,以拔曳固等五都督为讨击使,皆受天兵军节度。《实录》:"壬辰,制大举击突厥,五都督及拔悉密金山道总管处木昆执米啜、坚昆都督骨笃禄毗伽、契丹都督李失活、奚都督李大酺及默啜之子右贤王默特勒逾输等夷、夏之师,凡三十万,并取朔方道行军大总管王晙节度。"而于后俱不见出师胜败。按此年正月,突厥请和,帝有答诏。而二月伐之,恐无此事。《旧·纪》及《王晙》《突厥传》皆无此月出兵事。《新·突厥传》云:"默棘连遣使请和,帝以不情,答而不许。俄下诏伐之,以王晙统之,期以八年并集稽落水上。"行兵贵密,不应前二年(半)〔早〕先下诏,盖取《实录》附会《旧·传》耳。

三月,征处士卢鸿。《旧·传》作"卢鸿一",《本纪》《新·传》皆作"鸿"。按《中岳真人刘君碑》,云卢鸿撰,今从之。

七年三月,大祚荣卒。《实录》:"六月丁卯,祚荣卒,遣左监门率吴思谦摄鸿胪卿,充使吊祭。"按此月丙辰已云祚荣卒,盖六月方遣思谦吊祭耳。

八年正月丙辰,褚无量卒。《旧·本纪》:"正月甲子朔,皇太子加元服。壬申,右散骑常侍褚无量卒。"按《长历》,正月甲寅朔,甲子,十一日也。《唐历》亦云,"壬申,无量卒。"今从《实录》。

辛巳,宋璟、苏颋罢。《唐历》云:"二十八日辛卯",《旧·纪》云"己卯"。按是月无辛卯。今从《实录》。

六月,瀍毂涨溢,漂溺几二千人。《实录》云:"漂居人四百余家。"《旧·纪》云:"漂没九百余户,溺死八百余人,掌闲溺死者千一百余人。"今从《旧·纪》人数。

十一月,突厥寇甘、凉等州。《唐历》,突厥寇凉州在九月。《旧·突厥传》云:"八年冬,御史大夫王晙为朔方大总管,奏请西征拔悉密,东发奚、契丹两蕃,期以明年秋初,引朔方兵数道俱入,掩突厥衙帐于稽落河上。"按王晙此月为幽州都督,今从《实录》《旧·纪》。

九年四月,康待宾反,陷六胡州。《实录》:"四月庚寅,康待宾反,命王晙讨平之,斩于都市。五月丁巳,既诛康待宾,下诏云云。壬寅,叛胡康待宾伪称莫护安慕容以叛。七月己酉,王晙擒康待宾至京师,腰斩之。"前后重复,交错相违。今从《旧·纪》。

　　九月，张说同三品。《朝野金载》曰："说为并州刺史，谄事王毛仲。毛仲巡边，说于天兵军大设酒肴，恩敕忽降，授兵部尚书、同中书门下三品，谢讫，便抱毛仲起舞，鸣其靴鼻。"今不取。

　　十一月，元行冲上《群书四录》。《集贤注记》在九年春，今从《唐历》《统纪》《旧·纪》。

资治通鉴考异卷第十三

端明殿学士兼翰林侍读学士太中大夫提举西京嵩山崇福
宫上柱国河内郡开国公食邑二千六百户食实封一千户臣　司马光　奉敕编集

唐纪五

开元十年八月，杖裴景仙，流岭南。《实录》(初)云："〔初〕，上令集众杀之，李朝隐执奏。又下制云'集众决杀'，朝隐又奏，乃流岭南。"盖本欲斩之也。

杨思勖讨梅叔焉。《旧·纪》云"八月丙戌"。按八月庚子朔，无丙戌。《思勖传》云："首领梅玄成自称黑帝，与林邑、真腊国通谋，陷安南府。"今从《本纪》。

十一年五月，陆坚欲奏罢丽正供给。《旧·传》作"徐坚"，今从《集贤注记》。

十一月戊寅，祀南郊。《实录》："癸酉，日长至。戊寅，祀南郊。"《唐历》："戊寅冬至，祀南郊。"按《长历》，去年闰五月，来年闰十二月，《唐历》近是。

十二月，王晙坐党引疏族，贬蕲州刺史。《旧·传》云："上亲郊祀，追徵赴京，以会大礼。晙以时属冰壮，恐虏骑乘隙入寇，表辞不赴，手敕慰勉，仍赐衣一副。会许州刺史王乔家奴告乔与晙潜谋构逆，敕侍中源乾曜、中书令张说鞫其状。晙既无反状，乃以违诏追不到罪之。"今从《实录》。

十二年四月壬寅，敕宗室旁继为嗣王者并令归宗。《旧·纪》在"癸卯"，今从《实录》。

岳台晷长一尺五寸微强。《新·志》云："浚仪岳台晷尺五寸三分。"今从僧一行《大衍历议》及《旧·志》。

十一月，上御马登泰山。《实录》《唐历》《统纪》皆云"备法驾，登泰山"。《开天传信记》云："上将封泰山，益州进白骡，上亲乘之，不知登降之倦。才下山，无疾而殪，谥曰白骡将军。"按泰山非法驾可登，白骡近怪。今从《旧·志》。

张万岁掌国马。《统纪》云："万岁三代典群牧，恩信行陇右，故陇右人谓马岁为齿，为张氏讳也。"按《公羊传》，晋献公谓荀息曰："吾马之齿亦已长矣。"然则谓马岁为齿，有自来矣。

十四年正月，以东华公主妻李邵固。东华出降，《实录》在三月壬子，于此终言之。

二月己酉，遣杨思勖讨(梅)〔梁〕大海等。《旧·纪》作"庚戌朔"，今从《实录》。

四月，上欲以武惠妃为后，或上言谏。《唐会要》云："侍御史潘好礼闻上欲以惠妃为皇后，进疏谏云：'臣尝闻《礼记》曰："父母之仇不可共戴天。"《公羊传》曰："子不复父仇，不子也。"昔齐襄公复九代之仇，丁兰报木母之怨。陛下岂得欲以武氏为国母，当何以见天下之人乎！不亦取笑于天下乎！又，惠妃再从叔三思、再从父〔兄〕延秀等，并干纪乱常，递窥神器，豺狼同穴，枭獍丛林。且匹夫匹妇欲结发为夫妻者，尚相拣择，况陛下是累圣之贵，天子之尊乎！伏愿详察古今，鉴戒成败，慎择华族之女，必在礼义之家，称神祇之心，允亿兆之望。又见人间盛言，尚书右丞相张说自被停知政事之后，每谄附惠妃，欲取立后之功，更图入相之计。伏愿杜之于将渐，不可悔之于已成。且太子本非惠妃所生，惠妃复自有子，若惠妃一登宸极，则储位实恐不安。古人所以谏其渐者，良为是也。昔商山四皓，虽不食汉庭之禄，尚能辅翌太子，况臣愚昧，职忝宪府。'"苏冕驳曰："此表非潘好礼所作。且好礼先天元年为侍御史，开元十二年为温州刺史致仕。表是十四年献，而云'职忝宪府。'若题年恐错，则武惠妃先天元年始年十四，王皇后有宠未衰，张说又未为右丞相。竟未知此表是谁献之。"今去其名也。

十月庚申，上幸汝州广成汤。令狐峘《代宗实录》云："上以开元十四年十月十三日生，时玄宗幸汝州之温汤，有望气者云：'宫中有天子气。'玄宗即日还宫，是夜代宗降诞。"按《玄宗实录》，此月十六日庚申始幸温汤，己巳乃还宫，与《代宗实录》不同。《旧·纪》云："十二月十三日生。"《旧·后妃传》："章敬皇后吴氏坐父事没入掖庭，开元二十三年，玄宗幸忠王邸，见王服御萧然，傍无媵侍，命将军高力士选掖庭宫人以赐之，而吴氏在籍中。明年，生代宗皇帝，十八年薨。"按代宗此年生，而云二十三年以吴后赐忠（五）〔王〕，十八年薨，盖误以十三年为二十三年也。《次柳氏旧闻》："肃宗在东宫，为李林甫所构，势几危者数矣。无何，须鬓斑白。尝早朝，上见之，恻然曰：'汝归第，吾当幸汝。'及上至，顾见宫庭殿宇皆不洒扫，而乐器尘埃，左右使令无有妓女，上为之动色，使力士讨掖庭按籍阅视得三人，乃以赐太子，而章敬吴皇后在选中，生代宗。"按开元二十三年，李林甫初为相，二十五年废太子瑛，二十六年乃立肃宗为太子，天宝五年李林甫始构韦坚之狱。《旧闻》所记，事皆虚诞，年月不合。《新书·后妃传》全取之，今皆不取。

十五年正月，王君㚟勒兵蹑吐蕃。《吐蕃传》云："君㚟畏其锋不敢出。"今从《君㚟传》。

君㚟破吐蕃后军。《君㚟传》曰："十六年冬，吐蕃大将悉诺逻帅众入寇大斗谷，又移攻甘州，焚烧市里而去。君㚟袭其后，败之于青海之西。"据《实录》及《吐蕃传》，入寇在十四年冬，此云十六年冬，误也。

九月，回纥杀王君㚟。《旧·传》云："回纥既杀君㚟，上命郭知运讨逐。"按知运九年已卒，君㚟代镇凉州，《旧·传》误也。

十六年，广州獠冯璘等反，命杨思勖发桂州及岭北近道兵讨之。《本纪》作"冯仁智"，今从《思勖传》。

七月，张忠亮大破吐蕃。《实录》《唐历》《萧嵩传》作"张志亮"，今从《旧·本纪》《吐蕃传》。

十月己卯，幸温泉，己丑，还宫。《实录》十二月丁卯又云"幸温泉宫"，不言其还。《唐历》："丁卯，幸温泉。丁丑，还宫。"按此月已幸温泉，恐重复，不取。

十七年八月癸亥，上以生日宴百官。《实录》云"癸亥朔"。按《长历》，是月己未朔，癸亥，五日也。顾况歌曰："八月五夜佳气新，昭成太后生圣人。"《实录》误也。

九月，宇文融贬汝州刺史。《旧·传》曰："殿中侍御史李宙驿召祎将下狱，祎既申诉得理，融坐阿党李宙贬。"今从《唐历》。

十月，又贬平乐尉。《唐历》云："裴光庭等讽有司劾之，积其赃巨万计。"《旧·传》曰："裴光庭时兼御史大夫，又弹融交游朋党〔又〕〔及〕男受赃等事。"今从《实录》《统纪》。又《唐历》云"十月乙未"。按《长历》，十月戊午朔，无乙未。今从《统纪》。

十八年正月。《实录》云："癸酉，上御含元殿受朝贺。"按《长历》，是月丙戌朔，无癸酉。《实录》此年事与《本纪》《唐历》《统纪》皆不同，正月甲子全差误，疑本书阙亡，后人附益之。《新·纪》止据《旧·纪》，全不取此年《实录》。又云："丁巳，（新）〔亲〕迎气于东郊，下制：'十八年正月五日以前，天下因徒常赦所不免者，咸赦放之。'"按是月无丁巳，诸书及《会要》皆无十八年亲迎气事。《唐历》在二十六年正月七日丙子，《统纪》在二十六年正月，《实录》二十六年正月丁丑又载迎气大赦，其制文推恩大略与此年相似，或者《实录》误重出于此。今不取。

四月。《实录》云："乙巳，驾幸温泉宫。丁未，至自温泉宫。"按《长历》，是月乙卯朔，无乙巳、丁未。《旧·纪》《唐历》亦无幸温泉事。今不取。

六月。《唐朝年代记》云："初，裴光庭娶武三思女，高力士私焉。光庭有吏材，力士为之推毂，因以入相，时彦鄙之。宋璟、王晙酒后舞《回波乐》以为戏谑。光庭患之，乃奏：'天下三十余州缺刺史，昇平日久，人皆不乐外官，请重臣兼外官领刺史以雄其望。'于是拟璟杨州，晙魏州，陆象先荆州，凡十余人。萧嵩抗奏：'天下务重，实赖旧臣宿德访其得失，今尽失之，则朝廷空矣。'上乃悟，遂止。"按《实录》，是岁闰六月，以太子少保陆象先兼荆州长史。璟、晙未尝除外官。今不取。

乌承玼破可突干于捺禄山。韩愈《乌氏先庙碑》云："尚书讳承洽，开元中管平卢先锋军，屡破奚、契丹，从战捺禄，走可突干。"《新·传》云："承玼，开元中与族兄承恩皆为平卢先锋，沉勇而决，号辕门二龙。"据此，则承玼、承洽一人也。今从《新书》。

十月，吐蕃遣论名悉猎入贡。《实录》，"十九年七月癸巳，吐蕃遣其大臣名悉猎来朝，请固和好之约，且献书"云云。按《长历》，十九年七月丁未朔，无癸巳。今从《唐历》《旧·本纪》《吐蕃传》。

十九年正月壬戌，王毛仲贬瀼州别驾。《实录》："十八年六月乙丑，王毛仲贬瀼州。"按《唐历》《统纪》《旧·纪》，毛仲贬皆在十九年正月，今从之。

辛未，遣崔琳使吐蕃，金城公主求书。《实录》："十一年七月壬申，敕遣崔琳充入吐蕃使。癸未，命有司写《毛诗》《礼记》等赐金城公主，于休烈谏。丁亥，以崔琳为御史大夫。八月辛卯，降书与吐蕃。"按《吐蕃传》，此年十月论名悉猎至京师，《本纪》《唐历》皆同。十九年正月辛未，乃遣崔琳报使，二月甲午以琳为御史大夫，三月乙酉琳享于吐蕃，金城公主因名悉猎请书，于休烈乃谏。《实录》皆误在前年七月、八月。按七月癸丑朔，亦无丁亥。

二十年二月己巳，信安王祎等大破奚、契丹。《唐历》作"庚辰"，今从《实录》。

二十一年正月，遣大门艺讨勃海王武艺。《新书·乌承玼传》云："可突干杀其王邵固，降突厥，而奚亦乱。是岁，奚、契丹入寇，诏承玼击之，破于捺禄山。"又云："勃海大武艺引兵至马都山，屠城邑。承玼窒要路，堑以大石，亘四百里，于是流民得还土少休，脱铠而耕，岁省度支运钱。"按韩愈为乌重胤作庙碑，叙重胤父承洽云："屡破〔奚〕、契丹，从战捺禄，走可突干勃海上,至马都山,吏民逃徙失业。尚书领所部兵塞其道,堑原累石,绵四百里,深高皆三丈。寇不得进,民还其居,岁罢钱三千万。"疑《新书》约此碑作《承玼传》。按《新》《旧·帝纪》及《勃海传》皆无武艺入寇至马都山事,或者韩碑云"走可突干勃海上,至马都山",谓破走可突干勃海上,追之至马都山耳。二十一年,郭英傑与可突干战都山,然则都山盖契丹之地也。吏民逃徙失业,盖因可突干入寇而然,与上止是一事,《新书》承之致误。然未知《新书·承玼传》中余事,别据何书。

二十二年正月己丑,至东都。《唐纪》:"二十六日戊子,至东都。己丑,张九龄至自韶州。"今从《实录》。

四月,李林甫为黄门侍郎。《旧·传》云:"初,侍中裴光庭妻武三思女,诡谲有材略,与林甫私。中宫高力士本出三思家,及光庭卒,武氏衔哀祈于力士,请林甫代其夫位,力士未敢言。玄宗使中书令萧嵩择相,嵩久之右丞韩休对,玄宗然之,乃令草诏。力士遽漏于武氏,乃令林甫白休。休既入相,甚德林甫,与嵩不和,乃荐林甫堪为宰相,惠妃阴助之,因拜黄门侍郎,玄宗眷遇益深。"按光庭妻,一寡妇耳,岂敢遽引所私代其夫为相!韩休正直,虽得林甫先报,必不至荐之为相。今不取。

六月,张守珪大破契丹。《实录》:"守珪大破林胡。"按《会要》,契丹事,二十二年,守珪大破之。盖《实录》以契丹即战国时林胡地,故云然。

七月,裴耀卿为江淮、河南转运使。《旧·纪》云:"充江、淮以南回造使。"今从《旧·食货志》。

八月,耀卿运米,省僦车钱三十万缗。《旧·志》云"四十万贯",今从《耀卿传》。《旧·志》又云:"明年,耀卿拜侍中,萧炅代焉。"按耀卿二十一年建此议,今年为侍中,始置河阴仓,后三年方见成效,则非作侍中时解此职也。

十二月,张守珪斩契丹王屈烈及可突干,传首。《旧·守珪传》"屈烈"作"屈剌"。《契丹传》,来年正月传首。今从《实录》。

牙官李过折。《旧·契丹传》作"遇折",今从《实录》及《守珪传》。

突厥毗伽可汗卒,子伊然立,寻卒,弟登利可汗立。《旧传》:"伊然立,诏宗正卿李诠吊祭,册立伊然,为立碑庙。无几,伊然病卒,又立其弟为登利可汗。"按《张九龄集·敕登利可汗书》云:"今又遣从叔金吾大将军佺吊祭。"又云:"建碑立庙,贻範纪功。"然则告丧时登利已立矣。《实录》"诠"亦作"佺"。

二十三年正月,李过折检校松漠州都督。《实录》云"同幽州节度副大使",《旧·传》云"授特进、检校松漠州都督"。按过折虽有功,唐(必)未〔必〕肯使为幽州节度使。今从《旧·传》。

元德秀遣乐工歌《于蔿》。《明皇杂录》作"于蔿",《新·传》作"于蔿于"。未详其义。今从《杂录》。

闰月壬午朔,日有食之。《旧·纪》作"十一月壬申朔"。按《长历》,十一月壬子朔。今从《实录》《唐历》。

十二月，册杨玄琰女为寿王妃。《实录》载册文，云"玄璬长女"。按陈鸿《长恨歌传》云："诏高力士潜搜外宫，得杨玄琰女于寿邸。"《旧·杨贵妃传》云："玄琰女早孤，养于叔父玄璬。"又云："或奏玄琰女容色冠代，宜蒙召见。时妃衣道士服，号太真。"《新·传》云："始为寿王妃云云，遂召内禁中，即为自出妃意者，丐籍为女官，号太真，更为寿王娶韦昭训女，而太真得幸。"《旧史》盖讳之耳。

契丹王过折为其臣涅礼所杀。《旧·传》云过折为可突干余党泥里所杀，不云朝廷如何处置泥里。今据《张九龄集》有此《赐契丹都督涅礼敕》，又有《赐守珪敕》云："涅礼自擅，难以义责，而未有名位，恐其不安，卿可宣示朝旨，使知无它也。"盖泥里即涅礼也。

二十四年二月庚申，更皇子名。《旧·纪》《唐历》："二十三年七月景子，太子、诸王皆改名。"今从《实录》。

四月，张九龄请诛安禄山。《玄宗实录》："四月辛亥，张守珪奏禄山统戎失律，挫败军威，请依军法斩决，许之。禄山临刑抗声言曰：'两蕃未和，忍杀壮士！岂为大夫谋也！'守珪以禄山尝捷于擒生，闻其言，遂舍之，以闻。"《肃宗实录》云："禄山为互市牙郎，盗羊事发，守珪怒，追捕至，欲击杀之。禄山大呼曰：'大夫不欲灭奚、契丹两蕃邪，而杀壮士！'守珪奇其貌，壮其言，遂释之。"姚汝能作《禄山事迹》，其盗羊事与《肃宗实录》同。又云："二十一年，守珪令禄山奏事。中书令张九龄见之，谓侍中裴光庭曰：'乱幽州者，此胡也。'"又云："二十四年，禄山为平卢将，讨奚、契丹失利，守珪奏请斩之，九龄批曰：'穰苴出军，必诛庄贾；孙武行令，亦斩宫嫔。守珪军令若行，禄山不宜免死。'玄宗惜其勇锐，但令免官，白衣展效。九龄执奏，请诛之。玄宗曰：'卿岂以王夷甫识石勒，便臆断禄山难制邪？'竟不诛之。"孙樵作《西斋录》，其序曰："张守珪以安禄山叛者何？贷刑弗教，稔祸阶也。禄山乃张守珪部将，尝犯令，张曲江令守珪斩之，不从，果使乱天下。故书曰：'张守珪以安禄山叛。'"《旧·张九龄传》云："张守珪以裨将安禄山讨奚、契丹，败衄，执送京师，请行朝典。九龄奏劾：'穰苴出军，必诛庄贾；孙武教战，亦斩宫嫔。守珪军令必行，禄山不宜免死。'上特舍之。九龄奏曰：'禄山狼子野心，面有逆相，臣请因罪戮之，冀绝后患。'上曰：'卿勿以王夷甫知石勒故事，误害忠良。'遂放归藩。"《新·传》语裴光庭事如《事迹》，执送京师事如《旧·传》，《旧·禄山传》盗羊事如《事迹》，而无失利请斩事，《新·传》亦然。《旧·传》仍云："二十年，守珪为幽州节度使，禄山盗羊事觉。"按裴光庭二十一年卒，是年冬，九龄乃为相，云与光庭语，误也。孙樵云"曲江令守珪斩之"，尤为失实。《实录》，二十一年，守珪犹在陇右与吐蕃立分界碑，未至幽州。《旧·传》云"二十年为节度"，亦误也。按禄山若始为互市牙郎，守珪安能知其终乱天下，释而不杀，孙樵岂得遽以叛罪加之邪？若如《旧·九龄传》，守珪执送京师，玄宗自赦之，则守珪何罪而时人咎之也！若谓盗羊丧师，两次当死，则禄山岂只用辞而得免两死邪！若如《玄宗实录》，守珪奏请行法，得报听许，感其一言，辄舍之，则守珪必不敢轻易反覆如此。且九龄何从得见其面，而云面有逆相邪！若如守珪未尝奏请行法，则《张九龄集》有《赐守珪敕》云："禄山等轻我兵威，曾不审料，致令损失，宜其就诛。卿既行之，军法合尔。"又《赐平卢将士敕》云："安禄山之诛，缘轻敌太过，勿因此畏懦，致失后图。"是当时曾许之行诛矣。若云守珪自舍之，非玄宗意，则又《赐守珪敕》云："禄山勇而无谋，遂至失利，衣甲资盗，挫我军威，论其轻敌，合加重罪。然初闻勇斗，亦有诛杀，又寇戎未灭，军令从权，故不以一败弃之，将欲收其后效也。不行薄责，又无所惩，宜且停官，令白衣将领。卿更审量本状，亦任随事处之。"今以诸书参考，盖禄山失律，守珪奏请行法，故前敕云"卿既行之，军法合尔"。又云"禄山之诛，缘轻敌太过"。似谓守珪已诛之矣。既而守珪感其所言，惜其骁勇，欲杀则不忍，欲舍则先已奏闻，且恐不能厌服将士之心，或者报许之，敕未到，故执送京师，使上自裁之，冀上见其材力而赦之，亦犹陈平执樊哙，卫青囚苏建耳。上因是欲赦之，而九龄执奏云"守珪军令若行，禄山不宜免死"。是并劝守珪不断于阃外，乃更执以诿上之辞也。九龄因此见之，而云"面有逆相"，上终欲赦之，故九龄不得已草敕云"卿更审量本状，随事处之"。守珪得此敕，即舍之以闻。如此，则与《玄宗实录》相应，而于人情差似相近。

史宰干与安禄山先后一日生。《旧·传》云："思明除日生，禄山元日生。"按《禄山事迹》："天宝十载正月二十日，上及贵妃为禄山作生日。"今不取。

十月，帝欲以牛仙客为尚书，张九龄执不可，李林甫言九龄不达大体。《旧·林甫传》曰："林甫以九龄言告仙客，仙客翌日见上，泣让官爵。"按时不闻仙客在京。今从《唐历》。

十一月，李林甫日夜短九龄于上，上浸疏之。《明皇杂录》云："林甫请见，屡陈仙客实封，九龄颇怀诽谤。于时方秋，上命高力士以白羽扇赐之。九龄惶恐，作赋以献。"《新·传》亦云然。按《实录》，仙客加实封在十月。而《九龄集·白羽扇赋序》云："开元二十四年夏盛暑，奉敕使大将军高力士赐宰相白羽扇，九龄与焉，窃有所感，立献赋"云云。敕报曰："朕顷赐羽扇，聊以涤暑，佳彼劲翮，方资利用，与夫弃捐箧笥，义不同也。"然则上以盛夏遍赐宰臣扇，非以秋日独赐九龄，但九龄因此献赋，自寄意耳。

牛仙客同三品，遥领朔方节度使。《唐历》曰："宰相遥领节度，自仙客始。"按萧嵩已遥领河西，非始此。

补阙杜琏。《唐历》作"杜珽"，今从《新书》。

二十五年四月，周子谅弹牛仙客，杖流瀼州死。《旧·纪》云："子谅以妄陈休咎，于朝堂决杀。"《实录》此月则云："子谅弹奏仙客非才，引妖谶为证。上怒，召入禁中责之。左右拉者数四，气绝而苏。"及《仙客传》则云："子谅窃言于御史大夫李适之曰：'牛仙客不才，滥登相位。大夫国之懿亲，岂得坐观其事！'适之遽奏子谅之言。上大怒，廷诘子谅，子谅词穷，于朝堂决杖，配流瀼州，行至蓝田死。"《旧·仙客传》亦然。今从此月《实录》及《旧·(纪)〔传〕》。柳宗元《周君墓碣》云："有唐贞臣汝南周氏讳某字某。"又曰："在天宝年，有以诡谀至相位，贤臣放退。公为御史，抗言以白其事，得死于墀下。"《宗元集》此碣虽无名字，然其事则子谅也，云在天宝年，误矣。

杨洄潜太子瑛、鄂王瑶、光王琚构异谋。《新·传》曰："二十五年，洄复构瑛、瑶、琚与妃之兄薛鏽异谋。惠妃使人诡召太子、二王曰：'宫中有贼，请介以入。'太子从之。妃白帝曰：'太子、二王谋反，甲而来。'帝使中人视之，如言。遽召宰相林甫议，答曰：'陛下家事，非臣所宜豫。'帝意决，乃废瑛等。"按瑛等与惠妃相猜忌已久，虽承妃言，岂肯遽被甲入宫！又按废太子制书云："陷元良于不友，误二子于不义。"不言被甲入宫也。盖洄潜瑛等云欲害寿王瑁耳。

今从《旧·传》，但云"潜构异谋"。

瑛等皆废为庶人。独孤及作《裴稹行状》云："公为起居郎，三庶人以罪废，寿王以母宠子爱，议者颇有夺宗之嫌。道路惘默，朝野疑惧。公乃从容讽间，慷慨献谏，上述新城之殷鉴，下陈戾园之元龟，谓兴亡之由，在废立之地。天子感悟，改容以谢，因诏以给事中授公。公曰：'陛下绝招谏之路，为日固久，今臣一言而荷殊宠，则言者众矣，何以锡之?'上善其敏而多其让，乃止不拜，寻除尚书祠部员外郎。"按稹，光庭之子。当是时，周子谅杖死，张九龄远贬，稹若敢为太子直冤，则声振宇宙，岂得湮没而无闻，而诸书皆不言此事，盖出之虚美耳。

七月，徐峤奏鹊巢大理树。《旧·纪》作"徐岵"，今从《刑法志》《通典》。

赐李林甫爵晋公，牛仙客豳公。《实录》："七月戊寅，有司奏囚减少，上归美宰臣，制曰：'断狱五十，殆至无刑。'遂封二人。"又："十月丙午，上因听政，问京城囚徒，有司奏有五十人，怡然有喜色，下制曰：'日者丛棘之地，乌鹊来巢。今结诸刑名，才逾五十，其刑部侍郎郑少微等各赐中上考。'"二者未详其为一事、二事，今从《旧·纪》。

太常博士王玙。《旧·传》不言玙乡里世系。《新·传》云"方庆六世孙"。又《新》《旧·传》皆云："抗疏请置春坛，因迁太常博士。"不知其本何官也。《新·表》："王方庆五世孙玙〔事〕肃宗。"按方庆长安二年卒，距此才三十六年，不应已有五世、六世孙能上疏，恐玙偶与之同名，实非也。今不取。

二十六年三月，以吐蕃新城为威戎军。《旧·传》作"威武军"，今从《实录》。

五月，高力士言但推长而立。《统纪》叙力士语云："但从大杼。"《注》："谓肃宗也。""大杼"，语不可晓。今从《新·传》。

六月，王昱为剑南节度使。《旧·传》作"王昊"，今从《实录》《唐历》。

突骑施莫贺达干、都摩度。《会要》作"莫贺咄达干"，今从《实录》。《新·传》作"都摩支"，今从《实录》《旧·传》。

尔微特勒据怛逻斯城。《唐历》作"恒逻斯"，今从《实录》。

七月己巳，册太子。元载《肃宗实录》云："二十七年七月壬辰，行册礼。"今从《玄宗实录》。

九月，王昱为吐蕃所败，死者数千人。《旧·传》："将士数万人，皆没于贼。"今从《实录》。

六诏：蒙舍、蒙越、越析、浪穹、样备、越澹。《新书》："六诏曰蒙巂、越析、浪穹、邆睒、施浪、蒙舍。"今从窦滂《云南别录》。

细奴逻生逻盛，逻盛生盛逻皮，盛逻皮生皮逻阁。《新·传》云："蒙氏父子以名相属，细奴逻生逻盛炎，逻盛炎生炎阁。武后时，逻盛炎身入朝，妻方娠，生逻皮，喜曰：'我又有子，虽死唐地足矣。'炎阁立，死。开元时，弟盛逻皮立，生皮逻阁，授特进，封台登郡王。炎阁未有子，时以阁罗凤为嗣，及生子，还其宗，而名承阁遂不改。"按逻盛炎之子盛逻皮，岂得云以名相属！既有炎阁，岂得云"我又有子，虽死唐地足矣"！今从《旧·南诏传》及《杨国忠传》《云南别录》。又《旧·南诏传》"阁"皆作"阁"，今从《新·传》。

二十八年三月，盖嘉运请立阿史那昕为十姓可汗，从之。《旧·传》云："嘉运欲立怀道之子昕为可汗以镇抚之，莫贺达干不肯，曰：'讨平苏禄，本是我之元谋，若立史昕为主，则国家何以酬赏于我！'乃不立史昕，便令莫贺达干统众。二十七年，嘉运诣阙献俘，仍令将吐火仙献于太庙。"《会要》："二十九年，以斛瑟罗之孙、怀道之子昕为可汗，遣兵送之。天宝元年，昕至碎叶西南俱南城，为莫贺咄达干所杀。三年，安西节度使马灵督斩之，更立其（首）〔酋〕长为伊地米里骨咄禄毗伽可汗。"按《实录》："开元二十八年三月甲寅，盖嘉运俘吐火仙来献。四月辛未，册十姓可汗阿史那昕妻禹氏为交河公主。十二月乙卯，突骑施可汗莫贺达干率其妻及蠚官首领百余人内属。初，莫贺达干与乌苏万洛扇诱诸蕃叛我，上命盖嘉运宣恩招谕，皆相率而降。"《新·传》云："达干不肯立昕，即诱部落叛。诏嘉运招谕，乃率妻子等降，遂命统其众。后数年，复以昕为可汗，遣兵护送。昕至俱兰城，为莫贺咄所杀。莫贺咄自为可汗，安西节度使夫蒙灵督诛斩之。"若如《旧·传》所言，嘉运便以莫贺达干为可汗统众，则莫贺不应复叛。且立可汗当须朝廷册命，嘉运岂得擅立于塞外也！若未以为可汗，则《实录》十二月不应谓之突骑施可汗莫贺达干也。若如《会要》所言，二十九年始立昕为可汗，则《实录》二十八年四月不应已谓昕为十姓可汗也。盖嘉运既平突骑施，即奏立昕为十姓可汗，故莫贺达干不服而叛。明皇乃以莫贺达干为小可汗，止统突骑施之众，使嘉运招谕之，故来降。然昕为十姓可汗，兼统诸部，故明皇遣兵送之，而为莫贺达干所杀，事或然也。但《实录》脱落，疑不敢质，故略采诸书所见，存其梗概书之。

二十九年六月，臧希液破吐蕃。《旧·传》作"盛希液"，今从《唐历》。

七月，突厥骨咄叶护自立为可汗。《旧·传》云："左杀自立为乌苏米施可汗。"《唐历》《新·传》皆云："判阙特勒子为乌苏米施可汗，天宝初立。"今从之。

八月，安禄山为营州都督、平卢军使。《实录》，此年八月乙未，"以幽州节度副大使安禄山为营州刺史，充平卢、勃海、黑水军使。"《旧·〔纪〕》："以幽州节度副使安禄山为营州刺史，平卢军节度副使。"《会要》："二十八年，王斛斯为平卢节度使，遂为定额。"按《旧·传》，禄山自平卢兵马使为平卢军使，盖以平卢兵马使带幽州节度副使之名耳。《实录》（大）衍〔大〕字也。天宝元年，始以平卢为节度，《会要》误也。

天宝元年正月，州三百三十一。《旧·纪》云"三百六十二"。按《地理志》，开元二十八年，州府三百二十八，至此才二年，不应遽增三十余州。今从《唐历》《会要》《统纪》。

镇兵四十九万。此兵数，《唐历》所载也。《旧·纪》："是岁天下健儿、团结、纩骑等，总五十七万四千七百三十三。"此盖止言边兵，彼并京畿诸州纩骑数之耳。

四月，发兵纳阿史那昕，至俱兰城。《会要》作"俱南城"，胡语不明耳。

八月，王忠嗣盛兵碛口。《新》《旧书·忠嗣传》皆曰："是岁，忠嗣北伐，与奚怒皆战于桑乾河，三败之，大虏其众。"又曰："明年再破怒皆及突厥之众，自是塞外晏然。"按朔方不与奚相接，不知所云奚怒皆何也。今阙之。

阿布思、葛腊哆等来降。《实录》《旧·纪》皆云："突厥阿布思及默啜可汗之孙、登利可汗之女与其党属来降。"《唐历》云："乌苏米施可汗遁逃，其西叶护阿布思及毗伽可汗、可敦、男西杀葛腊哆率其部千余帐来降。"《旧·王忠嗣传》云:"三部落攻米施可汗,走之,忠嗣因出兵伐之,取其右厢而归。其西叶护及毗伽可敦、男西杀葛腊哆率其部落千余帐入朝。"《突厥传》云:"西杀妻子及默啜之孙勃德支特勒、毗伽可汗女大洛公主、伊然可汗小妻余塞匐、登利可汗女余烛公主及阿布思、颉利发等并帅其部众相次来降。"今参取用之。

九月辛亥,宴突厥降者。《本纪》作"辛卯"。按《长历》,是月癸卯朔,无辛卯。《唐历》云"九日辛卯",亦误也。

十二月,回纥骨力裴罗入贡。《旧·传》云:"天宝初,其(首)〔酋〕长叶护颉利吐发遣使入朝,封奉义王。"《唐历》:"天宝三载,突厥拔志蜜可汗又为回纥葛逻禄等部落袭杀之,立回纥为主,是为骨咄禄毗伽阙可汗,遣使立为奉义王,又加怀仁可汗。"《新·突厥传》云:"回纥葛逻禄杀拔悉蜜可汗,奉回纥骨力裴罗定其国,是为国咄禄毗伽阙可汗。"按奉义王怀仁可汗是一人,而《新·突厥》《回纥传》其名不同,然《新·传》自吐迷度以来,世系皆可谱,今从之。

二年十月戊寅,幸温泉,乙卯,还宫。《旧·纪》:"十月戊寅,幸温泉宫。十一月乙卯,还京。"与《实录》同。"十二月戊申,又幸温泉宫。丙辰,还宫。"《实录》无。按十二月丙寅朔,无戊申、丙辰。《唐历》:"十一月戊申,幸温泉宫。丙辰,还京。"又与《实录》《本纪》不同,今皆不取。

三载五月,夫蒙灵詧斩莫贺达干。《会要》作"马灵詧",今从《实录》。

更请立伊里底蜜施骨咄禄毗伽。《会要》作"伊地米里骨咄禄毗伽",今从《实录》。

四载六月,萧炅引吉温为法曹。《唐历》云:"温联按大狱,倚法附邪,以出入人命者凡十余年。性巧诋,忍而不忌,失意眉睫者,必引而陷之,其欲胶固者,虽王公大人,立可亲也。初,萧炅以赃下狱,温深竟其罪。后为万年县丞,炅拜京兆尹。温见炅于高力士第,乃与之相结,为胶漆之交,引为法曹,而荐于林甫。温之进也,反以炅力。"《旧·传》云:"炅为河南尹,有事,京台差温推诘,坚执不舍。及温选,炅已为京兆尹,一唱万年尉,即就其官,人为危之。"今参取二书用之。

八月壬寅,册杨太真为贵妃。《统纪》:"八月,册女道士杨氏为贵妃。"《本纪》"甲辰",《唐历》"甲寅"。今据《实录》,"壬寅,赠太真妃父玄琰等官。"甲辰、甲寅皆在后,恐册妃在赠官前。《新·本纪》亦云:"八月壬寅,立太真为贵妃。"今从之。

杨锜尚太华公主。《实录》《旧·传》皆以铦、锜为再从兄,国忠为从祖兄,然则从祖亦再从也。推恩之时,何以及铦、锜而不及国忠?《新·传》谓之宗兄。《唐历》以铦为玄琰之子。借使非子,比于国忠,必应稍亲,今但谓之从兄。《旧·传》云:"锜为侍御史。"今从《实录》。

鲜于仲通为剑南采访支使。《唐历》云:"为节度巡官。"按颜真卿所作《仲通碑》见存,云"为采访支使",今从之。

九月,罢韦坚诸使,以杨慎矜代之。《旧·食货志》:"三载,以杨钊为水陆运使。"误也。今从《实录》。

褚诩战死。《新·传》作"诸葛诩",今从《实录》。

五载正月,韦坚下狱,李林甫使杨慎矜、王鉷、吉温鞫之。《旧·林甫传》云:"林甫潜令慎矜伺坚隙,奏上。"《慎矜传》云:"锧推坚,慎矜引身中立以候望,锧恨之,林甫亦憾焉。"二传自相矛盾。今从《唐历》。

韦坚贬缙云太守。《旧·纪》:"贬括苍太守。"今从《实录》及《旧·传》。

十二月甲戌,杜有邻、柳勣等杖死。《旧·纪》《唐历》皆作"辛未",今从《实录》。《实录》云:"勣与其党并伏法。"诏书则云:"犹宽极刑,俾从杖罪,其王曾等各决重杖一百,杜有邻、柳勣念以微亲,特宽殊死,决一顿,贬岭南新兴尉。"《吉温传》则云:"勣等杖死,积尸于大理寺。"盖诏虽与杖,其实皆死杖下也。

六载十月己酉,幸温泉。《旧·纪》《唐历》皆作"戊申",今从《实录》。

十一月,李林甫知王铣与杨慎矜有隙,密诱使图之。《明皇杂录》曰:"慎矜父墓封城之内,草木流血,慎矜大惧,问术者史敬思。敬思曰:'禳之可以免。'于慎矜后园大陈法事,令贯栉梏坐于丛林间以厌之。"《唐历》云:"敬思本胡人,出家还俗,涉猎书传阴阳玄象,慎矜与之善,每言天下将乱,居于临汝山中,亦劝慎矜于临汝买得山庄良田数十顷。尝于慎矜第夜坐谈宴,怒婢春草,将杖杀之。敬思曰:'七郎何须虚杀却十头壮牛?'慎矜曰:'何谓也?'敬思曰:'卖却买牛,每年耕田十顷。'慎矜雅爱敬思,曰:'任公收取。'明旦至市,卖与太真柳氏姊,得钱一百二十千文,买牛以归。柳氏数将春草来往宫中,玄宗见其状貌壮大,应对分明,数目之,谓柳曰:'几钱买得此婢?'以实对。遂留之。玄宗曾昼寝,问春草:'汝本何人? 何以得至柳家?'春草:'本杨慎矜婢,卖与柳家。'玄宗曰:'慎矜岂少钱而卖你?'春草曰:'不是要钱。本将杀某,敬思救,得不杀,所以卖之。'玄宗素闻敬思名,因诘问。春草以实对,曰:'每夜坐中庭,或说天文,遥指宿曜,某亦尽知其言。'玄宗怒,变色良久。后王铣因奏事言引慎矜,玄宗悖然曰:'慎矜与卿有亲,更不须相往来。'铣初内怨慎矜凌己,常忍隐不泄,至是觉上异己。杨钊先知之,以告铣,铣心喜,数悖慢以侵之,慎矜尤怒。"《明皇杂录》又曰:"慎矜之侍婢有美者字明珠,敬思数目之,慎矜则以遗,兼以囊橐甚厚,以车送之。敬思乘马随之,路经贵妃妹八姨楼下,方登楼张乐,姨素与敬思相识,固邀敬思登楼,乃曰:'车中美人,请以见遗。'敬思不敢拒。姨明日入宫,婢从。上见而异之,问听从来。明珠曰:'本杨慎矜家人也,近赠史敬思。'上曰:'敬思何人,而慎矜辄赠以婢?'明珠乃具言厌胜之事。上大怒曰:'彼为妖乎!'遂告林甫。林甫素忌慎矜才,恐其作相,以告中丞吉温,温险害,亦有憾于慎矜,因构成其事。"今参取书之。

三司按王忠嗣。《新·传》,李林甫屡白太子宜有谋上云云。按林甫虽志欲害太子,亦未肯自言之。今不取。

李林甫屡起大狱,太子以仁孝谨静得免。《明皇杂录》云:"上与李林甫议立太子,意属忠王。林甫从容言于上曰:'古者建立储君,必推贤德,苟非有大勋于社稷,则惟元子。'上默然曰:'朕长子琮,往年因猎苑中,所伤面目尤甚。'林甫曰:'破面不犹愈于破国乎! 陛下其图之。'上微感其言,徐思之。林甫亦素知其疾,意欲动摇肃京,而托附武惠妃,因以寿王瑁为请,竟以肃宗孝友聪明,中外所属,故奸邪之计莫得行焉。"按是时忠王若未为太子,上用林甫之言,则琮为太子矣,安能及瑁!《新书·李林甫传》云:"林甫数危太子,未得志。一日,从容曰:'古者立储君,非有大勋于宗稷,则莫若元子。'帝久之曰:'庆王往年猎,为豽伤面甚。'答曰:'破面不愈于破国乎！'帝颇惑，曰：'朕徐思之。'"此则情理似近。然《新书》此事必出于《杂录》，若太子已立，则不当云上与林甫议立太子，意属忠王也。今《杂录》本于"所伤"字上脱"为豿"两字，别本必有之。按《说文》："豿，兽名，无前足。"此非常有之物，或者"豹"字误为"豿"字耳。事既可疑，今不取。

十二月，李嗣业破吐蕃。《旧·嗣业传》云"天宝七载"，今从《实录》及《封常清传》。

资治通鉴考异卷第十四

端明殿学士兼翰林侍读学士太中大夫提举西京嵩山崇福宫上柱国河内郡开国公食邑二千六百户食实封一千户臣　司马光　奉敕编集

唐纪六

九载二月，高仙芝破揭师，虏其王勃特没。《实录》，去载十一月，吐火罗叶护请使安西兵讨揭师，上许之。不见出师。今载三月庚子，册揭师国王勃特没兄素迦为王，册曰："顷勃特没，于卿不孝，于国不忠。"不言揭师为谁所破。按十载正月，高仙芝擒揭师王来献，然则揭师为仙芝所破也。

十月，王玄翼言妙宝真符。《旧·志》："王𫓶奏玄翼见玄元于宝仙洞中，遣𫓶与张均、王𫢸、王济、王翼、王岳灵于洞中得玉石函，《上清护国经》、宝券、纪箓等献之。"今从《实录》。

杨钊，张易之之甥。郑审《天宝故事》云："杨国忠本张易之之子。天授中，易之恩幸莫比，每归私弟，诏令居楼上，仍去其梯。母恐张氏绝嗣，乃密令女奴蛱珠上楼，遂有娠而生国忠。"其说暧昧无稽，今不取。

庚辰，复易之兄弟官爵。《唐历》在七月二十五日，今从《实录》。

十载正月，为安禄山起弟，禄山出入宫掖。《禄山事迹》："正月二十日，禄山生日，玄宗及太真赐禄山器皿衣服，件目甚多。后三日，召禄山入内，贵妃以锦绣绷缚禄山，令内人以彩舆昇之，宫中欢呼动地。玄宗使人问之，报云：'贵妃与禄山作三日洗儿。'玄宗就观之，大悦，因赐贵妃洗儿金银钱物，极欢而罢。自是宫中皆呼禄山为假儿，不禁其出入。"温畬《天宝乱离西幸记》："禄山诣约杨妃，誓为子母，自虢国已下，次及诸王，皆戏禄儿，与之促膝娱宴。上时闻后宫三合处喧笑，密侦则禄山果在其中。贵戚猥杂，未之前闻。凡曰钗鬟，皆唉厚利，或通宵禁掖，昵狎嫔嫱。和士开之出入卧内，方此为疏；蓟城侯之获厕刑余，又奚足尚！"王仁裕《天宝遗事》云："禄山常与妃子同食，无所不至。帝恐外人以酒毒之，遂赐金牌子系于臂上，每有王公召宴，欲沃以巨觥，即禄山以金牌示之，云'准敕戒酒'。"今略取之。

二月，禄山养曳落河八千余人。《禄山事迹》云："养为己子。"按养子必无八千之数，今不取。

四月，鲜于仲通大败于泸南。《杨国忠传》："南蛮质子阁罗凤亡归不获，帝怒，欲讨之。国忠荐阆州人鲜于仲通为益州长史，令率精兵八万讨南蛮。"按《南诏传》："七年，蒙归义死，诏阁罗凤袭云南王。"不云尝为质子亡归也。九年，姚州自以张虔陀侵之故反，时鲜于仲通已为益州长史。《国忠传》与《南诏传》相违。《新》《旧书》皆如此，恐误。

杨国忠掩其败状，仍叙其战功。《唐历》云："令仲通白衣领节度事。"《旧传》无之。按既掩败叙功，岂得复白衣领职！

高仙芝将蕃、汉三万众击大食。马宇《段秀实别传》云"蕃、汉六万众"，今从《唐历》。

八月，武库火，烧兵器三十七万。《唐历》云四十七万事，今从《实录》。

十一载二月庚午，命有司易恶钱。《旧·纪》《唐历》皆作"癸酉"，今从《实录》。

六月，杨国忠奏剑南破吐蕃。《实录》："兵部侍郎兼御史中丞、剑南节度使杨国忠破吐蕃于云南，拔故隰州等三城，献俘于朝。"《唐历》："国忠上言破吐蕃于云南，拔故洪州等三城。"按国忠时在长安，盖剑南破吐蕃，以国忠领节制，故使之上表献俘耳。时国忠已为大夫，云中丞，误也。隰州，从《实录》。

十二月，国忠建议选深者注官。《唐历》此敕在十月二十七日，《统纪》在七月。《旧·纪》："十二月甲戌，国忠奏请两京选人铨日便定留放，无长名。"按国忠作相始兼文部尚书，七月末也。今从《旧·纪》。

丁亥，还宫。《本纪》《唐历》皆云："己亥，还京。"今从《实录》。

十二载十月戊寅，幸华清宫。《旧·纪》《唐历》皆作"戊申"。按《长历》，是月无戊申。今从《实录》。然《实录》在辛巳后，盖误。

十三载正月，安禄山入朝。《肃宗实录》"十二载，杨国忠屡言禄山潜图悖逆。五月，玄宗使辅璆琳伺之。禄山厚赂璆琳，盛言禄山忠于国。国忠又言：'禄山自此不复见矣。'玄宗手诏追禄山，禄山来朝。"《旧·传》亦同。按《玄宗实录》并《禄山事迹》，遣璆琳送甘子于范阳，觇禄山反状，在十四载五月，而《肃宗实录》及《旧·传》云十二载，误也。今从《唐历》。

三月，贬张均、张垍、张埱。《唐历》云："垍尝赞相礼仪，雍容有度，上心悦之。翌日，谓垍曰：'朕罢希烈相，以卿代之。'垍曰：'不敢。'贵妃在坐，告国忠斥之。"《旧·垍传》："天宝中，玄宗尝幸垍内宅，谓垍曰：'希烈累辞机务，朕择其代者，孰可？'垍错愕未对，帝即曰：'无逾吾爱婿矣。'垍降阶陈谢。杨国忠闻而恶之。及希烈罢相，举韦见素代垍，垍深觖望。"按《本纪》，三月丁酉，垍贬官，韦见素八月乃知政事，而云垍深觖望，《旧·传》误也。《明皇杂录》云："上幸张垍宅，谓垍曰：'中外大臣孰堪宰辅者，与我悉数，吾当举而用之。'垍逡巡不对。上曰：'固无如爱子婿。'垍降阶拜舞。上曰：'即举成命。'既逾月，垍颇怀怏怏，意其为李林甫所排。会禄山自范阳入觐，禄山潜赂贵妃，求带平章事，上不许。垍因私弟备言：'上前时行幸内弟，面许相垍，与明公同制入辅。今既中变，当必为奸臣所排。'禄山大怀恚怒，明日谒见，因流涕请罪。上慰勉久之，因问其故，禄山具以垍所陈对。上命高力士送归焉，亦以怏怏闻。由是上怒。"按李林甫时已死，亦误也。

八月，陈希烈罢相，韦见素同平章事。《旧·见素传》曰："时杨国忠用事，左相陈希烈畏其权宠，凡事唯诺，无敢发明。玄宗知之，不悦。天宝十三年秋，霖雨六十余日，天子以宰相或未称职，见此咎征，命杨国忠精求端士。时兵部侍郎吉温方承宠遇，上意用之。国忠以温禄山宾佐，惧其威权，奏寝其事。国忠访于中书舍人窦华、宋昱等，华、昱言见素方雅，柔而易制。上亦以经事相王府，有旧恩，可之。"《希烈传》曰："国忠用事，素忌疾之，乃引韦见素同列，罢希烈知政事。"按明皇若恶希烈阿徇国忠，当更自择刚直之士，岂得尚卜相于国忠！今从《希烈传》。

十四载二月安禄山请以蕃将代汉将。《实录》："正月辛巳，禄山表请以蕃将三十人代汉将,上遣中使袁思艺宣付中书,令即日进画,便写告身。杨国忠、韦见素相谓曰:'流言传禄山有不臣之心,今又请代汉将,其反明矣。'乃请陈事。既见,上先曰:'卿等有疑禄山之意邪?'国忠等遽走下阶,垂涕具陈禄山反状,因以禄山表留上前而出。俄顷,上又令袁思艺宣:'此之一奏,姑容之,朕徐为图之。'国忠奉诏。自后国忠每对,未尝不恳陈其事。国忠曰:'臣有一策,可销其难。伏望下制以禄山带左仆射、平章事,追赴朝廷,以贾循等分帅三道。'上许之。草制讫,留之未行。上潜令辅璆琳送甘子,私候其状。还,固称无事,其制遂寝。先是,上引宰相对见,常置白麻于座前,及璆琳还,上乃谓宰臣曰:'禄山必无二心,其制朕已焚矣。'后璆琳受禄山贿事泄,上因祭龙堂,遣备储供,责以不虔,乃命左右扑杀之,始有疑禄山意。"《禄山事迹》云:"请不以蕃将代汉将,论禄山反状,及请追禄山赴阙,并是韦见素之意旨,国忠曾无预焉。仍语见素曰:'禄山出自寒微,位居众上,时所忌嫉,成疑似耳。'见素曰:'公若实为此见,社稷危矣。'将至上前恳论,见素约以'事如未谐,公继之'。国忠都无一言,俯偻而退,见素却到中书,呜咽流涕。此非他也,国忠要禄山速反,以明己之先见耳。"宋臣《玄宗幸蜀记》云:"是岁春二月二十二日辛亥,禄山使何千年表请以蕃将三十二人代汉将掌兵。其日,宰相韦见素、杨国忠在省受旨,见素惨然,国忠问曰:'堂老何色之戚也?'见素曰:'禄山逆状,行路共知。今以蕃酋代汉〔将〕,是乱将作矣。与公位当此地,能无戚乎!'国忠于是亦惘然久之,乃曰:'与夺之间,在于宸断,岂我辈所能是非邪!'见素曰:'知祸之萌而不能防,亦将焉用彼相矣!明日对见,仆必恳论,冀其万一。若不允,子必继之。'国忠曰:'事脱不谐,恐虚犯龙颜,自贻伊戚。'见素曰:'如正其言而获死,犹愈于阿从而偷生。'翌日壬子,二相入对。见素言:'禄山潜贮异图,迹已昭彰。'因叩头流涕久之。国忠但俯偻逡巡,更无所补。上不悦,遂以他事议之。既退还省,见素谓国忠曰:'圣意未回,计将安出?'国忠曰:'禄山未必有反意,但时所诽嫉,便成疑似耳。'见素曰:'公若为此见,社稷危矣。'遂悯然不言。二十四日癸丑,上又使思艺宣旨,令'且依此发遣,卿等所议,后别筹之'。自是见素数奏其凶状。三月己未朔,见素请以禄山同中书门下平章事,追赴阙庭。及辅璆琳送甘子,禄山给璆琳曰:'主上耄年,信任非次,国忠之辈,苟徇荣班。今若进逆耳之言、苦口之药,以吾之心,事将无益。今欲耀兵强谏,以迹鹬拳,此意决矣。'禄山以物赠璆琳。璆琳既受金帛,及还,奏曰:'禄山尽忠奉国,必无二心,特望官家不以东北为虑。'上然之,谓宰臣曰:'禄山朕自保之,卿勿忧也!'见素起曰:'臣忤拂圣旨,僭黩大臣,罪合万死。然愚者千虑,或有一中,愿陛下审察之。'"自余与《实录》及《事迹》所述略同。按禄山方赂璆琳,泯其反迹,安肯对之遽出悖语!又国忠平日数言禄山欲反,此际安得不与见素同心!盖所谓天下之恶皆归焉者也。今取其可信者。

　　四月,杨国忠使京兆尹围安禄山第。《肃宗实录》:"国忠日夜伺求禄山反状,或矫诏以兵围其宅,或令府县捕其门客李起、安岱、李方来等,皆令侍御史郑昂之阴推劾,潜槌杀之。庆宗尚郡主,又供奉在京,密报其父,禄山转惧。"《唐历》:"是夏,京兆尹李岘贬零陵太守。先是,杨国忠使门客蹇昂、何盈求禄山阴事,命京兆尹围捕其宅,得安岱、李方来等与禄山反状,使侍御史郑昂之缢杀之。禄山怒,使严庄上表自理,具陈国忠罪状二十余事。上惧其生变,遂归过于岘以安之。"《安禄山事迹》与《唐历》同。外有"命京兆尹李岘于其宅得李起、安岱、李方来等,又贬吉温为澧阳长史,以激怒禄山,幸其速反,上竟不之悟。"《玄宗幸蜀记》与《事迹》同。按

《李岘传》:"十三载,连雨六十余日,国忠归咎京兆尹,贬长沙太守。"《新·宗室》《宰相传》:"杨国忠使客塞昂、何盈摘录禄山阴事,讽京兆捕其弟,得安岱、李方来等与禄山反状,缢杀之。禄山怒,上书自言。帝惧变,出岘为零陵太守。"今从《实录》。

七月,遣冯神威赍手诏谕禄山。《禄山事迹》作"承威",今从《玄宗幸蜀记》。

十月庚寅,幸华清宫。《旧·纪》"壬辰",今从《实录》《新·纪》。

十一月甲子,安禄山反。平致美《蓟门纪乱》曰:"自其年八月后,慰谕兵士,磨厉戈矛,颇异于常,识者窃怪矣。至是,禄山勒兵夜发。将出,命属官等谓曰:'奏事官胡逸自京回,奉密旨,遣禄山将随身兵马入朝来,莫令(郡)〔那〕人知。群公勿怪,便请随军。'"那人,意杨国忠也。

禄山遣何千年劫杨光翙。《肃宗实录》云:"先令千年领壮士数千人,诈称献俘,以车千乘,包旌旗、戈甲、器械,先俟于河阳桥。"不见后来所用。又千年时方诣太原执杨光翙,未暇向河阳也。今不取。《蓟门纪乱》云:"是月甲午,缚光翙。"按是月有甲子,安得甲午,亦不取。

甲戌,禄山斩光翙。《幸蜀记》云:"十九日甲戌,至真定南,逢杨光翙。"按《唐历》:"禄山遣骁骑何千年等劫光翙归,遇于博陵郡,杀(崔)〔之〕。"盖《幸蜀记》误以定州为真定耳。《禄山事迹》曰:"其年九月甲午,传太原尹杨光翙首至。"按禄山十一月始反,而《事迹》云九月取光翙,误也。

张介然为河南节度使。《实录》以介然为汴州刺史,《旧·纪》以介然为陈留太守。按是时无刺史,郭纳见为太守,介然直为节度使耳。

十二月庚寅,禄山陷陈留,斩介然。《旧·纪》:"辛卯,陷陈留郡。"《禄山事迹》:"庚午,陷陈留郡,传张介然、荔非守瑜等首至。"今从《实录》。

癸巳,陷荥阳,杀崔无诐。《唐历》《旧·纪》作"甲午",今从《实录》。

丁酉,陷东京,封常清战败西走。常清表云:"自今月七日交兵,至十三日不已。"按七日禄山犹未至荥阳,盖与贼前锋战耳。

常清说仙芝守潼关。《肃宗实录》云:"仙芝领大军初至陕,方欲进师,会常清军败至,欲广其贼势以雪己罪,劝仙芝班师。仙芝素信常清言,即日夜走保潼关。朝廷大骇。"今从《本传》。

辛丑,制太子监国。《唐历》《幸蜀记》皆云"十六日辛丑"。按《长历》,辛丑,十七日也。《实录》又作"己丑",尤误。《肃宗实录》云:"诏以上监国,仍令总统六军,亲征寇逆。"按制书云:"今亲总六师,率众百万,铺敦凶恶,巡抚洛阳。"则是上亲征,使太子留守也。今从《玄宗实录》。

颜真卿斩段子光,贾载、穆宁等斩刘道玄,传首平原。《旧·穆宁传》:"禄山伪署刘道玄为景城守。宁唱义起兵,斩道玄首,传檄郡邑,多有应者。贼将史思明来寇郡,宁以摄东光令将兵御之。思明遣使说诱,宁立斩之。郡惧贼怨深,后大兵至,夺宁兵及摄县。初,宁佐采访使巡按,尝过平原,与太守颜真卿密揣禄山必叛。至是,真卿亦唱义,举朝兵以拒禄山。会间使持书遗真卿曰:'夫子为卫君乎?'更无他词。真卿得书,大喜,因奏署大理评事、河北采访支使。"按宁以道玄首谒李(晖)〔晡〕,晡即族严庄家,岂有惧贼怨深而夺宁兵乎!真卿既杀段子光,帅诸郡以讨禄山,宁书中何必尚为隐语!道玄首至平原,真卿已召宁计事,岂待得此书然后用之！况真卿领采访使，乃在明年常山陷后。今皆不取。

饶阳太守卢全诚。包谞《河洛春秋》作"卢皓"，今从殷仲容《颜氏行状》。

封常清草遗表，附边令诚上之。《明皇幸蜀记》《安禄山事迹》皆曰："常清配隶仙芝军，感愤颇深，遂作遗表，饮药而死。令诚至，常清已死。"而《旧·传》以为"敕令却赴潼关，自草表待罪，是日临刑，托令诚上之。"盖二书见常清表有"仰天饮鸩，向日封章，即为尸谏之臣，死作圣朝之鬼"，故云然。今从《旧·传》。

河西、陇右节度使哥舒翰。《旧·金梁凤传》云："天宝十三载，哥舒翰入京师，裴冕为河西留后，在武威。"是翰虽病在京师，犹领河西、陇右两镇也。

翰将兵八万，号二十万，军于潼关。《肃宗实录》云："以翰为皇太子先锋兵马使、元帅，领河、陇、朔方募兵十万，并仙芝旧卒，号二十万，拒战于潼关。十二月十七日，大军发。"《唐历》亦云"先锋兵马使、元帅"。《旧·传》云"先锋兵马元帅"。《禄山事迹》云："翰为副元帅，领河、陇诸蕃部落奴剌、颉、跌、朱邪、契苾、浑、蹛林、奚（拮）〔结〕、沙陀、蓬子、处蜜、吐谷浑、思结等十三部落，督蕃、汉兵二十一万八千人，镇于潼关。"《旧·纪》云："丙午，命翰守潼关。"按《玄宗实录》："癸卯，斩常清、仙芝，命翰为兵马副元帅，统兵八万，镇潼关。"时荣王为元帅，故以翰副之。盖诛仙芝之日，即命翰代仙芝。《旧·纪》"丙午"，《肃宗实录》"十七日军发"，皆太早也。《玄宗实录》所云八万者，盖止谓汉兵随翰东征者耳，并诸蕃部落及仙芝旧兵，则及十余万，因号二十万也。

薛忠义寇静边军，郭子仪败之。陈翃《汾阳王家传》，此战在十二月十二日。嫌其与禄山陷东都相乱，故并置此。

丙午，颜杲卿杀李钦凑，擒高邈、何千年，河北十七郡皆归朝廷。《河洛春秋》曰："禄山至藁城，杲卿上书陈国忠罪恶宜诛之状，且曰：'钺下才不世出，天实纵之，所向辄平，无思不服。昔汉高仗赤帝之运，犹纳食其之言；魏武応黄星之符，亦用荀彧之策。'又曰：'今河北殷实，百姓富饶，衣冠礼乐，天下莫敌。孔子云："十室之邑，必有忠信。"万家之邦，非无豪杰，如或结聚，岂非后患者乎？伏惟精彼前军，严其后殿，所过持重。且详观地图，凡有隘狭，必加防遏，慎择良吏，委之腹心。自洛已东，且为已有，广挽刍粮，缮理甲兵，传檄西都，望风自振。若唐祚未改，王命尚行，君相协谋，士庶奔命，则盛兵巩、洛，东据敖仓，南临白马之津，北守飞狐之塞，自当抗衡上国，割据一方。若景命已移，讴歌所系，即当长驱岐、雍，饮马渭河，黔首归命，孰有出钺下之右者！'禄山大悦，加杲卿章服，仍旧常山太守并五军团练使，镇井陉口。留（司）〔同〕罗及曳落河一百人，首领各一人。其赵、邢、洺、相、卫等州，并皆替换。及沧、瀛、深不从禄山，张献诚围深州月余不下，前赵州司户包处遂、前原氏尉张通幽、藁城县尉崔安晟、恒州长史袁履谦等同上书说杲卿曰：'明公身荷宠光，位居牧守，乃弃万全之良计，履必死之畏途，取适于目前，忘累于身后，窃为明公不取。今若拒禄山之命，招十万之兵，峙乃刍荛，积其食粮，分守要害，大振威声，通井陉之路，与东都合势，如此，则洪勋盛烈，何可胜言者哉！轻进瞽言，万无一用。魂销东岱，先怀屠裂之忧；心拱北辰，愿立忠贞之节。'杲卿览书大悦。于是金议，伪以禄山命追井陉镇兵就恒州宴设，酋长各赐帛三百段，马一匹，金银器各一床，美人各一，其余通赐物一万段。设于州南焦同驿，自晓至暮，并以歌妓数百人悦其意，密于酒中致毒，与饮，令尽醉，悉无所觉，乃尽收其器械，一一缚之。明日，尽斩，弃尸于滹沱河中。”殷亮《颜杲卿传》曰：“禄山起，杲卿计无所出，乃与长史袁履谦谒于藁城县。禄山以杲卿尝为己判官，矫制赐紫金鱼袋，使自守常山郡。以其孙诞、弟子询为质，俾崇郡刺史蒋钦凑以赵郡甲卒七千人守土门，约杲卿，将见钦凑，以私号召之。杲卿罢归，途中，指其衣服而谓履谦曰：‘此害身之物也。禄山虽以诛君侧为名，其实反矣。我与公世为唐臣，忝居藩翰，宁可从之作逆邪！’履谦愀然变色，感叹良久，曰：‘为之奈何，唯公所命，不敢违。’杲卿乃使人告太原尹王承业以杀钦凑，俟其缓急相应，承业亦使报命。杲卿恐漏泄，示己不事事，多委政于履谦，终日不相谒，唯使男泉明往来通其言，召前真定令贾深、处士权涣、郭仲邕就履谦以谋之。适会杲卿从父弟真卿据平原，杀段子光，使杲卿妹子卢逖并以购禄山所行敕牒潜告。杲卿大悦，匿逖于家。逖之未至，杲卿先使人以私号召钦凑，至，杲卿辞之曰：‘日暮，夜恐有它盗，城门闭矣，请俟诘朝相见。’因遣参军冯虔、宗室李峻、灵寿尉李栖默、郡人翟万德等即于驿亭偶钦凑，夜久醉熟，以斧斫杀之，悉散土门兵。先是，禄山使其腹心伪金吾将军高邈征兵于范阳，路出常山，杲卿候知之。其日，邈至于满城驿，杲卿令崔安石、冯虔杀之。邈前驱数人先至，遽杀之，遂生擒邈，送于郡。遇何千年狎至，安石于路绝行人之南者，驰至醴泉驿候千年，亦斩其人而擒之如邈。日未午，二凶偕致。”《肃宗实录》：“杲卿初闻禄山起兵于范阳，杲卿召长史袁履谦、前真定令贾深、内丘丞张通幽谓之曰：‘今禄山一朝以幽、并骑过常山，趋洛阳，有问鼎之志。天子在长安，方欲征天下兵，东向问罪，事不及矣。如贼军暴至，吾属为虏必矣。不若因其未萌，招义徒，西据土门，北通河朔，待海内之救，上以安国家，下以全臣节，此策之上者。’遂即日购士得千余人，命履谦将兵镇土门，命贾深防东路，通幽守郡城。贼将李归仁令弟钦凑领步骑五千人先镇土门，仍令以兵隶于杲卿，又使麾下骑将高邈驰报禄山，令促其行。觇者知其谋而白杲卿，杲卿召履谦告之。履谦曰：‘事将亟矣，若不早诛钦凑，谋不集也。’遂诈追钦凑，令赴郡计事，命履谦署人吏以待之。钦凑夜至郡，杲卿令憩于驿，乃使参军李循、冯虔、县尉李栖默等享钦凑于驿，醉而夜杀之。履谦持钦凑首谒于杲卿，杲卿与履谦且喜事之捷，又惧贼之来，相对泣。杲卿收泪，励履谦曰：‘大丈夫名不挂青史，安用生为！吾与公累世事唐，岂偷安于胡羯，但使死而不朽，亦何恨也！’有顷，藁城尉崔安石报高邈自禄山所至，已宿上谷郡界，又使冯虔、县吏翟万德并命安石共方略。诘朝，邈骑数人先至驿，虔尽坑之。邈继至，虔绐之曰：‘太守将音乐迎候。’邈无疑，至厅下马。虔、安石等指挥人吏，以棒乱击，邈仆，生缚之。无何，南界又报何千年自东京宿赵郡，安石、万德先于郡南醴泉驿候之。千年至，知邈被擒，令麾下骑与安石战，败。又生擒千年，并送于郡。”《旧·传》曰：“禄山陷东都，杲卿忠诚感发，惧贼寇潼关，即危宗社。时从弟真卿为平原太守，遣信告杲卿，相与起义兵，掎角断贼归路，以纾西寇之势。杲卿乃与长史袁履谦、前真定令贾深、前内丘丞张通幽等谋闭土门以背之。禄山遣蒋钦凑、高邈帅众五千守土门。杲卿欲诛钦凑，开土门之路。时钦凑军隶常山郡，属钦凑遣高邈往幽州未还，杲卿遣吏召钦凑至郡计事。是月二十二日夜，钦凑至，舍之于传舍。会饮既醉，令袁履谦与参军冯虔、县尉李栖默、手力翟万德等杀钦凑。中夜，履谦携钦凑首见杲卿，相与垂泣，喜事之济也。是夜，藁城尉崔安石报高邈还至满城，即令冯虔、翟万德与安石往图之。诘朝，邈之骑从数人至藁城驿，安石皆杀之。俄而邈至，安石绐之曰：‘太守备酒乐于传舍。'邈方据厅下马，冯虔等擒而絷之。是日，贼将何千年自东都来赵郡，冯虔、翟万德伏兵于醴泉驿，千年至，又擒之。即日缚二贼将还郡。"按禄山初自(渔)〔范〕阳拥数十万众南下，常山当其所出之途，若杲卿不从命，遽以千余人拒之，则应时齑粉，安得复守故郡乎！况时禄山犹以诛杨国忠为名，未僭位号，杲卿迎于藁城，受其金紫，殆不能免矣。《肃宗实录》所云者，盖欲全忠臣之节耳。然杲卿忠直刚烈，糜躯徇国，舍生取义，自古罕俦，岂肯更上书媚悦禄山，比之汉高、魏武，为之画割据并吞之策，此则粗有知识者必知其不然也。盖包谞乃处遂之子，欲言杲卿初无讨贼立节之意，由己父上书劝成之，以大其父功耳。观所载杲卿上禄山书，处遂等上杲卿书，田承嗣上史朝义疏，其文体如一，足知皆谞所撰也。又张通幽兄为逆党，又教王承业夺杲卿之功，终以反覆被诛，其行事如此，而包谞云初与处遂同上书劝杲卿为忠义，尤难信也。《旧·传》云："钦凑、高邈同守土门，钦凑遣邈往幽州。"二将既握兵同镇土门，钦凑岂得擅遣邈往幽州，今从殷亮《杲卿传》，禄山自遣邈征兵是也。《河洛春秋》云"留同罗及曳落河百人"，彼镇井陉，遏山西之军，重任也，岂百人所能守乎！殷《传》云"七千人守土门"，此七千人又非履谦一夕所能缚也。盖禄山留精兵百人以为钦凑腹心爪牙，其余皆团练民兵胁从者耳。故履谦得醉之以酒，诛钦凑及百人而散其余耳。《河洛春秋》云"酒中置毒"，按时履谦等与钦凑同饮，岂得偏置毒于客酒中乎！今不取。《旧·传》及殷《传》皆云钦凑姓蒋，今从《玄宗》《肃宗实录》《唐历》姓李。《玄宗实录》："十二月己亥，杲卿杀贼将李钦凑，执何千年、高邈送京师。"按己亥，十五日也。而真卿以壬寅斩段子光，壬寅，十八日也。真卿既杀子光，乃报杲卿同举义兵。今从《旧·传》，为二十二日丙午杀钦凑。《肃宗实录》又云："杲卿之斩钦凑等，因使徇诸郡，曰：'今上使荣王为元帅，哥舒翰为副，征天下兵四十万，东向讨逆。'"按《实录》，癸卯，始命翰为副元帅，计丙午，常山亦未知。今不取。《河洛春秋》云"十三郡悉举义兵归朝廷"，殷亮《颜氏行状》《旧·颜真卿传》《唐历》皆云"十七郡归顺"。盖《河洛春秋》不数平原、景城、河间、饶阳先定者耳。《颜氏行状》云："不款者六郡而已。"时魏郡亦未下，盖举其终数耳。

禄山将攻潼关，闻河北有变而还。《玄宗实录》："十五年正月壬戌，禄山将犯潼关，次于新安，闻有备而还。"按禄山以此月丁酉陷东都，至壬戌凡二十六日，非乘虚掩袭也，岂得至新安然后知其有备乎！盖常山有变则幽、蓟路绝，故惧而归耳。今从《肃宗本纪》。

肃宗至德元载正月，禄山以达奚珣为侍中，张通儒为中书令。《幸蜀记》云："以珣为左相，通儒为右相。"今从《实录》。

颜杲卿起兵才八日，史思明、蔡希德引兵至城下。《河洛春秋》云："十二月乙未，思明、希德齐至城下。"杲卿丙午始杀李钦凑，云乙未，误也。今从诸书。

壬戌城陷。《实录》："癸亥，城陷。"《河洛春秋》："正月一日，城陷。"《旧·思明传》："正月六日，围常山。九日，拔之。"今从《玄宗实录》《唐历》《旧·纪》《杲卿传》。

郭子仪荐李光弼为河东节度使。杜牧《张保皋传》曰："安禄山乱，朔方节度使安思顺以禄山从弟赐死，诏郭汾阳代之。后旬日，复诏李临淮持节，分朔方半兵，东出赵、魏。当思顺时，汾阳、临淮俱为牙门都将，二人不相能，虽同盘饮食，常睚相视，不交一言。及汾阳代思顺，临淮欲亡去，计未决，诏至，分汾阳兵东讨。临淮入请曰：'一死固甘，乞免妻子。'汾阳趋下，持手上堂偶坐,曰:'今国乱主迁,非公不能东伐,岂怀私忿时邪!'悉召军吏,出诏书读之,如诏约束。及别,执手泣涕,相勉以忠义。"按于时玄宗未幸蜀,唐之号令犹行于天下,若制书除光弼为节度使,子仪安敢擅杀之! 杜或得于传闻之误也。今从《汾阳家传》及《旧·传》。

二月,光弼将步骑万余,弩手三千出井陉。《玄宗实录》:"己亥,光弼以朔方马步五千,东出土门,收常山郡。"《河洛春秋》云:"光弼从大同城下领蕃、汉兵马步一万余人,并太原弩手三千人,救真定。"盖《实录》言朔方元领之兵,《河洛》言到真定之数耳。

令狐潮走,贾贲得入雍丘。《肃宗实录》曰:"雍丘令狐潮据城以应禄山。百姓有违令者百余人,将杀之。觇者报官军至,潮不及行刑,遂反缚仆于地,令人守之,遽出军以御官军。缚者忽一人幸脱,杀守者,互解其缚,闭城门以拒潮,相持累日。贲闻之,入其城,领众杀潮母、妻及子,以坚其志。"《旧·张巡传》:"潮欲以城降贼,民吏百余人不从命,潮皆反接,仆之于地,将斩之。会贼来攻城,潮遽出斗,而反接者自解其缚,闭城门拒潮,召贲,贲与巡引众入雍丘。"《新·传》:"潮举县附贼,遂自将东败淮阳兵,虏其众,反接在廷,将杀之,暂出行部。淮阳囚更解缚起,杀守者,迎贲等人。潮不得归,巡乃屠其妻子磔城上。"按潮既欲以城降贼,贼来即当出迎,岂有更出斗者。今从李翰《张中丞传》及《新·传》。

三月壬午,李光弼为河北节度使。《实录》云:"乙丑,光弼收赵郡。"按壬午,三月二十九;乙丑,十二日也。《河洛春秋》收赵郡在四月,今从之。

李萼乞师于颜真卿。《颜氏行状》作"李华",今从《旧·传》。

贺兰进明克信都。《颜氏行状》云:"进明失律于信都城下,有诏抵罪,公纵之,使赴行在。进明之全,乃公之护也。"今从《旧·传》。又《唐历》:"三月四日乙酉,真卿充河北采访使。时进明起义兵,北度河,与真卿同经略。六月,真卿破袁知泰于堂邑。"进明再拔信都,《统纪》皆在三月。《旧·纪》破知泰,拔信都,皆在六月。按三月无乙酉,乙酉,四月二日也。今从《统纪》。

五月,鲁炅众溃,走保南阳。《玄宗实录》云:"炅携百姓数千人奔顺阳川。"今从《旧·传》。

子仪、光弼议曰:贼倦矣,可以出战。《河洛春秋》以此为光弼语,《汾阳家传》作子仪语,盖二人共议耳。

壬午,战于嘉山,大破史思明。《实录》云"六月壬午"。按《长历》,六月癸未朔,壬午,五月二十九日也。《汾阳家传》《旧·禄山传》亦云:"六月,战嘉山。"《河洛春秋》云:"六月二十五日,光弼破贼于嘉山。"今从《实录》而改其月。

河北十余郡降。《河洛春秋》云:"五月,蔡希德从东都见禄山,禄山又与马步二万人,至邢州,取尧山、招庆,射赵州东界,效曲、鼓、鹿城间,渡涝池水,入无极,至定州。牛介从幽州占归、檀、幽、易,兼大同、纥、蜡共万余人,帖思明。思明军既壮,共五万余人,其中精骑万人,悉是同罗、曳落河,精于驰突。光弼以十五万众顿军恒阳,樵采往来,人有难色,召有策者试之。时赵州司户参军先臣亡父处遂上书与光弼曰:'思明用军,唯将劲悍,观其布措,实谓无谋。昔秦、赵争山,先居者胜,岂不为劳逸势倍,高下相悬。今宜重出军人有膂力者五万,被甲两重,陌刀各二。东有高山甚大，先令五千甲士于山上设伏，后出二千人山东取粮。贼见必追之，则奔山上。伏兵马与一百面鼓，应山上避贼百姓，壮者亦与器械，令随大军，老弱者令居险固守，遥为声援。贼必围山攻之，城内出五万人，择将二人统之，各领二万，一将于南面，一将于城北门出。贼营悉在山东，其军夜出，长去贼三十里行，广张左右翼，以天晓合围。其军每二十五为队，每队置旗两口，鼙鼙鼓子一具，围落才合，则动鼓子，贼必不测人之多少。然于城东门出军一万人，布掌底阵，山上亦击鼓而下，齐攻之，必克胜。'光弼尤然此计。乃出朔方计会，出人取粮。贼果然来袭，即奔山上。至六月二十五日，依前计，大破贼于嘉山阵，斩首数万余级，生擒数千。思明落马步遁，至夜，柱折枪归营。希德中枪索，押衙刘旻斫断而走。生擒得旻。至二十六日，覆阵。二十七日，有诏至恒阳，云潼关失守，驾幸剑南。"包谓专欲归功其父，而它书皆无之。今不取。

阿浩，田乾真小字也。《禄山事迹》作"阿法"，今从《唐历》《统纪》《旧·传》。

王思礼说哥舒翰诛杨国忠。《玄宗实录》云："或劝翰：'留兵二万守关，悉以精锐回诛杨国忠，此汉挫七国之计也，公以为何如？'翰心许之，未发。有客泄其谋于国忠，国忠大惧。"按翰若回兵诛国忠，则正与禄山无异。思礼劝翰抗表言国忠罪犹不敢，况敢举兵乎！事必不然。且翰虽心(计)〔许〕，它人安得知之？正由翰按兵不进，故国忠及其党疑惧，恐翰回兵诛之，其实翰无此心也。若果欲诛国忠，则安肯恸哭出关乎！《幸蜀记》云："翰使王思礼至陕郡，见贼伪御史中丞、无敌将军、平西大使崔乾祐，令传檄与禄山，数其干纪乱常，背天逆理。且曰：'若面缚而来，束身归死，赦尔九族，罪尔一身。如更屈强王师，迟疑未决，大军一鼓，玉石俱焚。尔审思之，悔无及矣。'"按翰与乾祐方对垒相攻，思礼军中大将，岂可使赍骂禄山之檄诣乾祐乎！必无此理。今不取。

六月，翰斩杜乾运，引兵出关。《幸蜀记》曰："贼将崔乾祐于陕郡西潜锋蓄锐，卧鼓偃旗，而侦者奏云，贼全无备。上然之。"又曰："玄宗久处太平，不练军事，既被国忠眩惑，中使相继，督责于公，不得已，抚膺恸哭久之，乃引师出关。国忠又令杜乾运领所募兵于冯翊境上，潜备哥舒公。公曰：'今军出关，势十全矣。更置乾运于侧以为疑军，人心忧疑，即不俟见贼，吾军溃矣。必当并之以除内忧。'遂令衙前总管叱万进追军，诫之曰：'若不受追，即便斩头来。'乾运果不肯赴。进诈词如欲叛哥舒，(切)〔窃〕请见。乾运遂喜，遽见之。与语，进忽抽佩刀曰：'奉处分，取公头。'乾运惊惧。其左右悉新招募者，悉投仗散走，进遂斩乾运，携首至于军门，众皆慑气，乃统其军赴关。"按翰若擅杀乾运而夺其军，则是已反也，朝廷安能趣之出关乎！盖奏乞以其军隶潼关，朝廷已许之，翰召乾运受处分，或有所违拒，因托军法以斩之耳。凌准《邠志》云："郭子仪、李光弼将进军，闻朝廷议出潼关，图复陕、洛，二公议曰：'哥舒公老疾昏耄，贼素知诸军乌合，不足以战。今禄山悉锐南驰宛、洛，贼之余众尽委思明，我且破之，便覆其巢。质叛徒之族，取禄山之首，其势必矣。若潼关出师，有战必败。关城不守，京室有变，天下之乱，何可平之！'乃陈利害以闻，且请固关无出。"《唐历》："会侦人自陕至，云：'崔乾祐所将众不满四千，不足图也。'上大悦。"《旧·翰传》："翰既斩乾运，心不自安，又素有风疾，至是颇甚，军中之务，不复躬亲，委政于行军司马田良丘。良丘复不敢专断，教令不一，颇无部伍。其将王思礼、李承光又争长不叶，人无斗志。"今兼采之。

己丑,遇贼。庚寅,会战。《肃宗实录》:"乙酉,翰与乾祐会战。"《旧·传》:"四(百)〔日〕,次灵宝西原。八日,与贼交战。"《新·传》:"丙戌,次灵宝西原。庚寅,与乾祐战。"按翰军既遇贼,必不留四日然后战。《玄宗实录》:"丙戌,翰出关。己丑,遇贼。庚寅,战。"此近是,今从之。《幸蜀记》亦然。

崔乾祐以草车焚前驱。《幸蜀记》曰:"野中先有官草,积数十堆,因风焚之。"今从《旧·传》。

杨国忠首唱幸蜀之策,甲午,移仗北内。《幸蜀记》:"上遣中使曹仙领千人击鼓于春明门外,又令烧闲厩草积,烟焰燎天。上将乘马,杨国忠谏,以为:'当谨守宗祧,不可轻动。'韦见素力争,以为:'贼势逼近,人心不固,陛下不可不出避狄。国忠暗与贼通,其言不可听。'往返数四,上乃从见素议。加魏方进御史大夫,充前路知顿使。"按贼陷潼关,銮舆将出,人心已危,岂有更击鼓烧草以惊之!国忠久蓄幸蜀之谋,见素乃其所引,岂得上前有此争论!此盖宋巨欲归功见素,事乃近诬。今不取。

乙未,上出延秋门。《幸蜀记》云:"丙申,百官尚赴朝。"此乙未日事,宋巨误也。

食时,至望贤宫。《唐历》:"至望贤顿,御马病。上曰:'杀此马,拆行宫舍木煮食之。'众不忍食。"《幸蜀记》:"至望贤宫,行从皆饥。上入宫,憩于树下,拂然若有弃海内之意。高力士觉之,遂抱上足,呜咽开谕,上乃止。"《肃宗实录》:"杨国忠自入市,衣袖中盛胡饼,献上皇。"《天宝乱离记》:"六月十一日,大驾幸蜀,至望贤宫,官吏奔窜。殆曛黑间,百姓有稍稍来者,上亲问之:'卿家有饭否?不择精粗,但且将来。'老幼于是竞担挈壶浆,杂之以麦子饭,送至上前。先给兵士,六宫及皇孙已下,咸以手掬而食。顷时又尽,犹不能饱。既乏器用,又无钉烛,从驾者枕藉寝止,长幼莫之分别,赖月入户庭,上与六宫、皇孙等差异焉。"按上九日幸蜀,温畬云"十一日",非也。馀则兼采之。

上意在入蜀,韦谔请且至扶风。《幸蜀记》曰:"上意将幸西蜀,有中使常清奏曰:'国忠久在剑南,又诸将吏或有连谋,虑远防微,须深详议。'中官陈全节奏曰:'太原城池固莫之比,可以久处,请幸北京。'中官郭希奏曰:'朔方地近,被带山河,镇遏之雄,莫之与比。以臣愚见,不及朔方。'中使骆承休奏曰:'姑臧一郡尝霸五原,秦、陇、河、兰皆足征取,且巡陇右,驻跸凉州,翦彼鲸鲵,事将易耳。'左右各陈其意见者十余辈。高力士在侧而无言,上顾之曰:'以卿之意,何道堪行?'力士曰:'太原虽固,地与贼邻,本属禄山,人心难测。朔方近塞,半是蕃戎,不达朝章,卒难教驭。西凉悬远,沙漠萧条,大驾顺动,人马非少,先无备拟,必有阙供,贼骑起来,恐见狼狈。剑南虽窄,土富人繁,表里江山,内外险固,以臣所料,蜀道可行。'上然之。即除韦谔御史中丞,充置顿使。"今从《唐历》。

父老留太子,建宁王倓、李辅国劝之。《旧·宦者传》:"李靖忠启太子,请留,张良娣赞成之。"按太子独还宣慰百姓,良娣不在旁,何以得赞成留计!今不取。《天宝乱离记》云:"大驾至岐州,上取褒斜路幸蜀,储皇取彭原路抵灵武。"此误也。

壬寅,上至散关,使颍王璬先行。《肃宗实录》:"七月壬寅,上皇入剑门,幸普安郡,命颍王璬先入蜀。"今从《玄宗实录》。康骈《剧谈录》:"上至骆谷山,登高望远,呜咽流涕,谓高力士曰：'吾昔若取九龄语，不到此。'命中使往韶州祭之。"按玄宗入蜀不自骆谷，康骈误也。《旧·张九龄传》曰："上皇在蜀，思九龄之先觉，下诏赠司徒，仍遣就韶州致祭。"案其诏，乃德宗赠九龄司徒诏也。《张九龄事迹》云"建中元年七月诏"，《旧·传》误也。

　　以周泌为河西，彭元耀为陇右节度使。《肃宗实录》："即位之日，以泌为河西，耀为陇右节度使。"或者玄宗已命以二镇，二人至灵武见肃宗，又加新命乎？《唐历》作"周泌"，今从《玄宗实录》。

　　禄山遣孙孝哲将兵入长安。《肃宗实录》《禄山事迹》惟载七月丁卯、己巳，禄山害诸妃、主。诸书皆无贼入长安之日。惟《乱离记》云："六月二十三日，孙孝哲等攻陷长安，害诸妃、主、皇孙。七月一日，禄山遣殿中御史张通儒为西京留守。"此书多抵梧，不足为据。然以日月计之，贼以六月八日破潼关，其入长安必在此月内矣。《新·传》云："贼不谓天子能遽去，驻兵潼关十日，乃西行。时已至扶风。"按玄宗十六日至扶风县，十七日至扶风郡，若贼驻潼关十日，则于时未能至长安也。又云："禄山使张通儒守东京，田乾真为京兆尹。"又云："禄山未至长安，士人皆逃入山谷，群不逞剽左藏大盈库，百司帑藏竭，乃火其余。禄山至，怒，乃大索三日。"按《旧·传》，通儒为西京留守。遍检诸书，禄山自反后未尝至长安，《新·传》误也。

资治通鉴考异卷第十五

端明殿学士兼翰林侍读学士太中大夫提举西京嵩山崇福宫上柱国河内郡开国公食邑二千六百户食实封一千户臣　司马光 奉敕编集

唐纪七

至德元载七月庚午，上皇至巴西。《肃宗实录》作"辛未"，今从《玄宗实录》。《次柳氏旧闻》："上始入斜谷，天尚早，烟雾甚昧。知顿使、给事中韦倜于墅中得新熟酒一壶，跪献于马首者数四，上不为之举。倜惧，乃注于他器，自引满于前。上曰：'卿与我为疑也。始吾御宇之初，尝大醉，损一人，吾悼之，因以为戒，迨今四十年矣，未尝甘酒味。'指力士、近臣曰：'此皆知之，非绐卿也。'从者闻之，无不感悦。"《幸蜀记》："上皇在巴西郡，宰臣请高力士奏蜀中气候温瘴，宜数进酒。上皇令高力士宣旨：'朕本嗜酒，断之已久，终不再饮，深愧卿等意也。'力士因说：'上皇开元四年，因醉怒杀一人，明日都不记得，犹召之。左右具奏，上怆然不言，乃赐御库绢五百匹用给丧事，更令力士就宅宣旨致祭。从兹断酒，虽下药，亦不辄饮。'"按玄宗荒于声色，几丧天下，断酒小善，夫何足言！今不取。

遣使召李泌，谒见于灵武。《旧·传》云"谒见于彭原"，今从泌子繁所为《邺侯家传》，云"即位八九日矣"。

欲以泌为右相，固辞。《旧·传》："泌称山人，固辞官秩，〔得〕〔特〕以散官宠之。解褐，拜银青光禄大夫，俾掌枢务。"《邺侯家传》云："初欲拜为右相，恐戎事，固辞爵，愿以客从，曰：'陛下待以宾友，则贵于宰相矣，何必屈其志！'上无以逼。"今从之。

同罗、突厥逃归朔方。《肃宗实录》："忽闻同罗、突厥背禄山走投朔方，与六州群胡共图河、朔，诸将皆恐。上曰：'因之招谕，当益我军威。'上使宣慰，果降者过半。"《旧·崔光远传》云："同罗背禄山，以厩马二千出至〔洭〕〔浐〕水。孙孝哲、安神威从而召之，不得，神威忧死。"陈翃《汾阳王家传》云："禄山多谲〔许〕〔诈〕，更谋河曲熟蕃以为己属，使蕃将阿史那从礼领同罗、突厥五千骑〔为〕〔伪〕称叛，乃投朔方，出塞门，说九姓府、六胡州，悉已来矣，甲兵五万，部落五十万，蚁聚于经略军北。"按同罗叛贼，则当西出，岂得复至〔洭〕〔浐〕水！此《旧·传》误也。若禄山使从礼伪叛，则孝哲何故召之？神威何为怖死？又必须先送降款于肃宗，如此，则诸将当喜而不恐。贼之阴计，岂徒取河曲熟蕃也，盖同罗等久客思归，故叛禄山，欲乘世乱，结诸胡据边地耳。《肃宗实〔录〕》所谓"共图河、朔"者，欲据河〔朔〕西、〔朔〕方两道，犹言"河、陇"也。肃宗从而招之，必有降者，若云太半，则似太多。今参取诸书可信者存之。

崔光远至灵武，以为御史大夫。《天宝乱离记》："禄山以张通儒为西京留守。通儒素惮侍中苗公晋卿、内史崔公光远。二人并伪于通儒处请复本职，通儒许之。由是微申存抚两街百姓，长安稍见宁帖。密宣喻人主苍惶西幸之意，老幼对泣，悲不自胜，皆感恩旨。苗公乘驴间道赴蜀奔驾，光远亦潜去焉。通儒素惮两公名德，内特宽之。"按《旧·苗晋卿传》："潜遁山谷，南投金州，未尝受贼官。"今不取。

上命河西李嗣业将兵五千赴行在。《段秀实别传》曰："诏嗣业将安西五万众赴行在。"今从《旧·传》。

令狐潮围雍丘，张巡大破之。《张中丞传》："自三月二日，潮至雍丘城下，攻守六十余日，潮大败而走。"然则于时已五月初矣。又云："未几，潮又帅众来攻，谓巡曰：'本朝危蹙，兵不出关。'"则是潼关未破也。又巡答潮书："主上缘哥舒被蚓，幸于西蜀，孝义皇帝收河、陇之马，取太原之甲，蕃、汉云集，不减四十万众，前月二十七日已到土门。蜀、汉之兵，吴、楚骁勇，循江而下。永王、申王部统已到申、息之南门。窃料胡虏游魂，终不腊矣。"则是七月十五日丁卯以后也。其曰"前月二十七日，兵到土门"，盖围城中传闻之误也。又云："相守四十余日，潮收兵入陈留，不敢出。"其下乃云："五月，鲁炅败于叶。六月，哥舒翰败于潼关，上皇幸蜀，皇帝比巡灵武。六月九日，贼将瞿伯玉据围城。十二日，贼屯白沙涡。十四日夜，巡袭破之。七月十二日，潮、伯玉至雍丘，又破之。"其日月前后差舛，不可考按。盖李翰亦得于传闻，不能精审。今但置关破以前事于五月，关破以后事于七月耳。

乌承恩，承玼之族兄。韩愈《乌氏先庙碑》云："承恩，承洽之兄。"今从《新·传》。

八月壬午朔，郭子仪、李光弼并同平章事。《肃宗实录》："八月壬午，子仪、光弼皆于常山郡嘉山大破贼，子仪等俱奉诏，领士马五万至自河北，以子仪为某官，光弼为某官。"《汾阳家传》："六月八日，破史思明于嘉山之下。公谓光弼曰：'贼散矣，其余几何，可长驱而南，以定天下。'其月，发恒阳，至常山，中使邢延恩至，奉诏取河北路，席卷而南。会哥舒翰败绩，玄宗幸蜀，肃宗如朔方，公闻之，独总精兵五万奔肃宗行在。玄宗有诰，以肃宗嗣皇帝位，肃宗奉诰歔欷，哀不自胜。公谏云云，跪上天子玺，以七月十三日即皇帝位。二十七日，制：可武部尚书、平章事。"《幸蜀记》："六月十一日，玄宗追郭子仪赴京，李光弼守太原。"《河洛春秋》："六月二十五日，大破贼于嘉山。二十六日，覆陈。二十七日，有诏至恒阳，云潼关失守，驾幸剑南，储君又往灵武。由是拔军入井陉口。"《邠志》："六月八日，败史思明于嘉山。会潼关失守，二公班师。"《唐历》："七月二十八日，子仪、光弼并加平章事。又诏子仪收军赴朔方，光弼赴太原。"《河洛春秋》又云："光弼至太原，杀王承恩，固守晋阳。"《旧·纪》与《实录》同。《子仪传》："七月，肃宗即位。以贼据两京，方谋收复，诏子仪班师。八月，子仪与光弼帅步骑五万至自河北。"《光弼传》："肃宗理兵于灵武，遣中使刘智达追光弼、子仪赴行在。"又云："以景城、河间之卒五千赴太原。"《玄宗实录》："六月壬午，光弼、子仪破史思明于嘉山。"《旧·纪》："六月，癸未朔。庚寅，哥舒翰败于灵宝。其日，光弼破思明于嘉山。"《子仪》《光弼传》皆云"六月"，无日。诸书言李、郭事不同如此。按《岁朔历》，六月癸未朔，与《旧·纪》同。《玄宗实录》云"壬午"，误也。《肃宗实录》"八月壬午"，朔日也，子仪、光弼皆于嘉山大破贼，领士马至自河北，以为某官、某官。盖壬午乃拜官日，因言已前事耳。《汾阳家传》《邠志》皆云六月八日破思明，与《旧·纪》同。《家传》云劝肃宗即位，上玺，则恐不然。哥舒翰以六月八日败，亦须旬日方传至河北。肃宗七月十三日即位，若六月二十七日班师，七月十二日岂能便达灵武也！《河洛春秋》，二十五日破贼，与诸书皆不合，恐太后也。今据《旧·玄宗纪》《汾阳家传》《邠志》《唐历》，皆云六月八日破史思明，宜可从。《幸蜀记》，十一日，玄宗召子仪、光弼，事或如此。但二《传》皆云肃宗召之，恐是二人在河北，闻潼关不守，已收军赴难，在道遇肃宗中使，遂趋灵武。今从《旧·传》。《唐历》拜相在七月二十八日，《汾阳家传》二十七日，《肃宗实录》八月一日，三书皆不相远。《子仪传》云八月，虽无日，与《实录》亦略相应。今从《实录》。据《旧·传》，光弼亦曾到灵武，疑朔方兵尽从肃宗，故光弼但领河北兵赴太原耳。《河洛春秋》月日尤疏，所云杀王承恩，固守晋阳，必误也。

癸未，上皇下制，赦天下。《玄宗实录》《旧·纪》皆云"八月癸未朔"，《肃宗实录》《唐历》《旧·纪》《长历》皆云"壬午朔"，今从之。

癸巳，灵武使者至蜀。《肃宗实录》："癸未，上奉表至蜀。"《玄宗实录》："八月癸未朔，赦天下。时皇太子已至灵武，七月甲子即位，道路险涩，表疏未达。及下是诏，数日，北使方至，具陈群臣恳请，太子辞避之旨。辛卯，下诏，称太上皇。庚子，遣韦见素等奉册。"今从《旧·纪》《唐历》。

九月，上欲以建宁王倓为元帅，李泌谏，乃以广平王俶为之。《邺侯家传》曰："以李光弼为元帅左厢兵马使，出井陉，以攻常山，图范阳。郭子仪为右厢兵马使，帅众南取冯翊、河东。"按《汾阳家传》，时郭子仪方北讨同罗，未向河东也。《邺侯家传》又曰："上召光弼、子仪议征讨计，二人有迁延之言。上大怒，作色叱之，二人皆仆地，不毕词而罢。上告公曰：'二将自偏裨，一年，遇国家有难，朕又即位于此，遂至三公、将、相，看已有骄色，商议征讨，欲迁延。适来叱之，皆倒。方图克复而将已骄，朕深忧之。朕今委先生戎事，府中议事，宜示以威令，使其知惧。'对曰：'陛下必欲使畏臣，二人未见广平，伏望令王亦暂至府。二人至，时寒，臣与饮酒。二人必请谒王，臣因为酒令，约不起，王至，但谈笑，共臣同慰安。酒散，乃谕其修谒于元帅。则二人见元帅以帝子之尊俯从臣酒令，可以知陛下方宠任臣，军中之令必行，他时或失律，能死生之也。'上称善。又奏曰：'伏望言于广平，知是圣意，欲李、郭之畏臣，非臣敢恃恩然也。'上曰：'广平于卿，岂有形迹！'对曰：'帝国储，以陛下故亲臣，臣何人，敢不惧！'明日，将晓，王亦至。及李、郭至，具军容，修敬，乃坐饮。二人因言未见元帅，乃使报王。王将至，执盏为令，并不得起。及王至，先公曰：'适有令，许二相公不起。'王曰：'寡人不敢。'遽就座饮。李、郭失色。谈笑欢甚，先公云：'二人起谢。'广平曰：'先生能为二相公如此，复何忧，寡人亦尽力。今者同心成社稷大计，以副圣意。'既出，李谓郭曰：'适来饮令，非行军意，皆上旨也，欲令吾徒禀令耳。'"按肃宗温仁，二公沉勇，必无面叱仆地之事。今不取。

阿史那从礼诱诸胡数万，将寇朔方，命郭子仪讨之。《汾阳家传》云："甲兵五万，部落五十万。"今从《旧·子仪传》。《汾阳家传》又云："九月十九日，驾欲幸彭原，命公赴天德军，伐叛蕃。"按《实录》，"戊辰，行幸彭原。"戊辰，十七日也。《汾阳传》误。

南诏陷越巂。《唐历》，是月吐蕃陷巂州。《新·传》，是岁阁罗凤乘衅取巂州会同军云云。盖二国兵共陷巂州也。

十月，第五琦请市轻货，令汉中王瑀陆运以助军。《邺侯家传》云："荐元载，令于郿乡县置院以督运。"按《载传》，是时在苏州及洪州，未尝在郿乡。今不取。

贺兰进明短房琯，上由是疏之。《唐历》："上以房琯有重名，虚己以待之，礼遇加等。琯推诚謇谔，亦以天下为己任，知无不为。其所引进，皆一时名士。其嫉恶太甚，雅有宰相望。其于弥纶天下，非所长也。后颇以直忤旨，上以名高隐忍，渐不能容矣。琯遂请兵为元帅，许之。"今从《实录》。

李峘为剑南节度使。《肃宗实录》,明年正月甲寅,以峘为剑南节度使。盖峘已受上皇命,而肃宗申命之也。

上皇欲诛延王玢,汉中王瑀救之。《明皇杂录》:"贺兰进明之初守北海也,城卑不完,储积于外,寇又将至,惧资其用,进明遂焚之。适有寺人至北海,求货于进明,不获,归,以损军用间于上,遂诏罢郡守。属延王玢从上不及,遣中使访之,而加刑焉。会进明赴蜀,遇使,访于路,曰:'王罪不宜及刑,愿少留于路。'使者感而受约。既至蜀,进明言于上曰:'延王,陛下之爱子也,无兵权以变其心,无郡国以骄其志,间道于豺狼,乃责其不以时至,陛下罪之,人复何望!臣恐汉武望思之筑,将见于圣朝矣。'因遽驰使赦之,谓进明曰:'俾父子如初,卿之力也。'遂遣进明往灵武,道遇延王,进明驰马以慰之。王望之,降床稽首而去。肃宗谓之曰:'卿解平原之围,阻贼寇之军,而不以谗口介意,复全我兄弟,乃社稷之臣。'因授御史大夫。"今从《旧·传》。

史思明陷清河、博平。《河洛春秋》云:"蔡希德引兵攻贝州,贝州陷。攻博州,五日城陷。"今从《肃宗实录》。

张兴守饶阳,贼攻弥年不能下。此事出《河洛春秋》。前云"贼攻深州,经月不下",后云"兴战守弥年,而城池转固"。盖前云经月者,今次攻城也,后云弥年者,并计前后之数也。

二载正月,张良娣、李辅国谮建宁王倓,上赐倓死。《邺侯家传》曰:"肃宗自马嵬北行,至同官县,食于土豪李谦家。张良娣称腹痛不能乘马,并小女寄谦家而去。上即位,使人迎之。迎者或有它说,建宁闻而数以为言。"《旧·传》曰:"倓屡言良娣颇专恣,与辅国连结内外,欲倾动皇嗣。"未知孰是。《实录》《新》《旧·本纪》皆无倓死年月。《列传》云:"倓死,明年冬,广平王复两京。"然则倓死在至德元载也。按《邺侯家传》:"上从容言曰:'广平为元帅经年,今欲命建宁为元帅。'"则是至德二载倓犹在也。又云:"代宗使自彭原迎倓丧。"故置于此。

广平王俶谋去辅国及良娣,李泌止之。《邺侯家传》曰:"先公在内院未起,辅国体肥重,因近床语,遂以身压先公。先公素服气,乃闭气良久而去。"按泌方为上所厚,恐辅国亦不敢擅杀。今不取。

李泌言以爵土赏功臣。《邺侯家传》曰:"泌既与上论封爵之事,因曰:'若臣者,受赏与它人异。'上曰:'何故?'公曰:'臣绝粒无家,禄位与茅土皆非所要。为陛下帷幄运筹,收京师后,但枕天子膝睡一觉,使有司奏客星犯帝座,一动天文足矣。'上大笑。及南幸扶风,每顿,皆令先公领元帅兵先发,清行宫,收管钥,奏报,然后上至。至保定郡,先公于本院寐,上来入院,不令人惊,登床捧先公首置于膝上,久方觉。上曰:'天子膝已枕睡了,克复在何时,还朕可也。'欲起谢恩,持之不许。对曰:'当如郡名,必保定矣。'"此近戏谑,今不取。

二月,永王璘败死。《新》《旧·纪》《传》《实录》《唐历》皆不见璘败时在何处,唯云"璘进至当涂"。若在当涂,不应登城望见瓜步、杨子。李白《永王东巡歌》云:"龙盘虎踞帝王州,帝子金陵访古丘。"又云:"初从云梦开朱邸,更取金陵作小山。"如此,似已据金陵。但于诸书别无所见,疑未敢质。

郭子仪遣子旰等破潼关。《实录》:"三月,朔方节度使郭子仪大破贼于潼关。"《汾阳家传》云:"正月二十八日,使宗子怀(又)〔文〕潜募郭俊、苟文俊入河东,构忠义,与大军约期以翻城。公乃进军出洛郊,分兵攻冯翊。二月十一日,郭俊等伺大军将至,中夜举火,剋斩幽、檀劲卒千人,崔乾祐寻缒而免。乾祐先置兵于城北废府,遂以三千兵攻城,自领马步五千伏于关城中。公使旰及仆固怀恩等先击之,贼大破,遽焚桥,我军蹈之而灭。乾祐弃关城,寻白泾岭而逸,遂收河东郡。"《旧·子仪传》曰:"二年三月,子仪大破贼于潼关,崔乾祐退保蒲津。时永乐尉赵复、河东司户韩旻、司士徐泉、宗子李藏锋等陷贼,在蒲州,四人密谋,俟王师至则为内应。及子仪攻蒲州,赵复等斩贼守陴者,开门纳子仪。乾祐与麾下数千人北走安邑,百姓伪降,乾祐兵入将半,下悬门击之。乾祐未入,遂得脱身东走。子仪遂收陕郡永丰仓。自是潼、陕之间无复寇钞。"《唐历》云:"子仪收蒲州,又袭下潼关。"按潼关在河东、冯翊之南,若未收河东、冯翊,安能先取潼关!又《实录》云:"三月取河东。"而下复载二月戊戌以后事,与《旧·传》皆误也。今从《汾阳家传》及《唐历》。

安庆绪救潼关,旰等大败。《汾阳家传》云:"伪关西节度安守忠率兵至。二十九日,公使仆固怀恩、王仲昇陈于永丰仓南。及暮,百战,斩一万级。李韶光、王祚决战而死。"《唐历》:"子仪袭下潼关及同州,盛兵潼关以守之。贼将李归仁来救,子仪战,大败,死者万余众,退守河东。归仁遂攻陷同州,刺史郭贲死之,尽屠城中。"《旧·仆固怀恩传》云:"怀恩退至渭水,无舟楫,抱马以度,存者仅半,奔归河东。"按子仪不得冯翊则西路不通,后奉诏赴凤翔,历冯翊而去,则冯翊不陷也。潼关者,两京往来之路,贼所必争也,子仪若不败,则何以弃潼关而不守!今参取众书可信者存之。

四月,郭子仪为司空。《唐历》:"四月,子仪为司空。寻以广平王为元帅,子仪为副元帅。"按《邠侯家传》,广平在灵武已为元帅。《唐历》误也。

子仪使李若幽等伏兵击贼。《汾阳家传》作"桑如珪",今从《旧·传》。

五月,子仪为贼所败,退保武功。《汾阳家传》曰:"贼帅安守忠、李归仁领八万兵,屯于昆明池西。五月三日,阵于清渠之侧。公大破之,追奔十余里,斩首二万级。六日,救兵至,又阵于清渠,我师败绩。以冒暑毒,师人多病,遂收兵赴凤翔。"今从《旧·传》。

六月,王去荣免死,于陕郡效力。《实录》云:"于河东承天军效力。"据《贾至集》,陕郡也。今从之。

八月,许叔冀奔彭城。《实录》云:"拔其众南投睢阳郡。"按《张中丞传》云:"许叔冀在谯郡。"盖叔冀欲投睢阳,为贼所围,遂投彭城、谯郡耳。今从《新·纪》。

南霁云啮指。韩愈《书张中丞传后》云:"因拔所佩刀断一指,血淋漓,以示贺兰。一座大惊,皆感激,为云泣下。"按柳宗元《霁云碑》:"自噬其指曰:'嗛此足矣。'"今从《旧·传》。

闰月戊辰,遣郭子仪等攻长安。《汾阳家传》:"闰八月二十三日,肃宗授代宗钺,俾诛元恶,诏公为副元帅。二十三日,出凤翔。"《实录》:"九月丁亥,元帅领兵十五万辞出。"又云:"戊子,回纥叶护至扶风。"盖郭子仪以闰月二十三日先行屯扶风,九月十二日广平乃发也。

十月,张巡、许远谋:若弃睢阳,是无江、淮。唐人皆以全江、淮为巡、远功。按睢阳虽当江、淮之路，城既被围，贼若欲取江、淮，绕出其外，睢阳岂能障之哉！盖巡善用兵，贼畏巡为后患，不灭巡则不敢越过其南耳。

贼陷睢阳，巡等被杀。《新·传》曰："虢王巨之走临淮，巡有妹嫁陆氏，遮巨劝勿行，不纳。赐百缣，弗受。为巡补缝行间，军中号陆家姑。先巡被害。"按巨在彭城，若走临淮，陆姊在睢阳城，何以得遮之！今不取。

张镐杖杀谯郡太守闾丘晓。《旧·传》作"豪州刺史"，《新·传》作"濠州刺史"。《统纪》作"亳州刺史"。按豪州在淮南，去睢阳远。亳州与睢阳接境，必亳州也。今从《统纪》。

己未，郭子仪等遇贼于新店，大破之。《实录》无新店战日，但云："子仪与嗣业等至新店，遇贼，大破之，逐北五十余里，人马相枕籍，器械、戈甲自陕至洛城委弃道路无空地。庚申，庆绪走，其夜，自东京苑门率其众党奔河北。壬戌，元帅广平王与子仪收陕郡。"《汾阳家传》："九月，安庆绪自洛疾使诸将至陕，兼收败卒，犹十五万。十月四日，于陕西依山而陈，彼则凭高下击，此乃进率上冲，贼屹立不动。公使伪退，引令下山，使回〔纥〕蓦洞走险以袭其〔皆〕〔背〕，贼乃败绩，斩九万级、擒一万人。"《汾阳家传》："十月四日，破贼于陕西。八日，收洛阳。"《年代记》："十月己未，破贼于新店。辛酉，庆绪闻军败，率其党投相州。"《旧·纪》："庚申，庆绪奔河北。壬戌，广平王入东京。"《新·纪》："戊申，败贼新店，克陕郡。壬子，复东京。"按〔夹〕〔陕〕、洛之〔门〕〔间〕，几三百里，《汾阳传》《新·纪》太早，《实录》壬戌收陕郡太晚，今从《年代记》《幸蜀记》。

许远死于偃师。《实录》《旧·传》皆曰："尹子奇执送洛阳，与哥舒翰、程千里俱囚于客省。及安庆绪败，渡河北走，使严庄皆害之。"《张中丞传》："相里造谮曰：'唐故御史中丞张、许二君，以守城睢阳陷，张君遇害，许君为羯贼所擒，求死不得，降逼至偃师县，亦被兵焉。'"今从之。

田承嗣、武令珣走河北。《旧·鲁炅传》云："炅保南阳，贼使武令珣攻之。令珣死，又令田承嗣攻之。"下又云："王师收两京，承嗣、令珣奔河北。"《唐历》："庆绪据邺，武令珣自唐、邓至。"《炅传》云武令珣死，误也。

安庆绪改元天成。《唐历》曰"改年天和"，《蓟门纪乱》曰"改元至成"，与《实录》年号不同。《纪年通谱》两存之。今从《实录》。

十二月，上皇上马，上亲执鞚行数步。《幸蜀记》云："执鞚鞚，出宫门，上皇令左右扶上马。"今从《实录》。

加李光弼司空。《实录》，光弼旧守司徒。按《旧·传》，光弼检校司徒耳。《实录》误也。

立皇子係为赵王，侗为襄王，倕为杞王。《实录》，係为"傑"，侗为"偏"，倕为"傀"，今从《唐历》《统纪》《新》《旧·纪》《传》《年代记》。

阿史〔那〕承庆、安守忠以五千劲骑自随。《旧·传》云"三千骑"，今从《实录》。

史思明遣窦子昂奉表降，乙丑，至京师。《河洛春秋》："乾元元年四月，乌承恩受命入幽州，陈祸福，思明乃有表。"今从《实录》。《实录》曰："明日，遂拘承庆，斩守忠之首以徇。"

《旧·传》亦曰："遂拘承庆,斩守忠、李立节之首以徇。"《新·乌承玼传》曰："思明斩承庆。"按《实录》,明年二月,承庆、守忠遣人赍表状归顺。《旧·郭子仪传》,明年七月,破贼河上,擒安守忠。然则此际未死也。盖二人既被拘,则降于思明,复为之用耳。

以思明为范阳节度使。《河洛春秋》及《旧·传》皆云"河北节度使"。按安禄山为范阳节度使兼河北采访使,思明盖袭禄山旧官耳。今从《实录》。

上欲免张均、张垍死,上皇不从。柳珵《常侍言旨》云："太上皇召肃宗谓曰:'张均弟兄皆与逆贼作权要官,就中张均更与贼毁阿奴、三哥家事,虽犬彘之不若也。其罪无赦。'肃宗下殿,叩头再拜曰:'臣比在东宫,被人诬谮,三度合死,皆张说保护,得全首领以至今日。说两男一度合死,臣不能力争,(党)〔傥〕死者有知,臣将何面目见张说于地下!'乌咽俯伏。太上皇命左右曰:'扶皇帝起。'乃曰:'与阿奴处置张垍,宜长流远恶处,张均宜弃市。阿奴更不要苦救这贼也。'肃宗掩泣奉诏。"按肃宗为李林甫所危时,说已死,乃得均、垍之力。均、垍以说遗言尽心于肃宗耳。今略取其意。

河中领蒲、绛等州。诸地理书皆云某郡,乾元元年复为某州,不见在何月日。是岁十二月戊午赦云:"近日所改百官额及郡名、官名,一切依故事。"盖此即复以郡为州之文也。比颁下四方,已涉明年矣。故皆云乾元元年也。

乾元元年正月戊寅,上皇授册,加上尊号。《实录》:"戊寅,玄宗御宣政殿,授上传国宝。礼毕,册上加尊号。上上言让曰:'伏奉圣旨,赐臣典册曰光天文武大圣孝感皇帝,授传国宝符、受命宝符各一。'"按去年十二月癸亥,上已受国玺,告太清宫。甲子,玄宗御宣政殿,授上传国玺,于阶下涕泣拜受。今又云授宝,事似复重。《唐历》《统纪》《年代记》《旧·纪》皆云去年十二月授传国玺,此年正月戊寅册尊号,今从之。

五月,王玙同平章事。《旧·传》云"三年七月",今从《实录》。

六月,初,史思明事平卢军使乌知义。《旧·传》,"知义为节度使"。按安禄山始为平卢节度使。《旧·传》误也。

思明杀乌承恩、耿仁智。《唐历》《旧·传》皆云:"四月,杀承恩。"今据《河洛春秋》,四月始为节度副使,六月死。

郭子仪入朝。《实录》:"郭子仪擒逆贼将安太清送阙下。"按上元元年,李光弼拔怀州,始擒太清。《实录》误也。《唐历》《本纪》等皆无之。《旧·子仪传》:"七月,破贼河上,擒安守忠以献。"诸书亦无之,今不取。

八月,青、登等五州节度使许叔冀。《实录》云:"青、徐等五州节度使季广琛,青、登等五州节度使许叔冀。"按青州岂可属两节度! 又广琛先为荆州长史,今年五月为右常侍,九月讨安庆绪时,《实录》称郑蔡节度使。《汾阳家传》称淮西、荆、澧,《旧·纪》称荆州,未尝镇青、徐。《实录》于此称青、徐,恐误也。

九月,安庆绪杀蔡希德。《河洛春秋》:"十月,蔡希德有密款归国,将袭杀庆绪以为内应。左右泄之,庆绪斩希德于邺中。"又曰:"庆绪既杀蔡希德,始有土崩之兆矣。"《蓟门纪乱》:"史思明常畏希德,自知谋策、果断、英武皆不及之。时希德在相州,为庆绪竭节展效,思明未敢显(皆)〔背〕。无何，希德为庆绪所杀，思明初闻，惊疑不信，及知其实，大喜见于颜色焉。"今从《实录》。

庚寅，命郭子仪等九节度讨安庆绪。《实录》有李奂，无崔光远，而云凡九节度。《汾阳家传》有光远，无奂，又有河东兵马使薛兼训。盖《实录》脱光远，《汾阳传》脱奂名耳。兼训盖光弼裨将，光弼未至间，先遣赴邺城也。《汾阳传》又以炅为襄邓，广琛为淮西、荆澧。《旧·本纪》，"广琛为荆州"。今从《实录》。《汾阳传》又云："公九月十二日出洛，师涉河而东。"今从《实录》，涉庚，二十一日也。

十月甲辰，册太子。《实录》云："可大赦天下。顷者频兴大典，累洽殊私，率土之间，屡经荡涤。犹虑近者或滞狴牢，其天下见禁囚徒已下罪，一切放免。"按既云大赦，则死罪皆免，岂有但免徒以下罪邪！恐"可大赦天下"是衍字耳。今不书赦。

郭子仪等破安庆绪于愁思冈。《汾阳家传》："十月五日，战愁冈。"据《实录》，"癸丑，子仪破贼，擒安庆和。"癸丑，十四日也，盖捷奏始到。

二年正月，史思明以周挚为行军司马。《河洛春秋》作"周万至"，《邠志》作"周至"，《旧·传》作"周贽"。今从《实录》。

二月，百官请加皇后尊号"辅圣"。《旧·纪》作"翊圣"，今从《实录》。

三月，诸节度之师皆溃，惟李光弼、王思礼全军以归。《邠志》曰："史思明自称燕王。牙前兵马使吴思礼曰：'思明果反。盖蕃将也，安肯尽节于国家！'因目左武锋使仆固怀恩，怀恩色变，阴恨之。三月六日，史思明轻兵抵相州，郭公率诸军御之，战于万金驿。贼分马军并滏而西，郭公使仆固怀恩以蕃、浑马军邀击，破之。还遇吴思礼于陈，射杀之，呼曰：'吴思礼阵没。'其夕，收军，郭公疑怀恩为变，遂脱身先去。诸军相继溃于城下。"今从《实录》。

四月，制停口敕处分等，李辅国由是忌李岘。《实录·李岘传》曰："时李辅国专典禁中兵权，诏旨或不由中书而出，岘切陈其状。肃宗甚嘉之，即日下诏，如岘奏。由是挫辅国威权，辅国颇忌之。"盖即此诏也。

史思明称应天皇帝。《河洛春秋》曰："上元三年春三月，思明怀西侵之谋，虑北地之变，乃令男朝义当守相城，自领士马归范阳，因僭号后燕，改元顺天元年。"按《实录》，此年正月一日，思明称燕王，立年号。《实录》《旧·传》皆不载所改年名。《纪年通谱》，此年即思明顺天元年。柳粲《正闰位历》，思明有顺天、应天二号。按《蓟门纪乱》："思明既杀乌承恩，不称国家正朔，亦不受庆绪指麾，境内但称某月而已。乾元二年四月癸酉，思明僭位于范阳，建元顺天，国号大燕。立妻辛氏为皇后，次子朝兴为皇太子，长子朝义为怀王。六月，于开元寺造塔，改寺名为顺天。上元二年正月癸卯，思明大赦，改元应天。"《实录》云："正月，立年号。"《河洛春秋》云："上元三年僭号。"《蓟门纪乱》云："立朝兴为太子。"按思明欲立少子为太子，左右泄其谋，故朝义弑之。《纪乱》云于时已立为太子，误也。按《长历》，四月丁酉朔，无癸酉。

五月，李岘贬蜀州刺史。《代宗实录》云："属有盗发凤翔、管在北军者，诏遣御史讯鞫，盗已伏罪，李辅国执奏重覆。殿中侍御史毛若虚奏覆与辅国协。肃宗大怒，下三司推鞫之。岘以若虚不直，陈于上前。及三司覆奏，与岘理协，肃宗以为朋党。会同列李揆希旨，遂贬岘为通州刺史,三司大臣皆贬官。"今从《肃宗实录》《旧·纪》《传》。

七月,以李光弼代郭子仪为朔方节度使。《邠志》曰:"四月,肃宗使丞相张公镐东都,慰勉诸军。郭公陈馔于军,张公不坐而去。军中不悦,朋肆流议。居十日,有中使追郭公。"《汾阳家传》曰:"六月,公朝于京师,三让元帅,上许之。乃诏李光弼代公为副。"《段公别传》曰:"五月,李光弼代子仪为副元帅,守东都。"今因《实录》七月除赵王係为元帅,并言之。

以赵王係为兵马元帅,光弼副之。《旧·传》:"思明纵兵河南,加光弼太尉兼中书令,代郭子仪为朔方节度,兵马副元帅,以东师委之。"《新·传》:"帝贷诸将罪,以光弼兼幽州大都督府长史、知诸道节度行营事,又代子仪为朔方节度。未几,为天下兵马副元帅。"按《实录》,光弼加太尉、中书令在上元元年破史思明后,为幽州都督在此年八月。其代子仪节制朔方,《实录》无月日。制辞云:"宜副出车之命,仍践分麾之宠。"盖只在此时耳。

光弼斩张用济。《旧·传》曰:"用济承子仪之宽,惧光弼之令,与诸将颇有异议,欲逗留其众。光弼以数千骑出次汜水县,用济单骑迎谒,即斩于辕门,诸将慑伏,以辛京杲代之。复追都兵马使仆固怀恩。怀恩惧,先期而至。"《邠志》曰:"五月二十三日,诏河东节度使李公代子仪兼统诸军。李公既受命,以河东马军五百骑至东都,夜,入其军。张用济在河阳,闻之曰:'朔方军,非叛人也,何见疑之甚!'欲率精骑突入东都,逐李公,请郭公。李公知之,遂留东都,表请济师于河阳。冬十月,思明引众渡河。李公曰:'思明渡河,必图洛城,我当守武牢关,扬兵于广武原以待之。'遂引军东出师汜水县。檄追河阳诸将,用济后至,李公数其罪而戮之,以辛京杲代领其职。明日,引军入河阳。"按《实录》,此月光弼为副元帅,九月始移军河阳耳。

九月,光弼移军河阳。《实录》:"光弼谓韦陟曰:'洛城无粮,不可守。'"按河阳粮才支十日,亦非粮多也。今不取。

十月,李日越、高庭晖降。《新·传》:"上元元年,光弼降贼将高晖、李日越。"按此月己亥,高庭晖授特进,疑即高晖也。丁巳,李日越又授特进。是此月皆已降。《新·传》误。《邠志》曰:"二年三月,思明引众南去,使其子朝义围河阳。四月一日,思明陷洛城。上元元年五月,思明耀兵于河清,宣言曰:'我且渡河,绝彼饷道,三城食尽,不攻自下。'李公闻之,师于野水渡。既夕,还军。"与《实录》亦相违。今从《实录》。

李光弼大破史思明,斩首千余级,周挚遁去,擒徐璜玉、李秦授,走安太清。《旧·传》:"斩万余级,生擒八千余人,擒其大将徐璜玉、李秦授、周挚。"按李秦授上元元年四月乃见擒。周挚二年三月为史朝义所杀。今从《实录》。《实录》云:"擒伪怀州节度安太清并男朝俊,伪贝州刺史徐璜玉。"按太清,上元元年九月拔怀州始擒之。今从《旧·传》。

上元元年闰月,史思明入东京。按去年九月,思明已入东京。《实录》至此复云尔者,盖当时城空,李光弼在河阳,思明还屯白马寺,不入宫阙,今始移军入城耳。

六月,如仙媛。《常侍言旨》作"九仙媛",《唐历》作"九公主、女媛",今从《新》《旧·传》。盖旧宫人也。

十一月,以刘展为都统淮南东、江南西、浙西三道节度使。沈既济《刘展乱纪》云:"淮南东道、浙江西道凡二十三州,置都统节度。"下云:"以展为都统江南、淮南节度使。"下又云:"三道皆发吏申图籍。"按《旧·李峘传》:"峘都统淮南、江南、江西节度。"展既代峘,其所统亦三道耳。淮南者,东道杨、楚、滁、和、舒、庐、濠、寿八州也。江南者,浙西昇、润、常、苏、湖、杭、睦七州也。江西者,洪、虔、江、吉、袁、信、抚七州也。凡二十二州。《乱纪》误以"二"为"三",又脱"江南西道"字耳。

甲午,展陷润州。《实录》:"十一月壬子,淮南节度奏展反,邓景山、李峘战败。八日,展陷润州。十日,陷昇州。"按八日甲午,十日丙申,壬子二十六日,乃奏到日也。《唐历》:"壬子,淮南奏宋州刺史刘展赴镇,扬州长史、淮南节度邓景山、都统、尚书李峘承诏拒之,兵败,奔于寿州。乙未,刘展陷扬州。景申,陷润州。丁酉,陷昇州。"壬子在前,盖因《实录》也。今从《刘展乱纪》及《新书·本纪》。

李光弼拔怀州,擒安太清。《旧·传》云:"擒安太清、周挚、杨希文等,送于阙下。"按周挚于时不在怀州城中,明年为史朝义所杀,非光弼所擒也。

十二月,田神功入广陵。《刘展乱纪》云:"二年春,神功举兵东下。"《实录》《唐历》,神功入扬州在此月。今从之。

资治通鉴考异卷第十六

端明殿学士兼翰林侍读学士太中大夫提举西京嵩山崇福宫上柱国河内郡开国公食邑二千六百户食实封一千户臣　司马光　奉敕编集

唐纪八

上元二年正月壬子，斩刘展。《实录》云："乙卯，平卢兵马使田神功生擒逆贼刘展。"《旧·神功传》亦然。今从《刘展乱纪》。

平卢军大掠江、淮。《刘展乱纪》，孙待封降以下事在二月。今因展败终言之。

二月，李光弼与史思明战于邙山，官军大败。《实录》曰："史思明潜遣间谍反说官军曰：'洛中将士久戍思归，士多不睦。'鱼朝恩以为然，乃告光弼及仆固怀恩、卫伯玉等曰：'可速出军，以扫残寇。'光弼等然之。"今从《旧·光弼传》。《实录》曰："光弼、怀恩败绩，步兵死者数万。"今从《旧·思明传》。

三月甲午，卫伯玉破史朝义。《实录》作"甲子"。按《长历》，此月丙戌朔，下有戊戌，当作甲午。

朝义杀思明。《河洛春秋》曰："思明混诸嫡庶，以少者为尊，唯爱所钟，即为继嗣，欲杀朝义，追朝清为伪太子。左右泄之，父子之隙自此始构。"《邠志》曰："三月，思明乘胜欲下陕城，使朝义率锐卒北路先往，己自宜阳引众继之。"今从《实录》《旧·传》。

又杀朝清等。《实录》："朝义既杀思明，密遣使驰至范阳，杀伪太子朝英及伪皇后辛氏并不附己者数十人。伪范阳留守张通儒知有变，遂引兵战于城中。数日，战不利，死者数千人，通儒被斩于乱兵中。"《蓟门纪乱》曰："思明既王有数十州之地，年余，朝兴遂为皇太子。朝兴，辛氏之长男，特为思明所爱，嗜酒好色，凶犷顽戾，招集幽、蓟恶少与其年齿相类者百人为左右，皆弯弓利剑，饰以丹腹、珠玉，带佩印，雕镂金银，控弦挥刃，常如见敌，以南行大将子弟统之。每与其党饮宴，酒酣，燕燎其须发，或以铜弹丸击之，以颐颡为的。血流至地，无楚痛之色，则赏厄酒。少似嚬蹙，乃鞭之，从陉至踵，或至数千，困绝将殒，方含之。候稍愈，复鞭之，有杖六七千不死者。姬妾皆思明所掠良家子，有不称命，则杀之。亦有以汤镬死者，既火盛汤沸，令壮士抱而投之，初宛转叫呼，须臾骨肉糜烂。旁人皆毛竖股栗，朝兴笑临而观之，以所策球杖于镬中撞击，颜色自若。上元二年三月甲寅，使使告捷，云王师败绩于洛北，斩首万余级，勒其六宫及朝兴，备车马，为赴洛之计。贼庭之党相庆，踊跃叫唤，声振天地十余日。又宦者二人传思明伪敕云：'收长陕、虢，以朝兴为周京留守，仍勒驰驿速发，并辛氏已下续行。'朝兴大喜。其宦者，朝义伪遣之，人莫知也。时朝义已杀思明僭位，潜勒伪左散骑常侍张通儒、户部尚书康孝忠与朝兴卫将高鞠仁、高如震等谋诛朝兴。其日，朝兴速召工匠与其母、妻造宝钿鞍勒，搜索库藏，修乘骑之具，并命左右各备行装，唯卫十人侍卫。思明留骏马百余匹在其厩中，朝兴出入驰骤，每日则于桑乾河饮之。通儒将入，潜令康孝忠从数十人持兵诣饮处，驰取其马，闭于城南毗沙门神之院。通儒与鞠仁领步兵十余人入其日华门,伪皇城留守刘象昌逢之,惊问其故,通儒顾左右斩之。俄而朝兴腹心卫鸣鹤又问,亦斩之。子城扰乱。朝兴惶怖,犹能擐甲持兵,与亲信二三十人出拒,奔走于厩中取马。马尽矣,唯病马一匹,朝兴乘而策之,不前,遂步战。通儒立白旗招朝兴之党,降者舍罪,复官爵。恶少等虽沐朝兴之锡赍,亦怨其无道鞭捶,降者太半。朝兴犹从十余人接战,弓矢所发,无不中者,中者皆应弦没羽。通儒军披靡,所伤者数十百人,退出子城外。人不知甲兵之故,皆惶恐潜匿。通儒于城门拒战良久,日已云暮,朝兴众寡不敌,走匿城上之逍遥楼,遂失其所。通儒兵入禁中,劫掠金帛,思明、朝兴妻衣服皆尽。夜半,蕃将曹闵之于楼上擒获之。朝兴曰:'我兄弟六七人,朝兴一身,斩之何益?'高如云对曰:'以殿下残酷,人各有怨心。'朝兴曰:'乞放此一度,后更不敢。'执者皆笑。又谓闵之曰:'此腰带三十两黄金新造,谨奉将军。'闵之曰:'殿下但死,腰带闵之自解取。'左右益笑。缢以弓弦,断其首,函送洛阳。伪侍中向闰客特受思明委托,朝兴亦甚敬惮,至是惶怖,走入私弟,不自安,匍匐待罪。通儒(领)〔领〕之,勒驰驿赴洛。通儒收朝兴党与,悉诛之。思明骁将辛万年特有宠于朝兴,又与鞠仁、如震为友善,为兄弟。当诛朝兴之党也,通儒有意于万年,及令行刑,遂忘之。至是,敕鞠仁、如震斩万年首送。鞠仁置酒与万年同饮,谓曰:'张尚书令杀弟,故相报。'万年稽首,但乞快死。鞠仁抗声曰:'只可兄弟谋取通儒,终不肯杀弟。'于是如震、万年领其部曲百余人入子城,斩通儒于子城南廊下,城中扰乱。又杀其素不快之军将数人,共推伪中书令阿史那承庆为留守,函通儒首,使万年送洛阳,诬其欲以蓟城归顺。朝义闻之,使使令向闰客所在却回为留守。鞠仁、如震等各从数百人被甲巡城,城中人心弥惧。承庆为留守一两日,又不自安,递相疑阻,于是领蕃兵数十骑出子城,至如震宅门,立令屈将军暂要相见。如震不虞有难,驰至马前,承庆斩之,应声而殒。承庆入东军,与伪尚书康孝忠招集蕃、羯。鞠仁闻如震遇害,惊而且怒,统麾下军讨之,相逢于宴设楼下。接战,自午至酉,鞠仁兵皆城旁少年,骁勇劲捷,驰射如飞,承庆兵虽多,不敌,大败,杀伤甚众,积尸成丘。承庆、孝忠出城收散卒,东保潞县,又南掠属县,野营月余,径诣洛阳自陈其事,城中蕃军家口尽逾城相继而去。鞠仁令城中,杀胡者皆重赏。于是羯、胡俱殄,小儿皆掷于空中,以戈承之,高鼻类胡而滥死者甚众。时鞠仁在城中最尊,使使奏朝义以承庆等反。向闰客行至贝州,承朝义命回,将至,众官迎之,鞠仁严兵不出。闰客甚惧,戒其子弟从者无带军器,从数人而入。鞠仁待之于日华门,闰客望见,下马执手相慰,鞠仁亦抗礼还营。闰客但专守子城端坐,余不敢辄有所问。奏承庆等使回,朝义以鞠仁为燕京都知兵马使。五月甲戌,朝义以伪太常卿李怀仙为御史大夫、范阳节度使,燕州颇有兵甲,故委腹心,鞠仁闻之,意不快也。无何,怀仙至,从羸马数千,自蓟城南门入。鞠仁不出,迎之于日华门。怀仙至,卑身过礼,立谈,约为兄弟,结盟相固,期同保燕邦以奖其主,鞠仁意小解。怀仙以蓟县为节度院,虽任节制,鞠仁兵五千余人皆不受命。十数日,怀仙待之弥厚,每衙,皆降阶交接,鞠仁亦不为之屈。既而怀仙命飨军士,中宴,鞠仁疑有变,兵皆惊走,还营被甲。怀仙忧惧无计,遂因其衙将朱希彩,责以惊军中之罪。其夜,鞠仁将袭怀仙,遇大雨,持疑未决,彻明,遂止,单骑至节度门。怀仙已潜备壮士待之。鞠仁趋入,怀仙亦不改常礼,与坐良久,乃问惊军之罪,门已关,顾左右拉杀之,立舍希彩。自暮春至夏中,两月间,城中相攻杀凡四五,死者数千,战斗皆在坊市闾巷间。但两敌相向,不入人家剽劫一物,盖家家自有军人之故,又百姓至于妇人小童,皆闲习弓矢,以此无虞。六月丙申,宣思明遗诰,发丧,将相百寮缟素,哭于其听政楼前,卑幼相视而笑,笑声与哭声参半焉。朝义又追向闰客赴洛阳,加怀仙燕京留守。"《河洛春秋》:"初,朝义令人以书与向贡并阿史那王杀朝清。朝清既受父命,常有君临之心,惟以球猎为务,车下勇敢之士仅三千人,每日教习,然其残酷颇有父风,而加淫乱,幽州士庶,无不吁嗟。向贡、高久仁等既见诸将之书,又闻思明已死,因说朝清曰:'昨有密旨,令大王主器承祧,其事尤重。今敌国犹在,上人未还,傥更移恩于人,诚恐(日)〔自〕贻窘迫。'朝清然之。是日,顾左右,各令辞诀,便自饰装。高久仁、高如震等及其无备,率壮士数百人潜入子城门,阿史那王、向贡等共率三百人继至。朝清时在卧内,仆妾侍侧,忽闻兵入,问是何人。门人曰:'三军叛。'乃摄甲登楼,责让向贡等。高如震乃于楼下佯战,朝清自援弓射之,凡毙数人。阿史那军佯北,朝清下楼,向贡等令人擒杀之。向贡摄知军事,经四十日,阿史那又杀向贡。阿史那自称长史,三日后,斩高久仁,以其首枭之,杀朝清故也。高如震还,固守,与阿史那相持。城中分两军,经五日,以燕州街为界,各自御备,递相捉搦,不得往来。阿史那从经略军领诸蕃部落及汉兵三万人,至宴设楼前与如震会战。如震不利,乃使轻兵二千人于子城东出,直至经略军衙街,腹背而击之,并招汉军万余人。阿史那军败,走于武清县界野营。后朝义使招之,尽归东都,应是胡面,不择少长,尽诛之。于是朝义伪授李怀仙幽州节度。高如震旅拒之中,承阿史那遁逸之后,野行草次,人各持兵,糗粮匄荽,非戮不应。朝义令兵士悉为商贾,白衣先行,至幽州,尽被捉为团练。怀仙方自统五千余骑直寇蓟门。高如震将欲出师以抗其命,虑其卒叛,因出迎之。怀仙实内图之,且外示宽宥,大行诱募,咸舍厥愫,于是士众帖然,竞皆欣戴。乃大赏设,经三日,因众前却,乃斩高如震,幽州遂平。"《旧·传》亦云"朝义令人杀伪太子朝英",《新·传》作"朝清",今从《河洛春秋》及《新·传》,余从《蓟门纪乱》。

　　五月,李光弼为河南副元帅,都统河南等八道。《实录》《旧·纪》皆云,光弼都统河南、淮南、山南东、江东五道。《唐历》《会要》为河南、淮南东、西、山南东、荆南五道。《刘展乱纪》又有江西、浙东、浙西凡八道。按袁晁乱浙东,光弼讨平之,则是浙东亦其统内也。今从之。

　　十月,崔圆署李藏用楚州刺史。《刘展乱纪》曰:"初,刘展既平,诸将争功,畴赏未及李藏用,崔圆乃署藏用为楚州刺史,领二城而居盱眙。"按《实录》,七月,藏用已除浙西节度副使。盖恩命未到耳。

　　建丑月,祀圆丘、太一坛。《实录》:"建子月戊戌冬至,其日祀昊天上帝。己亥,诏以来月一日祭圆丘及太一坛。"又云:"建丑月辛亥,以河南节度使来瑱为太子少保。"下又有丁未、己酉、庚戌日事。又云:"建丑月辛亥朔,拜南郊,祭太一坛。"按《瑱传》,未尝为河南节度使及少保。《实录》误剩此一日事。其冬为祀上帝,盖有司行事,非亲祀也。

　　宝应元年建辰月,以来瑱为十六州节度使。《旧·传》无汝,云十五州。今从《实录》。

　　臧希让为山南西道节度使。《肃宗实录》作"希液"。《代宗实录》有《传》,作"希让",今从之。

　　李辅国引元载代萧华。《旧·华传》云:"肃宗寝疾,辅国矫命罢华相。"今从《辅国传》。

四月乙丑夜，李辅国、程元振收捕越王係、段恒俊。丁卯，杀张后并係及兖王僴。《肃宗实录》曰："张后因太子监国，谋诛辅国。其日，使人以上命召太子，语之，太子不可。乙丑，后矫上命将唤太子，程元振知之，密告辅国。景寅，元振与辅国夜勒兵于三殿前，使人收捕越王及同谋内侍朱光辉、段恒俊等百余人，系之，移皇后于别殿。其夜，六宫内人、中官等惊骇奔走。及明，上崩。"《代宗实录》曰："乙丑，皇后召上。既夜，辅国、元振勒兵捕係，幽后。丁卯，肃宗崩。"《係传》："乙丑，后召太子。景寅夜，元振、辅国勒兵捕係，幽后。是日，俱为辅国所害。"《旧·肃宗纪》："丁卯，宣遗诏。是日，上崩。"《代宗纪》："乙丑，皇后矫诏召太子。辅国、元振卫从太子入飞龙厩以俟变。是夕，勒兵于三殿，收係及朱光辉、马英俊等。丁卯，肃宗崩。"《新·本纪》："丙寅，闲厩使李辅国、飞龙厩副使程元振迁皇后于别殿，杀越王係、兖王僴。是夜，皇帝崩。"《代宗实录》《唐历》《统纪》《係传》皆以段恒俊为马英俊。按张后以乙丑日召太子，迨夜不至，则必知有变矣，辅国等安能待至来夜，然后勒兵收係等乎！盖收係等在乙丑之夜也。今从《代宗实录》《旧·代宗纪》。《新》《旧·传》皆云兖王僴宝应元年薨，而《代宗实录》群臣议係、僴之罪，云："二王同恶，共扇奸谋。"盖僴亦预谋也。今从之。

五月庚辰，郭子仪收王元振及其同谋四十人，皆杀之。《实录》曰："子仪至军，抚循士众，潜问罪人，得害国贞者王元礼等四十人。为首者斩，余并决杀。"《邠志》曰："七月，郭公到朔方行营。"《旧·传》曰："三月，子仪辞赴镇。"《汾阳家传》曰："建辰月十一日，发上都。二十七日，至绛州。五月二日，斩元振等三十人。"今元振名从诸书，月日从《家传》，人数从《实录》。

尚衡、殷仲卿相攻于兖、郓。衡上元元年为淄青节度使，此年五月，田神功自淄青移兖郓，六月，衡自宾客为常侍，七月，仲卿自左羽林大将军为光禄卿。而得相攻于兖、郓者，盖衡犹未离淄青，仲卿亦在彼，虽有新除官，皆未肯入朝也。

田神功等惮李光弼威名。《旧·传》曰："朝义乘北邙之胜，寇申、光等十三州，自领精骑围李岑于宋州，将士皆惧，请南保扬州。光弼径赴徐州以镇之，遣田神功击败之。"又曰："初，光弼将赴临淮，在道，异疾而行。监军使以袁晃方扰江、淮，光弼兵少，请保润州以避其锋。光弼不从，径赴泗州。光弼未至河南也，田神功平刘展后，逗留于杨府，尚衡、殷仲卿相攻于兖、郓，来瑱旅拒于襄阳。及光弼轻骑至，徐州史朝义退走，田神功遽归河南，尚衡、殷仲卿、来瑱皆惧其威名，相继赴阙。"按光弼既使田神功击败朝义，则是神功已还也。《实录》，今年八月，袁晃始陷台州。借使当时已扰江、淮，则自泗州往润州，不得谓之避其锋也。今从《新·传》。

六月，罢李辅国中书令。《旧·传》："辅国欲入中书，作谢表，阁吏止之曰：'尚父罢相，不应复入此门。'辅国气愤而言曰：'老奴死罪，事郎君不了，请归地下事先帝。'上犹优诏答之。"按此乃对上之语，非对阁吏之语也。今从《唐纪》。

来瑱擒裴茂。《旧·茂传》曰："瑱设具于江津以俟之。茂初声言假道入朝，及见瑱，即云奉代，且欲视事。瑱报曰：'瑱已奉恩，命复任此。'茂惶惑，喻其麾下曰：'此言必妄。'遂引射瑱军，因与瑱兵交战，茂军大败。"按瑱若设具相见，则茂岂得遽射瑱军而交战！今从《瑱传》。

八月，袁晃改元宝胜。柳璨《正闰位历》、宋庠《纪年通谱》皆改元昇国，今从《新·书》。

裴冕贬施州刺史。《代宗实录》："秘书监韩颖、中书舍人刘烜善候星历，乾元中待诏翰林，颇承恩顾，又与李辅国昵狎。时上轸忧山陵，广询卜兆，颖等不能精慎，妄有否臧，因是得罪，配流岭南。既行，赐死于路。初，冕为仆射，数论时政，遂兼御史大夫，充山陵使，以李辅国权重有恩，乃奏辅国所亲信刘烜为判官，潜结辅国。烜得罪，乃连坐焉。"今从《旧·程元振传》。

十月，盗窃李辅国之首。《旧·传》曰："盗杀李辅国，携首臂而去。"《统纪》曰："辅国悖于明皇，上在东宫，闻而颇怒。及践阼，辅国又立功，难于显戮，密令人刺之，断其首，弃之溷中，又断〔其〕右臂，驰祭泰陵，中外莫测。后杭州刺史杜济话于人曰：'尝识一武人为牙门将，曰：某即害尚父者。'"今从《旧·传》。

回纥鞭魏琚、韦少华等，遣雍王适归营。《代宗实录》曰："雍王恭行诏命，辞色不屈，虏亦不敢失礼，时人难之。时官军合围，将诛无礼，王以东略之故，止之。"又曰："会中数万人骇愕失色，雍王正色叱之，可汗遂退。"《建中实录》曰："上坚立不屈。"此盖史官虚美耳。今从《旧·回纥传》。

雍王留陕州。《代宗实录》："戊辰，元帅雍王帅仆固怀恩等诸军及回纥兵马进发陕州东讨，留英乂、朝恩为后殿。是日，乂诏河东道节度使自泽州路入。"今从《唐历》及《旧·朝义传》。

十一月，薛嵩以四州，张忠志以五州降。《旧·怀恩传》曰："嵩以相、卫、洺邢、赵州降于李抱玉，李宝臣以深、恒、定、易四州降于雲京。"《代宗实录》曰："张忠志以赵、定、深、恒、易五州归顺。"又曰："史思明授忠志恒赵节度使。"今从《旧·王武俊传》。

仆固场败贼于下博，史朝义奔莫州。《河洛春秋》曰："朝义战败，走归范阳，途经衡水。仆固场领蕃、汉兵一十五万趁及朝义接战，败之。是夏涉秋苦雨，陂湖流注，河东兵马使李竭诚、成德军将李令崇咸统精兵，亦革面来王，竞为掎角。其漳河及诸津渡船，悉是虏获。朝义遣人致命，竟不应。续令散雇舟船，并皆掠尽，四路俱绝。诸将或请战，或请降，朝义不悦。田承嗣上疏与朝义曰：'臣闻兵势两均，成败由将；众寡不敌，全灭在权。昔刘主败于白帝，曹公破于赤壁，陆逊、黄盖皆以权道取之。今部统之师，皆自疲顿，主客势倍，劳逸力殊，若驱而令战，未见其利。请用车五十乘于古冀康王城北作三个车营，车上皆设棚栅，倒戈为御，每车甲士二人，持兵而伏，随军子女罗于帐中，每营辎重分列其次。营后选二万人，布偃月阵，凡敌众我寡，则设此阵，左右有险，亦设此阵，左右奇军，亦设此阵，各令猛将主之，左者东南行，右者西南行，令去车营十里余，营前选精卒五千人，雁行陈，使之接战，不胜，则退于偃月阵后。前军既却，敌必至车营，爱其珍玩，必将攻取。候其兵纵，阵势已分，然后桴鼓齐鸣，前后俱至，貔虎奋踊，卤楯争先。左军西行，右军东迤，皆取古城之南，令首尾相属。伏兵之发，料敌必惊，后军之来，自然断绝，前后既不相救，中军又遇精兵，服色相乱，不败何待！令文景乂主左军，达于乂感主右军，足下自主中军，若其不捷，老臣请以弱卒五千为足下吞之。'朝义览疏大悦，因用其计，官军败绩，丧师三千余级。仆固场大振，退师数十里。由是朝义得达莫州。朝义既败官军，威声复振，凡所追集，人莫己违，鸠集舟航，并连牌栿，先济辎重，兼及老弱，方以军南行，若有攻击。仆固场令吏士各顾所部，以抗其锋。朝义乃整师徒，一时北济，仆固场亦连船舰，宵济趋之。"今从《旧·怀恩传》。

代宗广德元年正月甲辰，朝义首至京师。《河洛春秋》曰："朝义东投广阳郡，不受。

北取潞县、渔阳，拟投两蕃。至榆关，李怀仙使使招回，却至渔阳过，从潞县至幽州城东阿婆门外，于巫闾神庙中，兄弟同被绞缢而死，乃授首与骆奉仙。经一日，诸军方知，归莫州城下。"《旧·仆固怀恩传》曰："宝应二年三月，朝义至平州石城县温泉栅，穷蹙，走入长林自缢，怀仙使妻弟徐有济传其首以献。"《史朝义传》："二年正月，李怀仙于莫州生擒之，送款来降，枭首至阙下。"《实录》："宝应元年十一月己亥，仆固怀恩上言：'幽州平，河北州县尽平，史朝义为乱兵所戮，传首上都。'"《旧·纪》："宝应二年十月，河北州郡悉平，李怀仙以幽州降，田承嗣以魏州降。"沈既济《建中实录》："二年正月，贼将李怀仙擒朝义以降，山东平。"《唐历》："正月甲辰，李怀仙擒史朝义，枭首献至阙下，尽以所管来降。"《年代记》："宝应元年十二月己亥，仆固怀恩上言：'史朝义为乱兵所杀，传首上都。'二月正月甲申，朝义枭首至阙。"《新·纪》："广德元年正月甲申，朝义自杀，其将李怀仙以幽州降。"按诸军围朝义于莫州，已在去年十一月末，而《河洛春秋》云围城四十日。《怀恩旧传》亦云攻守月余日。然则朝义之死，必在今年正月明矣。诸书皆云朝义此年正月被杀，而《实录》在元年十一月，《旧·纪》因之，又脱十一月字，《怀恩传》误以正月为三月。甲申，正月十日；甲辰，三十日也。《新·本纪》盖据《年代记》，但《年代记》元年冬十一月己亥朝义死，亦与《实录》同。若正月被杀，不应十日首级已至长安。疑甲申自杀，甲辰传首至阙。《新·纪》止用《年代记》甲申至阙为自杀日，未知何所据。今从《唐历》，以甲辰传首至京师。

七月，张维岳等屯沁州。《邠志》作"张如岳"，今从《实录》《唐历》。

八月，骆奉仙奏仆固怀恩谋反。《实录》："癸未，怀恩旋师，次于汾州，逗留不进。监军使骆奉仙以闻，上以功高不之罪，优诏慰劳之。"又曰："怀恩顿军汾上，监军使骆奉仙因公宴，言有所指，怀恩已萌二心，肆口酬对，奉仙不告而出，乘传上闻。上以功高容之，叱奉仙出，待怀恩如旧。怀恩惮奉仙，益不自安。"《邠志》曰："宝应二年，河朔既平，诏太原节度辛云京及仆固怀恩各以其军送回纥还蕃。既出晋关，辛公率其轻兵先入太原。怀恩怒其不告，曰：'辛君有虞于我也。'回纥至，辛公馆于城外，致牛酒以犒之。怀恩欲因回纥规其城壁，阴导回纥请观佛寺，辛公许之。既入城，见罗兵于诸街，蕃人大惊，辟易而去。"今从《旧·怀恩传》。

十月，高晖降吐蕃。《汾阳家传》："八月，吐蕃次泾、宁州，遣感激军使高晖御之，战败，执晖。九月，至便桥。"《实录》："十月庚午，吐蕃寇泾州。辛未，犯奉天、武功。"按自泾州东去邠州三程，邠州南去奉天二程，不应庚午寇邠州，辛未已至奉天。盖史官据奏到日书之耳。《段公家传》："九月二十日，吐蕃寇泾原，节度使高晖降之。十一月一日，陷邠州，节度使张蕴琦弃城遁。"《旧·本纪》："九月己丑，吐蕃寇泾州，刺史高晖以城降，因为吐蕃乡导。十月辛未，犯京畿。"《新·本纪》："九月乙丑，泾州刺史高晖叛附于吐蕃。十月庚午，吐蕃陷邠州。辛未，寇奉天、武功。"今月从《实录》，而不取其日。

庚寅，吐蕃悉众遁去。《旧·吐蕃传》曰："子仪帅部曲数百人及其妻子仆从南入牛心谷，驼马车牛数百两。子仪迟留，未知所适。行军判官、中书舍人王延昌、监察御史李尊谓子仪曰：'令公身为元帅，主上蒙尘于外，今吐蕃之势日逼，岂可怀安于谷中，何不南趋商州，渐赴行在。'子仪遽从之。延昌曰：'吐蕃知令公南行，必分兵来逼，若当大路，事即危矣。不如取玉山路而去，出其不意。'子仪又从之。子仪之队千余人，山路束隘，连延百余里，人不得驰。延昌与尊恐狭径被追，前后不相救，至倒迴口，遂与子仪别行，逾绝涧，登七盘，趋于商州。先是，六军将张知节与麾下数百人自京城奔于商州，大掠避难朝官、士庶及居人资财、鞍马，已有日矣。延昌与尊既至，说知节曰：'将军身掌禁兵，军败而不赴行在，又恣其下虏掠，何所归乎？今郭令公，元帅也，已欲至洛南，将军若整顿士卒，喻以祸福，请令公来抚之，图收长安，此则将军非常之功也。'知节大悦。其时诸军将臧希让、高昇、彭体盈、李惟诜等数人，各有部曲家兵数十骑，相次而至，又从其计，皆相率为军，约不侵暴。延昌留于军中主约，尊以数骑往迎子仪，去洛南十余里，及之，遂与子仪回至商州。诸将大喜，皆遵其约束。吐蕃将入京师也，前光禄卿殷仲卿逃难而出，至蓝田，纠合败兵及诸骁勇愿从者百余人，南保蓝田，以拒吐蕃，其众渐振，至于千人。子仪既至商州，募人往探贼势，羽林将军长孙全绪请行。全绪至韩公堆，仲卿得官军，其势益壮，遂相为表里。仲卿〔帅〕二百余骑游弈，直渡浐水。吐蕃惧，问百姓，百姓皆绐之曰：'郭令公大军不知其数。贼以为然，遂抽军而还。'《汾阳家传》曰："公以三十骑循御宿川，略山而东。公西望国门，涕不自胜，谓延昌曰：'为舍人计，何以复国？'延昌歔欷不能对。公谓曰：'料诸将散卒必逃散于，若速行收合散卒，兼武关兵，数日之内，却出蓝田，设疑兵，为旆，屯于韩公堆，吐蕃必惧我而退，乃相与速驱之。'过蓝田，公与延昌议曰：'散兵至商州，必官吏不守，则兵乱而人溃。'使延昌间道中宿至商州，果如所议。延昌以公之言巡抚之，乱乃止，溃乃复。"今从之。

李日越杀高晖。《新·鱼朝恩传》曰："朝恩遣刘德信讨斩之。"今从《实录》。

郭子仪斩王甫。《实录》曰："有武将王甫等，诱长安恶少数百人，集六街鼓于朱雀街，大鼓之。吐蕃闻之震慑，乘夜而遁。"《汾阳家传》曰："射生将王抚，猛而多力，自〔补〕〔称〕御史大夫，领五百骑、二千步卒，兼补官属，以谋作乱。甲午，公发商州。冬十一月壬寅，公次浐水之右。王抚知公之来也，于城中坚列行阵，戈矛若林，指挥其间，按甲不出。人劝公必不可入，公以三十骑徐进，曾不少惧，令传呼王抚，抚应声伏，乌合之徒，一时而溃。"《邠志》曰："郭公屯商州，十二月一日，率诸军五万余人出蓝田，去城百里而军。城中相传，言大军将至，西戎惧焉。三日，马家小儿、张小君、李酒盏、射生官王甫等五百余人，夜半，聚六街鼓入于子城，雷击天门街中，仍分其众建旗诸门。吐蕃以为大军夜至，相率遁去。小君使报郭公。七日，郭公全师入于京师，系小君、酒盏、王甫等，责之曰：'吾军未至，汝设计以畏吐蕃，吐蕃知之怒汝，焚爇宫阙，从容而去，岂不由汝乎！'命斩之。遂以破贼收进闻。"《旧·子仪传》曰："全绪遣禁军旧将王甫入长安，阴结豪侠为内应，一日，齐击鼓于朱雀街，蕃军惶骇而去。"又曰："射生将王抚自署为京兆尹，聚兵二千人，扰乱京城，子仪召抚，杀之。诏子仪权京城留守。"《吐蕃传》曰："吐蕃余众尚在城，军将王抚及御史大夫王仲昇顿兵自苑中入，椎鼓大呼，仲卿之兵又入城，吐蕃皆奔走。"若如《邠志》所言，是子仪杀抚而攘其功，计子仪必不为也。子仪勋业，今古推高，凌准作书，多攻其短，疑有宿嫌，不可尽信。今从《汾阳家传》及《子仪旧传》。

十二月，程元振私入长安，京兆擒之以闻。《实录》如此，仍云"将图进取"。《旧·传》："元振服缞麻于车中，入京城，以规任用。与御史大夫王仲昇饮酒，为御史所弹。"今从《实录》，参以《旧·传》。

二年正月，合剑南东、西川为一道，以严武为节度使。《旧·传》："武为京兆少尹，以史思明阻兵，不之官，出为绵州刺史，迁东川节度使。上皇诰两川合为一道，拜武剑南节度使。"《新·传》："武为少尹,坐房琯,贬巴州。久之,迁东川。"余同《旧·传》。按思明阻兵河、洛,京兆少尹何妨之官!此年始合东、西川为一道,岂上皇诰所合!《新》《旧·传》皆误。

二月,焦晖、白玉攻仆固场,杀之,张维嶽杀焦晖、白玉而窃其功。《汾阳家传》曰:"开府卓昂,公先使汾州慰谕,及还,恶不比于己者,好略于己者,公捶杀之。"《邠志》曰:"郭公使牙官卢谅之军,如岳略谅,使信其言。郭公以如岳杀场闻,诏优之。诸将云云,郭公乃理谅罪,棒杀之。"今参取二书,昂职名从《邠志》。

戊寅,郭子仪如汾州。《实录》:"广德元年十二月丁酉,仆固场为帐下张维嶽所杀,以其众归郭子仪。怀恩闻之,弃营脱身遁走北蕃。"按朔方兵所以不附仆固氏者,以子仪为之帅也。纵不在子仪领朔方节度使之后,亦当在领河东副元帅之后也。而《实录》二年正月丁卯,子仪为朔方节度使。《汾阳家传》:"二年正月,子仪充河东副元帅、河中节度使。癸亥,代宗三殿宴送。二十六日,发上都。二月,至河中,兼朔方节度大使。戊寅,往汾州。甲申,还至河中。"《邠志》:"二年正月二十日,诏郭公加河中节度、河东副元帅。二十九日,加朔方节度。二月,仆固场率军攻榆次,逾旬不拔"云云。然则场死决不在去年十二月。今因子仪如汾州,并言之。

八月,仆固怀恩引回纥、吐蕃十万众入寇。《旧·子仪传》云"数十万众",《怀恩传》云"诱吐蕃十万众"。按《汾阳家传》,实不过十万。

河中节度副使崔寓。五月已罢河中节度,今犹有副使者,盖言其前官也。

九月,白孝德败吐蕃于宜禄。《实录》:"癸巳,孝德败吐蕃一千余众于宜禄,生擒蕃数人。"按《汾阳家传》,二十六日,贼先军次宜禄。然则前八日孝德岂得已败吐蕃于宜禄乎!《实录》误。

十月,怀恩引回纥、吐蕃至邠州,白孝德、郭晞闭门拒守。《汾阳家传》:"晞屡破吐蕃。"今从《实录》。《旧·子仪传》曰:"虏寇邠州,子仪在泾阳,子仪令长男朔方兵马使晞率师拒之,与白孝德闭城拒守。"按《实录》及《晞传》皆云晞拒怀恩,破之。《子仪传》云"曜",误也。

虏攻邠州,不克,涉泾而遁。《实录》:"十月辛未夜,郭晞遣马步三千人于邠州西斩贼营,杀千余人,生擒八十三人,俘大将四人。十一月乙未,怀恩及吐蕃等自溃,京师解严。"《汾阳家传》曰:"十月七日,公誓师曰:'明日有寇,尔其备之。'及夜,出兵数万阵于西门之外,广布旗帜,如十万军。未曙,怀恩、吐蕃、回纥、吐浑等已阵于乾陵北,长二十里。怀恩等初谓无备,欲袭之。既见阵,两蕃大骇,不敢战。而怀恩颇为公所驭,慑公之威,又遁。初,军中偶语,夜中出兵,与鬼斗耳。及未曙,寇已至矣。军中所以服公之先知也。贼至于邠州,营于北原。十三日,攻其东门,不克。十四日,横阵于南原,请战。晞等与之连战,大破之,追奔数十里。二十一日,涉泾而还。"《邠志》:"怀恩寇邠、泾,十七日,众渡泾水,郭晞率众御之,战于邠郊,我师败绩。怀恩覆其阵,泣曰:'此等昔为我儿,我教其射,反为他人致死于我,惜哉!'明日,引军南出。"《旧·郭晞传》曰:"怀恩诱虏再寇邠州,阵于泾北,晞乘其半济而击之,大破獯虏,斩首五千级,连战皆捷。"《吐蕃传》曰:"郭(锋)〔晞〕于邠州西三十里,令精骑斫怀恩营,破五千众,斩首千余级,生擒八十五人,降其大将四人。"诸书载邠、宁战守、胜败,事各不同,今从《汾阳家传》,以《实录》参之。

　　十一月，段秀实杀暴卒。此出柳宗元《段太尉逸事状》。《段公家传》曰："广德二年正月，白孝德授邠宁节度使。七月，大军西还，颇有俘掠，又以邠土经寇，未暇耕耘，乃谋顿军奉天，取给畿内。时仓廪匮竭，吏人潜窜，军士公行发掘，兼施捶讯，闾里怨苦，远近彰闻。孝德知之，力不能制。公戏谓宾朋曰：'若使余为军候，不令至是。'行军司马王翙以其言启于白孝德，即日，以公为都虞候，兼权知奉天县事。浃旬而军不犯禁，逾月而路不拾遗。永泰元年，孝德奉诏归邠州，表人进封张掖郡王、北庭行军、邠宁都虞候。"据《实录》，时晞官为左常侍，宗元云尚书，误也。又按《实录》，广德三年十月，吐蕃寇邠州，孝德、晞闭城拒守。《汾阳家传》，其年九月，公使陈回光与孝德议边事于邠州。则孝德不以永泰元年始归邠州，陈翙误也。《逸事状》又云："先是，太尉在泾州为营田官，泾大将焦令谌取人田，自占数十顷，给与农曰：'且熟，归我半。'是岁大旱，野无草，农以告。谌曰：'我知人数而已，不知旱也。'督责益急，且饥死无以偿，即告太尉。太尉判状辞甚巽，使人求谕谌。谌盛怒，召农者曰：'我畏段某耶，何敢言我！'取判铺背上，以大杖击二十，垂死，舆来庭中。太尉大泣曰：'乃我困汝。'即自取水，洗去血，裂裳衣疮，手注善药，旦夕自哺农者然后食。取骑马卖，市谷代偿，使勿知。淮西寓军帅尹少荣，刚直士也，入见谌，大骂曰：'汝诚人耶！泾州野如赭，人且饥死，而必得谷，又用大杖击无罪者。段公，仁信大人也，而汝不知敬。今段公唯一马，贱卖市谷入汝，又取，不耻。凡为人傲天灾，犯大人，击无罪者，又取仁者谷，使主人出无马，汝将何以视天地，尚不愧奴隶耶！'谌虽暴抗，然闻言则大愧，流汗，不能食，曰：'吾终不可以见段公。'一夕，自恨死。"按《段公别传》，大历八年焦令谌犹存。盖宗元得于传闻，其实令谌不死也。

资治通鉴考异卷第十七

端明殿学士兼翰林侍读学士太中大夫提举西京嵩山崇福宫上柱国河内郡开国公食邑二千六百户食实封一千户臣 司马光 奉敕编集

唐纪九

永泰元年九月丁酉，怀恩死于鸣沙。《旧·怀恩传》曰："怀恩领回纥及朔方之众继进，行至鸣沙县，遇疾舁归。九月九日，死于灵武。按《长历》，九月庚寅朔，丁酉，八日也。《唐历》《邠志》皆云："九月八日，怀恩死于灵州。"今从《实录》。

鱼朝恩欲奉上幸河中。《新·鱼朝恩传》云："仆固场攻绛州，使姚良据温，诱回纥陷河阳。朝恩遣李忠诚讨场，以霍文场监之；王景岑讨良，王希迁监之。败场于万泉，生擒良。高晖等引吐蕃入寇，遣刘德信讨斩之。故朝恩因麾下数克获，窃以自高。是时郭子仪有定天下功，居人臣第一，心媢之，乘相州败，丑为诋潜。肃宗不内其语，然犹罢子仪兵，留京师。代宗立，与程元振一口加毁，帝未及寤，子仪忧甚。俄而吐蕃陷京师，卒用其力，王室甫安。朝恩内惭，乃劝帝徙洛阳，欲远戎狄。百僚在廷，朝恩从十余人持兵出曰：'虏犯都甸，欲幸洛，云何？'宰相未对。有近臣折曰：'敕使反耶？今屯兵足以捍寇，何遽胁天子弃宗庙为？'朝恩色沮，而子仪亦谓不可，乃止。"李肇《国史补》曰："代宗朝百僚，立班良久，阁门不开。鱼朝恩忽拥白刃十余人而出，宣言曰：'西蕃频犯郊圻，欲幸河中，何如？'宰臣已下苍黄不知所对。给事中刘，不记其名，出班抗声曰：'敕使反耶！'云云。由此罢迁幸之议。"按仆固场攻榆次，不闻攻绛州。高晖为李日越所擒，不闻刘德信所斩。朝恩欲幸河中，不闻欲幸洛。既云频犯郊圻，必是吐蕃后入寇时也。《新书》所云，不知据何书。今从《国史补》。

十月辛酉，吐蕃、回纥至奉天。《邠志》曰："八月，怀恩以诸戎入寇。九月，诏郭公讨之，师于泾阳。回纥屯泾北，去我十里。朝恩请击回纥，郭公曰：'我昔与回纥情契颇至，今兹为寇，必将有故，吾方导而问之，可不战而下也。'朝恩流言谓郭公与怀恩为应，阴牵诸军列营渭上。郭公章疏逾旬不达。郭氏诸子在长安闻之，使小将强羽以物议告郭公。郭公（闻）〔间〕道入觐，且以众议闻。上曰：'无是。'即日令赴泾阳。朝恩惊曰：'郭公真长者，吾比疑之，诚小人也。'"按回纥九月未至泾阳，十月辛酉始至奉天，丙寅围泾阳，丁卯子仪已与之盟，首尾才七日，岂容有章疏逾旬不达之事！子仪为元帅，与强敌对垒，岂可弃军入朝！《汾阳家传》此际亦无入朝事。今不取。

丙子，郭子仪以回纥破吐蕃于泾州东。《实录》曰："十月，吐蕃退至邠州，与回纥相遇，复合从为寇。辛酉，寇奉天。乙亥，回纥以怀恩死，贰于吐蕃。丁丑，郭子仪单骑诣回纥军，免胄与回纥大将语，责以负约，遂与之盟。己卯，回纥首领石野那等六人来朝。庚辰，子仪遣白元光率精锐会回纥兵数千人大破吐蕃十余万众于灵台县之西原。"《汾阳家传》曰："十月八日，吐蕃、回纥合围泾阳，屯于北原。其夜，公使方面各除道二，诘朝将战。明日，寇又至，兵甲益盛。公使衙前将李光瓒等出谕之，亦不受，请决战。公以虏骑劲，亦以众寡不敌，孤军无救，使辟军门，跃一骑而出。兵部郎中马锡、主客员外郎陈翙时以一骑从。回纥合胡禄都督药葛罗宰相立于阵前，持满相向，公前叱之云云。药葛罗等惘然怀惭，伏而请罪，因与之盟。吐蕃闻之，夜半，抽兵而逸。回纥药葛罗等邃追之，公使白元光等继之，十五日，至灵台，破尚结息一十万众。十八日，于泾州东又破之。《旧·子仪传》曰："子仪自河中至，屯于泾阳，而虏骑已合。子仪一军万余人，而杂虏围之数重。子仪使李国臣、高昇拒其东，魏楚玉当其南，陈迥光当其西，朱元琮当其北。子仪率甲骑二千出没于左右前后，虏见而问曰：'此谁也？'报曰：'郭令公也。'回纥曰：'令公存乎？仆固怀恩言天可汗已弃四海，令公亦谢世，中国无主，故从其来。今令公存，天可汗存乎？'报之曰：'皇帝万寿无疆。'回纥皆曰：'怀恩欺我。'子仪又使谕之云云。回纥曰：'谓令公亡矣，不然，何以至此。令公诚存，安得而见之？'子仪将出，诸将谏。子仪曰：'今力固不敌，且至诚感神，况虏辈乎！'"《回纥传》曰："吐蕃将马重英等十月初引退，取邠州旧路而归。回纥首领罗达干等率其众二千余骑，诣泾阳请降，子仪许之，率众被甲持满数千人。回纥译曰：'此来非恶心，要见令公。'子仪曰：'我令公也。'回纥曰：'请去甲。'子仪便脱兜鍪枪甲，竦马挺身而前。回纥酋长相顾曰：'是也。'便下马罗拜。子仪亦下马，执回纥大将合胡禄都督药葛罗等手，责让之曰：'国家知回纥有功，报汝大厚，汝何背约，犯我王畿？我须与汝战，何乃降为！我一身挺入汝营，任心拘縶，我下将士须与汝战。'回纥又译曰：'怀恩负心，来报可汗，云唐国天子今已向江、淮，令公亦不主兵，我是以敢来。今知天可汗见在上都，令公为将，怀恩天又杀之，今请追杀吐蕃，收其羊马，以报国恩。'"《邠志》曰："十月二十四日，回纥逼泾阳，阵于郭西，使汉语者曰：'城中谁将？'军吏对曰：'郭令公也。'虏曰：'郭令公亡矣，绐我也。'郭公闻之，独与家僮五六人常服相诣。其子晞způ扣马止之，公拇其手曰：'去！'使人告虏，按辔就之。回纥熟视曰：'是也。'下马皆拜，曰：'始者不知令公尚在，今日降，可乎？'郭公入其众，取酒饮之。虏又请曰：'恐不见信，愿击吐蕃以自效。'郭公从之。回纥击吐蕃，逐之，三十日，败蕃众于灵台，杀万余人而去。"按《长历》，十月己未朔，三日辛酉，十九日丁丑。如《实录》所言，岂有回纥、吐蕃数十万众入京畿，留十七日而寂无攻战之一事乎！当是时，陈翙在子仪军中，所记月日近得其实。今二虏围泾阳及子仪与回纥盟及破吐蕃〔月〕日，皆从《汾阳家传》。事则兼采众书，择其可信者取之。

闰月，李昌巙讨崔旰。《唐历》作"李昌夔"，今从《实录》。

大历元年二月，邠卒引弓至二百四十斤。《旧·传》作"能引二十四弓"，今从《段公别传》。

八月，鱼朝恩讲《易》，讥王缙、元载。是时缙留守东都而得预此会者。按《实录》，明年二月，郭子仪入朝，（许）〔诏〕元载、王缙等宴于其第。然则虽守东都，有时朝京师也。

二年四月，杜鸿渐请入朝，以崔旰知西川留后。《旧·鸿渐传》云："鸿渐仍率旰同入觐。"《宁传》云："鸿渐请旰为行军司马，仍赐名宁。鸿渐归，遂授宁西川节度使。至十四年，始入朝。"《实录》亦无随鸿渐入朝事，《鸿渐传》误也。

七月，高郢上书。《郢集》，前书八月二十五日，后书九月十二日上。今因造寺终言之。

九月甲子，郭子仪移镇奉天。《汾阳家传》："八月十七日，吐蕃至泾西。二十七日，诏统精卒一万与马璘合攻之。"今从《实录》。《实录》："甲寅,寇灵州。乙卯,寇宜禄。"盖据奏到日。今从《唐历》。

十月戊寅,路嗣恭破吐蕃。《唐历》："九月,吐蕃围灵武。戊申,嗣恭破吐蕃。"按《长历》,戊申九月一日也。今从《实录》。

三年四月,上欲以李泌为相,固辞。《邺侯家传》曰:"固辞,以让元载。"按载时已为相,何让之有? 又曰:"到山四岁而二圣登遐。代宗践阼,命中人手诏驲骑征先公于衡岳。先是半年前,先公夜遇盗三人,为其所拉,而投之于悬洞。及日出,乃瘳,下藉树叶丈余,都无所伤,缘岩攀萝而出,不敢至旧居,山中人初以为仙去。及中贵将至,先公大惧,沐浴更衣以俟命,乃代宗践阼之征也。疑盗为张后及辅国所遣,亦竟不知其由。"按玄、肃登遐,泌虽在山林,岂容全不知! 如《家传》所言,是代宗才立即召泌也。(须)〔须〕经幸陕,泌岂得全无一言! 召泌必在幸陕之后。李繁误记耳。

上为泌娶卢氏女。《邺侯家传》云:"永泰元年端午,上令泌食肉结婚。"按下云:"阿足师窃毡履,置紫宸。上欲使内人护灯烛,泌曰:'臣六七年在此。'"又云"况新赐婚"。上即位至永泰,才四年耳。又云:"因此得谤,元载遂因鱼朝恩事排出之。"然则结婚与朝恩诛不相远。今尽因追赠承天言之。

承天皇帝葬顺陵。《邺侯家传》曰:"命使自彭原迎丧,葬齐陵。"今从《实录》,葬顺陵。

崔旰赐名宁。《旧·传》,旰初为杜鸿渐行军司马,即改名宁。今从《实录》。

六月,崔宁妾任氏破杨子琳。《实录》:"五月,子琳袭据成都,即日诏宁还成都。"七月壬申又云:"子琳寇成都,遂据其城,宁弟宽破之。"盖五月奏据城,七月奏破之,成功虽因任氏,奏时须著宽名故也。

九月,白元光破吐蕃,京师解严。《实录》:"戊戌,郭子仪奏灵州破吐蕃六万余众,百僚入贺,京师解严。"盖即白壬辰白元光所破也。子仪合前后所破而奏之耳。

十月,命贺若察按李岵。《实录》:"十月乙巳,颍州刺史李岵煞本道节度判官姚奭及奭之弟,岵弃州奔汴州。本道节度使令狐彰以闻,岵亦抗表上闻。初,岵以公务为彰所怒,因遣奭巡按境内,便留知颍州事。岵闻之,遂与亲吏潜谋,诈为奭书,将为变,使士遗于路中,颍州守将得之,惧,乃与岵同谋煞奭。诏给事中贺若察使于颍按覆。"《唐历》曰:"十月,颍州将士怒杀亳州判官魏奭。初,令狐彰怒颍州刺史李岵,遣奭代之,且告之曰:'若岵不受替,即杀之。'岵觉之,以告将吏,怒而杀奭并弟。"《统纪》作"滑亳州判官姚奭",又曰:"彰表先至,遣给事中贺若察往滑州宣诏,决李岵配流夷州,寻赐自尽。"今姓名从《实录》《统纪》,事则参取诸书。

十二月,徙马璘于泾原,以邠、宁、庆隶朔方。《实录》:"己酉,以吐蕃岁犯西疆,增修镇守,乃以邠宁节度马璘镇泾州,仍为泾原节度使,以邠、宁、庆等州隶朔方。"《汾阳家传》:"四年五月,诏集兵于邠郊。六月,公自河中遣一万兵。二十八日,公如邠州。"《旧·子仪传》:"时以西蕃侵寇,京师不安,马璘虽在邠州,力不能拒,乃以子仪兼邠、宁、庆节度,自河中移镇邠州,徙马璘泾原节度使。"《邠志》:"初,吐蕃既退,诸侯入觐。是时马镇西以四镇兼邠宁,李公军泽潞以防秋军蓥屋。丞相元公载使人讽诸将使责己曰:'今四郊多垒,中外未宁,公执国柄有年矣,安危大计,一无所闻,如之何?'载曰:'非所及也。'他日又言,且曰:'得非旷职乎?'载莞然曰:'安危系于大臣,非独宰臣也。先王作兵,置之四境,所以御戎狄也。今内地无虞,朔方军在河中,泽潞军在盩厔,游军内窥,不远京室,王畿之内,岂假是邪!必少损益,须自此始。故曰非所及也。'郭、李曰:'宰臣但图之。'载曰:'今若徙四镇于泾,朔方于邠,泽路于岐,则内地无虞,三边有备,三贤之意何如?'三公曰:'惟所指挥。'既而相谓曰:'我曹既为所册,得无行乎?'十二月,诏马公兼领泾原,寻以郑颍资之;李公兼领山南,犹以泽潞资之;郭公兼领邠宁,亦以河中资之。三将皆如诏。朔方军自此大徙于邠。郭公虽连统数道,军之精甲,悉聚邠府,其它子弟,分居蒲、灵,各置守将以专其令。蒲之余卒,稍迁于邠。十年之间,无遗甲矣。"《段公别传》曰:"马公朝于京师,以公掌留事。马公恳奏,请以邠、宁、庆三州让副元帅子仪,令以朔方、河中之军镇之,自率四镇、北庭之众,迁赴泾州,将以拓西境。代宗壮而许之。十二月二日,朝廷以马公为泾原节度使。"盖三年立此议,至四年,子仪始迁邠。今参取诸书。

　　平卢行军司马许杲。《旧·传》作"许果",今从韩愈《顺宗实录》。

　　五年二月,元载谋诛鱼朝恩。《邠志》曰:"五年春,诏以寒食召郭公,丰年令节,思与大臣为乐。时欲诛朝恩,因喻郭公,'朔方一军,有社稷劳,宜以功卒数千人入朝,朕因宴赏,得以相识。'一月,郭公以组甲三千人入觐。鱼朝恩请公游章敬寺,公许之。丞相元公意其相得,使讽邠吏请公无往,邠吏自中书驰告郭公曰:'军容将不利于公。'亦告诸将。须臾,朝恩使至,郭公将行,士之衷甲请从者三百人,愿备非常。郭公怒曰:'我大臣也,彼非有密旨,安敢害我!若天子之命,尔曹胡为!'独与僮仆十数人赴之。朝恩候之,惊曰:'何车骑之省也!'公以所闻对,且曰:'恐劳思虑耳。'军容抚胸捧手,呜咽雪涕曰:'非公长者,得无疑乎!'"按《汾阳家传》,子仪五月入朝,七月至邠州。或是四年正月入朝时事。于时未有诛朝恩之谋,今不取。《家传》又曰:"三月,公上言鱼朝恩潜结周智光为外应,久掌禁兵,若不早图,祸将作矣。"亦不取。

　　周皓擒朝恩,缢杀之。《实录》:"是日,初诏罢朝恩观军容等使,更加实封,留于禁中。朝恩既奉诏,知负恩,乃自缢。"又曰:"载遣腹心京兆尹崔昭等候朝恩出处。会寒〔食〕,宴近臣,朝恩入谒,有诏留之,朝恩乃惧,言颇悖戾。上以旧勋矜贷,不加严刑,朝恩遂自缢。"《新·传》曰:"载用左常侍崔昭尹京兆,厚以财结其党皇甫温、周皓。"按《实录》,去年十月乙卯,孟皞为京兆尹,今年三月辛卯为左常侍,未尝言崔昭为京兆也。奉诏自缢,殆非其实。《新·传》云:"周皓与左右擒缢之。"今从之。

　　八年五月乙酉,徐浩、薛邕贬。《实录》云:"侯莫陈怤为美原尉。"《旧·李栖筠传》云:"华原尉侯莫陈怤,以主邮传优,改长安尉。"又曰:"栖筠劾奏浩等,上依违未决。属月蚀,上问其故。对曰:'臣闻日蚀修德,月蚀修刑,今诬上行私之罪未理,此天所以儆戒于明圣。'由是感寤,坐怤者皆贬谪。自此朝纲益振,百度肃然。"按己丑月乃食,于时未也。今不取。

　　八月,吐蕃寇灵武。《汾阳家传》:"八月,吐蕃五千骑至灵州南七级渠,公遣温儒雅、(后)〔从〕政等连兵救之。九月,大破之。"今从《实录》。

　　十月庚申,浑瑊与吐蕃战于宜禄。《实录》作"甲子",盖奏到之日也。《邠志》云"十八日",与《唐历》(命)〔合〕。今从之。

甲子，马璘为吐蕃所败。《邠志》曰："十月，西戎寇邠，泾原节度马公袭之，郭公使其将浑瑊率步骑五千为之掎角。十八日，师登黄蒉原，望见吐蕃，瑊急引其众前据〔束〕〔乘〕险，仍设拒马枪以遏驰突之势。史抗、温儒雅等宿将五六人任气自负，轻〔海〕〔侮〕都将，置酒高饮，瑊使召之，至则皆醉矣。见拒马枪，曰：'野地见贼须击，设此何为！'命去之。戎众既阵，抗等叱马军使驰贼，及回，自冲其军，吐蕃蹑背而入，我师大败，卒之不死者十二三。"《汾阳家传》："十月，吐蕃四节度历泾川，过阁川南，于渭河合军，公遣浑瑊等前后相接以待之。（三）〔二〕十四日，大战于长武城，我师败绩。瑊等突出，乃免。"《唐历》："十八日，吐蕃寇邠州，瑊与战于宜禄，官军大败。二十二日，马璘出兵击之，又败。二十七日己巳，璘遣兵斫吐蕃营，破之。二十八日庚午，诏追诸道兵屯西郊。十一月一日，吐蕃退。"《段公别传》曰："八年冬十月二十三日，犬戎入寇，大战于盐仓，我军与朔方兵马使浑瑊之众并力齐攻，防秋诸军望贼而退，于是我师不利。"今日从《邠志》《唐历》《段公家传》，事从《实录》《旧·传》，兼采诸书。

九年二月庚辰，汴宋兵溃。《唐历》作"十日己酉"。按《长历》，是月庚午朔，十日乃己卯也。今从《实录》。

四月甲申，郭子仪辞还邠州。《唐历》作"癸未"，今从《实录》。

十年三月，陕州军乱，逐赵令珍。《唐历》："三月二十八日辛卯，陕州军乱。"《实录》《唐统纪》云"甲午朔"，今从之。

八月辛巳，郭子仪还邠州。《汾阳家传》作"丁丑"，今从《实录》。

九月，马璘破吐蕃于百里城。《汾阳家传》："九月，吐蕃略潘原西而还。八日，至小石门白草川。十八日，下朝那川。二十三日，至里城营、支磨原，入华亭。十月，公遣浑瑊、李怀光等与幽州、义宁、汴宋军会于故平凉县。三日诘朝，大破之。"今从《实录》。

十月，卢子期攻磁州。《旧·李宝臣传》作"攻邢州"，今从《实录》。

田承嗣谓李正己曰：承嗣今年八十有六。按承嗣卒时年七十五。此云八十六者，盖欺正己。

王武俊说李宝臣玩养田承嗣。《旧·王武俊传》曰："代宗嘉其功，使中贵人马承倩赍诏宣劳。承倩将归，止传舍，宝臣亲遗百缣，承倩诟骂，掷出道中。王武俊劝玩养承倩，以为己资。宝臣曰：'今与承嗣有衅矣，可推腹心哉？'武俊曰：'势同患均，转寇仇为父子，欬唾间耳。若传虚言，无益也。今中贵人刘清谭在驿，斩首送承嗣，承嗣立质妻孥矣。'宝臣曰：'吾不能如此。'武俊曰：'朱滔为国屯兵沧州，请擒送承嗣以取信。'许之。"按承嗣方求解于宝臣，何必擒滔以取信！且承倩尚在传舍，武俊何不劝斩承倩而斩清谭乎！宝臣自以承嗣诱之共取幽州，故袭朱滔，非因承倩之辱也。今从《唐纪》。

十一月，路嗣恭擢敬冕为将。《邠侯家传》作"敬俛"，今从《旧·传》。

嗣恭克广州，斩哥舒晃。《旧·嗣恭传》曰："嗣恭平广州，商舶之徒，多因晃事诛之，嗣恭前后没其家财宝数百万贯，尽入私室，不以贡献。代宗心甚衔之，故嗣恭虽有平方面功，止转检校兵部尚书，无所酬劳。"《建中实录》曰："自兵兴已来，诸军杀将帅而要君者多矣，皆因授其任以苟安之。其王师征讨，不失有罪，始斯役也。既而有谤其收南海府库，阅上不实，不得用久之。"按代宗以嗣恭附元载，遗载琉璃盘，恶之，故不用耳，事见《邠侯家传》。或当时亦有人迎合，以匿货谤嗣恭，不可知也。今不取。李肇《国史补》云："路嗣恭初平五岭，元载奏言嗣恭多取南人金宝，是欲为乱，陛下不信，试召，必不入朝。三伏中，追诏至，嗣恭不虑，请待秋凉以修觐礼。江西判官柳浑入，雨泣曰：'公有功，方暑而追，是为执政所中。今少迁延，必族灭也。'嗣恭惧曰：'为之奈何？'浑曰：'健步追还表缄，公今日过江，宿石头驿，乃可。'从之。代宗谓元载曰：'嗣恭不俟驾行矣。'载无以对。"按嗣恭素附元载，载诛，赖李泌营救得免，事见《邠侯家传》。载岂有谮嗣恭，云欲为乱之理！盖载已被诛而召嗣恭，适在三伏，浑有此疑，时人因以为浑美事耳。今不取。

十二月，回纥寇夏州。此事出《汾阳家传》，《实录》《新》《旧·纪》皆无之。按《实录》，明年二月，加朔方戍兵以备回纥，则是回纥尝入寇也。

十一年八月，加朱泚同平章事。《实录》："闰八月己亥，遣朱泚如奉天行营。"按去年已云泚出镇奉天行营，至此又云，明年九月，又云。盖泚每年往奉天防秋，至春还京师，但《实录》不载其入朝耳。

汴宋兵马使李僧惠。《汾阳家传》作"李思惠"，今从《旧·传》。

十二月丙申，马璘薨。《实录》："庚寅，璘薨。"《段公别传》曰："十二月十三日景申，马公薨。十二年正月八日，奉制除泾州刺史、知节度事。"《实录》又云："丁酉，以段秀实知河东留后。"按时马璘新薨，秀实泾原留后，备御吐蕃，岂可辄之使摄河东！盖奏报未至，有斯命。寻闻璘薨，遂除泾原耳。

十二年九月，段秀实为泾原节度使。《段公别传》曰："自授钺三五年间，西邻无烽燧之警。"又曰："戎帅论乞力陀慕公清德，不敢侵陵我疆。"《旧·传》亦曰："三四年间，吐蕃不敢犯塞。"按是月吐蕃寇原州。十二月，朱泚拒吐蕃，自泾州还。明年九月，吐蕃逼泾州。云三四年间不敢犯塞，盖史家溢美之辞耳。

十月，刘洽为宋州刺史。《旧·刘玄佐传》云："李灵曜据汴州，洽将兵乘其无备，径入宋州。"按刘昌以宋州牙门为说李僧惠归顺，则是僧惠先已为灵曜守宋州，朝廷因授宋州刺史耳。若僧惠未降，则洽不能得宋州；已降，则不敢取宋州。盖僧惠已为李忠臣所杀，洽因引兵据宋州耳。《旧·传》欲以为洽功，故云然，其实非也。

十二月，李纳为青州刺史。《实录》，此年二月丙戌，以纳为青州刺史，充淄、青留后。至此又云为青州刺史。《旧·正己传》云："正己自青州徙居郓州，使子纳及腹心之将分理其地。"《纳传》云："正己击田承嗣，署奏留后，寻迁青州刺史。"今从之。

十四年五月，崔祐甫作相，未二百日，除官八百人。《旧·纪》云："祐甫作相未逾年，凡除吏几八百员，多称允当。"今从《建中实录》。

八月，杨炎为门下侍郎、同平章事。崔祐甫与炎皆自门下迁中书，是时中书在上也。宪宗以后，门下在上，中书在下，不知何时升改。

十月，吐蕃入寇，一出茂州，一出扶、文，一出黎、雅。《建中实录》、裴坰《德宗实录》，此月吐蕃三道入寇，皆在梁、益之境。而来年四月，乃云："去冬吐蕃三道来侵，一自灵武，一自山南，一自蜀。"又云："赞普谓韦伦曰：'今灵武之师，闻命辍矣，而山南已入扶、文，蜀师已趣灌口，追且不及。'"与此自相违。今不取。

辒辌车稍指丁未。按车指丁未之间，则行出道外矣。盖出门，欲斜就道西，不当道中间行耳。

张光晟知单于、振武等城。《旧·传》云，"王雄为振武"。今从《实录》。

杨炎欲夺崔宁权，置三留后。《旧·传》："初，宁代乔琳为御史大夫、平章事，宁以为选择御史当出大夫，不谋及宰相，乃奏请以李衡、于结等数人为御史。杨炎大怒，其状遂寝。炎又数谮毁刘晏，宁又救解之，因此大怒。其年十月，南蛮大（王）〔至〕，上遣宁还镇。炎惧怨己，入蜀难制，奏止之。"按宁为御史大夫在吐蕃、南蛮寇蜀后。《旧·传》恐误。

十二月，诏财赋归左藏，岁择三、五千匹，进入大盈。《德宗实录》作"三、五十万匹"，今从《建中实录》。

德宗建中元年正月，罢刘晏转运等使。《建中实录》曰："初，大历中，上居东宫，贞懿皇后方为妃，有宠，生韩王（回）〔迥〕。帝又钟爱，故阉官刘清潭、京兆尹黎幹与左右嬖幸欲立贞懿为皇后，且言韩王所居获黄蛇，以为符，动摇储贰，而晏附其谋，冀立殊效，图为宰辅。时宰臣元载独保护上，以为最长而贤，且尝有功，义不当移。王缙亦谓人曰：'晏，黠者也。今所图无乃过黠乎！'后其议渐定。贞懿卒不立。上憾之。至是，以晏大臣而附邪为奸，不去将为乱，托陈奏不实，谪为忠州刺史。"沈既济，杨炎所荐，盖附炎为说。今从《旧·传》。

二月，遣黜陟使十一人，洪经纶等使河北。《建中实录》，黜陟使十一人，而无名。《德宗实录》有十人名，而无河北道及经纶名。盖脱误也。

四月，吐蕃发使随韦伦入贡，上命归其俘。《建中实录》曰："及境，境上守陴者焚楼橹、弃城壁而去。初，吐蕃既得河、湟之地，土宇日广，守兵劳弊，以国家始因用胡为边将而致祸，故得河、陇之士约五十万人，以为非族类也，无贤愚，莫敢任者，悉以为婢仆，故其人苦之。及见伦归国，皆毛裘蓬首，窥觑墙隙，或搥心陨泣，或东向拜舞，及密通章疏，言蕃之虚实，望王师之若岁焉。君子曰：惜乎，人心之可乘也。若逾代之后，斯人既没，后生安于所习，难乎哉！"此恐沈既济之溢美，且欲附杨炎复河、陇之说耳。今不取。

五月，刘海宾杀刘文喜。《邠志》曰："诏李怀光、朱泚并军诛之，师围泾城，数月不拔。文喜使其子求救于吐蕃。蕃众将至，二将议退军以避。都游弈使韩游瓌争之曰：'西戎若来，泾众必变，义不为文喜没身于戎房。'秋七月，西蕃游骑登高，麾泾人。泾人果曰：'始吾为文喜求节度耳，王师致讨，困则归之，安能赤土涂面为异方之人乎！'刘海宾因之杀文喜，以众降泚。泚无所戮，泾人德之，萌泚之乱亦自此始。"按是时吐蕃通好，无入援文喜事。又《实录》此月泾州平，而《邠志》云七月西蕃至，皆相违。今从《建中实录》。

六月，桑道茂请城奉天。《旧·传》云："道茂待诏翰林，建中初，神策修奉天城，道茂请高其垣墙，大为制度。德宗不之省。及朱泚之乱，帝苍猝出幸，至奉天，方思道茂之言。时道茂已卒，命祭之。"今从《实录》及崔庭光《幸奉天录》。

九姓胡说回纥乘丧入寇。既云乘丧入寇，当在去年。今因遣源休册命，追叙之耳。

3542

源休使回纥。《旧·传》曰:"休妻,即吏部侍郎王翊女也,因小忿而离,妻族上诉,下御史台验理。休迟留不答款状,除名,配流溱州。久之,移岳州。建中初,杨炎执政,以京兆尹严郢威名稍著,心欲倾之。郢,即王翊甥婿也。休与王氏离绝之时,炎风闻休、郢有隙,遂擢休自流人为京兆少尹,俾令伺郢过失。休既在职久,与郢亲善,炎怒之,奏令以本官兼御史中丞,奉使回纥。"按休奉使时,回纥方恭顺,张光晟未杀突董,炎安知回纥欲杀休而遣之! 今不取。

八月,姚令言为泾州留后。《旧·传》:"孟皞寻归朝,遂拜令言为四镇、北庭行营、泾原节度使。"按《实录》,"建中三年八月,以泾原节度留后姚令言为节度使"。此年必始为留后也。

九月,不按赃吏殆二十年。《建中实录》云"三十年",盖字之误也。

资治通鉴考异卷第十八

端明殿学士兼翰林侍读学士太中大夫提举西京嵩山崇福宫上柱国河内郡开国公食邑二千六百户食实封一千户臣 司马光 奉敕编集

唐纪十

建中二年正月戊辰，李宝臣薨。《建中实录》云："二月丁巳，宝臣卒。"疑奏到之日也。今从《德宗实录》。谷况《燕南记》曰："忠志末年，唯纳妖妄之人兼阴阳、术数、谄媚苟且之辈，争献图谶，称有尊位，诈作朱草、灵芝，凿石上作名字。又于后堂院结坛场，清斋菜食，置金杯、玉斝、银盘，云甘露神酒自至其内。又言天符下降。忠(至)〔志〕自谓命符上天，将吏罔有谏者。使行文牒，布告州县云：'灵芝朱草，王者之瑞，辄生坛上，香满院中，灵石呈祥，天符飞应，甘露如蜜，神酒盈杯，匪我所求，不期自至。各牒管内郡县，宜令知委，同为喜庆也。'既而日为妖妄者更相矫云：'不日当有天神下降，持金箱玉印而至，然后即大位，为天所授也。四方皆自归伏，不待征讨，海内坐而定矣。'忠志大悦，多以金银、罗锦、异物赏之。阴阳、妖妄者自知虚伪，恐事泄见诛，共言：'相公宜服甘露、灵芝草汤，即天神降速。'忠志一任妖者，遂于汤中密著毒药，既饮毕，便失音，三日而卒。"《旧·传》亦以为然。按方士妖妄，必为一府所疾，所凭恃者宝臣一人耳。若酖杀宝臣，身在府中，逃无所之，安能免死乎！计方士虽愚，必不为此。盖时人见宝臣曾饮其汤，遇疾而死，以为方士所酖，谷况承而书之耳。

五月，田悦将兵数万围临洺。《马燧传》："悦自将兵三万围邢州，次临洺。"《燕南记》："悦自统马步五千人应接。"今从《悦传》。

六月，加李希烈汉南、北招讨使。《德宗实录》："五月己巳，加淮宁节度李希烈南平郡王、汉南、汉北通知诸道兵马使、招抚处置使。"《希烈传》曰："山南东道节度使梁崇义拒捍朝命，迫胁使臣。二年六月，诏诸道节度率兵讨之，加希烈南平郡王兼汉〔南〕、北都知诸道兵马、招抚处置使。"今从《建中实录》。

七月，杨炎罢相。《旧·传》曰："初，炎之南来，途经襄、汉，固劝梁崇义入朝，崇义不能从，已怀反侧。寻又使其党李舟奉使驰说，崇义因而拒命，遂图叛逆，皆炎迫而成之。至是，德宗欲假希烈兵势以讨崇义，炎又固言不可，上不能平。会德宗尝访宰相群臣中可以大任者，卢杞荐张镒、严郢，而炎举崔昭、赵惠伯。上以炎论议疏阔，遂罢炎相。"《建中实录》曰："炎与卢杞同执大政，杞形神诡陋，夙为人所亵，而炎气岸高峻，罕防细故。方病，饮食无节，或为糜餐，别食阁中，每登堂会食，辞不能偶。谗者乘之，谓杞曰：'杨公鄙公，不欲同食。'杞衔之。旧制，中书舍人分署尚书六曹，以平奏报，中废其职，杞议复之，以疏其烦，炎不可。杞曰：'杞不才，幸措足于斯，亦当有运用以答天造，宁常拳杞之手乎！'因密启中书主书有过咎者，有诏逐之。炎怒曰：'中书，吾局也，政之不修，吾自理之，设不理，当共议，何阴诉而越官邪！'因不相平。时淮西节度使李希烈宠任方盛，上欲以之平襄阳，炎以为不可。上曰：'卿勿复言。'遂以希烈统之。时夏潦方壮，澶漫数百里，故希烈军久不得发。会炎病，请急累日，杞启免炎相以悦之。上以为然，乃使中官朱如玉就第先喻旨，翌日，迁左仆射。谒谢之日，恩旨甚渥，杞大惧。"按沈既济为炎所引，故《建中实录》言炎罢相，与《德宗实录》颇异。今取其可信者书之。然《旧·传》云"梁崇义之反，炎迫而成之"，亦近诬也。

马燧、李抱真合兵八万，东下壶关。《旧·田悦传》曰："七月三日，师自壶关东下，收贼卢家砦。"《燧传》云："十一月，师次邯郸。"恐误。今从《悦传》《燕南记》。

燧等大破田悦。《旧·李晟传》曰："战于临洺，诸军皆却。晟引兵度洺水，乘冰而济，横击悦军，王师复振，击悦，大破之。"据此，则临洺战在冬也，与《马燧传》"十一月师次邯郸"相应。《实录》："十二月庚寅，马燧加左仆射。"又云："先是，悦遣将康愔领兵围邢州，杨朝光围临洺，燧与抱真及神策将李晟合势救之，大败贼于双岗，斩杨朝光，擒其大将卢子昌。乘胜进军，又破悦于临洺，故燧等加官。"按《实录》，此战无月日，但于马燧加官时言之。今据《燧传》，先败悦于双岗，斩杨朝光，居五日，乃进至临洺。即《实录》此月癸未众军破悦于临洺也。《实录》在此年冬，与此相连。《燕南记》亦云："七月，燧与抱真兵八万，自潞府东下壶关，先收邯郸卢家砦，朝光战死临洺城。又大破悦。"悦退走在李正己死前，与《实录》此月相应。临洺之战，疑诸军已集。燧等若未至，张伾必不能独破悦军。《新·本纪》："十一月丁丑，马燧及田悦战于双岗，败之。"不知此日何出，亦与诸书相连。今止从七月。

十月，李洧言与海、沂刺史王涉、马万通素有约。此据《旧·传》也。《实录》，万通以密州降，盖自沂移密。

十一月，李纳将石隐金。《实录》前作"隐金"，后作"隐全"。今从其前。

三年正月，马燧等大破田悦于洹水。《实录》："闰月庚戌，马燧等破田悦于洹水。"按《旧·马燧传》，洹水之战，李惟岳救兵与田悦兵犹连营相拒。又《燕南记》："惟岳见悦在围，故谋归顺。"然则洹水战在惟岳死前，《实录》误也。《燕南记》又曰："燧与抱真虽频破悦，闻李纳助军到，乃驻军候势，画必取之计，去悦军三十里下营，夜坐帐中，使心手人潜领悦兵及小将等五十余人立帐外。燧因矫与兵马衔官已下高语曰：'昨日所以频破田悦兵马者，盖偶然之事，本亦不料有此胜也。看悦兵虽败，其将健，皆能死战，亦天下之强敌矣。今更得李纳兵助，其势不小。我虽频利，利则有钝。他日田悦更战，大将必须审看便宜。如悦直进，不可当锋耳。'悦帐外兵将往往共我闻燧语，良久曰：'昨日陈上获得田悦将健，所由领过。'既至，燧大骂曰：'田悦小贼，菽麦未分，敢肆猖狂，妄动兵马。你有何所解，与我相敌！汝皆不由，被驱入陈，又何过也。今矜汝放去。'败兵等大欢叫，拜谢而去，具燧前后言见悦。悦召大将，喜而谓曰：'马燧放言惧我，对人骂我，此可知矣，吾再战必捷也。'又恃李纳助军新到，乃引兵出洹水又陈。燧先伏兵要处，佯不胜，引退。悦使兵尽出逐燧，燧引至伏兵处，伏兵齐发，横截悦军两段，与抱真纵兵击之，大破悦军三万余人。"今从《马燧传》。

李纳军于濮阳，奔还濮州。时濮州治郓城，别有濮阳县。

朱滔、张孝忠大破李惟岳于束鹿。《实录》及《旧·惟岳传》止言惟岳一败。按《滔传》曰："滔与孝忠征之，大破惟岳于束鹿。滔命偏师守束鹿，进围深州。惟岳乃统万余众及田悦援兵围束鹿。(进)〔惟〕岳将王武俊以骑三千方陈横进。滔缋帛为狻猊象，使猛士百人蒙之，鼓噪奋驰，贼马惊乱，随击，大破之，惟岳焚营而遁。"据此，则是惟岳再败也。《燕南记》，孟祐先败，惟岳又败，与《滔传》相应。今从之。

二月，田悦遣王侑等说滔，滔遣王郅说王武俊。《旧·传》"王郅"作"王郢"，今从《燕南记》。

四月，以李士真、李长卿为德、棣二州刺史。《燕南记》云："授（上）〔士〕真德、棣两州观察团练使。"今从《实录》。

田悦遣康愔将万余人与马燧等战，大败而还。《悦传》曰："五月，悦以救军将至，尽率其众出战于御河之上，大败而还。"《燧传》曰："悦恃燕、赵之援，又出兵二万，背城而陈。燧复与诸军击破之。"今从《实录》。

借商括僦质所得二百万缗。《实录》："借商，统计田宅、奴婢等估，才余八万贯。"今从《旧·卢杞传》。《杞传》又曰："杜佑计京师帑廪，不支数月，且得五百万贯，可支半岁用，则兵济矣。于是户部侍郎判度支赵赞与韦都宾等谋行括借，约罢兵后以公钱还。敕既下，京兆少尹韦贞督责颇峻，长安尉薛萃荷校乘车，搜人财货，计富户田宅奴婢等，估才及八十八万贯。又借僦匮质钱，共才及二百万贯。"今从《实录》。

召朱沘于凤翔，示以蜡书。《幸奉天录》曰："上命还私第，但绝朝谒，日给酒肉而已。以内侍一人监之。"今从《实录》及《旧·传》。

贬严郢费州刺史。《旧·卢杞传》云："贬郢骡州刺史。"今从《实录》。

朱滔、王武俊大败官军，堰永济渠入王莽故河。七月，马燧等退保魏县。《实录》："六月辛巳，朱滔、王武俊兵至魏州。是日，李怀光之师亦至。七月庚子，马燧等四节度兵退保魏县。"又曰："田悦等筑堰，欲决御河水，灌王莽故河以绝我粮道。燧令白怀光，欲退军，怀光不可。抱真、晟亦欲决死守之。贼筑堰愈急，势迫，会夜，乃俱引退。"《燕南记》曰："六月，朱滔、武俊、怀光俱至。怀光即欲战，马燧、抱真不得以从之。七月六日，怀光等击滔，胜之，寻为王武俊所败。其夜，决河水，绝怀光等西归之路。明日，水深三尺余。马燧与朱滔有外族之亲，呼滔为表侄，使人说滔曰：'老夫不度气力，与李相公等昨日先陈。王大夫善战，海内所知也。司徒五郎与商议，放老夫等却归太原，诸节度亦各还本道，当为闻奏，河北地任五郎收取。'滔见武俊战胜，私心忌其胜己，乃谓武俊曰：'大夫二兄破怀光等，气已沮丧，马司徒既屈服如此，且放去，渐图未晚。'武俊曰：'岂有四五节度，兵逾十万，使打贼，始经一陈，被杀却五万人，将何面目归见天子！今穷蹙诈求退去，料不过到洺州界，必筑垒相待，悔难及也。'滔心明知其事，竟绝水，放燧等。既离魏府城下，退行三十里，遂连魏县河，列营相拒。滔虽惭谢，武俊终有恨意。又同进军魏桥河东南，去怀光营五里。"移营在七月中旬也。《邠志》曰："三年夏，诏怀光率邠甲五千兼统诸军东征。六月，师及魏郛，战焉，陷燕人之众，师入贼营，取其宝货。马公曰：'我二年困此贼，彼且至而夕破之，人其谓我何！'乃稍抽战卒以孤其势。田悦曰：'马太原妒功也，朔方军可袭矣。'乃使步卒七百人负刀而趋，乘我失度，挤之于河，死者数百人，皆精骑也。马公遽命平射三百人争桥，以出我军，故步军不败，军势大衄。诏唐朝臣自河南引军会之。"《旧·田悦传》曰："王武俊以二千骑横击怀光陈，滔军继踵而进，禁军大败，人相蹈藉，投尸于河二十里，河水为之不流。马燧收军保垒。是夜，王武俊决河水入王莽故河，欲隔官军，水已深三尺，粮饷路绝，王师计无从出，乃遣人告朱滔云云。时武俊战胜，滔心忌之，即曰：'大夫二兄已败官军，马司徒卑屈若此，不宜迫人于险也。'武俊曰：'燧等连兵十万，皆是国之名臣，一战而北，贻国之耻，不知此等何面目见天子邪！然吾不惜放还，但不行五十里，必反相拒。'"按《长历》，六月壬子朔，七月壬午朔。然则辛巳，六月三十日；庚子，七月十九日也。滔与怀光至魏之日，滔营垒犹未立，怀光即与之战，岂得至七月六日邪！战于惬山之夜，武俊决水，明日，燧等即退保魏县，岂得至十九日邪！《实录》《燕南记》所载日，皆不可据也。然《实录》多据奏到之日，不知战与移营的在何日，要之必在六、七月之际，故但记七月退保魏县耳。朱滔与王武俊同举兵，志在破马燧军，岂有一战才胜，遽忌武俊，纵燧令去，自贻后患邪！直是滔无远识，谓燧等不足畏，得其卑辞而纵去耳。又《旧·悦传》云："决河水。"若决黄河，不须筑堰，决水经日，不止三尺。既决之后，不可复壅。今从《实录》，决御河水，灌王莽河耳。

十月，吏部侍郎关播同平章事。《旧·播传》曰："播为吏部侍郎，转刑部尚书。十月，拜银青光禄大夫、中书侍郎、同中书门下平章事。"今《实录》自吏部侍郎为相，与《传》不同。疑《传》误。明年罢相，乃改刑部尚书。

十一月，幽州判官李子千、恒冀判官郑濡。《旧·传》作"李子牟、郑儒"，今从《燕南记》。

己卯，朱滔等筑坛称王。《实录》于十一月末云："是月，朱滔僭称大冀王。"《燕南记》云："十月十一日，于下营处各筑坛场，设仪注，告天，稽首称名，同日伪立为王。"《旧·本纪》《朱滔》《王武俊传》皆云十一月，而无日。惟《田悦传》云"十一月一日"。今从之。

四年正月，颜真卿使李希烈。《颜氏行状》以为："公至许州，希烈前后诈为公表，奏请汴州者数十，上知而寝之。"《旧·真卿传》以为："希烈逼为章表，令雪己，愿罢兵马，累遣真卿兄子岘与从吏凡数辈继来京师，上皆不报。希烈大宴逆党，倡优斥黩朝政，真卿拂衣起。后张伯仪败绩，令以首级夸示，真卿号恸。周曾谋奉真卿，遂送真卿于龙兴寺。"按滔等推尊希烈在去年，真卿使许在今年正月，盖滔等始劝希烈称帝，希烈但称都元帅、建兴王，故今年滔等再遣樊播等劝进称为都统也。真卿刚烈，守之以死，希烈岂能逼之使为章表雪己！《行状》云"诈为表奏"，是也。

五月，李晟为朱滔所败，还保定州。《燕南记》曰："晟与张昇雲等围郑景济于清苑，自二月至四月。滔自统马步万五千人救清苑，四月二日，发馆陶砦，五月内到。晟出战不利，城中又出攻晟，晟败去。滔乘胜逐晟等，大破之，晟奔易州，染病，不复更出。"《实录》曰："庚子，李晟自清苑退保易州。"《旧·晟传》曰："自正月至于五月，会晟病甚，不知人者数焉。军吏合谋，乃以马舆还定州。"今从之。《实录》所云庚子，盖奏到之日也。

九月，刘德信、唐汉臣败于沪涧。徐岱《奉天记》曰："大将唐汉臣、刘德信、高秉哲与大梁合统兵一万，屯于汝州。三帅各领本军，城小卒众，教令不一。军进至薛店，更无他路，又不设支军。贼谍知之，乘雾而进，三帅望敌大溃，戈楯资实山积，马万余蹄皆没焉。汝州遂陷。摄刺史李元平为寇所获，贼(罗)〔逻〕兵北至彭婆。"今从《实录》。

李勉遣李坚助守东都。《新·传》作"李坚华",今从《实录》。

十月，姚令言将兵五千至京师。《旧·传》云："令言率本镇兵五万赴援。"按《奉天记》曰："哥舒曜表请加师，上使泾州节度姚令言赴援。令言本领三千，请加至五千。"今从之。

贼迎朱泚于晋昌里第。《旧·泚传》作"招国里"，今从《实录》。

泾原孔目官岐灵岳。《旧·传》云"判官岐灵岳"，今从《段公别传》。

李忠臣助朱泚，段秀实被杀。《段公别传》曰："五日夜，泚使泾原将李忠臣、高昂等统锐兵五千以袭奉天。六日，贼泚又令兵马使韩旻领马步二千以继之。"《奉天记》曰："秀实与海宾密谋诛泚，佯入请间计事，而海宾置匕首于靴，欲以相应，为阍者见觉。秀实遽夺源休笏，挺而击之。"《旧·泚传》曰："秀实与刘海宾谋诛泚，且虞叛卒之震惊法驾，乃潜为贼符，追所发兵，至六日，兵及骆驿而回。因与海宾同入见泚，为陈逆顺之理，而海宾于靴中取匕首，为其所觉，遂不得前。秀实知不可以义动，遽夺源休象笏，挺而击泚。"《秀实传》曰："与秀实约，事急为继，而令明礼应于外。及秀实击泚，而海宾等不至。"按李忠臣等若已将五千人袭奉天，则秀实虽追还(是)〔旻〕兵，无益矣。又海宾若于靴中取匕首为贼所觉，则登时死矣，焉能复逃？若为阍者所觉，亦应时被擒，事迹喧著，贼为之备，秀实亦不得发矣！此数者，皆恐难信。今但取《段公行状》《幸奉天录》及《旧·传》可信者存之。

李楚琳杀张镒，齐映等获免。《旧·映传》曰："镒不从映言，乃示宽大，召楚琳语之曰：'欲令公使于外。'楚琳恐，是夜作乱，杀镒以应泚。"今从《镒传》。

丁巳，朱泚自将逼奉天，以姚令言为元帅。《奉天记》："十月十日，贼泚自统众攻奉天，以姚令言为都统。"今从《实录》《旧·泚传》。

陇右营田判官韦皋。《奉天记》作"凤翔节度判官"，今从《实录》。

十一月，贼造云梯，高广各数丈。《剧谈录》曰："高九十余尺，下瞰城中。"今从《实录》。

包佶有钱帛八百万，陈少游强取之。《奉天记》曰："佶以财币一百八十万欲转输入城，少游强收之。"今从《旧·传》。

十二月，赦田悦、王武俊等罪。《燕南记》，十二月二十四日前已云舍武俊等罪，而《实录》明年正月改元乃赦武俊等。盖上先已谕旨赦罪，及赦书出，始明言之耳。

朱希彩。《燕南记》作"朱寀"，今从《旧·传》。

兴元元年正月，李希烈称帝。希烈称帝，《实录》《旧·希烈传》《颜真卿传》皆无年月。今据《奉天记》《幸奉天录》，皆云："赦令既行，诸方莫不向化，惟李希烈长恶不悛，国号大楚。"又《实录》，今年闰月庚午，诏曰："朕苟存拯物，不惮屈身，故于岁首，特布新令，赦其殊死，待以初诚。使臣才及于郊畿，巨猾已闻于僭窃。"然则希烈称帝，必在正月初也。

希烈将杨峰。《旧·传》作"杨丰"，今从《奉天记》。

吏部侍郎卢翰为兵部侍郎、同平章事。《实录》《新》《旧·纪》《表》皆同。盖翰罢领选，故自吏部迁兵部耳。

杜黄裳宣慰江淮。《实录》，去年十二月癸酉，已云黄裳使江淮，此又有之。按《旧·纪》，去年十二月，黄裳为给事耳。《实录》误也。

六军各置统军。《实录》云：“诏六军各置军使一员。”又云：“因置统军。”按《旧·纪》，独置统军耳。今从之。

二月，韩滉遣王栖曜入宁陵。《新书·柏良器传》曰：“良器为武卫中郎将，以兵隶浙西。希烈围宁陵，遏水灌之，亲令军中明日拔城。良器以救兵至，择弩手善游者沿河渠夜入，及旦，伏弩发，乘城者皆死。”疑韩滉遣栖曜及良器同救宁陵，《旧·栖曜传》云：“将强弩数千夜入宁陵。”与此共是一事。今参取之。

李怀光屯咸阳累月，逗留不进。《实录》云：“怀光坚壁自守，凡八十余日。”按怀光以十一月癸巳解奉天围，李晟以二月戊申徙东渭桥，其间才七十六日。《实录》所言，谓怀光奔河中以前耳。今但云累月。

甲子，加怀光太尉，遣李卟谕旨。《邠志》曰：“十六日，诏加怀光太尉。”按《实录》，甲子二十三。《邠志》误。《幸奉天录》《旧·传》“李卟”作“李昇”，今从《奉天记》。

怀光杀张名振、石演芬。《邠志》曰：“怀光投铁券于地，使者惧焉。名振呼于军门。”又曰：“二月二十一日，怀光拔其军居咸阳。”又曰：“三月三日，怀光巡咸阳城，名振曰：‘昨日言不反，今悉军此来，何也？’”又曰：“怀光既杀名振，召演芬责之。”按名振云“昨日言不反，今何此来？”则是呼军门之明日，怀光即移军咸阳。若至咸阳已十三日，因巡城而名振言之，何得云昨日！又何得云悉军此来！又名振与演芬同死。按《旧·传》云：“鄗成义至奉天，乃反其言告怀光子璀，璀密告其父怀光。”若三月三日，则车驾已幸梁、洋，不在奉天。且是时反状已彰灼如此，岂能尚欺人云不为邪！今从《幸奉天录》，悉因投铁券言之。

怀光别将达奚小俊。《邠志》作“达奚小进”，今从《实录》。

丁卯，幸梁州。《邠志》：“二十六日，怀光又使持书促游瑰，浑公获而奏之，且使其卒物色我军。游瑰不知，不得闻，又怒瑊之虞己也，嫚骂于途。上疑其变，即日幸梁州。”今从《实录》。《奉天记》曰：“上初拔奉天，而车驾至宜寿县渭水之阳，谓侍臣曰：‘朕之此行，莫同永嘉之势。’因潸然流涕。浑瑊对曰：‘临大难无忧惧者，圣人之勇也。’言讫，济河。”按《新·传》，李惟简追及上于盩厔西，然后浑瑊继至。则上至渭阳时瑊犹未来。今不取。

怀光遣孟保邀车驾。《邠志》作“孟廷宝”，今从《实录》。

三将以追不及还报。《实录》曰：“才入骆谷，怀光遣其将孟保等以数百骑来袭，为后军将侯仲庄所拒而退，遂焚店驿而去。”《旧·严震传》曰：“赖山南兵击之而退，舆驾无警急之患。”今从《邠志》。

三月，韩游瑰还邠州。《邠志》曰：“韩游瑰使其子钦绪扈从，怀光知之，以戴休颜代（颜）〔领〕其职，仍假游瑰邠州刺史，将使其党张昕害之。游瑰既失兵柄，未知所从。说客刘南金曰：‘窃观人心，莫不恋主。邠有留甲，可以图变。公得之邠，殆天假也。’乃使麾下将范希朝、赵怀仙诱其军归邠，士皆从之。休颜率麾下卒据城门，士不得尽出，其从游瑰至邠者八百余人。”按《旧·游瑰传》无受怀光邠州刺史事。《休颜传》云：“及李怀光叛据咸阳，使诱休颜，休颜集三军斩其使,婴城自守。怀光大骇,遂自泾阳夜遁。其月,拜检校工部尚书、奉天行营节度使。"且上幸山南,命休颜留守奉天,游瓌先发怀光阴谋,二人岂肯更受怀光节度! 盖当时出幸苍猝,游瓌扈从不及,或以与浑瑊有隙,不敢南行,故帅麾下归邠州耳。

怀光说众欲屯泾阳。《幸奉天录》曰:"李晟至东渭桥,旬日之后,军用整备。怀光患之,稍移军泾阳,与朱泚约同灭晟军。"《旧·怀光传》曰:"怀光劫李建徽等军,移于好畤。"又曰:"居二旬,乃驱兵掠泾阳、富平,自同州往河中。"《朱泚传》曰:"怀光为泚所卖,惭怒愤耻,移于好畤。"按《实录》:"三月甲申,怀光自咸阳烧营走归河中。"《幸奉天录》曰:"三月,怀光拔咸阳,掠三原等十二县,鸡犬无遗,老小步骑百余万。"皆不云移军好畤及泾阳。今从《邠志》及《幸奉天录》。

张昕谋杀诸将之不从者。《邠志》曰:"三月二十三日,张昕戒刘礼等夷甲而入,昕小吏李发密报游瓌。游瓌伏甲先起,高固等帅众应之,遂斩昕于府中。游瓌既据邠府,遣李旻,怀光乃走蒲州。"按《实录》:"甲申,怀光自咸阳烧营,走归河中。"然则游瓌杀昕必在其前。今因怀光走见之。

怀光烧营东走。《旧·高郢传》曰:"怀光将归河中,郢言:'西迎大驾,岂非忠乎!'怀光不听。"按德宗因怀光迫逐,遂幸梁州。借使怀光欲迎驾,德宗岂肯来乎! 今不取。

诏罢怀光副元帅官。《旧·高郢传》曰:"怀光归河中,又欲悉众而西。时浑瑊军孤,群帅未集,郢与李鄘誓死驻之。属怀光长子璀候郢,郢乃谕以逆顺曰:'人臣所宜效顺,且自天宝以来,阻兵者今复谁在? 况国家自有天命,非独人力,今若恃众西向,自绝于天,安知三军不有奔溃者乎!'李璀震惧,流泪气索。明年春,郢与都知兵马使吕鸣岳、都虞候张延英同谋,间道上表。及受密诏事泄,二将立死。怀光乃大集将卒,白刃盈庭,引郢诘之。郢挺然抗词,无所惭隐,愤气感发,观者泪下。怀光惭沮而止。"按《实录》,怀光以兴元元年三月甲申走归河中。己亥,以浑瑊为副元帅。四月辛丑朔,始临轩授瑊节钺。与《郢传》年月全不相应。今不取。

四月庚戌,曹子达破韩旻。《邠志》云"十日破旻等",而《实录》云"乙丑",盖据奏到之日也。今从《邠志》。

田希鉴杀冯河清。《邠志》曰:"兴元元年四月,浑公受钺专征,出斜谷,崔公劝吐蕃分军应援。尚结赞曰:'邠军不出,乘我也。'浑公使曹子达率甲三千赴于浑公,吐蕃乃以二万余从之。李楚琳使石镗以卒七百人从浑公进收武功,遂居之。十日,朱泚使韩旻、田旻以卒三千寇武功,浑公御之,陈于东郊。石镗以其卒降旻于陈。浑公军败,乃驰登西原,建旗收卒。会邠师以吐蕃至,贼不知,乃悉众追浑公,遂为吐蕃所覆,皆死焉。田旻以马逸获免。吐蕃既胜泚军,乃大掠而去。泾人相传,言吐蕃助国有功,将以叛卒之孥赏而归之。泾人曰:'不杀冯公,虽吾亲族,亦将不免矣。'十四日,泾卒杀河清,以田希鉴请命于泚。泚授希鉴泾原节度大使,赐金帛,使和西戎,西戎皆授略焉。希鉴疏泾将之不与己者以告朱泚,请杀之。泚曰:'我曲彼直。'不许。"按希鉴杀河清,必有宿谋,或为此讹言以摇众耳。今从《实录》。河清死在三月,今从《邠志》。

五月,韩滉运米饷李晟。柳玭《叙训》曰:"上初至梁,省奏甚悦。又知西平聚兵必乏粮糗,命运米百艘。"按五月初梁州尚未春服,月末已克长安。梁、润相去数千里,诏命岂能遽达乎! 今不取。

浑瑊奏吐蕃引去。《实录》《旧·本纪》皆云:"乙丑,浑瑊与蕃将论莽罗衣众大破朱泚将韩旻等于武功武亭川。"《吐蕃传》亦同。《邠志》曰:"李怀光竟不署敕,结赞亦不进军。"又曰:"浑公出斜谷,曹子达赴浑公,吐蕃以二万骑从之,既胜泚军,大掠而去。泚使田希鉴以金帛赂之。"盖尚结赞虽引兵入塞,止屯邠南,但遣论莽罗衣将偏军助瑊破泚于武功,大掠而去。既受泚赂,遂引兵归国。瑊于吐蕃归国之时有此奏耳。

沧州乱兵请程华知州事。《旧·张孝忠传》曰:"遣华往沧州交检府藏。"《程日华传》曰:"孝忠令华诣固烈交郡,固烈死,孝忠板授华知沧州事。"《燕南记》曰:"孝忠差牙官程华与固烈交割,固烈死,孝忠闻之,当日差人送文牒,令摄刺史。"按固烈既去,则沧州无主,孝忠岂得但令华交检府藏! 今从《华传》《燕南记》。

六月,李晟斩崔宣等。袁皓《兴元圣功录》载李晟《奏宥郭晞状》曰:"晞顷因銮舆顺动,山谷潜藏,逆贼所知,异致城邑,迫胁授任,前后极多,苍黄之中,伪令仍及,坚卧当节,即惧严刑,随俗从官,又伤素业。然晞已染污俗,尚可昭明,子仪勋劳,书在王府,父为中兴之佐,子有疑谤之名,非止其一身,实恐玷于先烈。况臣总领士马,孤立渭桥,频有帛书,累陈诚效。"按《晞旧传》:"泚欲令掌兵,晞阳暗。泚以兵胁之,终不语。贼知其不可用,乃止。晞潜奔奉天,从驾还京。"不云终臣事泚,而皓载晟此状,恐非其实。今不取。

七月,高郢数劝李怀光归款。《兴元圣功录》有李晟《奏郢劝怀光归投状》云:"今怀光即欲束身,盖自郢之劝导。"今取之。

怀光杀孔巢父、啖守盈。《邠志》曰:"七月十二日,驾还长安。上使谏议大夫孔巢父、中官谭怀仙持诏赦怀光曰:'奉天之时,非卿不能救朕;今日之事,非朕不能容卿。宜委军赴阙,以保官爵。'使者将至,怀光阴导其卒使留己。卒之蕃、浑者希怀光意,辄害二使,欲食其肉。怀光翼而覆之,全尸以闻。"今从《实录》。

八月壬寅,李希烈杀颜真卿。《颜氏行状》:"其年八月二十四日,又使辛景臻等害公于(袭)〔龙〕兴寺。"又曰:"初遭难后,嗣曹王皋上表曰:'臣见蔡州归顺脚力张希璨、王仕颗等说,去年八月二十四日,蔡州城中见封,有邻儿不得名字,云希烈令伪皇城使辛景臻、右军安华于龙兴寺杀颜真卿。'"《实录》及《旧·传》云"三日",今从之。

窦文场、王希迁分典禁旅。《旧·窦文场传》云:"文场与霍仙鸣分统禁旅。"盖希迁寻罢而仙鸣代也。今从《实录》。

闰月,李晟诛田希鉴。《旧·晟传》曰:"晟至泾州,希鉴迎谒于座,执而诛之。还镇,表李观为泾原节度使。"《幸奉天录》:"十月丁丑,李晟诛田希鉴于泾州。"《实录》:"闰月癸酉,除李观泾原节度使。丙子,以希鉴为卫尉卿。丁丑,晟诛希鉴。"今从之。

李澄为汴滑节度使。二月已云上以澄为滑州节度使,盖于时但许之耳。

贞元元年七月,马燧入朝,请讨怀光。《邺侯家传》称李泌语曰:"'臣但恐枭于帐下太速,何足忧也! 臣能为陛下取之。'上曰:'未喻卿意,何故以太速为忧,而卿能取也?'对曰:

'臣为陛下忧,不在河中,乃在太原。今马燧亦蹭蹬矣,领河东十万之师,遣王权领五千人赴难。及再幸梁、洋,遂抽归本道。男畅在奉天,亦便北归。陛下更收复后,宣慰云:"王权擅抽兵,马畅不扈从,并宜释放。"此则尤不安矣。臣比年曾与之言,甚有心路,今之雄杰也。若使之有异志,则不比希烈、朱泚之徒,或能旰食。伏望陛下听臣之言,缓辔远驭以羁之。'上曰:'卿所欲何也?'对曰:'马燧保全河东十余州,以待陛下还宫,此亦功也。臣为常侍,与燧兄炫同列,然其兄弟素不相能,其语无益。臣重表兄郑叔规为宾佐,臣令以炫意请至京城,欲与相见,即至,臣激燧令其取李怀光自效,必可致也。因令燧为忠臣矣。'"又曰:"贞元元年,上因郊天改元,时马燧在太原,遣其行军〔司马〕郑叔规奏事,请因鸿恩以雪怀光,并致书信于先公。先公不与之报,留其信物,且令规谓之曰:'比年展奉,得接语言,心期以为丈夫。且河东节度,以破灵曜之功,上所与也。奉天之难,握十万强兵而令怀光解围。及怀光图危社稷,车驾幸梁、洋,逢此际会,又令他人立盖代之功。今圣主已归宫阙,怀光蹭蹬在于近畿,旦夕为帐下所枭,乃尸居也,不速出军收取,以自解而快上心(着)〔者〕,即不及矣,若河中既平,公即如怀光之蹭蹬矣。欲于滔、俊之下作偏强之臣,亦必不成。不言公才略不及也,缘腹中有三、二百卷书,蹭蹬至此,必自内惭,是进不立忠勋,退不能效夷狄,既而持疑,则舟中楫下皆敌国矣。可惜八尺之躯,声气如钟,而心不果决,乃妇人也,著裙可矣。欲奉答以裙衫,而家累在江东未至。今圣上收复之后,含垢匿瑕,与人更始,某又特蒙听信,已于上前保荐,可使司徒以取怀光。今弟来又请雪之,大失所望,且望弟速去为说。若河中既平,司徒何面目更来朝廷而与士人相见!此虽请雪,昨敕书亦许束身入朝矣。若以建中同征之故,当发一使喻之,准敕归朝,必为保全。如不奉诏,当领全师问罪,因速上表,求自征之。至河中轻骑入朝,亲禀庙略,乃天与之便也。能如是,当与司徒为中朝应接,有颂陈奏,必闻圣听。若不能,何敢有书也!'叔规既去,具奏于上。上每忧河中骁将达奚小俊等突犯宫阙,居常不安。会东面苑墙有崩倒者,上大惊,以为有应之者,将启贼。上顾问泌,对曰:'此贼不足忧也,乃犹机上肉耳。但恐枭枭悬太速,不得与马燧藉手为忧。'上曰:'古人云:"轻敌者亡。"今卿心轻敌如是,朕甚之。'对曰:'陛下初经难危,忧虑太过。"轻敌者亡",诚如圣旨。至如怀光,岂可谓之敌乎!陛下比在梁、洋,元恶据宫阙,渠以朔方全军在河中,李晟保东渭桥,此时足以傍助逆顺之势。不然,苟欲偷安,胁为迟棋亦可,而竟如醉如魔,都不能动。今陛下复归京阙,又安足虑之哉!臣伏计马燧请讨之章即至。若以宗社之灵,此贼且未为帐下所图,得河东军有以藉手,陛下无忧矣。不喜于平怀光,喜得马燧也。'既而马燧表至,请全军南收河中,仍自供粮。上大悦,召先公对,曰:'马燧果请全军讨怀光来矣。兼请至行营已来自备军粮,何其畏伏卿如此也?'对曰:'此乃畏伏天威而然,于臣何有,而能使其畏伏!臣曾与之言,谙其为人颇见机识势,今之雄杰也。臣昨故令叔规传词以激怒之,且曰:"欲寄妇人之服。当艰虞之际,握十万强兵,收复功在它人。今圣主已还宫阙,惟有怀光,不速收取以立功自解,它时复何面目至朝廷与公卿相见!则蹭蹬之势,又不及怀光犹有解重围之功。"料以此告之,燧必能觉悟,果得如此。既以师至河中,旬月当平。而燧因此有功,便为忠臣矣。'上曰:'当尽用卿言。'初,叔规至太原,具以先公言告燧,燧搏膺惊曰:'有是哉,赖子之至京也!不然,燧几为怀光矣。非贤表兄,岂有告燧者乎!'即日上表请行。叔规又请'如泌言,先写表本示怀光,劝其束身归朝。彼必不从,然后表请全军往讨,则圣上信司徒诚心,又可以忠义告四邻。不然,朝救而夕请诛,恐中外尤疑。'燧曰:'诚然。'乃令叔规草书写表本,驰驿以告,怀光果不从,于是乃请全军南讨。寻发太原,使者相继奏事,及与先公书,言征讨之谋及须上闻者。先公因对,皆为奏之。又讽令下营讫,轻骑由临晋度朝谒,燧皆然之。七月,乃自临晋、夏阳来朝。上大悦,遂具告以先公言'卿才略必可使图怀光,初见卿请雪,朕所未谕,今乃果然。比亦有人毁卿,言词百端,闻于远近,唯先公保卿于朕,朕信其言。既见卿,益知先公忠谠,豁然体卿至诚奉国矣。'燧谢恩出,而请先公至中书,具说上言,泣下拜谢。后对,上曰:'马燧昨对,其器质意趣固不易有,且甚有心路,感而用之,必有成算,皆如卿言,信雄豪也。'"按燧到长安数日,即除常侍,时兴元元年七月乙未也。八月癸卯,加燧晋、慈、隰节度使。然则癸卯之前,燧已取晋、慈、隰三州矣,故朝廷命为副元帅以讨怀光。十月,已拔绛州及猗氏等诸县矣。贞元元年正月,改元,赦。于时燧岂得犹在太原雪怀光邪!自乙未至癸卯才九日,自长安至晋阳千余里,若因泌讽谕郑叔规始来京师,又令叔规还激劝燧,又使燧以书谕怀光,怀光不从,然后上表兴师伐之,事多如此,岂九日之内所能容也!此直李繁欲取马燧平河中之功皆归于其父耳。今从《旧·燧传》。李肇《国史补》曰:"马司徒面雪李怀光,上曰:'惟卿不合雪人。'惶恐而退,李令闻之,请全军自备资粮以讨凶逆。由此李、马不平。"《邠志》曰:"七月,马公朝于京师,请赦怀光。陇右节度李公晟闻之,上表请发兵二万独讨怀光,刍粮之费,军中自备。上以李公表示马公,因曰:'朱泚之反,不得已也。怀光勃逆,使朕再迁,此而可赦,何者为罪!'马公雨泣曰:'十日之内,请献其首。'上遣之。"按是时怀光垂亡,燧功已成八九,故自人朝争之,岂肯面雪怀光邪!今从《旧·传》。

八月,燧率诸军至河西。《旧·燧传》云:"燧帅诸军济河,兵凡八万,陈于城下。是日,牛名俊斩怀光首,以城降。"今从《邠志》。

燧斩阎晏等七人。《邠志》云"八人",今从《旧·马燧传》。

壬午,骆元光杀徐庭光。《实录》:"甲申,骆元光专杀徐庭光,上令宰相谕谏官勿论。"《邠志》曰:"二十日,骆公谋于韩公曰:'徐庭光见诉,辱及祖父,义不同天。'是日,遂杀之。"按是月癸亥朔,甲申,二十二日,盖奏到之日也,今从《邠志》。

二年四月,陈仙奇毒杀李希烈。杜牧《窦烈女传》曰:"初,希烈入汴州,闻户曹参军窦良女美,使甲士至良门,取桂娘以去。将出门,顾其父曰:'慎无戚,必能灭贼,使大人取富贵于天子。'桂娘以才色在希烈侧,复能巧曲取信,凡希烈之密谋,虽妻子不知者,悉皆得闻。希烈归蔡州,桂娘谓希烈曰:'忠而勇,一军莫如陈先奇。其妻窦氏,先奇宠且信之,愿得相往来,以姊妹叙齿,因徐说之,使坚先奇之心。'希烈然之。桂娘因以姊事先奇妻。尝间曰:'为贼迟晚必败,姊宜早图遗种之地。'先奇妻然之。兴元元年四月,希烈暴死,其子不发丧,欲尽诛老将校,以卑少者代之,计未决。有献含桃者,桂娘白希烈子,请分遗先奇妻,且以示无事于外,因为蜡帛书曰:'前日已死,殡在后堂,欲诛大臣,须自为计。'以朱染帛,丸如含桃。先奇发丸见之,言于薛育。育曰:'两日希烈称疾,但怪乐曲杂发,昼夜不绝,此乃有诛未定,示暇于外,事不疑矣。'明日,先奇、薛育各以所部噪于牙门,请见希烈。希烈子迫,出拜曰:'愿去伪号,一如李纳。'先奇曰:'尔父勃逆,天子有命诛之。'因斩希烈及妻、子,函七首以献,暴其尸于市。后两月,吴少诚杀先奇,知桂娘谋,因亦杀之。"今从《实录》及《旧·传》。

十一月,吐蕃据盐州。《邠志》曰:"十二月三日,吐蕃围盐州,刺史杜彦光请委城以其众去,吐蕃许之,分军窃据。"今据《实录》在此月。

韩滉过汴,大出金帛赏劳。《柳氏叙训》云:"以缯二十万匹犒军。"今从《国史补》。

刘玄佐入朝。《邠侯家传》曰:"韩相将〔入〕朝觐,先公令人报'比在阙庭已奏,来则必能致大梁入朝。今来,所望善谕以致之。'十二月,刘玄佐果入朝。"此盖李繁掠美。今从《柳氏叙训》。

韩滉短元琇贬雷州司户。《实录》曰:"初,元琇判度支,关辅旱俭,请运江、淮租米以给京师。上以韩滉素著威名,加江、淮转运使,欲令专督运务。琇以滉性刚愎,难与集事,乃条奏,令滉督运江南米至扬子,凡一〔百〕十八里,自扬子以北皆琇主之。滉深怒于琇,琇以京师钱重货轻,乃于江东监院收获见钱四十余万贯,令转送入关。滉不许,诬奏以为运千钱至京师,费钱万。上以问琇,琇奏曰:'千钱之重约与一斗米均,自江南水路至京所费三二百耳。'上然之,遣中使赍手诏令运钱。滉坚执以为不可。及滉总度支,遂逞宿心,累诬奏琇,至是而贬焉。"《旧·崔造传》:"造与元琇素厚,罢使之后,以盐铁委之。而韩滉以司务久行,不可遽改,德宗复以滉为江、淮转运使,余如造所条奏。其年秋初,江、淮漕米大至京师,德宗嘉其功,以滉专领度支、诸道盐铁、转运等使,造所条奏皆改。乃罢造知政事,贬琇雷州司户。"《邠侯家传》曰:"时元琇判度支,江、淮进米相次已入汴州,而淄青及魏府蝗旱尤甚,人皆相食。李纳无计,欲束身入朝,元琇乃支米十五万石与之,纳军遂济。三月,入河运第一纲米三万石,自集津车般至三门,十日而毕,造入渭船亦成,米至陕。俄而度支牒至,支充河中军粮。先公忧迫,不知所为,欲使人闻奏,先令走马与韩相谋之。韩相报曰:'慎不可奏。某判度支,来在外,势不禁他,(及)〔反〕被更鼓作言语。待某今冬运毕,当请朝觐,此时面奏。'时蝗旱,运路阻涩,自四月初后,有一日之内七奉手诏者,皆为催米,且言'军国粮储,自今月半后,悉尽此米,所藉公忠副朕忧。'属星夜发遣,以济忧(功)〔勤〕。其旨如此,而不知米皆被外支。盖琇及时宰忌韩相及先公运米功成,而不为朝廷大计,几至再乱。十月,韩相以馈饷功成,请入朝。及对见,上大悦,言无不从,遂奏运事,且言:'元琇支米与淄青、河中,臣在外,与先公皆不敢奏。'上大惊,即日贬琇为雷州司户。"二说相违,恐各有所私。今但取其大要。

资治通鉴考异卷第十九

端明殿学士兼翰林侍读学士太中大夫提举西京嵩山崇福
宫上柱国河内郡开国公食邑二千六百户食实封一千户臣 司马光 奉敕编集

唐纪十一

贞元三年三月，吐蕃使论颊热。《邠志》作"论莽热"，今从《实录》。

四月，遣浑瑊盟于清水。《实录》："丙寅，崔澣至自鸣沙，传尚结赞言：'盟会之期及定
界之所，唯命是听。君归奏决定，当以盐、夏相还。'又云：'清水之会，同盟者少，是以和好轻慢
不成。今蕃相及元帅已下凡二十一人赴盟，灵州节度使杜希全禀性和善，外境所知，请令主此
盟会。泾原节度使李观，亦请同主之。'辛未，以澣为鸿胪卿，充入吐蕃使，令澣报尚结赞：'希全
职在灵州，不可出境，李观又已改官，遣侍中浑瑊充盟会使。'约以五月二十四日复盟于清水。"
按尚结赞本怨浑瑊，故欲劫而执之。然则求瑊主盟，乃吐蕃意，非由唐出也。今从《邠侯家传》。

六月，李叔明之子昇。《邠侯家传》及《旧·叔明传》皆作"（昇）〔昪〕"，今从《实录》及
《旧·萧复传》。

八月，李泌言陛下惟有一子。按德宗十一子，谊、谞其所生外，犹有九子。而泌云惟
有一子者，盖当是时小王或未生，或太子谊、谞之外尚有昭靖子也。

九月，李泌请与回纥和亲，癸亥，遣回纥使合阙将军归，许以咸安公主妻可
汗。《邠侯家传》：九月，泌请与回纥和亲。十月，与回纥书。十二月，回纥遣聿支达干上表谢
恩，皆请如宰相约和亲。按《实录》："八月丁酉，回纥遣默啜达干来贡方物，且请和亲。九月癸
亥，遣回纥使合阙将军归其国。初，合阙将其君命请昏，上许以咸安公主嫁之，命见于麟德殿，
且令赍公主画图就示可汗，以马价绢五万还之，许互市而去。"十二月，无聿支干入聘之事。回纥
自大历十一年以来，未尝入寇，信使往来，亦无不和及求和之迹。盖德宗心恨回纥，而外迹犹羁
縻不绝。今回纥请昏，则拒绝不许，而李泌劝与为昏耳。其月数之差，则恐李繁记之不详。或
者聿支即默啜与合阙，皆不可知也，若以默啜即为请昏之使，合阙即为谢恩之人。又泌说回纥
凡十五余对，须半月以上。泌又云："臣木夹中与书，令朝臣递，云一月可到，岁内报至。"自丁酉
至癸亥，才二十六日耳。今依《实录》月日。因许嫁咸安，本其事而言之。

吐蕃陷连云堡。《邠侯家传》曰："时京西诸镇报种麦已毕，绝万顷而皆亘野，上大喜。
既而尚结赞来入寇，诸军闭壁，候夜，斫营，悉捷，结赞乃退归。上以十余年来，边军常被戎挫，
皆入践京畿，此来始败，又不能更深入，且报种麦已毕而喜甚。"按《实录》："吐蕃陷华亭及连云
堡，驱掠邠、泾编户牛畜万计，悉送至弹筝峡。是秋，数州人无种麦者。"与《家传》相反。今从
《实录》。

十一月，吐蕃不入寇，诏浑瑊归河中。《邠侯家传》曰："十一月，以张献甫为邠、宁等
州节度使，代韩游瓌，而以浑侍中为朔方、河中、绛、邠、宁、庆副元帅。先公乃令献甫修西界堡

障濠堑，南接泾州，于是塞内始有藩篱之固，尚结赞不能轻入窥边矣。"按献甫明年七月乃为邠宁节度，《家传》误也。

四年正月，赦，诏两税等第，三年一定。《实录》：赦云："天下两税，更审定等第，仍加三年一定，以为常式。"按陆贽《论两税状》云："两税之立，惟以资产为宗，不以丁身为本。资产少者则其税少，资产多者则其税多。"则当时税赋但以贫富为等第，若今时坊郭十等、乡村五等户临时科配也。又云："额内官勿更注拟，见任者三考勒停。"此盖用李泌之策也。按《邺侯家传》："泌请罢天下额外官。"又云："陛下许复所减官员，臣因请停额外官，许其得资后停。额内官员当正官三分之一，则今年计已停一半。"据此，则似有额内官，又有额外官，皆在正员之外。不则"内"皆应作"外"，字之误也。

增京官俸。《实录》："辛巳，诏以中外给用除陌钱给文武官俸料，自是京官益重，颇优裕焉。初，除陌钱隶度支，至是令户部别库贮之，给俸之余，以备它用。"按兴元元年正月赦，其所加垫陌钱、税间架之类，悉宜停罢。今犹有除陌钱者，盖当时止罢所加之数，或私买卖者官不收垫陌钱，官给钱犹有除陌在故也。

李泌言卢杞奸邪。《旧·李勉传》，勉对德宗已有此语，与《邺侯家传》述泌语与勉略同，未知孰是。今两存之。

四月，更命殿前左、右射生曰神威军。《实录》作"神武军"，今从《新·志》。

十月，回纥请改为回鹘。《旧·回纥传》："元和四年，里迦可汗遣使请改为回鹘，义取回旋轻捷如鹘。"崔铉《续会要》："贞元五年七月，公主至衙帐，回纥使李义进请改'纥'字为'鹘'。"与《统纪》同。《邺侯家传》："四年七月，可汗上表请改'纥'字为'鹘'。"与李繁《北荒君长录》及《新·回鹘传》同。按李泌明年春薨，若明年七月方改，《家传》不应言之。今从《家传》《君长录》《新书》。

五年二月，董晋充位，为人重慎。韩愈作《晋行状》曰："在宰相位凡五年，所奏于上前者，皆二帝、三王之道，由秦、汉以降，未尝言。退归，未尝言所言于上者于人。子弟有私问者，公曰：'宰相所职系天下，天下安危，宰相之能与否可见。欲知宰相之能与否，如此视之其可。凡所谋议于上前者，不〔为〕〔足〕道也。'故其事卒不闻。"愈作《行状》，必扬美盖恶，叙其为相时事止于此，则其循默充位可知。然其重慎亦可称也。今略取《行状》。

三月，李泌好谈神仙，为世所轻。《国史补》曰："李泌相，以虚诞自任，常对客教家人速洒扫，今夜洪崖先生来宿。有人遗美酒一榼，会有客至，乃曰：'麻姑送酒，与君同倾。'倾未毕，门者曰：'某侍郎取榼。'泌命倒还，略无愧色。"《旧·泌传》曰："德宗初即位，尤恶巫祝、怪谭之士。及建中末，寇戎内梗，桑道茂有城奉天之说，上稍以时日禁忌为意，而雅闻泌长于鬼道，故自外征还，以至大用。时论不以为惬。及在相位，随时俯仰，无足可称。复引顾况辈轻薄之流，动为朝士嗤侮，颇贻讥诮。泌放旷敏辩，好大言，自出入中禁，累为权幸忌嫉，恒由智免。终以言论纵横，上悟圣主，以跻相位。初，泌流放江南，与柳浑、顾况为人外之交，吟咏自适。而浑先达，故泌复得入官于朝。况，苏州人。"按泌虽诡诞好谈神仙，然其知略实有过人者。至于佐肃、代复两京，不受相位而去，代宗、顺宗之在东宫，皆赖泌得安，此其大节可重者也。《旧·传》

毁之太过。《家传》出于其子,虽难尽信,亦岂得尽不信! 今择其可信者存之。

六年三月,回鹘忠贞可汗之弟弑忠贞而自立。《新·传》曰:"可汗为少可敦㪍公主所毒死,可汗之弟乃自立。"今从《实录》。

七年二月,遣庾铤册回鹘。《实录》作"康铤",今从《新》《旧·传》。

八年四月,以刘士宁为宣武节度使。《实录》:"士宁位未定,遣使通王武俊、刘济、田绪,以士宁未受诏有国,俾皇留之。"《旧·传》云:"以士宁未受诏于国,皆留之。"《新·传》云:"诸镇不直之,皆执其使。"然则《旧·传》是也。

刘逸准。《韩愈集》作"逸淮",今从《旧·传》。

贬窦参为郴州别驾。柳珵《上清传》曰:"贞元壬申岁春三月,相国窦公居光福里第,月夜闲步于中庭。有常所宠青衣上清者,乃曰:'今欲启事,郎须到堂前,方敢言之。'窦公亟上堂。上清曰:'庭树上有人,恐惊郎,请谨避之。'窦公曰:'陆贽久欲倾夺吾权位,今有人在庭树上,吾祸将至。且此事奏与不奏皆受祸,必窜死于道路。汝在辈流中不可多得,吾身死家破,汝定为宫婢。圣君若顾问,善为我辞焉。'上清泣曰:'诚如是,死生以之。'窦公下阶大呼曰:'树上君子,应是陆贽使来,能全老夫性命,敢不厚报。'树上应声而下,乃衣缞粗者也。曰:'家有大丧,贫甚,不办葬礼,伏知相公推心济物,所以卜夜而来,幸相公无怪。'公曰:'某罄所有,堂封绢千匹而已。方拟修私庙,今且辍赠可乎?'缞者拜谢,窦公答之如礼。又曰:'便辞相公,请左右赍所赐绢掷于墙外,某先于街中俟之。'窦公依其请,命仆使侦其绝踪,且,方敢归寝。翌日,执金吾先奏其事,窦公得次又奏。德宗厉声曰:'卿交通节将,蓄养侠刺,位崇台鼎,更欲何求!'窦公顿首曰:'臣起自刀笔小才,官以至贵,皆陛下奖拔,实不由人。今不幸至此,抑乃仇家所为耳。陛下忽震雷霆之怒,臣便合万死。'中使下殿宣曰:'卿且归私第,待候进止。'越月,贬郴州别驾。会宣武节度使刘士宁通好于郴州,廉使条疏上闻。德宗曰:'交通节将,信而有征。'流窦公于驩州,没入家资,一簪不著。身竟未达流所,诏令自尽。上清果隶名掖庭。后数年,以善应对,能煎茶,数得在帝左右。德宗谓曰:'宫掖间人数不少,汝了事,从何得至此?'上清对曰:'妾本故宰相窦参家女奴,窦某妻早亡,故妾得陪扫洒。及窦某家破,幸得填宫。既侍龙颜,如在天上。'德宗曰:'窦某罪不止养侠刺,亦甚有赃污。前时纳官银器至多。'上清流涕而言曰:'窦某自御史中丞历度支、户部、盐铁三使,至宰相,首尾六年,月入数十万,前后非时赏赐亦不知纪极。乃者郴州所送纳官银物,皆是恩赐。当部录日,妾在郴州,亲见州县希陆贽意旨,刮去所进银器上刻作藩镇官衔姓名,诬为赃物。伏乞陛下验之。'于是宣索窦某没官银器,覆视其刮字处,皆如上清言。时贞元十二年。德宗又问蓄养侠刺事,上清曰:'本实无,悉是陆贽陷害,使人为之。'德宗怒陆贽曰:'这獠奴,我脱却伊绿衫便与紫衫著,又常唤伊作陆九。我任使窦参方称意次,须教我枉杀却他。及至权入伊手,其为软弱甚于泥团。'乃下诏雪窦参。时裴延龄探知陆贽恩衰,得恣行媒孽,贽竟受谴不回。后上清特敕丹书度为女道士,终嫁为金忠义妻。世以陆贽门生名位多显达者,不敢传说,故此事绝无人知。"信如此说,则参为人所劫,德宗岂得反云"蓄养侠刺"! 况陆贽贤相,安肯为此! 就使欲陷参,其术固多,岂肯为此儿戏! 全不近人情、今不取。

九月，诏西北边籴粜以实仓储。《实录》云："凡积米三十三万斛。"按陆贽《论守备状》云："坐致边储，数逾百万，诸镇收籴，今已向终。"又云："更经二年，可积十万人三岁之粮矣。"盖《实录》所言，今年之数，贽《状》通计来春也。

十月，贬姜公辅为吉州别驾。《实录》："初，公辅罢相为左庶子，以忧免，复除右庶子。数私谒窦参，参数奏公辅以他官，上不许，而有怒公辅之言。公辅恐，乃请免官为道士。久之未报。因开延英奏，上问其故，公辅对以参言。上晓之，固不已，大怒，贬之，而诏书责参推过于上。"《公辅传》曰："陆贽知政事，以有翰林之旧，数告贽求官。贽密谓公辅曰：'予常见郴州窦相，言为公奏拟数矣，上旨不允，有怒公之言。'公辅恐惧，上疏乞罢官为道士，久之未报。后又庭奏，德宗问其故，公辅不敢泄贽，便以参言为对。帝怒，贬公辅为泉州别驾，又遣中使赍诏责参。"《贽传》曰："姜公辅奏称：'窦参尝语臣云，陛下怒臣未已。'德宗怒，再贬参，竟杀之。时议云公辅奏窦参语得之于贽，云参之死，贽有力焉。"按贽《请令长官（与）〔举〕属吏状》云："亦由私访所亲，转为所卖，其弊非远，圣鉴明知。"此乃解参之语也。及参之死，贽救解甚至。由是观之，贽岂有杀参之意邪！且贽语公辅之时，安知公辅请为道士，及于上前以泄言之罪归参！此乃公辅之意，非贽意也。当时之人，见参、贽有隙，遂以意猜之。史官不悦贽者，因归罪于贽耳。今不取。

九年二月，城盐州。《邠志》："八年，诏追张公议筑盐、夏二城。张公奏曰：'师之进取，切藉骁将。神策散将魏芄者，朔方子弟，武艺冠绝，得芄足以集事。'上遣之。张公以芄为邠宁马军兵马使。三月，师及诸军赴于五原，去城百里而军。芄独以其骑径至城下，陷城而入，逐吐蕃，召诸军城之，更引其军西略境上，往复走望，为师耳目。蕃众拒境而不敢入，官军城二郡而归。"白居易《乐府·城盐州》注亦云："贞元壬申岁，特诏城之。"而《实录》在九年二月。盖去岁诏使城之，今年因命杜彦光等而言之。

五月，赵憬为门下侍郎，由是与陆贽有隙。《旧·憬传》曰："憬与陆贽同知政事，贽（特）〔恃〕久在禁庭，特承恩顾，以国政为己任。才周岁，转憬为门下侍郎，憬由是深衔之，数以目疾请告，不甚当政事，因是不相协。"按憬迁门下犹为宰相，又益以贾耽、卢迈，贽岂得专政！盖憬以此心疑之耳。

十年正月，崔佐时至羊苴咩城。《旧·传》作"阳苴咩城"，今从《新·传》。

异牟寻斩吐蕃使归唐。《旧·韦皋传》云："四年正月，皋遣判官崔佐时至苴咩城。"按《西南夷事状》："四年，皋微闻异牟寻之意，始因诸蛮寓书于牟寻。自是比年招谕，至九年，牟寻始遣使自皋书以来。朝廷赐之诏书，贽乃遣佐时赍诏以往。牟寻犹欲使佐时易服而入。"《皋传》（诏）〔误〕也。

六月，袁滋册南诏。《旧·南诏传》："十年八月，遣凑罗栋献吐蕃印。"《新·传》曰："异牟寻与崔佐时盟点苍山，败ības厥于神川。明年六月，册异牟寻为南诏王。"按《实录》，乃今年六月，《新》《旧·传》皆误也。韦皋奏状皆称"雲南王"，而窦滂《雲南别录》曰："诏袁滋册异牟寻为南诏。"盖从其请，南诏之名自此始也。蛮语，诏即王也。《新·传》云"南诏王"，亦误。

赐张昇雲名茂昭。《旧·传》于其父孝忠卒时言改名，《年代记》在此年九月。今从

《实录》。

十二月，陆贽罢为太子宾客。韩愈《顺宗实录》曰："德宗在位稍久，益自揽机柄，亲治细事，失人君大体，宰相益不得行其职，而议者乃云由贽而然。"按凡为宰相者皆欲专权，安肯自求失职。不任宰相，乃德宗之失，而归咎于贽，岂人情也！又贽《论朝官阙员状》云："顷之辅臣鲜克胜任，过蒙容养，苟备职员，致劳睿思，巨细经虑。"此乃谏德宗不任宰相、亲治细事之辞也。

十一年二月，册勃海王嵩邻为忽汗州都督。《实录》："乙巳，册大岭嵩邻为勃海郡王。"今从《新·传》。

七月，王定远欲杀李说，坠城而死。《旧·说传》曰："定远杀彭令茵，说具以事闻。德宗以定远有奉天扈从功，恕死停任。制未至，定远怒说奏闻，趋府谋杀说，升堂未坐，抽刀刺说，说走而获免。"又曰："定远坠城下楼柄，伤而不死。寻有诏削夺，长流崖州。"今从《实录》。

十三年三月，方渠三城成。《实录》："先是，邠宁杨朝晟奏：'方渠、合道、木波皆贼路也，请城其地以备之。'诏问：'须几何人？'"《邠志》曰："十三年春，诏问杨公曰：'方渠、合道、木波皆贼路也，城之可乎？若以为可，更要几兵？'二月十一日，起复除本官。十四日，制书到军。十八日，发军。二十六日，军次石堂谷。二月二十八日，功就三城。"今从《邠志》而不取其日。

八月，蒋义谏张茂昭起复尚主。《实录》作"蒋武"。按《旧·传》，义本名武。

十四年九月己巳，左迁阳城道州刺史。《实录》《新·旧·传》无年月。柳宗元《阳公遗爱碣》曰："四年五月，皇帝以银印赤绂即幽所起阳公为谏议大夫。后七年，廷诤愈恳，帝尤嘉异，迁为国子司业。又四年九月己巳，出拜道州刺史。太学生鲁郡季偿、庐江何蕃等百六十人投业奔走，稽首阙下，叫阍吁天，愿乞复旧。朝廷重更其事，如己巳诏。"今从之。

十六年四月，加杜佑兼濠泗观察使。《实录》："十二月癸卯，泗州、濠州，宣令淮南观察使收管。"今因此终言之。

九月，贬郑馀庆郴州司马。《旧·传》曰："时岁旱，人饥，德宗与宰相议，将赈给禁卫十军，事未行，为中书吏所泄，馀庆贬郴州司马。"按《实录》，馀庆与于頔同贬。馀庆制辞云："乃乖正直，有涉比周，弃法弄情，公行党庇。"頔制辞云："性本纤狡，行惟党附，奏对每乖于事实，倾邪有蠹于彝章。"今从之。

十月，赦吴少诚。《实录》："九月壬寅，宰相对于延英，贾耽奏：'一昨韩全义五楼退军，贼不敢追趁者，应望国家恩贷，恐须开其生路。'上是之。"按全义自五楼退保溵水，少诚逼溵水下营，全义又退保陈州，非不敢追趁也。又云："诸军讨蔡州，未尝整陈交锋，而王师累挫溃。吴少诚知王师无能，为致书(弊)〔币〕以告监军，愿求昭洗。上既纳贾耽之议，又得监军善奏，遂复其官爵。"按少诚知王师无能为，则愈当侵轶，岂肯从监军求昭洗！盖少诚起兵以来，不能无疲弊，故求休息耳。今不取。

十七年正月，韩全义称足疾，不任朝谒。《旧·全义传》云："令中使就第赐宴，自还至辞，都不谒见而去。议者以隳败法制，从古以还，未如贞元之甚。"按《实录》："壬戌，宴全义于麟德殿。"又云："自还及归，不见不辞于正朝。"盖非不谒也，但不于正朝耳。

十八年正月，韦皋献论莽热。《旧·韦皋传》云："十月，遣使献论莽热。"今从《实录》。

十九年六月，孙荣义为中尉，与杨志廉皆骄纵。《实录》："十七年六月，以中官杨志廉充左神策护军中尉。""七月丙戌，以内给事杨志廉、孙荣义为左、右神策护军中尉副使。""九月戊寅，以志廉为左神策中尉。""十九年六月辛卯，以荣义为右神策中尉。""二十年十月戊申，以志廉为特进、右监军将军、左军中尉。"其重复差互如此。盖十七年六月摄领耳，七月始为副使，九月及十九年六月始正为中尉，二十年十月但进阶加官耳。《旧·传》又云："先是窦文场致仕，十五年以后，志廉、荣义为左、右军中尉，亦踵窦之事。"此盖言其大略耳，未必为中尉适在十五年也。

七月，张正一上书，得召见。《顺宗实录》作"张正买"，今从《德宗实录》。

正一与王仲舒、刘伯刍、吕洞善。《韩愈集》有《仲舒神道碑》，云："讳弘中，字某。"按《实录》《新》《旧·传》皆名仲舒，字弘中。愈又作《燕喜亭记》，称为王弘中。然则弘中必字也，碑文误耳。《顺宗实录》云："正买与王仲舒、刘伯刍、裴茝、常仲孺、吕洞相善，数游止。"今从《德宗实录》。

十二月，韩愈贬阳山令。韩愈《河南令张署墓志》曰："自京兆武功尉拜监察御史，为幸臣所谗，与同辈韩愈、李方叔三人俱为县令南方。"又《祭署文》曰："贞元十九，君为御史，余以无能，同诏并峙。"又曰："我落阳山，以尹鼯狖。君飘临武，山林之牢。岁弊寒凶，雪虐风（号）〔饕〕。"与署同贬当在此年冬。

二十年，吐蕃赞普死。《实录》及《旧·传》皆云："赞普以贞元十三年四月卒，长子立，一岁，又卒，次子嗣立。"韩愈《顺宗实录·张荐传》云："二十年，赞普死，遣荐吊赠。"《新·传》云："十三年，赞普死，其子足（以）〔之〕煎立。二十年，赞普死，遣工部侍郎张荐吊祠，其弟嗣立。"疑《实录》《旧·传》误以足字为一字。今从《顺宗录》及《新·传》。

六月，昭义兵马使卢从史。杜牧《上李司徒书》作"押衙卢从史"，今从《实录》。

顺宗永贞元年正月，太子紫衣麻鞋。按秘丧则不应麻鞋，发丧则不应紫衣。盖当时苍猝偶著此服，非秘丧也。以未成服，故不衣缞绖耳。

甲午，宣遗诏。《德宗实录》："癸巳，宣遗诏。"今从《顺宗实录》。

二月，李师古发兵屯曹州。《旧·韩愈传》云："撰《顺宗实录》，繁简不当，穆宗、文宗尝诏史臣添改。时愈婿李汉、蒋系在显位，诸公难之，而卒处厚竟削撰《顺宗实录》三卷。"景祐中，诏编次《崇文总目》，《顺宗实录》有七本，皆五卷，题云"韩愈等撰"，五本略而二本详，编次者两存之。其中多异同，今以详、略为别。此李师古发滑州事，《详本》有而《略本》无。《详录》又云："使衡密以其本示之，师古不受，杖衡几死。"衡盖使者之名而无姓。又云："遂以师至濮州，伺候为变。"按韩愈撰《韩弘碑》："屯（也）兵于曹。"今从之。

三月，李锜为镇海节度使，解盐铁转运。《旧·锜传》云："德宗于润州置镇海军。"《新书·方镇表》："元和二年，升浙西观察使为镇海军节度使。"按《实录》："八月辛酉诏曰：'顷年江、淮租赋，爰及榷税，委之藩服，使其平均。太上皇君临之初，务从省便，令使府归在中朝。'"然则云德宗、元和者，皆误也。

王叔文之党欲逐窦群，韦执谊止之。《旧·刘禹锡传》曰："群即日罢官。"《群传》曰：

"其党议欲贬(其)〔群〕官,韦执谊止之。"又曰:"叔文虽异其言,竟不之用。"按《顺宗实录》凡为伾、文所排摈者无不载,未尝言群罢官。今从之。

六月,裴均表至。《实录略本》云:"寻而裴埍、严绶表继至,悉与皋同。"又云:"外有韦皋、裴埍、严绶等笺表。"《详本》"裴埍"皆作"裴均"。按裴埍时为考功员外郎,裴均为荆南节度使。今从《详本》。

王叔文以母丧去位。《实录详本》曰:"叔文母将死前一日,叔文以五十人担酒馔入翰林,宴李忠言、刘光(奇)〔琦〕、俱文珍及诸学士等。中饮,叔文执盏"云云。又曰:"羊士谔毁叔文,叔文将杖杀之,而韦执谊懦不敢。刘辟以韦皋迫胁叔文求三川,叔文平生不识辟。叔文今日名位何如,而辟欲前执叔文手,岂非凶人邪!叔文时已令扫木场,将集众斩之,执谊又执不可。每念失此两贼,令人不快。又自陈判度支已来,所为国家兴利除害,出若(千)〔干〕钱以为功能。俱文珍随语折之,叔文无以对,命满酌双卮对饮,酒数行而罢。方饮时,有暂起至厅侧者,闻叔文从人相谓曰:'母死已毼,不欲棺敛,方与人饮酒,不知欲何所为!'归之明日,而其母死。或传母死数日乃发丧。"《国史补》曰:"王叔文以度支使设馔於翰林,大宴诸阁,袖金以赠。明日又至,扬言'圣人适于苑中射兔,上上马如飞,敢有异议者腰斩。'其日,丁母忧。"今从二本《实录》。

七月,程执恭为横海留后。《旧·传》曰:"程怀信死,怀直子执恭知留后事,乃遣怀直归沧州,十六年卒。执恭代袭父位,朝廷因而授之。"按怀信逐怀直而夺其位,安肯以怀直之子知留后!又《德宗实录》俱无此事,《顺宗实录略本》亦无,盖《旧·传》误也。惟《详本》:"永贞元年七月癸巳,横海军节度使程怀信卒,以其子副使执恭为横海军节度使。"路隋《宪宗实录》:"元和元年五月丙子,以横海留后程执恭为节度使。"盖《顺录》"留后"字误为"使"字耳。

宪宗元和元年正月,高崇文为前军。《实录》云"为左军"。按有左必有右,而云李元奕为次军,则崇文必前军也。

三月,崇文斩李康。刘崇远《金华子杂编》曰:"高骈在淮海、周宝在浙西为节度使,相与有隙。骈忽遣使悔叙离绝,愿复为好,请境会于金山。宝谓其使者曰:'我非李康,更要作家门功勋,欺诳朝廷邪!'"注云:"元和中,李康镇东川,传有异志。骈祖崇文镇西川,乃(为)〔伪〕设邻好,康不防备,来会于境,为崇文所斩。"《补国史》曰:"刘辟举兵下东蜀,连帅李康弃城奔走。崇文下剑阁日,长子日晖不当矢石,欲戮之以励众。师次绵州,斩李康。疏康擅离征、镇,不为拒敌。"注云:"当时议论云,康任怀州刺史日,杖杀武陟尉,即崇文判官宋君平之父,乘此事为之复仇。"按《金华子》言,固不知李康为刘辟所围事,而云崇文诱诛之。《补国史》又不知被擒事,而云弃城走。此皆得于传闻,不可为据。今从《旧·传》。

阿跌光进、光颜击杨惠琳。《旧·李光进传》曰:"肃宗自灵武观兵,光进从郭子仪破贼收两京。上元初,郭子仪为朔方节度,用光进为都知兵马使,寻迁渭北节度使。大历四年,葬母于京城南原,将相致祭者凡四十四辒。"此乃李光弼弟光进事也,而刘昫置之此《传》下,乃云"元和四年,范希朝救易定,表光进为马步都虞候。"其疏谬如此。

四月,高崇文为东川节度副使。《实录》于此云为东川节度使,至十月除西川时,则云东川节度副使知节度事,盖此时误也。

元稹上疏论谏职。稹《自叙》及《新·传》,先上《教本书》,《论谏职》在后。今从《旧·传》。

九月,高崇文斩沈衍。林恩《补国史》曰:"衍与段文昌,阘逼令判按,礼同上介,亦接诸公候谒。崇文目段公曰:'公必为将相,未敢奉荐。'揖起。沈衍令枭首摽于驿门。二人诛赏之异,未晓其意何如也。"

二年十月,高崇文愿效死边陲。《旧·崇文传》曰:"崇文不通文字,厌大府按牍咨禀之繁,且以优富之地,无所陈力,乞居塞上以扞边戍,恳疏累上。"《旧·武元衡传》曰:"崇文理军有法,而不知州县之政,上难其代者。"今从《补国史》,参以《旧·传》。

武元衡为西川节度使。孙光宪《北梦琐言》曰:"李德裕太尉未出学院,盛有词藻,而不乐应举。吉甫相,俾亲表勉之。掌武曰:'好驴马不入行。'由是以品子叙官也。吉甫相,以武相元衡同列,事多不叶,每退,公调色不怿。掌武启白曰:'此出之何难?'乃请修狄梁公庙。于是武相渐求出镇,智计已闻于早成矣。"今从《实录》及《旧·传》。

十一月,斩李锜。《实录》:"诛锜后数日,上遣中使赍黄衣二袭,命有司收其尸并男,以庶人礼葬焉。"《国史补》曰:"李锜之擒也,得侍婢一人随之。锜夜出裂襟自书筦榷之功,言为张子良所卖。教侍婢曰:'结之于带。吾若从容奏对,必当为宰相,杨、益节度;不得从容,当受极刑矣。我死,汝必入内,上必问汝,当以此进之。'及锜伏法,京城大雾三日不解,或闻鬼哭。宪宗又得帛书,颇疑其冤,内出黄衣二袭赐锜及子,敕京兆收葬。"按李锜骄逆,何冤之有!今从《实录》。

卢从史擅引兵东出,久之乃还。蒋阶《李司空论事》曰:"绛奏:'从史比来事就彰露颇多,意不自安,务欲生事,所以曲陈利害,频献计谋,冀许用兵以求姑息。今请亲领士马,欲往邢、洺,假以就粮,(贵)〔实〕为动众。去就之际,情状可知。'"《旧·从史传》曰:"前年丁父忧,朝旨未议起复。属王士真卒,从史窃献诛承宗计以希上意,用是起授,委其成功。及诏下讨贼,兵出,逗留不进,阴与承宗通谋,令军士潜怀贼号。"按三年九月戊戌,李吉甫罢相,出镇杨州。四年二月丁卯,郑絪罢相。三月乙酉,王士真卒,承宗始袭位。四月壬辰,从史起复。若以从史山东就粮即请讨承宗之时,则于是吉甫、絪皆已罢相,何得有潜絪之事!又贬从史制辞云:"况顷年上请就食山东,及遣旋师,不时恭命,致动其众,觊生其心。赖刘济抗忠正之辞,使邪竖绝迟回之计。加以偏毁邻境,密疏事情,反覆百端,高下在手。"若是讨承宗时朝廷不违其请,何尝使之旋师!盖李、郑未罢之前,从史尝毁邻道,乞加征讨,因擅引兵出山东。朝廷命旋师,托以就食邢、洺,不时奉诏。但不知事在何年月日,所欲攻讨者何人,刘济有何辞而从史肯旋,今因李绛论李锜家财并言之。《新书》云:"从史与承宗连和,有诏归潞。"误也。

于頔子尚主,遂入朝。《实录》不见頔入朝月日,今因尚主终言之。

三年正月,泾原节度使段祐。《旧·传》作"段佐",《新·传》作"佑"。今从《实录》。

二月,卢坦弹柳晟、阎济美进奉。《旧·晟传》曰:"罢镇入朝,以违诏进奉为御史元稹所劾,诏宥之。"今从《实录》。《旧·济美传》:"自福建观察使复为浙西观察使。"《新·传》曰:

"自福建观察使徙浙西。罢浙西也,方在道,见诏而贡献无所还,故帝为言之。"今据《实录》云:"离越州后,方见赦文。"则是浙东。《新》《旧·传》误也。

六月,沙陀诣灵州降。赵凤《后唐懿祖纪年录》曰:"懿祖讳执宜,烈考讳尽忠,自曾祖入觀,复典兵于碛北。德宗贞元五年,回纥葛禄部及白眼突厥叛回纥出贞可汗,附于吐蕃,因为乡导,驱吐蕃之众三十万寇我北庭。烈考谓忠贞可汗曰:'吐蕃前年屠陷灵、盐,闻唐天子欲与赞普和亲,可汗数世有功,尚主,恩若骄儿,若赞普有宠于唐,则可汗必无前日之宠矣。'忠贞曰:'若之何?'烈曰:'唐将杨袭古固守北庭,无路归朝,今吐蕃、突厥并兵攻之,傥无援助,陷亡必矣。北庭既没,次及于吾,可汗得无虑乎?'忠贞惧,乃命其将颉干迦斯与烈将兵援北庭。贞元六年,与吐蕃战于碛口,颉干迦斯战不利而退,烈考牙于城下,以援袭古。吐蕃攻围经年,诸部继没。十二月,北庭之众劫烈祖降于吐蕃,由是举族七千帐徙于甘州,臣事赞普。贞元十三年,回纥奉诚可汗收复凉州,大败吐蕃之众,或有间烈考于赞普者云:'沙陀本回纥部人,今闻回纥强,必为内应。'赞普将迁烈考之牙于河外。时懿祖年已及冠,白烈考曰:'吾家世为唐臣,不幸陷虏,为它效命,反见猜嫌,不如乘其不意,复归本朝。'烈考然之。贞元十七年,自乌德鞬山率其部三万东奔。居三日,吐蕃追兵大至,自洮河转战至石门关,委曲三千里,凡数百战,烈考战没,懿祖挟护灵舆,收合余众,至于灵州,犹有马三千骑,胜兵一万。时范希朝为河西、灵盐节度使,闻懿祖至,自率师犒界,应接而归,以事奏闻。德宗遣中使赐诏慰劳,赏锡数十万。因于盐州置阴山府,以懿祖为都督,授特进、骁卫将军同正。宪宗即位,诏懿祖入觀。元和元年七月,帝自振武至长安,授特进、金吾卫将军,留宿卫。时范希朝亦征为金吾上将军。二年,吐蕃诱我党项部,寇犯河西,天子复命希朝为灵盐节度,命懿祖将兵佐之。贼平,戍西受降城。"据《德宗实录》,贞元十七年无沙陀归国事。《范希朝传》,德宗时为振武节度,元和二年乃为朔方、灵盐节度,诱致沙陀。元和元年亦无沙陀朝见。《纪年录》恐误。今从《实录》《旧·传》《新书》。

九月,王锷求加平章事,白居易上言。按《旧·李藩》《权德舆传》《白居易集》李绛《论事集》,皆有谏加王锷平章事事。观其辞意,各是一时。居易所论者,云"淮南百姓,日夜无憀"。又云"锷归镇与在朝,望并不除宰相。"则是自淮南入朝未除河中时也。权、李同在中书受密旨,云"可兼宰相",则初除河中时也。《李司空论事》云:"至太原一二年间,财力赡足。"则是除太原以后六年十一月李绛作相前也。今附居易疏于初除太原之时。又《旧·锷传》云在淮南四年,元和二年入朝。按《实录》,锷以贞元十九年镇淮南。居易状云"五年诛求",又云"昨日裴均除平章事",故置此。

李吉甫为淮南节度使。《旧·吉甫传》曰:"初,裴均为仆射,判度支,交结权幸,欲求宰相。先是制试直言极谏科,其中有讥刺时政,忤犯权幸者,因此均等扬言皆执政教指,冀以摇动吉甫,赖谏官李约、独孤郁、李正辞、萧俛密疏陈奏,帝意乃解。吉甫早岁知奖羊士谔,擢为监察御史。又司封员外郎吕温有词艺,吉甫亦眷接之。寋群拜御史中丞,奏请士谔为侍御史,温为郎中,知杂事。吉甫怒其不先关白,而所请又有超资者,持之数日不行,因而有隙。群遂伺得日者陈克明出入吉甫家,密捕以闻。宪宗诘之,无奸状。吉甫以裴垍久在翰林,宪宗亲信,必当大用,遂密荐垍代己,因自图出镇。其年九月,拜淮南节度使,在扬州,每有朝廷得失,皆密疏论列。"按牛僧孺等指陈时政之失,吉甫泣诉,故贬考覆官。裴均等虽欲为谗,若云执政自教指举人诋时政之失，岂近人情邪！吉甫自以诬构郑细，贬斥裴垍等，盖宪宗察见其情而疏薄之，故出镇淮南。及子德裕秉政，掩先人之恶，改定《实录》，故有此说耳。

四年三月，欲降德音，李绛、白居易上言。《李司空论事》及《居易集》皆有此奏，语虽小异，大指不殊，盖同上奏耳。

王士则与刘栖楚自归京师。《旧·传》："栖楚为吏镇州，王承宗甚奇之。"今从《实录》。

四月，李绛、白居易谏受裴均银器，有旨谕进奏院，居易复以为言。《居易集·奏状》曰："伏见六七日来，向外传说，皆云有进止，令宣与诸道进奏院：'自今已后，应有进奉，并不用申报御史台。如有人勘问，便录名奏来者。'内外相传，不无惊怪。臣伏料此事多是虚传，且有此闻，不敢不奏"云云。又曰："若此果虚，即望宣示内外，令知圣旨，使息虚声。"按禁止进奉，前后制敕非一，不止于昨闰三月德音也。去岁三月，柳晟、阎济美违赦进奉，已为卢坦所弹。宪宗云："济美离越州，乃逢赦令，释其罪。"今裴均所进，假使在德音前，亦赦后矣。又云："赦书未到前已在道路舍其过。"是则宪〔宗〕深惑于左右之言，外示不受献，内实欲其来献也。然则居易所闻，不为虚矣。若其虚，必辨明也。《实录》及《李司空论事》皆以此为宪宗之美，今故直之。

九月甲辰，裴武复命。庚戌，以薛昌朝为保信节度使。《李司空论事》："初，武衔命使镇州，令谕王承宗割德、棣两州归朝廷。武飞表上言，一如朝廷意旨，遂除昌德、棣节度。及旌节至德州，而昌朝寻已追到镇州，朝命遂不行。比及武回，事宜与先上表参差。"按《实录》："甲辰，武至自镇州。庚戌，除昌朝。"非武还，据所上表除之也。《论事集》误，今从《实录》。

十月，李元素等谏以吐突承璀为招讨。《旧·承璀传》曰："谏官、御史上疏相属，皆言自古无中贵人为兵马统帅者。补阙独孤郁、段平仲尤激切。"《吕元膺传》："元膺与给事中穆质、孟简、兵部侍郎许孟容等八人抗论不可。"若据《承璀传》，则是九人，又平仲时为谏议大夫，非补阙，恐误。今从《实录》。

五年正月，内侍与元稹争驿。《实录》云："中使仇士良与稹争厅。"按《稹》及《白居易传》皆云"刘士元"，而《实录》云"仇士良"，恐误。今止云内侍。

四月，白居易请罢兵。《白氏集》云"五月十日进"，据此疏云："从史虽经接战，与贼胜负略均。"则是未就缚也。此月戊戌，从史方流驩州，疑"五月"当为"四月"，故移于此。

吐突承璀缚卢从史。《承璀传》曰："承璀出师经年无功，乃遣密人告王承宗，令上疏待罪，许以罢兵为解，仍奏昭义节度使卢从史与贼素通，许为承宗求节钺。乃诱潞州牙将乌重胤谋，执从史送京师。"今从裴垍等〔传〕。

六月，上欲令白居易出院，李绛谏。《旧·居易传》曰："吐突承璀为招讨使，谏官上章者十七八，居易面论，辞情切至。既而又请罢河北用兵，凡数千百言，皆人之难言者，上多听纳。唯承璀事切，上颇不悦，谓李绛曰：'白居易小子，是朕拔擢，而无礼于朕，朕实难奈。'绛对曰：'居易所以不避死亡之诛，事无巨细必言者，盖酬陛下特力拔擢耳。陛下欲开谏诤之路，不宜阻居易言。'上曰：'卿言是也。'繇是多见听纳。"今从《李司空论事》。

七月，李师道等请雪王承宗。《实录》云："淄青、幽州累有章表，请赦承宗。"按刘济素与成德有怨,攻之最力。白居易《请罢兵状》云:"刘济近日情似近忠,今忽罢兵,虑伤其意。又岂缘刘济一人惆怅而不顾天下远图!"然则济岂肯请赦承宗! 今不取。

十一月,命王锷兼平章事,李藩固执不可。《旧·李藩传》曰:"锷以钱数千万赂遗权侍,求兼宰相。藩与权德舆在中书,有密旨曰:'王锷可兼宰相,宜即拟来。'藩遂以笔涂'兼宰相'字,却奏上云:'不可。'德舆失色曰:'纵不可,宜别作奏,岂可以笔涂诏邪!'曰:'势迫矣,出今日,便不可止,日又暮,何暇别作奏。'事果寝。"《会要》:"崔铉曰:'此乃不谙故事者之妄传,史官之谬记耳。既称奉密旨,宜拟状中陈论,固不假以笔涂诏矣。凡欲降白麻,若商量于中书、门下,皆前一日进文书,然后付翰林草麻制。又称坚曰'势迫矣,出今日,便不可止。'尤为疏阔。盖由史氏以藩有直亮之名,欲委曲成其美,岂所谓直笔哉!'"《旧·德舆传》曰:"初,锷来朝,贵幸多誉锷者,上将加平章事,李藩坚执以为不可,德舆继奏云云,乃止。"今从之。

六年九月,辰、溆二州蛮反。《旧·传》作"辰、锦二州",今从《实录》。

十一月,十六宅诸王不出阁。《新·李吉甫传》作"十宅"。按《旧·纪》,自此至唐末,皆云"十六宅"。《新·传》误也。

十二月己丑,李绛同平章事。《旧·传》曰:"吐突承璀恩宠莫二,是岁,将用绛为宰相,前一日出绛为淮南监军。翌日,降制以绛同平章事。"《新·传》曰:"绛所言无不听,帝欲遂以为相。而承璀宠方盛,忌其进,阴有毁短,帝乃出承璀淮南监军。翌日,拜绛同平章事。"今据《实录》,出承璀至绛入相五十四日。《旧·传》云"翌日",误也。

七年七月,立遂王宥为太子,更名恒。《旧·澧王恽传》曰:"时吐突承璀恩宠特异,惠昭太子薨,议立储副,承璀独排群议属澧王,欲以威权自树。赖上明断不惑。"《承璀传》曰:"八年,欲召承璀还,乃罢绛相位。承璀还,复为神策中尉。惠昭太子薨,承璀建议请立澧王宽为太子,宪宗不纳,立遂王宥。"《崔群传》曰:"宪宗以澧王居长,又多内助。"《新·传》亦云:"惠昭太子薨,承璀请立澧王,不从。"据《实录》:"六年十一月,承璀监淮南军。闰十二月,惠昭太子薨。明年,承璀乃召还。"而《新》《旧·传》皆如此。穆宗卒以此杀承璀。盖宪宗末年,承璀欲废太子,立澧王耳,非惠昭初薨时也。

八月,田怀谏年十一。《论事集》作"十二",今从《实录》及《旧·传》。

李吉甫请讨魏博。《新·吉甫传》曰:"魏博节度使田季安疾甚,吉甫请任薛平为义成节度使,以重兵控邢、洺,因图上河北险要所在,帝张于浴堂门壁,每议河北事,必指吉甫曰:'朕日按图,信如卿料矣。'"按宪宗竟用李绛之(册)〔策〕不用兵而魏博平,不如《新·传》所言。今不取。

资治通鉴考异卷第二十

端明殿学士兼翰林侍读学士太中大夫提举西京嵩山崇福宫上柱国河内郡开国公食邑二千六百户食实封一千户臣 司马光 奉敕编集

唐纪十二

元和八年三月丙辰，杖杀僧鉴虚。《实录》在二月。按《长历》，二月乙酉朔，三月甲寅朔。丙辰，三月三日。甲子，武元衡入知政事，十一日也。《实录》脱不书月耳。

七月，李光进请修受降城。《实录》云："李光进请修东受降城兼理河防。"又云："以中受降城及所管骑士一千一百四十人隶于天德军。"《旧·传》："卢坦与李绛叶议，以为西城张仁愿所筑，不可废。"三者不同，莫知孰是。今但云受降城，所阙疑也。又《李司空论事》云："中城旧属振武，有镇兵四百人，其时割属天德，交割惟有五十人。"人数如此不同，或者一千一百四十人是三城都数耳。

九年闰八月丙辰，吴少阳薨。《实录》，少阳卒在九月己丑下，壬辰上，而并元济焚舞阳言之。《统纪》、《旧·纪》，少阳卒皆在九月。按《旧·传》曰："少阳卒，凡四十日，不为辍朝。"《唐纪》："张弘靖请为少阳废朝赠官。"而《实录》："辛丑，赠少阳右仆射。"然则己丑至辛丑，才十二日耳。岂容四十日不辍朝乎！今从《新·纪》。

十月，崔潭峻监军。《实录》作"谈峻"，今从《旧·传》。

十年三月，刘禹锡为播州刺史，改连州。《旧·禹锡传》："元和十年，自武陵召还，宰相复欲置之郎署。时禹锡作《游玄都观咏》《看花》《君子诗》，语涉讥刺，执政不悦，复出为播州刺史。"《禹锡集》载其诗曰："玄都观里桃千树，尽是刘郎去后栽。"按当时叔文之党，一切除远州刺史，不止禹锡一人，岂缘此诗？盖以此得播州恶处耳。《实录》曰："中丞裴度奏：'其母老，必与此子为死别，臣恐伤陛下孝理之风。'宪宗曰：'为子尤须谨慎，恐贻亲之忧。禹锡更合重于它人，卿岂可以此论之！'度无以对，良久，帝改容而言曰：'朕所言，是责人子之事，然终不欲伤其所亲之心。'明日，改授禹锡连州。"赵元拱《唐谏诤集》："度曰：'陛下方侍太后，以孝理天下，至如禹锡，诚合哀矜。'宪宗乃从之。明日，制授禹锡连州。既而语左右：'裴度终爱我切。'"赵璘《因话录》曰："宪宗初征柳宗元、刘禹锡至京城，俄而柳为柳州刺史，刘为播州刺史。柳以刘须侍亲，播州最为恶处，请以柳州换，上不许。宰相对曰：'禹锡有老亲。'上曰：'但要与郡，岂系母在！'裴晋公进曰：'陛下方侍太后，不合发此言。'上有愧色。刘遂改为连州。"按《柳宗元墓志》，将拜疏而未上耳，非已上而不许也。禹锡除播州时，裴度未为相。今从《实录》及《谏诤集》。

六月，盗杀武元衡。斩张晏等，李师道客潜匿亡去。《旧·张弘靖传》曰："初，盗杀元衡，京师索贼未得。时王承宗邸中有镇卒张晏辈数人，行止无状，人多意之。诏录付御史台御史陈中师按之，皆附致其罪，如京中所说。弘靖疑其不直，骤于上前言之，宪宗不听。及田弘正入郓,按簿书,亦有杀元衡者,但事暧昧,互有所说,卒未得其实。"按《旧·吕元膺传》:"获李师道将訾嘉珍、门察,皆称害武元衡者。"然则元衡之死,必师道所为也。但以元衡叱尹少卿,及承宗上表诋元衡,故时人皆指承宗耳。今从薛图存《河南记》。

七月,李师道遣贼谋焚东都宫阙。《河南记》曰:"贼〔师〕〔帅〕訾嘉珍果于东都留后院潜召募一百余人,兼造置兵仗,部署已定。会门子健儿有小过,被笞责之,遂使兄弟一人告河南府。当时仿两县驱丁壮,悉持弓矢刀棒,围兴福坊院数重。贼党迫蹙,递相蹂,四面矢下如雨,俄然殄灭,因纵火焚其院宇,悉为煨烬。"今从《实录》。

九月,韩弘欲倚贼自重,不愿淮西速平。《旧·传》曰:"弘镇汴州,当两河贼之冲要,朝廷虑其异志,欲以兵柄授之,而令李光颜、乌重胤实当旗鼓,乃授弘淮西诸军行营都统。弘虽居统帅,常不欲诸军立功,阴为逗挠之计,每闻献捷,辄数日不怡,其危国邀功如是。"按弘承宣武积乱之后,镇定一方,居强寇之间,威望甚著。若有异志,与诸镇连衡跋扈,如反掌耳。然观其始末,未尝失臣节。朝廷亲疑其有异志而用为都统,则光颜、重胤更受其节制,非所以防之也。且数日不怡,有何状可寻,恐毁之过其实耳。今从其可信者。

十一年十一月,柳公绰杖杀神策将。《柳氏叙训》曰:"公穆宗朝为大京兆,有禁军校冒驺卒唱,驻马毙之。朔日,延英对上云云。朝退,上顾左右曰:'尔辈大须作意,如此神采,我亦怕他。'"《因话录》曰:"宪宗正色诘公专杀之状,公曰:'京兆尹在取则之地,臣初授陛下奖擢,军中偏裨跃马冲过,此乃轻陛下法,不独试臣。臣杖无礼之人,不打神策军将。'"按公绰,宪宗、穆宗朝俱尝为京兆尹。此事恐非穆宗所能为,《叙训》之误也。今从《因话录》。

十二年正月,淮西人轻李愬,不为备。《旧·传》曰:"愬沉勇长筭,推诚待士,故能用其卑弱之势,出贼不意。居半岁,知人可用,乃谋袭蔡,表请济师,诏以河中、鄜坊骑兵二千人益之。"郑澥《平蔡录》曰:"正月二十四日甲申,公至所部。先是,士卒经万胜、萧陂、铁城、新兴之败,人心皆惴恐,不敢言战。公佯曰:'战争非吾能。'既而阴召大将计其事,是时,公以表请径袭元济,人皆笑其说,乃使观察判官王拟请师阙下,诏征成、河中、鄜坊马步共二千以补其阙。"据此,则是始至便请益兵。又二月,即擒丁士良,降吴秀琳,是不待半岁然后知人可用,《旧·传》恐误。然愬密谋袭蔡,岂可先泄之,而云"以表请袭元济,人皆笑其说",则是人人知之,恐非也。今不取。

九月,愬斩淮西将孙献忠。《旧·传》作"孙忠宪",今从《平蔡录》。

蔡之精兵皆在洄曲。《旧·元济传》:"李祐曰:'元济劲军多在时曲。'"按《李光颜传》云:"董重质守洄曲军。"《李愬传》云:"分五百人断洄曲路。"又云:"洄曲子弟归求寒衣。"然则《元济传》误,当为洄曲。

十月辛未,李愬袭蔡州。《旧·愬传》曰:"其月七日,使判官郑澥告期于裴度。十日夜,以李祐率突将三千为先锋,愬自帅中军三千,田进诚为后军三千殿而行。"《元济传》曰:"十一月,愬夜出军,令李祐为前锋,其十日夜至蔡州城下。"《实录》曰:"愬以十月将袭蔡州,先七日,使判官郑澥告师期于裴度。"按先七日,即是《平蔡录》所云"八日甲子"也,而《愬传》误云"七日",而又云"十日夜帅军行",亦误。《元济传》:"十一月,愬出军。"尤误。《裴度传》:"十月十一日，李愬袭破悬瓠城，擒元济。"亦误。按十月戊午朔，韩愈《平淮西碑》云："壬申，愬用所得贼将，自文城，因天大雪，疾驰百二十里。"即十五日也。又曰："用夜半到蔡，破其门，取元济以献。"即十六日也。《实录》："己卯，执元济。"乃奏到日也。今从《平蔡录》。

十三年正月，李师道谋逆命，高沐与郭昈、李公度谏之。《新·传》又有郭航名。按航乃牙将，昈所使诣李愿者，非幕僚同谏者也。今从《河南记》。

十一月，田弘正度河，距郓州四十里筑垒。《河南记》云："营于阳毂西北。"今从《实录》。

十四年四月，皇甫镈之党挤裴度。《旧·传》曰："镈与宰相李逢吉、令狐楚合势挤度，故出镇。"按逢吉时在东川，楚在昭义，皆不为相。今不取。

十五年正月，帝暴崩，时人言陈弘志弑逆。《实录》但云"上崩于大明宫之中和殿"。《旧·纪》曰："时帝暴崩，皆言内官陈弘志弑逆，史氏讳而不书。"《王守澄传》曰："宪宗疾大渐，内官陈弘庆等弑逆。宪宗英武，威德在人，内官秘之，不敢除讨，但云药发暴崩。"《新·传》曰："守澄与内常侍陈弘志弑帝于中和殿。"裴廷裕《东观奏记》云："宣宗追恨光陵商臣之酷，郭太后亦以此暴崩。"然兹事暧昧，终不能测其虚实。故但云暴崩。

十月，王承元年二十。《旧·传》作"年十八"。按承元，大和七年卒，年三十三。则于今年二十矣。今从《实录》。

郑覃、崔郾等谏宴乐畋游。《旧·崔郾传》曰："上即位，荒于禽酒，坐朝常晚。郾与同列郑覃等延英切谏，上甚嘉之，畋游稍简。"杜牧《郾行状》曰："穆宗皇帝春秋富盛，稍以畋游声色为事，公晨朝正殿，挥同列进而言曰：'十一圣之功德，四海之大，万国之众，之治之乱，悬于陛下。自山已东百城千里，昨日得之，今日失之。西望戎垒，距宗庙十舍，百姓憔悴，蓄积无有。愿陛下稍亲政事，天下幸甚。'诚至气直，天子为之动容敛袖，慰而谢之。"按是时未失山东，杜牧直取穆宗时事文饰以为郾谏辞耳。《新·传》承而用之，皆误也。今从《实录》《旧·传》。

丁公著对宴乐非佳事。《实录》："明年二月景子，观神策杂伎。"因云"上尝召公著问"云云。《旧·纪》遂云"其日，上欢甚，顾公著"云云。此误也。今因覃等谏荒宴事言之。

李光颜救泾州。《旧·传》光颜救泾州事在十四年，今从《实录》。

十一月，郑覃宣慰镇州，王承元与柏耆谕诸将。《旧·承元传》曰："承元与柏耆召诸将于馆驿谕之，斩李寂等，军中始定。"《旧·郑覃传》曰："王承元移授郑滑，镇之三军留承元，不能赴镇。承元乞重臣宣谕，乃以覃为宣谕使。初，镇卒辞语不逊，覃至，宣诏谕以大义，军人释然听命。"按《实录》："辛亥，田弘正奏：'今月九日王承元领兵二千人赴滑州。'"计覃于时犹未能到镇州，作史者推以为覃功耳。今从《承元传》。

穆宗长庆元年二月，刘总乞弃官为僧。《旧·温造传》曰："长庆元年，奉使河朔称旨，迁殿中侍御史。既而幽州刘总请以所部九州听朝旨，穆宗选可使者，或荐造，乃拜起居舍人，充太原、镇州、幽州宣谕使。造初至范阳，刘总具橐鞬郊迎，乃宣圣旨，示以祸福，总俯伏流汗，若兵加于颈矣。及造使还，总遂移家入觐。"按《实录》，长庆元年正月己巳，以造为太原、镇州等道宣慰使。二月己卯，刘总奏乞为僧。计造奉使尚未还。三月癸亥，总已卒。八月丁亥，以殿中侍御史温造为起居舍人,充镇州四面诸军宣慰使。造前以京兆司录宣慰两河,众推其材,故有是命。《旧·传》误也。

三月,总以印节授张玘。《新·传》曰:"总以节付张皋。皋,玘之兄,为涿州刺史,总之妻父也。"按《实录》:"幽州留后张玘奏:'总以剃发为僧,不知所在。'"然则不以节付皋也。

四月,诏黜郑朗等。《郑覃传》曰:"朗,长庆元年登进士甲科。"此盖言其始者登科耳。

七月,幽州军乱,杀张宗元。《旧·传》作"张宗厚",今从《实录》。

又杀张彻。《实录》:"彻到职才数日,军人不之杀,与弘靖同馆处之。后数日,军人恐彻与弘靖为谋,将移之他所。彻自疑就戮,因抗声大骂,复遇害。"《旧·传》曰:"续有张彻〔者〕,自远使回,军人以其无过,不欲加害,将引置馆中。彻不知其心,遂索弘靖所在,大骂军人,亦为乱兵所杀。"韩愈《彻墓志》曰:"彻累官至范阳府监察御史。长庆〔二〕〔元〕年,今牛宰相为中丞,奏君为御史,其府惜不敢留,遣之,而密奏'臣始至孤怯,须强佐乃济。'发半道,有诏以君还之。至数日,军乱,怨其府用事,尽杀之而囚其帅,且相约张御史长者,无庸杀,置之帅所。居月余,闻有中贵人自京师至,君谓其帅:'公无负此土人,上使至,可因请见自辩,幸得脱免归。'即推门求出。守者以告其魁,魁与其徒皆骇曰:'张御史忠义,必为其帅告此余人,不如迁之别馆。'即以众出君。君出门,骂众曰:'汝何敢尔!前日吴元济斩东市,昨日李师道斩于军中,同恶者父母妻子皆屠死,肉馁狗鼠鸱鸦,汝何敢反!'行且骂。众畏恶其言,不忍闻,且虞生变,即击君以死。君抵死口不绝骂。众皆曰:'义士,义士!'或收瘗之以俟。"据《旧·传》:"彻以弘靖囚时被杀。"《实录》云"后数日",《墓志》云"居月余",三书各不同。按此月丁巳,弘靖已贬官。月余则离幽州矣。今从《实录》,参以《墓志》。

再贬张弘靖吉州刺史。《旧·传》:"贬抚州刺史。"按明年乃改抚州。今从《实录》。

田弘正遣魏兵归。《旧·弘正传》云:"七月,归卒于魏州。"《王庭凑传》云:"六月,魏兵还镇。"《崔倰传》曰:"遣魏卒还镇,不数日而镇州乱。"今从之。

十一月,薛平斩马廷鉴。《河南记》曰:"韩国公之节制青州也,长庆元年,诏征数道兵马,且问罪于常山,平卢发二千余人驻于无棣。临当回戈青州,所驻兵部内队长有马士端者,杀其首领,遂驱所部士卒,兼招召迫胁,比到博昌,已万余人,便谋入青州有日矣。韩公闻之,便议除讨。大将等进计曰:'彼贼者凶顽一卒,无经远之谋,可令给以尚书已赴阙〔亭〕〔庭〕,三军将吏皆延颈以待留后,贼必信之,懈然无备,可伏甲而庱之。'韩公大然其策。于是贼心不复疑贰,翌日,引兵而来。遂白城北三十余里三面伏兵,贼众果陷于我围,信旗一麾,步骑云合,贼众惊扰,不知所为,悉皆降伏。遂令投戈释甲,驱入青州,矫令还家,待以不死。遂系其数目,明立簿书,三千二千,各屯一处。霜刀齐发,蚁众汤消,二万余人,同命一日。贼帅马士端溃围奔走,寻于邹平渡口追获,磔于城北。于是具列其状以上闻,旋除左仆射。"据《实录》作"马廷鉴",《旧·传》作"马狼儿",《河南记》作"马士端"。今名从《实录》,事从《旧·传》。明年二月,平加仆射,《旧·传》云"封魏国公"。《河南记》作"韩公",恐误。

二年正月,白居易言诸道兵计十七八万。《白集》作"七八十万",计无此数,恐是十七八万误耳。

二月，元稹同平章事。《实录》："以御史中丞牛僧孺为户部侍郎，翰林学士李德裕为御史中丞。"《旧·李德裕传》："元和初，用兵伐叛，始于杜黄裳诛蜀。吉甫经画，欲定两河，方欲出师而卒，继之元衡、裴度。而韦贯之、李逢吉沮议，深以用兵为非，而韦、李相次罢相，故逢吉常怒吉甫、裴度。而德裕于元和时，久之不调，逢吉、僧孺、宗闵以私怨恒排摈之。时德裕与李绅、元稹俱在翰林，以学识才名相类，情颇款密，逢吉之党深恶之。其月，〔罢〕学士，出为御史中丞。"按德裕元和中扬历清要，非为不调。此际元稹入相，逢吉在淮南，岂能排摈德裕！盖出于德裕党人之语耳。今不取。

裴度为司空、东都留守。《旧·纪》《传》皆云："度守司徒，为东都留守。"《实录》此云"司徒"，后领淮南及拜相，皆云"司空"。《新书》，度自检校司空为守司空、东都留守，及领淮南，乃为司徒。盖《实录》此月误，《纪》《传》遂因之。《新·传》后云"司徒"，亦误。今据《实录》，除淮南及拜相制书，自此至罢相止，是守司空。《旧·裴度传》又曰："元稹为相，请上罢兵，洗雪廷凑、克融，解深州之围，盖欲罢度兵柄故也。"按此月甲子雪廷凑，辛巳稹为相。盖稹未为相时劝上也。

刘悟讽军士作乱。《实录》："监军刘承偕颇恃恩侵权，尝对众辱悟，又纵其下乱法，悟不能平。异日有中使至，承偕宴之，请悟，悟欲往。左右皆曰：'往则必为其困辱矣。'军众因乱，悟不止之，遂擒承偕，杀其二偻，欲并害承偕。悟救之，获免。"《新·刘悟传》曰："承偕与都将张问谋缚悟送京师，以问代节度事。悟知之，以兵围监军，杀小使。其属贾直言质责悟，悟即拥兵退，匿承偕，囚之。"《新·直言传》"张问"作"张汶"。杜牧《上李司徒书》亦云："其军大乱，杀滋州刺史张汶。"又云："汶既因依承偕谋杀悟，自取军人忌怒，遂至大乱。"盖军士围承偕必出于悟志，及奏朝廷，则云军众所为耳。今承偕名从《实录》，汶名从杜《书》。

三月，王智兴逐崔群。《实录》："群累表请追智兴，授以它官，事未行，诏班师。智兴帅众斩关而入。"《旧·智兴传》亦同。《旧·群传》则曰："群以智兴早得士心，表请因授智兴旄钺，寝不报。智兴回戈，城内皆是父兄，开关延入。"今兼取之。

李光颜乞归许州。《旧·光颜传》曰："光颜以朝廷制置乖方，贼帅连结，未可朝夕平定，事若差跌，即前功悉弃，乃恳辞兼镇。寻以疾作，表祈归镇。朝廷果以讨贼无功而赦廷凑。"今从《实录》。

四月，张平叔请官自粜盐，韩愈、韦处厚言不可。《实录》因三月壬寅平叔迁户部侍郎事，遂言变盐法及处厚驳议。按韩愈时奉使镇州犹未还。又壬寅三月十一日，愈《论盐法状》云"奉今月九日敕"，不知其何月也，今附于四月之末。

五月，于方客王昭、于友明。《实录》初作"于友明"，后作"于启明"，《旧·元稹传》作"王友明"。今从《实录》之初及《新书》。

李赏告于方结客刺裴度。《旧·裴度传》曰："初，度与李逢吉素不协。度自太原入朝，而恶度者以逢吉善于阴计，足能构度，乃自襄阳召逢吉入朝为兵部尚书。度既复知政事，而魏弘简、刘承偕之党在禁中，逢吉用族子仲言之谋，因医人郑注与中尉王守澄交结，内官皆为之助。五月，左神策军奏：'告事人李赏称于方受元稹所使，结客欲刺裴度。'"按恶度者不过元稹与宦官，彼欲害度，其术甚多，何必召逢吉！又如所谋，则稹当获罪，非所以害度也。又逢吉若使李赏告之，下御史按鞫，赏急，必连引逢吉，非所以自谋也。盖赏自告耳，非逢吉教令也。

七月壬辰，宣武军乱，逐李愿。《实录》："戊戌，汴州监军使奏：六月四日夜，军乱，节度使李愿逾城以遁。"《新·纪》亦云："六月癸亥，李岕反，逐李愿。"按李愿若以六月四日夜被逐，不应至此月十日方奏到京师。疑《实录》"七"字误为"六"。《旧·纪》止用此奏到日，今从《愿传》"七月四日"。

九月，窦易直诛王国清及其党二百余人。《旧·易直传》曰："时江、淮旱，水浅，转运司钱帛委积，不能漕。国清指以为赏，激讽州兵谋乱。先事有告者，乃收国清下狱，其党数千大呼，入狱中篡取国清而出之，因欲大剽。易直登楼谓将吏曰：'能诛为乱者，每获一人，赏千万。'众喜，倒戈击乱党，擒国清等三百余人，皆斩之。"今从《实录》。

十二月，立景王湛为太子。刘轲《牛羊日历》曰："穆宗不(悆)〔愈〕，宰臣议立敬宗为皇太子。时牛僧孺怀异图，欲立诸子。僧孺乃昌言于朝曰：'梁守谦、王守澄将不利于上。'又使杨虞卿、汉公辈宣言于外曰：'王守澄欲谋废立。'又令其徒于街衢门墙上施榜，每于穆宗行幸处路傍或苑内草间削白而书之，冀谋大乱，其凶险若此。"此出于朋党之言，不足信也。

三年三月，牛僧孺同平章事，李德裕出为浙西观察使。《旧·德裕传》曰："初，李逢吉自襄阳入朝，乃密赂纤人，构成于方狱。六月，元稹、裴度俱罢。逢吉代裴度为相，既得权位，锐意报怨。时德裕与僧孺俱有相望，逢吉欲引僧孺，惧绅与德裕禁中沮之，九月，出德裕浙西，寻引僧孺同平章事，繇是交怨愈深。"盖德裕以此疑怨逢吉，未必皆出逢吉之意也。

五月，柳公绰诛舞文吏。《柳氏叙训》曰："公为襄阳节度使，有名马，人争画为图。圉人洁其蹄尾，被蹴致毙，命斩于鞠场。宾吏请曰：'圉人备之不至，良马可惜！'公曰：'有良马之貌，含驽马之性，必杀之。'有齐缞者，哭且献状曰：'迁三世十二丧于武昌，为津吏所遏，不得出。'公览状，召军候擒之，破其十二柩，皆实以稻米。时岁俭，邻境尤甚，人以为神明之政。"按韩愈《与公绰书》曰，"杀所乘马以祭踶死之士"，乃在鄂岳时事，《叙训》《旧·传》皆误也。察齐衰者，乃是闭粜，非美事。今不取。

七月，南诏劝利卒，立丰祐。《实录》："九月辛酉，南诏王立佺进其国信。"岁末又云："南诏请立蒙劝利之弟丰祐。"云立佺者，盖误也。今从《新·传》。

九月，李逢吉结王守澄。李让夷《敬宗实录》曰："逢吉用族子仲言之谋，因郑注与守澄潜结上于东宫，且言逢吉实立殿下，上深德之。"又曰："张又新、李续皆逢吉藩僚，时又新为右补阙，续为度支员外郎。"刘昫承之为《逢吉传》，亦言："逢吉令仲言赂注，求结于守澄。仲言辩谲多端，守澄见之甚悦，自是逢吉有助，事无违者。"其《李训传》则云："训自流所还，丁母忧，居洛中，时逢吉为留守，思复为相，乃使训因郑注结王守澄。"然则逢吉结守澄，乃在文宗时，非穆宗时也。二《传》自相违。逢吉结守澄，要为不诬，然未必因郑注。李让夷乃李德裕之党，恶逢吉，欲重其罪，使与李训、郑注皆有连结之迹，故云用训谋，因注以交守澄耳。又张又新、李续之为逢吉藩僚，乃在逢吉再镇襄阳后，于此时未也。今不取。

十月，李绅为户部侍郎。《穆宗实录》曰："绅性险果，交结权幸，自以望轻，颇忌朝廷有名之士。及居近署，封植己类以树党援，进修之士惧为伤毒，疾之。常指钧衡欲逞其私志，时宰病之，因以人情上论，谏官历献疏，方有江西之命。行有日矣，因延英对辞，又泣请留侍，故有是拜，人情忧骇。此盖修《穆宗实录》者恶绅，故毁之如是。今从《敬宗实录》。

四年二月，韦处厚上疏救李绅。《处厚传》曰："敬宗即位，李逢吉用事，素恶李绅，乃构成其罪，祸将不测。处厚乃上疏云云。帝悟其事，绅得减死，贬端州司马。"今从《实录》。处厚上疏，在绅贬端州后。

三月，刘栖楚叩头谏晚朝。《实录》曰："庄周云：'为善无近名，为恶无近刑。'意者既能为近名之善，即必忍为近刑之恶。栖楚本王承宗小吏，果敢有闻，逢吉擢而用之，盖取其鹰犬之效耳。夫谏净之道，是岂能知之乎！即如比干剖心，当文王与纣之事也。朱云折槛，恐汉氏之为新室也。时危事迫，不得不然，故忠臣有死谏之义。至如上年少嗜寝，坐朝稍晚，盖宰臣密勿，谏官封事而可止者也，岂在暴扬面数，激讦于羽仪之前，致使上疑死谏为不难，谓细事皆当碎首，从此遂不览章疏，卒有克明之难，实栖楚兆也。况谏辞皆群党所作，而使栖楚道之哉！卖前直而资后诈，殊可叹骇。"按李让夷此论，岂非恶栖楚而强毁之邪！今所不取。

四月，八关、十六（字）〔子〕。按宰相之门，何尝无特所亲爱之士，数蒙引接，询访得失，否臧人物，其闻忠邪溷淆，固亦多矣。其疏远不得志者则从而怨疾之，巧立品目以相讥诮，此乃古今常态，非独逢吉之门有八关、十六子也。《旧·逢吉传》以为"有求于逢吉者，必先经此八人纳赂，无不如意。"亦恐未必然，但逢吉之门，险诐者为多耳。此皆出于李让夷《敬宗实录》。按栖楚为吏，敢与王承宗争事，此乃正直之士，何得为佞邪之党哉！盖让夷，德裕之党，而栖楚为逢吉所善，故深诋之耳。

敬宗宝历元年正月，牛僧孺为武昌节度使。皇甫松《续牛羊日历》曰："太牢既交恶党，潜豫奸谋。太牢乃元和中青衫外郎耳，穆宗世，因承和荐，不三二年，位兼将相。宪宗仙驾至灞上，以从官召知制诰。当时宰臣未尽兼职，而独综集贤、史馆两司；出镇未尽佩相印，而太牢同平章事，出夏口。夏口去节十五年，由太牢而加节焉。太牢早孤，母周氏，冶荡无检，乡里云〔云〕，兄弟羞赧，乃令改醮，既与前夫义绝矣。及贵，请以出母追赠。《礼》云：'庶氏之母死，何为哭于孔氏之庙乎！'又曰：'不为伋也妻者，是不为白也母。'而李清心妻配牛幼简，是夏侯铭所谓'魂而有知，前夫不纳于幽壤；殁而可作，后夫必诉于玄穹。'使其母为失行无适于之鬼，上罔圣朝，下欺先父，得曰忠孝智识者乎！作《周秦行纪》，呼德宗为沈婆儿。谓睿真皇太后为沈婆，此乃无君甚矣。"此朋党之论，今不取。

八月庚戌，刘悟暴疾薨，子从谏匿丧，贾直言责之。据李绛疏云："悟八月十日得病，计是日便死，故置此。"馀从杜牧书。

十一月，李绛请除昭义师，李逢吉、王守澄不用其谋。《实录》："从谏以金帛赂当权者。"《旧·从谏传》曰："李逢吉、王守澄受其赂，曲为奏请。"事有无难明，今不取。

二年正月，张权舆言裴度名应图谶。《旧·逢吉传》曰："宝历初，度连上章请入觐，逢吉之党坐不安席，如矢攒身，乃相与为谋，欲沮其来。张权舆撰'非衣小儿'之谣，传于闾巷，言度相有天分，名应谣谶。而韦处厚于上前解析言权舆所撰之言。"按权舆若撰谣言，当更加以恶言,不止云"天上有口被驱逐"而已。盖民间先有此谣,权舆因言度名应谣谶,非撰之也。

十一月癸卯,百官谒见江王。甲辰,见诸军使。魏謩《文宗实录》,见军使事承见百官下,不云别日。今从《敬宗实录》。

文宗大和二年闰月,亓志沼讨李同捷。《实录》或作"于志沼",或作"开志沼",或作"亓志绍",《旧·纪》作"开志沼"。《新·纪》《传》作"亓志沼",今从之。

马植,勋之子。《旧·传》"勋"作"曛",误也。勋事见《德宗实录》。

三年五月壬寅,加李载义平章事。《实录》作"庚寅",误。

贬柏耆循州司户。《实录》:"四月,李祐收德州,同捷请降于祐。祐疑其诈,柏耆请以骑兵三百入沧州,祐从之。耆径入沧,收同捷与其家属赴京师。"又诏曰:"假势张皇,乘险纵恣,指挥弹压,奏报蔑闻。擅入沧州,专杀大将,补置逆校,潜送凶渠。"《旧·传》曰:"沧、德平,诸将害耆邀功,争上表论列。上不获已,贬循州司户。"《新·传》曰:"同捷请降,祐使万洪代守沧州,同捷未出也。耆以三百骑驰入沧,以事诛洪,与同捷朝京师。既行,谍言王廷凑欲以奇兵劫同捷,耆遂斩其首以献。诸将疾耆功,比奏攒诋,文宗不获已,贬耆循州司户参军。"盖耆张皇邀功则有之,然诸将疾之而论奏,文宗不得已而贬黜,亦其实也。至于赐死,则因马国亮奏其受同捷奴婢、绫绢故也。

六月,王庭凑请纳景州。按景州本隶横海,盖因李同捷之乱,庭凑据有之。同捷既平,庭凑惧而复进之也。

魏博军乱,杀史宪诚,奉何进滔知留后。《新·进滔传》曰:"进滔下令曰:'公等既迫我,当听吾令。'众唯唯。'执杀前使及监军者,疏出之。'凡斩九十余人,释胁从者。素服临哭,将吏皆入吊,诏拜留后。"按进滔结王庭凑以拒李听,又袭击听,大破之,安能如是!《新·传》盖据柳公权《进滔德政碑》云:"公谓将士曰:'既迫以为长,当谨而听承。'命都将总事者谕之曰:'害前使与监军凶党,籍其姓名,仍集之于庭,无使漏网。'卒获九十三人,白黑既分,善恶无误,会众显戮共弃,咸悦。公于是素服而哭,将吏序吊。"此恐涉溢美之辞耳。今从《旧·传》。

十二月,南诏陷成都外郭,杜元颖保牙城。《实录》:"寇及子城,元颖方觉知。"按《实录》:"十一月丙申,元颖奏南诏入寇。乙巳,奏围清溪关。十二月丙辰,奏官军失利,蛮陷邛州。"至此乃云"寇及子城,元颖方觉知。"似尤之太过,今不取。

四年二月,李绛为乱兵所害。《新·传》曰:"杨叔元素疾绛,遣人迎说军士曰:'将收募直,而还为民。'士皆怒,乃噪而入,劫库兵。绛方宴,不设备,遂握节登陴。或言缒城可以免,绛不从,遂遇害。"《实录》:"绛召诸卒,以诏旨谕而遣之,发廪麦以赏众,皆怏怏而退。出垒门,众有请辞监军者,而监军使杨叔元贪财怙宠,素怨绛之不奉己,与绛为隙久矣,至是因以赏薄激之,散卒遂作乱。"今从之。

六月,裴度为司徒、平章军国重事。宝历二年度入相时,犹守司空,自后未尝迁官。至此,《实录》直言司徒裴度。按制辞云:"迁秩上公,式是殊宠。"又云:"宜其首赞机衡,弘敷教典。"盖此时方迁司徒。《实录》先云"司徒裴度",误也。

五年二月，宋申锡引王璠为京兆尹。按《旧·璠传》，去年七月为京兆尹，十二月迁左丞。故申锡得罪时，京兆尹乃崔琯也。

五月，李德裕索南诏所掠百姓，得四千人。德裕《西南备边录》曰："南诏以所虏男女五千三百六十四人归于我。"《旧·传》曰："又遣人入南诏求其所俘工匠，得僧、道、工巧四千余人，复归成都。"按《实录》云"约四千人"，今从之。

八月，牛僧孺言得维州未能损吐蕃。《旧·僧孺传》载僧语曰："今论董勃才还，刘元鼎未至。"按《穆宗实录》："长庆二年八月，大理卿刘元鼎使吐蕃回。"《文宗实录》："大和六年三月，吐蕃遣论董勃藏入见。"不言元鼎再奉使。杜牧《僧孺墓志》亦无董勃等名，盖《旧·传》误也。

六年三月，回鹘昭礼可汗为其下所杀，子胡特勒立。《旧·传》云："七年三月，回鹘李义节等将驼马到，且报可汗二月二十七日薨，已册亲弟萨特勒。废朝三日。"今从《新·传》。

七年正月，刘从谏归镇，心轻朝廷。《补国史》曰："文宗朝，刘从谏朝觐，渥泽甚厚。自谓河朔近无比伦，颇矜臣节，文武百辟尽凑其门。从谏广行金帛，赂诸权要，求登台席，人情多怀，相国李公固言独无一言。从谏欲市其欢，玉不可染，欲谀其意，水不可穿，门馆不敢导其诚恳，遇休假，谒于私第，投诚沥恳，至于再三。相公正色谓之：'仆射先君以东平之功，镇潞二十余年。及即世之后，仆射擅领戎务，坐邀命制。朝廷以先君勋绩，不绝赏延，任居藩阃，位剧南宫，岂是恩泽降于等伦，欲以何事效忠报国！仆射若请边陲一镇，大展筹谋，拓境复疆，乃为勋业。朝廷岂不以衮职之重，命赏封功，区区躁求，一何容易！某比谓仆射英雄忠义，首冠蕃臣，今求佩相印，拥节旄，荣归旧藩，亦河朔寻常倔强之臣所措履也，忠节安在，深为解体。'从谏矍然嗫口无词，再拜趋出。然从谏厚赂幸臣，旬日间果以本官加平章事，遽辞归镇。宰相钱于郵亭，李相公谓曰：'相公少年昌盛，勉报国恩，幸望保家，勿致后嗣。'从谏以笏叩额，洒泪而辞。及至本镇，谓从事将校曰：'昨者入觐阙庭，遍观朝德，唯李公峻直贞明，凛然可惧，真社稷之重臣也。'"按固言此年未为相，其说妄也。今从《实录》。

徐州卒骄，高瑀不能制。杜牧《上崔相公书》曰："高仆射宽厚闻名，〔不〕能治军事，举动汗流，拜于堂下。"此盖文士笔快耳，未必然也。

七月，加杨志诚检校右仆射。《旧·传》曰："朝廷纳裴度言，务以含垢下诏谕之，因再遣使加尚书右仆射。"按此时度为襄阳节度使，《旧·传》恐误。今从《实录》。

九月，王守澄奏郑注为神策判官。《开成纪事》曰："五年，金吾将军孟文亮出镇邠郊，以与注姻懿之故，奏为军司马。路经奉天，防遏使、御史大夫王从亮薄其为人，不为之礼。注毁从亮于守澄，竟为守澄诬构，决杖投荒。未几，文亮殁，罢职还城，守澄潜置为军画。时泽潞刘从谏本欲诛注，忌其权势，因辟为节度副使。才至潞州，涉旬之间，会上乖愈，大和七年十一月，驿征之赴阙，偶遭其时，圣体获愈，上悦之。自此恩宠渐隆，凡台省府县军戎，莫不从风。七年九月十三日，侍御史李款弹奏注'内连敕使，外连朝官，两地往来，(上)〔卜〕射财货，昼伏夜动，干窃化权，人不敢言，道路以目。城社转固，恐为祸胎，罪不容诛，理合显戮，其郑注请付有司。'时王涯重处台司，注之所致，又虑守澄党援，遂寝不行。注潜逼军司矣。"李德裕《文武两朝献替记》曰："八年春暮，上对宰臣叹天下无名医，便及郑注，精于服食。或欲置于翰林伎术院，或欲令为左神策判官。注自称衣冠，皆不愿此职。守澄遂托从谏奏为行军司马。及赴职，宗闵又自山南令判官杨俭至泽路与从谏要约，令却荐入。"今从《实录》。

资治通鉴考异卷第二十一

端明殿学士兼翰林侍读学士太中大夫提举西京嵩山崇福
宫上柱国河内郡开国公食邑二千六百户食实封一千户臣　司马光　奉敕编集

唐纪十三

大和八年六月，李中敏请斩郑注。《新》《旧·中敏传》皆云六年夏上此疏。今据《开
成纪事》《大和摧凶记》，皆云八年六月。又，中敏疏言申锡临终。按申锡去年七月卒，若六年则
申锡尚在。今从《开成纪事》。

王守澄荐李仲言。《旧·传》："李训初名仲言，居洛中。李逢吉为留守，思入相。训揣
知其意，即以奇计动之，自言与郑注善。逢吉遗训金帛珍宝数百万，令持入长安以赂注。"又曰：
"初，注构宋申锡事，帝深恶之，欲令京兆尹杀之。至是，以药稍效，始善遇之。"《献替记》曰："先
是，上恶郑注极甚，尝谓枢密使曰：'卿知有善和端公，无叹京兆尹懦弱，不能毙于枯木！'"《开成
纪事》曰："训除名，流象州，会恩归于东洛。投谒诸处困乏，逢吉斥之不顾。会郑注宾副上党，
路经东都，（一）〔于〕道投之，广以古今义烈披述衷款。注本凶邪，趋而附之，自此豁然相然诺，
情契稠叠。及注征赴阙，训随而到京，别第安置。注因陈奏，言训文学优盛无比，上纳之。大和
八年三月，以布衣在翰林，注之援也。"《甘露记》曰："训为人长大美貌，口辩无前，常以英雄自
任。会郑注介上党，出洛阳，训慨然太息曰：'当世操权力者醍醐苛细，无足与言。吾闻郑注为
人好义而求奇士，且通于内官，易为因缘。'乃往说之。注见训大惊，如旧相识，遂结为死交。及
注赴阙，请训行京师，为卜居供给，日夕往来，乘间奏于上。"按《实录》，去年九月李款弹郑注，云
"前邠州行军司马"，今年九月庚申，王守澄宣召郑注对于浴堂门。《献替记》："八年春暮，上对
宰臣叹天下无名医，便及郑注精于服食。或欲置于伎术，或欲令为神策判官，注皆不愿此职。
守澄遂托从谏奏为行军司马。"又云："去岁春夏李仲言犹丧母，已潜入城，称王山人，两度对于
含元殿。今年八月十三日，欲与谏官。至九月三日，郑注自绛州至，便于宣徽对。"然则训自去
年已因注谒守澄，得见上。注今年暮春后方从昭义辟。然则训旧与注善，去春已入长安见上，
非注赴昭义时始定交，亦非去年十一月征注于潞州，又非训随注到京也。今从《实录》《献
替记》。

十二月，史元忠为卢龙留后。《实录》："十一月，镇州奏幽州留后史元忠为瀛莫三军
逐出，不知所在。"后不言元忠复归幽州，而至此有新命，盖因莫州军乱，镇州承传闻之误而奏
之耳。

九年四月，郑注举李款自代。《甘露记》曰："时论或云款外沽直名而阴事注。"按款弹
注之文皆讦其隐愿，岂有于人如此而能阴与之合乎！此皆当时庸人见注举款自代，遂有此疑
耳。今不取。

路隋为镇海节度使。《旧·隋传》曰："德裕贬袁州长史，隋不署奏状，始为郑注所忌，
出镇浙西。"按《实录》，隋出镇在德裕贬前四日。今不取。

上与李训、郑注密谋诛宦官。《旧·传》以为上出《易》义以示群臣之时，已与训有诛宦官之谋。按《补国史》云："许康佐进《新注春秋列国经传》六十卷，上问阍弑吴子馀祭事，康佐托以《春秋》义奥，臣穷究未精，不敢容易解陈。后上以问李仲言，仲言乃精为上言之。上曰：'朕左右刑臣多矣，馀祭之祸安得不虑？'仲言曰：'陛下留意于未萌，臣愿遵圣谋。'"《实录》："今年四月癸亥，许康佐进《纂集左氏传》三十卷。五月乙巳朔，以御集《左氏列国经传》三十卷宣付史馆。"然则上与训谋诛宦官必在此际矣。然文宗与训语时，宦官必盈左右，恐亦未敢班班显言，如《补国史》所云也。

七月，贬李甘封州司马。《旧·传》曰："郑注入翰林侍讲，舒元舆既作相，注亦求入中书。甘昌言于朝云云，贬封州。"按是时元舆未作相，《旧·传》误也。

八月，杖杀陈弘志。《旧·传》："李训既秉权衡，即谋诛内竖。陈弘庆自元和末负弑逆之名，遣人封杖决杀。"按此时李训未为相。今从《实录》。

九月丁卯，李固言为山南西道节度使。宋敏求《宣宗实录》曰："固言性猖急，无重望。时训、注用事，虽相之，中实恶与宗闵为党，乃出为兴元节度。"按固言锻炼杨虞卿狱，宗闵由是罢相而固言代之，岂得为宗闵党也！今从《开成纪事》。

郑注为凤翔节度使。《开成纪事》："注引舒元舆、李训俱擢相庭。注自诣宰臣李固言求凤翔节度，固言刚劲不许，唯王涯、贾𫗧赞从其事。"九月二十五日，《纪事》误。今从《实录》。

十一月，韩约奏甘露，李训奏未可遽宣布。按训与韩约共谋，诈为甘露，而自言恐非真瑞者，盖欲使宦官尽往金吾覆视，因伏兵诛之耳。故二十二日令狐楚所草制书亦云"凶渠仍请其覆视"。今从《实录》。

张仲方权知京兆尹。《实录》，乙丑，阁门使马元贽已宣授仲方京兆尹，至此又言者，盖当时止是口宣，至此乃降敕耳。

杀生除拜皆决于两中尉。皮光业《见闻录》曰："崔慎由以元和元年登第，至开成，已入翰林。因寓直之夕，二更以来，有中使宣召，引入数重门。至一处，堂宇华焕，帘幕俱垂。见左右二广燃蜡而坐，谓慎由曰：'上不豫来已数日，兼自登极后圣政多亏，今奉太后中旨，命学士草废立今。'慎由大惊，曰：'某有中外亲族数千口，列在搢绅，长行、兄弟、甥侄仅三百人，一旦闻此覆族之言，宁死不敢承命！况圣上高明之德，覆于八荒，岂可轻议！'二广默然无以为对。良久，启后户，引慎由至一小殿，见文宗坐于殿上，二广径登阶而疏文宗过恶，上唯俯首。又曰：'不为此拗木枕措大，不合更在此坐矣！'街谈以好拗为拗木枕，仍戒慎由曰：'事泄即是此措大也。'于是二广自执炬，送慎由出逶殿门，复令中使送至本院。慎由寻以疾出翰林，遂金縢其事付胤。故胤切于剿绝北司者由此也。诛北司后，胤方彰其事。"《新·传》曰："慎由记其事，藏箱枕间。将没，以授其子胤。故胤恶中官，终讨除之。"按《旧·传》，崔慎由大中初始入朝为右拾遗、员外郎、知制诰，文宗时未为翰林学士。盖崔胤欲重宦官之罪而诬之，《新·传》承皮《录》之误也。

戊辰，张仲清献郑注首。据《实录》甲子已传注首，而《开成纪事》二十六日方下诏削官爵，云郑注初诛，京师尚未知。李潜用《乙卯记》亦云，丁卯，张仲清诱注而杀之。与《开成纪事》

同。但《开成纪事·注传》云二十六日奏朝觐，恐误。《乙卯记》，注庚申人觐，十九日也。至扶风，闻训败，乃还。似近之。《实录》恐太在前。《新·本纪》云，戊辰，张仲清杀注。今不书日以传疑。

十二月，薛元赏杖杀神策军将。《开成纪事》以秘书少监王会为京兆尹。按薛元赏已为京兆尹，《纪事》误。

开成元年三月，命京兆收葬王涯等十一人。《开成纪事》云："京兆薛元赏于城西张村葬涯等七人。"今从《新·传》。

七月，取李孝本二女入宫。《实录》上云"取孝本女二人入内"，下魏謩疏云"取孝本次女一人入内"。所以如此不同者，盖孝本二女皆籍没在右军，先取长女人内，謩不之知，又取次女，謩乃知之上疏故也。

二年七月，韦温罢太子侍读。《旧·传》曰："兼太子侍读，每晨至少阳院，午见太子。温云云，太子不能行其言。温称疾，上不悦，改太常少卿。未几，拜给事中。"按温已为给事中，乃兼太子侍读。《旧·传》误。今从《新·传》。

三年正月，杨嗣复、李珏同平章事。《旧·传》："三年，杨嗣复辅政，荐珏，以本官同平章事。"按珏与嗣复并命，今从《实录》。

五月，诏停奏祥瑞。《实录》："初，上谓宰臣曰：'岁丰人安，岂非上瑞！'宰臣因言《春秋》不书祥瑞，上深然之，遂有此诏。"《补国史》以为因杜琮进言，今兼取之。

十月，太子永暴薨。按文宗后见缘橦而泣曰："朕为天子，不能全一子！"遂杀刘楚材等，然则太子非良死也。但宫省事秘，外人莫知其详，故《实录》但云"终不悛过，是日暴薨"。

郭旼为邠宁节度使。《旧·柳公权传》作"皎"。按子仪子侄名皆连"日"旁。今从《实录》。

十一月，张元益出定州。《补国史》曰："易定张公璠卒，三军请公璠子元益继统军务。公璠乃孝忠孙也。公璠弥留之际，诚元益归阙。三军复效幽、镇、魏三道，自立连帅，坐邀制命。庙谋未决，丞相卫公欲伐而克之。贞穆公议未可兴师，且行吊赠礼，追元益赴阙，若拒命跋扈，讨之不迟。上前互陈短长，未行朝典。贞穆公有密疏，进追元益诏意云：'敕张元益：卿太祖孝忠，功列鼎彝，垂于不朽。卿乃祖茂昭，克荷遗训，不坠义风。'云云。文宗览诏意，深叶睿谋。诏下定州，元益拜诏恸哭，焚墨衰，请死于众。三军将士南向稽首，蹈舞流涕，扶元益就苫庐，请监军使、幕府准诸道例各知留后。公璠遂全家赴阙。诏以神策军使陈君赏为帅。"所谓贞穆公者，李珏也。按《实录》，璠，定州衙将，非孝忠孙。又李德裕此年不为相。《补国史》盖传闻之说，不可据。今从《实录》。

吐蕃彝泰赞普卒，弟达磨立，吐蕃益衰。彝泰卒及达磨立，《实录》不书，《旧·传》《续会要》皆无之。今据《补国史》。

四年十一月，上问周墀可方何主。高彦休《唐阙史》曰："文宗开成后常郁郁不乐。五年春，风痹稍间，坐思政殿，问周墀云云。既而龙姿掩抑，泪落衣襟。汝南公俯伏鸣咽，再拜而退。自是（复）不〔复〕视朝，以至厌代。"按《实录》，明年，正月朔，上不康，不受朝贺。四日，帝崩。恐非五年春。今从《新·传》,仍置于此。

回纥相掘罗勿借朱邪赤心兵杀彰信可汗,国人立厎驳特勒。《后唐献祖纪年录》曰:"开成四年,回鹘大饥,族帐离散,复为黠戛斯所逼,渐过碛口,至于榆林。天德军使温德彝请帝为援,遂帅骑赴之。时胡特勒可汗牙帐在近,帝遣使说回鹘相嗢没斯,为陈利害云云。嗢没斯然之,决有归国之约。俄而回鹘宰相勿笃公叛可汗,将图归义,遣人献良马三百,以求应接。帝自天德引军至碛口援之,为回鹘所薄,帝一战败之,进击可汗牙帐。胡特勒可汗势穷自杀,国昌因奏勿笃公为署飒可汗,是岁开成五年也。文宗崩,武宗即位,遣嗣泽王溶告哀于回鹘。使还,始知特勒可汗易代。"按朱邪赤心若奏勿笃公为可汗,安得因溶告哀始知易代乎!此则自相违矣。《旧·传》:"开成初,其相有安允合者,与特勒柴革欲篡飒特勒可汗,可汗觉,杀柴革及安允合。又有回鹘相掘罗勿者,拥兵在外,怨诛柴革、安允合,又杀飒特勒可汗,以卢级特勒为可汗。《新·传》云:"开成四年,其相掘罗勿作难,引沙陀共攻可汗。可汗自杀,国人立厎驳特勒为可汗。"今从之。

五年正月,立颍王瀍为太弟。《唐阙史》曰:"武宗皇帝王夫人者,燕赵倡女也,武宗为颍王,获爱幸。文宗于十六宅西别建安王溶、颍王瀍院,上数幸其中,纵酒如家人礼。及文宗晏驾,后宫无子,所立敬宗男陈王,年幼且病,未任军国事。中贵主禁掖者,以安王大行亲弟,既贤且长,遂起左、右神策军及飞龙、羽林、骁骑数千众,即藩邸奉迎安王。中贵遽呼曰:'迎大者!迎大者!'如是者数四,意以安王为兄,即大者也。及兵仗至二王宅首,兵士相语曰:'奉命迎大者,不言安,颍孰为大者?'王夫人窃闻之,拥髻褰裙走出,矫言曰:'大者颍王也。大家左右以王魁梧颀长,皆呼为大王,且与中尉有死生之契,汝曹或误,必赤族矣!'时安王心云其次弟合立,志少疑懦,惧未敢出。颍王神气抑扬,隐于屏间,夫人自后耸出之。众惑其语,遂扶上马,戈甲霜拥,前至少阳院。诸中贵知已误,无敢出言者,遂罗拜马前,连呼万岁。寻下诏,以颍王瀍立为皇太弟,权句当军国事。"《新·后妃传》曰:"武宗贤妃王氏,开成末,王嗣帝位,妃阴为助画,故进号才人。"盖亦取于《阙史》也。按立嗣大事,岂容谬误!《阙史》难信,今不取。从《文宗》《武宗实录》。

赐杨贤妃、安王溶、陈王成美死。《旧·传》曰:"安王溶,穆宗第八子,母杨贤妃。武宗即位,李德裕秉政。或告文宗崩时,杨嗣复以与贤妃宗家,欲立安王为嗣,故王受祸,复贬官。"按是时德裕未入相。今从《武宗实录》。

敕大行以十四日殡,成服。《武宗实录》:"裴夷直上言:'伏见二日敕,令有司以今月十四日攒敛成服。'"按文宗以四日崩,岂得二日遽有此敕!必误也。

九月,黠戛斯破回鹘。李德裕《会昌一品集·安抚回鹘制》作"纥吃斯",又作"纥扢斯"。今从德裕《会昌伐叛记》《杜牧集》《新》《旧·传》《实录》。

回鹘别将句录莫贺杀厎驳。《旧·传》作"句录末贺",今从《新·传》。

十月,刘沔屯雲迦关。《新·传》《实录》作"雲伽关",今从《一品集》。

十一月,裴夷直坐漏名贬。《新·传》曰:"武宗立,夷直视册牒不肯署。"今从《武宗实录》。

　　武宗会昌元年二月，回鹘立乌希特勒为乌介可汗。据《伐叛记》，乌介立在二月，今从之。《后唐献祖纪年录》曰："王子乌希特勒者，曷萨之弟，胡特勒之叔，为黠戛斯所迫，帅众来归，至错子山，乃自立为可汗。二年七月，册为乌介可汗。"

　　三月，诛刘弘逸、薛季稜，贬杨嗣复、李珏。《旧·纪》："开成五年八月十七日，葬文宗于章陵。知枢密刘弘逸、薛季稜率禁军护灵驾。二人素为文宗奖遇，仇士良恶之，心不自安，因是欲倒戈诛士良、弘志。卤簿使王起、山陵使崔觉其谋，先谕卤簿诸军。是日弘逸、季稜伏诛。以杨嗣复为湖南观察使，李珏为桂管观察使，中丞裴夷直为杭州刺史，皆坐弘逸、季稜也。"贾纬《唐年补录》曰："五年八月，云是月诛枢密使刘弘逸、薛季稜。帝即位，尤忌宦官，季稜、弘逸深惧之。及将葬文宗于章陵，聚禁兵，欲议废立。赖山陵使崔郸、卤簿使王起等拒而获济，遂擒弘逸、季稜杀之。"《旧·王起传》："八月，充山陵卤簿使。枢密使刘弘逸、薛季稜惧诛，欲因山陵兵士谋废立。起与山陵使知其谋，密奏，皆伏诛。"《旧·嗣复传》："五年九月，贬湖南。明年，诛季稜、弘逸。中人言：'二人顷附嗣复、李珏，不利于陛下。'武宗性急，立命中使往湖南、桂管杀嗣复与珏。"按去年八月若已诛弘逸、季稜，不当至此月始再贬嗣复等。《旧·纪》《王起传》与《嗣复传》自相违，今从《实录》。《实录》又曰："时有再以其事动帝意者，帝赫怒，欲杀之。中使既发，虽宰相亦不知之。户部尚书、判度支杜惊奔马见德裕"云云。《旧·嗣复传》曰："宰相崔郸、崔珙等吁请开延英，极言云云。"《献替记》曰："会昌元年三月二十四日，遇假在宅，向晚闻有中使一人向东，一人向南，处置二故相及裴夷直。余遣人问盐铁崔相、度支杜尚书、京兆卢尹，皆言闻有使去，不知其故。余遂草约奏状。二十五日早入中书，崔相珙续至，崔郸次至，陈相最后至，已巳时矣。余令三相会食，自归厅写状进，请开延英赐对。进状后更无报答。至午又自写第二状封进，兼请得枢密使至中书问有此事无。枢密使对曰：'向者不敢言。相公既知，只是二人：嗣复、李珏。'德裕言：'此事至重，陛下都不访问，便遣使去，物情无不惊惧。请附德裕奏。圣旨若疑德裕情故，请先自远贬，唯此一事不可更行。德裕等至夜不敢离中书，请早开延英赐对。'至申时，报开延英。余邀得丞相、两省官谓曰：'上性刚，若有一人进状伏问，必不舍矣。容德裕极力救解，继于叩头流血，德裕救不得，他人固不可矣。'及召入延英殿，德裕率三相公立当御榻奏事，呜咽流涕云云。上既舍之，又令德祐召丞郎、两省官宣示。"今从《实录》，亦采《献替记》。

　　六月，王哲谏建道场、受法箓，坐贬。《实录》："道士赵归真等八十一人于三殿建九天道场，帝亲传法箓。右拾遗王哲上疏，请不度进士、明经为道士，不从。又上疏谏求仙事，词甚切直，贬河南府士曹参军。"《旧·纪》："以衡山道士刘玄靖为崇玄馆学士，令与赵归真于禁中修法箓。左补阙刘彦谟切谏，贬彦谟河南府户曹。"《实录》，去年九月已命归真建道场，亲受法箓。哲疏言"王业之始，不宜崇信过笃"。至此又有此事，与《旧·纪》刘彦谟事相类。今从《实录》。

　　八月，张贾为巡边使，察回鹘情伪。《一品集·赐嗢没斯等诏》曰："天德军递至，览所奉表。"又曰："方图镇抚，已命使臣。今又知坚昆等五族深入陵虐，可汗被害，公主及新可汗播越它所，特勒等相率遁逃，万里归命。"又曰："岂非欲讨除外寇，匡复本蕃？"又曰："但缘未知指的，难便听从。"又曰："又虑边境守臣或怀疑阻。"又曰："故遣张贾往安抚。"又曰："秋热。"然则诏下必在此际也。

诏田牟约勒将士及杂虏毋犯回鹘。《旧·纪》："八月,乌介遣使告故可汗死,部人推为可汗,今奉公主南投大国。时乌介至塞上,嗢没斯与赤心相攻杀,赤心帅数千帐近西城,田牟以闻。乌介又令其相颉干迦斯表借天德城,仍乞粮储牛羊。诏王会、李师偃往宣慰,令放公主入朝,赈粟二万石。"《旧·德裕传》曰:"开成末,回鹘为黠戛斯所攻,部族离散,乌介奉大和公主南来。会昌二年二月,牙于塞上,遣使求助兵粮,收复本国,权借天德军。田牟请以沙陀、退浑诸部击之,下百寮议,议者多云如牟之奏。德裕云云。帝以为然,许借米三万石。"《伐叛记》曰:"会昌元年二月,回鹘远涉沙漠,饥饿尤甚,将金宝于塞上部落博籴粮食。边人贪其财宝,生攘夺之心。至其年秋,城使田牟、监军韦仲平上表称退浑、党项与回鹘宿有嫌怨,愿出本部兵马驱逐。其时天德城内只有将士一千人,职事(人)〔又〕居其半。上令宰臣商量,德裕面奏云云。八月二十四日,请赐田牟、仲平诏,汉兵及蕃、浑不得先犯回鹘,语在《会昌集》奏状中。"按《旧·纪》、《实录》皆采集众书为之,事前后多差互。今从《伐叛记》《一品集》。

闰月,以谷二万斛赈回鹘。《伐叛记》云:"降使赐米二万石,寻又乌介至天德。"按《实录》,十一月初犹未知公主所在,遣苗缜至嗢没斯处访问。月末始云公主遣使言乌介可汗乞册命,及降使宣慰。十二月庚辰,制曰:"公主遣使入朝,已知新立可汗寓居塞下,宜令王会慰问,仍赈二万石。"然则闰九月中乌介未至天德,德裕但欲赈嗢没斯等耳。上虽许赐米而未遣使,会闻乌介在塞下,因遣王会,并赐之二万石耳,非再赐也。《伐叛记》终言其事,非闰九月中即降使赐米也。

幽州军杀陈行泰,立张绛。《旧·纪》:"十月,幽州雄武军使张绛遣军吏吴仲舒入朝,言行泰惨虐,请以镇军加讨,许之。是月,诛行泰,遂以绛知兵马事。二年正月,以绛知留后,仍赐名仲武。"以两人为一人,误也。今从《旧·仲武传》《伐叛记》《实录》。

十一月,回鹘上表借振武一城。《新·传》曰:"达干奉主来归,乌介怒,击达干杀之,劫主南度碛,进攻天德城,刘沔屯云伽关拒却之。"按乌介方倚唐为援,岂敢攻天德!今从《旧·纪》《传》《实录》。

二年三月,回鹘嗢没斯杀赤心仆固。《伐叛记》曰:"赤心宰相欲谋犯塞,嗢没斯先布诚于田牟,然后诱赤心同谒可汗,戮于可汗帐下。赤心所领兵马遂溃散东去,归投幽州。"《一品集·幽州纪圣功碑》曰:"赤心怙力负气,潜图厉阶,为嗢没斯所绐,诱以俱谒可汗,戮于帐下。其众大溃,东逼渔阳。"《旧·传》:"回鹘相赤心者,连位相姓仆固者,与特〔勒〕那颉啜拥部众,不宾乌介。赤心欲犯塞,乌介遣其属嗢没斯先布诚于田牟,然后诱赤心同谒乌介,戮赤心于可汗帐下并仆固二人。那颉战胜,全占赤心下七千帐,东瞰振武、大同,据室韦、黑沙、榆林,东南入幽州雄武军西北界。"《新·传》曰:"嗢没斯以赤心奸桀,难得要领,即密约田牟,诱赤心斩帐下。"按《一品集·赐可汗敕书》虽云"去岁嗢没斯已至近界,今可汗既立,彼又降附。"然《赐可汗书意》又云:"嗢没斯自本国破亡之初,奔进先至塞上,不随可汗,公主已是二年。"是则嗢没斯自有部众,虽遥降乌介,身未尝往也,安得斩赤心、仆固于可汗帐下乎!且赤心若不宾乌介,又安肯随嗢没斯同谒乌介乎!盖嗢没斯自恶赤心桀黠,诱至己之帐下而杀之耳。今从《新·传》。

又,《伐叛记》嗢没斯杀赤心,于乌介至天德下连言之,《旧·传》亦然。《新·传》在召诸道兵讨乌介下。按《一品集》,据回鹘到横水栅,未知是那颉特下,为复是可汗遣来。盖"那颉特"下脱"勒"字,即那颉啜也。然则虏犯横水在赤心死后,故置于此。

河东奏回鹘兵至横水。《实录》,符澈奏回鹘掠横水,事在正月李拭巡边前。按《一品集》此状云"宜密诏刘沔、忠顺",则状必在李忠顺镇振武之后也。盖澈在太原时奏之,沔除河东后德裕方有此奏,故置于此。

四月壬午,李德裕请加嗢没斯官赏。《一品集·异域归忠传序》云:"二年四月甲申,回鹘大特勒嗢没斯率其国特勒、宰相等内附。"而此四月十八日状已言嗢没斯送款者,盖嗢没斯自欲诛赤心之时已送款于田牟,至二十日乃帅众至天德耳。故其《授左金吾大将军制》云:"屡献款诚,布于边将;寻执反虏,不遗君亲。戢其铩羽之徒,曾靡秋豪之犯。旋观所履,大节甚明。"盖回鹘乱亡,嗢没斯本与赤心等来归唐,而边吏疑阻,故赤心等怒欲犯塞。而嗢没斯先告边吏,诱赤心之众东走,而嗢没斯帅其众降唐也。

甲申,嗢斯降。《一品集》、《嗢没斯特勒等状》五月四日上,《实录》在五月丙申,盖据奏到之日也。今从《归忠传序》。

五月,张仲武大破那颉啜。《伐叛记》曰:"仲武招降赤心下溃兵及可汗下部落前后三万余人,分配诸道,回鹘种族遂至寡弱。"《新》《旧·纪》皆无仲武破回鹘事。《旧·回纥传》曰:"仲武大破那颉之众,全收七千帐,杀戮收擒老小共九万人。那颉中箭,透驼群潜脱,乌介获而杀之。"《一品集·幽州纪圣功碑》曰:"公前后受降三万人、特勒二人、可汗姊一人、大都督外宰相四人,其它裨王、骑将不可备载。"诸书皆不言仲武破那颉啜月日,故附于此。

八月,回鹘帅众至雲州,诏发陈、许等兵屯太原。《实录》:"六月,回鹘寇雲州,刘沔出太原兵御之。"又云:"刘沔救雲州,为回鹘所败。"七月又云:"乌介过天德,至把头烽,突入大同川,驱太原部落牛马数万,转徙至雲州。"《新·纪》:"正月,回鹘寇横水栅,略天德、振武军。三月,回鹘寇雲、朔。六月,刘沔及回鹘战于雲州,败绩。"按《一品集·奏回鹘事宜状》:"臣等见杨观说,缘回鹘赤心下兵马多散在山北,恐与奚、契丹、室韦同邀截可汗,所以未敢远去。今因赐仲武诏,令谕以朝旨。缘回鹘曾有忠效,又因残破,归附国家,朝廷事体须有存恤。今奚、契丹等与其同力,讨除赤心下散卒,遣可汗渐出汉界,免有滞留。"此状虽无月日,约须在杨观自回鹘还、赤心死、那颉啜未败前也。又《赐可汗书》云:"一昨数使却回,皆言可汗只待马价。及令交付之次,又闻所止屡迁。"则是可汗邀求马价,而朝廷于此尽给之也。又七月十九日状云:"望赐可汗书:'得嗢没斯表,称在本国之时各有本分马,其马价绢并合落下,请充进奉。以可汗本国残破,久在边陲,此已量与嗢没斯优当,其嗢没斯以下本分马价绢,便赐可汗。'"然则给其马价必在七月十九日前。当是时,回鹘虽未寇雲州,败刘沔,突入大同川,掠太原牛马,故朝廷曲徇其所求,欲其早离塞下北去,尚未有攻讨之意也。又《实录》:"八月壬戌朔,李德裕奏请遣石雄斫营取公主,擒可汗。戊辰,又奏斫营事令且住。辛未,诏发陈、许、徐、汝、襄阳兵屯太原、振武、天德救援。"按《一品集》,德裕《论计袭回鹘状》云:"臣频奉圣旨,缘回鹘渐逼把头烽,早须讨袭。臣比闻戎虏不解攻城,只知马上驰突。臣料必无游弈伏道,又不会斫营。傥令石雄以义武马军兼退浑马骑,精选步卒以为羽翼,衔枚夜袭,必易成功。"状无月日。《实录》据七日状云:"今月一日所商量石雄斫营事,望且令(驻)〔住〕",故置之朔日耳。此时犹云渐逼把头烽,则是尚未知过把头烽南也。又八月七日《论回鹘事宜状》云:"回鹘自到把头烽北,已是数旬,奏报寂然,更无侵轶。察其情状,只与在天德、振武界首不殊。臣等今月一日所商量石雄斫营事,望且令住,更审候事势。"据此状意,则是殊未知可汗深入犯云州也。又八月十日《请发陈许等兵状》云:"臣等昨日已于延英面奏,请太原、振武、天德各加兵备,请更征发陈、许、徐、汝、襄阳等兵。至河冰合时,深虑可汗突出过河,兼与吐蕃连结,则为患不细,深要防虞。其所征诸道兵恐不可停,须令及冰未合前,各到所在。"然则回鹘突入大同川犯云州必在八月之初,一日、七日犹未知,九日始奏到,故议发兵守备驱逐。《实录》《新·纪》皆误。今从《旧·纪》。

丁丑,赐嗢没斯及其弟等姓名。《旧·纪》:"六月,嗢没斯等至京师,制以嗢没斯充归义军使,赐姓名李思忠。以回鹘宰相受邪勿为归义军副使,赐姓名李弘顺。"《旧·回鹘传》曰:"二年冬,三年春,回鹘七部共三万众相次降于幽州,诏配诸道。有嗢没斯、受邪勿等诸部降振武,皆赐姓李氏,及名思忠、思贞、思义。"今从《实录》。

遣石戒直还国,赐可汗书。《旧·纪》此诏在刘沔、张仲武为招讨使下。按《一品集》八月十八日状:"两日来臣等窃闻外议云,石诫直久在京城,事无巨细,靡不谙悉。昨缘收入鸿胪,惧朝廷处置,因求奉使,意在脱身。"又云:"石诫直先有两男逃走,必是已入回鹘,料其此去岂肯尽心!伏望速诏刘沔,所在勒回。"然则遣石戒直赐可汗书必在此状之前,未知后来果曾勒回否也。

十二月,吐蕃来告达磨赞普之丧。《实录》:"丁卯,吐蕃赞普卒,遣使告丧,废朝三日。赞普立仅三十余年,有心疾,不知国事,委政大臣焉。命将作少监李璟为吊祭使。"据《补国史》,彝泰卒后又有达磨赞普,此年卒者达磨也。《文宗实录》不书彝泰赞普卒,《旧·传》及《续会要》亦皆无达磨。《新·书》据《补国史》,疑《文宗实录》阙略,故它书皆因而误。彝泰以元和十一年立,至此二十七年,然开成三年已卒。达磨立至此五年,而《实录》云仅三十年,亦是误以达磨为彝泰也。

洛门川讨击使论恐热。《补国史》曰:恐热姓末,名农力。吐蕃国法不呼本姓,但王族则曰论,官族则曰尚,其中字即蕃号也。热者,例皆言之,如中华呼郎。

资治通鉴考异卷第二十二

端明殿学士兼翰林侍读学士太中大夫提举西京嵩山崇福
宫上柱国河内郡开国公食邑二千六百户食实封一千户臣　司马光　奉敕编集

唐纪十四

会昌三年正月，刘沔遣麟州刺史石雄袭可汗。《旧·回鹘传》云"丰州刺史石雄"，《后唐献祖纪年录》云"石州刺史石雄"。按是时田牟为丰州刺史。今从《实录》。

石雄大破回鹘，迎太和公主以归。《旧·石雄传》曰："三年，回鹘大略云、朔，刘沔以太原之师屯于云州。沔谓雄曰：'国家以公主之故，不欲急攻。我辈捍边，但能除患，专之可也。'雄受教，自选劲骑，得沙陀部落，兼契苾、拓拔杂虏，夜发马邑，径趋乌介之牙。时虏帐逼振武，雄既入城，登堞视其众寡，见毡车数十乘云。遂迎公主还太原。"《回鹘传》："乌介去幽州八十里下营。是夜，河冻，刘沔帅兵奄至，乌介惊走，东北依和解室韦下营，不及将太和公主同走。石雄兵遇公主帐，因迎归国。"《后唐献祖纪年录》曰："沔表帝为前锋。回鹘可汗树牙于杀胡山，帝与石雄衔枚夜进，围其牙帐。乌介可汗轻骑而遁。帝于牙帐谒见太和公主，奉而归国。"按《一品集》，会昌二年十月十七日状："访闻刘沔颇练边事，唯临机决策，不免迟疑。深恐过为慎重，渐失事机。望赐刘沔诏：'比缘回鹘未为侵扰，且务绥攘。今既杀戮边人，驱劫牛马，频已有诏速令驱除。自度便宜，临机应变，不得过怀疑虑，皆待朝廷指挥。既假以使名，令为诸军节制，边境之事皆以责成。向后或要移营进军，一切自取机便，不必皆候进止。'"《实录》，戊寅，诏刘沔云云如前。据德裕此状，则沔岂敢不俟诏旨，擅遣石雄袭击可汗牙帐，况已有不须闻奏之诏也。《旧·德裕传》："德裕曰：'把头烽北便是砂碛，彼中野战须用骑兵，若以步卒敌之，理难必胜。今乌介所恃者公主，如令勇将出骑，夺得公主，虏自败矣。'上然之，即令德裕草制处分。"《伐叛记》曰："上问讨袭之计，德裕奏：'若以步兵与回鹘野战，必无胜理。回鹘常质公主同行，臣思得一计。料回鹘必未知有斫营，石雄骁勇无敌，若令拣蕃、浑及汉兵锐卒，衔枚夜进，必取得公主，兼可汗可擒。'上从之。遂令石雄领蕃、浑及汉兵夜进，回鹘果无游弈伏道，直至帐幕方觉。遂取得公主，唯可汗轻骑而遁。"按德裕寻自请驻斫营事，而石雄于城上见公主牙帐迎得之，非因德裕之策。今不取。

乌介可汗走保黑车子族。《旧·回鹘传》云："乌介惊走东北约四百里外，依和解室韦下营，嫁妹与室韦，依附之。"今从《伐叛记》《实录》《新·传》。《旧·张仲武传》又云："乌介既败，乃依康居求活，尽徙馀种寄托黑车子。"盖以李德裕《纪圣功碑》云："乌介并丁令以图安，依康居而求活，尽徙馀种，屈意黑车。"彼所谓康居，用郅支故事耳，致此误也。

二月，李德裕等言求安西、北庭非计。《德裕传》曰："三年二月，赵蕃奏黠戛斯攻安西、北庭都护府，宜出师影援。德裕奏辞与此同。"《献替记》曰："三年二月十一日，延英，德裕奏：'九日奉宣，令臣等向赵蕃说，于黠戛斯处邀求安西、北庭。深恐不可。'"其下德亦与此同。按《实录》："辛未，注吾合索始至，命赵蕃饮劳之。丙子，中书门下奏九日奉宣。"其辞亦与《献替记》同。不知宋据何书得此辛未及丙子日也。今且没其日,系于注吾合索入对之下以传疑。

四月,刘从谏从子匡周。《实录》作"庄周",今从《一品集》。

李德裕请讨泽潞。按《旧·纪》《传》及《实录》所载德裕之语,皆出于《伐叛记》。《伐叛记》系于四月刘从谏始亡之时。至此,君相诛讨之意已决,百官集议及宰臣再议,皆备礼耳。德裕之言当在事初,《实录》置此,误也。

解朝政至上党。《实录》云:"时从谏死二十日矣。"按姜鉴等云,"自四月六日后不见本使。"而辛巳为从谏辍朝,自六日至辛巳,才十八日耳。《实录》自相违,今不取。

五月,以李宗闵为湖州刺史。《献替记》曰:"四月十九日,上言:'东都李宗闵,我闻比与从谏交通。今泽潞事如何?可别与一官,不要令在东都。'德裕曰:'臣等续商量。'上又云:'不可与方镇,只与一远郡。'德裕又奏云:'须与一郡。'"此盖德裕自以宿憾因刘稹事害宗闵,畏人讥议,故于《献替记》载此语以隐其迹耳。今从《实录》。

宰相欲且遣使谕刘稹,上即命讨之。《献替记》曰:"五月十一日,德裕疾病,先请假在宅。李相绅其日亦请假。李相让夷独对,上便决攻讨之意,李相归中书后,录圣意四纸,令德裕草制,至薄晚封进。明日,遂降麻处分。"《旧·本纪》,九月下制讨稹。今从《实录》。

崔铉同平章事。《实录》李让夷引铉为相。今从《补国史》。

九月,以石雄代李彦佐。《实录》:"召彦佐入奉朝议,俟罢兵日赴镇。"按彦佐前已罢武宁,今又罢晋绛,复赴何镇!《实录》误也。

十月庚申,上称石雄良将。《献替》《伐叛记》皆云:"十月五日,上言石雄破贼。"而《实录》己巳奏到,庚午对宰臣言,乃是十五日。恐误。

十二月,王宰进攻泽州。《一品集》,十月二十三日状:"缘王宰兵已深入,须取泽州。"按此月三日宰始得天井关,于十月之末岂能深入取泽州!盖十二月十三日状,"二"字误在"月"下耳。

刘稹请降于李石,李德裕上言。《一品集》,正月四日状曰:"臣等得李石状,报刘稹潜有款诚"云云。又曰:"今馈运之费,计至春末并足,如二月已来尚未殄灭,然议纳降,亦未为晚。"又草敕赐石曰:"必不得因此迁延,令其得计。仍不得先受章表,便与奏闻。"《实录》:"上贬崔碣,仍诏敢言罢兵者送贼境戮之。"德裕状正月四日上,然石发奏必在杨弁未乱前,故置于此。

四年正月,德裕上言:刘稹与诸将举族面缚,方可受纳。《一品集》奏状云:"如刘稹自来,却令送入,辄不得受。"按稹若自来,岂有却送入之理?恐是"稹"下脱"不"字。

诏王元逵以步骑自土门入,应接王逢军。《实录》:"诏侧近行营量抽兵翦扑。又诏王元逵以兵五千扼土门,张仲武把雁门,以为声援。"今从《伐叛记》。

三月,王逢败康良佺。《实录》:"王宰奏贼将康良佺败,弃石会关,移军人三十里,守鼓腰岭。"按石会关在潞州北,与河东接。宰时在泽州南,何以得败良佺!盖"逢"字误为"宰"耳。

刘濛为巡边使。《实录》,以濛为巡边使在明年二月壬寅。壬寅,二十五日也。按《一品集》,会昌四年二月二十二日奏状曰:"缘李回等称黠戛斯使云,今冬必欲就黑车子收回鹘可汗余烬,切望国家兵马应接。黠戛斯使回日已赐敕书,许令幽州、太原、振武、天德各于要路出兵邀截。"又曰:"仍令代北诸军拟拟排比。"又曰:"其幽州兵马至多,不必先令排比,待至冬初续降中使赐诏。"黠戛斯使来在四年二月,德裕奏状所谓今冬、防秋、冬初者,皆四年事也,不容至五年二月始以濛〔为〕巡边。使濛之奉使,要在今年春夏不知的何月日,且附于此。

六月,减州县佐官一千二百一十四员。《献替记》曰:"减得二千二员。"《新·传》曰:"罢二千余员。"《旧·柳仲郢传》曰:"减一千二百员。"今从之。

七月甲辰,杜悰同平章事。《新·表》,悰入相在闰月壬戌。今从《实录》。

八月,德裕请以卢弘止为三州留后。《旧·纪》《传》皆作"弘正"。《实录》《新·纪》《传》皆作"弘止",今从之。

十二月,石雄为河阳节度使。《实录》:"九月,卢钧奏,十七日,石雄回军赴孟州。"按雄于时未为河阳节度使,《实录》误也。

五年七月,上都、东都两街各留二寺,每寺留僧三十人。节度等州各一寺,三等留僧。《实录》:"中书门下奏请上都、东都两街各留寺十所,每寺留僧十人,大藩镇各一所,僧亦依前诏。敕上都、东都每街各留寺两所,每寺僧各留三十人。中书门下奏:'奉敕诸道所留僧尼数宜令更商量,分为三等:上至二十人,中至十人,下至五人。今据天下诸道共五十处四十六道,合配三等:镇州、魏博、淮南、西川、山南东道、荆南、岭南、汴宋、幽州、东川、鄂岳、浙西、浙东、宣歙、湖南、江西、河南府,望每道许留僧二十人。山南西道、河东、郑滑、陈许、潞磁、郓曹、徐泗、凤翔、兖海、淄青、沧齐、易定、福建、同华州,望令每道许留十人。夏桂、邕管、黔中、安南、汝、金、商州、容管,望每道许留五人。一道河中已敕下留十三人。'"按镇州等凡五十六州,四十一道,今云五十处四十六道,误也。杜牧《杭州南亭记》曰:"武宗即位,始去其山台野邑四万所,冠其徒几至十万人。后至会昌五年,始命西京留佛寺四,僧惟十人,东京二寺。天下所谓节度、观察、同、华、汝三十四治所得留一寺,僧准西京数,其他刺史州不得有寺。凡除寺四千六百,僧尼笄冠二十六万五百。"《实录》注又云:"按唐时石刻云:'两都留寺四,僧各十人。郡国留寺二,僧各三人。'"数皆不同。今从《实录》前文。

八月,毁招提、兰若四万余区。《会要》:"元和二年,薛平奏请赐中条山兰若额为大和寺。"盖官赐额者为寺,私造者为招提、兰若,杜牧所谓"山台野邑"是也。

卢钧还入上党,尽杀乱兵。《献替记》:"上信任宰臣,无不先访问,无独断之事。唯诛讨泽潞,不肯舍赴振武官健及诛戛党项,此二事并禁中发诏处分,更不顾问。振武官健回旗,不肯进发,先害监军傔一人,监军王惟直自出晓谕,又被伤痍,旬日而卒。禁中两军枢密已下,恨其杀节将,唯害中人,所以激上之怒,尽须剿戮。上问宰臣曰:'我送石雄领兵至泽潞,令卢钧不诛讨罪人,如何?'德裕奏曰:'卢钧已失律,性又宽悯,必恐自诛不得。若便替却卢钧,乱卒罪恶转大,须兴兵讨伐。恐不如先除替,令新帅诛戛。'上谓德裕曰:'勿惜卢钧,本非材将。救泽潞叛兵,疑李丕报嫌。(注)〔往〕刘稹平后,处置泽潞与刘稹同恶,仅五千余人,皆是得高文端、王钊状,通姓名,勘李丕状同,然后处分。其间有三两人或王钊状无名,并不更问,足明是李丕不能逞其憾。'又云:'唯务苟安因循为政。凡方镇发兵,只合不出军城,严兵自卫,于城门阃过部伍,更令军将慰安。岂有自出送兵马,又令家口纵观!事同儿戏,实不足惜。''缘大兵之后,须有防虞,臣不敢隐默。'由是中诏处分,不复顾问。"按卢钧还入潞州,谕戍兵使赴振武,寻遣兵追击,尽杀之,非上不肯杀也。既云"不可便替",又云"不如先除替"'语自相违。上云"勿惜卢钧",是上语,下云"臣不敢隐默",乃是德裕语。《献替记》至此差舛尤甚,不可复据。又处置泽潞五千余人太多,必是"五十"字误耳。

六年,上自正月乙卯不视朝。《实录》作"十五日"。按《献替记》:"自正月十三日后至三月二十日更不开延英,时见中诏处分,莫得预焉。"今从之。

上不礼光王怡。韦昭度《续皇王宝运录》曰:"宣宗即宪皇第四子,自宪皇崩,便合绍位,乃与侄文宗。文宗崩,武皇虑有他谋,乃密令中常侍四人擒宣宗于永巷,幽之数日,沉于宫厕。宦者仇公武愍之,乃奏武宗曰:'前者王子,不宜久于宫厕。诛之。'武宗曰:'唯唯。'仇公武取出,于车中以粪土杂物覆之,将别路归家,密养之。三年后,武皇宫车晏驾,百官奉迎于玉宸殿立之。寻擢仇公武为军容使。"尉迟偓《中朝故事》曰:"敬宗、文宗、武宗相次即位,宣皇皆叔父也。武宗初登极,深忌焉。一日,会鞠于禁苑间,武宗召上,遥睨瞬目于中官仇士良,士良跃马向前曰:'适有旨,王可下马。'士良命中官舆出军中,奏云:'落马,已不救矣。'寻请为僧,游行江表间。会昌末,中人请还京,遂即位。"令狐澄《贞陵遗事》曰:'上在藩时,尝从驾回,而上误堕马,人不之觉。比二更,方能兴。时天大雪,四顾悄无人声。上寒甚,会巡警者至,大惊。上曰:'我光王也。不悟至此,方困且渴,若为我求水。'警者即于旁近取水以进,遂委而去。上良久起,举瓯将(欲)〔饮〕,顾瓯中水尽为芳醪矣。上独喜自负,一举尽瓯。已而体微暖有力,遂步归藩邸。"此三事皆鄙妄无稽,今不取。

三月辛酉,立怡为皇太叔。《旧·纪》:"三月一日,立为皇太叔。"《武宗实录》云"壬戌",《宣宗实录》云"辛酉"。按《献替记》云:"自正月十三日后至三月二十日,更不开延英。"盖二十一日则宣宗见百寮也。今从《宣宗实录》。

四月,李德裕同平章事、荆南节度使。《实录》《新·表》《传》皆云:"德裕自守太尉检校司徒为荆南节度使。"按制辞皆无责降之语,岂可遽自守太尉检校司徒!今从《旧·纪》。又《贞陵遗事》曰:"上初即位于太极殿,时宰相李德裕与行册礼。及退,上谓宦侍云云。听政之二日,遂出为荆门。"《旧·德裕传》曰:"五年,武宗上徽号,累表乞骸,不许。德裕病月余,坚请解机务,乃以本官平章事兼江陵尹、荆南节度使。数月,追复知政事。宣宗即位,罢相,出为东都留守。"按《旧·纪》《新·表》及诸书,武宗朝德裕未尝罢免。此年九月,方自江陵除东都留守。《旧·传》谬误,今从《实录》。

五月,上京两街留两寺外,各增置八寺。《杭州南亭记》曰:"今天子即位,天下州率与二寺,用齿衰男女为其徒,各止三十人,两京数倍其四五焉。"《实录》:"准五日敕,两街先留寺两所外,更添置八所。"注:"唐石刻云:'京都两街各置十寺,寺僧五十人。'"盖谓二年正月赦后,非今赦也。

八月,赠王才人贵妃,随葬端陵。蔡京《王贵妃传》曰:"帝疾亟,才人久视帝而归燕息处,浓妆洁服如常日,乃取所玩用物散与内家(静)〔净〕尽,持帝所授帊至帝前,已见升遐,容易自缢,而仆于御座下,以缢为名而得卒。"《旧·纪》:"武宗葬端陵,德妃王氏祔焉。"李德裕《献替记》曰："自上临御，王妃有专房之宠。至是，以娇妒忤旨，一夕而殒，群情无不惊惧，以谓上功成之后喜怒不测。德裕因以进谏。"在五年十月，与《王贵妃传》不同，恐《献替记》误。康骈《剧谈录》曰："孟才人善歌，有宠于武宗。属一旦圣体不豫，召而问之曰：'我或不讳，汝将何之？'对曰：'若陛下万岁之后，无复生为！'是日令于御前歌《河满子》一曲，声调凄咽，闻者涕零。及宫车晏驾，哀恸数日而殒，穸于端陵之侧。"此事恐(上)〔正〕是王才人，传闻不同。

宣宗大中元年二月，白敏中排李德裕。《实录》："白敏中、令狐绹，在会昌中，德裕不以朋党疑之，置之台阁。及德裕失势，抵掌戟手，同谋斥逐。而崔铉亦以会昌末罢相怨德裕，大中初，敏中复荐铉在中书，乃令其党人李咸者讼德裕辅政时阴事，罢德裕留守，以太子少保分司东都。"按《旧·传》，绹以大中二年自湖州刺史人知制诰，铉以三年自河中节度使人为相，此时未也。《实录》误。

八月，史宪忠破突厥。按突厥亡已久，盖犹有余种在振武之北者。

二年五月，太皇太后郭氏崩。《实录》："五月戊寅，以太皇太后寝疾，权不听政，宰臣帅百僚问太后起居。己卯，复问起居，下遗令。是日，太后崩。初，上纂位，以宪宗遇弑，颇疑后在党中，至是，暴得疾崩，帝之志也。甲申，白敏中帅百僚上表请听政，不许。乙酉，又上表，不许。丙戌，三上表，乃依。六月，贬礼院检讨官王皥为润州句容令。"《旧·传》曰："宣宗继统，即后之诸子也，恩礼愈异于前朝。大中年崩，祔景陵。后历位七朝，五居太母之尊，人君行子孙之礼，福寿隆贵四十余年，虽汉之马、邓无以加焉，识者以为汾阳社稷之功未泯，复钟庆于懿安焉。"裴(延)〔裕〕《东观奏记》曰："宪宗皇帝晏驾之夕，上虽幼，颇记其事，追恨光陵商臣之酷，即位后，诛锄恶党，无漏网者。郭太后以上英察孝果，且怀惭惧，时居兴庆宫，一日，与一二侍儿同升勤政楼，倚衡而望，便欲殒于楼下，欲成上过，左右急持之，即闻于上。上大怒，其夕，太后暴崩，上志当。"又曰："懿安郭太后既崩，丧期许如故事。礼院检讨官王皥抗疏，请后合葬景陵，配飨宪宗庙室。既人，上大怒。宰臣白敏中召皥诘其事，皥对云云。翌日，皥贬润州句容县令，周墀亦免相。"按《实录》所言暴崩事，皆出于《东观奏记》。若实有此事，则既云是夕暴崩，何得前一日先下诏云，以太后寝疾，权不听政。若无此事，则廷裕岂敢辄诬诬宣宗！或者郭后实以病终，而宣宗以平日疑忿之心，欲黜其礼，故皥争之。疑以传疑，今参取之。《东观奏记》又曰："杜悰通贵日久，门下有术士姓李。悰任西川节度使，马植罢黔中赴阙，至西川，李术士一见植，谓悰曰：'马中丞非常人也，相公厚遇之。'悰未之信。术士一日密言于悰曰：'相公将有其祸，非马中丞不能救，乞厚结之。'悰始惊信。发日，厚币赠之，仍令邸吏为植于阙下买宅，生生之费无阙焉。植至阙，方知感悰，不知其旨。寻除光禄卿，报状至蜀，悰谓术士曰：'贵人到阙作光禄勋矣。'术士曰：'姑待之。'稍迁大理卿，又迁刑部侍郎，充诸道盐铁使。悰始惊忧。俄而作相，懿安皇太后崩后，悰，懿安子婿也，忽一日，内榜子索检责宰相元载故事。植谕旨。翌日延英，上前万期营救。植素辩，能回上旨，事遂中寝。"按植，会昌中已自黔人为大理卿。悰今年二月始为西川节度使。今不取。

七月，石雄自陈黑山、乌岭之功。此出范摅《云溪友议》。彼以乌岭为天井，误也。

三年二月，吐蕃三州、七关降。《实录》："泾原节度使康季荣奏吐蕃宰相论恐热杀东道节度使,奉表以三州、七关来降。"《献祖纪年录》亦云:"杀东道节度使,〔奉表〕。"按《补国史》叙论恐热事甚详,至五年五月始来降,此际未降也。又不云杀东道节度使。且恐热若以三州、七关来降,朝廷必官赏之,何故但赏边将而不及恐热。盖三州、七关以吐蕃国乱,自来降唐,朝廷遣诸道应接抚纳之,非恐热帅以来。《实录》误耳。

八月,河、陇老幼千余人。《实录》云"数千人",今从《旧·传》。

十一月,幽州逐张直方,推周綝为留后。《旧·纪》:"十一月,幽州军乱,逐张直方,军人推周綝为留后。四年九月,周綝卒,军人立张允伸为留后。"《直方传》曰:"直方多不法,虑为将卒所图,三年冬,托以游猎奔赴阙廷。"《张允伸传》曰:"四年,戎帅周綝寝疾,表允伸为留后。"《新·纪》:"四年八月,幽州军乱,逐张直方,张允伸自称留后。"《传》亦言直方出奔,即以允伸为留后。《实录》直方赴阙,亦在去年八月至九月,又云张允伸知留后。皆无周綝姓名。今从《旧书》。

四年七月,周綝薨,张允伸为留后。《旧·纪》亦无朝廷命綝为节度使年月,至此但云"幽州节度使周綝卒,军人立张允伸为留后。"《实录》:"九月,幽州大将表请押衙张允伸知留后事。"《旧·允伸传》曰:"大中四年,戎帅周綝寝疾,表允伸为留后,朝廷许其奏。"今参取之。

十月,令狐绹同平章事。《旧·纪》在十一月,今从《实录》《新·纪》。

五年二月,张义潮降。《补国史》作"议潮",今从《实录》《新》《旧·纪》《传》。

上以南山、平夏党项久未平。《唐年补录》曰:"松州南有雪山,故曰南山。平夏,川名也。"

十一月,以张义潮为归义节度使。《唐年补录》《旧·纪》,义潮降在五年八月。《献祖纪年录》及《新·纪》在十月。按《实录》:"五年二月壬戌,天德军奏沙州刺史张义潮、安景旻及部落使阎英达等差使上表,请以沙州降。十月,义潮遣兄义泽以本道瓜、沙、伊、肃等十一州地图户籍来献。河、陇陷没百余年,至是悉复故地。十一月,建沙州为归义军,以张义潮为节度使,河、沙等十一州观察、营田、处置等使。"《新·纪》:"五年十月,沙州人张义潮以瓜、沙、伊、肃、鄯、甘、河、西、兰、岷、廓十一州归于有司。"《新·传》:"三州、七关降之明年,沙州首领张义潮奉十一州地图以献,擢义潮沙州防御使,俄号归义军,遂为节度使。"参考诸书,盖二月义潮使者始以得沙州来告,除防御使,十月又遣义泽以十一州图籍来上,除节度使也。今从《实录》。《新·传》云三州降之明年,误也。

六年六月,毕诚除邠宁节度使。《旧·传》,懿宗召问边事。今从《实录》。

七年十二月,度支奏天下所纳钱数。《续皇王宝运录》具载是岁度支收之数,舛错不可晓,今特存其可晓者。

八年九月,立皇子洽、汭、汶为王。《唐年补录》:"五年正月甲戌朔,封三王。"今从《实录》《新·纪》。

十年五月,韦澳为京兆尹。《贞陵遗事》《东观奏记》皆曰:"帝以崔罕、崔郢并败官,面除澳京兆尹。"按《大中制集》,澳代罕,郢代澳,云罕、郢并败官,误也。今从《实录》《新·纪》《旧·纪》《新·传》耳。

九月，韦瓘贬永州司马。《东观奏记》《实录》，贬司农卿韦瓘为永州司马，瓘夜令术士为厌胜之术，御史台劾奏故也。范摅《云溪友议》曰："太仆卿韦瓘欲求夏州节度使云云，贬潘州司马。"今官名从《东观奏记》及《实录》，事采《云溪友议》。

澳杖郑光庄吏。《东观奏记》曰："太后为上言之，上于延英问澳，澳具奏本末。上曰：'今日纳租足，放否？'澳曰：'尚在限内。明日则不得矣。'上入奏太后曰：'韦澳不可犯，且与送钱纳却。'顷刻而租入。"今从柳玭《续贞陵遗事》。

郑颢求作相，父祗德与书。刘崇远《金华子杂编》："颢既判户部，驰逐台司甚切。时家君犹镇山东，闻之，遗书谓颢"云云。按《实录》，九年十二月，颢父祗德以宾客、分司。《金华子》云镇山东，误也。

十一年正月，韦澳为河阳节度使。《旧·传》云"十二年"，误也。今从《实录》。

七月，流祝汉贞。《实录》："大中十一年七月，贬嗣韩王乾裕于岭外。初，伶人祝汉贞宠冠诸优，复出入宫邸，乾裕以金帛结之，求刺史，虽已纳赂而未敢言。至是，为御史台劾奏，故贬，杖汉贞，流天德军。"今从《贞陵遗事》。

十月，李承勋奏尚延心为河、渭都游弈使。此事出《补国史》。按张义潮以十一州降，河、渭已在其间。今延心复以河、渭降者，义潮所帅者汉民，延心所帅者蕃族也。又《补国史》不云延心以何年月降。《新·传》但云："张义潮降，其后河、渭州虏将尚延心以国破亡，亦献款。秦州刺史高骈诱降延心及浑末部万帐，遂收二州，拜延心武卫将军。骈收凤林关，以延心为河、渭等州都游弈使。"按《旧·传》，高骈懿宗时始为秦州刺史。《新·传》误也。今从《补国史》。因承勋移镇泾原，并延心事置于此。

十二年正月，王式为安南都护。《旧·纪》，式为安南在二月。今从《实录》。

戊午，刘瑑同平章事。《东观奏记》曰："十一年，上手诏追之，既至，拜户部侍郎、判度支。十二月十七日，次对，上以御按历日付瑑，令于下旬择一吉日。瑑不谕上旨，上曰：'但择一拜官日即得。'瑑跪奏：'二十五日甚佳。'上笑曰：'此日命卿为相。'秘，世无知者。高湜为凤翔从事，湜即瑑田寮也。二十四日，辞事于宣平里私第。湜曰：'窃度旬时，必副其瞻之望。'瑑笑曰：'来日具瞻，何旬时也！'湜不敢发。诘旦，果爰立矣，始以此事泄于湜。"《实录·瑑传》曰："明年正月十七日，次对，帝以历日付瑑，令择吉日。瑑跪奏：'二十五日。'"今从之。

二月，崔慎由罢相。《唐阙史》曰："丞相太保崔公一日备顾问于便殿，上欲御楼肆赦。太保奏云云。后旬日，罢知政事。"《旧·传》："初，慎由与萧邺同在翰林，情不相洽，及慎由作相，罢邺学士。俄而邺自度支，平章事，恩顾甚隆，邺引瑑同知政事，遂出慎由东川。"《东观奏记》："刘瑑既入相，与慎由议政于上前。慎由曰：'唯当甄别品流。'瑑云云。慎由不能对。因此恩泽浸衰，寻罢相为东川节度使，削平章事。"今从《唐阙史》。

五月，使优人追李瓒节。此出《东观奏记》，而瓒不知以何时除岭南。按《实录》，大中九年，韦曙除岭南节度使。今年正月薨，杨发代之。三月，萧倣言柳珪。四月，瓒自司农卿为右金吾大将军。五月，闻岭南乱。盖于此除瓒岭南，而倣封还，以瓒为非定乱之才之故也。今置于此。

六月，安南都护李涿。《实录》：或作"琢"，或作"涿"。樊绰《蛮书》亦作"涿"。《实录》

及《新书》皆有《李琢传》，听之子也。大中三年，自洺州刺史除义昌节度使。九年九月，自金吾将军除平卢节度使，不云曾为安南都护。按都护位卑，琢既为义昌节度使，不应为都护。疑作都护者别一李琢，非听子也。

群蛮导南诏侵边。《旧·纪》："琢侵刻獠民，群獠引林邑蛮攻安南府。"按《蛮书》，寇安南者南诏，非林邑也。

蛮寇安南。《实录》无琢除安南年月。《蛮书》云："大中八年，安南都护擅罢林西原防冬戍卒，洞主李由独等七绾首领被蛮诱引，复为亲情，日往月来，渐遭侵轶。"又云："桃花蛮本属由独管辖，亦为界上戍卒，自大中八年，被峰州知州官申文状与李琢，请罢防冬将健六千人，不要昧、真、登等州界上防遏。其由独兄弟力不禁，被蛮拓东节度使与书信，将外甥嫁与由独小男，补拓东押衙，自此后七绾洞悉为蛮收管。"《旧·纪》："咸通四年十一月，刘蜕等言：令狐绹受李琢贿，除安南，生蛮寇。"《实录》："咸通二年六月，诏：'如闻李琢在安南日，杀害杜存诚，贪残颇甚，致令溪洞怀怨。'"据此，则本因李琢贪暴无谋，以致蛮寇明矣。然则大中八年至十一年，《旧·纪》《实录》不言蛮为边患，盖但时于边境小有钞盗，未敢犯州县，至此寇安南，而《旧·纪》《实录》始载之。又不知此寇安南，即郑言《平剡录》所谓至锦田步时非也。

十三年八月，左军副使亓元实。或作"邢元实"。今从《东观奏记》《懿宗实录》。

宣宗明察沉断。《续贞陵遗事》曰："越守尝进女乐，有绝色者，上初悦之，数月，锡赉盈积。一旦晨兴，忽不乐，曰：'玄宗只一杨妃，天下至今未平，我岂敢忘！'乃召美人曰：'应留汝不得。'左右或奏：'可以放还。'上曰：'放还我必思之，可命赐酒一杯。'"此太不近人情，恐誉之太过。今不取。

李玄伯等伏诛。《东观奏记》："毕诚在翰林，上恩顾特异，许中为相，深为丞相令狐绹缓其入相之谋。诚思有以结绹，在北门求得绝色，非人世所有，盛饰珠翠，专使献绹。绹一见之心动，谓其子曰：'毕太原于吾无分，今以是饵吾，将倾吾家族也。'一见立返之。诚又沥血输启事于绹，绹终不内，乃命邸货之。东头医官李玄伯，上所狎昵者，以钱七十万致于家，乃舍正堂坐之，玄伯夫妻执贱役以事焉。逾月，尽得其欢心矣，乃进于上。上一见惑之，宠冠六宫。玄伯烧伏火丹砂连进，以市恩泽，致上疮疾，皆玄伯之罪也。懿宗即位，玄伯与山人王岳、道士虞紫芝俱弃市。"今从《实录》。

九月，何弘敬兼中书令。《东观奏记》："大中十三年三月，魏博何弘敬就加中书令。"据《实录》，二月弘敬加太傅，此月乃加中书令，在懿宗即位后。《东观奏记》误也。

十二月，裴甫攻陷象山。《实录》作'仇甫'。按《平剡录》作"裴甫"，今从之。

南诏陷播州。《旧·纪》《实录》今年皆无陷播州事，惟《新·纪》有之。《实录》："咸通六年三月，卢潘奏云：'大中十三年，南蛮陷播州。'"《补国史》曰："雲南自大中初朝贡使及西川质子人数渐多，节度使奏请厘革减省，有诏许之，录奏报雲南，雲南回牒不逊。"《新·南诏传》曰："朝贡岁至，从者多，杜悰自西川入朝，表无多诟蛮慊。丰祐怒，即慢言索质子。"盖谓蛮子弟学成都者也。按杜悰以咸通二年十月入朝，而丰祐大中十三年已死，则建议减蛮慊者，必非悰入朝后事。《新·传》误也。

资治通鉴考异卷第二十三

端明殿学士兼翰林侍读学士太中大夫提举西京嵩山崇福宫上柱国河内郡开国公食邑二千六百户食实封一千户臣　司马光　奉敕编集

唐纪十五

懿宗咸通元年六月，王式械裘甫送京师。《平剡录》曰："诸军围贼于剡，贼悍甚，其所谓女军者，亦乘城摘砾以中人。三日，凡八十三战，贼虽岨，官军亦疲。仇甫佯言乞降，诸将使骑来白。公曰：'贼急暂休耳，谨备之。'仍遣押牙薛敬义谓诸将曰：'功成矣，勉之，勿怠也。'果复三战，二十一日夜，甫与刘眰、刘庆十余辈又从百余人出，遥与诸将语，'伺我军之懈，将使勇者溃围焉。'诸将得公诫，夜皆设伏于营前。甫辈离城数十步，伏兵疾走以间之，锐师数百复继之，城中贼不出。甫遽甚不知所为，遂成擒焉。至是，用兵六十六日矣。二十三日，缚置府城，公于衙门陈兵以见，执其徒刘眰、刘庆二十余辈，三斩之，械裘甫献阙下。"《玉泉子见闻录》曰："王式讨裘甫。甫始起于剡，既为官军所败，复入于剡，城坚卒锐，不可遽拔。式乃约降，许奏以金吾将军，甫许焉，其将刘眰独以为不可。比及越城，左右则械手以木，曳颈以组。甫曰：'吾既已降，何用是为？'左右曰：'法也。到越则释去，公且行，有命矣。'既至，式登南楼俟之，曰：'裘甫何罪，罪皆刘眰辈。'命三斩之。眰顾谓甫曰：'君竟拜金吾乎！'斩甫于长安东市。初，甫之入剡也，虽已累败，向使城守，期岁未可平也。玉泉子曰：古人有言，杀降不祥。李广所以不侯，良有以也。王公亦不闻大贵。郑公述《平剡录》一何曲笔哉！虽骤历清显，而卒以表明不复起，可不慎哉！"按二书所言，莫知孰是。然裘甫在剡城，穷困已极，势不能久，式不必更以诈诱之，或者诸将为之，不可知也。甫之出降也，或欲突走，或被诱而来，皆不可知，要之为出城乞降，官军因邀断其后擒之耳。

九月，刘邺请赠李德裕官。裴旦《李太尉南行录》，载咸通二年九月二十六日右拾遗内供奉刘邺表，略云："子晔，贬立山尉，去年获遇陛下惟新之命，覃作解之恩，移授郴县尉，今已没于贬所。"又曰："血属已尽，生涯悉空。"又曰："孤身未归于茔域，一男又陨于江、湘。"又曰："其李德裕，请特赐赠官。"敕依奏。《实录》注引《东观奏记》云："令狐相绹梦德裕曰：'某已谢明时，幸相公哀之，许归葬故里。'绹为其子滴言之，滴曰：'李卫公犯众怒，又崔相铉、魏相謩皆敌人也，见持政，必将上前同，未可言之也。'后数日，上将坐延英，绹又梦德裕曰：'某委骨海上，思还故里，与相公有旧，幸悯而许之。'既寤，复得滴曰：'向见卫公精爽尚可畏，吾不言，必掇祸。明日入中书，且为同列言之。'既而于帝前论奏，许其子蒙州立山尉晔护丧归葬。"又，是时柳仲郢镇东蜀，设奠于荆南，命从事李商隐为文云："恭承新渥，言还旧止。"又曰："身留蜀郡，路隔伊川。"邺奏乃云："孤骨未归茔域。"晔，懿宗初才徙郴县尉，未详，或者后人伪作之，非邺本奏也。《实录》注又云："白敏中为中书令，时与右庶子段全纬书云：'故卫公、太尉，灾兴鸺鸟，怨结江鱼，亲交雨散于西园，子弟蓬飘于南土。尝蒙一顾，继履三台，保持获尽于天年，论请爱加于宠赠。'全纬尝为德裕西川从事，故敏中语及云。"按此似繇敏中开发，而数本追复赠官，多连邺奏。德裕素有恩于敏中，敏中前作相，既远贬之，至此又掠其美，鄙哉！按刘邺表云："去年获遇陛下惟新之命，覃作解之恩。"则与此表在咸通元年，非二年也。《旧·传》："邺为翰林学士承旨，以李德裕贬死珠崖，大中朝，令狐绹当权，累有赦宥，不蒙恩例。懿宗即位，绹在方镇，属郊天大赦，邺奏论之。"《李太尉南行录》，邺此时未为翰林学士，因上此表，敕批："便令内养宣唤入翰林充学士，余依奏。"《金华子杂编》曰："宣宗尝私行经延资库，见广厦连绵，钱帛山积，问左右曰：'谁为此库？'侍臣对曰：'宰相李德裕执政日，以天下每每岁备用之余尽实此，自是以来，边庭有急，支备无乏者，兹实有赖。'上曰：'今何在？'曰：'顷以坐吴湘狱贬于崖州。'上曰：'如有此功于国，微罪岂合深谴！'由是刘公邺得以进表乞追雪之。上一览表，遂许其加赠、归葬焉。"按宣宗素恶德裕，故始即位即逐之，岂有不知其在崖州而云"岂合深谴"！又刘邺追雪在懿宗时，此说殊为浅陋，今不取。

十二月，南诏陷交趾。《新·南诏传》："大中时，李琢为安南经略使，苛墨自私，以斗盐易一牛，夷人不堪，结南诏将段酋迁陷安南都护府，号白衣没命军。懿宗绝其岁贡，乃陷播州。安南都护李鄠屯武州，咸通元年，为蛮所攻，弃州走，天子斥鄠，以王宽代之。"按宣宗时，南诏未尝陷安南。据《新·传》，则似大中时已陷安南，咸通元年又陷武州也。且李鄠安南失守，然后奔武州，非在武州而弃之。《新·传》误也。今从《实录》。

二年二月，杜悰请不罪宰相。《新·传》云："宣宗大渐，枢密使王归长等矫诏迎郓王立之。懿宗即位，欲罪大臣，悰解之。"按立郓王者王宗实，《新·传》云归长，误也。今从《补国史》。

六月，王宽为安南经略使，李鄠贬儋州司户。《实录》："又赐宽手诏云云，'如闻李琢在安南日，杀害杜存诚，李鄠又处置其子守澄，使诱导群蛮，陷没城邑。卿到镇日，于李鄠处索取前后敕诏，一一参详。'初，李琢在镇，蛮首领爱州刺史黉土军兵马使杜存诚密诱溪洞夷、獠为之乡导，琢察其不忠，戮死焉。及李鄠至镇，蛮陷安南，鄠走武州，召土军收复城邑，而存诚家兵甚众，朝廷姑息，乃赠存诚金吾将军。鄠以失备贬儋州。"《补国史》："蛮陷安南，李鄠投武州，召土军收复，颇有功绩，杀首领杜存诚，以捍御盘桓，不戮力尽敌，兼洞夷、獠为乡导之罪也。鄠贬儋州后，以存诚溪洞强犷，家兵数多，子弟继总军旅，皆输忠勇，军府倚赖方盘，朝廷亦加姑息，乃再举宪章，长流鄠崖州，赠存诚金吾将军，以诱其竭力。命前盐州刺史王宙为都护。"按鄠所杀存诚之子守澄，已为王式所逐，鄠至旬日杀之，非因扞御不戮力也。代鄠者乃王宽，非王宙。《补国史》误也。今独取鄠克复安南一事，余皆从《平剡录》《实录》。

七月，孟穆为南诏吊祭使，会南诏入寇，不行。《实录》在此年十二月。按《补国史》："杜邠公再入辅，建议遣使吊祭，令其改名。才命使臣，已破越巂城池，攻邛崃关镇，使臣逗留数月不发。"然则命穆充使当在寇巂州前，《实录》书于十二月，误也。按南诏已称帝，陷安南，岂可弥缝！悰但欲姑息，故阳不知其僭号及以陷安南者为土蛮耳。

三年二月，以蔡袭代王宽。《补国史》："王宙有缉理抚众才，远人怀惠。才未周岁，南蛮复侵封部，请兵设备，累以危急上闻。乃命桂管都防御使蔡袭代之。"《实录》："以前湖南观察使蔡袭为安南经略等使。王宽亦制置失宜，诸部蛮相帅内寇，故命袭往代焉。"今从之。

发诸道兵授袭，蛮引去。《实录》："咸通三年二月，以蔡袭为安南经略、招讨、处置等使。三月，以蔡袭充荆襄以南宣慰安抚使。五月，以京为岭南西道节度使。"《旧·纪》："三年十一月，遣蔡袭率禁军三千赴援安南。"按《补国史》云："咸通三年，使左庶子蔡京制置岭南事。"又云："命桂管都防御使蔡袭代王宙。其明年，使蔡京制置岭南事。"然则袭除安南，似在咸通二年也。又按樊绰《蛮书》云："臣咸通三年三月四日奉本使尚书蔡袭手示，密委臣深入贼帅朱道古营寨。三月八日，入贼重围之中，臣却回，——自于都护王宽，领得臣书牒，全无指探，擅放军回，苟求朝奖，致袭枉伤矢石，陷失城池，征之其由，莫非蔡京、王宽之过。"绰既谓袭为本使，为之入蛮，则是袭已到官。又云回白都护王宽，则是宽犹未去任也。不知绰不白袭而白宽何故也。又，袭将兵代宽，宽为已替之人，安能擅放军回，令袭陷没！疑《蛮书》"擅放军回"字上少"蔡京"二字。袭除安南，不知的在何年月。今从《实录》。

段文楚坐变更旧制左迁。《补国史》："文楚到后，城邑牢落，人户雕残。才得数月，朝廷责其更改旧制，降授威卫分司。"盖文楚既之官，而朝议责邕州陷没由文楚请罢三道戍兵自募土军，故云更改旧制。而《实录》云："及文楚再至，城池圮废，人户残耗，由是颇更旧制。未数月，朝廷虑致烦扰，复改命怀玉焉。"《新·传》："文楚数改条约，众不悦，以胡怀玉代之。"盖因《补国史》改更旧制之语，相承而误也。

七月，徐州军逐温璋。《旧·传》曰："璋，咸通末为徐泗节度使。徐州牙卒曰银刀军，颇骄横。璋至，诛其凶恶者五百余人，自是军中畏法。"按诛银刀军者，王式也。《旧·传》误。

八月，王式诛银刀军。《旧·传》曰："式至镇，尽诛银刀等七军，徐方平定。"《金华子杂编》曰："温璋失律于徐州，自河阳移师往镇之，式领河阳全军赴任。徐州将士闻式到近境，先遣衙队三百人远接。式衩衣坐胡床受参，既毕，乃问其逐帅之罪，命皆斩于帐前，不留一人。既而相次继来，莫知前死者音耗，至则又斩之，亦无脱者。如是数日，银刀都数千人垂尽。虎狼之众，居常咸谓能吞噬于人，及于斯际，式衣袄子、半臂，曳屐危坐，逐人皆拱手就戮，无一敢旅拒者。其后亲戚相讶，不能自会焉。"按若顿杀数千人，岂有人不知者？又式自浙东除武宁，非河阳也。今从《实录》。

十一月，南诏寇安南。《补国史》云："四年春，南蛮帅众五万攻安南。"按《蛮书》："咸通三年十二月二十一日，桃花人安南城西南角下营，茫苴于苏历江岸屯聚，裸形蛮亦当陈面，二十七日，蛮贼逼交州城。"则是今年冬末，蛮已围交州也。今从《实录》。

敕蔡袭屯海门。《实录》："诏袭且住海门。"是令弃交趾，退屯海门也。按袭死时犹在交趾，盖诏书到时，袭已被围，不得通也。

四年正月，南诏陷交趾。《实录》："二月，安南经略使蔡袭奏：'蛮贼杨思僭、罗伏州扶耶县令麻光高部领其众五六千人，于城西角下营。'岭南东道节度使韦宙奏：'蛮贼去十二月二十七日，逼安南城池，经略使、检校工部尚书蔡袭出兵格斗，杀伤相当。正月三日，贼众围城，进攻甚急，袭城上以车弩射之，至七日，城陷，袭右膊中弩箭死，家口并元从七十余人悉陷于贼，从事樊绰携印渡江。其荆南、江西、鄂岳、襄州兵突到城东水际，无船却回，相率入东罗门，杀蛮仅一二千人，至夜，贼救兵至，遂屠其城。'"按此二奏似后人采集《蛮书》为之，其中又多差舛。如杨思僭,《蛮书》中两处有之,皆作"杨思缙",盖草书误为"僭"耳。彼虽蛮夷,岂肯名"思僭"也!张彭《锦里耆旧传》载高骈与雲南牒,亦云杨思缙,善兰节度使。《新书》亦承此误为"僭"。又《蛮书》所云思缙、光高部领者,桃花蛮五六千人耳,非谓尽将群蛮也。《补国史》云蛮众五万攻安南,非止五六千人也。又十二月二十一日,裸形蛮、茫蛮、桃花人已在城下,岂至二十七日始逼安南也!《蛮书》言二十七日逼城者,但记见河蛮、寻传蛮之日耳。又言正月二日、三日者,但记以车弩射得苴子之日耳,非其日始围城也。且城陷奔进之际,非樊绰身在其间,岂知其详!然四道兵入城所杀人数,犹因僧无导说始知之。韦宙身在广州,何得所奏一如樊绰之书,其伪明矣。《新·传》曰:"是夜,蛮遂屠城。"亦承《实录》而误。

二月甲午,历拜十六陵。拜十六陵,非一日可了,而《旧史》无还宫之日。《唐年补录》云"二月庚子"。一日拜十六陵,尤难信也。

七月,复置安南都护府于行交州。《实录》以郡州为交州,《补国史》亦同。又云:"夏侯贞孝公请用高骈为郡州进讨使。"按《地理志》,无郡州。《补国史》又云:"海门,今晏州。"《地理志》,晏州乃属泸州都督府,岭南亦无之。

五年七月,康承训分司。《补国史》:"岭南东道节度使韦宙兼领供军使,将吏在邕州者,潜令申报,事无巨细,莫不知之。复究寻克捷事多虚妄,具所闻启于丞相。承训已自怀疑惧,辞疾免,责授右武卫大将军、分司东都。"《僖宗实录·承训传》曰:"南蛮陷交趾,以承训为岭南西道节度使,逾岁,讨平之。加检校右仆射。与邻帅不叶,以右武卫大将军罢归。"盖其家行状云尔。今从《补国史》《懿宗实录》《新·传》。

张茵不敢进取,以高骈代之。《补国史》:"茵骁将,无远略,经年不敢进军。丞相夏侯贞孝公独献密疏,请用骁卫将军高骈,有制,以本官充郡州进讨使,旋拜安南节度使。其茵所领兵并付高公指挥。"按今年正月,诏茵进军收复安南,若经年,则孜已罢相。今从《实录》附于此。《实录》,骈官为右领军上将军,太高。今从《补国史》。《旧·纪》:"五年四月,南蛮寇邕管,以秦州经略使高骈率禁军五千,会诸道之师御之。"今不取。

六年九月,高骈大破蛮众。《旧·纪》《实录》皆云:"五月,骈奏于邕管大败林邑蛮。"按林邑在海南,自至德后号环王,与中国久绝。刘昫但见南蛮则谓之林邑,误也。《新·南诏传》亦云:"骈以选士五千度江,败林邑兵于邕州。"亦承此而误也。《旧·纪》又云:"是岁秋,高骈自海门进军,破蛮军,收复安南府。"盖因骈今秋发海门,遂云复安南耳。复安南实在明年也。《补国史》云:"五年九月,高公力战,破峰州蛮于南定县。"按张茵以五年正月旬当交州,受诏收复安南。《补国史》云经年不进军,乃以骈代之,则骈岂得以其年九月已破峰州蛮乎!《补国史》又云:"骈破峰州蛮后,近四月余日,表报不至,朝廷以王晏权代之。六月,高公进军收复安南。"亦不云几年六月。盖骈以六年九月破峰州蛮,七年六月破安南耳。《实录》又云:"九月,骈奏破蛮龙州营寨,并烧食粮等事。诏骈令于当界守备,缘近有赦文已许恩宥,伺其悛改,亦未要更深加讨逐。"按赦在明年十一月,此诏必在骈已平安南后,《实录》误也。《新·传》又云:"骈击南诏龙州屯,蛮酋烧赀畜走。"龙州即安南所管龙编县也。

十二月,郑太后崩。《旧·传》,大中末崩,误也。今从《实录》。

七年二月,张义潮奏仆固俊克西州。《实录》:"义潮奏俊收西河及部落胡、汉皆归伏,并表贺收西州等城事。"《新·吐蕃传》曰:"七年,俊击取西州,收诸部。"按大中五年,义潮以十一州图籍来上,西州已在其中。今始云收西州者,盖当时虽得其图籍,其地犹为吐蕃所据耳。

拓跋怀光破论恐热。《实录》:"义潮又奏鄯州城使张季颙押领拓跋怀光下使送到尚恐热将,并随身器甲等,并以进奉。"《新·吐蕃传》曰:"鄯州城使张季颙与尚恐热战,破之,收器铠以献。"今从《补国史》《实录》。

六月,以王晏权代高骈镇安南。《补国史》谓骈及晏权皆云安南节度使。按时安南止有都护、经略、招讨使耳,无节度使也。《旧·王智兴传》,九子,无晏权名。《实录》亦云命晏权代骈为节度而无月日,盖阙漏也。

十月,高骈克安南。《旧·纪》:"十月,骈奏蛮寇悉平。"《实录》:"九月,骈奏杀戮都蛮统帆首迁、朱道古及斩首三千余级。"十月丙申日下又云:"骈奏收复安南,蛮寇遁散。"又云:"败杨缉思、段酋迁、朱道古,杀戮三万余级。"《新·纪》:"十月,高骈克安南。"按帆首迁,即段酋迁字之误也。《补国史》收城与杀缉思等共是一事。《实录》分在两月,不知其何所据也。《新·南诏传》曰:"七年六月,骈次交州,战数胜,士酣斗,斩其将张诠,李溠龙举众万人降,拔波风三壁。缉思出战败,还走城,士乘之,超堞入,斩酋迁、昵些、诺眉,上首三万级,安南平。"盖因骈以六月至安南,终言之耳。安南实不以六月平也。今从《新》《旧·纪》。

八年八月,贬杨收端州司马。《旧·传》曰:"韦保衡作相,又发收阴事,言前用严谯为江西节度,纳赂百万。明年,贬为端州司马。"按是时保衡未作相,《旧·传》误。今从《实录》。

九年八月,高骈请以从孙浔代镇交趾。《补国史》曰:"高公侄孙浔将先锋军,每遇陈敌,身当矢石。及高公内举交代,朝廷命浔节制交趾。"《实录》但云高浔以下勒姓名于碑阴,不云浔为节度使。《新·传》曰:"骈之战,其从孙浔常为先锋,冒矢石以劝士。骈徙天平,荐浔自代,诏拜交州节度使。"按骈为金吾半岁始除天平。今从《补国史》。

十月庚午,庞勋陷宿州。《旧·纪》:"九月甲午,勋陷宿州。"今从郑樵《彭门纪乱》及《新·纪》。

丁丑,陷徐州。《旧·纪》:"九月乙未,庞勋陷徐州,杀节度使崔彦曾、判官焦璐等。贼令别将梁伓守宿州,又遣刘行及、丁景琮、吴迥围困泗州。"今从《彭门纪乱》及《新·纪》。《旧·彦曾传》曰:"九年九月十四日,贼逼徐州。十五日后,每旦大雾。十六日,彦曾并诛逆卒家口。十七日,昏雾尤甚,贼四面斩关而入。"《实录》,自勋知徐州出兵退至符离以后,皆置于十一月。今从《彭门纪乱》。

刘行及入濠州,囚卢望回。《旧·纪》《实录》《新·纪》,濠州陷在十一月。按濠本徐之属郡,勋始得徐州,则遣行及取之,望回犹未及为备,岂得至十一月!今从《彭门纪〔乱〕》。

十一月,以康承训等为徐州招讨使。《旧·纪》:"十年正月,以神武大将军王晏权为武宁节度(荣)使。晏权,智兴之从子也。以右神策大将军康承训充徐泗行营都招讨使。凡十八将,分董诸道之兵七万三千一十五人。正月一日,进军攻徐州。"又曰:"承训大军攻宿州,贼将梁伓出战,屡败,乃授承训义成军节度使。"《实录》:"九年十二月,以右金吾大将军康承训为义成军节度使、充徐泗行营兵马都招讨使。承训不赴镇,以节度副使陈鲂句当留后。以王晏权为徐、泗、濠、宿等州观察使、充徐州北面行营招讨等使,羽林将军戴可师为徐州南面行营招讨等使。《彭门纪乱》《新·纪》,承训等除招讨使皆在十一月。《唐年补录》:"十一月庚申,以太原节度使康承训为都统,讨徐州。"按庚申乃十二月一日,承训旧官亦非太原节度使。《补录》误也。今从《彭门纪乱》《新·纪》。

敕使郭厚本。《旧·纪》《实录》作"郜厚本",今从《彭门纪乱》及《旧·传》。

十二月,贼陷都梁城,执李湘、郭厚本。《旧·纪》:"十月,贼攻泗州势急,令狐绹虑失泗口,乃令大将李湘赴援,举军皆没。湘与都监郜厚本俱为贼所执,送徐州。"《令狐绹传》曰:"贼闻湘来援,遣人致书于绹,辞情逊顺,言'朝廷累有诏赦宥,但抗拒者三两人耳,且夕图去之,即束身请命,愿相公保任之'。绹即奏闻,请赐勖节钺,仍诫李湘但戍淮口,贼已招降,不得立异。繇是淮军解甲安寝,去警彻备,日与贼军相对,欢笑交言。一日,贼军乘间步骑径入湘垒,淮卒五千人皆被生絷,送徐州,为贼蒸而食之。湘与监军郭厚本为庞勖断手足,以徇于康承训军。时浙西杜审权发军千人,与李湘约会兵,大将翟行约勇敢知名。浙军未至而湘军败。贼乃分兵,立淮南旗帜,为交斗之状,行约军望见,急趋之,千人并为贼所缚,送徐州。绹既丧师,朝廷以马举代绹为淮南节度使。"《辛说传》曰:"湘率五千来援,贼诈降,败于淮口。湘与郭厚本皆为贼所执。"《彭门纪乱》曰:"勖以泗州坚守,遣刘佶共谋攻取。时淮南、宣、(闰)〔润〕三道发兵戍都梁山旧城,与泗州隔淮而已,贼众乃夜潜师渡淮,及明而逼城,濠州贼帅刘行及亦遣王弘立侵掠淮南,于是合众急攻,官宣遂破城出战。十一月三十日,贼乃大败官军,杀害二千人,生降七八百人,并虏其将李湘等,咸送于徐州,贼遂据有淮口,断绝驿路。"又曰:"贼既破戴可师,令狐绹惧,乃遣使诱谕,约为奏请节旄。"《续皇王宝运录》曰:"十一月二十九日,浙西节度使杜审权差都头翟行约将兵二千来救。三十日,行约领兵方欲入泗州,又彼贼奔来,行约占山,寻被围合,城中兵士无可出救。贼又开围,行约不知是计,便走欲出,而筑著山下伏兵,须臾被杀,匹马不余,贼遂围淮口镇。有淮南都押衙李湘、镇将袁公弁领马步三千人被围,从十一月三十日至十二月五日,李湘束甲出军,被袭遂杀尽,却入镇者,使竖降旗,镇内兵士老幼一万余人,被劫驱送濠州。郭厚本此时遇害。"今从《续宝运录》。

庞勖陷滁州、和州。《彭门纪乱》:"光、蔡山中草贼数百,攻破滁州,杀刺史高锡望,归附(宠)〔庞〕勖。"《旧·纪》:"十一月,吴迥既执李湘,乃令小将张行简、吴约攻滁州,执刺史高锡望,手刃之,屠其城而去。行简又进攻和州,刺史崔雍登城楼,谓吴约云云,遂剡城中居民,杀判官张琢,以琢浚城濠故也。勖又令刘赟攻濠州,陷之,囚刺史卢望回于回车馆,望回郁愤而死。"《实录》:"闰月,贼陷和州、濠州。"明年二月又云:"勖遣张行简攻滁州,入城,害刺史高锡望。"《新·纪》:"十二月,贼陷滁、和。"今陷濠州从《彭门纪乱》,陷滁、和置执李湘下。

闰月,戴可师为王弘立所败。《续宝运录》曰:"正月十八日,戴可师陷失,贼遂凶狂。"《彭门纪乱》曰:"可师引兵三万欲先夺淮口,遂救泗州。十二月十三日,迟明,围贼于都梁山下,贼已就降,而可师自恃兵强,不为之备,贼将王弘立者,将兵数万人,捷径赴救,奔突而前,官军溃乱,遂为所败,可师并监使、将校已下咸没于阵。于是庞勖自谓前无强敌矣。"《旧·纪》:"十二月,可师与贼转战,贼党屡败,尽弃淮南之守。十年正月,以可师充曹州行营招讨使。时贼将刘行及、吴迥攻围泗州,可师乘胜救之,屯于石梁驿。贼退去,可师追击,生禽行及。贼保都梁城,登城拜曰:'见与都头谋归明。'可师既知其窘,乃退军五里。其城西面有水,三面(天)〔大〕军,贼乃夜中涉水而遁。明早开城门,唯病妪数人而已。王师入垒未整,翌日诘旦重雾,贼军大至,可师方大醉,单马奔出,为虹县人郭真所杀,一军尽没,贼夺吴迥进军复围泗州。"又曰:"庞勋奏:'当道先发戍岭南兵士三千人春冬衣,今欲差人送赴邕管。'鄂岳观察使刘允章上书言:'庞勋聚徒十万,今若遣人达岭表,如戍卒与勋合势,则祸难非细。'寻诏庞勋止绝,兼令江、淮诸道纪纲捕之。"《实录》,可师败系于闰月下,而亦云十二月十三日。《新·纪》,十二月壬申,亦用《纪乱》之日也。按《纪乱》上有腊月,又云,十二月十三日,其下无闰月,疑谓闰月十三日也。然据《续宝运录》,闰月十一日,辛说离泗州,十四日,至杨州乞兵、粮。若于时可师在都梁,则说必不舍可师而诣杨、润也。若说出在可师败后,则令狐绹方自救不暇,何暇救泗州! 若可师败在正月,则《新·纪》十二月已除马举南面招讨。要之,必在辛说适杨、润之后,故置于此。

曹翔、马举为徐州南、北招讨使。《彭门纪乱》作"马士举",今从《新·纪》。《纪乱》曰:"王晏权数为贼所攻,虽不败伤,亦时退缩。朝廷复除陇州牧曹翔领兖海节度使,充北面都统招讨等使。又魏博元帅何公遣行军薛尤将兵三万人掎角破贼,曹翔军于滕、沛,魏博军于丰、萧,其众都六七万人。"又言贼寇海州、寿州,皆败。又言辛说救泗州,虽系正月之下,盖追叙以前之事。《实录》:"二月,以马举为淮南节度使,充南面招讨使。初,康承训率诸将于正月一日进军攻徐州,不克,贼围寿州。王晏权数为贼所攻,退缩不敢出战,乃以曹翔为兖、海等州节度使,充北面招讨使。魏博遣薛将兵三千人掎角刺贼,贼众攻海州,戍兵击之,大败。康承训率众屯于柳子之西。"皆承此而误也。《新·纪》,翔、举除南、北招讨,在十二月而无闰。今因翔与魏博同讨徐州而见之,置于岁末。

何全皞遣薛尤将万三千人讨庞勋。《彭门纪乱》曰:"尤将三万人,并曹翔军,都六七万人。"《实录》:"魏博奏请出兵三千人助讨徐、泗。"《旧·纪》:"魏博何弘敬奏:当道点捡兵马一万三千赴行营。"姓名虽误,今取其人数。

十年四月,辛说迎粮入泗州。《续宝运录》曰:"二月七日,辛说拣点骁勇,领空船十二只般粮。二十日,却到楚州。四月六日,离楚。八日,至斗山下。是日二更后,入泗州。"按正月二十七日,说迎米船九只入泗州,二月六日,未应食尽复出。又二十日却到楚州,不应住四十五日然后离彼。又上有二月十日授说御史,不应下云二月七日说出般粮。疑是"三月"字也。

官军败庞勋于柳子。《实录》,勋败于柳子在五月。盖约奏到书之,其他皆如此,虽有月日,不可用。今从《彭门纪乱》。

六月,翰林学士承旨刘瞻同平章事。《玉泉子闻见录》曰:"徐公商判醴,以瞻为从事。商拜相,官曾不及瞻。瞻出于羁旅,以杨玄翼枢密权重,可倚以图事,而密唁阍者谒焉。瞻有仪表,加以词辩俊利,玄翼一见悦之。每玄翼归第,瞻辄候之,由是日加亲熟,遂许以内廷之拜。既有日矣,瞻即复谒徐公曰:'相公过听,以某辱在门馆,幸遇相公登庸,四海之人孰不受相公之惠! 某故相公从事,穷饥日加,且环岁矣,相公曾不以下位处之,某虽不佞,亦相公之恩不终也。今已别有计矣,请从此辞。'即下拜焉。商初闻瞻言,徒唯唯而已。迨闻别有计,不觉愕然,方欲逊谢,瞻已疾趋出矣。明日,内牓子出,以瞻为翰林学士。"《旧·瞻传》:"璩作相,以宗人遇之,荐为翰林学士。"按瞻素有清节,必不至如《玉泉子》所云,恐出于爱憎之说。《闻见录》又曰:"玄翼为凤翔监军,瞻即出为太原亚尹,郑从谠为节度使,殊不礼焉。洎复入翰林而作相也,常谓人曰:'吾在北门,为郑尚书冷将息,不复病热矣。'从谠南海之命,瞻所致也。"按《旧·传》,瞻自户部侍郎承旨出为太原尹、河东节度使,瞻为学士,若非以罪谪,恐不为少尹。又《旧·纪》,咸通十二年十二月,郑从谠自宣武节度使为广州,在瞻骓州后,故知《玉泉子》所记皆虚。今所不取。

八月,康承训攻徐州。《旧·纪》《实录》皆云:"八月,康承训攻柳子寨,垂克而贼将王弘立救至,王师大败,承训退保宋州。庞勋乘胜自率徐州劲卒并攻泗州,留其都将许佶守徐州。诏马举援泗州。"按弘立救柳子,为承训所败。兼于时弘立已死于泗州,勋亦未尝亲攻泗州。《旧·纪》《实录》误也。

九月,朱邪赤心为前锋。《彭门纪乱》云"沙陀都头朱邪赤衷",按《献祖纪年录》,当作"赤心",《纪乱》误也。

庞勋败死。《彭门纪乱》曰:"初,庞勋之求节也,必希岁内得之,于是闾里小儿竞歌之曰:'得节不得节,不过十二月。'即庞勋九年十月十七日作乱,十年九月十九日就戮,通其闰月计之,正一岁而灭。"按六日承训知勋掠亳、宋,即追之,至蕲县,得之。恐未至十九日,疑是九日也。《新·纪》:"九月癸酉,庞勋伏诛。"用《彭门纪乱》也。

十月,赐崔雍死。《旧·纪》:"八月,和州防虞行官石伻等讼雍罪,其月,赐自尽。"《实录》讼在八月,赐自尽在十月。今从之。

南诏倾国入寇。张雲《咸通解围录》曰:"十年十月,南蛮众击董春乌部落,倾其巢窟,春乌以其众保北栅。俄而蛮掩至沐源川,遂逼嘉州,南自清溪关寇黎、雅。"张彭《锦里耆旧传》曰:"十一年庚寅,节度使卢仆射耽,冬,雲南蛮数万寇边,突破清溪关,犯大渡河,遂进陷沉黎,突邛崃,直过雅、邛。"按《解围录》《新》《旧·纪》,蛮人寇皆在十年冬,而彭独以为十一年冬,误也。《新·传》曰:"十年,乃入寇,以兵缒青溪关,密引众伐木开道,径雪坡,盛夏,卒冻死者二千人,出沐源,窥嘉州。"按蛮以十一月至沐源川,非盛夏,《新·传》误也。《实录》又曰:"骠信以十月三日离善阐,每人只将米炒一斗随身。乃诏高骈乘其国内无兵备,进攻善阐,以解冲突。"按骈时为郓州节度使,不在安南,恐《实录》误也。

十一年正月,前泸州刺史杨庆复。《新·传》云"泸州刺史杨庆。"《锦里耆旧传》云"嘉州",误也。今从《解围录》。

康承训贬蜀王傅。《新·传》曰:"宰相路岩、韦保衡劾承训讨贼逗挠,贪虏获,不时上功,贬蜀王傅、分司东都。"按此时保衡未为相,盖以尚主之故,上用其言,故得挤承训也。

八月,路岩潜刘瞻,贬骓州。《实录》《新·传》皆云:"岩志欲杀之,赖幽州节度使张公素表论瞻冤,乃止。"按是时张允伸镇幽州,云公素,恐误也。

十三年五月,韦殷裕坐告郭敬述杖死。《续宝运录》曰:"内作使郭敬述与宰臣韦保衡、张能顺频于内宅饮酒,潜通郭妃,荒秽颇甚。每封进文书于金合内,诈称果子,内连郭妃、郭敬述，外结张能顺、国子司业韦殷裕，拟倾皇祚，别立太子，事泄，遽加贬降。五月十四日，内牓子，贬工部尚书严祈郴州刺史，给事中李觊勤州刺史，给事中张铎滕州刺史，左金吾大将军李敬仲儋州司户。国子司业韦〔殷〕裕，敕京兆府决痛杖一顿，处死，家资、妻女没官。又贬叙州刺史韦君卿爱州崇平县尉，右仆射、右羽林统军张直方康州司马。续又贬驸马于琮并扶会与韦保衡等同谋不轨事，其月十七日，又贬尚书左丞李当道州刺史，吏部侍郎王讽建州刺史，左常侍李都贺州刺史，翰林承旨张裼封州司马，中书舍人封彦卿潮州司户，谏议大夫杨垫新州司户。驸马韦保衡雷州刺史，又贬儋州澄迈县尉，又贬驩州长流百姓，又赐自尽，家赀没官，仍三族不许朝廷录用。"其语杂乱无稽，今从《实录》。

十四年五月，路岩兼中书令。《锦里耆旧传》："十二年八月，路公用边咸、郭筹策，奏于邛州置定边军节度，复制（把）〔扼〕大渡河，修邛崃关南路，米点檀丁子弟，教之斫刺刀，补义军将，主管教练兵士。"《新·传》："岩至西川，承蛮盗边后，岩力拊循，置定边军于邛州，扼大渡，治故关，取擅丁子弟教击刺，补屯籍，由是西山八国来朝。以劳迁兼中书令。"按置定边军乃李师望。《耆旧传》《新·传》皆误也。

六月，韦保衡斥王铎、萧遘。《旧·传》曰："保衡以杨收、路岩在中书，不加礼接，媒孽逐之。"接收获罪时，保衡未为相。盖保衡虽为学士，懿宗宠任之，故能潜收也。又曰："公主薨，自后恩礼渐薄。"按路岩、于琮、王铎、萧遘被摈，皆在公主薨后。今从《实录》。

七月，刘行深、韩文约立普王俨。范质《五代通录》："梁李振谓陕州护军韩彝範曰：'懿皇初升遐，韩中尉杀长立幼，以利其权，遂乱天下。今将军复欲尔邪！'彝範，即文约孙也。"按懿宗八子，僖宗第五，余子《新》《旧书》不载长幼，又不言所终，不言所杀者果何王也。

庚辰，立俨为太子。《续宝运录》曰："其日，宰臣萧邺等直至寝幄问疾，上微道'朕'三字而止。群臣不觉号哭失声，中外悉皆垂泣。"按是时宰相韦保衡最在上，萧邺不为相。今不取。

九月，韩君雄赐名允中。《旧·传》作"允忠"。《实录》《新·传》皆作"允中"，今从之。

僖宗乾符元年二月，刘瞻为刑部尚书。《玉泉子见闻录》曰："初，瞻南迁，无问贤不肖，一口皆为之痛惜。殆将至京，东西市豪侠共率泉帛，募集百戏，将逆于城外。瞻知之，差其期而易路焉。瞻为相，亦无他才能，徒以路岩遭时嫉怨，瞻为所排，而人心归向耳，其实未足谭也。"按瞻以清慎著闻，及懿宗暴怒，瞻独能不顾其身，救数百人之死，而《玉泉子》以为未足谈，不亦诬乎！

八月，崔彦昭为相，不逐王凝。此出《中朝故事》，曰："彦昭代凝判盐铁，半载而入相。"按《实录》，彦昭不代凝为盐铁。其余则取之。

十月，郑畋同平章事。《旧·畋传》曰："乾符四年，迁吏部侍郎，寻降制，可本官同平章事。"今从《实录》此年为相。

十二月，南诏攻雅州，至新津，牛丛豫焚民居。《锦里耆旧传》："咸通十四年十一月五日，雲南蛮寇再犯大渡河，黄景复击败之。十一月二十五日，复攻大渡，三十日，蛮乘胜进收黎州。十二月二十八日，蛮来，只到新津前后蜀州界左右便退，竟不到城下。"按咸通十四年南诏寇西川事，《旧·纪》《南诏传》《唐年补录》《唐录备阙》《续宝运录》皆无之，独《耆旧传》载之甚详，《新书》取之作《南诏传》。而《实录》但云"十二月，西川奏南蛮入寇，黎州刺史黄景复击退之。"《新·纪》但云"十二月，云南蛮寇黎州。"盖亦出于《耆旧传》耳。《旧·纪》："乾符元年冬，南诏蛮寇西蜀，诏河西、河东、山南西道、东川征兵赴援。"《实录》："乾符元年十月，西川奏云南蛮入寇。十二月，云南蛮寇西川。坦绰致书于牛丛，欲求入觐，河东、山南西道及东川兵援之。"月末又云："南蛮侵犯黎州，而成都守御无备，殊不拒敌，逾河越岭，洞无篱障，赖积雪丈余，遂阻隔奔冲之势。又邛、雅二州刺史望风奔遁，蛮烧劫一空。牛丛不晓兵，失于探候，而奏报差戾，诏切责之。蛮劫略黎、雅间，破黎州，入邛崃关，而成都闭三日，蛮乃去。"《新·纪》："乾符元年十二月，云南蛮寇黎、雅二州，河西、河东、山南东道、东川兵伐云南。"按《实录》，咸通十四年十一月七日，路巖始移荆南，八日，牛丛始除西川。而《耆旧传》，蛮入寇皆丛任内事，恐误先一年也。《实录》《新·纪》因此于十四年十二月添云南寇黎州事，实皆在乾符元年冬也。

　　王仙芝起长垣。《实录》："二年五月，仙芝反于长垣。"按《续宝运录》："濮州贼王仙芝自称天补平均大将军、兼海内诸豪都统，传檄诸道。"檄末称"乾符（一）〔二〕年正月三日"。则仙芝起必在二年前，今置于岁末。

　　二年正月，高骈先开成都门。《锦里耆旧传》曰："郓州节度使高相公骈，乘急诏，除授剑南西川节度副大使。乾符元年正月二十一日，行李到剑州，先遣使走马开城门，并令放出百姓。二月十六日，至府，豁开城门，并放人出。"今从《实录》置今年。又剑州至成都止十二程，骈正月二十一日自剑州遣使走马开城门，二月十六日始至府下。又云，骈三十日到上。按《长历》，二月小，无三十日。盖二十六日误为二月十六日也。

　　骈奏勒还长武等兵。《旧·纪》此奏在元年十二月，《实录》在二月，今因骈开成都门言之。

　　田令孜为神策中尉。《旧·本纪》，此年正月，"令孜为右军中尉。"《新·传》云："帝即位，擢为左神策中尉。"《旧·传》但云"神策中尉"。今从之。

　　上时年十四，专事游戏。《续宝运录》曰："上是年十五岁。"《中朝故事》曰："僖宗皇帝以咸通三年降诞，十四年七月十九日即位，年十二。"按《旧·纪》亦云："僖宗咸通三年五月八日生于东内，即位年十二。"今从之。

　　骈斩黄景复。《耆旧传》曰："乾符元年三月十五日，处置前黎州刺史、充大渡河把截制置土军都知兵马使黄景复。"《实录》："乾符二年三月，骈奏斩景复。"今事从《耆旧传》，年从《实录》。

　　四月，王郢等作乱。《新·纪》："浙西突陈将王郢反。五月，遣右龙武大将军宋皓讨之。"按四月，郢执鲁寔，始命皓讨之。置此，误也。程匡柔《唐补纪》曰："六月，浙西突将王郢反，聚党万众，烧却苏、常。三年正月，贬苏州刺史李绘，以郢乱弃城故也。"《旧·纪》："三年四月，海贼王郢攻剽浙西郡邑。"《实录》："乾符三年二月，浙西奏突陈将王郢等六十九人劫库兵为乱。三月，浙西奏王郢聚众万人，攻陷州县。"《续宝运录》："元年，王郢于两浙叛，敕差山北兵士讨之，不逾月而克，乃组颈于（关）〔阙〕下。"今从《旧·纪》。

　　五月，萧俛薨。《旧·传》曰："俄而盗起河南，内官握兵，王室浊乱，俛气劲论直，同列忌之，罢知政事，出为广州刺史、岭南节度使，遇乱，不至京师而卒。"《旧·纪》："三年春，正月己卯朔，俛以病免，罢为太子太傅。"《新·纪》，此月萧俛薨，《新·传》亦云卒于位，为岭南节度在前，《旧·纪》《传》皆误。今从《实录》。

端明殿学士兼翰林侍读学士太中大夫提举西京嵩山崇福
宫上柱国河内郡开国公食邑二千六百户食实封一千户臣　司马光　奉敕编集

唐纪十六

乾符三年七月，宋威击王仙芝，破之。《实录》，去年十二月，"宋威自青州与副使曹全晟进军击王仙芝，仙芝败走。"按仙芝若以去年十二月败走，中间半年，岂能静处，盖实因威除招讨使连言之。其实仙芝败在此月，不在十二月也。

十二月，郑畋请以崔安潜代宋威，张自勉代曾元裕。《实录》虽于此月载畋所上书，亦不言行与不行。《新·纪》遂于此言"安潜为诸道行营都统，李琢为招讨草贼使，自勉副之。"按明年威、元裕为使，副犹如故，《新·纪》误也。

安南戍兵逐李瓒。《新·纪》在四年十二月，今从《实录》。

黄巢言五千余众安所归。仙芝、巢初起时，云数月间众至数万。至此才有五千者，盖乌合之众，聚散无常耳。

王仙芝、黄巢分道而去。王坤《惊听录》曰："乾符四年丁酉，仲夏，天示彗星。草寇黄巢、尚君长奔突，即五年戊戌之岁。狂寇王仙芝起自郓、封，而侵汝、郑，即大寇黄巢、尚君长并贼帅之徒党，仅一千余人，攻陷汝州"云云。又曰："黄巢望闽、广而去，仙芝指郓州南行，尚君长期陈、蔡间。取群凶之愿，三千余寇属仙芝，君长，二千余人属黄巢所管。"明年二月，仙芝陷鄂州，巢陷郓州，则非巢趋闽、广，仙芝趋郓也。王坤此书，年月事迹差舛尤多，但择其可信者取之。

四年二月，南诏国号鹤拓，亦号大封人。徐云虔《南诏录》曰："南诏别名鹤拓，其后亦自称大封人。"是以封为国号也。

四月，黄巢、尚让保查牙山。《旧·纪》："四年三月，巢陷郓州。七月，入查牙山，与王仙芝合。五年二月，君长、仙芝皆死。尚让以兄遇害，大掠淮南。"《旧·传》："五年八月，王铎斩王仙芝。先是，尚君长让弟以兄奉使见诛，率部众入查牙山。黄巢、黄揆昆仲八人，率盗数千依让。"按《实录》，乾符二年，仙芝陷曹、濮，巢已起兵应之。三年十二月，招讨副都监杨复光奏："草贼尚据查牙山，官军退保邓州。"四年四月，黄巢引其众保查牙山。其年冬，君长乃死。《惊听录》："巢与仙芝俱入蕲州，以仙芝独受官而怒，殴仙芝伤面，由是分队。"时君长亦在座，非仙芝死后，巢方依让也。又按《旧·纪》，仙芝死后，王铎始为都统讨贼。而《旧·传》云"王铎斩仙芝"，又先云"杀张璘，乃陷广州"，先云"陷华州，方攻潼关"，叙事颠错不伦。今从《实录》。

五年二月，李克用杀段文楚，据云州。赵凤《后唐太祖纪年录》曰："乾符三年，河南水灾，盗寇蜂起，朝廷以段文楚为代北水陆发运、云州防御使，以代支谟。时岁荐饥，文楚削军人衣米，诸军咸怨。太祖为云中防边都督将，部下争诉以军食不充，请具闻奏。边校程怀信、康君立等十余帐，日哗于太祖之门，请共除虐帅以谢边人。众因大噪，拥太祖上马，比及雲中，众且万人，城中械文楚出以应太祖。"后唐闵帝时，史官张昭远撰《庄宗功臣列传》曰："康君立为雲中牙校，事防御使段文楚。时天下将乱，代北仍岁阻饥，诸部豪杰咸有啸聚邀功之志。文楚法令稍峻，军食转饷不给，戍兵咨怨。雲州沙陀兵马使李尽忠私谓君立等：'段公儒者，难与共事。方今四方云扰，皇威不振，丈夫不能于此时立功立事，非人豪也。吾等虽拥部众，然以雄劲闻于时者，莫若李振武父子，官高功大，勇冠诸军，吾等合势推之，则代北之地，旬月可定，功名富贵，事无不济也。'时武皇为沙陀三部落副兵马使，在蔚州，尽忠令君立私往图之，曰：'方今天下大乱，天子付将臣以边事，岁偶饥荒，便削储给，我等边人，焉能守死？公家父子素以威惠及五部，当共除虐帅以谢边人。'武皇曰：'〔子〕〔予〕家尊在振武，万一相逼，俟予禀命。'君立曰：'事机已泄，迟则变生。'咸通十三年十二月，尽忠夜帅牙兵攻牙城，执文楚及判官柳汉璋、陈韬等，系之于狱，遂自知军州事，遣君立召太祖于蔚州。是月，太祖与退浑、突厥三部落众万人趋雲中。十四年正月六日，至斗鸡台，尽忠遣监军判官符印请太祖知留后事。七日，尽忠械文楚、汉璋等五人送斗鸡台，军人乱食其肉。九日，太祖权知留后。府牙受上三军表，请〔受〕〔授〕太祖大同防御使，懿宗不悦。时已除卢简方代文楚，未至而文楚被害。"《实录》："乾符元年十二月，李克用杀大同军防御使段文楚，自称防御留后，塞下之乱自兹始矣。薛居正《五代史·君立传》皆与《庄宗列传》同，惟削去李尽忠名，但云君立与薛铁山、程怀信、王行审、李存璋等谋，悉以尽忠语为君立之语，云"君立等乃夜谒武皇，言曰：'方今天下大乱'云云。众因聚噪，拥武皇，比及雲州，众且万人，师营斗鸡台，城中械文楚以应。武皇之军既收城，推武皇为大同军防御留后，众状以闻。"《旧·纪》："咸通十三年十二月，李国昌小男克用，杀雲州防御使段文楚，据雲州，自称防御留后。乾符五年正月，沙陀首领李尽忠陷遮虏军，窦瀚遣康传圭率土团二千屯代州，将发，求赏呼噪，杀马步军使邓虔。"有《唐末三朝见闻录》者，不著撰人姓名，专记晋阳事，其书云："乾符五年戊戌，窦瀚自前守京兆尹拜河东节度使，在任，便值大同军变，杀防御使段文楚。正月二十六日，军于石窑。二十七日，到白泊。二十九日，至静边军。三十日，筑却四面城门。二月一日，在城将士三人共赏绢一匹，监军使差仇判官闻奏，李尽忠等准诏各赏马一匹，银鞍辔一副，银三铤，银椀一枚，绢一束，锦二匹，紫罗三匹，诸军将银椀绢等。三日，李尽忠却入。四日，两面马步五万余人，城四面下营。五日，又赏土团牛酒。六日，监军使送牌印与李九郎。七日，城南门楼上系缚下段尚书、柳汉璋、雍侍御、陈韬等四人。寻分付军兵于斗鸡台西剐却，又令马军践踏却骸骨。八日，李九郎被土团马步军约一千人持弓刀送上。"与《旧·纪》五年事微合。《实录》亦颇采之，云："五年正月壬戌，窦瀚奏沙陀首领李尽忠寇石窑、白泊，至静边军。二月，奏李尽忠求赏，诏赏马一匹，银鞍勒、绵绢等。"按《庄宗列传》《旧·纪》，克用杀文楚在咸通十三年十二月，欧阳修《五代史记》取之；《太祖纪年录》在乾符三年，薛居正《五代史·新沙陀传》取之；《见闻录》在乾符五年二月，《新·纪》取之。惟《实录》在乾符元年，不知其所据何书也。克用既杀文楚，岂肯晏然安处，必更侵扰边陲，朝廷亦须发兵征讨，而自乾符四年以前皆不见其事。《唐末见闻录》叙月日，今从之。

　　以卢简方为大同防御使。《旧·纪》："咸通十三年七月，以前义昌节度使卢简方为太仆卿。十二月，以振武节度使李国昌为雲州刺史、大同军防御等使。国昌称病，辞军务，乃以太仆卿卢简方为云州刺史,充大同军防御等使。上召简方于思政殿,谓之曰:'卿以沧州节制,屈居大同。然朕以沙陀、退浑挠乱近鄙,以卿曾在云中,惠及部落,且忍屈为朕此行,具达朕旨,安慰国昌,勿令有所猜嫌也。'十四年正月辛未,以云、朔暴乱,代北骚动,赐卢简方诏曰:'近知大同军不安,杀害段文楚。李国昌小男克用主领兵权。'又曰:'若克用暂勿主军务,束手待朝廷除人,则事出权宜,不足猜虑。若便图军柄,欲奄大同,则患系久长,故难依允。料国昌输忠效节,必当已有指挥。'简方准诏谕之,国昌不奉诏。乃诏太原节度使崔彦昭、幽州节度使张公素出师讨之。三月,以简方为振武节度使,至岚州卒。《实录》乾符元年十二月简方除大同,二年正月赐诏,亦不云使彦昭、公素讨。盖《旧·纪》《实录》各随段文楚死之后,载除简方及诏书,使事相接续耳,恐皆未足据也。《旧·纪》所云太原、幽州讨,盖因叙后来事。《实录》所以不取者,方知招谕,未必攻讨也。《唐末见闻录》又云:"五年四月,敕除简方振武节度使。五月,卒。"《实录》亦在五年,而云六月卒。盖约奏到之月耳。今从《三朝见闻录》。

曾元裕破王仙芝,斩之。《实录》:"元裕奏大破王仙芝于黄梅县,杀戮五万余人,追至曹州南华县,斩仙芝,传首京师。"《旧·纪》:"二月,王仙芝余党攻江西,招讨使宋威出军,屡败之,仍宣诏书谕仙芝。仙芝致书于威,求节钺,威伪许之。仙芝令其大将尚君长、蔡温玉奉表入朝,威乃斩君长、温玉以徇。仙芝怒,急攻洪州,陷其郛。宋威赴援,与贼战,大败之,杀仙芝,传首京师。君长弟让与黄巢大掠淮南。"《旧·传》曰:"齐克让为兖州节度使,以本军讨仙芝。仙芝惧,引众历陈、许、襄、邓,无少长皆虏之,众号三十万。三年七月,陷江陵。十月,又遣将徐唐莒陷洪州。时仙芝表请符节,不允,以宋威为荆南节度招讨使,杨复光为监军。复光遣判官吴彦宏以朝旨释罪,别加官爵,仙芝乃令尚君长、蔡温玉、楚彦威相次诣阙请罪,且求恩命。时宋威害复光之功,并擒送阙,敕于狗脊岭斩之。贼怒,悉精锐击官军,威军大败,复光收其余众以统之,朝廷以王铎代为招讨。五年八月,收复荆州,斩仙芝首,献于阙下。"《新·传》:"黄巢自蕲州与王仙芝分其众,尚君长入陈、蔡,巢北掠齐、鲁,众万人,入郓州,杀节度使薛崇,进陷沂州,缘颍、蔡保查岈山。引兵复与仙芝合,围宋州。会自勉救兵至,仙芝解而南度汉,攻荆南,陷之,贼不能守。巢攻和州,未克。仙芝自围洪州,取之,使徐唐莒守。进破朗、岳,遂围潭州,观察使崔瑾拒却之。乃向浙西,扰宣、润,不能得所欲,身留江西,趣别部还入河南。帝诏崔安潜归忠武,复起宋威、曾元裕,以招讨使还之,而杨复光监军。复光以诏谕贼,仙芝遣尚君长等诣阙请罪,又遣威求节度。威阳许之,上言'与君长战,擒之'。复光固言其降。命侍御史与中人即讯,不能明,卒斩之。仙芝怒,还攻洪州,入其郛。威自将往救,败仙芝于黄梅,斩五万级,获仙芝,传首京师。当此时,巢方围亳州未下,君长弟让帅仙芝溃党归巢。"《新》《旧·传》叙贼所经历皆不同,又云"宋威杀仙芝"。今皆从《实录》。

黄巢改元王霸。《续宝运录》:"乾符元年,黄巢聚众于会稽反,建元曰王霸元年。"《旧·传》:"先是,尚君长弟让以兄见诛,率众入查牙山。黄巢、黄揆昆仲八人,率盗数千依让。月余,众至数万。陷汝州,虏刺史王镣,大掠关东,官军加讨,屡为所败,其众十余万。尚让乃与群盗推巢为王,曰冲天大将军,仍署官属,藩镇不能制。"《新·传》曰:"尚君长弟让率仙芝溃党归巢,推巢为王,号冲天大将军,署拜官属,驱河南、山南之民十余万掠淮南,建元王霸。"今从之。

巢请降,诏以为右卫将军,竟不至。《旧·传》:"及王仙芝败,巢东攻亳州不下,乃袭破沂州据之,仙芝余党悉附焉。"《实录》:"巢自称黄王,建元王霸,连为王师所败,诣天平乞降,除右卫将军,复叛去,自是兵不能制。"《新·传》曰:"曾元裕败贼于申州,死者万人。帝以宋威杀尚君长非是,且讨贼无功,诏还青州,以元裕为招讨使,张自勉为副。巢破考城,取濮州,元裕军荆、襄,援兵阻,更拜自勉东北面行营招讨使,督诸军急捕巢。巢方掠襄邑、雍丘,诏滑州节度使李峰壁原武。巢寇葉、阳翟,欲窥东都。会左神武大将军刘景仁以兵五千援东都,河阳节度使郑(迁)〔延〕休兵三千壁河阴。巢兵在江西者,为镇海节度使高骈所破,寇新郑、郑、襄城、阳翟者,为崔安潜逐走;在浙西者,为节度使裴璩斩二长,死者甚众。巢大沮畏,乃诣天平乞降,诏授巢右卫将军。巢度藩镇不一,未足制己,即叛去,转寇浙东,执观察使崔璆。"与《实录》先后不同。今从《实录》。

四月,以卢简方为振武节度使,李国昌为大同节度使。《唐末见闻录》:"遮虏军及代州告急,窦尚书差回鹘伍百骑边界巡检,至四月三日,进发至五里堆北,副将康叔谭恃酒叛逆,射损都将赵归义,斫损将官判官阎建弘擒缚入府。尚书令下于衙南门全家处斩,使司差副兵马使赵元掠领马军进发,阎建弘递送海西。当月内有敕送节到,除前大同军防御使卢简方充振武节度使,除振武节度使李尚书充大同军节度使。"《实录》云:"戊辰,以简方为振武,国昌为大同。"盖误以康叔谭作乱之日为简方等建节之日也。《新·沙陀传》曰:"李克用既杀段文楚,诸校共丐克用为大同防御留后,不许,发诸道兵进捕。诸道不甚力,而黄巢方引兵渡江,朝廷遽未能制,乃赦之,以国昌为大同军防御使。国昌不受命,诏河东节度使崔彦昭、幽州张公素共击之,无功。"据此,则是大同防御使,非节度也。薛居正《五代史·纪》曰:"武皇杀段文楚,诸将列状以闻,请授武皇旄钺,朝廷不允,征诸道兵以讨之。乾符五年,黄巢渡江,其势滋蔓,天子乃悟其事,以武皇为大同军节度使、检校工部尚书。"是克用为大同节度使,非国昌。《实录·国昌传》及《献祖纪年录》《旧唐·本纪》俱不言国昌为大同节度使,独《实录》于此言之,下五月又云:"国昌杀监军,不肯代。"必有所据。盖国昌父子俱不肯受代,朝廷以为用国昌代克用,必无违命,故徙国昌为大同节度,而以卢简方镇振武,二人竟不(毁)〔受〕命,故简方不得赴镇而死于岚州,国昌亦未尝赴大同也。

崔澹等议南诏和亲。《实录》置澹议于二月,至四月又云:"南诏遣(奠)〔酋〕望赵宗政来朝,且议和好。"今因卢、郑争蛮事置此。

五月,郑畋、卢携罢相。《旧·纪》:"六年五月,贼围广州,与李岩、崔璆书,求天平节钺。畋、携论于中书,辞语不逊,俱罢分司。"《畋传》曰:"五年,黄巢东渡江、淮,众百万,所经屡陷郡邑。六年,陷安南府据之,致书与浙东观察使崔璆求郓州节钺。璆言:'贼势难图,宜因授之,以绝北顾之患。'天子下百僚议。初,黄巢之起也,宰相卢携以浙西观察使高骈素有军功,奏为淮南节度使,令扼贼冲,寻以骈为诸道行营都统。及崔璆之奏,朝臣议之,有请假节以纾患者。畋采群议,欲以南海节制廖之。携以始用高骈,欲其立功以图胜,曰:'高骈将略无双,淮土甲兵甚锐。今诸道之师方集,蔑尔纤寇,不足平荡。何事食之示怯,而令诸军解体耶!'畋曰:'巢贼之乱,本因饥岁。人以利合,乃至实繁,江、淮以南,荐食殆半。国家久不用兵,皆忘战,所在节将,闭门自守,尚不能枝。不如释咎包容,权降恩泽。彼本以饥年利合,一遇丰岁,孰不怀思乡土?其众一离,则巢贼几上肉耳。若此际不以计攻,全恃兵力,恐天下之忧未艾也。'群议然之，而左仆射于琮曰：'南海有市舶之利，岁贡珠玑。如令妖贼所有，国藏渐当废竭。'上亦望骈成功，乃依携议。及中书商量制敕。畋曰：'妖贼百万，横行天下，高公迁延玩寇，无意剪除，又从而保之，彼得计矣。国祚安危，在我辈三四人画度。公倚淮南用兵，吾不知税驾之所矣。'携怒，拂衣而起，染袂于砚，因投之。僖宗闻之怒，曰：'大臣相诟，何以表仪四海！'二人俱罢政事。"《携传》："五年，黄巢陷荆南、江西外郭及虔、吉、饶、信等州，自浙东陷福建，遂至岭南，陷广州，杀节度使李岩，遂抗表求节钺。初，王仙芝起河南，携举宋威、齐克让、曾衮等有将略，用为招讨使。及宋威杀尚君长，致贼充斥，朝廷遂以宰臣王铎为都统，携深不悦。浙帅崔璆等上表，请假黄巢广州节钺，上令宰臣议。携以王铎为统帅，欲激怒黄巢，坚言不可假贼节制，止授率府率而已。与同列郑畋争论，投砚于地。由是两罢之。"《实录》："五年五月丙申朔。是日，宰臣郑畋、卢携议南蛮事，携请降公主通和，畋固争以为不可，抗论是非。携怒，拂衣而起，袂染于砚，因投而碎之。丁酉，以畋、携并为太子宾客、分司。"注云：《旧史》泪杂说皆云'畋、携议黄巢节制，忿争赐罢。'而郑延昌撰《畋行状》乃云'议蛮事'，无可证之。然当时所述恐不谬。"又《畋传》曰："时黄巢攻陷江、浙，上表乞节钺，畋与同列卢携谋议攻讨及拔用将帅，事多异同。又南诏蛮请降公主和好，畋（因）〔固〕争以为不可，遂抗论之，乃与携俱罢相。"又《携传》曰："携人质甚陋，语亦不正，与郑畋俱李翱之外孙，及同辅政，议论不协。初，王仙芝起河南，携举宋威、齐克让、曾衮等有将略，用为招讨使，讨贼皆无功，致贼充斥。又主高骈之请，欲以公主和南诏蛮，郑畋执之，以为不可，帝前忿争，由是两罢之。"《旧·纪》"六年五月，贼围广州，仍与广南节度使李岩、浙东观察使崔璆书，求保荐，乞天平节钺，璆、岩上表论之。宰相郑畋、卢携争论于中书，词语不逊，俱罢为太子宾客、分司东都。"按《新》《旧·传》《旧·纪》皆以畋、携罢相在六年，《实录》《新·纪》《表》在此年五月，《实录》《新书》皆自相矛盾。然宋氏多书，知二人罢在五月，必有所据，今从之。

李国昌不受代，土团兵乱邓虔。《唐末见闻录》："五月，振武损却别敕，不受除替。李尚书收却遮房军，进打宁武及岢岚军，代州告急。二十二日，指挥在府三城，排门差夫一人齐掘四面壕堑。卢尚书发赴振武，至岚州，身薨。二十四日，拜都押衙康传圭充代州刺史。又发太原、晋阳两县点到土团子弟一千人往代州屯驻，至城北，卓队不发，索出军优赏。差马步都虞候邓虔安慰，寻被尚却，床舁尸枢入府。尚书、监军自出安慰，定每人各给钱三百文，布一端，差押衙田公锷给散，不放却回，便被请将充都将，发赴军前。使司有榜，借商人助军钱五万贯文。"《实录》："五月，李国昌杀监军使，不肯受代，起兵进打宁武及岢岚军，代州出兵御之。始，国昌遣克用以兵袭大同，三军表克用为留后，朝廷不允，乃以国昌命之，欲以其子无能拒也。时国昌贪其土地，欲父子分统，故拒命焉。"《实录》："六月乙丑朔，岚州奏新除振武节度使卢简方卒。以太原府都押衙康传圭为代州刺史，发太原、晋阳土团千人戍代州，至城北，卓队不发，索优赏，马步都虞候邓虔安慰，为其众杀之。节度使窦潜自出抚慰，乃定。初，太原府帑空竭，每有赏赍，必科民家，至是尤窘迫，乃榜借商人助军钱五万。"此皆约《唐末见闻录》为之，而后其月日以象奏到之时耳。《唐末见闻录》又云："六月十一日，左散骑常侍支谟奉敕到府，充大同军制置使，兼摄河东节度副使、军前同指挥事。"此谓到府之日，而《实录》云"甲戌，以谟为制置使"。甲戌乃六月十日，亦误也。

十二月，李钧与李克用战败死。《旧·纪》："河东节度使崔季康与北面行营招讨使李钧与沙陀李克用战于岢岚军之洪谷，王师大败，钧中流矢而卒。戊戌，至代州，昭义军乱，为代州百姓所杀殆尽。"此年《实录》略同。广明元年八月《实录》："河东奏昭义节度使李钧为猛虎军所杀。"又曰："诏统本道兵由雁门出讨云州，与贼战，败归，为其下杀之。"《新·纪》："庚辰，崔季康、李钧及李克用战于洪谷，败绩。"薛居正《五代史·纪》曰："乾符六年春，朝廷以昭义节度使李钧充北面招讨使，将上党、太原之师过石岭关，屯于代州，与幽州李可举会赫连铎同攻蔚州。献祖以一军御之，武皇以一军南抵遮虏城以拒李钧。是冬，大雪，弓弩弦折，南军苦寒，临战大败，奔归代州，李钧中流矢而卒。"《唐末见闻录》曰："十九日，崔尚书发往岢岚军，请别敕贾敬嗣大夫权兵马留后，观察判官李劢权观察留后。昭义节度使李钧领本道兵马到代州，军变，被代州杀戮并尽，捉到李钧，残军溃散，取鸦鸣谷各归本道。"按昭义军变，必非李钧所为。代州百姓捉到李钧，不知如何处之。今从《旧·纪》。

六年正月，高骈将张璘、梁缵。《旧·纪》"张璘"作"张麟"，《新·纪》《传》《实录》作"潾"。今从《旧·高骈》《黄巢传》《唐年补录》《妖乱志》《唐补纪》《续宝运录》。《旧·纪》"梁缵"作"梁缵"，今从众书。

降毕师铎等。郭延海《妖乱志》曰："初，黄巢将蹂践淮甸，委师铎为先锋，攻胁天长，累日不克，师铎之志沮焉。及巢北向，师铎遂降勃海。"按《旧·师铎传》，骈败巢于浙西，皆师铎之效，故置于此。

二月辛巳，李侃为河东节度使。《唐末见闻录》："二十日，安慰使到府，李侃充河东节度使。"《实录》因云"庚寅除侃"，误也。

四月，王铎为荆南节度使、招讨都统。《旧·纪》："五年二月，铎请自督众讨贼。天子以宋威失策杀君长，乃以铎检校司徒、门下侍郎、江陵尹、荆南节度使，充诸道兵马都统。"《旧·传》："四年，贼陷江陵，杨知温失守，宋威破贼失策。朝议统率，卢携称高骈累立战功，宜付军柄，物议未允。铎廷奏：'臣愿自率诸军，荡涤群盗。'朝议然之。五年，以铎守司徒、门下侍郎、同平章事，兼江陵尹、荆南节度使，充诸道行营兵马都统。"今从《实录》及《新·纪》《表》。

五月，黄巢上表求广州节度使。《续宝运录》曰："黄巢先求广府兼使相，朝廷不与。黄巢夏初兵屯广南，累候敕旨不下，遂恣行劫掠。黄巢夏六月上表，称'义军百万都统兼韶、广等州观察处置等使'，末云'六月十五日表'。秋，遣内侍仇公度赍手诏并广南、邕府、安南、安东等〔道〕节度使、指挥观察使、开国公、食邑五百户官告六通，又赐节度将吏空名尚书仆射官告五十通。九月二十日，仇公度到广州，至十月一日，巢与公度杂匹段、药物等五驮、表函一并所赐官告并却付公度。表末云：'广明元年十月一日上表。'公度等其年十月二十九日至京。"如《宝运录》所言，则是广明元年十月一日，巢犹在广州也。按其月巢已入长安。今从《旧·纪》。

宰相请除巢率府率。《旧·纪》："五月，贼围广州，仍与广南节度使李迢、浙东观察使崔璆书，求保荐，乞天平节钺。迢、璆上表论之。"《实录》："迢、璆上表论请，词甚恳激，乃诏公卿集议。巢又自表乞广州节度、安南都护。巢自春夏其众大疫，死者十三四，欲据有岭表，永为巢穴,乃继有是请。左仆射于琮议云云。时朝廷倚高骈成功,不允其奏,乃议除官。或云以正员将军縻之,宰相亦沮其议,乃除率府率。"《旧·巢传》曰:"时高骈镇淮南,表请招讨贼,许之,议加都统。巢乃渡淮,伪降于骈。骈遣将张璘率兵受降于天长镇,巢禽璘杀之,因虏其众。寻南陷湖、湘,遂据交、广。托崔璆奏乞天平节度,朝议不允。又乞除官,时宰臣郑畋与枢密使杨复恭欲请授(司)〔同〕正员将军,卢携驳其议,请授率府率,如其不受,请以高骈讨之。"《新·巢传》曰:"有诏高骈为诸道行营都统。巢进寇广州,诒李迢书,求表为天平节度,又胁崔璆言于朝,宰相郑畋欲许之,卢携、田令孜执不可。巢又乞安南都护、广州节度使,书闻,右仆射于琮议云云。乃拜巢率府率。"《旧·卢携传》亦皆以为携议授巢率府率。按此时携已罢相。今从《实录》。

九月,巢陷广州,杀李迢。《惊听录》曰:"拥李迢在寇,复併蓺海隅,又陷桂州,次攻湖南,屯衡州,方知王仙芝已山东没陈,又尚君长生送咸京,遂召李迢,恚而踬害。"《新·纪》:"十一月辛酉,黄巢陷江陵,杀李迢。"《新·传》曰:"其十月,巢据荆南,胁李迢草表报天子,迢不可,巢怒,杀之。"《北梦琐言》曰:"黄巢入广州,执李侣,随军至荆州,令侣草表述其所怀。侣曰:'某骨肉满朝,世受国恩,腕即可断,表终不为领。'于江津害之。"今从《实录》。

十月,巢陷潭州,刘汉宏大掠江陵。《旧·纪》:"广明元年二月,巢陷潭州,王铎弃江陵,奔襄阳,汉宏大掠。"《实录》:"闰月,湖南奏黄巢贼众自衡、永州下,十月二十七日攻陷潭州。"《新·巢传》曰:"广明初,贼自岭南寇湖南诸郡,攻潭州,陷之。"《旧·巢传》:"巢欲据南海之地,坐邀朝命。是岁,自春及夏,其众大疫,死者十三四。众劝请北归,以图大利,巢不得已,广明元年,北逾五岭,犯湖、湘、江、浙。"按《旧·纪》《传》皆云广明元年败王铎。今月日从《实录》,事从《旧书》。又据《旧·纪》《传》,则刘汉宏本王铎将,铎去而汉宏留江陵大掠,遂为盗也。《实录》用之,而于铎奔襄阳下添"先是"字。若铎在江陵,汉宏时为群盗,安能入其城大掠?借使汉宏先曾寇掠江陵,与黄巢事了不相干,何必言"后半月余,贼众乃据其城"也!《吴越备史》云:"汉宏本兖州小吏,领本州兵御巢寇,遂杀将首,劫辐重而叛。后命前濠州刺史崔镠招降之。"据此,则汉宏本群盗也。《新·传》用之,而云铎招降之。或者汉宏本群盗,中间降铎为部将,铎去江陵,汉宏复大掠为盗,其后又降于崔镠,遂为唐臣也。

广明元年正月,侯昌业上疏极谏,赐死。《续宝运录》云:"司天少监侯昌业上疏,其略曰:'陛下不纳李蔚、杜希敖之谏。'又曰:'臣乃明祈五道,暗祝冥官,悚息于班列之中,愿早过于阁浮之世。'又曰:'受爵不逢于有德之君,立戟每佐于无道之主。'又曰:'不望尧、舜之年,得同先帝之日。'又曰:'明取尹希复指挥,暗察王士成进状,强夺波斯之宝贝,抑取茶店之珠珍,浑取匦坊,全城般运。'又曰:'莫是唐家合尽之岁,为复是陛下寿足之年。'又曰:'伏惟陛下,暂停戏赏,救接苍生,于殿内立揭谛道场,以无私财帛供养诸佛,用资世禄,共力攘灾。'表奏,圣上龙威震怒,侍臣惊悸。宣徽使宣云:'侯昌业付内侍省,候进(旨)〔止〕。'翌日午时,又内养刘季远宣口敕云:'侯昌业出自寒门,擢居清近,不能修慎,妄奏间词,讪谤万乘君王,毁斥百辟卿士,在我彝典,是不能容! 其侯昌业宜赐自尽。'"《北梦琐言》曰:"唐自广明后,阉人擅权,置南北废置使,军容田令孜有回天之力,中外侧目,而王仙芝、黄巢剽掠江、淮,朝廷忧之。左拾遗侯昌业上疏极言时病,留中不出,命于仗内戮之。后有传侯昌业疏词不合事体,其末云:'请开揭谛道场,以销兵厉。'似为庸僧伪作也。必若侯昌业以此识见犯上,宜其死也。"今从之。

上好斗鸡赌鹅。《新·田令孜传》曰："帝冲呆,喜斗鹅,一鹅至直五十万钱。"按鹅非可斗之物,又一鹅至直五十万钱,亦恐失实,《新·传》误也。今从《续宝运录》。

三月,高骈为诸道行营都统。《续宝运录》载骈上表及答诏云:"今以卿为诸道都统,应行营率士兵马,悉受指挥。"诏旨未到之间,朝廷猜贰,续敕:"却不许行军,只令固守封疆,不得擅行征讨。"于是高骈乃引淮水绕江都城三重,坐甲不讨,黄巢自此转盛。《旧·纪》《传》,王铎出镇荆南,亦为诸道行营都统,而《实录》及《新·纪》《表》皆云"为南面行营都统"。《旧·纪》:"乾符四年六月,以骈为镇海节度使、江西招讨使。六年十月,以骈为淮南节度使、江南行营招讨使。广明元年三月,朝廷以铎统众无功,乃授骈诸道兵马行营都统。"《骈传》:"四年,为镇海节度使,寻授诸道兵马都统。六年冬,徙淮南节度使,兵马都统如故。"《卢携传》曰:"及王铎失守,罢都统,以高骈代之。"《实录》:"五年六月,骈移镇海。六年正月,以骈为诸道行营兵马都统。"仍赐诏如《宝运录》所载者,八月骈上表亦如之。十月骈徙淮南,依前充都统。按骈表请追郎幼复备守浙西,则是在镇海时也。诏云"周旋六镇",则是骈已移淮南后也。六镇,谓安南、天平、西川、荆南、镇海、淮南也。又诏云"今以卿为诸道都统",则似移淮南后方为都统也。疑骈在浙西止为招讨使,既数破巢军,乃以灭巢为己任,上表请布置诸军,自攻巢于广州。及王铎败,卢携遂以骈代之。携欲重其权,故为诸道都统。若骈先为诸道都统,铎但为南面都统,则铎已在骈统下,可以指挥,表不须云"乞降敕指挥铎"也。且铎自宰相都〔统〕诸将讨贼,故立都统之名,不应同时有两都统也。其在浙西领江西招讨使者,时黄巢方掠虔、吉、饶、信故也。今从《旧·纪》及《卢携传》。

四月,李琢为蔚、朔等节度使。"琢"作"瑑"者,误也。

五月,张(潾)〔璘〕战死。《旧·纪》:"是岁春末,贼在信州疫疠,其徒多丧。淮南将张潾急击之,贼惧,以金啗潾,仍致书高骈乞保明归国。骈信之,许求节钺。时昭义、武宁、义武等军兵马数万,赴淮南,骈欲收功于己,乃奏贼已将殄灭,不假诸道之师,并遣还淮北。贼知诸军已退,以求节钺不获,暴怒,与骈绝,请战。骈怒,令张潾整军击之,为贼所败,临阵杀潾。贼遂乘胜渡江,攻天长、六合等县,骈不能拒,但自固而已。朝廷闻贼复振,大恐。"《高骈传》曰:"广明元年夏,黄巢自岭表北趋江、淮,由采石渡江,潾勒兵天长,欲击之。"《黄巢传》曰:"巢乃度淮,伪降于骈。骈遣将张潾率兵受降于天长镇,巢擒潾,杀之。"《实录》,五月潾已为巢所杀,七月巢乃过江。其言潾所以死与《旧·纪》同,《新·纪》《传》皆与《实录》同。据《旧·传》,则潾死在江北也。《旧·纪》及《实录》《新·纪》《传》,潾死在江南。按潾既死,巢又陷睦州、婺州、宣州,然后度江。潾死在江南是也。

六月,陈敬瑄至成都。《锦里耆旧传》云:"敬瑄九月二十五日上任。"按《实录》,敬瑄除西川在三月庚午。又《云南事状》,敬瑄与布燮以下牒云:"某谬膺朝寄,获授藩条,以六月八日到镇乞讫。"今从之。

李琢执傅文达。《实录》六月云:"国昌遣文达守蔚州。"七月云:"李琢、赫连铎奏破沙陀于蔚州,降傅文达等。"薛居正《五代史·纪》:"武皇令军使傅文达起兵于蔚州,高文集等缚送李琢。"按国昌时在蔚州,何必令文达守之!今从《薛史》。

诏许南诏和亲。《实录》:"六月丙申,陈敬瑄奏请遣使和蛮。丁酉,中书奏请令百官集议。甲辰,百官议定。壬子,中书奏遣使。"按敬瑄此月八日上,丙申,乃十四日也,奏报岂能遽至!今不取。《新·传》:"先是南诏知蜀强,故袭安南,陷之。会西川节度使陈敬瑄申和亲议,时卢携复辅政,与豆卢琢皆厚高骈,乃议通和。"今从《雲南事状》。《雲南事状》又曰:"中书奏:'玄宗册蒙归义为雲南王,其子阁罗凤降于吐蕃,其孙异牟寻却归朝廷,自请改雲南王,赐号南诏,德宗从之。至曾孙蒙丰祐,杜悰奏以入朝人多,减之,后索质子,渐为侮慢。'"卷末载陈敬瑄与雲南书牒,或称鹤拓,或称大封人。《雲南事状》不著撰人名,似是卢携奏草也。

七月,黄巢围天长,高骈不敢出兵。《旧·骈传》:"骈怨朝议有不附己者,欲贼纵横河、洛,令朝廷耸振,则从而诛之,大将毕师铎说骈云云。骈骇然曰:'君言是也。'即令出军。有爱将吕用之者,以左道媚骈,骈颇用其言,用之惧师铎等立功,即夺己权,从容谓骈曰:'相公勋业高矣,妖贼未殄,朝廷已有闲言。贼若荡平,则威望震主,功居不赏,公安税驾邪!为公良画,莫若观衅,自求多福。'骈深然之,乃止诸将,但握兵保境而已。"《惊听录》:"朝廷议骈以文以武,国之名将,今此黄巢,必丧于淮海也,寻淮南表至,云:'今大寇忽至,入臣封巡,未肯绵伏狼狐,必能晦沉大众。但以山东兵士屯驻杨州,各思故乡,臣遂放去,亦具闻奏,非臣自专。今奉诏书责臣无备,不合放回武勇,又告城危,致劳征兵劳于往返。臣今以寡击众,然曰武经,与贼交锋,已当数阵,粗成胜捷,不落奸谋,固护一方,臣必能了。但虑寇设深计,支梧官军,逦迤过淮,彼岸无敌,即东道将士以至藩臣,系朝廷速下明诏,上委中书门下,速与商量。'表至,中书咸有异议,遂京国士庶浮谤日兴,云淮南与巢裒私通连,自固城池,放贼过淮也。"《妖乱志》曰:"广明元年七月,黄巢自采石北渡,直抵天长。时城内土客诸军尚十余万,皆良将劲兵,议者虑狂寇有奔犯关防之患,悉愿尽力死战。用之等虑其立功之后,侵夺己权,谓勃海曰:'黄巢起于群盗,遂至横行,所在雄藩,望风瓦解,天时人事,断然可知。令公既统强兵,又居重地,只得坐观成败,不可更与争锋。若稍损威名,则大事去矣。'勃海深以为然,竟不议出军,巢遂至北焉。初,巢寇广陵也,江东诸侯以勃海屯数道劲卒,居将相重任,巢江海一逦逃耳,固可掉折箠而擒之,及闻安然渡淮,由是方镇莫不解体。"按骈宿将,岂不知贼过淮之后不可复制!若怨朝议有不附己者,则尤欲破贼立功,以间执谗愿之口。若纵贼过淮,乃适足实议者之言,非所以消谤也。借使骈实有意使贼震惊朝廷,从而诛之,则贼入汝、洛之后,当晨夜追击,以争功名,岂得返坐守淮南数年,逗留不出兵乎!又《旧·传》吕用之云"恐成功不赏",《妖乱志》云"恐败衂稍损威名",夫大功既成,则有不赏之惧,岂有未战不知胜负,豫忧威震主乎!骈为都统,控扼江、淮,而拥兵纵贼,使安然北度,其于威名独无损乎!虽用之浅谋无所不至,骈自无参酌,一至此邪!盖骈好骄矜大言,自恃累有战功,谓巢乌合疲弊之众,可以节钺诱致淮南,坐而取之。不意巢初无降心,反为所欺,张璘骁将,一战败死,巢奄济采石,诸军北去,见兵不多,狼狈惴恐,自保不暇,故敛兵退缩,任贼过淮,非故欲纵之,实不能制也。卢携暗于知人,致中原覆没,骈先锐后怯,致京邑丘墟;吕用之妖妄奸回,致广陵涂炭,皆人所深疾,故众恶归焉,未必实然也。又《唐末见闻录》:"广明二年十二月五日,黄巢倾陷京国,转牒诸军。"据牒云:"屯军淮甸,牧马颍陂。"则似在淮南时,非入长安后。又《续宝运录》云:"王仙芝既叛,自称天补均平大将军兼海内诸豪帅都统,传檄诸道。"其文与此略同,末云:"愿垂听知,谨告,乾符二年正月三日。"此盖当时不逞之士伪作此文，托于仙芝及巢，以讥斥时病，未必二人实有此檄牒也。

刘汉宏请降。《实录》："汉宏寇扰荆、襄，王铎遣前濠州刺史崔锴招之，至是，始归降。辛未，汉宏奏请于濠州(到)〔倒〕戈归降，优诏褒之。"按铎奔襄阳，汉宏始掠江陵叛去。铎寻分司，盖未分司时遣锴招之。又戊辰汉宏除宿州，云至是始降，是已降也。辛未又云请于濠州归降者，朝廷闻其降，戊辰已除官，而辛未汉宏表方至也。

十一月，豆卢瑑请授黄巢天平节钺。《惊听录》曰："宰臣豆卢瑑奏：'缘淮南九驿便至泗州，恐高骈固守城垒，不遮截大寇，黄巢必若过淮，落寇之计。又征兵不及，须且诱之，请降节旄，授郓州节度，候其至止，讨亦不难。'宰臣卢携言之不可，奏以'黄巢为国之患久矣，昨与江西节制，拥节而行，攻劫荆南。却夺其节，但征诸道骁勇，把截泗州。'因此不发内使，罢建双旌，乃发使臣诸道而去。寻汴州、徐州两道告急到京，报黄巢过淮，卢携托疾不出。"按朝廷未尝以江西节与巢，借使与之，安可复夺！此《惊听录》不足信也。

张承範等发京师，上御章信门遣之。《新·传》曰："帝饯令孜章信门，赉遗丰优。"按令孜虽为招讨都统，赐节赉物，其实不离禁闼，是日所遣者承範等耳。《新·传》云饯令孜，误也。

上趣骆谷，郑畋谒于道次。《续宝运录》："戊子，帝至骆谷堉水驿，乃下诏与牛勖、杨师立、陈敬瑄，云今月七日，已次骆谷堉水驿。"按此月庚辰朔，戊子九日，而诏云七日，"九"误为"七"也。《实录》："辛卯，车驾次凤翔，郑畋候谒于路。"《旧·畋传》云："候驾于斜谷。"《新·纪》："辛卯，次凤翔。丁酉，至兴元。"按甲申上离长安，辛卯始次凤翔，太缓，丁酉已至兴元，太速。又路出骆谷则不过凤翔及斜谷。盖车驾涉凤翔之境，而畋往见耳，非凤翔与斜谷也。《实录》："贼以数万众西追车驾。"而不言追不及，又不言为谁所拒而还。诸书皆无之，今不取。

黄巢妻曹氏为皇后。《实录》《巢传》："立妻曲氏为皇后。"今从《新·传》。

王重荣杀巢使，与王处存结盟。《旧·王处存传》曰：'时李都守河中，降贼。会王重荣斩伪使，通使于处存，乃同盟誓，营于渭北。时巢贼僭号，天下藩镇多受其伪命，唯郑畋守凤翔，郑从谠守太原，处存、王重荣首倡义举。俄而郑畋破贼前锋，王铎自行在至，故诸镇翻然改图，以出勤王之师。"按铎中和二年始至，于时未也。《王重荣传》曰："初，重荣为河中马步都虞候，巢贼据长安，蒲帅李都不能拒，称臣于贼，贼伪授重荣节度副使。重荣以贼征求无已，欲拒之，都曰：'吾兵微力寡，绝之立见其患，愿以节钺假公。'翌日，都归行在，重荣知留后事，乃斩贼使，求援邻藩。"《北梦琐言》曰："重荣始为牙将，黄巢犯阙，元戎李都奉伪，畏重荣〔党〕附者多，因荐为副使。一日，忽谓都曰：'令公助贼，陷一邦于不忠，而又日加箕敛，众口纷纭然，倏忽变生，何以遏也？'遽命斩其伪使。都无以对，因以军印授重荣而去。及都至行在，朝廷又以前京兆尹窦潏间道至河中代都，重荣迎之。潏前为京兆尹，有惨酷之名，时谓之'染叠'。及至，翌日，进军校于庭，谓曰：'天子命重臣作镇将，遏贼冲，安可轻议斥逐令北门出乎！且为恶者必一两人而已，尔等可言之。'潏不知军校皆重荣之亲党也，众皆不对。重荣乃屏肃佩剑历阶而上，谓潏曰：'为恶者非我而谁！'遂召潏之仆吏控马及阶，请依李都前例，乃云'速去！'潏不敢仰视，跃马复由北门而出。"《新·传》取之。按十一月辛亥朔，重荣已作乱，掠坊市。辛酉，以重荣为留后,都为太子少傅,则都已去河中矣。及黄巢犯阙,都何尝奉伪,亦未尝闻以濮代都。今不取。

中和元年正月,陈敬瑄杖杀内园小儿。《新·传》曰:"敬瑄杀五十人,尸诸衢。"《锦里耆旧传》曰:"有内园小儿三个连手行绕行宫,数内一人笑云云。巡者乱打,执之。敬瑄咄之曰:'今日且欲棒杀汝三五十辈,必不令错。'"按三五十辈者,敬瑄语耳,非实杀五十人也。《新·传》误。

二月,代北监军陈景思。《实录》作"景斯",今从薛居正《五代史》。

三月,景思敕请李克用。《实录》:"陈景思赍诏入达靼召李克用,军屯蔚州。克用因大掠雁门以北军镇。"薛居正《五代史》:"先是,景思与李友金发沙陀诸部五千骑南赴京师。友金,即武皇之族父也。中和元年二月,友金军至绛州,将渡河,刺史瞿稹谓景思曰:'巢贼方盛,不如且还代北,徐图利害。'四月,友金旋军雁门,瞿稹至代州,半月之间,募兵三万,营于崞县之西。其军皆北边五部之众,不闲军法,瞿稹、李友金不能制。友金谓景思云云,景思然之,促奏行在。天子乃以武皇为雁门节度使,仍令以本军讨贼。李友金发五百骑赍诏召武皇于达靼,武皇即率达靼诸部万人趋雁门。"按景思请赦国昌父子,而独克用至者,盖国昌已老,独使克用来耳。是岁,克用但攻掠太原,又陷忻、代二州。明年十二月,始自忻、代留后除雁门节度使。盖此际止赦其罪,复为大同防御使。及陷忻、代,自称留后,朝廷再召之,始除雁门。《薛史》误也。《新·表》:"中和二年,以河东忻、代二州隶雁门节度,更大同节度为雁门节度,治代州。"此其证也。

宥州刺史拓跋思恭。欧阳脩《五代史》作"拓跋思敬",意谓《薛史》避国讳耳。按《旧唐书》《实录》皆作"思恭"。《实录》:"天复二年九月,武定军节度使李思敬以城降王建。思敬本姓拓跋,鄜夏节度使思恭、保大节度使思孝之弟也。思孝致仕,以思敬为保大留后,遂升节度,又徙武定军。"《新唐书·党项传》曰:"思恭为定难节度使,卒,弟思谏代为节度。思孝为保大节度,以老,荐弟思敬为保大留后,俄为节度。"然则思恭、思敬乃是两人。思敬后附李茂贞,或赐国姓,故更姓李。脩合以为一人,误也。

四月,黄巢复入长安,唐弘夫战死。《旧·纪》《传》《新·传》皆云弘夫败在二年二月。《惊听录》《唐年补录》《新·纪》《实录》皆在此年四月。《新·纪》日尤详,今从之。

五月己未,高骈出屯东塘。《妖乱志》曰:"自五月十二日出东塘,至九月六日归府,九十余日,襄雉雏之变也。"按五月十二日至九月六日,乃一百一十三日,非九十余日也。今从《旧·传》。

忠武军八都。刘恕《十国纪年》上云"八都',而下止有王建等七人姓名,其一人诸书不可(见)〔考〕故也。

六月,李克用陷忻、代。《唐末见闻录》:"六月三十日,沙陀军却回,收却忻、代州。"《太祖纪年录》:"遇大雨,六月二十三日,班师雁门。"薛居正《五代史》与《纪年录》同,按忻、代先属河东,中和二年始割隶雁门。今从《见闻录》《实录》。

七月,郑从谠斩论安。《唐末见闻录》:"六月三十日,沙陀收却忻、代州,使司差教练使论安,军使王蟠、高弁、回鹘、吐蕃等军于百井下寨守御。当月内,论安等拔寨,却回到府。"按当月内,即三十日也。一日之中,不容有尔许事,必非也。又曰:"至七月十四日,相公排饭大将等,于坐上把起论安,不脱靴衫,〔于〕球场内处置,族灭其家。又差都头温汉臣将兵依前于百井下寨。当月内,契苾尚书领兵马却归振武。"今从之。

九月,成麟杀高浔,孟方立杀麟。《实录》:"泽潞牙将刘广据潞州叛,天井关戍将孟方立帅戍卒攻广,杀之,自称留后,仍移军额于邢州。初,高浔援京师,广率师至film平,谋为乱,不行,还据潞州,自称留后,用法严酷,三军畏之。方立乘虚袭杀焉。"又曰:"贬昭义节度使高浔为端州刺史。"中和三年《实录》又曰:"初,孟方立杀高浔自立。"薛居正《五代史·方立传》曰:"中和二年,为泽州天井关戍将,时黄巢犯关辅,州郡易帅,有同博弈。先是,沈询、高湜相继为昭义节度,怠于军政,及有归秦、刘广之乱,方立见潞帅交代之际,乘其无备,率戍兵径入潞州,自称留后。"《新·纪》:"八月,昭义军节度使高浔及黄巢战于石桥,败绩,十将成麟杀浔,入于潞州。九月己巳,昭义军戍将孟方立杀成麟,自称留后。"《方立传》惟以成麟为成邻,余如《新·纪》。按乾符二年《实录》:"十月,昭义军乱,逐节度使高湜,贬湜象州司户。"《柳玭传》云"贬高要尉"。三年十一月,诏魏博韩简云:"刘广逐帅擅权"云云。是广逐湜,擅据潞州也。《薛史·孟方立传》亦云沈询、高湜怠于军政,致有归秦、刘广之乱,是广乱在前也。《旧·纪》:"九月,高浔牙将刘广擅还据潞州。是月,浔天井关戍将孟方立攻广,杀之,自称留后,贬浔端州刺史。"此盖《旧·纪》误,《实录》因之。《薛史·方立传》曰:"见潞帅交代之际,率兵入潞。"不言何帅交代,若不逐帅,何能据州!事无所因,殊为疏略。《旧·纪》恐是误以高湜事为高浔事。《实录》此云杀广,明年又云杀浔,自相违。《新·纪》《传》皆云成麟杀浔,方立斩麟,月日事实颇详,必有所出。今从之。

十二月,闵勖逐李裕。《实录》《新·传》作"闵顼",今从程匡柔《唐补纪》。

二年正月,王铎为都都统。《旧·纪》:"中和元年七月,铎为都统。十二月,率师三万至京畿,屯于盩屋。"《旧·铎传》亦在元年。《唐年补录》:"元年十一月乙巳,制以铎为都统。十二月乙亥,铎屯盩屋。"《续宝运录》:"元年八月,铎拜天下都统。"《唐补纪》:"中和元年四月,高骈率师驻泊东塘,自五月出府,九月却归。朝廷即以铎都统诸道兵马,收复长安。"铎为都统,诸书年月不同如此。《新·纪》:"二年正月辛亥,王铎为诸道行营都都统,高骈罢都统。"据《实录》四月答高骈诏,罢都统(统)当在此年。今从《实录》。《新·纪》《旧·骈传》云:"僖宗知骈无赴难意,乃以铎为京城四面诸道行营兵马都统,韦昭度领江淮盐铁转运使。骈既失兵柄,又落利权,攘袂大诟,累上章论列,语词不逊。"按骈罢都统,依前为诸道盐铁转运使,五月方罢。《北梦琐言》曰:"王铎初镇荆南,黄巢入寇,望风而遁。他日,将兵潼关,黄巢令人传语云:'相公儒生,且非我敌,无污我锋刃,自取败亡也。'后到成都行朝,拜诸道都统。所以高骈上表,目之为败军之将也。"按铎自荆南丧师败官,未尝将兵潼关。皮光业《见闻录》,为都统在此年二月,亦误。又《旧·纪》《传》《新·传》,铎止为都(都)统。《新·纪》作都〔都〕统,《实录》初除及罢时皆为都统,中间多云都都统。又西门思恭为都都监。按时诸将为都统者甚多,疑铎为都都统是也。

三月,阡能为盗。张彭《锦里耆旧传》作"千能",句延庆《锦里耆旧传》作"忏能",《续宝运录》作"玕能",《实录》《新·传》作"阡能"。按《北梦琐言》:"安仁土豪阡能。"注云:"《姓纂》无此,盖西南夷之种。"今从之。

六月，罗浑擎等反。张彭《耆旧传》曰："二年六月，补杨行迁为军前四面都指挥使，千能亦散于诸处下寨，官军频不利。八月，罗浑擎反。十月，句胡僧反。"又曰："九月，千能、浑擎、胡僧与官军大战于乾溪，官军不利。十二月，罗（天）〔夫〕子反，众二千。"句延庆《旧传》曰："二年五月，罗浑擎反。六月，句胡僧反，有四千余人。官军与忏能战于乾溪，官军大败。是月，罗夫子反，聚众三千人。"《实录》："六月，句胡僧反，有众二千余。官军与能战乾溪，大败。"按张《传》上云十月胡僧反，下云九月胡僧与官军战，自相违。又阡能败差一年。今从《实录》，并附之六月。

七月，韩求反。张彭《耆旧传》："三年六月，韩求反，其邛州界内贼首千能逦迤渐侵入蜀州界。"今从句延庆《传》及《实录》。

南诏请降公主，报以方议礼仪。张彭《耆旧传》："中和元年九月三日，云南骠信差布燮、杨奇肱等赍国信来通和，迎公主。太师借副使仪注郊迎，布燮始见相见，揖副使云：'请不拜。'太师闻，极怒。朝廷告以俟更议车服制数定，续有旨命，竟空还。"今从《云南事状》及《实录》。

十月，韩秀昇屈行从断峡江路。张彭《耆旧传》："三年九月，峡路贼韩秀昇，十月，峡路贼屈行从反。陈太师差押衙庄二梦将兵二千人，十月二十日，发往峡路。"句延庆《耆旧传》于中和二年七月韩求反下，又云："峡路韩秀昇、屈行从反，川主选点兵士三千人，差押衙庄梦蝶押领，十月癸丑，发峡路，收讨韩秀昇。"盖因十月讨之而言耳。《实录》取句《传》，而误于七月下云"韩秀昇、屈行从为乱，敬瑄遣大将庄梦蝶以兵三千讨之。"《新·传》曰："涪州刺史韩秀昇等乱峡中。"今从句《传》。

朱瑄权知天平留后。《实录》："曹存实继其叔父全晸为天平军节度，未周岁而遇害。"《旧·传》："瑄为青州王敬武牙卒。中和初，黄巢据长安，诏征天下兵，王敬武遣牙将曹全晸率兵三千赴难关西，瑄已为军候。会青州警急，敬武召全晸还，路由郓州，时郓将薛崇为草贼王仙芝所杀，崔君裕权知州事。全晸知其兵寡，袭杀君裕，据有郓州，自称留后。以瑄有功，署为濮州刺史，留将牙军。光启初，魏博韩简欲兼并曹郓，以兵济河，收郓，全晸出兵迎战，为魏军所败，全晸死之。瑄收合残卒，保州城，韩简攻围半年，不能拔。会魏军乱，退去。朝廷嘉之，授以节钺。"《新·传》与之同。薛居正《五代史·瑄传》："中和二年，张濬征兵于青州，敬武遣将曹全晸率兵赴之，以瑄隶焉。贼败出关，全晸以本军还镇。会郓帅薛崇卒，部将崔君预据城叛，全晸攻之，杀君预，因为留后，瑄以功授濮州刺史、郓州马步军都将。光启初，魏博韩允中攻郓，全晸为其所害，瑄据城自固，三军推为留后。允中败，朝廷以瑄为天平节度使。"按王仙芝死已久，曹全晸久为节度使，去岁死，王敬武今岁始得青州，《新》《旧·传》《薛史》皆误，今从《实录》。又《新·传》"瑄"作"宣"。欧阳修《五代史记》注云："今流俗以宣弟瑾，于名加'玉'者，非也。"今从《旧·传》《薛史》《实录》。

十一月，李详旧卒逐黄思邺。《实录》："李详下牙队兵斩伪刺史黄思邺，推华阴镇使王遇为首，降河中。王铎承制除遇为刺史。"按黄邺与黄巢俱死于虎狼谷，《实录》误也。今从《新·黄巢传》。

高仁厚讨阡能。张彭《耆旧传》："中和三年冬，千能转盛，官军战即不利，陈敬瑄乃遣仁厚讨之。十一月五日,仁厚进发。六日,擒罗浑擎。七日,擒句胡僧,得韩求首级。九日,擒千能,得罗夫子首级。十一月二十二日回戈,自城北门入。三日大设,五日议功。高公自检校兵部尚书检校左仆射,授眉州刺史。"张彭书语虽(俾)〔俚〕浅,或有抵牾,然叙事甚详。苟无此书,则仁厚功业悉沉没矣。句延庆《传》:"中和二年,仁厚枭五贼之首,凯旋归府。冬十二月戊寅,皇帝御大玄楼,高仁厚与将校等于清远桥朝见。至后三日,大设,高仁厚除授眉州刺史。"延庆不知据何书知千能败在二年冬,然要之仁厚擒韩秀昇在三年十月前,则擒千能必更在前矣。十二月己亥朔,无戊寅,日必误也。《实录》:"二年十月,草贼阡能于蜀州败官军,陈敬瑄遣高仁厚讨之。"《实录》见句《传》叙讨忏能事,承十月癸丑取峡路收讨韩秀昇下,因附之十月,亦误也。《实录》又曰:"十二月,仁厚以阡能首来献,帝御大玄楼宣慰回戈将士,以仁厚为检校工部尚书、眉州防御使。"亦因句《传》而去其日。又此年十月戊辰,升眉、汉、彭、绵等州并为防御使,故改刺史为防御耳。今高仁厚擒阡能既不知决在何年月,故因《实录》附于此。

十二月,李克用将兵至河中。《实录》在明年正月,今从《后唐太祖纪年录》、薛居正《五代史》。

李克让为僧所杀。《太祖纪年录》:"初,克让于潼关战败,避贼南山,隐于佛寺,夜,为山僧所害,纪纲浑进通冒刃获免,归黄巢。贼素惮太祖,闻其至也,将托情修好,捕害克让之僧十余人,杀之。巢令其将米重威赍重赂、伪诏,因浑进通见太祖。乃召诸将,领其赂,爡其伪诏以徇。"《薛史·克让传》曰:"乾符中,以功授金吾将军,留宿卫。初,懿祖归朝,宪宗赐宅于亲仁坊。武皇之起雲中杀段文楚也,天子诏巡使王处存夜围亲仁坊,捕克让。诘旦,兵合,克让与十余骑弯弧跃马,突围而出,官军数千人追之,比至渭桥,死者数百。克让自夏阳掠船而济,归于雁门。"按克让于时犹在雲州,云雁门,误也。《后唐懿祖纪年录》曰:"其兄克恭、克俭皆伏诛。"按是时国昌犹自请讨克用,朝廷必未诛其子。盖国昌振武不受代后,克恭、克俭始被诛也。《薛史》又曰:"明年,武皇昭雪,克让复入宿卫。黄巢犯阙,僖宗幸蜀,克让时守潼关,为贼所败。"按国昌以乾符五年不受代,朝廷发兵讨之。六年,克用未尝昭雪,克让何从得入宿卫!广明元年,国昌父子兵败,逃入达靼。其年冬,黄巢陷长安,克让何尝守潼关战败而死于佛寺!或者为朝廷所围捕时,逃入南山佛寺,为僧所杀,则不可知也。今事既难明,故但云为寺僧所杀而已。

孟方立迁昭义军于邢州,自称留后。《实录》:"中和四年正月,以义成行军司马郑昌图为中书舍人。三月,邢州军乱,杀其帅成麟,以中书舍人郑昌图权知昭义留后。"按成麟前已为孟方立所杀,况不在邢州,邢州乃方立所治也。又于时潞州已为李克脩所据,昌图安得更往彼为留后!又:"其年五月,以右仆射王徽同平章事,充昭义节度使。徽上表恳述非便,乃复以本官充大明宫留守。"《旧·王徽传》:"初,潞州军乱,杀成麟,以兵部侍郎郑昌图权知昭义军事。时孟方立割据山东三州,别为一镇,上党支郡唯泽州耳,而军中之人多附方立,昌图不能制。宰相奏请以重臣镇之,乃授徽检校尚书左仆射、同平章事,泽、潞、邢、洺、磁观察等使。时銮辂未还,关东聚盗,而河东李克用与孟方立争泽潞,以朝廷兵力必不能加,上表诉之曰:'郑昌图主留累月,将结深根;孟方立专据三州,转成积衅。招其外则潞人胥怨,抚其内则邢将益疑。祸方炽于既焚,计奈何于已失。须观胜负,乃决安危。伏乞圣慈,博求廷议,择其可付,理在从长。'天子乃以昌图镇之,以徽为诸道租庸供军等使。"《新·孟方立传》曰:"方立攻成邻,斩之,擅裂邢、洺、磁为镇，治邢为府，号昭义军。潞人请监军使吴全勖知兵马留后。时王铎领诸道行营都统，以潞未定，墨制假方立知邢州事。方立不受，囚全勖，以书请铎，愿得儒臣守潞。铎使参谋中书舍人郑昌图知昭义留事，欲遂为帅。僖宗自用旧相王徽领节度。时天子在西河，关中云扰，方立擅地而李克用窥潞州，徽度朝廷未能制，乃固让昌图。昌图治不三月，辄去。方立更表李殷锐为刺史，乃徙治龙冈。会克用为河东节度使，昭义监军祁审海乞师，求复昭义军，克用杀殷锐，遂并潞州，表克脩为留后。"按王铎以三年正月罢都统，则昌图知昭义留后必在二年也。昌图在潞不三月引去。今徽以潞让昌图，则徽除昭义必不在四年五月。《实录》年月皆误也。方立若已自称昭义留后，迁军额于邢州，则不止割据三州。若欲别为一镇，则应别立军名，必不与潞州并称昭义。若但以潞为支郡，当自除刺史，不以书与王铎更求儒臣，就使求之，铎亦当以昌图为潞州刺史，不云知昭义军事，又不得以泽州为支郡。盖方立既杀成麟，以邢州乡里，欲徙镇之，故身往邢州，而潞人不从，故请全勖为留后。方立以众情未洽，未敢自立，故囚全勖，外示恭顺，托以中人不可为帅而请于王铎，乞除儒臣。其意以儒臣易制，欲外奉为帅而自专军府之政，渐谋代之也。既而昌图至潞，欲行帅职，而山东三州已为方立所制，不受命令，独泽州在南，尚可号令耳。故王徽表云："昌图主留累月，已深结根。"言在泽潞已久，人心稍附，已所不如也。又云："方立累据三州，转成积衅。"谓昌图欲行帅权，而方立不率将职，互相窥觎，故积衅也。又云："招其外则潞人胥怨，抚其内则邢将益疑。"谓今邢、潞已成衅隙，己至彼欲加惠于邢则潞人怨其宠贼，加惠于潞则邢将疑其图己也。又云："须观胜负，方决安危。"谓昌图能胜方立，然后昭义乃安也。昌图在潞终不自安，故以军府授方立而去。方立然后自称留后，徙军额于邢州，以潞为支郡，表殷锐为刺史。故《新·传》徙治龙冈在殷锐为刺史下，此其证也。于是潞人怨而召沙陀，当徽除节制之时，克用犹未敢争泽、潞也。吴全勖，疑是方立初入潞府时监军，故王铎使知留后，方立既囚之，疑其遂斥去。祁审海恐是郑昌图时监军。《太祖纪年录》云："方立虏审海，自称留后。"薛居正《五代史·方立传》云："方立以邢为府，以审海知潞州事。"互说不同。且既虏审海，必不知潞州。方立表李殷锐为刺史，而审海犹依旧，必是后来监军，方立以其未尝异己，故不疑。若尝被囚虏，必不复留。此之不实，昭然可知。疑唐末昭义数逐帅，刘广、成麟作乱被杀，人皆知之。记事者不详考正，或以先者为后，后者为先，差互不同，故诸书多抵梧不合耳。又《薛史·安崇阮传》云："安文祐初为潞州牙门将，光启中，军校刘广逐节度使高浔，据其城，僖宗诏文祐平之。既杀刘广，召赴行在，授邛州刺史。其后孟方立据邢、洺，攻上党，朝廷以文祐本潞人也，授昭义节度使，令讨方立，自蜀至泽州，与方立战，败殁于阵。"按诸书皆无文祐为昭义节度使事。况光启中，泽、潞已为李克用所据，文祐来，当与克脩战，不得与方立战也。其事恐虚，今不取。

资治通鉴考异卷第二十五

端明殿学士兼翰林侍读学士太中大夫提举西京嵩山崇福宫上柱国河内郡开国公食邑二千六百户食实封一千户臣　司马光　奉敕编集

唐纪十七

中和三年二月，韩简为部下所杀。《旧·传》："简攻河阳，行及新郡，为诸葛爽所败，单骑奔回，忧愤，疽发背而卒。时中和元年十一月也。"《新·传》亦同。今从《实录》。

庄梦蝶为贼所败，高仁厚代讨之。张𬤊《耆旧传》曰："中和四年甲辰，春三月，峡路招讨指挥使庄梦〔蝶〕尚书为韩秀昇所败，退至忠州。川主太师召眉州刺史高仁厚使讨秀昇等，许以成功除梓帅，即日闻奏，拜行军司马，将步卒千人，三月五日进发。"句延庆《耆旧传》："中和三年二月，庄梦蝶为贼所败，川主唤仁厚，奏授峡路招讨都指挥使，将兵三千人，三月辛丑进发。"《实录》："三年二月，梦蝶为贼所败。陈敬瑄奏，以仁厚代梦蝶，将兵三千进讨，诏拜行军司马。"是月丁卯朔，无辛丑，辛丑乃四月五日，延庆误也。《实录》："三年二月，敬瑄奏仁厚代梦蝶。"盖亦用句《传》年月。今从之。

三月，合淝杨行愍。《十国纪年》云："杨行密，六合人。"今从薛居正《五代史》、徐铉《吴录》。

高仁厚擒韩秀昇。张𬤊《耆旧传》："中和四年，高仆射将步卒千人，三月五日进发，庄尚书三月二十日齐进。四月十四日，峡路申：四月一日，大破峡贼。"句延庆《耆旧传》："三年四月庚午，擒韩秀昇，捷书到府。"按是月丁酉朔，无庚午。《实录》："中和三年四月庚子，仁厚擒韩秀昇，献于行在。初，仁厚至峡，与贼战，其众大败，贼中小校缚秀昇出降。"据《郑畋集》，有《覆黔南观察使陈佶奏涪州韩秀昇谋乱已收管在州候敕旨状》云："秀昇劫黄黔府，俘掠帅臣，占据涪陵，扼截江路，遽怀僭妄，求作察廉。陈佶爰命毛𬇙部领甲士，直趋巢穴，便破城池，追逐渠魁，剿除逆党。"而诸家之说皆云仁厚所获。《新·传》："众怒，执秀昇以降，仁厚槛车送行在，斩于市。"张𬤊《耆旧传》："中和二年三月，千能反。八月，罗浑擎反。十月，句胡僧反。十二月，罗夫子反。三年，北路奏黄巢正月十日败走，收复长安。正月，千能遣罗浑擎于新穿坝下二十七寨，把断水陆官路。六月，韩求反，其邛州贼首千能逦迤渐侵入蜀州界。九月，峡路贼韩秀昇，十月，峡路贼屈行从反。川主陈太师差押衙庄梦蝶将兵二千，十月二十日发往峡路讨韩秀昇、屈行从等。十一月三日，高仁厚进发讨千能。九日，收邛州境内诸寨。十日，州县肃平。二十二日，回戈朝见。三日大设，五日议功，授眉州刺史。四年三月，庄梦〔蝶〕退至忠州。川主差高仁厚将兵，三月五日进发，庄尚书三月二十日齐进。四月十四日申：四月一日，大破峡贼，擒秀昇等。十五日，东川杨师立反。"句延庆《耆旧传》止于钞改张《传》为之，别无他事，但移浑擎反于中和二年五月，胡僧、罗夫子反于六月，韩求反于其年七月，庄梦蝶讨韩秀昇、屈行从以其年十月癸丑进发。高仁厚破忏能等五贼回朝见，在其年十二月戊寅。三年二月，庄梦蝶为贼所败，川主遣高仁厚将兵，三月辛丑进发。四月庚午，擒韩秀昇，捷书到府。是月，杨师立反。四年，北路奏黄巢正月十日败走,收复长安。不知延庆改移年月别有所据邪,将率意为之也?至于三年杨师立反,四年收复长安,其为乖谬尤甚于彭。《实录》千能、韩秀昇等事,率依句《传》,而误以韩秀昇反置七月,高仁厚讨千能置十月,削戊寅、辛丑两日,改庚午为庚子,此其异于句《传》也。《新·纪》:"三年十一月壬申,西川行军司马高仁厚及阡能战于邛州,败之。"《续宝运录》:"中和三年,涪州韩秀昇反。冬,千能反,高仁厚讨平之。"按贾纬《唐年补录》及《实录》所载铁券文皆云:"维中和三年岁次癸卯,十月甲午朔,十六日己酉,皇帝赐功臣陈敬瑄铁券。"其文有"戮千能如薙草,除秀昇若焚巢。"然则秀昇之败,必在此日前也。张《传》破秀昇在四年四月。其四年十月十日,亦载赐川主太师铁券,乃云:"维中和三年岁次癸卯,十月甲子朔,五日戊辰。"文与《补录》《实录》同,其昏毫如此。句《传》取张事而改其年,《实录》用句年而改其日。其阡能、韩秀昇等起灭,不知的在何时。今从《实录》。

四月甲辰,李克用收京师。《旧·纪》:"四月庚子,沙陀等军趋长安,贼拒之于渭桥,大败而还,李克用乘胜追之。己卯,黄巢收残众,由蓝田关而遁。庚辰,收京城,杨复光告捷。"按是月丁酉朔,无己卯、庚辰。敬翔《梁太祖编遗录》:"四月乙巳,巢焚宫闱、省寺、居第略尽,拥残党越蓝田而逃。明日,上与诸军收复长安。"《实录》:"甲辰李克用与忠(节)〔武〕将庞从、河中将白志迁、横野将满存、朝邑将康师贞三败贼于渭桥,大破之。义成、义武等军继进。乙巳,巢贼燔长安宫室,收余众自光泰门东走,由蓝田关以遁。诸军进收京师。"《新·纪》:"三月壬申,李克用及黄巢战于零口,败之。四月甲辰,又败之于渭桥。丙午,复京师。"《旧·传》曰:"四月八日,克用合忠武骑将庞从遇贼于渭南,决战三捷,大败贼军。十日夜,贼巢散走。诘旦,克用由光泰门入,收京师。巢贼出蓝田七盘路,东走关东。"《新·传》曰:"克用遣部将杨守宗率河中将白志迁、忠武将庞从等最先进击贼渭桥,三战三北,于是诸节度兵皆奋,无敢后。入自光泰门,贼崩溃,逐北至望春,入升阳殿阁。巢夜奔,众犹十五万,声趋徐州,出蓝田,入商山。"程匡柔《唐补纪》曰:"杨复光帅十道行营节度使王重荣、李克用等兵士二万余人自光泰门入,袭逐至升阳殿下,杀贼盈万。黄巢军败,阵上奔逃,取蓝田关出。"《后唐太祖纪年录》:"乙巳,巢败,焚宫室东走,太祖袭收京师。"《唐年补录》:"八日,克用等战渭南,三败贼军。九日,巢走。"按杨复光露布云:"今月八日,杨守宗等随克用自光泰门先入京师。"又云:"贼尚为坚陈,来抗官军,自卯至申,群凶大溃,贼即时奔遁,南入商山。"然则官军以八日入城,贼战不胜而走,此最可据,今从之。渭南之战必在八日以前,诸书皆误也。

杨复光遣使告捷。张彖《耆旧传》:"中和三年,北路奏黄巢正月十日败走,收复长安城讫。三月,北路行营收城,将士并回戈。"句延庆《耆旧传》曰:"四年,北路奏黄巢正月十日败走,收复长安。三月,北路行营破黄巢将士并回。"延庆悉移彭四年事于三年,三年事于四年,而不移其月日,其为差谬又甚于彭。今但云告捷,更不著月日。

六月,韦宙奇刘谦。《新·传》:"宙弟岫,亦有名。宙在岭南,以从女妻小校刘谦。或谏止之,岫曰:'吾子孙或当依之。'"薛居正《五代史》:"韦宙出镇南海,谦时为衙校,宙以犹女妻之。"《北梦琐言》曰:"丞相韦公宙出镇南海,有小将刘谦者,职级甚卑,气宇殊异,乃以从女妻之。其内以非我族类,虑招物议,风谏幕寮谏止之。丞相曰:'此人非常流也,他日吾子孙或可依之。'谦以军功拜封州刺史,韦夫人生子曰隐、曰巖。"《十国纪年》曰:"刘谦望,自德光,亦名知谦，后止名谦，唐咸通中为广州牙将，韦宙以兄女妻之。"《新·传》云岫知谦，恐误。今从《琐言》《纪年》。

　　七月，李克用为河东节度使，郑从谠诣行在。《旧·纪》："五月，李克用充河东节度使。七月，诏郑从谠赴行在。"《新·纪》："五月，从谠为司空、同平章事。"贾纬《唐年补录》："五月，制：'李讳可同平章事，充河东节度使。'"《旧·从谠传》："三年，克用授河东节度，代从谠。五月十五日，从谠离太原，道途多寇，行次绛州，留驻数月。冬，诏使追赴行在，复辅政。"《唐末见闻录》曰："五月，敕除李尚书雁门节度使。六月二十五日，雁门节度使李仆射般次于府东路过。六月内，有除目到，相公除替赴州阙，雁门节度李相公除河东节度使。十五日，相公取西明门进发。当月内，新使李相公有榜示，安抚在城军人百姓，曰：'无怀旧念，各仰安家。'"又曰："晋王讳克用，中和三年五月一日，自雁门节度使拜平章事，充河东节度使。"按克用除河东及从谠复辅政，诸书月日不同。《旧·纪》五月除克用，七月从谠赴行在，不言入相。《新·纪》五月已为相，尤误。《旧·从谠传》，五月十五日离太原，又与《纪》相违。《唐年补录》五月制，止褒赏克用、朱玫、东方逵三人，制词鄙俚，疑其非实。《唐末见闻录》初云六月除河东，后复云五月一日。据《实录》《后唐太祖纪年录》、薛居正《五代史》皆在七月，今从之。从谠此年九月为东都留守，光启二年二月方再入相。

　　十月，克用取潞州。《实录》："克用表李克脩为节度使，于是分昭义军五州为二镇。"薛居正《五代史·孟方立传》曰："潞人阴乞师于武皇，中和三年十月，武皇遣李克脩将兵赴之，方立拒战，大败之。由是连收泽、潞二郡，乃以克脩为节度使。"按《薛史·张全义传》："诸葛爽表全义为泽州刺史，爽卒，李罕之据泽州。"盖克脩止得潞州，泽为河阳所取也。

　　四年二月，克用自河中、陕度河。《唐末见闻录》："晋王三月十三日发大军讨黄巢。"《太祖纪年录》："正月，太祖师师五万自泽潞将下天井关，河阳屯万善，乃改辕蒲、陕度河。"薛居正《五代史》但云四年春。按四月已与巢战，三月十三日发晋阳，似太晚。又克用表云："昨二月内，频得陈、许、徐、汴书牒。"今从《旧·纪》。又克用自诉上表云："遂从陕服，径达许（由）〔田〕。"是于蒲、陕两道度兵也。

　　三月，杨师立移檄数陈敬瑄罪。张彭《耆旧传》："中和四年四月十五日，东川杨师立反。"下载师立檄文，则云"三月三日"，自相违。今从《实录》。

　　五月，张归霸及从弟归厚降朱全忠。崇文院有《梁功臣列传》，不著撰人名氏，云："张归厚，祖兴，父处让。归厚中和末，与伯季自冤句相率来投。"薛居正《五代史》："张归霸祖进言，父实。"《归厚传》无父、祖，但云与兄归霸皆来降。据《梁功臣传》，父祖与归霸不同，当是从弟。

　　全忠攻李克用于上源驿。《梁太祖编遗录》："甲戌，并帅自曹南旋师，上出封丘门迎劳之。克用坚请入州内，上初止之，乃于门外陈设舍，将安泊之。克用不诺，因纵蕃骑突入，驰至上源驿。既不可遏，上乃与之并辔，送至驿亭。是日晚备宴，宴罢，复张乐，继烛而饮。克用酒酣使气，广须乐妓，颇恣无厌之欲，又以丑言陵侮于上。时蕃将皆被甲胄，以卫克用。上既甚不欢，遽起图之，遂令都将杨彦洪潜率甲士入驿戮之。时夜将半，克用沉醉，忽大雷雨暴至，克用不觉，近侍人乃灭烛推于床下藏之。蕃戎与我师斗，战移时方败，杨彦洪中流矢而毙。是时阴黑，克用遇一卒，背负登尉氏门，因得悬缒而出，乘牛行数里以投其众，余亲卫数百人，皆剿之。其后克用至太原，以是事表诉于唐帝，蒲帅亦继驰书请上与克用和解，上终不释憾。"此乃敬翔饰计，今不取。《实录》："甲戌，李克用次汴州，驻军近郊，朱全忠馆于上源驿，乃以腹心三百余自卫。全忠以克用兵从简少，大军在远，谋害之。是夜，置酒，宴罢，以兵围驿，纵火焚之。薛居正《五代史·梁太祖纪》曰："五月甲戌，帝与晋军振旅归汴，馆克用于上源驿，既而备犒宴之礼。克用乘醉任气，帝不平之。是夜，命甲士围而攻之。"《后唐武皇纪》曰："班师过汴，汴帅迎劳于封禅寺，请武皇休于府第，乃馆于上源驿。是夜，张乐陈宴席，武皇酒酣，戏诸侍妓，与汴〔师〕〔帅〕握手，叙破贼事以为乐。汴帅素忌武皇，乃与其将杨彦洪密谋窃发，攻传舍。"按全忠是时兵力尚微，天下所与为敌者，非特患克用一人，而借使杀之，不能并其军，夺其地也。盖克用恃功，语或轻慢，全忠出于一时之忿耳。今从《薛史·梁纪》。

六月，郑军雄斩杨师立出降。张彧《耆旧传》："四年七月一日，高仆射羽檄入城云云，师立自杀。七月三日，张、郑二将持师立首级出降。七月七日，高仆射上东川。"句延庆《传》曰："三年五月，高公进军东川城下，飞檄入城，师立自刭。七月辛酉，师立首级至成都。"《实录》："六月丙申，高仁厚奏东川都将郑君雄枭斩杨师立，传首于行在。是日，诏以仁厚为东川节度使。"《续宝运录》："二月，梓州观察使杨师立反，敕差将高仁厚等讨平。六月三日，收得梓州并杨师立首级至驾前。"《新·纪》："七月辛酉，杨师立伏诛。"今日从《续宝运录》，事从《实录》。

林言斩黄巢。《续宝运录》曰："尚让降徐州，黄巢走至碣山，路被诸军趁逼甚，乃谓外甥朱彦之云云。外甥再三不忍下手，黄巢乃自刭过与外甥。外甥将至，路被沙陀博野夺却，兼外甥首级一时送都统军中。"《旧·纪》："七月癸酉，贼将林言斩黄巢、黄揆、黄秉三人首级降。"《旧·传》："巢入泰山，徐帅时溥遣将张友与尚让之众掩捕之。至狼虎谷，巢将林言斩巢及二弟邺、揆等七人首并妻子函送徐州。"《新·纪》："七月壬午，黄巢伏诛。"《新·传》："巢计蹙，谓林言曰：'汝取吾首献天子，可得富贵，毋为它人利。'言，巢甥也，不忍。巢乃自刭，不殊，言因斩之，函首将诣时溥，而太原博野军杀言，与巢首俱上。"今从《新·传》。

七月壬午，戮巢姬妾。张彧《耆旧传》："中和三年五月二十日，北路军前进到黄巢首级、妻、男。"今不取其年月而取其事。

八月，李克用请麟州隶河东。《新·方镇表》："中和二年，河东节度增领麟州。"误也。今从《唐末见闻录》。

十一月，王建等奔行在。《实录》："九月，山南西道节度使鹿晏弘为禁军所讨，弃城奔许州。晏弘大将王建、韩建、张造、晋晖、李师太各率本军降。田令孜以建等杨复光故将，薄其赏，皆除诸卫将军。十一月戊午朔，建等以军三千至行在，田令孜纳为假子，统以旧军，号随驾五都。"按建等既降，始遣禁军讨晏弘。《实录》云九月晏弘弃城去，太早。十一月又云建等降，重复。上云赏薄，下云为假子，自相违。《新·传》："帝还，晏弘惧见讨，引兵走许州。王建帅义勇四军迎帝西县。"按帝尚在成都，云迎帝西县，亦误也。今月从《实录》，事从薛居正《五代史·韩建》《王建传》。

鹿晏弘陷襄州，刘巨容奔成都。《实录》："光启元年四月，蔡贼攻陷襄州，刘巨容死焉。"《新·传》："晏弘引麾下东出襄、邓，宗权遣赵德谌合晏弘兵攻襄州，巨容不能守，奔成都。龙纪元年，田令孜杀之。"按晏弘中和四年十一月已据许州，又，巨容所以奔成都，以天子在蜀故也。今从《新·传》。

周岌弃镇走，晏弘据许州。《实录》："鹿晏弘陷许州，杀节度使周岌，据其镇。"又曰："初，晏弘据有兴元，部将王建等率众归行在，乃诏禁兵讨之。晏弘惧，弃城归乡里。周岌闻其至，遁去。晏弘自称留后，朝廷因以节旄命之。"始云"杀"，后云"遁去"，自相违。今从其后。

十二月，郑镒表陈岩为福建观察使。《实录》："七月，泉州刺史陈岩逐福建观察使郑镒，自知使务。"又曰："十二月壬寅，以岩为福建观察使。岩既逐镒，逼镒荐己为代，朝廷因命之。"按岩既逐镒，则镒不在福州，岩安能逼之荐己！《新·王潮传》亦曰："黄巢将窃有福州，王师不能下，建人陈岩率众拔之。又逐观察使郑镒，自领州，诏即授刺史。"按刘恕《闽录》："黄巢陷闽粤，岩聚众千余人，号九龙军，福建观察使郑镒奏为团练副使。左箱都虞候李连骄慢不法，纵其徒为郡人患，岩将按诛之，连奔溪洞中，合众攻福州，岩击破之。镒表岩自代，拜观察使。"今从之。

山南东道上冯行袭功。薛居正《五代史·行袭传》曰："洋州节度使葛佐奏辟为行军司马，请将兵镇谷口，通秦、蜀道，由是益知名。"《新·传》曰："行袭乘胜逐刺史吕烨，据均州，刘巨容因表为刺史。武定节度使杨守忠表为行军司马，使领兵扼谷口以通秦、蜀。"《新·纪》："光启元年四月，武当贼冯行袭陷均州，逐刺史吕烨。"在刘巨容奔成都后。《行袭传》云巨容以功上言，误也。今从《薛史》。

李昌言薨。诸书皆无昌言卒年月，惟《实录》于《李昌符传》中云："李昌言病，请昌符权留后，昌言死，诏除节度使。"按《实录》，中和三年五月，昌言加检校司徒，光启元年二月，昌符始见。故以昌言薨附于中和四年之末。

光启元年正月，卢光稠陷虔州，称刺史。欧阳修《五代史》曰："卢光稠、谭全播皆南康人。光稠状貌雄伟，无它材能，而全播勇敢有识略，然全播常奇光稠为人。唐末群盗起，全播聚众，立光稠为帅。是时王潮攻陷岭南，全播攻潮，取其虔、韶二州。"《十国纪年》："全播推光稠为之谋主，所向克捷。光启初，据虔州，光稠自称刺史。天复中，陷韶州，光稠使其子延昌守之。"按《新·纪》，光启元年正月，光稠陷虔州，天复二年，陷韶州。欧阳修以为同时取虔、韶二州，误也。今从《新·纪》。

三月，秦宗权称帝。《旧·宗权传》但云"巢贼既诛，僭称帝号"。《实录》："明年十月，襄王即位，宗权已称帝。不从。"《新》《旧·纪》皆无之，不知宗权以何年月称帝，今因时溥为都统书之。

王镕恶李克用之强。《太祖纪年录》、薛居〔正〕《五代史》作"王景崇"，误也。今从《旧·纪》。

七月，常濬上疏论田令孜之党，坐贬死。《实录》不言令孜党为谁。按萧遘等请诛令孜表云："韦昭度无致君许国之心，多丑正比顽之迹。"令孜党，盖谓昭度也。《续宝运录》曰：

"七月三日,表入,上览之不悦,顾谓侍臣曰:'藩镇若见此表,深为忿恨。自此猜间,其何可堪!'至二十八日,敕贬潜为万州司户。"疑三日脱误,当为二十三日。今从《实录》。

十月,王重荣求救于李克用。《太祖纪年录》曰:"朱玫、李〔昌〕符每连衡入觐于天子,指陈利害,规画方略,不祐太祖,党庇逆温,太祖拗怒滋甚。时田令孜恶太祖与河中胶固,奏云:'王重荣北引太原,其心可见,不可处之近辅。定州王处存忠孝尽心,请授以蒲帅,移重荣于定州。'天子从之。重荣愤愤不悦,告于太祖曰:'主上新返正,大臣播弃,此际无辜遽被斥逐,明公当鉴其深心。今日使仆安归?'会太祖愤怒朱玫辈,即报曰:'当与公提鼓出汜水关,诛逆贼之后,则去此鼠辈,如疾风之去鸿毛耳。'重荣曰:'吾地迫邠、岐,公若师出关东,二凶必傅吾城下。不若先灭一凶,去其君侧。'"欧阳脩《五代史》:"重荣使人绐克用曰:'天子诏重荣,俟克用至,与处存共诛之。'因伪为诏书示克用曰:'此是朱全忠之谋也。'克用信之。"按时朝廷疏忌重荣,克用亦知之,恐无是事。今从《纪年录》。

田令孜遣朱玫、李昌符讨重荣。《新·令孜传》云:"令孜自将讨重荣,帅玫等兵三万壁沙苑。"今从《实录》。

十二月,玫、昌符大败。《新·传》曰:"克用上书请诛令孜、玫,帝和之,不从。大战沙苑,王师败。玫走还邠州,与昌符皆耻为令孜用,还与重荣合。神策兵溃,克用逼京师。令孜计穷,乃劫帝夜启开远门出奔。自媒破长安,火宫室、庐舍什七,后京兆王徽葺复粗完,至是,令孜唱曰:'王重荣反。'命火宫城,唯昭阳、蓬莱三宫仅存。"按令孜奉车驾幸近藩避乱,其志亦俟兵退复还,何为火宫城!殆必不然。《实录》:"六月,令孜遣邠、岐讨重荣。九月,邠、岐始屯沙苑,重荣求援于克用。十一月,克用、重荣对垒于沙苑,表请诛令孜、朱玫。十二月癸酉,合战,朱玫败走。"《太祖纪年录》:"十一月,重荣遣使乞师,且言二镇欲加兵于己,太祖欲先讨朱温,重荣请先灭二镇。太祖表言二镇党庇朱温,请自渭北讨之。"亦不言其附令孜,攻河中也。又言重荣与邠、凤兵对垒月余,十二月,太祖度渭,与朱玫战,朱玫败走。若自九月至十二月,非止月余矣。疑《实录》遣邠、岐讨河中及邠、岐屯沙苑太近前,今并因十二月战沙苑见之。

二年正月,张郁陷常州。皮光业《见闻录》曰:"郁,润州小将也。周宝差郁押兵士三百人戍于海次,因正旦酗酒,杀使府安慰军将,度不免祸,遂作乱。润州差拓跋从领兵讨之,郁自常熟县取江阴而入常州。刺史刘革到任一月,亲执牌印于戟门而降。"《新·纪》曰:"正月辛巳,郁陷常州。"按皮《录》但言郁以正旦杀安慰军将耳,非当日即陷常州也。《新·纪》误也。

上发宝鸡,王建前驱。毛文锡《王建纪事》云:"光启二年正月辛巳,车驾次陈仓。二月辛亥,朱玫遣兵攻通行在,庚申,陷虢县。三月甲午,将移幸梁、洋,以上为清道斩斫使。戊戌,邠师至石鼻。己亥,石鼻不守。庚子,寇逼宝鸡。辛丑,车驾南引。"今但取其事,不取其月日。

三月,郑从谠守太傅兼侍中。《新·宰相表》,从谠入三公门,不为真相。按《新·传》:"拜司空,复秉政,进太傅兼侍中。从至兴元,以太子太保还第。"《新·表》误也。

丙申,车驾至兴元。皮光业《见闻录》:"正月乙酉,车驾次宝鸡。"《王建纪事》:"正月辛巳,次陈仓。二月辛亥,朱玫遣跅跅师瑀通行在,破杨晟于潘氏。庚申,陷虢县。三月甲午,僖宗将移幸梁、洋,戊戌,邠师至石鼻。己亥,石鼻不守。庚子,寇逼宝鸡。辛丑,车驾南引。四月庚申，达褒中。"《旧·纪》："正月戊子，田令孜迫乘舆幸兴元。庚寅，次宝鸡。癸巳，朱玫至凤翔，令孜闻邠军至，奉帝入散关。三月丙申，车驾至兴元。"《唐年补录》："三月十七日，车驾至兴元。"即丙申也。《实录》："正月乙酉，车驾次宝鸡。"戊子、癸巳、三月丙申，与《旧·纪》同。《新·纪》："正月戊子，如兴元。癸巳，朱玫叛，寇凤翔。三月丙申，次兴元。"诸书月日不同如此。若依《新》《旧·纪》《实录》，则离宝鸡六十四日乃至兴元，似太缓。若依《纪事》，则宝鸡危逼之地，车驾留彼八十日，似太久。要之，僖宗以栈道烧绝，自他道崎岖至山南，容有六十余日之久。至于留宝鸡八十日，必无此理。今从《新》《旧·纪》。

陈敬瑄杀高仁厚。张彭《耆旧传》不言仁厚所终，惟数敬瑄六错云："太师杀高仁厚，一错。"又云："高仆射权谋智勇，累有大功于太师，又极忠孝，若在，王司徒不过梓潼。"《昭宗实录》，文德元年八月，仁厚、杨师立、罗元杲、王师本俱赠官，云皆先朝以疑似获罪。今从《新·纪》《新·传》，参以二书，自它仁厚事更无所见。

四月，朱玫自兼左、右神策十军使。《实录》："玫自补大丞相。"按唐无此官，又下五月，玫自加侍中。盖唐末著小说者，谓平章事或侍中为大丞相耳，《实录》因其文而误也。

田令孜自除西川监军。《旧·纪》《实录》皆云："二月，以令孜为西川监军。"《旧·传》云："令孜惧，引杨复恭代己，从幸梁州，求为西川监军。"《新·传》云："令孜留不去，及帝病，乃赴成都，表解官求医。"盖取张彭之说耳。按《王建纪事》："四月庚申，达褒中。令孜以罪衅贯盈，且虑祸及，于是自授西川监军使，以避指斥，复规与敬瑄为巢窟。"今从之。

五月，盖寓说李克用诛朱玫。《实录》："杨复恭兄弟，于李克用、王重荣有破贼连衡之旧，乃奏遣崇望赍诏宣谕，兼达复恭之意，重荣、克用皆听命。"按《后唐太祖纪(马)〔年〕录》："伪使至太原，太祖诘其事状，曰：'皆朱玫所为。'将斩之以徇，大将盖寓等言云云。太祖燔伪诏，械其使，驰檄喻诸镇曰：'今月二十日，得襄王伪诏及朱玫文字，云："田令孜胁迁銮驾，播越梁、洋，行至半涂，六军变扰，遂至苍黄而晏驾，不知杀逆者何人。永念丕基不可无主。昨四镇藩后推朕纂承，已于正殿受册毕，改元大赦者。"李熅出自赘疣，名污藩郊，智昏菽麦，识昧机权。李符虏之以塞辞，朱玫卖之以为利。吕不韦之奇货，可见奸邪；萧世诚之土囊，期于匪夕。近者当道径差健步，奉表起居，行朝见驻巴、梁，宿卫比无骚动。而朱玫胁其孤骇，自号台衡，敢首乱阶，明言晏驾，荧惑藩镇，凌弱庙朝'云云。"按《旧·复恭》《崇望传》及诸家《五代史》，亦不言克用因复恭、崇望而推戴僖宗，今不取。又于时煴未即位，改元伪诏，亦恐非也。《编遗录》："二年春正月壬午，唐室有襄王之乱，僖帝驻跸梁、洋，襄王遂下伪命，以检校太傅，令邸吏左环赍所授伪官告一通，左环至，具事以闻。上怒，切责环，将加其罪，久乃赦之，遂令焚毁于庭。"按正月，朱玫未立襄王，《编遗录》亦误也。今从薛居正《五代史·梁纪》。

六月，镇海牙将丁从实袭常州。《新·纪》："武宁军将丁从实陷常州。"今从《皮氏见闻录》。

八月，王潮杀廖彦若。《新·纪》："八月，王潮陷泉州，刺史刘彦若死之。"按诸书皆云"廖彦若"，《新·纪》作"刘"，恐误。

十月，董昌遣钱镠取越州。《实录》："辛未，以杭州刺史董昌为浙东观察使。"按此年十一月,缪始拔越州。十二月擒汉宏,昌始自称知浙东军府事。《实录》误也。

李克脩攻邢州不克。《太祖纪年录》:"邢人出战,又败之。孟方立求救于镇州王镕,出兵三万赴援,我军乃退。"《旧·镕传》:"是时天子蒙尘,九有羹沸。河东李克用虎视山东,方谋吞据,镕以重赂结纳,以修和好。晋军讨孟方立于邢州,镕常奉以刍粮。"据此,则镕助克用攻邢州也。未知孰是,今皆不取。

十一月丙戌,刘汉宏奔台州。《实录》,汉宏被杀在董昌除浙东前。据范坰《吴越备史》,汉宏败走至十二月死皆有日,今从之。

朱全忠取滑州,虏安师儒。《实录》:"告于行在,命全忠兼领〔宣〕义节度使。"按大顺元年始以全忠兼宣义节度使,全忠犹辞,以授胡真,此际未也。《实录》误。

十二月,杜雄执刘汉宏。《十国纪年》:"十二月丙午,杜雄执汉宏。"按十二月丙子朔,无丙午。《纪年》误。

寿州刺史张翱。《妖乱志》作"张敖",《吴录》作"张潡"。今从《十国纪年》。

朱瑾逐齐克让。薛居正《五代史》云"虏克让"。今从《旧·传》。

三年二月,田令孜流端州,不行。《实录》载敕曰:"令孜虽已削夺在身官爵,宜剥服色,配端州长流百姓。"《新·传》曰:"削官爵,流儋州,然犹依敬瑄不行。"张彭《耆旧传》云:"大驾广明二年春孟到蜀,叟尝接识北司诸官子弟,有光启门承旨,似先大夫,为叟言:去年黄巢凌犯,圣上苍忙就路,诸王多是徒行。寿王至斜谷,行不得,袜一足,跣一足,偃卧礓石上。田军容在后收拾,驱寿王。寿王起告军容:'行不得,与个马骑。'军容云:'山谷间何处得马!'以鞭一拱之令行,虽回首无言,衷心深衔此恨。尔后经今八年,僖宗皇帝在宝鸡行宫寝疾月余,弥留,臣下皆知不起于疾,内外属望在于寿王。寿王〔行〕〔仁〕孝大度,弘宽有断,众所归心。军容闻,大恐,就御寝问:'识臣否?'帝目瞪不语。军容大惊,寻时矫制除西川监军使,仍驰驿赴任,遂将拱宸、奉銮两都自卫,星夜倍程。军容才到西川,僖宗已崩,国朝果册寿王登极皇帝位,于是积年怨恨,今日逞其志矣。"《新·令孜传》取之。据《实录》,令孜光启二年为西川监军,此月流端州,在昭宗即位前,自为杨复恭所擯耳。《十国纪年》曰:"三月,僖宗东还,诏流令孜儋州,敬瑄端州,皆拒朝命。"此据张彭《耆旧传》致误耳。今从《实录》。

李国昌薨。薛居正《五代史·武皇纪》:"国昌,中和三年薨。"《唐末见闻录》:"中和三年十月,老司徒薨。"《旧书》:"中和三年十月,国昌卒。"《后唐献祖纪年录》:"光启中,薨于位。"《新·沙陀传》:"光启三年,国昌卒。"《太祖纪年录》光启三年正月云:"是岁,献祖文皇帝之丧,太祖哀毁创服,不获专征。"《实录》置此年二月,今从之。

三月癸巳,镇海军逐周宝。《实录》宝被逐在四月,恐四月约奏到耳。《吴越备史》三月壬辰。《新·纪》癸巳,今从之。

四月,徐约逐张雄。《吴越备史》:"四月,六合镇将徐约攻陷苏州。约,曹州人也,初从黄巢攻天长,遂归高骈,骈用为六合镇将。浙西周宝子婿杨茂实为苏州刺史,约攻破之,遂有其地。"据《实录》,宝以其婿为苏州刺史,朝廷已除赵叔代之。张雄据苏州必在载后,《备史》恐误。今从《新·纪》《传》。

高邮镇遏使张神剑。《十国纪年》:"张雄,淮南人,善剑,号张神剑。"今欲别于前苏州刺史张雄,故从《妖乱志》,但称神剑。

朱全忠袭杀卢塘。薛居正《五代史》云"四月庚午"。按《长历》,四月甲辰朔,无庚午。《薛史》误。

杨行密借兵于和州刺史孙端。《妖乱志》:"中和三年,高骈差梁缵知和州。缵以孙端窥伺和州已久,不如因而与之,以责其效。骈强之,既行,果为端所败。及归,和州寻陷于端。"盖端自是遂据和州也。

五月戊戌,行密抵黄陵,秦彦城守。《妖乱志》:"六月癸卯朔,秦彦命郑汉璋等守诸门。"按寇至城下,即应城守,岂有戊戌行密至,癸卯始守城乎!今不取。

李克用遣安金俊助李罕之、张全义。《太祖纪年录》:"七月癸巳,泽州刺史张全义弃城而遁,太祖以安金俊为泽州刺史。"薛居正《五代史》亦云:"七月,武皇以金俊为泽州刺史。"按《实录》,六月,全义已除河南尹。《薛史·罕之传》:"罕之,求援,克用遣泽州刺史安金俊助之。"盖二人先以泽州赂克用,非七月也。

表全义为河南尹。薛居正《五代史》:"克用表张言为河南尹、东都留守。"《实录》:"以泽州刺史李罕之为河阳节度使,怀州刺史张全义为河南尹。"按诸葛爽表全义为泽州刺史,及仲方败,罕之据泽州,全义据怀州耳,非刺史也。

八月,朱全忠诬朱瑄招诱宣武军士。《编遗录》:"八月丙午,都指挥使朱珍以诸都将士日有逃逸者,初未晓其端,今乃知为郓帅朱宣因前年与我师会合讨伐蔡寇,睹将士骁勇,潜有窥觊之心,密于境上悬金帛招诱,如至者皆厚而纳焉。积亡既多,上察之,且不平于事,因移文追索亡者,朱宣来言不逊,上益怒其欺罔,乃议举兵伐之。"《新·传》:"全忠与朱宣情好笃密,而内忌其雄,且所据皆劲兵地,欲造怨乃图之,即声言宣纳汴亡命,移书〔诟〕让,宣以新有恩于全忠,故答檄慢墁,全忠由是显结其隙。"高若拙《后史补》曰:"梁太祖皇帝到梁园,深有大志,然兵力不足,常欲外掠,又虞四境之难,每有郁然之状。时有荐敬秀才于门下,乃白梁祖曰:'明公方欲图大事,轻重必为四境所侵,但今麾下将士诈为叛者而逃,即明公奏于主上及告四邻,以自袭叛徒为名。'梁祖曰:'天降奇人,以佐于吾。'初从其谋,一出而致众十倍。"盖翔为温画策,诈令军士叛归瑄,以为衅端也。

十月,杜稜拔常州。《实录》:"五月,缪攻常州,丁从实投高霸。"《吴越备史》在十月。《新·纪》:"十月甲寅,陷常州。"今从之。

十一月,敬翔佐朱全忠。薛居正《五代史·翔传》曰:"翔每有所裨赞,亦未尝显谏,上俯仰顾步间,微示持疑尔,而太祖已察,必改行之,故裨佐之迹,人莫得知。"按张昭远《庄宗列传》曰:"温狡谲多谋,人不测其际,唯翔视彼举错,即揣知其心,或有所不备,因为之助。温大悦,自以得翔之晚,故军谋政术,一切谘之。"《薛史》误。

全忠兼淮南节度使。《旧·纪》:"十一月,秦彦引孙儒之兵攻广陵,行密遣使求援于朱全忠,制授全忠兼淮南节度使、行营兵马都统。"薛居正《五代史·梁太祖纪》,朝廷就加帝兼领淮南节度,在八月。《十国纪年》曰:"初,僖宗闻淮南乱,以朱全忠兼淮南节度使。至是,行密遣使以破贼告全忠。"在十月行密初入扬州时。今从《实录》。

王建攻成都。始，建宿卫之时，尝领壁州刺史，光启二年四月，已出为利州刺史，而《旧·纪》、薛居正《五代史》《实录》《新·纪》皆云以壁州刺史攻成都，误也。张彭《耆旧传》曰："光启四年戊申十月十日，田军容除西川监军使，此月到。十一月一日，僖宗皇帝晏驾，昭宗即位，改文德元年。文德二年己酉，太师有除未下。闻朝廷降使，三军、百姓、僧道诣驿，就使车诉论二十年铁券。有一人驿亭截耳，时有微雨，卧躁于泥。天使〔亲〕〔视〕之无言，良久曰：'不必不必。'索马挥鞭便发。太师军容专差亲信于人众中，探使有何言。既闻，二人神色俱丧，乃理兵讲武，更置三都，黄头都以亲密者管之，诸军频阅队。十月，探知朝廷除韦相公授西川节度使，已宣麻，军容甚有惧色，乃以书召阆州王司徒，计其过绵州，即出兵拒之，令其怒，怒必攻诸州，所在发兵交战。此是军容计，恐韦相公来交代，以兵隔之，言王司徒来侵我，我所举兵，盖与王氏相敌，欲遮其反名。十二月二十日，驱人上城，一更，出兵数千人，排于城外北面堤上。二十一日，王司徒大军已至城下，于城北街去来斗数合。巳时，川军被一时筑过桥，堤上排者大走，并收入城。至暮，王司徒收军，宿七里亭。二十二日早，又进军逼城，至午又退，止七里亭。二十三日早，引军入新繁、濛阳诸县界，城内出军，日有相持。此年十一月，改元龙纪元年己酉。二月二十五日，大战三郊。乃各下数寨相守，所至县邑，大遭焚烧，户口逃窜。"《十国纪年》曰："王建起兵攻成都，诸书岁月不同，盖建事成之后，其徒以擅举兵侵盗为耻，为之隐恶，袭据阆州，多言除移，尤讳光启末寇西川而陈敬瑄事。或移在文德年苹昭度镇蜀敬瑄不受代后，或云朝廷削夺敬瑄官爵，建始会昭度讨伐，皆若受命勤王之师。故李昊《蜀书》、毛文锡《纪事》、张彭《锦里耆旧传》、杨堪《平蜀德政碑》、吴融《生祠堂碑》、冯涓《大厅壁记》《收复邛州壁记》，皆当是时撰录，而自相抵梧。吴融云："岁在作噩之年，相国韦公奉命代蜀。"又云："圣上即位之明年，诏大丞相韦公镇蜀，起兵属丞相以讨不庭。寻拜公永平节度兼都指挥使。"今按《旧·僖宗纪》："光启三年十二月，东川顾彦朗、壁州刺史王建连兵五万攻成都，陈敬瑄告难于朝，诏中使谕之。"《唐年补录》："光启三年十二月，以西川陈敬瑄、东川顾彦朗相持，诏李茂贞移书和解。"与《唐庄宗功臣列传》《唐〔列〕〔烈〕祖实录》《五代史·王建传》《庄宗实录》、范质《五代通录·王衍传》所载略同。韦昭度以文德元年六月始除西川节度使，十月至成都，陈敬瑄不受代。昭度表敬瑄叛，十二月丁亥，除昭度招讨使，王建永平节度使。据《长历》，是年十二月甲子朔，丁亥二十四日也。龙纪元年丁酉岁正月，诏命始至成都。吴融据昭度受招讨使岁月，故云作噩之年伐蜀，是岁乃昭宗即位之明年，韦公镇蜀在前一年，盖融误以伐蜀为镇蜀耳。《旧·纪》云："文德元年六月，以韦昭度为西川节度、两川招抚制置使。"《新书·昭宗本纪》："文德元年十月，陈敬瑄反。十二月丁亥，韦昭度为招讨使。"皆是也。而《旧·纪》误云龙纪元年正月，除昭度东都留守。五月，王建陷成都，自称留后。《新书·陈敬瑄传》全用张彭《耆旧传》，云先除昭度节度使，然后田令孜召建以限朝廷，与《本纪》及《韦昭度传》自相违戾，最为差谬。张彭自言年仅八十，追记为儿童以来平生见闻，为《耆旧传》，故其叙事鄙俚倒错，与《旧史》年月不相符合。今从《五代史·王建传》。又《新·纪》："文德元年六月，王建陷汉州，执刺史张顼。"《实录》："龙纪元年正月，建破鹿头关，张顼来拒战，败之。"按光启三年十二月，韦昭度讨陈敬瑄，以汉州刺史顾彦晖为军前指挥使，盖其年冬，建破汉州，顾彦朗即以彦晖为刺史。《新·纪》《实录》皆误。今从

《十国纪年》。

十二月。《长历》，闰十一月庚子朔，十二月己巳朔。《新》《旧·纪》闰月无事，不见。《新·纪》十二月癸巳在此月，是亦以十一月为闰。《妖乱志》有后十一月。《十国纪年》亦闰十一月，惟薛居正《五代史·梁纪》十二月后有闰月。《实录》，闰十二月庚子朔。今不取。

周宝卒。《吴越备史》："宝病卒。"《实录》："镠迎至郡，气卒于樟亭驿。"《新·纪》："十月丁卯，镠杀周宝"。《十国纪年》："此月乙未，宝卒。或云镠杀之。"《新·传》云："镠迎宝舍樟亭，未几，杀之。"今从《吴越备史》。

钱镠克润州。《吴越备史》："明年正月丙寅，克润州，斩薛朗。"按朗斩于杭州，必不同在一日。今从《十国纪年》。

文德元年正月，朱全忠为蔡州都统。《新·纪》："正月癸亥，全忠为蔡州都统。"《编遗录》："二月癸未，上以时溥阻我兼镇，具事奏闻。丙戌，上奉唐帝正月二十五日制命，授蔡州四面行营都统。"则丙戌乃全忠受诏之日。《实录》、薛居正《五代史》皆云二月丙戌，因此而误也。《旧·纪》："五月丁酉朔，制以全忠为蔡州都统。"月日尤误。今从《编遗录》《新·纪》。

丙寅，钱镠斩薛朗。《新·纪》："丙寅，薛朗伏诛。镠陷润州。"《十国纪年》："丁巳，斩朗。"今从《吴越备史》。

二月，魏博牙兵逐乐彦桢。《旧·传》："彦祯危惧而卒。"《实录》："彦贞惧，自求避位，退居龙兴寺，军众迫令为僧。"《旧·纪》："魏博军乱，逐彦祯。"若卒，不应云逐。今从《实录》。

三月日食，既。《旧·纪》："僖宗百僚上徽号曰圣文睿德光武弘孝皇帝。三月戊戌朔，御正殿受册。"《昭宗纪》："大顺元年正月戊子朔，百僚上徽号曰圣文睿德光武弘孝皇帝。"当有二帝徽号正同！今从《新·纪》，止是昭宗尊号。

立寿王杰为皇太弟。《唐年补录》："僖宗御楼后，不豫，暴崩。杨复恭等秘丧不发，时十六宅诸王从行，乃于六宅中推帝为监国。帝之上有盛王、仪王，皆懿宗之子，帝居六宅之第三人。"《旧·纪》："群臣以吉王最贤，又在寿王之上，将立之，唯杨复恭请以寿王监国。"按昭宗，懿宗第七子。吉王保，第六。《新》《旧·传》懿宗八子，无盛王、仪王。今从《旧·纪》。

朱全忠遣朱珍等救乐从训。薛居正《五代史·珍传》曰："珍军于内黄，败乐从训万余人。"按珍往救从训而云败从训，误也。《葛从周传》曰："从太祖渡河，拔黎阳、李固、临河等镇，至内黄，破魏军万余众。"据《薛史·珍》《传》，皆云太祖遣朱珍等救从训，独《从周传》云从太祖，恐误也。

四月，孙儒陷扬州。《实录》儒陷扬州在五月，恐是约奏到日。今据《旧·纪》云四月〔壬午〕〔戊辰〕朔，〔壬午〕，《新·纪》云戊辰，《妖乱志》云四月癸未朔，甲申，儒陷扬州。《吴录》《十国纪年》无日，但云四月。今从《旧·纪》《纪年》。

资治通鉴考异卷第二十六

端明殿学士兼翰林侍读学士太中大夫提举西京嵩山崇福
宫上柱国河内郡开国公食邑二千六百户食实封一千户臣　司马光　奉敕编集

唐纪十八

昭宗龙纪元年正月癸巳朔，赦，改元。《唐年补录》曰："正月癸巳，改文德二年为龙纪元年，百寮上帝徽号曰圣文睿德光武弘孝皇帝。"《新》《旧·纪》《实录》，明年正月乃上尊号，《补录》误也。《旧·纪》又云："以剑南西川节度、两川招抚制置使韦昭度为东都留守。"按昭度大顺二年乃为留守，《旧·纪》误也。今皆从《实录》。

郭璠杀申丛，送秦宗权于汴。《实录》："申丛、裴涉欲复立宗权为帅，汴将李璠知之，斩丛、涉，以宗权送汴州。"薛居正《五代史》："初，申丛缚宗权，折足而囚之，虽纳款于太祖，欲自献于长安以邀旌钺。及奸谋不就，乃欲复奉宗权以接取其柄，为其将郭璠所杀，絷宗权送于太祖，即以璠为留后。太祖遣都统判官朱震奏事，且疏时溥之罪，愿委讨伐，仍请降沧、兖二帅之命。"按全忠若自求兼领沧、兖二镇，则明年朝廷命兼领滑州，全忠犹辞不受，今岂敢遽求沧、兖邪！若为沧、兖二帅求之，则兖帅朱瑄乃仇雠也。当时不知全忠欲以何人为沧帅，诸书皆无其名。《薛史》《实录》皆云申丛欲复立宗权，按丛折宗权足而囚之，岂有复奉为帅之理！盖郭璠〔欲夺其功，诬之云尔。《新》《旧·纪》《五代·纪》《传》皆云郭璠〕杀申丛，而《实录》云李璠，误也。李璠乃槛送宗权者。

二月，斩宗权。《旧·纪》："二月己丑，汴州行军司马李璠监送秦宗权并妻赵氏以献，斩于独柳。"《实录》："三月，全忠献宗权，斩于独柳。"《新·纪》："二月戊辰，朱全忠俘宗权以献。己丑，宗权伏诛。"按宗权正月离汴，不应三月始至长安，戊辰献俘，不应至己丑始伏诛。故但云二月。

三月，朱全忠兼中书令。《旧·纪》在四月，封东平郡王。薛居正《五代史》在三月，亦云封东平。今从《实录》，止加中书令。

赵昶为忠武节度使。薛居正《五代史·赵犨传》曰："文德元年，蔡州平，朝廷议勋，犨检校校司徒，充泰宁军节度使，又改授浙西节度使，不离宛丘，兼领二镇。龙纪元年三月，又以平巢、蔡功，就加平章事，充忠武军节度使，仍以陈州为理所。犨一日念弟昶共立军功，乃下令尽以军州事付于昶，遂上表乞骸。后数月，寝疾卒。"《昶传》曰："犨遥领泰宁军节度使，以昶为本州刺史。俄而犨有疾，遂以军州尽付于昶。诏授兵马留后，旋迁忠武军节度使，亦以陈州为理所。时宗权未灭，陈、蔡封疆相接，昶每选精锐，深入蔡境，蔡贼虽众，终不能抗，以至宗权败焉。"上云"蔡州平，以犨为忠武节度使"，下云"昶为节度使，时宗权未灭"，自相违。今从《犨传》。

六月，李克用攻邢州，孟方立饮药死，弟迁为留后。《实录》："克用以弟克脩守潞，遣泽州刺史安金俊讨方立。方立因结诸镇救援,其将奚忠信攻辽州。克用复遣李罕之等急攻,方立将马溉出战,为罕之所擒。溉谓曰:'欲图邢州,当先取磁州。'及并师围磁州,方立与奚忠信率兵大战,军败,陷磁州,而方立单骑还邢州,忠信死焉。方立愧之,乃自图死。三军立其弟迁,求援汴州。朱全忠遣王虔裕赴之,镇州王镕遗克用书,和解而退。"《唐年补录》:"方立有谋将石元佐为安金俊所获,金俊问之,元佐请攻磁州,破奚忠信,金俊乃杀之。方立果与忠信引兵入磁,金俊与之战,大败,忠信死,方立单骑入邢州,愧见父老,遂自裁。"薛居正《五代史·方立传》:"六月,李存孝下洺、磁两郡,方立遣马溉、袁奉韬尽率其众逆战于琉璃陂,存孝击之,尽殪,生获马溉、奉韬。初,方立性苛急,恩不逮下,攻围累旬,夜自巡城慰谕,守陴者皆偃。方立知其不可,乃饮鸩而卒。其从弟洺州刺史迁,素得士心,众乃推为留后,求援于汴。时梁祖方攻溥,援兵不出。"按李罕之攻下磁州,进攻洺州,乃擒马溉。《实录》云"溉为罕之谋取磁州",盖误以石元佐为溉也。又,奚忠信去年已为李克脩所擒,乃云"与方立率兵大战",亦误也。《旧·纪》:"六月,邢洺节度使孟方立卒,三军推其弟洺州刺史迁为留后,李克用出军攻之。"《新·纪》:"六月,李克用寇邢州,昭义军节度使孟方立卒,其弟迁自称留后。"按《唐年补录》载王镕《奏得邢洺大将等状》,以"孟方立奄辞昭代,三军、百姓同以亲弟摄洺州刺史迁权知兵马留后事。"及《新》《旧·纪》《实录》《薛史·方立传》皆云立其弟迁,唯《太祖纪年录》及《薛史·武皇纪》云立其侄迁,恐误。今从诸书。

十一月,宦官始服剑佩侍祠。按田令孜、杨复恭虽威权震主,官不过金吾卫上将军,则其余宦官必卑矣,但诸书不见当时宦官所欲衣者何品秩之法服也。

大顺元年正月,李克用取邢州。《唐末见闻录》:"龙纪元年,大军守破邢州城,孟迁投来,拜李存孝为邢州刺史。十一月四日,孟迁补充教练使。"《太祖纪年录》及薛居正《五代史·太祖纪》皆曰:"大顺元年,李存孝攻邢州急,邢帅孟迁以邢、洺、磁三州归于我,执朱温之将王虔裕等三百人以献。"而无月。《太祖纪年录》又曰:"太祖徙孟迁于太原,以大将安金俊为邢洺团练使。"《薛史·孟迁传》曰:"大顺元年二月,迁执王虔裕等乞降,武皇令安金俊代之。"今从《实录》。《薛史·虔裕传》:"时太祖大军方讨兖、郓,未及救援,邢人困而携贰,迁乃絷虔裕送于太原,寻为所杀。"按是时全忠方攻时溥,未讨兖、郓也。《虔裕传》误。

二月,克用攻云州,安金俊死。《实录》:"四月丙辰朔,李克用遣安金俊率师攻云州,赫连铎求援于幽州李匡威,匡威出师赴之,战于蔚州,太原府军大败,燕师执金俊,献于朝。"据《太祖纪年录》,攻云州在三月。《旧·纪》《实录》皆在四月,恐是约奏到。然《纪年录》不言克用败,盖讳之也。今从《唐末见闻录》。又《纪年录》《唐末见闻录》皆云金俊战死。《实录》云执献之,亦误。

克用巡潞州,笞李克脩。《太祖纪年录》:"太祖遣李罕之、李存孝攻邢州。十月,且命班师,由上党而归。克脩性吝啬,太祖左右征赂于克脩,旬日间,费数十万,尚以为供张不丰,掎其事,笞克脩而归太原。俄而克脩愤耻寝疾。"《薛史·克脩传》曰:"龙纪元年,武皇大举以伐邢洺,及班师,因抚封于上党。"按《太祖纪》但遣罕之、存孝攻邢州,不云亲行。盖罕之、存孝围邢州,克用但以大军屯境上为之声援,去十月先还,罕之、存孝犹在邢州,故正月孟迁降也。

四月,时溥掠砀山,朱友裕击之。郗象《梁太祖实录》,前云"四月丙辰",后云"乙卯,溥出兵。"按《长历》,乙卯,三月晦日。《实录》误也。

张濬与杨复恭有隙,上亲倚之。《旧·传》:"再幸山南,复恭代令孜为中尉,罢濬知政事。昭宗初在藩邸,深嫉宦官,复恭有援立大勋,恃恩任事,上心不平之。当时趋向者多言濬有方略,能画大计,复用为宰相,判度支。"据《旧·纪》《实录》《新·纪》《表》,濬自光启三年九月拜平章事,至大顺二年兵败坐贬,中间未尝罢免。《旧·传》误也。今从《新·传》。

濬请讨李克用。《旧·濬传》曰:"会朱全忠诛秦宗权,安居受杀李克恭,以潞州降全忠,幽州李匡威、云州赫连铎等奏请出军讨太原。"按时安居受未杀李克恭,《旧·传》误也。《太祖纪年录》曰:"太祖中和破贼时,濬为谏议大夫,出军判官,常以虚诞诱太祖,太祖薄其为人。及闻濬入中书,太祖尝私于诏使曰:'张公倾覆之士,先帝知其为人,不至大任。主上付之重位,必乱天下。'濬知之,阴衔太祖。"按濬自僖宗时为宰相,《纪》误。

五月,冯霸叛,李元审击之。元审与霸同部送后院将,霸所以能独叛而元审所以得不死者,盖后院将有叛有不叛者,叛者从霸,不叛者从元审,故克用益元审兵使讨霸也。

安居受杀李克恭,附于朱全忠。《编遗录》:"八月甲寅,冯霸杀李克恭来降,上请河阳帅朱崇节领兵入潞,兼充留后。戊辰,李克用围之,上遣葛从周率骁勇夜衔枚斫围突入上党,以壮潞人之心。"薛居正《五代史·梁太祖纪》亦同。按克用未尝自围潞也。《克恭传》:"李元审战伤,收军于潞,五月十五日,克恭视元审于孔目吏刘崇之第。是日,州县将安居受引兵攻克恭,克恭、元审并遇害,州民推居受为留后。居受遣人召冯霸于沁水,霸不受命,居受惧,将奔归朝廷,至长子,为野人所杀,传首冯霸审。霸乃引众据潞州,自称留后,求援于汴。武皇令康君立讨之,汴将葛从周来援霸。"《唐末见闻录》曰:"五月十七日,昭义状申军变,杀节使,当日点汾州五县土团将士赴昭义。二十三日,昭义仆射家累入府。"《新·纪》:"五月壬寅,安居受杀李克恭。"按壬寅,十七日,乃报到太原日也。今从《太祖纪年录》《薛史·克恭传》。《旧·纪》:"五月丙午,潞州军乱,杀李克恭。监军使薛纮本函克恭首献之于朝,濬方起兵,朝廷称贺。"此盖克恭首到日也。《旧·纪》又曰:"七月,全忠遣从周帅千骑入潞〔用〕〔州〕。"《唐太祖纪年录》《薛史·唐纪》,五月葛从周入潞,太早。盖因克恭死终言之。《编遗录》《薛史·梁纪》,八月克恭死,太晚。盖因从周入潞推本之。又从周入潞,全忠始请孙揆赴镇,当在揆被执前也。今克用死从《纪年录》,从周入潞从《旧·纪》。

七月,官军至阴地关。《旧·纪》:"七月乙酉朔,王师屯于阴地,太原大将康君立以兵拒战。"按君立时围潞州,何暇至阴地关!又不言胜负。今不取。

葛从周入潞州。《旧·纪》《实录》皆云:"从周权知留后。"又,汴人围泽州,呼李罕之云:"葛司空已入潞府。"李存孝围潞州,呼城上人云:"葛仆射可归大梁。"似从周实为留后也。然薛居正《五代史·梁太祖纪》云:"帝请河阳节度使朱崇节为潞州留后。"《实录》:"明年五月,以前昭义节度使朱崇节为河阳节度使。"按河阳自解张全义围以来,常附属于汴,朱全忠以部将丁会、张宗厚等为之留后,非一人,崇节盖亦汴将为河阳留后,全忠使权昭义留后,既不能守,复归河阳耳。诸书因谓之节度使,盖误也。从周但与崇节共守潞州,以其名著,故外人但称从周,不数崇节也。

朱全忠遣兵攻李罕之，援葛从周。《编遗录》："八月，遣从周入上党。九月壬寅，上往河阳，令李谠救应朱崇节，又命朱友裕、张全义简精锐过山，于泽州北应接，取崇节、从周以归。"薛居正《五代史·梁太祖纪》："九月壬寅，上至河阳，遣李谠引军趋泽潞，为晋人所败。帝又遣朱友裕、张全义率精兵至泽州北，以为应援。既而崇节、从周弃潞来归，戊申，帝斩李重裔，遂班师。"按谠等初围泽州时，语城上人云："张相公围太原，葛司空已入潞府。"是当时南兵方盛，非孙揆就擒，从周弃潞州之后也。故置于此。

九月，全忠斩李谠、李重胤而还。《唐太祖纪年录》："六月，朱崇节、葛从周据潞州，李重胤、邓季筠、张全义将兵七万攻泽州，李存孝三千骑赴援，初，汴军攻城门，呼罕之云云。李存孝愤其言，引铁骑五百追击，入季筠营门，生获其都将十数。是夜，汴将李谠收军而遁，存孝、罕之追击至马牢山，斩首万级，追袭掩击，至于怀州而还。存孝复引军攻潞州，九月二日，葛从周率众弃城而遁。"《唐末见闻录》："闰九月，昭义军前状申昭义军人拔灭逃遁，收下城池，擒获到余党五十人，巾缚送上，至二十日，行营都指挥使李存孝回戈归府。"薛居正《五代史·梁太祖纪》："九月壬寅，帝至河阳，遣李谠引军趋泽潞，行至马牢川，为晋人所败。帝又遣朱友裕、张全义率精兵至泽州北以为应援。既而崇节、从周弃潞来归。戊申，帝廷责诸将败军之罪，斩李重胤以徇，遂班师焉。"《实录》："九月甲午朔，康君立急攻潞州，朱全忠驻河阳，遣李谠引军趋泽潞，至马牢山川，与并师大战，不利，邓季筠被执。复遣朱友裕、张全义至泽州北应援，葛从周、朱崇节率众弃潞州归。"按六月李存孝若已破李谠，追至怀州，怀州去河阳止一程，岂得九月方到河阳。谠之败必在九月戊申前一两日也。盖《纪年录》因从周据潞州事终言之。九月甲午朔，十九日壬寅，二十五日戊申。若全忠至河阳始遣谠等趋泽潞，既败而从周等弃潞来归，七日之间，岂容许事！盖《薛史》因谠败追本前事耳。若九月二日从周已弃潞州，何得十九日后攻泽州者，犹云葛司空入潞府乎！盖《实录》承《纪年录》而误也。今全忠往来月日从《薛史》，事则兼采诸书。

李克用败李匡威、赫连铎。《太祖纪年录》："是月，幽帅李匡威会赫连铎，引吐蕃、黠戛斯之众十万寇我北鄙，攻遮虏军，太祖御亲军出塞，营于浑河川之田村。李存孝引前锋与贼战于乐安镇，贼军大败，遁走。"《旧·纪》："九月，幽州、云州蕃、汉兵三万攻雁门，太原府将李存信、薛阿檀击败之。"《实录》："闰月甲寅朔，幽州李匡威收蔚州，克用援兵至，匡威大败。赫连铎引吐蕃、黠戛斯之众攻遮虏军，克用营浑河川，战于乐安镇，破之，铎乃退军。"此盖约奏到日。《唐末见闻录》："十一月十五日，发往向北打鹿，有使report称幽州李匡威收却蔚州，十六日至十八日，旋发诸州兵士至军前。二十九日，大捷，有榜晓告杀燕军三万余人。十九日，知客押衙苗仲周赍榜到，杀得退浑一千帐。"二十九日下复云十九日，亦误。今但系此月，不书日。

闰月，孙儒围苏州。《吴录》："十一月，孙儒攻破望亭、无锡诸屯，遂至苏州。"今从《吴越备史》，在闰月。

十一月，李存孝取晋、绛，克用上表讼冤。《实录》"十一月，王师入阴地关，至汾隰，李克用遣将薛阿檀、李承嗣拒之。李存信以兵五千营赵城，韩建以华州兵战，存信设伏击破之。邠、凤之师未战而走，禁军自溃，由是大败。存信直压晋州西门，引军攻绛州。十二月壬午朔，晋州刺史张行恭弃城而遁。韩建以诸军保晋州,李存信追击,战败,退保绛州。张濬以汴卒、禁军屯晋州,存信攻之三日,濬、建拔晋、绛遁还,存信收二州。《旧·纪》:"克用遣李存信、薛阿檀拒王师于阴地,三战三捷,由是河西、鄜、夏、邠、岐之军度河西归。韩建以诸军保平阳,存信追之,建军又败,建退保绛州。张濬在晋州,存信攻之三日,相与谋云云,遂退舍五十里。十二月壬午朔,濬、建拔晋、绛遁去。存信收晋、绛,大掠河中四郡。"《张濬传》曰:"十月,濬军至阴地,邠、岐、华三镇之师营平阳,李存孝击之,一战而败,进攻晋州。"薛居正《五代史·武皇纪》曰:"十月,张濬之师入晋州,游军至汾隰。武皇〔遣〕薛铁山、李承嗣将骑三千出阴地关,营于洪洞,遣李存孝将兵五千营于赵城。华州韩建以壮士三百人冒犯存孝之营,存孝追击,直压晋州西门,张濬之师出战,为存孝所败,自是闭壁不出。存孝引军攻绛州。"《李存孝传》曰:"十月,存孝引收潞之师围张濬于平阳云云。存孝引军攻绛州。十一月,刺史张行恭弃城而去,张濬、韩建亦由含口而遁,存孝收晋、绛。"《太祖纪年录》:"十月,张濬之师入阴地关,犯汾隰,令薛铁山、李承嗣将骑三千出阴地,继发李存孝将兵五千进击,营于赵城,败韩建,直压晋州西门,自是闭壁不出。存孝攻绛州。十二月,晋州刺史张行恭弃城遁,建、濬由含山路逃遁,遂收晋、绛。初,濬部禁军至晋州,邠、凤之师望风遁归,盖杨复恭阴沮之也。"《唐末见闻录》曰:"八月五日,相公差晋州捉到天使间大夫人入京奏事,兼贡表曰:'臣某乙言:今月二十六日,臣所部南界晋州长宁关使张承晖等投臣当道赍到宰臣张濬榜一道,内称招讨处置使兼录到诏白,云陛下削臣属籍,夺臣本官,仍欲会兵讨问'"云云。《唐补纪》曰:"朱全忠自攻破徐州,频贡章表,'克用与朱玫等同立襄王以为大逆,其朱玫以下并已诛锄,克用时最为魁首,据其罪状,请举天兵。臣率师关东,掎角相应。'朝廷遂以宰臣张濬为都统,授崔胤为〔河〕中府节度应援使。大军行到同州,克用领蕃、汉马步称三十万入河北界。其张濬使人探朱全忠兵马,并不来相应,乃于昭义西与太原交战,不利而回。朝廷知为全忠所卖,便差使至克用〔所〕,与赏给令回,贬都统张濬于云梦,除崔胤于岭外。"《薛史·李承嗣传》:"初,大军入阴地,薛志勤与承嗣率骑三千抗之,败韩建之军于蒙坑,进收晋、绛,以功授忻州刺史。时凤翔军营霍邑,承嗣帅一军收之,岐人夜遁,追击至赵城,合大军攻平阳,旬有三日而拔。"按《李存信传》无攻晋、绛事。盖《旧·纪》,十月存孝已背太原,故此战皆云存信,《实录》因之而误。据《五代·纪》《传》《太祖纪年录》,当是存孝。又隰州隶河中节度,所云入阴地关犯汾隰者,盖谓汾水之旁,下湿曰隰耳。又《纪年录》《实录》以张行恭为晋州刺史,亦误也。今从《薛史》。晋州刺史若已走,则濬、建安能保城!《实录》误也。今从《李存孝传》。《唐补纪》云崔胤为河中节度,尤为疏缪。自余诸书参取之。

　　张濬、韩建至河阳。《实录》明年二月云:"时张濬、韩建兵败后,为克用骑将李存信所追,至是,方自含山逾王屋,出河清,达于河阳。河溢无舟楫,建坏民庐舍为木罌数百渡河,人多覆溺。"似太晚。今按濬、建走,终言之。

　　十二月,孙儒拔苏州。《庄宗列传》:"杨行密,寿州寿春人。初据本州,秦宗权遣孙儒及行密同攻杨州,儒专据之。龙纪元年,儒出军攻宣州,行密袭据杨州,称留后,北通吐溥,儒引军攻之。大顺元年,行密御备力竭,率众夜遁,出据宣州。"此说最为差误。国朝开宝中,薛居正修《五代史》,江南未平,不见本国旧史,据昭远所记及《唐年补录》作《行密传》,但知行密非寿春人,改为庐州,又知行密非受宗权命与孙儒同陷杨州,余皆无次序。今按《吴录·太祖纪》及高远《唐烈祖实录·行密传》云:"光启三年十月,秦彦、毕师铎〔社今〕〔出走〕,行密入扬州。十一月,孙儒围扬州。文德元年四月,儒陷扬州,行密奔庐州。八月,自庐州帅兵攻宣州。龙纪元年六月,陷宣州,杀赵锽。大顺二年七月,孙儒再渡江攻宣州。景福元年六月,执斩儒,复归扬州。"且龙纪元年孙儒方强,行密新得宣州,安能袭据扬州逾年哉!近修《唐书·行密传》,全用《吴录》事迹,乃云"儒进攻行密,行密复入扬州,北通吁溥,扞儒。朱全忠遣庞师古助行密,败于高邮,行密惧,退还宣州。"盖承《庄宗列传》《五代史》之误而不考正也。

置昇州,以张雄为刺史。《新·地理志》:"光启三年,以上元等四县置昇州。"《张雄传》:"大顺初,以上元为昇州,授雄刺史。"《吴录·冯弘铎传》:"大顺元年,复以上元为昇州,命弘铎为刺史。"按是时雄尚存。今从《雄传》。

二年正月,李克用复上表,诏复其官爵。《旧·纪》:"太原军屯晋州,克用遣中使韩归范还朝,因上表诉冤,言'贼臣张濬依倚全忠,离间功臣'。朝廷欲令释憾,下群臣议其可否,左仆射韦昭度等议"云云。在十二月。按是时昭度讨陈敬瑄,《旧·纪》误。今从《实录》。

三月乙亥,复陈敬瑄官爵。《新·纪》:"二月乙巳,赦陈敬瑄。己未,诏王建罢兵,不受命。"《十国纪年》亦曰:"二月乙巳,复敬瑄官爵。"按二月辛巳朔,无己未,《新·纪》误也。今从《实录》。

四月,王建表陈敬瑄、田令孜不可赦。《十国纪年》:"朝议以建不奉诏,而不能制,更授西川行营招讨制置使。"按此命盖在昭度还朝之后也。

韦昭度除东都留守。《旧·纪》"龙纪元年正月,昭度为东都留守。"《实录》:"大顺二年三月乙亥,复陈敬瑄官爵。丙子,以昭度为东都留守。"按昭度若已除留守,不领西川节度及招讨使,则便应释兵东归,不应更留在彼,纵使强留,诸军亦安肯禀服,王建亦何必更说之云"相公宜早归庙堂,与天子筹之!"《旧·传》:"建胁说昭度,奏请还朝。建以重兵守剑门,急攻成都。昭度还,以检校司空充东都留守。"《新·传》亦同。盖今年三月,既复敬瑄官爵,但召昭度还朝。王建不肯罢兵,昭度为所牵率,亦同执奏,以为敬瑄不可赦。既而为建所胁,授兵东归,朝廷责其进退失据,故左迁留守,如《新》《旧·传》所云者是也。今从之。又昭度初围成都,杨守亮为招讨副使,顾彦朗为行军司马,王建为都指挥使,同在成都城下。及昭度东归,时独建在彼,以兵授之。不见二人者,按三月乙亥诏书,但云令彦朗各归本镇,则是守亮先已归也。彦朗得此诏必亦归,独昭度与建留在彼耳。然建出东州将唐友通食骆保,是彦朗身归而留兵共攻成都也。

七月,李克用攻雲州。《旧·纪》《实录》皆云:"克用率兵出井陉,屯常山镇,大掠深、赵。卢龙李匡威自率步骑万余授王镕。"按《唐太祖纪年录》,是时克用方攻赫连铎,既平雲州,乃讨王镕。《实录》盖因《旧·纪》之误。又《纪年录》曰:"七月,太祖进军,至于柳城,会赫连铎力屈食尽,奔入吐浑"云云。《实录》云:"克用遣将急攻雲州。"盖以前云克用亲讨王镕故也。按《纪年录》讨王镕在后。《实录》误。

十月,克用攻元氏、柏乡。《唐太祖纪年录》曰:"攻元氏,斩首千级,进拔鼋水,攻柏乡。"按鼋水属易州。克用方攻镇州以救易、定,必不取其地,恐误也。

十二月戊子,斩李顺节。《唐补纪》:"景福二年四月十七日夜,见扫星长十丈余,承旨陈匡用奏:'当有乱臣,将入宫内。'昭宗乳母名曰芥子,自即位加夫人,众呼白婆。左神策军天威都军使胡弘立,先是军中马骑宫,巧佞取容,朝廷达官多重之。杨复恭为军主,与改姓名为杨守节。主上每出畋游,经天威军内,其杨守节以憸巧趋附,乞与主上为儿,既而允从,颇生骄纵。于是引圣人入堂室,令妻妾对于庭簝,或入内中,经旬不出,致主有抚楹之咎,为臣怀通室之非。承醉奏云:'玉印金箱,儿未曾识,望阿郎略将宣示,以慰平生。'其白婆在侧,曰:'此宝非凡人得见,不用发言。'于是奏云:'除此老妪,方应太平。'从此白婆得罪,不见踪由。两神策军以其事渐乖,必为大祸,与诸王商议,须急去除。于重阳节向枢密院中排宴,唤入谢恩,却出宣化门,供奉官似先知袖剑挥之,诸王相次剸刃,以为〔醢〕〔菹〕醢。"按胡弘立,即顺节也。《新》《旧·纪》及诸书,景福二年皆无此事,盖程匡柔闻讹之误。今日从《实录》,事则参取诸书。

冯行袭为昭信防御。薛居正《五代史》:"行袭破杨守亮兵,诏升金州节镇,以戎昭为军额,即以行袭为节度使。"按《实录》,光化元年正月,始以昭信防御使冯行袭为昭信节度使。《新·方镇表》,光启元年,升金商都防御使为节度使,是年,罢节度,置昭信军防御使,治金州。光化元年,始升昭信军防御为节度使。天祐二年,赐号戎昭军。《薛史》误也。

更名泾原曰彰义军。《新·表》在乾宁元年,今从《实录》。

陈岩卒,妻弟范晖为留后。蒋文怿《闽中实录》云:"大顺中,岩薨。"《十国纪年》在大顺二年,《昭宗实录》在明年三月,恐约奏到。今从《闽中录》《十国纪年》。又《薛史》《闽中录》《闽书》皆云范晖,岩婿,馀书皆云妻弟。林仁志《王氏启运图》载监军程克谕表云妻弟。此最得实,今从之。

景福元年正月,李克用大破幽镇兵。《实录》在二月,恐约奏到。今从《唐太祖纪年录》。

二月,朱全忠为朱瑄所败,张归厚力战。《归厚传》云十一月,误也。今从《梁纪》。

全忠奏贬赵克裕。《实录》在正月末,云"全忠欲全义得河阳,乃奏克裕有诬谤之言而贬。"《新·纪》云:"己未,朱全忠陷孟州,逐河阳节度使赵克裕。"今从《编遗录》。

张训取常州。《新·纪》:"景福二年二月,杨行密陷常州。"按行密自宣归杨,过常州,已叹张训之功,《新·纪》误也。今从《十国纪年》。

赵德谭薨。《实录》此月以前,忠义军节度使赵匡凝起复某官,不言德谭卒在何时。《新·传》《薛史》但云"匡凝为唐州刺史兼七州马步军都校,及德谭卒,自为襄州留后,朝廷即以旌钺授之。"亦不言年月。今附于此。

三月,顾彦晖斩窦行实。《实录》明年正月,"杨守厚攻东川,以窦行实为内应。事泄,行实死,守厚遁去。"因李茂贞与王建争东川,追叙今年事耳。今从《十国纪年》。

四月,杨行密取楚州,执刘瓒。《新·纪》:"三月乙巳,杨行密陷楚州,执刺史刘瓒。"《十国纪年》:"三月,时溥遣兵三万南侵至楚州。四月,杨行密将张训、李德诚败徐兵于寿河,俘斩三千级,取楚州,执瓒。"今从之。

六月,行密归扬州。《十国纪年》:"行密过常州,谓左右曰:'常州大城也,张训以一剑下之,不亦壮哉!'"《旧·纪》:"大顺二年三月,淮南节度使孙儒为宣州观察使杨行密所杀。初,行密扬州失守,据宣州,孙儒以兵攻围三年。是春,淮南大饥,军中疫疠。是月,孙儒亦病,为帐下(新)〔所〕执,降行密,行密乃并孙儒之众,复据广陵。"薛居正《五代史·行密传》曰:"大顺元年,行密危蹙,出宣州,儒复入扬州。二年,儒攻行密,属江、淮疾疫,师人多死,儒亦卧病,为部下所执,送于行密,杀之。行密自宣城长驱入于广陵。"《唐补纪》:"大顺二年六月,孙儒兵败于宛陵城下,杨行密进首级于西京。"《吴录》曰:"景福元年六月六日,太祖尽率诸将晨出击儒,田頵临阵擒儒以献,斩儒于市,传首京师。"《新·纪》《实录》《十国纪年》皆据此。《旧·纪》《薛史》《唐补录》皆误。

七月,王建围彭州,王先成白七事。张彤《耆旧传》曰:"五月二十日,诸军马步兵士到彭州城下。至七月初,已经五十余日,诸军兵士始到,刘麦充粮。至七月初,麦尽,并无颗粒。兵士但托求粮食,乃每日远去入山,虏劫逃避百姓。有一军士,本是儒生,乃往北面寨说于统帅"云云。《十国纪年》:"王先成谓王宗侃云云。先成上招携七事,建皆纳之。先成,蜀州新津人。"按《十国纪年》,王建自二月辛丑遣王宗裕等击杨晟,遂围彭州。又晟遗杨守忠书云:"弊邑虽小,围守三年矣。"而张彤云五月二十日方围彭州,或者先围之不克而再往欤?彤但云有一军士,而《十国纪年》姓王名先成,不知其本出何书也。

李茂贞取凤、兴、洋。薛居正《五代史·茂贞传》曰:"大顺二年,杨复恭得罪,奔山南,与杨守亮据兴元叛,茂贞与王行瑜讨平之。诏以徐彦若镇兴元,茂贞违诏,表其假子继徽为留后,坚请旄钺,昭宗不得已而授之。自是茂贞始萌问鼎之志。既而逐泾原节度使张球、洋州节度使杨守忠,凤州刺史满存,皆夺据其地。"云大顺二年,误也。今从《新·纪》。

八月,茂贞拔兴元。《旧·纪》:"景福元年十一月辛丑,凤翔、邠宁之众攻兴元,陷之,节度使杨守亮、前中尉杨复恭、判官李巨川突围而遁。十二月辛未,华州刺史韩建奏于乾元县遇兴元散兵,击败之,斩杨守亮、杨复恭,传首。"《实录》:"乾宁元年七月,凤翔、邠宁之众攻兴元,陷之,杨守亮、杨复恭突围而遁。"《新·纪》:"景福元年八月,茂贞寇兴元,守亮、满存奔阆州。乾宁元年七月,茂贞陷阆州。八月,守亮伏诛。"《新·复恭传》:"景福元年,茂贞攻兴元,破其城,复恭、守亮、守信奔阆州。"《十国纪年·蜀史》:"景福元年十月,行瑜、茂贞表守亮招纳叛臣,请讨之。感义节度使满存救守亮,为茂贞所败,奔兴元。十一月,邠、岐攻陷兴元,杨复恭帅守亮、守贞、守忠、满存同奔阆州。十二月壬午,华洪败守亮等于州。"按《实录》,景福二年正月移茂贞山南,于时守亮不应犹在山南。今年月从《新·纪》,事则参取诸书。

十月,李存孝以三州归朝廷。《实录》:"大顺元年十月,太原将邢州刺史李存孝自晋州率行营兵据邢州。"《旧·纪》:"十一月癸丑朔,太原将邢州刺史李存孝自恃擒孙揆功,合为昭义帅,怨克用授藩君立。存孝自晋州率行营兵归邢州,据城,上表归明,仍致书与张濬、王镕求援。"《唐末见闻录》:"十月二十四日,李存孝领兵打晋州,遁归邢州,背叛,与宰臣张濬状曰:'某自主三郡,已近二年。'又曰:'常思安知建在此之日,归顺朝廷之时。四邻不有保持,一家俄受涂炭,以此犹豫,莫敢申明,遂至去年遽绝邻好。岂是某之情愿,盖因李某之指挥。'又曰:'自今春战争之后,实愿休罢戈铤。自九月十五日已来,日有李某之人,使促令某南面进军至赵州牵胁,李某即土门路入,直届镇州。今月十四日,昭义军人百姓等众请某权知兵马留后,归顺朝'"

廷。'大王闻存孝致逆,大震雄威,令下,先差大将进军,速至邢州,仍候指挥,不得辄有斗敌,但围小垒,专俟大军。"据《唐太祖纪年录》、薛居正《五代史·纪》《传》《实录》《新·纪》,皆云景福元年十月,存孝叛太原,归朝廷,而《旧·纪》《唐末见闻录》在大顺元年十月。《旧·纪》恐是连言以后事。按二年三月,安知建方叛太原,而此书中已说知建。又云:"自主三郡,已近二年。"存孝大顺二年方为邢、洺、磁节度,至景福元年,乃二年也。然则《实录》云邢州刺史据邢州,亦因《旧·纪》之误。《〔见〕闻录》所载存孝书,盖与王镕,误云与张濬也。

二年正月,移李茂贞于兴元,徐彦若镇凤翔。《旧·纪》在七月癸未,今从《实录》《新·纪》。

二月,朱友恭本李彦威。薛居正《五代史·高季兴传》,以友恭为汴之贾人李七郎,《十国纪年》以为寿州贾人。《友恭传》云:"彦威卯角事太祖。"今从之。

三月,以渝州刺史柳玭为泸州刺史。《新·传》云:"玭坐事贬泸州刺史,卒。"《北梦琐言》亦云谪授泸州。《新》《旧书》,玭贬官无年月。今据《实录》,此月玭自渝为泸州刺史,当是初贬渝州后移泸州,《新·传》《北梦琐言》误也。

四月,时溥自焚。《实录》:"五月,汴州奏拔徐州。"《旧·纪》:"四月,汴将王重师、牛存节陷徐州。"《旧·传》:"溥求援于兖州,朱瑾出兵救之,值大雪,粮尽而还。汴将王重师、牛存节夜乘梯而入,溥与妻子登楼自焚而卒。景福二年也。"《新·纪》:"四月戊子,朱全忠陷徐州,时溥死之。"薛居正《五代史·梁纪》:"丁亥,师古下彭门,枭溥首以献。"《唐太祖纪年录》:"四月,泽州李罕之上言:'怀孟降人报汴将庞师古于今月八日攻陷徐州,徐帅时溥举族皆没。'"温既下徐,方诈请朝廷命帅,昭宗乃以兵部尚书孙储为徐帅,既而温以他词斥去,自以其将镇之。四月八日,盖河东传闻之误。今从《编遗录》《新·纪》。

镇人杀李匡威。《实录》,杀匡威在五月,恐约奏到。《旧·纪》:"六月乙卯,幽州李匡威谋害王镕,恒州三军攻匡威,杀之。"《旧·传》《唐太祖纪年录》皆云五月。《新·纪》,四月丁亥。按匡筹奏云四月十九日。是月己巳朔,十九日,丁亥也。今从之。

六月,曹诚等四人赴镇。《旧·纪》:"三月庚子,以陈珮为岭南东道节度使,曹诚为黔中节度使,李铤为镇海节度使,孙惟晟为荆南节度使。时朝议以茂贞傲侮王命,武臣难制,故罢五将之权。"今从《实录》,止是四将。

七月,张雄卒。《新·纪》,八月庚子,盖约奏到之日。今从《十国纪年》。

八月,嗣覃王嗣周。按顺宗子经封郯王,嗣周当是其后。会昌后,避武宗讳,改"郯"作"覃"。

九月,钱镠为镇海节度使。今年五月,以李铤为镇海节度使,令赴镇。今复除镠者,按是时安仁义已据润州,又孙惟晟除荆南,时成汭已据荆南,二人安得赴镇!盖但欲罢其军权,其实不至镇而返耳。《实录》云:"仍徙镇海军额于杭州。"按《吴越备史》,是岁镠初除镇海节度使,犹领润州刺史,至光化元年,始移镇海军于杭州。《实录》误也。

覃王嗣周帅禁军三万送徐彦若赴镇。《旧·纪》:"覃王率銮驾五十四军进攻岐阳。"今从《实录》。

崔安潜言门户终为缁郎所坏。《旧·传》,胤初拜平章事,安潜有此言。按安潜去年卒,必先时尝有此言也。

十月,杜让能赐死。《续宝运录》曰:"大顺二年,相国杜让能、孔纬值上京频婴离乱,朝纲紊坠,是时徇意诸道,扈驾兵五十四都,坊坊皆满,兼近藩连帅,要行征讨,便自统军。至如岐阳李茂贞,先朝封为太子,本姓宋,洋州牧,先祖讨昭义刘从谏有功,子孙爵赏不绝。洎寿王登位后,遣礼部侍郎薛廷珪持玺书具礼,册为岐王。茂贞先中和年中,投判军容使田令孜作养男,姓田名彦宾,盖趋其势也。汴州朱温先朝册东平王,至今上,又遣薛廷珪为礼仪使,延王为册命使,封为梁王,且岐王与北司,人情方洽,宰相甚不和睦,累表章云:'臣今驻跸咸阳,未敢入中书问罪,杜让能等请置极法。'表奏,上不悦,遂诏孔、杜二相国令往咸阳谢过。及二相到咸阳见岐王,战不能言,岐王大怒,却令归中书省过且。才到中书,上又发遣,令祈谢岐王。如是往来三度。岐王又奏曰:'二相见臣,并不措一言。如此旷官,有辱圣代,请行朝典,别选英贤。'上不乐,敕罢知政事,不得已除孔纬荆南节度,杜让能除河中节〔度〕,三日后,贬于岭表,出国门三十里,并赐自尽。时岐王率骁果五千人住咸阳,及贬二相,乃退。"此皆误谬之说。今从《实录》。

十二月,朱瑄救齐州。《编遗录》云"十月乙未",今从薛居正《五代史·梁纪》。

乾宁元年二月,郑綮同平章事。《旧·传》云"光化初为相",恐误。《北梦琐言》曰:"綮虽有诗名,本无廊庙之望。尝典庐州,吴王杨行密为本州步奏官,因有遗阙而笞责之,然其儒懦清慎,弘农常重之。昭宗时,吴王雄据淮海,朝廷务行姑息,因盛言郑公之德,由是登庸,中外惊骇。大原兵至渭北,天子震恐,渴于攘却,相国奏对,请于文宣王谥号中加一'哲'字,其不究时病,率此类也。"按明年李克用举兵至渭北,綮已罢相。今从《实录》《新·纪》。

三月,李克用诛李存孝。《太祖纪年录》:"先获汴将邓筠、安康八、军吏刘藕子、潞州所俘供奉官韩归範,皆与存孝连坐,同日诛之。骑将薛阿檀惧,自刺。"按《旧·纪》,克用擒归範,寻遣归,因附表诉冤,不闻复往晋阳也。薛居正《五代史·邓季筠传》,后复自邢州逃归汴。《纪年录》误也。《存孝传》曰:"武皇出井陉,将逼真定,存孝面见王镕,陈军机。武皇暴怒,诛先获汴将安康八耳。"

六月,克用杀赫连铎。《旧·纪》:"六月壬辰,克用攻陷雲州,执赫连铎,以薛志勤守雲中。"按《唐太祖纪年录》《庄宗列传》、薛居正《五代史·武皇纪》皆云,大顺二年武皇拔雲州,铎奔吐谷浑,误也。《新·纪》:"六月,赫连铎及李克用战于雲州,死之。"《太祖纪年录》:"十月,讨李匡筹,师次新城,边兵愿从者众。赫连铎、白义诚数败,至是穷蹙无归,自縈膝行,诣于军门。太祖微数其罪,笞而脱之。"《薛史·武皇纪》《吐谷浑传》亦云"铎等来归,命笞而释之。"《薛志勤传》云:"王晖据雲州叛,讨平之,以志勤为大同防御使。"与《旧·纪》异。《唐末见闻录》:"六月,收雲州,处置赫连铎,活擒白义诚,进军幽州界,巡检回府。"《新·纪》盖据此,今从之。

九月,克用杀康君立。薛居正《五代史》:"李存孝既死,武皇深惜之,怒诸将无解愠者。君立以一言忤旨,武皇赐鸩而殂。"《唐末见闻录》曰:"八月三十日,相公于左街宅宴饮,行剑斫损昭义节度使康君立,把送马步司收禁,至九月一日,放出,寻已身毙。"《薛史》赐鸩,恐是文饰其事。

十一月，克用围新州。《唐太祖纪年录》："十一月壬辰，大军拔截寇，进收杨门、九子。戊戌，下武州。甲寅，攻新州，营于西北隅。"按十一月己未朔，无壬辰、戊戌、甲寅。《纪年录》误。今从《实录》。

十二月，卢彦威杀李匡筹。《唐太祖纪年录》作"匡俦"，今从《新》《旧·纪》《传》《实录》。

二年二月辛卯，董昌即帝位。《吴越备史》云："癸卯，昌僭号。"按《会稽录》："昌自云应兔子之谶，欲以二月二日僭号，取卯月卯日也。"而《实录》《长历》皆云"二月己丑朔"，非当时历误，即今日历误。要之，昌必以二月辛卯日僭号。

昌改元顺天。《吴越备史》曰："癸卯，昌僭称皇帝，建元顺天，国号罗平。"年号或云天册，或云天圣，皆非也。罗隐撰《吴越行营露布》曰："罗平者，启国之名；顺天者，建元之始。"又曰："将军门称天册之楼，以会府为宣室之地。明告我其所称，曰'权即罗平国位'。"昌状印文曰"顺天治国之印"。《十国纪年》亦云"年号顺天"。《会稽录》云"天册"，盖误。今从《备史》。

八月，克用释华州，移兵营渭桥。《唐太祖纪年录》："王师攻华州，俄而(邰)〔郇〕延昱至，且言茂贞领兵三万至盩屋，行瑜领军至兴平，欲往石门迎驾，乃解华围，进营渭桥。"按《实录》，八月延王戒丕至河中，克用已发前锋至渭北。己丑克用进营渭桥。又《纪年录》载诏曰："省表，已部领大军，前月二十七日离河中。"盖克用不亲围华州，但遣别将兵往，及闻邰、岐谋迎驾，乃遣华兵诣渭桥，即所谓前锋者也。克用既以七月二十七日离河中，则戒丕至彼必在其前，《实录》云八月至河中，误也。今从《纪年录》。

克用遣李存信等攻梨园。《庄宗列传》曰："三镇乱长安，李存信从太祖入关，以前军先自夏阳渡河，攻同华属邑，下之。时太祖在渭北，伶官群小或劝太祖入朝自握兵柄。太祖亦以全忠图己，朝廷不能断，心微有望，月余不进军。存信与盖寓乘间密启曰：'大王家世效忠，此行讨逆，上为邻、凤不臣，但令臣节为天下所知，即三贼不足平也。而悠悠之徒，不达大体，或以弗询之画苟悦台情，虽俳优之言，不宜纵其如此。京师咫及，天听非遥，实无益于英德也。今三凶正蹙，须速图之，事留变生，无宜犹豫。'太祖曰：'公言是也。'即日出师，下梨园寨。"按克用谋大事，固非伶官所豫。又《实录》，己丑克用进营渭桥，癸巳克梨园，中间四日耳，无月余不进事。且既云群小劝入朝，即当诣行在，不当留渭北。此特李存信之人欲归功于存信耳。今不取。

克用遣子存勖诣行在。《实录》作"存贞"。据《后唐实录》、薛居正《五代史》，庄宗未尝名存贞。《实录》盖误。

十一月，朱瑾降于朱全忠。薛居正《五代史·梁纪》，瑾降及死皆在十月。按《编遗录》："十一月丁巳，瑾遣军将王自新奉橄归义，壬申，瑾自来，辛巳，死。"今从之。

三年六月，汴人擒李克用子落落。《唐太祖纪年录》、薛居正《五代史·武皇纪》、《实录》，擒落落皆在七月。《葛从周》《李存信传》在五月。今从《梁太祖纪》。

李茂贞表请勒兵入朝。薛居正《五代史》："五月，制授茂贞东川节度使，仍命通王、覃王治禁军于阙下,如茂贞违诏,即讨之。茂贞惧,将赴镇。王师至兴平,夜,自惊溃,茂贞因乘之,官军大败。"《唐补纪》曰:"五月,朝廷除覃王为凤翔节度使,除茂贞为兴元节度使。茂贞拒命不发,亦无向阙之心,自是京国人心惊忧,出投郊垧,京城为之一空,上潜谋行幸。"按《实录》《新》《旧·纪》诸书,茂贞未尝除东川,《薛史》误。移镇兴元,乃景福二年事,《唐补纪》误。今从《实录》。

茂贞逼京畿,覃王败绩。《旧·纪》:"是月,茂贞请入觐,上令通王、覃王、延王分统四军,以卫近畿。丙寅,凤翔军犯京畿,覃王拒之于娄馆,接战不利。"《实录》:"命延王部神策诸军于三桥防遏。茂贞上言:'延王称兵讨臣,臣有何罪!'言将朝觐。丙寅,李茂贞大军犯京师,覃王拒之于娄馆,王师战不利。"《新·纪》:"六月庚戌,李茂贞犯京师,嗣延王戒丕御之。丙寅,及茂贞战于娄馆,败绩。"今从《旧·纪》下。

八月,朱朴同平章事。《旧·传》曰:"朴腐儒,木强无他才伎。道士许岩士出入禁中,尝依朴为奸利,从容上前,荐朴有经济才。昭宗召见,对以经义,甚悦,即日拜平章事。在中书,与名公齿,笔札议论,动为笑端。"《唐补纪》曰:"朴亦有文词,托识诸王下吏人以通圣旨,言:'方今宰相皆非时才,致令宗社不安,频有(顺)〔倾〕动,若使朴在相位,月余能致太平。'诸王以为然,乃奏天听。翌日宣唤,顾问机宜,便入中书,令参知政事。诸相座愕然莫测,听其筹谟。经四五月,并无所闻,遂贬出岭外。"按朴虽庸鄙,恐不至如《旧·传》所云。《唐补史》亦恐得之传闻,非详实。今从《新·传》。

九月,崔胤同平章事。《旧·传》:"胤检校兵部尚书、岭南东道节度使。胤密致书全忠求援,全忠上疏理之。胤已至湖南,复召拜平章事。"《新·传》:"昭纬以罪诛,罢为武安节度使,陆扆当国。时南、北司各树党结藩镇,胤素厚朱全忠,委心结之。全忠为言胤有功,不宜处外,故还相而逐扆。"按胤出为清海节度使在后,非此年,《旧·传》误。今从《实录》。

贬陆扆硖州刺史。《旧·传》曰:"九月,覃王率师送徐彦若赴凤翔。师之起也,扆坚请曰:'播越之后,国步初集,不宜与近辅交恶,必为他盗所窥。加以亲王统兵,物议腾口,无益于事,只贻后患。'昭宗已发兵,怒扆沮议,是月十九日,责授峡州刺史。师出果败,车驾出幸。"按此乃景福二年杜让能讨凤翔事,时扆未为相。《旧·传》误,《新·传》亦同。今从《实录》。

十月丁巳,韩建兼把截使。李巨川《许国公勤王录》:"十月十日,敕命公权知京兆尹,并充把截使。"《实录》作"癸丑"。是月戊申朔。今从《勤王录》。

李茂贞献助修宫室钱。《旧·纪》《实录》皆云:"茂贞进钱十五万,助修京阙。"按十五万乃百五十贯,太少,盖脱"贯"字耳。

十一月,李师悦卒,子彦徽知州事。《实录》:"乾宁二年四月,忠国节度使李师悦卒,以其孙彦徽知留后。"今从《新·纪》《十国纪年》。

四年正月,立德王裕为皇太子。《勤王录》曰:"公以储副之设,国之大本,上表云云,敕宜从允,时正月十一日也。当四日之间,而储君奉冢祀,宗室归藩邸,蓬头突鬓之士不入于禁门,文成、五利之徒不陈其左道,君父开悟,遐迩咏歌,人不震惊,市无易肆,公之力也。"李巨川著书,矫诬善恶乃至于此!今从《实录》。

丙申，庞师古、葛从周入郓州，执朱瑄。薛居正《五代史·梁太祖纪》："辛卯，营于济水之次，庞师古令诸将撤木为桥。乙未夜，师古以中军先济，朱瑄弃壁夜走，葛从周擒瑄并妻、男以献。"按济水自王莽时大旱，不复能绝河而南，自是河南无济水。《编遗录》曰："五月，遣骑于郓州军前迓从周，径往洹水董师，以代侯言，师古留攻郓。"《梁太祖实录》："四年正月，复以洹水之师大举伐郓，十五日辛卯，营其西南河外，庞师古命诸将撤木为桥，以图宵济。癸巳，前军以心膂百人盗决河口。甲午，浮桥集水次。乙未夜，师古中军先济，声振壁内，朱瑄闻之，弃壁走。"《编遗录》："四年正月乙卯，朱瑄兵少粮尽，不敢出战，然深沟高垒，难越也。从周、师古乃取清河内小舟，采野葛草茅，索之以为巨缆，乃于其墙南建浮桥。丙申，功就，我师渡桥，朱瑄奔遁。"皆不云济水。师古去年三月已败郓兵于马颊，追至西门，据故洛亭子为寨。乙未夜先济，盖郓城下清河水，疑朱瑄引之以环城固守，故师古等为浮桥以济师。河既可决，明非自然之水也。《旧·纪》："癸未，庞师古陷郓州，朱瑄与妻荣氏溃围走。瑄至中都，为野人所杀，荣氏俘于军。"《新·纪》："丙申，全忠陷郓州。"《实录》："二月丙午朔，陷郓州，瑄至中都，为乱兵所杀，妻荣至汴为尼。"据《薛史》，辛卯营于济水，则癸未郓未破也。《新·纪》云丙申陷郓，《实录》二月，盖约奏到。今从《编遗录》《新·纪》。

师古为郓州留后。《旧·纪》《梁太祖实录》、薛居正《五代史·师古传》皆云师古为郓州留后。《编遗录》《薛史·梁纪》皆云"友裕"。按《编遗录》："三月丙子，以友裕为郓州留后，师古为徐州留后。"盖初以师古守郓州，后以友裕代之，而徙师古于徐州也。

二月己未，赦天下。《实录》："降德音，曲赦天下。"云德音即非赦，既云曲赦即不及天下。《实录》误也。

四月，李继瑭为匡国节度使。《实录》："赐同州号匡国军，以防御使李继瑭为匡国节度使。"按《新·方镇表》："乾宁二年，赐同州号匡国军。"王行约已尝为匡国节度使，盖行约死，继瑭但为防御使，今始复旧名耳。

韩建奏贬张祎等。《实录》："贬刑部尚书张祎、赵崇、苏循等为衡州司马。韩建恶之，诬奏贬焉。"祎等必不皆为刑部尚书，皆贬衡州司马。《实录》误也。

五月，朱友恭执瞿章。薛居正《五代史·梁纪》："五月丁丑，朱友恭遣使上言，大破淮寇于武昌，收复黄、鄂二州。"《新·纪》："壬午，全忠陷黄州，刺史瞿璋死之。"《朱友恭传》云"瞿章"，《十国纪年》作"瞿章"。《吴录》云："执刺史瞿章。"当可据。

八月，韩建杀通、仪等十一王。《旧·纪》："是日，通、覃以下十一王并其侍者皆为建兵所拥，至〔右〕〔石〕堤谷，无长少，皆杀之。"《唐补纪》曰："六宅诸王，准前商量，请置殿后都。韩建怨怒，进状争论，与诸王互说短长。上乃缚韩王克良已下十人送韩建府。建以棘刺围于大厅，经宿不与相见。军吏谏，遂请诸王归宫，散却殿后都。"《新·纪》："八月，韩建杀通王滋、沂王㳂、韶王、彭王、嗣韩王、嗣陈王、嗣覃王嗣周、嗣延王戒丕、嗣丹王允。"按《旧·纪》韩建奏，睦王、济王、韶王、通王、彭王、韩王、仪王、陈王八人。《新·宗室传》，初帝遣嗣延王戒丕，嗣丹王允往见李克用，又有覃王嗣周，则是十一人。《新·纪》《传》"仪"作"沂"。按昭宗子祼封沂王，不应更封宗室。《旧·纪》"仪王"，恐可据。

朱朴再贬郴州司户。《实录》：“朴贬郴州司户。”（朴）薛廷珪《凤阁书词》有朴自秘书监责除蜀王傅、分司东都制云：“包藏莫顾于朝纲，进见不由于相府。”复云：“犹希顾问之间，来挠澄清之化。”又贬渠州司马制云：“争臣条奏，宪府极言，指陈负国之谋，忿嫉崇奸之计。”与此稍异。今从《实录》。

资治通鉴考异卷第二十七

端明殿学士兼翰林侍读学士太中大夫提举西京嵩山崇福宫上柱国河内郡开国公食邑二千六百户食实封一千户臣　司马光　奉敕编集

唐纪十九

光化元年正月，韩建为修宫阙使。《实录》："建以行宫卑庳，无眺览之所，表献城南别墅。建初修南庄，起楼观，疏池沼，欲为南内，行废立之事。其叔父丰见其跋扈，谓建曰：'汝陈、许间一民，乘时危乱，位至方镇，不能感君父之惠，而欲以同、华两州百里之地行废立，覆族在旦莫矣。吾不如先自裁，免为汝所累。'由是建稍弭其志。及李茂贞表请助营宫苑，又闻朱全忠缮治洛阳，累表迎驾，建惧，故急营葺长安，率诸道助役，而又亲程功焉。"按建若欲废立，何必先营南内！今不取。

九月，罗弘信薨。薛居正《五代史·梁纪》《弘信传》《太祖纪年录》，皆云弘信八月卒。按八月昭宗还京，弘信犹加官。《旧·纪》传九月卒，今从之。《实录》十月，约奏到也。

十月，王珙杀王枳。枳为给事中并遇害，《旧·纪》《实录》皆无年月，今因珙伐河中事附此。

十一月，崔洪以弟贤为质。《十国纪年》："洪托以将士不受节制，遣兄贤质于汴。"按《旧·纪》："十月，汴将张存敬以兵袭蔡州，刺史崔洪纳款，请以弟贤质于汴，许之。"《实录》亦云"弟贤"，今从之。

二年三月，朱全忠遣丁会下泽州。《实录》："丁巳，葛从周复取泽州。"按《编遗录》："丁巳，河（桥）〔阳〕丁会收复泽州。"《实录》云"从周"，误也。《唐太祖纪年录》："三月，周德威败氏叔琮于洞涡驿。先是，逆温令丁会将兵助李罕之，戍潞州。至是，葛从周复入潞州以代丁会，贼复陷我泽州。"《梁实录》《薛史·梁纪》皆云六月方遣从周入潞州，《纪年录》于此连言后事耳。

六月，葛从周代丁会守潞州。《编遗录》："六月乙丑，李罕之疾甚，请归河阳。丁卯，上令抽大军回，以丁会权制置，绥怀上党，上乃东归。"不言遣从周入潞。薛居正《五代史·梁纪》："六月，帝表丁会为潞州节度使，以李罕之疾亟故也。又遣葛从周由固镇路入于潞州，以援丁会。"《梁实录》《后唐纪》皆云代会。自此至潞州破，贺德伦走，不复见会名。或者李罕之既卒，复召会守河阳，以从周代之，不可知也。今因会镇潞，终言之。

三年七月，李嗣昭败汴军于内丘。《唐太祖纪年录》："七月，嗣昭攻尧山，至内丘，遇汴军三千，战败之，擒其将李瓌。"薛居正《五代史·后唐纪》与《纪年录》同。惟《唐末见闻录》："八月二十五日，嗣昭领马步五万取马岭，进军下山东，某月山东告捷，收得洺州。九月二日，嗣昭兵士失利却回。"《新·纪》："八月庚辰，陷洺州。"《薛史·唐纪》："九月，嗣昭弃城归。"盖据此也。按《编遗录》八月中云："前月二十五日，上于球场飨士，忽有大风骤起，占者曰贼风。果于是时李进通领蕃寇出攻洺州。"然则嗣昭出兵，乃七月二十五日也。《编遗录》又曰："八月乙丑，出兵救洺州。"乙丑,九日也。又进通败奔归太原在八月,《见闻录》误。今从《编遗录》《纪年录》《梁纪》。

八月,嗣昭败汴军于沙门河。《编遗录》:"七月二十五日,李进通领蕃寇出并川来攻洺州。八月乙丑,发大军救应之。上寻亦自领衙军相继北征,翌日,达滑台。军前驰报,洺州已陷,刺史朱绍宗因逾堞,堕而伤足,为贼所擒。"《唐太祖纪年录》:"八月,李嗣昭又遇汴军于沙门河,击而败之。进攻洺州,刺史朱绍宗挈其族夜遁,我师追及,擒之。"《唐末见闻录》:"八月二十五日,嗣昭进军下山东,某日山东告捷,收得洺州,捉得刺史朱温侄男。"《旧·纪》:"八月庚辰,嗣昭攻洺州,下之。"《薛史·梁纪》:"八月,河东遣李进通袭陷洺州。"《新·纪》亦在庚辰,乃二十五日也。《实录》在九月,约奏到。今从《编遗录》。

九月,葛从周大破李嗣昭。《唐太祖纪年录》:"葛从周攻洺州,嗣昭弃城而归。是役也,王郜郎、杨师悦陷贼,洺州复为汴有。"《唐末见闻录》:"九月二日,嗣昭兵士失利却回,被汴州捉到王郜郎。"《编遗录》、薛居正《五代史·梁纪》:"八月,帝遣葛从周克黄龙镇,亲领中军涉洺而寨,晋人惧而宵遁,洺州复平。"《唐纪》:"九月,汴帅自将兵三万围洺州,嗣昭弃城而归,葛从周伏青山口,嗣昭军不利。"《实录》:"九月,嗣昭弃洺州,败于青山口。"今从《唐末见闻录》《唐纪》《实录》。

十月,马殷克桂州。《唐烈祖实录》《新唐书·本纪》、路振《九国志·楚世家》,皆云光化二年殷克桂州。《马氏行年记》及王举《大定录》云天复元年。惟曹衍《湖湘马氏故事》云:"天复甲子,宣晟自安州入桂州。天祐四年丁卯十二月,收岭北七州。明年十月,平桂州。"差缪极甚。《新唐书·方镇表》:"光化三年,升桂管经略使为静江军节度。"而《本纪》:"乾宁二年,安州防御使宣晟陷桂州,静江军节度使周元静部为刘士政死之。"岁月既已倒错,又以士政为元静部将同死,尤为乖误。今据武安节度掌书记林崇禧撰《武威王庙碑》云:"我王临位五岁而桂林归款。"自乾宁三年至光化三年,五年矣,又与《实录》合,故从之。

十一月庚寅,刘季述等废立。按此月乙酉朔,己丑五日,庚寅六日也。废立之日,《旧·纪》云庚寅,《旧·宦者传》《唐年补纪》皆云六日,无云五日者。而《实录》《新·纪》云己丑,误也。《唐太祖纪年录》,先云六日,后云七日,尤误也。崔胤所恃者昭宗耳,季述议废立,安肯即从之!《补录》《纪年录》云"胁之以兵",是也。《唐补纪》云"皇后穴墙取太子",又云"令旨宣告大臣与社稷为主",又云"后白军容,令圣上养疾。"皆程匡柔为宦者讳耳,不可信也。

解崔胤度支等使。《旧·传》:"刘季述畏朱全忠之强,不敢杀崔胤,但罢知政事,落使务,守本官而已。胤复致书于全忠,请出师返正,故全忠令张存敬急攻晋、绛、河中。"按《旧·纪》《新·纪》《新·宰相表》,此际皆无胤罢相事。全忠攻晋、绛、河中,乃在明年正后。今不取。

十二月,李振劝朱全忠讨季述。薛居正《五代史·李振传》:"十一月,太祖遣振入奏于长安,邸吏程岩白振曰:'刘中尉命其侄希贞来计大事。'既至,岩乃先启曰:'主上严急,内官忧恐,左中尉欲行废黜,敢以告。'振顾希贞曰:'百岁奴事三岁主,乱国不义,废君不祥,非敢闻也。况梁王以百万之师匡辅天子,幸熟计之。'希贞大沮而去。振复命,刘季述果作乱,程岩率诸道邸吏牵帝下殿，以立幼主。振至陕，陕已贺矣。护军韩彝範言其事，振曰：'懿皇初升遐，韩中尉杀长立幼，以利其权，遂乱天下，今将军复欲尔邪！'彝範，即文约孙也，由是不敢言。《编遗录》："上虽闻其事，未知攄实，但怀愤激。丁未，上离定州军前。十二月戊辰，达大梁，欲潜谋返正，乃遣李振侦视其事。振回，益详其宜也，寻驰蒋玄晖与崔胤密图大义。"《薛史·梁纪》："(李)〔季〕述幽昭宗，立德王裕为帝，仍遣其养子希度来言，愿以唐之神器输于帝。时帝方在河朔，闻之，遽还于汴，大计未决。会李振自长安使回，因言于帝云云。帝悟，因请振复使于长安，与时宰潜谋返正。"按季述废立之前，李振岂已尝立异，今岂敢复入长安与崔胤谋返正乎！今从《编遗录》。又按《唐太祖年录》及《旧·张濬传》皆云濬劝诸(蕃)〔藩〕匡复，而《梁实录》及《李振传》皆云濬劝全忠附中官，与《纪年录》及《旧·传》相违，恐《梁实录》误，《振传》据《实录》也。《唐补纪》曰："自监国居位，将及五旬，笺表不来，朝野惊虞，亢旱时多，虹霓背璃。崔胤睹其不祥，便谋内变，潜行书檄于关外，播扬辞舌于街衢。朱全忠封崔胤檄书并手札等与季述云：'彼已翻覆，早宜别图。'无何，季述以此书示于崔胤曰：'比来同匡社稷，却为斗乱藩方，不审相公何至于此？'胤唯云'无此事，遣人返图。刻蜡伪名，自古乃有。军容若行怪怒，则乞附存家族。'季述乃与言，誓相保始终。胤其夜便致书谢全忠云：'昨以丹诚谘挠尊听，却蒙封示左军刘公，其人已知意旨。今日与胤设盟，不相损害，然远托令公为主，方应保全，兼送女仆二人，细马二匹。'全忠览书，大诟曰：'刘季述，我与伊同王事十二三年，兄弟之故，特令报渠。不能自谋，却示崔相，道我两头三面，实是难容！我若不杀此公，不姓朱也！'乃掷于地，〔囚〕其使者，走一健步直申崔公，从兹与大梁同谋大事。"按崔胤向来内倚昭宗，外挟全忠，与宦官为敌。今昭宗既废，胤所以得未死者，以与全忠亲密故也，全忠安肯以其书示季述！季述恨胤深入骨髓，若得此书，立当杀胤，岂肯复以示胤而与之盟誓也！此殊不近人情，皆程匡柔党宦官，疾胤之辞耳。

天复元年正月，全忠封东平王。《旧·纪》："二月，以全忠守中书令，进封梁王。"薛居正《五代史·梁纪》："正月癸巳，进封帝为梁王，酬返正之功也。"《实录》："癸巳，沛郡王朱全忠加定谋宣力功臣，进封东平王。"《新·纪》："二月辛未，封全忠为梁王。"按《编遗录》，此年二月辛未表让梁王。三年二月制云："兔苑名邦，睢阳奥壤，光膺简册，大启封疆，可守太尉、中书令，进封梁王。"或者今年已曾封梁王，全忠让不受，改封东平王，至三年乃进封梁王。而三年制辞，前官爵已称梁王，盖误也。今从《实录》。

崔胤留岐兵三千宿卫。《唐补纪》曰："其月八日，李茂贞朝觐，留二千人在右街侍卫而回。崔胤申朱全忠，请三千人在南坊宅侧安下。凤翔劫驾西去，朱全忠又暗以车子载器仗，称是纮绢进奉，推车子人皆是官健，入崔胤宅中。人心惊惶，不同前后。崔胤累差人唤召朱全忠不到。"《新·传》："韩全诲等知崔胤必除己乃已，因讽茂贞留选士四千宿卫，以李继徽总之。胤亦讽朱全忠内兵二千居南司，以娄敬思领之。"盖取《唐补纪》耳。按韩偓《金銮密记》，偓对昭宗云："当留兵之时，臣五六度与崔胤力争，胤曰：'某实不留兵，是兵不肯去。'臣曰：'其初何用召来？'又胤曰：'且喜岐兵只留三千人。'"据此，则是胤召茂贞入朝而留其兵。又《旧·纪》《梁实录》《编遗录》、薛居正《五代史·梁纪》等诸书，皆不言全忠尝遣兵宿卫京师。若如《唐补纪》所言，岐、汴各遣兵数千人戍京师，则昭宗欲西幸时，两道兵必先斗于阙下，不则汴兵皆为宦官所诛，不则先遁去。今皆无此事，盖程匡柔得于传闻，又党于宦官，深疾崔胤，未足信也。然胤所以欲留茂贞兵为己援者,盖以茂贞自已诛刘季述为己功,必能与己同心仇疾,宦官以利诱之,遂复与宦官为一耳。今从《金銮记》。

二月,李克用修好于朱全忠。《唐末见闻录》:"乾宁四年六月,差军将发往汴州为使,其书云云,汴州回书云云。"据全忠书,有"前年洹水曾获贤郎,去岁青山又擒列将",又云"镇定归款,蒲、晋求和",则非乾宁四年明矣。《唐年补录》:"天复元年五月壬午,制以朱全忠兼领河中,仍诏与太原通和。初,朝廷以全忠吞并河朔,又收下蒲津,必恐兵起相侵,乃下诏太原、夷门,使务和好。时太原意亦以全忠渐强,先以书聘全忠。"书辞与《见闻录》同。全忠答太原书,又进表云:"臣与太原曾于顷岁首缔欢盟,及其偶掇猜嫌,止为各争言气。"又云:"但以来书指,未息披攘。"又云:"臣详兹来意,益切愤怀,不敢遂与通和,必恐有孤朝寄,已遣诸军进讨讫。"《续宝运录》载全忠表云:"臣当道先自河府抽军,便赴太原进讨,已累具状,分析闻奏讫。臣今月二十三日,部领牙队到东都,李克用差到专使张特与臣书一封,并(驰)〔驼〕马、弓箭、银器、匹段等,与臣通和。其张特,臣且与回书放归讫。当月河府抽回兵士,即勒权于河阳屯驻,见排比收复潞州,便逦迤赴太原进讨次。其李克用与臣书一封,谨随状封进。天复四年二月奏。"其年三月二日,表到驾前,奉襄宗三月八日敕云云。云天复四年,尤误也。《编遗录》:"天复元年二月,李克用遣军将张特执橄厚币而来释憾,亦差军将持函以为报。"又曰:"辛巳,上欲北回军,便征北虏。近者李克用以甘言重币,请通和好,遂具事奏闻。"语与《补录》同。《唐太祖纪年录》:"天复元年六月,太祖以梁寇方强,难以兵伐,阳降心以缓其谋,乃遣押衙张特持币马书橄以谕之,请复旧好,书词大陈北边五部士马之盛,皆吾外援。朱温视之不怿,令敬翔修报,词旨疏拙,人士嗤之。"薛居正《五代史·梁纪》:"天复元年二月,李克用遣牙将张特来聘,帝亦遣使报命。"《李袭吉传》:"天复中,武皇议欲修好于梁,命袭吉为书以贻梁祖。"书辞与《见闻录》同,其年月日各参差不同。据全忠答太原书云"今月二十二日使至",又上表云"先自河阳抽军赴太原",又云"二十三日到东都",则克用书达全忠,必在天复元年二月下旬。今从《编遗录》《梁纪》。

五月,氏叔琮等自石会关归。《编遗录》:"四月壬戌,上以李克用遣张特赍书请寻欢盟,乃指挥诸军所在且驻留,见差发专人入太原,许通欢好。兼并州地寒,节候甚晚,戎马既多,野草不足于刍牧,寻令氏叔琮回戈。"《后唐太祖〔纪〕》:"五月,氏叔宗及四面贼军皆退。"《薛史·梁纪》,班师在四月。《后唐纪》,汴军退在五月。盖全忠以四月命班师,而叔琮等以五月离晋阳,故国史记之各异也。

六月癸亥,朱全忠如河中。薛居正《五代史·梁纪》:"庚申,帝发自大梁。"今从《编遗录》。

闰月,丁会为昭义节度使。薛居正《五代史·会传》:"自河阳以疾致政于洛阳。梁祖季年猜忌,故将功大者多遭翦灭,会阴有避祸之志,称疾者累年。天复元年,梁祖奄有河中、晋、绛,乃起会为昭义节度使。"按光化二年六月,会自河阳为昭义节度使。九月,李克用取潞州,表孟迁为节度使。时罕之已卒,必是会却领河阳,至此才二年,则非致政称疾累年也。又,是时全忠未尝诛戮大将,疑会降河东后,作传者误以天祐中事在前言之耳。

崔胤召朱全忠。《唐太祖纪年录》:"会汴入寇同华,宦者知崔胤之谋。时胤专掌三司泉货，韩全诲教禁兵，伺胤出，聚乃呼噪，诉以冬衣减损，军人又上前披诉。天子徇众情，罢崔胤知政事。崔胤怒，急召朱温，请以兵师入辅。"《唐补纪》："时朱全忠在河中，胤潜作急诏令全忠入朝，又修书云云。全忠得此书诏，便发河中，还汴。"按是时全忠未寇同华，胤亦未罢，《纪年录》误。今从《唐补纪》。

十月，全忠举兵发大梁。薛居正《五代史》："十月戊戌，奉密诏赴长安。是时朝廷军国大政，专委崔胤，崔每事裁抑宦官，宦官侧目。崔一日于便殿奏，欲尽去之，全诲等属垣闻之。中官视崔眥裂，以重赂甘言诱藩臣以为城社，时因宴聚，则相向流涕。时崔专掌三司货泉，全诲等教禁兵于昭宗前诉之，昭宗不得已罢崔知政事。崔急召太祖，请以兵入辅，故有是行。"按帝幸凤翔前，崔胤未罢相，此与《太祖纪年录》略同，亦误。

丁酉，宫禁诸门增兵防守。按《金銮记》："二十日入直，隔夜，崔公传语，明日请相看。侵早到门，崔出御札相示。"然则添人把门及降御札，皆十九日事。《实录》："己亥，差人把门。"己亥，乃二十一日。《实录》误也。

十一月壬子，韩全诲等劫上幸凤翔。《续宝运录》："其年十月，朱全忠发士马。十一月，入长安。圣上幸凤翔，宰臣裴谂、翰林学士令狐涣等扈从。其皇后王氏及千官、太子、玉印、龙服，并是汴州迎在华州，相次修东都宫室，旋迎赴东都。其年十一月初，凤翔士马入京，劫掠街西诸坊宝货士女至甚。及七日，汴州士马入京赴救，长安士庶并走，攒在开化坊。"其说妄谬，今不取。

乙卯，全忠取华州。《编遗录》："上引兵逼华州，韩建轻骑出墙归投。上于西溪亭子与建饮膳毕，却归赤水营。旬日，乃请建充忠武节度使。"《梁太祖实录》："乙卯，大军及华州，建来降。甲辰，署权知华州事，仍以宣武牙推龚麟佐之。"《唐太祖纪年录》："丙辰，汴军攻华州，九日，建以城降。"《唐补纪》："同州刺史王行约闭城登垒，全忠斫开城门，屠之，不留噍类。华州韩建闻此，出城三十里迎之，只于迎处云：'令公本贯许州，便仰衣锦。'乃差人押出关东。"《旧·传》："建令李巨川至河中送款，敬翔疾其文笔，劝全忠害之。"薛居正《五代史·梁纪》："丙辰，帝表建权知忠武军事，促令赴任。"《实录》："乙卯，全忠取华州。丙辰，次武功，徙建为忠武节度使。"按此月无甲辰，盖丙辰字误也。全忠乙卯取华州，丙辰岂能遽至武功！《唐补纪》又云："昭宗不知崔胤伪行诏命，闻朱全忠陷两州，十一月三日夜时，奔波西去。"按行约又克用取同州时节度使也。程匡柔妄谬多此类。今取华州日从《梁太祖实录》，李巨川死从《昭宗实录》。

崔胤请全忠迎驾。《编遗录》："于时长安无人主，朝廷无敕画，帝在岐下无辅臣，自汉、魏以来，丧乱未若今日。胤请王溥自西京至赤水，请上进军迎驾。戊午，离赤水。"薛居正《五代史·梁纪》："己未，发赤水。"按《唐太祖纪年录》："朱温至长乐，崔胤帅百官班迎。"《编遗录》："胤请王溥自西京至赤水军前商议。"《实录》云"胤东寓华州"，又云"胤召溥至赤水"，皆误也。《旧·纪》亦云："胤令溥至赤水，促全忠迎驾。"今从之。发赤水日从《编遗录》。

戊辰，全忠至凤翔。《实录》："乙丑，全忠驻军岐城之东。丙寅，全忠军至城下。"按全忠癸亥离长安，乙丑、丙寅至岐，太速。今从《编遗录》《新·纪》。

辛酉，全忠移兵趣邠州。《金銮记》曰："十七日早，闻岐师昨夜二更却回，云军大衄。

汴令有表迎驾,并述行止。汴军在岐东下寨。十八日、十九日,白麻:'卢光启可谏议大夫、参知机务。'二十日,翰林学士姚洎兼知外制诰。二十四日,汴令有表,奉辞东去。二十五日,汴军离发延英门。"《旧·纪》:"癸酉,全忠辞去。"今从《编遗录》。

崔胤责授工部尚书。《实录》载制辞曰:"四居极位,一无可称。"又曰:"无功及人,为国生事。"按《旧·传》前云罢知政事、落使务,后云同平章事、盐铁转运使,《实录》前云罢胤盐铁使,至此制官位中复带盐铁使,皆误。

二年二月戊寅,全忠旋军河中。《实录》在正月。按《编遗录》:"二月戊寅,上以久驻兵车于三原,乃议东归蒲阪,遂取高陵、栎阳、左冯入于蒲津。"《梁太祖实录》:"正月戊申朔,上总御戎马,发自三原,复至武功县驻焉,贡章奉辞,回军赴蒲坂。"今从《唐年补录》《旧·纪》。

三月,李嗣昭、李嗣源等劝李克用固守。《唐太祖纪年录》:"嗣昭与今上日夜入贼营,斩将(塞)〔搴〕旗,贼多惊扰。"《梁太祖实录》:"三月癸丑,虏众悉出,友宁以飞骑犯其左右翼,虏大败北,掩杀不知其数,擒克用男廷鸾及将校健卒数千人。"《实录》:"朱友宁围太原营西北隅,攻其西门,城内大恐。克用欲奔云中,弟克宁止之。又遣李嗣昭与克用子存勖日夜扰贼营,友宁乃烧营而遁。"按《纪年录》所谓今上者,乃明宗,非庄宗也。《实录》误。

李俨,张濬之子。《唐补纪》:"二年,昭宗在凤翔遣金吾将军李俨赍御札自巫峡间道潜行,宣告吴王杨行密为讨伐逆贼朱全忠事。李俨者,宰臣张濬男。其张濬先为都统讨太原,退军,朝贬,韩建力救,不赴贬所,只在三峰,其男〔留〕行在,乃授金吾将军。昭宗差来,宣告于吴王行密。朱全忠探知,张濬一门尽遭杀戮。"按此年濬未死,俨冒姓李,见此年十月注。

五月己未,朱全忠发河中。《金銮记》:"五月三日,岐马步军败,回戈伤中不少。八日,闻四面百姓尽般移入城内。二十一日,闻汴帅于鄠县筑城及宝鸡下寨。二十三日,闻汴帅至石鼻,又至横渠。二十四日,闻汴帅至城南十里。"按《编遗录》:"六月,全忠始离渭桥。"此盖全忠下游兵耳。《实录》据《金銮记》云,"癸亥,朱全忠引军在石鼻。乙丑,至横渠。己巳,驻师城南。"误也。

六月丁亥,全忠围凤翔。《梁太祖实录》:"六月丁丁,暨虢县。辛未,文通涠兵骤出,布阵俟敌。我之将卒跃进决斗,始辰暨午,寇大败,尸仆万余人。命诸军徙寨,逼其垒。自是岐人继出师,靡不丧衄。六月乙亥,上以螯屋有博野军与岐人往来以窥我,命李晖讨平。丙戌,复遣孔勍领兵由大散关取凤州。"按六月乙亥朔,无辛未。前云丁丑,后云辛未,又再云六月,皆误。从《唐实录》。

十月,李俨至扬州。《十国纪年》注:"李昊《蜀书·张格传》云:'弟休,仕唐为御史,奉使扬州,闻长水之祸,改姓名曰李俨。'《九国志》云:'李俨本左仆射张濬之少子,名播,起家校书郎,迁右拾遗。濬为朱全忠所害,播自长水奔凤翔,昭宗赐其姓名,来使,欲仗兵复仇。'行密与朱全忠书云:'选张述于谏省,俾衔命于敝藩,授秩执金,赐编属籍。'"《新》《旧唐书·昭宗纪》及《濬传》皆云:"天复三年,十二月,全忠杀濬于长水。"然则俨来使时,濬犹未死,"述"与"休"自相乱,或一名播乎?《实录》,是(日)〔月〕,始以俨为江淮宣谕使,以行密充吴王、东面行营都统,误也。据行密书,则俨父在时,已赐姓李,宣谕行密为讨全忠。明年春,全忠既克凤翔,俨遂留淮南，不敢归朝耳。

朱全忠遣司马邺奉表入城。《实录》："庚辰，司马邺奉表。壬午，对全忠使司马邺。"薛居正《五代史·司马邺传》："大军在岐下，遣奏事于昭宗，再入复出。"《实录》作"鄠"，误也。

十一月，孔勍拔坊州，又取鄜州。《编遗录》："十二月癸酉，遣孔勍、李晖领兵袭鄜州，以牵李周彝之兵。己亥，我师攻陷鄜墙，获周彝亲族，遂令李晖权知鄜畤军事。不数日，周彝乃遣幕宾投分通好，然〔后〕上许抽兵。"《梁太祖实录》："十一月癸卯，鄜帅李周彝统州兵万余人屯于老聃祠之下，上命孔勍、李晖乘虚捷取之。壬子，勍等破中部郡。甲寅，大雨雪，大军冒之夕进，五鼓，及其垒，克之。"按癸卯距己亥近六十日，鄜、汴相守，岂得全不交兵！今从唐、梁二《实录》。

卢光稠陷韶州。《新·纪》，是岁光稠卒，牙将李图自称知州事。按《十国纪年》，欧阳脩《五代史·光稠传》，开平五年方卒。《新·纪》误也。

三年正月丙午，王师范遣刘郡取兖州。《旧·纪》："丙午，青州牙将刘郡陷全忠之兖州，又令牙将张厚入奏，是日，亦窃发于华州，杀州将娄敬思。"《唐太祖纪年录》："是月四日，青州帅王师范将刘郡窃据兖州。同日，师范将张厚辇戈甲十乘至华〔州〕，为华人所诘，因窃发，燔其郭，杀华州指挥使娄敬思而去。"《新·纪》："丙午，师范取兖州。"《梁太祖实录》："丙辰，青州纲将乱于华而败。是日，刘郡陷我兖州。"《唐实录》亦在丙辰。按《长历》，丙午，正月四日；丙辰，十四日。《编遗录》云："魏师及朱友宁告急，刘郡正月四日袭陷兖州。"与《纪年录》等同。《梁太祖实录》多谬误，恐难据，今从诸书，移置丙午。《唐祖补纪》云天复二年，尤误。

戊申，诛韩全海等。《旧·纪》："丁巳，蒋玄晖与中使押送全海等二十人首级，告谕四镇兵士回窟之期。"《新·纪》："正月戊申，杀全海等。"《唐太祖纪年录》："正月甲辰，凤翔李茂贞杀其子继筠、观军容韩全海、张彦弘、枢密使袁易简、周敬容等二十二人，皆斩首囊盛，押领出城，以示朱温。"《金銮记》："六日，诛全海等。"《唐年补录》："正月癸卯，赐朱全忠诏。"《唐补纪》云："天复三年二月，诛全海等八人。"其全海等伏诛日，今从《金銮记》《实录》《新·纪》。按《金銮记》《唐年补录》《唐实录》《后唐纪年录》载六日所诛宦官名，可见者全海等四人，处廷等十六人，而《金銮记》云"是夜处置内官一十九人"，《唐年补录》云"全海以下二十二人首级"，《纪年录》云"杀全海等二十二人"，《北梦琐言》亦云"二十二人首"，《新·传》云"继筠、继海、彦弼皆伏诛，是夜，诛内诸司使韦处廷等二十二人"，若并继筠等数之，则多一人，若只数宦官，则少二人，若知《金銮记》，是夜又诛十九人，则多一人。或者二人名不见欤？

车驾幸全忠营。王禹偁《五代史阙文》曰："昭宗佯为鞋系脱，呼梁祖曰：'全忠为吾系鞋。'梁祖不得已，跪而结之，流汗浃背。时天子扈跸尚有卫兵，昭宗意谓左右擒梁祖以杀之，其如无敢动者。自是梁祖被召多不至，其后尽去昭宗禁卫，皆用汴人矣。"按全忠时拥十万之众，昭宗方脱茂贞虎口，托身全忠，岂敢遽为此谋！或者欲效汉高祖之折辄布，亦恐昭宗不能办耳。今不取。

庚午，全忠杀第五可範等数百人。《旧·纪》："辛未，内官第五可範已下七百人，并赐死于内侍省。"《金銮记》："二十八日，处置第五可範已下四百五十人。"《太祖纪年录》："内诸司百余人及随驾凤翔群小二百余人,一时斩首于内侍省。"《旧·传》与《纪年录》同。《新·传》:"胤、全忠议诛第五可範等八百余人于内侍省。"《梁太祖实录》:"己巳翌日,诛宦官第五可範等五百余人于内侍省,仍命畿内及诸道搜索处置,以尽厥类。"《唐年补录》云:"诛宦官七百一十人。"按《旧·纪》《编遗录》皆云:"正月辛未,诛可範等。"而《梁实录》《唐补纪》《续宝运录》《金銮记》《唐年补录》、薛居正《五代史·梁纪》《新唐·纪》,或云己巳翌日,或云二十八日,今从之。盖全忠、胤虽奏云罢诸司使务,追监军赴阙,其实即日已擅诛之,至二月癸酉始下诏赐死,故昭宗哀而祭之耳。

二月,陆扆言凤翔独无诏书。《旧·传》:"帝还京后赦诸道,皆降诏书,独凤翔无诏,扆奏"云云。按是时未赦,恐止是降诏书,或赦前扆议如此,故胤怒耳。

苏检、卢光启赐死。《实录》:"检、光启并赐自尽。一说,检长流环州。"《唐太祖纪年录》:"初从幸凤翔,命卢光启、韦贻範为相,又命苏检平章事。及车驾还宫,胤积前事怒之,不一月,皆贬谪之,左迁陆扆沂王傅,王溥太子宾客,苏检自尽。"《续宝运录》:"二月五日,应是岐王驾前宰臣卢光启等一百余人,并赐自尽。"《新·纪》:"朱全忠杀苏检、卢光启。"《旧·胤传》:"昭宗初幸凤翔,命卢光启、韦贻範、苏检等作相,及还京,胤皆贬斥之。"《新·光启传》云:"检长流环州,光启赐死。"与《宝运录》注同。检流环州,不见本出何书。

辉王祚为诸道兵马元帅。《金銮记》:"上曰:'朕以濮王处长'"云云。《新·传》:"帝十七子,德王裕、棣王祤、虔王禊、沂王禋、遂王祎、景王祕、辉王祚、祈王祺、雅王禛、琼王祥、端王祯、丰王祁、和王福、登王禧、嘉王(祐)〔祜〕、颍王禔、蔡王祐。何皇后生裕及祚,余皆失母之氏位。"《旧·传》云昭宗十子,无端王祯以下七人。按《新》《旧·传》,昭宗诸子皆无濮王。孙光宪《续通历》:"濮王名纲,昭宗之子,母曰太后王氏。哀帝被弑,朱全忠册纲为天子,改元天寿。明年,禅位于梁。"此乃光宪传闻谬误也。昭宗亦无王皇后。《金銮记》所云濮王,盖德王改封耳。

朱友裕为镇国节度使。《实录》:"壬辰,以兴德府复为华州,赐名感化军,以友裕为节度使。"按《编遗录》,天祐三年闰十二月乙丑敕,"镇国之号,兴德之名,并宜停。"薛居正《五代史·地理志》:"华州,梁为感化军。"《梁功臣录》:"天复三年,友裕权知镇国军留后。"今从《实录》。

五月,雷彦威陷江陵,成汭赴水死。《新·纪》:"彦威之弟彦恭陷江陵。"今从《编遗录》。《旧·纪》及薛居正《五代史》《十国纪年》皆云:"汭未至鄂渚,江陵已陷,将士亡其家,皆无斗志。"按《新·纪》《十国纪年》皆云:"壬子,汭败死。"壬子,此月十二日也,而《编遗录》云二十二日陷江陵,今不取。《北梦琐言》云天祐中汭死,尤误也。

许德勋还过岳州,邓进忠降。《马氏行年记》:"天复三年,自荆南振旅还,遂入岳州,降刺史邓进思。"《九国志·楚世家》:"天祐二年七月,岳州刺史邓进忠帅其众来降。"《许德勋传》云:"天祐二年,领兵略地荆南,还经岳州,刺史邓进忠以城归附。"《新·纪》全用《九国志》年月,《湖湘故事》言:"开平中,收荆南回,进忠以城降。"又载何致雍《天策寺碑铭》云:"乃克桂林,乃袭荆渚,彼岳之阳,旋师而取。"天祐二年十月,朱全忠谋讨襄州赵匡凝,九月,克襄州,始命杨师厚攻荆南。然则七月许德勋何繇略地荆南!盖《九国志》之误。天复三年,成汭败死,德勋及雷彦威袭江陵,还取岳州,与何致雍《碑》意略同,故以《行年记》为据。

朱友宁屠博昌。《唐太祖纪年录》："师範之举兵也，朱温令朱友宁讨之。三月己酉，朱温至汴州，大举四镇，魏博之众十万击师範。朱友宁、杨师厚攻博兴，旬余不下，攻城之众，死者大半。俄而朱温至，大怒，斩其主将，复起土山，翌日而拔，城中无少长皆屠之，仍毁其垣。四月，进陷临淄，傅青州。别将攻北海，渡胶水，寇登、莱等郡。"《实录》据此而置于四月。《梁太祖实录》："四月丙子，上至郓领事。辛卯，从子友宁率师破青州之博昌、临淄二邑，杀戮五千余众，暨北海焉。"《编遗录》："五月辛亥，却离历下，宿丰齐驿。甲寅，上到汶阳。乙卯，奏王师範逆状。己未，上又往历下。壬戌，上以兵士攻取博昌，寨下少树木，时当炎毒，却勒亲从骑兵皆归齐州，因又前行。夜将半，客将刘捍谋曰：'捍请驰赴军前传谕上意，教将士，令戮力速攻，必可克也。今请上却归历下。'上悦而从之，便令捍驰骑东往，上乃西归汶阳。丙寅，捷音至，攻拔博昌，尽戮其党矣。"据此则破博昌在五月。今从《〔朱〕友宁传》。

八月，田頵举兵叛杨行密。《十国纪年》："朱全忠闻田頵等叛，矫制削夺王官爵，命頵及杜洪、钟传、钱镠充四面招讨使，布制书于境上。王知其诈妄。"按《新》《旧·纪》《实录》《梁太祖纪》，皆无削夺行密〔官爵〕、命洪等为招讨使事。今不取。

九月，杨师厚大破王师範。《梁太祖实录》："九月癸卯，杨师厚励众决斗，青人大败北走，杀戮一万人，擒师範弟师克。翌日，东莱郡遣州兵泊土团等五千人将援青垒，我师邀截翦扑，无一二存焉，即时徙寨逼其闉阖。"《唐实录》略与此同。《编遗录》："冬十月丁卯，杨师厚继告捷，于临朐北及青州四面，累杀破贼党，擒斩颇众。至十一月，莱州刺史王师克领六千人欲径入青丘，助其守御，师厚伏兵邀之，杀戮殆尽。"下又有"丁亥，上诞辰，闻朱友伦死。"诞辰乃十月二十一日，友伦死亦十月中事也。下又别有十一月。疑上十一月，是"十一日"字或"七日"字。又曰："一日，师範请降。"疑脱"二十"字。二十一日，即戊午也。今从《梁实录》。

甲寅，朱全忠如洛阳，遇疾，复还大梁。《梁实录》云"壬戌"，《唐实录》云"十月丁卯朔"。今从《编遗录》。

戊午，王师範降全忠。《旧·纪》及薛居正《五代史·刘鄩传》皆云："十一月，师範降。"《编遗录》曰："十一月，败莱州刺史王师克。一曰，师範差人捧款橹至军前，请举墙归降。"按《梁太祖实录》《薛史·梁纪》《唐实录》皆云九月戊午，今从之。

十月丁丑，刘鄩降全忠。《梁实录》："四年正月辛丑，刘鄩自兖州来降。"《旧·纪》："十一月，鄩以兖州降。"《实录》："十一月，鄩降。"薛居正《五代史·梁纪》："十一月丁酉，鄩降。"《鄩传》曰："天复三年十一月，师範告降，且先差鄩领兵入兖州，请释其罪，亦以告鄩，鄩即出城听命。"《新·纪》："十月丁丑，刘鄩以兖州叛附于朱全忠。"按青、兖相距不远，师範之降，亦以告鄩，岂有自戊午至丁酉五十日师範使者始至兖州邪！十月丁丑，日差近，今从《新·纪》。

辛巳，朱友伦卒。《编遗录》："丁亥，赵廷隐自长安驰来告：'今月十四（自）〔日〕，朱友伦坠马而卒。'"十四日，则庚辰也。《后唐纪年录》、薛居正《五代史·纪》《昭宗实录》皆云辛巳，今从之。

十二月，刘仁恭擒述律阿钵。薛居正《五代史》及《庄宗列传》皆云："光启中，守光禽舍利王子，其王钦德以重赂赎之。"按是时仁恭犹未得幽州也。今从《薛史·萧翰传》及王峰《唐余录》。

天祐元年正月，柳璨同平章事。《旧·传》："崔胤得罪前一日，召璨入内殿草制敕。胤死之日，既夕，璨自内出，前驱传呼'相公来'，人未见制敕，莫测所以。"《新·传》曰："崔胤死，昭宗密许璨相，外无知者。日暮，自禁中出，传呼宰相，人大惊。"按胤未死，璨已除平章事。《新》《旧·传》云胤死后，误也。

朱全忠杀崔胤。《旧·传》："全忠攻凤翔，胤寓居华州，为全忠画图王之策。"又曰："天子还宫，全忠东归，胤以事权在己，虑全忠急于篡代，乃与郑元规谋招致兵甲，以抟茂贞为辞。全忠知其意，从之，令汴州军人人关应募者数百人。及友倓死，全忠怒，遣其子宿卫军使友谅诛胤，而应募者突然而出。"《唐太祖纪年录》曰："及事权既大，知朱温怀篡夺之志，虑一朝祸发，与国俱亡，因图自安之计，与朱温外貌相厚，私心渐异，与元规密为计画，倍招兵数，缮治铠甲，朝夕不止。朱温察之，乃阴令部下骁果数千，给为散卒，于京师应募。胤每日教阅弓弩，梁卒伪示怯懦，或倒弓背矢，有若不能，胤莫之识。俄而朱有伦打球坠死，温愈不悦。又闻胤欲挟天子出幸荆、襄，温乃抗言：'胤将交乱天下，倾覆朝廷，宜急诛之，无令事发。'天子将罢胤知政事，贬太子宾客，郑元规循州司户。事未行，温子友谅引兵攻胤，诘旦，擒之，又攻郑元规于京府，擒之，崔、郑俱献首岐下。"《实录》："胤重世宰相，而志灭唐祚。"按崔胤阴狡险躁，其罪固多，然本召全忠，欲假其兵力以除宦官耳。宦官既诛，全忠兵势益强，遂有篡夺之心。胤复欲以谲诈并图全忠，故全忠觉而杀之。若云唐室因胤而亡则可矣，《旧·传》云"胤为全忠画图王之策"，《实录》云"胤志灭唐祚"，恐未必然也。胤仕唐以为上相，灭唐立梁，于己何益！假令胤实有此志，则惟患全忠篡代之不速，何故复谋拒之！此所谓天下之恶皆归焉者也。《纪年录》序朱、崔之情，近得其实，今从之。然《纪年录》云传首岐下，误也。又，全忠之去长安也，留步骑万人，何患无兵，何必更令汴卒应募！若在训练之际突出擒胤，犹须此卒，胤既贬官家居，一夫可制，安用此计邪！盖全忠以胤募兵既多，或能图己，故使汴卒应募，察其动静以坏其谋，非藉（北）〔此〕兵以诛胤也。人始不知，及诛胤之际皆突出，人方知是汴卒耳。

二月乙亥，车驾至陕。《梁实录》："丁巳，诏以今月二十二日，先遣士庶出京，朕将翌日命驾。壬戌，襄宗发自秦、雍。甲子，暨华州。二月丁卯，上至河中。乙亥，天子驻跸陕郡。翌日，上来觐于行在。"《编遗录》："正月丁酉，上闻阙下人心不逞，遂往河中以审都邑动静。己酉，离梁园，行至汜水，闻崔胤死。是时皆言崔胤已下潜诛帝，不令东迁雒阳，又密与岐、凤交通，及斯祸也。洎上至蒲津，帝谋东幸，决取二十一日属车离长安。是日丁巳，玉銮东指。癸丑，到甘棠。二月乙亥，上离河中。丁丑，到陕郊。戊寅，朝。上欲躬往洛下催促百工，壬辰朝辞，明日东迈。"《唐太祖纪年录》，丁巳下诏，与《梁实录》同。又曰："壬戌，昭宗发长安，迁幸洛阳。丁卯，车驾次华州。乙亥，驻跸陕州。丙子，朱温自汴州迎觐，见已先发，自此人使相望于路，请驾早行幸洛阳。"《旧·纪》："正月己酉，全忠率师屯河中，遣牙将寇彦卿奉表请车驾迁都洛阳。丁巳，车驾发京师。癸亥，次陕州，全忠迎谒于路。二月丙寅朔。乙亥，全忠辞赴洛阳，亲督工作。"薛居正《五代史·梁纪》："正月辛酉，帝发自大梁，西赴河中，京师闻之，为之震惧。"《唐年补录》："丁巳，帝御延喜楼，全忠迎扈表至。及还宫，至暮，全忠已移书宰臣裴枢促百官东行，是日下诏。"与《梁实录》同。"寻以张（延）〔廷〕範为（绰）〔御〕营使，便毁拆宫室，沿河而下，仍起豪民从行,贫者亦继焉。车驾以其月二十三日己未至华州。二月丙寅,车驾驻陕郊。"又曰:"三月三日戊辰,车驾离华下。"其差舛如此。《实录》:"丁巳,全忠遣牙将寇彦卿奉表言:'虑邠、岐兵士侵迫,请车驾迁都洛阳。'乃下诏。"与《梁实录》同。"二月丙寅朔。丁卯,次华州,时朱全忠屯河中。乙亥,驻陕州。丙子,全忠来朝。又属王建绢诏云:'正月二十日,朕登楼。二十二日,东军兵士拥胁朕东去。'"《新·纪》:"正月戊午,全忠迁唐都于洛阳。二月戊寅,次陕州,朱全忠来朝。"按《梁实录》《唐纪年录》《唐年补录》《唐实录》所载诏书,皆云:"二十二日遣士庶出京,朕翌日命驾。"而诸书月日各不同,莫有与此诏相应者。《编遗》,汴人所录,比《唐纪年》宜得其实,而正月二十一日丁巳,全忠请迁都表始至长安,车驾当日岂能便发! 长安去陕犹八程,而癸亥已到甘棠,首尾七日,太似匆遽。《实录》全用《纪年录》,正月二十六日始离长安,二月二日至华州,驻留数日,故同以十日至陕,差似相近。今从之。

三月,全忠奏以长安为佑国军。按河南府先已为佑国军,今京兆府乃与同名者,盖车驾既在河南,则无用军额,故移其名于京兆耳。天祐三年,郑寮犹为西京留守判官。然则虽立军额,京名尚在耳。

上遣间使赐王建、杨行密、李克用等绢诏。《续宝运录》:"天复四年三月二十二日丑时,襄宗在陕府行营,密遣绢诏告晋、楚、蜀,末云'三月二十三日'。四月二十七日赍到西川,颁示管内州县。"《实录》,此月绢诏在四月。据《十国纪年》,杨行密三月、王建四月得诏,与《宝运录》略相应。今移置此月。

四月,全忠杀内园小儿二百余人。《后唐纪年录》云"五百人",《实录》据之。今从《旧·纪》《薛史》。

敕内诸司不以内夫人充使。《编遗录》曰:"戊申,銮舆初到洛都,经费甚广,况国用未丰,庶事草创,因删略闲冗司局,今后除留宣徽等九使外,余并停废,仍不差内中夫人充使。"盖初诛宦官后,内诸司使皆以内夫人领之,至此始用外人也。而《实录》改充使为宣事,误也。

昭宣帝天祐二年八月己亥,全忠击赵匡凝。《梁太祖实录》、薛居正《五代史·梁纪》皆云:"七月庚午,遣杨师厚率前军讨赵凝于襄州。辛未,帝南征。"《唐实录》:"七月,全忠奏匡凝擅通好西川、淮南,又遣弟专领荆南,请削夺官爵,已遣都将杨师厚讨之。翌日,全忠自帅军以进。"《编遗录》:"八月壬辰,先抽武宁杨师厚,是日到,乃议伐襄州帅赵匡凝。乙未,大发军徒,委杨师厚总其军政。己亥,上领亲从步骑继大军之后,是夜宿尉氏。"今从之。《薛史》:"太祖将图禅代,以匡凝兄弟并据藩镇,乃遣使先谕旨焉。凝对使者流涕,答以'受国恩深,岂敢随时妄有他志!'使者复命,太祖大怒。天祐二年秋七月,遣杨师厚率师讨之。辛未,全忠南征,表压凝罪状,请削官爵。"按全忠劫迁昭宗于洛阳,匡凝与行密等移檄诸道共讨之,全忠安肯以禅代问之! 今不取。

卢约陷温州。《新·纪》:"正月,约陷温州。"《十国纪年》在此月戊戌,今从之。

九月,全师朗降王建。李昊《蜀书·高祖纪》作"全行思",《后主纪》作"全行宗",《林思谔》《王宗播》《王承规传》作"全行宗",《桑弘志传》作"全行朗"。《新书·冯行袭传》作"金行全"。盖传写差误,不可考正。按《后蜀后主实录》云:"金州招安指挥使全师郁,世居(全)〔金〕州。"(袭)〔疑〕是师朗昆弟族人也。今从《十国纪年》。

周隐请召刘威。按徐温谓隐为奸人。隐若欲为乱,当密召刘威,岂肯对其父斥渥短,请以军府授渥! 隐乃戆直之人耳。

十月辛卯,朱全忠抵光州。《梁太祖实录》:"十月壬申,上御大军发自襄州,由安、黄,涉申、光,暨寿春之翟丘驻焉。"《十国纪年》:"十月,朱全忠自襄州帅众二十万趋光、寿。"按十月丙戌朔,无壬申,《梁实录》误。今从《编遗录》。

十一月庚辰,杨行密薨。《十国纪年》注、《吴录》《唐烈祖实录》及吴史官王振撰《杨本纪》,皆云"天祐二年十一月庚辰,行密卒。"敬翔《梁编遗录》云:"天祐三年三月,颍州获河东谍者,言去年十一月持李克用绢书往淮南,十二月至扬州,方知杨行密(且)〔已〕死。"与《庄宗功臣列传·行密传》所载略同。沈颜《行密神道碑》、殷文(主)〔圭〕《行密墓志》、游恭《渥墓志》皆云"天祐三年丙寅,二月十三日丙申卒"。薛居正《五代史·行密传》亦云"天祐三年卒"。行密之亡,嗣君幼弱,不由朝命承袭,或始死未敢发丧,赴以明年二月,疑沈颜等从而书之。《墓志》云:"十一月,吴王寝疾,付渥后事,授淮南使。"或《本纪》等误以此月为行密卒。王振、沈颜、殷文圭、游恭皆仕吴,而记录差异,固不可考。今从《旧史》而存碑志年月,以广传闻。

十二月,戎昭节度使冯行袭领武定。《实录》云改为武宁军,《新·表》云改为武定军。按武宁乃徐州军额,武定乃洋州军额,不应同名。《续宝运录》注云:"天复七年秋,汴军都头号(为)〔冯〕青面,改姓朱,授全忠印绶,为洋州刺史。洋州自景福元年刺史杨守佐归顺凤翔,后被朱全忠除。此年秋,蜀第二指挥使王宗绾收获金州,都押衙全贵率众降,赐娃王,名宗朗,拜金州刺史。"又《编遗录》,天祐三年二月云:"行袭已于均州建节,因署韩恭知金州事,请朝廷落下防御使,并不建戎昭军。"以此诸书参验,似是今者以行袭兼领洋州节制,非改戎昭为武定军也。《实录》《新·表》皆误,《续宝运录》云天复七年,亦误也。

三年四月,钟传养子延规。《实录》:"初,钟传养上蓝院僧为子,曰延圭,补江州刺史。传卒,遂召淮师陷其城。"今从《十国纪年·吴史》。

七月,朱全忠引兵南还。《实录》在六月。今从《编遗录》《(甫)〔唐〕太祖纪年录》。《编遗录》:"七月癸未,上起兵离魏都。"按《长历》,是月壬子朔,无癸未,《编遗录》误也。

壬申,全忠至大梁。《编遗录》云壬辰,亦误。

十月,王建立行台。《续宝运录》曰,天复六年十月六日行下(北)〔此〕榜帖。则是此年十月也。

十二月,钱镠荐王景仁领宁国节度使。薛居正《五代史》:"镠辟为两府行军司马,具以状闻。太祖复命遥领宣州节度使、同平章事。"欧阳修《五代史》曰:"镠表景仁领宣州节度使。"今从之。

闰月,丁会降河东。《唐太祖纪年录》:"丁酉,丁会开门迎降。闰十二月,太祖以李嗣昭为(路)〔潞〕帅。"薛居正《五代史·梁纪》在闰月,《后唐纪》在十二月。今从《新》《旧唐·纪》《薛史·梁纪》及《编遗录》。

资治通鉴考异卷第二十八

端明殿学士兼翰林侍读学士太中大夫提举西京嵩山崇福
宫上柱国河内郡开国公食邑二千六百户食实封一千户臣 司马光 奉敕编集

后梁纪上

太祖开平元年正月，张颢、徐温杀杨渥亲信十余人。《欧阳史》："四年正月，渥视事，陈璠等侍侧。温、颢拥牙兵入，拽璠等下，斩之。渥不能止，由是失政。"按璠等已死于宣州。今从《十国纪年》。

三月甲辰，唐帝禅位。《实录》、薛居正《五代史》《唐余录》皆云："四月，唐帝御札敕宰臣张文蔚等备法驾奉迎梁祖。"而无日。《五代通录》云四月丁未。丁未，四月一日也。《旧唐书》云三月甲辰。甲辰，三月二十七日也。《唐年补录》，三月二十七日甲子降此御札，四月戊辰朱全忠即位，尤为差误。按此年三月戊寅朔，四月丁未朔。今从《旧唐书》。

杨凝式谏父涉押传国宝。陶岳《五代史补》曰："凝式恐事泄，即日佯狂，时谓之'风子'。"按《周世宗实录·凝式本传》，仕梁未尝有疾，唐同光初知制诰，始以心疾罢。明宗时及清泰帝末，俱以心恙罢官。天福初致仕在洛，有"风子"之号。非梁初佯狂也。今不取。

四月，朱全昱责帝灭唐社稷。王仁裕《玉堂闲话》："骰子数匝，广王全昱忽驻不掷，顾而白梁祖，再呼'朱三'，梁祖动容。广王曰：'你爱他尔许大官职，久远家族得安否？'于是大怒，掷戏具于阶下，抵其盆而碎之，喑呜眦睚，数日不止。"今从王禹偁《五代史阙文》。

戊辰，大赦。《梁实录》《编遗录》《薛史》《唐余录》皆不云大赦。今从《欧阳史》。

五月，契丹阿保机不受代。苏逢吉《汉高祖实录》曰："契丹本姓大贺氏，后分八族：一曰利皆邸，二曰乙室活邸，三曰实活邸，四曰纳尾邸，五曰频没邸，六曰内会鸡邸，七曰集解邸，八曰奚嗢邸。管县四十一，县有令。八族之长，皆号大人，称刺史，常推一人为王，建旗鼓以尊之。每三年，第其名以相代。"《庄宗列传》曰："咸通末，其王曰习尔，疆土稍大，累来朝贡。光启中，其王曰钦德，乘中原多故，北边无备，遂蚕食诸部，达靼、奚、室韦之属，咸被驱役。"《汉高祖实录》《唐余录》皆曰："僖、昭之际，其王邪律阿保机怙强恃勇，距诸族不受代，自号天皇王。后诸族邀之，请用旧制。保机不得已，传旗鼓，且曰：'我为长九年，所得汉人颇众，欲以古汉城领本族，率汉人守之，自为一部。'诸族诺之。俄设策复并诸族，僭称皇帝，土地日广。大顺中，后唐武皇遣使与之连和，大会于云州东城，延之帐中，约为昆弟。"《庄宗列传》又曰："及钦德政衰，阿保机族盛，自称国王。天祐二年，大寇我云中。太祖遣使连和，因与之面会于云州东城，延入帐中，约为兄弟，谓曰：'唐室为贼臣所篡，吾以今冬大举，弟助我精骑二万，同收汴、洛。'保机许诺。保机既还，钦德以国事传之。"贾纬《备史》云："武皇会保机故云州城，结以兄弟之好。时列兵相去五里，使人马上持杯往来，以展酬酢之礼。保机喜，谓武皇曰：'我蕃中酋长，旧法三年则罢，若他日见公，复相礼否？'武皇曰：'我受朝命镇太原，亦有迁移之制，但不受代则可，何忧罢乎！'保机由此用其教，不受诸族之代。"赵志忠《虏庭杂纪》云："太祖讳亿，番名阿保谨，父讳（幹）〔翰〕里。太祖生而智，八部落主爱其雄勇，遂退其旧主遥辇氏归本部，立太祖为王。"又云："凡立王，则众部酋长皆集会议，其有德行功业者立之。或灾害不生，群牧孳盛，人民安堵，则王更不替代。苟不然，其诸酋长会众部别选一名为王，故主以番法，亦甘心退焉，不为众所害。"又曰："有韩知古、韩颖、康枚、王奏事、王郁，皆中国人，共劝太祖不受代。"《新唐书》载契丹八部名与《汉高祖实录》所载八族名多不同，盖年祀相远，虏语不常耳，其实一也。阿保机云"我为长九年"，则其在国不受代久矣，非因武皇之教也。今从《汉高祖实录》。又《唐余录》前云："乾宁中，刘仁恭镇幽州，保机入寇，仁恭擒其妻兄述律阿钵，由此十余年不能犯塞。"下乃云："大顺中，与武皇会于云中。"按大顺在乾宁前，乾宁二年仁恭为幽州节度，大顺中未也。又武皇谓曰："唐室为贼臣所篡，吾以今冬大举。"此非大顺中事，《唐余录》误也。又《编遗录》："开平二年五月，契丹王阿保机及前国王钦德贡方物。"然则于时七部犹在也。

晋王与阿机连和。《唐太祖纪年录》："太祖以阿保机族党稍盛，召之。天祐二年五月，阿保机领其部族三十万至云州东城，帐中言事，握手甚欢，约为兄弟，旬日而去。留男骨舍利、首领沮禀梅为质，约冬初大举渡河反正，会昭宗遇盗而止。"《欧阳史》曰："梁将篡唐，晋王李克用使人聘于契丹，阿保机以兵三十万会克用于云州东城，握手约为兄弟，期共举兵击梁。"按云州之会，《庄宗列传》《薛史》皆在天祐四年，而《纪年录》独在天祐二年，又云"约今年冬同收汴、洛，会昭宗遇盗而止"。如此则应在天祐元年昭宗崩已前，不应在二年也。且昭宗遇盗则尤宜兴兵讨之，何故止也！按武皇云"唐室为贼臣所篡"，此乃四年语也，其冬武皇寝疾，盖以此不果出兵耳。今从之。

甲午，敬翔为崇政院使。《实录》："四月辛未，以翔知崇政院事。五月甲午，诏枢密院宜改为崇政院，始命翔为院使。"盖崇政院之名先已有之，至是始并枢密院职事悉归崇政院耳。

六月，楚秦彦晖破淮南兵，执刘存等。《编遗录》："天祐四年四月，湖南军陈邵告捷。淮南、朗州水陆合势奔冲其境，马殷出舟师于（刘）〔浏〕阳江口，大破贼党，生擒伪鄂州节度使刘存。"按《薛史·梁纪》，马殷奏破淮寇在六月，《十国纪年·吴史》，刘存攻楚在五月，败在六月，《楚史》亦然。《编遗录》误也。

七月，曲裕卒，以其子颢为节度使。诸书不见颢于裕何亲。按《薛史》："六月丙辰，裕卒。七月丙申，以静海行营司马权知留后曲颢起复为安南都护，充节度使。"既云"起复"，知其子也。

九月，蜀王即皇帝位。《庄宗列传》："太祖厌代，建自帝于成都，年号武成。"《薛史》《唐余录》："天祐五年九月，建自帝于成都，年号武成。"《九国志》："此年七月即帝位，明年改元。"宋庠《纪年通谱》："天祐四年秋称帝，次年改元。"《欧阳史》《十国纪年》："天复七年九月即位，明年改元。"今从之。

二年正月，晋王命克宁等立存勖。《五代史阙文》："世传武皇临薨，以三矢付庄宗曰：'一矢讨刘仁恭，汝不先下幽州，河南未可图也。一矢击契丹，且曰阿保机与吾把臂而盟，结为兄弟，誓复唐家社稷，今背约附梁，汝必伐之。一矢灭朱温。汝能成善志，死无恨矣。'庄宗藏三矢于武皇庙庭。及讨刘仁恭,命幕吏以少牢告庙,请一矢,盛以锦囊,使亲将负之以为前驱。凯旋之日,随俘馘纳矢于太庙。伐契丹,灭朱氏,亦如之。"按《薛史·契丹传》:"庄宗初嗣世,亦遣使告哀,赂以金缯,求骑军以救潞州。契丹答其使曰:'我与先王为兄弟,儿即吾儿也,宁有父不助子邪!'许出师,会潞平而止。"《广本》:"刘守光为守文所攻,屡求救于晋,晋王遣将部兵五千救之。"然则于时庄宗未与契丹及守光为仇也。此盖后人因庄宗成功,撰此事以夸其英武耳。

五月,牛存节救泽州。《欧阳史》云:"存节从康怀英攻潞州,为行营排陈使。晋兵已破夹城,存节以余兵归,行至天井关,闻晋兵攻泽州而救之。"《梁列传》:"泽州将陷,河南尹张宗奭召龙虎统军牛存节谋之,存节帅本军及右神武、羽林等军往应接上党,回师至天井关,即引众前救泽州。"《薛史》亦同。按存节若自夹城遁归,则先过泽州,后至天井关,岂得已过而返救之也!今从《梁列传》及《薛史》。

周德威退保高平。《庄宗列传·朱温传》云:"李存璋进攻泽州,刺史王班弃城而去,泽、潞皆平。"今不取。

张颢、徐温共谋弑弘农王。《吴录》:"颢使纪祥、陈晖、黎璠、孙殷等执渥于寝室,弑之。"不言徐温,盖徐铉为温讳耳。《薛史》因之。而《江南别录》有独用左衙兵事。《欧阳史》云:"温、颢共遣盗杀渥,约分其地以臣于梁。"按温与颢分掌牙兵,温若不同谋,颢必不敢独弑渥。今从《江南别录》。《十国纪年》:"张颢欲称淮南留后,送款于梁,以淮南易蔡州节制。徐温曰:'杨州距汴州往返仅二千里,军府踰月无主必乱,不若有所立,然后图之。'"按颢称留后,则有主矣。今不取。

钟泰章斩颢。《吴录》作"钟章"。《十国纪年》作"钟泰章",今从之。

秦彦晖入朗州,雷彦恭奔广陵。《梁太祖实录》云:"丁酉,朗州军前奏捷,彦恭没溺于江。"今从《纪年》。

十月丁巳,帝还大梁。《编遗录》在乙卯,今从《实录》《薛史》。

三年四月,保大节度使李彦博。《编遗录》《五代史》作"彦容",今从刘恕《广本》。

六月乙未朔,刘知俊以同州叛。《实录》:"六月庚戌,知俊据本郡反,削夺官爵,兴师讨伐。"《编遗录》:"六月乙未,初奏本道军民遮留,寻闻擒使臣及将之凤翔。"盖《编遗》据奏到之日,《实录》据削夺之日也。

七月,商州将吏斩李稠。《薛史》:"稠弃郡西奔,本州将吏以都牙校李玫权知州事。"《欧阳史》:"商州军乱,逐其刺史李稠,稠奔于岐。"《实录》:"丙寅,陕州奏商州刺史李稠弃郡逃山谷。"又曰:"商州将吏以稠驱虏士庶西遁,追斩无遗,暂令都押衙李玫主州事。"今从之。

王班镇襄州。《薛史》作"王珏",今从《实录》。

刘玘为乱兵所立逃来。姚顗《明宗实录》《薛史·玘传》皆云:"翌日受贺,衙庭享士,伏甲幕下,中筵尽斩其乱将以闻,以功为复州刺史。"按《梁祖实录》:"八月丁酉,赐玘、王延顺物,以其违逆将之难来归。"《编遗录》斩李洪等敕云:"始扶刘玘,既奔窜以归明。"若使玘翌日便斩乱将,襄州何由至九月始收复!盖玘脱身归朝,及梁亡入唐,妄云斩乱将自夸大,史官不能考察,从而书之耳。

八月，杨师厚救晋州，破周德威。《实录》云："杀戮生擒贼将萧万通等，贼由是弃寨而遁。"《庄宗实录》云："汴军至蒙坑，周德威逆战，败之，斩首二百级，师厚退绛州。是役也，小将萧万通战没，师厚进营平阳，德威收军而退。"二军各言胜捷，然既杀萧万通，师厚何肯退保绛州！既败而还，岂得复进营平阳！德威既战胜，安肯便收军！盖晋军实败走，《庄宗实录》妄言耳。

十一月，罗绍威乞骸骨，以其子周翰为天雄节度副使。《梁功臣列传》："朝廷自开创，有大事皆降使咨访。绍威有谋虑，亦驰简简替。或中途相遇，意互合者十得五六。太祖叹曰：'竭忠力一人而已。'"又曰："子三人：长廷规，司农卿，尚安阳公主，又尚金华公主，早卒。次周翰，起复云麾将军，充天雄节度留后，寻捡校司徒，正授魏博节度使，亦早卒。次曰周敬。"《薛史》亦同。《实录》："己亥，以司门郎中罗廷规充魏博节度副使，知府事，仍改名周翰。时邺王绍威病日甚，虑以后事，故奏请焉。"《庄宗列传》："绍威卒，温以其子周翰嗣政。"《庄宗实录》："绍威厚率重敛，倾府藏以奉温，小有违忤，温即遣人诉辱。绍威方怀愧耻，悔自弱之谋，乃潜收兵市马，阴有覆遏之志，而赂温益厚。温怪其曲事，虑蓄奸谋而莫之察，乃赐绍威妓妾数人，皆承婆爱，未半岁，温却召还，以此得其阴事。"内相矛盾。《薛史》又云："开平四年夏，诏金华公主出家为尼，居于宋州玄静寺。盖太祖推恩于罗氏，令终其妇节也。"《唐余录》《欧阳史》皆同，惟《唐庄宗实录》独异。按均帝时赵巖等言"罗绍威前恭后倨，太祖每深含怒"，似与此言合。然梁祖若闻绍威有阴谋，必不使周翰更居魏。疑《后唐史》以绍威与梁最亲，疾之，而载此传闻之语。今从众书。廷规更名周翰，亦恐《实录》之误。

四年三月，夏州杀李彝昌，推族父仁福为帅。《薛史》，仁福本党项托拔氏。唐末，托拔思恭以破黄巢功赐姓，故仁福之族亦姓李。《欧阳史》云："不知其于思谏为亲疏也。"按仁福诸子皆连"彝"字，则于彝昌必父行也。

八月，刘守光兼义昌节度使。《实录》："是岁五月，以义昌留后刘继威为义昌节度使。"八月又云："以守光兼义昌节度使。"不置继威于何处，或者复为留后。不然，守光兼幽、沧节度使，继威但为沧州节度使，皆不可知。今两存之。

十二月，楚王殷遣吕师周讨辰、溆蛮。《湖湘故事》："吕师周斩潘金晟于武岗，其年十月十一日，辰州宋邺、溆州昌师益一时归投马氏。"今从《十国纪年》。

庞巨昭、刘昌鲁降于楚。《湖湘故事》："庞巨曦本唐末邕、容等州防御使，闻马氏令公以征南步军指挥使李琼知桂州军事，领兵士收服岭外昭、梧、象、柳、宜、蒙、贺、桂等州，巨曦闻此雄势，谓诸首领曰：'李琼有破竹之势，若长驱兵马，此来侵吞吾境，其将奈何？'时容南指挥使莫彦昭对曰：'李琼兵马，其势已雄，必然轻敌。今欲烧毁城内军储，且各入山峒，抛州城与李琼。候才入州，却依前出诸山峒兵士复攻之，坚守旬月之间，城内必无军粮，外无救应，方可制造攻具再攻击之，必取胜也。'庞巨曦曰：'吾每至中宵，独占气象，马氏合当五十余年兴霸湖外。苟五十年对垒，安知孰非，是以忧疑不暇。'遂至深夜斩莫彦昭于私第，明日以其故密走事宜于湖南。"又曰："天复末，甲子十有二月，容南庞巨曦深虑广南刘巖不道，加害于己，遂差小吏同路密驰书款归于马氏。是时湖南遣澧州刺史姚彦章领马步军八千径往容南，巨曦遂帅万余众归于马氏。"又曰:"高州防御使刘昌鲁以广南先主刘巖欲并吞岭外,数召昌鲁,欲籍没其家族。昌鲁知之,乃刺血写书投马氏,具述县急。湖南遂遣捉生指挥使张可球部辖兵马于界首应接,一行三千余口归于马氏。"今从《十国纪年》。

乾化元年正月丙戌朔,日食。李昊《蜀书》:"丁亥朔,日食。"今从《实录》等诸书。

五月,以刘巖为清海节度使。《十国纪年》:"甲辰,太祖授陟清海节度使,陟复名巖。"按《薛史·僭伪传》云:"前伪汉刘陟。"胡宾王《刘氏兴亡录》:"高祖巖皇考葬段氏,得石版,有篆文曰'隐台巖',因名其三子。"是先名巖,后名陟也。《吴越备史》:"乾化四年,广帅彭城巖遣陈用拙来使。"《吴录》:"天祐十四年,南海王刘巖自立为汉。"《唐烈祖实录》:"天祐十四年,刘陟僭位,改名巖。"《梁太祖实录》:"乾化元年五月,以清海节度副使刘陟为节度使。二年四月,以韦戩为潭、广和叶使。云广守沦谢,其母弟巖为军情所戴。七月,友珪加刘巖检校太傅。"《薛史·梁末帝纪》:"贞明五年元月,削夺广州节度使刘巖官爵。"《吴越备史》载制词亦云"彭城巖"。盖嗣节度使后复名巖也。惟《庄宗实录》:"同光三年二月,广南刘陟遣何词来使。"《庄宗列传》自嗣立至建号皆云刘陟,众说不同,未知孰是。今以其首尾名巖,故但称刘巖云。

六月,刘守光欲称帝,囚王瞳、史彦群等。《庄宗列传·刘守光传》云:"朱温命伪閤门使王瞳、供奉官史彦章等使燕,册守光为河北道采访使。六月,汴使至,守光令所司定尚父、采访使仪注,取二十四日受册。"《朱温传》亦云"史彦章",《庄宗实录》作"史彦璋"。《编遗录》《薛史》皆作"史彦群",今从之。又《庄宗实录》:"三月己丑,镇州遣押衙刘光业至,言刘守光凶淫纵毒,欲自尊大,请稔其恶以咎之,推为尚父。乙未,上至晋阳宫,召张承业诸将等议讨燕之谋,诸将亦云宜稔其祸。上令押衙戴汉超持墨制及六镇书如幽州,其辞曰:'天祐八年三月二十七日,天德军节度使宋瑶、振武节度使周德威、昭义节度使李嗣昭、易定节度使王处直、镇州节度使王镕、河东节度使、尚书令晋王谨奉册进卢龙、横海等军节度、检校太师兼中书令燕王为尚书令,尚父。'五月,六镇使至,汴使亦集。六月,守光令有司定尚父、采访使仪则。"《梁太祖实录》都不言守光事,惟《编遗录》云:"三月壬辰,差阁门使王瞳、受旨史彦群赍国礼赐幽州刘守光。甲午,守光连上表章,率以镇、定既与河东结欢,兼同差使请当道却行天祐年号事。守光寻捉王瞳、史彦群上下一行并囚禁,数日后放出。"按《庄宗实录》及《南唐列祖实录》皆云:"三月辛亥,晋王遣戴汉超推守光为尚父。"辛亥,三月二十七日也。壬辰乃三月初八日,王瞳等安得已在幽州!甲午乃三月十日,守光安得上表云"六镇推臣为尚父"!《编遗录》月日多差错,今不取。

八月,守光以史彦群为御史大夫。《编遗录》云"御史台副使",今从《庄宗实录》。

十一月,高万兴奏收盐州。《实录》:"开平三年六月丁未,灵武韩逊奏收复盐州,擒伪刺史李继直已下六十二人。"至此年降高行存下云:"盐州与吐蕃、党项犬牙相接,为二境咽喉之地,又乌地盐醛之利,戎、羌意未尝息。唐建中初为吐蕃所陷,砥其墉而去,由是银、夏、宁、延洎于灵武,岁以河南、河东、山南、淮南、青、徐、江、浙等道兵士不啻四万分护其地,谓之防秋。贞元九年,朝政稍暇,乃命副元帅浑瑊总兵三万复取其地,建百雉焉,自是虏尘乃息,边患遂止。唐代革命,又复失之。今才动偏师,遽收襟要,国之右臂,疮疣其息哉!"李茂贞养子多连"继"

字。开平三年所收，似属凤翔。今又收复，云"唐革命失之"，前后必一误，或者开平既得又失之也。

二年二月，帝至白马，扑杀孙隲等。《梁祖实录》云"赐自尽"，今从《庄宗实录》。

三月，枣强卒诈降，击李周彝。《庄宗实录》："顷之，周彝昼寝，左右未至，其人抽担击周彝首，踣于地，求兵仗不获。周彝大呼，左右救至，获免。卒晚周彝曰：'吾比欲割刃于朱温之腹，非图尔也，误矣。'"《编遗录》云："时有一百姓来投军中，李周彝收于部伍间，谓周彝曰：'请赐一剑，愿先登以收其墙。'未许间，忽然抽茶担子挥击周彝，头上中担，几仆于地。左右擒之，元是枣强邑中遣来，令诈降，本意欲窥算招讨使杨师厚，斯人不能辨，乃误中周彝。"按此卒从周彝请剑，周彝不许而令负担，岂不知周彝非温也。又帝王与将帅居处侍卫不同，岂容不识而误中之！若本欲杀杨师厚，则似近之。今既可疑，皆不取。

五月，单廷珪与周德威遇于龙头冈。《庄宗实录》作"羊头冈"，今从《庄宗列传》。《庄宗实录》："四月己卯朔，周德威擒单廷珪，进军大城庄。"《薛史》及《庄宗列传·周德威传》云："五月七日，擒廷珪。十二日，次大城庄。"今从之。

六月，张厚杀韩建。《庄宗实录》，九月建遇害。今从《薛史》。

七月，杨师厚杀潘晏，据魏博。《梁功臣列传·杨师厚传》云："太祖初弃天下，郡府乘间为乱甚众。魏之衙内都指挥使潘晏与大将臧延範、赵训将谋反变，有密告者，师厚布兵擒捕，斩之。七月，除魏博节度使。"《薛史·师厚传》略同。今从《庄宗列传·朱友珪传》及《庄宗实录》。

八月，龙骧军溃。《庄宗列传·友珪传》云："重霸据怀州为乱，壮建者团结于巩村，将为朱温雪耻。"《明宗实录·杜晏球传》云："龙骧军作乱，欲入京城，已至河阳。"今按《梁祖实录》，戊子郑州奏称怀州屯驻龙骧骑军溃散，十一日夜至州南十五里巩村安下，及五鼓分队逃逸，安得据怀州及至河阳事也！

十月，晋王遇康怀贞于解县。庄宗同光四年《实录》《庄宗列传》《薛史》《唐余录·朱友谦传》皆云"与汴军遇于平阳，大破之"。今从庄宗天祐九年《实录》。

三年正月甲子，友珪改元凤历。《庄宗列传》云"七日"，《实录》云："庚戌，友珪祀圆丘，改元。"今从《薛史》。

二月，均王激怒龙骧军。《庄宗列传·朱友贞传》及《薛史》《欧阳史·末帝纪》云："左、右龙骧都戍汴，友贞伪作友珪诏，追还洛下。"《庄宗实录》云："友珪疑而召之。"按《梁太祖实录》云："丙戌，东京言龙骧军准诏追赴西京，军情不肯进发。"实友珪征之，非友贞伪作诏，但激怒言坑之耳。

三月，帝更名锽，久之，又名瑱。《薛史》云，贞明中更名瑱。诸书皆无年月，今因名锽终言之。

戴思远为保义节度使。《薛史·思远传》云："贞明中，为邢州留后。属张万进杀刘继威，命思远镇之。"按万进杀继威在前。今从《本纪》。

高行珪使弟行周为质于晋军。《庄宗实录》"行周"作"行温"。张昭《周太祖实录》云：

"燕城危蹙，甲士亡散，刘守光召元行钦。行钦部下诸将以守光必败，赴召无益，乃请行钦为燕师，称留后。行钦无如之何，乃谓诸将曰：'我为帅，亦须归幽州。'众然之。行钦以行珪在武州，虑为后患，乃令人于怀戎掠得其子，縶之自随。至武州，行钦谓行珪曰：'将士立我为留后，共汝父子同行，先定军府，然后降太原。君不从，必杀汝子。'行珪曰：'大王委尔亲兵，遂图叛逆，吾死不能从也。'其子泣告行珪，行珪谓之：'元公谋逆，何以徇从！与尔诀矣。'行珪城守月余，城中食尽，士有饥色。行珪乃召集居人谓之曰：'非不为父老惜家属，不幸军士乏食，可斩予首出降，即坐见宁帖。'行珪为治有恩，众泣曰：'愿出私粮济军，以死共守。'乃夜缒其弟行周为质于晋军，乞兵救援。周德威命李嗣本、李嗣源、安金全救武州，比至，行钦解围矣。嗣源与行珪追蹑至广边军，行钦帅骑拒战。行珪呼谓行钦曰：'与公俱事刘家，我为刘家守城，尔则僭称留后，谁之过也？今日之事，何劳士众，与君抗衡以决胜负。'行钦骁猛，骑射绝众，报曰：'可。'行周马足微蹶，将踣，嗣源跃马救之，挝击行钦几坠。行钦正身引弓射嗣源，中髀贯鞍，嗣源拔矢，凡八战，控弦七发，矢中行钦，犹沫血酣战不解。是夜，行钦穷蹙，固〔守〕广边军，晋兵围之。嗣源遣人告之曰：'彼此战将，不假言谕。事势可量，亟来相见，必保功名。'翌日，行钦面缚出降，嗣源酌酒饮之，抚其背曰：'吾子壮士也。'养为假子。临敌擒生，必有所获，名闻军中。"《庄宗实录》《薛史·纪》及《元行钦传》《明宗实录》皆云："行钦闻行珪降晋，帅兵攻之。"惟《周太祖实录·高行周传》云，"行钦称留后，行珪城守，不从。"然恐行周卒时，去燕亡已久，行周名位尊显，门生故吏虚美其兄弟，故与诸说特异。今从众书。

王从珂为李嗣源子。张昭于国初修《唐废帝实录》云："废帝讳从珂，明宗皇帝之元子也。母曰宣宪皇后魏氏，镇州平山人。中和末，明宗徇地山东，留成平山，得魏后。帝以光启元年正月二十三日生于外舍。属赵人负盟，用兵不息，音问阻绝，帝甫十岁，方得归宗。时明宗为裨将，性阔达不能治生，曹后亦疏于画略，生计所资，唯宣宪而已。曹后未有息胤，幹家宜室。帝与部曲王建立、皇甫立，代北往来供馈，曹后怜之，不异所生。"《薛史》："末帝讳从珂，本姓王氏，镇州人也。母宣宪皇后魏氏，以光启元年生帝于平山。景福中，明宗为武皇骑将，略地至平山，遇魏氏，虏之，帝时年十余岁，明宗养为己子。"刘恕取《废帝录》，以为明宗即位后不立从珂而欲立从荣，从荣死，传位于从厚，故人皆谓从珂为养子。按张昭仕明宗为史官，异代修《废帝录》，无所讳避，而不言养子，事似可信。然李克用光启元年以前未尝徇地山东，又从珂若果是明宗子，明宗必不舍之而立从荣，从珂亦当不服。今从《薛史》。

七月，蜀太子元膺杀唐道袭。《九国志》："建将七夕出游，先一日，元膺召诸军使及诸王宴饮邸第中，且议七夕从行之礼，而集王宗翰等不至。"又曰："诘朝，元膺入白建曰：'潘峭、毛文锡离间兄弟，将图不轨。'"又曰："及闻唐袭征兵，乃遣伶官安悉香谕军使全殊率天武甲士以自卫。"又曰："明日，徐瑶、常谦与怀胜军使严璘等协谋，以所部兵挟元膺以逐唐袭。元膺介马率卒过其兄宗贺之门，召与同进，宗贺曰：'兵起无名，不敢奉命。'"又曰："建急召宗侃、宗贺及诸军使，令以兵讨寇。乃逐唐袭至城西斩之，尽杀屯营兵，又自大安门登陴以入，攻瑶、谦等。"《欧阳史》曰："元膺与伶人安悉香、军将喻全殊率天武兵自卫，召大将徐瑶、常谦率兵出拒袭，与袭战神武门，袭中流矢坠马死。"《十国纪年》："丁未，元膺令军使喻全殊帅天武兵自卫。戊申，徐瑶、常谦及左大昌军使王承綝等各帅所部兵奉元膺攻唐道袭。道袭自私第被甲乘马，过王宗贺门邀之，宗贺曰：'兵起无名，且不奉诏，公宜缓行。'元膺遣天武将唐据帅亲兵逐道袭至城西斩之。"据《九国志》，云"徐瑶等挟元膺以逐唐袭"，似袭在宫中，欲逐出之也。《欧阳史》云"元膺召瑶等率兵出拒袭，攻东宫而元膺拒之"，《纪年》云"瑶等奉元膺攻道袭，〔道〕袭自私第被甲乘马"，似道袭出在外第，元膺就攻之也。按道袭止以挟君自重，既劝蜀主发兵自卫，岂肯更出在外第，必止于禁中也。盖瑶等引兵攻宫禁以求道袭，道袭以屯营兵出拒战，兵败走至城西，为唐据所杀耳。《九国志》又云"元膺介马率卒过其兄宗贺之门，召与同进"，是元膺邀宗贺也。《纪年》云"道袭自私第被甲乘马，过宗贺门要之"，是道袭邀宗贺也。按道袭私第安得有兵！观宗贺所答之辞，似语太子，非语道袭也。若语道袭，宜劝之速入宿卫，岂得云"公宜缓行"也！潘炕言"太子非有它志，陛下宜面谕大臣以安社稷"，盖当时蜀主闻乱，既信道袭之言，又不忍讨太子，无决然号令，故炕言太子无它志，当召大臣讨徐瑶等为乱者耳。《九国志》云"令宗侃等出兵讨寇，乃逐唐袭至城西斩之"，是官军斩袭也，若然，何故明日遽加袭赠谥乎！此必误也。

资治通鉴考异卷第二十九

端明殿学士兼翰林侍读学士太中大夫提举西京嵩山崇福宫上柱国河内郡开国公食邑二千六百户食实封一千户臣　司马光　奉敕编集

后梁纪下

贞明元年二月，王殷自焚。《庄宗列传·朱宗贞传》云："乾化四年十一月拔徐州，殷自燔死。"《五代通录》《薛史·纪》及《王殷传》皆云贞明元年春，今从之。

三月，赵巖等请分魏博六州为两镇。《庄宗列传》："宰相敬翔、租庸使赵巖、判官邵赞等为友贞画策，分魏博六州为两镇。"《薛史》无敬翔名，今从之。

己丑，魏军乱。《庄宗列传》："二十七日，刘鄩屯南乐，遣龙骧都将王彦章以五百骑入魏州，是夜三鼓，魏军乱。"是月辛酉朔，《薛史·纪》云"己丑，魏博军作乱。"盖《庄宗列传》"九"字误为"七"字耳。

四月，李保衡杀李彦鲁。《蜀书·刘知俊传》"保衡"作"彦康"，今从《薛史》。

五月，牛存节屯杨刘。《牛存节传》"杨刘"作"阳留"或"阳刘"，今从《唐·裴度传》及《薛史》诸人传。

六月，晋王以李存进为天雄都巡按使。《庄宗实录》云为军城使，《存进传》云都部署。《庄宗列传》及《薛史·存进传》皆云天雄军都巡按使，今从之。

七月，晋王以李巖为澶州刺史。《庄宗实录》作"李严"，今从《薛史》。

周德威擒斥候者，断腕纵之，使言已据临清。《薛史》："德威闻刘鄩东还，急趋南宫。知鄩军在宗城，遣十余骑迫其营，擒斥候者数十人，皆割刃于背，纵而遣之。既至，谓鄩曰：'周侍中已据宗城矣！'鄩军大骇。"按割刃于背，其人岂能复活而言！今从《庄宗实录》及《薛史·庄宗纪》。又，鄩见在宗城，而云周侍中据宗城，盖"临清"字误耳。

高行周言代州养壮士亦为大王。《周太祖实录》："晋王密令人啗之利禄，行周辞曰：'总管用人亦为国家，事总管犹事王也。予家昆仲脱难再生，承总管之厚恩，安忍背之！'"按《明宗实录》，此年犹为代州刺史，天祐十八年始为副总管。此言总管，盖《周太祖实录》之误。

十一月乙丑，改元。《吴越备史》云："正月壬辰朔，改元，大赦。"今从《薛史·末帝纪》。

庚辰，刘知俊奔蜀军。《十国纪年》："知俊奔秦州，庚戌来降。"按上有甲戌，下有癸未，必庚辰也。

二年八月，张筠弃相州走，晋以李嗣源为刺史。刘恕《广本》云："筠奔东都，授左卫上将军。"《庄宗实录》："命李存审入城招抚，除昭德军额，仍旧隶魏州，徙洺州刺史袁建丰为相州刺史。"按上四月，筠已遣人纳款于晋，此复云走者，盖始者文降，今为晋兵所迫故走耳。筠既降晋，今还犹将军者，盖潜通款于晋，梁朝不知耳。《明宗实录》云："八月，张筠走，移帝为相州刺史。九月，为安国军节度。"而《庄宗实录》云："袁建丰为相州刺史。"按《明宗实录·建丰

3663

传》云战胡柳陂时，建丰犹为相州，乃是天祐十五年十二月。盖明宗初为相州，移邢州后方除建丰，《庄宗纪》误书在张筠走下耳。

李存审为安国节度使。王溥《五代会要》《薛史·地理志》、乐史《寰宇记》皆云："梁建保义军，唐同光元年改为安国军。"而《庄宗》《明宗实录·列传》《薛史·存审传》皆云"此年授安国节度使"。恐是未属晋即改军额，《会要》等书误云同光元年。

契丹陷晋蔚州，虏振武节度使李嗣本。开元中，振武军在朔州西北三百五十里单于都护府城内，隶朔方节度使。乾元元年置振武节度使，领镇北大都护、麟、胜二州。后唐振武节度亦带安北都护、麟、胜等州观察等使，石晋以后皆带朔州刺史。据此乃治蔚州，不知迁徙年月。

九月，贝人杀张源德，婴城固守。《庄宗实录》："贼将张源德固守贝州，既闻河北皆平而有翻然之志，询谋于众，群贼皆河南人，惧其归罪，不从，因杀源德，啖人为粮，固守其城。王〔归〕〔师〕历年攻围，贼既食竭，呼我大将曰：'今欲请甲，惧晋王不我赦。我将衿甲持兵而见，已即解之，如何？'报曰：'无便于此者。'贼众三千，衿甲出降。我将甘言喻之，俱释兵解甲。既而四面陈兵，皆杀之。"《欧阳史·死事传》曰："晋王入魏，河北六镇数十州之地皆归晋，独贝一州，围之逾年不可下。城中食且尽，贝人劝源德出降，源德不从，遂见杀。"按源德若以不降而死，其众当即降于晋，岂得拒守与晋邀约而后出哉！明是众惧死不降耳。今从《庄宗实录》。

十月，郑珏同平章事。《薛史·梁末帝纪》无珏初拜相年月。此年十月丁酉，以中书侍郎、平章事郑珏兼刑部尚书、平章事，至贞明四年四月己酉，又云以中书侍郎、平章事郑珏兼刑部尚书。疑贞明二年拜相，四年转刑部尚书也。《本传》云："累迁礼部侍郎。贞明中，拜平章事。"《唐余录·均帝纪》："贞明二年十月丁酉，礼部侍郎郑珏为中书侍郎、平章事。"今从之。又高若拙《后史补》云："珏应一十九举方捷，姓名为第十九人，第行亦同。自登第凡十九年为宰相。"今按珏光化三年及第，自光化三年至此年才十七年矣，又不可合。

十二月，庆州叛，贺瑰讨之。《薛史·贺瑰传》："贞明二年，庆州叛，为李继陟所据，帝命左龙虎统军贺瑰为西面行营马步军都指挥使兼诸军都虞候，与张筠破泾、凤之众三万，下宁、衍二州。"此非小事，而《末帝纪》《李茂贞传》皆无，惟《瑰传》有之，今以为据。

契丹阿保机称帝，改元神册。《纪年通谱》云："旧史不记保机建元事。今契丹中有历日，通纪百二十年。臣景祐三年冬北使幽蓟，得其历，因阅年次，以乙亥为首，次年始著神策之元，其后复有天赞。按《五代·契丹传》，自邪律德光乃记天显之名，疑当时未得其传，不然虏人耻保机无号，追为之耳。保机，虏中又号天皇王。"《虏庭杂记》曰："太祖一举并吞奚国，仍立奚人依旧为奚王，命契丹监督兵甲。又灭勃海，虏其王大谭课，立长子为勃海东丹王，号人皇王。自号天皇王，始立年号曰天赞，又曰神册，国称大辽。于所居大部落置楼，谓之西楼，今谓之上京；又于其南木叶山置楼，谓之南楼；又于其东千里置楼，谓之东楼；又于其北三百里置楼，谓之北楼。太祖四季常游猎于四楼之间。"又曰："阿保基变家为国之后，始以王族号为横帐，姓世里没里，以汉语译之谓之耶律氏，赐局族姓曰萧氏。王族惟与后族通昏，其诸部若不奉北主之命，不得与二部落通昏。"《欧阳史》曰："阿保机用其妻述律策，使人告诸部大人曰：'我有盐池，诸部所食。然诸部知食盐之利,而不知盐有主人,可乎? 当来犒我。'诸部以为然,共以酒会盐池。阿保机伏兵其旁,酒酣伏发,尽杀诸部大人,遂立,不复代。"阿保机称皇帝,前史不见年月,《庄宗列传·契丹传》在庄宗即帝位后、李存审守范阳后,《汉高祖实录》《唐余录》皆云阿保机设策并诸族,遂称帝,在乾宁中刘仁恭镇幽州前,《薛史》在庄宗天祐末。按《纪年通谱》,阿保机神策元年岁在丙子,乃庄宗天祐十三年,梁贞明二年,似不在天祐末及庄宗即位后。《编遗录》,开平二年五月,太祖赐阿保机记事犹呼之为卿,及言"臣事我朝,望国家降使册立",必未称帝,安得在刘仁恭镇幽州前!《唐余录》全取《汉高祖实录》契丹事作传,最为差错。不知其称帝实在何年,今因其改年号,置于此。

韩延徽入契丹。《汉高祖实录·延徽传》云:"天祐中,连帅刘守光攻中山不利,欲结北戎,遣延徽将命入虏。"刘恕以为刘守光据幽州后未尝攻定州,惟唐光化三年汴将张存敬拔瀛、莫,攻定州,刘仁恭遣守光救定州,为存敬所败,恐是此时,仁恭方为幽帅,非守光也。按刘仁恭父子强盛之时常陵暴契丹,岂肯遣使与之相结!乾化元年守光攻易定,王处直求救于晋,故晋王遣周德威伐之,其遣延徽结契丹盖在此时。然事无显据,故但云衷困,附于此。

四年六月,蜀主殂。《北梦琐言》云:"余闻公弼亲吏曹处琪言:建疑信王暴卒,唐文扆与徐妃、张格阴谋使尚食进鸡烧饼因置毒。建疾困,大臣魏弘夫等诛文扆。建曰:'太子好酒色,若不克负荷,幸无杀之。徐氏兄弟勿与兵权。'言讫,长吁而逝。"刘恕按:旧史贬文扆后二十七日蜀王始殂,疑曹处琪之妄,孙光宪从而记之。

吴朱瑾杀徐知训,知诰即日引兵济江。《吴录》《九国志》、徐铉《江南录》,知训死,知诰过江,皆无日。《江南录》曰:"先主闻乱,即日以州兵度江,至广陵。会瑾自杀,因抚定其众。"《十国纪年·吴史》:"六月乙卯,瑾杀知训,逾城自杀。戊午,知诰入扬州代知训执政。己未,诛瑾党与。"《广本》:"戊午,知诰亲吏马仁裕闻知训死,自蒜山渡,白知诰。知诰即日帅兵入扬州,抚定吏民。"按杨、润相去至近,知诰岂得四日然后闻之! 今从《江南录》。

七月戊戌,吴以徐知诰为淮南节度行军副使、内外马步都军副使、通判府事。按《十国纪年》,六月乙卯,知训被杀。至此四十四日,吴之政事必有所出。盖知诰至广陵即代知训执吴政,至此方除官耳。

八月,张万进叛。《庄宗实录》:"天祐十五年八月己酉,张万进归款。"《薛史·末帝纪》:"贞明五年三月癸未,削夺张守进官爵,命刘郡为制置使。十月下兖州,族守进。"《万进传》云:"贞明四年七月叛,五年冬,拔其城。"《刘郡传》云:"五年,万进反,冬,拔其城。"《庄宗实录·万进传》云:"刘郡攻围历年,屠其城。"《庄宗列传》云:"天祐十五年八月,万进归于我。"均王无实录,纪传多不同,难以为据。今以《庄宗实录·列传》为定。

五年七月,高丽僧躬义称王。《薛史》《唐余录》《欧阳史》皆云唐末其国自立王,前王姓高氏,后王王建。此据《十国纪年》。

十二月,晋王乘胜拔濮阳。《庄宗实录》:"天祐十五年,贺瓌屯于濮州北行台里。十二月辛酉,上次于临濮,贼亦舍营踵我。癸亥,次于胡柳。明旦,接战,王彦章败走濮阳。甲子,进攻濮阳,一鼓而拔。"按《唐·地理志》,濮州亦谓之濮阳郡,治鄄城,有濮阳、临濮二县。据《庄宗实录》则行台里在临濮东，胡柳在濮阳东。彦章所保，庄宗所拔者，皆濮阳县，非濮州也。而《庄宗列传》及《薛史·阎宝传》皆云："彦章骑军已入濮州，山下惟列步兵，向晚皆有归心。"是以濮阳即为濮州也。《李嗣昭传》，嗣〔昭〕乃云："贼无营垒，去临濮地远，日已晡晚，皆有归心，但以精骑挠之，无令夕食，晡后追击，破之必矣。我若收军拔寨，贼入临濮，俟彼整齐复来，则胜负未决。"是又以濮阳即为临濮也。按《薛史·梁纪》，贞明五年四月制书，于濮州税课，是濮州犹属梁也。《庄宗实录》，天祐十六年十二月，攻下濮阳，下教告谕曹、濮百姓，劝令归附，是濮州未属晋也。又贺瓌屯土山西，晋军在其东，彦章已西入濮阳，瓌岂得更东归临濮！疑《宝传》濮州、《嗣昭传》临濮皆当为濮阳，史氏文饰之误也。又《庄宗实录》，去年十二月，晋已拔濮阳，至此又云攻下濮阳。按《薛史·梁纪》，去年十二月晋人攻濮阳，陷之，今年十二月又云晋人陷濮阳。《唐纪》去冬拔濮阳，今年四月追袭贺瓌至濮阳，十二月无攻下濮阳事。《贺瓌传》，贞明四年领大军营于行台村，十二月战败，四月退军行台，寻卒。若非《实录》及《梁纪》重复，则是去冬唐虽得濮阳，弃而不守，今年冬复攻拔之也。

六年四月，李琪罢为太子少保。《薛史》止有琪作相月日，无罢相年月，故终言之。

朱友谦取同州，晋王以朱令德为节度使。《庄宗列传》："上令幕客王正言送节旄赐之。"《庄宗实录·列传》《薛史·友谦传》皆云："友谦以令德为帅，请节钺，不许。"《薛史·末帝纪》贞明六年云："陷同州，以令德为留后，表求节旄，不允。"而贞明四年六月甲辰，以歙州刺史朱令德为忠武留后。恐是四年已陷同州。

五月，徐温言使杨氏无男，有女亦当立。《吴录》《九国志》，"有女当立"之语在诛张颢时，今从《薛史》。《十国纪年》："王疾病，大丞相温来朝，议立嗣君。门下侍郎严可求言王诸子皆不才，引蜀先主顾命诸葛亮事，温以告知诰，知诰曰：'可求多知，言未必诚，不过顺大人意尔。'温曰：'吾若自取，非止今日。张颢之乱，嗣王幼弱，政在吾手，取之易于反掌。然思太祖大渐，欲传位义刚，吾独力争，太祖垂泣，以后事托我，安可忘也！'乃与内枢密使王令谋定策，称隆演命，迎丹阳公溥监国。己丑，隆演卒。六月戊申，溥即王位。"恐可求亦不应有此言。今从《薛史》。

龙德元年正月，张承业谏晋王称帝，遂得疾，不复起。《庄宗实录》："上初获玉玺，诸将劝上复唐正朔，承业自太原急趣谒上曰：'殿下父子血战三十余年，盖缘报国复仇，为唐宗社。今元凶未殄，军赋不充，河朔数州，弊于供亿，遽先大号，费养兵之事力，困凋弊之生灵，臣以此为一未可也。殿下既化家为国，新创庙朝，典礼制度须取太常准的。方今礼院未见其人，傥失旧章，为人轻笑，二未可也。'因泣下沾衿。上曰：'余非所愿，奈诸将意何！'承业自是多病，日加危笃，卒官。"《庄宗列传》："上受诸道劝进，将篡帝位。承业以为晋王三代有功于国，先王怒贼臣篡逆，匡复旧邦，贼既未平，不宜轻受推戴。方疾作，肩舆之邺宫，见上力谏。"大指皆如《实录》。《薛史·唐余录》皆与《庄宗列传》同。《五代史阙文》："承业谓庄宗曰：'吾王世奉唐家，最为忠孝，自贞观以来，王室有难，未尝不从。所以老奴三十余年为吾王捃拾财赋，召补军马者，誓灭逆贼朱温，复本朝宗社耳。今河朔甫定，朱氏尚存，吾王遽即大位，可乎？'庄宗曰：'奈诸将何。'承业知不可谏止，乃恸哭曰：'诸侯血战，本为李家，今吾王自取之，误老奴矣。'即归太原，不食而死。"秦再思《洛中纪异》："承业谏帝曰：'大王何不待诛克梁孽，更平吴、蜀，俾天下一家,且先求唐氏子孙立之,复更以天下让有功者,何人辄敢当之!让一月即一月牢,让一年即一年牢。设使高祖再生,太宗复出,又胡为哉!今大王一旦自立,顿失从前仗义征伐之旨,人情怠矣。老夫是阉官,不爱大王官职富贵,直以受先王付嘱之重,欲为先王立万年之基尔。'庄宗不能从,乃谢病归太原而卒。"《欧阳史》兼采《阙文》《纪异》之意。按《实录》等书,承业止惜费多及仪物不备,太似浅陋。如《阙文》所言,承业事庄宗父子数十年,唐室近亲已尽,岂不知其欲自取之意乎!褒美承业亦恐太过。又按传真以天祐十八年正月献宝,承业以十九年十一月卒,云即归太原不食而死,亦非实也。如《纪异》之语,承业为庄宗忠谋,近得其实,今取之。

五月,刘郭饮鸩而卒。《庄宗实录》云"忧恚发病卒"。《薛史》云:"张宗奭承朝廷密旨,逼令饮鸩而卒。"今从之。

二年四月,晋王以李继韬为安义留后。按潞州本号昭义军,今以继韬为安义留后,盖晋王避其父讳改之耳。及继韬降梁,梁亦以为匡义节度使。今人犹谓泽州为安义云。

后唐纪上

庄宗同光元年二月,以卢程为相。《薛史·唐纪》作"卢澄",今从《实录》《庄宗列传》。

吴越王镠始建国,置百官。《十国纪年》"镠功臣、诸子领节制,皆署而后请命。居室服御,穷极侈靡,末年荒恣尤甚。钱氏据两浙逾八十年,外厚贡献,内事奢僭,地狭民众,赋敛苛暴,鸡鱼卵菜,纤悉收取,斗升之逋,罪至鞭背。每笞一人,则诸案吏各持其簿列于庭,先唱一簿,以所负多少为〔数〕,笞已;次吏复唱而笞之,尽诸簿乃止,少者犹笞数十,多者至五百余。讫于国除,人苦其政。"《吴越备史》称:"镠节俭,衣衾用纻布,常膳惟瓷漆器,寝帐坏,恭穆夫人欲易以青缯,镠不许。尝岁除夜会子孙鼓琴,未数曲,止之,曰:'闻者以我为长夜之饮。'遂罢。"钱易《家话》称:"镠公燕不二羹胾,衣必三浣然后易。"刘恕以为钱元瓘子信撰《吴越备史》《备史遗事》《忠懿王勋业志》《戊申英政录》,弘偁子易撰《家话》,俶子惟演撰《钱氏庆系图谱》《家王故事》《秦国王贡奉录》,故吴越五王行事失实尤多,虚美隐恶,甚于他国。按钱镠起于贫贱,知民疾苦,必不至穷极侈靡,其奢汰暴敛之事盖其子孙所为也。今从《家话》。

七月,梁主征王彦章还大梁。《欧阳史》云:"末帝罢彦章,以段凝为招讨使。彦章驰至京师入见,以笏画地,自陈胜败之迹。巖等讽有司劾彦章不恭,勒还第。"今从《实录》。

八月,梁敬翔、李振请罢段凝。《欧阳史》以为太祖时事。按晋人取魏博,然后与梁以河为境,故常以大军守之,太祖时未也。就使当时曾屯军河上,亦未系社稷之安危也。况太祖时,振言听计从,均末王时始疏斥,此必均末王时事也。既不知其在何时,故因凝任招讨使而见之。

蜀内皇城使潘在迎。在迎先为内皇城使,贬雅州,蜀主北巡为马步使。今不知何官,故且称其旧官。

九月,李从珂败王彦章前锋于递坊镇。《薛史》作"递公镇",今从《实录》。

十月梁主杀邵王友诲等。《薛史》云:"友谅、友能、友诲,庄宗入汴,同日遇害。"按中都既败,均王亲弟犹疑而杀之,况其从弟尝为乱者,岂得独存! 故附于此。

皇甫麟。《庄宗实录》"麟"作"镦",今从《庄宗列传》及《薛史》。

帝命访求梁主,或以其首献。《实录》:"帝惨然曰:'敌惠敌怨,不在后嗣。朕与梁主十年战争,恨不生识其面。'"按庄宗漆均王首藏之太社,岂有欲全之理! 此特虚言耳。

漆朱友贞首,藏太社。《薛史·末帝纪》云:"诏河南尹张全义收葬之。"今从《实录》。

十一月,张全义请帝迁都洛阳。《实录》:"甲辰,议修洛阳太庙。"按梁以汴州为东京,洛京为西京。庄宗以魏州为东京,太原为西京,真定为北都。及灭梁,废东京复为汴州,以永平军为西京,而不云以洛阳为何京。若以为东京,则与魏州无以异。诸书但谓之洛京,亦未尝有诏改梁西京为洛京也。至同光三年始诏依旧以洛京为东都。或者永平为西京时即改梁西京为洛京而史脱其文也。今无可质正,故但谓之洛京。

十二月,高季兴过襄州,斩关而去。《五代史补》:"季兴行已浃旬,庄宗且悔,遽以急诏命襄州节度刘训伺便图之。无何,季兴至襄州,就馆而心动,谓亲吏曰:'梁先辈之言中矣。与其住而生,不若去而死。'遂弃辎重,与部曲数百人南走,至凤林关,已昏黑,于是斩关而出。是夜三更,向之急诏果至,刘训度其去远不可逐而止。"王举《天下大定录》亦云:"庄宗遣使追之不及。"按季兴自疑,故斩关夜遁耳,未必庄宗追之也。今从《薛史》。

二年正月,岐王上表称臣。茂贞改封秦王,《薛史》无的确年月。《实录》同光元年十一月壬寅,已称"秦王茂贞遣使贺收复",自后皆称秦王。至二年二月辛巳制,"秦王李茂贞可封秦王",岂有秦王封秦王之理! 必是至时始自岐王封秦王也。

五月戊申,蜀主遣李严还。《实录》:"七月戊午,蜀遣欧阳彬朝贡。十月癸巳,遣客省使李严充蜀川回信使。三年八月戊辰,严自西川回。"《蜀书》:"四月己巳朔,唐使李严来聘。五月戊申,遣严归本国。十一月己未朔,遣彬为唐国通好使。"按《锦里耆旧传》:"是岁遣欧阳彬通聘洛京,庄宗遣李严来修好。"《笋记》云:"岂谓大蜀皇帝,特遣苏、张之士,来追唐蜀之欢! 吾皇回感于蜀皇,复礼远酬于厚礼。"然则严为回信使也。或者欧阳彬之前,蜀已有入洛之使乎? 若如《实录》年月,则李严以二年十月奉使,至三年八月方归,何留之久乎! 《十国纪年·蜀史》又云:"九月己亥,唐帝遣李彦稠来使。十一月辛丑,遣彦稠东还。"又,八月以后遣王宗锷等戍洋、利以备东师,似用宋光葆之言。十一月以后唐国通好,召诸军还,似因彦稠来而罢也。今并从《蜀书》年月。

十一月,蜀主遣欧阳彬来聘。《实录》:"七月戊午,蜀主遣户部侍郎欧阳彬来使,致书用敌国礼。"《蜀书·后主纪》:"十一月乙未,命翰林学士、兵部侍郎欧阳彬为唐国通好使。"今从之。

三年十月丁丑,蜀威武城降。《实录》:"十月戊寅,魏王继岌至凤州,王承捷以凤、兴、文、成四州降。前一日,康延孝、李严至故镇威武城,唐景思等降。"按今故镇在凤州西四程,延孝未下凤州,何能先至故镇! 又蜀之守御必在凤州之东,或者当时凤州之东别有威武城亦名故镇,非今之故镇欤?

辛巳，兴州刺史王承鉴弃城走。《实录》："甲申，魏王至故镇，康延孝收兴州。"《十国纪年》："辛巳，承鉴出奔。甲申，继岌、郭崇韬至威武城。"今从之。

十一月，自出师至克蜀，凡七十日。《实录》："自出师出洛至定蜀城，计七十五日。"《薛史》因之。按唐军九月戊申离洛城，十一月丁巳入成都，止七十日耳，《实录》《薛史》之误也。

十二月，郭崇韬表董璋为东川节度使。《庄宗实录》："十二月丙寅，以静难节度使董璋为东川节度副大使。"又《康延孝传》云："郭崇韬除董璋为东川节度使。延孝与华州节度使毛璋见崇韬，请以工部任尚书为东川帅。崇韬怒曰：'绍琛反邪，敢违吾节度！'不及二旬，崇韬为继岌所害。"按大军以十一月二十八日丁巳入西州，至十二月八日丙寅除董璋东川，凡十日，明年正月八日杀崇韬，至此凡六十日，而云"不及二旬崇韬遇害"，日月殊不相合。盖十二月丙寅崇韬始表璋镇东川之日耳，非降制也。云"不及二旬"亦恐误。

王宗弼求西川，崇韬阳许之。《实录》《薛史》皆云崇韬以蜀帅许之，按崇韬有识略，岂可欲大兵取西川，反以与宗弼乎！此庸人所不为也。盖于时宗弼尚据成都，崇韬恐其悔而违拒，故阳许之以安其意耳。

明宗天成元年二月己亥，魏王继岌至利州，遣任圜等讨李绍琛。《庄宗实录》："己亥，继岌奏康延孝叛，遣任圜追讨。"按延孝丁酉叛于剑州，岂得己亥奏报比至洛！《广本》："己亥，魏王至利州，梧柏津使夜来告继岌，言李绍琛令断浮梁。继岌署任圜为副招讨使，令率七千人骑，与都指挥使梁汉颙、监军李〔延〕〔延〕安讨之。"今从之。

三月甲子夜，张破败作乱。《庄宗实录》："壬戌，今上至邺都。癸亥夜，张破败作乱，明日，入邺都。"《明宗实录》："三月六日，帝至邺都。八日夜，破败作乱。"《薛史·庄宗纪》："壬子，嗣源至邺都。甲寅夜，破败作乱。"《明宗纪》与《实录》同。按《长历》，此月丁巳朔，无壬子、甲寅。今从《实录》及《明宗本纪》。

四月，李嗣源至罂子谷，闻庄宗殂。《庄宗实录》云："今上至郑州闻变。"今从《明宗实录》。

李存沼者，庄宗之近属。《唐愍帝实录·符彦超传》云"皇弟存沼"，《薛史》《欧阳史·彦超传》作"存霸"，《庄宗列传》《薛史·张宪传》但云"李存沼"。按庄宗弟无名存沼者，存霸自河中衣僧服而往，非今日传庄宗之命者也。或者武皇之侄，庄宗之弟。别无所据，不敢决定，故但云近属。

百官请嗣源监国。监国本太子之事，非官非爵。然五代唐明宗、潞王、周太祖皆尝监国。汉太后令曰："中外事取监国处分。"又诰曰："监国可即皇帝位。"是时直以监国为称号也。今从之。

李从袭劝魏王继岌呕东行。《庄宗实录》："征蜀初为都监，后劝继岌杀郭崇韬者李从袭也。"《明宗实录》云"宦官都监李继袭劝继岌东还"，及令自杀，又云"任圜监军李廷袭欲存康延孝"，及至华州为李冲所杀者，复云"李从袭"。盖"从袭"误为"继袭"、"廷袭"。今从《庄宗实录》。

六月，高季兴求夔、忠、万三州。《庄宗实录》："王建于夔州置镇江军节度，以夔、忠、万、施为属郡。雲安监有榷盐之利,建升为安州。上举(章)〔军〕平蜀,诏季兴自收元管属郡。荆南军未进,夔州连帅以州降继发。"《十国纪年·荆南史》:"天成元年二月,王表请夔、忠、万三州及雲安监隶本道,庄宗许之。诏命未下,庄宗遇弑。六月,王表求三州,明宗许之。"刘恕按《庄宗实录》及《薛史·帝纪》,"同光三年十一月庚戌,荆南高季兴奏收复夔、忠等州。"曾颜《勃海行年记》云"得夔、忠、万等州"。《明宗实录》及《薛史·韦说传》云:"讨西蜀,季兴请攻峡内,先朝许之,如能得三州,俾为属郡。三川既定,季兴无尺寸之功。"《庄宗实录》:"同光四年三月丙寅,高季兴请峡内夔、忠、万等州割归当道。"《明宗实录》:"天成元年六月甲寅,高季兴奏:'去冬先朝诏命攻取峡内属郡,寻有施州官吏知臣入峡,率先归投,忠、万、夔三州且夕期于收复,被郭崇韬专将文字约臣回归,方欲陈论,便值更变。'"此说颇近实,故从之。盖三年十月,夔、忠、万三州降于继发,十一月庚戌,季兴奏请三州为属郡,《旧史》误云奏收复也。《行年记》差缪最多,不可为据。或者夔州虽自降于继发,季兴表云收复三州,攘为己功,亦无足怪。今从《明宗实录》。

七月,姚坤告哀于契丹。《汉高祖实录》作"苗绅",今从《庄宗列传》。

丙子,葬庄宗。《实录》:"乙亥,梓宫发引,是日迁幸雍陵。"按《庄宗实录·哀册文》云"丙子",今之。

九月,契丹阿思没骨馁来。《汉高祖实录》作"没姑馁",今从《明宗实录》及《会要》。

是岁,吴越王镠改元宝正。阎自若《唐末汎闻录》云:"同光四年,京师乱,朝命断绝,镠遂僭大号,改元保正。明年,明宗锡命至,乃去号,复用唐正朔。"《纪年通谱》云:"镠虽外勤贡奉,而阴为僭窃,私改年号于其国。其后子孙奉中朝正朔,渐讳改元事。及钱俶纳土,凡其境内有石刻伪号者,悉使人交午凿灭之。惟今杭州西湖落星山塔院中有镠封此山为寿星宝石山伪诏,刻之于石,虽经镵毁,其文尚可读,后题云'宝正六年,岁在辛卯',明宗长兴二年也,其元年即天成元年也。好事者或传曰'保正',非也。"余公绰《闽王事迹》云:"同光元年春,梁策钱镠为尚父,来年改宝正元年。永隆三年,吴越世宗文穆王薨。"林仁志《王氏启运图》云:"同光元年,梁封淛东尚父为吴越国王,寻自改元宝正。长兴三年,吴越武肃王崩,子世皇嗣。永隆二年,吴越世皇崩,子成宗嗣。"公绰、仁志所记年岁差缪,然可见钱氏改元及庙号,故兼载焉。至今两浙民间犹谓钱镠为钱太祖。今参取诸书为据。

二年二月,讨高季兴,东川董璋充东南面招讨使,夔州刺史西方邺副之。按梓、夔皆在荆南之西南,而云东南面者,盖据夔、梓所向言之耳。

十月,孙晟劝朱守殷反。《江南录》作"孙忌",今从王溥《周世宗实录》。

三年十二月,高季兴卒。《唐明宗实录》:"天成三年十一月壬午,房知温奏高季兴卒。"《烈祖实录》亦云:"乾贞二年十一月,季兴卒。"盖传闻之误。按陶穀《季兴神道碑》及《勃海行年记》,皆云"十二月十五日卒",今从之。

四年九月,供奉官乌昭遇使吴越。《吴越备史》《十国纪年》皆云"监门卫上将军",盖借官耳。今从《实录》等诸书。

十二月,吴徐知诰酖弟知询。郑文宝《南唐近事》:"烈祖曲宴便殿,引酖觥赐周本,本疑而不饮,佯醉,别引一卮,均酒之半,跪捧而进曰:'陛下千万岁。陛下若不饮此,非君臣同心同德之义也,臣不敢奉诏。'上色变无言,久之,左右皆相顾流汗,莫知所从。伶伦申渐高有机智者,窃谕其旨,乃乘谈谐,尽并两盏以饮之,内杯于怀中,亟趋而出。上密使亲信持药诣私第解之,已不及矣,渐高脑溃而卒。"《江表志》:"烈祖曲宴,引金钟赐知询酒,曰:'愿我弟百千长寿。'知询疑惧,引他器均之,曰:'愿与兄各享五百岁。'知诰不饮。久之,乐工申渐高乘诙谐并而饮之,至家脑溃而卒。"二书皆出文宝,而不同乃尔。按知诰既即位,欲除周本,自应多方,不须如此。云鸩知询近是,今从之。

长兴元年十一月甲戌,王弘贽等破剑州。《实录》:"辛巳,军前奏:'今月十三日,王弘贽、冯晖自利州入山路,出剑门关外倒下,杀董璋把关兵士约三千人,获都指挥使(济)〔齐〕彦温,大军进攻入剑门次。'又,丙戌,军前奏:'今月十七日收下剑州,破贼千余人,获指挥使刘太。'"李昊《蜀高祖实录》:"己卯,东川告急,今月十八日北军自白卫岭人头山后过,从小剑路至汉源驿出头倒人剑门,打破关寨,掩捉彦温及将士五百余人,遂相次构唤大军,据关下营。又,庞福诚、谢锽相谓曰:'北军昨来既得关寨之后,隔一日,大军曾下至剑州,而乃般运粮食,烧舍自惊,还奔关寨。'"《十国纪年·后蜀史》:"壬申,弘贽、晖袭陷剑门。癸酉,攻焚剑州,取粮还屯剑门。己卯,东川告急使至成都,知祥命衙内都指挥使李肇帅兵五千赴援,董璋自阆州帅两川兵屯木马寨。先是,庞福诚、谢锽屯阆州北来苏寨,闻剑门陷,惧北军据剑州,帅部兵千余人由间道先董璋至剑州,壁于衙城后。士卒方食,北军万余人自北山驰下,福诚等趋河桥迎击之,北军小却。福诚帅数百人夜升北山颠,转至北军壁外大呼噪,锽命将士以弓弩短兵前急击之,北军惊扰,弃戈甲而遁。锽追袭之,北军退保剑门,十余日不窥剑州。"按剑门至成都尚十许程,若十八日剑门失守,何得二十日知祥已闻之邪!今从《实录》十三日壬申为定。若隔一日下至剑州,则十五日甲戌,非十七日也。盖思同等以大军未至,故收粮烧舍,还保剑门,故福诚等得复入剑州。李昊叙事甚详,无执刘太事,今删之。《晋高祖实录》云"甲申平剑州,破贼千余人",尤误也。

契丹东丹王突欲来奔。《实录》:"阿保机妻令元帅太子往渤海代慕华归西楼,欲立为契丹王,而元帅太子既典兵柄,不欲之渤海,遂自立为契丹王,谋害慕华,其母不能止。慕华惧,遂航海内附。"按天皇王入汴,犹求害东丹者诛之,岂有在国欲杀之理! 今不取。

二年闰五月,杀安重海。《五代史阙文》:"李从璋奋挝击重海于地,重海曰:'重海死无恨,但不与官家诛得潞王,他日必为朝廷之患。'言终而绝。"按重海自以私憾欲杀从珂,当是时从珂未有跋扈之迹,重海何以知其为朝廷之患! 此恐是清泰篡立之后,人誉重海者造此语,未可信也。

端明殿学士兼翰林侍读学士太中大夫提举西京嵩山崇福
宫上柱国河内郡开国公食邑二千六百户食实封一千户臣　司马光　奉敕编集

后唐纪下

潞王清泰元年三月，朱弘昭赴井死，安从进杀冯赟。张昭《闵帝实录》："帝召弘
昭不至，俄闻自杀，乃令从进杀赟。"按从进传赟首于陕，则赟死非闵帝之命明矣。今不取。

四月庚午，刘知远尽杀闵帝左右及从骑。《闵帝实录》："庚午朔四鼓，帝至卫州东
七八里，遇敬瑭。"窦贞固《晋高祖实录》："始，帝欲与少主俱西，断孟津，北据壶关，南向征诸侯
兵，乃启问康义诚西讨作何制置"云云。苏逢吉《汉高祖实录》："是夜侦知少帝伏甲欲与从臣谋
害晋高祖，诈屏人对语，方坐庭庑。帝密遣御士石敢袖鎚立于后，俄顷伏甲者起，敢有勇力，拥
晋祖入一室，以巨木塞门，敢力当其锋，死之。帝解佩刀，遇夜晦，以在地苇炬未然者奋击之。
众谓短兵也，遂散走。帝入匿身长垣下，闻帝亲将李洪信谓人曰：'石太尉死矣。'帝隔垣呼洪信
曰：'太尉无恙。'乃逾垣出就洪信兵，共护晋祖，杀建谋者，以少主授王弘贽。"《南唐列祖实录》：
"弘贽曰：'今京国阽危，百官无主，必相率携神器西向。公何不因少帝西迎潞王，此万全之计。'
敬瑭然其语。"按为晋、汉《实录》者必为二祖饰非。今从《闵帝实录》。

是日，太后令内诸司迎潞王。《废帝实录》："三十日，太后传令至，并内司迎奉至乾
濠，帝促令还京。"按《长历》，三月辛丑朔，四月庚午朔，三月无三十日，《废帝实录》误也。

癸酉，废少帝为鄂王。《闵帝实录》云："七日废帝为鄂王。"今从《废帝实录》。

十二月，葬鄂王。《闵帝实录》及《薛史·闵帝纪》皆云："晋高祖即位，谥曰闵，与秦王及
重吉并葬(徽)〔徽〕陵域中。"今从《废帝实录》。

二年三月，吴徐知诰令陈觉辅景迁。《江南录》："时先主权位日隆，中外皆知有代谢
之势，而以吴主恭谨守道，欲待嗣君，先主次子景迁，吴主之婿也，先主钟爱特甚。齐丘使陈觉
为景迁教授，为之声价。齐丘参决时政，多为不法，辄归过于嗣主而盛称景迁之美，几有夺嫡之
计。所以然者，以吴主少而先主老，必不能待，他日得国，授于景迁，易制，己为元老，威权无上
矣。此其日夕为谋也。先主觉之，乃召齐丘如金陵以为己之副，遥兼申蔡节度使，无所关预，从
容而已。"今从《十国纪年》。

后晋纪

高祖天福元年五月，魏博逐刘延皓。《废帝实录》："延皓，皇后之侄。"按《薛史》《唐
余录》《欧阳史》皆云延皓，后之弟，应州人也。延朗，宋州虞城人也。独《废帝实录》云后侄，今
不取。

七月，诛石敬瑭之子重殷、重裔。《薛史》："七月己丑，诛右卫上将军石重英、皇城副使石重裔，皆敬瑭之子也。"《废帝实录》云："石讳妷男尚食使重义、供奉官重英。"与《薛史》不同。按重义敬瑭子，即位后为张从宾所杀，《实录》误也。《广本》"英"作"殷"，今从之。

九月，契丹五万骑自扬武谷而南。代州今有阳武寨，其北有长城岭、圣佛谷，今从《汉高祖实录》作"扬武"。

契丹陈于虎北口。按幽州北山口名虎北口，亦名古北口。此在太原，而云陈于虎北口，又云归虎北口，盖太原城侧别有地名虎北口也。

十月，诏每七户出征夫一人。《薛史》云十户，今从《废帝实录》。

十一月丁酉，石敬瑭即皇帝位。《废帝实录》："闰月丁卯，胡立石讳为天子于柳林。"误也。今从《晋高祖实录》《薛史》契丹册文。

闰月，契丹主令太相温送帝至河梁。《废帝实录》作"高谟翰"，范质《陷蕃记》作"高模翰"，《欧阳史》作"高牟翰"。盖蕃名太相温，汉名高谟翰。今从《晋高祖实录》。

二年正月乙卯，日有食之。《实录》："正月甲寅朔，乙卯日食。"《十国纪年》："蜀乙卯朔日食。"盖晋人避三朝日食改历耳。

二月，吴越王镠少子元球。《晋高祖实录》《十国纪年》作"元球"，今从《吴越备史》《九国志》。

十月，唐李德诚出宋齐丘书。《十国纪年》云遗宗信书，令宗信讽止德诚劝进，而不云宗信何人。今但云止德诚劝进书。

十一月，加钱元瓘天下兵马副元帅，进封吴越国王。《实录》："天福二年十一月，加元瓘副元帅、国王，程逊等为加恩使。四年十月丙午，以程逊没于海，废朝，赠官。"《程逊传》云："天福三年秋，使吴越，使回溺死。"《元瓘传》云："天福三年，封吴越国王。"盖二年冬制下，逊等以三年至杭州，不知溺死在何年，而晋朝以四年十月始闻之也。《吴越备史》："天福二年四月，敕遣程逊等授王副元帅、国王。甲午，王即位，用建国之仪，如同光故事。是岁程逊还京，溺于海。"按元瓘初立，称镠遗命，止用藩镇礼，明年明宗封吴王，应顺初闵帝封吴越王，故以天福三年即王位，而《备史》以为授元帅、国王然后即位，误矣。

以贾仁沼代胡汉筠。《薛史》"仁沼"，作"仁绍"，今从《实录》。

三年八月，以冯道、刘昫为契丹册礼使。《周世宗实录·冯道传》云："虏遣使加徽号于晋祖，晋亦献徽号于虏。始命兵部尚书王权衔其命，权辞以老病。晋祖谓道曰：'此行非卿不可。'道无难色。"按《晋高祖实录》："天福三年八月戊寅，道为契丹太后册礼使。十月戊寅，北朝命使上帝徽号。戊子，王权以不受北使，停任。"《周世宗实录》误也。

十月，桑维翰、李崧皆罢枢密使。窦贞固《晋少帝实录》及《薛史·刘处让传》云："杨光远入朝，遂于高祖前面言执政之失，乃罢维翰等枢密使，以处让为之。"《杨光远传》云："范延光降，光远面奏维翰擅权，高祖以光远方有功于国，乃出维翰领安阳，光远为西京留守。"今按《晋高祖实录》，天福三年十月壬辰，维翰、崧罢枢密使。庚子，光远始入朝，对于便殿。十一月戊申，光远为西京留守。天福四年闰七月壬申，维翰出为相州节度使。盖《处让》《光远传》之误。《晋少帝实录》及《薛史·桑维翰传》叙光远镇洛阳后疏维翰出相州,是也。

十一月,吴让皇卒。《薛史》《唐余录》皆云溥禅位逾年以幽卒,《欧阳史》但云卒。《九国志》云:"溥能委运授终,不罹篡杀之祸,深于机者也。"《十国纪年》曰:"辛丑,唐人弑让皇。"事不可明,今但云卒。

四年二月,唐主复姓李氏,祖吴王恪。《周世宗实录》及《薛史》称昪唐玄宗第六子永王璘苗裔,《江南录》云宪宗第八子建王恪之玄孙。李昊《蜀后主实录》云:"唐嗣薛王知柔为岭南节度使,卒于官,其子知诰流落江、淮,遂为徐温养子。"《吴越备史》云:"昪本潘氏,湖州安吉人,父为安吉砦将。吴将李神福攻衣锦军,过湖州,虏昪归,为仆隶。徐温尝过神福,爱其谨厚,求为养子。以谶云'东海鲤鱼飞上天',昪始事神福,后归温,故冒李氏以应谶。"刘恕以为昪复姓附会祖宗,固非李氏,而吴越与唐人仇敌,亦非实录。昪少孤遭乱,莫知其祖系,昪曾祖超,祖志,乃与义祖之曾祖、祖同名,知其皆附会也。

四月,唐人迁让皇之族于泰州。《十国纪年》:"唐人迁让皇之族于泰州,号永宁宫,守卫甚严,不敢与国人通昏姻,久而男女自为匹偶。"《江表志》:"让皇子及五岁,遣中使拜官,赐朝服,即日而卒。"按唐烈祖受禅,使让皇居故宫,称臣上表,慕仁厚之名,若恶杨氏则灭之而已,何必如此之(污)〔迁〕也!他书皆未之见,不知《纪年》据何书,今不取。

闰七月,闽王延羲弑康宗,自称威武节度使、闽国王,改元永隆。《十国纪年》:"通文四年,延羲自称威武节度使,改元永隆。"即晋天福四年也。《周世宗实录》《薛史》《唐余录》《南唐烈祖实录》《吴越备史》及《运历图》《纪年通谱》皆同。惟《闽中启运图》:"通文四年己亥闰七月,延羲立。明年庚子,改元永隆。五年甲辰,被弑。"林仁志闽国人,载延羲改年,宜不差失。然五代士人撰国书多不凭旧文,出于记忆及传闻,虽本国近事亦有抵捂者。高远叙事颇有本末,余公绰虽在仁志之后,然亦闽人,故不敢独从仁志所记。又王曦既立,若但称节度使,则不应改元及以其臣为三公、平章事。按《晋高祖实录》:"天福五年十一月甲申,授闽国王延羲威武军节度使、闽国王。"是曦先已自称闽国王,《纪年》脱漏耳。

五年正月,释闽使郑元弼等。《洛中纪异》云:"昶既为朝命所责,乃遣使越海聘于契丹,即将籍没之物为贽。晋祖方卑辞以奉戎主,戎主降伪诏曰:'闽国礼物并付乔荣,放其使人还本国。'晋祖不敢拒之。既而昶又遣使于契丹求马,由沧、齐、淮、甸路南去。自兹往复不一,时人无不愤惋。"按昶以天福四年闰七月被弑,十月元弼等至京下狱,昶安得知而告契丹!今不取。

六年九月辛酉,滑州言河决。《薛史·纪》载九月辛酉滑州河决而不载庚午濮州决,《高祖实录》载庚午濮州奏河决而不载辛酉滑州决。《五代会要》及《志》皆云:"天福六年九月决滑州,兖、濮州界皆为水漂溺。"《史匡翰传》亦云:"天福六年(自)〔白〕马河决。"按辛酉滑州河已决,则下流皆涸,濮州无庚午再决之理。盖滑州河决,漂浸及濮州耳。

七年五月,帝寝疾,以幼子属冯道。《汉高祖实录》:"晋高祖大渐,召近臣属之曰:'此天下,明宗之天下,寡人窃而处之久矣。寡人既谢,当归许王,寡人之愿也。'"此说难信,今从《薛史》。

齐王天福八年三月,闽王纳尚保殷之女为妃。《闽录》作"尚可殷",今从《十国纪年》。

九月,河阳牙将乔荣。《汉隐帝实录》作"乔荧",《陷蕃记》作"乔莹"。今从《晋少帝》《汉高祖实录》《薛史·景延广传》《契丹传》。

开运元年正月,唐主敕齐王景遂参决庶政,萧俨上疏。《江南录》,此敕在去年十二月,今从《十国纪年》。《纪年》云宋齐丘上疏,今从《江南录》。

二年三月,李仁达杀王继昌。《闽中实录》《闽王列传》《九国志》皆云四月杀继昌,今从《十国纪年》。

仁达立卓巖明为帝。《闽录》《启运图》《启国实录》《江南录》作"巖明",《闽中实录》《闽王列传》《九国志》《薛史》《唐余录·王审知传》《吴越备史》作"俨明"。按《启运图》,巖明本名偓,为僧名体明,即位改巖明,今从之。《江南录》云:"继昌为裨将王延讽所杀,旬日,故内臣李义杀讽,立巖明为主。"今从《十国纪年》。

晋军至白团。《汉高祖实录》作"白檀",今从《晋少帝实录》。

三年四月,中山人孙方简。《周世宗实录》云"清苑人",今从《汉高祖实录》。

九月,契丹使刘延祚诈以瀛州内附。《欧阳史》作"高牟翰"。按《陷蕃记》,前云延祚诈输诚款,后云大军至瀛州,侦知蕃将高模翰潜师而出。盖延祚为刺史,模翰乃戍将耳。今从《陷蕃记》。

十一月,杜威趋恒州,以张彦泽为前锋。《备史》曰:"彦泽狼子,其心密已变矣,乃通款邪律氏,请为前导,因促骑说威引军沿滹〔沱〕水西援常山。及至真定东垣渡,与威通谋,先遣步众跨水,不之救,致败,将沮人心以行诡计,因促监者高勋请降于虏。"按彦泽与威若已通款于契丹,则彦泽何故犹夺桥,契丹何故犹议回旋? 今不取。

十二月,彦泽杀桑维翰。《薛史》:"帝思维翰在相时,累贡谋画,请与虏和,虑戎主到京则显彰己过,欲杀维翰以灭口,因令张彦泽杀之。"按是时彦泽岂肯复从少帝之命! 今不取。

后汉纪

高祖天福十二年正月,晋主迎契丹主,辞不见。《汉高祖实录》:"少帝帅族候于野,邪律氏疏之。帝指陈前事,乃大臣同谋,皆历历能对,无挠屈色,邪律氏亦假以颜色。"《陷蕃记》《薛史·帝纪》《五代通录》云:"戎主不与帝相见。"《少帝实录》:"帝举族待罪于野,虏长面抚之,遣泊封禅寺。"今从《陷蕃记》。

契丹主以刘晞为西京留守。《实录》作"禧",或云名"琋"。今从《陷蕃记》。

潘聿撚为横海节度使。《周太祖实录》"聿撚"作"聿涅",今从《陷蕃记》。

二月,延州军乱,逐周密,推高允权为留后。《周太祖实录》:"允权为肤施令。"《陷蕃记》云:"前录事参军,退居田里。"《汉高祖实录》云:"允权为延州令,周密以允权故将之子,恐与边人缔结,移为州主簿。密后以暗而党下,惟诛掠是务。允权乘其民怨,时以言间之,复遣亲党潜构诸部,众心遂摇。《广本》云:"允权为延州令,密徙为录事参军。"今从之。《周太祖实录》又曰:"契丹犯阙,以周密为延帅。"按《晋少帝实录》:"开运三年八月辛未,以右龙武统军周密为彰武节度使。"非契丹所授。今从《汉高祖实录》。

三月,以皇弟崇行太原尹。《薛史》云:"崇,高祖从弟。"王保衡《晋阳见闻录》云"仲弟",《欧阳史》云"母弟"。今从《实录》。

刘晞奔许州,方太入洛阳,伊阙贼帅称天子,太击走之。《实录·方太传》云:"刘禧走许田,复有颍阳妖巫,姓朱,号嗣密王,誓众于洛南郊天坛,号万余人。太率部兵与朝士辈虚张幡帜,一举而逐之,洛师遂安。"今从《陷蕃记》。

丙子,契丹主卒。《实录》云:"二十日乙亥卒。"今从《陷蕃记》。

五月,马希範卒,刘彦瑫等立希广。《十国纪年》:"五月己丑,希範得疾,集国官告以传位希广。"《湖湘故事》:"希广又不能强弱,犹豫之间,群辅明日众口劝上,乃受,军府排衙贺之,以其事奏朝廷,托以希範临终之日遗言,以付希广。"按希範存时,若已集国官传位希广,则没后将佐谁敢更有异议!必彦瑫等假托希範遗令也。今从《湖湘故事》。

乾祐元年三月,徙孙方简为大同节度使。《实录》"方简"作"方谏"。按方简避周讳,改名方谏,《实录》误也。

匡国节度使张彦威。《周太祖实录》作"彦成",盖避周祖讳。《薛史》因之。今从《广本》。

八月壬午,以郭威为西面军前招慰安抚使。《薛史·周太祖纪》:"七月十三日,授同平章事,即遣西征,以安慰招抚为名。八月六日发,离京师。"〔按《汉隐帝》《周太祖实录》,七月〔加〕平章事制词无西征之言,至八月壬午方受命出征。盖《薛史》之误。

九月,李彦从破蜀兵于散关。《实录》:"戊辰,枢密使郭诚上言:'都监李彦从将兵掩袭川贼,至大散处,杀贼三千余,其余弃甲而遁。'"《汉隐帝实录》:"九月,李彦从败蜀兵于散关。"而《蜀后主实录》无之。《蜀实录》:"十月,安思谦败汉兵于时家竹林,遂焚荡宝鸡。十二月,又败汉兵于玉女潭。"而《汉实录》无之。盖两国各举其胜而讳其败耳。然《汉实录》言官军不满万人,而蜀兵数倍,是二三万人,非小役也,岂得全不书! 杀三千人,非小败也,岂十月遽能再举! 盖九月止是蜀边将小出兵,为汉所败,汉将因张大而奏之耳。又《蜀实录》,十月但云"思谦退次凤州",不云"归兴元",十二月云"思谦自兴元进次凤州",盖十月脱略耳。

十二月,蜀兵食尽引去。《十国纪年》:"蜀广政十二年正月甲寅,思谦以军食匮竭,自模壁退次凤州,上表待罪。"盖去年冬(本)〔末〕已退军,明年正月表始到成都耳,今从《周太祖实录》。

隐帝乾祐二年五月,吴越内牙都指挥使斜滔。《吴越备史》《十国纪年》,"滔"姓皆"金"旁"斗"。按何氏《姓(范)〔苑〕》《元和姓纂》皆无此姓。今据字书,斜,音他口、徒口二切,皆云姓也。

三年四月,郭荣本姓柴。《世宗实录》曰:"太祖皇帝之长子也,每曰圣穆皇后柴氏,以唐天祐十八年九月二十四日丙午生于邢台之别墅。"《薛史·世宗纪》云:"太祖之养子,盖圣穆皇后之侄也。本姓柴氏,父守礼,太子少保致仕。帝年未童龀,因侍圣穆皇后,在太祖左右,时太祖无子,乃养为己子。"按今举世皆知世宗为柴氏子,谓之柴世宗,而《世宗实录》云太祖长子,诬亦甚矣。

十月,楚刘彦瑫攻朗州,为马希萼所败。《湖湘故事》,彦瑫败在九月十三日。今从《十国纪年》。

十一月,希萼发兵趣长沙。《湖湘故事》,希萼以十月二十一日直往湖南。今从《十国纪年》。

己卯,侯益等将禁军趣澶州,郭威获鸑脱。《隐帝实录》:"丁丑,孟业至澶州。戊寅,郏兵至河上。己卯,吴虔裕入朝。庚辰,诏侯益等赴澶州守捉。郏军获鸑脱。"又云:"庚辰,郭讳次滑州,宋延渥纳军。辛巳,鸑脱还宫。"《薛史·隐帝纪》:"丁丑,李洪义得密诏,遣陈光穗至郏都。翌日,郭威以众南行。戊寅,至澶州,庚辰,至滑州。是日,诏侯益等赴澶州守捉。"余与《实录》同。《周太祖实录》:"十四日,陈光穗至,翌日,遵路。明日,遇鸑脱,云见召侯益等,令守澶州。十六日,趣滑台。十七日,赏诸军,令奉行前诏。十八日,自滑而南。"《薛史·周太祖纪》:"十六日,至澶州,获鸑脱。十七日,至滑州。"余与《实录》同。按丁丑,十四日也。若十七日始诏侯益赴澶州,则十六日郭威获鸑脱,何故已见之也!盖帝遣侯益赴澶州必在十六日,鸑脱行在遣益之后。今从《薛史·周太祖纪》。

辛巳,宋延渥以滑州降郭威。《隐帝实录》:"十一月丙子,诛杨、史。丁丑,孟业至澶州,王殷锢业送郭威,即日首涂。戊寅,至河上,见王殷。庚辰,次滑州。"《周太祖实录》云:"十三日,夜,太祖梦入朝见,至诘旦,以梦示峻。是日,陈洪穗至郏都。"是十四日丁丑也。翌日,为众所迎遵路,十五日戊寅也。明日,行次遇鸑脱,欲往澶州,十六日己卯也。下文又云:"十六日趣滑台。"按大梁至澶州二百七十里,澶州至郏都一百四十里,至滑州一百二十里,不应往还如是之速。《汉》《周实录》首涂与至滑州日不同,盖十六日趣滑州,十七日至滑州也。今从《周太祖实录》。

帝为乱兵所弑。《实录》:"帝至玄化门,刘铢射帝左右,帝回诣西北,郭允明露刃随后,西北至赵村,前锋已及,乱兵腾沸,上惧,下马入于民室。郭允明知事不济,乃抽刃犯帝畔而崩。"《薛史·隐帝纪》:"郭允明知事不济,乃刺刃于帝而崩,允明自杀。"《周太祖纪》云:"允明弑汉帝于北郊。"刘恕曰:"允明帝所亲信,何由弑逆!盖郭威兵杀帝,事成之后讳之,因允明自杀归罪耳。"按弑帝者未必是允明,但莫知为谁,故止云乱兵。

获刘铢,囚之。《五代史阙文》:"周祖自郏起兵,铢尽诛周祖之家子孙、妇女十数人,极其惨毒。及隐帝遇害,周祖以汉太后令收铢下狱,使人责铢杀其家,对曰:'铢为汉家戮叛族耳,不知其他。'威怒杀之。"王禹〔称〕〔偁〕曰:"周世宗朝,史官修《汉隐帝实录》,铢之忠言讳而不载。铢今有子孝和,擢进士第。"按铢所至贪婪酷虐,在青州谋不受代,赖郭琼谕之,始入朝。私怨杨、史,快其就戮。隐帝败归,射而不纳,使至野死。其屠周祖之家,出于残忍之性耳,岂忠义之士邪!而王禹偁所记,盖凭孝和之言耳。今不取。

冯道受郭威拜。《五代史阙文》："周祖入京师，百官谒之。周祖见道犹设拜，意道便行推戴，道受拜如平时，徐曰：'侍中此行不易。'周祖气沮，故禅代之谋稍缓。"按周祖举兵既克京城，所以不即为帝者，盖以汉之宗室崇在河东，信在许州，赟在徐州，若遽代汉，虑三镇举兵以兴复为辞，则中外必有响应者，故阳称辅立宗子。信素庸愚，不足畏忌，赟乃崇子，故迎赟而立之，使两镇息谋，俟其离徐已远，去京稍近，然后并信除之，则三镇去其二矣，然后自立，则所与为敌者惟崇而已。此其谋也，岂冯道受拜之所能沮乎！道之所以受拜如平时者，正欲示器宇凝重耳。

遣冯道等迎武宁节度使赟。《周太祖实录》："己丑，太祖奏遣前太师冯道往彼谕旨。太祖将奉表于徐州，未知所遣，枢密直学士王度请行，许之。宰臣、百寮表秘书监赵士交赟诏同日首涂。"《五代史阙文》："周祖请道诣徐州，册湘阴公为汉嗣。道曰：'侍中出衷乎？'周祖设誓。道曰：'莫教老夫为谬语人。'及行，谓人曰：'平生不谬语，今为谬语人矣。'"王禹偁曰："周世宗朝，诏史臣修《周祖实录》，故道之事迹，所宜讳矣。"按道廉智自将，阳愚远祸，恐不肯触周祖未发之机，其〔徒〕〔后〕欲归美布云耳。又《隐帝实录》云："初议立徐帅，太后遣中使驰谕刘崇，请崇入缵大位。崇知立其子，上章谦逊。"恐无此事，今不取。

太后临朝。《周太祖实录》云："太后自临朝，令称制。"《隐帝实录》："自是至国亡，止称诰。"今从之。

杀刘铢等，赦其家。《实录》："国子博士、司天监洛阳王处讷素与周祖善，因言刘氏祚短事，处讷曰：'汉历未尽，但以即位后仇杀人，夷人之族，怨结天下，所以社稷不得久长耳。'时周祖方以兵围苏逢吉、刘铢之第，俟旦而族之，闻其言，蹶然遽命释之。"按周祖时方迎湘阴公立之，岂得遽言刘氏祚短乎！今不取。

十二月，武陵何敬真。《湖湘故事》《九国志》作"何景真"，今从《十国纪年》。

后周纪

太祖广顺元年二月，马希萼遣刘光辅入贡于唐。《湖湘故事》"光辅"作"光瀚"，今从《十国纪年》。

楚小门使谢彦颙。《湖湘故事》作"谢彦钦"，周羽冲《三楚新录》作"谢延泽"。今从《十国纪年》。

五月，北汉郑珙卒于契丹。《晋阳见闻录》："郑珙既达虏庭，虏君恩礼周厚。虏俗以酒池肉林为名，虽不饮酒如韦曜辈者，亦加灌注，纵成疾，无复信之。珙魁岸善饮，罹无量之逼，宴罢，载归，一夕腐胁于穷庐之（擅）〔氈〕堵间，舆尸而复命。"《九国志》："契丹宴犒汉使，必厚具酒肉，以示夸大。高祖镇河东，尝命韦曜北使，曜羸瘠不能饮酒，虏人强之，遂卒。"按韦曜，孙皓时人韦昭也，不能饮酒。王保衡引以为文章，而路振云高祖时人，误也。

九月戊寅，徐威等囚马希萼。《十国纪年》作"丁丑"。按《湖湘故事》在十九日，今从之。

二年十月,杨信子崇训。"崇训"或作"崇勋"。《世宗实录》作"崇训",后盖避梁王宗训改名也。

显德元年正月丙申,晋王即帝位。《太祖实录》:"乙未,宣遗制,晋王荣可于柩前即皇帝位。"《世宗实录》:"丙申,内出太祖遗制,群臣奉帝即皇帝位。"盖以乙未宣遗制,丙申即位也。

二月,契丹遣杨衮将万余骑如晋阳。《晋阳见闻录》:"衮帅骑五七万,号十万来会。"今从《世宗实录》。

张元徽为前锋。《世宗实录》:"贼将张晖领三千骑为前锋。"今从《晋阳见闻录》。

三月癸巳,前锋与北汉兵遇,击之。《世宗实录》:"甲午,贼陈于高平南之〔南〕〔高〕原。"按下又有甲午,此必癸巳误也。今从《十国纪年》。

杨衮全军而退。《五代史补》:"刘崇求援于契丹,得飞骑数千,及睹世宗兵少,悔之,召诸将谋曰:'吾观周师易与耳,契丹之众宜勿使,但以本军决战,不唯破敌,亦足使契丹见而心服。'诸将皆以为然,乃使人谓契丹主将曰:'柴氏与吾,主客之势已见,必不烦足下余刃,敢请勒兵登高观之可也。'契丹不知其谋,从之。洎世宗之入陈也,三军皆贾勇争进,莫不一当百,契丹望而畏之,故不敢救而崇败。"今从《世宗实录》《薛史》。

四月,瀛文懿王冯道卒。《五代通录》:"谥曰文懿。"今从《世宗实录》《薛史》。

五月,攻晋阳不克,议引还。《世宗实录》:"征怀、孟、蒲、陕丁夫数万攻城,旦夕之间,期于必取。会大雨,军士劳苦,又闻忻口之师不振,帝数日忧沮不食,遂决还京之意。"《晋阳见闻录》:"六月旦,周师南辕返旆,惟数百骑,间之以步卒千人,长枪赤甲,衔趫捷跳梁于城隅,晡晚杀行而抽退。"今从《世宗实录》。

十一月,北汉主殂。刘恕云:《世宗实录》《薛史·帝纪》《僭伪传》皆云:"显德二年十一月,刘崇卒。"《大定录》云:"显德二年春,旻病死。"《纪年通谱》:"显德二年,崇之乾祐八年,冬,崇死。显德三年,承钧改元天会。开宝元年,承钧之天会十三年,死。开宝二年,继元改元广运。兴国四年,继元之广运十一年也。"河东刘氏有国,全无记录,惟有旧臣中书舍人、直翰林院王保衡归朝后所纂《晋阳伪署见闻要录》云:"甲寅年春,南伐,败归。夏,周师攻围,旻积忧劳成心疾,是冬,卒。钧即位,丁巳年正月旦,改乾祐十年为天会元年。"又云:"钧丙戌年二十九嗣位,年四十三卒。"右谏议大夫杨梦申奉敕撰《大汉都统追封定王刘继颙神道碑》云:"天会十二年,今皇帝践祚之初年也。十七年,继颙卒。"末题"广运元年,岁次甲戌,九月丙午朔"。今按周广顺元年辛亥,旻即帝位,称乾祐四年。显德元年甲寅,旻之乾祐七年也。旻卒,钧立。显德四年丁巳,钧改乾祐十年为天会元年。宋开宝元年戊辰,钧之天会十二年也。钧卒,继元立。开宝七年甲戌,继元改天会十八年为广运元年。据历,是岁九月丙午朔。兴国四年己卯,继元之广运六年也。钧以唐天成元年丙戌(主)〔生〕,至显德元年甲寅嗣位,乃二十九岁矣。钧及继元逾年未改元,盖孟蜀后主、汉隐帝、周世宗之比也。诸书皆传闻相因,前后差戾,惟《晋阳见闻录》《刘继颙碑》岁月最可考正,故以为据。

世宗显德二年闰九月,蜀赵玭以秦州降。《十国纪年》:"玭召官属告之曰:'周兵无敌,今朝廷所遣勇将精兵,不死即逃,我辈不能去危就安,祸且至矣。'众皆听命,举城叛降周。斜谷援兵亦溃。"《五代通录》:"官军之围凤州,伪秦州节度使高处俦引兵往复援之,中涂闻黄花之败,奔秦州,纰与城中将校闭门不纳,处俦遂西奔,纰即以城归国。"今从《实录》。

三年二月,潘叔嗣袭朗州,王逵战败死。《湖湘故事》云:"王逵奉诏伐吴,有蜜蜂无万数集逵伞盖。周行逢内喜,潜与潘叔嗣、张文表等谋曰:'我睹王公妖怪入伞,他时忽落别人之手,我辈处身何地! 我等若三人同心,共保马氏旧基,同取富贵,岂不是男儿哉!'叔嗣、文表闻行逢之言,已会深意,遂乃拜受此语,各散归营。"《广本》:"遂命行营副使毛立为袁州营统军使,潘叔嗣、张文表为前锋。军次醴陵,县吏请具牛酒犒军,立不许。叔嗣、文表因士卒之怒,缚立,送于行逢,以兵叛告逵。逵大惧,乘轻舟奔朗州,叔嗣追至朗州,杀之。"《湖湘故事》:"逵连夜走归朗州,去经数日,潘叔嗣始到潭州,既闻王逵走归朗州,亦以舟棹倍程而〔起〕〔趋〕,至朗州,杀之。"今按《世宗实录》:"显德三年二月丙寅,朗州王进逵言,领大军入淮界。庚寅,言入鄂州界,攻下长山寨。癸巳,荆南高保融言进逵自岳州领兵复归本道。"又云:"潘叔嗣为先锋,行及鄂州,叔嗣回戈袭武陵,进逵闻之,倍道先入武陵,叔嗣攻其城,进逵败走,为叔嗣所杀。"又云:"三月壬寅,进逵差牙将押送淮南将陈泽等。"盖进逵未败前奏事,三月始(逵)〔达〕行在,与《薛史·承袭传》及湖南传记略同。惟《湖湘故事》及丁琦《马氏行事记》载逵攻袁州叔嗣叛事,曹衍云:"逵三月至潭州。四月,叔嗣叛。"丁琦云:"五月五日,叔嗣杀逵于朗州。"皆妄也。周行逢据湖南,仕进尚门荫,衍屡献(又)〔文〕章,不得调,退居乡里教授。及张文表叛,辟为幕职,事败,逃遁,会赦,乃敢出,穷困无以自进,采摭旧闻,撰《湖湘马氏故事》二十卷,如京师献之。太宗悯其穷且老,授将作监丞。衍本小人,言词鄙俚,非有意著书,故叙事颠倒,前后自相违背,以无为有,不可胜数。素怨周行逢,尤多诬毁,不欲行逢不预叔嗣之谋,乃妄造此说。凡载行逢罪恶之甚〔者〕,皆出于衍云。琦亦国初人,疑其说得于衍书,皆不可为据。今从《十国纪年》。

十二月,唐陈处尧如契丹乞兵。《十国纪年》作"兵部郎中段处常",今从《晋阳见闻录》。

四年三月,唐周延构等作刘仁赡表来降。《实录》:"时仁赡卧疾已亟,遂翻然纳款,而城内诸军万计,皆屏息以听其命。"又曰:"仁赡轻财重士,法令严肃,故能以一城之众连年拒守。逮其来降,而其下无敢窃议者,斯亦一时之名将也。"《欧阳史》:"三月,仁赡病甚,已不知人,其副使孙羽诈为仁赡书,以城降。世宗命舁仁赡至帐前,叹嗟久之,赐以玉带、御马,复使入城养疾。是日,制曰:'刘仁赡尽忠所事,抗节无亏,前代名臣,几人可比! 予之南伐,得尔为多。'乃拜仁赡检校太尉兼中书令、天平军节度使。仁赡不能受命而卒。世宗追封彭城郡王,以其子崇讚为怀州刺史。李景闻仁赡卒,亦赠太师。"又曰:"仁赡既杀其子以自明矣,岂有垂死而变节者乎!"今《周世宗实录》载仁赡降书,盖其副使孙羽等所为也。当世宗时,王环为蜀守秦州,攻之久不下,其后力屈而降,世宗颇嗟其忠,然(正)〔止〕以为大将军。视世宗待二人之薄厚而考其制卒,乃知仁赡非降者也。今从之。

五年三月,唐主遣兵部侍郎陈觉奉表。《十国纪年》:"遣枢密使陈觉奉表。"《实录》载其表云:"今遣左谏议大夫、兵部侍郎臣陈觉躬听敕命。"盖当时所假之官耳。今从之。

五月,唐主去帝号,称国主,用周正朔。《世宗实录》《薛史》,显德二年乙卯十一月伐淮南,唐之保大十三年也。三年正月、四年二月、十月三幸淮南。五年戊午三月,江北平,唐之交泰元年也。而《江南录》误以保大十五年事合十四年。十五年丁巳改交泰,五月去帝号,明年乃显德五年,又明年即建隆元年,中间实少显德六年。《江南录》最为差误,其记李昪复姓,亦先一年。他事(放)〔仿〕此,不可考按。故世宗取淮南年月,专以《实录》及《薛史》为据。

六年正月,唐宋齐丘缢死。《江表志》:"齐丘至青阳,绝食数日,家人亦菜色。中使云:'令公捐馆,方始供食。'家人以絮塞口而卒。"今从《江南录》《纪年》。

进书表

臣光言：先奉敕编集历代君臣事迹，又奉圣旨赐名《资治通鉴》，今已了毕者。

伏念臣性识愚鲁，学术荒疏，凡百事为，皆出人下，独于前史，粗尝尽心，自幼至老，嗜之不厌。每患迁、固以来，文字繁多，自布衣之士，读之不遍，况于人主，日有万机，何暇周览！臣常不自揆，欲删削冗长，举撮机要，专取关国家盛衰，系生民休戚，善可为法，恶可为戒者，为编年一书，使先后有伦，精粗不杂，私家力薄，无由可成。

伏遇英宗皇帝，资睿智之性，敷文明之治，思历览古事，用恢张大猷，爰诏下臣，俾之编集。臣夙昔所愿，一朝获伸，踊跃奉承，惟惧不称。先帝仍命自选辟官属，于崇文院置局，许借龙图、天章阁、三馆、秘阁书籍，赐以御府笔墨缯帛及御前钱以供果饵，以内臣为承受，眷遇之荣，近臣莫及。不幸书未进御，先帝违弃群臣。陛下绍膺大统，钦承先志，宠以冠序，锡之嘉名，每开经筵，常令进读。臣虽顽愚，荷两朝知待如此其厚，陨身丧元，未足报塞，苟智力所及，岂敢有遗！会差知永兴军，以衰疾不任治剧，乞就冗官。陛下俯从所欲，曲赐容养，差判西京留司御史台及提举西京嵩山崇福宫，前后六任，仍听以书局自随，给之禄秩，不责职业。臣既无它事，得以研精极虑，穷竭所有，日力不足，继之以夜。遍阅旧史，旁采小说，简牍盈积，浩如烟海，抉摘幽隐，校计毫厘。上起战国，下终五代，凡一千三百六十二年，修成二百九十四卷。又略举事目，年经国纬，以备检寻，为《目录》三十卷。又参考群书，评其同异，俾归一涂，为《考异》三十卷。合三百五十四卷。自治平开局，迨今始成，岁月淹久，其间抵捂，不敢自保，罪负之重，固无所逃。臣光诚惶诚惧，顿首顿首。

重念臣违离阙庭，十有五年，虽身处于外，区区之心，朝夕寤寐，何尝不在陛下之左右！顾以驽蹇，无施而可，是以专事铅椠，用酬大恩，庶竭涓尘，少裨海岳。臣今骸骨癯瘁，目视昏近，齿牙无几，神识衰耗，目前所为，旋踵遗忘，臣之精力，尽于此书。伏望陛下宽其妄作之诛，察其愿忠之意，以清闲之燕，时赐省览，监前世之兴衰，考当今之得失，嘉善矜恶，取是舍非，足以懋稽古之盛德，跻无前之至治，俾四海群生，咸蒙其福，则臣虽委骨九泉，志愿永毕矣。

谨奉表陈进以闻。臣光诚惶诚惧，顿首顿首，谨言。

端明殿学士兼翰林侍读学士太中大夫提举西京嵩山崇福
宫上柱国河内郡开国公食邑二千六百户食实封一千户臣 司马光上表

元丰七年十一月进呈

检 阅 文 字 承 事 郎臣	司马康
同 修 奉 议 郎臣	范祖禹
同 修 秘 书 丞臣	刘 恕
同 修 尚 书 屯 田 员 外 郎 充 集 贤 校 理臣	刘 攽
编集端明殿学士兼翰林侍读学士太中大夫臣	司马光

奖谕诏书

敕司马光：修《资治通鉴》成事。

史学之废久矣，纪次无法，论议不明，岂足以示惩劝，明久远哉！卿博学多闻，贯穿今古，上自晚周，下迄五代，发挥缀缉，成一家之书，褒贬去取，有所据依。省阅以还，良深嘉叹。今赐卿银绢、对衣、腰带、鞍辔马，具如别录，至可领也。故兹奖谕，想宜知悉。

冬寒，卿比平安好。遣书，指不多及。

十五日。

元丰八年九月十七日，准尚书省劄子，奉圣旨，重行校定。

元祐元年十月十四日，奉圣旨，下杭州镂板。

校对宣德郎秘书省正字臣	张　耒
校对宣德郎秘书省正字臣	晁补之
校对朝奉郎行秘书省正字上骑都尉臣	宋匡躬
校对朝奉郎行秘书省校书郎充集贤校理武骑尉赐绯鱼袋臣	盛次仲
校定承议郎充秘阁校理武骑尉赐绯鱼袋臣	张舜民
校定承议郎秘书省校书郎充集贤校理武骑尉赐绯鱼袋臣	孔武仲
校定修实录院检讨官朝奉郎行秘书省著作佐郎武骑尉赐绯鱼袋臣	黄庭坚
校定宣德郎守右正言臣	刘安世
校定奉议郎行秘书省著作佐郎兼侍讲赐绯鱼袋臣	司马康
校定修实录检讨官承议郎秘书省著作郎兼侍讲上骑都尉赐绯鱼袋臣	范祖禹
中大夫守尚书右丞上柱国汲郡开国侯食邑一千八百户食实封二百户赐紫金鱼袋臣	吕大防
通议大夫守尚书左丞上柱国平原郡开国公食邑二千五百户食实封七百户臣	李清臣
金紫光禄大夫守尚书右仆射兼中书侍郎上柱国东平郡开国公食邑七千一百户食实封二千三百户臣	吕公著

绍兴二年七月初一日，两浙东路提举茶盐司公使库下绍兴府馀姚县刊板。

绍兴三年十二月二十日毕工，印造进入。

左迪功郎绍兴府司法参军主管本司文字兼造帐官臣　　边　智

右 迪 功 郎 充 提 举 茶 盐 司 干 办 公 事 臣　常任伏

右 文 林 郎 充 提 举 茶 盐 司 干 办 公 事 臣　强公彻

右 修 职 郎 充 提 举 茶 盐 司 干 办 公 事 臣　石公宪

右 奉 议 郎 提 举 两 浙 东 路 茶 盐 司 公 事 臣　韩　协

降 授 右 朝 奉 郎 前 提 举 两 浙 东 路 茶 盐 司 公 事 臣　王　然

校勘监视

嵊 县 进 士　娄 谔　　　　　进士　茹赞廷

进 士　唐 弈　　　　　进士　娄时升

进 士　娄时敏　　　　　进士　石　衺

进 士　茹 升　　　　　进士　王　念

进 士　张 纲

右 迪 功 郎 新 虔 州 兴 国 县 主 簿　唐　自

馀姚县进士　叶汝士　　　　　进士　杜邦彦

进 士　钱移哲　　　　　进士　陆　寙

进 士　顾大冶　　　　　进士　吕克勤

进 士　张彦衡　　　　　进士　朱国辅

进 士　杜 绂　　　　　进士　孙　彬

右 迪 功 郎 绍 兴 府 馀 姚 县 主 簿　王　绸

右 从 事 郎 绍 兴 府 嵊 县 尉　薛　镒

右 修 职 郎 绍 兴 府 嵊 县 丞　桂祐之

右 迪 功 郎 绍 兴 府 府 学 教 授　晏　肃

右 承 务 郎 知 绍 兴 府 馀 姚 县 丞　冯荣叔

右 宣 教 郎 知 绍 兴 府 馀 姚 县 丞　晏敦临

右承奉郎知绍兴府嵊县主管劝农公事兼兵马监押　范仲将

右宣义郎知绍兴府馀姚县主管劝农公事兼监石堰盐场　徐端礼

右 奉 议 郎 签 书 镇 东 军 节 度 判 官 厅 公 事　张九成

附录

一、进通志表

臣光言：臣闻治乱之原，古今同体，载在方册，不可不思。臣光诚惶诚恐，顿首顿首。臣少好史学，病其烦冗，常欲删取其要，为编年一书，力薄道悠，久而未就。今兹伏遇皇帝陛下丕承基绪，留意艺文，开延儒臣，讲求古训。臣有先所述《通志》八卷，起周威烈王二十三年，尽秦二世三年。《史记》之外，参以它书，于七国兴亡之迹，大略可见。文理迂疏，无足观采，不敢自匿，谨缮写随表上进。

干冒宸严，臣无任战汗屏营之至。臣光诚惶诚恐，顿首顿首，谨言。

《温国文正司马公文集》卷五十七

二、谢赐资治通鉴序表

臣光言：今月九日伏蒙圣恩，令臣读所修《资治通鉴》，仍面赐御制御书序一篇者。

臣性识驽钝，学问空浅，偶自幼龄，粗涉群史，尝欲芟去芜杂，发挥精隽，穷探治乱之迹，上助圣明之鉴。功大力薄，任重道悠，徒怀寸心，行将白首。

伏遇先皇帝若稽古道，博采徽言，俾摭旧闻，遂伸微志。尚方纸墨，分于奏御之余；内阁图书，从其假借之便。未遑汗简，已泣遗弓。陛下祗服骏命，丕承前烈。臣以属稿有绪，不可不成，受诏所为，不敢不上。铨次无法，抵捂实多，仰污览观，伏须罪戾。岂谓陛下赦其狂简，赏其专勤，思所以旌异于它书，焜耀于群下，特发殊恩，不用常例，属当劝讲之始，俾参经史之末，迨此清闲，命之进读。而又序其本原，冠于篇秩，发言为典，肆笔成书。炳蔚互变，如虎豹之明；灏噩无涯，逾商周之盛。况复褒贬是非，古人有所未至；造端立意，愚臣不能自言。陛下一赐指陈，涣然冰释。至于"博而得其要，简而周于事，典刑之总会，册牍之渊林"，臣实何人，克堪斯语。若乃嘉文宣以作则，援正观而为师，兹实生民之福，岂伊微臣之幸。臣某诚感诚抃，顿首顿首。

窃以周之南、董，汉之迁、固，皆推高一时，播美千载，未有亲屈帝文，特纡宸翰，曲蒙奖饰，大振辉光。如臣朴樕小才，固非先贤之比，便蕃茂泽，独专后世之荣，退自揣循，殆无容措。遂使萤爝未照，依日月以永存；草木常名，附天地而不朽。臣不任恳款之至，谨奉表陈谢以闻。臣光诚感诚抃，顿首顿首，谨言。年月日具位臣光上表。

《温国文正司马公文集》卷五十七

三、与刘道原书

光再拜。光少时惟得《高氏小史》读之，自宋讫隋正史，并《南》《北史》，或未尝得见，或读之不熟。今因修南北朝《通鉴》，方得细观，乃知李延寿之书，亦近世之佳史也。虽于禨祥诙嘲小事，无所不载，然叙事简径，比于南北正史，无烦冗芜秽之辞，窃谓陈寿之后，惟延寿可以亚之也。渠亦当时见众人所作五代史不快意，故别自私著此书也。但恨延寿不作志，使数代制度沿革，皆没不见。

道原五代长编若不费功，计不日即成。若与将沈约、萧子显、魏收三志，依《隋志》篇目，删次补葺，别为一书，与《南》《北史》《隋志》并行，则虽正史遗逸，不足患矣。不知道原肯有意否？其符瑞等皆无用可删，后魏《释老志》，取其要用者附于《崔浩传》后，《官氏志》中氏族附于宗室及代初功臣传后，如此，则《南》《北史》更无遗事矣。

今国家虽校定摹印正史，天下人家共能有几本，久远必不传于世。又校得绝不精，只如沈约《叙传》，差却数板亦不寤，其它可知也。以此欲告道原存录其律历、礼、乐、职官、地里、食货、刑法之大要耳。不知可否，如何如何。光再拜。

《温国文正司马公文集》卷六十二

四、与刘道原

一

道原尝谓司马君实曰：正统之论，兴于汉儒，推五行相生，指玺绂相传，以为正统，是神器大宝必当扼喉而夺之，则乱臣贼子释然得行其志矣。若春秋无二王，则吴、楚固周诸侯也。史书非若《春秋》以一字为褒贬，而魏晋、南北、五代之际，以势力相敌，遂分裂天下，其名分位号异乎周之于吴、楚，安得强拔一国谓之正统，余皆为僭伪哉！况微弱自立者不必书为僭，背君自立者不必书为逆，其臣子所称，亦从而称之，乃深著其僭逆也。

君实曰：道原言诸国名号各从臣子所称，固为通论，然修至十六国，有修不行者。至如乞伏国仁初称单于，苻登封为苑川王。乾归称河南王，前秦封为金城王，又封陇西王，进封梁王，前秦灭，乃称秦王，后降于后秦，已而逃归，复称秦王，又降于秦，为河南王。炽盘亦称河南王，又复称秦王。吕光初称酒泉公，改称三河王，后乃称梁王。秃发乌孤初称西平王，改称武威王。利鹿孤称河西王，傉檀称梁王，后去年号，降于秦，既而复称凉王。段业称凉王，沮渠蒙逊杀业，自称张掖公，改称河西王，魏封为凉王。若此之类，当称何国？若谓之河南、陇西，乃是郡名，若谓之秦、凉，则其所称又国号屡改，若不著名，知复为谁？又匹夫妄自尊大，即因其位号称之，则王莽、公孙述亦不当称姓名也。今欲将吴、蜀、十六国及五代偏据者，皆依《三十国春秋》书为某主，但去其僭伪字，犹《汉书》称赵王歇、韩王信也。至其死则书曰卒，谥曰某皇帝，庙号某祖某宗。独南北朝书某主而不名，其崩、薨之类，从旧史之文，不为彼此升降。如此，以理论之虽未为通，然非出己意，免剌人眼耳。不然，则依宋公明《纪年通谱》，以五德相承，晋亡之后，元魏继之，黜宋、齐、梁、陈、北齐、朱梁，皆如诸国称名称卒，或以朱梁比秦，居木火之间，及比王莽，补无王之际亦可也。五德之因出于汉儒，由是并依天道，以断人事之不可断者耳。

道原曰：晋元东渡，南北分疆，魏、周据中国，宋、齐受符玺，互相夷虏，自谓正统，则宋、齐与魏、周势当两存之。然汉昭烈窜巴蜀，似晋元；吴大帝兴于江表，似后魏。若谓中国有主，蜀不得绍汉，为伪，则东晋非中国也。吴介立无所承，为伪，则后魏无所承也。南北朝书某主而不名，魏何以得名吴、蜀之主乎？

君实曰：光因道原言，以吴、蜀比南北朝，又思得一法。魏、吴、蜀、宋、齐、梁、陈、后魏、秦、夏、凉、燕、北齐、后周五代诸国，名号均敌，本非君臣者，皆用列国之法，没皆称殂，王公称卒。周、秦、汉、晋、隋、唐尝混一天下，传祚后世，其子孙微弱播迁，承祖宗之业，有绍复之望，欲全用天子法，以统临诸国，没则称崩，王公称薨。东晋元帝已前称崩、薨而名列国。刘备虽承汉后，不能纪其世次，犹宋高祖称楚元王后，李昪称吴王恪后，是非不可知，不得与汉光武、晋元帝为例。

道原曰：尝混一海内者并其子孙用天子法，未尝相君臣者从列国法，此至当之论也。然以晋元比光武，兹事恐未当。晋失其政，五胡纷扰，天命不常，唯归有德。若东晋德政胜，则僭伪之主必复为臣仆，而东晋与诸国异名号，并正朔，是德政不相胜也。吴尝称臣于魏，魏不能混一四海，不得用天子法，而东晋僻在江南，非魏之比，又诸国苻健、姚苌、慕容垂等与东晋非君臣，东晋乃得用天子之法乎？若秦、夏、凉、燕及五代诸国，虽僭窃名号，皆继踵仆灭，其兴亡异于吴、蜀、南北朝，此黜之不当疑也。

君实曰：道原黜秦、夏、凉、燕及五代诸国，愚虑所不到者。然欲使东晋与五胡并为敌国，则与光所见异。晋元乃高祖曾孙琅琊嫡嗣，其镇建邺，加镇东，皆西朝诏除也。怀、愍既死贼庭，天下推戴元帝，时宗室领藩镇最亲强盛者元帝而已。晋尝奄有四海，兼制夷夏，苻、姚、慕容垂等虽身不臣晋，其父祖皆晋臣，而东晋之视苻、姚，犹东周之视吴、楚也。魏、吴俱为列国，岂能相臣？吴称臣于魏，犹勾践之事夫差，石勒之事王浚，非素定君臣之分者也。然不知晋武帝、隋文帝之初，吴主、陈主当称吴主皓、陈主叔宝，萧琮附庸为当名否？晋未平吴之前，欲如魏世与吴抗敌，宜如魏世用列国法。晋传于宋，宋传于齐，齐传于梁，梁传于陈，当用宋、齐、梁、陈年号，以纪诸国事迹。陈亡之后，用隋年号。隋未平陈以前，称隋主而不名。萧琮为后周附庸，与梁、陈非君臣，梁、陈不当名萧琮也。

二

君实曰：汉有国邑者则曰封某王某侯，无国邑者则曰赐爵关内侯。魏晋王侯率皆虚名，若云无国邑，则亦有就国者，沈庆之以始兴优近，求改封南海，是食国租税也。若云有国邑，则有封境外郡县者，如宋有始平王，魏有广陵王也，不知当书封某王侯，当书赐爵某王侯？

道原曰：南北朝诸王虽不就国，皆有国邑国官。宋孝武大明中，分实土郡县为侨境域。《宋志》雍州有始平郡，青州有太原郡，荆州有河东郡，皆侨郡也。《齐志》秦州有始平郡，故宋有始平王。《魏志》豫州有广陵郡，故魏有广陵王。恐不可云赐爵，当云封某王侯也。

三

君实曰：凡用天子法者，所统诸侯皆用称薨，而《晋书·帝纪》，惟亲王、三公及二王后称薨，余虽令、仆、方伯开府如羊祜、杜预之徒亦止称卒，《隋书·帝纪》，内史令、纳言及封国公、郡公者亦称卒，惟亲王、三公及开府仪同三司称薨。新、旧《唐书》，令、仆、中书令、侍中、平章事参知机务政事皆称薨。若依古礼五等称薨，则晋惠帝时令长、卒伍皆有爵邑，不可尽称薨也。西晋荀勖等为尚书令、中书监、令，虽用事，不谓之宰相，东晋庾亮、何充等始谓之宰相。欲自晋以后，惟王爵及三公、宰相称薨，余皆称卒，南北朝王公亦称卒，至隋则令、仆、内史令、纳言为宰相，至唐则平章事为宰相，三师、三公皆为散官，欲皆以为薨，可乎？

道原曰：周、秦、汉、魏诸侯称薨，至晋已后惟王爵及三公、宰相称薨，或薨或卒，于例未匀，不如用陆淳例皆称卒。

君实曰：诸臣称卒，诚为确论，但恨已进者周、秦、汉纪不可请本追改。其晋、隋、唐纪，除诸王、三公、三师称薨，余虽宰相亦称卒。尚书、令、仆及门下、中书权任所在谓之宰相，终非正三公也。

道原曰：散官若亦称薨，宰相不应称卒。

四

君实曰：《长历》景平二年正月丁巳朔，二月丁亥朔，《后魏书·纪》《志》，是岁不日食。道原于长编何故书景平二年二月癸巳朔，日有食之？

道原曰：《宋高祖纪》永初三年正月甲辰朔，景平元年正月巳亥朔，皆与刘仲更《历》合。旧本八月乙未朔，九月当乙丑朔，误作辛丑，十月甲午朔，误作庚午，十一月甲子朔，误作庚子，十二月癸巳朔，不误。十二月癸巳，则二年正月当癸亥朔，二月癸巳朔，三月壬戌朔，旧本乃误作正月丁巳、二月丁亥、三月丙戌，至四月辛卯不误。《建康实录》景平二年二月癸巳朔，日有食之，乙未义恭为冠军，丁未大风，皆与《宋书·纪》同。惟《宋书》误以二月为正月，《南史》误以二月朔为己卯。

五

君实曰：《晋帝纪》《晋春秋》《纪年通谱》隆安五年九月吕隆降秦，十月姚兴侵魏。道原何故于元兴元年书五月姚兴侵魏，八月吕隆降秦？

道原曰：《姚兴载记》，兴遣姚平伐魏，姚硕德伐吕隆，硕德败隆于姑臧，姚平攻魏乾城陷之，遂据柴壁，魏军攻平，截汾水守之，硕德攻隆，为持久计，隆惧，遂降,姚平赴汾水死。《魏书》,天兴五年五月姚兴遣其弟义阳王来侵平阳,攻陷乾壁,八月车驾西讨,至乾壁,平固守,进军围之,姚兴悉举其众来救,帝度蒙坑逆击兴军,大破之,十月平赴水死。天兴五年五月,晋之元兴元年五月也,八月魏围姚平于乾壁,然后吕隆降于硕德,则是八月也。《晋纪》隆安五年九月吕隆降秦,十月姚兴侵魏者,误也。晋去中国远,事得于传闻,故或前一年,或后一年,《载记》往往按诸国书,而《本纪》凭晋时《起居注》,故差误特甚。

六

君实曰:《晋纪》义熙十二年二月姚兴死,子泓嗣,五月司马休之、鲁宗之奔姚泓。道原何故于义熙十二年五月书司马休之、鲁宗之奔姚兴?

道原曰:《姚兴载记》,晋义熙十一年正月,荆州刺史司马休之、雍州刺史鲁宗之与刘裕相攻,遣使来求援,五月休之等为裕所败,奔于兴。《晋书·休之传》亦云奔姚兴。是十一年五月姚兴犹未死。而《姚兴载记》《后魏·本纪》《十六国春秋》《北史·僭伪附庸传》《南史·宋武帝纪》,姚兴以义熙十二年二月死,是《晋纪》误以十二年二月为十一年二月,故休之等奔秦亦误云奔姚泓也。

七

君实曰:《武陵王纪本传》,大宝二年四月纪僭位于蜀,年号天正,与萧栋暗合,识者尤之,曰于文“天”为“二人”,“正”为“一止”,言各一年而止也。道原何故于承圣元年书武陵王纪即位于蜀?

道原曰:《南史·简文纪》,大宝二年八月侯景即位,明年四月武陵王纪僭号于蜀。按萧栋以大宝二年八月即位,改元天正,若纪以大宝二年四月改元,事乃在先,非是暗合。又《纪本传》,纪次西陵时,陆纳未平,蜀军复逼,元帝忧之。陆纳以承圣元年十月反,则大宝二年不应言陆纳未平也。故从《帝纪》承圣元年武陵王纪僭号为是。

君实曰:然。

八

君实又曰:晋都督领刺史有止督本州者,刺史专统本州,何为更改督字?《南史》略去所督州名,但云加都督,都督岂虚名乎?

道原曰:《齐·百官志》,晋太康中刺史治民,都督知军事,至惠帝乃并任,非要州则单为刺史。是刺史不加督字者,不得总其统内军事也。檀道济都督江州之江夏、豫州之西阳、新蔡、晋熙四郡诸军事、江州刺史,《晋》、《宋志》江州领郡九,豫州领郡十,而道济止得都督四郡,南北朝时军任甚重,都督岂虚名哉!《南史》但云江州刺史,务欲省文,不知害义也。

九

君实曰:《后魏·礼志》,太和十五年诏尊烈祖为太祖,显祖为二祧。《帝纪》,太宗永兴二年谥道武为宣武皇帝,庙号太祖,不言号烈祖。又太武功业最盛,庙号世祖,何为不预二祧?

道原曰:道武追尊神元庙号始祖,平文庙号太祖,昭成庙号高祖,皆为不迁之庙,则太宗上宣武帝号不应又号道武,庙为太祖,史官但举后来庙号耳,孝文去平文太祖之庙号,亦必去昭成高祖之庙号,故孝文庙号高祖。魏收《序纪》惟称始祖神元皇帝,而平文、昭成皆不冠庙号也。《礼志》诏书云:"烈祖有创业之功,世祖有开拓之德。其以道武为太祖,比后稷;世祖、烈祖为二祧,比文、武。"是显祖字上脱"世祖"二字也。

十

君实曰:《梁高祖纪》,中兴元年十二月宣德皇后授高祖大司马,依晋武陵王承制故事,二年正月又加高祖大司马解承制,何也?

道原曰:旧本《梁高祖纪》中兴二年正月大司马解承制,《齐和帝纪》亦云大司马梁王解承制,后人误于大司马上加"高祖"二字也。

十一

君实曰:《魏纪》太和九年均田诏云,还受以生死为断,《志》云十五以上受田,又云及课则受田,老免则还田,又云有举户老小癃者,年逾七十不还,是不以生死为断也?又云所授之田率倍之,是受四十亩者更受八十亩闲田欤?桑田不在还受之限,是民于田中种桑者即得为永业欤?又云非桑之土,夫给一亩,或给二十亩或十六亩,何其不均也?又曰应还之田不种桑枣,是露田又不种欤?又云常从见口,有盈者无受无还,何哉?又云一人之田,正从正,倍从倍,不得隔越他畔,是二者必须相邻,地形安得如此?井田废久矣,天下皆民田也,魏计人口及奴婢,皆以田给之,其亦有说乎?

道原曰:《后魏·食货志》云,诸远流配谪、无子孙及户绝者,墟宅、桑榆尽为公田,以给授受。观均田制度,似今佃官田及绝户田出租税,非如三代井田也。刘、石、苻、姚丧乱之后,土田无主,悉为公田,除兼并大族外,贫民往往无田可耕,故孝文分官田以给之。然有分限,丁口计亩给田,老死还纳,别授壮者。非若今世作全户税佃,不计其岁月,但不得典卖耳。诏书言其略,故云还受以生死为断,本志言其详,故有还不还之别也。不栽树者谓之露田,男夫受露田四十亩,妇人二十亩,谓男夫之有妇者共受六十亩也。丁牛一头受田三十亩,谓户内更有一丁未娶者,及有牛一头,又受三十亩也。限四牛,所受之田率倍之者,谓每一丁一牛则倍三十亩,丁牛虽多,给田止于一百二十亩,故曰限四牛也。初受田者,男夫一人给田二十亩,前后种桑五十树,枣五株,榆三根,非桑之土,夫给一亩,依法课莳榆枣,谓初受田者虽娶妇,同一户不复给田,非桑之土,惟种枣榆共八株,故止给一亩。下文云麻布之土,男夫及课,别给麻田十亩,妇人五亩,并枣榆地亦十六亩也。桑田用力最多,欲劝人种桑,故赐为永业田,露田有还受,故不得种桑麻也。恒从见口,有盈者无还无受,不盈者受种如法,谓种桑不还田,计见在男夫及丁口,其合给田亩外,桑田有余,亦许为主,但不受亦不还耳。若受少桑田者,复受于官种桑果,故盈者得卖其盈,不足者得买所不足也。一人之分,正从正,倍从倍,不得隔越他畔,犹下文云进丁受田,恒从所近,谓取逐户傍近,不必地相邻也。唐制丁男给一顷,十分之二为世业,八为口分,世业则身死承户者受之,口分则没官更给人,后讳世字,故云永业。魏、齐、周、隋享国日浅,兵革不息,农民常少而旷土常多,故均田之制存。至唐承平日久,丁口滋众,官无闲田,不复给受,故田制为空文。《新唐书·食货志》言口分、世业之田坏而为兼并,其意似指以为井田之比,失之远矣。

君实曰:然。

见刘羲仲:《通鉴问疑》

五、答范梦得内翰论修书帖

一

光前者削奏时，将谓宫教二年改官，不知新制乃须五年，得无却成奉滞否，惭悚惭悚。

梦得今来所作丛目，方是将《实录》事目标出，其《实录》中事应移在前后者，必已注于逐事下讫。（假如《实录》贞观二十三年李靖薨，其下始有《靖传》，传中自锁告变事，须注在隋义宁元年唐公起兵时；破萧铣事，须注在武德四年灭铣时；斩辅公祏，须注在七年平江东时；擒颉利，须注在贞观四年破突厥时。他皆仿此。）自《旧唐书》以下俱未曾附注，如何遽可作长编也。请且将新、旧《唐书》纪、志、传及《统纪》《补录》，并诸家传记、小说以至诸人文集稍干时事者，皆须依年月注所出篇卷于逐事之下。《实录》所无者，亦须依年月日添附。无日者附于其月之下，称是月；无月者附于其年之下，称是岁；无年者附于其事之首尾；（如《左传》称初郑武公娶于申之类，及为某事张本、起本者，皆附事首者也。如卫文公复国之初，言季年乃三百乘；因陈完奔齐，而言完始生；筮知八世之后成子得政；因晋悼公即位，而言其命官得人，不失霸业；因卫北宫文子聘于郑，而言禆谌草创，子产润色；因吴乱，而言吴夫概王为棠谿氏，注云传终言之之类，皆附事尾者也。）有无事可附者，则约其时之早晚，附于一年之下。（如《左传》子罕辞玉之类，必无的实年月也。假使宰相有忠直奸邪事，无处可附者，则附于拜相时，他官则附于到官时或免、卒时。其有处可附者，不用此法。）但稍与其事相涉者，即注之，过多不害。（假如唐公起兵，诸列传中有一两句涉当时者，但与注其姓名于事目之下，至时虽别无事迹可取，亦可以证异同、考月日也。）尝见道原云，只此已是千余卷书，日看一两卷，亦须二三年功夫也。俟如此附注俱毕，然后请从高祖初起兵修长编，至哀帝禅位而止。其起兵以前、禅位以后事，于今来所看书中见者，亦请令书吏别用草纸录出，每一事中间空一行许素纸，（以备剪开粘缀故也。）隋以前者与贡父，梁以后者与道原，令各修入长编中，盖缘二君更不看此书，若足下止修武德以后、天祐以前，则此等事尽成遗弃也。二君所看书中有唐事，亦当纳足下处，修入长编耳。

其修长编时，请据事目下所该新旧纪、志、传及杂史、小说、文集，尽检出一阅。其中事同文异者，则请择一明白详备者录之；彼此互有详略，则请左右采获，错综铨次，自用文辞修正之，一如《左传》叙事之体也。此并作大字写。若彼此年月事迹有相违戾不同者，则请选择一证据分明、情理近于得实者修入正文，余者注于其下，仍为叙述所以取此舍彼之意。（先注所舍者云某书云云，某书云云，今案某书证验云云；或无证验，则以事理推之云云，今从某书为定；若无以考其虚实是非者，则云今两存之。其实录、正史未必皆可据，杂史、小说未必皆无凭，在高鉴择之。）凡年号皆以后来者为定。假如武德元年，则从正月便为唐高祖武德元年，更不称隋义宁二年；玄宗先天元年正月，便不称景云三年；梁开平元年正月，便不称唐天祐四年也。诗赋等若止为文章，诏诰若止为除官，及妖异止于怪诞，诙谐止于取笑之类，便请直删不妨。或诗赋有所讥讽，（如中宗时《回波词》"喧哗窃恐非宜"，肃宗时李泌诵《黄台瓜辞》之类。）诏诰有所戒谕，（如德宗《奉天罪己诏》，李德裕《讨泽潞谕河北三镇诏》之类，及大政事号令四方；或因功迁官、以罪黜官，其诏文虽非事实，要知当时托以何功，诬以何罪，亦须存之。或文繁多，节取要切者可也。）妖异有所儆戒，（凡国家灾异本纪所书者，并存之，其本志强附时事者，不须也；谶记如李淳风言武氏之类，及因而致杀戮叛乱者，并存之，其妄有牵合，如木入斗为朱字之类，不须也；相貌符瑞，或因此为人所忌，或为人所附，或人主好之而谄者伪造，或实有而可信者，并存之，其余不须也；妖怪或有所儆戒，如鬼书武三思门，或因而生事，如杨慎矜墓流血之类，并存之，其余不须也。）诙谐有所补益，（如黄幡绰谓"自己儿，最可怜"，石野猪谓"诸相非相"之类，存之，其余不须也。）并告存之。大抵长编宁失于繁，毋失于略。千万千万，切祷切祷。

今寄道原所修广本两卷去，（此即据长编录出者，其长编已寄还道原。）恐要见式样故也。甚思与足下相见，熟共商榷，无因可得，企渴企渴。中前寄去《晋纪》八卷写净草者，必已写了，其元本却告分付儿子康令带来。虽未了，亦告分付，盖为今夏递往南康军路中遗失却三卷，若更失此，则都无本故也。其写了净草，续附递来不妨。向所请出《魏纪》，今令李永和带去，有改动者告指挥别写及揩改。目痛，灯下作此书，恕其不谨。光上。

凡有人初入长编者，并告于其下注云某处人，或父祖已见于前者，则注云某人之子或某人之孙。今更寄贡父所作长编一册去，恐要作式样，并道原广本两卷并告存之，向去不便却寄示也。

《司马文正公传家集》卷六十三

二

示谕求罢局事，殊未晓所谓。光若得梦得来此中修书，其为幸固多矣，但朝廷所以未废此局者，岂以光故，盖执政偶忘之耳。今上此文字，是呼之使醒也。若依所谓废局以书付光令自修，梦得还铨，胥吏各归诸司，将若之何？光平生欲修此书而不能者，止为私家无书籍、笔吏，所以须烦县官耳。今若付光自修，必终身不能就也。

梦得与景仁同在京师，公私俱便。今不得已而存之者，岂惟书局，至如留台、宫观，皆无用于时者，朝廷以其未有罪名，不欲弃于田里，聊以薄禄养之，岂非不得已而存之者邪？光辈皆忍耻窃禄者也，况其它亲民之官，相与残民而罔上者，其负耻益深矣！必欲居之安而无愧，须如景仁致事方可也，其馀皆可耻耳。吾曹既未免禄仕，古之人不遇者或仕于伶官，执簧秉翟，修书不犹愈乎！况梦得和不隋俗，正不忤物，虽处涂潦之中不能污，入虎兕之群不能害，雍容文馆，以铅椠为职业，真所谓避世金马门者也，庸何伤乎！必若别有迫切之事，朝夕不可留者，当子细示及，容更熟议之。若只如今兹所谕三事，则不若且静以待之为愈也。恃知念，故敢尽言无隐。光上。

朝旨若一旦以闲局无用，徒费大官令废罢者，吾辈相与收敛笔砚归家，与郑、滑诸官何异，又何耻耶！但恐去此为他官负耻益多耳。

见《增节入注附音司马温公资治通鉴》卷一

六、与宋次道书

　　某自到洛以来，专以修《资治通鉴》为事，于今八年，仅了得晋、宋、齐、梁、陈、隋六代以来奏御。唐文字尤多，托范梦得将诸书依年月编次为草卷，每四十年为一卷，自课三日删一卷，有事故妨废则追补。自前秋始删，到今已二百余卷，至大历末年耳。向后卷数又须倍此，共计不减六、七百卷。更须三年，方可粗成编，又须细删，所存不过数十卷而已。

见高似孙：《纬略》卷十二

七、乞官刘恕一子劄子

臣伏睹秘书少监刘攽等奏,故秘书丞刘恕同编修《资治通鉴》,功力最多,比及书成,编修属官皆蒙甄录,惟恕身亡。其家独未霑恩,门户单露,子孙并无人食禄。乞依黄鉴、梅尧臣例,官其一子。

臣往岁初受敕编修《资治通鉴》,首先奏举恕同修。恕博闻强记,尤精史学,举世少及。臣修上件书,其讨论编次,多出于恕。至于十国五代之际,群雄竞逐,九土分裂,传记讹谬,简编缺落,岁月交互,事迹差舛,非恕精博,它人莫能整治。所以攽等以众共推先,以为功力最多。不幸早夭,不见书成。未死之前,未尝一日舍书不修。今书成奏御,臣等皆蒙天恩,褒赏甚厚,独恕一人不得霑预,降为编户,良可矜闵。欲乞如攽等所奏,用黄鉴、梅尧臣例,除一子官,使其平生苦心竭力,不为虚设。取进止。

《温国文正司马公文集》卷五十三

八、荐范梦得状

　　右臣伏以报国之忠，莫如荐士；负国之罪，莫如蔽贤。臣伏见奉议郎同编修《资治通鉴》范祖禹，智识明敏而性行温良，如不能言；好学能文而谦晦不伐，如无所有；操守坚正而圭角不露，如不胜衣。祖禹乃今正议大夫致仕范镇之兄孙。自祖禹年未二十为举人时，臣已识之。今年四十余，行义完固，常如一日。祖禹所为本末，无如臣最熟知。

　　臣于熙宁三年奏祖禹自前知资州龙水县事同修《资治通鉴》，至今首尾一十五年。由臣顽固，编集此书，久而不成，致祖禹淹回沉沦，不得早闻达于朝廷。而祖禹安恬静默，如可以终身下位，曾无滞留之念。臣诚孤陋，所识至少，于士大夫间，罕遇其比。况如臣者，远所不及。凡臣所言，莫非据实，不敢溢美。今所修书已毕，祖禹应归吏部，别授差遣。臣窃为朝廷惜此良宝，委弃榛莽。伏望皇帝陛下特赐采拔，或使之供职秘书，观其述作；或使之入侍经筵，察其学行。自馀进用，系自圣志。如蒙朝廷擢用，后有不如所举，臣甘与之同罪。

《温国文正司马公文集》卷四十五

九、奏乞黄庭坚同校资治通鉴劄子

臣先奉敕编修《资治通鉴》，共成二百余卷，于去年九月内奉圣旨，令秘书省正字范祖禹及臣男康用副本重行校定闻奏。近又奉圣旨，令据已校定到本，逐旋送国子监镂板。

窃缘上件文字卷秩稍多，其范祖禹近差充修《神宗皇帝实录》检讨官，在彼自有职事，虑恐日近，校定不办，有妨镂板。臣窃见秘书省校书郎黄庭坚好学有文，即日在本省，别无职事。欲望圣慈特差令与范祖禹及臣男康同校定上件《资治通鉴》，所贵早得了当。取进止。

《温国文正司马公文集》卷五十一

十、通鉴释例三十六例

〔1〕用天子例

周、秦、汉、晋、隋、唐,皆尝混一九州,传祚于后,子孙虽微弱播迁,以四方争衡阙皆其故臣,故全用天子之制以临之。帝后称崩,王公宰相称薨。它国称名,后称阙或曰某后,其君臣死皆称卒。(周之诸侯不名称薨,从先王之礼。)

〔2〕书列国例

三国、南北朝、五代,与诸国本非君臣,从列国之制,彼此均敌,无所抑扬。帝后皆称殂,王公皆称卒。

大明四年魏太后常氏之殂。

魏葬昭太后于鸡鸣山。

晋、隋未并天下,亦用列国之制。

列国虽有地有民,而臣于它国者,死则称卒。

如沮渠蒙逊、吐谷浑、高丽、钱镠、马殷之类。

列国追封考妣皆书,国小人微者或可略。

〔3〕书王制例

《六典》王言之制有七:一曰册书;二曰制书;(行大赏罚、授大官爵、厘革旧政、赦宥降虏则用之。)三曰慰劳制书;(褒赞贤能、劝勉勤劳则用之。)四曰发日敕;(谓御画发敕日也云云,征兵免官、授六品以下官、处流以上罪云云。)五曰敕旨;(百司奏事、承旨,而为程式云云。)六曰论事敕书;(慰谕、戒约臣下。)七曰敕牒。(随军承旨不易旧典。)

〔4〕书封爵禅位例

以冀州十郡封丞相操为魏公云云,又加九锡云云。进魏公爵为王。车服位号参用天子礼,命魏王冕十有二旒云云。汉帝云云,禅位于魏云云。奉汉帝为山阳公云云。

进大将军昭位相国,封晋公,加九锡。进晋公爵为王。魏帝加文王殊礼,王妃曰后。魏帝禅位于晋。奉魏帝为陈留王,即宫于邺。优崇之礼皆仿魏初故事。魏氏诸王皆阙。

国、郡、县公须分。

永初九年宋王欲受禅下阙。

〔5〕书帝王未即位例

帝王未即位皆名,自赞拜不名,以后不书名。

〔6〕书帝王将受禅例

帝王将受禅,赞拜不名,以后不名。(陈以后乃尔。)

　　　名者上有君也,无君即未即位亦称名,宋太祖、世祖、梁世祖是也。

〔7〕书庙号例

葬天子曰葬某帝于某陵,庙号某祖。下国曰葬某主某于某陵,谥曰某皇帝,庙号某祖。列国曰魏葬明元皇帝于某陵,庙号太宗。夏武烈帝殂,葬嘉平陵,庙号世祖。

凡帝王有庙号者称庙号。

秦葬文昭王于武平陵,庙号太祖。

〔8〕书国号例

刘、石并时,刘曜称赵,石勒称后赵,犹《春秋》邾、小邾也,曜既亡,勒单称赵。符、姚并时,称秦亦然,乞伏氏称西秦。慕容永以有慕容垂称西燕,慕容德以有龙城称南燕,段业以有吕光称北凉。

梁初晋、楚、岐、蜀、吴越称国,淮南、岭南、福建、荆南未有国。

〔9〕书改元例

龙朔三年十二月,诏改来年元。

〔10〕书称号例

天子近出称还宫,远出称还京师,列国曰还某都。凡新君即位必曰某宗,即位后皆言上。

太上皇帝止称上皇。

太上皇、太后曰尊,皇后、太子、皇子曰立,改封曰徙,公侯有国邑者曰封,无曰赐爵。

国公、郡公、县公欲辨等级则称之,不然则不,齐郡、赵郡公皆称郡。

废帝称国号,或称废帝。

宋前废帝子业始终无它爵,在位有永光、景和两号,故止称废帝。

列国、它国之君或称主,或称帝,两国事相涉则但称主。

列国非其臣下之言不称乘舆、车驾、行在、京师、天下及崩。(臣下所称仍其旧文。)

〔11〕书王公例

高欢曰勃海王欢,宇文泰曰安定公泰。(大同九年以后乃尔。太清三年以后复故。)

楚王处疑。

〔12〕书建国称王例

五代晋、岐、蜀、吴越、吴、楚、闽之类,建国皆称王者,皆称王及谥,无谥者遇中国加爵命则名,交错难辨处则称名,如晋王阙王存勗之类。广南未称帝及荆南之类皆名。

荆南称楚不书封。

〔13〕诸王书名例

河西王沮渠蒙逊、吐谷浑王慕璝、吴越王钱镠、南平王高季兴等,受宋、魏、五代爵命,犹孙权受魏爵命,终是敌国,皆宜称王而不名,然其国爵屡变,乍见莫知为谁,故于事初则名,后则不名。或名或不名,从文阙用汉诸侯王之例也。

〔14〕书立王例

魏立皇弟新成为阳平王。

〔15〕书徙王例

徙顺阳王休範为桂阳王。

〔16〕书列国立太子例

列国曰立皇子某为太子。

　　或曰魏立某王某为皇太子。

〔17〕书列国纪事取年号例

魏、宋、齐、梁、陈、五代,取其年号以纪诸国之事耳。

〔18〕书官名例

周以尉迥为太尉,以柱国窦炽为太傅。

　　新为公者于官上更加以字。(太建四年以后始尔。)

晋以后拜令、仆皆书,中书监、令、侍中、内史、纳言为宰相者亦书。

宋永初三年阙时大州刺史率加都督,其后多者至数十州,不可复详载矣。

南北朝诸王无事者只云加都督,有事则云某某等几州阙。

节度使官自此始,其后所领诸使益多,不复详记云。

天监十年阙魏之州郡亦然,是以离合废置不复详记也。阙是后官名繁冗,不可胜记,或一人之官至百余官,今但临事取其要重者存之,或省约其文,以从简易云。

大宝元年阙是后柱国、开府仪同三司及仪同三司猥多,人不复贵,遂为散官。旧史或但称开府及仪同者,今并因之。

宰相自平章事迁侍中,侍中迁中书令之类,或加三师、三公则书。若自中书迁门下及加大学士使名之类皆不书,至出时书官。(此两例自会昌六年九月后方依此。)

　　隋平陈以后,尚书令、仆、内史令、纳言,凡宰相皆称薨。

　　凡节度使创置则曰置某军于某州,割某州隶之,以某人为节度使,或曰置某等州节度,以某人为节度使。因旧则曰更名某某州节度使,号曰某军,或曰更名某军曰。自团练升则曰更名某某州都团练曰某军,以某人为节度使。(昭宗以后始然。)

　　节度使加平章事、侍中、中书令、尚书令则书,馀检校官不书。五代虽加使相,非因事见亦不书。

　　初云淄、青等几州节度使,后云淄、青等州节度使。

　　节度使赴镇曰为,使相曰充,遥授曰领。

　　凡官名省而可知者,不必备书。

　　藩镇兵或以宣武、淮西、天平、忠武、武宁、河东、淮南、湖南、荆南、两浙呼之,或以汴、蔡、郓、许、徐、浙呼之,取语顺易晓而已。

〔19〕书兼职例

　　会昌六年九月,以荆南节度使同平章事李德裕为东都留守,不带平章事;郑肃同平章事、充荆南节度使。

　　以吏部尚书崔胤同平章事,充清海节度使。加威武节度使王审知同平章事。以西川节度使同平章事王建兼侍中。

　　以保义留后朱友谦为节度使。

　　以荆南留后高季昌为节度使。

〔20〕书罢免例

　　公相以善去曰罢,罪去曰免。

〔21〕书聘使例

　　聘使往来书介副,无事但云某事。

　　契丹遣其臣袍笏梅老来通好,帝遣太府少卿高顼报之。

　　高丽遣其臣某入贡。

　　遣某人使于契丹。

〔22〕不书例(书附)

　　二王后嗣卒者不书。

　　列国葬后无事不书。

　　诸王带平章及遥领节制不书。

　　亲王徙封书。

　　亲祭祀皆书。

　　凡帝亲祠更无亲字。(宋孝武以后乃尔。)

王子弟则书，姪及孙无事不书。

诸王非皇子及兄弟薨、卒皆不书，有事乃书之。

宋以后诸州废置无事不书。

诸州废置无事者不书。

四夷不能为中国利害，死及嗣位不书。

凡众人共一事则书某等，在下者更有事则列其姓名。

〔23〕重书例

桓五年、襄二十六年皆有两秋。

桓阙年以大雩有两秋。

桓十二年经重书丙戌。

〔24〕豫言例

庄公六年豫言十六年灭邓。

文十一年豫言宣十五年获焚如。

齐襄公之二年。

〔25〕追序例

《左传》襄公六年，齐人灭莱，追序五年以来月日。

〔26〕书日后先例

成十六年鄢陵战，先甲午，后癸巳。

《左传》楚灵王死，先言癸亥，后言乙卯、丙辰。

〔27〕书事同日例

两国事同日或相先后而不可中断者，先序一国事已，更以其日起之。

　　如齐建武元年十月辛亥，魏主发平城云云。辛亥，太后下令废帝为海
　　陵王。

　　二年十一月己卯，纳太子妃褚氏。庚午，魏主如委粟山。己卯，引诸儒
　　议圜丘礼。

〔28〕书事相涉例

凡两国事相涉则多称某主，两君事相涉则多称谥号，不相涉而事首已见则称
上称帝。

凡一国事有相连不嫌为异国事者，若国名相阙事虽异皆蒙上事国名。（大同
十年乃尔。）

〔29〕书斩获例

战伪走，设伏而败之，斩首千余级。千级以下不言，获辎重、兵械、杂畜，非极
多不言。

蒙逊欲伐梁公歆之。

《新唐书·郭子仪传》：从广平王帅蕃、汉兵十五万收长安。

〔30〕**书世系例**

凡宗族虽在高祖、玄孙之外，世系著明，如元天穆、崔㥄亦书之。

〔31〕**从后姓例**

宋永初三年，长孙嵩实姓拔拔云云。时魏之君臣出于代北者，姓皆重复，及高祖迁洛，乃改为单姓。旧史患其烦杂，悉从后姓，以就简易，今并因之。

李继昭本姓符，名道昭。复姓符，名道昭。

〔32〕**书字例**

僖十五年震夷伯之庙，大夫既卒书字。

大同二阕时人多以字行，旧史皆因之。

字及小字可知其人者不复重述，难知者乃述之。

凡以字行者，始即称字，曰名某，以字行。（大同以后始尔。）

〔33〕**书乡里例**

硖石姚元崇。

阎玄正，汴州人也。（名不著不必乡里。）

〔34〕**书改置州郡例**

建东京于汴州。以汴州为开封府。

置彰德军于相州，以澶、卫隶之；置永清军于贝州，以博、冀隶之。

〔35〕**书薨卒例**

唐制：三品以上称薨，四品以下称卒。而上州刺史、亲王傅、归德将军、护军皆三品，职任至轻；门下、中书、侍郎、尚书、左右丞、侍郎、庶子、詹事皆四品；平章事、节度使职任至重，皆无品；礼诸使曰薨，而唐之县令皆古之子男也，此则一一难依礼。今令但裁酌折衷，见任宰相、节度使及正任太子三师、三少、尚书、统军都督、常侍者皆称薨，公主、妃嫔亦循旧史称薨，馀皆称卒。

　　都督即节度使之任，节度、检校官常侍，其卑者也。

元嘉五年，秦王炽盘卒。

〔36〕**书反乱例**

《宋略》例：凡诛得罝（音愆）曰有罪，凡逆上曰反，争彊曰乱。

凡刺史近州轻将则书，以重州也，远州亦书，以将重也。

曾大父温国文正公作书之例，或因或仿，皆有所据。故自《春秋》以来，用例之精确深隐，皆考究为最详而得其当，于此概见。然《前例》遗稿中遭散乱，所藏仅存,脱落已甚,故先后无叙,或改注重复,观者病焉。伋辄掇取而分类之,为三十六例,其间或书年而不书事,如曰齐襄公之二年,或书事而不著年,如曰节度使官自此始,或书谥书年而不实其数,如曰桓年以大雩有两秋之类,伋皆不敢增益也。至若或文虽全而其字阙灭者,伋亦从而阙之,或事欲详见而旁附其文者,伋则因其文而述之。虽然,苟能因此类而参酌贯穿焉,亦庶几矣。伋抑尝因此例而涉其书,(放)〔考〕其离析,稽其授受,推其甲子,括其卷帙,列为四图,以便寻究,求者授之,以广其传,庶与《考异》《音释》并行于世,万一有助于观览云。

乾道丙戌仲秋癸酉,曾孙右朝散郎尚书吏部员外郎赐绯鱼袋伋谨书。